江川年鉴

JIANG CHUAN YEARBOOK

2013

中共江川县委
江川县人民政府 主办
江川县史志办公室 编

编辑说明

一、《江川年鉴》是具有政府公报性质的地方综合性年鉴。由中共江川县委、江川县人民政府主办，江川县史志办公室承编。《江川年鉴》全面、系统、准确、翔实地记载江川县社会主义物质文明、政治文明和精神文明建设的历史进程，记述上一年度内的新发展、新成就、新情况和新问题。它具有资料、信息、史料等诸多功能，旨在为海内外有关机关、团体、学校、研究部门、企事业单位和社会各界人士研究及促进江川建设提供现实服务。

二、《江川年鉴》采用条目体，分类编辑法。2013年版全书设部类19个，即《特载》、《大事记》、《概况》、《政治》、《军事》、《法制》、《经济管理》、《建设·环保》、《工商企业》、《农林·水利》、《交通·邮电》、《财政·税务》、《金融·保险》、《教育·气象·防震减灾》、《文化·旅游·广电·体育·卫生》、《社会》、《人物》、《统计资料》、《附录》，信息量大，图文并茂，可读性强。

三、本年鉴所用稿件均由主办单位、县属各单位和中央、省、市驻江单位专人撰写，单位领导审核签章，编辑人员反复核对。本年鉴内容真实，体例规范，具有较高的使用价值。

四、本年鉴所用统计数据由各供稿单位主管业务部门提供并审核，但由于统计时间、口径不同等原因，反映国民经济和社会发展情况的个别数据在不同稿件中不尽一致，使用时请以江川县统计局提供的《统计年鉴》为准。

五、本年鉴的编辑出版得到江川有关部门和驻县的省、市各有关单位的热情支持和积极协助，得到省、市以及各县区党史、地方志部门的指导帮助，在此表示诚挚谢意。殷切希望各界人士提出改进意见，使《江川年鉴》常办常新，更好地为建设生态文明美丽江川服务。

江川年鉴编辑部

顾　　问	马文龙　钱　兴
主　　编	邓春元
常务副主编	余立言
副 主 编	盛文芬
编　　辑	余立言　盛文芬　李　伟

地　　址　云南省江川县史志办公室
邮　　编　652600
电　　话　（0877）8018536
E - mail　jcszb@163.com

县委书记马文龙作工作报告

县委副书记、县长葛勇主持会议

分组讨论

分组讨论

2012年12月11日，中共江川县委十二届三次全委（扩大）会议召开

县人大常委会主任赵少春作工作报告

新当选的县人大常委会主任李东林讲话

分组审议

依法选举

2013年1月13日，江川县第十五届人民代表大会第一次会议召开

县政协主席黄文柱作工作报告

新当选的县政协主席罗跃岗讲话

分组讨论

依法选举

2013年1月9日，政协江川县第八届委员会第一次会议召开

2012年7月10日，全国政协副主席、农工党中央常务副主席陈宗兴（前中）在省政协主席罗正富（前左）陪同下到江川县参观考察云南李家山青铜器博物馆　（县政协办供稿）

2012年12月19日，云南省政协主席罗正富（左二）一行在中共玉溪市委书记张祖林（左三），市委副书记、市长饶南湖（左四）等陪同下，到江川县调研湖泊生态治理和文化旅游产业开发工作　（潘　泉　摄）

2012年10月8日晚，中共玉溪市委书记孔祥庚到江川县三百亩村委会莫落山村民小组，与村民座谈商讨发展绿色经济良策　（潘　泉　摄）

2012年2月7日，中共玉溪市委副书记、市长高劲松（前排右一）到江川召开市政府江川现场办公会

2012年1月7日，市委副书记张玲（左）到江川进行春节慰问

2012年4月9日，由市政协副主席李有明（左二）率领的市政协调研组到江川县龙泉山生态工业园区进行调研

2012年2月21日，江川县新农村建设指导员工作总结暨欢送新农村工作队大会召开

县委书记马文龙作动员讲话

表彰先进

2012年6月12日，江川县新农村建设工作队第二次工作会召开

2012年8月30日，江川县2010－2011年度新农村重点村建设工作总结表彰暨2012年度新农村建设推进大会召开

表彰先进

文化科技卫生三下乡

送书下乡

书赠春联

免费诊疗

文艺演出

2012年10月17日，云南省人民政府教育督导团国家教育体制改革试点项目督导检查江川县汇报会召开

2012年12月10日，江川县实施国家教育体制改革试点项目工作会召开

发放学生营养早餐

校安工程——前卫中学求真楼

江川一中校园

江川二中新建足球场

（县教育局供稿）

2012年9月26日，“喜迎十八大”通海江川书画作品联展

2012年5月1日，老干部诗书画协会周保明书法作品展开展

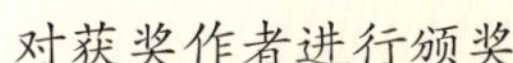

对获奖作者进行颁奖

江川县文学艺术界联合会第四次代表大会召开

2012年3月8日，江川县2012年工业经济发展大会召开

表彰先进

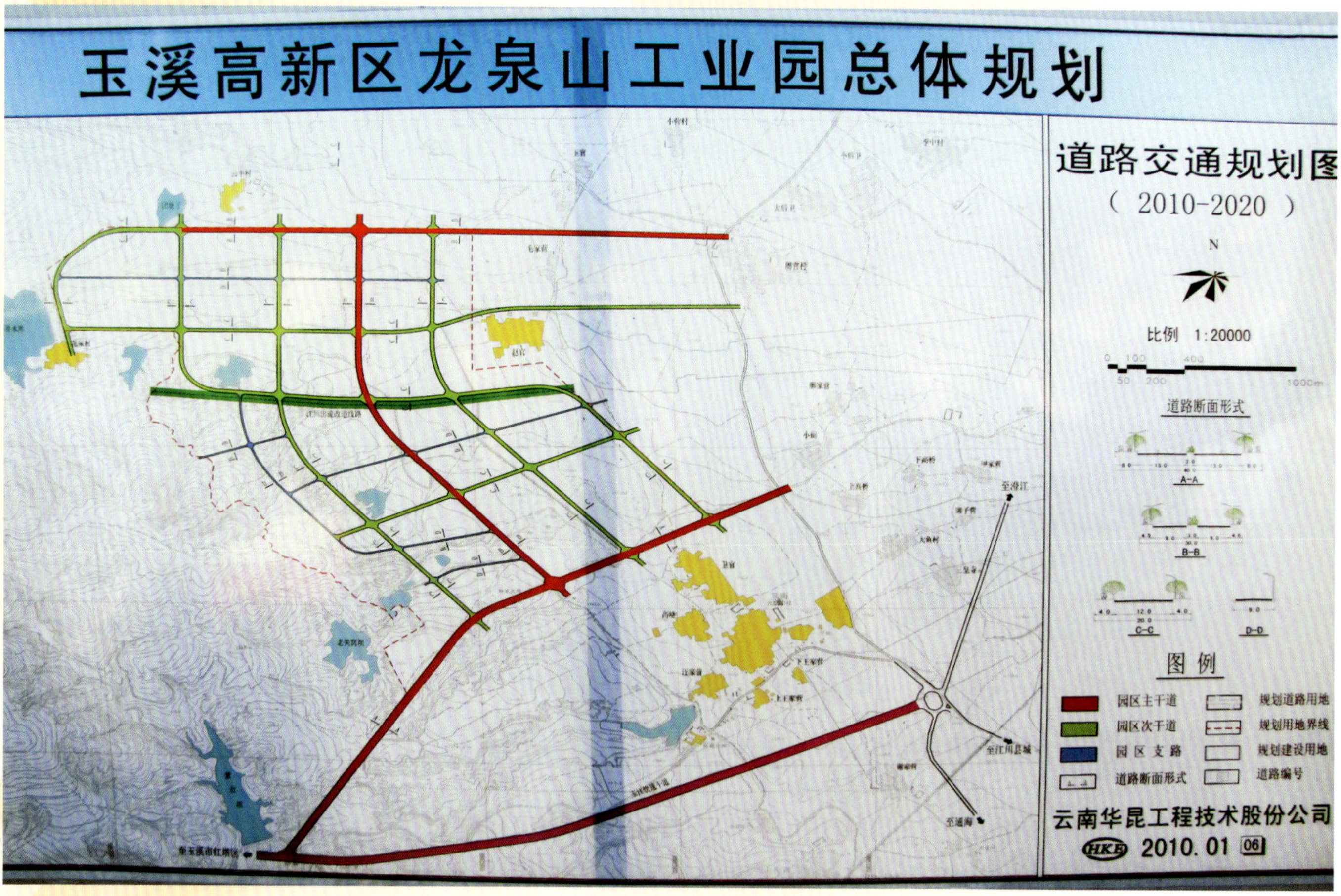

玉溪高新区龙泉山工业园总体规划

（县委办供稿）

新建成的仙水大道

（县工信局供稿）

2012年10月24日，江川县举行龙泉山生态工业园区仙水大道工程开工仪式

正在建设中的联塑集团

（县工信局供稿）

2012年1月10日，江川县举行云南特固电气有限公司开工仪式

2012年6月14日，江川县城市总体规划专家评审会召开

城市道路建设

县城建设

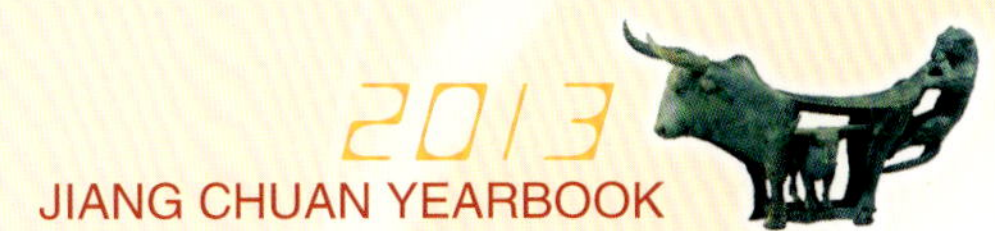

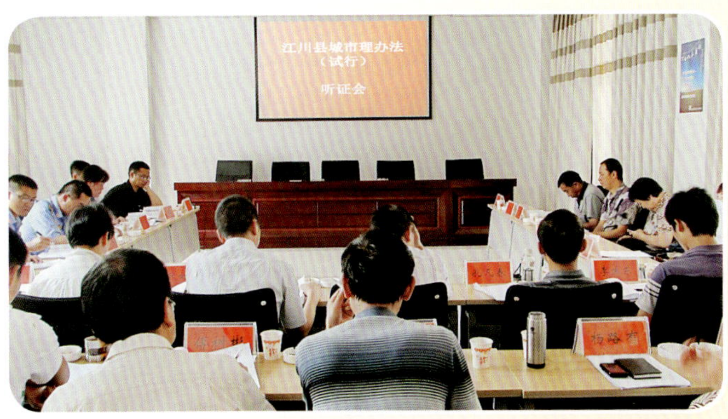

2012年6月15日，江川县城市管理办法听证会召开

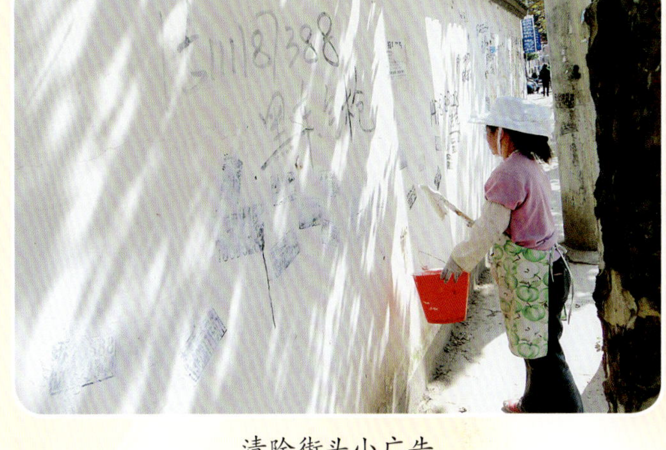

清除街头小广告

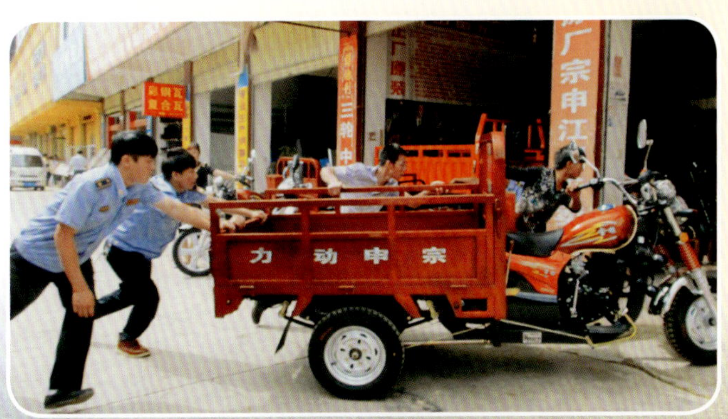

清理占道经营

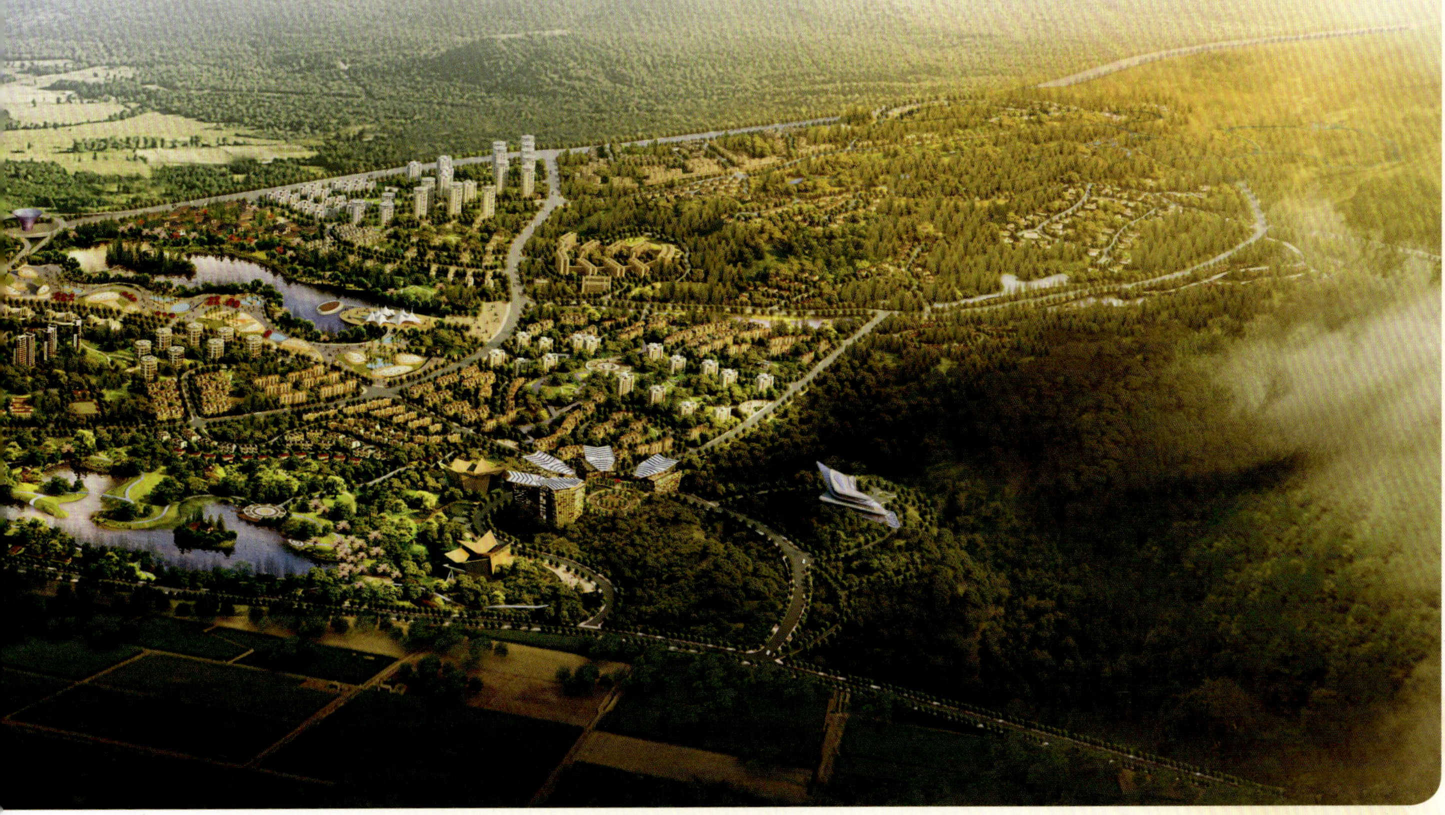

云南江川山水新城控规（效果图）　　（县建设局供稿）

孤山村村委会大沙嘴小组退田还湖机械整理耕作层

抚仙湖退田还湖界桩

星云湖退田还湖及湖滨带生态恢复工程

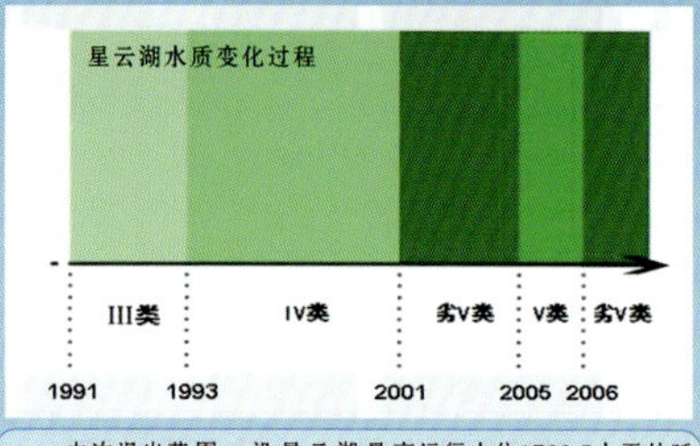

本次退出范围：沿星云湖最高运行水位1722.5水平外延100米，结合地形地貌勘测定界确定本次拟退农田3061亩。工程区范围：总计5221亩。一是对本次退出的3061亩、2006年退出但没有进行生态建设的960亩进行湖滨带生态生态恢复；二是对2006年退出且已建成湖滨湿地1200亩进行完善改造。

在退田基础上实施湖滨带生态恢复、原有湿地改造等工程内容。建成生态类型丰富、景观特征多样、管理方便、集自然生态特征与人文生态景观特征为一体的湖滨生态景观区域，使湖滨生态系统步入良性循环。

同时实现促进污染物削减、恢复湖滨自然生态、提升景观促进旅游业发展、关注民生构建群众休闲绿地、产业机构调整示范五大目的。

治理思路：按照“低污染水收集—缓冲带处理—入湖”的技术路线。通过建设截污配水沟收集一级保护区外产生的农田剩水、低浓度生活污水，进入湖滨带进行处理，进一步削减入湖污染物负荷；坚持恢复湖滨带原生态理念，按照“适宜、速生、经济”的原则。大量种植本地树种，建设和改造库塘系统、恢复水生植物，构建自然生态湖滨带；在满足湖滨带环境、生态功能的前提下，突出景观元素，通过种植景观植物，配置景观设施，构建景观湖滨带；构建经济果木（作物）示范区。选择生态环保、经济价值高的品种，构建经济果木（作物）种植示范区，形成具备观光休闲功能的生态、环保型农业。

投资：工程直接费8146万元。其中巡护道路建设2500万元、湖滨带生态恢复5000万元、经济果木（作物）示范区建设646万元；一次性补偿费1083.3万元。其中青苗补偿费918.3万元、地面附着物补偿费165万元；每年需支出费用1119万元。其中土地租金每年1010万元、运行管护费109万元/年。

环境效益：一是直接减少所退农田大量施用的化肥、农药；二是通过湖滨带的降解，进一步削减入湖污染物。预计每年能削减化学需氧量 360吨、总氮65吨、总磷10吨。同时，可以提高项目区水土保持能力，优化生物群落结构，增加区域生物多样性。

经济效益：通过经济果木（作物）示范区构建，带动群众发展生态、环保型农业，使群众从被动退田还湖变为主动退田还湖。滨岸带整体环境质量的改善、景观的提升，将为星云湖进行生态旅游开发奠定坚实基础。

社会效益：为群众提供了休闲空间，湖滨带建设过程也是生动直接的环保宣传过程，有助提高沿湖群众的爱湖、护湖意识。

星云湖退田还湖及湖滨带生态恢复工程展板

大鲫鱼河农田废水处理塘库系统建设

大鲫鱼河生物净化公厕

抚仙湖一级保护区退田还湖路居镇小凹村委会资金兑付仪式　　（县环保局供稿）

第八届开渔节暨高原湖泊水产品交易会

文艺演出

2012年12月24日，中国云南江川第八届开渔节暨高原湖泊水产品交易会在江川渔文化广场隆重开幕

第八届开渔节暨高原湖泊水产品交易会

鸣枪开湖

欢乐的鱼市

星云湖上捕鱼忙

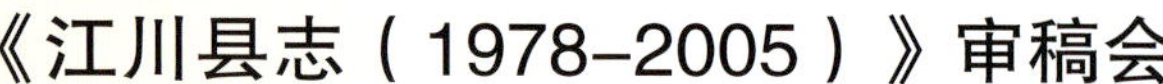
《江川县志（1978–2005）》审稿会

分组评审

分组评审

2012年12月4日，《江川县志（1978–2005）》审稿会召开

2012年5月15日，江川县举行星云湖大头鱼鱼苗增殖放流仪式

2012年7月25日，江川县举行烟花爆竹行业整合合作框架协议书签约仪式

2012年7月12日，江川县举行大街街道浪广社区成立暨揭牌授印仪式

2012年5月，江川县公安局刑侦大队荣获公安部“全国优秀公安基层单位”表彰　　　　（县公安局供稿）

2012年6月，中共江川县九溪镇六十亩村党总支、中共江川县人民医院党支部荣获省委“创先争优先进基层党组织”表彰　　　　（县委组织部供稿）

撰稿人员名录

（按部类顺序排列）

李　伟　金武恒　杨　洁　马吉云　岳　春　施永芬　张　丽
靳　娜　刘　娴　张艳勤　杨冬丽　范　羽　张润斌　黄明艳
周宝在　徐顺生　史　伟　叶　斌　吴桂萍　郑文明　盛文芬
陈小艳　马　蓉　汪丽娟　褚　荻　矣树芬　赵连江　李拥军
李明芬　杨智强　张文丽　赵　鹏　周　新　周留明　宋伟华
高　洁　侯国芬　李春伟　史　圆　施江艳　赵运宇　翁　健
罗连辉　陈海莺　张树良　吴冬丽　王富利　徐忠华　王汐羽
廖江平　黄　迪　普永梅　王玲芬　徐文波　杨清明　杨霜梅
李华英　李　琦　范　珍　储　晶　李朋利　杨　筠　李伟宏
邓文辉　刘　波　郭　松　赵　薇　王牙明　龚绍祥　罗海清
李　坤　张雨曦　陈金芬　张　维　沈金锁　张彦生　纳志强
金永康　曾　蓉　刘　芳　范燕爽　刘云伟　陈花艳　罗留芝
周　愚　张　薇　汤林涛　邓　琼　张小倩　何春梅　戚　东
吕玉红　张　楠　刘红丽　徐　锴　海春元　普明珍　戴吉寿
赵婉乔　周　兰　伏跃华　杨菊华　路建明　吴鸿文　李阳春
李林润　李　祥　秦忠国　黄　毅　张本林　杨　明　孔川波
李清明　赵发春　杨绍龙　李　平　赵红英　杨聪俊　石从江
李丽芬　马有亮　李中文　马萍焕　杨冬亚　周艳萍　杨　虎
刘春丽　龚雪娟　李明川　蒋　丽　李江艳　张兴红　侯彦昆
郭会兰　张　芬　宋成英

目 录

特 载

科学发展 奋力跨越为建设生态文明美丽江川而努力奋斗……（1）
政府工作报告……（8）

大事记

江川县2012年大事记……（16）

概 况

江川县……（24）
自然概貌……（24）
行政区划……（24）
人口、民族……（24）
综合经济指标……（24）
农业……（24）
工业和建筑业……（25）
固定资产投资……（25）
交通运输和邮电业……（25）
贸易和消费物价……（25）
对外经济和旅游……（25）
财政、金融和保险业……（25）
人民生活……（25）
就业和社会保障……（26）
教育、科技、文化、体育和卫生……（26）
能源消耗和安全生产……（26）

大街街道办事处……（27）
行政区划・人口……（27）
领导干部名录……（27）
经 济……（27）
社会事业……（28）

江城镇……（30）
行政区划・人口……（30）
领导干部名录……（30）
经 济……（30）
社会事业……（31）
移民扶持……（33）
江城镇第二届人民代表大会第五次会议……（33）
庆祝建党91周年大会……（33）
江城镇教育工作暨第28个教师节庆祝大会……（33）
江城社区绿色社区创建……（33）
人大换届选举……（33）
四群教育活动……（33）
基层党组织晋位升级……（33）
先进集体及个人……（33）

前卫镇……（33）
行政区划・人口……（33）
领导干部名录……（34）
经 济……（34）
社会事业……（35）
招商引资……（36）
省预备役师长检查指导工作……（36）
前卫镇第二次残疾人代表大会召开……（36）
江川县第一家非公经济联合党支部成立……（36）
前卫镇综合文化站被评为省级二级文化站……（36）

安化彝族乡……………………………………………（37）
行政区划·人口……………………………………（37）
领导干部名录………………………………………（37）
经　济………………………………………………（37）
社会事业……………………………………………（38）
核桃产业……………………………………………（39）

九溪镇 ………………………………………………（39）
行政区划·人口……………………………………（39）
领导干部名录………………………………………（39）
经　济………………………………………………（39）
农业农村经济………………………………………（39）
村镇建设……………………………………………（40）
社会事业……………………………………………（40）
九溪镇集镇总体规划………………………………（40）
云南农业科技园项目………………………………（40）
两污治理项目………………………………………（40）
特色餐饮……………………………………………（40）
公共基础设施………………………………………（41）
农村环境卫生………………………………………（41）
河道整治……………………………………………（41）
抗　旱………………………………………………（41）
农村劳动力技能培训………………………………（41）
四联户结对帮扶……………………………………（41）
综治维稳信访中心建设……………………………（41）

路居镇 ………………………………………………（41）
概　述………………………………………………（41）
领导干部名录………………………………………（41）
经　济………………………………………………（42）
社会事业……………………………………………（42）
基础设施建设………………………………………（43）
生态建设……………………………………………（44）
大鲫鱼河流域环境综合治理………………………（44）
仙湖锦绣项目………………………………………（44）

雄关乡 ………………………………………………（44）
行政区划·人口……………………………………（44）
领导干部名录………………………………………（44）
经　济………………………………………………（44）
社会事业……………………………………………（45）
森林防火……………………………………………（47）
基层组织建设………………………………………（47）
政府建设……………………………………………（47）

政　　治

中共江川县委…………………………………………（48）
中共江川县委第十二届委员会常委、书记、副书记、
　副调研员名录……………………………………（48）
中共江川县委各部、委、办、局正副职名录………（48）
中共江川县委直属基层党委正副书记名录…………（49）
县委发出的主要文件………………………………（49）
县委办发出的主要文件……………………………（50）
重要会议……………………………………………（52）
县委常委会议………………………………………（59）
重要通知、指示和决定……………………………（60）
办文办会……………………………………………（62）
信息工作……………………………………………（62）
政　研………………………………………………（63）
专题调研……………………………………………（63）
文稿撰写……………………………………………（63）
新农村建设工作……………………………………（63）
农村环境卫生整治工作 …………………………（63）
新农村建设工作队及指导员工作…………………（63）
督　查………………………………………………（64）
概　述………………………………………………（64）
决策部署督查………………………………………（64）
重大项目督查………………………………………（64）
重要工作督查………………………………………（64）
领导批示督办………………………………………（64）
专项工作查办………………………………………（64）
保　密………………………………………………（64）
概　述………………………………………………（64）
保密教育……………………………………………（64）
保密管理……………………………………………（65）
保密技防……………………………………………（65）
服务企业……………………………………………（65）
档　案………………………………………………（66）
概　述………………………………………………（66）
增设机构……………………………………………（66）
表彰先进……………………………………………（66）
法制宣传……………………………………………（66）
农业农村档案工作…………………………………（66）
机关档案工作………………………………………（66）
行政执法……………………………………………（66）
安全管理……………………………………………（66）
综合档案馆建设……………………………………（66）
领导视察……………………………………………（66）

征订工作……………………………………………（66）
信息化建设…………………………………………（66）
保管利用……………………………………………（66）
史 志…………………………………………………（66）
概 述…………………………………………………（66）
《江川年鉴》（2012）编撰出版……………………（66）
首册《中共江川县委执政纪要》编纂出版…………（66）
召开《江川县志（1978~2005）》审稿会 …………（67）
地方志工作…………………………………………（67）
材料撰写报送………………………………………（67）
革命遗址保护和利用………………………………（67）

纪检监察 ……………………………………………（67）
县纪委、监察局负责人名录………………………（67）
各室负责人名录……………………………………（67）
各派出机构负责人名录……………………………（67）
概 述…………………………………………………（68）
监督检查……………………………………………（68）
廉政教育……………………………………………（68）
廉洁自律……………………………………………（68）
作风建设……………………………………………（68）
案件查处……………………………………………（68）
纠风治乱……………………………………………（69）
源头治腐……………………………………………（69）
自身建设……………………………………………（69）
荣誉表彰……………………………………………（69）
江川县全面推进廉政文化“六进”活动动员会……（69）
江川县纪检监察学会成立…………………………（69）

组织工作 ……………………………………………（69）
概 述…………………………………………………（69）
创先争优……………………………………………（69）
四群教育……………………………………………（70）
领导班子思想政治建设……………………………（70）
干部人事制度改革…………………………………（70）
实施人才发展规划…………………………………（70）
大学生村官管理……………………………………（70）
干部教育培训………………………………………（70）
干部日常监督管理…………………………………（70）
干部选拔任用监督…………………………………（71）
组织部门信访工作…………………………………（71）
落实党建责任………………………………………（71）
推进基层组织建设年活动…………………………（71）
夯实基层基础………………………………………（71）
创建学习型机关……………………………………（71）
打造实干型部门……………………………………（71）
部内作风建设………………………………………（72）
和谐机关建设………………………………………（72）
老干部工作…………………………………………（72）
概 述…………………………………………………（72）
老干部健康体检……………………………………（72）
听取老干部意见……………………………………（72）
参观考察重点项目建设……………………………（72）
九九敬老节经济形势通报会 ………………………（72）
春节慰问……………………………………………（73）
出台《江川县离退休干部服务管理办法（试行）》
……………………………………………………（73）
老干部党组织建设…………………………………（73）
敬老月活动…………………………………………（73）
贯彻执行老干部政策………………………………（73）
学习资料订阅………………………………………（73）
老干部工作调研……………………………………（73）
老干部来信来访……………………………………（73）
老干部平时活动……………………………………（73）
办好老年大学………………………………………（74）
省考评组到江川检查考评老干部工作……………（74）
队伍建设……………………………………………（74）

宣 传 ………………………………………………（74）
概 述…………………………………………………（74）
理论武装工作………………………………………（74）
宣传舆论引导………………………………………（74）
精神文明建设工作…………………………………（75）
文化建设工作………………………………………（75）
对外宣传工作………………………………………（75）
组织开展喜迎十八大活动…………………………（76）

统 战 ………………………………………………（76）
概 述…………………………………………………（76）
春节慰问……………………………………………（76）
市委统战部到江川慰问黄埔同学会员和定居台胞
……………………………………………………（76）
全县统战民宗工作会议……………………………（76）
建立统战工作数据库………………………………（76）
统一战线队伍摸底调查……………………………（77）
乡镇（街道）工商联分会换届工作会议…………（77）
黄埔军校建校88周年纪念…………………………（77）
王文燚参观李家山青铜器博物馆…………………（77）
我为统战工作献一策活动…………………………（77）
统战理论知识竞赛…………………………………（77）

做好政协换届工作…………………………………… (77)
党外代表人士工作…………………………………… (78)
非公经济工作…………………………………… (78)
民族宗教工作…………………………………… (79)
侨务对台工作…………………………………… (79)
信息及调研工作…………………………………… (79)
统战宣传…………………………………… (80)
民族成分变更…………………………………… (80)
江川县北山寺举行佛像开光暨传授居士菩萨戒法会…………………………………… (80)
部门建设…………………………………… (80)

机关党建…………………………………… (80)
概　述…………………………………… (80)
机关党委创先争优工作座谈会…………………………………… (80)
走访慰问离退休困难党员…………………………………… (81)
抓实"四群"教育活动…………………………………… (81)
落实基层组织建设年分类定级工作…………………………………… (81)
民主评议党员…………………………………… (81)
基层党组织班子建设…………………………………… (81)
发展党员工作…………………………………… (81)
县直机关关工委的工作…………………………………… (81)

党校教育…………………………………… (81)
举办南方电网江川供电有限公司党员轮训班…………………………………… (81)
党课教育…………………………………… (82)
十八大精神宣讲…………………………………… (82)
调查研究…………………………………… (82)
计算机培训…………………………………… (82)
招考服务…………………………………… (82)
对外服务…………………………………… (82)
新闻采编…………………………………… (82)

江川县人大常委会…………………………………… (82)
江川县第十四届人大常委会主任、副主任、委员名录…………………………………… (82)
江川县第十四届人大常委会各委、室负责人名录…………………………………… (82)
概　述…………………………………… (83)
县十四届人民代表大会第五次会议…………………………………… (83)
县十四届人大常委会各次会议…………………………………… (83)
经济审议…………………………………… (84)
工作监督…………………………………… (84)
法律监督…………………………………… (85)
依法治县规划审查…………………………………… (85)
决议决定…………………………………… (85)
干部任免…………………………………… (85)
建议办理…………………………………… (85)
完成县委交办任务…………………………………… (85)
信访工作…………………………………… (85)
县乡人大换届选举…………………………………… (85)
加强学习…………………………………… (85)
服务基层…………………………………… (86)
勤政廉政…………………………………… (86)

江川县人民政府…………………………………… (86)
县人民政府县长、副县长名录…………………………………… (86)
县人民政府各局、办，各事业单位正副职名录…………………………………… (86)
2012年县政府重要文件…………………………………… (87)
2012年县政府办重要文件…………………………………… (88)
2012年县政府重要会议…………………………………… (90)
十四届人民政府主要工作…………………………………… (90)
人大代表建议和政协委员提案办理…………………………………… (91)
行政效能建设…………………………………… (92)
概　述…………………………………… (92)
效能政府建设…………………………………… (92)
机关作风建设…………………………………… (92)
重点工作督查…………………………………… (92)
专项督查…………………………………… (93)
党风廉政建设…………………………………… (93)
法制工作…………………………………… (93)
法制机构和制度建设…………………………………… (93)
执法培训和证件管理…………………………………… (93)
行政执法案卷评查…………………………………… (93)
规范性文件管理…………………………………… (93)
重大决策听证…………………………………… (93)
行政审批制度改革…………………………………… (93)
行政复议规范化建设…………………………………… (93)
人民防空…………………………………… (93)
机构设置…………………………………… (93)
职能履行…………………………………… (94)
人防工程清理整改…………………………………… (94)
易地建设费收取入库…………………………………… (94)
警报器维护管理…………………………………… (94)
信　访…………………………………… (94)
概　述…………………………………… (94)
受理来信来访…………………………………… (94)
信访工作会议…………………………………… (94)
坚持三个制度…………………………………… (94)
十八大和国庆期间信访工作…………………………………… (95)

矛盾纠纷排查……………………………………（95）
信访案件督办查办……………………………（95）
督办和督查工作………………………………（95）

政协江川县委员会 ……………………………（95）
县政协主席、副主席、常委名录……………（95）
县政协各委室机构负责人名录………………（95）
概　述……………………………………………（96）
政协江川县第七届委员会第五次会议召开…………（96）
常委会议…………………………………………（96）
政治协商…………………………………………（97）
民主监督…………………………………………（97）
参政议政…………………………………………（97）
提案办理…………………………………………（97）
文史资料编辑出版……………………………（97）
联络联谊工作…………………………………（97）
自身建设…………………………………………（98）
陈宗兴到江川参观考察………………………（98）
内设机构改革…………………………………（98）

人民团体 ………………………………………（98）
工会……………………………………………（98）
概　述……………………………………………（98）
组织建设…………………………………………（98）
两个普遍工作…………………………………（98）
工会规范化建设………………………………（99）
县总工会十届六次全委（扩大）会议………（99）
工会重点工作目标责任考核…………………（99）
百千万活动……………………………………（99）
困难帮扶…………………………………………（99）
劳模管理…………………………………………（99）
职工法律援助…………………………………（100）
职工医疗互助活动……………………………（100）
厂务公开…………………………………………（100）
职工技能竞赛…………………………………（100）
贷免扶补…………………………………………（100）
安康杯竞赛……………………………………（101）
生态文明之家创建……………………………（101）
一线职工座谈会………………………………（101）
一线职工疗养…………………………………（101）
重点工作推进会议……………………………（101）
宣传教育…………………………………………（101）
江川县工会第十一次代表大会………………（101）
职工书屋建设…………………………………（102）
调查研究…………………………………………（102）
调研工会职工维权……………………………（102）
工会财务…………………………………………（102）
经费审查…………………………………………（102）
资产管理…………………………………………（103）
2012迎新春职工摄影巡回展…………………（103）
建行杯歌咏比赛………………………………（103）
组队参加市职工运动会………………………（103）
敬老活动…………………………………………（103）
表彰先进…………………………………………（103）
女职工工作……………………………………（103）
共青团…………………………………………（103）
鼓励青年创业贷免扶补工作创业导师帮扶座谈会
……………………………………………………（103）
共青团与人大代表、政协委员面对面座谈会………（104）
青联工作座谈会………………………………（104）
农村青年致富带头人科技培训………………（104）
新农村建设联系点民情分析会………………（104）
生态江川建设·红领巾行动推进仪式………（104）
合力保护母亲湖·青春建功生态县主题实践活动
……………………………………………………（104）
“三五”青年志愿者活动………………………（104）
共青团江川县十六届二次全委（扩大）会议………（105）
举办创业英雄论坛……………………………（105）
学习舍己救人英雄少年李鹏俊动员会………（105）
学习贯彻中央、省纪念建团90周年大会精神………（105）
纪念建团90周年系列活动……………………（106）
青春关爱·快乐课堂…………………………（106）
农村青年信用示范户挂牌……………………（106）
余莉到江川调研………………………………（106）
走访待入学贫困大学生………………………（106）
两湖面山植树活动……………………………（107）
发放“救救孩子”倡议捐款……………………（107）
创建青年文明号………………………………（107）
两新企业团组织建设…………………………（107）
国庆中秋联谊活动……………………………（107）
中国少年先锋队江川县第一次代表大会……（107）
鼓励青年创业帮扶座谈会……………………（107）
乡镇实体化大团委建设………………………（107）
关爱农民工子女志愿服务活动………………（107）
青年马克思主义者培养工程培训班…………（107）
服务第八届高原湖泊水产品交易会…………（108）
妇　联…………………………………………（108）
概　述……………………………………………（108）
县妇联十三届四次执委（扩大）会议………（108）
组织网络建设…………………………………（108）

送科技·送健康进山区活动……………………（108）
庆祝三八国际劳动妇女节系列活动……………………（108）
双学双比工作会议……………………（109）
新型女农民培训……………………（109）
运作贷免扶补和小额信贷资金……………………（109）
深化生态文明家庭创建……………………（109）
学习舍己救人英雄少年李鹏俊动员会……………………（110）
党群共建示范点授牌……………………（110）
庆六一活动……………………（110）
普洱市景谷县妇联考察禁毒宣教示范点……………………（110）
督查乡镇（街道）妇联平安家庭创建工作……………………（110）
优秀家长学校总结表彰会……………………（110）
参与禁毒防艾……………………（110）
平安家庭创建……………………（111）
信访维权……………………（111）
留守妇女儿童和老人工作……………………（111）
五访五送主题活动 ……………………（111）
编制新两纲规划……………………（111）
送温暖活动……………………（111）
表彰先进……………………（112）
关心下一代工作……………………（112）
2012年江川县关心下一代工作会……………………（112）
县关工委被授予综治维稳先进单位……………………（112）
法制教育……………………（112）
中华魂主题教育活动……………………（112）
学雷锋心向党讲品德见行动主题教育活动 ……………………（112）
聂耳与国歌征文活动……………………（112）
争创建五好关工委经验交流会……………………（112）
村社关工委制度建设……………………（113）
农村青年教育……………………（113）
养成教育和军训……………………（113）
组织中小学生开展实践活动……………………（113）
学雷锋常态化……………………（113）
调查研究……………………（113）
网吧监督……………………（113）
夏令营活动……………………（113）
帮教工作……………………（113）
思想道德教育……………………（113）
为青少年办好事解难题……………………（114）
制定关爱明天普法实施方案……………………（114）
专项救助……………………（114）
重视宣传报道……………………（114）
荣誉表彰……………………（114）
工商业联合会……………………（114）
概　述……………………（114）
组织机构……………………（114）
调查研究和参政议政……………………（115）
光彩事业……………………（115）
贷免扶补……………………（115）
非公企业党建……………………（115）
服务商会……………………（115）
文　联……………………（116）
概　述……………………（116）
《星云》季刊……………………（116）
为民书赠春联……………………（116）
锦秀江川摄影作品展……………………（116）
戏剧曲艺协会……………………（116）
荣获玉溪市优秀文学艺术奖……………………（117）
县文联获省级表彰……………………（117）
与县国税局联合举办2012税收宣传月书画笔会……（117）
周保明个人书法作品展……………………（117）
联合举办廉政文化笔会……………………（117）
江川县中学师生文学作品获省表彰……………………（117）
《中国民间故事全书·江川卷》收集整理编纂……（117）
徐晋燕等到江川授课……………………（117）
江川会员作品入展省临书展……………………（118）
杨洪伟和杨兰秀书法作品入展……………………（118）
承办通海江川书画作品联展……………………（118）
付云龙雕塑作品玉溪开展……………………（118）
江川县文联第四次会员代表大会……………………（118）
江川县农村题材小戏、小品剧本征集评选……………………（118）
科　协……………………（118）
召开委员（扩大）会……………………（118）
科普活动……………………（118）
科技培训……………………（118）
青少年科普教育……………………（119）
科协组织建设……………………（119）
企业讲比活动……………………（119）
科普项目……………………（119）
红十字会……………………（119）
概　述……………………（119）
机构改革……………………（119）
“五八”世界红十字日活动……………………（120）
发动爱心捐款……………………（120）
爱心救助 ……………………（120）
送水进旱区……………………（120）
送书进学校……………………（120）
向山区群众文艺队捐赠礼服……………………（120）
第二次会员代表大会……………………（120）
壮大基层组织……………………（121）

成立应急救护培训站…………………………………（121）
应急救护培训…………………………………………（121）

军　　事

人民武装部…………………………………………（122）
领导名录………………………………………………（122）
概　述…………………………………………………（122）
思想政治建设…………………………………………（122）
党委班子建设…………………………………………（122）
军事工作………………………………………………（122）
后装保障………………………………………………（123）
安全管理………………………………………………（123）
拥政爱民………………………………………………（123）
表彰先进………………………………………………（123）

77216部队…………………………………………（123）
概　述…………………………………………………（123）
党委班子和干部队伍建设……………………………（123）
思想政治建设…………………………………………（124）
先进军事文化建设……………………………………（124）
双拥共建………………………………………………（124）
抢险救灾………………………………………………（124）
扶贫帮困………………………………………………（124）

法　　制

政　法……………………………………………（125）
概　述…………………………………………………（125）
维护稳定工作…………………………………………（125）
社会管理创新…………………………………………（126）
政法队伍建设…………………………………………（126）
社管综治工作…………………………………………（127）

司法行政……………………………………………（128）
机构编制………………………………………………（128）
概　述…………………………………………………（128）
制定普法与依法治理工作计划………………………（128）
三五依法治县检查验收总结…………………………（128）
三八妇女维权周宣传活动……………………………（129）
烟叶育苗种植收购法制宣传活动……………………（129）
烟花爆竹安全生产专项检查法制宣传活动…………（129）
安全月法制宣传活动…………………………………（129）
抚仙湖保护宣传活动…………………………………（129）
青少年法制教育………………………………………（129）
“12·4”法制宣传活动 ……………………………（129）
开展经常性法制宣传教育……………………………（129）
司法所规范化建设……………………………………（129）
建立健全大调解工作格局……………………………（130）
调解员培训……………………………………………（130）
民间纠纷调解…………………………………………（130）
以案定补………………………………………………（130）
安置帮教………………………………………………（130）
社区矫正………………………………………………（130）
困难刑释解教人员和社区矫正对象帮扶……………（130）
社区矫正和安置帮教教育基地建设…………………（130）
社区矫正信息化建设…………………………………（130）
基层法律服务…………………………………………（130）
公证工作………………………………………………（130）
律师工作………………………………………………（130）
法律援助………………………………………………（130）
平安边界创建…………………………………………（130）
队伍建设………………………………………………（131）
司法行政系统执法办案信息化建设…………………（131）

公　安……………………………………………（131）
概　述…………………………………………………（131）
组织机构………………………………………………（131）
维稳工作………………………………………………（131）
刑事案件………………………………………………（132）
治安案件………………………………………………（132）
经济案件………………………………………………（132）
毒品案件………………………………………………（132）
交通管理………………………………………………（132）
消防管理………………………………………………（132）
监所管理………………………………………………（132）
户政管理………………………………………………（132）
行业场所管理…………………………………………（133）
命案侦防工作…………………………………………（133）
“追逃”工作…………………………………………（133）
打击侵财犯罪…………………………………………（133）
打击“三电”犯罪……………………………………（133）
打击赌博违法犯罪……………………………………（133）
开展城乡统筹农转城转户工作………………………（133）
信息化建设……………………………………………（133）
执法规范化建设………………………………………（134）
和谐警民关系建设暨“四群”教育活动……………（134）
深化“三项重点工作” ……………………………（134）
创新提升旅游景区治安管理水平……………………（135）

开展打击非法制造储存运输烟花爆竹专项整治行动……（135）
开展毒品违法犯罪问题重点整治行动……（135）
开展打击“三车”犯罪专项行动……（136）
开展缉枪治爆专项行动……（136）
开展“灭油鼠端黑窝”专项整治行动……（137）
开展电子游戏机赌博问题突击清查行动……（137）
开展网吧突出问题整治行动……（137）
开展娱乐场所毒品问题集中整治行动……（137）
成立首个农村禁毒宣教示范点……（137）
深入推进第三轮禁毒人民战争……（137）
国家禁毒办副主任陈绪富到江川调研禁毒工作……（138）
市委政法委和县委政府领导调研公安工作……（139）
建设公安局业务技术用房……（139）
建设多功能移动警务室……（139）
侦破一起制售假币案……（139）
侦破盗窃成品油系列案379起……（139）
侦破银行卡调包盗窃系列案……（139）
侦破“12·25”故意伤害致人死亡案……（140）
连续10年实现命案全破……（140）
开展监管场所隐患大排查整治……（140）
多措并举全力防范邪教组织非法宣传活动……（140）
完成十八大安保任务……（141）
完成第八届开渔节安保任务……（141）
公安宣传……（141）
表彰奖励……（141）

检　察……（142）
机构编制……（142）
领导名录……（142）
刑事检察……（142）
刑事诉讼监督……（142）
职务犯罪侦查……（142）
职务犯罪预防……（142）
民事行政检察……（143）
控告申诉检察……（143）
驻所检察工作……（143）
综治稳定工作……（143）
检察队伍建设……（143）
检察文化建设……（143）
县人大专题视察……（144）

审　判……（144）
概　述……（144）
组织机构……（144）
领导名录……（144）
民商事审判……（144）
刑事审判……（144）
行政审判……（144）
执行工作……（144）
清理涉诉信访积案……（145）
诉讼服务大厅建设……（145）
司法救助……（145）
民商事审判管理改革……（145）
阳光司法工程活动……（145）
“两评查”活动……（145）
基础设施建设……（145）
信息化建设……（145）
绩效考核……（145）
社管综治……（145）
省高院、市中院办公室领导调研指导档案管理和利用工作……（146）
县人大常委会视察行政审判工作……（146）
监督工作……（146）

经济管理

发展和改革……（147）
国民经济和社会发展计划执行情况……（147）
农业经济暨新农村建设……（147）
固定资产投资管理……（147）
工业经济……（147）
文化旅游……（148）
“两湖”治理暨生态环境建设……（148）
财政金融……（148）
社会事业……（148）
市场价格监管……（148）
价格认证……（148）
行政事业性收费许可证审验……（148）
价格收费政策……（148）
大中型水库后期移民扶持工作……（149）

扶　贫……（149）
整村推进扶贫开发项目建设……（149）
易地搬迁扶贫项目建设……（149）
首次启动安排中央扶持建设安居房工作……（149）
申报产业贴息扶贫项目……（149）
农村贫困人口识别登记工作……（149）

统　计……（149）

概　述……………………………………………（149）
机构设置……………………………………………（150）
主要统计数据……………………………………………（150）
统计服务……………………………………………（150）
统计改革……………………………………………（151）
统计“双基”建设……………………………………………（151）
统计执法……………………………………………（151）
统计信息化建设……………………………………………（152）
自身建设……………………………………………（152）
荣誉表彰……………………………………………（152）

审　计……………………………………………（152）
机构设置……………………………………………（152）
概　述……………………………………………（152）
预算执行审计……………………………………………（152）
投资建设审计……………………………………………（152）
行政事业审计……………………………………………（153）
经济责任审计……………………………………………（153）
专项资金审计……………………………………………（153）
其他审计事项……………………………………………（153）
加强审计机关“人、法、技”建设……………………………………………（154）
自身建设……………………………………………（154）
表彰奖励……………………………………………（154）

工商行政管理……………………………………………（154）
概　述……………………………………………（154）
法制建设……………………………………………（154）
个体私营经济管理……………………………………………（154）
企业注册登记管理……………………………………………（155）
公平交易……………………………………………（155）
市场监督管理……………………………………………（155）
商标监督管理……………………………………………（155）
广告监督管理……………………………………………（155）
消费者协会工作……………………………………………（155）
个私协会工作……………………………………………（156）

质量技术监督……………………………………………（156）
概　述……………………………………………（156）
质量管理及产品质量监督……………………………………………（156）
计量惠民……………………………………………（156）
标准化工作……………………………………………（156）
特种设备安全监察……………………………………………（156）
食品安全监管……………………………………………（157）

安全生产监督管理……………………………………………（157）
概　述……………………………………………（157）
机构建设……………………………………………（157）
安全生产指标控制情况……………………………………………（157）
安全生产工作会议……………………………………………（157）
安全生产行政执法……………………………………………（157）
隐患排查治理……………………………………………（157）
打非治违专项行动……………………………………………（158）
重点部位、重点时段工作……………………………………………（158）
安全标准化建设……………………………………………（158）
职业健康监管……………………………………………（158）
安全生产许可……………………………………………（158）
安全生产月活动……………………………………………（159）
安全生产宣教培训……………………………………………（159）
应急救援演练……………………………………………（159）
修订应急预案……………………………………………（159）
规范烟花爆竹零售网点……………………………………………（159）
严查安全生产事故……………………………………………（159）

国土资源……………………………………………（160）
概　述……………………………………………（160）
耕地保护……………………………………………（160）
农用地转征与土地供应……………………………………………（160）
土地利用管理……………………………………………（160）
规划修编……………………………………………（160）
土地开发整理……………………………………………（160）
矿政管理……………………………………………（160）
地质灾害防治……………………………………………（160）
地质环境保护……………………………………………（160）
执法监察……………………………………………（160）
地籍测绘管理……………………………………………（161）
农村集体土地管理……………………………………………（161）
重大决策听证制度……………………………………………（161）
低丘缓坡试点项目……………………………………………（161）
表彰奖励……………………………………………（161）

建设·环保

住房和城乡建设……………………………………………（162）
概　述……………………………………………（162）
规划编制……………………………………………（162）
规划管理……………………………………………（162）
基础设施建设……………………………………………（162）
“两污”项目建设……………………………………………（163）
保障性安居工程……………………………………………（163）
房地产发展与管理……………………………………………（163）

建筑业和燃气业管理……………………………（163）
供排水保障……………………………（164）
法规与城市监察管理……………………………（164）
招投标工作……………………………（164）
其它工作……………………………（164）

住房公积金管理 ……………………………（164）
概　述……………………………（164）
住房公积金归集……………………………（165）
住房公积金提取……………………………（165）
住房公积金贷款……………………………（165）
住房公积金财务指标……………………………（165）
住房公积金龙卡升级为金融IC卡……………………………（165）

环境保护……………………………（165）
概　述……………………………（165）
“两湖”保护……………………………（165）
抚仙湖流域大鲫鱼河环境综合治理工程……………………………（166）
河（段）长责任制……………………………（166）
污染物减排……………………………（166）
项目审批……………………………（166）
环境监察执法……………………………（166）
环保专项行动……………………………（167）
抚仙湖污染隐患大排查……………………………（167）
全县湖库型集中式饮用水水源地专项执法检查……（167）
危险废物环境风险大排查验收……………………………（167）
排污费征收……………………………（167）
环境辐射管理……………………………（167）
生态文明试点……………………………（167）
生态创建……………………………（167）
绿色学校创建……………………………（167）
环境宣传教育……………………………（168）
环境信访……………………………（168）
江川县环保监测执法业务用房建设项目开工………（168）
人大建议和政协提案……………………………（168）
送温暖献爱心……………………………（168）
其他重点工作……………………………（168）

抚仙湖管理……………………………（168）
概　述……………………………（168）
主要经济指标……………………………（168）
学习培训……………………………（168）
护湖宣传……………………………（169）
渔政管理……………………………（169）
水政管理……………………………（169）
在建项目监督管理……………………………（169）
沿湖环境卫生监管……………………………（169）
三退三还……………………………（170）
非机动船只管理……………………………（170）
抚仙湖资源保护费征收……………………………（170）
日常监管……………………………（170）

星云湖管理……………………………（170）
主要经济指标……………………………（170）
集中采购星云湖放湖鱼苗……………………………（170）
2012年度星云湖鱼苗投放……………………………（170）
星云湖沿湖岸边环境卫生整治……………………………（171）
清理拆除沿湖乱占乱围简易房……………………………（171）
重拳打击偷捕团伙……………………………（171）
葛勇到星云湖管理局调研……………………………（171）
加大渔政执法打击偷捕行为……………………………（171）
召开渔民恳谈会……………………………（171）
星云湖管理局集中打击沿湖偷捕者……………………………（171）
法律法规宣传教育……………………………（172）
渔政执法……………………………（172）

工商企业

工业商贸和科技信息 ……………………………（173）
概　述……………………………（173）
工业投资项目情况……………………………（173）
节能目标任务及完成情况……………………………（173）
重点节能项目建设情况……………………………（173）
内贸工作……………………………（174）
外贸工作……………………………（174）
汽车市场……………………………（174）
家电下乡……………………………（174）
生猪屠宰管理……………………………（174）
成品油管理……………………………（174）
江川县表彰奖励著名、知名商标企业……………………………（174）
3家市场被授予县级诚信市场称号 ……………………………（174）
引导外来投资企业做好安全生产工作……………………………（174）
江川7户企业获国际市场开拓资金补助 ……………………………（175）
盐业管理……………………………（175）
食盐销售网络建设……………………………（175）
国家盐业法律、法规宣传……………………………（175）
元旦春节安全生产工作……………………………（175）
科技项目申报管理……………………………（175）
科普宣传活动……………………………（175）
科技项目管理……………………………（175）

农业产业科技创新…………………………………………（175）
滇中万亩有机蓝莓产业科技示范园项目对接洽谈会
…………………………………………………………（176）
江川县2012年科技工作会…………………………………（176）
乡镇科技专干会议…………………………………………（176）
江川县规模企业知识产权工作培训………………………（176）
科技成果奖励………………………………………………（176）
科技合作交流………………………………………………（176）
知识产权宣传………………………………………………（177）
知识产权服务………………………………………………（177）
专利申请……………………………………………………（177）
无线电管理宣传月活动……………………………………（177）
无线电台站核查工作………………………………………（177）
非法广播和开路电视节目信号监听………………………（177）
成长型中小企业参加银河培训工程培训…………………（177）
数字企业创建………………………………………………（177）
党委党建……………………………………………………（177）

招商合作…………………………………………………（178）
概　述………………………………………………………（178）
机构设置……………………………………………………（178）
项目推介……………………………………………………（178）
积极推介产业发展项目……………………………………（178）
三大项目签约………………………………………………（178）
完善政策……………………………………………………（179）

工业园区管理……………………………………………（179）
概　述………………………………………………………（179）
机构设置……………………………………………………（179）
基础设施建设………………………………………………（179）
低丘缓坡开发利用试点工作………………………………（179）
招商引资……………………………………………………（179）
在建项目……………………………………………………（180）
园区软环境建设……………………………………………（180）
龙泉山生态工业园区现场办公会…………………………（180）
葛勇深入龙泉山生态工业园区调研………………………（180）
园区建设调研督查…………………………………………（180）
提案办理……………………………………………………（181）

粮　食……………………………………………………（181）
概　述………………………………………………………（181）
机构设置……………………………………………………（181）
粮油购销……………………………………………………（181）
粮油库存……………………………………………………（181）
经济效益……………………………………………………（181）
粮食流通监督检查…………………………………………（181）
社会粮食供需平衡调查……………………………………（181）
粮油平价销售管理…………………………………………（181）
储备粮管理…………………………………………………（182）
政策性粮食供应……………………………………………（182）
国有粮食企业资产优化调整………………………………（182）
表彰奖励……………………………………………………（182）

供　电……………………………………………………（182）
概　述………………………………………………………（182）
经济技术指标………………………………………………（182）
组织架构调整………………………………………………（182）
电价政策调整………………………………………………（182）
贯彻南方电网中长期发展战略……………………………（182）
安全生产……………………………………………………（183）
营销与优质服务……………………………………………（183）
电网规划建设………………………………………………（183）
经营管理……………………………………………………（183）
人力资源管理………………………………………………（184）

供销社合作………………………………………………（184）
概　述………………………………………………………（184）
农业生产资料供应…………………………………………（184）
农业产业化经营……………………………………………（184）
乡村流通工程建设…………………………………………（184）
“两社一会”发展…………………………………………（184）
农资科技培训………………………………………………（184）
农产品经纪人培训…………………………………………（184）
野生菌人工促繁……………………………………………（184）
表彰奖励……………………………………………………（184）

江磷集团…………………………………………………（185）
概　述………………………………………………………（185）
工资集体协商专题会议……………………………………（185）
股东会第十九次会议………………………………………（185）
2012年职工代表大会………………………………………（185）
表彰2012年度先进集体和优秀个人………………………（185）
云天化资产重组议案………………………………………（186）
玉溪特种作业培训…………………………………………（186）
安全标准化三级达标考评…………………………………（186）
应急救援、防护器材使用培训……………………………（186）
安全标准化创建通过三级、二级达标考评………………（186）
8万吨/年磷矿粉、焦粉综合利用项目筹备 ………………（187）
黄磷尾气环境整治综合利用项目500吨/日石灰生产
装置建成试产………………………………………………（187）

质量管理通过CQC云南评审中心外部换证审核…… （187）
公司“螺蛳”商标被认定为“云南省著名商标”
………………………………………………………… （187）

农林·水利

农　业 ………………………………………………… （188）
概　述………………………………………………… （188）
种植业生产…………………………………………… （188）
畜牧业生产…………………………………………… （188）
渔业生产……………………………………………… （189）
乡镇企业主要经济指标……………………………… （189）
试验示范……………………………………………… （189）
病虫鼠害防治………………………………………… （189）
农民科技素质及就业技能培训……………………… （189）
农业信息化建设……………………………………… （189）
农业投入品监管……………………………………… （189）
农产品质量监测……………………………………… （189）
龙头企业……………………………………………… （189）
农民专业合作社……………………………………… （190）
农机推广服务………………………………………… （190）
农机监理……………………………………………… （190）
农村节能及村容村貌整治…………………………… （190）
农村集体资产和财务管理…………………………… （190）
农民负担监督管理…………………………………… （190）
农村土地承包经营及管理…………………………… （191）
测土配方施肥………………………………………… （191）
退耕还林基本口粮田建设…………………………… （191）
种植业保险…………………………………………… （191）
动物防疫……………………………………………… （191）
畜牧科技推广………………………………………… （191）
生猪良种补贴项目…………………………………… （191）
能繁母猪保险………………………………………… （192）
生物发酵床推广……………………………………… （192）
土著鱼保护及开发利用……………………………… （192）
提案和议案办理……………………………………… （192）

烟　草 ………………………………………………… （192）
概　述………………………………………………… （192）
划片轮作连片种植…………………………………… （192）
烟用物资……………………………………………… （193）
稳控结合管理合同…………………………………… （193）
抗旱保生产…………………………………………… （193）
适时早栽……………………………………………… （193）
中耕管理……………………………………………… （193）
试验示范……………………………………………… （193）
优化烟叶结构………………………………………… （193）
成熟采收科学烘烤…………………………………… （194）
烟叶收购……………………………………………… （194）
有机烟示范区………………………………………… （194）
合作社运营…………………………………………… （194）
基础设施建设………………………………………… （194）
烟草农用机械………………………………………… （194）
零售客户情况………………………………………… （194）
强化终端建设………………………………………… （194）
重点品牌培育………………………………………… （194）
促销活动……………………………………………… （195）
专销联动……………………………………………… （195）
卷烟经营监督管理…………………………………… （195）
烟叶生产经营管理…………………………………… （195）
许可证管理…………………………………………… （195）
两个终端建设………………………………………… （195）
专卖执法队伍建设…………………………………… （196）
专卖法规法律宣传…………………………………… （196）

林　业 ………………………………………………… （196）
组织机构……………………………………………… （196）
概　述………………………………………………… （196）
林业生态建设………………………………………… （196）
林木种苗……………………………………………… （196）
林业科技……………………………………………… （196）
公益林区划管理……………………………………… （197）
集体林权制度综合配套改革………………………… （197）
林业行政执法………………………………………… （197）
资源林政管理………………………………………… （197）
森林防火……………………………………………… （198）
林业有害生物防治检疫……………………………… （198）

水　利 ………………………………………………… （199）
组织机构……………………………………………… （199）
概　述………………………………………………… （199）
农田水利基本建设…………………………………… （199）
病险水库除险加固工程……………………………… （199）
农村抗旱供水应急系统改扩建项目竣工验收……… （199）
水库坝塘清淤工程完工……………………………… （199）
抗旱工作……………………………………………… （200）
防汛…………………………………………………… （200）
水土保持工作………………………………………… （200）
水行政管理…………………………………………… （200）
项目储备……………………………………………… （200）

全国第一次水利普查工作完成……（200）
提案和议案办理……（201）

交通·邮电

交　通……（202）
概　述……（202）
机构编制……（202）
取消收费站后续工作……（202）
晋江公路建设……（202）
龙泉山生态工业园区建设……（202）
德馨苑职教小区道路改扩建……（203）
翠大线五岔路口至伏家营段的改扩建工程……（203）
农村通畅公路建设……（203）
乡村公路建设……（203）
公路修复工程……（203）
公路日常养护……（203）
路政管理……（204）
客货运输管理……（204）
人大代表、政协提议答复……（205）
安全生产管理……（205）

公路管理……（205）
概　述……（205）
组织机构……（205）
完成工程量……（205）
改进工艺……（205）
预防性养护……（206）
保快捷畅通养护通道……（206）
科学养路……（206）
外委工程……（206）
热油冷料层补法破解水泥砼路面养护难题……（206）
公路移交工作……（207）

邮　政……（207）
概　述……（207）
机构编制……（207）
邮务类业务……（207）
代理金融类业务……（207）
速递物流类业务……（207）
职工队伍建设……（207）

电　信……（207）
概　述……（207）
重点产品发展情况……（207）
FTTH建设……（207）
C网基站优化……（207）

联　通……（208）
概　述……（208）
解读黄色新联通……（208）
基站建设……（208）
渠道建设……（208）
二级部门建设……（208）

移　动……（208）
概　述……（208）
网络质量……（208）

财政·税务

财　政……（209）
概　述……（209）
非税收入……（209）
争取上级支持……（209）
教育投入……（209）
社会保障和就业……（209）
支持医疗卫生事业……（209）
支持经济发展……（209）
支持文体事业……（209）
保障性住房建设……（209）
支持“三农”……（210）
公共安全投入……（210）
全面推进财政票据电子化管理改革……（210）
国库集中支付制度改革……（210）
财政预算信息公开……（210）
乡镇财政两基建设……（210）
政府采购……（210）
农村义务教育学生营养改善计划……（210）
江川县非税收入管理局成立……（210）
农业综合开发项目通过省级验收……（210）
农业综合开发……（210）
村级公益事业建设一事一议财政奖补项目通过省级验收……（210）
一事一议财政奖补……（210）
财政票据管理……（211）
小金库专项治理……（211）
会计管理……（211）
企业所得税税源及重点产品国际竞争力调查……（211）
国有资产管理……（211）

财政监督……………………………………………（211）
信息工作……………………………………………（211）

国　税 ……………………………………………（211）
税收概况……………………………………………（211）
税源分析……………………………………………（211）
纳税评估……………………………………………（212）
出口退免税…………………………………………（212）
落实税收优惠政策…………………………………（212）
依法治税……………………………………………（212）
税收宣传月活动……………………………………（212）
开展“五送活动”…………………………………（212）
举办《“四群”教育·走进伏家营》专题摄影展
……………………………………………………（212）
机构人员情况………………………………………（212）
学习型组织建设……………………………………（212）
精神文明创建………………………………………（212）

地　税 ……………………………………………（213）
机构设置……………………………………………（213）
税费收入完成情况…………………………………（213）
税收征管……………………………………………（213）
规范个体工商户税收定额管理工作………………（213）
全面清理征管数据…………………………………（213）
推进征管新举措……………………………………（213）
支持小微企业和个体户发展………………………（214）
税收宣传……………………………………………（214）
税收稽查……………………………………………（214）
表彰奖励……………………………………………（214）

金融·保险

人民银行 …………………………………………（215）
概　述………………………………………………（215）
存款准备金管理……………………………………（215）
国库资金管理………………………………………（215）
货币金银管理………………………………………（215）
账户管理……………………………………………（215）
反洗钱工作…………………………………………（215）
征信管理……………………………………………（215）

工商银行 …………………………………………（216）
概　述………………………………………………（216）
银行卡业务…………………………………………（216）
电子银行业务………………………………………（216）
个人住房贷款………………………………………（216）

建设银行 …………………………………………（216）
概　述………………………………………………（216）
业务发展……………………………………………（216）
贷款业务……………………………………………（216）

农业银行 …………………………………………（216）
概　述………………………………………………（216）
人事工作……………………………………………（216）
网点建设……………………………………………（216）

农村信用合作联社 ………………………………（216）
概　述………………………………………………（216）
支农工作……………………………………………（216）
惠农工程……………………………………………（217）
强化内控……………………………………………（217）
增资扩股……………………………………………（217）

邮储银行 …………………………………………（217）
概　述………………………………………………（217）
信贷业务……………………………………………（217）
个人金融业务………………………………………（217）
公司业务……………………………………………（217）

商业银行 …………………………………………（217）
概　述………………………………………………（217）
文明规范服务………………………………………（218）
担保合作……………………………………………（218）
服务重点工作和重大项目…………………………（218）
服务县域中小企业…………………………………（218）
支持廉租房租售……………………………………（218）
创业促就业小额担保贷款…………………………（218）
瑞文酒店ATM设施投入运营………………………（218）

中国银行 …………………………………………（218）
概　述………………………………………………（218）
百年行庆……………………………………………（218）
业务发展……………………………………………（218）
信贷业务……………………………………………（218）
电子银行业务………………………………………（218）
特色业务……………………………………………（218）

人寿保险 …………………………………………（219）
概　述………………………………………………（219）

保费再创新高……………………………………（219）
开展“诚信我为先”主题教育活动…………………（219）
抓好依法合规经营……………………………………（219）
表彰奖励………………………………………………（219）

人保财险 ……………………………………（219）

概　述……………………………………………（219）
表彰奖励………………………………………………（219）
卢晓俊获关爱基金……………………………………（219）
送水解民忧……………………………………………（219）
开展车险服务“三进一下”活动……………………（220）
农房统一续保…………………………………………（220）
玉溪市东部公司片区初赛在江川公司隆重举行
“庆七一”演讲比赛…………………………………（220）
烤烟受灾理赔…………………………………………（220）
上门送赔偿……………………………………………（220）
能繁母猪统保…………………………………………（220）

教育·气象·防震减灾

教　育 ……………………………………（222）

概　述……………………………………………（222）
农村义务教育保障机制改革…………………………（222）
学生营养改善计划……………………………………（222）
办学条件………………………………………………（222）
队伍建设………………………………………………（223）
学校管理………………………………………………（223）
德育工作………………………………………………（223）
教研教改………………………………………………（224）
学校安全………………………………………………（224）
高中阶段教育…………………………………………（224）
学前教育………………………………………………（224）
招生考试………………………………………………（225）
成人教育………………………………………………（225）
党建工作………………………………………………（225）
廉政建设………………………………………………（226）
江川县青少年学生校外活动中心……………………（226）

教育科研 ……………………………………（226）

思想建设………………………………………………（226）
科研管理………………………………………………（226）
课题研究………………………………………………（227）
教学改革………………………………………………（227）
常规检查………………………………………………（227）
片区研训………………………………………………（227）
质量监控………………………………………………（227）
教学研讨………………………………………………（227）
校本教研………………………………………………（228）
课题成果………………………………………………（228）
论文获奖………………………………………………（228）
教学竞赛………………………………………………（228）
学生竞赛………………………………………………（228）

教师进修学校……………………………………（229）

概　述……………………………………………（229）
学历提高………………………………………………（229）
教师履职晋级…………………………………………（229）
心理健康教育…………………………………………（229）
幼儿（学前）园园长培训……………………………（229）
新教师五项技能考核…………………………………（229）
新教师岗前培训………………………………………（229）
教师教育技术能力培训………………………………（229）
村完小校长培训………………………………………（229）
总务主任培训…………………………………………（229）
落实国培计划…………………………………………（229）
骨干教师培训…………………………………………（230）

江川县第一中学 ……………………………（230）

概　述……………………………………………（230）
教学科研………………………………………………（230）
探索高效课堂教学模式………………………………（230）
新老教师结对子………………………………………（230）
返聘退休教师搞课改…………………………………（230）
参加第二届云南省中小学生书画大赛………………（231）
表彰优秀学生…………………………………………（231）
开展英语背诵比赛……………………………………（231）
举行诗歌朗诵比赛……………………………………（231）
禁毒防艾宣传…………………………………………（231）
开展诚信高考教育活动………………………………（231）
学校交流………………………………………………（231）
马文龙到学校调研……………………………………（231）
国家教育部考试中心督察组到江一中检查标准化
考场…………………………………………………（231）
成功创建云南省级绿色学校…………………………（231）

江川县第二中学 ……………………………（232）

概　述……………………………………………（232）
高中新课程改革………………………………………（232）
名师工程………………………………………………（232）
教科研成果……………………………………………（232）

班主任研讨会…………………………………………（233）
钟秀杯班会课比赛……………………………………（233）
读书活动………………………………………………（233）
新生军训………………………………………………（233）
课堂教学竞赛…………………………………………（233）
体育文化艺术节………………………………………（233）
教改现场交流…………………………………………（233）
课题结题验收…………………………………………（233）
德育工作会……………………………………………（233）

江川县职业中学 ……………………………………（234）
概　述…………………………………………………（234）
学生实习与就业………………………………………（234）
省教育厅职业与成人教育处处长到校调研…………（234）
举办班级建设推进会…………………………………（234）
“爱我专业”学生征文、演讲比赛…………………（234）
合作办学………………………………………………（234）
外出实习、就业毒品预防告知书签字………………（234）
送教下乡送科技进村…………………………………（235）
旅游服务与管理专业被认定为市骨干专业…………（235）
消防疏散大演练………………………………………（235）
“庆祝国庆节·喜迎十八大”班级歌咏比赛………（235）
大兴社团………………………………………………（235）
计算机教研组获县“工人先锋号”称号 …………（236）
社会培训………………………………………………（236）
学生职业技能考证……………………………………（236）
获市“生态文明之家”称号…………………………（236）
首届“螺峰杯”主题班会比赛………………………（236）
市中小学生食品安全知识竞赛………………………（236）
2012年阳光工程旅游服务人员培训…………………（237）
2012年文体技能节……………………………………（237）
校本培训及国培………………………………………（237）
东西部中职学校合作办学项目研究…………………（237）
前卫国有资产移交县职中签字仪式…………………（237）

气　象 ………………………………………………（238）
机构设置………………………………………………（238）
气候评价………………………………………………（238）
主要气象要素述评 …………………………………（238）
主要异常气候事件 …………………………………（239）
主要气象灾害及影响…………………………………（239）
气候影响专题评价 …………………………………（241）
气象灾害监测网络运行稳定 ………………………（243）
山洪地质灾害防治气象保障工程及山洪灾害防治非
　工程措施建设项目启动……………………………（243）
气象防灾减灾社会效益………………………………（243）
加强法制建设…………………………………………（243）
推动防雷减灾工作政府化……………………………（243）
公共气象服务…………………………………………（243）
推进气象为农服务“两个体系”建设………………（244）
做好气象事业“十二五”规划编制和重大项目立项
　实施…………………………………………………（244）
行政效能建设成绩突出………………………………（244）
文明创建成绩显著……………………………………（244）
表彰奖励………………………………………………（244）

防震减灾 ……………………………………………（244）
地震活动………………………………………………（244）
地震预测………………………………………………（244）
供电公司防震减灾科普知识培训……………………（244）
渔村观测站安装数字化气象三要素辅助观测系统
………………………………………………………（245）
九溪喜乐庄村防震减灾科普宣传……………………（245）
省地震局专家到江维修维护仪器……………………（245）
编制《江川县防震减灾事业“十二五”规划》……（245）
江川县防震减灾“十二五”规划评审会……………（245）
防灾减灾日科普宣传活动……………………………（246）
江川瑞文酒店举办防震减灾科普知识讲座…………（246）
张金翔到县防震减灾局调研指导工作………………（246）
与后卫中心小学共庆儿童节…………………………（246）
刘振环到龙街中心小学调研…………………………（246）
中国地震局地壳物理研究所在江川开展盆地浅层结构
　探测研究……………………………………………（246）
金志林到江川指导工作………………………………（247）
县防震减灾局积极参加“全国科普日”宣传活动
………………………………………………………（247）
县防震减灾局举行春节座谈会………………………（247）
县政协到县防震减灾局开展视察工作………………（247）
金志林到江川进行春节慰问…………………………（247）
表彰奖励………………………………………………（247）

文化·旅游·广电·体育·卫生

文　化 ……………………………………………（250）
概　述…………………………………………………（250）
市滇剧团到江川专场滇剧演出………………………（251）
文化下乡到雄关………………………………………（251）
春节文化活动…………………………………………（251）
博物馆组织开展接待礼仪培训………………………（251）
信息资源共享工程基层服务点培训班………………（251）

市“建行杯·和谐美玉溪”首届职工歌手大赛……（251）
向失足青少年捐赠图书……（251）
“中华魂”主题教育活动启动仪式……（251）
联合执法取缔黑网吧……（251）
“馆站活动日”活动……（252）
李建成书画新作展出……（252）
金甲阁被公布为第七批省级重点文物保护单位……（252）
廉政文化笔会……（252）
“博物馆日”活动……（252）
图书馆服务宣传周……（252）
光坟头遗址发掘工作……（252）
娱乐场所禁毒防艾宣传教育培训会……（253）
博物馆接待昆明夏令营学生……（253）
农村文艺示范点授牌仪式……（253）
文化馆（站）活动日到市文化馆学习……（253）
陈宗兴到博物馆参观……（253）
农村文化市场管理暨乡镇文化站“免开”工作推进会……（253）
国家质检总局及税务总局领导参观博物馆……（253）
市级各民主党派干部参观博物馆……（254）
喜迎十八大通海江川书画作品联展……（254）
农家书屋管理员培训会……（254）
第二次扫黄打非联合执法行动……（254）
“10·26”禁毒宣传教育活动……（254）
市政协视察组到江川视察文物保护工作……（254）
农村“扫黄打非”文化市场管理……（254）
督促无证照打复印店办理合法手续……（255）
创文明树新风礼仪讲座……（255）
组队参加玉溪市花灯演唱骨干培训暨比赛……（255）
江川县首届农民书画作品展……（255）
青少年美术培训作品展……（255）
市聂耳大众文艺小分队到江川巡演……（255）
第八届开渔节大型文艺演出……（255）

旅　游……（256）
概　述……（256）
仙湖锦绣项目建设……（256）
金色抚仙湖九龙国际会议中心进展顺利……（256）
推进重大旅游项目前期工作……（256）
孤山提档升级工作……（256）
完成试验区项目规划编制……（256）
推动乡村旅游发展……（256）
强化旅游安全生产和防艾工作……（257）
实施质量兴县战略，推行旅游行业标准……（257）
抚仙湖第八届铜锅美食节分会场活动……（257）
参与旅游节会，丰富宣传促销途径……（257）

广播电视……（257）
概　述……（257）
主题宣传……（258）
重点工作宣传……（258）
对内宣传……（258）
外宣工作……（258）
公共服务体系建设……（258）
电视台技术改造……（258）
全面启动直播卫星“户户通”工程……（258）
安全播出……（258）
安全播出大检查……（259）

广电网络公司……（259）
概　述……（259）
主要财务指标完成情况……（259）
主要经营指标完成情况……（259）
网络升级改造……（259）
数字电视整转……（259）
“户户通”工程建设……（259）
县委、政府交办的各项任务……（259）
保障安全播出……（260）

体　育……（260）
概　述……（260）
大街街道办事处职工趣味运动会……（260）
第二届“开渔节·体彩杯”羽毛球邀请赛……（260）
县公安局第六届警体运动会……（260）
县供电公司职工运动会……（260）
温泉村委会春节文体活动……（260）
国际网联男子巡回赛裁判员到江川参访……（261）
市第四届卫生系统“疾控杯”篮球赛……（261）
庆“三八”趣味体育活动……（261）
第七届“五四青春杯”三人篮球赛……（261）
省“红牛杯”玉溪站羽林争霸赛……（261）
举办培训班……（261）
第三届职工运动会……（261）
市第二届“政法杯”男子篮球赛……（262）
看望困难老党员……（262）
参加抚仙湖公开水域邀请赛……（262）
预备役庆“八一”篮球赛……（262）
江川“阳光青少年俱乐部”暑假培训……（262）
参加市儿童游泳比赛……（262）
举办市第二届乡镇门球赛……（262）

参加市少年篮球赛……………………………………（262）
"全民健身日"羽毛球邀请赛……………………………（262）
"全民健身日"健身项目展演……………………………（262）
参加市少儿田径比赛……………………………………（262）
参加市政协运动会………………………………………（263）
参加市人大运动会………………………………………（263）
市局领导到江川检查体育工作…………………………（263）
江磷集团职工运动会……………………………………（263）
参加市中老年人羽毛球比赛……………………………（263）
县医院举办职工篮球、拔河赛…………………………（264）
省体育局领导到江川检查工作…………………………（264）
县体育馆粉刷除污………………………………………（264）
农民体育健身工程………………………………………（264）

卫　生 ……………………………………………………（264）
新型农村合作医疗参合及基金筹集情况………………（264）
新型农村合作医疗基金支出情况………………………（265）
卫生下乡…………………………………………………（265）
抗旱防病知识宣传活动…………………………………（265）
村卫生室信息化建设工作………………………………（265）
卫生系统事业单位引进紧缺人才………………………（265）
完成"光明工程"任务……………………………………（265）
妇幼工作…………………………………………………（265）
提升乡村医生素质三年行动计划………………………（265）
新农合信息化建设………………………………………（266）
江川县儿童口腔疾病综合干预…………………………（266）
全民健康生活方式行动…………………………………（266）
"中医中药中国行"专家组到江川县开展基层医生培训……………………………………………………（266）
《江川县城市二次供水卫生管理办法》听证会………（266）
基本公共卫生服务工作…………………………………（266）
基本药物制度执行情况…………………………………（266）
县人大教工委对医药卫生改革工作进行调研…………（267）
引导新闻媒体处置突发事件……………………………（267）
医疗卫生服务机构基础设施建设………………………（267）
"6·26"国际禁毒日禁毒防艾宣传活动 ………………（267）
举行"禁毒防艾"黑板报评比活动………………………（267）
基层卫生人员适宜技能技术培训………………………（267）
乡村医生公共卫生知识培训……………………………（268）
食品安全案件查处力度…………………………………（268）
食品安全体制机制建设…………………………………（268）
加强食品安全监管能力保障水平………………………（268）
监管人员食品安全培训…………………………………（268）
日常食品安全监管………………………………………（268）
应急处置能力建设………………………………………（269）
2012年卫生人才现状……………………………………（269）
江川县2012年卫生专业技术资格考试、全国护士资格考试报名……………………………………………………（269）
2012年卫生专业高级技术资格申报评审………………（269）
公开选拔人才……………………………………………（269）
人才职称管理……………………………………………（269）
队伍培训…………………………………………………（269）

县人民医院 ………………………………………………（270）
概　述……………………………………………………（270）
医疗质量管理……………………………………………（270）
护理质量管理……………………………………………（270）
医疗设备管理和基础设施建设…………………………（271）
举办门诊医技楼竣工庆典………………………………（271）
药品零差价管理…………………………………………（271）
工会工作…………………………………………………（272）

县中医医院 ………………………………………………（272）
概　述……………………………………………………（272）
医疗质量监测情况………………………………………（272）
2012年工作计划…………………………………………（272）
开展学雷锋义诊活动……………………………………（272）
参加"中医中药中国行"培训会…………………………（272）
挂牌成立中医馆…………………………………………（273）
纪念"5·12"国际护士节系列活动 ……………………（273）
退休干部职工健康体检…………………………………（273）
第二十五个无烟日宣传活动……………………………（273）
迎接二级乙等中医医院评审工作动员大会……………（274）
基本药物制度全员培训会议……………………………（274）
观看社会管理创新典型经验专题片……………………（274）
接受"优质护理服务示范病房"验收……………………（274）

妇幼保健 …………………………………………………（274）
概　述……………………………………………………（274）
妇幼健康计划……………………………………………（275）
妇女保健…………………………………………………（275）
儿童保健…………………………………………………（275）
5岁以下儿童死因顺位 …………………………………（275）
出生缺陷监测……………………………………………（276）
危急孕产妇抢救…………………………………………（276）
孕产妇死亡监测…………………………………………（276）
育龄妇女死亡监测………………………………………（276）
孕产妇产前筛查和新生儿疾病筛查……………………（276）
农村孕产妇住院分娩补助项目工作……………………（276）
危急孕产妇救助…………………………………………（276）

贫困孕产妇救助…………………………………………（277）
婚前医学检查…………………………………………（277）
妇女病普查…………………………………………（277）
出生医学证明管理…………………………………………（277）
人才培养…………………………………………（277）
健康教育…………………………………………（277）
表彰奖励…………………………………………（277）

疾病预防控制

疾病预防控制…………………………………………（277）
参加文化、科技、卫生“三下乡”活动…………（277）
开展春节期间肠道传染病防治知识宣传…………（277）
2011年疾控工作年终工作总结暨疫情分析会………（278）
县领导看望慰问麻风病人…………………………（278）
联合送健康知识进彝家山寨…………………………（278）
旱期饮水安全…………………………………………（278）
开展抗旱防病知识宣传…………………………（278）
市专家组督导评审2011年中西部地区儿童口腔疾病综合干预试点项目…………………………（278）
“3·24”世界防治结核病日暨抗旱防病知识宣传活动…………………………………………（279）
免疫规划培训…………………………………………（279）
疟疾原虫镜检培训 …………………………………（279）
举办健康讲座…………………………………………（279）
“4·25”计划免疫宣传日活动 ……………………（279）
疟疾日宣传活动…………………………………………（279）
省专家组督导评审2011年中西部地区儿童口腔疾病综合干预试点项目…………………………（279）
2012年重性精神疾病项目管理培训会 ……………（280）
碘缺乏病防治日宣传活动…………………………（280）
2012年中西部地区儿童口腔疾病综合干预项目启动…………………………………………（280）
“五·八”世界红十字日宣传募捐活动…………（280）
第25个世界无烟日活动…………………………（280）
捕杀恶犬…………………………………………（280）
云南省县级口腔专科医师培训班在江川县举办……（280）
江川县荣获全国口腔卫生项目综合优秀项目县的称号…………………………………………（280）
江川县通过基本消灭麻风病省级考核验收…………（281）
县麻风疗养院生活饮用水改造工程开工仪式………（281）

食品药品监督管理

食品药品监督管理 ………………………………（281）
概　述…………………………………………（281）
江川县被确定为省级首批餐饮服务食品安全示范县…………………………………………（281）
学校食品安全检查…………………………………………（281）
两会期间餐饮服务食品安全保障工作…………（282）
农村药品市场专项整治…………………………（282）
2012年餐饮业食品安全负责人培训…………………（282）
中小学生营养餐食品安全…………………………（282）
计划生育药械市场专项整治…………………………（282）
问题胶囊专项检查…………………………………（282）
2012年食品药品监管工作会…………………………（282）
药械不良反应监测工作会议…………………………（283）
五一节期间食品药品安全监管…………………………（283）
中药材、中药饮片市场专项检查…………………（283）
药械从业人员培训…………………………………（283）
举办药械不良反应（事件）监测培训班…………（283）
药品生产流通领域集中整治…………………………（283）
高考饮食安全保障…………………………………（283）
农村餐饮食品安全专项整治…………………………（284）
药械不良反应监测报告评估工作会议…………（284）
学校食堂食品安全…………………………………（284）
餐饮服务食品安全监督量化分级管理…………（284）
药品安全宣传暨过期药品回收公益活动…………（284）
保障中秋国庆食品药品安全…………………………（284）
食品药品安全隐患排查…………………………（285）
“12·4”全国法制宣传日活动 ……………………（285）
第八届开渔节餐饮服务食品安全专题培训…………（285）
餐饮服务环节食品抽检…………………………（285）
药品监督抽验…………………………………………（285）
餐饮服务食品安全专项整治…………………………（285）
药品安全专项整治…………………………………（285）
2012年餐饮服务从业人员培训…………………………（285）
2012年药品从业人员岗位培训…………………………（285）
药械安全监测…………………………………………（285）
创建省级餐饮服务食品安全示范县…………………（285）
创建省级药品安全示范县…………………………（285）
餐饮服务许可证发放…………………………………（286）
信息工作…………………………………………（286）

卫生监督

卫生监督 …………………………………………（286）
概　述…………………………………………（286）
业务用房建设项目…………………………………（286）
宣传培训…………………………………………（286）
许可审核…………………………………………（286）
卫生监督…………………………………………（286）
卫生监测…………………………………………（286）
公共场所量化分级…………………………………（286）
行政处罚…………………………………………（286）
全县卫生院、卫生所卫生法律法规知识培训………（286）

公共场所卫生知识培训……………………………（287）
消毒产品生产企业、餐具集中消毒机构卫生知识培训……………………………（287）
抗旱期间生活饮用水卫生安全保障……………（287）
饮用水卫生安全知识宣传活动…………………（287）
春秋两季学校卫生监督…………………………（287）
江川县基本公共卫生服务项目卫生监督协管工作会……………………………（287）
2012年医疗机构执业许可证校验工作…………（287）
卫生安全保障……………………………………（288）
灰指甲经营户专项整治…………………………（288）
消毒产品经营单位监督检查……………………（288）
餐饮具集中消毒单位专项整治…………………（288）
控烟工作…………………………………………（288）
第十次全省卫生城市检查………………………（288）
表彰奖励…………………………………………（288）

爱国卫生………………………………………（289）
创建省级卫生县城检查…………………………（289）
春节爱国卫生运动………………………………（289）
四月爱国卫生月活动……………………………（289）
第二十五个世界无烟日活动……………………（290）
除“四害”活动…………………………………（291）
健康教育…………………………………………（291）
农村改水改厕工作………………………………（291）
江川县城荣获云南省卫生县城称号……………（291）

社　　会

人力资源和社会保障…………………………（292）
概　述……………………………………………（292）
公务员培训………………………………………（292）
专业技术人员教育培训…………………………（292）
职称改革…………………………………………（292）
事业单位岗位设置………………………………（292）
公务员年度考核…………………………………（292）
专业技术人员年度考核…………………………（292）
毕业生就业指导…………………………………（293）
人事代理…………………………………………（293）
人员流动管理……………………………………（293）
人事考录…………………………………………（293）
军转安置工作……………………………………（293）
工资变动审批工作………………………………（293）
退休审批…………………………………………（293）
工伤认定和领导能力鉴定………………………（293）
就业再就业………………………………………（293）
农村劳动力转移…………………………………（293）
企业养老保险……………………………………（293）
机关事业单位养老保险…………………………（293）
被征地农民养老保险……………………………（294）
新型农村和城镇居民养老保险…………………（294）
城镇职工基本医疗保险…………………………（294）
城镇居民基本医疗保险…………………………（294）
失业保险…………………………………………（294）
工伤保险…………………………………………（294）
生育保险…………………………………………（294）
劳动合同登记备案………………………………（294）
劳动人事争议案件处理…………………………（294）
信访工作十项制度………………………………（294）
社会保险登记……………………………………（294）
劳动监察…………………………………………（294）
日常巡查…………………………………………（294）
专项检查…………………………………………（294）
农民工工作………………………………………（294）
企业退休人员社会化管理服务…………………（294）
信息公开…………………………………………（294）

机构编制工作…………………………………（295）
事业单位法人登记和年检………………………（295）
增人使用编制计划管理…………………………（295）
机构编制管理……………………………………（295）
中小学编制核定…………………………………（295）
机构编制核查……………………………………（295）
贯彻落实上级文件精神…………………………（295）
调查调研…………………………………………（295）
制度建设…………………………………………（296）

民　政…………………………………………（296）
慰问百岁老人……………………………………（296）
市县慰问团慰问77216部队……………………（296）
市慰问团慰问江川困难群体……………………（296）
民政局对春节慰问早作安排……………………（296）
春节慰问…………………………………………（296）
慰问军地离退休人员……………………………（297）
江川县2012年春节退役士兵座谈会……………（297）
慰问麻风病疗养院老人…………………………（297）
提高重点优抚对象抚恤及生活补助标准………（297）
卢振义到江川调研………………………………（297）
对全县城市社区建设进行调研…………………（298）
百岁老人周郭氏挂匾……………………………（298）

祭扫烈士墓……………………………………………… (298)
殡葬改革街头宣传………………………………………… (298)
2012年民政工作暨加强和创新社会管理工作会议
………………………………………………………… (298)
刘家寿到江川检查福彩公益金项目…………………… (299)
恒丰银行昆明分行到江川开展献爱心捐赠活动…… (300)
江川县召开《政区大典·江川篇》编纂工作会…… (300)
退役士兵安置选岗工作…………………………………… (300)
全国老龄办领导到江调研老龄工作情况……………… (301)
江川县召开奖励资助贫困大学生座谈会……………… (301)
安化暴雨致千亩烟叶受灾……………………………… (301)
江川县中心敬老院和社会福利院主体工程顺利通过
验收…………………………………………………… (301)
车祸无情人有情…………………………………………… (302)
星云登山俱乐部慰问全县敬老院五保户……………… (302)
送温暖系列敬老慰问活动……………………………… (302)
老年维权宣传和义诊活动……………………………… (302)
麻风病疗养院和马阿咱村人畜饮水改造工程开工
………………………………………………………… (303)
江川县地名清理整顿工作会议………………………… (303)
江川县民房火灾…………………………………………… (303)

政务服务 …………………………………………… (304)
概　述…………………………………………………… (304)
各窗口审批服务事项…………………………………… (304)
政务服务体系建设……………………………………… (304)
推进“两集中　两到位”……………………………… (304)
江川县公共资源交易中心挂牌………………………… (304)
乡镇为民服务中心建设………………………………… (304)

人口和计划生育 …………………………………… (305)
概　述…………………………………………………… (305)
关爱育龄群众健康活动………………………………… (305)
人口与计划生育工作会………………………………… (305)
市“生育关怀·创建幸福家庭—防治寄生虫，促进
健康行动”启动会及培训班在江川召开………… (305)
流动人口基本公共服务均等化试点工作会………… (306)
省人口计生委主任到江川考查调研………………… (306)
全省人口和计划生育局长培训班在江川召开……… (306)
江川县计生系统开展禁毒宣传月活动……………… (306)
部门联动综合治理切实做好计划生育行政执法…… (306)
“12·4”法制宣传日活动 ………………………… (306)
“婚育新风进万家”活动……………………………… (307)
优生促进工程…………………………………………… (307)
流动人口均等化管理和服务…………………………… (307)
打造诚信计生…………………………………………… (307)
创建幸福家庭活动……………………………………… (308)
优质服务工作…………………………………………… (308)
计划生育惠民政策……………………………………… (308)
计划生育协会工作……………………………………… (308)
人口信息化建设工作…………………………………… (308)
荣誉表彰………………………………………………… (308)

残疾人工作 ………………………………………… (308)
慰问残疾人……………………………………………… (308)
助残日活动……………………………………………… (309)
残疾人危房改造………………………………………… (309)
农村残疾人社会保障工作……………………………… (309)
残保金征收工作………………………………………… (309)
助学兴教………………………………………………… (309)
残疾人培训……………………………………………… (309)
城镇残疾人就业状况调查……………………………… (310)
康复工程………………………………………………… (310)
残疾人康复需求调查…………………………………… (310)
整合资源建立日间照料站……………………………… (310)
县乡镇残联换届………………………………………… (310)

人　　物

江川县2012年获市以上表彰的先进集体……………… (311)
江川县2012年获市以上表彰的先进个人……………… (313)
江川县2012年取得副高级以上专业任职资格人员
名录…………………………………………………… (315)

统计资料

2012年江川县土地、森林、气候主要指标………… (316)
2012年江川县主要指标完成情况…………………… (317)
2012年江川县卫生事业主要指标…………………… (320)
2012年江川县社会消费品零售总额………………… (321)
2012年江川县城居民家庭调查基本情况…………… (322)
2012年江川县农民家庭生产调查基本情况………… (322)
2012年江川县邮电通信主要指标…………………… (323)
2012年江川县经济技术协作主要指标……………… (323)
2012年江川县各乡镇主要指标人均比较…………… (324)
2012年江川县普通中学基本情况…………………… (324)
2012年江川县小学基本情况………………………… (325)

附　　录

◆中共江川县委关于进一步加强农村（社区）基层组织建设的意见…………………… 江发〔2012〕1号（326）
◆中共江川县委　江川县人民政府关于印发《江川县加强党政“一把手”权力运行监督制约暂行办法》的通知………………………… 江发〔2012〕11号（332）
◆中共江川县委　江川县人民政府关于加强文化建设的意见…………………… 江发〔2012〕23号（334）
◆中共江川县委关于江川县撤县设区的决定………………………………… 江发〔2012〕27号（338）
◆中共江川县委关于江川县全面推进党务公开实施意见（节选）……… 江发〔2012〕38号（339）
◆江川县人民政府关于加快推进养老服务业发展的实施意见…………………… 江政发〔2012〕31号（342）
◆江川县人民政府关于加大城乡统筹力度促进农业转移人口转变为城镇居民的实施意见………………………………… 江政发〔2012〕54号（346）
◆江川县人民政府关于印发江川县进一步加强乡村医生队伍建设全面提升乡村医生素质的实施意见………………………………… 江政发〔2012〕58号（350）
◆江川县人民政府关于加强行政调解工作的意见…………………………… 江政发〔2012〕111号（353）
◆江川县人民政府关于推进义务教育均衡发展的实施意见………………… 江政发〔2012〕114号（356）
◆江川县人民政府关于加快学前教育发展的实施意见…………………………… 江政发〔2012〕115号（359）
◆中共江川县委办公室　江川县人民政府办公室关于印发《江川县重大事项风险评估办法》的通知（节选）…………… 江办发〔2012〕2号（362）
◆中共江川县委办公室　江川县人民政府办公室关于进一步加强农村环境卫生整治工作的通知………………………………… 江办发〔2012〕34号（366）
◆江川县人民政府办公室关于印发江川县抚仙湖沿岸环境卫生管理办法的通知………………………… 江政办发〔2012〕116号（368）
◆江川县人民政府办公室关于印发江川县县级重点项目并联并行审批办法（试行）的通知………………………… 江政办发〔2012〕132号（370）

特　　载

科学发展　奋力跨越
为建设生态文明美丽江川而努力奋斗

——在中共江川县委十二届三次全委（扩大）会上的报告

中共江川县委书记　马文龙

（2012年12月11日）

各位委员、同志们：

现在，我受县委常委会委托，向全委会报告工作。

这次大会，是在我县推进跨越发展进入关键时期召开的一次具有全局性意义的会议。大会的主题是：高举中国特色社会主义伟大旗帜，坚持以邓小平理论、“三个代表”重要思想和科学发展观为指导，全面贯彻党的十八大、省第九次党代会、市第四次党代会和县第十二次党代会精神，总结今年工作，部署明年任务，动员全县党员干部和广大群众认清形势，坚定信心，争先进位，奋力跨越，为建设生态文明美丽江川而努力奋斗。

一、2012年工作回顾

今年以来，面对全省各地都在争先进位、赶超跨越的激烈竞争形势，在市委的正确领导下，县委团结带领全县党员干部和广大群众，紧紧围绕实现“四个翻番、两个倍增”，推动科学发展和谐发展跨越发展的目标任务，抢抓机遇，乘势而上，扎扎实实抓项目、调结构、保增长、建生态、惠民生、促和谐、强党建，全县经济社会逐渐步入了科学发展的轨道，综合经济实力和发展质量明显提升，迈出了推动跨越发展的坚实步伐。

保增长平稳向好。围绕到2016年实现“冲百亿，促跨越，率先实现‘四个翻番、两个倍增’”的目标，凝聚发展共识，完善发展思路，科学布局了“龙泉山生态山水新城、生态工业园区和棋盘山、东山高端旅游”三大核心区，初步构建了“工业向园区集中、旅游向试验区集中、城镇向山地发展”的格局，先后召开了工业经济、县域经济、民营经济发展大会，制定了县域经济争先进位考核办法，实行重点工作重大项目推进责任制，切实把工作重点放在力促县域经济发展争先进位上来，保持了全县经济平稳较快发展。预计全年完成县内生产总值49.67亿元，同比增长15.5%；地方财政收入4.05亿元，增长20%；规模以上固定资产投资23亿元，增长30.7%；社会消费品零售总额13.8亿元，增长18%；城镇居民人均可支配收入21000元，增长15%；农民人均纯收入7680元，增长20.5%；万元生产总值能耗下降2.5%。

促跨越基础扎实。坚持把产业培育摆在更加突出的位置，超前谋划和实施了一批事关江川长远发展的重大项目，夯实了县域经济跨越发展的基础。工业主导地位逐步凸显。积极推进与玉溪高新区合作开发龙泉山生态工业园区，加快以水电路为重点的园区基础设施建设，联塑科技、特固电气等项目开工建设，一批有意向的重大工业项目正在积极引进。烟花爆竹行业整合初见成效，磷化工、纸制品、建筑建材等优势产业进一步巩固。民营企业发展到8800多家，对全县经济增长贡献率达59.1%。农业基础地位不断加强。烤烟再获丰收，烟农总收入达3.38 亿元，人均纯收入1300元以上。推进中低产田地和中低产林改造，投资1.2亿元建设了一批水利工程，有效应对了4年连旱的严峻形势，粮油、蔬菜、畜牧等传统优势产业稳步提升。生态文化旅游产业蓄势待发。九龙国际会议中心项目进展顺利，天湖湾、奥宸国际旅游小镇、星云湖4A级旅游风景区等项目有序推进，明星、孤山乡村特色旅游创建通过省级验收。预计全年接待游客189万人次，实现旅游总收入7.8亿元。

抓统筹城乡并进。抓住城镇上山和被列为低丘缓坡山地综合开发利用试点县的机遇，结合市委、市政府关于率先完成江川撤县设区工作的部署，科学谋划城市功能布局，编制了县城总体规划和近期建设规划。高起点完成了“山水新城”规划，县城新区建设迈出了可喜的第一步。加快推进了一批城市建设项目，翠大线五叉路口至伏家营段扩建工程完工，老城区改造初见效果。出台并实施了加强城市管理的10个办法，县城人居环境不断优化。着力提高城乡统筹水平，保障性住房建设力度加大，新农村重点村建设、危旧房改造工程和扶贫开发工作积极推进，“农转城”目标任务超额完成，江城、九溪被列为全省现代农业型特色小镇。行政村村庄规划实现全覆盖，完成了15个行政村的村改社区工作，新设浪广社区。

建生态步伐加快。坚持生态立县、环境优先，制定了生态县建设规划，生态创建工作顺利推进，“两湖”保护治理取得新进展。坚决落实“退调保”战略，完成了抚仙湖一级保护区退田还湖工作，星云湖一级保护区退田还湖工作正在启动，大鲫鱼河流域环境综合治理工程有序推进，天然林保护、石漠化治理工程稳步实施。继续推进星云湖湖滨带恢复、蓝藻打捞、部分沿湖村落污水治理等工程，南片区污水处理厂通水试运行。组建了江川环保投资公司。继续落实河（段）长责任制，入湖河道治理成效初显。严格水资源管理，有效防范了“两湖”低水位运行带来的生态风险。抚仙湖继续保持I类水质，星云湖水质有所改善。深入推进农村环境卫生综合整治，开展了生态文明主题创建活动，环境宣教工作进一步强化。严格执行建设项目审批制度和环保“三同时”制度，圆满完成了污染减排任务。

保民生力度加大。坚持以人为本，大力保障和改善民生，县财政民生支出同比增长26%，人民群众幸福指数明显提升。全面落实“三免一补”政策，大力实施农村义务教育学生营养改善计划，各级各类教育质量和水平逐步提高，“两基”成果不断巩固。乡镇基本药物制度全面落实，城乡医疗基础设施进一步完善，新农合保障范围不断扩大，参合率达96.73%，有效缓解了群众看病难、看病贵问题。新农保和城镇居民养老保险工作加快实施，城乡社会保障体系不断健全。积极扩大就业，“贷免扶补”带动2500多人创业就业，城镇登记失业率控制在3.5%以下，培训转移农村劳动力4000多人。文化事业繁荣发展，文化产业发展活力明显增强，基层文化活动设施不断完善，博物馆、图书馆和乡镇综合文化站免费开放，直播卫星“户户通”工作稳步推进。老龄、残疾人事业健康发展，科技、体育、人口计生等工作全面加强，人口自然增长率控制在5‰以内。

促和谐局面良好。坚持把“确保党的十八大顺利召开”作为首要政治任务，严格执行领导包案和“一岗双责”制度，继续开展领导干部接访下访工作，扎实开展矛盾纠纷排查化解，千方百计化解了一批信访积案。突出对重点地区、重点部位、重点人群的管控，加强预警和信息研判，全力做好应急处置工作，确保了十八大召开之年全县社会和谐稳定。制定出台了加强和创新社会管理的实施意见，形成了党委政府统一领导、相关部门密切配合、社会组织广泛参与的群众工作格局。全面推进依法治县，强化社会治安综合治理，严厉打击各类违法犯罪行为，扎实做好防灾减灾和安全生产工作，“平安县”创建成果进一步巩固。

切实加强民主政治建设。支持人大、政府、政协依法依章履行职能，支持法院、检察院依法独立公正行使审判权、检察权。统战、民族宗教、工商联等爱国统一战线不断巩固，工青妇等群团组织的桥梁和纽带作用得到充分发挥。基层民主不断扩大，基层组织活力进一步增强。国防动员和国防后备力量建设切实加强，军政军民团结得到巩固和发展。

抓党建成效明显。坚持党要管党、从严治党方针，创先争优、学习型党组织建设等活动扎实有效，四群教育、作风建设年、基层组织建设年和跨越发展先锋行动深入开展，基层党组织的战斗堡垒作用、党员的先锋模范作用有效发挥。县委常委会自身建设得到加强，完善了议事规则和沟通制度。深化干部人事制度改革，出台了领导干部交流办法，交流干部74人次。老干部工作进一步加强。严肃换届纪律，县乡人大和县政协换届工作有序推进，县总工会、少工委、残联、文联和红十字会顺利换届。严格执行党建工作责任制，制定了《关于进一步加强农村（社区）基层组织建设的意见》，农村基层党组织和基层政权建设明显加强。推行党员积分制管理，加大了对不合格党员的处置力度。出台了加强党政“一把手”权力运行监督制约暂行办法，规范了权力运行。始终保持惩治腐败高压态势，立案查处违纪违法案件7件，给予党纪政纪处分9人。

以上工作的开展和成绩的取得，是市委正确领导的结果，是全县人民共同奋斗的结果，是广大党员干部扎实工作的结果。县人大、县政协围绕中心、服务大局、主动作为，各乡镇（街道）、各部门、各行业积极努力，驻江部队和武警官兵等社会各界倾力支持，推动形成了县委统揽全局、协调各方，大家齐心协力推进江川各项事业发展的大好局面。各位委员、同志们对我们的工作给予了真诚帮助和大力支持。在此，我代表县委常委会表示衷心的感谢！

在充分肯定成绩的同时，我们也要清醒地看到工作中存在的问题和不足。一是经济总量不大，结构不优，工业化、城镇化水平低的基本县情仍然没有发生根本改变；二是大项目、好项目、带动性强的项目落实难，投资规模大、拉动能力强的工业项目偏少，文化旅游产业发展水平不高，对县域经济发展起支撑作用的规模企业不多；三是发展的资源环境约束性强，“两湖”保护治理和生态建设任重道远；四是部分领导干部思想不够解放，加快发展的责任感和紧迫感不够强，推动科学发展的能力不足、办法不多、作风不实。我们要高度重视并切实解决好这些问题。

二、2013年奋斗目标和主要任务

明年是江川争先进位、实现跨越发展的关键一年。总体上看，我县仍处于发展的重要战略机遇期，机遇与挑战并存，机遇大于挑战。从外部政策环境看，党的十八大提出了优先推进西部大开发的区域发展总体战略，西部大开发的地位不断强化，江川面临着发展的新起点、新机遇；省委省政府关于滇中经济区建设“一区、两带、四城、多点”的战略部署，以及按照“两核、两轴、五湖、十二城、六十个重大项目”的总体布局，推进昆玉旅游文化产业经济带建设的战略决策，将使江川的资源和区位优势更加凸显，吸纳聚集的资源要素将更多，为我们加快推进旅游改革综合试验区建设，尽快实现跨越赶超提供了强大的动力；江川被列为低丘缓坡山地综合开发利用试点县，加之市委市政府全力支持我县率先撤县设区，为我们加快推进城镇上山、工业上山、旅游上山提供了有力的政策支持。从江川自身发展看，通过多年的努力，我们积蓄的发展潜力开始逐步释放，特别是随着一批工业、旅游等重大项目的引进和实施，江川发展的态势将更加强劲，发展的基础将更加坚实，跨越的优势将更加明显。机遇极为宝贵，稍纵即逝，能不能抓住机遇、用好机遇，是对我们执政能力的重大考验，也是我们能不能赢得主动、赢得优势、赢得未来的关键所在。我们必须正确认清当前形势，牢牢把握重大机遇，切实把思想和行动统一到中央、省市委的各项决策部署上来，进一步增强使命感、责任感和紧迫感，以只争朝夕的拼劲、奋发有为的干劲、敢为人先的闯劲、锲而不舍的韧劲，在全县上下努力形成争先进位的浓厚氛围，推动全县经济社会发展实现新跨越。

做好明年工作，必须坚持以邓小平理论、“三个代表”重要思想和科学发展观为指导，全面贯彻党的十八大精神，大力实施“生态立县、农业稳县、工业强县、旅游活县、文化兴县”发展战略，以加快转变经济发展方式为主线，以生态文明建设为引领，以改善民生为根本，以奋力跨越为关键，按照“兴园强工、建设新城、做美生态”的思路，全力打造环抚仙湖生态旅游圈、环星云湖生态产业圈以及“龙泉山生态山水新城、生态工业园区和棋盘山、东山高端旅游”三大核心区，加快推进新型工业化、城镇化和农业现代化进程，努力建设生态文明美丽江川。

明年经济社会发展的主要预期目标是：县内生产总值增长14%以上；地方财政收入增长12%以上；规模以上固定资产投资增长20%以上；社会消费品零售总额增长15%以上；城镇居民人均可支配收入增长15%以上；农民人均纯收入增长15%以上；万元生产总值能耗下降3.2%；城镇登记失业率控制在3%以内；人口自然增长率控制在5‰以内。

围绕上述目标，我们重点要抓好六个方面的工作：

（一）着力壮大产业，增强发展内生动力

实现江川跨越发展，重点在产业、关键在产业、难点也在产业。必须坚持把培育打造支撑产业，突出发展实体经济作为推动县域经济跨越发展的主攻方向，以产业引项目、增投资、促发展、强实力。

大力发展高原特色农业。发展高原特色农业，是中央和省委对我省农业发展作出的战略定位。我们必须抓住机遇，用好资源优势，以高原特色农业引领全县农业发展。坚持集中连片的原则，抓好现代烟草农业基地单元建设，巩固提升烟草产业，打造“生态、特色、优质”的绿色烟叶品牌。坚持合理布局、突出特色，着力发展蔬菜、花卉等特色优势产业，规划建设标准化蔬菜交易市场，建立健全农产品流通体系，努力把江川打造成为滇中经济区重要的无公害、绿色、有机农产品生产基地。探索星云湖渔业产业化运作模式，促进渔业健康发展，巩固云南高原湖泊水产品交易中心的地位。积极稳妥推进集体林权制度配套改革，大力发展以核桃为主的特色经济林，全力推进“两湖”沿湖退田还湖区域发展精品农业和休闲农业。发展壮大农村合作经济组织，引导农村土地承包经营权有序流转。加快云南农业科技园项目建设，做优做强一批农业龙头企业，推进农业产业化发展。继续推进中低产田地改造，开展高标准基本农田建设。配合做好滇中引水工程，抓好病险水库坝塘除险加固、骨干水源工程和“爱心水窖”项目建设，夯实高原特色农业的发展基础。

倾力推动工业跨越发展。江川的发展“快在工业，慢也在工业”，这是我们要充分把握的县情之一。必须坚定不移地实施工业跨越发展计划，全力推进工业园区建设，做大做强存量，高起点引进增量，打造工业经济增长极，为江川在全省争先进位奠定基础。加快推进龙泉山生态工业园区建设，启动5平方千米一期项目建设，完成20平方千米的拓区规划申报和审批工作。组建园区基础设施投融资公司，抓好龙泉大道、仙水大道、110KV变电站等园区基础设施建设，优化园区发展环境。积极探索以商建园、以园招商的新路子，吸引新材料、环保、生物、装备制造等新兴战略性产业入园发展，推进联塑科技、特固电气等项目尽快投产，力促生物制药等多个项目入园建设，努力把龙泉山生态工业园区建成全市新型工业化的重要经济带和优势工业项目聚集区，力争在2016年前建成省级工业园

区。鼓励支持中小微企业发展，抓好小白坡片区规划建设，优化园区功能要素配置，吸引具有发展优势、符合园区规划、总投资在5000万元以下的项目入驻园区。按照盘活、做大、做精存量的思路，着力改造提升磷化工、纸制品、建筑建材等传统产业，力争烟花爆竹产业实现销售收入2亿元，打好民营经济发展战役。

加快发展以高端文化旅游产业为重点的服务业。坚持以昆玉旅游文化产业经济带建设为契机，用好用活旅游改革发展综合试验区的各项政策，打基础、建景点、创品牌，努力把文化旅游产业培育成新的经济支柱产业。做大抚仙湖休闲度假湖泊，加快推进晋江公路建设，全力推进仙湖锦绣、奥宸国际旅游小镇、九龙国际会议中心、药王谷和小马沟旧村改造等项目建设，努力把环抚仙湖生态旅游圈建成以娱乐、休闲运动为主的休闲度假旅游聚集综合体。做特星云湖湿地生态湖泊，加快推进星云湖4A级旅游风景区、环湖渔村小镇提升改造工程等项目建设，努力把环星云湖生态产业圈建成以湿地生态旅游、休闲渔业为特色的滨湖休闲度假聚集综合体。积极推进抚仙湖已退农田旅游基础设施、服务设施和景观建设，大力发展乡村旅游。加速发展现代物流业，规划建设现代物流园区，努力打造辐射滇中经济区、连接东南亚的现代商贸物流中心。继续举办好“开渔节”，发挥好“中国生态美食名县”的品牌效应。以活跃城乡市场、扩大社会消费为重点，大力发展商贸、餐饮、家政、信息、金融保险等就业容量大的服务业，继续做好“万村千乡市场工程”等工作，构建多元化、信息化、规范化的农村现代流通网络。

（二）着力建设生态县，改善发展基本条件

良好的生态是生命之基、生活之本、生存之根。必须坚持生态立县战略，全面实施以“建设生态文明，优化生态环境，发展生态经济”为主要内容的生态县建设，努力实现人与自然和谐共处、经济社会与生态环境协调发展，让江川的天更蓝、山更绿、水更清、空气更清新。积极探索“两湖”保护治理新思路，认真落实“退调保”战略措施，继续推进环湖截污治污、农田污染治理、湖滨带生态修复、沿湖村庄“两污”治理等工程，加快星云湖一级保护区退田还湖和九溪片区“两污”项目建设，落实好河（段）长责任制。大力实施公益林管护和防护林工程，持续开展绿化造林活动，构建“两湖”一级保护区生态屏障。加快建立“两湖一库”流域多渠道、多元化的生态补偿机制。强化地下水资源管理，加强城乡饮用水水源地保护。加强环境执法监督，严格落实节能减排责任制，最大限度削减和控制污染。深入开展“七彩云南·江川保护行动”和生态文明主题创建活动，继续加大农村环境卫生整治力度，积极开展生态乡镇、生态村和绿色学校、绿色社区等创建工作。

（三）着力推进城镇上山，统筹发展城乡

坚持以加快融入滇中城市经济圈发展为取向，以推进城镇上山为立足点，以产城融合发展为动力，按照做精县城、做特乡镇、做美乡村的要求，提速江川城镇化进程，努力把江川建设成为玉溪“三湖”生态城市群的次中心城市和以古滇文化、湖泊山水为特色的现代城市。牢固树立“以水为源、以山为依、以绿为美”的理念，按照建设山城、水城、绿城、商城的目标，倾力推进“山水新城”项目。继续抓好老城区改造升级，加快推进星云铭城等项目建设。加强城市产业支撑体系建设，主动承接优质产业项目，依托财富广场、古滇国城等项目打造新的城市商业中心。逐步完善城市功能配套设施，全面落实城市管理长效机制，深入实施绿化、美化、亮化、净化工程，塑造城市新形象。积极稳妥推进“农转城”工作。继续推进“一事一议”财政奖补、新农村重点村建设等项目，抓好“空心村”改造。坚决实行最严格的耕地保护制度和节约用地制度，加强对农村集体土地、宅基地、集体建设用地的管理，依法开展违规圈地、占地和闲置土地等清理工作。

（四）着力保障和改善民生，共享发展成果

保障和改善民生事关群众福祉。必须把准民生脉搏，关注民生热点，更加重视社会事业发展，让全县群众真切感受到生活在江川有幸福感。落实好国家教育体制改革试点项目，办好各级各类教育。继续落实好学生营养改善计划。抓好校安工程、江中路改造和一中、职中扩建工程，改善办学条件。深入实施《全民科学素质行动计划纲要》，认真贯彻执行《全民健身计划》。深化医药卫生体制改革，完善县乡村医疗卫生服务网络，落实好新农合

政策，提升公共卫生服务能力。加大农村富余劳动力转移力度，继续落实“贷免扶补”优惠政策，发挥创业带动就业的倍增效应。加强社会救助体系建设，促进新农保和城镇居民养老保险制度全覆盖。推动残疾人事业健康发展。加大保障性安居工程建设力度，切实解决城乡群众特别是中低收入群众的住房难问题。

（五）着力强化文化支撑，增强发展软实力

江川独特的历史文化积淀、秀美的湖泊山水风光，为文化建设提供了不竭源泉。必须牢固树立“文化产业化”的理念，促进文化与产业的融合发展，激发文化建设的创造力和活力，更加努力地推动文化大发展大繁荣。加强社会主义核心价值体系建设，坚持用社会主义荣辱观引领社会风尚，全面提升群众文化素养、城市文明程度和社会道德水平。加强文化队伍建设，完善公共文化服务体系，大力推进农村文化阵地建设，让人民群众得到更加便利、更加完善、更加良好的公共文化服务，繁荣城乡文化事业。壮大文化产业，深入挖掘古滇青铜文化、高原水乡文化、渔文化和云药养生文化的内涵，努力打造青铜工艺品、彩印包装和特色餐饮品牌，策划建设一批有效益、有特色的文化产业项目，培育壮大一批文化企业，增强文化产业整体实力和竞争力。依托李家山古墓群遗址文化内涵和江川历史文化名人效应，着力创新知名文化品牌，以品牌扩大影响、吸引资本、发展产业。坚持政府主导和社会力量广泛参与相结合，策划组织一批体现江川特色、高水准的对外文化交流活动。积极拓展大众文化消费市场，培育群众广泛参与的社区文化、农村文化、校园文化和企业文化。加大对内对外宣传力度，扩大江川知名度、美誉度和影响力。

（六）着力加强和谐社会建设，营造发展良好环境

积极推进民主政治建设。支持县人大依法履行监督权、重大事项决定权和人事任免权，支持县政协依章履行政治协商、民主监督、参政议政职能。发挥爱国统一战线协调关系、化解矛盾、凝聚人心、增进团结的作用，支持工青妇等群团组织依法按章创造性地开展工作。加强国防和民兵预备役建设，巩固军政军民团结。加强和创新社会管理，促进社会公平正义，保障人民群众安居乐业。认真实施“三五”依法治县和“六五”普法规划，深入推进“法治江川”创建工作。继续深入开展领导干部接访下访工作，完善人民调解、行政调解、司法调解相互衔接的大调解机制，畅通群众诉求渠道，把矛盾化解在萌芽状态。加强和谐社区建设，健全管理和服务体系。深入推进“平安江川”建设，建立健全社会稳定风险评估机制和预警机制，完善群防群治机制，加强综治维稳基层基础建设。强化社会治安综合治理，深入开展打击“黄赌毒”专项行动，依法严厉打击各类刑事犯罪。高度重视安全生产，切实抓好道路交通、消防、食品卫生、危险化学品等行业安全整治，坚决遏制重特大事故发生，努力维护全县社会和谐稳定。

三、紧紧围绕推动江川跨越发展全面提高党的建设科学化水平

做好明年工作，关键在于加强和改善党的领导。必须增强紧迫感和责任感，牢牢把握加强党的执政能力建设、先进性和纯洁性建设这条主线，全面加强党的思想、组织、作风、反腐倡廉和制度建设，着力把各级党组织建设成为坚强的领导核心。

（一）着眼于提高党员的政治素质，切实加强思想理论建设

坚持把思想理论建设放在首位，认真开展党的十八大精神学习宣讲活动，用党的理论创新成果武装头脑、指导实践、推动工作。切实强化党员干部思想政治教育，加强政策法规、业务知识、文化素养和工作技能培训，提高综合素养。大力弘扬党的优良传统和作风，讲实话、办实事、求实效，坚决反对形式主义和官僚主义。深入推进学习型党组织和学习型机关建设，引导广大党员干部自我学习、自我教育、自我锻炼、自我提高，自觉加强党性修养，坚定理想信念，讲党性、重品行、作表率，永葆共产党人的政治本色。

（二）着眼于提高执政能力和领导水平，切实加强各级领导班子和干部队伍建设

全面贯彻党管干部原则，创新和完善干部选拔任用机制，用宽阔的视野、科学的办法、管用的制度选人用人，不断提高选人用人的透明度和公信力。继续加强后备干部队伍建设，选派优秀年轻干

部到项目建设的主战场、招商引资的第一线、综治维稳的最前沿去锻炼，让他们在实践中增长见识、转变作风、提高本领、积累经验。严格执行《江川县领导干部交流办法》，形成乡镇之间、部门之间、乡镇与部门之间干部交流的常态机制，认真做好妇女干部、党外干部和少数民族干部的培养选拔工作。创新方式方法，强化对换届后干部队伍的跟踪管理，切实构建科学的干部选拔、教育、培养和监督机制，充分激发全县干部干事创业的热情，形成推动江川跨越发展的强大合力。严格组织程序，严肃换届纪律，确保县乡人大和县政协换届工作圆满完成。全面加强各类人才队伍建设，不拘一格选人才，开创人才辈出的生动局面。

（三）着眼于保持党的先进性、纯洁性，切实加强党的基层组织建设和党员队伍建设

围绕保持党的先进性和纯洁性，深入开展以“为民、务实、清廉”为主要内容的党的群众路线教育实践活动，着力解决人民群众反映强烈的突出问题。扎实抓好“四群”教育，继续选派新农村建设指导员，完善党员干部直接联系群众制度。落实好党建工作责任制，全面推进各领域基层党建工作，扩大党组织和党的工作覆盖面。认真做好村级组织换届选举工作，选好配强村“两委”班子。巩固基层组织建设年工作成果，不断创新基层党建工作模式，推进“党支部示范建设工程”，促进党支部规范化建设。实施“党员先锋活力工程”，全面推广党员积分制管理，促进党员作用发挥。严格党内组织生活，健全党员党性定期分析、民主评议等制度。改进对流动党员的教育、管理和服务。提高发展党员质量，重视从青年工人、农民、知识分子中发展党员。健全党员能进能出机制，优化党员队伍结构。

（四）着眼于密切党同人民群众的血肉联系，切实加强党的作风建设和反腐败斗争

坚持标本兼治、综合治理、惩防并举、注重预防的方针，严格执行党风廉政建设责任制，加快推进惩治和预防腐败体系建设。积极拓展从源头上防治腐败工作领域，完善权力运行监督制约机制，特别要加强对关键领域、重点部门、核心环节的监督，完善制度，形成凭制度用权、靠制度办事、用制度管人的工作格局。着力开展党性党风党纪教育，加大示范教育、警示教育和岗位廉政教育力度，推进廉政文化建设。严明党的政治纪律，坚决查处和纠正有令不行、有禁不止的行为，保证县委政令畅通。大力弘扬勤俭节约的优良传统，切实改进调查研究，下决心改进文风会风，精简会议、文件和简报，着力整治慵、懒、散、沓等不良风气。深化农村党风廉政建设，发挥好村（居）民监督委员会的作用。加大违纪违法案件查办力度，严厉惩处腐败分子，始终做到干部清正、政府清廉、政治清明。

同志们，江川正在跨越，前景催人奋进。全县广大群众的期待在鞭策着我们，繁重的发展任务在等待着我们。让我们更加紧密地团结起来,在市委的坚强领导下，倍加珍惜不可多得的发展机遇，倍加珍惜来之不易的发展势头，扎实走好每一步，奋力跨过每道关，为加快实现跨越发展，建设生态文明美丽江川而努力奋斗!

政府工作报告

——2013年1月13日在江川县第十五届人民代表大会第一次会议上

中共江川县委副书记、江川县人民政府县长　葛　勇

各位代表：

我代表江川县第十四届人民政府向大会报告工作，请予审议。

一、本届政府工作和2012年经济社会发展情况

2008年以来是应对挑战较多的五年。面对复杂多变的宏观经济形势和严重的自然灾害，县人民政府在市委、市政府和县委的领导下，在县人大、县政协的监督支持下，团结带领全县人民，以科学发展观为指导，全力以赴抓机遇，攻坚克难促发展，圆满完成了县第十四届人大一次会议确定的目标任务，全县经济社会实现平稳健康发展。

五年来，我们坚持调结构、转方式、培产业，综合实力稳步提升。五年预计完成县内生产总值197.3亿元、财政总收入19.6亿元、地方财政收入14.6亿元、地方财政支出41.6亿元，分别是上一个五年的1.7倍、2.1倍、2.3倍和2.7倍，年均分别增长8.1%、15.6%、18.9%和24.3%。三次产业比重由2007年的27.3：36.7：36.0调整为25.0：32.1：42.9，结构更趋合理。

农业发展稳中有进，综合生产能力进一步提高。五年预计完成农业总产值79.6亿元，比上一个五年增长65.8%，年均递增11.2%。烤烟生产实现提质增效，累计实现烟农收入14.18亿元、烟叶税2.94亿元，分别是上一个五年的1.5倍和1.6倍，2011年被省政府评为“烤烟生产先进县”。农业产业化步伐加快，农业专业合作社达36个，农产品加工企业达16户。蔬菜、花卉、林业、畜牧、渔业巩固提升。农业实用技术和农业机械化推广力度不断加大，良种推广率达100%，财政补贴1114万元，推广各类农机具6094台（套），机械化率达43%。生态农业建设成效明显，累计认证有机、绿色和无公害农产品7个，无公害农产品（含水产品）基地达42.12万亩。

工业经济止跌回升，实现恢复性增长。五年预计完成工业总产值172.5亿元，是上一个五年的1.55倍，年均增长7.4%。2009年，天湖国际化工关停给全县工业经济带来严重影响，工业总产值由2008年的42亿元下降至2009年的22亿元，负增长47.3%，经过三年努力，恢复到今年的46亿元，比2008年增长14.2%。五年来，财政累计投入工业发展资金1.73亿元。为企业置换贷款3.23亿元。规模以上企业达29户，非公经济达8858户。着眼工业经济长远发展，启动了龙泉山生态工业园区建设，园区总规、控规和水、电、路基础设施建设基本完成，两个入园项目稳步推进。小白坡工业产业片区完成总规、

环评编制，全县工业经济基本形成以现有企业为支撑、龙泉山生态工业园区为增长极、小白坡工业产业片区为辅助的发展布局。

第三产业加快发展，活力不断增强。五年预计完成第三产业增加值82.36亿元，是上一个五年的1.96倍，年均增长12.1%。仙湖锦绣项目完成一期审批、征地等工作，九龙国际会议中心项目稳步推进。五年累计接待游客745万人次，实现旅游总收入24.92亿元。房地产、金融业加快发展。引进外来企业、撬动民间资金开发了滇中湖畔、财富广场等房地产项目，玉溪商业银行等3家银行新入驻江川，扶持成立了3户融资担保机构，2012年末金融存贷款余额分别达72.99亿元、44.4亿元，分别比2007年末增加41.28亿元、25.42亿元，存贷比达60.83%。商贸流通繁荣活跃，苏宁、华联等知名连锁企业相继入驻，建成“万村千乡”农资农家店87个。“家电、汽车、摩托车下乡”拉动居民消费3.21亿元。对外贸易扩大到21个国家和地区，出口商品增加到3类12种。“开渔节”节庆效应更加明显，荣获“中国生态美食名县”称号。

五年来，我们坚持谋长远、抓机遇、强基础，发展后劲逐步增强。紧紧抓住中央扩大内需机遇，加快推进以农田水利、交通、电力、市政等为重点的基础设施建设，五年累计争取扩大内需项目74个，资金3.4亿元。完成固定资产投资139.2亿元，是上一个五年的1.43倍。五年累计投入5亿多元，实施各类农田水利工程3056件，改造中低产田（地）17万亩、中低产林2.34万亩，改善灌溉面积11.2万亩，实施农村抗旱供水应急系统改扩建工程，解决了10.87万人的饮水问题。有效应对了4年连旱，被省委、省政府评为“抗旱减灾先进县”。累计投入1.5亿元，实施“一事一议”财政奖补、整村推进扶贫、民族团结示范村建设等项目457项。累计投入3.8亿元，新改扩建城乡道路39条153千米，行政村公交车通达率达90%。完成前卫、九溪输变电工程改扩建。投入5739万元，完成渔文化广场、湖滨路、文祥街延长线等13项市政工程。县城建成区达5.3平方千米，新建星云湖南北片区两座污水处理厂，城市生活污水、垃圾无害化处理率分别达81%、100%，城镇化率提高到35%，连续荣获“省级卫生县城”称号。

五年来，我们坚持抓生态、重治理、强保护，生态环境持续改善。落实“退、调、保”政策，完成抚仙湖退田还湖2799亩和920亩一级保护区缓冲带建设。完成李忠村等15项村落环境综合整治工程，完成大鲫鱼河流域等综合治理工程3项，“两湖”主要入湖河道环境综合整治和农村面源污染治理初见成效。星云湖蓝藻、水葫芦打捞实现常态化。18户企业通过清洁生产验收。五年完成植树造林8.43万亩，巩固退耕还林1.43万亩，治理水土流失48平方千米。荣获“国家级生态示范区”、“全国生态文明先进县”称号。

五年来，我们坚持抓统筹、促协调、惠民生，社会更加和谐进步。累计投入民生支出28.2亿元，占地方财政支出的67.7%，是上一个五年的2.7倍。保障体系日益完善。累计新增就业岗位10121个，实现失业人员再就业3991人，城镇登记失业率控制在3.5%以内。兑付新型农村合作医疗补偿资金1.99亿元，254万人次受益。发放最低生活保障、医疗救助等各类救助金8605万元。发放新型农村和城镇居民养老保险、被征地农民养老保险、医疗保险等各类社会保障资金8.9亿元。投资1000多万元，建成县中心敬老院。投入资金3亿多元，建成保障性住房1066套，在建2184套，发放廉租住房租赁补贴816万元，完成农村民居地震安全和危房改造10402户。农民人均纯收入、城镇居民人均可支配收入分别达7680元、21000元，均是2007年的1.9倍。人均储蓄余额达16948元，是2007年的1.48倍。每百户家庭拥有汽车25辆，网络宽带、数字电视用户分别达18606户和54974户。社会事业加速发展。投入各类教育补助经费1.77亿元，义务教育阶段学生实现全免费入学，3.45万名农村义务教育阶段学生享受到免费营养早餐。新建校舍9.9万平方米，完成德馨苑（职教小区）建设，为2200多名教职工解决了住房问题。荣获省级“教育先进县”称号。卫生事业不断发展，基本药物实现零差率销售，投资3300万元的县医技大楼投入使用，完成7个乡级卫生院、66个村级卫生所改扩建，农村初级卫生保健实现全覆盖。手足口、霍乱等传染性疾病得到及时有效防控。文化信息资源共享工程圆满完成，乡镇文化站、行政村农家书屋、中央及省市共6套无线广播电视节目实现全覆盖。保持了“全国文化先进县”称号。行政村体育基础设施覆盖率达75%以上。人口自然增长率控制在5‰以下。圆满完成第二次全国经济普查和第六次全国人口普查工作。社会保持和谐稳定。“五五”普法和“三五”依法治县工作取得实效。严厉打击各类违法犯罪，社会管理综合治理扎实推进。接访下访和矛盾纠纷“大调解”机制不断完善，各类社会矛盾有效化解。安全生产形势总体稳定，禁毒防艾、“平安先进县”创建工作不断深入。统计、科技、气象、老龄、档案、双拥、侨台、防震减灾等工作成效明显，各项社会事业协调发展。

五年来，我们坚持抓作风、提效能、树形象，自身建设不断加强。深入开展“三个一”主题实践、“四群”教育和“作风建设年”活动，推行“一线工作法”，实施目标倒逼管理工作305项，严格行政问责，行政效能得到提升，工作作风进一步转变，廉政建设得到进一步加强。严格执行“三重一大”集体决策制度，研究重大决策、重要项目、重要干部任免和大额度资金使用369项。深化行政审批制度改革，清理行政审批项目353项，审批时限压缩一半以上。自觉接受人大、政协监督，五年共办理人大代表建议499件、政协委员提案416件，办结率100%。修订完善了《江川县突发公共事件应急预案》等23个专项预案，公共安全和突发事件应对能力进一步提高。完成重大决策听证40项、重要事项公示2014项、重点工作通报3254项；受理政务信息公开查询1929次，政府行政行为更加公开透明。

2012年是本届政府任期最后一年。一年来，经过全县上下的共同努力，全面完成县第十四届人大五次会议确定的目标任务。全年预计完成县内生产总值49.67亿元，增长15.5%；地方财政收入4.05亿元，增长20%；规模以上固定资产投资23.8亿元，增长35.5%；社会消费品零售总额13.8亿元，增长18%；城镇居民人均可支配收入21000元，增长15%；农民人均纯收入7680元，增长20.5%；万元生产总值能耗下降2.5%。

各位代表，五年取得的成绩，离不开市委、市政府和县委的领导，离不开全体人民代表的积极建言献策和社会各界的关心支持，离不开全县广大干部群众的辛勤努力。在此，我代表县人民政府，向各位代表、全县广大干部群众、驻江部队和武警官兵，向工商联、无党派人士和人民团体以及所有关心支持我县发展的老领导、同志们，致以崇高的敬意和衷心的感谢！

在总结成绩的同时，我们也清醒地看到，江川经济社会发展中还面临一些困难和问题：一是经济总量不大，运行质量不高，重大产业项目推进缓慢，保持经济快速发展任务艰巨；二是产业结构不优，环境压力加大，转变经济发展方式任务艰巨；三是自身财力薄弱，收支矛盾突出，社会保障压力加大，统筹城乡发展和改善民生任务艰巨；四是少数部门和干部作风飘浮，协作、服务意识不强，政府自身建设任务艰巨。对此，我们一定高度重视，在今后的工作中认真加以解决。

二、今后五年工作目标和主要任务

各位代表，今后五年，是实现“四个翻番、两个倍增”①和全面建成小康社会的攻坚期，是改革创新、调整结构、转变发展方式的机遇期，是实现科学发展、和谐发展、跨越发展的关键期。未来五年，我们面临许多挑战，但也拥有难得的发展机遇：党的十八大使我们更加坚定了推动科学发展的决心和信心，新一轮西部大开发深入推进，云南桥头堡建设上升为国家战略；省委、省政府确定了加快滇中经济圈②建设，打造“一区③、两带④、四城⑤、多点⑥”和“八策兴县”⑦的工作思路，为加快发展提供了重大机遇和广阔空间。江川作为滇中产业新区、昆玉旅游文化产业经济带和“四城”、“多点”的重要组成部分，我们一定要牢牢把握机遇，科学研判形势，超前谋划，以只争朝夕的紧迫感、勇于拼搏的精神和务实创新的工作作风，为实现全县经济社会发展新跨越而努力奋斗。

根据县委十二届三次全委会的战略部署，今后五年政府工作的总体思路是：坚持以邓小平理论、“三个代表”重要思想和科学发展观为指导，全面贯彻党的十八大精神，大力实施“生态立县、农业稳县、工业强县、旅游活县、文化兴县”发展战略，以加快转变经济发展方式为主线，以生态文明建设为引领，以改善民生为根本，以奋力跨越为关键，按照“兴园强工、建设新城、做美生态”的思路，全力打造环抚仙湖生态旅游圈、环星云湖生态产业圈以及“龙泉山生态山水新城、生态工业园区和棋盘山、东山高端旅游”三大核心区，加快推进新型工业化、城镇化和农业现代化进程，努力建设生态文明美丽江川。

经济和社会发展的主要预期目标建议为：到2017年，县内生产总值年均增长14%以上；地方财政收入年均增长15%以上；规模以上固定资产投资年均增长20%以上；社会消费品零售总额年均增长15%以上；城镇居民人均可支配收入年均增长15%以上；农民人均纯收入年均增长15%以上；城镇登记失业率控制在3.5%以内；人口自然增长率控制在5‰以内；万元GDP综合能耗与省市同步下降。

结合上述目标，今后五年，我们将在以下七个方面有新突破：

（一）更加重视农业农村经济发展，在促进农民增收上有新突破

坚持以农民增收为核心，把“三农”工作作为政府工作的重中之重，抓住省实施“双百万件”水源工程建设的有利时机，继续强化水利基础设施建设，新建、除险加固一批骨干水源和“五小水利”工程，增强农业抗灾能力。积极发展节水农业，科学管理调度水资源，逐步实现水资源的可持续利用。

按照建设有云南高原特色现代农业的要求，继续实施“烤烟提质增效、蔬菜花卉设施栽培、畜牧业生态规范发展、经果林扩面增产、土著鱼繁育保护”等工程。加快土地流转，大力发展观光农业、特色农业，推进一产向二产融合、向三产延伸，构建生产、加工、储运一体化的农业经营体系。探索集“休闲度假、生态体验”为一体的农业产业发展新模式，把农村剩余劳动力转向二、三产业，增加农民工资性收入。到2017年，实现农业总产值25亿元。认真落实惠农强农富农政策，努力使公共财政向农村倾斜、公共设施向农村延伸、公共服务向农村覆盖，加快农村各项事业发展。

（二）更加重视工业经济发展，在壮大县域经济实力上有新突破

坚持“工业强县”战略不动摇，积极推进新型工业化，推动现有工业企业由资源消耗型向集约型转变，由传统型向科技创新型转变，提高企业核心竞争力。以创建省级工业园区为目标，倾力推进龙泉山生态工业园区和小白坡工业产业片区建设，按照“共建共享、收益分成”的模式，拓宽园区建设融资渠道，鼓励社会资本参与园区投资开发。积极招商引资，加快项目推进，完成一批投资上亿元的项目，到2017年，实现园区产值50亿元。大力培育磷化工、新型建材、机械制造、生物制药等重点行业（企业）。通过产业重组、技改扩建、政策扶持等措施，形成一批主业突出、竞争力强的企业，新增规模以上企业20户。加快中小微型民营企业发展，制定出台民营经济发展鼓励政策，推动民营经济转型发展。抓好节能减排，引导工业企业走低消耗、低排放，高增长、高效益的可持续发展路子。

（三）更加重视第三产业发展，在支撑县域经济发展上有新突破

按照“全力打造环抚仙湖生态旅游圈”的要求，抓住“昆玉旅游文化产业经济带”建设机遇，启动3个以上的高端休闲旅游项目建设。以做特星云湖湖泊生态湿地旅游景观为突破，打造星云湖4A级景区生态产业圈。充分挖掘江川“古滇青铜文化”、“高原水乡文化”、“渔文化”等资源，促进文化与旅游业的深度融合，把旅游文化资源优势转化为经济优势。今后五年内，接待游客数、旅游总收入年均分别递增10%、15%。积极发展物流、金融、酒店、餐饮等服务业，推动经济增长由投资拉动逐步转向消费拉动。到2017年，实现第三产业增加值44亿元。

（四）更加重视可持续发展，在生态文明建设上有新突破

加强生态文明建设，坚持“退、调、保”战略和“一湖一策”的治理保护方针，继续实施环湖截污治污、入湖河道环境综合整治、农业农村面源污染控制等工程。完成抚仙湖一级保护区缓冲带建设、牛摩河等6条主要入湖河道流域环境综合治理和星云湖沿湖30个村生活污水收集处理设施建设等工程，启动星云湖退田还湖及湖滨带修复。加大石漠化、水土流失综合治理力度，完成“两湖面山”绿化16万亩，低效林改造8万亩，防护林建设1万亩，巩固退耕还林成果1.2万亩，治理水土流失50平方千米。实现重点工业企业、旅游设施达标排放，抚仙湖、星云湖入湖主要污染物总量得到有效控制，确保抚仙湖平均水质稳定保持地表水I类水质标准；星云湖总体水质稳定达到地表水Ⅴ类水质标准。

全面推进国家级生态县创建工作，完成6个国家级生态乡镇创建。规范抚仙湖资源保护费征收工作。充分发挥县环保投资有限公司投融资平台作

用，为生态文明建设提供资金支持。继续落实河段长责任制，严格项目审批，加强环境监管和行政执法，杜绝重大环境污染事件发生。

（五）更加重视统筹城乡协调发展，在城镇建设上有新突破

坚持“县城带集镇、集镇带农村”的思路，修编完善各类规划，强化规划管控。继续加强城乡基础设施建设，大力推进城乡协调发展。到2017年，县城建成区面积达9平方千米，城市绿化率达35%以上，污水处理率达95%以上，生活垃圾无害化处理率达100%，城镇化率达50%，乡镇城镇化各项指标在现有基础上有新突破。

抓住滇中经济圈、玉溪“双百”城市和三湖生态城市群建设机遇，突出产城融合，以工业、生态旅游、房地产、商贸物流、金融保险、酒店餐饮、文化娱乐等产业为支撑，加快推进紫红坝山水新城建设。完成晋江高速公路江川段建设。实施明珠路南段、抚仙路南段等县城道路改扩建和街道绿化亮化美化工程。完善各类专业交易市场和文体配套设施，强化城市服务功能。做好廖家营片区开发建设。积极稳妥推进老城区改造。加快江城、九溪两个省级现代农业型特色小镇建设，扩大集镇规模，发挥城镇对农村的辐射带动作用。严格按照土地总体利用规划和乡镇、村庄规划，以小集镇、重点村建设为突破，依法清理乱占乱围土地，提高城乡闲置土地利用率，积极推进新农村建设。加强城市管理，构建宜居环境。

（六）更加重视招商引商，在项目落实上有新突破

抢抓政策机遇，结合国家、省、市的投资方向和我县发展实际，编制储备一批重大项目，加强与上级部门对接，争取更多项目落户江川。修订完善鼓励投资优惠政策和招商引资考核奖励办法，健全完善项目准入评价机制，努力在招大引强、延伸产业链、引进新兴产业、承接东部转移产业和提高签约率上有突破，引进一批资源消耗少、税收贡献大、带动能力强的项目，促进产业结构优化升级。优化招商环境，形成亲商、扶商的浓厚社会氛围。按照“意向项目促签约、签约项目促开工、开工项目促投产”的思路，转变服务理念，提升服务质量，做好重点招商项目的洽谈跟踪、协调服务工作，加快项目的引进、推进、建设速度，确保项目进得来、留得住、能发展。

（七）更加重视社会事业发展，在构建和谐江川上有新突破

认真解决人民群众最关心、最直接、最现实的利益问题，使改革发展的成果惠及全县人民。着力提升社会保障水平，提高社会保险覆盖面，全面推进城镇居民养老保险和新型农村养老保险工作。多渠道开发就业岗位，落实贷免扶补等政策，鼓励创业带动就业。强化社会救助，稳步推进低保提标扩面工作。继续实施城镇保障性住房建设和农村危房改造，加大扶贫开发力度，帮助贫困群众加快脱贫步伐。推进教育体制改革试点工作，促进义务教育均衡发展，加快学前教育发展，注重农村教师专业发展，提高教育教学质量。推进医疗卫生体制改革，全面实施乡镇卫生院绩效综合改革，巩固基本药物制度，推进基本公共卫生服务均等化，提高新型农村合作医疗保障水平。实现市县广播电视节目无线全覆盖。加强和创新社会管理，深化社会管理综合治理，完善大调解工作机制，从源头上防范和化解社会矛盾。加强公共安全体系建设，落实安全生产责任制，完善应急管理体系，提升公共应急管理能力。进一步转变政府职能，强化工作作风，规范权力运行，加强廉政建设，营造风清气正的良好环境。

三、2013年主要工作和目标任务

各位代表，2013年是全面贯彻落实“十八大”精神的开局之年，是全面建成小康社会的基础之年，也是落实“十二五”规划的关键之年。

经济社会发展主要目标建议为：县内生产总值58亿元，增长14%以上；地方财政收入4.66亿元，增长15%以上；规模以上固定资产投资29.8亿元，增长25%以上；社会消费品零售总额16亿元，增长15%以上；城镇居民人均可支配收入24500元，增长15%以上；农民人均纯收入8830元，增长15%以上；城镇登记失业率控制在3.5%以内；人口自然增长率控制在5‰以内。

实现上述目标，重点抓好八个方面的工作：

（一）以夯实农业基础为重点，在促进现代农业发展上有新进展

围绕农业增效、农民增收，强化农业新装备、新模式的推广应用，加快推进传统农业向生态、安全、高效、优质现代农业转变，实现农业总产值21亿元，增长8%。

以水利工程建设为重点，努力改善农业生产条件。开工建设安化双坝和九溪响水坝库区烟水工程，完成4座小（二）型水库除险加固及白河水库小型灌区改造，新建“爱心水窖”750口。抓好大街、前卫1.5万亩高标准基本农田建设，完成中低产田（地）改造4.5万亩。解决1.5万人饮水问题。

按照“控制总量、提高质量、优化结构”的要求，确保烤烟种植面积稳定在10万亩左右，完成烟叶收购1250万千克。加大优良能繁母猪推广力度，促进畜牧业生态发展，产值稳步增长。强化渔政管理，加强对土著鱼种的繁育保护，巩固云南高原湖泊水产品交易中心地位，实现渔业产量增长5%。稳定粮食种植面积，积极推进农业产业化，培育壮大蔬菜、花卉等产业，实现种植业产值增长9%。

继续推进新农村重点村建设。完成前卫镇大石河、江城镇风吹口2个村易地搬迁扶贫项目，启动20个整村推进扶贫项目。继续实施“一事一议”财政奖补项目，改善农村环境面貌。落实良种补贴、农机购置补贴、农业保险等强农惠农政策。培训转移农村劳动力3000人，拓宽农民增收渠道。

（二）以新型工业化为目标，在兴园强工上有新进展

按照“优化增量、提升存量、扩大总量”的要求，加大园区建设和对重点行业、企业的扶持力度，调动一切积极因素加快工业经济发展。依托园区优化产业布局，进一步提升工业经济的整体实力，实现工业总产值60亿元，增长30.4%；工业增加值15亿元，增长25%；规模以上工业增加值12亿元，增长26%。

完成龙泉山生态工业园区新拓展区域（20平方千米）规划修编和上报审批工作。完成龙泉大道路面硬化、仙水大道路基工程建设；完成园区1989亩土地收储。完成特固电气年产1万件智能电网控制设备生产线、联塑集团年产10万吨新型管材两个入园项目建设。加大园区招商选商力度，加快意向性入园项目的洽谈进度，确保腾达机械等5个项目尽快签约入园并开工建设。发挥工业园区投资开发有限公司作用，拓宽融资渠道，完成园区固定资产投资4亿元。加快推进小白坡工业产业片区建设，完成总体规划和控制性规划评审，启动9个入园项目建设。鼓励现有的磷化工、纸制品、建筑建材等优势产业加快技改扩建和提档升级，增强企业市场竞争力。继续淘汰落后产能，万元生产总值能耗下降2%。

继续坚持工业经济运行月通报、季分析制度，建立工业园区建设工作目标责任量化考核和工作进展情况通报制，加强对重点企业运行的监测分析和协调，提高服务质量，促进工业企业健康快速发展。

（三）以昆玉旅游文化产业经济带建设为契机，在发展高端休闲旅游产业上有新进展

继续推进“旅游活县”战略，努力把文化旅游产业培育成为带动县域经济发展的优势产业，实现旅游总收入9亿元，增长15.4%。抓好重点旅游项目建设，完成九龙国际会议中心五星级酒店建设并投入运营，完成仙湖锦绣项目一期工程，启动药王谷、远洋国际培训中心和天湖湾项目。加快老景区提档升级改造步伐，启动孤山高端文化旅游精品景区和星云湖4A级旅游景区项目建设。

积极推动乡村旅游发展，探索新农村建设与旅游业发展相结合的新模式，加快推进小马沟—冯家湾片区旧村改造，完成前卫镇乡村旅游和大石河彝族生态村策划编制，巩固孤山和明星两个省级旅游特色村创建成果，加大市级乡村旅游星级经营户和省级乡村旅游示范企业创建力度，不断提升乡村旅游品质。

（四）以两湖保护治理为核心，在改善生态环境上有新进展

按照建设生态美丽江川的要求，坚持“生态立县”战略，完成抚仙湖一级保护区缓冲带建设、抚仙湖西岸（江川段）生活污水收集和大摆村环境综合整治工程。全面完成大鲫鱼河流域环境综合治理工程。启动星云湖退田还湖、湖滨带恢复和大凹村等村落环境综合整治工程。实施星云湖东西大河小流域水环境综合治理工程。继续实施林业生态建设，完成封山育林2.2万亩、低效林改造1万亩，治理水土流失10平方千米。

更加重视“两污”治理。完成星云湖南片区污水处理厂管网配套等扫尾工作，积极采取措施加强管理，提高北片区污水处理厂污水收集率。推进东风水库径流区环境综合治理工程，完成九溪垃圾收

集转运工程、污水处理厂和配套管网工程建设并投入运行。加大环保监督执法力度，严厉查处各类环境污染事件；处理好保护与开发的关系，指导各类污染企业做好污染物处理设施建设。

（五）以融入双百城市建设为抓手，在提高城镇化水平上有新进展

抓住“双百”城市建设的机遇，加强城乡规划与其它上位规划的衔接，完成县城绿地系统、市政基础设施、公共服务设施、交通专项规划和前卫、路居、安化、雄关等集镇规划修编。按照分期实施、滚动开发的方式，完成山水新城项目一期建设。加快推进古滇国商贸城、星云铭城、景华苑、龙旺湖城等项目建设。完成公安局、环保局、消防大队业务用房建设，支持上营新村改造。搬迁仔猪批发市场，启动廖家营、渔文化广场片区开发，提高城市综合承载力。完善老城区配套功能，继续实施“万村千乡”市场工程。吸取大街农贸市场一期改造经验教训，积极稳妥推进二期提档升级改造工作。加强城市管理，宣传执行好已出台的10个城市管理办法。

加快基础设施建设。配合晋江高速公路投资开发建设公司，开工建设晋江高速公路江川段。继续实施澄川、玉江、江华、江通等公路路面修复工程。完成岳家营至李家营农村道路建设，完成江城镇环城南路、环城北路建设。实施浪广路南段改扩建工程。启动防洪大堤湖滨公园至大凹段路面硬化和环城北路建设。完成旱街110千伏变电站建设，稳步推进雄关220千伏变电站扩容和棋盘山110千伏变电站建设。

（六）以培植财源为动力，在增强保障能力上有新进展

加大对优势产业和成长型、支柱型财源培植力度，夯实财政增收基础。拓宽融资渠道，抓好融资担保体系建设，鼓励金融部门扩大信贷规模，支持中小企业、非公经济加快发展。注重防范金融风险、维护金融稳定。强化预算约束，加强预算执行动态监控，进一步规范非税收入管理，坚持依法治税，抓好税源监控，强化税收监管，做到应收尽收。拓展财政增收渠道，确保财政收入增长。继续巩固“小金库”清理和公务卡推广成果。加强监管审计，提高资金使用效益。优化支出结构，全力保障经济社会发展。

（七）以改善民生为根本，在推动社会事业协调发展上有新进展

认真落实“三免一补”政策，实施农村义务教育学生营养改善计划。启动江中路建设和职中扩建工程，继续实施校舍安全工程，完成龙街、后卫中学改扩建工程，推动义务教育均衡发展。推进县医院综合改革，落实好新型农村合作医疗政策，完成县120急救中心和九溪、安化卫生院门诊楼建设。继续做好“贷免扶补”工作，开发就业岗位1700个，完成城镇下岗失业再就业400人，开发公益性岗位400个，特殊困难群体再就业300人。认真落实社会救助等保障政策，完成九溪、前卫敬老院改扩建前期工作，继续扩大新型农村和城镇居民社会养老保险覆盖面。完成已建成保障性住房的租售工作，启动500套保障性住房建设，完成1900户农村危房改造工程。结合“空心村”改造，推进农村宅基地审批。抓好青铜器博物馆文物除锈修复工作。全面完成广播电视“户户通”工程。继续实施农民体育健身工程。抓好老龄、妇女儿童、残疾人等事业，做好气象预警、防灾减灾、计划生育、民族宗教、双拥、科技、统计等工作。

深入开展“六五”普法、“法制江川”和“四五”依法治县工作。实施“平安江川”视频监控系统建设。强化矛盾纠纷排查化解，整治社会治安突出问题，严厉打击各类违法犯罪行为。创新社会管理，坚持领导干部大接访大下访，继续畅通群众信访渠道。加强对烟花爆竹、危险化学品、矿山、道路交通、消防、食品药品等重点领域安全隐患排查治理，防范和减少重特大安全事故发生。深入推进第三轮“禁毒防艾人民战争”，确保社会和谐稳定。

（八）以提高行政效能为目标，在政府自身建设上有新进展

政府及其部门的工作作风、服务质量和工作效率是人民群众评价各级政府、各部门工作的基本标准。江川要实现“四个翻番、两个倍增”的目标，时间紧迫，任务艰巨，责任重大。必须以转变政府职能为核心，以制度建设为根本，以作风建设为保证，不断加强自身建设，增强政府的执行力、公信力和为民服务的能力。

注重团结协作，强化责任意识、服务意识，提高政府执行力。牢固树立全县“一盘棋”的思想，进一步强化大局观念，健全部门协调配合机制，形成齐抓共管的工作合力，确保政令畅通。把真抓实干作为

推动发展的着力点，坚持“干”字当头，以“实”为先，加强公职人员的宗旨意识教育，进一步转变工作作风，精简会议文件，减少事务应酬，走出机关抓落实，贴近群众办实事，深入基层解难题。把更多的时间和精力向基层倾斜，做到调查研究在一线，问题解决在一线，工作落实在一线。改进公务员考核办法，坚决惩治“庸、懒、散、软”行为。严格岗位责任制、行政问责制和项目督查督办制，重点查“不落实”的环节，集中抓“事难办”的问题，形成说实话、办实事、求实效的良好风尚。

坚定不移推进依法行政，规范政府权力运行。严格按照权限和程序行使权力、履行职责，健全公众参与、专家论证和政府决定相结合的行政决策体制，推进决策民主化、科学化、法制化。自觉接受人大的法律监督、工作监督，政协的民主监督和社会的舆论监督，团结各方力量推动工作。

坚持廉洁从政，提升政府公信力。全面贯彻落实党风廉政建设责任制，强化审计监督和行政监察，加强重点领域权力监管，加大源头治理力度，切实纠正不正之风。大力弘扬求真务实、艰苦奋斗之风，建设实干型、节约型政府，以务实、公正、清廉的形象取信于民。

各位代表，新征程充满新机遇，孕育新希望，让我们在县委的领导下，认真落实十八大精神，以更加开放的思想、更加昂扬的斗志、更加务实的作风，开拓创新，扎实工作，为建设生态文明美丽江川而努力奋斗!

2013年政府工作报告相关内容解释

①“四个翻番、两个倍增” 是省第九次党代会提出的今后5年主要奋斗目标，即：到2016年生产总值、人均生产总值、财政总收入、全社会固定资产投资比2011年翻一番以上，实现“四个翻番”。到2016年实现城镇居民人均可支配收入和农民人均纯收入比2011年增加一倍，实现“两个倍增”。

②“滇中经济圈” 是指云南中部以昆明为核心，半径约200千米，包括曲靖、玉溪和楚雄四个州市组成的行政辖区。总体目标是，2022年实现滇中城市经济圈“教育均等、就业均等，医疗一体、社保一体，金融同城、通讯同城、交通同城”，达到“公共服务一流、社会环境一流”。

③“一区” 即滇中产业新区，是滇中经济圈的核心，决定着滇中城市经济圈建设的速度和成败。建设目标为：桥头堡建设的核心区、产业发展的聚集区、改革开放的试验区、产城结合的示范区、科技创新的引领区、绿色发展的样板区，成为推动云南跨越发展的一个新的重要增长极。

④“两带” 即昆曲绿色经济示范带和昆玉旅游文化产业经济带，是滇中城市经济圈发展的“双翼”。昆曲绿色经济示范带以现代农业为主攻方向，以“绿色”、“生态”为品牌，以科技为推动力，打造成为全省高原特色农业发展的样板区、全国优质安全的农产品供给保障和出口基地、西部重要的农产品精深加工基地、集休闲观光体验展示为一体的精品庄园农业展示基地；昆玉旅游文化产业经济带以区域内五大高原湖泊为核心，依托优势文化、旅游、气候资源，打造成为展示中华文化的重要窗口、国际有影响力的商务会展旅游区、国际一流的休闲养生度假旅游区、国内外有影响力的生态经济发展走廊，加快形成中国乃至世界最适宜人居和休闲度假的旅游目的地。

⑤“四城” 指昆明、曲靖、玉溪、楚雄4个城市同城化建设，是滇中城市经济圈建设的纽带。其中，玉溪以建设现代宜居生态城市为目标，推进红塔区、江川、澄江、通海融合发展，加强与昆明的互动发展，重点发展卷烟及配套产业、休闲旅游产业，做优做强新型矿电产业，大力培育战略性新兴产业，加快发展外向型经济，成为支撑滇中经济区跨越发展的南部增长极。

⑥“多点” 指昆明、曲靖、玉溪、楚雄4州市辖区的42个县（市、区），是滇中城市经济圈的基础和基石。“多点”建设，就是激发县域经济自身的活力，充分利用42个县（市、区）的自然禀赋、地域特色、资源优势和文化条件，以县域经济跨越发展为目标，推进形成县域经济社会多点并进、特色鲜明、全面发展的新局面，成为全省县域经济发展的示范区。

⑦“八策兴县” 是省委、省政府对昆明、曲靖、玉溪、楚雄4州市所辖区内的42个县（市、区）经济发展的总体思路。即“产业兴县、强基兴县、科教兴县、引商兴县、扩镇兴县、富民兴县、放权兴县、开放兴县”。

大 事 记

编辑 李 伟

江川县2012年大事记

1月

▲5日，江川县举行廉租住房抽签分配仪式，216户住房困难家庭通过公开抽签方式获得廉租住房。

▲7日，江川县2012年烤烟生产工作会召开。

▲7日，江川县新型农村和城镇居民养老保险试点工作总结会召开。

▲8日，“文明交通，平安春运”2012年江川县春运交通安全工作启动仪式在江川县客运站举行。

▲9日，江川县举行2011年行政效能建设工作考评汇报会。

▲10日，江川县总工会对江川县历年来在各行各业中涌现出的14名全国、省、市劳模进行慰问。

▲10日，江川县总工会举行2012年“元旦、春节”送温暖活动，在县青少年活动中心集中慰问部分困难职工。

▲10日，云南特固电器有限公司入驻江川龙泉山工业园区，并举行开工仪式。

▲11日，江川县召开市政府行政效能考评工作意见反馈会。

▲12日，江川县四套班子领导深入辖区各村组及部分企业分别走访慰问江川县部分困难职工、农村特困户、残疾家庭及敬老院。

▲12日，共青团江川县委召开江川县鼓励青年创业“贷免扶补”工作创业导师帮扶座谈会。

▲13日，江川县组织收听收看国务院召开的全国安全生产电视电话会议。

▲13日，江川团县委组织召开江川县“共青团与人大代表、政协委员面对面”座谈会。

▲16日，县委书记马文龙，县委常委、县委组织部长林清一行到江川华联商业广场察看开业筹备情况。

▲16日，县委书记马文龙在县委常委、县委组织部长林清等人陪同下慰问建国前老党员。

▲16日，政协江川县七届二十八次常委会议召开。

▲17日，市党政领导张玲、董文献、范志华、张炜等在江川县四套班子主要领导马文龙、葛勇、张金翔、罗江鹏、赵少春、黄文柱等陪同下走访慰问驻江部队。

▲17日，玉溪市党政领导张玲、董文献、范志华、张炜到江川慰问困难职工、困难群众和优抚对象 。

▲19日，江川县召开2012年企业家新春座谈会。

▲23日（农历大年初一），江川县四套班子领导对春节期间坚守在工作岗位的值班干警进行慰问。

▲31日，江川县工商业联合会（商会）第八次会员代表大会召开。

2月

▲1日，江川县召开第十四届人民政府第七次全体会议。

▲5日，政协江川县第七届委员会第五次会议在县城湖滨电影院开幕。

▲6日，江川县开展第三批“生态文明之家”创建联合考核验收工作。

▲6～7日，玉溪市人民政府召开江川现场办公会。

▲7日，玉溪市政府在江川召开星云湖水污染综合治理调研汇报会。

▲9日，江川县第十四届人民代表大会第五次会议在湖

滨影剧院开幕。

▲9日，江川县"生态文明之家"创建考核工作组到大街街道下营社区及云南宏斌绿色食品有限公司进行"生态文明之家"创建考核。

▲9日，江川县环保局召开抚仙湖环境保护专题工作会。

▲11～14日，驻江部队官兵深入安化、雄关为群众紧急输送生产生活用水。

▲13日，云南省质量技术监督局局长、党组书记杨榆坚一行深入到江川县江城镇大地村委会开展"四群"教育活动。

▲14日，县委副书记、县长葛勇深入各乡镇（街道）了解大春生产备耕工作开展情况，实地查看烤烟育苗工作，检查指导和安排部署抗旱救灾工作。

▲15日，市委常委、常务副市长谢兴荣到江川调研孤山岛提档升级改造工作。

▲16日，江川县召开2012年关心下一代工作会。

▲17日，县委副书记、县长葛勇对残疾人工作开展专题调研。

▲17日，江川县妇联召开第十三届四次执委（扩大）会议。

▲18日，江川县组织收听收看全省组织工作会议。

▲21日，江川县组织收听收看全省新农村建设指导员工作总结表彰暨欢送新农村建设工作队视频会议。

▲21日，江川县召开新农村建设指导员工作总结表彰暨欢送新农村工作队大会。

▲21～24日，共青团江川县委联合江川县科协组织开展"江川县2012年农村青年致富带头人科技培训"。

▲22日，政协江川县第七届委员会召开第三十次常委会议。

▲22日，江川县召开抚仙湖保护紧急工作会，安排部署"七项措施"贯彻落实省委书记秦光荣的指示精神和市委书记孔祥庚对加强抚仙湖保护工作提出的要求。

▲22日，共青团江川县委联合县科协在大街街道上头营社区居委会举办农村青年带头致富科技培训。

▲22日，江川县妇联协调县科协、团县委，深入"四群"教育活动联系点——九溪镇矣文村开展"新型女农民培训班"。

▲23日，江川县召开生态创建工作动员会。

▲24日，县委副书记、县长葛勇深入东西大河调研环境综合整治工作。

▲24日，县委常委、县纪委书记郭永生带领督察组，到江城镇督察以抚仙湖水资源管理和水生态环境保护为主的重点工作。

▲24日，江川县召开烟花爆竹安全生产专项检查工作会议。

▲27日，江川县组织收看省政府召开的实施农村义务教育学生营养改善计划和农村寄宿制学生生活补助工作电视电话会议。

▲27日，江川县组织收听收看云南省森林防火和抗旱救灾工作电视电话会议。

▲27日，江川县举办"健康杯"机关职工篮球友谊赛，至3月7日结束。

▲28日，江川县召开加强和创新社会管理暨2012年全县政法工作会。

▲28日，江川县总工会召开十届六次全委（扩大）会议。

▲29日，县委副书记、县长葛勇深入安化、九溪、大街开展东风水库径流区综合整治及两湖保护现场专题调研。

▲29日，江川县召开"滇中万亩有机蓝莓产业科技示范园"项目对接洽谈会。

▲月内，县委副书记、县长葛勇到县教育局就教育重点建设项目推进、学生营养餐、教育发展等问题进行调研。

▲月内，江川县妇联召开2012年小额信贷培训会。

▲月内，由县第四纪工委组成的督查组到路居镇检查指导农村环境卫生综合整治工作。

3月

▲2日，江川县召开2012年财税工作会。

▲2日，江川县组织收听收看中组部以"一迎双争"为主题，深化"讲党性、重品行、做表率"活动视频会。

▲2日，江川县召开2012年发展改革和住房城乡规划建设工作会。

▲5日，共青团江川县委组织县医院、县中医院、县建国发廊、县电力公司、县消防大队的21名团员青年深入江川县大街街道土官田村开展以"传承雷锋精神·参与志愿服务"为主题的便民服务活动。

▲5日，共青团江川县委在县城明珠路组织开展"传承雷锋精神·参与志愿服务"活动。

▲6日，江川县妇联组织来自乡镇、街道及部分机关企事业单位的30多名巾帼志愿者深入大街街道海浒社区，开展"进社区、送健康"服务活动。

▲7日，江川县举办庆"三八"国际劳动妇女节体育系列活动。

▲7日，共青团江川县委在路居镇张营小学举行"江川县少先队组织开展'生态江川建设·红领巾行动'推进仪式"。

▲8日，江川县召开2012年环境保护暨"两湖一库"保护治理工作会议。

▲8日，江川县召开2010年工业经济发展大会。

▲8日，江川县妇联协调县公安局、县司法局及县

610办等相关单位，在县城明珠路开展“三八维权周宣传活动”。

▲9日，共青团江川县委、江川县青年联合会联合开展“合力保护母亲湖·青春建功生态县实践活动”。

▲9日，县委书记马文龙，县委副书记、县长葛勇等五套班子主要领导深入基层查看提水抗旱、烤烟育苗、人畜饮水和森林防火情况。

▲9日，江川县召开2012年安全生产工作会议。

▲12～15日，江城镇组织辖区内119个自然村132个村民小组，开展清洁村庄、清洁河道、清洁田园、清洁湖滩“四清”环境综合整治活动。

▲13日，江城镇完成抚仙湖主要入湖河道牛摩河湖滨带截污沟的清淤工作。

▲13日，江川县组织相关部门对安化彝族乡董炳河流域和集中饮用水源地环境污染隐患进行专项排查和整治。

▲16日，江川县召开党风廉政建设大会。

▲16日，中共江川县委班子召开“四群”教育专题学习生活会。

▲20日，江川县组织收听收看环境保护部等九部委组织召开的2012年全国环保专项行动电视电话会议。

▲20日，江川县召开2012年人大代表建议交办会。

▲21日，江川县召开2012年残疾人工作会。

▲21日，江川县组织收听收看全省水利建设和抗旱减灾工作视频会。

▲21日，江川县烟花爆竹企业整合工作领导小组召开第一次会议。

▲21日，共青团江川县委在星云湖北岸开展“生态江川建设·青春建功行动”生态实践活动。

▲22日，江川县召开烟花爆竹企业整合工作会议。

▲23日，江川县召开2012年度党建工作会。

▲22日，江川县妇联、县总工会、县人力与社会保障局在县城明珠路联合开展“春风行动”活动。

▲23日，《我们只有一个地球世界只有一个抚仙湖》赠送环保书籍仪式在江川孤山村委会古滇国文化园广场举行。

▲30日，江川县第十四届人大常委会第36次会议召开。

▲30日，香港乐施会捐赠大街街道10吨大米 。

▲31日，共青团江川县十六届二次全委（扩大）会议召开。

▲31日，江川县召开2012年新农村建设工作队第一次工作会议。

▲月内，大街街道开展保护母亲湖生态实践活动。

▲月内，江川县发展改革局组织召开《江川县县城生活垃圾处理收费标准调整听证会》。

4月

▲1日，江川县开展清明祭扫烈士墓活动。

▲5日，江川县“双学双比”竞赛活动协调领导小组召开全县“双学双比”工作会议。

▲6日，江川县召开2012年民政工作暨加强和创新社会管理工作会。

▲9日，玉溪市政协调研组调研江川龙泉山生态工业园区建设发展情况。

▲11日，市委副书记、市长高劲松率市农业、水利、林业等部门领导深入江川县调研抗大旱保民生保春耕工作。

▲12日，江川县召开2012年重点工作重大项目推进大会。

▲13日，大街街道仙水水库除险加固工程全面竣工。

▲17日，江川县召开2011年度农村环境卫生整治工作总结表彰暨2012年度动员大会。

▲18日，江川县召开2012年烤烟预整地暨移栽动员会。

▲18日，江川县召开2011年宣传思想文化工作会。

▲18日，江川县组织收听收看“带头创先争优做人民满意公务员活动经验交流”视频会。

▲20日，江川县在江城镇召开生态创建工作汇报交流会。

▲20日，江川县召开统战民宗工作会。

▲20日，云南省质量技术监督局纪检组到大营社区开展“联村联户心系民，春耕化肥入农户”捐赠活动。

▲20日，江川县召开2012年食品药品安全监管工作会。

▲20日，云南省国土资源厅组织专家对江川县龙泉山城市工业区低丘缓坡土地综合开发利用试点项目《实施方案》进行评审。

▲20日，云南省江川县低丘缓坡山地综合开发利用项目合作意向签约仪式在景洪举行。

▲23日，江川县组织收听收看全省金融工作电视电话会议。

▲25日，江川县“双学双比”竞赛活动协调领导小组召开全县“双学双比”工作会议。

▲25日，江川县组织收听收看由省委组织部、省委宣传部、省人力资源和社会保障厅在昆明举行的陈家顺同志先进事迹报告会。

▲26日，江川县召开全面推进廉政文化“六进”活动动员会。

▲27日，江川县召开2011年一事一议财政奖补工作会。

▲27日，江川县举行庆五一劳动模范座谈会。

▲28日，江川县召开第二季度安全生产工作会议。

▲28日，江川县召开媒体见面会，通报江川县明星村拉沙土填埋抚仙湖湖滩和玉溪市抚仙湖管理局执法支队办公场所被打砸调查情况。

▲月内，玉溪市发展和改革委员会在江川县主持召开《江川县大石咀村村落环境综合治理工程可行性研究报告》、《星云湖退田还湖及湖滨带恢复工程可行性研究报告》评审会。

▲月内，云南省财政厅一事一议村级公益事业建设财政奖补项目工作核查组对大街街道2011年一事一议村级公益事业财政奖补项目工程进行核查验收。

▲月内，江川县首批“云南省农村义务教育薄弱学校改造计划——多媒体远程教学设备”项目通过省市验收。

5月

▲2日，江川县召开2012年农机购置补贴工作会。

▲3日，江川县召开“环湖党建”工程推进会。

▲3日，共青团江川县委在江川职中举办“飞扬青春成就梦想建功高原湖泊生态县”创业英雄论坛。

▲4日，江川县召开2012年交通运输工作会议。

▲8日，共青团江川县委、江川县关工委、江川县教育局在龙街中学举行学习舍己救人英雄少年李鹏俊动员会。

▲9～11日，江川县举办第九套广播体操和全国健美操大众锻炼标准第三套规定动作培训班。

▲10日，江川县召开非公有制经济组织和社会组织党组织集中组建协调会。

▲11日，共青团江川县委组织召开全县共青团组织学习贯彻中央、省纪念建团90周年大会精神会议。

▲11日，江川县召开2012年金融工作会。

▲12日，江川县在县青少年学生校外活动中心举行“江川县共青团组织‘青春关爱·快乐课堂’活动暨开班仪式”。

▲15日，江川县举行星云湖大头鲤人工增殖放流仪式。

▲15日，江川县2012年卫生工作会召开。

▲16日，共青团江川县委联合中国人民银行江川县支行、江川县农村信用合作联社、中国农业银行江川县支行、中国邮政储蓄银行江川县支行对农村青年信用示范户进行挂牌。

▲16日，玉溪市发改委及江川县在九溪镇组织召开九溪片区“两污”治理项目可研报告专家咨询会。

▲18日，江川县召开禁毒、消防、道路交通安全管理工作会议。

▲22日，江川县召开十四届政府第五次廉政工作和2012年行政效能建设工作会。

▲23日，江川县召开2012年防汛抗旱暨烤烟中耕管理工作会议。

▲24日，云南省卫生厅副厅长郑进率调研组到江川县调研基本药物网上采购工作。

▲24日，江川县安全生产工作督查组到大街街道督查指导2012年来安全生产隐患排查治理和打非治违工作等各项重点工作。

▲24日，团中央最新公布的共青团“青年就业创业见习基地”中，云南腾达机械制造有限公司、云南鹏源药业有限公司两家企业成为江川县继云南宏斌绿色食品有限公司、云南卓一食品有限公司之后团中央命名的“青年就业创业见习基地”。

▲28日，县委常委、常委副县长石伟实地检查县城防汛应急工作进展情况。

▲28日，江川县召开2012年人力资源和社会保障工作会议。

▲28日，江川县雄关乡白石岩村妇代会在党群共建创先争优活动中荣获市级示范点称号。

▲28日，玉溪市委创先争优办党群共建指导组一行到云南宏斌绿色食品有限公司为公司团总支党群共建创先争优示范点授牌。

▲29日，江川县组织收听收看省政府召开的2012年全省地质灾害防治工作电视电话会议。

▲29日，江川县组织收听收看中组部召开的基层组织建设年工作推进视频会。

▲29日，江川县召开农村集体土地确权登记发证工作会。

▲30日，县委常委马利兴、副县长刘振环带领县妇联、县残联等单位人员深入玉溪市特殊教育学校开展慰问活动。

▲30日，江川县召开加大城乡统筹力度促进农业转移人口转变为城镇居民领导小组会议。

▲30日，江川县召开2012年招商引资和科技工作会。

▲30日，江川县举行晋江公路规划方案汇报会。

▲31日，江川县幼儿园举行“庆六一·迎十八大”亲子趣味运动会。

▲31日，江川县在体育馆举办“欢庆六一节，喜迎十八大”青少年学生校外活动中心培训成果展示暨大街小学社团活动展演。

▲月内，云南省教育厅检查组深入大街小学检查指导“三生”教育工作。

▲月内，江川县共青团组织完成2012年鼓励青年创业“贷免扶补”工作贷款发放任务，共向150名创业青年发放750万元工作贷款。

▲月内，深圳卓雅小学与江川县大街小学开展结对帮扶活动。

6月

▲1日，县委常委、常务副县长李东林率县妇联、团县委、教育局等单位领导到雄关乡中心幼儿园及中心小学开展六一儿童节慰问活动。

▲6日，江川县召开2012年环保专项行动暨污染减排工作会。

▲6日，由省财政厅副厅长王卫昆带领的省财政厅调研组一行深入江川就抚仙湖、星云湖田还湖工作及基层财政所建设情况进行实地调研。

▲7日，一年一度的全国高考正式开考。县委书记马文龙巡视江川县高考考点。

▲7日，中国船舶重工集团七五〇试验场与江川县路居镇人民政府土地置换协议签字仪式举行。

▲7日，中共江川县第十二届委员会召开第十三次常委会议，专题研究维稳工作。

▲11日，江川县政协召开七届三十一次常委会议。

▲11日，江川县召开星云湖渔业管理紧急工作会。

▲12日，江川县召开维护社会稳定工作会议。

▲12日，江川县组织举行为期一天的宣传工作培训班。

▲12日，中共江川县委书记马文龙等四套班子领导参加《领导与舆论》专题讲座。

▲12日，江川县召开新农村建设工作队第二次工作会议。

▲15日，江川县召开乡镇（街道）工商联分会换届工作会。

▲15日，县委副书记、县长葛勇深入前卫、龙街、江城等地粮食加工仓储基地实地调研粮食工作。

▲15日，江川县召开2012年度农村环境卫生整治第一次联席会议。

▲18日，江川县召开《江川县城市绿化办法（试行）（草案）》听证会。

▲21日，江川县召开加大城乡统筹力度促进农业转移人口转变为城镇居民工作动员会。

▲26日，县委书记马文龙看望慰问建国前入党的老党员。

▲26日，江川县召开庆祝中国共产党成立91周年大会。

▲26日，江川县妇联与县禁毒大队深入大街街道上头营社区开展“6·26”禁毒防艾专题知识讲座。

▲26日，江川县妇联与县禁毒委在大街街道上头营社区共同组织开展“拒绝毒品，远离艾滋，构建平安家庭”签名承诺活动。

▲26日，县妇联、县禁毒大队牵头在大街街道上头营社区开展“6·26”江川县毒品预防宣教示范点”揭牌仪式。

▲29日，江川县组织收听收看云南省召开的创先争优活动表彰大会。

▲28日，共青团江川县委与云南司法警官职业学院团委举行结对共建授牌仪式。

7月

▲2日，江川县农村环境卫生综合整治督查组到前卫镇检查指导农村环境卫生综合整治工作。

▲3日，县委副书记、县长葛勇到路居镇上坝、中坝和下坝村（居）委会对抚仙湖大鲫鱼河流域环境综合治理工程进展情况进行现场调研。

▲3日，江川县住建局与教育局联合组成检查组对江川县在建的4个校安工程进行质量安全大检查。

▲3日，安利基金援建的“山里的小白灵音乐课堂”落户江川县陈家湾小学。

▲4日，江川县妇联、县教育局、县关工委、团县委共同在江川县青少年活动中心召开优秀家长学校总结表彰大会。

▲5日，江川县组织县级机关全体党员干部及职工集中观看党内教育教育片《苏联亡党亡国20年祭——俄罗斯人在诉说》。

▲5日，江川县工商联合会到大街街道指导江川县工商联合会大街分会换届选举工作。

▲6日，江川县加大城乡统筹力度促进农业人口转变为城镇居民工作推进会召开。

▲6日，江川县召开保障性住房建设紧急工作会。

▲10日，江川县召开2012年新型农村和城镇居民社会养老保险工作会议。

▲11日，江川县大街街道浪广社区成立暨揭牌授印仪式在职教小区举行。

▲12日，江川县召开领导干部廉政教育大会。

▲17日，江川县开展“贯彻党代会精神·推进桥头堡建设”知识竞赛。

▲18日，普洱市景谷县妇联一行4人到大街街道上头营社区考察“江川县毒品预防宣教示范点”和“妇女主题活动室”工作。

▲19日，江川县召开安全生产暨打非治违专项行动工作会议。

▲23日，江川县召开十四届人民政府第八次全体会议暨2012年上半年经济运行分析会。

▲24日，江川县举行烟花爆竹行业整合合作框架协议书签字仪式。江川县人民政府与香港世纪鑫源集团有限公司、云南亚美给排水设备有限公司签署《江川县烟花爆竹行业整合合作框架协议书》，同时双方签署股权转让合同。

▲24日，江川县召开城镇上山项目规划汇报会。

▲27日，县委副书记张金翔、县人大常委会主任赵少

春、县政协主席黄文柱等领导深入县消防大队、人武部、武警中队和预备役三团二营、驻江部队看望慰问全体官兵。

▲27日，江川县举办2012年“双拥”工作座谈会。

▲30日，江川县委召开年度议军会议。

▲31日，江川县组织收听收看中共云南省委工作会议暨全省县域经济推进大会。

8月

▲1日，江川县基层组织建设年暨“四群”教育干部直接联系群众工作推进会召开。

▲1日，江川县预备役二营召开“八一”座谈会暨第二季度干部联席会议召开。

▲2日，江川县举办国防教育知识讲座。

▲2日，江川县召开县委议军会议。

▲3日，玉溪市政协调研组到江川县对低丘缓坡开发利用、加强耕地保护、促进城镇化建设等工作进行调研。

▲3日，江川县召开政协七届三十二次常委会议。

▲7日，江川县召开流动人口基本公共服务均等化工作推进会。

▲6日，江川县妇联召开2012年上半年工作会。

▲6～9日，江川县“平安家庭”创建工作主要责任单位县妇联，邀请县政法委人员组成督查组对全县7个乡镇（街道）的“平安家庭”创建工作进行专项督查。

▲8日，玉溪市人大调研组到江川调研上半年经济运行情况和社会稳定情况。

▲8日，共青团云南省委青农部部长李国钰一行到江川县调研鼓励青年创业贷款、生态江川建设·青春建功行动以及乡镇（街道）团组织格局创新工作。

▲9日，中共江川县委理论学习中心组集中学习。

▲10日，中共江川县委工作会议暨县域经济推进大会召开。

▲13日，江川县召开2012年烟叶收购工作会议。

▲13日，江川县妇联、县教育局、县关工委、团县委共同在江川县青少年活动中心召开优秀家长学校总结表彰大会。

▲16日，县委书记马文龙在县委常委、县委组织部长林清陪同下到九溪镇六十亩村调研基层组织建设年工作。

▲17日，共青团江川县委为江川公路路政管理大队、人寿江川支公司营业室、江川供电公司95598电力呼叫中心三个新创建的“县级青年文明号”集体授牌。

▲22日，省委常委、昆明市委书记张田欣，副省长刘平率省发改委、省财政厅、省交通运输厅、省旅游局等部门负责人调研滇中旅游经济带交通基础设施建设。

▲23日，江川县组织收听收看云南省第十九次民政会议。

▲24日，江川县妇联结合“平安家庭”创建工作督查情况，在大街街道召开“平安家庭”创建工作推进会。

▲24日，江川县总工会组织开展2012年“金秋助学”活动。

▲29日，江川县组织收听收看全国组织系统讲党性重品行作表率活动总结会议。

▲29日，江川县召开交通工作专题会议。

▲30日，陶应全同志先进事迹巡回报告会在江川县举行。

▲30日，江川县召开2010—2011年度新农村重点村建设工作总结表间彰暨2012年度社会主义新农村建设推进大会。

▲30日，江川县举行山水新城项目签字仪式，签订《江川县龙泉山城市低丘缓坡开发利用项目土地一级开发委托协议》。

9月

▲5日，江川县召开全县维护社会稳定专题会议。

▲7日，玉溪市政府保障房督察组到江川县调研保障性住房工程建设专项工作。

▲7日，江川县召开创先争优活动总结表彰大会。

▲9日，江川县举办2012年贫困地区农村劳动力转移培训。

▲10日，中共江川县委书记马文龙，县委副书记、县长葛勇前往江川县第一中学现场办公，研究解决学校规划建设中遇到的困难和问题。

▲11日，玉溪市委副书记饶南湖到江川县就经济社会发展情况进行调研。

▲12日，《江川生态县建设规划（2011—2020年）》通过江川县人大常委会审议 。

▲13日，江川县召开农村乱占乱围乱建土地整治工作会。

▲13日，江川县非税收入管理局正式挂牌成立。

▲13日，江川县召开推进法治江川创建工作动员大会。

▲14日，星云湖十里长堤4A级景区总体规划意见征询会召开。

▲17日，江川县预备役步兵二营2012年度分队成建制训练开训。

▲18日，江川县进行防空警报试鸣活动。

▲18日，江川召开学习贯彻省纪委省监察厅《关于禁止发送和接受“红包”的规定》会议。

▲18日，江川县组织收听收看云南省深入开展创先争优活动总结大会。

▲18日，玉溪市关工委代表玉溪市“成长网”来到大街小学，开展了主题为“聆听花开的声音”的青春期心理健

康讲座。

▲19日，玉溪市检查组到江川县检查验收“三五”依法治县工作。

▲21日，江川县组织广大干部职工参加“军事体验日”活动。

▲23日，美中投资有限公司考察组到江川县参观考察投资环境及基础工业条件。

▲24日，江川县预备役步兵二营举行2012年度分队成建制训练总结表彰大会。

▲24日，中共江川县县委常委、常务副县长石伟率相关部门人员对江川县保障性住房建设项目及南片区污水处理厂建设项目进行督查。

▲26日，江川县组织收听收看云南省民兵工作会议、人武部全面建设达标活动总结表彰大会暨省国动委第九次会议。

▲27日，江川县纪检监察学会成立暨第一次会员大会召开。

▲27日，江川县九溪镇污水处理厂可行性研究报告汇报会召开。

▲28日，中共江川县委副书记、县长葛勇对江川县2012年重点工作重大项目推进情况进行调研。

▲29日，中共江川县委、人大、政府、政协、纪委五大办公室联合举办消防安全知识培训暨灭火和应急疏散演练活动。

10月

▲9～11日，中共江川县委副书记、县长葛勇深入江川天湖湾、九龙晟景、低丘缓坡土地综合开发利用、龙泉山生态工业园区建设项目现场实地调研各项目的建设情况。

▲10～11日，江川县工会第十一次代表大会召开。

▲11日，玉溪市“国家家政服务工程”培训班开学典礼在路居镇政府举行。

▲11日，江川县督查组对大街党建经费使用情况进行了督查。

▲11日，玉溪市委副书记谢兴荣到江川对江川县县乡两级人大换届选举工作进行调研。

▲11～12日，江川县文学艺术届联合会举行第四次代表大会。

▲12日，江川团县委、县少工委指导路居镇中心小学开展“红领巾心向党——感受你的爱”主题队日活动。

▲12日，江川县组织收听收看云南省建设“爱心水窖”解决饮水困难视频大会。

▲12～13日，云南省第十次县城卫生检查团到江川检查县城卫生。

▲15日，江川县组织收听收看全国创先争优活动总结交流电视电话会召开。

▲16日，江川县召开2012年禁毒工作第三季度联席会议。

▲16～17日，中国少年先锋队江川县第一次代表大会召开。

▲23日，为迎接我国传统节日重阳节暨云南省第25个敬老日的到来，玉溪市委副书记、市长高劲松一行，深入江川县部分养老机构和老年人家中开展“关爱老年人”送温暖走访慰问活动。

▲23日，江川县召开“九·九”敬老节经济形势通报会。

▲23日，江川县召开进一步推进工资集体协商工作会议。

▲23日，《玉溪电视台》走进九溪镇中营小学音乐教室，了解音乐教室建设及使用情况。

▲24日，中共云南省委组织部调研组采取电话抽查、召开问卷测试会议、查阅换届有关资料、个别谈话等形式，对九溪镇严肃换届纪律工作进行调研。

▲24日，江川县举行龙泉山生态工业园区仙水大道工程开工仪式。

▲25日，江川县县乡（镇）两级人大换届选举工作暨业务培训会召开。

▲25日，玉溪市副市长王跃率市工信委部门领导到江川调研龙泉山生态工业园区、小白坡片区及旅游项目建设发展情况。

▲26日，江川县政府召开征兵工作会议。

▲28日，香港伍集成文化教育基金会到江川县龙街中心小学参观视察抗震示范教学楼建成情况。

▲29日，江川县组织收听收看云南省安全生产工作电视电话会。

▲29日，县委常委、县纪委书记郭永生到大街街道对班子成员进行廉政谈话。

▲30日，江川县召开第三季度经济运行暨推进全县各项目标责任书落实会议。

▲30日，江川县妇联走访慰问江川县6名省级老“三八”红旗手。

▲月内，江川县大街街道大庄小学组织全校师生及家长参加中国时代感恩励志教育讲师团举行的“感恩励志中国行”的巡回演讲报告会。

11月

▲1日，江川县开展“国防教育宣传月”活动。

▲1日，江川县召开“第八届”开渔节预备会。

▲1日，县委副书记、县长葛勇对江川白河水库和校安工程建设情况进行调研。

▲5日，江川县召开2012年度党建党风廉政建设责任制考核暨述职述廉和作风建设评议动员会。

▲6日，江川县残疾人联合会第五次代表大会召开。

▲6日，云南省非公经济督导组到我县督导非公经济发展运行情况。

▲7日，县委书记马文龙率四套班子领导及相关部门负责人实地调研查看晋江高速公路规划情况。

▲8日，江川县采取集中收看方式组织广大党员干部收看中国共产党第十八次全国代表大会开幕式直播。

▲8日，江川县召开2012年鼓励青年创业帮扶座谈会。

▲16日，县委书记马文龙，县委副书记、县长葛勇等领导深入江川县人民法院和县司法局专题调研法院工作，调研指导司法行政工作。

▲21日，中共江川县委召开干部大会传达学习党的十八大精神。

▲22日，云南陆军预备役步兵师师长余阳一行到江川对预备役营连规范化建设达标情况进行调研。

▲22日，市委副书记、市长高劲松，副市长周继武一行到江川县督查2012年抚仙湖生态环境保护重点项目建设情况。

▲23日、26日，玉溪电视台《天天看玉溪》栏目摄制组到九溪镇拍摄特色美食。

▲23～24日，江川县红十字会第二次会员次代表大会召开。

▲27日，玉溪市十七大以来反腐倡廉成果展在江川县体育馆举办。

▲28日，江川县政协七届委员会召开第三十五次常务委员会议。

▲30日，江川县妇联协同县防艾办等相关单位开展以“行动起来，向零艾滋迈进—全面预防、积极治疗、消除歧视”为主题的宣传活动。

▲30日，江川县召开加快推进民营经济发展大会。

12月

▲4日，江川县召开《江川县志》（1978～2005）审稿会。

▲4日，江川县妇联协同县委宣传部、县委依法治县办、县司法局等单位在县城明珠路开展以“弘扬宪法精神，服务科学发展”为主题的法制宣传活动。

▲5日，江川县组织收听收看中央宣讲团党的十八大精神报告会。

▲6日，玉溪市人大副主任郑云龙率部分市人大代表视察九溪大河综合整治情况。

▲10日，江川县召开实施国家教育体制改革试点项目工作会议。

▲11日，中共江川县委十二届三次全委（扩大）会议召开。

▲7日，共青团江川县委与云南司法警官职业学院团委签订合作协议书。

▲12日，中共玉溪市委宣讲团十八大精神报告会在江川县湖滨电影院举行。

▲12日，中共江川县纪委十二届三次全体会议召开。

▲14日，江川县政府召开2012年度新兵入伍欢送会。

▲14日，中共江川县委宣讲团到大街街道、九溪镇宣讲党的十八大精神。

▲14日，江川县农民工工资支付情况专项检查领导小组开展农民工工资支付情况专项检查。

▲17日，江川县召开《江川妇女儿童发展规划（2011—2020年）》评审会。

▲18日，江川县组织收听收看全省、全市森林防火工作电视电话会议。

▲18日，江川县食品药品监督管理局组织人员对县城餐饮企业进行食品安全检查。

▲18日，江川县食品药品监督管理局对江川县的各餐饮单位负责人进行餐饮服务食品安全培训。

▲20日，江川县组织县、乡两级人大代表换届投票选举工作。

▲21日，江川县召开2013年森林防火工作会议。

▲24日，中国云南江川第八届开渔节暨高原湖泊水产品交易会在江川渔文化广场开幕，同时举办开渔节大型文艺演出。

▲25日8：30，江川县星云湖开湖捕鱼。

▲28日，江川县公共资源交易中心举行揭牌仪式。

▲29日，政协江川县七届委员会召开第三十七次常务委员会议。

▲年内，江川县大头鱼酒店董事长赵金会被评为“全国妇女创先争优先进个人”。

▲年内，江川县九溪镇喜乐庄村的李会琼家庭被省妇联授予“第六届省级五好文明家庭” 荣誉称号。

（李　伟）

概　况

编辑　余立言

江川县

【自然概貌】　江川县地处滇中，位于东经102°34～102°55′，北纬24°12′～24°32′之间。县城驻地大街距省会昆明102千米。东南与华宁、通海县交界，西南与红塔区接壤，西北与晋宁、澄江县相邻。县境由湖泊、盆地、中低山组成。县城南北最大纵距33.7千米，东西最大横距31.9千米，总面积850平方千米，其中山区、半山区占71.67%，坝区占15.69%，湖泊水面占12.37%。整个地势为四周高、中部低，西部九溪略向玉溪倾斜。境内最高峰谷堆山海拔2648米，最低点九溪河口村海拔1690米。境内主要河流有16条，河道总长184.8千米，属珠江流域西江水系，最大洪水流量315立方米/秒，多数为季节性河流。县境中部有高原断陷湖泊星云湖，辖有抚仙湖三分之一水面。星云湖总面积34.7平方千米，最大水深10米，平均水深7米，容水量1.84亿立方米，正常水位海拔1722米，属富营养型湖泊，十分适合鱼类生长，被誉为“天然养鱼塘”。抚仙湖总面积212平方千米，其中江川辖水面68.94平方千米，占水面总面积的32.5%。

2012年，境内平均气温17.5℃，比上年高1.0℃。极端最高气温为31.9℃（5月4日及6月6日）；极端最低气温为-0.4℃（1月16日）。全年日照时数为2541.6小时，比2011年同期多266.4小时。初霜期为2011年11月10日，终霜期为2012年2月4日，霜期为87天。全年降水量608.7毫米，比2011年同期偏多111.9毫米。

【行政区划】　2012年，全县辖大街1个街道办事处及江城、前卫、九溪、路居、安化（彝族乡）、雄关4个镇2个乡，共73个村民委员会（社区），434个村民小组。

【人口、民族】　2012年末，全县户籍总人口27.6万人，比上年增长0.3%，其中：农业人口22.6万人，非农业人口4.9万人。全年出生人口2572人，死亡人口1819人，人口自然增长率为2.7%。总人口中，少数民族人口1.9万人，占总人口的6.8%。年末常住人口28.3万人，城镇人口9.9万人，城镇化率35.0%。

【综合经济指标】　全年完成地方生产总值（GDP）486945万元，比上年增长12.7%。其中：第一产业增长值123990万元，增长6.9%，占GDP的比重为25.5%，对GDP增长的贡献率为10.0%，第二产业增加值148148万元，增长17.7%，占GDP的比重30.4%，对GDP增长的贡献率为37.1%，第三产业增加值214807万元，增长13.0%，占GDP的比重44.1%，对GDP增长的贡献率为52.9%。人均生产总值17219元，比上年增加1914元，增长12.2%。三次产业结构由上年的27.5：29.6：42.9调整为25.5：30.4：44.1，第一产业比重比上年下降2个百分点；第二产业比重比上年提高0.8个百分点，第三产业比重比上年提高1.2个百分点。全年非公经济增加值262134万元，比上年增加31148万元，增加13.6%；非公经济增加值占GDP的比重为53.8%，比上年提高0.2个百分点。

【农业】　全年完成农林牧渔业总产值199582万元，增长18.1%。其中：农业产值120572万元，增长20.1%；林业产值3122万元，下降3.2%；牧业产值64184万元，增长17.8%，渔业产值6579万元，增长5.7%；农林牧业渔服务业产值5125万元，增长10.9%。

全年农作物总播种面积355538亩，比上年增加5623亩，增长1.6%。其中：粮食播种面积79418亩，比上年减少1315亩，下降1.6%。油料播种面积37883亩，比上年减少336亩，下降0.9%。烤烟栽种面积104675亩，比上年增加3567亩，增长3.5%。

全县收购烟叶1435.3万千克，上等烟比率71.75%，比上年下降3.84个百分点；收购单价为23.6元/千克，比

上年提高3.79元/千克；收购金额为33874万元，比上年增加5326万元，增长18.66%。

全年完成人工造林15000亩，特色经济12650亩，核桃移植5400亩，防护林2350亩（旱冬瓜、杉木），封山育林20000亩，共育种木苗20.5亩，可供苗木87.7万株，义务植树61.2万株，零星植树61.2万株。

畜牧业生产规模扩大，产品产量增加。肉蛋奶总产量39129.7吨，比上年增长9.3%。其中肉类总产量29706吨，增长9.6%。年内出栏肥猪271996头，增加18839头，增长7.4%；全年出售营销仔猪1052581头，减少107691头，下降9.3%；生猪存栏253707头，减少8435头，下降3.2%。其中：能繁殖母猪45009头，增加3393头，增长8.2%。

全年水产品产量3806吨，其中：星云湖1910吨，抚仙湖486吨。

【工业和建筑业】　全年完成现价工业总产值460834万元，比上年增加120705万元，增长35.5%。其中：规模以上工业产值250394万元，增加64675万元，增长34.8%；规模以下工业产值210440万元，增加56030万元，增长36.3%。在全部工业总产值中，轻工业产值162593万元，比上年增长46.6%，占全部工业总产值的比重为35.3%；重工业产值298240万元，比上年增长33.6%；占全部工业总产值的比重为64.7%。完成工业增加值105778万元，其中：规模以上工业增加值89044万元，比上年增加18551万元，增长26.2%。全县完成建筑业增加值42370万元，比上年增加2018万元，增长3.2%。

2012年主要工业产品产量：磷矿石（折含五氧化二磷 30%）926417吨，比上年减少5.7%；精制食用植物油1771吨，比上年减少7.8%；小麦粉5299吨，比上年减少13.8%；农用肥料9123吨，比上年减少2.0%；黄磷30222吨，比上年增加47.1%；机制纸及纸板24132吨，比上年增加35.9%；纸制品48760吨，比上年增32.6%；水泥314396吨，比上年增加53.4%；砖15393吨，比上年增17.5%；糕点201吨，比上年减少2.9%。

【固定资产投资】　固定资产投资持续增长，生产性投入增加，基础设施建设加强，发展后颈增强。全年规模以下固定资产投资完成255419万元，比上年增加79777万元，增长45.4%，其中：房地产开发投资完成115654万元，减少13400万元，下降10.4%；工业投资完成61834万元，增加47699万元，是上年工业投资的3.37倍。

【交通运输和邮电业】　交通运输、仓储及邮电业进一步发展。交通运输、仓储及邮政业增加值32614万元，比上年增加3409万元，增长6.6%。公路建设成效明显，客货运输发展平稳。年末全县公路总里程达881.24千米，其中：一级公路15.07千米，二级公路54.16千米，三级公路196.54千米，四级公路575.47千米，等外公路24千米。年末全县拥有载货汽车7956辆，载客汽车134辆。

全年邮政业务总量674万元，增加116万元，增长20.7%。电信业务总量1945万元，增加322万元，增长19.8%。年末电话用户23346户，其中：公用电话1115户，住宅电话9330户，流动市话198户，移动电话12703户。

【贸易和消费物价】　消费品市场保持平稳增长态势。社会消费品零售总额134096万元，比上年增长14.3%。按经营地统计，城镇消费品零售额76221万元，增长14.3%；乡村消费品零售额57875万元，增长14.2%。按行业统计，批发贸易业消费品零售额8314万元，增长10.0%；零售贸易业消费品零售额92033万元，增长15.1%；住宿业消费品零售额8979万元，增长21.0%；餐饮业消费品零售额24769万元，增长10.6%。按经济类型统计，公有经济消费品零售额30257万元，增长12.0%；非公有经济消费品零售额103839万元，增长14.9%。

批发业销售额24412万元，增长20.0%；零售业销售额105256万元，增长21.7%；住宿业营业额13925万元，增长26.7%；餐饮业营业额36510万元，增长24.7%。居民消费价格比上年上涨2.5%，商品零售价格比上年上涨2.2%，农业生产资料价格比上年上涨8.0%。

【对外经济和旅游】　全年招商引资项目共实施28个，其中：续建项目8个，新建项目20个。年内实际利用县外国内资金145700万元，比上年增加31025万元，增长27.0%，其中：市外国内资金139060万元，增加33815万元，增长32.1%；省外资金120510万元，增加24827万元，增长26.0%。利用外资3100万元人民币，为外资企业境内人民币投资（约合490万美元）。完成市政府考核指标300万美元的164.0%。

全县共接待游客189.31万人次，比上年增加18.01万人次，增长10.5%；旅游总收入达到81396.35万元，增加14028.91万元，增长20.8%。

【财政、金融和保险业】　全县财政总收入51133万元，比上年增收8154万元，增长19.0%。地方财政收入40529万元，增收6756万元，增长20.0%。地方财政支出118773万元，增支18808万元，增长18.8%。

金融机构各项存贷款余额继续保持快速增长。年末，全县金融机构各项存款余额730340万元，比上年增长14.2%，其中居民储蓄存款余额464601万元，增长19.3%。各项贷款余额445293万元，增长25.3%，存贷比为61.0%，比上年提高5.4个百分点。

【人民生活】　年末全县在岗职工14192人，比上年末增加2775人，其中：国有单位在岗职工6545人，增加107人；城镇集体单位在岗职工362人，增加160人；其它单位在岗职工7285人，增加2508人。全年在岗职工平均工资32724元，增加1224元，增长3.9%，其中：企业单位47005元，增加6978元，增长17.4%；事业单位42657元，增加1400元，增长3.4%；机关单位44315元，增加2309元，增长5.5%。

城镇居民家庭人均可支配收入21098元，比上年增加2838元，增长15.5%。农民人均纯收入7258元，增加884元，增长13.9%。

【就业和社会保障】 2012年共开发就业岗位408个，新增就业1922人，下岗失业人员再就业473人，城镇登记失业率3.4%，有序组织劳务输出702人，实现现打工经济收入56余万元。

社会保障体系逐步完善，社会保险覆盖率进一步提高，城镇居民基本医疗保险启动实施，农村养老保险工作积极推进。年末全县共有373户企业8550人参加养老保险统筹，全年共发放养老金4258万元；有253户6465人参加失业保险统筹，发放失业救济金109.52万元；有13563人参加医疗保险统筹，支付医疗保险金2727.13万元；参加农村养老保险169857人，支付农村养老保险金2582万元；参加工伤保险统筹企业353户8052人；参加生育保险统筹企业169户3309人。

全年对城市低保受益户3508户4328人发放低保金1018.61万元。对农村低保受益户9310户10166人发放定期生活救助1024.73万元，对农村五保户681户721人发放定期生活救助262.6万元。年末共有优抚对象10021人，全年共对3015人发放各类补助金1002.49万元；兑现义务兵家属优待金266人87.78万元。

【教育、科技、文化、体育和卫生】 全县共有公立学校78所，其中：乡镇中心完小12所，村完小42所，一贯制学校5所，教学点3个，乡镇中学11所，普通高中2所，职中1所，进修学校1所，县幼儿园1所。有教学班1209个，其中：幼儿学前班210个，小学631个，初中265个，普通高中70个，职业高中33个。在校生49108人，其中：在园（班）幼儿数6827人，小学22073人，初中13471人，普通高中5309人，职业高中1428人。小学毛入学率113.04%，小学学龄儿童入学率99.96%，辍学率0.31%，毕业率99.93%。初中毛入学率116.14%，初中毕业率99.48%，初中辍学率2.11%，年巩固率98.31%，17周岁初级中等教育完成率98.92%。现有教职工2672人，其中正式教职工2408人，临时教职工207人，保安57人；专任教师合格率高达99.63%、初中达99.4%、小学达96.96%。

全年共向国家、省、市推荐申报科技项目和科普专项共32个，其中：国家级科技项目3个，省级科技项目10个，市级科技项目4个，县级科技项目2个，国家级科普项目2个，省级科普项目3个，市级科普项目8个。申报成功的国家、省、市各类科技项目10项，其中：国家级1个，省级3个，市级4个，县级2个；科普专项获得立项的9个，其中：国家级2个，省级2个，市级5个。培育全县农业产业化企业31个，累计获得无公害农产品认证3个、绿色食品认证3个、有机食品认证2个。全年申请专利35件，其中：申请发明专利2件，实用型13件，外观设计20件；专利授权量30件，其中：发明专利4件、实用新型专利7件、外观设计专利19件。

年末全县共有大小文艺队319个，全年举行文艺比赛23次；组织文艺活动110次；现有文化厅室89个，全年共举办展览46期，举办各种培训班65期。

全县七个乡镇（街道办事处）、社区均成立全民健身领导小组，挂牌成立“全民健身指导站”，拥有晨晚训练点39个。拥有社会体育指导员225人，其中：国家级2人，一级6人，二级112人，三级105人。2012年承办市级以上体育比赛活动3次，举办县级体育比赛活动18次，组织基层体育比赛活动8次，全县体育人口达37%。举办全民健身活动11次，人数3万人次；年末全县拥有体育场地299个，体育局拥有体育场地2个，年内开放使用6万人次；举办培训班3期，参加培训181人次。竞训体育有省布传统游泳项目1个点，在训运动员28人；市布传统训练项目（田径、柔道、自行车）3个点，在训运动员67人；县布训练项目（篮球、武术）21个点，在训运动员35人。全年参加体育达标学校26所。

年末共有卫生机构12个，其中医院2个、卫生院7个，妇幼保健院1个，疾病预防控制中心1个，卫生监督检查机构1个。卫生技术人员445人，其中执业医师和执业助理医师195人，注册护士141人。医院和卫生院床位724张。乡镇卫生院7个，床位267张，卫生技术人员151人。村级卫生室75个，乡村医生273人。全县有233182人参加了新型农村合作医疗，参合率96.73%。

【能源消耗和安全生产】 2012年单位GDP能耗1.4262吨标准煤（可比价，下同），上年同期1.4629吨标准煤，万元GDP能耗下降2.5%。规模以上工业单位增加值能耗3.1104吨标准煤，上年同期3.2513吨标准煤，上升11.33%。

全年发生各类安全生产事故1053起，比上年增加98起，增长10.3%；死亡人数14人，比上年减少6人，下降30%。其中：工矿商贸企业事故1起，减少4起，减少80%；死亡人数2人，减少5人，减少71.4%。道路交通事故1038起，增加117起，增长12.7%；死亡人数12人，减少1人，下降7.7%。火灾事故14起，减少15起，减少51.7%；死亡0人。

（统计局）

大街街道办事处

【行政区划·人口】 大街街道办事处位于江川县境南部，是江川县城所在地，东与路居镇、雄关乡相邻，南与通海县纳古镇、四街镇接壤，西南与九溪镇毗连，西北接前卫镇，北临星云湖。境内最高海拔老尖山2277米，最低海拔星云湖湖面1722米，街道办事处位于上营西街5号，海拔1730米。

大街街道办事处辖上营、下营、大街、三街、早街、上头营、大庄、河咀、朱家庄、伏家营、海浒、大营、浪广13个社区居民委员会，小白坡、土官田2个村民委员会，124个村（居）民小组（116个社区居民小组，8个村民小组），68个自然村。总国土面积97.074平方千米。

2012年末，实有耕地19406亩，属高稳产基本农田。其中：田13390亩、地6016亩，农业人口人均占有耕地0.36亩。

2012年末，全街道辖区内总户数29668户，总人口79843人，其中：男40133人，占总人口的50.26%；女39710人，占总人口的49.74%。农业人口53279人，占总人口的66.73%；非农业人口26564人，占总人口的33.27%。大街街道15个村（社区居）委会总户数21809户，总人口65006人，其中：男31911人，占总人口的49.09%；女33095人，占总人口的50.91%；农业人口53230，占总人口81.88%，非农业人口11776人，占总人口的18.12%；农村从业人员38146人，从事第一产业20177人，占农村从业人员的53%。人口自然增长率4.22‰，比上年增1.24‰。辖区内人口密度为822人/平方千米。

【领导干部名录】

党工委书记 张文彬

副 书 记 吴正顶（2012.11离任）

蒋 文（2012.11任）

何小春

张新荣

杨晓娅（2012.3任，兼）

纪委书记 郭 伟（2012.11离任）

付 纲（2012.11任）

人大工委主任 李忠兴

办事处主任 吴正顶（2012.11离任）

蒋 文（2012.11任）

副 主 任 付 纲（2012.11离任）

王 秀（2012.1离任）

李正春

李竹贵

杨 媛（2012.3任）

宁 伟（2012.3任，挂职）

【经 济】 2012年农村社会总产值（现价）432048万元，比上年增30.68%。工农业总产值（现价）302645万元，比上年增30.53%，其中：工业总产值268479万元，比上年增32.45%；农、林、牧、渔、服务业总产值34166万元，比上年增17.15%。农村经济总收入274693万元，比上年增47673万元，增21%。其中：农业收入27541万元，比上年增10474万元，占总收入的10.03%；林业收入351万元，比上年增10万元，占总收入的0.13%，牧业收入12359万元，比上年增2291万元，占总收入的4.5%；渔业收入2697万元，比上年增934万元，占总收入的0.98%；工业收入94543万元，比上年增13889万元，占总收入的34.42%；建筑业收入69235万元，比上年增12025万元，占总收入的25.2%，运输业收入44376万元，比上年增5148万元，占总收入的16.15%；商业服务业收入20320万元，比上年增2268万元，占总收入的7.4%；其他收入3271万元，比上年增634万元，占总收入的1.19%。农民人均纯收入7400元，比上年增954元，增14.8%。二三产业从业人数17969人，占农村从业人数的47.11%，比上年减0.11%。

农 业 农作物播种面积50611亩，复种指数260.8%。粮食播种面积15230亩，粮食总产量791.75万千克，比上年增7.58%。其中：水稻栽种面积6704亩，单产709千克/亩；包谷播种面积3356亩，单产587千克/亩；小麦播种面积2556亩，单产248千克/亩；蚕豆播种面积1670亩，单产144千克/亩；农民人均产粮149千克；油料播种面积9057亩，总产146.31万千克，比上年减2.6%；烤烟种植面积10200亩，总产152.26万千克；交售量145万千克，交售收入3576.62万元，平均单价24.67元/千克；中、上等烟占96.51%，其中：上等烟占75.53%，比上年增1.91个百分点。农业人口人均烤烟收入672元，比上年增25.84%。

年末，生猪存栏53484头，比上年减20.2%；出栏肥猪74388头，比上年增6.58%；大牲畜存栏921头，比上年增13.14%，其中：黄牛存栏667头，水牛存栏85头，马存栏128匹，驴存栏19匹，山羊存栏2389只，出栏1588只；生产营销商品仔猪22.2万头，比上年减21.36%；全年肉产量达870.16万千克。家禽出栏76.07万只，比上年增4.48%；湖泊面积3平方千米，水产品产量231吨，比上年减7.6%。

年内全街道森林总占地面积7.54万亩，森林覆盖率41.96%。果园面积2720亩，水果产量59.01万千克，比上年减7.06%；全年投入农田水利建设资金2580万元，其中:国家投资2542万元，地方投资38万元。有水库坝塘36座，其中小（一）型水库4座，小（二）型水库7座，小坝塘25座，总库容量1101.67万立方米，抽水站89座，农田有效灌溉面积19406亩，水利化程度达90.73%。有水源供应站13处，有效解决19726户62723人的饮水问题。

年内，农、林、牧、渔、服务业实现总产值（现价）34166万元，其中：农业12820万元，占37.52%；林业463万元，占1.36%；牧业19038万元，占55.72%，渔业396万元，占1.16%；农林牧渔服务业1449万元，占4.24%。

企 业 年末，全街道有企业和个体工商户4155户，比上年增0.46%；从业人员26017人，比上年增4%；企业营业收入448327万元，比上年增19.99%，占全街道农村经济总收入的163.21%。利税35087万元，比上年增10%。其中：私营企业161户16342人，收入306466万元，比上年增20%；利税30799万元，比上年增10%。个体企业3994户9675人，收入141861万元，比上年增19.95%；利税4288万元，比上年增10.03%；营业收入两千万元以上的企业有11户，上亿元的企业有4户。

年内完成工业投资项目10个，其中：技改项目3个，新建项目6个，扩建项目1个。其中：投资500—999万元以上的项目5个，投资1000万元以上的项目5个。

主要产品产量：水泥10万吨、机制纸10.3万吨、红砖2500万块、农副产品加工蔬菜制品5.6万吨、塑料制品2000吨。

村镇建设·环境保护　2012年全街道有648户农户建盖新房，建房间数8893间，竣工面积196188平方米，竣工房屋价值22554万元。购买生产性固定资产投资1936万元。完成农村居民危房改造500户，加固改造70户。

积极推进生态环保工程建设和生态文明建设，以“3·9”保护母亲湖活动日为契机，以劳代宣，组织3个沿湖社区的村组干部、党员、青年志愿者、学生团员、群众600多人对辖区内的入湖河道进行河道清理。开展好“6·5”世界环境日活动，采取形式多样的环境宣传教育活动，广播宣传110次，张贴大小标语788条，出黑板报65块，发放宣传资料1000份。确保环境保护意识深入人心，形成“大家共参与，人人见行动”的良好氛围。全年组织各村居委会整治环境卫生24次，并分别对各村居委会进行检查评比评出档次，24次整治环境卫生活动由各村居委会、县及街道包村单位干部党员、环保志愿者、生态监护队员、村组干部群众累计出动15848人次，集中清理辖区内街道、沟道、河道、公厕、垃圾池等卫生死角，清运垃圾2.5万吨。

【社会事业】　科　技　2012年，全街道有农村专业技术协会8个，会员308人。其中：养猪协会6个，种烟协会2个。年内刊出黑板报、科普宣传栏12期。街道科协自办“农函大”实用技术培训班5期，培训人数300人；联办各种科技培训班3期8124人。发放各种科技资料500余份，赠送科普书籍200册。农技围绕农业生产确定的目标和任务，不断举办蔬菜种植、农药安全使用知识、测土配方、平衡施肥技术、养猪知识和烤烟栽培、烘烤等一系列技术的培训，发放测土配方施肥技术问答资料15000份；发放施肥建议卡39000张；发放水稻病虫害综合防治明白卡11000份。每村配有一名科普宣传员。

教　育　年末，街道辖区村级有幼儿园11个，教职工76人，适龄儿童入园1546人，学前班20个，学生672人。小学11所，教职工311人，在校学生6845人，入学率、毕业率、升学率均为100%；中学3所，教职工271人，在校学生4239人，毕业率100%，升学率84.33%。小学教师文化程度，大专以上273人，中专22人，高中8人，高中以下3人，共计306人，初中教师文化程度大专以上262人。

文化·体育　2012年末，全街道有社区电影院1个，观众席970个座位；戏台2个，其中露天戏台1个；街道文化站1个，藏书7100册；农家书屋14个。全街道有71支老年基层文艺队，经常组织活动排练文艺节目参加演出60场。每年做好县城春节街头传统文艺活动表演。全年党职校共举办各种培训班27期，培训人员4360人次，入党积极分子1期127人。年内街道办事处组织部分村（社区）开展春节文艺演出，利用节庆日举办各种体育比赛，部分村（社区）群众在村内自发组织健身操、老年操活动，利用村内固定的健身器材加强健身锻炼。年末街道办事处为庆元旦迎新春，组织全体干部职工开展趣味运动会，篮球、拔河、跳大绳、“海底捞月”、“同舟共济”等比赛活动。

卫　生　2012年末，全街道有中心卫生院1所，医务人员31人，其中：主治医师11人（中医师2人、西医师9人），其他20人，病床50张。村、社区卫生所14所，医务人员65人，病床64张。2012年内出生696人，出生率8.73‰；死亡360人，死亡率4.52‰；人口自然增长率4.22‰，计划生育率97.6%。加强和改进流动人口计划生育管理与服务体系建设，推进流动人口全员信息统计，建立完善统计台帐，掌握流动人口婚、孕、育情况，进行跟踪管理。农村新型合作医疗参合率97.5%，年补偿195854人次，补偿金额1962.26万元（其中门诊补偿189858人，补偿金额247.75万元，住院补偿5996人，补偿金额1715.09万元）。

民　政　年内，街道纳入农村居民最低生活保障2562户，2660人274.47万元，城镇居民最低生活保障928户，1197人290万元。全年104位五保老人发放五保户生活费254592元。春节慰问23200元。发放军大衣57件，绒衣48套。补助入新农合、医保104户104人5200元。一年来共计发放救济粮食1701户3930人54225千克，救济衣物665套，被子202床。其中：居民困难补助44户34840元；贫困户临时救济151户66400元；建国前老党员补贴2户1920元；春节慰问特困户250户55000元；伤残民工补助金3户5400元；遗嘱定救2户1644元；小乡干部53户117056元；精减定救75户147861元；精简职工差额补助13户13人43694元；孤儿基本生活保障3户24000元；农村特困户医疗救助357户320000元；农村低保户入新农合、医保2315户，2420人，121000元。全年对951名优抚对象发放优待抚恤金318.8938万元，其中：三属抚恤金13人，103176元；在职伤残金59人，567437元；在乡伤残金13人，136029元；复退军人补助金89人，433289元；义务兵家属优待金82人，270600元；春节慰问复退军人，烈军属111人，22200元。两参

人员及出国民工补助584人，1655850元。优抚对象补助放新农合、医保634户，634人，34990元。全年办理结婚登记720对，离婚216对，登记合格率100%。补发《结婚证》469对，出具《无婚姻登记记录证明》347人。

劳动保障 办理灵活就业补贴证明500人。对673名报名申请小额担保贷款的创业人员进行为期7天的培训。办理被征地农民养老保险，共计26个组，8634人，金额2243.9万元。新参保新型农村养老保险和城镇居民养老保险493人，续保32440人。办理城镇居民基本医疗保险新参保98人，续保2136人。

贯彻落实《中华人民共和国劳动保障监察条例》《云南省劳动监察条例》、《中华人民共和国劳动合同法》的有关规定，进一步规范用人单位用工管理行为，切实履行劳动保障监察职责。劳动保障所对全街道10家红砖厂劳动合同签订、工资发放等情况进行2次检查。对非煤矿山、火炮厂等单位进行安全检查2次，杜绝非法用工出现。对全街道 305家事业单位、企业、个体经济组织进行执法年审、对年审合格的用人单位发放劳动保障执法年审审验证。对新开工的8家火炮厂进行日常巡查。

老龄工作 年末，全街道有老年协会14个，分会75个，会员8990人，村（居）委会老年活动室13个，村民小组活动中心75个，建立家庭道德评议委员会14个，有60岁以上老年人8961人，占全街道总人口14%，其中：80～99岁老年人1213人，100岁以上的老年人4人。全年发放80岁以上无退休金老年人健康补助793250元。全街道有门球场5块、地掷球场4块，门球队11支75人，地掷球队6支24人，保健操14支140人；老年艺术队71支；参加人数410人，全年演出30场450个节目；老年学校14所。历年来签订家庭赡养协议3936户，涉及老年人4106人，每年兑现率达85%，“九九”重阳节表彰58名新时期“孝男孝女”先进家庭和个人。

全街道15个村（社区）有关工委14个，组成人员144人，其中在职92人，离退休52人。关工小组98个，组成人员275人。全街道离退休干部职工181人，其中：离休2人，退休179人。

精神文明建设 坚持把社会主义核心价值体系作为灵魂工程，贯穿精神文明建设和各个领域，坚持不懈地用中国特色社会主义理论体系武装各级党组织，扎实开展学习型党组织建设，结合创先争优活动、“四群”教育活动、党员活动室全覆盖、远程教育系统延伸等工作的开展，不断强化党员干部的宗旨意识。提高城乡文明程度，深入开展精神文明示范村的创建活动。以“生态文明家庭”、“五好文明家庭”和“平安家庭”创建评比为基础，加强和改进青少年思想道德建设，发挥“五老”网吧义务监督员的积极作用，规范开展文明上网、绿色上网，净化青少年网络空间。街道为弘扬社会文明新风尚，崇尚尊老敬老的文明正气，表彰新时期孝男孝女58名。

法制建设 围绕社会和谐稳定抓普法，围绕中心保增长、保民生、保发展、保稳定、保生态，深入开展法制宣传教育与法治实践相结合，在促进学法、用法上求实效。全街道有司法所1个，15个人民调解委员会（1个街道人民调解委员会14个村社区人民调解委员会）。年内组织村级调解员和街道调解中心下属各单位部门负责人进行4次培训，共计参训124余人次。开展法制宣传活动22次，展出图片4期116幅，印发材料32期15815份，接待群众咨询351余人，法制宣讲27次，听众共计25000人，广播宣传127次，共计听众146900人，学校上课14次41300人，骨干培训12期681人，帮教违法青少年11次34人，发放宣传资料37期11809余份，张贴宣传资料2450余份，出墙报、橱窗专栏216余期，演出节目48个8场，黑板报18块198期，张贴普法大标语123份，小标语2026份。在全街道范围内开展纠纷矛盾排查工作172次，防止民间纠纷转化为刑事案件6件24人，防止群体性上访5件164人，防止群体性械斗1件104人。年内接待各类法律咨询351人次，受理并调处各类纠纷514件，涉及当事人2464人，调解成功449起，疑难复杂案件14起，协议涉及金额377.529万元，调解率100%，调解成功率96.3%。一年来街道接受社区矫正人员34名和刑释解教人员36名，开展安置帮教36人，帮教率达100%。年初有社区矫正人员90人，同期相比增加49人，解矫41人，重新犯罪2人，2012年以来除了对在矫社区矫正人员坚持每两个月每家人走访一次，并做好日常档案记录和管理教育工作外，还组织社区矫正人员进行集中教育一次，参加公益劳动一次，并新增云南省社区矫正管理系统，加强对重点矫正对象的监控管理。

进一步巩固和扩大“平安大街”建设成果，创建省级“平安先进街道”。把综治维稳工作纳入街道综合目标考核范围，将责任层层分解到村（社区），使村（社区）干部和相关责任人有压力、有责任，并与14个村（社区）和各企业学校及相关综治维稳成员单位签订年度社会治安综合治理维护稳定目标责任书。全年完成市、县、街道领导接待日、热线电话、电子邮件各类交办件19件，已办结19件，其中检举1件，求决8件，建议5件，其它5件，办结率达98%。接待干部、群众来信来访72人次，基本做到件件有记录，事事有结果，件件有答复。

国土管理 2012年大街街道坚持依法管地，节约用地，构建经济社会和谐发展的方针，建立耕地保护共同责任制度，全面履行保护资源、保障发展、维护权益、服务社会职能，加强农村集体土地管理。加大土地执法监察力度，全年辖区内土地巡查22次，严肃查处土地违法案件32宗，面积1793.6平方米，已按各村（居）委会村规民约拆除27宗，面积1567.6平方米，5宗面积226平方米待村组研究后再进行拆除。出动18次30余人次巡查督促检查8个石场，1个砂场，3个砖厂依法开采，安全生产，对非法开采进行查处，发现安全事故隐患及时整改。年内办理临时用地延期手续4宗，面积1.8978公顷。办理发放农村集体土地使用证34本，其中变更登记8本，发证总面积4375.41平方米。

财经管理　根据农村财务管理的实际情况，从各个方面加大监控力度，克服人为乱支乱花现象，对村组财务收支情况及时公布，让群众及时了解集体财务状况，减少农村财务热难点问题，促进农村社会的和谐稳定。一年来，大街街道农经中心对村组财务收支结对帐738次，财务处理738次。全街道村组民主理财小组对村组集体收支情况进行738次民主监督理财。对村组财务收支公开738次，其中张榜公开738次，会议公开126次。开启村组意见箱33次，收集群众意见7条，经梳理无财务管理意见，向村组反馈意见7次。

严格按照《大街街道建设工程管理办法》，凡村组建设项目工程按照公平、公正、公开的原则进行招投标；年内招投标委员会招投标工程项目75个。

（全武恒）

江城镇

【行政区划·人口】　江城镇地处江川北部，位于东经102°48′、北纬24°25′之间。东临全国第二大深水湖抚仙湖，南临星云湖、距县城18千米，西与玉溪市红塔区、昆明市晋宁县六街镇、晋城镇接壤，北距省会昆明市80千米。辖区面积222.67平方千米，全境地势西北高、东南低，最高海拔2648米，最低海拔1720米，东西最大横距19千米，南北最大纵距15千米。境内主要河流有牛摩河、东大河、西大河、学河、周德营大河、大龙潭河、隔河等，有西河一库、西河二库、茶尔山水库、大龙潭水库等水库8座，坝塘103座，矿藏主要有磷矿、白云岩、石灰石、石英砂及少量铁、锰、硅矿。镇政府所在地振兴街13号，驻地海拔1733米。

全镇辖江城1个社区居民委员会和左卫、大地、孤山、黄营、陈家湾、白家营、云岩、温泉、侯家沟、龙街、西河、海门、三百亩、明星、牛摩、尹旗、翠峰、桐关、祁家营19个村民委员会，6个居民小组、126个村民小组，119个自然村。

2012年末总耕地面积37039亩，其中田25524亩，地11515亩（其中水浇地2825亩）。农业人口人均耕地面积0.59亩。总人口71132人，其中男35678人，女35454人；农业人口62906人，非农业人口8226人，总户数24097户。少数民族人口1070人，占总人口的1.5%。其中彝族619人，占总人口的0.8%；哈尼族206人，占总人口的0.29%；白族44人，占总人口的0.06%。农村劳动力47631人，其中从事第二、三产业的13185人，占总劳动力的27.62%。人口自然增长率3.68‰。人口密度319人/平方千米。

【领导干部名录】

党委书记　邓春元

副书记　李保平（2012.11离任）
　　　　李江润（2012.11离任）
　　　　李自平（2012.11离任）
　　　　李建军（2012.3任，兼）
　　　　李志高（2012.11任）
　　　　周宏斌（2012.11任）

纪委书记　自江伟（2012.3离任）
　　　　李自平（2012.11任）

人大主席　吴增福（2012.11离任）

镇　长　李保平（2012.11离任）
　　　　胡正鸿（2012.11任，代理）

副镇长　李江华（2012.3离任）
　　　　业居敏（2012.3离任）
　　　　宋平华（2012.9离任）
　　　　张　平
　　　　刘世培（2012.3任）
　　　　马江艳（2012.3任）
　　　　侯小青（2012.3任，挂职）
　　　　洪家彬（2012.9任）

【经　济】　工农业总产值109003万元，比上年增19.51%，其中工业总产值62197万元，比上年增加30.58%；农业总产值46806万元，比上年增16.4%。农村经济总收入277411万元，比上年增13.82%，其中农业收入41495万元，林业收入347万元，牧业收入18711万元，渔业收入9477万元，工业收入80876万元，建筑业收入29798万元，交通运输业收入46443万元，商业饮食业收入31022万元，社会服务业收入13217万元，其他收入6025万元。农民人均纯收入7798元，比上年增1376元。地方生产总值92999万元，比上年增18.5%，其中第一产业32464万元，增长9.2%；第二产业27449万元，增长34.3%；第三产业33086万元，增长16.2%。全镇财政收入1553万元，比上年增8.62%；财政支出1922.63万元，比上年增50.3%。年末，各项存款余额107808.58万元，比上年增33.34%；人均储蓄存款余额15156元，比上年增32.98%。从事二、三产业的人数10771人，占从业人员的23.76%。

农　业　全年农作物播种面积87655亩，复种指数236.7%。粮食播种面积28093亩，总产1491.42万千克，比上年增5.61%，其中：水稻种植面积10908亩，单产712千克/亩；玉米种植面积5167亩，单产647千克/亩；小麦种植面积2939亩，单产253千克/亩；蚕豆种植面积3305亩，单产180千克/亩；农民人均产粮237.09千克。油料播种面积9889亩，总产190.92万千克，比上年减少2.4%。烤烟种植面积19600亩，其中田烟8000亩，地烟11600亩；总产306.69万千克，比上年增5.30万千克；交售烟叶289万千克，上等烟比例66.91%，均价22.80元，烟农直接收入6589万元，比上年增加965.7万元。蔬菜种植面积25602亩，总产4848.35万千克，比上年8.44%。

花卉种植面积4395亩，生产兰花50.58万盆，同比增25.5%；鲜切花59263万枝，比上年增加18.6%。

年末，生猪存栏6.94万头，比上年增2.8%；肥猪出栏8.4万头，比上年增6.3%；大牲畜存栏2935头，比上年减4.2%，其中牛存栏2285头，出栏652头；羊存栏3676只，出栏3901只。全年肉产量883.76万千克，禽蛋产量324.2万千克，家禽出栏78.3万只；水产品产量33.6万千克。

年内，完成国家补贴示范项目森林抚育7800亩，退耕还林补植452亩（其中：西河300亩，龙街110亩，孤山42亩），陈家湾巩固退耕还林后续产业补植1300亩，新栽核桃林1660亩。年末，有林地 14027 亩，果园3842亩，森林覆盖率39.6%。

全年水利建设投资2598.8万元，其中基本烟田基础设施建设项目投资1693.8万元，中央财政支持现代农业蔬菜产业发展项目投资435万元，陈家湾农业综合开发项目投资470万元。完成全国第一次水利普查清查登记，共普查水库工程9件,水闸工程35件,泵站工程23件,堤防工程6件,农村供水工程（规模以上）普查5件，农村供水工程（规模以下）普查30件。水利化程度87.7%。

2012年，农、林、牧、渔业总产值（现价）预计为51871万元，其中农业30783万元，占59.3%；林业571万元，占1.1%；牧业18752万元，占36.2%；渔业874万元，占1.68%；农林牧渔服务业891万元，占1.72%。

企　业　2012年，有个体经营户、私营企业2167户，比上年增5户，其中私营企业60户（内资企业58户，港、澳、台商投资企业2户），个体户2107户；从业人员9726人；企业营业总收入114242万元，比上年增1.4%；利润总额11713万元，比上年增6.0%；上交税金4797万元，比上年增38.76%。其中：私营企业从业人员2808人，收入67676万元，利润总额7239万元，上交税金4520万元；个体经营户从业人员6784人，收入43619万元，利润总额4246万元，上交税金277万元。全年实现现价总产值119688万元，其中农林牧渔业2509万元，工业80993万元，建筑业8048万元，交通运输仓储业6625万元，批发零售业11636万元，住宿及餐饮业8617万元；增加值18211万元，其中农林牧渔业280万元，工业16768万元，建筑业908万元，交通运输仓储业11万元，批发零售业295万元，住宿及餐饮业33万元。

年内共引进外资40300万元，其中金色抚仙湖九龙国际会议中心项目投资14400万元，云南吉庆科技发展有限公司新型复合墙体材料生产线项目投资2200万元，云南江川雄鑫农产品商贸有限公司冷库项目投入2950万元，抚仙湖天湖湾项目投资8200万元，小马沟退田还湖旧村改造项目投入11800万元。

旅游业　实施“文化兴镇”、“旅游活镇”战略，推进九龙国际会议中心、抚仙湖创意小镇、远洋国际培训中心等项目建设，投资380万元建成明星碧云生态文化广场，进一步改善旅游发展环境，促进文化旅游产业发展，开展抚仙湖沿湖旅游环境整治，组织“铜锅美食节”等活动，集聚人气，活跃经济。2012年接待游客150万余人次，旅游总收入56000万元，增长9.6%。

抓住“城镇上山、工业上山和低丘缓坡土地综合利用开发”的政策机遇，积极做好东山片区“退二进三”、棋盘山项目规划建设，推进“仙湖锦绣”项目建设，完成小马沟—冯家湾片区退房还湖旧村改造一期项目各项行政审批手续，即将启动前期土地平整工作，稳步推进冯家湾、明星退房还湖旧村改造，加快特色乡村旅游发展。

村镇建设　投资2529.8万元，实施温泉村委会庄科小组文化娱乐中心建设、翠峰村委会小屯小组活动中心等4个新农村重点村建设项目，整村扶贫推进项目2个，茶尔山水库移民后期扶持项目10个，农村“一事一议”财政奖补项目21个，村组基础设施建设项目34个，农村生产生活条件进一步改善。投资213.5万元完成农村抗旱供水应急系统改扩建项目，实施三百亩、桐关、祁家营等村组人畜饮水工程，有效缓解群众饮水难问题。实施三百亩风吹口村民小组集体易地搬迁。投资473.3万元，完成黄营—白家营、晋思公路—祁家营村道路建设。投资1245万元的松园路正在建设，改善群众出行难问题。全镇有431户农户建盖新房，建房面积 78900平方米，其中住宅78900平方米；竣工房屋价值6752万元，其中住宅6752万元。

【社会事业】　**科　技**　在全镇10个村委会开办10个新型农民农业科技培训班，培训500名骨干农民。大小春生产期间，开展烤烟生产、农作物栽培技术及病虫害防治等农业科技培训，培训烤烟生产知识15410人，培训烤烟烘烤人员4500多人次。开展测土配方施肥技术培训，共培训12500多人次，发放《施肥建议卡》73994份；完成野外调查取土样719个，实施3个肥力监测点长期跟踪监测，8组马铃薯上同田对比试验，3组正规小区试验，在不同片区水稻上的10组水稻同田对比试验，5组水稻校正试验，2组水稻“3414”小区试验，举办水稻核心样板10000亩。完成 1组星云湖径流区花椰菜肥料结构及施用方法“3414”试验和1组测土配方施肥花椰菜“3414”肥效试验，完成星云湖径流区花椰菜控N、P肥同田对比试验5组。

教　育　实施江川二中运动场扩建，建设江城中心小学、翠峰中心小学、黄营小学综合楼和江城中心幼儿园、龙街村幼儿园，教学条件、教育环境不断改善。年末，有小学18所，教职工335人，在校学生5439人，入学率100%，毕业率100%，升学率100%；中学3所，教职工226人，在校学生3441人，江城中学毕业升学率92%，龙街中学毕业升学率82%，翠峰中学毕业升学率79%。

文　化　开展春节文体系列活动，组织镇村21支文艺队21个文艺方阵队、6个龙灯、3对狮灯、8支腰鼓队、举行大型街头游园活动，在城镇主要街道展演长龙、威风锣鼓、民族腰鼓、狮灯、秧歌、舞蹈等。江城文艺协会精心排练节目，积极开展文艺下村活动。20个村、社区结合地方特色，开展文艺汇演、展演、巡演活动，繁荣乡村节日文化，丰富群众业余文化生活。实施文化信息资源共享工程，加强开放政策宣传，并投入资金6.2万元修缮文化站部分业务用房，完善各类服务项目，确保免费开放工作落到实处。举办农村文艺骨干培训班，编排舞蹈、花灯小戏等群众喜闻乐见的文艺节目。开展首届广场舞蹈培训，推动全镇全民健身运动的开展。

老龄工作　年内，发放80周岁以上高龄老年人发放长寿保健补助金87.35万元，5430人次；慰问百岁老人2人，其他困难老年人20名，发放慰问金0.46万元。补助经费2万元。为侯家沟村委会下中渔村老党员，老优抚对象解决住房难问题。补助资金0.6万元，为黄营乐太村、翠峰浑水塘老年协会添置设备。开展“老年人维权宣传和老年人义诊服务活动”；年末，全镇有老年协会20个，老协小组131个。

卫　生　年末，有卫生院1个，职工121人，其中在编职工75人，临时工46人；卫生技术人员67人，其它专业技术人员1人，工人7人；卫生专业技术人员中本科学历的13人，大专39人，中专及以下15人；具有中级职称者30人，初级职称者33人；执业医师30人，执业助理医师5人，执业护士20人。乡村医生78人。组织64716名群众参加2013年新型农村合作医疗，参合率达97.57%；2012年共补偿参合群众271909人次，补偿资金2029.33万元，其中门诊减免347.29万元，门诊减免265628人次，门诊次均补偿13.07元；住院补偿住院6281人次，补偿资金1682.03万元。住院次均补偿2677元，比上年增加349元。建立居民健康档70063份,新增3104份,建档率99%；电子档案录入64937份，录入率93%；发放健康知识材料152721份。全面落实独生子女父母奖励政策、农村计划生育家庭奖励扶助和特别扶助制度，完善“月访视”、“季服务”制度，推行避孕节育知情选择，引导育龄群众自觉落实以长效为主的避孕节育措施，提高孕前型服务水平。

民　政　全年发放各种优抚、救济费868.5万元，低保金237.6万元，五保供养经费25.06万元，救济粮108.472吨。办理婚姻登记482对，其中复婚登记10对，离婚登记95对。年末，有集体敬老院3所，收养老人43人。

残疾人工作　10月23日，江城召开第二次残疾人代表大会，来自全镇的残疾人代表、残疾人工作者代表、列席人员共80余人出席会议。选举产生江城镇第二届代表大会主席团成员和出席江川县第五次残疾人代表大会代表27名，推举镇残联第二届主席团主席、副主席及镇残联执行理事会理事长。

全年走访慰问残疾人困难户57户，发放慰问金1.14万元。补助6户残疾人家庭每户7400元实施危房改造。开展CBR盲人定向行走和精神病康复项目，送6名康复对象到市二院康疗，居家托养15人，发放托养费1.5万元；将家庭困难的554名残疾人纳入农村低保，开展白内障手术130人，发放轮椅12辆，对残疾人代步车进行燃油补助57人，人均发放260元。

劳动保障　做好社会保险扩面工作，全镇共有25444人参加了农村社会养老保险（老农保），1941人领取农保金城乡居民养老保险（新农保）参保44585人，9933人领取基础养老金，参保率96.4%；办理被征地农民养老保险432人，824人参加城镇居民医疗。全年发放“贷免扶补”贴息贷款110万元，支持就业和再就业工作。为118人次办理异地领取养老金资格认证。签订劳动合同4708份。组织57人参加职业技能培训，165人参加创业培训，转移农村富余劳动力200名。劳动监察52户用人单位，职工2189人次，有效维护了职工的合法权益。

环境保护　完成抚仙湖星云湖一级保护区退田还湖工作，退田还胡1565.37亩，安装界桩127棵，完成土地整理及各种树木栽种工作。投资100万元，完成大渔村村落环境综合整治工程，新建排水沟道346米，修缮排水沟道1397.4米，清理污水系统淤泥725.29方，新建塘表湿地污水系统1座，土墙粉涂1696平方米，场地硬化385.31平方米，路面硬化446.19平方米，道路修复121.44平方米。开展农村环境卫生整治，共清运各种垃圾26190吨。组织开展抚仙湖农村环境卫生“四清”活动，清理沿湖村庄污水沟道54900米清理道路135800米，清理垃圾杂物570多吨。完成白家营村委会段家村及黄营村委会东街村生态村建设工程，建成生态文明活动场所2个、截污沟1条、饮用水源点蓄水池1个，修缮公厕2座，湿地绿化2块。加强入湖河道监督管理，开展河道专项整治活动10次，清理河道129200米，清运河道垃圾426吨，清除淤泥2766.2立方米。

国土资源管理　坚持基本农田“五不准”，定期对基本农田进行巡查，加强对农村临时用地的管理，加大对违法占地的清理，清理违法占地40宗2689平方米，制止66宗7165平方米；加强矿产资源巡查管理，制止非法盗采磷矿资源行为10起；做好地质灾害监测和监测人员培训工作，制作发放地质灾害工作明白卡23份，避险明白卡97份；完成农村集体土地确权发证工作，发放集体土地使用证48份。

法制建设　全年举办各种法制讲座8期，培训3200余人次；普法骨干培训4期，培训105人次；接受法律咨询189人次；共签订社管综治工作责任

书171份、禁毒工作责任书151份、教育管理“法轮功”责任书151份、消防安全工作责任书151份、安全生产责任书151份、道路交通安全责任书151份、信访工作责任书151份、重点人员稳控责任书21份、“平安家庭”责任书21000份、店铺联防责任书252份等。全年立刑事案件343起，破案165起；受理治安案件494起，查处380起，查处率77%。调解各类民事纠纷473起，调解成功469起，调解成功率99.8%。

【移民扶持】 投资480万元完成大村道路硬化、小石关文化活动中心、灰腰文化活动中心、张旗村文化活动中心、张官营人畜饮水工程改造及环境整治、翠峰文化广场及文化活动中心、招益村饮水工程改造、小石关村庄道路硬化共10个项目建设。发放移民直补金72.83万元。

【江城镇第二届人民代表大会第五次会议】 1月10日，江城镇召开第二届人民代表大会第五次会议，镇长李保平、镇人大主席吴增福分别代表政府和镇人大主席团向大会作了政府工作报告和人大主席团工作报告。大会审议通过政府工作报告、人大主席团工作报告和各项决议，表彰3个先进代表小组和19名优秀代表。

【庆祝建党91周年大会】 6月21日，举行庆祝中国共产党成立91周年大会，表彰奖励近年来在江城建设、改革和发展中做出突出成绩的21个先进基层党组织，75名优秀共产党员。

【江城镇教育工作暨第28个教师节庆祝大会】 为树立典型，大力宏扬教书育人的奉献精神，营造尊师重教支教的良好风尚，9月7日，江城镇召开教育工作暨第27个教师节庆祝大会，并对在2011～2012学年作出突出贡献的优秀教师、先进教育工作者和支持教育事业发展的先进单位进行表彰奖励，营造尊师重教氛围，广泛动员社会力量重教支教，促进教育事业持续健康发展。会议共表彰27名优秀教师、6名先进教育工作者。

【江城社区绿色社区创建】 10月16日江城“绿色社区”创建工作通过市验收。

【人大换届选举】 12月20日，江城镇进行县乡人大代表换届选举，共选举县人大代表42名，镇人大代表89名。

【四群教育活动】 开展“四群”教育及干部直接联系群众活动，实行部门挂村，干部包组、直接联系群众，13个部门挂村20个、包组131个，107名镇干部与425名群众结成对子，524名村组干部、400多名村民代表与3125户农户结成对子。各级干部深入走访农家1.7万多户次、5万余人次，召开民情恳谈会64场，收集意见建议485条，记录民情日记1845篇，工作日志1万余篇。帮助制订村组发展规划124个，落实项目47个，解决帮扶资金5563万元、问题141个。

【基层党组织晋位升级】 深化创先争优活动，28个先进基层党组织，89名优秀共产党员和先进党务工作者分别被市委、县委和镇党委表彰奖励，其中侯家沟村党总支、孤山村小马沟村民小组党支部被市委表彰为先进基层党组织，镇党委被县委表彰为创先争优活动先进党委，为农村基础党组织和党员干部树立了榜样。认真开展“跨越发展先锋行动”，与21个党总支、165个支部及3255名党员签订“跨越发展先锋行动”年度承诺书。认真开展基层组织建设年活动，对全镇186个党组织进行分类定级，建立动态管理机制，对基层党组织整改提高情况进行定期督促检查、跟踪管理，并定期排查复查，防止反弹。

深入开展“三培养三带动”活动，实行农村无职党员设岗定责管理，进一步完善村情社意沟通互动机制，建立领导干部联系点20个，结成“一对一”帮扶对子14个。完善流动党员管理办法，建立外出登记、定期汇报、召开返乡座谈会等制度，加强对流动党员的管理和服务。开展党员评议活动，对全镇165个支部的3127名党员进行评议，经评议无不合格党员，其中934名党员被评为优秀党员，236名党员受到各级党组织表彰。

全年发展党员71人，其中女党员24人，占33.8%；35岁以下党员29人，占40.85%；初中以上学历的31人，占43.66%；致富带头人22人，占30.99%。

【先进集体及个人】 2012年2月，江城镇获国家人口和计划生育委员会“第一批全国人口和计划生育依法行政示范乡镇”荣誉；2012年2月，江城镇人民政府获市委、市政府“新农村建设工作队及指导员先进派出单位”荣誉；2012年5月，明星村委会获共青团云南省委“先进‘五四’红旗支部”荣誉；2012年8月，侯家沟村党总支、孤山村小马沟党支部获市委“先进基层党组织”荣誉；2012年9月，明星村获中国生态文化协会“全国生态文化村”荣誉；2012年9月，江城镇统计站获省统计局“全省统计系统先进集体”荣誉；2012年8月，李江润、海来春获市委“优秀共产党员”荣誉称号。

（杨 洁）

前卫镇

【行政区划·人口】 前卫镇位于江川县境腹地，东临星云湖，西与九溪镇、安化乡接壤，南与江川县城大街镇为邻，北与江城镇相连。全镇辖杨家嘴、业家山、渔村、庄子、石河、后卫、周官、赵官、小街、柏池古10个村民委员会和前卫社区居民委员会，51个自然村，69个村民小组。镇域总面积88.9平方千米，东西最大横距14.25千米，南北最大纵距12.75千米。最高海拔2139.4米，最低1724米，镇政府驻地海拔1730米。人口密度每平方千米554人。境内主要河流有前卫大河、周官河、小街河等，有石河水库等水库14座，坝塘68座。风景名胜点台山书院、七星塔、回头山坐落于星云湖西岸，镇政府的东、北面。

2012年末，全镇总户数17295户，总人口48565人，其中：男24242人，女24323人。农业人口43235人，占总人口的89%。少数民族2192人，占总人口的4.5%。农村从业人员29556人，其中从事二、三产业8327人，占从业人员的28.2%。年内出生人口513人，出生率为9.45‰;死亡311人，死亡率为5.59‰；人口自然增长率为3.86‰。

【领导干部名录】

党委书记　刘绍宏
副 书 记　胡正鸿（2012.11离任）
　　　　　李江辉（2012.11离任）
　　　　　莽嘉慧（2012.11任）
　　　　　龚雪刚（2012.11任）
　　　　　陈宝林（2012.11任）
　　　　　张海龙（2012.3兼任，挂职）
纪委书记　王志伟（2012.11离任）
　　　　　郭　伟（2012.11任）
人大主席　钟　镖（2012.11离任）
镇　　长　胡正鸿（2012.11离任）
　　　　　莽嘉慧（2012.11任，代理）
副 镇 长　宋泽彦
　　　　　李万雄
　　　　　周鼎博（2012.2离任，挂职）
　　　　　花德财（2012.3任，挂职）
　　　　　谢粉玲（2012.3离任）
　　　　　花云芬（2012.3任）
　　　　　刘进春（2012.9离任）
　　　　　张　曦（2012.9任）

【经　济】　2012年，完成地方生产总值63385万元，比上年增加9350万元，可比价增幅为13.9%。完成年初确定目标增14.4%以上达61800万元的102.6%。其中：第一产业增加值23104万元，同比增加1488万元，增长6.9%，占GDP的7.4%；完成年初确定目标增8.1%以上达22100万元的104.5%；完成争先进位目标达65200万元的97.2%，完成人均GDP达13540元的96.5%。第二产业增加值21336万元，同比增加5108万元，增长31.5%，占GDP的21.8%；完成年初确定目标增24.4%以上达20050万元的106.4%，其中工业增加值10886万元，增加3380万元，增长45%。第三产业增加值18945万元，同比增加2754万元，增长17%，占GDP的14.7%；完成年初确定目标增15.2%以上达18930万元的100%。

农　业　2012年末，总耕地面积23144亩，其中：田14912亩，地8232亩。以生产烤烟、蔬菜、水稻、包谷、经果等为主。全年总播种面积58217亩，复种指数251.5%。全年粮食总产量700万千克，同比增5.7%。其中：大春粮食产量459.57万千克，比上年增39.11万千克，增9.3%。小春粮食产量240.43万千克，比上年减1.39万千克，增0.5%。农业人口人均产粮144.13千克。主要粮食产量：水稻397.43万千克，玉米53.1万千克。2012年烤烟种植面积达15000亩，在全县率先完成185万千克的收购任务，购入平均价格25.71元/千克，烟农直接收入4884万元，比2011年增1003万元，增长25.8%。蔬菜种植效益日益显现，青花、白花、洋芋、洋葱、芫荽、胡萝卜等优势品种种植初步形成规模，2012年蔬菜总播种面积23457亩（含复种），总产量达4932万千克，实现产值14100万元，比2011年增1033万元，年均增长7.9%。畜牧业发展成效显著，2012年生猪出栏5.14万头，营销仔猪16.3万头，实现畜牧业产值9080万元，比2011年增2144万元，增长30.9%。

2012年，农民人均纯收入达7330元，同比增加888元，增长13.8%，完成年初确定目标增达7279元的100%，完成争先进位目标达7730元的94.8%。

2012年，金融机构各项存款余额38307万元，比上年同期增加9147万元，增长31.4%。贷款余额19986万元，比上年同期增加6020万元，增长43.1%。

工　业　2012年，工业总产值完成43680万元，同比增4358万元，增长11.1%；工业增加值完成12940万元，同比增3137万元，增长32%。其中，规模以上工业完成产值32060万元，同比增9060万元，增长39.4%；实现增加值10027万元，同比增2957万元，增长41.8%，完成县考核指标10000万元的100.3%；完成产品销售收入29270万元，同比增7665万元，增长35.5%，完成县考核指标28000万元的104.5%；实现利税总额3045万元，同比增1209万元，增长65.8%，完成县考核指标3000万元的101.5%；实现利润总额1030万元，同比增825万元，增长402.4%，完成县考核指标1000万元的103%。

农产品加工业、通用设备及五金加工制造业、青铜制品业是镇内的支柱产业和特色产业，本年度发展态势良好。2012年，农产品加工业实现产值35518万元，占全镇工业总产值的81.3%；通用设备及五金加工制造业实现产值4818万元，占全镇工业总产值的11%；青铜制品业实现产值2000万元，占全镇工业总产值的4.6%。农产品加工业已成为全镇工业经济发展亮点。

第三产业　2012年，第三产业增加值18945万元，同比增加2754万元，增长17%。其中：交通运输业4249万元，同比增加275万元，增长6.9；批零业1682万元，同比增加168万元，增长11.1%；餐饮业826万元，同比增加135万元，增长19.5%；金融业6720万元，同比增加1580万元，增长30.7%；房地产业2525万元，同比增加161万元，增长6.8%；营利性服务业222万元，同比增加6万元，增长2.8%；非营利性服务业2721万元，同比增加429万元，增长18.7%。

基础设施建设 投资35万元完成三家村人畜饮水改建工程；投资53万元完成前卫中学管网改造；批复投资470万元完成石河老关坝、三岔河、白花山3件小二型水库除险加固项目；批复投资422万元的赵官、庄子、周官、前卫片区现代烟草农业基础设施建设工程已完工；投资50万元完成云峰村道路硬化工程；投资15万元完成岳家营公房修缮工程；投资88万元完成南水北调两线调水入小井坝、人民坝、王居箐坝的配套工程已在增蓄提水工程；投资120万元完成赵官小学至小井坝水库的田间沟路配套工程；投资160万元完成石河北大沟南沟支渠工程；投资130万元完成周官4个增蓄提水工程项目；投资120万元完成唐家山乡村道路硬化工程；投资85万元完成业家山八亩心集体活动场所建设；投入财政奖补资金197万元的9个农村公益事业“一事一议”项目建设已完工；投资30万元的2个整村扶贫推进工程已完工；投资450万元的石楼梯坝基本烟田建设项目已完工；投资140万元的周官自热村集中供水项目工程、投资80万元的前卫社区办公房建设正在推进中。

村镇建设·环境保护 加大环保宣传教育力度，提高全民环保意识，以会议、黑板报、广播、宣传标语、条幅等形式，向干部群众、学生宣传环保知识。全年全镇共出黑板报12期，贴小标语420多条，大标语5条，召开会议11次，参加人员2600余人；培训党员干部、中小学生4000余人。深入开展农村环境卫生整治活动。全年共开展集中性整治12次，对51个自然村，70个村民小组继续集中整治，出动人员8890人次，车辆530辆，清扫街道36000米，公厕243个，清理垃圾池256个，清运垃圾8260吨，投入整治经费68万元。继续加强湿地及生态修复管理。对湿地管理人员进行随机督查，对工作不到位者加强教育及管理，对杨家咀到小街一带生态修复的植物进行施肥、浇水、割除等日常管理。村镇建设取得实效。完成云南省第五批农村民居地震工程。第四批民居地震安全工程的330户加固改造任务全部在周官、后卫2个村委会12个村民小组进行，该工程已全部竣工。完成380户危房改建任务。

国土资源管理 对土地违法行为坚持预防为主，事前防范与事后查处相结合的方针，一年来共及时、依法查处多违法占地293户，面积12860.49平方米，按照上级的要求有序开展清理，并杜绝违法占用耕地情况发生。圆满完成龙泉山生态工业园区的云南特固电气有限公司智能电网项目的征用土地35.96亩，共涉及农户70户，征地费共计778.326万元，该项目正在动工建设中；风力发电设备项目和中国联塑扩建项目及工业园区道路及绿化项目征用土地429.6465亩，征地费5173.87626万元。该项目征地工作基本完成，正在对征用土地进行土地平整。

【社会事业】 民 政 严格执行国家有关政策，定期足额发放在民政领取各种生活补助经费，全年共发放各种民政经费5451005元。其中，农村低保2416288元、临时救济237000元、参合费补助908950元、粮食救助1271户，3470人、61720千克。全年全镇共有五保供养人数80人，敬老院2所，床位48张，入住对象26人，工作人员4人，其中未成年人1人。院外五保供养对象54人，其中孤儿21人，按国家规定每月每人按时发给生活费204元，共发生活费203858元。城乡医疗救助“一站式”服务工作。一年共开“一站式”服务卡382张，有效解决了部分农村特困群众看病难的实际困难和问题。全年办理结婚登记260对，婚前检查率达100%，办理离婚登记71对，补办120对,开未婚证明73人。

残疾人工作 对25户、190人次特困家庭残疾人放慰问金额12400元、化肥3吨；送两名重度精神病患者到市二医院康复治疗，落实5人阳光家园计划并发放每户800元共计4000元；完成45例白内障免费复明手术；对123人次进行农业生产帮扶，投入工时200余个；发放残疾人参合医疗费用584人，共计29200元；补助全镇残疾人710人的农村合作医疗21300元。完成残疾人普查工作，全镇共1030人。

劳动保障 进一步完善基本养老保险制度，扩大养老保险的参保范围，全镇2012年农村和城镇居民60岁以上6867人，共领中央基础养老金补助4944240元。不断扩大医疗保险的覆盖范围，逐步构建以基本医疗保障为主体，以保障大病风险为重点，兼顾多层次需求的医疗保障体系。全年新农保参保人数32040人，比去年新增770人。做好农民工手册的办理工作，举办两期共计6天的创业培训，共培训人员348人次，劳动力转移共计转移1100多人次。

卫 生 全力推进新型农村合作医疗工作健康、稳步、持续发展。每月对新型农村合作医疗基金运行情况进行公示，自觉接受社会和群众监督，加大参合群众对新型农村合作医疗基金使用情况的知情权和参与权。2013年参加新型农村合作医疗总户数为14052户， 参合人数为44625人，参合金额为2677500元。参合率达97.88%。比2012年增1.2个百分点。至2012年底，全镇门诊补偿109647人次，补偿金额1586735.74元；住院补偿5039人次，补偿金额14850134.44元。

计划生育 认真落实奖、优、免、补政策，取信于民。全年为123名独生子女办理、兑现教育奖学金24910元，发放独生子女保健费21630元，办理、兑现计划生育家庭养老扶助13680元。为全镇计划生育家庭及双女结扎户2159人，办理兑现新农合医保补助金129540元。实施终止妊娠补救措施6例。收缴计划生育家庭意外伤害保险金34175元。新办理农业人口家庭独生子女父母光荣证5户。

教 育 营造良好社会氛围，

提高入学率，降低辍学率。采取以广播、布告以及宣传材料等多种形式，加大对义务教育相关的法律法规、“三免一补”政策等的宣传力度。认真做好公共卫生服务工作，在中、小学开设卫生保健课程，指导学校的健康教育活动，各所学校健康教育开课率达100%。积极开展“金秋助学”活动，对部分考入重点院校的贫困生给予困难补助；2012年中考成绩喜人，中考上线率、上市属中学的比例均位居全县前列，教育教学质量不断提高。

文化旅游　切实加强公民素质教育和未成年人思想道德建设，形成良好的社会风气和融洽的人际关系。实施“阳光工程”、“农民技能培训工程”等一系列培训活动，发挥“农家书屋”的功能作用，培养“有文化、懂技术、会经营”的新型农民；镇文化站图书室和电子阅览室已免费开放，着力抓好农民职业技能培训，帮助外出务工农民提高就业能力。

经过多方争取和努力，以回头山、出流改道入水口景观、星云湖岸十里长堤、七星塔、曲焕章故居、新河咀至渔村传统民间铜器工艺区、渔村小肚、文化路、石河彝族生态村为规划轴线的前卫镇“两横一纵”的乡村文化旅游规划已进入准备阶段，为充分发挥前卫镇自然、历史、人文资源优势，繁荣文化旅游产业打下坚实基础。

社会综合治理　继续健全完善矛盾纠纷“大调解”工作格局和矛盾纠纷排查机制。至2012年底，共受理矛盾纠纷310件，调解成功310件，调解率达100%，涉及当事人3606人，涉及金额800万元；稳控重点人员36人，落实稳控措施36人。接待来信来访23件次，信访回复率100%。同时，加大对社区矫正人员、在册吸毒人员、原“法轮功”练习者、“东方闪电”邪教人员、“两劳”刑释解教人员定人定责进行帮教管理，帮教违法青少年11人，有效维护了社会稳定。落实日常检查制度，进行安全检查32次，发现事故隐患46条，其中下达整改指令书1份，限期整改30条，现场整改16条；认真开展道路交通安全的百日督查专项整治活动，对辖区内的路、桥进行24次日常巡查，对农村“五小”车辆及驾驶员管率达到83%以上。狠抓烟花爆竹、交通、消防、食品药品安全监管，全年无重特大安全事故发生。

惠民政策　切实落实国家的各项惠民政策，及时兑付家电和汽车摩托车下乡补贴、油菜补贴、综合直补、粮食补贴等资金224.585万元。其中：家电下乡补贴1744台，兑付资金61.2余元；摩托车下乡补贴552辆，兑付资金32.6万元。补贴兑付率达 100%。拨付资金90万元，用于2012年度基本口粮田建设。发放农村民居地震安全工程建设补助资金460万元。2012年农业部门补助55.52万元、800户农户太阳能项目已在验收和投入使用中。

【招商引资】　全年招商引资完成7210万元,同比增610万元，增长9.2%。引资项目分别是：云南腾达机械制造有限公司引进资金2170万元，云南卓一食品有限公司引进资金2780万元，江川新丰机械配件厂引进资金1300万元，江川鼎恒机械制造有限公司引进资金600万元，云南瑞其福生物科技有限公司引进资金360万元。

【省预备役师长检查指导工作】　11月22日，云南省预备役师长余阳一行到前卫检查指导工作，县委书记马文龙等领导陪同检查。镇党委书记刘绍宏对前卫近几年来预备役的建设发展情况、下一步发展打算等作汇报，余阳对前卫预备役的建设表示满意，并提出下一步工作中要继续加强设施建设和物资储备等意见建议。

【前卫镇第二次残疾人代表大会召开】　10月23日，前卫镇召开第二次残疾人代表大会。会议指出，镇残联以贯彻落实上级文件精神为主线，牢固确立提高为残疾人服务水平、改善残疾人生活条件、扩大残疾人工作影响的理念，突出“两个体系”建设和实事项目落实，扎实开展残疾人综合服务设施建设活动，统筹发展残疾人康复医疗、劳动就业、宣传文体、组织建设等工作，圆满完成了各项目标任务。今后要着力构建残疾人事业长效发展机制，推动残疾人事业在新起点上加快发展，为建设更高水平小康社会和构建和谐前卫作出新的贡献。大会选举产生新一届镇残联领导班子。镇残联负责人作了题为《振奋精神开拓进取努力开创我镇残疾人事业新局面》的工作报告，对近五年来残疾人工作进行全面总结，安排部署今后五年工作。

【江川县第一家非公经济联合党支部成立】　为促进企业内分散的党员便于参加组织生活、共同学习和交流，更好的发展和壮大企业内党员队伍，6月1日，前卫镇举行镇辖区内非公经济联合党支部的成立仪式，该支部是江川县第一个非公经济联合党支部。县委组织部、统战部、工商联的领导前来指导并参加仪式。该支部由前卫镇辖区内12家企业里的21名党员组成。支部成立后，对这些党员将实行本地和外地双重管理方式。本次支部成立通过选举办法按法定程序进行，设投票箱以4:1差额选举选出支部委员3人；再由支部委员选出党支部书记1人；前卫镇党委书记刘绍宏为新选出的党支部书记授印。刘绍宏在成立仪式上对党支部提出三点希望：希望在以后的工作中，对企业内的党员要多关心，同时对他们多压担子、多锻炼、多培养；希望党员同志以身作则，发挥党员先锋模范作用；希望真正把支部当作战斗、工作的地方，为每一个党员提供更好的服务。

【前卫镇综合文化站被评为省级二级文化站】　在2012年3月13日至15日召

开的玉溪市图书馆、文化馆（站）免费开放暨2012年社文工作会上，前卫镇综合文化站被玉溪市乡镇文化站评估定级领导小组评定为省级二级文化站，并于会上颁发达标晋级标识牌。此次评估定级由省、市文化主管部门相关成员组成乡镇文化站评估定级检查组，从2011年起，采取听取汇报和实地查看方式，多次到前卫镇检查阵地建设、现有设备及资产硬件设施使用维护和文化站历年各项职责工作开展、农村文化活动举办以及站内管理等内容。通过近一年的评审论证，肯定前卫镇文化站这些年来的工作与成绩，一致认为，前卫镇虽然功能用房过少导致服务项目不多，但能积极发挥文化服务工作的影响力和宣传面，将业务拓展到村一级，对前卫镇因阵地规模不够申报省级三级站的自评给予重新评议，最终评定为省级二级站。同时，市级主管部门也对前卫镇文化站提出希望，要求在以往基础上继续组织实施好农村文艺星火工程和免费开站服务。

（马吉云）

安化彝族乡

【行政区划·人口】 安化彝族乡地处县境西北部，距县城24千米，东接前卫镇、南连九溪镇、西与红塔区小石桥乡接壤、北与江城镇毗邻。全境地势西北高，东南低，地形北窄南宽呈“人”字形，东西最长距离17.2千米，南北最宽距离12千米，最高海拔2294.2米，最低海拔1782米。属中亚热带半湿润高原季风气候，四季平和，冬无严寒，夏无酷暑，干湿季节分明，年平均气温14.9℃，有“天然温室”之美称。乡政府所在地安化彝族乡安化大营一组8号。

乡域面积95.6平方千米，共辖安化、新庄、早谷田、董炳、光山5个村（居）委会，26个自然村，28个村民小组。2012年末耕地总面积9280亩，其中田4992亩，地 4288亩（水浇地1628亩）。农业人均耕地面积1.01亩。

2012年末，全乡辖区内人口总户数3078户，总人口9356人，其中：男4823人，女4533人；农业户2492户，农业人口 6755人；少数民族人口 8992人（其中彝族8911人、哈尼族62人、壮族1人、拉祜族4人、苗族5人、傣族3人、藏族2人、傈僳族1人、其他族3人），少数民族人口占总人口的96.1%，是江川县唯一的一个山区民族乡。农村从业人员5902人。人口自然增长率为1.5‰。人口密度98人/平方千米。

【领导干部名录】

党委书记　赵　琦

党委副书记　莽嘉慧（2012.11离任）

李永华（2012.11任）

雷永彪（2012.11离任）

王艳兰

徐志伟（2012.11任）

潘兴发（2012.3兼任，挂职）

人大主席　坝有贵（2012.11离任）

纪委书记　徐志伟（2012.11离任）

李江辉（2012.11任）

乡　长　莽嘉慧（2012.11离任）

李永华（2012.11任，代理）

副乡长　张乘风（2012.3离任）

邓树芬（2012.3任）

段雄伟（2012.1任）

李伟明（2012.3任，挂职）

沈晓帆

【经　济】 2012年完成乡内生产总值13536万元，同比增加 2045万元，增长17.8%。其中：第一产业完成9781万元，同比增加1667万元，增长20.5%；第二产业完成984万元，同比增加125万元，增长14.6%；第三产业2771完成万元，同比增加253万元，增长10%。年末，农村社会总产值（现价）14239万元，比上年增20.6%，其中：工业总产值3672万元，比上年增长23.2%；农业总产值11772万元，比上年增长23.4%。农村经济总收入10700万元，比上年增加1717万元。其中：农业收入8704万元，比上年增长17.8%，占总收入的81.3%；林业收入24万元，比上年增长3万元，占总收入的0.2%；牧业收入503万元，比上年增长110万元，占总收入的4.7%；渔业收入48万元，比上年增长5万元，占总收入的0.4%； 工业收入632万元，比上年增加174万元，占总收入的5.9%；建筑业收入174万元，比上年增加13万元，占总收入的1.6%；交通运输业收入282万元，比上年增加 31万元，占总收入的2.6%；商业服务业收入119万元，比上年增加9万元，占总收入的1.1%；社会服务业收入8万元，占总收入的0.1%；其它收入206万元，比上年增加34万元，占总收入的1.9%。农民人均纯收入6331元，比上年增加880元，增16.1%。二三产业从业人数906人，占农村从业人数的15.4%，比上年增 4个百分点。地方财政收入完成1166万元，同比增加194万元，增20%。年末，农村信用社各项存款余额4340万元，比上年增加132万元，增长3.1%。

农　业　2012年，农作物播种面积280公顷。复种指数226%。粮食播种面积8800亩，粮食总产量380万千克。其中：玉米播种面积5000亩，单产564千克/亩；小麦播种面积450亩，单产 245千克/亩；农民人均产粮345千克。蔬菜种植面积12300亩，总产189900万千克，实现产值4558万元。油料播种面积4200亩，单产231千克/亩。烤烟种植面积16700亩，总产239.65万千克，交售量220.3万千克，均价为24.06元，实现交售收入万5301.5元，比上年增加886.5万元，增长20.1%，上等烟比例达73.48%。

年末，生猪存栏5750头；肥猪出栏6908头。大牲畜存栏1541头，其中，牛存栏1141头，出栏299头；羊存栏1251只，出栏164只。家禽出栏32395只，禽蛋产量35吨。全年肉产量829吨。实现畜牧业产值1433万元，比上年增加22万元，增长1.6%。水产品产量122吨。

企　业　2012年，有个体私营企业2户，其中：私营企业2户，企业营业总收入3580万元；税利139万元；营业收入上百万元的企业有2户。企业固定资产投资620万元，投资项目2个。

村镇建设　2012年全乡有149户农户建盖新房，建盖间数 894间，竣工面积98340平方米，竣工房屋价值7867.2万元。拨款10.2万元完成农村危房改造10户（拆旧建新10户）。

【社会事业】　科　技　坚持科技为经济建设服务的指导思想，狠抓科技知识的普及和科技成果的转化。2012年举办各种培训班10期，培训人数达3500余人次。

教　育　优先发展教育，狠抓教育各项政策的落实。2012年，进一步优化教育教学资源，抓好教育设施建设工作，完成安化中心幼儿园建设规划。投资150万元建设安化中心小学教学、学生宿舍，改善学校教学条件，实现教育理念从“好上学”到“上好学”的转变。年末，有中心小学1所，村完小2所，教学班24个，教职工55人，在校学生745人，毕业率达100%，升学率达100%；

文　化　有文化站1个，藏书1137余册，业余文艺宣传队23个。增加5个村（居）委会的农家书屋的物资配备，平均每个书屋拥有藏书1613余册。积极开展群众性文化活动，推进安化乡文化发展。

卫　生　扎实开展新型农村合作医疗工作，切实解决群众“看病难、看病贵”问题。2012年全乡参合人数8909人，参合金额53.5万元，参合率97.6%，住院、正常分娩及门诊减免补助5199人，报销金额75.7万元。全乡有卫生院1个，村卫生所5个，卫生室1个，卫生院卫生技术人员12人（其中执业医师5人、注册护士1人，其他人员6名），卫生所医务人员12人，病床总数10张。坚持以人为本，紧紧围绕“控制人口增长，提高出生人口素质，优化人口结构”任务，坚持贯彻落实农村人口独生子女“奖、优、免、补”政策，继续抓好“一法二条例三规定”的落实，全面推行计划生育工作依法管理，深化综合改革，建立和完善计划生育村民自治工作机制，认真开展健康检查，搞好优质服务，全面提升工作水平，2012年全乡人口出生率10.26‰，出生人口政策生育率96%，人口自然增长率为1.5‰。

民　政　以帮助困难群众、弱势群体为主，今年发放救济大米43.76吨，救助1723户，发放民政救济金56900元，救济困难群众101户，发放20名复员军人补助费140000元，44名两参人员生活补助费13.2万元，发放461名农村低保保障金61.96万元，发放高龄老人保健费人83200元。加强民政、残联和老龄工作，切实落实惠民政策。全年共发放救济大米43.76吨救助1723户，发放救济金5.69万元，救济困难群众101户，发放461名农村低保保障金61.96万元。发放20名复员军人补助费14万元，发放44名两参人员生活补助费13.2万元，发放 528名高龄老人保健费8.32万元。资助残疾人大米157袋，现金0.73万元，危房改造2户1万元。发放惠民扶持贷款385万元，补助创业能手30人。兑付粮种补贴2492户14.7万元。兑付农机补贴41.5万元。兑付摩托车下乡补贴70辆40124万元。

劳动保障　大力宣传《劳动合同法》，安化 56人参加了职工医疗互助，参合率100%。高度重视养老保险工作，圆满完成县下达的目标任务。全面启动新型农村养老保险工作，圆满完成县下达目标任务。发放60岁以上农村居民基础养老金780000元，享受人员1093人，16岁至59岁新参保89人，参保率达99%，收取养老保险金70.3万元，基本实现新型农村和城镇居民社会养老保险全覆盖。

法制建设　以“打造平安安化、构建和谐社会”为目标，认真实施“六五”普法教育、“依法治乡”战略，强化社会治安综合治理，深入推进“社会矛盾化解、社会管理创新、公正廉洁执法”三项重点工作；建立和完善群防群治网络，不断完善社会防控体系，严厉打击各种违法犯罪活动，进一步健全矛盾纠纷“大调解”机制，强化行政调解、人民调解、司法调解网络建设；落实领导干部大接访大下访责任制，规范综治维稳信访中心建设。全年共接待群众来信来访200余件，办结20件。刑事案件发案33件，破13件；受理治安案件68件。一年来共调解各类社会矛盾纠纷146起，成功145起，调处率100%，成功率99%，未发生一起群体性事件；开展了“平安先进安化”创建活动；深入推进禁毒防艾工作，巩固“无毒乡”成果；认真开展安全大检查，及时发现和消除安全隐患，全年未发生一起安全事故，实现了社会和谐稳定。

基础设施建设　基础设施建设稳步推进，进一步加大协调力度，积极争取项目和资金，在改善民生上取得了显著的成效。投资214万元完成安化乡村级公益事业建设“一事一议”财政奖补项目5个，其中投资21.3万元完成安化社区一组环卫设施及道路硬化建设，投资29.5万元完成董炳张家庄村内道路建设，投资75.8万元完成董炳中村老年活动中心建设，投资60.9万元完成新庄塔冲村内道路建设，投资26.5万元完成早谷田白沙地村内道路建设；投资90万元启动乡廉租房建设，投资30万元启动水管组办公用房建设，投资30万元启动农科组办公用房建设，投资120万元完成九道河除险加固工程，投资20万元完成乡村道路修缮工程，投资150万元完成乡中心小学教学楼、学生宿舍用房建设，投资9万元完成张家庄道路硬化工程，投资10万元完成安化一组公房建设，投资15万完成白沙地公房建设。投资50万元完成中村老年活动中心建设，投资40万元完成塔冲道路硬化工程，投资120万元启动安化卫生院业务用房建设，投资1120万元完成新庄土地开发整治工程，投资50万元完成光山中低

产林改造，投资45万元完成新庄中低产林改造。投资10.2万元完成农村危房改造10户（拆旧建新10户）。

生态建设　推动工程性和非工程性措施落实，动员引导广大干部群众投身“绿色安化”、“生态彝乡”建设实际行动，干部群众环保意识不断增强，卫生文明程度不断提高；抓住市、县政府对董炳河流域治理保护的重大机遇，结合东风水库径流区发展规划，在上年基础上，稳步实施董炳河流域生态修复工程，投资6万元建成苗圃基地，栽植柳树苗15000多株；投入资金25万元，深入开展农村环境卫生整治活动，建立长效管理机制，做到人员到位、措施有力、责任明确、制度健全。全乡共组建5支农村环境保洁队伍，负责日常环境卫生保洁工作，农村脏、乱、差状况得到有效改善。

【核桃产业】　全乡有森林面积89125亩，森林覆盖率62%。抓住中央扩大内需的重大机遇，按照“换届不换机构，换人不换目标”的要求，继续保留发展核桃产业工作机构，增配了相应的人员及经费，继续推进核桃产业发展，全年新栽核桃1500亩，至目前，累计种植核桃9500亩，建立核桃示范基地5个。

（岳　春　施永芬）

九溪镇

【行政区划·人口】　九溪镇位于县境西南部，东与大街街道相连，南与通海县毗邻，西与红塔区接壤，北与前卫镇交界，镇政府距玉溪市政府所在地10千米，距县城12千米。镇政府驻地海拔1705米。

全镇辖马家庄、六十亩、阳山庄、大村、大营、中营、鸡窝、喜乐庄、矣文9个村、社区（其中阳山庄、矣文为彝族村委会），26个自然村，28个村民小组。镇域总面积113.6平方千米。

2012年末，实有耕地面积15666亩，其中田9453亩，地6213亩，稳产高效基本农田14245亩，农业人口人均占有耕地0.65亩。主要以生产水稻、烤烟、蔬菜、油菜、花卉、小麦等为主。

2012年末，总户数9704户，其中农业户7779户，非农业户1925户；总人口数26753人，其中男13382人，女13371人；农业人口24156人，占总人口的90.3%，非农业人口2597人，占总人口的9.7%。共有少数民族人口2929人，占总人口的11%。乡村劳动力人口数19333人，从业人员数16556人，人口自然增长率4.71‰。人口密度为人233人/平方千米。

【领导干部名录】

党委书记　李志刚
副 书 记　王奇志（2012.11离任）
　　　　　何　眉（2012.11任）
　　　　　杨　辉（2012.11离任）
　　　　　李　勇（2012.9离任）
　　　　　刘进春（2012.9任，2012.12离任）
　　　　　吕真连（2012.3兼任，挂职）
人大主席　王　川（2012.11离任）
纪委书记　刘　勇（2012.9离任）
　　　　　张　鑫（2012.11任）
镇　　长　王奇志（2012.11离任）
　　　　　何　眉（2012.11任）
副 镇 长　刘开华（2012.9离任）
　　　　　刘　勇（2012.9任）
　　　　　陈江伟（2012.3任，挂职）
　　　　　汪文勇
　　　　　龚艳美（2012.9任）

【经　济】　2012年，完成镇内生产总值30982万元，比上年增长13%。其中：第一产业完成13319万元，同比增9.2%；第二产业完成7912万元，同比增19.5%；第三产业完成9751万元，同比增13.3%。农村经济总收入完成57036万元，同比增17.2%。农民人均纯收入7455元，增加1321元，增长21.5%。全社会固定资产投资完成35639万元，增长34%。金融机构存贷款余额30500万元、8455万元，同比增14.4%和7.1%。

【农业农村经济】　2012年，以农业增效、农民增收为核心，进一步加快产业结构调整步伐，逐步扶持、引导形成烤烟、蔬菜、油料、花卉、畜禽养殖五大产业。全镇总播种面积37193亩，比上年增5.7%。粮食播种面积6976亩，总产411.8万千克，比上年增加49.8万千克，农业人口人均产粮170.4千克。主要粮食作物播种面积与产量：水稻栽种面积3329亩，总产粮243.74万千克；玉米播种面积1702亩，总产108.37万千克；小麦播种面积898亩，总产24.27万千克；蚕豆播种面积350亩，总产7.07万千克。主要经济作物播种面积与产量：油料播种面积4878亩，总产105.74万千克；花卉种植面积1508亩，生产鲜切花2053万枝，实现产值4065万元。其它作物播种面积与产量：全年蔬菜总播种面积12786亩，总产2572.48万千克,实现产值3426.4万元，其中大春蔬菜播种面积6533亩，总产1430.35万千克；小春蔬菜播种面积6253亩，总产1142.13万千克。

积极探索现代烟草产业发展之路，创新烤烟生产组织模式，成立烤烟种植专业合作社，建成中营烤烟育苗工场和3个烤烟育苗场地及9个密集型烤房群，烤烟生产实现提质增效。全年烤烟种植面积11000亩，完成烟叶收购136.95万千克，中上等烟比例达95.98%，综合均价23.27元，较上年增2.75元/千克，实现烟农所得3176.23万元，实现了农业增产、农民增收。

年末，生猪存栏29728头（其中在当年存栏中的能繁母猪5438头），比上年增3.2%，出栏肥猪23578头，比上年增3.3%，销售仔猪165494头，比上年增3.1%，其中，销售到市外有41599头，销售到县外123895头；大牲畜存栏750头，出栏203头；山绵羊存栏3148只，出栏2230只。全年肉产量达332万千克，家禽出栏64.3万只。禽蛋产量129.1吨，水产品产量18.1万千克。

2012年，农、林、牧、渔业实现总产值21465万元，其中农业实现产值12452万元，占58%；林业实现产值1471万元，占7%；牧业实现产值6525万元，占30%；渔业实现产值297万元，占2%；农林牧渔服务业720万元，占3%。

【村镇建设】 2012年，完成全社会固定资产投资35639万元，同比增34%。实施的主要工程是：云南农业科技园完成投资11202万元；喜乐庄虫蚀危房搬迁项目完成投资720万元；九溪35千伏输变电工程完成投资500万元；玉溪富康实木门厂完成投资290万元；玉溪龙祥环保设备厂环保加工完成投资500万元；玉溪市九川食品有限公司完成投资530万元；农业综合开发生态林建设完成投资560万元；九溪廉租房建设完成投资460万元；江川县地方公路管理段（公路维修）完成投资496万元；抗旱应急工程完成投资495万元；人工湿地管理房建设完成投资470万元；中营进村道路硬化工程完成投资89万元；东村饮水工程完成投资136万元；玉溪明珠花卉公司花卉基地设施更新改造工程完成投资489万元。

全镇共有356户农户建盖和修缮新房，建房面积达83730平方米，房屋3267间，（其中住宅32.4间，82810平方米），竣工房屋价值9481万元（其中住宅9394万元）。

【社会事业】 **教　育**　全镇有小学9所，在校学生2437人，教职工224人；中学1所，在校学生1128人，教职工77人。义务教育均衡发展，"三免一补"政策落实到位，农村小学教育布局有效优化，教育资源有效整合。

文化·体育　全镇有文化站1所，群众性文化活动蓬勃开展，群众精神文化生活不断丰富。文化资源信息共享工程顺利推进，农家书屋运行良好。全年图书馆借阅达1100册次，读者达960人次，观展、读报人次达4300人。全民健身活动蓬勃发展。早晨练操人数达13000人次，晚上广场舞参与人数18000人次，街天自娱自乐演出达160场次，参与人员达2600人次。由中营村委会新农村指导员带领成立中营舞蹈教室，每周一、二、三组织学生开展舞蹈培训，共计培训学生60多人次。

卫　生　全镇有卫生院1所，卫生技术人员17人，病床30张；村级卫生所10个，医务人员41人，观察床20张。新型农村、城镇居民养老保险参保13840人，参保率达96.27%；新农合参合人数达24117人，筹资120.5850万元，参合户数7557户，参合率达96.41%，新农合门诊减免11.67万人次，减免报销资金158.67万元；新农合住院减免2651人，减免报销资金695.38万元（不含县级医疗机构现场减免人次和金额）。

民　政　年内，发放各类民政事业经费301.83万元，涉及2725户、2870人；发放大米20330千克，涉及1076户、1662人；核准纳入城镇低保户54人，农村低保855户920人；补助106.85万元，帮助农村贫困户729户，793人参加新型农村合作医疗。组织慰问特困户155户、23020元，特困残疾人4户、800元。发放轮椅4辆，完成3户特困残疾人家庭危房改建，将家庭困难的109人残疾人纳入农村低保。有敬老院1所，供养老人23人。

惠农补助　完成水稻、玉米、小麦、油菜良种补贴24.17万元；推广微耕机243台、插秧机1台；落实家电下乡补贴1499户、43.50万元；汽车摩托车下乡补贴399户、23.96万元；农资综合直补资金68.54万元；生态移民补助120.48万元；能繁母猪补贴52.35万元；民居地震安全工程补助80户、83.28万元。

法制建设　加强民主法制建设，推进依法治镇，积极开展"以案释法"、"送法下村"、"送法进企"、"送法入校"等活动，群众法制观念进一步增强，开展综治维稳信息中心规范化建设，认真开展反邪教警示教育宣传，在九溪小学建立了反邪教警示教育基地。

完善群防群治网络，严厉打击各种违法犯罪，全年受理刑事案件150件，破获81件，破案率为54%，受理治安案件183起，查处98起，查处率为53.55%。全力做好司法调解工作，全年共调处各类矛盾纠纷133起，调处率100%。接待群众来信来访79件135人次（不含上级交办件19件和热线办理件24件）。

【九溪镇集镇总体规划】 牢牢抓住九溪小集镇被省政府确立为全省210个特色小镇之一这个契机，利用集镇规划修编的土地资源平台，有效统筹新农村建设和村庄布点规划，编制完成24个自然村新农村建设规划，新修编的《九溪镇集镇总体规划》顺利通过评审。

【云南农业科技园项目】 云南农业科技园项目加快建设，年内完成园区内土地整治、水网建设、客土改良、围栏工程和景观绿化等工程，进入园区农业设施和作物布局阶段，花卉所和蓝莓种植园正在抓紧建设。

【两污治理项目】 全力抓好东方水库水源保护区环境污染综合整治工作，"两污"治理项目（江川县九溪镇污水处理厂及配套管网建设工程和江川县九溪镇垃圾收集及转运工程）推进取得阶段性进展，以云发改资环〔2012〕2334号文件和云发改资环〔2012〕2534号文件通过云南省发展和改革委员会立项，拟投资455.47万元、4059.14万元。"两污"治理项目的建立将有效保护玉溪中心城区战略资源及广大市民的饮水安全。

【特色餐饮】 以创建"生态美食名镇"为目标，加快餐饮品牌的提升和推介，改善餐饮企业的环境和设施，提升服务接待的水平和质量。开展"餐饮名店"创建和"美食名菜"认证活动，"蒋记菌子宴"、"陈记牛肉馆"、"阳山庄一品羊肉店"分别荣获"中华餐饮名店"、"云南餐饮名店"、"云南特色美食名店"称号。小城镇范围内的餐饮企业增至8家，餐饮集聚区正逐步形成，餐饮业辐射带动作用明显，特色餐饮品牌知名度进一步提升，全年接待食客人数达30余万人次。2012年餐饮业直接收入达1144万元，餐饮业对镇域经济增长的贡献率达13%。

【公共基础设施】 逐步完善城镇公共基础设施，不断加强城镇整治管护力度，聚集能力和辐射带动作用明显增强，集镇建设水平和档次进一步提升。完成中营、河口村内道路和鸡扯路、九放路道路硬化工程，九阳路改扩建工程正在抓紧实施。

【农村环境卫生】 建立"组保洁、村收集、镇转运"的垃圾处理模式，建立健全农村保洁员制度、垃圾清运制度、监督管理和考评制度、完善农村环境卫生村规民约，按县财政补助5元群众每人5元筹集农村环境整治经费24万元，全镇落实保洁人员140名。收集转运垃圾5400吨。做到了农村资金基本得到保障，公共区卫生有人清理，垃圾得到收集，镇村环境卫生有了较大改观。

【河道整治】 签订河道管理责任书，建立河道管理责任押金制，实行平常保洁与集中整治相结合，聘请河道保洁员5名，实施河道的平常管护工作；组织镇村组干部群众1300人次，投入挖机4台，镇村组投入资金10万元，清理乱开乱挖种植作物面积3112平方米，清除河道上粪坑7个，清除废弃物堆4处，河道整形11千米，共清理整治主河道14千米，支河4千米。

【抗 旱】 针对持续旱情，造成春耕备耕、烤烟移栽、人畜饮水困难等问题，组建抗旱先锋队10支，指导群众开展抗旱自救。下拨抗旱党费1万元，解决古城、老尖山2个村民小组饮用水困难。同时，充分用好包村部门力量，协调部门资金48万元，为群众送去化肥、农药、饮用水、蓄水桶等生产生活物资，帮助全镇群众解决生产、生活中的用水问题40余件。

【农村劳动力技能培训】 玉溪市工业财贸学校、县扶贫办联合镇党委、政府开展举办为期一个月的江川县2012年贫困地区农村劳动力转移培训，为120名农村劳动力就业提供帮助。县妇联邀请市科协的科技人员为矣文村150多名妇女讲解蔬菜种植技术，并发放种植资料手册120多份，有效调动了妇女创业的热情。

【四联户结对帮扶】 坚持市、县、镇、村四级干部联户"不交叉"，实现市、县、镇、村、组干部人人都参与联户的群众工作体系。全镇72名镇干部共结对联户294户，发放民情联系卡301张，建立民情台帐72套，发放民情分析会议记录簿10本；1名市级领导和5名县级领导共结对联户24户，发放民情联系卡24张，建立民情台帐24套；3个市级部门和11个县级部门领导共结对联户520户，发放民情联系卡520张，建立民情台帐520套；186名村（社区）组干部共结对联户280户，建立民情台帐280套，畅通干群交流联系渠道，方便群众与干部的联系交流。

【综治维稳信访中心建设】 2012年5月，将原九溪派出所办公楼修缮一新，作为九溪镇综治维稳信访中心，统一受理群众的信访举报、求助和矛盾纠纷问题，实行一个窗口对外接待。规范工作制度，强化事先调解责任，调动基层单位预防和化解矛盾纠纷的积极性和主动性，实现由传统被动调解向主动调解转变。年内，"中心"共接待群众来信来访15件42人次，办理上级交办件6件。积极排查化解辖区内的不稳定因素4件，"中心"组建以来，共接待群众来信来访79件135人次（不含上级交办件19件和热线办理件24件），同时积极对辖区内的不稳定因素进行排查，集体上访和大规模群体性上访的事前知晓率均达到100%。

（张 丽 新 娜）

路居镇

【概 述】 路居镇位于江川县城东北部，距县城15千米，东西最大横距12.86千米，南北最大纵距15.78千米，全境地形从东南至西北狭长，北接抚仙湖，西连星云湖，地势南部高，北部低，境内最高点海拔2636.2米，最低为抚仙湖，海拔1721米，平坝地区海拔在1723-1786米之间，相对高差63米。辖区面积108平方千米（辖兰田、螺蛳铺、石岩哨、上坝、中坝、下坝、小凹、红石岩8个村委会，42个自然村，56个村民小组。镇政府所在地路居镇中坝村委会甸心村70号附13号）。

2012年末耕地面积16890亩（其中水田9379亩，地7456亩），按农业人口人均耕地0.65亩，稳定高产基本农田0.6亩。

2012年，全镇年末9499户29027人，其中：男14651人，占总人口50.5%；女14376人，占总人口的49.5%；农业人口26036人，非农业人口2991人。劳动力人口19332人，占总人口的66.6%，其中：从事第一产业的有14273人，占劳动力人口的83.1%，从事第二、三产业的有3401人，占劳动力人口的17.6%。2012年出生222人，死亡187人。人口自然增长率不超过5‰。

【领导干部名录】

党委书记 李 菊

副 书 记 业东华（2012.11离任）

杨兴华（2012.11任）

刘　鸿（2012.9离任）
杨　诚（2012.9任）
杨绍波
纪委书记　刘锦红
人大主席　王荣华（2012.9离任）
镇　　长　业东华（2012.11离任）
杨兴华（2012.11任，代理）
副 镇 长　李彦坤（2012.9离任）
呈　全（2012.9任）
李　岩（2012.1任）
王　睿（2012.3任，挂职）
尹江文
杨　菡（2012.2离任，挂职）

【经　济】　全年完成生产总值3.8亿元，增长15%。其中：第一产业增加值完成1.4亿元，增长17%；第二产业增加值完成1.5亿元，增长13.7%；第三产业增加值完成9079万元，增长14.3%。完成社会固定资产投资2.2亿元，增长-50.6%。实现农民人均纯收入7210元，同比增1202元，增长20%。

农　业　2012年，围绕农民增收，调整产业结构，加快基础设施建设，“三农”工作取得实效。农业总产值完成1.91亿元，比2007年1.21亿元增7000万元，增57.9%。以农民增收为主线，烤烟、蔬菜、仔猪等成为农村经济发展的重要产业，产业助农增收机制逐步形成，农业产业结构不断优化。大力发展蔬菜，抓牢以“路居青蒜”为主的蔬菜产业，种植面积达1.5万亩，年产值6000万元，生产、加工、流通初具规模。发展以“仔猪”为主的畜牧业，销售仔猪11.5万头，产值5175万元。随着集体林权制度改革的完成，积极发展经果林，种植核桃1700亩。

烤　烟　2012年全镇计划种植面积16600亩，其中：田烟9000亩，地烟7600亩，计划收购烟叶220万千克，其中指令性199万千克，出口备货21万千克，上等烟比例69.5%以上。在全镇各级干部及烟农的共同努力下，实际移栽面积20318.6亩，其中田烟9827.1亩，地烟10491.5亩。全镇收购烤烟232.79万千克，比上年少0.74万千克，收购金额52063050.13元，比上年增6390817.53元，增幅达14%，平均单价22.36元，比上年增2.8元，增幅达14.3%，上等烟比例64.15%，比上年降10.64个百分点，主要受收购出口备货影响。

养殖业　2012年，紧紧围绕农民收入这个核心，坚持发展不动摇，突出重点，狠抓落实，畜牧业保持较快发展势头，全镇生猪存栏28274头，出栏15845头，山羊存栏只2946，出栏1077只，大牲畜存栏1482头，出栏588头，家禽存栏114652只，出栏76891只。在上年同期基础上都有较大幅度的增长。

工　业　始终坚持“工业强镇”战略不动摇，倾力打造精细磷化工、建筑建材、农产品加工三大产业。2012年实现工业总产值1.2亿元，增773万元，增长7%；规模工业增加值6500万元，规模工业主营业务收入11000万元，规模工业利税总额1000万元，规模工业利润总额550元。新增500万元以上生产性工业投资项目2个：江磷集团投资5000万元的利用尾气生产石灰项目，玉绿蔬菜冷冻厂投资700万元的扩建项目。完成工业固定资产投资4400万元，完成目标任务数的220%。

新农村建设　2012年实施新农村建设、财政奖补一事一议、人畜饮水、水库坝塘清淤、卫生所建设、村容村貌整治、太阳能热水器安装、群众文化广场建设等23个项目。投资41万元，实施中坝甸心村文化活动场所建设工程；投资21万元，实施中坝甸尾村农村文化活动场所建设工程；投资29.6万元，实施螺蛳铺小营文化活动中心建设工程；投资66.1万元，实施兰田村大麦地一组文化活动中心建设工程；投资24.7万元，实施中坝社区禄丰村文化活动中心建设工程；投资51.5万元，实施下坝老街村文化活动中心建设工程；投资79万元，实施红石岩人畜饮水应急工程；投资45.6万元，实施上坝甸头一、二组文化活动中心建设工程；投资3.5万元，实施红石岩村饮水池工程；投资8.9万元，实施红石岩村中菁人畜饮水工程；投资7.3万元，实施石岩哨村红坡人畜饮水工程；投资2.5万元，实施中坝社区百亩村人畜饮水工程；投资6.9万元，实施中坝社区木耳村坝塘清淤工程；投资2.4万元，实施木耳村坝塘泄洪道、拦水坝工程；投资9.5万元，实施高龙潭小坝塘清淤工程；投资82.3万元，实施燃灯寺水库清淤工程；投资42万元，实施缓冲带建设抚仙湖一级保护区缓冲带建设小凹基底整理工程；投资14.9万元，实施兰田村委会卫生所建设工程；投资31万元，实施群众文化广场畜牧兽医站搬迁改造工程；投资10万元，实施上坝龙潭村村容村貌整治项目；投资40万元，实施下坝张营村群众文体活动中心工程；投资72万元，实施农村能源太阳能热水器安装项目。投资35万元，完成新农村建设重点村——上坝梅竹老年活动中心的一期、二期建设，并通过验收。完成投资25万元的柿施路扫尾工程。完成16个支部的党员活动室建设。

【社会事业】　**教　育**　2012年末全镇中学2所，小学8所，在编教职工183名。初中阶段在校生1154人，毕业率100%；小学阶段在校生2282人，入学率100%，毕业率100%。路居镇及时与公安、司法、工商、文化、卫生、关工委、村（居）委会、学校联合开展执法行动，整治校园周边小商贩，加大对村里黑网吧的清查力度，为学生营造良好的学习成长环境。认真做好公共卫生服务工作，在中、小学开设卫生保健课程，指导学校的健康教育活动，各所学校健康教育开课率达100%。

文　化　2012年末，有文化站1个，藏书2718册；村级文化活动室4

个，农村文艺队49支，积极开展各类文化活动，坚持重大节庆日举行文艺巡演，丰富群众文化生活。全镇8个村委会有8个农家书屋，每个农家书屋配置图书1500册，100盒音像制品已分类上架借阅服务群众。2012年市文化局为8个村委会，每个“农家书屋”配备图书50余册，报刊、杂志21种。

卫 生 2012年末，全镇有卫生机构9个，即卫生院1个，卫生所8个。完成门诊人次14760人次，日平均41人。全镇新农合参合率达97.6%。制定健康教育工作计划和工作策略，发放12种以上的健康教育印刷资料，设置健康教育宣传栏2个，并每月更新1期，开展12次健康教育知识讲座。全镇共发现传染病18例，上报18例，无漏报。全年来未发生农村和学校群体事物中毒事件。积极开展春秋两季灭鼠工作，确保年内未发生鼠疫。

民 政 2012年有新建公立敬老院1所，有床位60张，现有集中供养五保人员30人，工作人员3人，院外分散供养五保人员53人。全镇共保障农村低保对象784户、991人，发放低保金89万元，两个低保实行动态管理，应保尽保，应保施保，低保金的发放由信用社实行社会化阳光发放。围绕“依靠群众、依靠集体、生产自救、五助五济、辅之以必要的救济和扶持”的原则，全年共救济困难群众1400户，1600多人次，投放救济粮大米13吨，专项救济款223万元，提供各种冬寒衣被100多套（件）。

人口和计划生育 结合实际，大力宣传国家相关政策和优生优育知识，全面开展好计生相关工作。2012年全镇共有已婚育龄妇女5566人，占总人口的比例为20%，采取各种节育措施人数为4875例，其中男扎7人，女扎2039例，放环2745例，皮埋34例，药具使用20例，综合节育率为88%。全面推进出生缺陷一级预防工程。利用“5·29”协会活动日和“7·11”世界人口广泛宣传优生、少生等各种计生政策，全年共发放叶酸156盒，发放率90%，发放避孕套6105只。抓好计划生育家庭提供意外伤害保险服务，投保人数2012人，金额50300元。

劳动保障 2012年，对路居镇“仙湖锦绣”工程、上坝烟站、永辉粮油加工厂征地农民进行“即征即保”工作，共收到征地养老保险12人，合计金额6万元（其中：个人缴费3万元，政府补助3万元），为失地农民的养老提供了保障。对2012年到期启领的120名参保人员上报材料，并把60岁以上557名应领保费人员的保费按时发到各位参保人员手中，共办理退保5人，退保金额1656.9元。2012年新增新型农村社会养老保险280人；应缴费15371人，实际缴费15073人，完成98.1%。60岁以上领取养老金的有3685人，享受待遇3333794.52元。到2012年11月20日办理101人的丧葬费补贴发放。全年为58名农民工提供“贷免扶补”创业贷款，贷款金额290万元。加强对农民工的培训，进一步维护农民工的合法权益，全年到企业检查工作四次，辖区内企业用工劳动合同签订率达到98%以上。

惠民政策 完成2012年小春作物油菜、小麦4500亩良种补贴，兑付补贴资金4.5万元；补贴农户3469户，受惠人口11928人，完成玉米覆膜1500亩补助的登记造册工作。完成2012年玉米农业保险1500亩，玉米良种亩良种补贴6700亩，水稻良种补贴400亩，经“一折通”兑付现金73000元。完成中央农机购置242台次（水泵149台、微耕机93台，补贴资金15.507万元。2012年我镇母猪养殖户享受国家能繁母猪补贴5978头526064元（88元/头）。能繁母猪保险死亡81头获保险赔偿81000元。母猪养殖直接享受良种补贴项目20余万元。

国土管理 加大国土资源巡查，加强执法监察工作，集中清理违法占地54宗，面积3212平方米，合计4.82亩，拆除率41.8%。完成8个村（居）委会56个村（居）民小组集体土地确权登记发证外业工作。2012年共发农村土地使用证3本。积极化解因国土资源问题而产生的矛盾纠纷，一年来无因土地、矿业权属争议引发的重大群体性事件。

法制建设 2012年围绕建设“平安路居”，结合农村法制宣传月活动，在人口集中的地方制作了宣传栏，悬挂宣传横幅，各村普遍书写张贴了宣传标语，发放《致外来（出）务工朋友的一封信》和禁毒禁赌、防邪反邪宣传材料5000余份，张贴标语上100条。组建由镇干部、村两委干部、大学生村官和村民小组长组成的法制宣传队伍开展法制、综治宣传教育，“6·26”法制宣传日在全镇开展法制大宣传，并组织外来务工人员、部分村民进行法制咨询及讲座。开展包村干部大走访、大宣传活动，重点对刑释解教人员、服刑人员家属、涉赌涉毒人员等上门宣传法律法规政策及了解民情民意,并广泛听取他们对党委政府工作的意见、建议，为他们排忧解难，营造建设“平安路居”的浓厚气氛。

精神文明建设 路居镇以学习型党组织建设为契机，加强干部职工理论学习，打牢思想政治基础；全民动员参与开展农村环境卫生综合整治行动，通过宣传教育和检查评比，干部群众环保意识明显增强，人居生态环境逐步改善；组织职工参加“生态文明之家”创建活动，荣获先进“生态文明之家”荣誉称号，争创“先进模范职工之家”达标；配合县上搞好一年一度“开渔节”系列活动，做好“六五”普法工作，积极组织各村（社区）开展节日文体活动、春节街头文娱活动，积极组织参加老年、青年运动会；组织干部观看“深海毒渊”、“插甸经验”、“十八大开幕式”等系列电教片。

【基础设施建设】 2012年基础设施建设不断加强，生产生活条件进一步改善。坚持抗旱保民生，积极协调项目和资金，投资758万元完成上坝及螺蛳铺、兰田部分自然村的人畜饮水工程，投资70万元解决红石岩、岔母得、中箐自然村的人畜饮水工程，积极协调筹集148万元投入抗旱保民生；投资596万元完成燃灯寺、磨耳村、席草田、高龙潭水库坝塘除险加固和清淤工程。投资296.9万元启动实施村级公益事业财政奖补“一事一议” 6个项目，进一步推进新农村重点村和示范村的建设力度。在兰田、螺蛳铺两个村委会投资500万元（财政资金433万元、群众投劳折资67万元），实施星云湖灌区中低产田改造项目，建设三面光渠道17条8.67千米。建渠系建筑物117座（道）。修建机耕路3条3.25千米。

【生态建设】 路居镇继续推进“生态立镇”战略，切实加大生态建设力度。采取多种形式开展环境保护知识和法律法规宣传教育，探索社会化管理模式，整合资金资源，实行打包式承包，建立完善村内垃圾收集和清运制度、河道管理制度、饮用水源地保护制度，建立健全入湖河道管护长效机制，加强入湖河道、村庄的管护。不断加大环境综合治理力度。认真开展农村环境卫生综合整治行动和环保百日专项整治行动，大力整治村内脏、乱、差现象，全民开展“四清”活动，人居环境明显改善。大鲫鱼河流域畜禽污染综合治理项目中，完成总投资200.824792万元，期中完成发酵床建设投资42.1279万元29户，完成化粪池建设99口97户158.696892万元。

【大鲫鱼河流域环境综合治理】 抚仙湖大鲫鱼河流域环境综合治理项目总投资9068.47万元，工程项目涉及沿河村落环境综合治理、入河农业面源污染治理、河道上游水源涵养建设、生态河道治理、河口湿地建设及湖滨带修复五个子项目，惠及上中下三坝16个自然村33个村（居）民小组15803人，全长5.3千米，流域面积12.5平方千米，16个标段的工程有序推进。

【仙湖锦绣项目】 大力推进“仙湖锦绣”工程。项目自实施以来，积极寻求推进对策，真抓实干，克服重重困难，完成坟墓搬迁，迁坟4108冢，完成土地补偿、750土地置换、失地养老保险办理、附着物补偿等工作，完成东西海边片区194亩682米围墙支砌，“七五〇”实验场杨柳洞片区工程建设顺利施工。

（刘　娴）

雄关乡

【行政区划·人口】 雄关乡位于江川县东部，东与华宁县接壤，南与通海县毗邻，西与江川县大街镇相连，北接江川县路居镇，乡政府驻地雄关上营村12号，距江川县城大街14千米。

全乡辖雄关、窑房、上营、下营、白石岩5个村（居）委会，23个自然村，26个村民小组，是典型的山区乡，总面积63.7平方千米，江华高等级公路由西向东穿境而过，甸雄公路横贯南北。全乡最大纵距15.4千米，东西最大横距8.2千米。海拔最高点2509.8米，最低点1832.8米，乡政府驻地为1844米。

2012年末，全乡共有耕地面积8677亩，其中：田4586亩，地4091亩，稳定高产基本农田8677亩，人均占有耕地0.79亩。年末总户数3539户，总人口11084人，其中：男5644人，女5440人，农业人口10030人，非农业人口1054人；少数民族人口349人，主要有彝、哈尼、傣族等，占总人口的3.1%。年内出生人口为115人，人口自然增长率3.5‰，人口密度为172人/平方千米。

【领导干部名录】

党委书记　周　瑜

副 书 记　解若云

　　　　　陈宝林（2012.11离任）

　　　　　王志伟（2012.11任）

纪委书记　李彦华（2012.9离任）

　　　　　赵子良（2012.11任）

人大主席　郑吉来（2012.11离任）

乡　　长　杨军苹（2012.11离任）

副 乡 长　陆　叶（2012.3离任）

　　　　　洪家彬（2012.9离任）

　　　　　白东红

　　　　　李彦华（2012.9任）

　　　　　李文鹏（2012.6任）

　　　　　王丕娅（2012.3任，挂职）

【经　济】 2012年，全乡地方生产总值预计完成17291万元,比2011年增加3046万元，增长14.1%。其中：第一产业9029万元, 同比增加1837万元，增11.5%；第二产业5907万元, 同比增加957万元，增19.9%；第三产业2355万元, 同比增加252万元，增9.0%。农民人均纯收入预计7248元,增收1312元，增长22.1%。固定资产投资预计完成13032万元，增加2001万元，增长18.14%；年末，信用社各项存款余额达9380万元，增加2195万元，增30.55%；各项贷款余额达4160万元，增加845万元，增25.49%。

农　业　2012年全乡农作物总播种面积35094亩。种植粮食作物3506亩；总产量达1409.3吨，其中：包谷1314亩，单产700千克/亩；小麦805亩，单产210千克/亩；豌豆740亩，单产240千克/亩；油料播种2907亩，单产221千克/亩；农民人均产粮140千克。

烤　烟　继续突出烤烟产业优势和支柱地位，克服各种困难，扎实抓好政策宣传，抓好育苗、预整地、移栽、中耕管理、烘烤和收购各个环节，圆满完成烤烟增产增收工作。共落实大棚育苗14个，小棚育苗3855个，育苗2420万株，实现100%商品化育苗。落实种植农户2254户，签订种植合同2254份。烤烟移栽于5月中旬全部结束，超合同完成移栽任务，共移栽烤烟21401.5亩，其中田烟7360亩，地烟14041.5亩，在蓄

水最少的年份，移栽完成历史上最多的烤烟面积。完成烟叶收购215.22万千克，上等烟比例达77.73%，均价23.75元，烟农收入达5111余万元，烟叶税1022万元。

牧 业 年末生猪存栏数14896头，出栏数12978头，同比增长12.85%，能繁母猪存栏2150头，营销仔猪4.61万头，全年肉产量1552吨；大牲畜存栏893头，出栏318头，其中：牛存栏数815头，出栏数238头。羊存栏数1426头，同比增长1.42%，出栏数936头，同比增长2.63%。家禽出栏数129680只，同比增长32.13%，禽肉产量297吨，禽蛋产量1156吨。

产业结构调整 “扬山之长，克水之困”，继续推进经济结构调整，农业种植结构进一步优化，蔬菜面积进一步扩大，合同协议种植辣椒4300亩，青花、白花蔬菜常年交售不断，萝卜种植面积达4837亩，雄关萝卜已形成品牌。畜禽养殖业规模有所增加，能繁母猪保险赔付20.53万元，动物疫病整村推进顺利通过市、县验收，动物疫病“两防”工作圆满完成。继续推进核桃、竹子、梨等经济林产业的发展步伐，稳步推进万亩核桃、千亩竹子、百亩梨树基地建设，对往年种植的1500亩核桃进行补植补造，继续引导农户加大种植核桃面积。抓好森林抚育项目，已实施低效林改造700亩。

工 业 全乡共11个企业，其中工业企业9个。2012年进一步强化“工业强乡”战略，针对远离生态工业园区招商难的现实，面对区位制约、水源不足的困境，攻坚克难，抢抓机遇，增强紧迫感和使命感，创造条件发展工业，促进工业提质增效，增强发展后劲不断。工业总产值预计完成10559万元,同比增加1698万元，增长19.2%;规模以上工业增加值1300万元，同比增23.9%，按照“工业强乡”发展思路，优化投资环境，着力招商引资，确实解决我乡工业基础薄弱的难题。继续加大滇中萝卜蔬菜产品交易中心洽谈力度，并积极主动与企业发展相关上级主管部门协调，为下一步涉及相关工作、项目落户作前期准备。江川永丰钙业有限公司预计投资1990万元，30万吨新型节能石灰窑1号炉已于11月份建成投产，完成国定资金及其他资金总投资2950万元。

新农村建设 2012年共计投入资金247万元建设“一事一议”项目5个，受益农户881户，受益村民2739余人。项目建设内容分别为雄关居民委员会五组村内公共活动场所投资30万元完成活动场所、健身器材、篮球场地建设。雄关居民委员会三组小广场投资62万元完成青石栏杆150米、青石板1200平方米铺筑以及绿化、美化。上营村委会上营村投资22万元完成村内村民文化娱乐活动场所、场地硬化建设。下营村委会毡帽村投资20万元完成村内道路硬化、公厕建设、村内环卫设施建设。窑房村委会水箐村投资60万元完成村内公共活动场地、老年活动场所等建设。投资45万元完成下营村委会下营村新农村建设项目一个，受益农户247户796余人，建成活动场所120平方米，青石板走廊130米，绿化660平方米，栽种蓉树42棵，安装太阳能节能灯10盏。

【社会事业】 科 技 2012年，全乡有科普协会6个，会员299人；有农村科技示范户265户。其中：养殖科技示范户90户，种植科技示范户175户。全年举办各种科技培训班48期，培训13471人次。其中：新型农民科技培训39期，共13265人次；养殖科技培训9期，共206人次。开展科技培训，联合县科协在白石岩、窑房培训核桃栽培和蔬菜种植技术；适时完成测土配方施肥玉米、萝卜试验。发放配方施肥建议卡，为农户施肥提供指导依据。

教 育 全乡有初级中学1所，在校中学生531人，教职工43人；小学4所，在校学生1108人，教职工52人；幼儿园（学前班）4个。学龄前儿童、小学、中学入学率100%；小学、中学毕业率100%，2012年，参加中考人数为166人，升学人数达55人，其中：玉溪一中1人，师院附中2人，普通高中生学率达41.35%。

医疗·卫生 有乡属卫生院1个，医务人员12人，其中：正式职工8人，临时工4人。门诊诊治病人12488人次，医疗收入38.3万元；村级卫生所5个，乡村医生17人；个体药房4个。2012年雄关乡免疫规划建卡建证率达100%；基础免疫单项接种率达100%；加强免疫1.5岁、2岁、4岁、6岁组接种率达100%；慢性病建档率达100%。深入各自然村进行饮用水消毒和“四害”的消杀工作，同时继续加强学校卫生监督、监测工作，加大对学校食堂及学校内外摊点的监督检查。参加新型农村合作医疗人数10342人，参合率达96%，门诊补偿19315人次，补偿金额 356957.36元；住院补偿1294人次，补偿金额3045491.98元。

民政·社会保障 发放残疾人新农合补助、危房改造补助、机动车燃油补助、阳光家园托养、省市春节慰问费等共计46350元。严格落实优抚政策，发放复、退军人补助、“两参”人员补助、义务兵优待金等共计305814元。发放“五保”补助、农村低保、城镇低保、民工补助、孤残儿童生活补助、临时救助等共计695150元；发放春节慰问费、烈士家属慰问费、新农合补助、优抚对象医疗救助等共计47538元。

劳动保障·两险收缴 雄关乡扎实推进新型农村和城镇居民社会养老保险制度建设，2012年发放养老金1169人701400元；开展被征地农民养老保险工作，涉及群众617人。

惠民政策 发放小额贷款51人110万元；发放“贷免扶补”贷款430万元，其中：妇联34人170万元，工会4人20万元，共青团11人55万元，工商联37户185万元。兑付汽车、摩托车下乡补贴70户3.9万元；发放抗震安居补助150户94万元；发放农资综合直补2954户4.2万元；发放农作物良种补贴6.7万元，涉及农户7838人。组织国补微耕机和水泵报名工作，共报名微耕机115台，水泵9台，受益资金21.9万元。

农转城工作 抓好农业转移人口转变为城镇居民工作，及时成立工作领导小组，制定《雄关乡关于加大城乡统筹力度促进农业转移人口转变为城镇居民的实施方案》，鼓励农民进城，激发农转城积极性，全乡709个农业人口顺利转为城镇居民人口。

文化·体育 年末，有乡属综合文化站1个。免费开放文化站、文化共享工程室、图书室等文化活动场所。充分发挥朝阳苑文化站平台作用，开展球类、棋类、扑克牌等活动，倡导积极健康的生活方式。举办广场舞培训5次，参加人次2500多人。农民素质教育网络培训学校四个校点（一个乡级、三个村级），一年来，接待上网人次达3500人，发挥共享工程资源为广大农民服务的积极作用。图书室免费开放，全乡共借阅7500册次书籍。组织雄关本土花灯小戏剧本编写，征集优秀民间故事，反映雄关新生活、新面貌、新成就。春节期间，全乡26支文艺队举行全乡文艺汇演，丰富群众节日生活。10月，文化站以“欢度重阳节、喜迎十八大”为主题，开展丰富多彩的文体活动。

环境保护 深入推进“七彩云南·江川保护行动”、“生态文明”主题创建活动，以中心村（居）、小组为重点，以“世界环境日”、“农村环境卫生整治工作”为契机，大规模开展村庄环境卫生综合整治活动。深入宣传，广泛动员，筹集环境保护资金，动员干部群众树立环保意识，全民维护环境卫生。制定实施方案，建立长效机制，组建保洁队伍，每月组织一次全面、彻底的环境卫生综合整治及督查考核，农村环境面貌不断改善。积极开展“世界地球日”、“世界环境日”等主题活动，组织全体乡干部和群众以劳代宣，清扫街道18000余米，清理排水沟道9800余米，出动车辆25辆，清运垃圾46吨。完成全乡10750人农村环境卫生费的收取工作，收取经费53750元，收取率达100%。完成全乡5个行政村22个自然村村庄规划编制工作。

精神文明建设 加强文化基础功能建设，提升科学文化素质。免费开放文化站、文化共享工程室、图书室等文化活动场所。充分发挥朝阳苑文化站平台作用，开展球类、棋类、扑克牌等活动，倡导积极健康的生活方式。开展丰富农村文艺活动，促进乡村文化繁荣。邀请县文联专家到雄关授课，鼓励基层群众积极参与文化建设。以各种节日为契机，组织表演形式多样、内容丰富、群众喜闻乐见的精彩节目。创建文明建设示范新村，展现文明山乡新貌。2012年，雄关乡已有市级文明村2个，另外撰写申报材料完成申报省级文明村1个，市级文明村2个，县级文明村2个。白石岩村委会被评为市级精神文明建设示范点。积极申报白石岩村为省级文明村、观音寺村为市级文明村、雷居头村和新房子村为县级文明村。创建文明示范村，全力推动全乡精神文明建设，展现雄关文明山乡新气象。

国土管理 严格土地执法，积极开展“打非治违”土地管理工作，严厉打击占地违法行为。一共组织土地清理6次，清理违法建筑物2030平方米，进一步规范土地管理工作秩序。结合“世界地球日”、“土地日”、“12·5法制宣传日”多形式多渠道宣传土地法律法规，使广大干部群众增强管地用地意识。共张贴大小宣传标语150条，出黑板报16期，通过广播宣传15次，发放宣传材料160份。扎实抓好雄关乡农村集体土地所有权确权登记发证工作，现已完成26个村民小组组界指认工作，签订协议书100%。到12月底，农村集体土地所有权确权登记发证发放到位。扎实推进窑房村委会梅子铺小组旧村改造工作，完成宅基地审批供地报件相关工作。加强农村集体土地管理，疏堵结合，稳步推进农村宅基地审批报送工作，2012年共审批农村宅基地4户，切实解决部分群众住房困难问题。

农村财务管理 按照县农村集体资产管理的要求，严格执行《雄关乡村集体经济财务管理暂行办法》，进一步规范村组资产管理、资源管理、债权债务管理、收支管理、财务会计档案管理、筹资筹劳管理、民主理财和财务公开、票据管理、监督管理。通过早动员、早部署、按要求、重落实，认真做好农村集体“三资”管理工作，成立领导小组，在农经中心设立“三资”管理办公室，对村组集体资产、资源、资金进行清查登记，进一步加强“三资”的监督管理。明确“三资”监管服务机构、资产、资金、资源管理办法、签字审批制度、公示制度、村工程招投标办法等，形成“三资”监管的长效机制，推动农村基层党风廉政建设。

武装·计生·妇女 圆满完成县下达的征兵任务，向部队输送合格军人10名，征兵工作受到上级表彰。全面开展诚信计生工作，与婚育龄妇女诚信计生协议书签订率达99%。落实“奖优免补”政策，享受新农合个人缴费全额资助申报390人，独生子女义务教育奖学金申报43人。启动计生家庭意外伤害保险工作。开展出生缺陷干预，发放宣传资料800份、叶酸552瓶，孕前筛查81对夫妇。继续推进流动人口均等化服务管理，加强对流动人口和育龄妇女的监管，稳定低生育水平，提高生育质量。

安全生产 明确责任，细化措施，认真开展安全生产。组织力量深入矿山、采石场、石灰窑、化工企业进行安全大检查，坚决杜绝各类重大安全事故发生。一年来全乡共开展安全日常检查15次，安全生产大检查6次，共查出安全隐患12处，针对存在隐患，及时提出整改意见，并督促整

改，保护了业主利益，提高了生产区的安全系数。

综治维稳工作　加强领导，健全机构。按照中央和省、市党委、政府关于加强和创新社会管理的决策部署，根据江川县《关于对玉溪市社会治安综合治理维护稳定委员会更名的通知》文件精神，将“雄关乡社会治安综合治理维护稳定委员会”更名为“雄关乡社会管理综合治理委员会”，并恢复“雄关乡维护稳定工作领导小组”。按照争创“省级先进平安县”的总体要求，进一步明确目标、明确责任、细化措施、积极行动，全力推动雄关经济社会发展，促进社会和谐稳定，构建和谐山乡、平安雄关。2012年共接待群众来人来访26件112人次，成功调处25件，调成率为96%。认真落实两新组织管理和肇事肇祸精神病人排查专项行动，有力维护社会稳定。党的十八大召开之际，积极开展社会矛盾纠纷排查化解，全面开展社会治安综合治理，倾力解决影响发展、稳定的根源性、基础性问题，全力维护雄关社会稳定。

法制建设　实施“依法治乡”战略，不断提高依法行政，依法决策的水平，促进行政效能逐步提高。广泛开展“六五”普法教育，提高群众法制观念和道德修养，增强广大群众守法意识和明辨是非能力。大力加强政策宣传，逐步改变群众的文化素质低下、观念落后及思维滞后的窘境。抓住新农村建设的机遇，打造重点村，辐射带动全乡各村组致力于村容村貌整治，山区村脏、乱、差的面貌明显改善。采用群众喜闻乐见的各种方式，引导群众培养健康积极的生活方式，摒弃各种陈规陋习和愚昧无知，培育互信、互爱、互礼、互相尊重等文明乡风、村风和民风。为促进我乡经济社会发展、保障和改善民生、维护社会和谐稳定，为推进依法治国方略实施发挥了重要的基础性作用。

【森林防火】　采取措施，严防死守，全面落实森林防火。针对大旱之年山林火灾易发的态势，认真贯彻落实省政府《防火令》精神，按照各级要求，及时召开会议，全面安排部署，认真总结多年森林防火的成功经验，完善各项措施，从严查禁火源，坚决消除森林火灾隐患。组建森林扑火专业队，建设扑火骨干队伍。对历年来引发森林火灾的重点地段和重点区域，集中护林人员，巡山查禁火源，严防火情。及时召开森林防火会议，全面安排森林防火工作，层层签订责任书，与各村（居）委会签订责任书5份，与各涉林单位签订责任3份；各村（居）委会与村民小组签订责任书26份；各村民小组与农户签订责任书3067份。统一思想，明确任务，动员全乡干部群众护林防火。充分利用广播宣传森林防火责任、森林防火知识、森林火灾危害。发放各种宣传手册3316份，在中学、小学组织开展“五个一”宣传教育活动，做到防火从孩子抓起，影响和带动家长，树立全民防火意识。

【基层组织建设】　强化基层组织建设，提升战斗堡垒作用。以“基层组织建设年”活动为契机，狠抓村级党组织建设，增强基础党组织的战斗堡垒作用。把白石岩村党支部创建为县级综合党建示范支部。对全乡37个基层党组织进行分类定级，完成整改提高、晋位升级工作，其中：好14个；较好23个；一般0个；较差，0个。维修雄关六组、窑房五组等5个党员活动场所，有计划、有目的实现基层组织党员活动场所全覆盖。做好农村党员干部现代远程教育站点建设和操作员培训。加强指导乡内非公有制规模以上企业的党建工作。坚持抓好社区和其它领域的党建工作。

【政府建设】　以领导班子建设为核心，以推进依法行政、提高政府的执行力和公信力为重点，从抓制度建设，促作风转变入手，抓好政府自身建设。一是严格落实《乡干部职工管理规定》，杜绝政府部门及其工作人员的不规范、不勤政和不廉政行为，促进乡干部工作作风转变，提高乡政府执政效能。二是深入推进效能政府建设，积极引入现代绩效评价方式，对政务目标执行情况实施绩效监督，强化对政府投资重大项目、重点民生专项资金、政府年度重要工作的绩效评价，努力提高乡政府效率和工作效能。实行目标倒逼管理，推行一线工作方法，夯实提升行政效能基础，提升服务基层、服务科学发展的能力和水平。三是节俭理政，控制行政成本，把有限的资金用在促发展、保民生上，用在抗旱救灾和重点项目的推进上。强制实行公务卡结算制度，严格规范公务支出。出台《雄关乡财务管理办法》。四是继续加大公务卡结算制度的推进力度，全面实行公务卡结算，严格规范公务支出。

（张艳勤）

政　治

编辑　余立言

中共江川县委

【中共江川县委第十二届委员会常委、书记、副书记、副调研员名录】

县委常委　马文龙
葛　勇
张金翔
罗江鹏（2012.2离任，挂职）
吕元海（2012.4任，挂职）
罗跃岗
李东林
郭永生
张永华
陈琎寿
林　清
马利兴（2012.11离任）
龚桂存（女）

县委书记　马文龙

县委副书记　葛　勇
张金翔
罗江鹏（2012.2离任，挂职）
吕元海（2012.4任，挂职）

县委副调研员　戴正华

县副调研员　张卫东
杨剑伟
郭正发

【中共江川县委各部、委、办、局正副职名录】

县委办公室

主　任　李永华（2012.11离任）
李忠海（2012.11任）

副主任　杨志伟（2012.11离任）
张润斌
陈乔华

县委组织部

部　长　林　清

副部长　张明富（2012.9撤职）
李德坤
唐光华
李保平（2012.11任）
吴正顶（2012.11任）
袁万德（2012.11任，兼）

县委正科级组织员　李德坤
唐光华

县委副科级组织员　马　蓉（2012.9任）

县委宣传部

部　长　龚桂存

副部长　杨兴华（2012.11离任）
叶自林（2012.9离任）
刘　鸿（2012.9任）

文产办

主　任　叶自林（2012.9离任）

县精神文明建设指导委员会办公室

主　任　王熙虹

对外宣传办公室

主　任　李红有

县委统一战线工作部

部　长　刘跃宁

副部长　张文辉（2012.11离任）
徐丽华（女）
宋家有
王忠明
杨存兴（2012.11任）

民宗局

局　长　张文辉（2012.11离任）
杨存兴（2012.11任）

副局长　花云芬（女，2012.3离任）

县工商业联合会（商会）

党组书记　徐丽华（女）

会　　长　王　秀（女，2012.1任）

县委政法委员会

书　记　陈琎寿

副书记　赵　华（2012.11离任）
祁宝川
王彦东（2012.9任）

县委党校

校　　长　张金翔

常务副校长　范宝明（2012.5离任，退休）

副　校　长　黄志伟

江川县行政学校

校　长　龚桂存（女）

副校长　黄志伟
马江艳（女，2012.3离任）
业居敏（女，2012.3任）

县委保密委员会

主　任　李永华（2012.11离任）
李忠海（2012.11任）

副主任　普朝鹏
张润斌
郭　峰
叶　斌

县保密局

局　长　叶　斌

县委政策研究室

主　任　戴吉国（2012.11离任）

县委机要局

局　长　郭绍昆

副局长　李成祥

县国家密码管理局

局　长　郭绍昆

副局长　李成祥

县委督查室

主　任　史　伟

县史志办

主　任　余立言

县档案局

局　长　普万云

副局长　罗粉香（女）

县委老干部局

局　长　袁万德

副局长　史冬华

共青团江川县委

书　记　何　眉（女，2012.11离任）

副书记　戴吉国（2012.11任）

杨　媛（女，2012.3离任）

王　坤

王正虹（女，2012.3离任，挂职一年）

冯　超（2012.3任，挂职一年）

县妇女联合会

主　席　王学梅（女）

副主席　陈　敏（女，2012.1离任）

张丽梅（女）

谢粉玲（女，2012.3任）

县总工会

主　　席　陆富仙（女）

常务副主席　李梅琼（女）

副　主　席　龚瑞中

县总工会女工委员会

主　任　李梅琼（女）

县科学技术协会

主　席　罗汉江（2012.11离任）

韩振华（2012.11任）

副主席　张才顺（2012.9离任）

张彦龙（2012.9任）

县关心下一代工作委员会

主　　任　马利兴（2012.11离任）

常务副主任　郭家义

副　主　任　李东林

周正云

顾宝富

郭自壮

王荣华

汤江平

县红十字会

专职副会长　曾　春（女）

县文联

主　席　叶自林

副主席　张　曦（2012.9离任）

王忠平（2012.9任）

【中共江川县委直属基层党委正副书记名录】

中共江川县人民武装部委员会

第一书记　马文龙

书　　记　张永华

副 书 记　何　麟

中共江川县直属机关工作委员会

书　记　杨存兴（2012.11离任）

杜正宁（2012.11任）

副书记　罗培珍（女）

中共江川县工业商贸和科技信息委员会

书　记　韩　良

副书记　张良昌（2012.9离任）

杨宏蕾（女，2012.9任）

中共江川县教育局委员会

书　记　郭自壮

副书记　李文平（2012.1任）

中共江川县公安局委员会

书　记　师　文（2012.9离任）

牛旺林（2012.9任）

江川工业园区工作委员会

书　记　钟　镖（2012.11任）

副书记　张乘凤（女，2012.9任）

中共江川县委老干部局委员会

书　记　郑吉来（2012.11任）

（杨冬丽）

【县委发出的主要文件】　中共江川县委关于进一步加强农村（社区）基层组织建设的意见

关于江川县推荐云南省出席中国共产党第十八次代表大会代表候选人初步人选的情况报告

关于成立江川县委第十四届人民代表大会第五次会议临时党委的通知

关于江川县第十四届人民代表大会第五次会议选举结果的报告

中共江川县委江川县人民政府关于表彰江川县2011年度新农村建设优秀指导员优秀工作队队长和先进派出单位的决定

中共江川县委江川县人民政府关于表彰奖励2010～2011年工业经济发展优秀企业家、先进工作者和引荐项目先进个人的决定

中共江川县委关于表彰2011年度作风述职述廉评议先进领导班子和领导干部的决定

中共江川县委江川县人民政府关于对杨志伟等同志予以嘉奖的决定

中共江川县委江川县人民政府关于印发《江川县加强党政“一把手”权力运行监督制约暂行办法》的通知

中共江川县委江川县人民政府关于进一步深化纪检监察体制改革的实施意见

中共江川县委江川县人民政府关于实行2012年重点工作重大项目推进责任制的通知

关于推荐全省表彰创先争优先进基层党组织、优秀共产党员工作情况的报告

中共江川县委江川县人民政府关于加强和创新社会管理的实施办法

关于推荐全市表彰创先争优先进基层党组织优秀共产党员工作情况报告

中共江川县委江川县人民政府关于印发《江川县2012年依法治县工作的意见》的通知

中共江川县委江川县人民政府关于加强和改进新形势下工商联工作的实施意见

中共江川县委江川县人民政府关于加强文化建设的意见

关于印发《江川县领导干部交流工作实施办法（试行）》的通知

中共江川县委江川县人民政府关于进一步推进法治江川创建工件的意见

中共江川县委关于表彰创先争优先进基层党组织、优秀共产党员和创先争优活动先进党委的决定

中共江川县委关于江川县撤县设区的决定

中共江川县委江川县人民政府关于江川县撤县设区征求意见的通知

关于对乡镇政府领导班子和人大、政府领导干部进行届末考核的通知

中共江川县委江川县人民政府关于印发《江川县县域经济发展争先进位评价体系及考核办法（试行）》的通知

中共江川县委关于印发《关于进一步加强乡镇（街道）纪检组织建设的实施意见》的通知

关于印发《中共江川县委常委会议事规则》的通知

关于印发《中共江川县委常委会内部沟通制度》的通知

中共江川县委江川县全面推进党务公开实施意见

中共江川县委江川县人民政府关于表彰江川县优强民营企业、优秀民营企业家、重大项目建设投资先进民营企业、十佳中小企业服务机构、优秀中小微民营企业和优强民营企业重点乡镇的决定

关于召开县委班子民主生活会的情况报告

中共江川县委关于认真学习宣传贯彻党的十八大精神的通知

关于印发中共江川县委十二届三次全委（扩大）会议报告的通知

【县委办发出的主要文件】

中共江川县委办公室江川县人民政府办公室关于成立江川县设区工作领导小组的通知

中共江川县委办公室江川县人民政府办公室关于印发《江川县重大事项社会稳定风险评估办法》的通知

中共江川县委办公室江川县人民政府办公室关于组织开展2012年春节系列活动的通知

中共江川县委办公室江川县人民政府办公室关于表彰2011年度综治维稳工作先进单位的决定

关于继续做好新农村建设工作队选派工作的通知

中共江川县委办公室江川县人民政府办公室关于印发《江川县整治“庸懒散软”工作方案》的通知

中共江川县委办公室江川县人民政府办公室关于2011年综合目标考核结果的通报

中共江川县委办公室江川县人民政府办公室关于进一步做好信息工作的通知

中共江川县委办公室关于转发《江川县关工委2012年工作意见》的通知

中共江川县委办公室关于开展“四群”教育实行干部直接联系群众制度和“作风建设年”活动的实施方案

关于继续下派社会主义新农村建设工作的通知

中共江川县委办公室江川县人民政府办公室关于成立翠大线五叉路口至伏家营路口段扩建工程建设工作领导小组的通知

中共江川县委办公室江川县人民政府办公室关于成立职教社区（暂定名）组建工作领导小组的通知

中共江川县委办公室江川县人民政府办公室关于做好2012年信访工作的意见

中共江川县委办公室江川县人民政府办公室关于贯彻落实《劳动合同法》和《社会保险法》的通知

中共江川县委办公室江川县人民政府办公室关于表彰奖励完成2011年工业经济发展责任目标单位的决定

中共江川县委办公室江川县人民政府办公室关于做好2011年度全省检查考评准备工作的通知

中共江川县委办公室关于2011年度党风廉政建设责任制考评结果的通报

中共江川县委办公室江川县人民政府办公室关于印发《江川县2012年工业经济发展考核奖惩办法》的通知

中共江川县委办公室江川县人民政府办公室关于推荐评选玉溪市第四届劳动模范工作的通知

中共江川县委办公室江川县人民政府办公室关于印发《江川县依法开展清收原农村合作基金会借款工作实施方案》的通知

中共江川县委办公室江川县人民政府办公室关于印发《江川县2012年落实〈任务分解〉推进惩治和预防腐败体系建设工作要点》的通知

中共江川县委办公室江川县人民政府办公室关于成立创建省级园林县城工作领导小组的通知

中共江川县委办公室江川县人民政府办公室关于印发《江川县2012年重点工作重大项目推进责任制考核办法（暂行）》的通知

中共江川县委办公室江川县人民政府办公室关于进一步规范津贴补充有关要求的通知

中共江川县委办公室江川县人民政府办公室关于表彰2011年度农村环境卫生整治工作先进单位的决定

中共江川县委办公室江川县人民政府办公室关于表彰2011年度宣传思想文化工作先进单位的决定

中共江川县委办公室江川县人民政府办公室关于进一步加强农村环境卫生整治工作的通知

中共江川县委办公室江川县人民政府办公室关于2011年度农村环境卫生考核结果的通报

中共江川县委办公室关于在全县党的基层组织和党员中开展“跨越发展先锋行动”的实施意见

中共江川县委办公室江川县人民政府办公室关于成立江川县加大城乡统筹力度促进农业转移人口转变为城镇居民工作协调领导小组的通知

关于成立江川县“环湖党建”工程领导小组的通知

中共江川县委办公室江川县人民政府办公室关于印发《关于开展创建省级先进平安县活动的实施意见》的通知

中共江川县委办公室关于印发

《江川县离退休干部服务管理办法（试行）》的通知

中共江川县委办公室江川县人民政府办公室关于组建江川县体育代表团参加玉溪市第三届职工运动会的通知

中共江川县委办公室关于做好乡镇（街道）工商联分会换届工作的实施意见

中共江川县委办公室江川县人民政府办公室关于表彰奖励完成2011年招商引资责任目标单位的决定

中共江川县委办公室江川县人民政府办公室关于印发江川县2012年招商引资工作目标考核奖励办法的通知

中共江川县委办公室江川县人民政府办公室关于开展2012年“六·五”世界环境日系列活动的通知

中共江川县委办公室江川县人民政府办公室关于印发《江川县集中排查化解影响社会稳定矛盾纠纷的工作方案》的通知

中共江川县委办公室江川县人民政府办公室关于印发《关于集中开展排查整治突出治安问题的工作方案》的通知

中共江川县委办公室江川县人民政府办公室关于进一步明确矛盾排查化解工作责任的通知

中共江川县委办公室关于在全县深入开展学雷锋活动的实施意见

中共江川县委办公室关于开展“庆祝建党91周年、喜迎十八大”系列活动的通知

中共江川县委办公室关于成立江川县党务公开工作领导小组的通知

中共江川县委办公室江川县人民政府办公室关于进一步加强重大事项社会稳定风险评估工作的通知

中共江川县委办公室江川县人民政府办公室关于对《江川县依法治县第三个五年规划》实施情况进行检查验收的通知

中共江川县委办公室江川县人民政府办公室关于成立江川县文化产业发展领导小组的通知

中共江川县委办公室江川县人民政府办公室关于印发《江川县县、乡镇（街道）残疾人联合会换届选举工作方案》的通知

中共江川县委办公室关于印发《江川县贯彻落实<玉溪市2011—2015年党外代表人士队伍建设规划>实施意见》的通知

中共江川县委办公室关于推荐选举江川县工会第十一次代表大会代表的通知

中共江川县委办公室江川县人民政府办公室关于印发《江川县2012年反腐倡廉工作任务分工意见》的通知

中共江川县委办公室关于江川县档案局（馆）增设内设机构及增加人员编制的请示

中共江川县委办公室江川县人民政府办公室关于印发江川县直播卫星户户通工程实施方案的通知

中共江川县委办公室江川县人民政府办公室关于对全县维护社会稳定和安全保卫工作进行督查的通知

中共江川县委办公室江川县人民政府办公室关于调整江川县撤县设区工作领导小组的通知

中共江川县委办公室江川县人民政府办公室关于开展第八个“8·26”抚仙湖保护活动日系列活动的通知

中共江川县委办公室印发《共青团江川县委江川县少工委关于做好县少工委换届选举工作的意见》的通知

中共江川县委办公室关于选派县级党员领导干部挂钩联系部分“一般”、“较差”党组织工作的通知

中共江川县委办公室江川县人民政府办公室关于表彰奖励2010—2011年度社会主义新农村重点村建设工作先进个人和先进集体的决定

中共江川县委办公室江川县人民政府办公室关于印发《江川县县级会议费管理暂行规定》的通知

中共江川县委办公室关于成立江川县县、乡两级人大换届选举工作领导小组的通知

中共江川县委办公室江川县人民政府办公室关于开展档案行政执法检查的通知

中共江川县委办公室江川县人民政府办公室关于恢复江川县维护稳定工作领导小组的通知

中共江川县委办公室江川县人民政府办公室关于成立江川县社会管理综合治理委员会的通知

中共江川县委办公室江川县人民政府办公室关于成立推动重大事项社会稳定风险评估工作领导小组的通知

中共江川县委办公室关于印发《江川县2012年度惩治和预防腐败体系建设暨党风廉政建设责任制考核内容及评分标准》的通知

中共江川县委办公室江川县人民政府办公室印发《县级有关部门贯彻落实〈中共江川县委、江川县人民政府关于加强和创新社会管理的实施意见〉重要政策措施分工方案》的通知

关于开展江川县领导班子和领导干部述职述廉和作风建设评议的通知

关于开展2012年度惩治和预防腐败体系建设暨党建党风廉政建设责任制工作考核的通知

中共江川县委办公室江川县人民政府办公室关于《江川县依法治县第三个五年规划》实施情况检查考评结果的通报

关于组织召开2012年度县级领导班子民主生活会的意见

中共江川县委办公室关于2012年统一战线工作目标管理考核的自查报告

中共江川县委办公室关于印发《江川县全面推进党务公开实施方案》的通知

中共江川县委办公室关于印发《中共江川县委党务公开实施细则》的通知

中共江川县委办公室江川县人民政府办公室关于成立江川县直播卫星公共服务户户通工作领导小组的通知

中共江川县委办公室江川县人民政府办公室关于印发江川工业园区管理委员会主要职责内设机构和人员编制规定（试行）的通知

中共江川县委办公室关于印发

《中共江川县委关于传达学习宣传贯彻党的十八大精神工作方案》的通知

中共江川县委办公室江川县人民政府办公室关于成立江川县教育体制改革工作领导小组及工作职责任务分解的通知

中共江川县委办公室关于成立党的十八大精神宣讲团的通知

中共江川县委办公室关于对县委十二届二次全会主要精神进行立项督查的通知

中共江川县委办公室江川县人民政府办公室关于认真做好中国云南江川第八届“开渔节”（高原湖泊水产品交易会）各项工作的通知

中共江川县委办公室江川县人民政府办公室关于调整充实“仙湖锦绣”项目推进工作指挥部的通知

（杨冬丽）

【重要会议】 2012年1月7日，全县2012年烤烟生产工作会议召开，总结2011年烤烟生产工作，安排部署2012年烤烟生产任务。会议要求全县上下必须统一思想，提高认识，突出转变经济发展方式这条主线，扎扎实实依靠优势资源发展优势产业，以务实的作风全力抓好现代烟草农业建设、水源工程建设，落实烤烟工作各项政策等各项烤烟生产工作，切实提高优质烟叶保障能力，不断巩固提升传统特色优势产业，推进烤烟产业持续健康发展，为促进江川科学发展、和谐发展、跨越发展奠定坚实的产业基础，确保全年目标任务的完成。

2月21日，江川县新农村建设指导员工作总结表彰暨欢送新农村工作队大会召开，贯彻落实省、市新农村建设指导员工作总结表彰暨欢送新农村工作队视频会议精神，总结成绩，表彰先进，安排部署2012年新下派的新农村建设工作队工作。会议要求各指导员必须熟悉江川的县情、乡情、村情，了解江川的发展思路，转变工作角色，围绕“访民情、抓落实、办实事、强组织、谋发展、促和谐”六项职责和中心工作，全面加强指导服务；高度重视维稳工作，巩固农村和谐稳定局面；抓基层打基础，为农村科学发展提供组织保证；认真落实“四群”教育、“三深入”和作风建设年活动的各项要求，加强学习，转变作风，着力提高做好农村工作的能力和水平，开拓进取，圆满完成今年新农村建设工作队及指导员工作各项任务，为建设社会主义新农村，推进高原湖泊生态县建设作出贡献。各级各部门要进一步加强组织领导，完善日常管理服务，发挥工作队长的作用，强化派出单位的后盾支持，加强舆论宣传引导，营造良好氛围，为新农村建设工作队及指导员开展工作提供更加有力的保障。县委书记马文龙讲话，县委副书记罗江鹏主持会议，县委常委、县委组织部长林清宣读县委、县政府《关于表彰江川县第五批新农村建设优秀指导员、优秀工作队队长和先进派出单位的决定》和《关于继续下派社会主义新农村建设工作队的通知》。28日，江川县加强和创新社会管理暨2012年全县政法工作会召开，传达贯彻全国、全省、全市政法工作会议精神，全面落实县委十二届二次（全委）扩大会议精神，总结部署全县政法工作。会议指出，2012年江川县加强和创新社会管理工作总体思路是：以邓小平理论和“三个代表”重要思想为指导，深入贯彻落实科学发展观，围绕“三大目标”，牢固树立以人为本、执政为民的核心理念，牢牢把握“最大限度激发社会活力、最大限度增加和谐因素”的总要求，从广大人民群众最迫切的要求出发，从经济社会发展最突出的问题入手，从推进社会管理最薄弱的环节着力，力争用五年时间，建立完善党委领导、政府负责、社会协同、公众参与的社会管理格局，探索出一套特色鲜明、运转高效、平稳有序的新型社会管理模式，确保实现社会结构优化、社会管理高效、社会事业发达、社会活力迸发、人民生活富裕、社会安定祥和的新局面，为建设高原湖泊生态县营造和谐稳定的社会环境、公平竞争的市场环境、规范有序的法制环境与安居乐业的生活环境。会议强调必须坚持以人为本、群众路线、多方参与、依法管理“四项原则”，转变“五个理念”，以重点工作的突破带动全局工作的展开。要将社会管理工作实绩作为领导班子和领导干部考核的重要指标，引导各级领导干部实实在在地重视和加强社会管理工作；要切实加大人、财、物的投入力度，进一步发挥基层政法、综治、维稳、信访、民政、社保等部门的主力军作用，保证各项工作有序展开；要以“四群”教育、干部直接联系群众和“作风建设年”活动为契机，共同完成好社会管理工作的阶段性任务；各级各部门主要领导要带头到基层去，从根子上消除不稳定因素，从制度上防范各种潜在问题，以实际行动取信于民。会上与相关单位签订《江川县2012年社会治安综合治理维护稳定目标管理责任书》，宣读《云南省人民政府关于表彰奖励2011年度全省见义勇为先进群体和先进个人的决定》和县委、县政府对2011年度综治维稳工作先进集体、见义勇为先进个人的表彰决定，并对受表彰的集体及个人进行颁奖。县委书记马文龙，县委副书记、县长葛勇在会上讲话。

3月2日，江川县2012年财税工作会召开，总结2011年财税工作，分析面临形势，部署安排2012年的财税工作任务。会议强调，要处理好近期财源和战略财源的关系，要通过盘活城市建设、房地产开发，培植近期财源；通过基础设施的不断改善和发展环境的优化，大力发展生态工业、高端旅游产业，更好的培植长远财源。要树立关心支持服务企业就是关心支持服务财税的理念，服务企业发展；要立足现有产业基础和比较优势，吸引银行信贷和其他社会资金支持企业发展；要强化政策引导，强化资金支持，提高服务水平，为开辟后续财源

奠定基础；要把握扩大内需的重大机遇，积极对接国家产业政策，向上争取支持，解决我县发展需要与投入不足的矛盾。各级各部门要支持财税部门依法理财、依法治税，财税部门要注意协调好与有关部门的关系，按照目标管理责任书的要求，迅速将任务层层分解落实下去。收入征管部门要发挥主渠道作用，全力以赴抓收入；公检法机关要为征收机关保驾护航；金融部门要加大对企业的信贷投入；交通、国土、住建等部门要积极配合收入征管部门开展好相应的代征代扣业务；宣传部门要加大对财税工作的宣传力度，在全社会形成依法纳税光荣和自觉维护税法的氛围，为我县经济社会科学发展、和谐发展、跨越发展提供有力的物质保障，以优异的成绩迎接党的十八大胜利召开。县委书记马文龙，县委副书记、县长葛勇在会上讲话。会议还与财政、国税、地税部门签订《江川县2012年财税工作目标责任书》。8日，江川县2010年工业经济发展大会召开。会议强调，全县各级各部门要进一步把思想统一到“工业强县”战略上来，统一到加快工业发展步伐上来，统一到坚定信心、抢抓机遇、推进新型工业化进程上来，确保2012年全县工业经济快速增长，目标任务圆满完成。各级各部门要始终坚持“工业强县”战略不动摇，坚持走新型工业化道路不动摇，坚持发展绿色低碳经济不动摇，牢固树立“以工业促产业、以工业壮财政、以工业兴城镇”的理念，狠抓工业经济总量扩张和质量提高；要抓住与玉溪高新区共同建设龙泉山生态工业园区的机遇，把园区建设成为全市新型工业化的重要经济带和优势工业项目聚集区；要继续抓传统特色产业的发展，全力抓好工业项目的招商引资、规模企业入统及节能减排工作，以工业项目的突破落实经济结构的调整，体现经济发展方式的转变，在工业经济扩量提质上实现新跨越；要着力强化加速推进新型工业化的保障措施，加强组织领导，破解发展难题，优化发展环境。县委书记马文龙作重要讲话，县委副书记、县长葛勇主持会议。会议宣读《关于表彰2011年工业经济发展责任目标单位的决定》及《关于表彰奖励2010-2011年工业经济发展优秀企业家、先进工作者及引荐项目先进个人的决定》，与各乡镇、相关单位签订《2012年工业经济目标责任书》。8日，江川县2012年环境保护暨“两湖一库”保护治理工作会议召开。会议强调，必须坚持理念先行，用生态、绿色的发展理念推动江川科学发展，培育生态产业体系，走生态产业化，产业生态化路子，从根本上保护生态环境。要抓好截污治污，堵住城乡污染源头；要加强产业结构调整，减少农业面源污染；要加快研究发展规模养殖业、规范养殖业的措施，推进全县畜牧业科学合理布局；要加强畜禽养殖废弃物的综合利用，实现养殖废弃物的减量化、资源化、无害化；要全面推进绿化造林工作，努力使城乡生态环境有一个大的飞跃；要按照“组保洁、村收集、乡镇转运、县处置”的城乡垃圾无害化收运处置四级管理体制，不断改善县城、农村卫生；要继续推进“七彩云南·江川保护行动”和生态乡镇、生态村创建工作；要坚持从严监管，确保市政府下达给我县的减排任务顺利完成。县委书记马文龙讲话，县委副书记、县长葛勇主持会议。会议还传达学习中央、省、市相关会议精神，签订《江川县2012年抚仙湖、星云湖及东风水库径流区水污染防治目标责任书》和《七彩云南江川保护行动2012年度工作责任制考核责任书》。16日，江川县党风廉政建设大会召开。县委书记马文龙作重要讲话，强调各级各部门要切实增强抓好党风廉政建设和反腐败斗争的紧迫感、责任感，不断增强自我净化、自我完善、自我革新、自我提高的能力，坚持标本兼治、综合治理、惩防并举、注重预防，突出工作重点，狠抓工作落实，推动党风廉政建设和反腐败斗争取得新的成效。要求注重教育引导、真抓实干、从严治党，始终保持党的思想纯洁、作风纯洁、队伍纯洁；纪检监察机关必须突出重点，加强对重大项目的监督检查，加强权力监督，加强专项治理，加强预防教育，加强案件查办，不断推进反腐倡廉工作向纵深发展；各级党委、政府必须自觉担负起政治责任和领导责任，保证反腐倡廉建设和保持党的纯洁性工作取得实效；要进一步完善党委统一领导、党政齐抓共管、纪委组织协调、部门各负其责、群众支持参与的工作格局；要突出抓好责任分解、责任考核、责任追究三个关键环节，确保党风廉政建设各项任务落到实处。会议通报2011年党风廉政建设责任制考核情况，宣布2011年作风述职述廉评议表彰决定，与各乡镇（街道）、单位签订《2012年党风廉政建设责任制责任书》。县委副书记、县长葛勇主持会议，并对如何贯彻会议精神作安排部署。23日，江川县2012年度党建工作会召开，学习贯彻落实中央、省委、市委会议精神，总结回顾上年工作，安排部署2012年任务，动员全县各级党组织和广大党员围绕中心、服务大局、创先争优、争先进位，为圆满完成2012年各项目标任务，推动全县经济社会实现新跨越提供坚强的思想、组织、纪律和作风保障。会议指出，2012年党建工作要以迎接十八大、宣传十八大、学习十八大、贯彻十八大为主线，以深化干部人事制度改革、创新干部培养机制体制、推进中长期人才发展规划、深入开展创先争优和“四群”教育干部直接联系群众活动、实施“基层组织建设年”和“跨越发展先锋行动”为重点，紧紧围绕促发展、保民生、维稳定、推进县委决策部署，落实选干部、配班子、强队伍、聚人才、打基础、强组织，不断提升党建工作科学化水平，为实现江川科学发展、和谐发展、跨越发展提供组织保证和人才支撑。会议强调，要正确认识和处理好党的建设与党领导的事业的关系，抓住加强领导班子建设这个核心，抓住建设高素质干部人才队伍这个重点，以迎接“十八大”为主题，全面深化创先争优活动，以服务群众为重点，推动“四群”教育和“作风建设年”活动深入开展，就要夯实基层基础，要进一步落实党建责任制和保障机制，在全县上下营造学习先进争优秀，赶超先进创一流的党建工作新局面，为实现江川经济社会科学发展、和谐发展、跨越发展做出积极贡献，以优异的成绩迎接党的十八大胜利召开。会议通报2011年度党建工作考核情况，与各党工委书记签订《2012年党建工作目标责任书》。县委书记马文龙在会上讲话，县委副书记、县长葛勇主持会议，并对如何贯彻会议精神作安排部署。

4月12日，江川县2012年重点工作重大项目推进大会召开，进一步统一全县干部思想，明确2012年目标任务，鼓舞和动员全县上下迅速行动起来，以乘势而上的抢抓意识，以跨越发展的赶超精神，迅速掀起大抓项目、大干项目新的高潮，推动江川经济社会的跨越发展。县委书记马文龙作重要讲话，要求全县各级各部门、各指挥部必须把思想统一到抓重大项目上来，牢固树立“抓项目就是抓投资、就是抓发展”的理念，加快实施一批重大项目，加快建成一批重点项目，以重点项目为抓手，加大优势资源整合，吸引资金、技术、人才等生产要素加速聚集，增加全县固定资产投资，为江川跨越发展打牢基础。强调要重视抓项目前期工作，抓紧抓实既有项目，重视抓好土地、资金等要素保障，加强项目管理，狠抓项目招商引资，以创新的思路，创新的举措，加快推进重大项目开工、竣工和投产，做到开工一批、集聚一批、盘活一批、建成一批，努力把大项目做成支柱项目，把资源优势做成产业优势。落实江川县2012年重点工作重大项目推进责任制，确保各个重大项目和重点工作在保证质量的前提下快速推进。督查组要不断完善督查机制，严格实行定期通报制度，进一步加大责任追究力度。要充分利用报刊、电视、网站等新闻媒体，加强对重大项目建设的宣传报道，着力营造重大项目建设的浓厚氛围，加快形成全县上下积极配合、广泛参与、全力支持重大项目建设的良好局面。县委副书记、县长葛勇主持会议并讲话。会议宣读《关于实行2012年重点工作、重大项目推进责任制的通知》和《重点工作重大项目推进责任制考核办法》。17日，江川县2011年度农村环境卫生整治工作总结表彰暨2012年度动员大会召开，研究部署江川县农村环境卫生整治工作，总结表彰2011年度工作，对2012年度工作进行再动员、再部署，不断推动整治工作上台阶、上水平。会议强调，各级各部门必须把思想认识统一到“生态立县”战略和建设高原湖泊生态县建设上来，充分认识农村环境卫生整治工作的重要性和必要性，切实把农村环境卫生整治工作当做事关民生、事关江川科学发展的大事来抓，长期坚持，长远整治，加快社会主义新农村建设步伐，促进城乡面貌迅速改变，为加快江川科学发展打下坚实的基础。要求各级各部门必须加强领导，落实责任；要加强协作，齐抓共管，努力形成农村环境卫生整治工作的合力；健全机制，长效管理，使农村环境卫生整治成为群众受益、人民满意的民心工程；要强化宣传，全民参与，切实营造农村环境卫生整治工作的浓厚氛围，为加快社会主义新农村建设，推动江川科学发展、和谐发展、跨越发展，建设高原湖泊生态县做出更大的贡献。18日，江川县2011年宣传思想文化工作会召开，回顾总结2011年工作，安排部署2012年工作。会议明确2012年全县宣传思想文化工作总的要求是：深入学习贯彻十七届六中全会和省第九次党代会、市委四届二次全会、县委十二届二次全会精神，按照高举旗帜、围绕大局、服务人民、改革创新总要求，坚定不移地用党的理论创新成果武装干部头脑，巩固壮大积极健康向上的主流思想舆论，推进社会主义核心价值体系建设，加快构建公共文化体系，满足人民群众日益增长的精神文化需求，着力增强宣传思想文化工作的吸引力、感染力，着力营造学习宣传贯彻党的十八大精神的浓厚氛围，着力树立推动科学发展和谐发展跨越发展的良好氛围，为建设高原湖泊生态县、现代宜居高原湖泊生态城和国际高原湖泊生态休闲度假旅游目的地三大目标提供理论指导、思想保证、舆论支持、精神动力和文化条件。会议强调，各级各部门要做好宣传思想文化工作，为江川科学发展和谐发展跨越发展提供强大的思想基础、舆论支持和智力保证；要勇于创新，不断提高宣传思想文化工作科学化水平；要切实强化组织领导，给予宣传思想文化工作全力支持，为做好宣传思想文化工作创造良好的条件，努力开创宣传思想文化工作的新局面；要强化改革创新，不断改进宣传思想文化工作的领导方式、工作方式和管理方式，不断开创宣传思想文化工作新局面，为促进全县经济社会又好又快发展作出新的更大贡献。会议还对在2011年宣传思想文化工作中涌现出的先进单位进行表彰。

6月6日，江川县2012年环保专项行动暨污染减排工作会召开，对全县整治违法排污企业保障群众健康环保专项行动和污染减排工作进行全面的安排部署。会议要求2012年所列的7项挂牌督办事项和3项污染减排任务所涉及的企业，要切实承担责任，抓好各项整治工作的落实；涉及的乡镇（街道）、部门要加大督促检查和整治工作力度，严格要求，务求实效，按时完成任务。在专项行动期间，要组织几次声势大、影响面广的集中行动，对行动中发现的问题要有针对性的提出整改要求，逐一督促整改落实，切

实消除污染隐患，保障群众身心健康。加大对排污企业的查处力度，严格执法，不徇私情，依法行政。会议与各乡镇（街道）、涉及重点企业签订《江川县2012年主要污染物总量减排目标责任书》和《江川县2012年主要污染物总量减排目标责任书》。26日，江川县庆祝中国共产党成立91周年大会召开，回顾党的光辉历程和江川县在党的领导下取得的显著成就。县委书记马文龙作重要讲话，强调要坚持党的领导，坚定不移地贯彻执行党的路线方针政策，以更加高昂的斗志、更加旺盛的激情、更加有力的干劲，咬定目标，务实拼搏，奋勇前行，浓墨重彩地谱写江川科学发展、和谐发展、跨越发展的新篇章。要求每一名共产党员，必须始终坚持标准，发挥先锋模范作用，争先晋位，当好高举旗帜、践行宗旨的表率；学以致用、学用相长的表率；解放思想、开拓创新的表率；立党为公、勤政为民的表率；严于律己、克己奉公的表率。围绕“四个翻番”、“两个倍增”的目标任务，把党始终建设成为推动江川各项事业健康发展的坚强领导核心。县委副书记、县长葛勇主持会议。

7月12日，江川县召开领导干部廉政教育大会。县委书记马文龙在会上讲话，强调要充分认识加强党员干部廉政教育，保持党的纯洁性的极端重要性和紧迫性，不断增强党的意识、政治意识、危机意识、责任意识，为保持党的纯洁性而不懈努力。要求加强监督，凡是重大事项的决策，必须严格贯彻党的民主集中制原则，凡是与群众利益密切相关的重大事项，能公开的都要依照法律和规定向群众公开，防止权力失控、决策失误和行为失范；要严肃查处违反纪律的行为，严明换届纪律，加强对选人用人情况的监督检查；要健全机制，深入推进行政权力监控机制建设，维护制度的严肃性，为推动江川经济社会科学发展、和谐发展、跨越发展作出新的更大的贡献。县委副书记、县长葛勇主持会议，并对贯彻落实会议精神提出要求。27日，江川县“双拥”工作座谈会召开，县委、县人大、县政府、县政协领导与驻江各军警部队首长欢聚一堂，共同回顾中国人民解放军八十五年的奋斗历程，共话军队和地方团结协作的鱼水深情。会议肯定驻江各军警部队官兵在抗旱救灾、扑救山火、防控火险、治污保湖、维护稳定、扶贫帮困、结对共建、支援地方重点工程建设等方面，为全县经济和社会各项事业的发展所做出的突出贡献。会议要求军地双方在更大范围、更广领域、更高层次互相支持、密切配合，进一步加强对双拥工作的领导，不断探索双拥工作的新途径、新方法,积极争创新一届省级双拥模范县。

8月2日，江川县县委议军会议召开。会议强调，2012年我们党将召开第十八次全国代表大会，做好各项军事斗争动员准备、确保社会稳定是各级党委的一项重要任务，也对我们的党管武装工作提出了更新更高的要求，必须始终保持清醒头脑，以强烈的责任感、紧迫感和使命感，扎实做好国防动员和后备力量建设工作，确保江川社会和谐稳定、长治久安。强调在任何时候、任何情况下，武装工作都要置于党的绝对领导之下，坚决听从党的指挥。人武部门要自觉服从江川改革发展稳定大局，在做好爱军习武工作的同时，主动组织广大民兵预备役人员发挥好突击队和生力军作用，为顺利实现“两个翻番、四个倍增”目标任务提供安全保障、营造良好环境，为推动江川经济社会科学发展、和谐发展、跨越发展做出新的更大的贡献，以优异成绩喜迎党的十八大胜利召开。县委书记、县人武部党委第一书记马文龙在会上讲话，县委副书记、县长、国防动员委员会主任葛勇主持会议。9日，中共江川县委理论学习中心组集中学习，认真学习贯彻胡锦涛总书记重要讲话精神，贯彻落实省委理论学习中心组、省委工作会议暨全省县域经济推进大会、市委中心组学习会议精神，围绕实现江川科学发展和谐发展跨越发展的战略目标，进一步统一思想，凝心聚力，增强发展的紧迫感和危机感，确保“四个翻番、两个倍增”、努力实现“三大目标”。会议要求全县各级领导干部要解放思想，抢抓机遇，真抓实干，为推动江川县域经济跨越发展提供强劲动力；要突出抓好重大政策、优势产业、重点工程、重要项目的落实，在重点突破中实现全县县域经济跨越发展的整体推进、取得实效；要强化责任，以责任制促落实保成效；要增强新形势下依法办事能力和应急管理、舆论引导、新兴媒体运用等方面的能力；要把各级领导班子建设成为善于推动科学发展、促进社会和谐的领导集体，全面完成下半年各项工作任务。会议传达胡锦涛总书记重要讲话精神以及省委、市委会议精神。10日，中共江川县委工作会议暨县域经济推进大会召开，分析总结上半年工作，安排部署下半年工作任务，全面完成全年的目标任务，推动县域经济跨越发展。会议强调，推进县域经济跨越发展，必须多措并举增投资，必须全方位开放引资，必须着力改善发展基础条件，必须坚持统筹城乡发展，必须全力维护社会和谐稳定，必须科学考评树导向。强调要充分发挥党的领导核心作用，深化“四群”教育，加强基层组织建设，加强领导班子和干部队伍建设，转变作风抓落实。下半年，江川县要按照市委、市政府和县委的工作部署，紧紧抓住重大项目建设、招商引资、工业园区建设、烤烟生产收购等关键工作，采取有效措施，确保今年县委、县政府确定的各项目标任务圆满完成。县委书记马文龙，县委副书记、县长葛勇在会上讲话。13日，江川县2012年烟叶收购工作会议召开，总结前期烤烟生产工作，客观分析烤烟生产收购形势，安排部署烤烟后期管理和烟叶收购工作。会议要求各级各部门必须增强紧迫感，把“确保全县24.2万农民烟叶人均收入1300元”作为2012年我县烟叶收购的总目标，重点解决好2012年烤烟收购调研中反映出来的老百姓怕烤烟收购合同计划管得太死，怕收购标准忽松忽紧，怕提前关门，怕上等烟收购比例太严，怕入库难、交接慢，怕烟叶优劣混杂，怕烟叶外流，怕重收购轻管理八个方面的问题。强调一定要强化责任意识，牢固树立全局观念，转变工作作风，把主要精力放在抓烟叶收购工作上，认真落实各项收购措施，做好烤烟中后期管理工作，加强烟叶烘烤工作，做好烟叶收购预检工作，坚持标准，平稳收购，确保烟农利益。县委书记马文龙，县委副书记、县长葛勇讲话。

9月5日，江川县维护社会稳定专题会议召开。会议对当前维护稳定工作做了安排部署，要求各级各部门必须把维护稳定工作作为当前第一位的政治任务抓紧抓好。强调要把保障和改善民生作为维护社会稳定工作的有效抓手，全力做好保障和改善民生的各项工作；要全力做好矛盾纠纷排查化解工作，着力解决好影响当前社会和谐稳定的突出矛盾；要着力强化对重点人员教育管控措施和包案责任，坚决防止漏管失控，严防借机滋事；要全力做好应急处置和公共安全工作，坚决防止发生重大政治事件、非法聚集事件、大规模群体性事件和暴力恐怖事件；要全力做好舆论引导和媒体管理工作，凝聚推动江川科学发展、和谐发展、跨越发展的精神力量；要加强对各类网站特别是论坛、博客等新兴媒体的依法有效管理，努力形成健康有序的网络环境。县委书记马文龙，县委副书记、县长葛勇在会上讲话。7日，江川县创先争优活动总结表彰大会召开，对创先争优活动中涌现出来的先进基层党组织、优秀共产党员和先进党委进行表彰奖励。会议强调，要紧紧围绕全县改革发展大局，团结和带领全县人民群众，以先进为榜样，以典型为标杆，不断开拓进取，为实现“冲百亿，促跨越，率先实现‘四个翻番、两个倍增’”的目标任务，加快江川县域经济跨越发展作出更大贡献，以优异的成绩迎接党的十八大胜利召开。会议强调，创先争优必须围绕中心、服务大局，坚持与重点工作相结合，与日常工作相结合，在推动科学发展中发挥作用，在促进社会和谐中检验成效，在服务人民群众中提高水平，在加强基层组织建设中凝心聚力；必须立足实际丰富活动内容，着眼岗位创新活动形式，学习借鉴先进经验，使活动看得见、摸得着、好操作；必须突出解决问题、务求实效，以成效取信于民；必须发挥领导干部表率作用、先进典型示范作用、广大党员主体作用，以党内带党外，党员带群众，使学习先进、争当先进、赶超先进成为全社会的价值取向和良好风尚。会议要求全县各级党组织和广大党员在日常工作中争当模范，在改革开放中建功立业，在推动发展中争创佳绩，在服务群众中凝聚人心，在破解难题中促进和谐，激发社会各界活力，全力推动江川经济社会跨越发展；要致力于推动江川县域经济跨越发展，在全县上下形成共谋发展、加快发展、跨越发展的良好氛围；要致力于加快现代宜居生态城市建设，建立起城市建设管理的长效机制，树立城市形象；要致力于加强以“两湖”为重点的生态环境保护，让全县人民永享生态之益、远离污染之害；要致力于保障和改善民生，全面解决好人民群众最关心、最直接、最现实的利益问题，使人民群众生活得更加安康；要致力于维护社会和谐稳定，真正形成统筹协调、各司其职、各负其责、合力攻坚的维稳工作局面，确保十八大期间直至长期全县的和谐稳定，以良好的工作成效支持和服务发展大局；要致力于加强和改进党的建设，认真总结和巩固活动取得的成果，深入推进创先争优活动常态化、长效化，不断提高党的建设科学化水平。县委书记马文龙，县委副书记、县长葛勇出席会议并讲话。

10月10～11日，江川县工会第十一次代表大会召开，认真总结过去五年江川县工会工作取得的主要成绩和基本经验，深刻分析今后一个时期工会工作面临的新形势，提出今后五年工会工作的指导思想和主要任务，选举产生县总工会新一届领导班子。县委书记马文龙作重要讲话，要求全县各级工会组织高举中国特色社会主义伟大旗帜，以邓小平理论和“三个代表”重要思想为指导，深入贯彻落实科学发展观，坚持走中国特色社会主义工会发展道路，贯彻落实“组织起来，切实维权”的工作方针，坚持“促进企业发展，维护职工权益”的企业工会工作原则，牢固树立中国特色社会主义工会维权观，更加紧密地团结在党中央的周围，在县委和上级工会的领导下，振奋精神，齐心协力，求真务实，开拓进取，努力推进工会工作的创新发展，团结动员全县广大职工为我县科学发展、和谐发展、跨越发展，推进高原湖泊生态县建设中作出新的更大的贡献。市人大常委会副主任、市总工会主席范志华，群团组织代表及县（区）总工会代表在大会上致词。县委副书记、县长葛勇等县党政领导出席会议，县委常委马利兴主持会议。11～12日，江川县文学艺术届联合会第四次代表大会召开。会议肯定五年来全县广大文艺工作者和县文联为推动江川县社会进步、推动文艺发展繁荣和“文化兴县”战略实施作出的积极贡献。号召全县文艺战线和广大文艺工作者，要牢记神圣职责，主动服务江川改革发展稳定大局，坚持社会主义先进文化方向，不断繁荣文艺创作，加强和改善党对文艺工作的领导，努力开创江川文艺事业新局面。大会听取和讨论江川县文联第三届委员会工作报告，通过新修改的文联章程，选举江川县第四届文联委员会委员、文联主席、

副主席、各协会主席，提名产生文联秘书长，各协会副主席、秘书长、理事，并对5年来文学艺术工作中涌现出的先进个人进行表彰奖励。16～17日，中国少年先锋队江川县第一次代表大会召开。会议要求全县各级少先队组织要深入研究加强和改进新时期少先队工作的新理念、新路径，努力提高团结、教育、引导、服务少年儿童的能力和水平，让红领巾事业不断焕发出新的生机和活力；广大少先队辅导员和少年儿童工作者不断探索先进理念和科学方法，把少年儿童关心好、教育好、呵护好；全县各级党委、政府要从民族兴旺发达、党的事业后继有人的战略高度，更加关心少年儿童的成长，更加重视少先队工作；共青团组织要肩负起“全团带队”的光荣职责，与教育部门密切配合，努力把少先队的各项工作落到实处；教育行政部门和中小学校要把少先队工作列入学校教育计划，并作为学校德育工作的重要内容来抓，同时配合团组织做好辅导员的配备、培训工作，为他们开展工作创造必要的条件；努力形成全社会关心少年儿童、爱护少年儿童、帮助少年儿童的良好氛围和强大合力。县委书记马文龙讲话。23日，江川县“九九”敬老节经济形势通报会召开。会议要求全县各级各相关部门要把老干部工作作为一项重要的政治任务，把老干部工作放在江川工作的大局中来思考、来谋划、来推进；执行好老干部工作政策，落实好老干部的政治、经济待遇；坚持从政治上尊重、思想上关心、精神上关怀，做好老干部工作；引导老干部在自觉自愿、量力而行的基础上，把社会需求和个人志趣结合起来，继续发挥自己的经验和智慧，为全县经济社会发展作出应有贡献；各相关部门要从实际出发，按照“从优”和“共享”的原则，加强老干部活动室、老年大学建设。县委书记马文龙，县委副书记、县长葛勇讲话。县委常委、副县长罗跃岗主持会议。25日，江川县县乡（镇）两级人大换届选举工作暨业务培训会召开。县委书记马文龙对如何圆满完成此次换届选举工作提出具体要求：全县各级要明确重点，把握要求，严格坚持用人标准，把好代表入口关、政治关、素质关，真正把拥护党的路线方针政策、模范遵守宪法和法律、密切联系群众、廉洁自律、公道正派、具有一定履职能力的人推荐上来，为换届选举提供坚强的组织保证和政治保证；严格执行政策法规，确保各项政策规定落到实处；严格按照程序办事，以程序的规范性确保换届工作的合法性、有序性，确保换届选举工作始终沿着法制的轨道有序运行；严格落实结构比例，进一步优化代表、班子结构，做到优势互补、增强合力。会议强调，要加强组织领导，把党的领导贯彻换届工作始终，充分发挥党委总揽全局、协调各方的领导核心作用，坚决贯彻和实现组织意图，确保换届选举工作的正确方向；要加强思想教育，正确处理好换届与推进工作的关系，确保思想不散、工作不断、秩序不乱，做到“两不误、两促进”；要严肃换届纪律，坚持教育在先、警示在先、预防在先，严格执行中央的“5个严禁、17个不准、5个一律”和省委的“十严禁”、“五不准”换届纪律要求，坚决查处违规违纪行为，以铁的纪律保证换届风清气正，圆满完成换届各项任务。

11月5日，江川县2012年度党建党风廉政建设责任制考核暨述职述廉和作风建设评议动员会召开。县委书记马文龙在会上作动员讲话，要求各级各部门切实增强做好考核工作的责任感和自觉性，把思想和行动统一到县委的决策部署上来，以高度的政治责任感和认真负责的态度，扎扎实实做好考核工作。强调各个检查考核组要始终以高度负责的精神，加强统筹协调，强化检查考核的权威性；注重成果应用，强化检查考核的实效性；遵守各项纪律，强化检查考核的严肃性；以扎实的工作作风、严谨的工作态度，圆满完成考核任务。被检查考核的各乡镇（街道）、部门和单位，必须严格按照考核要求，积极主动配合检查考核组开展好各项工作。各级各部门要正确对待检查考核结果，认真对照检查，找准工作中存在的突出问题和差距，分析原因，有针对性地制定和落实整改措施；成绩突出的乡镇（街道）、部门和单位，要进一步总结经验、发扬成绩，问题突出的，要抓紧整改，抓好落实；要把这次集中检查考核作为深入贯彻落实科学发展观和树立正确政绩观的重要契机，把工作集中在为人民群众办实事上，为促进江川跨越发展作出更大贡献。县委副书记、县长葛勇主持会议，并对如何贯彻落实会议精神提出要求。6日，江川县残疾人联合会第五次代表大会召开。会议号召，全县广大残疾人和残疾人工作者要发扬“自尊、自信、自强、自立”的精神，恪守“人道、廉洁、服务、奉献”的职业道德，为全面建设和谐江川而努力奋斗。县委书记马文龙在会上讲话，要求各级各部门充分认识发展残疾人事业的重要意义，从改善和保障民生入手，在保障残疾人基本生活、加强残疾人医疗康复工作、促进残疾人全面发展、保障残疾人合法权益等方面取得新成效；要广泛动员、各方参与、齐抓共管，形成人人理解、尊重、关心、帮助残疾人的良好社会风尚；要引导广大残疾人积极投身全县经济社会建设。希望广大残疾人克服各种困难和身体障碍，始终做生命和生活的强者，增强创造新生活、开辟新天地的本领，以主人翁的姿态积极投身经济建设和社会活动，同全县人民一道共创幸福的生活和美好的未来。大会听取审议江川县残疾人联合会第四届主席团执行理事会工作报告，选举产生江川县残疾人联合会第五届主席团主席、副主席、名誉主席。21日，江川县传达学习党的十八大精神干部大会召开。会议强调，全县各级各部门广大党员干部要迅速行动起来，认真学习领会大会文件，在全县迅速掀起学习宣传贯彻党的十八大精神的热潮，为全县经济社会跨越式发展而奋斗。要切实抓好学习培训，集中开展宣讲活动，精心组织新闻宣传，加强督促检查，全面准确、深入系统地宣传党的十八大精神，把学习宣传贯彻党的十八大精神不断引向深入。会议结合江川实际，强调学习贯彻党的十八大精神，要与实现“冲百亿、促跨越，率先实现‘四个翻番、两个倍增’”，建设高原湖泊生态县的目标任务紧密结合起来；要与推进生态文明建设，全面建设生态县紧密结合起来；要与着力培育支柱产业，增强发展自主能力结合起来；要与加强民主政治建设，保障人民享有更多更切实的民主权利紧密结合起来；要与保障和改善民生，创新社会管理和社会建设紧密结合起来；要与加强党的执政能力和先进性、纯洁性建设，全面提高党的建设科学化水平紧密结合起来；要与扎实做好当前工作紧密结合起来，在思想上、政治上、行动上与以习近平同志为总书记的党中央保持高度一致，始终忠于党、忠于祖国、忠于人民，坚持以党的十八大精神统领全县工作，努力做出无愧于历史、无愧于时代、无愧于人民的业绩。

23～24日，江川县红十字会第二次会员代表大会召开。会议认真总结回顾江川县过去几年红十字会工作所取得的成绩和经验，对今后几年的红十字会工作进行安排部署。会议要求全县广大红十字会工作者、会员和志愿者，要发扬精神，播种道义，不断扩大社会影响力；加强备灾救灾准备，不断增强红十字会的救助能力；不断拓展红十字领域，进一步提高服务水平；创新红十字工作，不断增强社会凝聚力；坚持依法治会，切实加强红十字会自身建设；各级党委、政府要加强领导，为红十字会开展工作创造良好的条件，为推动江川科学发展、和谐发展、跨越发展作出新的更大的贡献。会议审议通过红十字会第一届理事会工作报告，选举产生第二届红十字会会长、常务副会长及常务理事，审议通过《江川县红十字事业2013—2017年发展规划（草案）》。

30日，江川县加快推进民营经济发展大会召开。会议要求全县各级各部门、广大干部群众都要积极行动起来，进一步解放思想，抓住机遇，开拓创新，踊跃投身民营经济发展大潮，为推动江川经济社会跨越发展做出新的更大的贡献。县委书记马文龙讲话，强调要采取更加积极、更加有效、更加得力的措施，千方百计把全民创业的热情激发出来，把民营经济的力量凝聚起来，把民间资本的作用发挥出来，真正让民营企业成为发展实体经济的重要支柱，成为推动江川跨越发展的重要力量；必须把优化环境作为大力发展民营经济的“生命工程”、“希望工程”来抓，做到放手发动、放眼发展、放权服务，放出全县民营经济发展的新活力；必须彻底改变对个人创业以及民营经济“另眼看待”的状况，对创业者精心呵护、倍加珍惜，掀起全民创业的高潮；要创造良好的政策环境，优化民营企业家的成长环境，推动民营企业家队伍建设；要优化正确引导的舆论环境，为新一轮民营经济发展高潮的到来营造氛围、增添动力。各级各部门必须把大力发展民营经济纳入整个国民经济和社会发展的总体规划，做到发展思路清楚，服务目标明确，政策措施有力，真正为民营企业办实事、解难题；广大民营企业家要争当改革开放和发展经济的时代先锋，扎扎实实求发展、壮规模、提效益，尽快推动江川民营经济实现跨越发展。要切实加强非公党建工作，把民营企业党建工作纳入全县党的建设总体布局，不断增强党组织在企业中的影响力和覆盖面；民营企业要自觉接受党委的领导，积极为党组织和群众组织开展工作提供必要条件、给予有力支持。县委副书记、县长葛勇主持大会，并就如何贯彻落实好会议精神，加快推进民营企业发展提出要求。会议表彰了优强民营企业、优秀民营企业家、重大项目建设先进民营企业、十佳中小企业服务机构、优秀中小微企业和优强民营企业重点乡镇。

12月5日，江川县设分会场组织收听收看中央宣讲团党的十八大精神报告会。江川县几大班子领导及县有关单位负责人参会，收听收看中央宣讲团成员、中央政策研究室副主任施芝鸿所作的报告，认真学习省委书记、省人大常委会主任秦光荣对深入学习宣传贯彻党的十八大精神提出的3点要求。11日，中共江川县委十二届三次全委（扩大）会议召开，总结2012年工作，安排部署2013年的工作。全会肯定2012年江川经济社会发展在保增长平稳向好，促跨越基础扎实，抓统筹城乡并进，建生态步伐加快，保民生力度加大，促和谐局面良好，抓党建成效明显七个方面取得的突出成绩。全会在综合分析江川发展面临的重要战略机遇和有利条件的基础上，强调做好2013年工作，必须坚持以邓小平理论、“三个代表”重要思想和科学发展观为指导，全面贯彻党的十八大精神，大力实施“生态立县、农业稳县、工业强县、旅游活县、文化兴县”发展战略，以加快转变经济发展方式为主线，以生态文明建设为引领，以改善民生为根本，以奋力跨越为关键，按照“兴园强工、建设新城、做美生态”的思路，全力打造环抚仙湖生态旅游圈、环星云湖生态产业圈以及“龙泉山生态山水新城、生态工业园区和棋盘山、东山高端旅游”三大核心区，加快推进新型工业化、城镇化和农业现代化进程，努力建设生态文明美丽江川。全会科学确定2013年经济社会发展的主要预期目标，要求重点抓好六个方面的工作：必须着力壮大产业，大力发展高原特色农业，倾力推动工业跨越发展，加快发展以高端文化旅游产业为重点的服务业，增强发展的内生动

力；必须着力建设生态县，积极探索“两湖”保护治理新思路，建设生态文明，优化生态环境，发展生态经济，改善发展的基本条件；必须着力推进城镇上山，加快融入滇中城市经济圈建设，提速江川城镇化进程，统筹城乡协调发展；必须着力保障和改善民生，加快社会保障体系建设，更加重视社会事业发展，让全县人民共享发展成果；必须着力强化文化支撑，大力发展文化事业和文化产业，努力推动文化大发展大繁荣，增强发展的软实力；必须着力加强和谐社会建设，加强和创新社会管理，积极推进民主政治建设，营造发展的良好环境。全会强调，做好2013年工作，关键在于加强和改善党的领导。必须增强紧迫感和责任感，着眼于提高党员的政治素质和密切党同人民群众的血肉联系，牢牢把握加强党的执政能力建设、先进性和纯洁性建设这条主线，全面加强党的思想、组织、作风、反腐倡廉和制度建设，着力把各级党组织建设成为坚强的领导核心。要着眼于提高党员的政治素质，切实加强思想理论建设；要着眼于提高执政能力和领导水平，切实加强各级领导班子和干部队伍建设；要着眼于保持党的先进性、纯洁性，切实加强党的基层组织建设和党员队伍建设；要着眼于密切党同人民群众的血肉联系，切实加强党的作风建设和反腐败斗争。全会审议通过县委书记马文龙代表县委常委会所作的工作报告，通过《中共江川县委第三次全体会议决议》。12日，中共江川县纪委第十二届三次全体会议召开。县委书记马文龙作重要讲话，要求全县各级党员领导干部要进一步牢记肩负的使命，以党的十八大精神为指导，以更加坚定的信心、更加有力的措施、更加扎实的工作，努力把党风廉政建设和反腐倡廉工作推向前进，为推动江川跨越发展，建设生态文明美丽江川提供坚强有力的纪律保证。要求做到坚持廉洁从政，加强对领导干部的教育管理；坚持监督检查，推动各项决策部署落实；坚持执纪为民，切实解决群众反映强烈的突出问题；坚持严肃法纪，加大对腐败的惩治力度；坚持严格问责，全面提升执行力；坚持组织纪律，为换届选举提供纪律保障。强调要以党性的纯洁保证干部清正，建设廉洁高效的干部队伍；要扎实抓好党风廉政建设和反腐败工作，确保政府清廉、政治清明；要加强领导，明确责任，努力开创全县党风廉政建设的新局面。各级各部门要切实担负起职责范围内的反腐倡廉工作，支持纪检监察机关履行职责。进一步加强纪检监察队伍建设。县委副书记、县长葛勇主持会议。县委常委、纪委书记郭永生代表县纪委常委会作工作报告。会议审议通过中共江川县纪委十二届三次全会会议决议（草案）。28日，江川县传达学习省委九届四次全会精神会议召开。会议结合江川发展实际，就贯彻落实好省委九届四次全会精神提出八点意见。会议要求，各级各部门要深刻理解和把握精神实质，在认清形势中坚定信心、理清思路、加快发展，率先实现“翻番、增倍”的目标；要围绕省委提出的到2020年实现“翻两番、增三倍、促跨越”的发展目标，倾力发展产业，提升自主发展能力，打牢跨越基础，壮大发展实力；要更加注重城乡统筹发展，在提速城镇化进程上加大力度、加快步伐、增创动力；要围绕实现绿色发展、循环发展、低碳发展，以“两湖”保护和治理为重点，着力改善生态环境；要加强研究和运用政策，在强化基础支撑上多谋善思、着眼长远、保障发展；要致力于增强发展软实力，繁荣文化事业和发展文化产业，打好江川文化品牌，以品牌扩大影响、吸引资本、发展产业；要围绕到2020年全面建成小康社会的目标，切实加强社会建设，努力让全县群众生活得更加富裕、更加安康、更有尊严；要坚持党要管党、从严治党，在加强党的建设中增强全县基层党组织和干部队伍的创造力、凝聚力、战斗力。县委书记马文龙主持会议并讲话。

（范　羽）

【县委常委会议】 2012年1月6日，县委书记马文龙主持召开第8次县委常委会。会议共六项议题：研究干部问题；听取《县政府工作报告（送审稿）》汇报；听取2012年财政收支预算方案汇报；听取2012年春节文体系列活动安排情况汇报；听取开展整治“庸、懒、散、软”实施方案汇报；听取2012年春节慰问活动安排情况汇报。

2月1日，县委书记马文龙主持召开第9次县委常委会。会议共三项议题：研究干部问题；听取县十四届人大第五次会议日程、议程变更情况的汇报；对当前全县工作作安排部署。

3月7日，县委书记马文龙主持召开第10次县委常委会。会议共十七项议题：研究干部问题；研究农村困难党员关爱补助资金问题；研究村（社区）书记、主任、副主任相关报酬问题；研究《进一步深化纪检监察体制改革的意见（讨论稿）》；研究《江川县加强党政一把手权力运行监督制约暂行办法（讨论稿）》；听取2011年度党风廉政建设责任制考评、干部作风述职述廉评议情况和2012年全县党风廉政建设大会相关事宜的汇报；听取江川县实施农村义务教育阶段学生营养改善计划有关情况的汇报；听取将原江川县实验中学作为前卫镇后卫中学危房改造期间临时教学点有关情况的汇报；传达全市抗旱保民生促春耕暨森林防火紧急工作会议精神，研究全县抗旱保民生促春耕暨森林防火工作；研究西南航空护林总站项目相关事宜；听取翠大线五岔路口到伏家营段扩建改造有关情况的汇报；通报近期财政大额度资金调度使用情况；听取关于调整提高全县职工住房公积金缴存比例的情况汇报；听取《江川县城镇上山、山地综合开发利用合作框架协议（送审稿）》的汇报；听取2012年工业经济发展大会筹备相关事宜的汇报；研究贯彻落实省委提出的“四个翻番、两个倍增”目标，江川主要经济指标任务分解相关事宜；研究实行2012年重点工作重大项目推进责任制问题。

3月23日，县委书记马文龙主持召开第11次县委常委会。会议共二项议题：听取关于实行2012年重点工作重大项目推进责任制的汇报；研究《江川县依法开展清收原农村合作基金会借款工作实施方案（讨论稿）》。

4月10日，县委书记马文龙主持召开第12次县委常委会。会议共二项议题：研究干部问题；听取西南航空护林总站项目相关事宜的汇报。

6月7日，县委书记马文龙主持召开第13次县委常委会，专题研究维稳工作。

7月18日，县委书记马文龙主持召开第14次县委常委会。会议共十八项议题：传达学习秦光荣书记在全省州市人大常委会主任座谈会上的讲话精神；传达学习中央省市维稳电视电话会议精神；通报2012年上半年江川县预算外大额资金使用情况；研究《江川县领导干部交流工作实施办法（试行）》；听取创先争优总结表彰工作方案汇报；研究关于落实江川县老年大学机构规格及相关问题；研究江川县村组干部离任补偿工作方案；听取统战工作汇报；研究《关于加强和改进新形势下工商联工作的实施意见》；研究《江川县贯彻落实〈玉溪市2011—2015年党外代表人士队伍建设规划〉实施意见》；研究《江川县加强文化建设的意见》；研究“八·一”建军节系列活动方案；研究江川县文联换届相关事宜；研究江川县残联换届相关事宜；听取工青妇、关工委工作情况汇报，研究县总工会第十一次代表大会、中国少年先锋队江川县第一次代表大会相关事宜；听取江川县星云湖“4A”级景区开发合作协议及成立指挥部相关事宜汇报；听取《江川县龙泉山城市低丘缓坡土地开发利用项目土地一级开发委托协议》的汇报；听取《江川县烟花爆竹行业整合合作框架协议》汇报。

2012年9月7日，县委书记马文龙主持召开第15次县委常委会。会议共五项议题：研究干部问题；研究《江川县县域经济争先进位评价体系及考核办法（试行）》和成立县域经济发展领导小组等有关问题；研究《江川县县级会议费管理暂行规定》；听取《关于推进江川县重大项目建设筹措建设资金的请示》的汇报；听取《江川县撤县设区行政区划调整的请示》和《江川县撤县设区可行性研究报告》的汇报。

2012年9月20日，县委书记马文龙主持召开第16次县委常委会。会议共三项议题：研究干部问题；学习省委换届相关文件精神；研究县乡人大换届相关事宜。

2012年10月20日，县委书记马文龙主持召开第17次县委常委会。学习传达省市委关于县人大、政府、政协换届有关政策和要求。市委考察组列席并指导了会议。

2012年10月24日，县委书记马文龙主持召开十二届县委第18次常委会议。会议共有三项议题：研究干部问题；研究违纪干部处理问题；讨论研究《关于进一步加强乡镇（街道）纪检组织建设的实施意见（讨论稿）》。

2012年11月2日，县委书记马文龙主持召开十二届县委第19次常委会议。会议共四项议题：听取城镇上山项目进展情况的汇报；研究红十字会、残联换届的相关事宜；研究《中共江川县委常委会议事规则（送审稿）》和《中共江川县委常委会内部沟通制度（送审稿）》；研究干部问题。

2012年11月19日，县委书记马文龙主持召开十二届县委第20次常委会议。会议共四项议题：研究全县党务公开工作；听取县政协换届方案和政协委员协商相关事宜汇报；研究设立、调整部分基层党组织相关事宜；研究干部问题。

2012年12月7日，县委书记马文龙主持召开十二届县委第21次常委会议。会议共三项议题：听取县委十二届三次全会筹备工作情况汇报并讨论全会报告；研究2013年财政综合预算收支情况；研究江川县人大、政府、政协、法院、检察院换届候选人事宜。

2012年12月14日，县委书记马文龙主持召开十二届县委第22次常委会议。会议共四项议题：研究乡镇人大、政府换届人事安排；听取县人大、县政协换届筹备工作情况汇报；通报县财政大额度资金使用情况；听取第八届“开渔节”筹备工作情况汇报。

2012年12月28日，县委书记马文龙主持召开十二届县委第23次常委会议。会议共四项议题：传达学习省委九届四次全体（扩大）会议精神；传达市三届人大六次会议精神；研究县政府工作报告；听取县十五届人大一次会议、县政协八届一次会议筹备工作情况汇报，讨论《县人大常委会工作报告（送审稿）》和《县政协常委会工作报告（送审稿）》。

（张润斌）

【重要通知、指示和决定】 2012年1月9日，县委下发《关于进一步加强农村（社区）基层组织建设的意见》。《意见》从指导思想、基层组织建设5年总体目标、县乡村三级党组织主要任务、基层组织建设具体要求和强化各项保障5个方面对全县基层组织建设工作进行安排部署。

2月17日，县委、县政府作出《关于表彰江川县2011年度新农村建设优秀指导员优秀工作队队长和先进派出单位的决定》，在各级党委、政府的领导下，新农村建设工作队、指导员及派出单位为推进全县新农村建设做了大量卓有成效的工作，并涌现

出一批优秀指导员、工作队队长和先进派出单位。为总结经验、宣传典型、激励先进、推进工作，营造全社会关心支持下派工作队及指导员工作的良好氛围，县委、县政府决定对杨跃辉等23名“优秀指导员”、“优秀工作队长”和云南大学等7家“先进指导员派出单位”进行表彰。

3月7日，县委转发《江川县人大常委会2012年工作要点》。明确2012年县人大常委会工作的总体要求，确定5个方面的主要工作：紧紧围绕全县经济工作和民生问题，更加有效地增强监督实效；进一步完善工作制度，更加充分地发挥代表作用；加强理论学习和开展调查研究，更加有效地增强人大机关建设；严格依法办事，精心组织安排，严把工作环节，认真做好换届选举的前期工作;积极主动地完成省、市人大常委会和县委交办的各项工作。同日，县委转发《政协江川县委员会2012年工作要点》。明确2012年县政协工作的总体要求，确定5个方面的主要工作：落实好各项学习制度，组织好各层次的学习活动,切实推进学习型政协组织建设；紧扣全县发展主线，切实履行协商议政职能；巩固发展统一爱国战线，着力构建社会和谐稳定；关注民生提案办理，着力服务改善民生；强化自身建设，着力夯实履职基础。

3月8日，县委、县政府作出《关于表彰江川县2010～2011年工业经济发展优秀企业家、先进工作者和引荐项目先进个人的决定》。《决定》指出，多年来全县广大企业经营管理者和企业工作者坚持以科学发展观为指导，紧紧围绕“转方式、调结构、抓改革、强基础、惠民生”的要求，锐意进取、开拓创新、扎实工作，工业经济实现了稳步发展，为全县经济社会又好又快发展作出了积极贡献。涌现出一批优秀企业家和先进个人，为表彰先进，树立典型，经县委、县政府研究，决定授予万荣惠等5人“优秀企业家”称号，授予张文彬等11人“先进工作者”称号，授予杨晓霖“引荐项目先进个人”称号，并给予表彰奖励。

3月20日，县委、县政府下发《关于印发江川县加强党政“一把手”权力运行监督制约暂行办法的通知》。为进一步规范各级党政机关权力运行机制，强化对“一把手”权力的监督制约，从源头上预防腐败，促进廉政勤政建设,《办法》从指导思想、监督制约的原则、监督制约对象、监督制约的内容和监督制约的机制保障5个方面对全县各级各部门党政“一把手”权力运行监督进行科学的规定。同日，县委、县政府下发《关于进一步深化纪检监察体制改革的实施意见》。《意见》从加强县纪委监察局机关建设、强化乡镇（街道）纪检监察组织建设、深化纪检监察体制改革的领导3个方面制定10条关于进一步深化纪检监察体制改革的实施意见。

3月27日，县委、县政府下发《关于实行2012年重点工作重大项目推进责任制的通知》。为切实加快推进全县各项重大项目建设和重点工作开展，确保全县经济社会实现科学发展和谐发展跨越发展,《通知》明确协调指挥机构、组成人员、主要职责、年度目标和分阶段工作目标，对22个重点工作重大项目的推进进行安排部署。

5月29日，县委、县政府下发《江川县2012年依法治县工作的意见》。《意见》从落实“六五”普法规划，切实深入开展法制宣传教育；提高依法治县水平，推动江川法制建设；做好自检自查，组织协调好“三五”依法治县检查验收工作3个方面对2012年依法治县工作进行安排部署。

7月30日，县委、县政府下发《关于加强文化建设的意见》。结合中央、省、市相关文件精神，《意见》从加强对文化建设重要性和必要性的认识、文化建设的总体要求、加强文化建设的主要任务和完善各类保障措施4个方面对当前及以后一段时间的全县文化建设进行了安排部署。同日，县委、县政府下发《关于加强和改进新形势下工商联工作的实施意见》。《意见》从深刻认识做好新形势下工商联工作的重大意义；正确把握加强和改进新形势下工商联工作的基本要求；充分发挥工商联组织的桥梁纽带和助手作用，促进非公有制经济健康发展和非公有制经济人士健康成长；加强工商联自身建设，进一步提高工商联的凝聚力和执行力；切实加强领导，以改革创新精神推动工商联事业发展5个方面在新的形势和新的任务下切实做好全县工商联工作进行安排部署。

8月8日，县委下发《江川县领导干部交流工作实施办法（试行）》。为推进干部交流工作，进一步优化配置干部资源，多岗位培养锻炼干部，《办法》从总则、交流对象、交流的范围和方式、干部交流实施程序、交流工作纪律和附则6个章节，15个条目确保江川县领导干部交流工作落到实处。

8月23日，县委、县政府下发《关于进一步推进法治江川创建工作的意见》。《意见》从充分认识开展创建工作的重要意义、创建工作的指导思想和工作目标、创建工作的主要职责和完善法治县创建工作机制4个方面对法制江川创建工作进行了安排部署。

9月7日，县委作出《关于表彰创先争优先进基层党组织、优秀共产党员和创先争优活动先进党委的决定》。《决定》指出全县各级党组织和广大党员紧紧围绕建设“高原湖泊生态县、现代宜居高原湖泊生态城和国际高原湖泊生态休闲度假旅游目的地”三大目标，深入开展创建先进基层党组织和争当优秀共产党员活动，展示了新时期党组织和党员的良好形象和精神风貌，进一步推动了科学发展、促进了社会和谐、密切了党群关系、夯实了基层基础，为推进全县经济社会全面发展作出了积极的贡献。

为表彰先进、激励工作，县委决定授予大街街道早街社区党总支等38个基层党组织“创先争优先进基层党组织”称号、授予赵玲芬等65人“创先争优优秀共产党员”称号，授予江城镇党委等4个党委“创先争优活动先进党委”称号。同日，县委作出《关于撤县设区的决定》。《决定》指出，为加快城市化建设步伐，适应江川县经济和社会发展的客观需要，进一步扩大对外开放，增强发展活力，推动江川经济社会跨越式发展，经县委常委会研究，决定同意江川县撤县设区。

9月13日，县委、县政府下发《关于江川县县域经济发展争先进位评价体系及考核办法（试行）的通知》。《办法》从江川县域经济发展总体目标、考核原则、考核范围和评价体系及组织措施和奖惩办法等7个章节，19个条款对全县未来5年县域经济发展进行了安排部署。

11月2日，县委下发《中共江川县委常委会议事规则》。《规则》从议事原则、议事范围、议事程序和议事纪律4个方面为贯彻执行党的民主集中制，健全县委常委会议事和决策机制，提高决策科学化、民主化水平提供了理论保证。同日，县委下发《中共江川县委常委会内部沟通制度》。《制度》从沟通制度的基本原则、主要内容，以及形式和要求3个方面为加强县委常委会自身建设，建立健全县委常委会内部经常性沟通机制，提高县委常委会决策水平和执政能力提供了制度保障。

11月26日，县委下发《江川县全面推进党务公开实施意见》。《意见》对党务公开的意义、指导思想、基本原则，实施党务公开的范围、内容、形式、程序和时限，以及组织领导和工作保障等8个方面做出安排部署，切实推进全县党内民主政治建设，加强党内监督，提高党的领导水平和执政水平，保障广大党员、干部、群众行使民主权利。

11月30日，县委、县政府作出《关于表彰江川县优强民营企业、优秀民营企业家、重大项目建设投资先进民营企业、十佳中小企业服务机构、优秀中小微民营企业和优强民营企业重点乡镇的决定》。经过多年发展，以中小微企业为主体的民营经济已经成为江川县经济发展的重要力量、财政收入的重要贡献、扩大就业的主要载体，为江川经济社会发展做出了重要贡献，涌现出一大批贡献突出的企业和个人。为深入贯彻落实省第九次党代会精神，加快江川县民营经济发展，表彰先进、树立典型、激励进取，营造民营经济大发展的良好环境，县委、县政府决定，授予云南江磷集团股份有限公司等10户民营企业“江川县优强民营企业”荣誉称号，授予万荣惠等6名企业家“江川县优秀民营企业家”荣誉称号，授予江川林大福房地产发展有限公司等4户重大项目企业“江川县重大项目建设投资先进民营企业”荣誉称号，授予江川惠民小额贷款股份有限公司等8个中小企业服务机构“江川县十佳中小企业服务机构”荣誉称号，授予江川县欣宇机械有限公司等10户企业“江川县优秀中小微企业”荣誉称号，授予大街街道、前卫镇“江川县优强民营企业重点乡镇”荣誉称号。

12月4日，县委下发《中共江川县委关于认真学习宣传贯彻党的十八大精神的通知》。为深入学习宣传贯彻党的十八大精神，把全县党员和各族干部群众的思想统一到十八大精神上来，同心同德完成十八大确定的各项任务，努力开创江川科学发展和谐发展跨越发展新局面，《通知》从充分认识党的十八大精神的重大意义、全面准确把握党的十八大的基本精神、迅速兴起学习宣传贯彻党的十八大精神的热潮、紧密联系江川实际贯彻落实党的十八大精神、切实加强对党的十八大精神学习宣传贯彻工作的领导5个方面对贯彻宣传学习十八大精神工作作了安排部署。

（郝　彬）

【办文办会】　2012年，县委办公室公文处理严格执行《中国共产党机关公文处理条列》和省委办公厅、市委办公室关于公文处理的各项规定，按照《中共江川县委办公室公文处理实施细则》要求，严格各个环节的工作程序，严把行文关、格式关、时效关，严控发文数量，提高发文质量，规范行文。一年来，接受办理中央、省委、市委等上级文件306件，确保了各类文件的及时运转和办理。办理印发县委、县委办各类文件142件，做到公文处理准确、及时、安全、保密。

办会工作进一步健全审批制度、签到制度等，按照周密、严谨、细致的要求，紧紧抓住会前筹备、会中服务、会后总结三个环节，注意把握细节，认真搞好服务，努力使会议组织真正成为推动县委工作的重要手段。一年来，认真组织筹办了县委十二届三次全会、中国云南江川第八届开渔节等重要会议活动，为各类会议活动提供了规范高效的服务。

（黄明艳）

【信息工作】　工作措施：围绕省、市党委、政府的方针、政策和重大决策，从文件和会议精神中抓领导的关注点，及时报送基层贯彻上级决策的具体部署和做法，跟踪反馈决策落实中存在的问题和建议；围绕县内工作重点，认真阅读县委书记及其他领导的重要言论、讲话文件，撰写和报送江川县重点工作重大项目、工业经济发展、社会主义新农村建设、基层组织建设，下派干部等方面的信息；围绕县委、县政府出台的相关政策措施编报信息，先后分类上报工农业生产、新农村建设、环境保护等方面的信息；加强与省、市委办公厅（室）信息部门的协调与沟通，不定期汇报江川县信息工作情况，争取支持和指导，并在10月选派1人到省委办公厅信息处参加为期1个月的顶岗学习；联合县政府办公室下发《关于进一步做好

信息工作的通知》，并按季度通报各单位信息报送情况。

取得成绩：2012年，县委办信息股信息报送专用邮箱共收到全县各乡镇（街道）、部门报送信息1700余条；全年组织编发《江川重要信息》51期300余条；编辑上报省委办信息620条，采用93条，其中：《云南信息》采用14条、《今日重要信息》采用73条；上报市委办信息400余条，采用34条，其中：《玉溪重要信息》采用31条、《工作情况交流》采用2篇（全年全市编发12期）；经省、市转报中办采用61条。组织编报的“江川县着力抓好“三个深入”扎实开展“四群”教育和“作风建设年”活动”、“江川县依托“四大课堂”拓展干部教育培训新渠道”、“江川县加大“两湖”生态环境保护力度”、“江川县“五个带动”加快蔬菜产业发展”、“江川县实施村组干部“岗位补贴+考核奖励+村（社区）集体经济创收奖励”结构岗位补贴制度”等信息分别被《云南信息》和《玉溪重要信息》采用，编报“江川县委书记马文龙提出打牢跨越发展基础迎接党的十八大胜利召开”的信息刊发在《云南信息》第61期“书记论坛”，实现上报与下发双丰收。

（周宝在）

政　研

【专题调研】　2012年，县委政研室切实履行工作职责，以推进县域经济发展为目标，紧紧围绕县委中心工作和工作部署，就县委关注的农业产业结构调整、工业经济发展、党建等方面的重大问题，通过集合型调研、专题调研或协同相关部门开展调查研究工作，为县委决策提供可靠的依据和有参考价值的意见和建议，其中部分调研成果引起县委领导的重视，促进和推动了工作。开展农业农村工作的综合性调研，对全县22个重大项目、领导干部交流情况的调研，形成调研报告报相关领导，完成《江川县农村村庄规划和宅基地政策执行情况报告》报市委政研室。

【文稿撰写】　积极承担起县委部分重大会议、活动文稿的撰写工作。起草十二届县委三次全会报告、县委班子专题民主生活会、新农村建设指导员培训暨工作座谈会讲话稿等重要文稿60余篇。撰写县委召开的新农村建设重点村工作推进会、农村环境卫生整治工作总结表彰会等会议相关文稿材料及江川县在市委农村工作会上的交流发言材料。

【新农村建设工作】　县新农办（政研室）严格按照省、市的相关要求，以项目建设为载体，统筹规划，强化工程项目管理，注重督促检查落实，实行项目资金专户管理，将资金转化为实实在在的项目，农村基础设施、村容村貌得到有效改善。2011年度全县11个重点建设村共计投入资金524.95万元（省市级财政投入230万元），完成硬化道路4条2.94千米，修建档墙3件944立方米；配套建设环卫设施，建公厕2个、安装路灯22盏；兴建公共活动场地8个3164平方米、农村文化活动室6个2673平方米，配套文体活动设施25套；墙体粉刷7957平方米，重点村村容村貌大为改观。工程质量符合相关要求，相关经费使用情况已经县审计局审计，组织进行县级验收，并被市级验收为优秀。按程序完成2012年度的省市重点建设村的项目审报，并于2012年8月31日新农办对项目实行统一招标，催促项目全面开工建设，截至2012年12月底，有4个重点建设村项目基本完工。

【农村环境卫生整治工作】　按照县委继续深入推进农村环境卫生整治工作，巩固好、发展好已取得的成果，不断推动整治工作上台阶、上水平的部总体要求，县农村环境卫生整治工作领导小组办公室（政研室）以解决农村垃圾处理、卫生保洁为切入点，扎扎实实强领导、抓宣传、建机制、聚合力、促转变，全县农村环境卫生整治工作长效机制更加健全，保洁员队伍建设更加到位，农村人居环境明显改观。通过召开党员会、群众会、广播、板报、张贴标语、进村入户宣传等多种形式，充分调动群众参与整治农村环境卫生的积极性和主动性，共召开镇村组会议2254次、出板报479期、广播宣传4564次、张贴标语5496条，增强农村群众环保意识，培养良好行为习惯，文明卫生素质明显提高。结合工作实际，健全完善经费保障机制、日常管理制度、保洁员队伍建设机制、监督考核机制、奖惩激励机制等工作制度，切实用制度把一些好做法、好措施固定下来，逐步实现整治工作向标准化、制度化、规范化、经常化方向发展。配备849名保洁员，整合各级资金及群众自筹资金近400万元，确保农村环境卫生整治工作的正常有序开展。一年来，召开全县农村环境卫生整治工作联席会议2次，牵头县委督查室、县纪委、县环保、住建、卫生等部门，对全县345个自然村采取明查暗访的方式进行4次全面的督查，7个乡镇全面清理积存多年的垃圾死角，参与人员23万人次，出动车辆25581辆次，清理垃圾近30万吨。开展农村环境卫生整治工作的做法在全市产生一定影响，玉溪日报社对江川环境卫生整治工作进行专题报道，玉溪电视台多次报道整治工作情况。

【新农村建设工作队及指导员工作】　按照省委、市委、县委的统一部署，江川县第六批新农村建设指导员由省、市、县三级选派共117名（63名兼任村（社区）常务书记），其中省级下派10名，市级下派21名，共组成7支工作队于2012年2月份进驻全县7个乡镇（街道）的72个建制村（社区）开展工作。县级财政首次为每支工作队安排3万元共计21万元的工作经费，并牵头制定印发《江川县社会主义新农村建设工作队工作经费管理暂行办法》，为指导员安心、放手工作创造条件。一年来，各级党委把新农村建设工作队及指导员工作纳入重要议事日程，精心组织，周密安排。县新农村建设工作队办公室加强管理、搞好协调、优化服务，探索有利于指导员发挥作用的有效办法；各派出单位高度重视，落实专人负责，在项目、资金、技术、人才等方面大力支持；广大指导员紧紧依靠当地党员、干部和群众，扎根农村、深入群众，在抗旱救灾、推进重大项目建设、争取资金及项目等重点工作中认真履职，真抓实干，齐心协力地推进江川县社会主义新农村建设工作，取得明显成效。全县117名指导员共走访农户11993户，撰写调研报告135篇，制定驻村工作计划118个，提出合理化建议276条，帮助驻村进一步理清发展思路，制定新农村建设规划。参与乡村中心工作1969人次，办实事682件；参与调处矛盾纠纷634起，促进了农村社会稳定和谐；指导农村党建和为农村党员上党课301次，参加党员、群众达27334人次，帮助驻村发展党员170人，组织农民培训13场次，受训群众达1571人。

（徐顺生）

督　查

【概　述】　2012年，县委督查室在县委领导下和上级督查部门的指导下，始终坚持深入基层一线抓督查，把督查的着力点放在发现问题、查找漏洞、促进工作上，做到摸实情、讲实话、出实招，推动各项决策部署和工作事项的贯彻落实。全年共围绕县委决策部署、重点工作、重要事项、重大项目以及领导关注、群众关心的热点难点问题，组织开展督查活动30余次，以印发《督查工作》和向领导专题汇报的方式对各项工作的推进情况进行及时、详实、客观的反馈。

【决策部署督查】　为推动县委十二届二次全委会精神的落实，全面实现江川县2011年经济社会发展目标，按照《关于对县委十二届一次全委会精神进行立项督查的通知》的要求，对全年各责任单位的32项重点工作的落实情况进行督查通报。在督查中，县委督查室深入基层认真了解听取意见，检查工作进度，注意发现典型，总结经验，及时向县委领导反馈存在的困难和问题。

【重大项目督查】　县委督查室继续服务和参与县重大项目和重点工作专项督查工作组各项督查活动，紧紧围绕仙湖锦绣、古滇国城、保障性住房、龙泉山生态工业园区等全县22个事关江川发展大局的重点工作重大项目，按照《中共江川县委江川县人民政府关于实行2012年重点工作重大项目推进责任制的通知》要求和县委领导有关指示精神，分别于3月、7月、12月底对22个重点工作重大项目的推进情况进行督查，对未能在规定时间段完成倒排工作任务的予以全县通报，同时向项目指挥部提出工作建议，并积极向县委领导反馈工作中存在的困难和问题，并帮助协调解决，对推动项目建设做出积极努力。

【重要工作督查】　围绕烤烟生产工作、农村环境卫生整治、抚仙湖一级保护区退田还湖工作、保障性住房建设、烟花爆竹企业整合工作等重点工作，县委督查室积极会同有关部门，把督办工作着力点放在未落实的关键环节上，认真开展督查，并形成《督查工作》进行通报。县委领导根据通报情况，对一些重要工作作出指示，并亲自参与督促检查，有效推动重点工作的落实。

【领导批示督办】　高度重视市委领导、市委督查室转发江川县进行调查处理和县委领导批示的各类信访件的办理工作，下发《督促检查办理通知单》明确办理要求和报结时限，敦促各级各部门对群众所反映的问题和困难进行认真的调查核实、公平公正的处理，向信访当事人耐心细致的做好解释、说服和疏导工作，并及时向市、县领导汇报查办情况，确保各级各类批示件的办理件件有回音，事事有落实。全年共承办市委交办群众来信来访4件，办结4件，办结率达100%。

【专项工作查办】　围绕全国性、全省性和全市性重点工作，对“四群”教育和作风建设年活动、玉溪市上报省进行立项督查的重点工作、县乡两级人大换届、“庸懒散软”专项整治等重大活动和重要工作进行跟踪督查，并及时向上级部门汇报有关工作情况。注重发掘和推广各级各部门在抓工作落实中的各种先进典型和成功经验，一年来向省委督查室上报《督查专报》16期，向市委督查室上报《督查专报》27期。

（史　伟）

保　密

【概　述】　2012年，江川县保密工作在县委、县政府的领导下和市保密局的帮助指导下，认真落实中央、省、市保密委（局）部署的工作任务，紧紧围绕县委、县政府中心工作，按照“发展、创新、服务”的要求和“制定规划抓启动、注重实效抓教育、突出重点抓管理、围绕中心抓服务、加强学习抓队伍”的工作任务抓好落实，积极发挥保密工作“保安全、保发展、促和谐”的职能作用，为建设高原湖泊生态县、现代宜居高原湖泊生态城、国际高原湖泊生态休闲度假旅游目的地的目标和江川经济社会又好又快发展作出了新贡献。

【保密教育】　认真搞好保密宣传教育。按照玉溪市保密委员会、国家保

密局关于印发《玉溪市“六五”保密法制宣传教育规划》和玉溪市组织传达学习《云南省2011年度违反保密法律法规案件情况通报》、组织学习观看《保密技术防范常识》的通知要求，2012年4月中下旬，江川县保密委员会办公室、国家保密局深入到各单位组织传达学习《云南省2011年度违反保密法律法规案件情况通报》，参加传达学习人数713人，其中：县处级领导33人、乡（科）级领导350人、涉密工作人员262人、其它人员68人。9月17日，按照江川县《“六五”保密法制宣传教育规划》要求，县保密委员会办公室、国家保密局以宣传《中华人民共和国保守国家秘密法》为主要内容，与县科协等单位组织一系列保密普法宣传教育活动。发放、各类保密宣传教育材料1000多份，在企事业单位负责人、社会公民中进行普法教育。10月中旬深入到财政局、国土局、交通局、大街街道办事处、路居镇、雄关乡等单位组织学习观看《保密技术防范常识》教育21次，受教育人数724人；县（处）级领导33人、乡（科）级领导350人、涉密工作人员273人、其它人员68人；播放《保密技术防范常识》21次，经过普法学习教育，进一步巩固了保密法制宣传教育的成果。

突出重点，切实搞好领导干部、涉密人员保密“三项”教育。在市、县保密委的领导和统一部署安排下，2012年10月18日，江川县保密“三项”教育培训会议在江川宾馆召开。县保密委主任、县委办主任李永华作动员讲话；县保密委副主任、县委办副主任张润斌作《认清保密形势，做好保密工作》发言；县保密委副主任、政府办副主任郭峰传达学习《云南省2011年度违反保密法律法规案件情况通报》；县保密委副主任、保密局长叶斌讲《怎样做好涉密载体的保密管理》。受教育人数共168人，其中：正处级干部6人、副处级干部21人、正科级干部42人、副科级干部99人。

加强与县委党校的沟通协调，认真抓好党校学员的保密教育。全年办班3期、263人，上保密教育课时3节。其中：财政局保密宣传教育 61人，国税局保密宣传教育72人，县党政信息工作培训130人。

搞好《保密工作》培训资料征订。根据上级保密业务部门对《保密工作》征订的要求，江川县保密局坚持一个“早”字，于6月对全县各单位发出《关于征订2012年“保密工作”的通知》，并突出重点，分别深入到各有关单位开展《保密工作》征订宣传，经努力2012年共征订《保密工作》157份、售出《保密知识简明读本》500本，超额完成上级业务部门下达的工作任务。

【保密管理】 为切实加强对政府信息公开门户网站保密检查工作，确保及时发现并处理相关泄密事件，根据云南省国家保密局和玉溪市保密局的有关要求，中共江川县委、县人民政府非常重视，及时成立以县保密委主任、县委办公室主任李永华为组长的江川县政府信息公开门户网站保密检查工作领导小组并成立办公室，领导小组成员由县委办、政府办主任、副主任、保密局专干及机要局、信息中心、检察院有关技术人员组成，于2012年5月3日召开领导小组会议，传达省国家保密局有关通知精神，并对清理范围作具体安排：在各单位自检自查的基础上，检查组按照清理要求，迅速行动，分工协作，用保密检查工具重点抽查6个单位。通过对计算机管理人员作保密培训和保密检查未发现涉密信息和敏感信息，确保国家秘密不上网、不泄密。

按照省、市《云南省保密承诺制度管理办法》的要求和中共玉溪市委组织部、保密局、人力资源和社会保障局关于转发云南省四部门《关于印发〈云南省保密承诺制度管理办法〉的通知》的通知，江川县保密委（局）于5月上中旬对2009年后应签保密承诺书涉密人员进行组织签订。

认真做好涉密文件、红头文件、内部资料的清退、销毁和出版物的保密审查。按照“掌握接收份数、弄清清退份数、查处失泄密案件”的要求，江川县保密局认真做好涉密文件、红头文件、内部资料的收、发、清退、监督销毁工作，从源头上堵塞泄密漏洞。

认真做好政府信息公开保密审查、工作指导、监督管理。全年审查政府信息公开3401条。积极做好各类统一考试安全保密管理工作。在2012年度的高、中考两次全国、全省教育统一考试中，江川县保密局、教育局、公安局及有关单位密切配合，认真做好“考前”、“考中”、“考后”等安全保密重要环节工作，并经省市检查组检查合格。对保密室监控设备、设施提前进行监测、检查，并经省市检查组检查合格，确保辖区内各类考试工作万无一失，圆满完成工作任务。年内共参加各类统一考试12场（次），考试人数10026人。

【保密技防】 为认真执行《云南省党政机关和涉密单机及其网络保密自检自查规定》和《关于加快配备猎鹰保密检查工具开展计算机信息系统保密技术自检自查通知》要求，江川县在资金紧缺的情况下加大资金投入，投入14万多元配备保密检查工具，从保密设备上切实做好计算机及其网络保密自检自查和季报工作。

根据省局保密技术监管平台体系建设的进展，江川县认真做好“重要涉密单位互联网出口保密监测平台”建设和“机关单位互联网门户网站保密检查平台”建设的前期准备工作。

切实加强对党政机关、涉密单位涉密计算机及其网络的保密检查，排查泄密隐患和漏洞，有针对性地加强保密技术防范措施。

【服务企业】 县保密委、保密局始

终把保密工作“围绕中心、服务大局”的切入点放在为企业健康发展上，把保密工作落实到为企业优质发展服务上，分别于9月26～28日深入到阳光食品厂、红斌酱菜厂、工艺制品厂3个企业开展商业秘密保护培训，参加培训人数共141人，观看企业商业秘密保护案例电视教育片。通过对企业商业秘密保护培训，发挥了新时期保密工作“保安全、保发展”的作用。

（叶 斌 吴桂萍）

档 案

【概 述】 2012年，江川县档案局根据档案工作法律法规，推进依法行政，促进依法治档，积极开展法制宣传教育，加大档案普法、执法的力度，围绕县委和县政府中心工作，服务小康社会建设，不断推进档案事业法制化进程。

【增设机构】 2012年11月13日县编委会研究，同意县档案局（馆）增设内设机构“信息技术股”，增加编制2名。

【表彰先进】 2月，在2012年全省档案工作暨表彰先进会议上，副局长罗粉香被表彰为全省档案系统先进工作者。

【法制宣传】 5月，县档案局根据国家、省、市档案局关于举办档案法制知识有奖竞赛活动的通知，组织全县48家单位879人，参与“飞狐灵通杯”档案法制知识有奖竞赛活动。

【农业农村档案工作】 6月20日起，业务指导人员深入到九溪镇、安化乡、江城镇、路居镇、前卫镇、雄关乡等6个乡镇，指导农业农村档案的归档整理工作，累计归档5000余盒档案。

【机关档案工作】 指导县教育局等30余个机关单位归档年度文件材料，在县水利局整理全国水利普查档案，累计归档3000余盒。参与县医保中心医疗保险报销、赔付档案的整理工作，历时一个多月整理医疗保险报销、赔付档案1100盒，近20000卷。

【行政执法】 10月，在县委、县政府的领导下，县人大、司法局、保密局参与，组成档案行政执法检查组。在65个单位自检自查的基础上，依法对县发改局等14个单位进行抽查。评出优秀单位60个，良好单位5个，在全县给予通报表扬。

【安全管理】 在档案行政执法检查过程中，依法对全县综合档案室及县档案馆的库房进行安全检查，对存在的安全隐患要求相关单位及时整改。

【综合档案馆建设】 12月5日，江川县综合档案馆建设工程项目主体工程通过初验。

【领导视察】 5月初，省档案局局长黄凤平在玉溪市档案局局长周凤琼陪同下，到江川视察正在建设中的综合档案馆建设工程项目进展情况。希望加快工程进度，并认真落实省局要求。

12月中旬，省档案局副局长龙岗在玉溪市档案局局长马增福陪同下，到江川视察主体初验合格的综合档案馆工程项目建设情况。希望加紧扫尾工作，尽快上报省档案局验收。

【征订工作】 组织订阅《云南档案》55份。

【信息化建设】 不断推进档案信息化建设，全县已安装档案管理系统软件53套。县档案馆录入案卷级目录335条，文件级目录5643条。备份机读目录及扫描原文，确保档案信息的安全。

【保管利用】 为全县小康社会建设和民生服务，提供利用档案1200卷，资料15册，利用人次811人次，摘抄复印756页。

（郑文明）

史 志

【概 述】 2012年，江川县史志办公室坚持“广征、博采、精编、严审”和“求实、创新、协作、奉献”工作方针，充分发挥史志工作“存史、资政、教化、育人”功能，全体人员团结协作，积极争取领导支持，克服人少事多等重重困难，年内，按时按质完成《江川年鉴》（2012）、《中共江川县委执政纪要》（2012）的稿件征集及编纂出版发行工作，完成《江川县志》（1978~2005）（送审稿）的成书工作，按期顺利召开《江川县志》（1978~2005）审稿会。党史研究专项工作与地方志编修工作均取得新进展。

【《江川年鉴》（2012）编撰出版】 2012年3月，完成《江川年鉴》（2012）资料征集工作；7月，编辑部人员完成征集稿件的改稿、组稿工作并交付印刷出版；10月，《江川年鉴》（2012）由德宏民族出版社出版发行。《江川年鉴》（2012）由中共江川县委、江川县人民政府主办，江川县史志办承编。本年鉴主要反映江川县2011年各方面的信息，全书分特载、大事记、概况、政治、军事、法制、经济管理、建设环保、工商企业、农林·水利、交通·邮电、财政·税务、金融·保险、科技·教育、文化·旅游·广电·体育·卫生、社会、人物、统计资料、附录等共19个部类，各部类下设分目，分目下设条目记述，全书约75万字。

【首册《中共江川县委执政纪要》编纂出版】 2012年1月，完成首册《中共江川县委执政纪要》涉及部门稿件收集工作；4月，完成收集稿件的改

稿、组稿工作并交付印刷出版；7月，经云南省新闻出版局批准，首册《中共江川县委执政纪要》内部正式出版，成为2012年全市县区级党委执政纪要年度书刊中的首家出版刊物。本书主要反映2011年中共江川县委在执政实践中形成的新思路、新成就、新经验，全书分领导关注、重要活动、重要决策、重要会议、执政大事、执政综述、执政论坛、纪委工作、县委部门工作、党委（党组）工作、乡镇党委（街道党工委）工作、先进典型、附录等13个部类，各部类下设具体篇目记述，全书约76万字。

【召开《江川县志（1978~2005）》审稿会】 2012年12月4日上午8:30，县委、县政府组织召开由县史志办公室具体承编的《江川县志（1978~2005）》审稿会议，会议由县委常委、常务副县长李东林主持。省地方志办公室主任李一是、省地方志办公室地州指导处处长赵芳、市地方志办公室主任李亚平等领导专程到会指导。县委书记马文龙，县委副书记、县长、县志编委会主任葛勇，县委副书记张金翔，县人大主任赵少春，县政协主席黄文柱等参加会议。参加此次审稿会议的人员还有续修《江川县志》成立的编纂委员会历任委员、省市县史志专家学者及1978~2005期间在江川任职的往届四套班子正职领导等近60人。葛勇致辞，张金翔向大会作编纂情况说明，李一是、李亚平分别对会议的召开表示祝贺并作发言。马文龙作讲话，强调要统一思想、严格把好志书的政治关、史实观、质量观，做到领导、人员、经费三到位，要求编委会成员及具体承担县志续修任务的县史志办编纂人员审稿结束后要认真听取并梳理审稿提出的建议意见，查缺补漏，精雕细琢，全力做好县志续修工作，力争出精品。之后，参会人员分成2组对《江川县志（1978~2005）》送审稿作分组讨论。参会人员围绕志书修编最重要的政治、史实、质量三关及其他编纂原则要求等作精要发言，从语言文字运用到章节条目编排等方方面面提出宝贵意见。经整理综合，此次审稿会，共征集到志稿有关篇目结构、大事记、收录内容、行文规范及图片等多方面重点的建议、意见25条。

【地方志工作】 贯彻落实《地方志工作条例》和《云南省地方志工作规定》，依法续修地方志，同时加强对全县地方志工作的指导和管理。11月，完成《江川县志（1978~2005）》送审稿并报送省市地方志部门及相关领审阅，12月审稿会召开后，县史志办人员根据审稿会提出的建议意见分工负责，团结协作修改完善送审志稿。指导全县各级各部门、乡镇、村依法修志，对县内编修志书的各部门、乡镇、村进行业务指导，严把政治观、史实观、文字观，确保出版志书质量。年内，共依法审批县统计局1家地方志鉴类书籍出版单位，出版刊物为《2012年统计年鉴》。

【材料撰写报送】 年内，按照省市地方志部门要求按时按质完成2012年《云南年鉴》、《云南小康年鉴》、《玉溪年鉴》江川部分资料的撰写报送工作，同时，按照市委党史研究室要求按时按质完成《中共玉溪市委执政纪要》江川部分资料的撰写上报。

【革命遗址保护和利用】 做好革命遗址保护和利用工作，使其充分发挥教育阵地作用。在多次实地调研的基础上，积极向市级党史部门争取资金1万元对雄关乡革命遗址进行修缮保护利用；争取资金对江城镇原江川县人民政府旧址进行房屋、场地修缮，打造党史教育基地。

（盛文芬）

纪检监察

【县纪委、监察局负责人名录】

纪委常委　郭永生
范江应（2012.12离任）
张盛国（2012.12任）
杜正宁（2012.12离任）
陆云波
张　鑫（2012.12离任）
李江辉（2012.12离任）
邢长伟
龚美伶（女）
胡　莎（女）

纪委书记　郭永生

副 书 记　范江应（2012.12离任）
张盛国（2012.12任）
杜正宁（2012.12离任）
陆云波

监察局局长　范江应（2012.12离任）
张盛国（2012.12任）

副 局 长　胡　莎（女）
陶文红

【各室负责人名录】

办公室主任　李江辉（2012.12离任）
干部室主任　龚美伶（女）
案管室主任　龚美伶（女）
信访室主任　韩丽华（女）
案检室主任　张　鑫（2012.12离任）
案审室主任　邢长伟
法监室主任　史岩松
宣教室主任　王书艳（女）
党风室主任　李　芬（女）

【各派出机构负责人名录】

派出第一纪工委
书　记　张竹会（女）
副书记　周　丽（女）

派出第二纪工委（第一监察分局）
书　记　付兴瑞
副书记、监察分局局长　陆春光

派出第三纪工委（第二监察分局）
书　记　范文慧（女）
副书记、监察分局局长　杨汝俊

派出第四纪工委（第三监察分局）

书　记　郭　华

副书记、监察分局局长　向俊臣

派出第五纪工委（第四监察分局）

书　记　华忠楷

副书记、监察分局局长　刘　雪（女）

【概　述】　2012年，在市委、市纪委和县委、县政府的坚强领导下，江川县纪委坚持以构建惩防体系为重点推进反腐倡廉建设，认真执行党风廉政建设责任制，着力加强对中央、省、市、县委重大决策部署落实情况的监督检查，扎实推进党员干部作风建设，继续保持惩治腐败的强劲势头，切实解决损害群众利益的突出问题，不断深化重点领域突出问题专项治理，深入开展反腐倡廉宣传教育和廉政文化建设，全面加强纪检监察干部队伍和乡镇（街道）纪检组织建设，一些反腐倡廉创新举措走在全省全市前列，党风廉政建设和反腐败工作取得较好成效。

【监督检查】　严格按照科学发展观的要求，紧紧围绕县委政府中心工作和重点任务，全面履行职责，确保政令畅通。实行"一对一"督查机制，强化对仙湖锦绣、龙泉生态工业园区、古滇国城、九龙晟景、云南农业科技园等22项重点工作和重大项目推进情况的监督检查。加强对工程建设、规划审批、土地出让、环境保护、工程招投标、矿产资源开发等重点领域以及社保、救灾、扶贫、强农惠农等专项资金管理使用情况开展监督检查。加强人大、政府、政协换届选举中四项监督制度落实情况的监督检查，严格按照"五个严禁"、"十七个不准"、"五个一律"的要求，坚决防止和整治换届选举中的不正之风，营造风清气正的换届环境。切实加强对党员干部遵守党的政治纪律情况的监督检查，及时纠正和制止违反党的政治纪律的各种苗头性问题，严肃查处违反党的政治纪律的各种行为。

【廉政教育】　坚持把《廉政准则》学习贯穿于反腐倡廉教育和廉洁自律各项工作中。通过专题学习、知识竞赛、集中宣讲、警示教育和监督检查等多种形式，教育引导广大党员和领导干部带头增强学习意识，筑牢遵纪守法思想防线。领导班子中心组理论学习、民主生活会、节假日廉政短信提醒等制度执行到位。深入推行党政主要领导讲廉政党课制度，抓好示范教育、警示教育和岗位廉政教育，组织431名副科级以上领导干部进行警示教育，1252名党员干部进行廉政知识测试，13550名党员观看党内教育参考片《苏共亡党亡国二十年祭》，41名党员干部到法院旁听公开审理领导干部职务犯罪典型案件，2400多名党员干部参加"玉溪市十七大以来反腐倡廉建设成果展"。在7个乡镇（街道）、72个村（社区）张贴《农村基层干部廉洁履行职责若干规定（试行）》宣传材料、漫画1250份。深入开展廉政文化"六进"活动，不断完善廉政文化示范点规范化建设，在巩固县工商局省级第一批廉政文化示范点的基础上，2012年江川县国税局、县人行又获市级廉政文化示范点命名表彰。各单位利用重大节日发送廉政短信、建立廉政文化墙、举办廉政书画展，营造了浓厚的廉政文化氛围。

【廉洁自律】　加强对权力运行的制约和监督，逐步形成权力正确行使的有效机制。积极推进党务公开、政务公开、村务公开和公用企事业单位办事公开，切实提高权力运行透明度。制定《江川县加强党政"一把手"权力运行监督制约暂行办法》，明确"一把手"不直接分管财务、人事、物资采购、工程建设和项目管理，实行"一把手"末位发言制。严格执行廉政谈话制度，县委书记同县委、人大、政府、政协领导班子成员谈话40余次，县纪委书记同下级党政主要负责人定期谈话18名，新任领导干部任前谈话34名，领导干部诫勉谈话5名，部门主要负责人约谈3名。87个领导班子、423名科级领导干部和72个村（社区）"三委"班子、569名村组干部进行述职述廉和作风建设评议，对评先评优、提拔任用等592人进行廉政鉴定，单位"一把手"任期经济责任审计5人，领导干部廉洁自律各项规定得到较好落实。严格执行党风廉政建设责任制，着力抓好责任分解、责任考核、责任追究，14名县级领导亲自带队考核，注重考核结果运用，巩固了齐抓共管反腐倡廉建设和惩防体系建设的良好局面。

【作风建设】　认真落实厉行节约要求，严格控制"三公"经费支出，坚决整治奢侈浪费等不良风气。严格执行领导干部外出学习考察及因公出国（境）审查备案制。扎实开展"四群"教育活动，全县党员干部发扬尊重群众、依靠群众、服务群众的优良作风，深入实际、深入基层、深入群众，广泛听取民声，真心采纳民意，全面了解基层情况，主动帮助群众解决实际困难。深入推进"作风建设年"活动，以治庸、治懒、治散、治软为目的，以强化绩效考评、问责为重点，着力转变机关干部作风，着力服务群众，为群众排忧解难，着力提高干部队伍素质。加大行政问责力度，对有令不行、有禁不止、不认真履行职责的4名干部实施问责。

【案件查处】　把查办案件放在突出位置，充分发挥反腐败协调领导小组作用，畅通信访举报渠道，加强案件监督管理，提高案件审理质量，保障党员干部的合法权益。严格依纪依法、安全文明办案，严肃查处少数领导干部滥用职权、贪污贿赂、失职渎职案件，以及发生在群众身边的腐败案件，保持惩治腐败的强劲势头，收到较好的震慑和警示效果。2012年，受理群众信访举报30件，初核8件，

立案查处7件，给予党纪政纪处分9人（其中开除党籍4人，行政开除1人），涉及科级领导干部2人。注重维护党员干部合法权益，积极为受到失实举报的党员干部澄清事实，营造干事创业的良好氛围。

【纠风治乱】 不断完善农民负担监测网络体系，有效维护群众合法权益。加强对各种支农、惠农资金使用情况的专项执法监察，确保补贴兑现及时到位。认真落实基本药品网上集中采购制度，切实纠正医药购销和医疗服务中的不正之风。加强对新型农村合作医疗基金管理使用情况的监督检查，规范报销程序，全年新农合报销6520.74万元，惠及农民近70万人次。加强对国家"三免一补"政策落实情况、教育经费投入和使用情况的监督检查，确保教育惠民政策落实到位，全年减免经费2599万元，惠及学生39840名。做好人事录用、招生、征兵等执法监察，切实维护社会公平正义。

【源头治腐】 全国推进廉政风险防控管理，深化对关键岗位和重点环节行政行为的监督。继续深化干部人事制度、行政审批和财政管理体制改革，认真落实法治政府、责任政府、阳光政府、效能政府建设各项制度。完善国有土地使用权招标、拍卖、挂牌出让制度。深入推进"小金库"和规范公务员津补贴专项治理，努力构建防范长效机制。认真贯彻《惩防体系2008—2012年工作规划》，整体推进教育、制度、监督、改革、纠风、惩治工作，狠抓惩治和预防腐败体系建设各项任务的落实，惩防体系基本框架初步形成。全面落实《廉政准则》和《实行党风廉政建设责任制规定》等党纪条规，层层签订责任书，建立起"一把手"抓班子成员，班子成员抓分管部门，分管领导抓下属系统，一级抓一级，一级对一级负责的责任机制。针对容易产生腐败现象的关键部位和薄弱环节，从"权、钱、人"三个重点入手，强化对制度落实情况的廉洁性审查，坚决防止用公权谋取个人或少数人的利益。注重发挥农村集体"三资"委托代理服务、村（居）民监督委员会的职能作用，有效规范和监督村"两委"权力运行。

【自身建设】 着力建设学习型机关，深入开展"五严守、五禁止"教育、陈超英先进事迹学习、领导干部在线学习等活动。扎实推进"四群"教育和"作风建设年"活动，努力践行科学发展观，引导纪检监察干部做到对党和国家无限忠诚、对腐败分子和消极腐败现象坚决斗争、对广大干部和群众关心爱护、对自己和亲属严格要求，切实做到为民、务实、清廉。加大干部轮岗交流和培训力度，组织11名纪检监察干部参加上级举办的各种业务培训，5名个人获得上级纪检监察机关和县委县政府的表彰奖励。进一步深化纪检监察体制改革，县纪委常委逐步配备正科级纪律检查员，新增案件监督管理室，成立纪检监察学会；强化乡镇（街道）纪检组织建设，7名纪（工）委书记均由正科级领导干部担任，设立监察室与乡镇（街道）纪检组织合署办公；加强对派出机构的统一管理，进一步强化监督职能；着力加强信息化建设、改善办案条件和更新办公设施设备，为深入推进反腐倡廉建设提供有力保障。

【荣誉表彰】 2012年3月，县纪委监察局陆云波、韩丽华、杨汝俊3人被中共玉溪市纪委授予"查办案件先进个人"荣誉；2012年4月，县纪委监察局郭华、李江辉被中共玉溪市纪委授予"优秀信息员"荣誉。

【江川县全面推进廉政文化"六进"活动动员会】 4月26日下午，在江川宾馆四楼会议室召开江川县全面推进廉政文化"六进"活动动员会，县委常委、县纪委书记郭永生作动员讲话，县纪委副书记、监察局长范江应主持会议，县纪委副书记杜正宇宣读《江川县全面推进廉政文化"六进"活动实施方案》。县廉政文化"六进"活动协调领导小组成员，县纪委监察局各室主任、副局长、派出纪工委副书记，各乡镇党委书记，大街街道党工委书记，县委和县级国家机关各部、委、办、局，各人民团体、企事业单位和中央、省、市驻江单位主要负责人参加会议。

【江川县纪检监察学会成立】 9月27日，江川县纪检监察学会在江川宾馆四楼会议室召开江川县纪检监察学会成立暨第一次会员大会，县纪委副书记杜正宁、陆云波主持会议。会议选举产生江川县纪检监察学会第一届理事会理事，选举产生江川县纪检监察学会第一届理事会常务理事、会长、副会长、秘书长。县委常委、纪委书记郭永生，县委常委、宣传部部长龚桂存，各乡镇、大街街道及县级有关部门共97名会员参加会议。

（陈小艳）

组织工作

【概 述】 2012年，中共江川县委组织部深入贯彻落实科学发展观，以贯彻省、市组织工作会议、县委第十二次党代会精神为抓手，以深入推进基层组织建设年和扎实开展"四群"教育为重点，围绕中心、服务大局、创先争优、争先进位，为实现"四个翻番"、"两个倍增"，促进经济社会又好又快发展提供了坚强的组织保证和人才支持。

【创先争优】 召开全县创先争优活动总结表彰大会，对创先争优活动开展情况和取得经验进行全面总结，对4个先进党委、38个先进基层党组织和65名优秀共产党员进行表彰。同时，总结创先争优活动中的成功经验和有效做法，建立健全党员学习教育、承诺践诺评诺、党建创新项目、示范点创建考核推广、群众评议、城乡基层党组织结对共建等一系列创先争优长效机制，为党组织、党员发挥先锋模范作用搭建了平台，把开展活动的成功经验提升为制度规范，进一步引导各级党组织和广大党员争先进，创优秀。

【四群教育】 严格落实省、市干部直接联系群众工作要求，在全县建立乡镇（街道）民情责任区7个，村（社区）民情责任区72个，认真落实县级领导联系乡镇、部门包村、干部联户各项制度，健全民情事项办理机制，积极开展驻村蹲点调研、驻村民情体验、民情恳谈、民情分析等活动，下派县新农村建设工作队7支，新农村建设指导员117名,了解和掌握群众诉求，切实为基层和群众排忧解难。全县共召开民情分析会、恳谈会600余场，各级干部累计住村13200余天，为群众办实事好事5000余件，落实项目资金8400万余元，帮助基层落实农村基础设施、农业农田设施、组织活动阵地等建设项目159个。在全县选树培育九溪镇六十亩村、大街街道河咀社区等13个“四群”教育暨基层组织建设年综合示范点，及时总结推广有效经验做法，以示范带动推进全县工作落实。同时，把随机调研和“四群”教育专项督查相结合，通过随机选点、定期检查工作开展等形式，对7个乡镇（街道）、300余个村组，74个部门单位进行3轮实地督查，发出督查通报3期，对存在问题及时通报，限期整改，确保活动取得实效。

【领导班子思想政治建设】 坚持和完善党委（党组）中心组学习、领导干部在线学习、政治学习日、领导班子和领导干部“四个一”学习活动制度，引导广大干部自觉加强党性修养，大力弘扬理论联系实际的学风，不断增强贯彻落实科学发展观的自觉性和坚定性。组织部带头落实干部谈心谈话制度，采取主动约谈、调研访谈、会议恳谈等形式，全面了解各级干部的思想、工作和生活等情况，及时疏导情绪、解除困惑、激励鼓劲，增强对各级干部的了解、关心和爱护，为盘活干部棋奠定思想基础。

【干部人事制度改革】 制定下发《关于从县直机关公开选派优秀年轻干部到乡镇（街道）挂职的通知》，选拔7名年轻干部下派乡镇（街道）挂职锻炼；拟定《江川县选拔任用科级领导干部初始提名办法（试行）》，规范科级领导干部初始提名；制定下发《江川县离退休干部服务管理办法（试行）》，进一步加强新形势下离退休干部的服务管理；制定下发《江川县领导干部交流工作实施办法（试行）》，因岗寻才，形成干部有序良性流动机制，进一步盘活、用活各年龄段干部。一年来，共调整4个批次共132名干部，其中，提拔正科级领导干部22名，副科级领导干部27名，轮岗交流74名，免职8名，撤职1名。圆满完成竞争性选拔领导干部工作，圆满完成乡镇政府领导班子和人大、政府领导干部届末考核工作。后备干部、女干部及人才库建设等干部工作稳步推进。

【实施人才发展规划】 按照《江川县2009-2020年人才队伍规划纲要》各项目标任务，统筹抓好各类人才建设。积极与江川县4名省市委联系专家（其中省委联系专家1名）取得联系，鼓励他们多提合理的意见建议。牵头组织人社、财政、民政、统计、教育等7家单位做好2011年江川县人才发展指标上报工作。制定《江川县（2009—2020年）人才队伍中长期规划》任务分解方案，向市人才工作领导小组推荐3名人选参加“兴滇人才奖”评选。

【大学生村官管理】 做好2012年选聘高校毕业生到村任职工作，严把资格条件，首次实行结构化面试，共选聘28名大学生“村官”，并及时下派到村（社区）任职。对2009年选聘期满且在岗的17名大学生“村官”进行任期考核，与有续聘意愿的9名“村官”签订续聘合同。为1名离岗的大学生村官办理离职手续，并做好相关的谈心谈话和思想工作。为19名服务期满的大学生发放《云南省大学生村官聘用期满证书》。做好村官的服务管理工作，明确专人严格考勤，每月上报一次考勤情况到县委组织部备案。

【干部教育培训】 选派14名领导干部参加“全省县域经济发展专题培训班”等13个主题班次的学习培训；选调2名县级领导分别参加“云南省投融资专题研究班”和“新闻发布与舆论引导培训班”的学习培训；选调4名村（社区）党总支书记参加“2012年云南农村干部学院第九期、第十期培训班”的学习培训。按照《江川县干部在线学习管理办法》规定，认真抓好领导干部在线学习，对未完成规定学分学员在全县范围内进行督促通报。拟定《江川县县域经济发展专题培训计划》，制定下发《关于开展县域经济发展专题在线学习的通知》，要求全县副科级以上领导干部集中学习网络专题课件。

【干部日常监督管理】 认真落实领导干部个人有关事项报告、干部实绩登记、经济责任审计等日常监督管理制度。做好2012年领导干部个人有关事项报告工作，全县38名县级领导报告了个人重要事项，全县21家单位、109名副科级以上领导干部向县委报告了个人重要事项。调整、充实经济责任审计工作领导小组，委托县审计局对4名单位党政正职进行经济责任审计。组织开展对24位正职领导干部离任交接的监交工作。严格程序，办理领导干部因公出国（境）

审批2件2人次。

【干部选拔任用监督】 认真落实四项监督制度，加强干部选拔任用全程监督，认真实行“三书一表”，对2012年拟提拔及试用期满的50名干部提交县纪委作出廉政鉴定，对拟提拔及下派挂职的39名领导干部进行任前公示，配合市委干部考察组对江川县人大、政府、政协换届工作中新提名的8名科级领导干部进行廉政鉴定。严肃换届纪律，营造风清气正的换届环境。结合县人大、政府、政协和乡镇人大、政府换届工作，将案例选编、换届工作流程、换届纪律学习读本以及中央“5个严禁、17个不准、5个一律”和省委“十严禁”、“五不准”等资料印发至全县科级以上领导干部、乡镇村组干部以及县纪委、县委组织部干部手中进行学习，共发放学习读本300本、宣传海报100套。在科级以上领导干部、乡镇届末考察参会人员中层层签订严肃换届纪律工作承诺书680份。在江川电视台、江川党建网等媒体开设换届纪律宣传专栏。通过中国移动农政通平台，每天向全县科级领导干部、组工干部、73个村（社区）“三委”领导班子成员发布一条严肃换届纪律信息，累计发布98907条。通过12380举报电话平台24小时受理群众举报。

【组织部门信访工作】 严格把握政策，做好“两案”、“四清”等重点信访稳控工作。认真接待、办理各类信访件，2012年以来共办理干部群众来信来访38件，完成县级领导接访交办件一件。

【落实党建责任】 建立“三级联述联评联考”制度，严格落实党建工作考评机制，切实做到述职述党建、评议评党建、考核考党建，任用干部看党建。实行县委常委会定期研究党建工作，不定期召开党建工作汇报会、推进会等举措，强化党建工作推进机制，积极推行党建联席会议、双向述职、定期调研、工作督查、责任追究、情况通报等制度。严格执行党建工作考评，对各党（工）委抓党建工作情况和党（工）委书记、分管副书记履行党建工作责任进行考核和群众满意度测评，确保党建工作任务落到实处。2012年县党建暨党风廉政建设考核组采取“工作述职、民主测评、查验资料、听取意见”的方法，分别对全县11个党（工）委落实党建工作责任制情况进行考核，形成考核报告。

【推进基层组织建设年活动】 开展“扩面强基”行动，新建非公企业和社会组织党支部9个，成立县委老干部局党委、工业园区党（工）委，进一步理顺党组织关系，扩大党组织覆盖面。实施“党支部示范建设”工程，着力选树一批示范党支部，同时把分类定级中161个“一般”和77个“较差”党支部作为整改的重中之重，通过县级领导联系、选派常务书记、组工干部联系等措施，帮助基层党支部找问题、促整改，促进基层党支部整体晋位升级，实现91%的党组织达到“好”、“较好”目标，提升基层党支部的战斗力。开展“党员先锋活力”工程，量化党员考核管理体系，规范党员行为，激发党员活力。加强基层党组织书记队伍建设，实施基层党组织“领头雁”工程，调整党支部书记17名，培训党支部书记763名，进一步选优配强基层党组织书记。

【夯实基层基础】 制定《中共江川县委关于进一步加强农村（社区）基层组织建设的意见》，统筹推进农村、社区、机关事业单位、学校、窗口服务行业的党建工作。围绕增强基层党组织执行力，实施“基础保障”工程，重点落实党员教育培训经费、基层党建工作经费和村组干部待遇，落实每年乡镇（街道）党（工）委10万元、村（社区）党总支2万元、村（居）民小组党支部不少于2000元的党建经费；落实村组干部离任补偿、年终考核奖励和集体经济创收奖励，落实每个新农村建设工作队3万元工作经费，确保基层党组织有钱办事，办得成事。同时，下发《江川县社会主义新农村建设工作队工作经费管理暂行办法》、《江川县农村党建工作经费管理暂行办法》，规范相关党建工作经费的管理和使用。做好村级组织活动场所安全隐患排查整顿、第二批村（居）民小组党员活动室延伸建设及远程教育“六进”、终端站点分类定级等工作。开展“边疆党建长廊建设”对口帮扶工作，援助澜沧县建设资金30万元。开展农村困难党员关爱行动，将补助范围扩大到60周岁以上农村困难党员，全县3100余名农村困难党员每月定期领取生活补助。

【创建学习型机关】 开展组工干部党性大讨论活动，采取“一学、二讲、三查、四评”的方式，使组工干部经受党性的洗礼。“一学”，即学习杨善洲、李林森、陶应全等人的先进事迹；“二讲”，即开设组工讲坛，部领导“带头讲”、组工干部“交流讲”；“三查”，即查宗旨看党性、查成绩看进步、查差距看不足；“四评”，即同事互评、股室长讲评、领导点评、组织测评。同时建立组工干部党性定期分析制度，通过谈心交心，召开专题组织生活会开展批评与自我批评等形式，不断加强组工干部党性锻炼，明确整改方向。实行组工干部“一日一读、一周一学、一月一查”的学习制度，完善“四个一”学习活动，加强组工干部的理论武装。完善组工信息、调研报告考核制度，实行定期通报和表彰奖励，充分调动全体组工干部主动思考的积极性。

【打造实干型部门】 推行“下派”、“轮岗”锻炼等多种实践措施，建立部务会成员党建联系点7个，新农村建设联系点1个，选派12名组工干部担任不同领域党组织党建联络员，结合岗位优势，定期深入联系党组织开展指导帮扶、督促整改等活动，积极服务基层。建立“三必谈”心理关怀制度，认真服务干部。扎实开展“三深入四联户”活动，实行信访工作定人定案制、坚持“开门评部”等制度，切实转变干部作风，全力服务群众。

【部内作风建设】 严格执行“三重一大”相关规定，重大问题按程序提交部务会集体研究决定，并邀请纪委联系领导参会，主动接受监督。出台《部机关管理制度汇编》，修改完善学习、会议、内务、文件收发等16项管理制度，规范股室职能职责和政务、事务管理。全面推进“定目标、定任务、定时限、定责任、定考核、定奖惩”的“六定”责任制，强化对工作质量的过程管理，引导组工干部践行大山精神，做廉政勤政的楷模。

【和谐机关建设】 按照“团结、紧张、严肃、活泼”的要求，强化和谐机关建设。加大部内资源整合力度，坚持重点工作、中心工作全员参与，形成工作合力。坚持部领导与干部谈心谈话制度，坚持干部职工及家属生病住院慰问、定期体检制度，坚持支部联建、活动联抓等制度，营造团结和谐的干事氛围。

（马　蓉）

老干部工作

【概　述】 2012年，县委老干局认真落实《中共玉溪市委老干部局关于2011年老干工作目标管理责任制》的各项要求，以全面落实老干部政治、生活待遇为重点，以让县委政府放心和老干部满意为标准，认真做实、做细管理服务中的各项工作，切实加强老干部党支部建设及老年大学和老干部活动中心建设，确保老干部队伍的稳定，较好完成各项工作任务，被市委组织部和市委老干部局评为优秀一等奖。

2012年，县委老干部局共管理离退休干部1609人。其中离休干部40人，退休干部1569人，享受副县以上待遇的105人（其中担任过县委、人大、政府、政协领导职务的22人）。建立老干部学习大组8个，学习小组78个。成立老干局党委1个，党支部75个，负责管理1360多名老党员。有副县级以上老干部阅文组4个。

【老干部健康体检】 在县委政府的高度重视及各级各部门的大力支持和关心下，离退休干部三年一次的健康体检从6月1日开始，到28日全部结束，历时28天，完成全县1580多名离退休老干部胸片、B超、肝功、肾功、心电图、血糖、血脂、癌胚抗原CEA等8个项目的健康体检，支出经费30余万元。

【听取老干部意见】 12月6日，县委召开老干座谈会，专题听取县委十二届三次全委（扩大）会议《报告》（征求意见稿）的意见和建议。县委常委班子成员和县人大、县政协主要领导出席座谈会。12月19日，县政府召开老干部座谈会，就2013年《政府工作报告》第二次征求老领导们的意见和建议。县政府领导班子全体成员参加会议。县委副书记、县长葛勇主持会议。他就两湖环境保护、星云湖管理、县城综合治理、干部作风建设等群众关注的热点问题向老领导们说明下步的工作思路和打算，认真听取老领导们对《政府工作报告》的意见和建议。

【参观考察重点项目建设】 5月22日，组织担任过副县级以上领导职务的离退休老领导、老干部学习大组长等70多人参观考察江川2012年所确定的21个重点工作重大项目推进情况。

【九九敬老节经济形势通报会】 10月23日，在江川宾馆召开240多名副县级以上老干部和老干部党支部书记、学习大组长参加的江川县“九九”敬老节经济形势通报会。市委组织部部务委员、老干部局局长史寿元，县委书记马文龙，县委副书记、县长葛勇，县人大主任赵少春，县政协主席黄文柱等党政主要领导出席通报会。县委常委、副县长罗跃岗主持会议。县委老干部工作领导小组全体成员和县纪委派出第一纪工委书记张竹会及乡镇（街道）分管老干部工作的领导参加会议。

马文龙代表县委、人大、政府、政协向参加会议的各位老领导、老同志并通过他们向全县老年朋友们致以节日的问候和美好的祝愿！衷心感谢老领导、老同志们为江川经济社会发展做出的贡献和打下的坚实基础；向所有关心、支持老干部工作的同志们表示衷心的感谢！马文龙对进一步加强做好老干部工作强调三点意见：一是要进一步重视老年人工作。二是要进一步加强和改进老干部工作。要切实把老干部的政策贯彻好、落实好；要把老干部的生活照顾好、改善好；要把老干部作用引导好、发挥好；要把老干部活动阵地建设好、利用好。三是要进一步发挥老年人的作用。希望老同志发挥余热，不遗余力，一如既往地关心支持江川建设；希望老同志培养情趣，陶冶情操，积极参与健康有益的文体活动；希望老同志发扬风格，彰显风范，始终保持容人律己的宽阔胸襟。

葛勇向老干部们通报江川2012年1～9月份的经济社会发展情况和下半年要努力做好的各项主要工作。

史寿元对江川的老干部工作给予充分肯定和高度评价，对江川县委、政府及各级各部门对老干部工作的重视和支持表示衷心的感谢，并代表市委老干局向江川全县老干部和老同志致以节日的问候。

县委老干部局局长袁万德对年底

的老干部工作作具体安排。

【春节慰问】 1月12日，县委老干部局召开局务会议和老干部大组长会议，专题安排部署元旦春节慰问老干部工作；对相对集中的分10个片区召开情况通报会、座谈会或慰问会，向老干部通报社会经济发展情况、老干部各项待遇的落实等情况；对居住在外县、零星分散、瘫痪在床、生病住院以及因天灾人祸、长期生病等原因因造成特殊困难况的老干部逐人走访看望，亲自送去慰问金和慰问品；对40位离休干部进行入户走访看望，给他们送去慰问品；五是对困难老干党员进行慰问；县委、人大、政府、政协等住院领导多所联系的原副县级以上老领导简讯走访慰问。整个慰问活动历时30多天，做到一人不漏，一户不少，共慰问1670人次，开支经费339000元。

【出台《江川县离退休干部服务管理办法（试行）》】 结合江川老干部服务管理的模式，制定出台《江川县离退休干部服务管理办法（试行）》（江办发〔2012〕42号）。《办法》共24条，从服务管理的目的、对象、目标、原则到各级的职责、任务等方面作明确规定，对日常服务管理中的待遇落实、组织建设、学习活动、制度建设以及如何组织老干部发挥余热、再作奉献等提出具体要求。该《办法》的出台，进一步推动江川老干部工作进一步走上规范化、制度化，让全社会共同做好老干部工作。

【老干部党组织建设】 一是结合实际，科学设置党组织。成立老干部局党委，为县委下设的一级党委，直接负责管理全县75个老干党支部1360余名老党员，真正实现把老干部中的党组织建设列入同级党委工作的重要议事日程。二是以老干部学习小组长为基础，分两大块设置老干党支部。第一块主要是对县直机关部分。按照老干部离退休前的单位（系统）以及居住在昆明和玉溪片区的老党员共成立33个党支部隶属老干局党委管理。第二块是对居住在农村且组织关系在农村的部分，采取因地、因人、因事制宜，共成立42个党支部，同时接受老干局党委和基层党委的领导和管理。三是采取多种形式对老干党支部书记和学习大小组长的培训学习，2012年共培训6期372人次。四是做好老干党组织“整改提高晋位升级”工作。五是开展“五好五带头”活动。如明星村老干党支部筹集资金2361元，改造扩建学习活动室，县机关第三、第十四、第二十九党支部的52名老干部为彝良地震灾区和我县干旱山区捐款3700元，前卫镇323名老干部、老党员为在校贫困学生捐款3761元。六是切实做好老干部党员党费的收缴和留用工作，保证活动的正常开展。

【敬老月活动】 一是承办好县委、政府于10月23日在江川宾馆召开的经济形势通报暨敬老节慰问大会，县委书记马文龙作重要讲话。二是各级各部门结合自己的实际，以通报情况、召开座谈会、走访看望慰问和开展文体活动等形式组织广大离退休干部欢度敬老节，用实际行动关爱老干部。三是由局长、副局长亲自带队，组成慰问小组，看望慰问180多位离休干部，2012年满70岁、80岁、90岁高龄老干部和瘫痪在床的老干部。四是做实做细老干部平时生病住院看望和病故老干部遗属的看望慰问工作。

【贯彻执行老干部政策】 按照玉组通〔2008〕12号文件，为11位瘫痪或其他原因生活不能自理的离休干部办理固定陪护费。

【学习资料订阅】 为保证老干部学习内容丰富、活动形式多样，不断提高老干部的政策、理论水平。给学习大组、支部及每个老干部党员分别订阅《云南日报》、《云南老年报》、《党的生活》，保证老干部组织和每个老干部有一份学习资料。开支经费132100元。

【老干部工作调研】 一是集中3～5月3个月时间，分3个小组深入到各老干部学习组（党支部）及离休干部家中，围绕老干部党组织建设、老干部思想政治建设和及对老干部的服务管理进行深入调研；二是认真研究探索新形势下服务老干部、管理老干部的新思路、新途径，找准工作中的热难点问题，切实解决老干部工作中的新情况和新问题；三是积极撰写调研报告，共写专题调研报告4篇，其中1篇被省委老干部局评为三等奖。

【老干部来信来访】 对老干部的来信来访严格执行行政问责制度，坚持以政策和法律法规为依据，耐心、认真、细致对待每一件来信来访案件，决不推诿。做到件件有落实，事事有回音，不能落实的，及时请示汇报，给予明确答复，让老干部高兴而来，满意而归。全年共接待老干部来信来访6件，主要涉及退休金、高龄补贴、住房补贴、医疗费统筹标准和家庭纠纷等，均按政策给予满意答复，未出现越级上访现象。

【老干部平时活动】 一是强化管理，优化服务，自觉当好老干部的“勤务兵”。二是对老干部做到热心、耐心和细心，把他们当作自己的长辈和亲人，让他们充分感受到“家”的温暖。三是积极开展有益身心健康的各种文体活动，最大限度的满足老同志的精神文化需求。在正常开展象棋、扑克、桥牌、麻将、乒乓球、台球、健身等活动的同时，利用元旦、“五一”、“七一”、“十一”及重阳等节日组织老干部开展丰富多彩的文体娱乐比赛活动。全年共举办各项比赛6次，出板报3期。老干部活动中心充分发挥阵地功能，拓宽活动领域，使更多老同志从家中走出来、玩起来、乐起来。

【办好老年大学】 老年大学紧紧围绕“接受终身教育、陶冶精神情操、提高生命质量、欢度晚年生活”的办学宗旨，造就有自尊、自立、自强精神的新一代老年群体开展教育教学工作。开设舞蹈、胡琴、声乐、书法、电脑、太极拳剑6专业12个班，在校人数410人。在抓好正常办班的同时，注重组织开展各种丰富多彩的文体活动，展示老年大学学员风采，宣传老年大学，取得较好的社会效益。一是举行“喜迎十八大暨教学成果汇报演出”和“喜迎十八大书法展”。二是分别召开教师和班长座谈会集思广益，共同研究和探讨办学的新路子，为改进工作思路，提高管理和办学水平打下坚实基础。三是办好老年大学校刊，2012年出版校刊1期。

【省考评组到江川检查考评老干部工作】 3月25日，云南省检查考评工作组到江川县对《2011年老干部工作目标管理责任制》进行检查考评。县委常委、县委组织部长林清代表县委、政府向考评组汇报了江川县2011年老干部工作情况。考评组听取汇报后，认真查阅相关资料，实地检查老干部学习综合电教室及娱乐活动室和老年大学教室等设施。

【队伍建设】 以“创建老干部满意之家”为目标，围绕创建“五个好”党支部和“五带头”优秀党员的基本要求，不断提升自身综合素质，增强全心全意为老干部服务的思想意识。一是强化政治业务学习。坚持每周一次政治业务学习，每月一次党员学习，提高工作人员的思想素质、大局意识和业务工作能力。二是认真抓好老干部工作的调研、宣传和信息报道。全年编发《老干部工作简讯》47期，加强对江川县老干部工作及再作奉献的老干部先进事迹的宣传报道。三是以会代训组织大小组长和支部书记进行学习培训7期，参训人员400余人次。

（汪丽娟）

宣　传

【概　述】 2012年，在县委领导和上级业务部门指导下，宣传思想文化工作紧紧围绕全县工作大局，在改进方法、提高水平、增强工作的针对性和实效性上下功夫，在强化职能、拓宽渠道、增强工作的影响力上做文章，在整合资源、集聚力量、形成宣传工作强势格局上求突破，拓宽宣传渠道，增加宣传平台，打造宣传品牌，拓展载体创特色，进一步谋求理论武装工作的新发展，引导宣传论工作取得新进展，力求精神文明建设新突破，推进文化建设呈现新面貌，构建对外宣传新格局，为推进江川县科学发展和谐发展跨越发展提供有力的理论指导、思想保证、舆论支持和文化条件。

【理论武装工作】 1．学习型党组织建设。一是以党委（党组）中心组学习为龙头，认真抓好在职干部理论学习，下发《2012年全县各级党委（党组）中心组学习安排建议》、《2012年全县在职干部理论学习安排意见》，推荐2012年学习内容和重点，指导、督促全县各级党组织抓好学习，通过学习推动工作，通过工作加强学习；二是下发《2012年江川县学习型党组织建设工作要点》、《江川县学习型党组织建设考核评价实施方案》，建立健全党员干部集体学习、个人学习、岗位培训、主题教育、成果深化和学习激励、检查、考核、评价等各项制度，做到考核与激励、学习与运用、常规与创新有机结合，实现学习型党组织建设的科学化、制度化、规范化、常态化；三是广泛开展“三读”活动，把“从书本中学”和“在实践中学”结合起来，把“邀请专家讲学”和“开展互学”结合起来，举办2012年宣传工作培训班，对140名领导干部进行培训，丰富学习内容，优化知识结构，提高领导干部主动应对媒体和处置舆情事件的能力；四是在全县21个农村党总支、7个机关党总支、38个支部中开展中心组学习试点，切实加强基层领导班子和领导干部的理论学习；五是在全县乡镇（街道）、村组党员和干部中组织开展向陶应全同志学习活动，举办陶应全同志先进事迹巡回报告会，参学人数居全市第一。

2．理论武装大众化工作。深入学习宣传贯彻党的十七大、十七届六中全会，省第九次党代会、省委九届二次全会、市委四届二次全会，县委十二届二次全会，全国、全省、全市和我县“两会”精神，通过宣讲、板报、专栏、橱窗、文艺宣传、知识竞赛、座谈交流等多种形式，让党的理论创新成果家喻户晓，深入人心。

3．理论指导实践工作。完成2012年宣传思想文化调研工作，共撰写调研报告17篇，选送5篇上交市委宣传部；组织开展“云南精神理论研讨”论文征集活动，共征集到论文28篇，评选表彰7篇优秀论文；组织参加玉溪市第七次哲学社会科学优秀成果评奖活动，推荐3篇论文参加评奖。

【宣传舆论引导】 2012年，江川电视台共制作播出新闻1238条，制作播出《开展四群教育 加强作风建设》《聚焦重大项目》《抗旱救灾》《农村环境整治在行动》等专题专栏207期；江川人民广播电台播出新闻5601条，播出《星云之声》专题时政、法制、综合、农业版204期895篇；玉溪日报江川专版刊发47版，采编新闻资讯308条，图片新闻69幅；江川新闻网采编新闻稿件2446条，图片新闻349幅,开设专栏4个；《江川手机快讯》编发94期。

1．圆满完成县委十二届二次全会、县人大十四届五次会议、县政协七届五次会议宣传报道任务。

2. 围绕“五大战略”、“三大目标”和全县经济社会发展重点，发挥传统和新兴媒体综合优势，积极主动地开展有深度、有力度、有影响、有特点的宣传报道，瞄准中央、省、市党报党刊、电台电视台等主流媒体，多上头版、多上头条、多上大稿，集中打好“四群教育”加强作风建设、创先争优推进基层组织建设、加快转变经济发展方式、加强生态环境保护和两湖治理、抗旱救灾、烤烟生产、农村环境整治等主题战役宣传，有效引导社会舆论，服务中心工作。

3. 关注重大项目。围绕“仙湖锦绣”、“九龙晟景”、“生态工业园区”、“古滇商贸城”等一批重点项目建设，开办《关注重点项目》专栏，为项目的推进创造良好的舆论环境。

【精神文明建设工作】 1. 公民思想道德建设。对巾帼建功标兵、种养植女能手、生态文明家庭、五好文明家庭等先进典型进行专题拍摄，在《江川新闻》栏目播出；深化“我们的节日”主题活动，围绕春节、清明、中秋、国庆等中华民族传统节日，积极开展健康向上、丰富多彩、特色突出的群众性节庆活动；组织开展以“缅怀先烈、不忘使命”为主题的清明祭扫英烈活动；积极组织开展“抗旱保民生、送水解民忧—与雷锋精神同行”送水活动，省市县级文明单位、道德模范、志愿者服务队、爱心企业纷纷学雷锋献爱心，共送饮用矿泉水、物资、资金合计263052元，使全县受灾严重乡镇的25494人次受益；组织开展《我们只有一个地球，世界只有一个抚仙湖》环保赠书活动，共向孤山村委会、沿湖群众、学生、酒店、商户赠送1万本。

2. 未成年人思想道德建设。开展“学雷锋、做美德少年”网上签名寄语活动，2万多名中小学生在网上表达心声，留言寄语；开展首届“玉溪美德少年”评选推荐活动；开展“公民道德宣传日”活动；开展“红歌进校园、童心永向党”歌咏活动，组织全县中小学生学唱传唱爱国歌曲、优秀童谣和江川特色歌曲；开展“学雷锋、心向党，讲品德、见行动”主题教育活动。共撰写征文26596篇，演讲216场次，3万多名师生参听；江城中心小学乡村少年宫建设项目通过验收，大庄中心小学少年宫建设项目申报成功。

3. 群众性精神文明创建活动。抓好“生态文明之家”创建活动；完成省、市级文明单位、文明村、文明小城镇、文明社区评选推荐工作。共推荐申报文明村5家，文明单位10家，市级文明村8家，文明单位11家，县级文明村24家，文明单位15家，省级文明小城镇1家；在全县各级文明单位中组织开展“六个一”创建活动；在雄关乡白石岩和九溪六十亩村开展“文明示范村”和“文化示范村”创建活动；继续推进“文明交通行动”，九溪中学、九溪矣文村、江川县伏家营汽车运输队被评为省级文明交通示范单位。

【文化建设工作】 1. 文化事业发展。图书馆、博物馆、文化馆和各乡镇综合文化站免费开放，县图书馆共接待读者7.5万人次、外借图书13.1万册次，博物馆免费开放，累计免费接待观众9万余人次；继续深入开展“三下乡”活动；举办春节系列文艺活动，在县城、江城分别组织开展具有地方特色的龙灯、象灯、毛驴灯、虾灯、焰火晚会、高会等大型文艺巡回表演和民俗文化、军营文化街头巡演，省滇剧团到三街村委会慰问演出，让广大观众享受到节日丰盛的文化大餐，增添了节日气氛，丰富了群众文化生活；举办周保明书法作品、李建成书画作品展；参加第六届“玉溪市优秀文学艺术奖”评选，《蜀素帖》获书法类二等奖、《森林氧吧》获摄影类三等奖；完成《中国民间故事全书·江川卷》编纂工作，收集整理146篇30万字；完成农村题材小戏、小品剧本征集工作，共征集作品40件，并对其中10件优秀作品进行奖励；完成光坟头遗址发掘工作；县人民政府公布江川辖区内的87处不可移动文物名录；大街街道旱街金甲阁被省人民政府确定为第七批省级重点文物保护单位。

2. 文化产业发展。组织5家企业参加第五届昆明泛亚国际民族民间工艺品博览会；上报《药王曲换章》电视剧拍摄、云南江川李家山青铜器工艺生产线改扩建、云南江川铜器工艺制品厂扩大再生产3个文化产业项目争取省立项；积极做好江川孤山岛文化旅游提档升级项目前期工作。

【对外宣传工作】 1. 舆论引导和新闻宣传工作。紧紧围绕县委、政府工作中心，邀请中央、省、市等相关媒体，对“四群”教育、“作风建设年”、两湖保护及生态治理、农业基础设施建设、农村环境整治行动等进行专题宣传。2012年，县电视台报送新闻在玉溪电视台用稿177条，玉溪人民广播电台用稿315条，在玉溪电视台《新闻直通车》栏目江川版播出新闻40期260条；组织召开江川县2012年抗旱保春耕及抚仙湖保护媒体见面会，针对网络爆料，“救一救抚仙湖、退田还湖变了样”和新闻媒体报道玉溪市抚管局江川县执法支队办公场所被打砸事件，及时召开媒体见面会，澄清事实，有效引导社会舆论；对阳光海岸酒店保安与游客起冲突事件、大街农贸市场改建、山林火灾、杨家咀忠武烟花爆竹厂爆炸等突发性事件进行新闻报道和网络舆论处置，突发性事件没有引起媒体和网络舆论的热炒；编制《舆情信息》46期；创新形式、措施，积极应对、成功处置西部时报记者就九龙国际会议中心项目进行新闻敲诈采访，如何与媒体打交道、舆论引导和新闻报道处置工作卓有成效。

2. 新闻宣传平台搭建应用，加

强网络外宣阵地建设。继续保持与国家、省、市级重点媒体和重要门户网站的良好深度合作关系，新闻资讯传输渠道畅通，拓展、延伸工作覆盖范围。实施与新华网云南频道的网群接入，与新浪云南合作转载资讯数量达90条，与央视财经频道合作关系得到进一步巩固，为江川县播出新闻3条；以江川县新闻办名义开通新浪微博“云南江川”，已发布微博300余条；对2009年、2010年对外宣传作品进行奖励，发放奖金253200元。完成2011年外宣作品的收集整理工作；打造宣传品牌，制作江川歌曲精选CD“悠悠古滇韵、绵绵水乡情”5000张；完成江川县申报“寻找中国最美风景县”走进云南活动10佳最美风景县和明星村申报30佳最具魅力村寨工作。

3．节会宣传扎实有效。邀请10家国家省市级媒体进行多角度的新闻报道，报刊、电视、广播、互联网稿件登载量达100多篇；邀请旅游卫视《文明中华行》栏目组，制播时长15分钟的电视专题片《江川传奇之星抚鱼韵》；创新做好开渔节宣传推广营销工作。首次邀请8名知名新浪微博达人对开渔节进行宣传推介，带动网友发微博402条，总转发评论量1191条；在新浪总网开辟1天的微话题，转发和评论开渔节话题的微博达63853条。

【组织开展喜迎十八大活动】 1．会前工作：举办“喜迎十八大、江川通海书画联展”，参观人数达5.8万人次；组织开展“回顾辉煌历程 喜迎党的十八大”读书竞赛活动，全县共有1721名干部职工参赛；举办江川县“云南精神”演讲大赛。国税局干部张楠参加全市云南精神演讲大赛获一等奖，宣传部获优秀组织奖；举行《中国当代名家画集·普文治》赠书活动，打造重点文化宣传品牌；组织开展“喜迎十八大、爱读书读好书善读书—读书心得”征文活动。共征集征文67篇，评选表彰30篇优秀征文和3家先进单位；组织开展“贯彻党代会精神·推进桥头堡建设”知识竞赛，全县共有2400名干部职工参赛；在玉溪聂耳大剧院举办“云龙意象—付云龙雕塑作品展”；开展“扫黄打非”联合检查执法行动，净化社会文化环境。组织专项执法检查6次，共出动人员118人次，车辆37台次，检查各类经营户376家，收缴非法音像制品1151盘、赌博游戏机26台、电脑12台，取缔非法医疗、黑网吧等经营户8户。

2．会中工作：党的十八大召开期间，集中组织全县广大党员、干部认真收看会议实况。

3．会后工作：党的十八大结束后，组织广大党员认真学习十八大报告和修订后的党章；组织宣讲团在全县范围内开展十八大宣讲活动。全县共宣讲14场，听讲2000多人次。

（褚　荻）

统　战

【概　述】 2012年，中共江川县委统战部在县委的领导下，在上级统战部门的帮助指导下，以邓小平理论和“三个代表”重要思想为指导，以“四群”教育和干部作风建设年活动为抓手，以贯彻落实省、市统战部长会议精神为主线，围绕县委政府中心工作，进一步深化拓展经济统战、文化统战、和谐统战工作，实现了工作思路有创新、难点工作有突破、重点工作有亮点、自身建设有加强，在全省信息直报点工作中获一等奖，全市统战工作目标管理考核中获一等奖，全市民族团结、宗教稳定目标管理考核中荣获第一名，为实现江川县“四个翻番”、“两个倍增”目标和推动我县经济社会科学发展、和谐发展、跨越发展作出积极贡献。

【春节慰问】 在春节来临之际，县委统战部组成慰问小组于1月12～13日，到全县七个乡镇慰问1户定居台胞、7名退休干部、6名黄埔同学会员及联络员、4名生活较为困难的起义投诚人员及遗孀、4户困难台属、10户困难侨眷，发放慰问品14份、大米300余千克、慰问金3600余元。

【市委统战部到江川慰问黄埔同学会员和定居台胞】 1月12日，中共玉溪市委统战部副部长、市工商联党组书记沐爱斌等一行在县委副书记张金翔，县政协副主席、县委统战部长刘跃宁陪同下，对江川1名定居台胞、5名黄埔同学会员和1名黄埔同学会员遗孀进行走访慰问，向他们送去党和政府的关怀以及新春祝福。

【全县统战民宗工作会议】 为认真贯彻落实省、市统战部长会议精神以及玉溪市民族宗教工作会议精神，抓好各项工作任务的落实，4月20日，江川县召开县级相关部门负责人、乡镇党委（街道党工委）副书记及统战委员、党外干部活动组及党外知识分子联络点负责人、宗教团体以及宗教活动场所负责人等70余人参加的全县统战、民族宗教工作会议。市委统战部副部长、市民宗局长马良昌，县委副书记张金翔，县政府副县长、县公安局长师文出席会议并讲话。县政协副主席、县委统战部长刘跃宁传达省、市统战部长会议以及全市民族宗教工作会议精神，总结回顾江川县2011年统战、民族宗教工作取得的成效、经验以及存在的不足，安排部署2012年各项工作任务。对2011年统战、民族宗教工作成绩突出的安化乡等乡镇以及北山寺等“和谐寺观”教堂创建先进集体和先进个人进行表彰。张金翔、师文分别代表中共江川县委、县人民政府与七个乡镇（街道）签定《江川县统战、民族宗教系统2012年工作目标管理责任书》。

【建立统战工作数据库】 按照统筹规划、高效实用、方便查阅、动态管

理、安全保密的原则，建立和完善江川县统战工作信息数据库。一是建立41名党外干部、170名具有高级职称的党外知识分子档案；二是对全县1个民族乡、8个少数民族村委会主要领导、人口情况、现有耕地面积、2011年人均纯收入等情况进行了解登记，并建立档案；三是分乡镇建立全县彝族、白族、哈尼族、壮族等30余种少数民族人口情况档案；四是建立3个宗教团体（江川县佛教协会、江川县基督教“三自”爱国运动委员会、江川县基督教协会）负责人以及8个宗教活动场所负责人、信教人数、教职人员等情况档案；五是建立75名去台人员、4名定居台胞、106户台属情况档案；六是建立39户华侨华人、3户归侨、51户侨眷、8户港属基本情况档案；七是对尚健在的91名起义投诚人员的身体情况、生活状况进行了解，并进行造册登记建立档案；八是建立5名黄埔同学会员、1名黄埔同学会员遗孀、1名联络员基本情况档案；九是通过走访调查，建立5户侨资企业、2户侨眷企业基本情况档案。通过数据库的建立，进一步夯实江川县统战工作基础，规范江川县统战基础信息管理。

【统一战线队伍摸底调查】 为认真贯彻落实《玉溪市2011—2015年党外代表人士队伍建设规划》和《关于加强新形势下党外代表人士队伍建设的意见》（中发〔2012〕4号）文件精神，加强党外代表人士队伍建设，努力培养一支素质优良、结构合理、数量充足、有影响、有代表性的党外代表人士队伍，中共江川县委统战部在全县范围内开展党外代表人士、无党派人士、民族、宗教界人士、新的社会阶层人士及港澳台海外代表人士“六支队伍”摸底调查工作。本次调查摸底范围涉及全县7个乡镇，50余个县直机关单位、学校、人民团体，123户非公有制企业，218户个私企业。通过摸底调查，确立重点联系对象320人，其中：党外高级知识分子163人、党外干部40人、新的社会阶层人士（含非公有制经济代表人士）78人、少数民族代表人士25人、宗教界代表人士9人、港澳台海外代表人士5人。

【乡镇（街道）工商联分会换届工作会议】 6月15日，县委统战部、县工商联组织召开乡镇（街道）工商联分会换届工作会议，县政协副主席、县委统战部长刘跃宁安排部署换届相关工作。县委副书记张金翔对换届工作提出意见和要求：一是统一思想，提高认识，深刻理解此次乡镇（街道）工商联分会换届工作的重要意义。要积极支持乡镇（街道）工商联分会发展和完善各项职能，统一思想，形成合力，努力为江川县非公有制经济发展创造良好的环境。二是明确标准，严格程序，选优配强乡镇（街道）工商联分会领导班子。三是加强领导，严肃纪律，扎实做好乡镇（街道）工商联分会换届工作。各乡镇（街道）要及时成立领导机构，严格按照条件和程序推选领导班子人选，把好领导班子人选的政治关、能力关、群众关，做到公道正派、清正廉洁，确保此次乡镇（街道）工商联分会换届工作风清气正、健康顺利进行。

【黄埔军校建校88周年纪念】 6月16日是黄埔军校建校88周年纪念日。为弘扬黄埔精神，中共江川县委统战部根据江川县黄埔同学会员年龄大、行动不便等实际，组成以副部长宋家有为组长的慰问小组深入黄埔同学会员家中开展走访慰问活动，向他们送上节日慰问和祝贺。老人们深受感动，表示一定要发挥黄埔同学独特优势，关心两岸关系形势，尽已所能做好对台联络联谊工作，为祖国统一奉献余热。

【王文燮参观李家山青铜器博物馆】 7月13日上午，台湾中华战略学会理事长王文燮等一行14人，在黄埔军校同学会、省委统战部、云南省黄埔军校同学会、中共玉溪市委统战部相关领导陪同下到江川参观李家山青铜器博物馆。古滇文物“牛虎铜案”受到参观团成员的青睐和称赞。

【我为统战工作献一策活动】 为提高统战工作科学化水平，中共江川县委统战部在全县统一战线成员中开展“我为统战工作献一策”活动，共收到意见建议26条，表彰优秀个人10名。

【统战理论知识竞赛】 为进一步宣传党的统一战线理论方针政策，县委统战部在全县机关、乡镇开展统战理论知识竞赛活动，共1890人参加。此次活动表彰优秀组织奖5个、优秀个人50人。

【做好政协换届工作】 2013年1月，政协江川县第七届委员会届满，按照《中国人民政治协商会议章程》相关规定，将按期进行换届。为使换届圆满完成，县委统战部积极做好换届各项工作。一是根据市委组织部、市委统战部规模设置、界别设置、委员条件等相关要求，结合江川实际，向县委报请批准《关于江川县政协换届有关问题的意见》。二是做好委员协商工作。按照界别设置、委员规模等，共协商江川县第八届政协委员165名，其中：中共界26人、群团界9人、经济界33人、科技界12人、工商界12人、农业界10人、三胞界5人、教育界12人、民宗界10人、文化艺术界11人、医药卫生界8人、特邀界17人。165名委员中，中共党员58人，占委员总数的35.15%，非中共党员107人，占委员总数的64.85%；妇女委员45名，占委员总数的7.27%；少数民族委员10人，占委员总数的6.06%。三是做好政协常委提名推荐工作。共提名推荐第八届政协常委29名，其中：中共党员9名，占常委总数的31.03%；非中共党员20名，占常委总数的68.96%妇女6名，占常委总数的20.69%。四是协助政协做好换届各项筹备工作。

【党外代表人士工作】 一年来，中共江川县委统战部注重党外代表人士队伍建设，注重党外代表人士素质建设。起草制定《江川县培养选拔党外干部工作规划》、《党外人才年度培训计划》、《江川县贯彻落实〈玉溪市2011—2015年党外代表人士队伍建设规划〉实施意见》、《中共江川县委统战部关于建立党外代表人士综合评价工作体系的意见》等，推动党外代表人士队伍建设的科学化、规范化、制度化。注重抓好党外代表人士的政治理论学习，不断提高党外代表人士的政治素质和理论素质。一是强化学习教育。统战部充分利用党外干部活动组、党外知识分子联络点平台，征订《中国统一战线》、《云南统一战线》以及编印《统战理论知识问答》、《统战工作基本概述》等学习资料发放到党外干部活动组和党外知识分子联络点，组织参与党外干部、党外知识分子学习教育活动，加强党外人士的统战知识教育。二是强化制度保障，不断夯实党外代表人士队伍建设的政治基础。建立完善《江川县委统战部联席会议制度》、《江川县委统战部重大事项邀请党外代表人士参与考察调研制度》等，从制度上保障江川县党外代表人士队伍建设工作的顺利推进。三是抓活动，强化党外代表人士的服务意识。全年共组织党外人士开展青少年法制维权专题知识讲座13期，受训师生达3456人次。四是积极探索党外代表人士选拔任用新途径、新举措，不断完善党外代表人士联系、培养、选拔制度，党外干部工作有新突破。2012年全县共有党外副科级以上领导干部42人（比上年增加1人），其中：副处4人、正科9人（比上年增加4人）、副科29人。五是注重党外人才储备工作，根据工作实际，建立动态党外后备干部人才库。2012年，通过摸底调查，个人自荐、单位推荐、党组织审核把关，统战部根据政策性和代表性要求五个环节，建立36名党外后备干部、42名科级党外干部、170名党外知识分子基础信息库，实现党外人才动态、长效和规范化管理。

【非公经济工作】 一年来，中共江川县委统战部始终把发展作为统战工作第一要务，创新机制，积极探索非公经济领域统战工作新举措。一是在部分重点企业设立统战联络员，建立8个信息直报点和15个非公企业联系点。指导非公经济组织开展“创先争优”活动，全县1个非公企业党总支、33个党支部、282名党员开展了创先争优群众评议工作，召开评议会议33场次，发放测评表437份。配合省、市开展优秀中国特色社会主义事业建设者评选表彰活动及优秀企业家评比活动，全县共有4名非公经济代表人士荣获“优秀企业家”荣誉称号。二是加强对县、乡镇（街道）工商联换届工作的指导，圆满完成县、乡镇（街道）工商联（商会）换届工作。认真贯彻传达全市加强和改进工商联工作会议精神，积极协助县委、政府制定出台《中共江川县委江川县人民政府关于加强和改进新形势下工商联工作的实施意见》。三是履职尽责，引导非公经济代表人士致富思源，回报社会。按照“充分尊重、广泛联系、加强团结、热情帮助、积极引导”的方针，教育引导非公经济人士积极参与社会公益活动，争做优秀中国特色社会主义事业建设者。组织江磷集团、国鑫通讯、卓一食品等非公企业为全县抗旱捐款、捐物等累计人民币达300余万元。在非公企业中开展学雷锋活动。结合创先争优活动，各非公经济党组织围绕“联系服务群众、履行社会责任”主题，积极开展以“送温暖、献爱心”、“绿化美化、清理脏乱”、“关爱困难弱势群体”等为主题的志愿服务活动。表彰“云南红土情·光彩进万家——江川感恩行动”活动中涌现出来的20户优秀非公企业。四是与县工商联联合建立“定点联系、定期走访、定向服务”制度，加强与非公企业的联系沟通。继续在工商、税务、经委等相关部门聘请5名特邀统战员，为非公经济发展提供政策咨询、资金扶持等相关服务。五是加强对行业商会的引导,充分发挥商会的积极作用。指导餐饮业商会举办食品安全培训会以及餐饮服务安全各项制度的落实，保障餐饮服务食品安全，促进江川餐饮业健康发展。组织红砖商会学习整顿粘土矿资源实施方案，教育引导会员企业遵纪守法，顾大局、识大体，按照县委政府的发展要求，走资源整合集团化发展路子，实现矿产资源合理开发，永续利用，科学发展。组织花炮商会外出学习考察，借鉴外地经验，做好全县烟花爆竹生产企业整合工作，提升江川县烟花爆竹传统产业上规模、上档次。六是协助安监等部门，对全县11户烟花爆竹生产企业进行安全监督员培训，确保烟花爆竹企业安全生产。七是抓好非公经济党建工作。为认真贯彻落实云南省委组织部《关于开展非公有制经济组织和社会组织党组织集中组建活动的通知》精神，县委统战部积极推进非公经济组织党建工作。做到“三抓”即一抓组织建立，扩大非公经济党组织覆盖面。对全县非公经济组织中应建未建的天宇包装、卓一食品、腾达机械等11家非公企业进行了走访调研，并对11家非公经济组织党组织机构设置、制度建设、工作开展等提出意见和要求。全年新建非公经济党组织7个，发展党员12名。2012年底全县共有非公经济党组织37个（党总支1个、党支部36个），其中：联合建5个、独立建32个，有党员282名。二抓制度建设，促进非公经济党建工作规范化。指导已建立的1个非公企业党总支、33个党支部建立《党组织工作职责》、《党员学习教育制度》、《党支部班子成员工作职责》等，使非公经济党组织工作经常化、制度

化、规范化。三抓教育管理，促进党员队伍整体素质的提高。县委统战部把加强入党积极分子队伍建设作为党建工作的着力点，注重从经营管理人员、技术骨干、生产一线发展入党积极分子，逐步建立起数量和质量并重的入党申请人、入党积极分子、发展对象，全年培养入党积极分子26名。

【民族宗教工作】 一是进一步完善《江川县民族宗教群体性事件处置应急预案》，积极稳妥化解民族宗教领域矛盾纠纷。一年来，统战部以实施民族团结目标管理责任制、宗教工作目标管理责任制为抓手，坚持“团结、教育、疏导、化解”的方针，开展经常性的民族宗教矛盾纠纷排查调处工作，做到一月一次小排查，一季一次大排查，半年一次分析研判。全年共排查出社会隐患3件，调处3件。二是全面贯彻落实党的民族政策，促进民族地区经济社会发展。通过调研，认真制定项目规划，建立项目库等，完成2012年省、市少数民族补助资金项目规划、申报、立项等工作，全年上报省、市少数民族资金补助项目12个，立项12个，争取省、市少数民族项目补助资金共计70余万元。完成安化彝族乡早谷田村委会烂泥箐村民小组“民族团结示范村”综合用房、文化活动室、人畜饮水管道铺设、公厕建盖等7个规划建设项目，全部建设项目得到验收。启动安化彝族乡光山村委会民族团结示范村创建工作。三是积极开展民族宗教政策及法律法规宣传。主要以少数民族传统节日、法制宣传日为契机，采取发放宣传资料、张贴标语、现场解答等形式开展宣传。全年共发放宣传资料2240余份、悬挂宣传标语3幅、现场解答32人次。四是抓实“四项”活动，促进宗教和谐。在宗教活动场所开展爱国主义、法制宣传教育活动，全年共开展宣讲5场，举办座谈 4次， 发放宣传资料书籍231份；启动宗教界人士“宗教政策法规学习月”活动，全面提升宗教界人士整体素质，使宗教教职人员在思想上靠得住、学识上有造诣、品德上能服众；开展“和谐寺观教堂”创建活动，制定完善“和谐寺观教堂”创建活动方案，表彰上年度评选出的2名“和谐寺观教堂”创建先进集体、3名 “和谐寺观教堂”先进个人；在宗教界开展“慈善周”活动，共印发《宗教慈善周活动倡议书》1000余份，筹集善款1万余元、大米2吨救助麻风病患者和困难信教人员。五是制定民族文化传承与保护规划，推进民族文化发展。收集上报少数民族非物质文化遗产中的口传文学保护项目，民族文艺作品收集整理取得一定成效。六是积极为少数民族和信教群众办实事。全年办理少数民族高考学生民族成分证明相关手续30余人；办理民族成分变更收件审核报批手续72人；帮助10名生活较为困难的基督教信教人员解决实际困难，发给她（他）们大米共计250千克、棉被7床；慰问少数民族困难群众15户，发放慰问品及慰问金800余元。

【侨务对台工作】 县委统战部结合工作实际，将广交朋友、联络感情、增进友谊、扩大影响作为工作的出发点，认真做好侨务及对台工作。一是开展侨、台情调查，建立完善侨台情工作台帐。二是积极做好协调服务工作，为困难台属、归侨侨眷等解决实际困难。通过协调，为3户困难侨眷、1户困难港属、4户困难台属、2名黄埔同学会员协调办理农村最低生活保障。三是开展侨务扶贫工作。通过摸底调查，掌握全县贫困归侨侨眷详细情况和贫困原因，确定侨务扶贫户2户，扶贫资金1万元。主要采取与扶贫户签订贷款协议，由扶贫户所在村委会（社区）作担保，以无息贷款的方式下拨扶贫款，并实行三年一个周期，脱贫后贷款收回转贷另一户或继续滚动使用，截至年底已帮助2户困难侨眷脱贫致富。四是开展“帮贫助困送温暖”活动，帮助贫困归侨侨眷解决生产生活中的实际困难，主要采取适时走访慰问和春节走访慰问开展活动，为他们送去慰问品、慰问金、大米等生活必需品。五是以“六五”普法和“统战宣传月活动”为契机，进一步加大侨法宣传以及涉台宣传教育力度。利用全国法制宣传日，积极联合司法等相关部门，组织干部职工走向街头，开展侨法宣传。共接待侨法相关咨询16人次、发放《中华人民共和国归侨侨眷权益保护法》、《中华人民共和国归侨侨眷权益保护法实施办法》以及《云南省实施〈中华人民共和国归侨侨眷权益保护法〉办法》等300余份。利用统战宣传月活动，在机关、乡镇、党外干部活动组、党外知识分子联络点、宗教活动场所以发放宣传资料、举办知识竞赛活动等开展涉侨涉台知识宣传教育，共编印发放工作手册50余份、“一法两办法”等宣传资料135份。六是积极做好玉溪市第三次归侨侨眷代表大会代表推荐工作。按照名额分配，结合江川县归侨侨眷实际，通过走访调查、听取归侨侨眷所在单位（乡镇）领导意见、召开部务会研究、报请县委分管领导同意，全县共推荐玉溪市第三次归侨侨眷代表大会代表10名。

【信息及调研工作】 2012年，江川县委统战部注重调研工作，加大信息报送力度，全年形成《江川县非公有制经济组织和社会组织党建工作调研报告》、《江川县安化彝族乡经济社会发展情况的调查与思考》、《江川县侨务工作调研报告》、《浅析城镇、农村基督教私设聚会点形成的原因与对策》、《整合资源 创新方法 民族团结示范村建设成效显著》、《对宗教和谐问题的看法》、《江川县安化彝族乡经济社会发展情况的调查与思考》等调研报10篇上报上级相关部门，其中：《整合资源 创新方法 民族团结示范村建设成效显著》、《对宗教和谐问题的看法》、《江川县安化彝族乡经济社会发展情况的调查与思考》等文章被省委统战部《云南统一战线》刊物采用。全年共报送省市统战部、市民宗局、县级相关部门各类信息共计237篇，其中：省委统战部《统战信息》采用9篇；市委统战部《统战动态》采用29篇、《创先争优简报》采用12篇、《今日统战信息》采用1篇；市民宗局《玉溪民族宗教信息》采用75篇，《玉溪日报》采用2篇。县委办《江川重要信息》采用4篇。

【统战宣传】 一是制定统战宣传工作计划、统战宣传月活动方案等，成立以部长任组长的统战宣传工作领导小组，保障宣传工作的有序和顺利开展。二是按照计划和方案开展形式多样的宣传活动。举办80名党外干部参加的统战理论培训班；开展“我为统战工作献一策”活动；开展统战、民族宗教、侨务及涉台知识竞赛活动；开展“乡镇党委书记论统战”征文活动；开展民族团结月、周、日活动；在宗教活动场所开展宗教工作法制宣传周活动以及宗教政策法规月学习活动等。三是以全国法制宣传日为契机，配合司法等相关部门印发统战知识手册、民族宗教法律法规、侨务法律法规、对台方针政策等3000份，接待咨询16人次。通过发放宣传资料和开展形式多样的宣传活动，扩大统一战线工作宣传面，统一战线工作的影响力不断得到提升。

【民族成分变更】 2012年共办理民族成分变更72人，其中：汉族变更为彝族50人、哈尼族15人、傣族2人、仡佬族1人、拉祜族2人、侗族1人、白族1人。

【江川县北山寺举行佛像开光暨传授居士菩萨戒法会】 11月4日，江川县北山寺举行佛像开光暨传授居士菩萨戒法会。中国佛教协会理事、云南省佛教协会副会长、大理崇圣寺方丈从化大和尚，中国佛教协会理事、云南省佛教协会副会长、圆通寺方丈纯化大和尚，云南省佛教协会办公室主任江东，云南省宗教局领导，市委统战部副部长、工商联党组书记沐爱斌，市民宗局副局长周光文，政协副主席、统战部部长刘跃宁等领导出席庆典法会。

【部门建设】 一是在原有制度的基础上，完善制定考勤和请销假制度、定期学习制度、工作情况交流互通制度、治理“庸、散、懒、软”规定、“一把手”权力运行监督制约暂行办法等，进一步规范部门工作运行程序，强化干部工作纪律。二是加强学习，不断提升干部素质。坚持每星期一早上学习制度，由四名副部长按照党务以及党外知识分子、党外干部以及非公经济、民族宗教、侨务以及对台工作择优学习内容进行学习交流，并注重在学习中总结工作，及时发现并解决工作中存在的问题和不足，不断提高干部职工的理论水平和业务素质。三是制定部门工作激励机制。结合部门工作实际和特点，在上年制定的部门内部工作考核办法及信息奖励措施的基础上，补充制定《关于加强统战宣传和信息工作的实施意见》以及《关于明确职责，治理“软、散、懒”确保市、县目标管理考核任务以及部门工作顺利完成的决定》，提出全年工作指导思想、重点工作任务、考核奖励办法等，并把全年工作目标任务进行量化细化，明确到人，考核到人，进一步激发全体干部职工的工作热情和工作积极性。四是认真抓好“四群”教育和干部“作风建设年”活动。五是抓好部门包村工作。六是进一步加强部门党风廉政建设工作，抓好各级党风廉政建设会议精神的贯彻落实。

（矣树芬）

机关党建

【概　述】 2012年，机关党委在中共江川县委的领导下，以党的十八大精神为指导，按照县委党建工作会议的安排部署，紧紧围绕“服务中心，建设队伍”两大任务，以深入开展创先争优活动、基层组织建设年和“四群”教育活动为契机，着力推进机关党的思想、组织、作风、制度和反腐倡廉建设，为完成县委的中心工作提供坚强的组织保证。

【机关党委创先争优工作座谈会】 2012年1月16日，机关党委在食药监局三楼会议室召开窗口单位和服务行业为民服务创先争优活动交流座谈会。县委常委、县委组织部长林清，县创先办副主任、县委组织部副部长李德坤及工商局等党组织书记和有关领导参加座谈会。

会议以参观、座谈交流的方式进行，与会人员分别到工商局、残联、食药监局、县人民医院窗口单位和服务行业实地参观学习创先争优活动经验做法。

会上，县直机关7个窗口单位和服务行业党组织负责人进行交流。林清就深入推进窗口单位和服务行业“为民服务创先争优”活动作讲话：四个“注重”，“为民服务创先争优”活动取得初步成效；明确方向，全力推进“为民服务创先争优”活动深入开展。

机关党委副书记罗培珍就做好当前县直机关窗口单位和服务行业“为民服务创先争优”活动，进行点评：少数窗口单位和服务行业对开展活动的必要性认识不到位，造成开展活动缓慢，成效还不明显；开展活动不平衡；开展活动中好的经验做法和典型事例的总结不够，对好的经验做法不能及时进行总结，宣传报道。

机关党委书记杨存兴对深入开展县直机关“为民服务创先争优”工作进行安排：深化认识，坚持不懈地抓好为民服务创先争优活动；不断改进，提升服务群众的满意度；搞好经验总结，充分展示窗口单位和服务行

业的典型示范作用。

【走访慰问离退休困难党员】 2012年1月17日春节即将到来之际，在机关党委书记杨存兴带领下，机关党委会同县委组织部、老干局等领导一行6人，分别深入到县直机关10名离退休困难党员和长期生病的困难老党员家中进行看望和慰问，每人送去慰问金200元，把党的温暖和关怀送到困难党员家中，向他们提前拜年。

【抓实四群教育活动】 在开展“四群”教育活动中，县直机关各部门认真贯彻落实县委动员会议精神，及早部署，采取有效措施合力推进“四群”教育活动。

1. 精心组织，周密部署。县委召开“开展“四群”教育动员会”后，县直机关各部门及时成立专门的领导机构和办公室，制定实施方案，召开机关干部动员部署会进行安排布置。

2. 扩大宣传，营浓氛围。各部门充分运用动员会、讨论会、党组织生活会以及板报、宣传栏、简报等形式，大力宣传开展“四群”教育实行干部直接联系群众制度的重大意义、指导思想、目标任务等，让干部知晓和接受。

3. 加强教育，提高认识。认真组织干部学习《论党的群众工作——主要论述摘编》和《云南省“四群”教育学习读本》，学习胡锦涛总书记在庆祝中国共产党成立90周年大会上重要讲话精神、省委书记秦光荣同志在全省深入开展群众观点群众路线群众利益群众工作教育动员大会上的讲话，突出抓好“群众观点、群众路线、群众利益、群众工作”教育。

4. 明确目标，抓好结合。各部门紧扣中心工作，围绕“四群”教育目标任务，深入部包村联系点，走进村、组、农户，与干部群众面对面交谈，1021名机关干部参加，走访农户3030户，认真听取群众意见建议，真诚接受群众诉求，以及影响和制约科学发展的群众性工作。同时帮助村级积极争取项目，以项目推动发展；在产业发展中，帮助和引导村级进一步理清发展思路，积极调整产业结构，培植新产业，优化传统产业。

【落实基层组织建设年分类定级工作】 在分类定级具体工作中，机关工委认真搞好调查摸底，不回避问题，严格执行评定标准，对所属基层党组织作好分类定级，确定为好的党总支2个、较好的3个、一般的3个；好的党支部36个、较好的43个、一般的16个、较差的7个。针对县直机关党组织的现状，按照“巩固先进、推动一般、整顿后进”的要求，扎实抓好整改提高工作，本着有什么问题就解决什么问题，开展同党总支（支部）书记约谈，共同商定整改提高措施，力求使每一个基层党组织达到晋位升级，实现无“较差”党组织目标。最终达到好的党总支3个、较好的5个；好的党支部46个、较好的48个、一般的8个。由“较差和一般”党组织进入“较好”党组织16个，进入“好”党组织1；由“较好”党组织进入“好”党组织11个。

【民主评议党员】 机关党委及时下发对2012年度的民主评议党员工作进行安排布置。各党总支（支部）结合实际，认真组织党员进行民主评议和签订党员目标管理考核工作。

机关党委下设8个党总支，72个党支部，共有党员1041名。参加这次党员民主评议的党支部72个，参加民主评议党员1007名，占全体党员总数的96.7%，评出优秀党员123名。

【基层党组织班子建设】 按照《条例》规定，加强总支（支部）班子建设，根据人事变动，及时派人深入有关总支、支部指导选举改选，适时帮助选好配强党总支、支部班子成员。2012年共对个2党总支，3个党支部进行补选、改选，新建党总支1个，党支部4个，涉及班子成员26名。

【发展党员工作】 机关党委按照《党员发展工作细则》要求，坚持“十六字”方针，严格执行“八坚持”、“两考核”、“两票决”、“两公示”、“一追究”的工作程序，做好党员发展工作。2012年共审批发展新党员8名，其中：35岁以下6名，占75%；妇女党员4名，占50%；大专以上文化的7名，占87.5%。抓好预备党员的“回访”考察教育，对预备党员进行转正前的回访测试，审批预备党员转正16名。

【县直机关关工委工作】 机关党委对机关关心下一代工作进一步抓好落实。一是年初抓好2012年县直机关关工委工作的安排布置。二是积极开展丰富多彩的夏令营活动。从7月26日至8月22日，县直机关16个单位共开支经费44580元，组织513名中小学生开展夏令营活动。三是积极开展捐资助学献爱心活动。从4月以来，县直机关39个单位向全县中小学开展捐资、捐物助学兴教活动，捐资290700元，捐物740件（折币13410元），两项合计304110元。共资助中小学校39所，资助特困生224人。

（赵连江）

党校教育

【举办南方电网江川供电有限公司党员轮训班】 2012年10月18～20日，中共江川县委党校与南方电网江川供电有限公司党支部联合举办“南方电网江川供电有限公司2012年党员轮训班”。轮训班举办之前，县委党校认真组织，多次召开班子会议，研究课程设置，安排后勤服务，督促任课教师认真备课。在培训中，县委党校教师担任主要讲课任务，其中教师龚正英以“胡锦涛7.23讲话精神”为题目、教师李拥军以“保持党的纯洁性，做到清正廉洁”为题目为培训班党员进行授课。

【党课教育】 2012年，中共江川县委党校除了完成组织部门组织的党课教育外，还积极选派教师参与各种党课教育活动。其中，学校领导黄志伟被邀请分别到江川县信用联社和江川县地方税务局、江川县政府办开展党课教育；教师冯孝忠被邀请分别到江川县水利局、江川县团委开展党课教育。

【十八大精神宣讲】 2012年12月11日，县委成立以县委党校教师组成的党的十八大报告宣讲小组。宣讲小组自2012年12月13日到2012年年底，分别到全县各街道、乡镇和县政府办、县卫生局、县安监局、县抚仙湖管理局、县建设局、县老体协、县工业园区管委会、县交通局、县公安局开展宣讲活动。共举办宣讲报告14场次，参与听众近2000人次。

【调查研究】 完成“2012年江川县宣传思想文化工作调研”。按照上级关于开展2012年理论宣传工作调研的工作要求，2012年，中共江川县委党校认真组织，深入基层，针对江川县基层理论宣传工作的相关问题开展调研。在调研的基础上，学校安排业居敏撰写《基层组织理论工作浅析》调研报告，并按时上交县委宣传部。

教师注重学习研究，科研成果显著。2012年，县委党校不断完善科研奖励机制，鼓励教师撰写科研论文，科研成果显著。组织“云南精神理论研讨”论文的撰写4篇，其中教师龚正英所撰论文《云南精神与江川人》获江川县“云南精神理论研讨”论文征集一等奖，教师宋德荣所撰写论文《略论云南精神的基本内涵》获二等奖；组织开展建党91周年读书心得撰写3篇，其中宋德荣和龚正英的心得体会文章，被评为活动三等奖；教师李拥军撰写的论文《推进农业现代化 建设社会主义新农村》在《云南行政学院学报》发表。

【计算机培训】 2012年，中共江川县委党校继续挖掘“行政学校”和“玉溪市专业技术人员计算机考试培训点”的功能作用，分别举办一期江川县党员、党组织信息库培训和公务员统计培训，培训50多人次；完成2012年征兵心理测试。

【招考服务】 2012年，中共江川县委党校积极与相关部门配合，完成“2012年江川县大学生村官招考”、“2012年乡村医生招考”、“江川县安监局安全监察大队工作人员招考”的服务工作。

【对外服务】 2012年县委党校深入完善各种服务体制，提高服务水平，积极接待各种会议、培训、考试23期，2000多人次。

【新闻采编】 2012年，中共江川县委党校教师冯孝忠完成《玉溪日报·江川专版》和《江川新闻网》的采访、摄影、撰稿、编辑等工作，为江川的对外宣传工作做出积极贡献。

（李拥军）

江川县人大常委会

【江川县第十四届人大常委会主任、副主任、委员名录】

主　任　赵少春
副主任　杨生明
　　　　杨本忠
　　　　史云德
　　　　陆富仙
委　员　孙国华
　　　　汪兴明
　　　　杨学敏
　　　　周绍荣
　　　　李双全
　　　　王学梅
　　　　黄俊华
　　　　廖永富
　　　　徐丽华（女）
　　　　史云峰
　　　　黄正刚
　　　　李玉荣
　　　　吴增福
　　　　坝有贵
　　　　李忠兴
　　　　郑吉来
　　　　钟　镖

【江川县第十四届人大常委会各委、室负责人名录】

办公室
主　任　孙国华（2012.11离任）
　　　　潘兴发（2012.11任）
副主任　李明芬
　　　　杨花润

法制工作委员会
主　任　周绍荣（2012.12离任）
副主任　张吉福（2012.12离任）

法制和民族外事华侨工作委员会
主　任　周绍荣（2012.12任）
副主任　张吉福（2012.12任）

财政经济工作委员会
主　任　汪兴明
副主任　李绍德

教科文卫工作委员会
主　任　杨学敏
副主任　葛茂蓉
　　　　李仕彬

人民代表工作委员会
主　任　张江瑞（2012.12离任）
副主任　雷启明（2012.12离任）

选举联络工作委员会
主　任　张江瑞（2012.12任）
副主任　雷启明（2012.12任）

农业工作委员会
主　任　李双全
副主任　施文光

城建环境资源工作委员会
主　任　坝有贵（2012.11任，2012.12离任）
副主任　张文辉（2012.11任，2012.12离任）
　　　　孔凡春（2012.12离任）

城建环保资源工作委员会
主　任　坝有贵（2012.12任）
副主任　张文辉（2012.12任）

【概　述】 2012年，在县委的领导下，县人大常委会坚持以邓小平理论和“三个代表”重要思想为指导，深入贯彻落实科学发展观和党的十七大精神，坚持以科学发展观统领人大工作，紧紧围绕县委的中心工作和各个阶段的重点工作，充分运用专题调查、代表视察、听取和审议专项工作报告等方式，依法行使人大职权，督促和支持“一府两院”依法行政、公正司法，促使政府在加快发展、惠及民生的实践中赢得民心，取得实效。一年来，举行人大常委会会议11次，主任会议12次，听取和审议“一府两院”专项工作报告8个，形成审议意见8份、作出决定（议）17项，组织视察调研8次，依法任免干部65人次。对江川县蔬菜标准化基地建设、医疗卫生体制改革工作、县城建设管理、保障房建设、代表建议办理、林产业发展规划、工业发展项目推进、检察院公诉、法院行政审判、行政非诉讼案件审查执行情况进行专题视察、调查，听取和审议县政府、县法院专项工作报告，提出意见建议。

【县十四届人民代表大会第五次会议】 江川县第十四届人民代表大会第五次会议于2012年2月8～11日在江川湖滨电影院召开。来自全县各条战线的163名县十四届人民代表大会代表，认真履行宪法和法律赋予的职责，圆满完成会议任务。县属各部委办局负责人，县人民法院、检察院负责人，各乡镇有关领导，市直单位负责人，部分离退休老领导以及江川驻军首长等226人列席大会。

大会由王川、马文龙、王学梅（女）、林清、王荣华、史云峰、史云德、孙国华、坝有贵（彝族）、李双全、李玉荣、李忠兴、杨本忠、杨生明、杨学敏、吴增福、汪兴明、张永华、张金翔、陆富仙（女）、周绍荣（彝族）、郑吉来、赵少春、钟镖、徐四清、徐丽华（女）、郭永生、黄文柱、黄正刚、黄俊华、廖永富等31人组成的大会主席团主持。

大会听取和审议县人民政府县长葛勇代表县人民政府所作的《政府工作报告》；审议和批准江川县2011年国民经济和社会发展计划执行情况与2012年国民经济和社会发展计划；审议和批准江川县2011年地方财政预算执行情况和2012年地方财政预算；听取和审议县人大常委会主任赵少春代表县人大常委会所作的《江川县人大常委会工作报告》；听取和审议县人民法院代理院长郑子云代表县人民法院所作的《江川县人民法院工作报告》；听取和审议县人民检察院检察长资云坤代表县人民检察院所作的《江川县人民检察院工作报告》，并作出六个报告的决议。

【县十四届人大常委会各次会议】 县十四届人大常委会第三十四次会议于2012年1月19日举行，会议审议并决定县十四届人民代表大会第五次会议于2012年2月8日至2月11日在县城召开，会议审议县十四届人民代表大会第五次会议议程（草案）、大会主席团及秘书长名单（草案）、会议日程（草案）、财政经济审查委员会名单（草案）、议案审查委员会名单（草案）、主席团常务主席名单（草案）、执行主席分组名单（草案）等县十四届人民代表大会第五次会议事项；审议确认主任会议许可县人民法院提交的《对县人大代表张存富采取强制措施的报告》。

县十四届人大常委会第三十五次会议于2012年2月2日举行，根据表决结果，会议接受杨正昌辞去江川县人民法院审判员、审判委员会委员、人民法院院长职务，任命郑子云为江川县人民法院审判员、审判委员会委员、副院长、代理院长；会议审议决定暂时停止县十四届人大代表张存富执行代表职务的决定；会议审议十四届人大代表变更情况，确认补选代表林清、马文龙资格有效；会议审议县十四届人民代表大会第五次会议选举办法（草案）。

县十四届人大常委会第三十六次会议于2012年3月30日举行，会议听取县人民政府关于经济发展工作情况的报告；听取和审议县人民政府关于蔬菜标准化建设情况的报告，提出扶持龙头企业、加快蔬菜标准化检测体系建设、注重科技推广等建议。

县十四届人大常委会第三十七次会议于2012年5月30日举行，会议审议批准增加县人民法院第二届人民陪审员8名，根据表决经过，会议免去赵琦江川县人民法院陪审员职务，任命伏德兴、平三付、李鸿东、李连恒、胡江丽、董周富、张平、张树润、王来富9人为江川县人民法院陪审员；会议批准县人民政府关于浪广社区、九龙湾、仙湖锦绣等三个地名命名的报告；听取和审议江川县人民政府关于医药卫生体制改革工作情况的报告；听取和审议江川县人民政府关于县城建设管理工作情况的报告。

县十四届人大常委会第三十八次会议于2012年6月21日举行，经过表决，会议作出确认许可对县十四届人大代表徐四清进行行政拘留的决定；作出同意《江川县城市总体规划（2011–2030）》的决定，并请按规定上报审批。

县十四届人大常委会第三十九次会议于2012年7月27日举行，根据表决结果，会议任命汪鸿泳、张秋红、龚彦龙、王玲芬为江川县人民法院审判委员会委员，周明为江川县人民法院审判员、立案庭庭长，李月雯、祁丽波、唐炳丽为江川县人民法院审判员；会议听取和审议县人民政府《关于2012年上半年国民经济和社会发展计划情况的报告》、县人民政府《关于2012年上半年财政预算执行情况的报告》；听取江川县人民政府关于2011年度县本级财政预算执行情况和其它财政收支的审计工作报告；审查批准2011年县本级财政决算；听取县人民检察院关于公诉工作情况的报告；听取和审议县人民政府关于保障性住房建设情况的工作报告；通过县人大常委会规范性文件备案审查实施办法。

县十四届人大常委会第四十次会议于2012年9月12日举行，根据表决结果，会议免去师文江川县人民政府副县长（兼县公安局局长）职务，任命牛旺林为江川县人民政府副县长（兼县公安局局长），撤销张明富江川县人力资源和社会保障局局长职务；听取和审议《江川县人民政府关于江川撤县设区的报告》，作出批准县人民政府关于撤县设区的报告的决议；听取和审议县人民政府关于《江川生态县建设规划（2011-2020）》的报告，作出关于批准《江川生态县建设规划（2011-2020）》的决议。

县十四届人大常委会第四十一次会议于2012年10月11日举行，根据表决结果，会议免去王彦东江川县人民检察院副检察长、检察委员会委员、检察员职务；听取县人民政府关于工业发展项目推进情况的报告；听取和审议县人民政府关于实施依法治县第三个五年规划情况的工作报告；听取县人民政府关于林产业发展规划情况的工作报告；听取县人民政府关于办理人大代表建议情况的报告；审议批准江川县县乡（镇）人大换届选举时间的决定；审议批准江川县县乡（镇）人大换届选举委员会人员名单；审议批准江川县县乡（镇）人大代表名额；审议批准江川县县乡（镇）人大换届选举委员会人员名单。

县十四届人大常委会第四十二次会议于2012年11月29日举行，会议听取和审议县人民法院行政审判工作情况的报告；根据表决结果，会议免去陈川明江川县人民政府副县长职务，马常有县司法局局长职务，张文辉县民族宗教事务局局长职务，张江景县统计局局长职务，蒋文县安全生产监督管理局局长职务，李忠海县食品药品监督管理局局长职务，孙国华县人大常委会办公室主任职务，史云顺县人民法院副院长、审判委员会委员、审判员职务，会议任命王波为江川县人民政府副县长，杨存兴为县民族宗教事务局局长，吴正顶为县人力资源和社会保障局局长，王奇志为县司法局局长，马常有为县安全生产监督管理局局长，胡宇翔为县统计局局长，杨建梁为县食品药品监督管理局局长，潘兴发为县人大常委会办公室主任职务，坝有贵为县人大常委会城建环境资源工作委员会主任，张文辉为县人大常委会城建环境资源工作委员会副主任，陈血莲、孙佳蓉、王亚雄、李庆、白兴富、杨淑萍为江川县人民检察院检察员。

县十四届人大常委会第四十三次会议于2012年12月17日举行，根据表决结果，会议免去张盛国县卫生局局长职务，范江应县监察局局长职务，周绍荣县人大常委会法制工作委员会主任职务，张吉福县人大常委会法制工作委员会副主任职务，张江瑞县人大常委会人民代表工作委员会主任职务，雷启明县人大常委会人民代表工作委员会副主任职务，坝有贵县人大常委会城建环境资源工作委员会主任职务，张文辉、孔凡春县人大常委会城建环境资源工作委员会副主任职务，会议任命张盛国为县监察局局长，范江应为县卫生局局长，周绍荣为县人大常委会法制和民族外事华侨工作委员会主任，张吉福为县人大常委会法制和民族外事华侨工作委员会副主任，张江瑞为县人大常委会选举联络工作委员会主任，雷启明为县人大常委会选举联络工作委员会副主任，坝有贵为县人大常委会城建环保资源工作委员会主任，张文辉为县人大常委会城建环保资源工作委员会副主任。

县十四届人大常委会第四十四次会议于2012年12月31日举行，会议批准县十四届人大常委会代表资格审查委员会关于县十五届人大代表资格审查报告的决定；会议审议决定县十五届人民代表大会第一次会议于2013年1月12日至17日在县城召开，审议了县十五届人民代表大会第一次会议议程（草案）、人大常委会工作报告及报告人、大会主席团及秘书长名单（草案）、会议日程（草案）、财政经济审查委员会名单（草案）、议案审查委员会名单（草案）、主席团常务主席名单（草案）、执行主席分组名单（草案）、列席人员名单（草案）等县十五届人大一次会议有关事项。

【经济审议】 审议年度经济社会发展计划和财政预算执行情况。以增加经济总量、推进产业结构调整和经济发展方式转变为重点，切实加强对宏观经济运行的监督。适时开展专项调查，认真组织审查，依法作出决定，听取县政府关于经济发展工作情况的报告，有效监督发展计划和财政预算的执行，促进经济社会可持续发展。支持和督促审计部门依法加强年度预算执行和其他财政收支的审计。在增收节支、专款专用、工程决算、责任审计等方面，强化审计监督，切实为民理财，使出现的经济违规现象得到及时纠正。

【工作监督】 对蔬菜标准化基地建设情况开展专题调查，听取和审议县政府的专项工作报告，针对蔬菜标准化建设工作，提出扶持龙头企业、完善监测体系、注重科技推广等建议。调查县政府关于林产业发展规划情况，听取县政府关于“十二五”林业产业发展规划的情况报告。听取和审议县政府保障性安居工程建设的工作，提出健全完善保障性住房审核、公示、配租、轮候、退出长效工作机制等建议。听取和审议县政府关于县城建设管理工作，提出了完善规划体系、引领城市发展，打通交通“瓶劲”、完善道路网络，整顿城市秩序、提升城市文明等建议。围绕《江川生态县建设规划（2011-2020）》的上报审批，开展专题调研，批准县政府的建设规划。听取和审议县政府关于医疗卫生体制改革工作情况的专

项工作报告，提出完善绩效考核、确保城镇职工医疗保险、城镇居民医疗保险和新型农村合作医疗保险管理规范、安全运行、服务到位等建议，努力促进社会和谐稳定。

【法律监督】 视察并听取县检察院公诉工作情况；听取和审议县法院行政审判和非诉行政执行案件执行情况，针对县法院行政审判和非诉行政执行案件存在的困难和问题，提出克服畏难情绪、坚持能动司法、加强与行政机关沟通协调、稳妥试行“裁执分离”模式、共同破解执行难题等建议。

【依法治县规划审查】 在顺利实施依法治县第二个五年规划的基础上，参与制定、审议并批准《江川县依法治县第三个五年规划》。针对在实施依法治县第三个五年规划工作中存在认识不到位、工作不平衡，少数领导干部及公职人员法治意识不强、依法治理自觉性不高，提出了要加强宣传教育，发挥领导干部应有的示范作用，不断增强依法行政、依法管理的自觉性，营造全民依法作为、依法办事的良好氛围，努力推进江川县的依法治县工作等建议。

【决议决定】 严格坚持重大事项决定程序，科学审慎作出决定，使人大及其常委会作出的决议、决定符合科学发展观的要求，符合江川的客观实际，做到及时审查、批准和决定经济社会发展中的重大事项，从而推动县委重大战略部署的贯彻落实，促进江川县经济社会发展目标任务的实现。一年来，共作出17项决议、决定。涉及撤县设区、区划调整、社区命名、工程命名、县乡人大换届选举等事项。

【干部任免】 始终坚持党管干部原则与人大依法任免相统一，充分发扬民主，严格依法办事，确保党组织推荐的人选通过法定程序成为国家机关的领导人员。对提请的任命议案，认真审查，依法任免。一年来，共依法任免国家机关工作人员65人次（其中，任命43人次，免职21人次，撤职1人次），推进了地方国家机关的政权建设。

【建议办理】 积极探索督办代表建议的方式方法，建立办理代表建议视察制度，对办理较好、社会关注度高的建议，组织代表进行视察，既增强承办者的责任感，也增强建议人的自豪感。跟踪督办，注重实效，把代表建议的督办责任分解到县人大常委会各委室，深入承办部门，采取“走出去、请进来”与代表面商的方式，既提高了代表的满意率，也促成一些跨年度建议的再答复、再办理。一年来，共督办代表建议91件，代表对办理结果表示满意的84件，占92.3%；基本满意的7件，占7.7%。

【完成县委交办任务】 县人大常委会领导及机关干部认真做好本职工作，正确处理监督与参与的关系，参与经济建设，主动服务大局，努力完成县委交办的任务。常委会领导及保留原职级待遇领导，顾全大局，服从安排。担任重大项目、重点工作的指挥长、副指挥长或组长、副组长，为职教小区、仙湖锦绣、龙泉山生态工业园区、县城城市综合管理、县城五叉路口至伏家营路段绿化亮化、抚仙湖星云湖一级保护区退田还湖、星云湖“4A”级景区建设筹备工作、烟花爆竹企业整合、创建先进平安县等重大项目、重点工作的强势推进尽职尽责。持之以恒牵头实施人居生态绿化工程中，按照县委的安排，牵头带领乡镇人大主席团实施人居生态绿化工程第二个五年规划，完成县委交给县人大常委会“村村披绿”的任务，一个“有路皆有树、有村皆添绿”的绿化格局在全县初步形成。

【信访工作】 始终坚持把信访工作作为联系人民群众、倾听合理诉求、强化监督工作的重要渠道。工作中，坚持领导阅批信访件制度，积极参与县委安排的“大接访、大下访”活动，做到有信必办，有访必答，及时交办，参与协办，跟踪督办，增强了人大信访工作的效能。一年来，共受理人民群众来信来访 件（其中，来信 件，来访 人次），办结件，办结率达98.2%，做到宣传党的政策，疏导化解矛盾，为民排忧解难，为密切党群关系、构建和谐江川作出应有贡献。

【县乡人大换届选举】 本次县乡两级人大换届选举，是选举法修改后城乡按相同人口比例选举人大代表的首次换届选举。按照“党委领导、人大主办、各方配合”的要求，县人大常委会党组制定《关于做好县乡两级人民代表大会换届选举工作的意见》，报请县委批准执行。为保证换届选举工作依法顺利进行，作出县乡两级人大换届选举工作决定，确定了全县选举日和乡镇人大代表名额，依法任命县乡选举委员会，制定了实施方案，明确了工作步骤，并将县人大常委会机关全体干部分派到各乡镇（街道）、机关各选区负责指导人大换届代表选举工作，依法选举产生新一届县乡人大代表。与此同时，精心组织，认真筹备，为县十五届人大一次会议的顺利召开奠定坚实基础，圆满完成法律赋予县十四届人大常委会的历史任务。

【加强学习】 结合新的形势和任务，深入学习党的十七大以来的一系列重大战略思想和人大制度理论及人大工作知识，积极组织班子成员参加全国人大、省人大举办的专题培训，突出“四群”教育主题实践活动，认真组织好机关的政治学习、业务学习和专题讨论，开展一年一度的专题学习心得交流活动，推进学习型党组、学习型机关建设，积极引导人大机关党员、干部加强作风建设，提高综合素质，不断提高推动人大工作上台阶的能力和水平。

【服务基层】 把转变工作作风，深入调查研究作为“服务基层、促进发展”的实际行动来抓。围绕县委工作的重点、政府工作的难点、代表关注的焦点、群众反映的热点，深入实际，开展调研，掌握实情，反映民意。深入包村点和联系点，倾听群众呼声，为民排忧解难，在比较紧张的办公经费中，挤出一定费用支农、整治农村环境卫生。积极协调、主动为包村点、联系点争取经费，努力为基层办实事、做好事。

【勤政廉政】 坚持民主集中制的组织原则和工作原则，坚持做到会前广泛征求意见、会中集体研究决定、会后认真督查落实，充分调动班子成员的工作积极性，增强了常委会领导班子的整体合力。健全完善机关管理制度，厉行节约，勤俭办事，保持人大机关为民、务实、清廉、高效的良好形象。

（李明芬）

江川县人民政府

【县人民政府县长、副县长名录】

县　长　葛　勇
副县长　李东林
　　　　罗跃岗
　　　　石　伟
　　　　陈川明（2012.11离任）
　　　　师　文（2012.9离任）
　　　　牛旺林（2012.9任）
　　　　王　波（2012.11任）

【县人民政府各局、办，各事业单位正副职名录】

政府办公室
主　任　普朝鹏
副主任　张传礼（2012.11离任）
　　　　赵　华（2012.11任）
　　　　郭　峰
　　　　杨春文
　　　　龚　钲（2012.9任）

法制办
主　任　杨兴景（2012.9任）
副主任　周宏斌（2012.11离任）

人防办
主　任　杨跃辉
副主任　仵宗胜

信访局
局　长　张传礼（2012.11离任）
　　　　赵　华（2012.11任）
副局长　邓树芬（2012.3离任）

烟　办
主　任　廖永富

发展和改革局
主　任　杨剑伟
副主任　王九生
　　　　刘世培（2012.3离任）
　　　　张丽琼（2012.9任）

工业商贸和科技信息局
局　长　曲绍庭
副局长　张多颖（2012.1离任）
　　　　顾　秋（2012.9离任）
　　　　李天贵
　　　　傅树彬
　　　　李必忠（2012.9离任）
　　　　杨有平（2012.3任）

人力资源和社会保障局
局　长　张明富（2012.9离任）
　　　　吴正顶（2012.11任）
副局长　张荣华
　　　　朱艳林
　　　　杨梅芳

财政局
局　长　董林颉
副局长　孔建文
　　　　李亚定
　　　　张培龙
　　　　张正鸿（2012.1任）

监察局
局　长　范江应（2012.12离任）
　　　　张盛国（2012.12任）
副局长　李文平（2012.2离任）
　　　　陶文红
　　　　胡　莎

审计局
局　长　张　宁
副局长　赵子良（2012.12离任）
　　　　吴绍金

统计局
局　长　张江景（2012.11离任）
　　　　胡宇翔（2012.11任）
副局长　陈留仙
　　　　雷吉林

住房和城乡建设局
局　长　普学化
副局长　周亚烜
　　　　杨　岗
　　　　陆　叶（2012.3任）

交通运输局
局　长　胡禄金
副局长　戴朝红（2012.9离任）
　　　　李汝林

环境保护局
局　长　李华同
副局长　杨路有
　　　　龚雪刚（2012.11离任）
　　　　王　川（2012.11任）

国土资源局
局　长　靳永春
副局长　顾学华
　　　　普云平
　　　　周元明

政务服务中心
主　任　张存美
副主任　王晶文
　　　　陈卫红（2012.11离任）
　　　　钟　莉（2012.11任）

江川县人民政府扶贫开发办公室
主　任　潘兴发（2012.11离任）
　　　　孙国华（2012.11任）

防震减灾局
局　长　普秀英
副局长　郑忠党

文化旅游广电和体育局
局　长　乐志刚
副局长　王春华
　　　　官汝运
　　　　郭小平
　　　　何　俊

徐　惠
廖增华
王忠平（2012.9离任）
彭春云
陈　华

食品药品监督管理局

局　长　李忠海（2012.11离任）
杨建梁（2012.11任）
副局长　杨智然
朱弘如

农业局

局　长　杨　杰
副局长　杨四代（2012.3离任）
杨建梁（2012.11离任）
呈　全（2012.9离任）
曹春艳
罗　磊（2012.3任）
李彦坤（2012.9任）

林业局

局　长　冯　超
副局长　罗　磊（2012.3离任）
吴增奎
杨四代（2012.3任）

森林公安局

局　长　白志德
副局长　朱彦华

水利局

局　长　杨　涛
副局长　李吉有（2012.1离任）
普绍有
李　艳（2012.1离任）
李江华（2012.3任）

抚仙湖管理局

局　长　李佳强
副局长　刘建益
金爱芬

星云湖管理局

局　长　韩振华（2012.11离任）
业东华（2012.11任）
副局长　陈文东
花尚荣

安全生产监督管理局

局　长　蒋　文（2012.11离任）
马常有（2012.11任）
副局长　杨有平（2012.3离任）
赵雄伟
宋平华（2012.9任）

教育局

局　长　李卫东
副局长　钱鸿润
岳东芬（2012.11离任）

卫生局

局　长　张盛国（2012.12离任）
范江应（2012.12任）
副局长　郑　霄
龚有颖

人口和计划生育局

局　长　罗玉华
副局长　张晓春
宋良艳

公安局

局　长　师　文（2012.9离任）
牛旺林（2012.9任）
副局长　黄　良
李正春
胡尚辰
政　委　汪兴介（2012.2离任）
张文红（2012.2任）

司法局

局　长　马常有（2012.11离任）
王奇志（2012.11任）
副局长　刘清华
宋　瑞（2012.9离任）
李任民（2012.9任）

民政局

局　长　顾绍勇
副局长　龚绍辉
李思源

残疾人联合会

理 事 长　马宇飞
副理事长　王文忠

粮食局

局　长　黄太东
副局长　张彦龙（2012.9任）
杨小国
张才顺（2012.9任）

供销社

主　任　范宝福
副主任　李　坤（2012.9离任）
顾吉顺
张良昌

工业园区管委会

主　任　李天贵（2012.9任）
副主任　李彦林（2012.9任）
张乘风（2012.6离任）
万　超（2012.9任）

招商合作局

局　长　顾　秋（2012.9任）
副局长　李　坤（2012.9任）
李必忠（2012.9任）

民宗局

局　长　张文辉（2012.12离任）
杨存兴（2012.12任）
副局长　花云芬（2012.3离任）
刘开华（2012.9任）

城市管理综合行政执法局

局　长　戴朝红（2012.9任）
副局长　杨　岗

县人民医院

院　长　李有宏
副院长　王金聪
洪美英
付林华

（杨智强）

【2012年县政府重要文件】　关于抓好2012年烤烟生产收购工作的通知

关于认真抓好2012年大春生产的意见

关于江川县农村义务教育学生营养改善计划实施方案的通知

关于江川县城镇上山三个规划一图一书成果的审查意见

关于加强抚仙湖星云湖水资源管理和水生态环境保护的紧急通知

关于表彰2011年度国有资产投资目标单位的决定

关于表彰2011年度安全生产先进集体和先进个人的决定

关于印发江川县2012年度地质灾害防治方案的通知

关于调整2012年新型农村合作医疗住院起付线的通知

关于加快推进养老服务业发展的实施意见

关于印发江川县2012年度金融考核办法的通知

关于表彰2011年度消防安全工作

先进集体的决定

关于表彰2011年度预防道路交通事故工作先进集体的决定

关于表彰2011年度禁毒工作先进集体的决定

关于印发星云湖一级保护区退田还湖工作的指导意见

关于认真做好2012年度机关事业单位养老保险工作的通知

关于表彰奖励2011年度行政效能建设先进集体的决定

关于公布辖区范围内不可移动文物名录的通知

关于2010-2011年度科技进步与创新奖励的决定

关于印发江川县2012年行政效能目标考评方案的通知

关于加大城乡统筹力度促进农业转移人口转变为城镇居民的实施意见

关于印发江川县进一步加强乡村医生队伍建设全面提升乡村医生素质的实施意见

关于江川县江城镇等六乡镇土地利用总体规划（2010-2020年）的审查意见

关于江川县大街街道办事处土地利用总体规划（2010-2020年）的审查意见

关于明确2012年度县长副县长“一岗双责”安全生产责任的通知

关于印发江川县政府自身建设2012年工作要点任务分解的通知

关于抓好2012年农村危房改造的实施意见

关于认真抓好2013年小春生产的意见

关于印发江川县2013年部门预算编制办法的通知

关于表彰奖励2011年度省著名、市知名商标企业的决定

关于加强行政调解工作的意见

关于推进义务教育均衡发展的实施意见

关于加快学前教育发展的实施意见

关于印发江川县2013年新型农村合作医疗实施方案的通知

【2012年县政府办重要文件】 关于贯彻落实市政府江川现场会议精神的通知

关于认真做好2012年春运工作的通知

关于印发江川县推进会议计核算方式改革的通知

关于进一步做好抗旱工作确保人畜饮水安全的紧急通知

关于江川县公安消防大队一级消防站和其他业务用房迁建项目用地被征地农民养老保险工作实施方案的通知

关于江川县中心敬老院建设项目用地被征地农民养老保险工作实施方案的通知

关于江川县2011年第一批次城镇建设项目用地被征地农民养老保险工作实施方案的通知

关于江川县10000套/年智能电网控制设备及附件生产建设项目被征地农民养老保险工作实施安排通知

关于江川县2.0MW-3.0MW 风力设备关键部件增速器特种铸件及总成建设项目被征地农民养老保险工作实施方案的通知

关于江川县江新农产品蔬菜交易中心建设项目用地被征地农民养老保险工作实施方案的通知

关于江川县环境监测站业务用房建设项目用地被征地农民养老保险工作实施方案的通知

关于江川县大车综合性能检测线建设项目用地被征地农民养老保险工作实施方案的通知

关于印发江川县烟花爆竹安全生产专项检查工作实施方案的通知

关于印发2012年政府工作报告主要任务分解方案的通知

关于进一步加强阳光政府四项制度有关工作的通知

关于贯彻落实市政府星云湖水污染综合治理会议精神的通知

关于印发江川县2012年光明工程实施方案的通知

关于印发抚仙湖保护管理综合行政执法实施方案的通知

关于印发江川县推进人口和计划生育综合改革工作实施意见的通知

关于开设龙泉山生态工业园区征地补偿资金专户的通知

关于开展安全生产大检查的通知

关于印发江川县人防工程建设管理规范行政行为整改落实工作实施方案的通知

关于设立江川县抚仙湖景区管理委员会的通知

关于印发江川县进一步加强抚仙湖景区管理工作方案的通知

关于加强雷击风险评估规范建（构）物防雷装置设施审核及竣工验收工作的通知

关于印发江川县2012年纠风工作方案的通知

关于江川县年产10万吨新型塑料管材建设项目用地征地农民养老保险工作实施方案的通知

关于印发江川县烤烟田间清除不适用烟叶考核办法的通知

关于统一江川县2012年社会保险缴费总额的通知

关于印发江川县安全生产隐患排查治理专项行动实施方案的通知

关于印发江川县餐饮服务食品安全“百千万”示范工程创建实施方案的通知

关于成立财政预算信息公开工作领导小组的通知

关于印发江川县财政预算信息公开管理办法的通知

关于印发集中开展安全生产领域“打非治违”专项行动实施方案的通知

关于贯彻落实江川县人民政府加强法制政府建设工作任务分工的通知

关于加强抚仙湖渔政管理防止蓄电池污染抚仙湖水体实施方案的通知

关于印发江川县2011年度土地矿产卫片执法检查工作实施方案的通知

关于印发江川县防治寄生虫促进

健康行动实施方案的通知

关于规范抚仙湖保护范围内建设项目前置初审管理的通知

关于印发江川县2012年消防工作意见的通知

关于以三项行动三项建设为主题深入开展安全生产年活动的通知

关于印发江川县农村集体土地确权登记发证工作实施方案的通知

关于印发江川县2012年民主评议政风行风工作方案的通知

关于印发江川县2012年双学双比活动工作意见的通知

关于成立星云湖一级保护区缓冲带建设工作管理局的通知

关于成立抚仙湖一级保护区缓冲带建设工程管理局的通知

关于加强农业保险服务体系建设的通知

关于加强和改进未成年人救助保护工作的实施意见

关于印发江川县2012年整治违法排污企业保障群众健康环保专项行动实施方案的通知

关于印发县政府办“一把手”权力运行监督制约工作制度的通知

关于印发江川县保卫党的十八大火灾隐患排查整治工作方案的通知

关于印发江川县加大城乡统筹力度促进农业转移人口转变为城镇居民工作目标责任考核办法的通知

关于印发江川县2011年度土地卫片执法检查工作方案的通知

关于印发江川县2012-2013年政府集中采购目录及限额标准的通知

关于成立公共资源交易中心建设工作领导小组的通知

关于切实加强森林植物及其产品实施检疫的通知

关于开展小（二）型水库工程管理单位水管体制改革工作的通知

关于江川县2012年第一批次江城镇建设项目用地被征地农民养老保险工作实施方案的通知

关于印发江川县县级储备粮管理办法的通知

关于印发江川县设施农用地管理办法的通知

关于印发江川县农村公路管理养护年活动实施方案的通知

关于印发江川县2012年食品安全重点工作实施方案的通知

关于加强全县经济运行分析工作的通知

关于切实做好江川县农村义务教育阶段学生营养改善计划的通知

关于印发江川县清理化解其他公益性乡村债务工作实施方案的通知

关于印发江川县2012年烟叶收购专卖管理工作方案的通知

关于印发江川县2012年清除烤烟自留种工作实施方案的通知

关于江川县2012年度保障性住房建设项目用地被征地农民养老保险实施方案的通知

关于成立江川县白河水库灌区节水配套改造项目工程管理局的通知

关于进一步加强道路交通安全管理工作的紧急通知

关于印发江川县2012年闲置土地清理处置工作方案的通知

关于成立江川县石漠化综合治理工程建设管理局的通知

关于印发2012年江川县开展食品安全8个专项整治行动方案的通知

关于成立江川县农村最低生活保障制度和扶贫开发政策有效衔接工作领导小组的通知

关于开展2009—2012年行政执法责任制评议考核的通知

关于印发江川县重大节假日免收小型客车通行费应急预案的通知

关于印发江川县县城生活垃圾处理费征收实施方案的通知

关于印发江川县行政复议工作规范化建设实施方案的通知

关于印发江川县行政机关与人民法院沟通协调工作制度的通知

关于成立江川县2011年保障性住房项目“10·13”生产安全事故联合调查组的通知

关于印发抚仙湖沿岸环境卫生管理办法的通知

关于印发江川县2012年妇幼健康计划实施方案的通知

关于开展全县安全生产大检查工作的通知

关于印发江川县查处取缔无照经营专项整治实施方案的通知

关于推进行政许可监察检查工作的实施意见

关于印发江川县乡镇（街道）为民服务中心和村（社区）为民服务站规范化建设实施方案的通知

关于成立江川县低丘缓坡土地综合开发利用专项规划编制工作领导小组的通知

关于印发江川县县级重点项目并联并行审批办法（试行）的通知

关于印发江川县行政调解工作规则的通知

关于开展农村居民违法占地清理工作的通知

关于印发江川县安全生产事故灾难应急预案的通知

关于印发江川县森林火灾处置应急预案的通知

关于印发江川县防汛抗旱应急预案的通知

关于印发江川县突发环境污染处置应急预案的通知

关于印发江川县处置大规模群体性事件应急预案的通知

关于印发江川县处置重大刑事案件应急预案的通知

关于印发江川县处置大规模恐怖事件应急预案的通知

关于印发江川县食品安全事故应急预案的通知

关于江川县技改扩建高端彩印生产线建设项目用地被征地农民养老保险工作实施方案的通知

关于江川县龙泉山工业园区仙水大道建设项目用地被征地农民养老保险工作实施方案的通知

关于江川县气象局气象探测环境保护项目用地被征地农民养老保险工作实施方案的通知

关于印发江川县突发性地质灾害应急预案的通知

关于印发江川县突发公共事件应急预案的通知

关于印发江川县突发公共事件医疗卫生救援应急预案的通知

关于印发江川县突发重大动物疫情应急预案的通知

关于印发江川县危险化学品安全事故灾难应急预案的通知

关于切实做好冬春旱季防火工作的通知

关于印发《江川县妇女儿童发展规划（2011-2020年）》和《江川县儿童发展规划（2011-2020年）的通知》

（张文丽）

【2012年县政府重要会议】 2012年全县烤烟生产工作会议

新型农村和城镇居民养老保险试点工作总结会议

市政府星云湖水污染综合治理调研汇报会议

市政府江川现场办公会议

第十四届人民政府第七次全体会议

2012年关心下一代工作会议

烟花爆竹安全生产专项检查工作会议

生态创建工作动员会议

2012年安全生产工作会议

2012年工业经济发展大会

2012年环境保护暨“两湖一库”保护治理工作会议

2012年发展改革和住房城乡规划建设工作会议

2012年残疾人工作会议

烟花爆竹企业整合工作会议

2012年重点工作重大项目推进大会

民政工作暨加强和创新社会管理工作会议

第二季度安全生产工作会议

2012年卫生工作会议

2012年金融工作会议

2012年防汛抗旱暨烤烟中耕管理工作会议

十四届政府第五次廉政和2012年行政效能建设工作会议

禁毒、消防、道路交通安全管理工作会议

2012年人力资源和社会保障工作会议

2012年环保专项行动暨污染减排工作会议

加大城乡统筹力度促进农业人口转变为城镇居民工作推进会议

十四届人民政府第八次全体会议暨2012年上半年经济运行分析会议

安全生产暨打非治违专项行动工作会议

创先争优活动总结表彰大会

第三季度经济运行暨推进全县各项目标责任书落实会议

加快推进民营经济发展大会

（赵　鹏）

【十四届人民政府主要工作】 十四届人民政府以来的五年是应对困难和挑战较多的五年，面对复杂多变的宏观经济形势和严重的自然灾害，县人民政府在市委、市政府的坚强领导下，在全县广大干部群众的共同努力下，以邓小平理论、“三个代表”重要思想和科学发展观为指导，强基础、抓项目，增投资、建生态、惠民生、维稳定、促和谐，全县经济社会平稳健康发展，各项社会事业全面发展。

1．坚持调结构、转方式、培产业，综合实力稳步提升。五年预计完成县内生产总值197.3亿元、财政总收入19.6亿元、地方财政收入14.6亿元、地方财政支出41.6亿元，分别是上一个五年的1.7倍、2.1倍、2.3倍和2.7倍，年均分别增长8.1%、15.6%、18.9%和24.3%。三次产业比重由2007年的27.3∶36.7∶36.0调整为25.0∶32.1∶42.9，结构更趋合理。

农业发展稳中有进，综合生产能力进一步提高。五年预计完成农业总产值79.6亿元，比上一个五年增长65.8%，年均递增11.2%。烤烟生产实现提质增效，累计实现烟农收入14.18亿元、烟叶税2.94亿元，分别是上一个五年的1.5倍和1.6倍，2011年被省政府评为“烤烟生产先进县”。农业产业化步伐加快，农业专业合作社达36个，农产品加工企业达16户。蔬菜、花卉、林业、畜牧、渔业巩固提升。农业实用技术和农业机械化推广力度不断加大，良种推广率达100%，财政补贴1114万元，推广各类农机具6094台（套），机械化率达43%。生态农业建设成效明显，累计认证有机、绿色和无公害农产品7个，无公害农产品（含水产品）基地达42.12万亩。

工业经济止跌回升，实现恢复性增长。五年预计完成工业总产值172.5亿元，是上一个五年的1.55倍，年均增长7.4%。2009年，天湖国际化工关停给全县工业经济带来严重影响，工业总产值由2008年的42亿元下降至2009年的22亿元，负增长47.3%，经过3年努力，恢复到2012年的46亿元，比2008年增长14.2%。五年来，财政累计投入工业发展资金1.73亿元。为企业置换贷款3.23亿元。规模以上企业达29户，非公经济达8858户。着眼工业经济长远发展，启动龙泉山生态工业园区建设，园区总规、控规和水、电、路基础设施建设基本完成，两个入园项目稳步推进。小白坡工业产业片区完成总规、环评编制，全县工业经济基本形成以现有企业为支撑、龙泉山生态工业园区为增长极、小白坡工业产业片区为辅助的发展布局。

第三产业加快发展，活力不断增强。五年预计完成第三产业增加值82.36亿元，是上一个五年的1.96倍，年均增长12.1%。仙湖锦绣项目完成一期审批、征地等工作，九龙国际会议中心项目稳步推进。五年累计接待游客745万人次，实现旅游总收入24.92亿元。房地产、金融业加快发展。引进外来企业、撬动民间资金开发了滇中湖畔、财富广场等房地产项目，玉溪商业银行等3家银行新入驻江川，

扶持成立3户融资担保机构，2012年末金融存贷款余额分别达72.99亿元、44.4亿元，分别比2007年末增加41.28亿元、25.42亿元，存贷比达60.83%。商贸流通繁荣活跃，苏宁、华联等知名连锁企业相继入驻，建成“万村千乡”农资农家店87个。“家电、汽车、摩托车下乡”拉动居民消费3.21亿元。对外贸易扩大到21个国家和地区，出口商品增加到3类12种。“开渔节”节庆效应更加明显，荣获“中国生态美食名县”称号。

2．坚持谋长远、抓机遇、强基础，发展后劲逐步增强。紧紧抓住中央扩大内需机遇，加快推进以农田水利、交通、电力、市政等为重点的基础设施建设，五年累计争取扩大内需项目74个，资金3.4亿元。完成固定资产投资139.2亿元，是上一个五年的1.43倍。五年累计投入5亿多元，实施各类农田水利工程3056件，改造中低产田（地）17万亩、中低产林2.34万亩，改善灌溉面积11.2万亩，实施农村抗旱供水应急系统改扩建工程，解决了10.87万人的饮水问题。有效应对4年连旱，被省委、省政府评为“抗旱减灾先进县”。累计投入1.5亿元，实施“一事一议”财政奖补、整村推进扶贫、民族团结示范村建设等项目457项。累计投入3.8亿元，新改扩建城乡道路39条153千米，行政村公交车通达率达90%。完成前卫、九溪输变电工程改扩建。投入5739万元，完成渔文化广场、湖滨路、文祥街延长线等13项市政工程。县城建成区达5.3平方千米，新建星云湖南北片区两座污水处理厂，城市生活污水、垃圾无害化处理率分别达81%、100%，城镇化率提高到35%，连续荣获“省级卫生县城”称号。

3．坚持抓生态、重治理、强保护，生态环境持续改善。落实“退、调、保”政策，完成抚仙湖退田还湖2799亩和920亩一级保护区缓冲带建设。完成李忠村等15项村落环境综合整治工程，完成大鲫鱼河流域等综合治理工程3项，“两湖”主要入湖河道环境综合整治和农村面源污染治理初见成效。星云湖蓝藻、水葫芦打捞实现常态化。18户企业通过清洁生产验收。五年完成植树造林8.43万亩，巩固退耕还林1.43万亩，治理水土流失48平方千米。荣获“国家级生态示范区”、“全国生态文明先进县”称号。

4．坚持抓统筹、促协调、惠民生，社会更加和谐进步。累计投入民生支出28.2亿元，占地方财政支出的67.7%，是上一个五年的2.7倍。保障体系日益完善。累计新增就业岗位10121个，实现失业人员再就业3991人，城镇登记失业率控制在3.5%以内。兑付新型农村合作医疗补偿资金1.99亿元，254万人次受益。发放最低生活保障、医疗救助等各类救助金8605万元。发放新型农村和城镇居民养老保险、被征地农民养老保险、医疗保险等各类社会保障资金8.9亿元。投资1000多万元，建成县中心敬老院。投入资金3亿多元，建成保障性住房1066套，在建2184套，发放廉租住房租赁补贴816万元，完成农村民居地震安全和危房改造10402户。农民人均纯收入、城镇居民人均可支配收入分别达7680元、21000元，均是2007年的1.9倍。人均储蓄余额达16948元，是2007年的1.48倍。每百户家庭拥有汽车25辆，网络宽带、数字电视用户分别达18606户和54974户。社会事业加速发展。投入各类教育补助经费1.77亿元，义务教育阶段学生实现全免费入学，3.45万名农村义务教育阶段学生享受到免费营养早餐。新建校舍9.9万平方米，完成德馨苑（职教小区）建设，为2200多名教职工解决了住房问题。荣获省级“教育先进县”称号。卫生事业不断发展，基本药物实现零差率销售，投资3300万元的县医技大楼投入使用，完成7个乡级卫生院、66个村级卫生所改扩建，农村初级卫生保健实现全覆盖。手足口、霍乱等传染性疾病得到及时有效防控。文化信息资源共享工程圆满完成，乡镇文化站、行政村农家书屋、中央及省市共6套无线广播电视节目实现全覆盖。保持“全国文化先进县”称号。行政村体育基础设施覆盖率达75%以上。人口自然增长率控制在5‰以下。圆满完成第二次全国经济普查和第六次全国人口普查工作。社会保持和谐稳定。“五五”普法和“三五”依法治县工作取得实效。严厉打击各类违法犯罪，社会管理综合治理扎实推进。接访下访和矛盾纠纷“大调解”机制不断完善，各类社会矛盾有效化解。安全生产形势总体稳定，禁毒防艾、“平安先进县”创建工作不断深入。统计、科技、气象、老龄、档案、双拥、侨台、防震减灾等工作成效明显，各项社会事业协调发展。

5．坚持抓作风、提效能、树形象，自身建设不断加强。深入开展“三个一”主题实践、“四群”教育和“作风建设年”活动，推行“一线工作法”，实施目标倒逼管理工作305项，严格行政问责，行政效能得到提升，工作作风进一步转变，廉政建设得到进一步加强。严格执行“三重一大”集体决策制度，研究重大决策、重要项目、重要干部任免和大额度资金使用369项。深化行政审批制度改革，清理行政审批项目353项，审批时限压缩一半以上。自觉接受人大、政协监督，五年共办理人大代表建议499件、政协委员提案416件，办结率100%。修订完善《江川县突发公共事件应急预案》等23个专项预案，公共安全和突发事件应对能力进一步提高。完成重大决策听证40项、重要事项公示2014项、重点工作通报3254项；受理政务信息公开查询1929次，政府行政行为更加公开透明。

（周　新）

【人大代表建议和政协委员提案办理】　2012年共收到人大代表建议91件。经过各承办单位的共同努力，全部建议于7月30日办理完毕，办复率为

100%。其中，工交建设类30件，占建议总数的32.9%；农业基础设施类36件，占建议总数的39.5%；资源环境类7件，占建议总数的7.6%；社会事业类10件，占建议总数的10.9%；党群政法类7件，占建议总数的7.6%；财贸金融类1件，占建议总数的1%，转信访处理的3件。代表对办理结果表示满意的84件，占建议总数的92.3%；代表对办理结果表示基本满意的7件，占建议总数的7.7%。

2012年共收到政协委员提案83件，经审查立案81件，立案率达97.6%。其中，委员提案56件，占69.1%，集体提案25件，占30.9%。按提案类别分，工交城建类39件，占48.2%；财贸金融类2件，占2.5%；农林水土类15件，占18.5%；科教文卫类15件，占18.5%；党群政法类10件，占12.3%。截止2012年9月底，81件提案已办复完毕。提案者对提案办理结果表示满意的76件，满意率93.8%，基本满意的5件，基本满意率6.2%。

（周留明）

行政效能建设

【概　述】 2012年，江川县人民政府在市委、市政府的领导下，紧紧围绕“五大”战略和“三大”目标，以科学发展观为指导，抓住国家新一轮西部大开发、省委省政府实施“两强一堡”战略和实现“四个翻番”、“两个倍增”目标要求，以科学发展为主题，以加快转变经济发展方式为主线，以建设法治政府、责任政府、阳光政府、效能政府为抓手，以改善行政管理、提高行政效率、优化发展环境为重点，以开展作风建设年、“四群”教育及创先争优活动为动力，以“转变职能、服务经济、方便群众、树立形象”为目的，按照“抓效能就是促发展，提效能就是促进步”的思路，肯定成绩找差距，多措并举提效能，全县行政效能建设工作取得新成效。

结合省、市加强政府自身建设有关文件要求，印发《江川县人民政府办公室关于进一步加强政府自身建设有关工作的通知》，进一步完善加强政府自身建设的组织领导，将政府自身建设2012年工作内容进行细化分解，落实具体牵头和协办部门。召开江川县第十四届人民政府第五次廉政暨行政效能建设工作会议上，对2011年行政效能建设工作成绩突出的17个先进集体进行表彰奖励，有效调动各乡镇、各部门加强行政效能建设的积极性。县行政效能建设领导小组不定期组织相关人员组成督查组，采取书面督查、听取汇报、现场询问等方式对7个乡镇（街道）和37个部门的效能建设情况及法治、责任、阳光、效能政府16项制度的落实情况进行督促检查，推动行政效能建设工作开展。

【效能政府建设】 行政绩效管理得到加强。强化绩效审计工作，完成投资建设项目绩效、前置审计65项，核减投资额1810.6万元、收缴财政623.8万元、调帐处理1379.5万元、归还原资金渠道153万元。行政成本控制工作稳步推进。加强公务用车配备、采购和使用管理，严格会议庆典论坛审批、出省考察和办公楼等楼堂馆所维修改造控制，强化因公出国、出境部门审批管理，科学确定了我县2012年行政机关行政成本控制涉及的29家单位的主要内容及目标，135个单位纳入公务卡结算，发放公务卡5069张。行政行为监督扎实有效。认真排查本单位本部门的关键岗位和重点环节，确定关键岗位233个，重点环节326个，风险点502个，制定防范措施620条。积极推进电子监察系统建设，完成行政审批事项清理353项；受理行政许可审批事项11794件，办结11794件，办结率100%。行政能力提升稳步推进。全县44个单位实施行政能力提升制度，共举办各类培训专题198次，确定57项倒逼管理重点工作。

【机关作风建设】 推进法治政府、责任政府、阳光政府四项制度实施，继续巩固提高法治、责任、阳光政府系列制度成效。将责任政府四项制度中服务承诺、首问责任、限时办结和阳光政府四项制度听证、公示、通报的相关要求贯穿于效能政府四项制度始终，通过实施行政问责，推动各项制度实施，使政府自身建设系列制度进入常态化、规范化实施轨道。全县完成重点工作通报949条，重要事项公示735条，重大决策听证18项。督办县人大代表建议、县政协委员提案172件，其中，承办市、县政协委员提案1件，办结率达100%。落实领导牵头包案责任制，深入开展矛盾纠纷排查，完善定期排查机制，受理人民群众来信来访222件461人次，已办结204件，结案率达92%，与上年同期143件290人次相比，分别上升15.5%和15.8%。

【重点工作督查】 进一步完善政府工作督查机制和统一考评机制。一是坚决落实县政府对乡镇（街道）和县属部门工作集中统一考评制度，将县政府对乡镇（街道）、部门的26项单项目标考核内容全面纳入行政效能实行全面统一考核，精简考核人员，缩短考核时间，受到基层广大干部群众好评。二是加大重点工作督查力度，将省人民政府2012年重点督查的20个重大建设项目和20项重要工作、市人民政府2012年重点督查的20项重要工作及十件实事完成情况、县人民政府工作报告任务分解和县级部分重点项目推进情况纳入重点督查范围，对督查发现的问题及时责令相关负责人进行整改，有效推进各项工作落实。在省政府年初确定的重点督查20项重点工作和 20项重大建设项目中，江川县涉及20 个大项，26个具体项目；市政府年初确定的重点督查20项重要工作和10件实事中，江川县涉及 8个大项，20个具体项目。省市重点工作涉及江川县共计46 个具体项目，已经完成或者超额完成上级

任务的有34项，跨年度实施、正在稳步推进的有12项。

【专项督查】 采取书面督查、电话督查、现场督查等方式，重点对县委、政府作出的重要决策、部署、重要批示和重点项目建设推进情况、政府工作报告任务分解、市政府在江川召开的两个现场办公会、省市20项重点工作、四项制度、行政效能建设、政府信息公开、电子政务工作等贯彻落实情况进行多次督促检查，按时按质上报省、市督办材料140份，印发《江川督查专报》13期。

【党风廉政建设】 认真贯彻落实党风廉政建设责任制，高度重视政府系统党风廉政建设，严格执行《江川县党政机关厉行节约若干问题专项工作实施方案》、《江川县加强党政“一把手”权力运行监督制约暂行办法》，积极开展廉政谈话、述职述廉和作风建设评议等制度。召开江川县行政效能建设暨廉政建设工作会议，对建设廉洁政府，确保厉行节约各项指标任务圆满完成作了具体安排，切实强化权力的监督制约，避免“一把手”决策“一手拍”、用人“一句话”、花钱“一支笔”情况的发生。成立公共资源交易中心，所有公共资源交易项目全部纳入中心集中交易，有利益规范交易行为，实现交易公平、公正、公开。

法制工作

【法制机构和制度建设】 为适应政府法制工作需要，县机构编制委员会于2012年6月将县人民政府法制办公室明确为正科级，设主任1名（正科级），副主任1名（副科级）。

2012年6月制定下发《江川县人民政府办公室关于贯彻落实江川县人民政府加强法治政府建设工作任务分工的通知》文件，对全面推进法制政府工作进行安排部署，明确各乡镇（街道）和部门的工作任务和要求。制定出台行政许可监督检查、行政机关与人民法院沟通协调、行政调解等工作制度，为全面推进依法行政工作提供制度保障。

【执法培训和证件管理】 2012年，江川县认真组织各乡镇（街道）和部门行政执法人员参加省市组织的各类学习培训，组织安排42名行政执法人员参加市政府法制办组织的新办证执法培训；42人参加市政府组织的行政执法人员证件审验培训。

【行政执法案卷评查】 县政府法制办按照《江川县人民政府办公室关于进一步做好行政执法案卷评查办法等四项制度工作的通知》（江政办发〔2009〕135号）要求，对全县各部门一年来所办理的案件中的186件行政执法案件和58件行政许可案件进行评查，两类案件评查平均分值分别为98.5分和99.5分，均达到优秀案件的档次。

【规范性文件管理】 江川县认真贯彻执行省政府129号令，严格执行规范性文件登记和备案审查制度。强化规范性文件的日常监督和管理，继续执行《县属行政部门定期上报本部门所发文件目录制度》。各乡镇（街道）和部门于每季度末月25日向县政府法制办上报本季度所制定下发的文件名称目录，由县政府法制办对各部门所发文件进行抽查，加强规范性文件的制定、登记和备案工作的平常监督检查。2012年，全县共制定规范性文件10件，并按程序及时上报市政府法制办登记和备案，现已公布实施。

【重大决策听证】 全县共组织开展重大决策听证16项，并严格按照重大决策听证制度实施细则的规定，及时在重大决策听证信息网络平台上发布相关的信息。

【行政审批制度改革】 为推进行政管理体制创新，进一步转变政府职能，江川县组织开展新一轮行政审批项目集中清理工作。依照《中华人民共和国行政许可法》等法律法规的规定，认真对照国务院和省、市政府决定取消和调整的行政审批项目目录，经严格审核论证，县人民政府决定：保留县人民政府行政审批项目21项、保留县级部门行政审批项目131项、保留县级部门初审转报行政审批项目12项、保留县级部门正常工作管理审批项目49项、保留乡镇人民政府街道办事处行政审批管理项目17项，合并县级部门行政审批管理项目20项，取消县级部门行政审批管理项目88项。

【行政复议规范化建设】 为贯彻实施好《行政复议法》、《行政复议法实施条例》，江川县及时制定《江川县人民政府办公室关于印发江川县行政复议工作规范化建设实施方案的通知》（江政办发〔2012〕112号），对部门行政复议受理、调查、决定等程序进行了规范，并将行政复议规范化建设列入行政效能考核内容。县政府主要领导负总责，县政府法制办领导具体抓，并亲自参与行政复议案件审理。一年来，县政府共受理行政复议案件3起，一起为林业行政处罚案件，经调解后，申请人撤回行政复议申请；两起为土地行政处罚案件，现已结案，均作出维持原处罚决定的决定。

（周留明）

人民防空

【机构设置】 省市召开人防会议后，下发《关于进一步推进人民防空事业发展的实施意见》，县人防办积极汇报，纳入城市建设规划委员会，配备人武部干部作为兼职副主任；按照玉机编〔2012〕20号和江机编〔2012〕7号文件，江川县人民防空办公室于7月底从县政府办公室的内设机构正科级单独设置为江川县人民政府的正科级其他机构。

【职能履行】 江川县人防办作为县国防动员委员会的成员单位和县人民政府防空工作的主管部门，认真履行其工作职责，在上级主管部门的领导和上级业务部门指导下，认真执行江川县人民政府2007年7号公告（《江川县人民政府关于加强防空地下室建设的决定》）和省发改委、省财政厅、省人防办云计价格〔2002〕635号文件（《关于调整我省防空地下室易地建设收费标准的通知》），积极与建设、发改、工信、国土、财政等部门密切配合，开展人防地下室建设行政审批和易地建设费收缴等工作。经过省市县人防办逐级审批，实现财富广场、江磷文苑两个大项目防空地下室建设面积零的突破，景华苑防空地下室项目通过审查，防空地下室建设正在进行中。对不适宜修建防空地下室的项目进行易地建设行政审批，按相关规定收取费用并全额缴入财政专户。

【人防工程清理整改】 按照省市安排，为确保清理整改工作落实到位，县政府及时成立以分管副县长任组长的整改落实工作领导小组，并制定印发《江川县人防工程建设管理规范行政行为整改落实工作实施方案》（江政办发〔2012〕31号），明确清理范围、清理时限及整改措施，同时多次召开专题研究，对清理整改落实工作进行安排部署。分三个阶段进行对2008年1月1日以来，城市规划区内结合新建民用建筑修建防空地下室建设项目和易地建设费征缴情况进行清理。

【易地建设费收取入库】 按照江川县人民政府2007年7号公告（《江川县人民政府关于加强防空地下室建设的决定》）和省发改委、省财政厅、省人防办云计价格〔2002〕635号文件（《关于调整我省防空地下室易地建设收费标准的通知》），对不适宜修建防空地下室的项目进行易地建设行政审批，按相关规定收取费用全额缴入财政专户。

【警报器维护管理】 对全县按布局设置的警报器和车载台进行档案、图片资料完善，并与相关单位和人员签订目标管理维护安全责任书，使管护使用更加规范化，确保2012年9月18日警报试鸣取得成功。

（宋伟华）

信　访

【概　述】 一年来，在县委、政府领导和上级信访部门指导下，江川县信访局贯彻落实中央、省、市关于做好信访工作的一系列重要精神，紧紧围绕“确保党的十八大顺利召开”目标这一大局，落实科学发展观，以解决群众的合法权益为出发点和落脚点，切实解决一大批事关群众切身利益的实际问题，许多重大疑难信访案件得到妥善处理，为全县经济社会发展创造良好、稳定的社会环境。

【受理来信来访】 一年来，县信访局共受理人民群众来信来访282件602人次,已办结279件，结案率达98%。其中受理上级党政机关交办信访案件79件100人次。网上信访件5件；县领导交办62件124人次。接待和处理集体上访23批321人次。非正常上访3批4人次。反映的主要问题集中有：土地征用问题、民办教师要求解决老有所养问题、涉法涉诉问题、申请农村住房宅地基问题、四清人员申请困难补助费问题、农村赡养老人问题、申请困难补助等几个方面。

全年县乡（镇）两级（含县属有关部门）信访组织共受理人民群众来信来访2514件次，其中来信91件，来访2423件次。按性质分：反映建议类325件次，申诉类121件次，求决类1906件次，其他类162件次。按层级分：县信访局共受理681件，县属有关部门共受理1512件，乡镇共受理321件。

【信访工作会议】 2012年2月28日，组织召开全县信访工作专题会议，对2012年信访工作作出专题部署；5月31日，组织召开会议，专题研究部署积案化解和矛盾纠纷排查工作；6月7日，县委召开第13次县委常委会，专题研究信访维稳工作，对全县信访维稳工作提出明确要求，并作安排部署。按照县委要求，6月12日，召开全县维护社会稳定工作会议，对全县下一阶段的信访维稳工作作具体安排部署；9月5日，县委、政府再次召开全县社会稳定工作会议，再动员、再部署，明确责任，强化措施。

【坚持三个制度】 按照《中共云南省委办公厅云南省人民政府办公厅关于印发〈云南省领导干部定期接待群众来访工作制度〉等三个制度的通知》（云办发〔2009〕8号文件），坚持做好“书记、县长接待日”接访工作和约访、下访工作15年不间断，特别是自2012年3月起，每月增加一次“书记、县长接待日”（即每月10日）。同时，乡镇党政领导随时接待群众来访，实现接访工作常态化。全年，书记、县长接待日共接待群众信访件131件，455人次，立案交办129件，办结129件，办结率达100%；结合“四群”教育、包村组工作以及新农村建设等工作，领导干部进村入户联系群众，深入开展下访工作，认真听取群众意见建议，切实为群众解决困难和问题，取得明显成效。据初步统计，县级领导和各单位领导进村入户1000余人次，进一步密切党群干群关系，得到群众认可和肯定。通过开展领导干部接访下访工作，为群众解决了一批实际困难和问题。

【十八大和国庆期间信访工作】 根据中央、省、市的文件要求，为做好党的十八大和国庆节期间的信访工作，确保江川县不发生赴省、进京上访滋事，不发生影响社会稳定的群体性事件，中共江川县委、县政府高度重视，采取有力措施，周密部署、精心安排，明确要求把做好国庆节期间和党的十八大期间的信访工作作为一项重要的政治任务。实现国庆节和党的十八大会议期间重要时段内赴省、进京“零上访”工作目标。

【矛盾纠纷排查】 2012年以来，县委、县政府把矛盾纠纷排查作为维稳的基础性工作来抓，定期排查与专项排查相结合，多次对全县可能影响社会稳定的各种矛盾纠纷和问题进行深入排查。县级每半月一排查，乡镇每周一排查，村级每天一排查，县属各部门也对辖区内的矛盾纠纷进行深入细致的排查，做到矛盾纠纷排查“横向到边、纵向到底、不留死角”，确保矛盾纠纷底数清、情况明。对排查出的矛盾纠纷和信访问题进行分类梳理，建立村、镇、县三级台账，实行动态管理。全年信访局第一批共排查各种矛盾纠纷29件，成功化解23件；第二批共排查矛盾纠纷2件。共计31件矛盾纠纷正在积极化解。对排查出来的矛盾纠纷案件，江川县按照“属地管理、分级负责、谁主管、谁负责”的原则，严格落实领导包案责任制，将化解责任逐级分解到县级领导、责任单位和责任人，逐一研究化解。对可能引发群体性事件的矛盾纠纷或信访案件，按照一个问题、一名领导、一个班子、一套方案的要求限期调处，严防事态扩大，维护全县社会和谐稳定。对暂时不能化解的矛盾纠纷，按照“一对一”、“五包一”的要求，由包案领导和责任单位、责任人负责，认真做好思想疏导工作，确保小事不出村、大事不出镇、矛盾不上交，落实“坚决杜绝发生进京非访，坚决防止大规模到市赴省进京集体访”的要求。

【信访案件督办查办】 紧紧围绕“案结事了、息诉息访”的工作目标，办结一批信访积案，信访秩序进一步规范和好转。为切实化解信访积案，减少信访存量，江川县全力推动领导包案制，加大督办力度，因案施策化解积案，做到不留尾巴。全年全县共排查梳理出22件信访积案，已成功化解6件并录入全国信访信息系统。其余16件由市县两级领导分别包案（市级领导包案4件，县级领导包案12件），包案领导亲自过问、亲自协调，千方百计化解积案。

对特殊疑难信访案件，江川县按中央、省、市的工作要求，严格申报、严格审核、逐件上报审批。全年共使用特殊疑难信访问题专项资金82.3万元（其中县级配套资金13.75万元），解决特殊疑难案件33件。

加大“两清”工作办理力度。2012年，省“两办”信访局下发清单中涉及江川县的信访件6件，市信访局下发清单中涉及江川县的信访件7件，对以上省、市列出的13件未清理的信访件，江川县成立“两清”工作领导小组，并于7月10日启动清理工作，通过认真细致的工作，13件网上信访件清理工作已在规定期限内完成。

【督办和督查工作】 在信访案件查办过程中，始终坚持定包案领导、定责任单位、定办案负责人的“三定”原则，对已转交办信访案件实行跟踪督办，对疑难信访案件和非正常上访案件，组织召开联席会议，逐案进行研究，由责任单位最终形成处理意见，告知信访人并不定期对信访人进行回访；严格按照“属地管理”和“谁主管、谁负责”的工作原则，及时把信访件交由有权处理信访问题的行政机关办理，严格按照办理时限回复信访人，做到件件有落实，事事有回音；加大督查工作力度。由“两办”牵头，信访局参与组成三个督查工作组，对各乡镇、街道和各部门的信访维稳工作进行专项督查，确保工作落实到位。

（高 洁）

政协江川县委员会

【县政协主席、副主席、常委名录】

主 席 黄文柱

副主席 刘跃宁

郭开明

杨吉英（女）

李绍华

常 委 （按姓氏笔画排列）

平雪刚

任洪冰（傣）

刘云虹（女）

刘长生

李仕华

李佳能

李思源

杨四代

杨军莘（女）

杨宝英（女）

张旭刚

张社华

张德厚

罗汉江

周亚烜

郑 霄

赵龙日（朝鲜族）

胡宇翔

龚贵生

释智德

【县政协各委室机构负责人名录】

办公室

主 任 胡宇翔（2012.11离任）

张江景（2012.11任）

副主任 侯国芬

郑光辉

提案委员会（2012.11更名为提案联络委员会）

主 任 陈林柱（2012.11离任）

副主任 潘兴江（2012.11离任）

提案联络委员会
主　任　陈林柱（2012.11任）
副主任　潘兴江（2012.11任）
经济科技委员会（2012.11更名为经济委员会）
主　任　杨明顺（2012.11离任）
副主任　李跃东（2012.11离任）
经济委员会
主　任　杨明顺（2012.11任）
副主任　李跃东（2012.11任）
教文卫体文史委员会（2012.111月更名为科教文卫体委员会）
主　任　白云波（2012.11离任）
副主任　孙绍明（2012.11离任）
人口资源环境委员会
主　任　马树良
副主任　付兴德
民族宗教联络委员会（2012.11更名为民族宗教法制委员会）
主　任　张德厚（2012.11离任）
副主任　普金妹（2012.11离任）
　　　　潘兴建（2012.11离任）
民族宗教法制委员会
主　任　张德厚（2012.11任）
副主任　普金妹（2012.11任）
　　　　潘兴建（2012.11任）
文史委员会（2012.11成立）
主　任　张传礼（2012.11任）
副主任

【概　述】 2012年，县政协七届常委会在中共江川县委的领导下，始终坚持以邓小平理论、“三个代表”重要思想为指导，深入贯彻落实科学发展观，牢牢把握团结和民主两大主题，紧紧围绕中心，认真履行政治协商、民主监督、参政议政职能，切实发挥协调关系、汇集力量、建言献策、服务大局的重要作用，为江川科学发展作出应有贡献。

【政协江川县第七届委员会第五次会议召开】 政协江川县第七届委员会第五次会议于2012年2月4日至6日在县城举行，应出席委员171人，实到168人。会议全面总结政协江川县七届四次会议以来的工作，提出2012年的工作意见。会议审议通过主席黄文柱代表政协江川县第七届委员会常务委员会所作的工作报告和副主席杨吉英代表政协江川县第七届委员会常务委员会所作的提案工作情况报告；听取县长葛勇代表县人民政府所作的《江川县人民政府工作报告说明》，书面协商讨论《江川县人民政府工作报告》、《江川县2011年国民经济和社会发展计划执行情况与2012年国民经济和社会发展计划（草案）的报告》、《江川县2011年地方财政预算执行情况和2012年地方财政预算（草案）的报告》；书面协商讨论《江川县人民法院工作报告》、《江川县人民检察院工作报告》；审议通过县政协七届五次会议期间提案审查情况的报告和县政协七届五次会议决议。会议期间，委员们积极协商议政，围绕经济结构调整、发展方式转变、农业现代化、工业经济扩量提质、旅游文化产业发展、高原湖泊生态县建设、生态环境建设保护、社会管理创新等重大问题提出许多意见和建议。

【常委会议】 2012年，政协江川县第七届委员会常务委员会举行第二十八次至第三十七次常委会议。

1月16日，召开七届第二十八次常委会议，会议审议通过政协七届五次全会召开的相关事宜；审议通过《政协江川县第七届委员会常务委员会工作报告》（草案）、《政协江川县第七届委员会常务委员会关于七届四次全会以来提案工作情况的报告》（草案）；协商增补县政协委员1名；听取县国土资源局、县残联工作情况通报。

2月6日，召开七届第二十九次常委会议，会议审议通过《政协江川县七届五次会议决议》（草案），并决定提交政协七届五次会议进行审议。

2月22日，召开七届第三十次常委会议，会议审议通过《政协江川县委员会2012年工作要点》（草案）；审议通过《政协江川县委员会调研视察工作暂行规则》（草案）；听取县政协开展“四群”教育实行干部直接联系群众制度和开展“作风建设年”活动的进展情况的通报；协商增补县政协委员1名；

6月11日，召开七届第三十一次常委会议，审议通过《关于江川县道路公交运营管理情况的调研报告》、《关于江川县餐饮业食品安全情况的调研报告》和《关于江川县山区少数民族人畜饮水情况的调研报告》。县委常委、县纪委书记郭永生应邀参加会议，并对政协围绕民生、开展专题调研给予高度评价。

8月31日，召开七届第三十二次常委会议。会上，受县长葛勇委托，副县长陈川明向常委会通报2012年上半年全县经济社会发展情况，同时县发改局和财政局分别就2012年上半年国民经济和社会发展执行情况、2012年上半年财政执行情况作出书面通报；县政协副主席、县委统战部长刘跃宁作“江川县贯彻落实市委政协工作会议精神情况”的通报；民族宗教联络委作县政协七届一次会议以来委员变动情况的通报；协商免去政协委员一名。

9月5日，召开七届第三十三次常委会议，专题协商江川撤县设区相关事宜。会议听取县委常委、常务副县长李东林所作的关于江川撤县设区的相关情况说明，审议通过《政协江川县委员会关于江川撤县设区的意见》（草案）。

10月18日，召开七届第三十四次常委会议。会议听取县工信局、县水利局工作情况的通报；听取县政协提案委关于重点提案办理视察情况的通报；民主评议县人口和计划生育局工作。

11月28日，召开七届第三十五次常委会议。会议书面通报县政协《关于江川县集中开展排查整治突出治安问题工作情况的视察报告》和《关于江川县城镇保障性住房建

设和管理情况的视察报告》；进行相关人事任免。

12月17日，召开七届第三十六次常委会议。会议审议通过政协江川县第八届委员会委员名单；审议通过政协江川县第八届委员会第一次会议召开时间及议程。

12月29日，召开七届第三十七次常委会议。会议审议通过政协江川县第八届委员会第一次会议召开有关事项；审议通过《政协江川县第七届委员会常务委员会工作报告》（草案）和《政协江川县第七届委员会常务委员会提案工作情况的报告》（草案）。

【政治协商】　坚持以全体会议、常委会议、主席会议为协商平台，精心组织全会协商、专题协商，直接参与决策协商，与县委、政府良性互动，倾注真情，优势互补，促进科学民主决策。在七届五次全会期间，组织委员及列席会议的县委政府领导、职能部门负责人、县处级退休老领导、非公经济代表人士等，以听取报告、分组讨论的形式，对“一府两院”报告进行协商讨论。全会各项会务工作组织有序，尤其是重视分组讨论环节的组织引导工作，形成委员畅所欲言、党委政府领导积极反馈的民主协商氛围。专题协商江川县撤县设区，提出协商意见报送县政府作决策参考。县政协领导通过列席县委常委会议以及县委、政府重要会议，就重大项目、重点工作、重要事项等听取情况介绍，积极建言献策，当好县委、政府的决策参谋。

【民主监督】　坚持民主监督的有效形式，不断拓宽监督面，真诚交流，提出建议，推动部门工作顺利开展。适时听取县政府经济社会发展情况通报、发改局国民经济和社会发展计划执行情况报告、财政局财政预算执行情况报告，听取政府副县长分管工作情况通报，听取县水利局、交通局、食药监局、工信局、人口和计划生育局工作情况的通报，为常委知情明政、履行职能创造条件。民主评议人口和计划生育局的工作，并形成《民主评议意见》报送县委、政府作参考。支持委员应邀担任检察、公安、税务、工商、质监、电力等单位特约监督员。组织农村委员列席乡镇人大会议，参加领导班子民主测评暨领导干部述职述廉评议、专项工作座谈会、民意调查会、听证会、案件审理旁听。组织机关委员参与中高考巡视、退耕还林检查验收、星云湖鱼苗投放监督、普法检查验收、企业排污检查、食用油质量排查等，开展多层面的民主监督活动。

【参政议政】　坚持“在服务中参与、参与中服务、监督与参与并重”的原则，竭诚尽智，齐心协力，助推县委、政府中心工作。一是按照“围绕中心、精心选题，深入调研、科学分析，民主协商、合理建议”的工作要求，积极组织委员开展道路公交运营管理、餐饮食品安全、地下水资源开采等9项专题调研视察，并形成调研视察报告报送县委、政府作决策参考；指导委员活动组联系乡镇、部门工作实际开展调研视察，提出针对性、操作性较强的意见建议；积极配合省、市政协开展调研视察，努力争取上级对江川经济社会发展的关注和支持。二是政协机关领导干部深入“四群”教育联系点河咀社区，收集反映社情民意23条；筹集资金近17万元，支持社区兴修水利、改建公厕、搭建便桥、清洁村居环境卫生，帮助困难群众搞好春耕生产，解决困难群众生活困难；向有关部门协调解决河咀六组46.3亩耕地退田还湖的土地租金补偿，维护群众利益。按照县委、政府安排，县政协领导积极参与“仙湖锦绣”项目建设、抚仙湖大鲫鱼河流域环境综合整治、龙泉山生态工业园区建设、小马沟冯家湾生态旅游村建设、星云湖退田还湖、两湖入湖河道治理、农村环境卫生整治、联系乡镇等重大项目、重点工作的推进。牵头组织实施星云湖南岸防洪治污及湖滨生态修复工程、县城五岔路口至伏家营路段扩建绿化亮化工程。

【提案办理】　县政协七届五次会议期间，共收到提案83件，经审查立案81件。其中集体提案27件，占33.3%；委员提案54件，占66.7%。按类别分：工交城建类39件，占48.2%；财贸金融类2件，占2.5%；农林水土类15件，占18.5%；科教文卫类15件，占18.5%；党群政法类10件，占12.3%。常委会坚持“主席、副主席领衔督办重点提案，委室督办重要提案制度”，在具体督办中，通过与县政府领导交换意见、配合县政府交办提案、组织委员视察重点提案办理情况、会同承办单位与委员面商、定期跟踪问效等工作，促使提案全面办理。提案办复率、综合满意率均达100%。

【文史资料编辑出版】　县政协领导亲自向相关部门、单位约稿，文史委深入乡镇召开文史资料征稿会，挖掘稿源，破解稿件征集难题；严把政治关、史料关、文字关，编辑出版《江川文史资料》第二十五辑；《江川文史资料合集（一至二十三辑）》被评为省政协优秀文史图书一等奖；积极配合市政协做好文史资料组稿工作，发挥文史资料“存史、资政、团结、育人”作用，为“文化兴县”战略实施作出贡献。

【联络联谊工作】　把握团结和民主两大主题，发挥委员、工商联等政协参加单位联系各族各界人士的优势，增进与社会各界人士的感情，帮助解决实际困难；做好上级政协和外地政协参观考察的服务工作，组织县政协退休干部参观市、县部分重点工程建设情况，让他们了解江川经济社会发展情况；积极宣传民族宗教政策及有关法律法规，为宗教活动场所基础设施建设协调资金160多万元，促进民族团结、宗教和谐；组织委员视察综治维稳等社会管理工作，旁听法院案件审理，参加“开门评警”活动；县政协领导主动参与矛盾纠纷调处化解，共同维护社会和谐稳定。

【自身建设】 坚持抓“学习、创新、执行、保障”四个环节，全面推进“学习型、创新型、效能型、服务型”政协建设。继承发扬政协自我学习的优良传统，坚持委员活动日学习制度、机关定期学习制度，采取集中学习与分散自学相结合、听专题讲座与讨论相结合、学习与政协履职实践相结合等方式，紧扣上级党委重要精神、政协重要理论以及县委部署的“创先争优”和“四群教育”等一系列活动，深入地进行学习和实践，不断提高政协委员、机关干部的政治素质、理论水平和业务能力。按照政协履职制度化、规范化、程序化要求，密切联系工作实际，制定《调研视察暂行规则》，规范调研视察工作。树立“有为才有位，务虚务实并重”的工作理念，切实加强对委室工作的领导和委员活动组的指导，认真研究安排调研视察、提案、文史资料、委员服务管理等经常性工作。在省、市政协和县委、政府的关心、支持下，与全市同步规范设置政协内设机构为六委一室，交流科级干部2名；适时增补调整政协委员3名，提高政协常委、委员活动经费标准；发挥政协党组、机关党支部对作风建设的带动作用，按照县纪委党风廉政建设工作年度要求及“作风建设年”、“廉政文化进机关”等活动要求，制定措施，积极开展活动，进一步严肃机关纪律，营造良好的工作氛围，保证政协机关运转有效和委员服务管理到位。

【陈宗兴到江川参观考察】 7月10日，全国政协副主席、农工党中央常务副主席陈宗兴率农工党考察团到江川参观考察“云南李家山青铜博物馆”。省政协主席罗正富、省政协秘书长车志敏、市委书记孔祥庚、市政协主席冷明德、县政协主席黄文柱陪同参观考察。在江川青铜博物馆，陈宗兴一边参观，一边听取工作人员介绍，了解古滇国文明进程和历史文化，并为博物馆题词“民族文明瑰宝”。

【内设机构改革】 9月19日，根据《玉溪市机构编制委员会办公室关于统一规范设置县区政协机关工作机构的通知》（玉编办〔2012〕113号）文件精神，江川县机构编制委员会向政协江川县委员会下发《江川县机构编制委员会关于调整政协江川县委员会工作机构的通知》（江机编发〔2012〕25号文件），要求县政协机关工作机构调整设置为：办公室、提案联络委员会、经济委员会、科教文卫体委员会、人口资源环境委员会、民族宗教法制委员会、文史委员会，各设主任1名、副主任1名。随后，11月19日经县委常委会研究，向政协党组提名涉及职务变动的各委室主任、副主任。县政协党组认真研究讨论，于11月28日提交县政协七届三十五次常委会议进行相关人事任免。内设机构改革使县政协的职责职能范围得到进一步拓展。

（侯国芬）

人民团体

工　会

【概　述】 2012年，江川县总工会深入贯彻“组织起来，切实维权”的工作方针，按照“扩大覆盖面，增强凝聚力”的基本要求，充分发挥工会作为党联系职工群众的桥梁纽带作用，以构建和谐劳动关系为主线，以推进江川科学发展为目标，团结动员全县职工开展建功立业谋发展，推进“两个普遍”建设促和谐、规范基层工会工作打基础、维护职工合法权益促稳定、密切联系职工群众转作风、加强自身建设增活力，充分融入大局，转变作风，主动作为，不断调整工作思路，不断开创工会工作的新局面，为高原湖泊生态县建设作出新贡献。

【组织建设】 2012年，江川县总工会设主席1人，常务副主席1人，副主席1人，工作人员3人，聘请1人，劳务派遣1人，社会化组织员1人。以党工共建创先争优活动为契机，按照“组织起来、切实维权”的工作方针和“哪里有职工，就在哪里建立工会组织”的工作要求，着力加强非公企业工会组织建设和会员会籍管理，普遍建立工会组织和发展会员工作。截至12月30日，江川县共有工会组织294个，覆盖单位569个，会员16356人，女工组织159个,经审组织236个。超额完成市级下达应建工会任务数90%以上的目标。

【两个普遍工作】 认真开展“广普查、深组建、全覆盖”行动。以第二次全国经济普查企业法人数据为依据，扎实开展江川县非公企业法人数据普查工作，以非公企业法人数据库2012年建会任务为依据，摸清应建会数140家，应发展会员数1700人，为全覆盖工作垫定基础。2012年建立工会组织18家，覆盖单位203个，发展会员1856人。

积极推动企业普遍开展工资集体协商。10月23日，江川县召开进一步推进工资集体协商工作会议，安排部署全县企业工资集体协商工作，县委副书记张金翔，县委常委马利兴，县政府副县长石伟，县人大常委会副主任、县总工会主席陆富仙出席会议。按照“稳步推进、重点突破、重在建制、逐步规范”的工作思路，“党委领导、政府主抓、工会力推、各方协调、劳资互助”的工作格局，健全各级组织机构，部署具体工作，制定目标要求和实施步骤，明确成员单位职责，围绕建立和谐劳动关系，采取多项措施认真组织实施，扎实推进工资

集体协商工作。上报川和律师事务所律师刘来生为云南省工资集体协商指导员。

2012年送审工资集体协商合同160份，其中独立合同138份，区域性合同22份，覆盖企业343家，职工7310人，覆盖率达90.98%。超额完成市级下达江川县覆盖企业130个、覆盖率70%的工作目标任务。

【工会规范化建设】 制定《关于加强乡镇（街道）工会和基层工会规范化建设工作的意见》（江总工字〔2012〕9号），明确工作目标和工作内容，提出工作要求和规范化建设量化考核标准，按照“六好”要求规范乡镇、街道（总）工会；按照“七好”要求规范机关事业单位工会；按照“八好”要求规范企业工会；按照“玉溪市基层工会组织规范化建设达标标准”规范基层工会。7个乡镇工会规范化建设已验收达标，10个基层工会进入示点创建。

【县总工会十届六次全委（扩大）会议】 2月28日，江川县总工会十届六次全委（扩大）会议在江川县委党校隆重召开。县委常委马利兴出席会议传达县委十二届一次全会精神，并就如何抓好2012年的工会工作提出希望和要求；县总工会常务副主席李梅琼作《找准定位主动作为在全县经济社会发展中再立新功》的工作报告；副主席龚瑞中作题为《切实加强经审工作规范化建设为江川工运事业科学发展保驾护航》的经审报告；李梅琼书面提交《抢抓机遇求真务实充分发挥女职工在江川“三大目标”建设中的“半边天”作用》的女职工工作报告。会议总结2011年工会工作，安排部署2012年全县工会工作，表彰2012年工会重点工作目标责任书考核先进单位，签订乡镇（街道）、系统和县直机关、县属企业工会《2012年工会重点工作目标责任书》。

【工会重点工作目标责任考核】 2011年工会重点工作目标考核结果一等奖：大街街道总工会、前卫镇工会、教育系统工会；二等奖：路居镇工会、江城镇总工会、雄关乡工会、卫生系统工会、农业系统工会；三等奖：九溪镇工会、安化乡工会、水利系统工会、文化系统工会、粮食系统工会、交通系统工会、住建系统工会。

【百千万活动】 3月12日，江川县总工会结合开展“四群”教育实行干部直接联系群众和开展“作风建设年”活动的要求，根据全国总工会“面对面、心贴心、实打实服务职工在基层”和云南省总工会“千名工会干部深入万家企业联系百万职工”工作意见，制定下发《江川县总工会关于开展“百名工会干部深入万家企业联系万名职工”活动实施意见》（江总工字〔2012〕7号）文件，在全县各基层工会开展下基层、大走访活动。县总工会9名职工有针对性地选择困难多、工会工作薄弱的18家企业，与90名职工结对联系开展活动。依托市总工会制作60本“百名工会干部深入千家企业联系万名职工”工作记录本和600份企业职工联系卡，以乡镇、街道工会和工会干部为主体，掀起活动的热潮，面对面与职工交流、心贴心增进感情、实打实为企业和职工服务。开展深入调查研究、宣传政策法规、促进企业发展、推动解决问题、推进重点工作，激发工会活力，努力实现队伍状况在一线掌握、维权帮护在一线实施、构建和谐劳动关系在一线落实，“两个普遍”在一线推进，创先争优在一线开展，干部形象在一线树立。

【困难帮扶】 1月10日，江川县总工会在青少年活动中心开展2012年“元旦、春节”送温暖活动，为164位困难职工送上党和政府以及工会组织的温暖，发放慰问金130400元。县委副书记、县长葛勇，副县长石伟，县人大副主任、县总工会主席陆富仙深入县农业局生活区、上营中街、西街和县水利局老生活区对汤润仙、阎大荣等医疗救助的部分困难职工家庭进行走访慰问。葛勇表示，县委、县政府高度重视民生，今后将进一步加大对困难职工家庭，尤其是特困职工家庭的帮扶力度，县总工会要认真做好困难职工摸底排查工作，切实关心困难职工生活，多渠道为困难职工解决困难。

3月2日，江川县总工会女职工委员会在职工培训中心开展2012“春风行动”救助仪式，共救助特困单亲女职工29名，发放救助金25800元。

7月23日至8月17日，江川县总工会联合县青少年校外活动中心举办困难职工（农民工）子女特长培训班。培训班共开设11个专业，19名困难职工子女免费参加培训。

8月24日，江川县总工会开展2012年“金秋助学”活动，共救助困难职工家庭38个，受救助学生38名，其中，本科31名，专科7名，共发放救助金105000元。

9月26日，江川县总工会集中开展“中秋、国庆”送温暖活动，共慰问救助困难职工74人（其中医疗救助的10人、生活救助64人），发放慰问70200元。副县长石伟一行还深入业亚芬等3户困难职工家中亲切慰问，把慰问金送到他们手中。

10月19日，江川县总工会筹集中央财政资金开展“面对面、心贴心、实打实服务职工在基层”活动，深入孙世英等5名困难患病职工家庭开展送温暖活动，发放慰问资金25000元。

12月26日，江川县总工会筹措中央财政帮扶资金34800元、省级财政帮扶资金25000元，对江川县长期患病在档在册的郭正发、万良琼等14名大病困难职工依档进行岁末帮扶救助，为他们送上党委政府的温暖和工会组织的关爱。

【劳模管理】 1月10日，县委书记马文龙对全国劳模徐宝祥进行走访慰问，马文龙嘱咐老人保重身体，并在春节即将到来之际，向全县劳模致以节日的问候。本次共慰问4名全国劳模，发放全国劳模“三金”52540元。

1月10日，江川县总工会在青少年活动中心开展省、市劳模送温暖活动，共慰问10名省、市劳模，发放慰问金5000元。

3月19日，按照《中共江川县委办公室、江川县人民政府办公室关于推荐评选玉溪市第四届劳动模范工作的通知》（江办发[2012]26号）文件精神，江川县成立“江川县推荐玉溪市第四届劳动模范”评审领导小组，领导小组下设办公室在江川县总工会，具体负责材料收集、人员初评、推荐上报等工作。

4月5日，江川县人民政府组织召开“玉溪市第四届劳动模范评审领导小组会议”。县委副书记、县长葛勇，县委常委马利兴，副县长石伟，县人大常委会副主任、县总工会主席陆富仙等领导参加评审会，会议由陆富仙主持。会议对推荐评选出来的伏斌、杨勇、董林颉3名“玉溪市第四届劳动模范候选人”的个人情况、主要事迹作详细介绍，并对推荐上报相关问题进行说明。

4月27日，江川县举行庆“五一”劳动模范座谈会。县委书记马文龙，县委副书记、县长葛勇，县政协主席黄文柱，县委常委马利兴，副县长石伟，县人大常委会副主任、县总工会主席陆富仙与来自全县各个行业的劳模们欢聚一堂，共同庆祝“五一”国际劳动节，共话江川发展大计。劳模们就如何立足本职、弘扬劳模精神、发挥劳模作用等畅所欲言。县委书记马文龙代表县委政府向劳模们表示问候，向全县广大劳动者表示节日的祝贺。他希望劳模们要不负重托，加倍努力，以更高的标准、更加饱满的热情，创造出更加突出的工作业绩，为推动江川科学发展、和谐发展、跨越发展做出新的更大的贡献。

5月18日，县委常委马利兴，县人大常委会副主任、县总工会主席陆富仙代表全总走访慰问全国劳动模范徐宝祥和罗汉斗，追加发放2011年全国劳模“三金” 48400元送到了劳模手中。

10月16日，县委常委马利兴，县人大常委会副主任、县总工会主席陆富仙参加省级劳模慰问活动，以补助金的形式将2012年劳模“两金”送到省部级困难劳模手中，共慰问一名在职劳模、一名下岗劳模和3名退休劳模，补助发放慰问金13200元。在“全国五一劳动奖章”获得者汤秋玲家中，马利兴对劳模生活情况进行了解后说，劳模在我们的社会建设中作出了很大的贡献，虽然有些劳模生活状况不是很好，但从劳模的精神面貌可以看出，劳模是淡泊名利、爱岗敬业、甘于奉献的，我们一定要关爱劳模，帮扶劳模，唱响“工人伟大、劳动光荣”的主旋律。

【职工法律援助】 续签“职工法律援助中心”合作合同，发挥“职工法律援助中心”作用，共接待来访26起，涉及职工107人（农民工107人），代理仲裁或诉讼案件13件，涉案金额205.34万元。参与住建局城建大队解除劳动合同仲裁、玉波苑工会主席社会保险仲裁、建国包装缴交社保纠纷、县水泥厂退休职工工龄认定上访等维权工作，有效维护职工合法权益。

【职工医疗互助活动】 第八期医疗互助参加单位147家，参加人数9368人，收取互助金1129920元，发放补助金661095元。第九期职工医疗互助活动，参加单位151家同比增加4家，参加人数9979人同比增加611人，收取互助金817780元。

10月30日，云南省职工医疗互助中心主任张松一行3人在玉溪市总工会副主席李树华陪同下到江川县总工会对江川县第六、七、八期职工医疗互助活动互助金的收缴、补助情况进行检查指导。张松指出：江川县代办点工作基础扎实，认真负责，数据清楚，业务做到零投诉、零上访、零结余，整体工作“领导重视、工作有力、勤于思考、管理规范、服务到位”。

【厂务公开】 开展厂务公开、职工代表大会建制专项活动，充分发挥厂务公开、职代会在构建和谐劳动关系中的积极作用，2012年已建工会的公有制企业厂务公开、职工代表大会建制率达到90%以上，已建工会的非公有制企业厂务公开、职工代表大会建制率达到75%以上，已建工会事业单位厂务公开、职工代表大会建制率达到90%。

【职工技能竞赛】 制定贯彻《关于印发云南省职工技术协作活动2011—2015年规划的通知》、《关于印发云南省职工经济技术创新工程2011—2015年活动规划的通知》的实施意见。江川县职工技术协会发展150名技术骨干为会员并建立电子档案。江川县卫生监督局获玉溪市首届卫生监督技能竞赛团体二等奖，江川县卫生监督局王婧婧获首届卫生监督技能竞赛个人二等奖，并被玉溪市卫生局、玉溪市总工会授予“全市卫生监督技术能手”荣誉称号。

【贷免扶补】 鼓励和推动劳动者积极创业，以创业带动就业，认真做好“贷免扶补”工作。经过严格把关、层层筛选，确定60名创业者为“贷免扶补”政策扶持对象，经报批审核，第一批共51人，第二批9人共获得扶持贷款资金300万元，带动就业110人。

2月8日，玉溪市总工会召开鼓励创业带动就业“贷免扶补”工作会议，江川县总工会廖永坤受表彰为2011年度“贷免扶补”工作先进个人。

7月9日，玉溪市总工会副主席柏劲松和李树华一行，到江川调研贷免扶补扶持人员创业情况。

【安康杯竞赛】 全县共44家单位4536人继续开展以“弘扬企业安全文化，加强班组安全管理”为主题的“安康杯”竞赛活动，拓宽 “一法三卡”活动面。江川县景湖酒店工会在2011年度全国“安康杯”竞赛活动中被中华全国总工会和国家安全生产监督管理总局表彰为优胜单位。

【生态文明之家创建】 2月6日，由江川县总工会牵头，县委宣传部、县安监局等部门对2011年“生态文明之家”创建单位前卫中学工会、前卫镇前卫中心小学工会、前卫中心卫生院工会、九溪六十亩村工会、江城明星村工会联合会、大街街道下营社区工会、路居镇政府工会、卓一食品有限公司工会、云南宏斌绿色食品有限公司工会9家单位进行考评验收。

11月21日至23日，江川县人大常委会副主任、总工会主席陆富仙，常务副主席李梅琼，副主席龚瑞中出席玉溪市“生态文明之家”创建表彰会议，李梅琼代表江川县在会上作交流发言。经过3年多的努力，江川县84家单位参与创建，18家单位获县级考核验收，县总工会、县幼儿园、前卫镇、景湖酒店、卓一食品、县医院、大街小学、职业中学、江城中学和环保局10家单位被表彰为市级“生态文明之家”创建先进集体。

【一线职工座谈会】 4月20日，江川县总工会在江川宾馆召开庆“五一”一线职工座谈会，县委常委马利兴出席会议，会议由县人大常委会副主任、县总工会主席陆富仙主持。马利兴代表县委、县政府向工作在一线的广大劳动者表示节日的祝贺，并向与会的一线职工介绍了江川县当前的一些重点项目建设情况，希望广大职工立足岗位做好工作，为江川科学发展、和谐发展、跨越发展作出自己新的更好的贡献，同时要求各级工会组织以服务职工、服务企业为切入点，以加强工会自身建设为着力点，以维护职工合法权益为己任，创造性地开展好各项工作，时时刻刻为职工着想，为职工子女着想，切实解决好职工在工作和生活中遇到的困难和问题，建立健全服务职工的长效机制，维护职工的合法权益。

【一线职工疗养】 2012年，组织江磷集团和景湖酒店的10名一线职工参加省总工会在省工人疗养院为期10天的疗养。

【重点工作推进会议】 9月4日，江川县总工会召开2012年重点工作推进会议，检查年度工作目标责任书落实完成情况，掌握了解工作进度，分析存在的问题和小结近期工作，推进2012年度工会重点工作的落实。会议要求：全县工会组织要在维权维稳、劳动竞赛、组织建设、工资协商、帮扶救助和自身建设上下足功夫，以规范化建设基层工会和“百千万”活动为载体，深入推进创先争优，全面落实各项任务，为完成年初既定目标努力；要明确任务，团结协作，以2012年工会工作意见为指导，认真落实各项任务；要理清思路，形成时间和任务倒逼机制，制定工作计划有序开展工作；要加强痕迹管理，做好重点工作的材料收集和上报；要加强经费管理和使用，提高资金利用效率。

【宣传教育】 扎实推进“创建学习型组织、争做知识型职工”活动。继续开展“读一本好书”征文活动和开展阅读《时代风采》读书征文活动，共收征文61篇，表彰21篇，上报县委宣传部4篇，获奖3篇。各基层工会开展社会主义核心价值体系、科学发展观学习教育活动，督促基层工会认真组织学习《人民调解法学习读本》《社会保险法解读》和《2010年新法学习读本》《社会主义核心价值体系学习读本》《中国特色社会主义法律体系暨2011年新法精解》。

12月3日，县人大常委会副主任、县总工会主席陆富仙传达云南省总工会第十一次代表大会会议精神。全省各级工会组织要自觉把工会工作放到云南“科学发展、和谐发展、跨越发展”的大局中去谋划部署，在围绕中心、服务大局上有新作为，在保持和发展工人阶级先进性上有新作为，在巩固党的阶级基础、扩大党的群众基础上有新作为。要自觉肩负起维护职工合法权益的神圣职责，坚持主动维权，依法维权，科学维权，紧紧抓住劳动就业、收入分配、社会保障等重点问题，加大维权力度，实现经济增长与就业增长、社会保障水平提升的良性互动。要尽心竭力为职工群众办实事、做好事、解难事，把增加职工收入作为首要任务，把促进就业和再就业作为重要任务，把健全和完善社会保障体系作为基础工程，推动改善职工民生，让科学发展的成果惠及广大职工群众。要加强党对工会工作的领导，加强工会领导班子建设、作风建设，加大干部教育培训力度，推动工会工作创新发展，团结动员全省广大职工为云南与全国同步建成小康社会做出新的更大贡献。

【江川县工会第十一次代表大会】 10月9日至11日，江川县工会第十一次代表大会在玉泉酒店隆重召开，县委书记马文龙代表县委、县人大、县政府、县政协向大会的召开致以热烈祝贺。市人大常委会副主任、市总工会主席范志华，群团组织代表及县（区）总工会代表在大会开幕式上致贺词。江川县党政领导葛勇、张金翔、吕元海、赵少春、黄文柱、郭永生、李东林、张永华、陈琎寿、龚桂存、石伟出席会议。会议由县委常委马利兴主持。马文龙出席会议并讲话，要求全县各级工会组织要创造性地开展工作，全县各级党委、政府要切实加强和改善党对工会工作的领导，及时研究解决工会工作中的重大问题和实际困难，努力形成党委领导、政府支持、各方配合、工会独立自主运行的良好格局。

大会期间，代表听取并审议通过陆富仙代表江川县总工会第十届委员会所作的《高举旗帜服务大局充分发挥工人阶级主力军作用为建设高原湖泊生态县而努力奋斗》的工作报告，书面提交并审议龚瑞中代表第十届委员会所作的《围绕中心服务大局不断推动江川工会经费审查工作科学发展》的经费审查委员会工作报告、李春伟代表第十届委员会所作的《江川县工会第十一次代表大会财务工作报告》及《江川县总工会第十一届委员会委员和经费审查委员会委员实行替补、增补暂行办法的决议》（草案）。会议总结了过去五年工会工作取得的主要成绩和基本经验，深刻分析今后一个时期工会工作面临的新形势，提出今后五年工会工作的指导思想和主要任务，选举产生江川县总工会第十一届委员会常务委员会委员、主席、常务副主席、副主席，经费审查委员会主任及江川县总工会第十一届女职工委员会委员、主任、副主任。陆富仙、李梅琼、龚瑞中分别当选为江川县总工会第十一届委员会主席、常务副主席、副主席。

大会号召，全县各级工会组织要高举中国特色社会主义伟大旗帜，以邓小平理论和“三个代表”重要思想为指导，深入贯彻落实科学发展观，坚持走中国特色社会主义工会发展道路，贯彻落实“组织起来，切实维权”的工作方针，坚持“促进企业发展，维护职工权益”的企业工会工作原则，牢固树立中国特色社会主义工会维权观，更加紧密地团结在党中央的周围，在县委和上级工会的领导下，振奋精神，齐心协力，求真务实，开拓进取，努力推进工会工作的创新发展，团结动员全县广大职工为我县科学发展、和谐发展、跨越发展，推进高原湖泊生态县建设中作出新的更大的贡献。

大会表彰县委机关工会、大街社区联合工会等20个先进职工之家，李艳萍、华丽等30名优秀工会工作者，毕洪生、赵薇等10名优秀工会工作积极分子，马文龙、马利兴等10名优秀工会之友。

【职工书屋建设】 3月1日，省总工会组织部副部长王留德到江磷集团指导职工书屋建设并作出要求：借鉴学习专业管理经验，用心规范职工书屋；发挥职工书屋作用，引导职工沟通信息、相互学习、提高素质；注重经验总结，不断完善制度加强建设。2012年，江川县检察院列为县级职工书屋建设单位，补助县级建设资金5000元。

【调查研究】 认真开展乡镇（街道）工会情况调研，对已建会乡镇（街道）总工会从作用发挥、职责确定、履行职权、召开代表会议、换届工作、人员配备、经费来源、财务及经费监管体系建立、面临困难等问题进行调研，对技术协会开展技术协作和创新工作调研，并形成《小企业联合工会建设情况》、《基层企业工会工作情况》《女职工组织规范化建设情况》《如何加强乡镇街道工会规范化建设工作》《职业教育改革发展》等7篇调研报告。《江川县职工医疗互助活动“六个新”推进创先争优活动深入开展》，《工会经审工作面临的问题和解决途径》被市级采用。江川县职工医疗互助的经验做法被省职工医疗互助中心采用并推广。

【调研工会职工维权】 8月16日，江川县党群组政协委员罗汉江一行15人到县总工会调研指导“职工维权”工作。调研组对县总工会的“职工维权”工作提出意见和建议：要求县总工会要进一步加大对违反法律法规、侵害职工合法权益现象的监督，对劳动领域矛盾纠纷和劳动争议案件较为突出的单位，加大专项检查和执法力度，加大最低工资标准执行力度，建立工资正常增长机制；要进一步加大推进工资集体协商工作的力度，引导企业建立工资集体协商制度，逐步提高企业职工劳动报酬在初次分配中的比重，将工资集体协商纳入对乡镇、街道和企业主要负责人的考核目标，使维护职工合法权益得到进一步维护，使工会的“四大”职能得到进一步强化。

【工会财务】 实施云南省工会财务会计管理规范化实施细则，开展全县工会财务大检查，强化预算管理，完善监督机制，推进工会财务会计规范化，对各乡镇、系统工会和县本级16家工会组织开展财务自查并整改，工会财务管理进一步规范。

8月13日，江川县总工会召集江川县地方税务局，农行江川支行在江川宾馆召开2012年度工会经费地税代收工作联席会议。会议通报2012年度上半年工会经费代收情况，分析了经费代收工作存在的问题和困难，对工会经费代收流程，工会经费集中户和票据管理，工会、地税、农行三方业务对账，经费上缴和返拨，数据服务和资料提供、信息共享进行协商座谈。会议认为：三方应共同珍惜工会经费代收创造的良好工作环境，提高思想认识和服务水平，提高工作质量和工作效率，加强全面沟通和协调，加强工作责任心，增强经费代收积极性和主动性，按照各自工作职责范围，共同努力，使工会经费代收额度逐年增长，经费收缴率逐年提高。

10月28日，云南省地税代收工会经费和建会筹备金表彰视频会议召开，江川县总工会、地方税务局、农行三方共27人参加江川分会场会议，会议对2011-2012年涌现出的先进集体和个人进行表彰。江川县陆富仙、李莉红被表彰为云南省地税代收工会经费先进个人。

【经费审查】 2012年完成本级经审和对下经审16件次，完成县本级2010-2011年工会财务收支预决算审计。完

成县本级2012年度工会经费预算执行情况上、下半年审计并推选上报为“优秀审计项目”。

11月3日至4日，玉溪市工会经费审查委员会对江川县总工会2010～2011年工会财务收支预决算进行审计。审计认为存在的问题：帐务处理中部分核算科目运用不准；账户结余资金过大，不利于与县委、政府协调工作；部分报销费用缺乏开支依据和预决算资料。审计建议：进一步加强财务人员业务学习，提高素质；及早计划，合理安排，有效使用帮扶资金；继续加强对工会经费财务管理同，进一步规范财务收支核算，按照本级《工会财务管理制度》和《工会会计制度》的要求，完善有关财务报账手续和依据材料。

【资产管理】 1月5日，玉溪市人大常务会副主任、市总工会主席范志华，市总工会副调研员普正洪一行，到江川实地查看调研江川县档案馆修建占用职工培训中心土地情况，要求江川县总工会按照工会资产管理和处置办法，做好土地置换和要管好、用活工会资产，保障工会资产的安全和完整。江川县总工会向中共江川县委、江川县人民政府申请整体等值置换工会资产，中共江川县委2012年第七期常委会议纪要作出决定：同意县工人俱乐部（职工培训中心）进行整体等值置换。

【2012迎新春职工摄影巡回展】 2月13日至19日，为纪念工会开展工会温暖活动20周年暨困难职工帮扶中心成立10周年，由玉溪市总工会和玉溪日报社联合举办的2012年迎新春职工摄影巡回展在江川李家山青铜器博物馆举行，共展出作品97件，1000余名职工参观巡展。

【建行杯歌咏比赛】 围绕构建玉溪和谐社会、文化和市的时代主题，江川县总工会组织17名江川文艺歌手参加2012年玉溪市“建行杯·和谐美玉溪”首届职工歌手大赛，推进职工文化建设。4月19至21日，经过预决赛，江川一中黄晓蓉、大街小学王邱丽、景湖酒店段丽仙3人获民族唱法二等奖，江城中学胡龙增、粮食收储公司葛茂伟、县文化馆杨惠芬3人获民族唱法三等奖，龙街中学黄德亮获流行唱法三等奖。

【组队参加市职工运动会】 6月16日至20日，江川县总工会、文化旅游广电和体育局组队参加玉溪市“诚合杯”第三届职工运动会。江川代表团参加游泳、篮球、羽毛球、网球和健美操5个项目的竞赛，荣获团体总分第五名（共60支代表团、队）、体育道德风尚奖和优秀组织一等奖的好成绩。

8月19日至22日，江川县总工会组队参加在峨山县举行的“玉溪市第七届市、县（区）总工会职工运动会”，江川县总工会代表队共参加七个项目中12小项角逐，取得团体总分第二名好成绩。

【敬老活动】 10月16日，江川县总工会开展“敬老月”活动退休职工座谈会，6位已退休的“老工友”和县总工会全体人员一起畅谈工会的过去，展望未来，总工会为每位退休老人送上价值300元的慰问品，祝愿他们身体健康、晚年快乐。

【表彰先进】 江川县各级工会在广大基层单位的车间、工段、班组、科室中广泛开展争创一流工作、一流服务、一流业绩、一流团队的“工人先锋号”创建工作，2012年度，江川供电公司调度所、江川县职工中学计算机教研组、云南宏斌绿色食品公司精包装车间、前卫镇农业中心农业组4家单位评选荣获江川县“工人先锋号”荣誉称号。在加强班组建设的同时，开展劳动关系和谐企业创建工作，云南宏斌绿色食品公司获省级“劳动关系和谐企业”荣誉称号，江川县幼儿园大班年级组获省级“工人先锋号”荣誉称号。

【女职工工作】 女职工专项集体合同签订59家，签订率达85%，切实维护女职工合法权益。

3月22日，江川县总工会联合江川县人力资源和社会保障局、江川县妇女联合会，深入开展以“搭建劳务对接平台，帮您尽早实现就业”的春风行动。走上街头，宣传“春风行动”的相关政策，深入群众，了解广大进城务工人员的就业意向和工资要求等问题。发放《云南省农民工工资支付保障规定》、《云南省企业工会条例》、《农民工进城务工安全指南》、《云南省职工代表大会条例》、《工会组建工作宣传材料》、“春风卡”等宣传资料900余份。

11月29日，江川县总工会到古滇国城、财富广场、星云铭城、九龙昇景、保障性住房等多个建筑工地开展艾滋病防治以及农民工维权等相关知识的宣传活动，向农民工们讲解防治艾滋病相关知识，发放《艾滋病防治知识》900份，《外出打工预防艾滋》宣传小册子200本，安全套480盒，《云南省农民工工资支付保障规定》及《云南省企业工会条例》200份。

（李春伟）

共青团

【鼓励青年创业贷免扶补工作创业导师帮扶座谈会】 2012年1月12日下午，团县委召开江川县2012年鼓励青年创业“贷免扶补”工作创业导师帮扶座谈会。全县44名创业导师、50名创业青年代表、乡镇（街道）团（工）委负责人共计104人参加会议。县委常委马利兴出席会议并作讲话，要求充分认识鼓励青年创业“贷免扶补”工作的重要作用，在狠抓落实上下功夫；充分认识创业导师在江川经济社会发展中的作用，在帮扶创业青年上上水平；充分认识促进创业青年成长成才工作的重要作用，在提升创业效果上见成效。座谈会上，创业青年代表、创业导师代表以及基层团委负责人作交流发言。创业青年希望加大鼓励青年创业“贷免扶补”工作贷款的覆盖面，各位创业导师为自己指明创业方向；创业导师表示将竭尽所能帮助青年成功创业；基层团委负责人表示将发挥好联络员的作用为创业青年和创业导师提供信息，辅助青年发展事业。

【共青团与人大代表、政协委员面对面座谈会】 2012年1月13日上午，团县委组织召开江川县2012年“共青团与人大代表、政协委员面对面”座谈会。座谈会以“丰富新生代农民工精神文化生活”为主题，县人大常委会副主任、县总工会主席陆富仙，县政协副主席杨吉英等领导、企业务工青年代表及部分基层团干部共39人参加会议。县人大代表、县政协委员、有关单位领导及企业负责人分别围绕会议议题和青年代表的发言进行疏导和现场答疑，并就如何做好丰富新生代农民工精神文化生活提出建议，表示将认真整理座谈会内容，形成相关提案议案，拟提交即将召开的“两会”讨论。

【青联工作座谈会】 1月17日，团县委、县青联召开工作座谈会。县青联主席、副主席，各界别委员会主任、副主任共15人参加会议。会上，县青联主席何眉对2011年江川县青联工作进行全面总结，并代表共青团江川县委、江川县青联对各界别委员会主任、副主任一年来对江川县青少年工作的支持表示衷心感谢；向各界别征询2012年度县青联开展工作的方式。各界别委员会主任、副主任进行交流发言，提出开展工作的意见和建议。

【农村青年致富带头人科技培训】 2012年2月21日至24日，团县委联合县科协组织开展“江川县2012年农村青年致富带头人科技培训”。培训覆盖全县8个村（社区），包括大街街道上头营社区、伏家营社区，江城镇翠峰村委会，前卫镇渔村村委会，九溪镇马家庄村委会，雄关乡白石岩村委会、窑房村委会，安化乡旱谷田村委会。邀请市县3位专家结合多年的科研和实践经验，根据培训点的优势产业情况及农村青年需求实际，为400余名农村青年进行蔬菜种植、核桃种植和养猪实用技术培训，并为每名参训农村青年发放一本农业实用技术书籍，方便农村青年解决农业生产中遇到的实际困难和问题。

【新农村建设联系点民情分析会】 2012年3月6日中午，团县委组织召开大街街道土官田村民情分析会。土官田村的5名村民代表、5名党员代表、村组干部，大街街道下村组人员以及团县委全体干部职工共33人参加会议。村民代表、党员代表就当前全村经济社会发展中的热点、难点问题进行发言。参会人员认真聆听代表们的发言，整理出四条意见和建议：寻求途径解决农业生产用水困难问题；加大深井水的管理及利用；加大对小石洞村民小组新农村建设工程质量的监管力度；探索渠道帮助群众解决就业创业难题。团县委书记何眉表示，共青团组织将结合自身工作实际帮助村委会做好村庄建设，积极为群众提供就业信息，利用鼓励青年创业“贷免扶补”工作帮助青年创业。村党总支书记陈江华还向与会人员介绍了土官田村发展存在的问题和发展的方向。

【生态江川建设·红领巾行动推进仪式】 2012年3月7日，团县委在路居镇张营小学举行“江川县少先队组织开展‘生态江川建设·红领巾行动’推进仪式”。张营小学242名少先队员参加仪式。仪式上，路居中心小学少先队总辅导员杨红芬老师号召少先队员积极行动起来，用实际行动保护母亲湖，建设美好家园。仪式结束后，参加仪式的少先队员开展了捡拾垃圾环保实践活动，少先队员们认真清理学校周边、主要入湖河道和沿湖、沿河村庄街道的白色垃圾。仪式当天，路居镇全镇8所小学，580余名少先队员在各自辖区内组织开展生态监护实践活动，活动累计清理河道、沟渠2.1千米，清洁街道5.2千米，捡拾垃圾2吨。

【合力保护母亲湖·青春建功生态县主题实践活动】 2012年3月9日上午，团县委、县青联组织开展“合力保护母亲湖·青春建功生态县”主题实践活动。县委常委马利兴、县政府副县长陈川明出席活动，县青联委员、基层团组织负责人，机关、企业青年共197人参加活动。马利兴在启动仪式上作动员讲话，要求全县各级团组织和广大青年要紧紧围绕中心、服务大局，以“三九”保护母亲河日、“六五”世界环境日、“八·二六”抚仙湖保护活动日等为契机，继续深入开展形式多样、主题鲜明的环保宣传教育和生态实践活动，充分发挥好广大团员青年在生态文明建设中的生力军作用，为推进高原湖泊生态县建设，实现江川科学发展、和谐发展、跨越发展而努力奋斗。仪式后，青年们使用铁桶、火钳等生态监护工具沿星湖路、渔文化广场、星云湖—抚仙湖出流改道入水口、澄川二级路一线共7千米开展捡拾白色垃圾环保实践活动，共捡拾1.5吨白色垃圾。

【“三五”青年志愿者活动】 2012年3月1日至3月9日，团县委组织全县14个基层团委深入开展以“互帮互助，倡导文明，共建高原湖泊生态县”为主题的青年志愿者活动，大力弘扬雷锋精神和“奉献、友爱、互助、进步”的志愿者精神，为加快推进高原湖泊生态县建设贡献青春力

量。一是规范青年志愿者服务队伍。全县各级团组织按照辖区内青年志愿者的服务需求及工作范畴，规范了环保志愿者、禁毒志愿者、助耕帮扶志愿者等团队建设，进一步细化青年志愿者的服务内容，最大程度地调动有志于从事志愿服务的青年志愿者的服务热情，提高他们的服务质量和服务水平。二是开展“青春辉映夕阳红”敬老献爱心活动。机关团组织、企业团组织、青年文明号集体按照团县委确定的“一对一”、“一对多”敬老献爱心活动结对制度，深入全县七个乡镇（街道）敬老院开展义务劳动、义务诊疗、义务理发、打扫环境卫生等活动，累计慰问200余名孤寡老人，义务诊疗26人次，义务理发20人次，赠送价值300余元的药品，为孤寡老人送去温暖。三是深化共青团服务烤烟生产促农增收志愿者活动。七个乡镇（街道）团（工）委结合当地实际情况，一方面积极组建青年志愿者烤烟生产服务队，通过集中宣讲、入户宣讲等方式向广大烟农宣传2012年烤烟种植合同管理规定、生产技术标准、交售要求及相关扶持政策；一方面充分发挥青年种烟能手的示范带动作用，对广大烟农进行分类技术指导，帮助其解决当前烤烟育苗过程中遇到的实际困难和问题。四是开展便民服务活动。3月5日，团县委组织大街街道团工委、机关团委、公安局团委、个私团工委、驻江部队的112名青年志愿者在县城明珠路为过往群众进行义务诊疗、医疗知识宣传、禁毒知识宣传、消防安全知识宣传、法律咨询、钟表维修、义务缝补、义务理发、自行车修理等志愿服务。活动禁毒知识展板50块，发放禁毒宣传资料1000份；发放安全用电知识宣传单、环保袋、挂历3500份；测量微量元素108人次；发放防火知识宣传单2000份；义务诊疗300人，发放医疗宣传资料300份；法律咨询10人，发放法律知识宣传资料400份；义务理发150人；维修家电23台；维修电脑3台；维修自行车29辆，自行车充气3辆；缝补衣服12件；赠水10人次；修理钟表10件。五是深入包村点开展志愿服务。3月5日上午，团县委组织县医院、县中医院、县建国发廊、县电力公司、县消防大队的21名团员青年为大街街道土官田村的400余名群众开展义务诊疗、义务理发、科普知识宣传、消防安全知识宣传、安全用电知识宣传、农村电网检查服务。累计发放《蔬菜栽培技术》、《花卉种植技术》、《养猪实用技术》书籍65册，测量血压68人次、诊治43人次、发放价值500元的药品，发放《节约用水 保护抚仙湖》倡议书200份，安全用电知识宣传单、环保袋、挂历500份。

【共青团江川县十六届二次全委（扩大）会议】 3月31日，团县委在大街青年中心组织召开共青团江川县十六届二次全委（扩大）会议。团县委委员、不是团县委委员的基层团委负责人，各村（居）委会、乡镇（街道）中学团总支书记，机关团组织负责人，乡镇（街道）中心小学少先队辅导员和青年中心负责人共计155人参加会议。会议学习中央、省、市、县有关会议精神，全面总结2011年全县共青团的工作，研究部署2012年的各项工作目标任务；县委常委马利兴出席会议并对共青团工作和团干部提出工作要求；表决通过《共青团江川县十六届二次全会关于共青团江川县第十六届委员会委员、常务委员卸职、增补确认案（草案）》；表彰2011年度全县共青团工作目标管理先进团委、少先队工作目标管理先进集体和30个先进团组织、130名优秀团员；与各基层团委、少先队组织签订《2012年工作目标管理责任书》。

【举办创业英雄论坛】 5月3日，团县委在江川职中开展“飞扬青春·成就梦想·建功高原湖泊生态县”创业英雄论坛，团县委委员、不是团县委委员的基层团委负责人、江川职中高三年级学生共计230人参加活动。第三届“云南青年创业省长奖”、玉溪十大杰出青年获得者、云南卓一食品有限公司董事长周颖，县优秀创业青年吴伟，云南宏斌绿色食品有限公司行政部经理左永兰，县文旅广体局副局长何俊“面对面”地与团员青年就创业项目的选择、创业者素质要求等话题开展交流活动，有效帮助团员青年树立正确的创业就业观念，明确自身努力方向，努力在全社会营造关心青年创业就业的良好氛围。

【学习舍己救人英雄少年李鹏俊动员会】 2012年5月8日，团县委、县关工委、县教育局在龙街中学举行学习舍己救人英雄少年李鹏俊动员会。县教育局党委书记郭自壮宣读《关于授予李鹏俊“江川县舍己救人英雄少年”荣誉称号的决定》（江团联发〔2012〕5号）和《关于在全县青少年中广泛开展学习舍己救人英雄少年李鹏俊活动的通知》（江团联发〔2012〕6号）文件，并向李鹏俊的父亲颁发荣誉证书和3000元的奖金。团县委书记何眉、县关工委常务副主任郭家义作动员讲话，并对在全县青少年中广泛开展学习舍己救人英雄少年李鹏俊活动提出要求。学校代表、学生代表进行发言，介绍李鹏俊的先进事迹。

【学习贯彻中央、省纪念建团90周年大会精神】 2012年5月11日，团县委组织召开全县共青团组织学习贯彻中央、省纪念建团90周年大会精神会议。各基层团委分管领导，团县委委员、不是团县委委员的基层团委负责人，各村（居）委会团总支书记，各中学团总支书记及各中心小学少先队辅导员共计130人参加会议。会上，赴京参加纪念中国共产主义青年团成立90周年大会的“全国共青团系统先进工作者”——江川县优秀老团干王牙明向与会团队干部传达学习了胡锦涛总书记在大会上的重要讲话精神，详细介绍盛会及中央领导同志接见代表并集体合影留念的情况。王牙明用自身的工作、学习经历向大家说明从事共青团事业需具备敢想敢干、踏实努力、认真负责的基本素质要求。团县委书记何眉传达学习共青团云南省委书记、云南省青年联合会名誉主席饶南湖在云南省纪念中国共产主义青年团成立90周年大会和云南省各族各界团员青年学习贯彻胡锦涛总书记在纪念建团90周年大会上的重要讲话精神座谈会上的讲话精神。

【纪念建团90周年系列活动】 团县委以“弘扬五四精神，凝聚青春力量，建功高原湖泊生态县”为主题开展纪念建团90周年系列活动。一是开展“重温入团誓词·立志奉献青春”活动。5月4日，团县委组织团县委全体委员，不是团县委委员的基层团委负责人，大街街道团工委、个私团工委、江磷集团团委、机关团委和江川一中团委的团员青年代表1100余人在县烈士陵园参加活动。县委常委马利兴出席活动并讲话，马利兴充分肯定全县各级团组织在历届县委的坚强领导下，在服务江川经济社会发展和促进青少年成长成才中所做的卓有成效的工作，要求全县广大团员青年要勇于担负时代赋予的历史重任，切实增强责任感和使命感，为创造幸福生活和江川美好的未来贡献青春、智慧和力量。共青团江川县第四届、五届、六届委员会书记徐从龙带领全体团员青年宣誓，誓言勤奋学习，积极工作，为共产主义事业而奋斗。来自乡镇、学校的3名团员青年代表发言，以自己的工作、学习实际说明团员青年肩负的历史使命和应承担的职责任务。两名少先队员阐述了党、团、队有效衔接的重要性，表示会按照“勤奋学习、快乐生活、全面发展”目标练就本领，增长才干。二是举办“五四青春杯”三人篮球赛。4月26日，团县委联合县文旅广体局组织农村、社区、学校、机关、企业团组织的15支代表队，共71名团员青年在大街青年中心参加比赛，茂晟食品、渔村篮球俱乐部二队、比亚乔二队分获男子组冠、亚、季军，巾帼二队、巾帼一队分获女子组冠、亚军。三是开展“爱心促和谐·雷锋在身边”活动。5月4日，团县委组织大街街道团工委、机关团委、公安局团委、个私团工委的43名团员青年在县怡心园开展便民服务活动。活动设义务诊疗、钟表维修、家电维修、义务缝补、义务理发、自行车修理、免费送水、微量元素测量、禁毒知识宣传、货币知识宣传10个服务项目，共开展禁毒知识宣传260余人，发放货币知识宣传材料100份，测量血压280人，诊查疾病3人，测量微量元素160人，免费送水260余杯，修理钟表7件，修理家电4件，义务缝补5件，义务理发40人，修理自行车2辆。各乡镇团委、大街街道团工委积极组织青年志愿者开展助耕帮扶活动，深入田间地头帮助18户缺劳力户移栽烤烟60余亩，与群众一起抗大旱、保春耕，切实帮助农村群众解决生产、生活中的实际困难。四是开展“向榜样学习·展现青春风采”活动。团县委有效利用电视、网络、报纸等媒介对杨艳春、刘宝春、唐军、陈江云4位勤于学习、善于创造、甘于奉献的可亲、可敬、可学的团员青年先进典型生动事迹进行宣传，充分展现当代团员青年的良好精神风貌，有效发挥榜样的示范带动作用，在广大团员青年中营造崇尚先进、学习先进、争当先进的良好风气。

【青春关爱·快乐课堂】 5月12日，团县委在县青少年学生校外活动中心举行“江川县共青团组织‘青春关爱·快乐课堂’开班仪式”，来自全县8个中心小学的100名农民工子女、留守儿童、贫困少年儿童参加，共青团玉溪市委党组成员、玉溪市青年联合会专职副主席赵波，中共江川县委常委马利兴出席开班仪式。培训开设少儿拉丁舞、书法、跆拳道、篮球四个项目培训内容。云南腾达机械制造有限公司为参加培训的学生赠送价值5000元的书包、文具盒、练习本、笔等学习用品。

【农村青年信用示范户挂牌】 2012年5月16日，团县委联合人行江川县支行、县农村信用合作联社、农行江川县支行、邮储银行江川县支行深入全县5个乡镇（街道）11个村（居）委会，对14户农村青年信用示范户进行挂牌。截至4月底，各基层团组织在严格按照《人民银行云南省江川县农户信用信息档案》指标及《信用等级评定表》的要求采集40周岁以下农村青年信用信息的基础上，县农村信用合作联社、农行江川县支行、邮储银行江川县支行严格按照评价指标和评分标准，对拟申报的农村青年信用示范户的基本情况、道德品质、家庭净资产、生产经营情况、偿债能力、信用记录等评定项目进行复核打分，最终确定全县农村青年信用示范户964户，其中AAA级185户，AA级390户，A级389户。

【余莉到江川调研】 2012年6月4日上午，团市委书记余莉一行先后到江川县江城镇陈家湾小学、云南卓一食品有限公司、路居中心小学调研基层少先队组织建设和基层工作、青年就业创业工作以及音乐教室建设情况。调研后，余莉指出，团市委将根据实际情况，给予陈家湾小学、路居中心小学一定的支持帮助，并希望江川县共青团组织要利用好“青年就业创业见习基地”的有力条件，做好县内青年就业创业工作。

【走访待入学贫困大学生】 针对即将入学贫困大学生就学困难问题，团县委走访全县45名申请“圆梦行动—希望工程爱心圆梦”和“国酒茅台·国之栋梁—2012·希望工程圆梦行动大型公益活动”助学金的学生家庭。本着“公开、公正、公平”的工

作原则，团县委工作人员深入每户申请资助的学生家庭，与家长、学生面对面交流，了解学生录取学校及专业、家庭主要经济收入来源、家庭困难等情况。经过调查走访，最终选出15名较为贫困、品学兼优的待入学大学生为待资助对象。

【两湖面山植树活动】 7月26日，团县委、县青联组织开展“学习杨善洲同志先进事迹，争做江川优秀青年”义务植树活动。团县委委员，县青联委员、机关团员青年共计63人到路居镇茅草山开展义务植树活动，完成800株柏树种植任务。

【发放“救救孩子”倡议捐款】 团县委严格按照“救救孩子”倡议捐款相关管理细则，认真做好倡议捐款管理及发放工作，为身患重病的中小学生送去慰问金，送去温暖和关怀。2012年，团县委在接收到救助申请后，经过向申请人在读学校调查了解，共为代兴林、郭浩、郭海涛、杨凯迪、杨志康、史继翔、张敏捷、范汝堂8名少年儿童送去“救救孩子”倡议捐款9000元，并鼓励孩子们要树立克服病患的信心和勇气，积极治疗、坚持学习、争取早日康复、重返校园。

【创建青年文明号】 2012年，团县委通过积极与各行业的联系，成功创建江川地税二分局、江川县中医院外科、云南阳光食品有限公司行政部3个集体为市级青年文明号集体，创建江川公路路政管理大队、人寿江川支公司营业室、江川供电公司95598电力呼叫中心3个“县级青年文明号集体”。

【两新企业团组织建设】 按照“两个全体青年”的工作目标，团县委着力开展“两新”组织团建工作，不断扩大团组织的覆盖面，提高团组织的影响力。各级团组织深化认识、加强调查研究、积极协调沟通，努力争取“两新”组织负责人的支持，全年新建“两新”团组织20家。同时，注重对新建团组织进行规范化管理，更好地发挥团组织在促进“两新”组织发展、服务青年成长成才中的积极作用。

【国庆中秋联谊活动】 9月28日晚，团县委、县青联在景湖酒店三楼演艺厅组织开展“喜迎党的十八大，畅谈江川美好明天”国庆中秋联谊活动，来自江川县青年联合会各界别的68名委员参加活动。联谊活动内容丰富多彩，有独唱、古筝伴奏诗朗诵、傣族歌舞，有趣味游戏活动和青联知识有奖抢答。

【中国少年先锋队江川县第一次代表大会】 2012年10月17日，中国少年先锋队江川县第一次代表大会在江川玉泉酒店召开。中共江川县委书记马文龙,中共江川县委副书记、县长葛勇,共青团玉溪市委党组成员、市青联专职副主席赵波,中共江川县委副书记张金翔,中共江川县委副书记、县新农村建设工作队总队长吕元海,江川县人大主任赵少春,江川县政协主席黄文柱,中共江川县委常委、纪委书记郭永生,中共江川县委常委、人武部政委张永华,江川县人大副主任、县总工会主席陆富仙,江川县政协副主席杨吉英,市少先队总辅导员徐吟鹂应邀出席大会。马文龙、赵波对大会的召开表示祝贺并致辞。会议审议通过县少工委题为《牢记重托，时刻准备，为建设高原湖泊生态县贡献智慧和力量》的工作报告，选举产生中国少年先锋队江川县第一届工作委员会委员、主任、副主任，何眉、李文平当选为中国少年先锋队江川县第一届工作委员会主任，王坤、闻雁川当选为中国少年先锋队江川县第一届工作委员会副主任；表彰大街街道河咀学校少先队大队等10个先进少先队组织、吴若曦等20名优秀少先队员和杨洪伟等15名优秀少先队辅导员；发出《小手拉大手，共建高原湖泊生态县》的倡议。

【鼓励青年创业帮扶座谈会】 11月8日下午，团县委召开“江川县共青团组织2012年鼓励青年创业帮扶座谈会”。全县36名创业导师、36名创业青年代表、乡镇（街道）团（工）委负责人共计88人参加会议。座谈会上，创业青年代表、创业导师代表作交流发言。创业青年希望加大青年创业工作贷款的覆盖面，各位创业导师为自己指明创业方向；创业导师表示将竭尽所能帮助青年成功创业。

【乡镇实体化大团委建设】 团县委按照团中央、省、市关于开展乡镇实体化“大团委”建设工作方案，团县委深入各乡镇开展摸底调查工作，根据江川实际，制定并下发《中共江川县委组织部、共青团江川县委关于开展乡镇实体化“大团委”建设工作的实施方案》（江团联发〔2012〕9号）文件，确保乡镇团委能统一思想，提高认识，明确乡镇实体化“大团委”建设工作的指导思想、目标任务、工作内容、时间安排、工作要求，通过建立团县委干部职工与乡镇结对的方式，顺利完成120家直属团组织建设任务。

【关爱农民工子女志愿服务活动】 2012年12月4日，团县委到九溪中心小学开展关爱农民工子女志愿服务活动,并为学校47名学生赠送价值1175元的学习用品，14名关爱行动项目专员与结对学校签订《结对协议书》，进行集体宣誓。

【青年马克思主义者培养工程培训班】 2012年12月6日，团县委在青年中心举办2012年江川县青年马克思主义者培养工程培训班。团县委委员、不是团县委委员会的基层团委负责人、各村（居）委会团总支书记，乡镇中学团总支书记，机关团组织负责人，个私企业团组织负责人、乡镇中心小学少先队总辅导员和青年中心主任共计163人参加培训。培训突出县委、县政府工作中心和服务青年成长成才两个重点，达到了用马克思主义中国化最新理论成果教育青年，努力造就一批数量多、分布广、素质高、理论强的青年马克思主义者的目的。

【服务第八届高原湖泊水产品交易会】 2012年12月22日至24日，团县委组织10名青年志愿者做好第八届高原湖泊水产品交易会大型文艺演出活动的服务工作。按照县委、县政府的统一部署，团县委及时安排，加强协调，精心组织，完成文艺演出的礼仪服务、会场布置、观众引领等志愿服务工作，确保开幕式和文艺演出顺利进行，受到有关领导和部门好评。

（史　圆）

妇　联

【概　述】 2012年，江川县妇联在县委、县政府领导下，在市妇联的指导下，以把妇联组织建设成为党开展妇女工作的"坚强阵地"和深受广大妇女信赖和热爱的"温暖之家"为目标，始终坚持以人为本，统筹推进城乡妇女发展，不断创新工作载体，以联系妇女、服务妇女、教育妇女、维护妇女儿童合法权益为根本任务，发挥好妇女组织联系群众的纽带作用，谋求工作新思路、新举措，抢抓机遇，乘势而上，妇联工作取得明显实效。经过一年的努力，县妇女儿童工作委员会被玉溪市妇女儿童工作委员会表彰为"实施妇女儿童发展规划先进集体"。

【县妇联十三届四次执委（扩大）会议】 2月17日，县妇联召开十三届四次执委（扩大）会议，县妇联十三届执委、乡镇（街道）妇联主席及分管领导、县直机关企事业单位妇委会主任等60多人参加会议。县委常委马利兴、县纪委派出第一纪工委书记张竹会等领导出席会议。会议由县妇联副主席张丽梅主持。县妇联主席王学梅传达省妇联第十次妇代会精神，并作题为《发挥妇联工作优势推进高原湖泊生态县建设》的工作报告。王学梅代表县妇联与各乡镇（街道）妇联签订《江川县妇联2012年工作综合目标责任书》。马利兴肯定一年来江川县各级妇女组织和广大妇女干部所做的贡献和取得的各项成绩，并提出四点意见：围绕中心工作，在促进经济发展中创造新业绩；投身文化建设，在促进文化发展中展现新风尚；参与社会管理创新，在促进社会和谐中有新作为；加强组织建设，在提升妇联干部素质上有新突破。

【组织网络建设】 县妇联按照"打基础、强队伍、抓组织"的工作思路，突出抓好"两个建设"，不断壮大妇女组织力量，提升妇女组织参与社会管理能力。一是全面推进"妇女之家（学校）"挂牌创建工作。2012年，全县73个村（居）委会已挂牌"妇女之家（学校）"达72处。投资4万元在雄关社区妇委会建成一个省级妇女之家（学校）示范点。二是以加强乡镇（街道）、村（社区）妇联基层组织建设为重点，认真研究基层组织建设中的突出问题，巩固和发展现有组织网络和基本队伍，授予白石岩村委会"党群共建创先争优市级示范点"称号。三是组建非公企业妇委会。为了充分发挥妇女组织在非公经济组织中的积极作用，不断延伸工作触角，扩大组织覆盖面，提高服务水平，县妇联抓住在非公企业中创建党组织的有利时机，在非公经济组织建立妇女组织53个，进一步巩固党的群众工作阵地。

【送科技·送健康进山区活动】 2012年2月22日，县妇联协调县科协、团县委，深入"四群"教育活动联系点——九溪镇矣文村开展"新型女农民培训班"。培训邀请市科协的科技人员为矣文村的150多名妇女作蔬菜种植培训，并发放100多本蔬菜栽培技术方面的书籍，提高山区女农民的科技种植水平。同时，积极协调县卫生局等单位，为当地农村妇女免费开展健康体检200余人次。活动中，共为66名妇女作B超检查、72名妇女进行妇检，免费发放价值2000元的药品，发放艾滋病防治、手足口病防治、母婴保健知识等各种宣传材料1000余册，让广大妇女群众在学到科技知识的同时，还得到实惠。

【庆祝三八国际劳动妇女节系列活动】 县妇联充分发挥优势，积极协调，组织开展一系列丰富多彩的庆祝"三八"国际劳动妇女节系列活动。一是举办老年人运动会。2012年3月1～2日，县妇联、县老体协联合在县城举办"庆'三八'县直机关老年人运动会"。运动会共设门球、地掷球、羽毛球、桥牌、中国象棋、乒乓球等6个项目，共有210多名运动员参加。二是举办广场文体展演活动。3月5～6日，县妇联联合县老体协在县城怡心园广场举办"庆'三八'广场文体展演活动"。活动共有15支文体队参加，表演人数达400多人。展演节目形式多样，有花灯、歌舞、太极剑、太极拳、泰迪球等。共演出《欢庆三八妇女节》等29个节目，吸引4000多名观众前来观看。三是开展巾帼志愿者服务活动。3月6日，县妇联积极组织来自乡镇（街道）及部分机关企事业单位的30多名巾帼志愿者，深入大街街道海浒社区，开展"进社区、送健康"服务活动。志愿者们为广大农村妇女作健康体检，免费进行B超检查，发放价值5000元的药品；发放禁毒防艾、反邪教、健康知识等方面的宣传材料1000多份，发放"平安家庭"倡议书600份。四是举办"庆三八"趣味运动会。3月7日，县妇联、县体育局、县总工会在体育馆联合举办"江川县2012年'庆三八'

趣味运动会”。县委常委马利兴、县人大副主任、县总工会主席陆富仙、县妇联主席王学梅等相关领导出席开幕式。此次运动会共设八个项目（拔河、三人四足、一穿而过、大快人心、搬运接力、海底传月、袋鼠跳和跳大绳），来自37家单位的2049多名职工参加比赛。经过紧张角逐，星抚之声健身协会获一等奖；雄关乡、教育局获二等奖；县医院、路居镇、江磷集团荣获三等奖。六是开展“三八维权周宣传活动”。3月8日，县妇联协调相关单位在县城明珠路集中开展维权宣传活动。共发放禁毒防艾、平安家庭倡议书、节约用水倡议书、有关妇女权益保障法方面的宣传资料6100份；设立法律服务咨询台，邀请县司法局的相关人员免费为广大妇女群众开展法律咨询服务；设立维权服务岗，现场接待来访妇女，为她们排忧解难；发放环保布袋，制作环保布袋3000个，在宣传时发放给参与群众，倡导他们树立环保意识；投入经费5000多元，制作妇联的专题宣传展板11块，让广大群众了解妇联职能职责；宣传反家暴意识，增强广大妇女维护自身合法权益的意识；协调县司法局将妇女权益保障法进行录音，并于“三八”期间用司法宣传车在县城进行循环播放，增强广大群众的法律意识。七是依托县妇幼保健院对全县已婚妇女开展为期25天的妇女病普查普治工作。共普查妇女3187人，查出各种妇女病人数2416人，患病检出率为75.81%。八是拍摄展播典型事迹。县妇联联合县广播电视局于3月1日起分别对黄花（巾帼建功标兵）、段华仙（种植女能手）、白玉仙（养殖女能手）、林存焕（生态文明家庭）、李会琼（五好文明家庭）等先进女性典型进行专题拍摄，宣传展示2011年江川县涌现出的“双学双比先进女能手”、“巾帼建功标兵”、“五好文明家庭”、“和谐家庭”的典型事迹，激发广大妇女争先创优的热情。同时，李会琼家庭荣获“第六届省级五好文明家庭”称号。

【双学双比工作会议】 2012年4月25日，江川县“双学双比”竞赛活动协调领导小组召开全县“双学双比”工作会议。县委常委、县政府常务副县长、县“双学双比” 竞赛活动协调领导小组组长李东林及14家成员单位的主要领导参加会议。会议对2011年江川县“双学双比”工作进行总结并提出2012年的工作意见。李东林肯定2011年全县 “双学双比”工作所取得的成绩，并对2012年全县“双学双比”工作提出要求：全县“双学双比”工作要紧紧围绕县委、县政府工作大局，进一步加大对农村妇女的扶持力度，继续抓好实用技术、女干部女能人等相关培训，提高全县妇女整体素质；各成员单位要充分发挥部门职能优势，继续加大对“双学双比”工作经费的支持力度，积极为农村妇女发展提供资源、创造条件，为妇女发展营造良好环境，共同推进全县“双学双比”向纵深发展；县妇联要充分发挥“双学双比”办公室的牵头协调作用，主动加强与各成员单位的沟通与合作，充分整合资源，借助各部门的力量，扎实开展工作，使“双学双比”活动真正取得实效，并通过活动的开展，让农村妇女真正得到实惠。

【新型女农民培训】 为进一步提高广大农村妇女的科技致富水平，培养有文化、懂技术、会经营的新型女农民，县妇联采取行动，切实开展新型女农民培训工作。一是协调相关单位到九溪镇矣文村为150名妇女开展蔬菜种植培训，并发放100多本蔬菜栽培技术方面的书籍；二是联合县总工会、县人力与社会保障局在县城明珠路开展“春风行动”活动，共为外出务工妇女及务工者发放《春风卡》、《农民工进城务工安全指南》、《节约用水、共护抚仙湖倡议书》、《江川县创建“平安家庭”倡议书》等材料1200余份；三是组织路居镇上坝和中坝社区的130多名妇女学员参加市商务局组织的“国家家政服务工程”培训班，提高她们的就业技能，为剩余女性劳动力输出打下基础。一年来，县妇联通过协调相关单位组织开展蔬菜科学种植、烤烟栽培等各类实用培训22期，培训妇女2860人，提高农村妇女运用科学技术知识的能力。

【运作贷免扶补和小额信贷资金】 为帮助妇女发展，县妇联共争取资金3000万元，其中贷免扶补资金1500万元，惠及农户300户，受益群众1246人，第一产业246人，占82%，第二产业1人，占0.3%，第三产业53人，占17.7%；小额信贷资金 1500万元，贷款户495户，受益人口1740人，种植305户，养殖122户，其它68户；独生子女户15户，双女户55户。发放项目循环金11万元。

【深化生态文明家庭创建】 为响应县委、县政府关于加大农村环境卫生整治力度的号召，在广大妇女群众及干部职工中大力宣传环保生态理念，深化生态文明家庭创建，县妇联积极行动，深入开展生态文明家庭创建工作。一是组织巾帼志愿者队伍开展环境整治活动。由359名妇女组成的40支巾帼志愿者队伍，手提自制的“共建绿色家园 同创文明和谐”环保袋，沿街、沿湖开展清洁活动，并沿途向群众进行环保知识宣传。二是与路居镇共同出资1.2万元资金，为路居镇张营村文艺队购买180套文艺表演服装，文艺队将生态文明建设方面的内容编成文艺节目进行表演，宣传生态文明理念；给予包村点上西河村共4000元的经费支持，配送垃圾清运手推车5辆。三是积极组织72个村（社区）妇代会主任，动员广大妇女群众深入村庄道路开展卫生整治活动，为改善村容村貌尽自己的一份力。九溪镇妇联组织镇、村、组女干部职工近100人参与九溪大河清理；安化乡妇联组织50名妇女干部、群众参与“农村文明清洁”

活动启动仪式，积极投入新一轮农村环境卫生整治活动中；大街街道妇联动员办事处女干部职工、村组干部对十里长堤进行集中清理整治，清理垃圾260余吨。四是以家庭为阵地，以家庭成员为主要对象，广泛开展“廉政文化进家庭”活动。制定《江川县妇联廉政文化进家庭实施方案》，以“廉政文化进家庭”为载体，把家庭助廉教育与美德教育相结合，在全县范围内发放“倡扬廉洁家风、建设廉洁家园”环保布袋5000只和廉政宣传单2500多份。

【学习舍己救人英雄少年李鹏俊动员会】 5月8日，县妇联、团县委、县关工委、县教育局联合在江城镇龙街中学举行“江川县学习舍己救人英雄少年李鹏俊动员会”，广泛宣传李鹏俊的英雄事迹。动员会上，授予李鹏俊“江川县舍己救人英雄少年”荣誉称号，并向其父亲颁发3000元的奖励金。

【党群共建示范点授牌】 5月28日，市妇联副主席郑丽英和市委组织部副调研员、创先争优党群组组长冯平等一行到白石岩村举行“党群共建创先争优市级示范点”授牌仪式，授予白石岩村妇代会“党群共建创先争优市级示范点”称号。白石岩村有1个党总支，3个村民小组，1个妇代会，3个妇代小组，有一支30人的巾帼志愿者队伍。党群共建创先争优活动开展以来，白石岩村妇代会以党总支提出的“建设平安村庄、打造绿色山村、装扮美丽家园”为主题，在服务大局、服务妇女、服务基层上创新实践、谋取实效，号召妇女开展系列活动，创新“巾帼标兵联谊会”等社会管理模式，进一步巩固了妇联基层组织。

【庆六一活动】 县妇联充分发挥县妇儿工委办公室的作用，积极协调相关单位组织开展一系列活动。一是举办青少年庆“六一”风采展演。5月31日，县妇联联合县教育局，在江川体育馆举办“欢庆六一节,喜迎十八大”为主题的江川县青少年学生校外活动中心培训成果展示暨大街小学社团活动展演。县委常委马利兴参加开幕式。此次培训成果展示和社团活动展演共有2000多小朋友及家长观看。二是依托县幼儿园、大街小学分别开展“亲子趣味运动会”、庆“六一”文艺演出和体操、队列队形常规礼仪、班级特色大课间“六一”春华杯比赛等活动。三是看望慰问残疾儿童。5月31日，县妇联联合县残联、县教育局、团县委等相关单位在县委常委马利兴、县人民政府副县长刘振环带领下，深入玉溪市特殊教育学校看望慰问江川籍残疾儿童,为33人送去慰问金6600元。四是开展“六一”慰问活动。5月30日，县妇联、团县委、县教育局组成慰问组深入九溪镇矣文村委会慰问矣文学前班儿童，为44名孩子送去价值700多元的慰问品。6月1日，在县委常委、常务副县长李东林带领下深入雄关乡中心小学、雄关乡幼儿园两所学（园）校，看望慰问606名在校学生，给他们带去价值6500多元的慰问品 ，并给在校的10名贫困生分别送上价值500多元慰问品。此次活动，共为三所学校的教职工及学生送去价值8000多元的节日慰问品。五是各乡镇（街道）妇联组织开展走访慰问活动。如：九溪镇开展献爱心送温暖活动，深入马家庄村委会慰问单亲母亲家庭3户，经费300元；安化乡妇联联合团委为安化小学、董炳小学、光山小学的50名贫困农村留守儿童送去学习文化生活用品；雄关乡妇联用1000元资金慰问10名贫困学生；大街街道办事处对14个村、社区的28名贫困、孤残儿童进行了慰问；路居镇妇联对45名机关小朋友和119名在校学生进行慰问，共慰问金额6700元。

【普洱市景谷县妇联考察禁毒宣教示范点】 2012年7月18日，普洱市景谷县妇联一行4人在玉溪市妇联副主席田丽英陪同下到大街街道上头营社区考察“江川县毒品预防宣教示范点”和“妇女主题活动室”工作。考察团一行在到上头营社区参观妇女禁毒宣教示范点，听取示范点工作开展情况介绍，对江川县的妇联工作给予高度评价。

【督查乡镇（街道）妇联平安家庭创建工作】 8月6～9日，县“平安家庭”创建工作主要责任单位县妇联邀请县政法委人员组成督查组对全县7个乡镇（街道）的“平安家庭”创建工作进行专项督查。督查组主要查看“平安家庭”创建工作进展情况、责任书签订及家庭拒绝邪教承诺卡签订情况等资料。通过督查，大家一致认为，各乡镇（街道）对“平安家庭”创建工作认识到位，领导重视，工作措施扎实，创建活动达到特色明显、群众满意的效果。

【优秀家长学校总结表彰会】 8月13日，县妇联、县教育局、县关工委、团县委共同在江川县青少年活动中心召开优秀家长学校总结表彰会。全县24所家长学校的德育主任参加会议。会上，对在2010年、2011年第十八、十九期家长学校中考核评比为“优秀家长学校”的大街中学、江城中学、九溪中学、大街中心小学、翠峰中心小学、路居中心小学、安化中心小学进行表彰奖励。

【参与禁毒防艾】 一是充分发挥妇女在禁毒防艾中的主力军作用。2012年与县禁毒委联手，出资8万元在上头营社区建成江川县禁毒防艾宣教示范点。6月26日，县委常委马利兴，副县长、县公安局长师文，县禁毒委禁毒大队、县妇联、7个乡镇（街道）妇联主席及分管领导，大街街道各村（社区）书记、主任，部分巾帼志愿者及上头营部分群众共200多人在上头营社区参加示范点的揭牌仪式。仪式上举办“拒绝毒品，远离艾滋，构建平安

家庭”百人签名承诺活动；邀请县疾控中心副主任凌剑波开展禁毒防艾专题知识讲座。二是建立禁毒防艾巾帼志愿者队伍，全县共组建禁毒防艾巾帼志愿者队伍38支，人员208人。志愿者队伍通过宣传教育、亲情帮教等形式，立足家庭、面向妇女广泛开展宣传活动，为有效地遏制毒品和艾滋病的传播和蔓延作了大量工作。一年来共发放禁毒防艾方面的资料2600份，开展禁毒防艾专题讲座6场，受训人员达1123人。三是开展帮教工作。6月28日，县妇联联合县民宗局、县林业局等单位，深入禁毒工作挂钩联系点安化乡开展帮教工作。到安化乡看望3名吸毒人员及家属，对他们进行帮教。

【平安家庭创建】 一是建立健全工作领导小组，明确工作职责。在县委成立“平安家庭”工作领导小组的基础上，县妇联结合实际，从政法、广电等相关部门抽调人员，组成领导小组，明确工作职责，制定实施方案及工作计划，做到工作有人抓、有人管，目标明确。二是创新责任书签订方式。结合实际，采取县妇联与7个乡镇妇联、乡镇妇联与村妇代会主任签订《责任书》的方式，层层签订责任书，明确责任主体，使创安宣传工作落实到人。同时，为确保平安家庭宣传面达90%以上，县妇联创新工作方式，起草机关单位及村级2种式样的“平安家庭责任书”，发放到各单位、乡镇，要求各单位妇委会和各乡镇、街道妇联，采取“户户签、10户联名签、以小组为单位签”等灵活方式，将“平安家庭责任书”签订到各家各户。截至12月底，机关单位签订2234户，签订率达100%，农村签订83753户，签订率达97.3%以上。三是印制《倡议书》。起草《江川县创“平安家庭”倡议书》，并印制1万份发放到广大家庭中，增强大家的创安意识。同时，在江川电视台滚动播出，扩大宣传面，力争做到家喻户晓。四是建立示范户。在7个乡镇建立“平安家庭”示范社区（村）14个、“平安家庭”示范户74个，形成示范户与县、乡、村四级同时宣传平安理念、同时维护妇女儿童合法权益的工作格局，激励广大家庭积极参与“平定家庭”创建，不断提高全社会的参与率，形成人人讲平安、促和谐的良好社会氛围。

【信访维权】 一是通过县妇联和各乡镇（街道）妇联设立的“信访接待室”，“妇女维权站”，采取县、乡、村三级联动的方式开展信访接待，排查社会不稳定因素和妇女权益受侵害的不文明行为，热情接待妇女群众来信来访,帮助妇女群众化解邻里矛盾和家庭纠纷，为弱势妇女伸出援手。二是开通12338妇女维权热线，在热线开通的基础上，积极组建志愿者队伍，做好妇女维权热线的接听和处理工作；协同法院于3月15日成立妇女儿童维权合议庭，最大限度维护妇女儿童权益。截至2012年12月底，县、乡镇妇联共接待来信来访68件，其中（县妇联接待34件），处理率达100%。

【留守妇女儿童和老人工作】 妇联作为妇女群众团体，把加强农村留守妇女儿童和老人服务管理工作作为一项日程工作，认真加以落实。一是强化责任。年初结合实际成立工作领导小组（江妇儿工委发〔2012〕5号），制定实施方案（江妇儿工委发〔2012〕4号），同时，细化工作计划，召开专题会议，对如何抓好此项工作进行安排部署。二是调查摸底。各乡镇、街道妇联以小组为单位，认真对本辖区内的农村留守妇女儿童和老人情况进行摸底，建立健全信息档案。截至12月底，全县共有留守妇女儿童老人4813人（其中：妇女683人，儿童3627人，老人503人）。三是开展结对帮扶活动。针对调查摸底的情况，各乡镇、街道妇联采取结对帮扶的形式，与农村留守妇女儿童和老人结成对子，明确责任人，负责做好帮扶工作，帮助她们解决实际问题。至2012年底，全县共结成帮扶对子741对。

【五访五送主题活动】 县妇联以“四群”教育活动为契机，组织开展“走访信访困难人员、走访困难妇女儿童群体、走访维权服务站、走访创业女性、走访先进妇女典型，送科技、送温暖、送文化、送健康、送法律”的“五访五送”活动，为妇女儿童办好事、做实事。一年来，走访妇女15个（其中1个是信访户），走访创业女性及先进妇女典型5个，并将其先进事迹在江川电视台播出；发挥维权站的作用，接待信访67件；慰问农村妇女14个，慰问金额1400元；开展蔬菜、养殖等方面的培训22期，培训妇女2860人，为700多名妇女免费开展妇检，发放价值8000元的药品，得到妇女群众拥护，主题活动取得成效。

【编制新两纲规划】 县妇联充分发挥妇儿工委办公室的职能作用，在对前10年江川县妇女发展和儿童发展两个规划作出评估的基础上，积极向县妇儿工委成员单位征求意见，于12月17日圆满完成《2011-2020年江川县妇女儿童发展规划》编制工作，并已由县人民政府以文件形式（江政办发〔2012〕160号）下发至全县各单位正式实施。

【送温暖活动】 一是对曾获省级“三八”红旗手的宁会仙（江城镇）、宋吉凤（路居镇）2名“三八”红旗手走访慰问，为她们送上共计5000元的慰问金。二是协同团县委、关工委等相关单位发放“救救孩子”倡议捐款9000元，共救济患大病和家庭困难的儿童5人。三是开展“关爱老人，关注健康”送温暖活动。10月26日，在第25个敬老节来临之际，县妇联协调县医院16名骨干医生，送医送药上门，共为张营村388名老年群众进行内科、外科、五官科和B超、量血压等诊疗，诊疗费用预计价值10000多元，免费发放价值1000余元的药品，发送健康宣传资料 350多份等。四是开展关爱女性健康活动。组织40多名巾帼志愿者和医务人员深入九溪矣文村委会，大街海浒社区、路居张营村等为农村妇女开展健康体检400余人次。免费发放价值9000元的药品，为妇女和老人B超检查20余人次，价值16000元，发放了艾滋病防治、手足口病防治、母婴保健知识等各种宣传材料1000余册。

【表彰先进】 2012年3月，江川县人民医院、九溪镇妇联获市妇联表彰的“玉溪市‘三八’红旗”荣誉；2012年10月，江川县妇女儿童工作委员会、县委组织部、县财政局、大街街道妇女儿童工作委员会获市妇女儿童工作委员会“玉溪市实施妇女儿童发展规划先进集体”荣誉；2012年3月，江川县大头鱼酒店赵金会获全国妇联“全国妇女创先争优先进个人”荣誉；2012年4月，九溪镇喜乐庄村李会琼获省妇联“云南省五好文明家庭”荣誉；2012年3月，江川县妇联张丽梅、雄关乡人民政府郭琳华、九溪镇中营村委会侯会芬、江川县左卫三道菜饭店贾平华获市妇联“玉溪市‘三八’红旗手”荣誉；2012年10月，县委宣传部龚桂存、县教育局郭自壮、县卫生局张盛国、县统计局陈留仙、县妇联张丽梅、县妇幼保健院李秀燕、大街街道大街小学杨仕云、路居镇人民政府万文秀获市妇女儿童工作委员会“玉溪市实施妇女儿童发展规划先进个人”荣誉。

（施江艳）

关心下一代工作

【2012年江川县关心下一代工作会】 2012年2月16日，江川县召开关心下一代工作会议，有关部门领导、乡镇（街道）分管领导、驻会老同志、社区、示范村的总支书记、常务副主任及27所中小学（含县幼）的德育主任110人参加会议。会议传达中国关工委1月7日在深圳召开的全国关心下一代工作会议和市关工委（新平）工作会议精神，总结上年工作，部署2012年的工作任务。主管关工委工作的县委常委马利兴和联系关工委的县委常委、县政府常务副县长李东林出席会议并讲话，要求各级党政组织要重视关工委工作，相关部门要关心、支持关工委开展工作。

【县关工委被授予综治维稳先进单位】 2月28日，在全县加强和创新管理暨2012年政法工作会议上，县关工委被中共江川县委、县人民政府授予“江川县社会治安综合治理维护稳定工作先进单位”荣誉称号。

【法制教育】 结合部门优势扎实推进“六五”法制宣传教育“六进”活动，开展送法进农村、社区、校园、单位、企业活动，在青少年中开展《刑法》、《未成年人保护法》、《预防未成年人犯罪法》、《禁毒法》、《道路交通安全法》、《消防安全法》等法律法规和禁毒防艾为内容的法制教育。采取法制报告会、法律知识讲座、法律知识竞赛、以案释法、板报等宣传法律知识，营造一种学法守法用法的良好氛围。3月26日和4月25日，江城镇关工委聘请县人民检察院组成法制教育宣讲团和镇司法所开展送法进校园活动7场次，5393名师生聆听法制讲座。安化乡关工委和乡司法所先后于3月14～18日、5月20～24日、10月26日邀请县司法局开展送法进校、进农村活动，受教育人数达1476人，其中1109师生，农村青年367人。4月19日上午，常务副主任顾宝富为拘留所、看守所30多名在押失足青少年上法制课。1月至11月，全县关工委牵头和配合有关部门举办法律法规知识培训累计256场次，宣讲员120多人，受教育76469人。

【中华魂主题教育活动】 根据市关工委文件要求，制定《江川县2012年“中华魂”（理想点亮人生）主题教育活动实施方案》，并在试点学校江川二中、前卫中学、九溪中心小学3所学校开展“中华魂”（理想点亮人生）主题教育活动。4月23日上午，在前卫中学举行七年级700多师生参加的启动仪式，免费向3所学校发放“中华魂”（理想点亮人生）书籍1810本，3所学校认真组织七年级学生开展读书活动、征文活动，共计1810名中小学生参加此次活动。

【学雷锋心向党讲品德见行动主题教育活动】 3～6月，以报告会、征文、演讲比赛、文艺表演、书法绘画等形式在中小学生和农村青年中开展“学雷锋、心向党，讲品德、见行动”主题教育活动，学校演讲216场次，参加演讲的学生278人，38000名师生参听，撰写征文26596篇，县关工委收到优秀征文60篇，评出一等奖6篇，二等奖8篇，三等奖12篇，优秀奖34篇。农村社区报告会教育活动140场，参加人数达38098人，其中青年14863人。

【聂耳与国歌征文活动】 为纪念聂耳诞辰100周年，在全县中小学组织开展“聂耳与国歌”征文活动，组织演讲253场次，撰写征文21953篇，参加活动36126人，上报县关工委征文31篇。县关工委、江川职中、翠峰中心小学、江城中心小学、安化中心小学等10家单位获市组织奖，江川一中的唐钰琪、龙街中学的朱智艳、大街中学的杨星宇、职业中学的张琼月、路居中心小学的杨可5名同学获市优秀征文奖。

【争创建五好关工委经验交流会】 2012年6月26日，在路居镇上坝村

委会召开争创“五好”关工委现场经验交流会，82人参会。市关工委副主任白爱民、县委常委马利兴出席会议并讲话；县关工委常务副主任郭家义作题为《以创“五好”为动力，扎实推进村社关工委工作》讲话，路居镇关工委、上坝村关工委、左卫村关工委、大街社区关工委作经验交流发言。

【村社关工委制度建设】 由于县关工委典型引路，分类指导，大力推动，至10月底，72个村（社区）共计有58个村社实现制度上墙，上墙率达80%以上，使基层关工委呈现出良好的发展态势。

【农村青年教育】 侯家沟村委会是市关工委农村青年“讲政治、育新人，学科技、奔小康”教育示范点，也是江川关工委多年来打造的典型，多年来，县关工委以典型带动辐射更多的村社向侯家沟学习，收到较好效果。2012年，九溪六十亩又被市关工委确定为联系点。大街街道关工委、江城左卫村、路居镇关工委对300多名“五团”成员骨干进行培训。六十亩、小街、侯家沟、左卫、明星、六十亩、大庄等23个重点联系点及其他村（社）积极开展“讲政治、育新人，学科技、奔小康”为主题的农村青年教育培训，累计全县举办农村青年农业实用技术培训168期，培训40000多人。

【养成教育和军训】 全县共有80所中小学校，在校学生51000多名，其中，中小学生44000多名。8月上旬，联合县教育局下发集训和军训通知，各校按照通知要求制定计划，开学前一周，针对学生纪律、安全、文明礼仪、学习、生活、卫生习惯等进行集中训练，中学重点进行遵守校规校纪、法律法规、诚实守信等教育。县关工委牵头，到通海武警某部聘请23名教官到重点联系校前卫中学和示范校伏家营中学2所学校举办少年军校，训练时间为8月15～23日，两校累计参加少年军校的学员达1050名。全年县属3所高中（含职业中学）和11所初中学校军训共计聘请142名教官，6359名新生参加军训。参加集训24000人。

【组织中小学生开展实践活动】 “6·5”世界环境日，全县各中小学围绕主题“搞好绿化美化净化，建设高原生态水乡”主题和“围绕“保护母亲湖，建设生态县”开展环保实践体验活动。6月5日早上，县关工委也组织全体干部到大庄河至湖滨公园开展清理垃圾实践活动，清理垃圾0.5吨。积极发动中小学生、农村青年参与环境卫生整治，清理入湖河道、村庄道路、沟渠等，美化人居环境、校园环境。

【学雷锋常态化】 3月，县关工委把开展学雷锋常态化，组织中小学生读雷锋故事，学习雷锋日记 。常务副主任郭家义结合青少年实际，撰写题为《如何把学雷锋常态化》论文，并印发至乡镇、村社和各中小学，号召乡镇、村社把雷锋精神渗透到农村社区青年教育培训中，号召学校把雷锋精神及雷锋式的好人好事渗透到校园文化、班级文化建设中，渗透到中小学生的学习、生活、劳动中，把学习雷锋精神与本县舍己救人小英雄李鹏俊（生前龙街中学学生）的英雄事迹和身边的好人好事结合起来，让广大青少年从榜样的感人事迹和优秀品质中受到鼓舞与启迪。5月8日，在龙街中学召开学习李鹏俊英雄事迹报告会后，各校积极行动，全县召开报告会67场次，参听人数达21500人。各校利用国旗下讲话、校园广播、纪念日活动等多种方式向青少年宣传介绍英雄模范、杰出人物。3～4月，九溪中学、翠峰小学、路居中小学、石岩哨小学、西河小学等学校关工委发动师生积极开展捐赠活动，累计有3000多名师生参与捐款，捐款14744.8元，用于救助重疾病和特困学生。西河小学六年级患癌症的史继翔、石岩哨小学因车祸致伤的张敏捷等同学得到救助。4月2日，九溪凹子村青年发动全村农户为生命危在旦夕的青年叶云鹏捐款3111.60元，解决其燃眉之急。

【调查研究】 对村关工委的建设和工作进行调研，写出调研报告。深入江城镇侯家沟村长里冲和江城中学调查舍己救人小英雄李鹏俊事迹，撰写题为《生命短暂，英名长存》通讯。大力开展节水宣传活动，3月、4月江川县遭遇特大干旱期间，先后深入九溪镇、雄关乡、安化彝族乡、江城镇等山区、半山区中小学了解师生用水情况，倡导学生节约用水。

【网吧监督】 网吧监督形成制度化、规范化。坚持疏堵并举，以疏导为主，对网吧业主和青少年进行教育引导。11名网吧义务监督员每周至少去各片区网吧内检查2次，假期和节假日，巡查3次以上，全年累计110次。

【夏令营活动】 7月24～25日，组织安化小学、路居小学、翠峰小学的贫困学生及交通局等单位职工子女共65人开展“葵花向阳夏令营”活动，参观市博物馆、聂耳纪念馆、聂耳音乐文化广场和江川青铜器博物馆、阳光海岸和明星鱼洞等。大街街道关工委组织开展丰富多彩的夏令营活动，共计230人参加。

【帮教工作】 扎实开展帮教工作，对失足青少年进行调查、登记、帮教，1～11月91个帮教小组共计帮教失足青年115人，其中未成年人80人，已改好90人。发动“五老”、党员、干部、签订包教子女、孙子女责任书2580份。

【思想道德教育】 2012年召开2次中小学德育主任会议，安排部署德育工作，进行思想道德培训，并在学校德育主任和青年教师中开展青年思想道德模范评比活动，在年初工作会上，表彰杨红芬、张继艳2名青年思想道德模范。对中小学生进行理想信念、诚信、感恩、孝道教育，使他们做一个诚实守信的人，做一个有道德的人。在学生中开展“美德少年”和“四好少年”评比推荐活动。通过评比推荐活动，推荐上报李梦圆、李鹏俊2名“美德少年”，业湘依、杨凯围、安雨辰、徐梦迪、李智敏5名“四好少年”（其中省1名，市4名），同时，县关工委对蒋灏景（已考入玉溪一中）、李能、张蕊3名“美德少年”和李荣俊、张壤月2名“四好少年”进行表彰奖励，颁发奖状和奖品（四大名著）。

【为青少年办好事解难题】 县、乡、村社关工委主动与各有关部门和社会力量一起，共同关注、关爱困难家庭青少年、农村留守儿童、外来务工子女、失足青少年。县关工委和团县委、县妇联一起慰问救助安化乡早谷田村白血病患者代兴林、江城镇西河村委会海埂村患癌症的史继翔和路居镇石岩哨村因车祸致伤的张敏捷，每人送去2000元救助金；到雄关乡慰问5名困难家庭学生，送去3000元救助金。累计救助9人，发放救助款9000元。4月19日上午，与县图书馆联合向拘留所、看守所的失足青少年捐赠179册、价值3800多元图书。江城中心小学是留守儿童关爱联系学校，5月11日上午，为江城中心小学9名演讲的同学捐赠价值300多元的爱心图书。“六一”儿童节与县图书馆一起给江城中心小学送去60册图书和价值1000元的作业本、铅笔，给该校的723名孩子送上节日礼物。

【制定关爱明天普法实施方案】 根据玉关工委文件要求，县关工委制定“关爱明天、普法先行”青少年普法教育实施方案，成立以县委常委、县关工委主任马利兴为组长，县关工委常务副主任郭家义等为副组长的“关爱明天、普法先行”——青少年普法教育活动领导小组。县关工委、综治办、教育局、司法局四部门联发《关于江川县第二届“关爱明天、普法先行——青少年普法教育活动实施方案的通知》，并于10月31日和11月14日分别召开县12个部门和乡镇关工委参加的普法教育活动工作会，安排部署普法教育工作，明确今后各单位普法工作任务。该活动从2012年6月开始，至2014年结束。

【专项救助】 做好摸底调查，确定救助对象和专项经费的发放及跟踪问效工作。9月至10月，县关工委累计深入各校发放困难家庭未成年救助经费21700元，救助困难学生92名。受救助的92名困难家庭未成年人及大学生中，单亲家庭26人，孤儿13人，残疾人家庭19人，大病困难家庭9人，留守儿童4人，服刑人员家庭1人，其余20人为下岗失业特困家庭和其它困难家庭学生。对江一中高三的侯俞希、九溪中学九年级二班的龚晶等10名学生和现就读于昆明理工大学的陶进金等10名计划组对象进行重点跟踪问效。

【重视宣传报道】 2012年1月，通联站通讯员队伍发展壮大到39人。为提高写作水平，3月21日，特邀市关工委《玉溪春晖》原编辑部主任李永林老师和市关工委的专职副主任（成长网负责人）李江明为39名通讯员进行新闻写作培训。常务副主任郭家义带头写稿1—11月份被省市关工委所办刊物及有关报刊采用的论文、通讯、新闻、诗歌、调查报告等文章19篇，2012年县关工委被省《云岭春光》、市关工委的《玉溪春晖》和市关工委简讯及《云南日报》、《玉溪日报》和其他市以上相关刊物采用的稿件达156篇，与上年相比，采用稿件增60篇，增长62.5%，创下新高。

【荣誉表彰】 县关工委于2012年12月表彰的先进集体和先进个人有：先进乡镇（街道）关工委4个，即大街街道关工委、江城镇关工委、安化乡关工委、路居镇关工委；五好村社关工委5个，即九溪镇六十亩村关工委、前卫镇前卫社区关工委、安化乡安化村关工委；优秀通讯员11人：郭家义、顾宝富、汤江平、张粉棠、吴克坤、黄向贤、宋正和、蒋红梅、杨红芬、黄花、郭梦梅。“中华魂”读书活动先进集体——江川县前卫中学；先进工作者——汤江平；优秀辅导员——张继艳。

2012年12月受市关工委表彰为“五好”基层关工委的先进集体：江川县关工委、左卫村关工委、侯家沟村关工委、大街社区关工委、上营社区关工委、下营社区关工委。

2012年12月市关工委表彰的“中华魂”主题教育活动先进集体和先进个人：先进集体前卫中学。先进工作者县关工委汤江平；优秀辅导教师九溪小学张继艳；优秀学生前卫中学穆元松；优秀征文作者：江川县二中杨紫龙、前卫中学雷家豪、九溪小学瞿龙艳。

（赵运宇）

工商业联合会

【概　述】 2012年，江川县工商联（商会）在县委、政府的坚强领导下，在市工商联和县统战部的指导下，充分发挥工商联“五个作用”，突出“三性”特征，力促江川县非公经济健康发展和非公经济人士健康成长，为推动江川经济社会科学发展和谐发展跨越式发展，建设高原湖泊生态县、现代宜居高原湖泊生态城、国际高原湖泊生态休闲度假旅游目的地作出更大贡献。

【组织机构】 根据市委安排，2012年是市、县工商联集中换届的一年。县工商联在县委统战部指导下，抓住

县、乡工商联换届时机，把一批热心工商联工作、有实力、有规模、有代表的非公有制企业和经济人士吸收到商会中来，并积极争取经费和人员编制，不断健全充实工商联队伍。一是1月30日至31日，县工商联第八次会员代表大会召开，选举产生执行委员会委员35（缺额4名）名，主席（会长）一名，副主席（副会长）7名，民间商会副会长2名。七个乡镇工商联分会换届工作截至10月31日也全部完毕。二是县工商联抓住市工商联换届时机，积极向市工商联第四次会员代表大会成功推选、推荐市代表27名、市执行委员会委员6名、市常务委员会委员3名，被市工商联评选表彰先进集体1名（县工商联）、先进工作者2名、优秀会员3名。三是积极发展行业商会。县工商联通过多方协调和精心筹划，成功组建成立江川县纸制品商会，新增工商联会员40名。全县有乡镇分会7个，乡镇级商会2个（江城餐饮业商会，九溪餐饮业商会），县级行业商会（协会）10个（红砖、火炮、运输、餐饮、创业、建筑、石材、药业、农资、纸制品），异地商会1个（昆明江川商会），会员达1100余名（其中个人会员778名，企业会员310名，团体会员12名），行业分布涉及建筑建材、烟花爆竹、农副产品加工、运输业、餐饮业、药品、农资等10多类行业。

【调查研究和参政议政】 为了加强调研工作，不断提高参政议政能力，县工商联紧紧围绕县委政府的中心工作及经济社会发展中存在的热难点问题，拟定调研课题，精心组织、周密安排，采取下基层走访企业、召开座谈会、下发调查问卷等方式，在全县范围内认真开展调查研究。一年来，共形成高质量的调研报告2篇（《加快江川工业园区建设的调研报告》和《江川县整顿规范红砖行业发展的调研报告》），从多个方面提出意见和建议。两会期间工商联会员人大代表、政协委员向县人大提出建议案4件，向县政协提交提案21件，部分建议、提案受到相关领导和部门重视，得到落实。这些调查研究和参政议政为县委、政府出台促进非公经济发展的政策措施提供了决策依据。

【光彩事业】 根据《玉溪市工商业联合会关于2012年“云南红土情·光彩进万家——玉溪感恩行动”工作任务安排的通知》，县委统战部、县工商联积极引导非公经济人士致富思源，回报社会，感恩党、感恩国家、感恩人民，更好地履行社会责任。一年来，共组织发动非公有制经济人士297人次为社会各项公益事业捐资捐款196.6万元。

【贷免扶补】 2012年，江川县工商联帮扶创业的任务分配名额是450个。为确保此项工作任务能按质按时顺利完成，县工商联把落实“贷免扶补”政策与开展“四群”教育活动结合起来，精心组织，加强领导，认真调查研究，大胆摸索帮扶创业经验，努力确保鼓励创业“贷免扶补”政策落到实处。一年来，县工商联共受理创业申请681份，登记培训创业人员550人，向农信社推荐创业项目450个，经农信社审核发放创业贷款2250万元，吸纳带动新增就业人员1125余人，其中：高校毕业生52人，吸引带动社会新增投资6285余万元，圆满完成市工商联下达给江川县帮扶创业的目标任务。

【非公企业党建】 县工商联党组十分关心支持非公有制企业的党建工作，积极配合组织、统战等部门引导非公企业党组织积极开展活动，探索非公企业党建工作做法，并取得初步成效。2012年来，在上年27户规模以上非公有制企业全部建立党组织的基础上，县工商联进一步配合组织、统战等部门积极探索在小型零散非公企业中建立党组织的路子。经过认真调查研究和精心组织，6月1日，在前卫镇成立江川县第一个非公经济联合党支部，该支部的建立为分散在前卫镇中小型企业中的党员参加组织生活，相互学习交流，壮大非公企业党员队伍，起到积极作用。

【服务商会】 2012年，县工商联以“创先争优”、“四群”教育活动为切入点，把“服务立会、服务兴会”作为工作的出发点，积极与各乡镇分会和行业商会加强联系沟通通和指导，组织会员企业开展展会展销，学习考察、人才招聘，法律咨询、会员融资、会员维权等活动，为我县非公有制经济的发展提供全方位的优质服务工作。一是正确引导，配合政府做好整顿和规范粘土矿资源专项工作。为贯彻执行《云南省发展新型墙体材料条例》，保护土地资源和生态环境，发展新型墙体材料，促进资源合理利用，推进经济和社会可持续发展，根据《江川县整顿和规范粘土矿资源专项工作实施方案》的通知（江整规字〔2012〕1号）的精神，全县21户红砖企业中的18户将被关停关闭。但多年来，由于管理体制、机制等方面的原因，大多数红砖企业普遍存在投入大、承包期限未到、刚承包、转产难等问题，一旦关停关闭，企业将遭受较大损失，因此，企业反映较为强烈。针对上述情况，县工商联及时组织红砖商会18户会员企业召开专题讨论会，对商会代表们提出的困难问题认真加以分析和梳理，并及时向县委政府和相关职能部门进行反映和反馈。至2012年底，红砖行业的集团公司——金源红砖公司已组建完成，其它资产整合组建工作正在紧张进行中。二是充分发动，积极组织各商会企业参展、培训。2012年，在澳门举行的世界美食博览会和第20届昆交会上，江川县组织参展的大头鱼饭店、宏斌绿色食品、卓一食品等民营食品加工龙头企业，受到社会各界欢迎和好评，业务洽谈、订单不断。三是落实政策，及时办理劳动密集型小微企业贷款。根据《云南省人民政府办公厅关于转发云南省鼓励创业促进就业小额担保贷款实施办法的通知》精神，2012年，为帮助江川县民营企业走出融资难、贷款难困境，县工商联积极向上级争取到劳动密集型小企业贷款名额10户（每户200万元），贷款额2000万元，各级财政贴息226万元。一年来，通过工商联、劳动就业局、财政局等部门深入细致调查了解和审核把关，大头鱼酒店、金骏药业、国丰农资、伏家营建筑公司、龙凤酒业、光玉石材、凯迪龙气体产品公司、建川混凝土公司、渔传食户公司、滇鑫农资10户企业获得2000万元的“劳动密集型小企业”财政贴息贷款（每户200万元），年底，贷款已全部发放完毕。四是加大支持力度，推动餐饮业快速发展。根据《江川县人民政府办公室关于贯彻落实市政府江川现场办公会议精神的通知》（江政办发〔2012〕1号）文件精神，县工商联紧紧围绕“江川县国民经济和社会发展第十二个五年规划纲要”，在上年已完成《江川县餐饮业发展规划》初编工作的情况下，继续与省烹饪协会协商讨论，进一步细化修编工作，并组织江川县餐饮企业召开座谈会，认真听取企业对“规划”工作提出的意见和建议，使“规划”更切合实际，更具有指导性和可操作性。

（翁　健）

文　联

【概　述】 江川县文学艺术界联合会是在中共江川县委领导下的一个群团组织，下辖7个协会11个艺术门类（文学、民间文学协会，戏剧、曲艺协会，音乐协会，舞蹈协会，书法、美术协会，摄影协会，诗词、楹联协会）。2012年，江川县文联在中共江川县委、江川县人民政府的领导以及玉溪市文联的指导下，认真履行“联络、协调、服务、指导”的工作职能，团结带领全县广大业余文艺工作者，坚持以马列主义、毛泽东思想、邓小平理论和“三个代表”重要思想为指导，坚持“为社会主义服务、为人民服务”的方向，贯彻“百花齐放、百家争鸣”的方针，深入实际，深入基层，深入群众，坚持先进文化的前进方向，积极投身于“以优秀的作品鼓舞人”的创作实践中，文艺事业呈现出繁荣发展的大好局面。各文艺家协会以文艺创作为中心，围绕出作品、出人才积极开展文艺创作、展演活动，取得可喜成绩。

截至年底，共编辑出版《星云》文艺季刊3期，发表各类文艺作品414篇（幅、首）；组织书法会员参加“三下乡”开展为民书赠春联活动；举办“锦秀江川”摄影作品展；戏剧曲艺协会成绩突出，一年来，共组织演出50余场，观众达2万多人次；有3人荣获第六届“玉溪市优秀文学艺术奖”；文联荣获“2011年度云南文艺基金组织奖”；县文联与国税局联合举办“2012税收宣传月书画笔会”；县文联送温暖到挂钩联系村；在玉溪举办周保明个人书法作品展；县文联文化联合举办廉政文化笔会；文联刊刻楹联赠送江川籍摄影家潘增良；江川县中学师生优秀文学作品有15篇获省级表彰；完成《中国民间故事全书·江川卷》收集整理编纂工作，近30万字初稿上报市文联；邀请著名摄影家徐晋燕、耿云生、陈安定到江川授课；马松波、叶宝、李正德、霸存富4人的书法篆刻作品入展云南省第二届临书展；杨洪伟、杨兰秀作品入选书艺公社·云南书道联盟（网友）书法作品暨名家邀请展；承办“喜迎十八大·通海江川书画作品联展”；在玉溪举办付云龙雕塑作品展；组织召开文联第四次会员代表大会；举办江川县农村题材小戏、小品剧本征集评选活动。

【《星云》季刊】 编辑出版《星云》文艺季刊3期，发表小说、散文、诗歌、文学评论等各类文艺作品414篇（首、幅），计约57万字。

【为民书赠春联】 为营造节日气氛，2012年春节前夕，文联组织5名书法协会会员到雄关参加文化、卫生、科技“三下乡”活动，共为民书赠春联300多对。

【锦秀江川摄影作品展】 为营造“开渔节”节庆氛围，丰富群众文化生活，2011年12月21日—2012年1月30日，中共江川县委宣传部、江川县文学艺术界联合会在江川县青铜器博物馆举办“锦秀江川”摄影作品展，共展出反映江川建设成就、美丽旖旎风光及独特风土人情的摄影作品84幅。县委书记马文龙、县人大主任赵少春、县政协主席黄文柱等领导出席21日上午举行的开展仪式，仪式由县政府副县长石伟主持，县委常委、宣传部长龚桂存致辞，县委副书记张金翔宣布开展。

【戏剧曲艺协会】 2012年1月13日，江川县文联戏剧曲艺家协会召开年度工作会，回顾2011年的工作，安排部署2012年的工作。

江川县戏剧曲艺家协会现有会员28人，下设江城镇文艺协会、星云文艺队，天天乐文艺队3个文艺队。一年来，3支文艺队共演出50余场，观众达2万多人次。在做好排练和演出的同时，协会会员创作花灯剧《姑娘崖》，花灯说唱《走，江川吃渔去》、《崴起花灯赞雄关》，花灯表演唱《界鱼石》，小品《看病》、《要账》等。江城文艺协会应省电视台第三套“俏花灯”栏目邀请，到省电视台进行节目录制，花灯小戏《小路湾湾》、《慈母心》、《新媳妇说悄悄话》等6个节目先后在省电视台第三套“俏花灯”栏目进行播出。天天乐文艺队编排的节目《欢天喜地》被江川县老体协选入参加玉溪市第九届老年运动会开幕式演出。

【荣获玉溪市优秀文学艺术奖】 3月12日，玉溪市召开第六届优秀文学艺术奖表彰会，江川叶宝临《蜀素帖》获书法类二等奖、卢文祥临《九成宫醴泉铭》获书法类三等奖，张涛的作品《森林氧吧》获摄影类三等奖。

【县文联获省级表彰】 3月，由云南省文学艺术界联合会、云南省文学艺术创作奖励基金会共同主办的“第七届云南文艺基金奖组织奖”评选揭晓，江川县文联荣获“2011年度云南文艺基金组织奖”，此奖每3年评选一次。

近3年来，江川县文联坚持以邓小平理论和“三个代表”重要思想为指导，认真落实科学发展观，坚持“二为”方向和“双百”方针，组织广大会员按照贴近基层、贴近群众、贴近实际的要求，围绕中心，服务大局，创作了一大批题材新颖、内容健康、风格多样、具有时代精神和地方特色的文艺作品。2009年以来，江川县文联各协会会员获省、市级各类文艺评选奖20余件。其中：廖会芹生短篇小说《一群大雁往南飞》获滇东文学奖、张涛的《玉湖白鹭翩翩》在中国生态城.金柿美玉溪全国主题摄影大展获金奖。截至2012年底，共发展国家级会员 1 名，省级会员27名，市级会员103名。同时，江川县文联还以庆祝党的重大活动、本地节庆为契机，先后举办“江川县庆祝中国共产党成立90周年征文比赛、书画展和摄影展”、“江川、通海、澄江三县书画摄影联展”、江川歌曲创作大赛等活动，丰富人民群众的文化生活。

【与县国税局联合举办2012税收宣传月书画笔会】 4月中旬，在第二十一个税收宣传月到来之际，江川县文联与县国税局联合举办“2012税收宣传月书画笔会”，中共江川县委常委、宣传部长龚桂存出席笔会并讲话。笔会旨在弘扬中华传统文化，进一步提升江川县税收文化的内涵，营造出更加和谐的税收人文环境。

【周保明个人书法作品展】 5月1日，周保明个人书法展在玉溪老年大学举办。

本次书法展由玉溪市书法家协会、玉溪市老年大学、江川县文学艺术界联合会、玉溪市文化馆、玉溪市老干部诗书画协会、江川县老干部诗书画协会联合主办，共展出个人书法作品100多件，是周保明大半生的心血之作。周保明现年74岁，字墨翁、号竹园居士，江川县竹城村人。自幼喜好书法，早年曾得到普文治、刘永富两位前辈的影响和教诲。现为江川县文联书法家协会会员、县老干部诗书画协会秘书长、玉溪市老干部诗书画协会会员、玉溪市书法家协会会员。

【联合举办廉政文化笔会】 5月21日，江川县文联与文旅广体局文化股联合举办廉政文化书画笔会，以传统书画形式弘扬“以廉为荣、以贪为耻”的良好风尚，营造廉政建设的良好氛围。

笔会现场，来自江川和通海的10多位书画名家共聚案前，挥毫泼墨、奋笔疾书，围绕廉洁自律主题，抒发自己对清正廉洁的感悟，“公则生明，廉则生威”、“气正山河壮，政廉日月春”等数十幅书画作品成为笔会现场靓丽风景。

【江川县中学师生文学作品获省表彰】 由云南省文联、云南省教育厅主办，云南省作家协会承办的云南省中小学师生优秀文学作品评选活动5月底揭晓，江川县有6篇教师作品和9篇学生作品荣获优秀文学作品奖。

江川县文联和江川县教育局认真组织全县师生选送作品参与评选活动。经县文联和县教育局初评，共评出县级优秀文学作品60篇（其中教师类20篇，学生类40篇），在县级表彰的同时，选送参加玉溪市中小学师生优秀文学作品的评选活动。在市级的评选过程中，江川县28篇师生优秀作品（其中教师类11篇，学生类17篇）获得市级表彰，并被推荐参加云南省中小学师生优秀文学作品评选活动。最终，廖会芹、陶健飞等师生的15篇文学作品（其中教师类6篇，学生类9篇）获云南省中小学师生优秀文学作品奖。

【《中国民间故事全书·江川卷》收集整理编纂】 6月底，《中国民间故事全书·江川卷》编撰工作结束，近30万字的初稿上报市文联。

由中国民间文艺家协会主持编纂的《中国民间故事全书》，是中国民间文化遗产抢救工程的主干项目之一。全书共3000卷，由全国每个县出版一本民间故事集组成。《中国民间故事全书·江川卷》的编纂工作自2012年2月启动以来，江川县及时成立编委会，负责统筹协调、收集、整理、编辑和编委会日常工作，各乡镇、街道各明确 1 名文化站工作人员，以现有的《江川县民间文学集成》为蓝本，在全县范围内进行普查，对还没有入选又有典型性的素材进一步收集整理，共新收集整理神话、传说、故事、笑话106篇，这些作品与《江川县民间文学集成》相关内容汇总，形成初稿，由组委会成员进行审稿。同时，按照相关要求，对具有代表性的作品邀请讲述人进行录音录像。组织审定完毕的稿件上交市编委会初步审定，省编委和省民协复查审核，中国民协和出版社最终审定出版。

【徐晋燕等到江川授课】 8月18日，应江川县文联摄影协会邀请，著名摄影家徐晋燕、耿云生、陈安定到江川为当地的摄影爱好者授课。三位摄影家结合各自多年的创作经验，在展示自己作品的同时，从拍摄技法、创作心得、作品内涵的把握等方面进行讲授，并对文联摄影协会会员的摄影作品进行评析。

【江川会员作品入展省临书展】 9月5日获悉，江川马松波、叶宝、李正德、霸存富4人的书法篆刻作品，入展由云南省书法家协会与云南嘉特投资有限公司、云南世银投融资担保有限公司联合举办的“‘嘉特杯’云南省第二届临书展”，并被收录到《作品集》中出版。

【杨洪伟和杨兰秀书法作品入展】 9月26日，由中国书法门户网站书艺公社·云南书道联盟、曲靖师范学院美术学院联合主办的“2012年书艺公社·云南书道联盟书法作品暨名家邀请展”在曲靖师范学院美术馆隆重开幕，江川书法家协会会员杨洪伟、杨兰秀，分别有1件草书作品和1件篆刻作品入展。

【承办通海江川书画作品联展】 9月26日，“喜迎十八大·通海江川书画作品联展”在江川李家山青铜器博物馆首展。

为迎接党的十八大的召开，促进两县书画交流，提升两县书画创作水平，经江川、通海两县领导研究，联合举办以“喜迎十八大，同唱和谐曲”为主题的书画作品联展，共展出作品100件。

【付云龙雕塑作品玉溪开展】 9月28日，“云龙意象”——付云龙雕塑作品展在玉溪聂耳大剧院开展。县委常委、县委宣传部长龚桂存出席开展仪式并致辞。

此次展览由江川县文联、玉溪市图书馆和江川县图书馆联合主办。展出时间为9月28日至10月15日，共计展出雕塑作品62件，包括《十二生肖》系列、《牛虎铜案》石雕、《沙漠之舟》、《肉牙子》等精美作品。

付云龙是江川本土雕塑家，建有自己的雕塑工作室，自幼跟随父亲从事石雕艺术，曾自费到云南艺术学院雕塑专业进修深造。1995年学成后回乡，创作大批雕塑作品，在国家、省、市举办的展赛中多次获奖。现为云南省美术家协会会员、云南省工艺美术协会会员。2008年，被评为“玉溪市优秀民族民间工艺师”。

【江川县文联第四次会员代表大会】 2012年12月12日，江川县文学艺术界联合会第四次会员代表大会在县城召开，出席大会的代表共101人。

会议期间，叶自林代表江川县第三届文联委员会向大会作了五年工作报告，差额选举产生第四届文联委员23名，委员会召开第一次会议；选举产生主席1名、专职副主席1名、兼职副主席1名，聘任名誉主席1名、秘书长1名；下辖作家协会、戏剧曲艺家协会、音乐家协会、舞蹈家协会、书法家协会、美术家协会、摄影家协会、诗词楹联协会8个文艺家协会各选举产生主席1名、副主席1名、秘书长1名、理事4名；大会通过《关于江川县文学艺术界联合会章程修改的说明》、《江川县文学艺术界联合会第四次代表大会决议》。

【江川县农村题材小戏、小品剧本征集评选】 为深入贯彻党的十七届六中全会精神，进一步推进文化兴县战略，集中展现江川县社会主义新农村的建设成就，挖掘农村文化资源，弘扬民间传统文化，发现和培养戏剧人才，促进江川县小戏、小品的繁荣发展，经县委宣传部、县文明办、县文联研究，决定在全县范围内开展农村题材小戏、小品剧本征集活动。7月份活动自2012年7月开展以来，收到40篇反映社会主义新农村建设中的新风尚、新面貌、新成就的作品。11月1日，经市级专家评审，共评出一等奖2篇，二等奖3篇，三等奖5篇，优秀奖10篇，并对评出的优秀作品进行表彰奖励。

（罗连辉　陈海莺）

科　协

【召开委员（扩大）会】 2012年2月17日，江川县科学技术协会召开委员（扩大）会，县委常委、县委宣传部长龚桂存出席会议，乡镇和街道办事处分管领导，县委办、政府办联系科协工作的副主任，县人大环资委主任，县政协经科委主任参加会议。龚桂存对2012年的工作提出三条要求：科协和广大科技工作者要加强学习，提升素质，发挥科技的引领作用，提高科技转化率，为江川发展多贡献力量；学（协）会工作要积极探索，创新活动方式，多方筹资，增强活力；全体委员要提高认识，增强责任感和使命感，积极工作，共同把科协工作做好，努力开创科协工作新局面。

【科普活动】 组织开展“科技下乡”活动、科技活动周、全国科普日三次大型群体性科普活动。展出防震常识、气象灾害及防治减灾知识、微耕机安全使用、居民健康生活方式、保密法等科普知识展板166块，发放《云南省无线电电磁环境保护条例》、食品安全、安全用药、常用食品添加剂识别方法、花卉、蔬菜栽培等科普系列丛书宣传资料20000余份，现场接受咨询840多人次，受益群众万余人。动员组织23个单位60余名科技人员，深入基层以推广主推品种、主导技术为重点，采取送科技下乡、专家讲座、现场指导、科技咨询、印发资料等方式，大力普及节水灌溉、节能环保、生态文明等知识，进一步增强了广大群众的科技意识、节能意识、生态意识，为农民群众科学抗旱、科学管理，夺取农业丰收提供智力支持。

【科技培训】 围绕全县中心工作，发挥农业科技人员优势，大力开展以农函大为重点的农业科技推广和技术

刂新大赛科技实践活动“十佳项目奖”，这是江川县首次获得国家级青少年科技创新大赛最高奖励。三是组织开展各种科技实践活动。在全县中小学中组织开展模拟防震避险演练、火灾事故应急演练等实践活动。四是继续做好“节能减排·低碳生活”科普系列活动”，加强青少年环保意识教育，组织开展以“爱科学，护环境”为主题的科技创新活动。

【科协组织建设】 新培育创建江川县红乳葡萄科普示范基地和江川东旭科普示范基地共2个；新成立江川县新和花卉专业技术协会、江川县茂晨美人椒专业技术协会、江川远川养鸡专业技术协会和江川文记爱群芫荽产销协会4个农技协；组建云南阳光食品有限公司科协，该企业科协已经成功组织职工技能竞赛活动，各项活动正有序开展；江川职中科普示范学校建设工作全面有序开展，并积极创造条件，筹备组建学校科协；在抓好大街街道办事处下营科普示范社区的基础上，积极探索实施“社区科普益民计划”，新创建前卫镇前卫科普示范社区，同时，对原组建的科普组织加大指导力度，选择重点支持帮助，全力进行提升，使科普组织网络更加健全完善。

【企业讲比活动】 加大企业科协组建步伐。积极调研，摸清情况，有针对性的宣传动员，为科技工作者发展提供支持和服务，新成立企业科协户。继续组织开展“讲理想、比贡献”竞赛活动。围绕企业技术创新和发展需要，以“节能、降耗、减排、增效”为重点，在企业中继续组织开展“讲、比”竞赛活动，组织群众积极参与企业的技术创新、技术发明、技术革新和合理化建议活动等，组织科技人员为提升企业核心竞争力贡献力量。

【科普项目】 上头营冬桃产销协会、江川县九溪镇六十亩花卉协会科普员潘老三分别获得中国科协科普惠农兴村计划“农村专业技术协会”、“农村科普带头人”的评审与公示，将分别获得20万、5万元奖补资金扶持，从而使江川县推荐的项目连续3年受到中国科协、财政部的表彰。“江川科普综合示范区建设”项目省科协立项，获得省科协科普项目30万元支持。科普项目申报实施成效显著，全年共筛选申报科普项目12项，获立项9项。其中：国家科普惠农兴村计划项目2项，省级科普项目2项，市5项；筛选推荐上报2013年省科普储备项目3项。

（张树良）

红十字会

【概　述】 2012年是江川县红十字会机构正式独立设置的第一年，江川县红十会在县委、县政府的领导下，在市级红十字会的指导和帮助下，大力弘扬“人道、博爱、奉献”红十字会精神，广泛开展宣传动员工作，深入开展救灾、帮困和送温暖活动，充分发挥政府人道事务工作方面的助手作用，努力开创红十字事业新局面。

【机构改革】 江川县红十字会于1991年12月成立，一直挂靠在县卫生局开展工作。2010年12月在县委、县政府领导的重视支持下，县编制委员会下发江机编〔2010〕13号文件批准正式单独设置江川县红十字会组织机构，机构规格正科级，纳入社会团体机构管理，核定编制4名。2011年9月，县委、政府进一步加强红十字会工作的领导，由县人民政府副县长罗跃岗任红十字会会长，曾春任常务副会长。同时县政府将红十字会工作经费列入财政预算，开设银行零余额和正常专用两个账户，将办公经费和募集捐款分开，实行分开列支，单独核算。

【“五八”世界红十字日活动】　为迎接“五八”世界红十字日的到来，5月7日，江川县红十字会制作10块红十字法律法规宣传展板协同红十字会团体会员单位在县城明珠路开展2012年“世界红十字日”宣传募捐活动。活动以“红十字——人道的力量”为主题，旨在宣传红十字“人道、博爱、奉献”的精神，并为江川县急需救助的求助者筹集救助善款。该活动截至5月30日，在县委办、政府办、县纪委等13家单位干部职工和社会各界爱心人士的关心和支持下，江川县红十字会共收到社会各界爱心捐款21788.6元人民币。

【发动爱心捐款】　为协助彝良县受灾群众度过难关，帮助江川县部分干旱山区群众解决人畜饮水困难问题，江川县红十字会于9月11日向全县群众发出《为昭通彝良地震灾区和我县干旱山区募捐的倡议书》，活动截止10月31日，江川县红十字会共接收社会各界爱心捐款113975.8元人民币。

【爱心救助】　为帮助江川县特殊重大疾病医治或因病返贫等特困人群早日走出困境，6月5日，江川县红十字会分别走访大街、路居、九溪等乡镇为李存华、李青霞、瞿二见等6户第一批救助大病特困群众，送去“五八”世界红十字日社会各界爱心捐款1万元人民币，并传达社会各界对他们的关心，鼓励他们克服困难，积极配合治疗，早日康复。8月16日，江川县红十字会又向王思源、张林荟等9名重特大疾病患者发放第二批救助款12000元人民币。

【送水进旱区】　连年的干旱让九溪矣文村罗合白小组原有的一个老水井干涸，村民们不得不选择村子两旁的两个水源点挑水喝。江川县红十字会在了解这一困难后，3月4日，与市红十字会一起将爱心企业、团体以及个人捐赠的价值6000多元的饮用水送到该村，帮助缓解罗合白村83户、294人的饮水困难。

【送书进学校】　在2012年“六一”儿童节来临之际，为普及防灾减灾知识，进一步增强中小学生防灾减灾意识，提高防灾避险能力。5月29日，江川县红十字会以“关爱儿童安全与健康”为主题，将汇集了社会爱心人士的爱心资金印制的720本《中小学生安全预防与自救知识读本》，捐赠给全县13所中小学校。

【向山区群众文艺队捐赠礼服】　10月29日，江川县红十字会了解到乡镇群众文艺队（特别是山区文艺队），由于自发组织，缺少资金来源，没有统一的着装。为帮助群众解决实际困难，江川县红十字会将爱心人士李云捐赠的388套礼服，送给安化、江城、雄关、路居四个乡镇群众文艺队，让山区文艺队的群众感爱到社会大家庭的温暖。

【第二次会员代表大会】　11月22日至23日，江川县红十字会第二次会员代表大会召开，县党政领导马文龙、葛勇、张金翔、赵少春、黄文柱、郭永生、罗跃岗、陆富仙、李绍华及市红十字会常务副会长自成学、秘书长者家贵和来自全县的91名会员代表参加大会。大会听取、审议并通过由曾春代表江川县红十字会第一届理事会所作的《扎实工作，打好基础，努力推进我县红十字事业稳步发展》的工作报告。完成理事会换届选举等各项议程，选举产生新一届红十字会会长罗跃岗、常务副会长曾春、常务理事12人、理事54人，聘请江川县红十字会第二届理事会名誉会长马文龙，副会长陆富仙、李绍华。新聘请的江川县红十字会第二届理事会名誉会长、县委书记马文龙对今后做好红十字工作提出希望和要求：一是要发扬精神，播种道义，不断扩大社会影响

力，共建共享和谐美好新生活。大会还号召江川县红十字会各级组织、广大会员和志愿工作者，要认真贯彻实施《中华人民共和国红十字会法》和《云南省红十字会条例》，坚持走中国特色红十字事业发展的道路，以邓小平理论和“三个代表”重要思想为指导，深入贯彻落实科学发展观，紧紧围绕县委提出加快推进高原湖泊生态县建设的发展目标，充分发挥县红十字会在改善民生和促进社会和谐方面的优势，进一步解放思想，实事求是,与时俱进,开拓进取，努力推进江川县红十字事业稳步发展。

【壮大基层组织】 江川县红十字会始终把组织发展工作作为一项重要工作来抓。一是力争将与红十字会工作关系较为密切的机关、企事业单位吸纳成为红十字会团体会员单位不断壮大红十字会员队伍，增强红十字会工作实力。2012年，江川县红十字会共有团体会员单位14家，会员599人。二是加大志愿服务工作力度，采取公开招募的方式在全县范围内招募红十字志愿者。2012年共有17人报名登记成为红十字志愿者服务队伍。江川县红十字会还多次组织开展有特色的志愿服务活动，让志愿者参与到救助救济、红十字会知识宣传工作当中，在社会上形成广泛影响。三是组织5名有医务常识的人员，参与省红十字举办的救护师资培训，并通过考核，为江川县独立开展救护培训储备师资力量。

【成立应急救护培训站】 为让更多人树立救死扶伤的人道主义思想，掌握现场急救知识和基本操作技能，江川县红十字会积极筹备，完成向省红十字会申请成立江川县红十字会应急救护培训站的各种手续，购置模拟人体、三角巾、止血带、培训教材等共近1.5万元培训站教学和教具设备。

【应急救护培训】 为推动初级卫生救护技能培训工作的初步开展，提高高危行业职工在突发事故中的自救、互救意识和能力，减少突发事件带来的人员伤亡，江川县红十字会分别于11月24日至25日和12月8日至9日分两期与江川供电有限公司联合在全县电力系统内组织开展江川县红十字会应急救护培训。培训内容包括：心肺复苏术（CPR）、外伤止血、伤口包扎、骨折固定等多项现场应急救护技能和知识。培训结束后，江川县红十字会对参训人员逐一进行实作考核，对通过考核的人员颁发初级救护员资格证书。

（吴冬丽）

军事

编辑　余立言

人民武装部

【领导名录】

政　委　张永华

部　长　何　麟

副部长　李忠祥（2012.3离任）

　　　　杨会政（2012.10任）

【概　述】　2012年，在玉溪军分区党委、首长的坚强领导下，在县委、县政府的关心帮助下，县人武部党委认真贯彻落实两级军区、军分区党委全体（扩大）会议精神，以贯彻落实《人武部正规化建设决定》为契机，突出思想作风建设，以党委班子和干部队伍建设为抓手，紧贴“三个围绕”扎实开展思想政治工作，始终抓住军事斗争准备这个“龙头”，着眼有效遂行多样化军事任务扎实开展军事训练和落实战备工作，贯彻依法治军、从严治军方针，着力深化“两个经常性工作能力培训”成果转化，扎实打基础，全面抓落实，安全谋发展，圆满完成上级赋予的各项工作任务。被军分区表彰为“安全稳定先进单位”、“新闻宣传先进单位”。

【思想政治建设】　始终围绕迎接党的十八大、学习贯彻党的十八大，围绕先进军事文化建设，围绕中心任务，坚持把思想政治建设摆在首位。抓紧抓实党委中心组带机关理论学习，深化中央军委主席胡锦涛关于新形势下国防和军队建设重要论述的学习，学习领会胡锦涛“7·23”重要讲话精神，积极开展课题式研讨活动。特别是在学习贯彻党的十八大精神中，丰富学习教育形式，狠抓教育“四落实”，努力提高党委及全体干部、职工牢固“三个自信”、强化使命意识，紧密联系工作的能力。贯穿全年扎实开展“赞颂科学发展成就，忠实履行历史使命”和“讲政治、顾大局、守纪律”教育活动以及“倾向性问题专项整治”教育活动，在“融入经常、紧贴实际、讲求实效”上下功夫，有效激发干部职工守纪律树形象、讲政治顾大局、知使命履职责、安心本职作奉献的热情。不断强化当代革命军人核心价值观，深化典型宣传学习、学习实践战区“五种精神”、开展学党史军史、创先争优活动，营造良好的军营文化氛围，干部职工价值取向更加纯洁，学先进、赶先进、当先进意识明显提高。

【党委班子建设】　部党委始终把能力建设、先进性建设和纯洁性建设作为永恒课题。以深入开展“两项教育一个活动”和学习贯彻《廉政规定》和《实施办法》为切入点，突出思想作风建设，敢于揭短亮丑，勇于真纠实改，严格贯彻民主集中制，定期开展谈心交流活动，积极听取纪委、支部意见建议，主官坚持过双重组织生活，充分赢得干部、职工的信任，单位风正心齐，上下一心谋发展。深刻领会两级军区、军分区党委扩大会议精神，在强化贯彻力、执行力、落实力上下功夫，牢固“命令、指示”意识，工作中坚决杜绝打“擦边球”、搞“过得去”，各项工作圆满完成。紧贴人武部正规化建设要求和单位实际，依法决策、民主决策、科学决策，先后进行办公设备设施更新补充、民兵训练基地和办公楼修缮、民兵武器弹药仓库安防系统升级改造、积极开展抗旱救灾工作和“四群”工作等，把经费用到刀刃上，推进单位全面建设。

【军事工作】　认真贯彻落实《战备工作条例》，及时组织修订战备主体方案，完善配套方案，修订完善非战争行动七类预案，分别组织首长机关带部分民兵应急分队进行课题预案演练，检验和提高首长机关组织指挥和民兵应急分队依案处置的能力。抓实首长机关训练，干部军事基础知识，业务技能、体能和组织指挥能力明显提高。认真抓好年度民兵组织整顿，完成基干民兵编组任务，布局合理，结构优化，系统整合。紧贴民兵应急

分队职能和任务筹划年度民兵训练工作，加强组织领导,注重训练“四落实”，民兵个体素质和成建制遂行任务能力明显提高。选拔5名民兵参加分区民兵军事三项比武竞赛，获得男子团体第三名、男子个人全能第二名的好成绩。年度征兵工作中，充分总结经验，严把各个关口，依法征兵，廉洁征兵，圆满完成年度征兵工作任务，共征集兵员146人，其中女兵1人。

【后装保障】 以“制度化、规范化、责任化、精细化、生态化、信息化、实战化”管理为核心，高标准抓后勤装备硬件建设，突出制度机制建设科学抓好后勤装备的软件建设。严格执行财经纪律，严把经费预算、审批、报销关，实行物资集中采购，加强督促检查验收，在历次军地审记和财务检查中，均得到充分肯定；严格按照军分区战备物资器材的装备标准进行补充完善；持续用力抓好“八节一压”工作，积极倡导建设节约型、生态型单位，努力达到县委、政府的目标要求。

【安全管理】 部党委认真学习领会胡锦涛 “稳中求进”总基调，贯彻两级军区、军分区安全稳定工作指示要求，强化组织领导，实行首长负责制，落实分工责任制，运用责任追究制，形成人人肩上有责任、时时牢固安全意识的良好局面。以“两个经常性能力培训”成果转化为契机，突出在抓经常、打基础上下功夫，坚持落实安全形势分析制度，定期开展安全隐患排查整治，结合专项教育整治活动深化检查纠治。坚持把防范和处置重大安全问题作为确保部队安全稳定的重要抓手，开展防范重大安全问题课题演练，通过演练增强防范重大安全问题的综合能力。深入开展“三责”活动，突出“六个管好”，人员、车辆、枪弹、营院、信息和财务安全管理细化分工、责任到人，常讲、勤查、严处，做到安全工作持续用力，管理成效长抓久安。

【拥政爱民】 围绕创建“全国双拥模范县”和江川“三大目标”建设，扎实开展拥政爱民工作。深入贯彻落实县委指示，积极开展“四群”活动，干部职工下乡开展“四群”工作累计10余批次，攀“亲戚”、听声音、解难题，化解部分现实矛盾，进一步拉近干群关系。捐助早谷田村基础建设经费3.5万元，干部职工捐款资助“四群”对象共计5000余元。突出春节、“两会”等重大活动期间和敏感期,加强军警民联防，对维护社会治安、促进精神文明起到了积极作用。组织基干民兵、应急分队等积极担负维稳处突、保交护路、设卡蹲点执勤等任务，共出动民兵500人次有效扑灭山火3次、组织民兵350人（次）担负县政府重大建设项目工作任务。先后出动共500余人次对“两湖”生态进行维护，清理河渠道3千米、打捞沿湖白色垃圾5吨，治理农村脏乱差活动两次，清理垃圾等10余吨。积极协助政府做好拥军优属工作，认真开展涉军维权和信访工作，2012年以来接待来访7人次、来函2件，均依法办理，妥当处置，防止重访缠访闹访等情况发生。充分发挥人武部的桥梁纽带作用，加强军地协调，军政军民关系进一步稳固、融洽，军地合力抓安全、保稳定、促和谐的意识进一步提升。

【表彰先进】 2012年12月，县人武部被玉溪军分区表彰为“安全稳定工作先进单位”、“新闻宣传工作先进单位”。2012年1月，人武部政治委员张永华被云南省军区表彰为“支援西部大开发先进个人”；2012年4月，大街社区武装部部长胡建华被成都军区表彰为“民兵工作先进个人”；2012年12月，人武部政工科长王富利被玉溪军分区表彰为“新闻宣传工作先进个人”；2012年12月，人武部职工王强、施自华、李燕敏被县人武部表彰为“优秀职工”。

（王富利）

77216部队

【概　述】 2012年，在特殊年份、特殊背景、特殊要求下，部队党委认真贯彻落实上级指示精神，按照“举旗铸军魂，转型练打赢，和谐聚力量，实干求发展”的工作思路，扎实工作、开拓进取，有力推进年度各项工作任务，团队建设呈现出稳步发展的良好态势，团被集团军评为抓基层先进旅团级单位，连续10年保持安全稳定。

【党委班子和干部队伍建设】 2012年，部队以维护团结统一为根本要求，以严格遵守纪律为基本原则，以落实制度规定为重要保证，以改进思想作风为长期任务，大力加强党组织和干部队伍建设，不断增强党组织的凝聚力战斗力创造力。认真学习贯彻《党委工作条例》，严格执行民主集中制，坚持按照“抓学习强素质、抓全局谋大事、抓团结聚力量、抓表率树形象”的思路一以贯之抓好班子建设。巩固深化“加强党性修养、锤炼思想作风”教育整顿活动成果，以强化政治意识、严格政治纪律为重点，在团党委机关扎实开展“讲政治、顾大局、守纪律”教育活动，强化党员干部思想改造和党性锻炼，进一步促进思想作风转变。认真贯彻落实《军队实行党风廉政建设责任制的规定》和《军队党员领导干部廉洁从政若干规定》，深化反腐倡廉专题教育和预防职务犯罪警示教育，广泛开展军营廉政文化创建活动，营造崇廉尚廉守廉的浓厚氛围。积极研究总结营级党委建设和作用发挥等问题，构建责、权、利相统一的运行机制，真正形成层次领导、按级负责的良好格局。加大对党支部帮建力度，选准配强基层主官。组织基层党支部书记培训和党支部委员轮训，着力提高“三个能力”。持续开展创先争优活动，抓好基层党组织“九个有”和党员“四个有”规范落实。认真贯彻总部《关于加强新形势下军队基层党建带团建工作的意见》，加强团支部和军人委员会建设，真正发挥“两个助手”作用。运用“干部综合素质分层次岗位培训法”，积极探索分层次抓干部在职培训的方法路子。落实“三个一”和“三帮一”机制，抓好新毕业学员适应性培训。严格运用“双考”选拔干部，落实《干部任用公示执行办法》，真正让“愿干事、会干事、干好事、不出事”的干部受到尊重和重用。坚持每月讲评干部制度，突出重大任务考核评价干部。

【思想政治建设】 围绕迎接十八大召开、学习贯彻十八大精神，深入学习中央军委主席胡锦涛“7·23”重要讲话，认真抓好党委中心组和基层官兵理论学习。按照“区分三个阶段、抓好十项工作、开展六项活动、形成一批成果”的思路，迅速掀起学习贯彻十八大精神热潮。深入开展“讲政治、顾大局、守纪律”和“赞颂科学发展成就、忠实履行历史使命”两项重大教育，认真抓好干部、党员、战士针对性教育，组织“军歌嘹亮”、“军魂永驻”、“军旗飞扬”、“军旅青春”和“弘扬雷锋精神、争做雷锋传人”系列活动，筑牢了官兵思想根基。积极打好意识形态领域斗争主动仗，扎实开展形势政策、“四反”、“五防”和“每月一课”法制教育，确保了部队纯洁巩固。

【先进军事文化建设】 坚持用先进军事文化占领官兵思想阵地，全面推开网络思想政治教育建设。大力发展先进军事文化，举办联欢晚会、团拜会、游园活动和富有团队特色的“蛟龙”系列文化活动，广大官兵在积极健康的活动中坚定了信念、锤炼了意志、陶冶了情操。部队“龙腾狮跃”闹新春活动受到国家体育总局表彰，协助中央电视台拍摄《谁是终极英雄》节目获优秀组织奖、最佳团队协作奖。大力加强新闻报道工作，出版《蛟龙报》、《蛟龙视点》133期，在中央级媒体上稿60篇。

【双拥共建】 2012年，部队党委始终站在讲政治的高度，把拥政爱民工作当作维护社会稳定、促进经济发展、维护改革开放成果的大事来抓，增强做好拥政爱民工作的时代感、责任感和紧迫感。积极参加驻地生态环境建设，组织百余名官兵成立“清污保湖突击队”，利用训练间隙，打捞、清理湖面浮游生物、各类垃圾，使水质得到明显改善。同时，开展“保护母亲湖、我出一份力”活动，广大官兵踊跃参加，纷纷为保护母亲湖献计献策、出物出力。野外驻训期间，部队积极开展军民共建活动，与驻地村委会组织环境卫生整治、木取独红军渡纪念碑植树等活动；开展为八一爱民学校师生上一堂爱国主义教育课、组织进行一次升旗仪式、为新入少先队学生佩戴红领巾仪式，进行队列、军体拳、叠被子表演，驻训官兵与老师一同组织“六一”游园等军地联谊系列活动。邀请驻地书法老师为官兵进行书法授课。4月，部队出动100多名官兵参加江川县革命烈士陵园清明节祭奠革命烈士活动。

【抢险救灾】 2012年，部队先后参加1次抗旱救灾任务、3次森林扑火救灾任务、1次抗震救灾任务。在执行抢险救灾任务中，共出动官兵600余人，车辆120余台次，装备器材300余件，运送饮用水730余吨；累计扑灭明暗火点86处1000余个，巡查火线4000余米，开辟隔离带560米，清理火场680余亩；拆除危房421间，修葺房屋20间，搭建帐篷249顶，医疗巡诊257人，抢救被埋牲畜20余头、物资16000余件、粮食13吨，转运并发放物资14吨，有效保护灾区人民群众生命财产。

【扶贫帮困】 2012年，部队坚持发扬雷锋精神，争做雷锋传人，广泛开展“学人民、爱人民、为人民”活动。3月，积极开展为驻地人民群众理发、义诊、修理电器、打扫卫生等学雷锋便民活动，共为群众理发180余人次，修理各种电器30余件，自行车、三轮车20余辆，免费发放价值10000元余的药品，为200余名群众义诊。9月，云南彝良地区发生地震，部队迅速开展向灾区献爱心捐款活动，向灾区捐款共计14余万元。在元旦、春节、五一、八一等重要节日，部队领导携带慰问金和慰问物品到驻地螺蛳铺村、摆寨村、石岩哨村、路居镇敬老院等地方走访慰问，帮助群众和老弱病残者解决实际困难。8月，出动官兵60余人次，为驻地大中学生军训共计3000余名，开展国防教育5次，有效增强学生们的纪律意识、吃苦意识和国防意识。

（徐忠华）

法 制

编辑 盛文芬

政 法

【概 述】 2012年，全县政法各部门在县委、县政府和上级政法部门的正确领导下，深入贯彻落实中央、省、市政法工作和县委十二届二次（全委）扩大会议精神，认真执行市县关于进一步加强政法工作的决定，紧紧围绕确保党的十八大胜利召开这一总目标，深化三项重点工作，切实开展政法干警核心价值观教育实践活动，紧紧围绕建设“高原湖泊生态县、现代宜居高原湖泊生态城和国际高原湖泊生态休闲度假旅游目的地”三大目标，进一步加强和改进政法工作，为推进新型工业化、城镇化和农业现代化，开创全县经济社会科学发展的新局面创造更加和谐稳定的社会环境。

【维护稳定工作】 1. 确保党的十八大顺利召开。一是组织开展“地毯式”、“拉网式”和“横向到边纵向到底”的矛盾纠纷大排查工作。全县在4月份、9月份开展了两次大排查，共排查出各类矛盾纠纷2700余件，其中影响大的16件，重点人员95人（其中：涉法涉诉18人，易肇事肇祸精神病人11人，610管控人员7人，其它重点人员59人）。二是组织好调处和化解工作。落实县、乡、村、组四级包案责任人和部门单位包案责任人；坚持依法办事、一人一方案原则，千方百计进行调处和化解。经过努力，成功调处和化解了2500余件矛盾纠纷，对一些一时难于调解的则由专人负责采取稳控措施进行稳控。三是对重点人员、重点地区、重点问题涉及人员采取坚决而严密的稳控措施。确保在党的十八大期间全县“无重大群体性事件、无进京非正常上访、无重大恶性案件”发生的工作目标。

2. 着力推进社会矛盾化解。一是严格落实维护稳定工作领导责任制，按照县委、县政府的要求把各乡镇（街道）、政法各部门和信访部门主要领导作为维稳的第一责任人，切实履行领导责任，把贯彻好中央和省、市一系列维稳会议精神作为首要政治任务，认真抓好落实。二是全面、认真排查各类矛盾纠纷，以及群众普遍关心的热、难点问题，随时关注、掌握相关动态。三是坚持党政领导班子大接访大下访制度。实行县级领导干部轮流接访制，定期不定期安排班子成员和信访工作人员公开接访，明确接访领导、时间和地点，切实密切党群干群关系，积极为群众做好事、办实事。四是强化责任，建立人民调解、行政调解、司法调解有效衔接和配套联动的“大调解”工作体系，使“大调解”在社会矛盾纠纷解决体系中的基础性作用日益彰显，成为维护社会稳定的“第一道防线”。全年共排查或受理矛盾纠纷1637件，调解成功1601件，调解成功率为97.8%；防止民转刑3件90人，防止群体性上访9件198人，制止群体性械斗5件427人，预防矛盾纠纷发生31件。

3. 打防结合，突出解决好影响群众安全的治安问题。公安部门紧紧抓住影响群众生命财产安全的突出问题，以专项整治为突破，积极开展“打黑除恶”、道路交通安全整治、清剿火患、“亮剑”、“清网”等一系列专项行动，加大社会治安重点排查整治力度。全年公安机关共立各类刑事案件2428起，破743起，破案率为30.6%，其中立重大案件1634起，破获342起，破案率为20.9%，与上年相比发案数增加331起，上升15.8%，破案数减少26起，下降3.4%，破年前积案321起，破案绝对数为1064起，抓获犯罪嫌疑人177人，移送起诉153人，查获犯罪团伙10个47人。受理治安案件2337起，查处1529起，办结1441起，查处违法人员660人。检察机关受理各类提请逮捕案件134件229人，依法批准、决定逮捕121件207人，受理各类移送起诉案件220件396人。审判机关共受理各类刑事案件266件530人（含旧存30件56人），审结239件477人,其中，公诉案件207件414人，自诉案件32件63人，审限内结案率100%。森林公安共清理木材交易市场2个，共受理查处各类涉林案件59件，其中刑事案件共立案8起，行政案件共立案51起。法院遵循“调解优先、调判结合”的工作原则，将重民生、排民忧、解民难作为审判工作的出发点和落脚点。积极运用调解、和解等方式，化解各类矛盾纠纷，确保案结事了。检察院积极探索检调对接机制，认真做好不立案、不捕、不诉、不抗诉案件的释法说理工作。通过公开透明、有理有据的释法说理，增进当事人与执法者之间的理解沟通，化解矛盾，促使当事人服判息诉。

【社会管理创新】 1．推进流动人口服务管理创新。成立了流动人口服务管理工作协调领导小组，将流动人口服务管理工作纳入经济社会发展规划，与7个乡镇（街道）、16个部门签订了目标责任书，按全县总人口人均1元的标准落实28万元工作经费，按500：1的比例配齐协管人员；将流动人口全部纳入信息监控平台管理，信息采集率达95%以上，录入率和纸质台账建档率均达100%，流动人口育龄妇女录入专用管理系统率达95%以上；积极稳妥地推进户籍管理制度改革，公开免费为流动人口办理居住证，办证率达95%以上，对流动人口全部实行“一证式”管理、“一站式”服务；认真抓好流动人口基本公共服务均等化试点工作，公安、计生、司法、民政、人事、教育、住建、工商等部门强化十项真情服务，7个乡镇（街道）、6个社区开展了争创流动人口综合服务先进示范站活动，全县流动人口基本公共服务均等化管理工作不断创新发展。

2．推进特殊人群服务管理创新。认真落实特殊人群服务管理政策措施，进一步建立健全工作制度、实施方案和工作计划，配备社区矫正专职工作人员13人，对矫正对象和刑释解教人员实施信息数字化管理，做到底数清、情况明、台帐全。全年共接收社区矫正对象137人、刑释解教人员207人，均进行了有效帮教和矫正，投资50万元开工建设安置帮教基地和社区矫正基地。

3．抓好特殊群体的服务管理工作。主要是对精神病人、吸毒人员、有易感染艾滋病毒危险行为人群和社会闲散人员的服务管理工作，共排查出列入管理的重症精神病患者57名，对暴力特征明显、社会危害倾向性较大的13名精神病人送往医疗机构医治；对历年登记在册的378名吸食毒品人员加强社区戒毒、社区康复和帮教监控；对有易感染艾滋病毒危险行为人群积极开展宣传教育、监测检测、行为干预和预防母婴传播等工作，疫情报告率和及时率均为100%;对社会闲散人员开展摸底排查、帮扶帮教、法制教育等工作，尽力预防违法犯罪。

4．抓好预防青少年违法犯罪工作。成立了由县委常委、政法委书记任组长、25个成员单位分管领导为成员的青少年违法犯罪专项组；开展“为了明天——预防青少年违法犯罪工程”，在广大青少年中深入开展社会主义核心价值体系教育，在校园周边深入开展“扫黄打非”专项行动，在3所高中、12所初中、62所小学配备法制副校长和辅导员，开展法制教育活动256次；组织青年志愿者深入乡村对“吸毒青少年”、“刑释解教人员”开展帮教活动。通过采取各种有效措施，预防青少年违法犯罪工作取得了明显成效：全县2009年至2011年未成年人平均犯罪比例为14.72%，涉罪比例为23.6%，重新犯罪率为3.75%，2012年分别为13%、22%、3.39%。

5．抓好虚拟社会的服务和管理。加强对网络应用重点单位、网络经营业主和网民的管理，严格落实“实名上网”制度，虚拟主体参与“虚拟社会”各项活动，实名申请IP、实名注册账号、实名登录网站、实名验证申请，建立起虚拟身份与现实身份一一对应的关系。年内，共完成县内5家网站、50家联网单位、7家非经营性公共上网服务场所的备案工作。

【政法队伍建设】 1．深入开展核心价值观教育实践活动。全县政法队伍实有380人（编制为391人），其中35岁以下144人，占实有人数的37.9%，40岁以下211人，占实有人数的55.5%，大学本科以上学历269人，占实有人数的70.8%，法学专业103人，占实有人数的27.1%，年龄结构、学历层次均得到优化，为政法机关履行职能提供了坚实的组织保障。政法机关在继续抓好基层硬件建设的同时，把“软件”建设搞上去，把基础工作做扎实，筑牢维护社会和谐稳定的第一道防线。政法干警核心价值观概括起来就是“忠诚、为民、公正、廉洁”。这八个字是党和人民对政法队伍的基本要求，也是广大政法干警需自觉坚持的共同价值取向。政法各部门按照中央关于推进社会主义核心价值体系建设的要求，组织政法各部门的领导干部、一线干警、法学专家开展讲认识、谈体会活动，并大力宣传践行政法干警核心价值观的先进典型。通过认真学习、讨论、实践，牢固树立政法干警核心价值观，使政法干警始终真正把这八个字内化于心、外化于行。

2．大力加强纪律作风和党风廉政建设。政法部门具有与其他部门不同的特殊权力和优势，出了问题危害性更大，社会影响面更广，更容易引起人民群众的不满。一年来，全县政法各部门坚持从严治警，切实加强纪律作风和党风廉政建设，完善教育、制度、监督并重的惩治和预防腐败体系，做到教育要严、管理要严、查处要严，把各项措施落到实处。切实抓好政法队伍的日常管理，建立健全责权明确、相互配合、制约有效的监督机制和自我约束机制，严厉查处政法队伍中的违法违纪案件，保持队伍纯洁，维护干警形象，确保公正执法，

维护社会公平正义。

3．进一步增强政法机关的文化软实力建设。政法文化是推动政法事业发展进步的重要力量源泉，是政法干警共同的精神家园。县级政法机关大力加强政法文化建设，积极探索具有中国特色、政法特点、时代特征的政法文化建设新路子，努力为政法工作和政法队伍建设提供坚强思想保证、强大精神动力、有力舆论支持、良好文化条件。千方百计帮助政法干警解决工作生活中实际问题的同时，充分发挥政法文化在陶冶情操、舒缓压力等方面的重要作用，努力营造有利于政法干警身心健康、依法履职的良好氛围。大力加强政法文化阵地建设，大力加强人民法庭、检察室、派出所、司法所、监管场所的文化设施建设，为广大政法干警特别是一线干警提供良好的文化服务。统筹整合政法文化资源，有效利用传统媒体和新兴媒体，全方位、多角度宣传政法综治工作，向广大人民群众展示工作成效，组织开展丰富多彩的政法文化活动，更好地凝聚警心警力，进一步增强政法机关的文化软实力。

【社管综治工作】 1．健全组织机构。根据市委办、市政府办《关于对玉溪市社会治安综合治理维护稳定委员会更名的通知》的要求，县委、县政府将“江川县社会治安综合治理维护稳定委员会”更名为“江川县社会管理综合治理委员会”，并恢复“江川县维护稳定工作领导小组”，成员由原有38家增加到60家，并具体明确了每个成员单位的分管领导；县社管综治委印发了《关于印发江川县社会管理综合治理委员会各专项组组成人员的通知》，明确了县社管综治委8个专项组的人员组成和办公室设置，并明确了其中6个专项组中下设的工作小组；同时，组织和指导各乡镇（街道）完成了更名的相关工作。

2．开展法治江川建设。年初，县委、政府先后下发了《关于印发〈江川县2012年依法治县工作意见〉的通知》和《关于进一步推进法治江川创建工作的意见》。全县各级各部门不断探索和加强法治江川建设，期间不断涌现出不少好的经验和好的做法。各级各部门同心协力，通过法治江川创建工作，各级党委的依法执政能力进一步提高，各级行政执法部门依法行政能力进一步提高，各司法机关依法独立行使职权、维护社会公平正义的意识明显增强，保障地方经济社会发展的法治体系建设日臻完善。

3．全面构建“大调解”格局，建立健全应急处置机制，矛盾纠纷化解工作“关口”不断前置。县委、县政府高度重视“大调解”工作体系建设。2009年以来，先后下发了《关于预防和化解矛盾纠纷切实维护社会稳定的实施意见》、《江川县关于建立矛盾纠纷大调解工作体系的实施意见》等文件，成立了由县委书记任组长，县委副书记、县长，县委常委、政法委书记，副县长、公安局局长任副组长的社会矛盾纠纷化解工作领导小组，领导小组下设办公室在县维稳办。明确了各乡镇（街道）和各单位党政主要领导是矛盾纠纷化解的第一责任人；落实领导牵头包案责任制，强势化解突出矛盾纠纷；完善定期排查机制，建立健全四级五层调处机制，构建起了人民调解、行政调解、司法调解有效衔接和配套联动的“大调解”工作体系。江川县医疗纠纷调处工作领导小组采取“治、警、司、卫、镇、村、组”联调模式，2012年成功地化解了5起医疗纠纷，并逐一落实了赔偿责任，实现了法律、行政、基层组织等多种调解方式的无缝对接。为推广基层矛盾纠纷化解“一站式”服务经验，投资50万元在九溪镇建设综治维稳信访中心，规范了综治维稳信访中心“五大”工作联动机制、“六大”工作职责、“七大”工作机制和各项设施设备建设的标准，为其余各乡镇（街道）解决基层矛盾纠纷提供了样板。

4．多方合力多措并举，各专项组认真履职，社会治安突出问题整治取得阶段性成果。各乡镇（街道）、各部门认真落实县委政府《关于集中开展排查整治突出治安问题的工作方案》文件精神，广泛开展集中排查整治突出治安问题各项专项活动：先后深入开展“严打”专项整治斗争、毒品专项整治行动、‘两湖’渔政执法环境专项整治等专项整治活动。4月份，大街街道与禁毒委、县社管综治办、团县委、县妇联等多方联手，多措并举，开展针对毒品预防和整治的专项行动，提高了广大青少年预防与识别毒品的能力，较好地遏制了日益增加的吸毒态势。县社管综治委各专项组自成立以来，不断探索各专项组成员单位相互配合、协调的方式方法，积极整合综合治理效能，认真发挥各自职能作用。“两新组织”专项组认真摸底排查，梳理出在册登记非公有制企业481家、个体工商户7947户，其中规模以上企业22家，已建立党组织50家，建立党组织37个，全年在19家企业中新建非公经济党组织8个，进一步扩大了党组织的覆盖；社会治安专项组积极组织开展了“打击侵财犯罪”专项行动、打击盗窃“三车”专项行动，有效遏制了“两抢一盗”案件上升的势头，先后9次组织相关部门联合开展“扫黄打非”专项行动和取缔无证经营电子游戏执法行动，维护社会治安良好秩序；预防青少年犯罪专项组及时建立预防青少年违法犯罪联席会议制度，制定了《预防青少年学生违法犯罪工作实施方案》，构建了党委领导、政府主管、人大监督、有关部门和司法机关各司其职、通力协作，学校、社会团体、家庭和人民群众广泛参与的预防青少年学生违法犯罪工作格局；校园、医疗机构及周边治安综合治理专项组组织相关部门对校园、医疗机构周边开展治安综合治理专项行动；组织相关部门对校园、医疗机构周边的饭店、网吧进行依法清理、整治，公安部门加大对校园、医疗机构周边巡逻，有效地减少了案件的发生；护路护线专项组按照打击“三电”犯罪长效机制要求，建立相关业务部门的警企联合协作机制，完成了“灭油鼠端黑窝”专项行动，成功摧毁2个盗窃破坏“三电”设施的犯罪团伙，破获盗窃通信电缆线案件6起，有力地保护了“三电”设施和油气库及站点的安全。

5. 着力提高创建水平，以项目推进平安建设，全县形成齐抓共建省级先进平安县的良好局面。县委、县政府坚持“一手抓发展，一手抓稳定；以发展促稳定，以稳定保发展”的工作思路，把综治、维稳和新一轮平安建设工作始终摆上重要议程。县社管综治委各成员单位认真履行职责，积极开展先进平安创建活动。各乡镇（街道）、各部门落实责任制，每项重点工作都有研究、有部署、有检查、有落实，确保全县7个乡镇（街道）以及53个村委会和20个社区平安巩固率达100%，“平安医院”、“平安文化市场”、“平安旅游”、“平安校园”、“平安出行”、“平安林区”、“平安边界”、“平安单位”、“平安社区”、“平安居民小区”、“军地平安创建”等层面的创建巩固率达100%，“平安家庭”创建面城镇达100%、农村达97.3%。全县经济协调发展、社会和谐稳定、治安秩序良好、依法治理深入、民族团结进步、群众安居乐业，新一轮平安县创建活动取得新成效。

6. 加强基层基础工作，完善防范体系建设。在“大防控”体系建设中，不断创新“人防”模式，强化科技创安措施，根据城乡治安特点，因地制宜，突出重点，统筹兼顾，积极构筑全方位、宽领域、多层次的社会治安防控体系，维护社会治安稳定。在城镇，加强城区技防措施的广度覆盖，科学布建治安岗亭、治安卡点、电子监控等基层防线，在金融、网吧、宾馆等重点地区、人员密集地区和交通复杂路段安装视频监控系统869个，在临街商业店铺和居民小区积极推广“技防、人防加保险”的技术安全防范模式，切实加强安全防范。在农村，统筹好城区和农村的关系，着力构建新型农村治安防控体系，切实消除广大农村的治安防控盲区。一是强化政府在社会治安防控体系建设中的主导作用，建立以乡镇、村组为基础，以民警为骨干，以群防群治力量为补充，以信息预警、快速反应、协作联动、考评奖惩等机制为保障，专群结合、点线面结合、人防物防技防结合的农村治安防控体系。全面推广社区民警工作，优化警力资源配置，推进农村警务工作的创新发展。二是调整充实基层农村综治维稳、治保、调解、帮教、社区矫正组织，积极推行乡、村、组、户“四级”治安防范体系建设，建立健全“十户联防”和“接边地区联防”等联防机制，开展联防、联调、联创、联谊等因地制宜、形式多样的联户联防活动，全面构筑新型农村治安防控网络。三是加强法制宣传教育，增强广大群众的自防和联防意识，通过宣传群众、发动群众、组织群众投身到治安防范工作中，达到看好自己的门、守好自己的物、管好自己的人，从而使防范工作由单一的民警防转变为群众防、大家防、社会防，从源头上预防和减少各类违法犯罪行为的发生。

（王汐羽）

司法行政

【机构编制】　2012年全局编制数为38名（行政编制30名、事业编制8名），实有人数31名，其中行政人员29名，参公管理人员2名（2012年12月24日因病死亡1人）。

【概　述】　2012年，江川县司法行政系统在县委、政府的领导和市司法局的指导下，以邓小平理论和“三个代表”重要思想为指导，以科学发展观为统领，以落实政法“三项重点”工作为主线，以维护社会稳定为根本目标，着力加强司法行政业务建设、基层基础设施建设、队伍建设、行政效能建设和党风廉政建设。紧紧围绕县委、政府的中心工作，积极参与构建社会主义和谐社会和推进新农村建设等重要工作，为促进全县政治、经济、文化和社会各项事业协调、健康、稳步发展作出了实实在在的努力。

【制定普法与依法治理工作计划】
根据中共玉溪市委、玉溪市人民政府《玉溪市2012年依法治市工作意见》的要求，制定《江川县2012年依法治县工作意见》报县委、县政府发文。根据中共玉溪市委依法治市领导小组办公室《2012年玉溪市普法依法治理工作要点》，制定《江川县2012年普法依法治理工作要点》，报县委、县政府批准文件下发。

【三五依法治县检查验收总结】　根据《〈玉溪市“三五”依法治市工作检查验收实施方案〉的通知》要求，结合实际，研究制定了中共江川县委办公室、江川县人民政府办公室《关于对〈江川县依法治县第三个五年规划〉实施情况进行检查验收的通知》及中共江川县委依法治县领导小组办公室《关于认真做好“三五”依法治县总结自查的通知》文件，印发至各乡镇（街道）和相关单位，明确检查验收工作的指导思想、自查检查时间、内容和方法，成立检查组织机构，提出工作要求。从相关单位抽调30名领导干部分成5个检查考评验收小组，由县委、人大、政府、政协、政法委领导带队，从7月31日至8月3日，对全县7个乡镇（街道）、60个机关企事业单位、3所学校的“三五”依法治理工作进行全面的检查验收。通过检查验收，60个机关企事业单位优秀单位21个，占35%，优良39个，占65%；7个乡镇（街道）优秀3个，占

43%，优良4个，占57%；3所学校优秀1个，占33%，优良2个，占67%。并于9月19日，通过了市依法治市办对江川县“三五”依法治县工作的检查考核。

【三八妇女维权周宣传活动】 为庆祝“三八”国际劳动妇女节102周年，深化妇女法制教育，强化妇女维权意识，营造全县维护妇女权益的良好氛围，江川县妇联、司法局、禁毒大队、610办公室等单位共20余人于3月8日在县城明珠路开展以“喜迎十八大，巾帼创新业”为主题的“三八”妇女维权周宣传咨询活动。活动以宣传《妇女权益保障法》、《禁毒法》、《环境保护法》、《婚姻法》、《法律援助条例》等涉及妇女权益的法律法规为主。活动期间共发放《平安家庭倡议书》、《节约用水倡议书》、《妇女权益保障法》、《农民工维权法律知识手册》、《农村法律知识读本》、《烤烟育苗法制宣传材料》、禁毒防艾及反邪教法制宣传材料6000余份（册）；发放法制宣传环保袋3000个；展出禁毒、反邪教及妇女维权知识展版65块、接受法律咨询18人次。

【烟叶育苗种植收购法制宣传活动】 紧紧围绕“抗大旱，保烟苗，调纠纷，保民生”的工作思路，以抗旱保育苗为主线，以加强烟草种子管理、确保烟苗品种纯度为重点，以营造稳定有序的收购环境为目标，切实开展《种子法》、《烟草种子管理办法》、《水法》等法律法规的宣传。同时认真抓好涉烟矛盾纠纷排查调处工作，要求调解人员深入基层、深入抗旱第一线及时排查调解各类涉烟矛盾纠纷。期间共出动宣传车76天331人次，印发宣传单24期58900份，法制宣讲10期960人次，黑板宣传302期，广播宣传887次听众460200人次，培训骨干6期173人次，张贴宣传标语189幅，开展法律咨询877次1059人次，展出图片2期42幅，调解烟农纠纷32件497人。

【烟花爆竹安全生产专项检查法制宣传活动】 3月5～14日，在全县范围内组织开展烟花爆竹安全生产专项检查法制宣传活动，成立由1名副局长负责、3名骨干为成员的烟花爆竹安全生产专项检查法制宣传小组，制作宣传牌一块、《烟花爆竹安全条例》CD一盘，出动宣传车一辆先后深入翠峰村委会、杨家咀村委会、渔村村委会、三街社区等人员集中地反复播放，同时，发放《烟花爆竹安全条例》宣传单500份，接受群众咨询30余人次。

【安全月法制宣传活动】 6月11日、12日，配合县委宣传部、妇联、安监局等部门，在县城明珠路、前卫镇渔村市场、江城镇的振兴街设置宣传点进行相关法律知识的宣传。期间共发放宣传材料31700份，展出展板40块，接受咨询35人次，受益群众达12000多人。

【抚仙湖保护宣传活动】 在第八个抚仙湖保护活动日到来之际，组织开展以《保护生态环境，共护仙湖碧水》为主题的“8·26”抚仙湖保护宣传活动。录制了《云南省抚仙湖保护条例》、《妩媚抚仙湖》、《8·26抚仙湖保护活动日起源》、《力推抚仙湖周边环境综合整治 打造良好人居生态旅游环境》、《凝心聚力 真抓实干深入细致地开展好抚仙湖沿岸环境卫生管理工作》、《推进抚仙湖缓冲带建设 构建生态屏障》、《依法行政 科学管理 力保Ⅰ类水质》等相关材料，出动宣传车，巡回到沿湖各村播放30余场次。宣传中向游客及村民发放《云南省抚仙湖保护条例》350册、《关爱母亲湖 从你我做起》、《保护抚仙湖 我们共参与》、《保护抚仙湖 我们共同的责任》宣传资料及宣传图画650份。

【青少年法制教育】 为抓好青少年的法制宣传教育工作，组织精干警力到学校上课17次听众8073人；帮教青少年17次23人。

【“12·4”法制宣传活动】 “12·4”全国宪法宣传和云南宪法宣传周期间，组织县法院、检察院、妇联、农业、气象、水利、计生、国土、环保、食品药品监督局、川和律师事务所、法律援助中心等19个部门在县城明珠路开展法制宣传咨询活动。期间共发放各类宣传资料19485份，接受群众咨询312次358人，黑板宣传72块72期，张贴标语1617条，广播145次听众15988人次，开展法制宣讲7次，听众2891人次。

【开展经常性法制宣传教育】 与县妇联、环保局、卫生局、安监局、烟草公司等10余家单位围绕《宪法》、《烟草专卖法》、《安全生产法》、《环境保护法》、《云南省抚仙湖保护条例》、《妇女权益保障法》、《人口与计划生育法》、《婚姻法》、《传染病防治法》等30多部法律法规在各类各层次人员中开展法制宣传活动。全年共进行法制宣讲67次11274人；广播宣传1385次，听众1118880人次；培训骨干32期1026人；专业法宣传63天280人；学校上课17次8073人；帮教青少年17次23人；开展法律咨询449次748人；展出图片21期258幅；黑板宣传78块943期；印发材料73期51040份；张贴普法标语2296条。

【司法所规范化建设】 在全面完成基层司法所规范化建设工作，做到“两证”齐全、“标识标牌统一”的基础上，进一步建立健全司法所主要工作职能和工作纪律、司法所工作制度、司法所长和工作人员职责、人民调解委员会工作原则和制度、人民调解员工作纪律、法律服务所工作纪律和职业道德等规章制度。并投资6.9万余元通过政府集中采购，购置了5台电脑、2台打印机、1台多功能复印机、2台照相机等，用于改善基层司法所的办公条件，努力做到办公高效化、规范化和科学化。

【建立健全大调解工作格局】 积极推进大调解体系建设。不断创新调解机制，积极探索人民调解、司法调解和行政调解的有机结合，逐步在医疗卫生系统、企事业单位、劳动部门建立行业性、专业性人民调解组织，使之形成横向到边、纵向到底的“大调解”工作格局，确保把社会矛盾化解在基层，化解在萌芽状态，为党的十八大胜利召开营造和谐稳定的社会环境。

【调解员培训】 借“以案定补”之机，以法律法规、调解程序、调解方法、案卷制作等为重点，深入到基层调委会进行调研和面对面业务指导，并结合实施以案定补以来反映出的问题，对各调委会的调解个案、工作方法、调解文书的制作等业务知识进行了深入浅出、耐心细致的讲解。通过传、帮、带等措施，基层调解员的工作热情不断增强，调解卷宗文书档案的制作更加规范，调解案件的质量明显提高，基层调委会化解矛盾纠纷的能力显著提升，矛盾纠纷排查调处机制得到进一步巩固和加强，群众对人民调解工作的满意度也明显上升，全年共培训调解员21期251人。

【民间纠纷调解】 全县各级调委会全年共调解矛盾纠纷共1637件，调解成功1601件，成功率为97.8%。防止民转刑3件90人，防止群体性上访9件198人，制止群体性械斗5件427人，预防矛盾纠纷发生31件。

【以案定补】 全年对达到以案定补标准的1516件案件进行了奖励兑现，兑付金额共计121240元。

【安置帮教】 通过不断健全完善各项制度和措施，确保县、乡安置帮教工作机构对刑释解教人员做到底数清、情况明，帮教记录、台帐明晰。按照省市厅局的要求，在各安置帮教工作站建立了刑释解教人员安置帮教数据软件，实施信息数字化管理。对江川县五年内接收到的刑释解教人员757人和2012年内接收刑释人员221人（其中接到通知书80人、平台接收25人、解除矫正116人）进行了有效帮教。

【社区矫正】 截至2012年底，江川县共接收社区矫正对象404人，解除201人，在册203人。国庆春节前夕，以乡镇为单位组织187名矫正对象进行集中教育和公益劳动，并邀请县检察院、法院、公安、县社区矫正办的干警到会对矫正对象进行教育，提高矫正工作的监督管理力度。对期满解除矫正的人员，已纳入刑释人员进行帮教。

【困难刑释解教人员和社区矫正对象帮扶】 2012年春节前，县司法局将1300斤大米和1000元钱送到1名身患癌症、5名患残疾的刑释人员以及4名家庭比较困难的社区矫正对象家中。通过积极帮扶，使他们充分感受到党和政府的温暖，进一步增强了改过自新的信心，从而为维护社会稳定减少了诸多不安定因素。

【社区矫正和安置帮教教育基地建设】 共投资50万元，完成了江川县社区矫正和安置帮教教育基地主体工程的建设。该基地位于大街街道三街社区跃进水库旁的东坡山地，占地面积为167.22平方米，建筑面积为275.22平方米。

【社区矫正信息化建设】 在县委、政府的支持下，投资10万元，完成了江川县社区矫正信息化建设，在县矫正办设社区矫正指挥控制中心，各乡镇司法所设社区矫正指挥控制平台，配备管理手机10部，对81名矫正对象发放具有GPS定位功能的手机，时时进行动态监控管理。

【基层法律服务】 加强对基层法律服务工作者的职业道德和职业纪律教育，发挥基层法律服务队伍懂法律、懂政策的优势，组织和动员法律服务工作者深入到村组，着力化解各种社会矛盾，把服务“三农”放在突出位置，积极为建设社会主义新农村提供法律服务。全年全县4个法律服务所共代理诉讼36件，非诉讼代理28件，调解纠纷112件，为村、企业担任法律顾问15家，为社会各界人士提供法律咨询277人次，为社会弱势群体提供法律援助80件。

【公证工作】 公证处全年办理各类公证354件，其中民事287件、经济67件，涉案标的14361万元。

【律师工作】 川和律师事务所全年共办理各类法律事务246件，其中刑事54件、民事经济189件、行政案件2件、非诉讼案件1件。担任法律顾问11家，涉及经济标的159万元，挽回经济损失148万元，代理法律援助案件10件，代写法律文书945件，提供法律咨询1941人次。

【法律援助】 进一步健全法律援助工作内部管理规章制度，完善台帐资料管理，加强对中心和乡镇法律援助工作站工作人员的教育、监督与管理，确保法律援助工作真正成为政府服务广大人民群众的明星窗口。2012年，共办理法律援助事务153件，其中刑事案件42件，民事案件及非诉案件111件。受援总数171人，其中残疾27人，老年63人，未成年46人，农民工10人，少数民族4人，解答法律咨询354人次。

【平安边界创建】 结合实际，制定

《江川县司法局创建“平安边界”实施方案》，在巩固和完善接边地区联防联调组织建设，健全领导协调机制、矛盾纠纷化解工作制度、矛盾纠纷联动调处机制、联动防范机制及责任机制等预防和化解跨地区矛盾纠纷的长效机制的基础上，进一步抓好接边地区的普法宣传教育，增强群众法制观念，营造群众自觉遵法守法的法制环境，有效预防纠纷的发生。各司法所坚持每月对接边地区开展一次“拉网式”的矛盾纠纷排查，各村（社区）组每月两次排查，采取定时、定人、定点、定责的办法，做到乡镇不漏村、村不漏组、组不漏户、户不漏人。全年各司法所共组织接边地区矛盾纠纷排查35次，成功调解接边地区纠纷2件。

【队伍建设】 一是认真坚持周一政治理论学习日、党员活动日、民主生活会、组织生活会等各种学习制度，认真组织班子成员和全体党员干部学习党和国家的方针政策、法律法规和业务知识，通过学习不断提高全局党员干部的政治理论素质和业务技能，使班子和队伍始终做到政治坚定、业务精通；二是深入开展创先争优、向杨善洲同志学习、“发扬传统、坚定信念、执法为民”主题实践教育、社会主义法治理念教育、“忠诚、为民、公正、廉洁”司法行政干警核心价值观教育、“四群”教育和“作风建设年”等活动，不断加强党员干部的理想信念教育、宗旨教育和忠诚教育，使班子和队伍始终做到团结协调、求真务实、开拓创新、群众满意；三是进一步抓好党风廉政建设，完善和落实党风廉政建设责任制和责任追究制度，切实推进司法行政系统惩治和预防腐败体系建设。认真抓好述职述廉、民主评议、党风廉政教育、警示教育和正反典型教育等各项工作，在党员干部中积极倡导五项做人做事的基本准则，在全局内形成人人争做“遵守法纪和规章制度、明确职责和认真履职、服从组织和执行原则、言行规范和品质端正、量力而行和尽力而为”的人的良好氛围，使班子成员和队伍始终做到清正廉洁、勤政廉政，确保了全局上下未出现任何违法违纪现象。

【司法行政系统执法办案信息化建设】 全年投资20万元，完成了江川县司法行政系统执法办案信息化建设任务，主要包括：基础网络建设、数据中心机房建设、应急指挥平台（一期）建设、网络安全设备和远程探视、帮教系统五个方面。司法行政系统执法办案信息化建设工作的完成，提升了司法行政的服务水平，增强了司法行政部门服务社会的能力，对于规范和创新司法行政工作具有十分重要的意义。

（廖江平）

公 安

【概 述】 2012年，县公安局在县委、县政府和市公安局的正确领导下，认真贯彻执行党的十七届六中全会、全国（全省）政法工作会议、全国公安厅局长、全省州市公安局长会议精神，紧紧围绕全县社会稳定和经济发展的大局，坚持以“三项重点工作”和“三项建设”为抓手，以队伍建设为保证，深入开展“四群教育”和“三访三评”工作，积极推动各项工作措施落实。根据全县的治安状况，以维护稳定为首要任务，坚持“严打”整治方针，分别组织开展了“侦破命案”、“打击两抢一盗”、“追逃工作”、“涉赌整治”“禁毒人民战争”等一系列专项整治行动，有力地打击了各种严重刑事犯罪分子，加强枪支弹药爆炸物品、公共娱乐场所等特种行业及交通、消防监督管理，有效地治理和整顿了重点地区、复杂场所的治安问题，确保了全县社会治安大局持续稳定，为全县经济发展、和谐社会建设做出了不懈的努力和积极贡献。

【组织机构】 2012年行政编制数245人（含控制数18人），其中民警244人（男218人、女26人），工勤人员1人，年内净增9人（考录10人，调入4人、调出5人）。机构编制数21个，实有21个，分别为：政工监督室、指挥中心、警务保障室、法制室、刑事侦查大队、经济犯罪侦查大队、禁毒大队、治安管理大队、国内安全保卫大队、江川县看守所（与江川县拘留所合署办公）、交通警察大队、大街派出所（与巡逻警察大队合署办公）、江城派出所（与孤山派出所合署办公）、前卫派出所、安化派出所、九溪派出所、路居派出所、雄关派出所。

【维稳工作】 局党委始终把维护社会政治稳定工作作为首要工作，从讲政治、牢固树立国家政权意识的高度，认真落实各项维护稳定工作措施，确保了全县社会政治稳定。一是强化情报信息和基础调研工作，及时准确发现和掌握各种社会动态，治安隐患以及工作主动权，通过认真调研和多种渠道获取各类情报信息43条，认真排查因环境污染、矿产资源、山林地界纠纷以及各种利益之争等矛盾冲突可能引发的治安隐患和热点问题13条，并及时向县委政府及上级公安机关报告，并积极协助有关部门做好控制、调处工作。二是加强对重点人员和场所的管控力度，努力获取深层次、内幕性、预警性的情报信息，防止发生各类群体性事件。以敏感热点问题为重点，严密关注动态，切实加强情报信息的收集、汇总、研判工作。三是积极做好“涉日”事件的应急处置工作。按照上级公安机关的要求，县局切实增强大局意识、忧患意识和责任意识，在“9·18”纪念日前后，全局民警放弃休假，实行定岗、定人、定时、定职责工作措施，加大“涉日”隐患排查、情报信息收集和社会面治安管控力度。通过民警采取护卫、引导、指定游行路线等措施，成功处置了9月18日群众自发组织的“爱国保钓”集会游行，未发生打、砸、抢、烧等行为，维护了全县社会稳定。

【刑事案件】 2012年，县公安局始终保持对刑事犯罪的严打高压态势，严厉打击各类刑事犯罪活动，及时侦破了一批重特大刑事案件，追捕了一批逃犯，有力震慑了犯罪分子的嚣张气焰。1至12月，全县共立各类刑事案件2480起，破获792起，破案率为31.9%；破年前积案322起，破案绝对数为1114起；共立八类重点案件58起，破获30起，综合破案率为51.7%。与上年同期相比，刑事案件发案总数增加242起，上升10.8%，破案减少112起，下降12.3%，破案率下降8.1个百分点，破案绝对数增加117起，上升11.7%；八类案件发案数增加10起，上升20.8%，破案数持平。通过破案，共抓获各类违法犯罪嫌疑人366名；查破各类犯罪团伙10个47人，破案607起；共追缴赃款赃物折合人民币127.25万余元。

【治安案件】 始终把打击违法犯罪作为社会治安管控的重要手段，做到以打促防，防中有打，提高群众安全感。2012年，共受理治安案件2337件，查处1529件，查处率65.4%，查处违法人员660人，其中劳动教养1人，移交处理2人，警告68人，罚款109人，拘留344人（并处罚款19人），其他处理136人，有效维护了全县良好的社会治安秩序。

【经济案件】 2012年，通过深入开展打击假币犯罪、银行卡犯罪、假发票犯罪、传销犯罪以及侵犯知识产权等宣传教育活动，破获了制造假币、合同诈骗、非法经营等经济犯罪案件33起，抓获犯罪嫌疑人22人，刑拘22人，涉案总价值 868.5万元，挽回经济损失35.7万元。率先在全市完成破案会战任务。

【毒品案件】 充分发挥禁毒主力军作用，坚持“预防为主，综合治理，四禁并举”的禁毒工作方针，有效落实各项禁毒工作措施，积极开展禁毒宣传教育、堵源截流、打击零星贩毒、收戒吸毒人员、毒品问题重点地区整治等工作，禁毒工作取得了一定成效。2012年，共破获各类涉毒案件46件，抓获涉毒犯罪嫌疑人40名，缴获毒品海洛因6130.82克，冰毒12037.84克；易制毒化学品甲笨1980千克，缴获盐酸13千克。查处吸毒人员150人，其中，刑事拘留11人，强制隔离戒毒45人，行政拘留40人，社区戒毒45人，不予处罚9人，提前超额完成了市局下达收戒70人的指标。

【交通管理】 2012年，共受理道路交通事故1038起，造成12人死亡，442人受伤，直接财产损失165.77万元。与上年同期相比，事故次数增加117起，上升12.7%；死亡人数减少1人，下降7.69%；受伤人数增加146人，上升49.22%，直接财产损失减少1.2175万元，下降0.73%，死亡人数低于上级下达的死亡人员指标数13人。全县没有发生一起死亡3人以上道路交通事故。工作中，本着“什么交通违法行为突出就重点整治什么，哪里交通事故突出就重点防控哪里”的原则，以严之又严、细之又细、实之又实的工作措施，坚决遏制重特大道路交通事故的发生。一是积极开展道路交通安全宣传。交警部门充分发挥主观能动性，开展“五进”交通安全教育宣传。全年共开展宣传活动92场次，投入宣传经费7.8万元，发放交通安全宣传材料8.1万份，受教育人数达10万余人。二是大力开展道路交通违法整治。开展“三超一疲劳”和行车秩序专项整治工作。一年来，共查处各类道路交通违法行为21430起、非现场查处超速行驶40700起，查处醉酒驾车20起20人、酒后驾车1起1人。三是积极开展道路交通安全隐患排查整治。严密排查影响道路交通安全隐患，积极争取相关部门支持完成7处道路隐患段治理，更换标志标牌42块，新增设信号灯装置1套，县城停车泊位由420个增至1400个。自筹经费18万完成老玉江线、晋思线桐关段和4所小学路段隐患治理。

【消防管理】 2012年，全县共发生火灾14起，无死伤，直接财产损失33600元，火灾起数与上年同期减少15起，下降51.7%，无伤亡人员，损失比上年减少28.72万元。工作中，坚持“什么问题突出，就集中整治什么问题”的原则，立足全县消防安全形势，针对工作薄弱环节，深入开展消防安全专项整治，坚决预防重特大火灾事故的发生。

【监所管理】 2012年，共关押各类犯罪嫌疑人443人（其中新收押的267人）。月均押量120人，其中，死刑犯8人，死缓刑1人，重刑犯28人，未成年人40人；交付执行死刑犯5人，投送监狱165人，取保候审70人，转外地公安机关7人，撤案释放3人，刑满释放39人，其它处理37人，现在押130人；拘留所共执行拘留人员303人；开展集体教育14581人次，谈话教育1352人次，进行大清监26次、卫生消毒48次。工作中，紧紧围绕监管工作要点，以确保监所安全为中心，以看守所等级化管理为主线，以严格执法、文明管理为重点，强化队伍建设，进一步完善各种规章制度，使管理工作逐步走向制度化、法制化、规范化、科学化，切实保障侦查、起诉、审判工作的顺利进行。

【户政管理】 为方便群众办理各项户籍业务，真正把便民服务的各项工作措施落到实处，县公安局于1月1日开通户政E网办证厅，接受群众咨询，受理群众预约办证。2012年，共接受群众预约办证499人次，受理审

核二代居民身份证20404人次，下发18300人次，办理临时居民身份证2221人次，办理户籍迁移2077人。受理出国旅游、港澳游1497人次，管理临时来华人员97名，管理常住江川县的境外人员2人次。

【行业场所管理】 县公安局立足本职，加大对公共场所、特种行业、内部保卫部门和枪支的规范化管理。一是及时组织行业场所审验换证、培训和督促落实信息化建设工作。二是规范旅客信息采集。派出所与旅馆建立QQ群对住宿旅客信息进行核查，督促各旅馆从业人员客观、及时、准确地录入入住旅客的信息，为106家旅馆业安装更新了治安管理信息系统。三是强化废旧物品管理。及时督促26家废旧金属收购站安装视频监控系统，制定系统操作人员行为规范，督促业主自觉如实登记物品信息、人员信息。四是适时开展安全大检查。2012年，共开展行业场所安全检查60余次，出动警力900余人次，检查宾馆、桑拿、酒吧、茶室、舞厅等场所274家次，发现安全隐患25起，当场整改23起，限期整改2起，对2家单位下发整改通知书，针对存在问题拒不整改的宾馆处罚61家次、网吧20家次，罚款金额达43500元。

【命案侦防工作】 按照命案侦防工作机制要求，各警种、各部门密切配合，认真组织开展命案侦防工作。1至12月，全县共发生命案13起，其中故意杀人案7起，故意伤害致人死亡案6起，破获12起；13起案件共致15人死亡。通过破案，共抓获犯罪嫌疑人15人。与上年同期相比，命案发案数增加11起，上升550%，致死人数增加13人，上升650%，抓获犯罪嫌疑人数增加13人，上升650%。

【“追逃”工作】 县公安局不断规范完善追逃工作机制，责任到人，落实到位，规范追逃上网、撤销工作，创新工作机制，拓展追逃工作渠道，追逃工作取得成效。2012年，全县共新增网上逃犯72名，抓获65名，其中县局抓获49名，被外地公安机关抓获16名；县局共抓获网上逃犯56名，其中外地逃犯6名、县局历年上网逃犯1名。

【打击侵财犯罪】 紧密结合全县的社会治安实际，重拳打击各类侵财犯罪行为，积极组织开展“打击侵财犯罪”等多个专项行动，有力保护群众合法财产不受侵犯。一年来，全县共立“两抢”案件43起，破获10起，破案率为23.3%；立盗窃案件2152起，破获640起，破案率为29.7%，其中入室盗窃案立467起，破150起，破案率为32.1%；盗窃机动车案件立406起，破17起，破案率为4.1%；盗窃电动自行车案立423起，破47起，破案率为11.1%。

【打击“三电”犯罪】 县局按照打击“三电”犯罪长效机制的要求，建立了与相关业务部门的警企联合协作机制，完善了以刑侦大队为龙头，各警种职责任务明确，各司其职，互通信息，协同作战，奖罚分明的打击“三电”违法犯罪工作长效机制，全力开展“三电”案件侦防工作。一年来，先后打掉2个“三电”犯罪团伙，抓获犯罪嫌疑人7人，破获江川及晋宁两县的盗窃通信电缆线案件50余起。

【打击赌博违法犯罪】 治安、派出所根据赌博活动的规律和特点，采取有力措施，突出打击影响较大的聚众赌博窝点。同时，对公共娱乐服务场所和电子赌博游戏机等行为进行专项行动整治。2012年，查破赌博案件14起，抓获团伙6个，处理违法犯罪人员49人，收缴电子赌博游戏机150余台，罚没款10万余元，打击赌博违法犯罪成效明显。

【开展城乡统筹农转城转户工作】 县公安局将农业转移人口转变为城镇居民作为人口管理的重点工作来安排部署，积极争取县委、县政府支持，治安、派出所通力配合，通过强化领导、广泛宣传等工作措施，完成农转城转户16543人，超额完成市局下达8000人的工作任务，受到市公安局的表彰。

【信息化建设】 一是加强基础设施建设。2012年度，县局在资金紧缺的情况下，克服困难，想法筹措，不断加大投入力度，为民警创造了良好的信息化应用条件。投入资金146万余元，先后购买台式计算机35台、笔记本电脑79台、摄像机11台、执法记录仪139台、二代证办证设备7套、数据取证箱1套、专用扫描仪14套、打印机14台、刑侦专用设备12套、车载执法记录仪10台。百名民警的计算机占有率达到了158%，数字证书使用率100%。二是加强基础信息采集。狠抓各类基础信息数据的采集录入，加大对内外部信息资源的整合与应用。刑侦部门加强源头数据采集，不断重视和加大对现场勘查和指纹、DNA、足迹等源头信息的采集力度。完成标准化信息采集室建设工作，针对打击处理、治安处罚、戒毒管控、劳动教养等现行违法犯罪人员，做到了实时采集和报送，指纹、DNA等信息采集率均达100%。2012年度，采集实有人口、重点人员、虚拟身份等社区警务信息80万余条、录入刑事案件2699起、行政案件2028 起、涉案人员信息1万余条、物品信息1143条、卡口抓拍信息420万余条、住宿登记信息31万余条、网吧上网信息97万余条。三是狠抓自动预警落地查控。制定完善各项工作制度，责任层层落实，实行24小时值班制度，加强对各派出所和业务部门自动预警信息查处工作的监督检查和督办催办工作，严格布控审批程序，严禁随意实施布控。四是积极推进警综平台建设与应用。五是积极推进视频监控建设与应用。在原有36个视频监控点、2个视频抓拍卡口的基础上，通过积极调研，已完成3个新增卡口的建设。

【执法规范化建设】 统一执法思想，规范执法主体，完善执法制度，规范执法行为。一是局党委高度重视，多次召开党委会议专题研究工作措施，制定工作方案，按照“条块结合，以块为主”的原则，积极开展达标创建工作，提高全局整体执法水平。二是加强执法质量考核评议工作。严格案件审核，强化法制监督；加强法制部门服务力度，促使民警严格执法自觉性养成；改革执法质量考评模式，抓好基层执法质量体系建设；加强法律、法规知识的学习和教育培训，切实提升民警的执法能力。三是完成“四个100%”任务和要求。2012年，县局投入大量人力财力，统筹兼顾制定了切实有效的措施，完成执法办案场所改造、执法记录设备配备、执法执勤部门法制员配备、办案区讯（询）问同步录音录像工作，最终完成了“达到四个100%”任务和要求，并全部通过验收，执法规范化建设成效明显。

【和谐警民关系建设暨“四群”教育活动】 2012年1月13日下午，县公安局组织全局民警召开“四群”教育暨“三访三评”活动动员大会。传达学习公安部“三访三评”深化大走访活动及省委“四群”教育活动的主要内容和总体要求。14日上午，大街派出所、江城派出所、刑侦大队等部门迅速传达会议精神并对工作进行了动员部署，县公安局正式掀起群众工作新高潮。进一步深化警民联系和警务公开制度，对原有的联系和公开制度进行清理规范，向全局民警发放《江川县开展“四群”教育实行干部直接联系群众制度和“作风建设年”活动民情工作记录本》234本、《江川县实行干部直接联系群众制度民情联系卡》579张。2012年1月11日，举办了一次统一退赃会。会上，对县局破案追缴的19辆摩托车、电动车及2000元现金进行统一发还，并向参会群众介绍了公安机关正在开展的“三访三评”深化大走访和“四群”教育活动。2012年1月10日，由指挥中心牵头，组织县局相关部门民警、协警40余人，分为五组，深入社区、走上街头开展评警宣传，发放调查问卷600余份，宣传单1500余份，接受咨询20余人次，现场调解纠纷1起，收集意见、建议15条。2012年1月17日至18日，县公安局党委在2012年春节前夕，对46名退休民警、2名在职困难民警、路居镇下坝村委会40名困难群众开展了走访慰问工作；与江川县路居镇下坝村委会建立沟通联系制度，将领导和民警分配到下坝村委会的各村民小组实行包村包户，每名领导联系群众5户，每名民警联系群众2户，结户587户，切实深入群众访贫问苦，了解民意民情，为群众解决实际困难，慰问困难户135户，发放慰问金及物品折合人民币3.5万余元，征求到意见建议11条。

【深化“三项重点工作”】 深化社会矛盾化解：治安、国保、派出所等部门以深入开展大走访、警民恳谈、“四群教育”为载体，坚持日常排查、专项排查、敏感时点排查相结合，及时发现苗头隐患，收集掌握社会舆情、矛盾纠纷；建成1个县局调解中心、7个派出所调解室、5个交警大队调解室的“大调解”格局；建立乡镇（街道）派出所与综治办、司法所的“一警一司一治”联调模式和村委会调解室两套体系；坚持化解社会矛盾工作常态化、制度化、规范化。坚持每月15日、25日局长接待日制度。2012年，共调处各类矛盾纠纷1285起，其中，调解一般民间纠纷995起、治安案件265起、敏感性、涉众性矛盾纠纷21起、其他纠纷4起。收集上报影响社会政治、治安稳定的预警性信息64条，未发生重大群体性事件，为全区经济社会又好又快发展营造了良好的社会治安环境。深化社会管理创新：一是推进流动人口服务管理创新。将流动人口管理服务工作纳入地方党委政府总体发展战略之中，明确提出“政府领导、部门参与、相互配合、齐抓共管”的“一盘棋”管理体制，形成流动人口管理办、流动人口管理站、流动人口协管员“三位一体”的管理体系。二是建立健全公安、社管综治、民政、卫生、财政、残联等部门组成的肇事肇祸精神病人管控机制。三是建立重点人群一人一档跟踪管理，每季度进行一次谈话的帮教管理长效机制。三是推进社会组织管理工作。对全县在册25个社会组织和1个境外非政府组织进行全面调查，全面掌握辖区内社会组织活动情况，配合有关部门依法实施管理监督。四是强化网络虚拟社会管理工作。对江川现有的电信、广电、铁通三家网络运营商（ISP），开展ISP备案工作，获取固定IP用户，服务器主机托管单位，虚拟空间租赁单位等基础数据。深化公正廉洁执法：一是抓组织保障。成立领导小组，制定《江川县公安局2012年度执法质量考评实施方案》，进一步规范各办案部门的执法行为，提高执法质量；抓好执法办案场所规范化改造建设和执法装备配备工作，投入资金300余万元，对县局8个执法办案区改造建设，配备车载执法记录仪10台，单兵民警执法记录仪140台，一线执法执勤民警现场执法记录仪配备达100%；投入资金130余万元，先后购买了计算机、笔记本电脑、摄像机、数码相机、扫描仪、打印机、网络电子取证勘测仪等设备充实到一线部门，为一线执法部门提供了有力的执法硬件保障。二是抓执法培训和突出问题整改。制定了《江川县公安局执法质量考核评议办法》，将行政许可、执法过错、行政复议、行政诉讼、国家赔偿、信访案件办理纳入执法质量考评体系建设。完善每月一次执法质量考评机制，始终把整

改突出执法问题作为推进执法规范化建设的突破口贯穿于始终，建立以法制部门牵头查问题、办案部门组织民警进行整改的工作机制，发现一个整改一个。开展执法考评12次，考评案件417件，发现纠正执法问题11个。加大执法教育培训，先后举办了情报信息综合应用平台培训、《刑法修正案（八）》专题培训、《刑事诉讼法》修改与适用培训、法制员业务培训、执法业绩档案培训、单警执法记录仪适用培训、警综平台涉案财物管理子系统培训等十余场执法培训，组织223名民警参加了中级和初级执法资格等级考试，全面提高民警的法律素质和执法水平。三是抓执法信息化建设。县局全面推行“执法信息网上录入、执法流程网上管理、执法活动网上监督、执法质量网上考核”的执法办案新模式，确保民警规范执法和高效办案；制定《江川县公安局接处警工作规范》，规范接处警工作。一年来，共录入报警案件9081起、录入行政案件2488起、录入刑事案件2776起、录入违法嫌疑人646人，犯罪嫌疑人463人，经济案件33起。

【创新提升旅游景区治安管理水平】

近年来，江川县孤山风景区接待游客数量呈逐年上升趋势，年均接待量达100余万人次。人员多、矛盾纠纷多成为景区突出的治安问题。县局针对景区治安状况，创新管理模式，优化服务水平，提高工作效率，不断促进景区和谐稳定发展。一、创新矛盾纠纷调解模式，着力打造和谐型旅游景区。针对孤山风景区的突出治安问题，江城派出所主动作为、积极探索，创新矛盾纠纷调处模式，建立“三个联调”工作机制，全力维护景区社会治安稳定。一是与景区各村委会建立简易纠纷联调机制。针对景区游客与当地商贩、群众之间的买卖、租赁等矛盾纠纷，派出所在接警的第一时间通知村委会工作人员赶赴现场，提前介入开展先期处置工作，配合派出所民警开展现场调处工作，做到“出警快、介入快、调处快”，力争将矛盾纠纷消除在萌芽状态。二是与交警中队建立涉车纠纷联调机制。针对景区因交通事故引发的矛盾纠纷，由派出所、交警中队联合出警，发挥各自职能优势，快速开展事故责任认定、纠纷联合调处工作，做到“快处快赔、定纷止争”，不断提高事故调处成功率，进一步优化交通事故调解处置工作。三是与镇综治办建立涉稳纠纷大联调机制。派出所联合镇综治办、司法所、国土所、妇联、共青团等相关职能部门建立矛盾纠纷调解中心，在景区内的三个村委会建立民调室，由责任区民警和村委会调解委员组成调解班子，负责调处本级受理的矛盾纠纷；对于民调室难于调处的复杂、疑难纠纷上报调解中心，由调解中心组织相关部门人员进行联调，直至矛盾纠纷化解了事。2012年，成功化解景区各类矛盾纠纷79起，调处率达100%，受理数同比下降19%，预防突发性群体性苗头事件2起。二、创新治安防控运行模式，着力打造平安型旅游景区。按照“警力跟着警情走，警务围绕警情转”的原则，结合景区旅游旺季案件多发的特点，合理安排景区巡控时间，积极推进景区治安防控“四张网”建设，最大限度降低景区发案率，提高群众满意度。一是实行弹性工作制。在每年5月至10月景区旅游旺季期间，科学、合理调整上班时间，周六、周日坚持1/2警力值班备勤，把警力摆放在景区案件高发时段和地段，使警情在第一时间得到处置，有效扭转上班时间与案件高发时间不同步的现状。二是构筑景区治安防控“四张网”。配备6名专职巡逻人员和1台电瓶巡逻车，构建景区街面防控网，提高街面见警率、管事率。与景区53家酒店构建行业场所内部防控网，有效整合巡防力量，积极构筑景区联防互助互动防控模式。将景区4家酒店的视频监控资源进行有效整合，构建视频监控网，提高打击的精准度。由江城镇党委政府联系，景区村委会领导牵头、派出所责任区民警直接管理、村委会组建护村队的“三级联合”防范机制，构建群防群治网，形成群防群治合力。三、创新流动人口管理措施，着力打造服务型旅游景区。江城所创新思维、更新观念，以“管得住、控得严、抓的实、服务好”为目标，积极探索流动人口管理新模式。一是推行风险评估层级管理，严盯流动人口“暂住关”。以景区流动人口的职业、身份、暂住情况划分不同的风险等级，按照红、橙、黄三色分级管理。二是狠抓旅馆业实名制管理，严把流动人口“住宿关”。抓好内部工作人员培训，熟练掌握系统操作程序，按照旅馆业住宿登记的要求履行职责。建立奖惩机制和QQ群网络视频认证住宿服务机制。三是依托流动人口管理站，做好流动人口“服务关”。流动人口管理服务站工作平台前移，定期到景区开展服务，积极为流动人口提供法律咨询、领证办证、维权保障和解决随行子女入学等服务。2012年，为景区流动人口登记办证655人次，提供法律咨询96人次，就业服务32人次，帮助办理随行子女就学业务24人次。

【开展打击非法制造储存运输烟花爆竹专项整治行动】 通过广泛宣传和对烟花爆竹企业、销售点、涉爆重点村（组）、重点人员监控、案件查处等措施，严防因非法制造储存运输烟花爆竹行为而发生安全事故。2012年，共查处非法生产烟花爆竹案件11起，抓获嫌疑人45人，其中刑事拘留5人，行政拘留36人，教育4人。收缴了大批成品、半成品爆竹及原材料。

【开展毒品违法犯罪问题重点整治行动】 2012年初，为严厉打击涉毒违法犯罪行为，最大限度地挤压涉毒违法犯罪空间，努力遏制毒品蔓延势头，由江川县禁毒办组织牵头，在全县范围内开展了为期3个月的毒品问题重点整治行动。一是加强组织领导。由江川县禁毒办制定《江川县开展毒品违法犯罪问题重点整治工作实施意见》，成立了由县委常委、政法委书记任组长，副县长、公安局长，大街街道办事处主任任副组长的领导小组，全力开展以大街街道上头营社区为重点的县城周边毒品整治工作。二是加强宣传发动。为全面推动大街街道毒品问题重点整治工作的深入开展，切实落实街道、社区禁毒责任，落实毒品预防宣传“六进”活动。2012年2月29日，江川县禁毒委在上头营学校隆重举行了“大街街道毒品问题重点整治启动仪式”，县禁毒委、公安局、大街办事处、上头营学校以及广大志愿者共2000余人参加了启动仪式，副县长、公安局局长师文出席仪式并讲话，明确提出毒品问题整治的目的和意义，全体参会人员在“远离毒品，从我做起”的横幅上庄重签名，努力营造了大街街道毒品问题整治工作的良好声势，在五所学校、重点社区开展了“禁毒防艾”宣传，共有5.5万余人受到教育。三是加强信息维护。结合正在开展的吸毒人员大排查大收戒大管控专项行动，县局积极组织警力，对县城周边村庄逐一开展地毯式吸毒人员排查和信息核实登记工作。对排查出的129名吸毒人员，及时更新信息，保证数据准确、鲜活。四是加强打击力度。县局以吸毒人员动态管控为基础，以发现贩毒案件线索为重点，将打击毒品犯罪作为毒品问题整治工作的重要内容，采取各种手段，加大涉毒案件的查处力度，严厉打击毒品犯罪。行动中，查处吸毒案件238件，抓获吸毒人员26人，其中强制隔离戒毒11人、社区戒毒9人、行政拘留处罚6人；查处非法持有毒品案件4起，缴获毒品0.73克，成功打掉2名长期以贩养吸的吸毒人员。

【开展打击“三车”犯罪专项行动】 2012年2月至6月，根据上级公安机关统一安排部署，县公安局在全县组织开展打击整治“三车”犯罪专项行动。在网上，利用“江川警方”微博、政务信息网，一方面向群众通报辖区“三车”案件发案形势，及时发布预警信息，指导群众做好防范工作，另一方面及时通报打击盗窃“三车”违法犯罪行动成效，全面展示打击整治盗窃“三车”犯罪斗争成果。在网下，广泛组织民警深入社区、农村和企业，发放“三车”安全防范宣传资料，增加群众防盗知识和技巧，增强抵制“买赃、用赃”意识，鼓励发动广大群众共同参与，营造打击整治的高压态势，震慑犯罪。举办公开退赃大会，向广大群众介绍打击整治盗窃“三车”犯罪专项行动的工作情况和取得的成效，营造“三车”整治社会氛围。在媒体，利用玉溪电视台“警视窗”、玉溪日报、江川电视台“江川警方”栏目，及时宣传江川警方在行动中的工作成效和典型案件，使专项行动家喻户晓，深入人心。由刑侦大队及时开展嫌疑人员排查工作，全面落实调控任务。采取灵活蹲点守候和机动巡逻相结合、追击与堵截相结合的方式，强化现行打击力度。部署专人负责盗窃“三车”犯罪案件的线索汇总和审讯深挖工作，积极扩大破案战果和深挖销赃活动。树立打防并举理念，强化防范设施、机制的建设，提升防控工作水平，在源头上减少“三车”被盗案件的发生。建立“三车”经销商联系制度，督促全县电动自行车经销商建立登记制度。建立“三车”看护点联系制度，对易发案场所、部位进行调研，与城区医院、超市、农贸市场等人员流动较大的看护点建立联系制度，定期通报“三车”发案情况，督促和指导相关行业场所建立看护制度、强化看护措施，切实提高看护成效。严密阵地管控，治安大队和辖区派出所加大对二手车交易、修配企业、废旧物品收购等重点行业场所的治安管控力度，定期和不定期组织开展督促、检查工作。加强视频监控建设，以“平安江川”网络视频监控系统二期建设为契机，将县城摩托车、电动自行车集中停放区域全部纳入监控范围，由监控室民警加强视频巡查频率，构筑街面“三车”看护“技防守望网”，有效遏制街面被盗案件的发生。专项行动中，共破获“三车”案件82起；缴获汽车6辆、摩托车18辆，电动车47辆；打掉犯罪团伙5个成员47名；为群众挽回损失12.7万元；举办公开退赃大会3次，发还被盗摩托车9辆、电动自行车43辆，现金2000元。

【开展缉枪治爆专项行动】 2012年1月至12月，为严厉打击、严密防范“涉爆涉枪”违法犯罪活动，全力维护社会治安稳定，根据上级机关的统一部署，县局在全县范围内开展“治爆缉枪”专项行动。强化重点整治，确保工作有突破。一是打击整治非法生产烟花爆竹行为。江川作为烟花爆竹重点地区被市局实行挂牌督办整治，治安、派出所发挥主力军作用，深入辖区田间地头、山间空房、废弃厂房开展地毯式清理检查和对违法行为进行打击。查获非法生产烟花爆竹案11起，抓获嫌疑人45人，其中拘留41人、教育4人，收缴编炮机1台、烟花爆竹成品及半成品2620千克。二是整治民爆物品。对涉爆工作人员进行资格审查和安全教育，指导督促企业定期不定期地对涉爆工作人员的思想状况进行排查，坚决杜绝思想不合格的人员接触民爆物品，落实民爆物品储存仓库的“四防”措施，健全和完善民爆物品的流向登记，实施规范的爆破操作步骤，及时回收剩余的民爆物品及包装物，防止流入社会造成危害。三是重点检查公务用枪单位。不断完善公务用枪保管措施和管理台帐，坚持双人双锁和24小时值班制度，坚决防止公务用枪丢失被盗。多措并举，突出工作成效。一是加大网上非法涉爆涉枪信息的清理治理力度。重点整治一批违法信息突出的拍卖、交易、供求网站，打击网上贩卖

爆炸物品、枪支弹药行为。行动中，查处网上购枪案5起5人，缴获枪支5支，有力地配合了公安部“3·12”网上贩枪系列案的侦破工作。二是建立健全涉爆涉枪重点人员滚动排查机制。排查涉爆涉枪重点人员23人，录入民用爆炸物品管理信息系统、枪支管理信息系统。三是加强安全隐患大排查。对涉爆涉枪单位进行检查摸排，全面掌握人员状况及爆炸物品、枪支弹药来源、流向和库存情况，做到底数清、情况明，控得住、管得好。四是加大涉枪涉爆危险物品收缴力度。对网上涉嫌走私、贩卖枪支弹药的犯罪线索，一追到底；对案件中枪支弹药、涉爆危险物品，一追到底。行动中，共收缴炮弹13枚、手榴弹1枚，火药枪9支、气枪8支、射钉枪3支、仿真枪126支，子弹50发，管制刀具131把，炸药替代物350千克，雷管15枚，导火线125米。

【开展“灭油鼠端黑窝”专项整治行动】 2012年2月至8月，为有效防范和打击盗窃成品油违法犯罪活动，维护成品油正常供应销售秩序，根据省厅、市局工作精神，县公安局组织全警参与，在全县开展“灭油鼠端黑窝”专项整治行动。各部门结合警种职能迅速开展工作。派出所积极争取当地党委政府的支持，发动社区（责任区）民警、石油企业职工、治安积极分子和广大群众积极参与到防范和打击涉油违法犯罪工作中来。打破地域观念，努力在相邻乡镇之间建立联动、联防、联治协作工作机制，不断提高联合防范和打击跨区域涉油违法犯罪活动的能力。治安大队充分发挥领导小组办公室的作用，指导帮助企业加强内部安全管理，加强重要部位的物防、技防设施建设。与企业加强沟通协作，建立打防工作长效机制。加强巡逻防控，提高捕获现行能力。大街派出所4名专职人员全天候值守监控室，开展视频巡逻；7个派出所8辆接处警巡逻车实行24小时定点警灯闪烁，辐射周边及交通沿线；3辆警用电瓶车在辖区主要街道、“盗抢成品油”易发案部位实行24小时机动巡逻；设立8个堵卡点分时段开展堵卡盘查工作。刑侦部门充分发挥专业队伍优势，紧紧盯住团伙性、系列性盗窃成品油案件，加强专案侦查经营，对盗抢类犯罪实施精确打击。共抓获盗窃成品油违法犯罪嫌疑人16人（逮捕8人、取保侯审2人、治安拘留6人），打掉犯罪团伙3个，成功破获市局特别督办“7·16”盗窃成品油系列案，侦破案件430起，专项行动取得明显成效。

【开展电子游戏机赌博问题突击清查行动】 2012年5月10日至14日，治安大队按照“有线索就查、一露头就打”的原则，精心组织、周密部署，抽调民警12名分两组，对县城娱乐场所进行突击清查，连续查获5个利用电子游戏机聚众赌博窝点，当场收缴赌博游戏机42台，抓获参赌人员28人。

【开展网吧突出问题整治行动】

2012年，针对虚拟社会管控工作中的突出问题，县局根据省、市公安机关的部署，适时开展网吧突出问题整治行动，维护全县网络安全。一是严格要求网吧落实实名上网制度和安全技术措施，强化日常清查工作，检查网吧140余次，处罚未落实实名上网制度和安全技术措施网吧20家次，罚款3.25万元。二是重点对校园及周边的网吧进行重点整治，严禁出现未成年人在网吧上网的现象。清理整治距离校园1000米以内经营的网吧5家。三是严厉打击“黑网吧”。配合文化部门对网吧违规接纳未成年人的行为进行处理；配合工商部门开展“黑网吧”联合查处工作，打击重点放在校园周边、小区居民楼和隐藏乡村的“黑网吧”，发现一起，查处一起。共查处黑网吧7家，收缴计算机43台。

【开展娱乐场所毒品问题集中整治行动】 5月20日至25日，为进一步巩固和完善江川县娱乐场所禁毒工作机制，提高娱乐场所经营业主及从业人员拒毒、防毒的责任意识，有效遏制娱乐场所涉毒问题的发生，县公安局按照县委政府、市公安局关于开展毒品违法犯罪问题重点整治工作和吸毒人员大排查大收戒大管控工作的总体部署和要求，在县城娱乐场所开展了毒品问题集中整治行动。禁毒大队和大街派出所民警深入宾馆、娱乐场所，开展《珍爱生命远离毒品》禁毒知识宣传教育培训，结合娱乐场所禁毒宣传“五个一”的工作要求，进行全面清理和检查。现场提取宾馆60余名从业人员的尿液进行了甲基安非他明和吗啡联合快速胶体金法检测，发放禁毒宣传图片200余张。行动中，查获吸毒人员7名，收缴管制刀具4把。

【成立首个农村禁毒宣教示范点】

为切实增强江川县禁毒预防宣传工作的针对性和实效性，提高广大农村群众识毒、拒毒、防毒能力和禁毒意识，江川县禁毒委结合全县毒情，经过一段时间的筹建，于2012年6月26日，在大街街道上头营社区居委会成立了首个“农村禁毒宣教示范点”并举行了揭牌仪式。县委常委马利兴、副县长、公安局局长师文出席会议，县妇联、县禁毒办、大街街道办事处等相关部门领导和禁毒防艾巾帼志愿者代表共260余人参加活动。仪式上，副县长、县公安局局长对全县毒品形势及成立禁毒宣教示范点的重要意义作了讲话，积极号召全县人民积极投身到禁毒宣传工作中来。整个活动共发放禁毒防艾知识宣传单200余份、环保布袋200余个。农村禁毒宣教示范点的成立，为江川深入推进第三轮禁毒人民战争、继续巩固“无毒县”奠定了坚实的群众基础。

【深入推进第三轮禁毒人民战争】

在第三轮禁毒人民战争中，县局按照

省厅、市局关于加强禁毒工作的相关部署，精心组织、统筹规划，以“高站位谋划、高密度宣传、高标准推进”的强劲措施，超额完成市局下达的专项行动各项任务指标，取得了毒品问题突出区域面貌明显改观和全民禁毒意识进一步增强的明显成效。一、党政高度重视，筑牢禁毒“大格局”。一是积极争取党政支持。在省公安厅召开吸毒人员大排查大收戒大管控专项行动动员部署会议后，县局党委及时召开专题会议进行研究部署，成立领导小组，制定《关于集中开展吸毒人员大排查大收戒大管控专项行动实施方案》，积极向县委政府汇报，争取支持。2月，江川县成立了由县委常委、政法委书记任组长，副县长、公安局局长任副组长的毒品违法犯罪问题重点整治工作领导小组，县委、政府制定了《江川县开展毒品违法犯罪问题重点整治工作实施意见》，在全县范围内开展为期3个月的毒品问题重点整治行动。二是狠抓联动格局建设。明确禁毒委31个成员单位在毒品违法犯罪问题整治工作中的职责、任务，形成了在党委、政府领导下，社会各职能部门齐抓共管，全面参与禁毒工作的良好格局。与社会治安综合治理考评挂钩，加大考核力度，推动全县毒品违法犯罪问题重点整治工作。三是全力加强经费保障。县禁毒委先后划拨资金15万元用于建设农村社区禁毒宣教示范点、妇女禁毒主题活动室、举办校园黑板报大赛活动、更新禁毒展室和开展县城周边毒品问题重点整治工作；各乡镇（街道）和成员单位投入资金25万余元保障禁毒工作顺利开展；县公安局划拨资金12万元对各派出所开展禁毒工作进行奖励。二、资源整合到位，全面宣传“造声势”。紧紧围绕全社会、青少年和高危人群三个层面，全方位、多层次开展禁毒宣传教育活动，全县禁毒氛围得到空前高涨。一是社会宣传有声势。将禁毒宣传与各类节点相结合，以“禁毒宣传月”为重点，组织禁毒委成员单位，开展了内容丰富、声势浩大的禁毒宣传活动。团县委以3月学雷锋活动和“5·4”青年节为契机，开展了毒品预防教育主题活动；县妇联以“3·8”妇女维权活动为契机，开展了以毒品预防和构建和谐家庭为主旨的宣传活动；县人事局、卫生局利用小额无息贷款人员创业培训之机，将禁毒和防艾知识纳入重要培训内容。二是重点人群宣传全覆盖。年初，县禁毒委制定《江川县2012年重点人群毒品预防教育实施方案》，全面加强对在校学生、辍学学生、社会闲散人员、外来务工人员以及公共娱乐场所从业人员等吸毒高危人群的禁毒宣传和法制教育工作，不断提高高危人群自觉抵御毒品的能力。对62所学校、21个社区共5.5万余人开展了禁毒防艾宣传教育；组织5个大型企业、17个娱乐场所共163名从业人员以及客车、出租车行业508名驾驶员开展了禁毒宣传培训，通过尿检查处3名吸毒人员，起到了良好的警示教育作用。三是禁毒防线向前移。县禁毒委投入资金5万余元，在大街街道上头营居委会成立了首个农村禁毒宣教示范点，配齐电视、VCD播放器等电子宣教器材，制作室内上墙禁毒展板16块。2012年，共开展大型禁毒宣传活动57场次、学校专题教育150余场；发放宣传资料14种8余万份；宣传标语41余万条（次）；群众性禁毒文艺演出30余场次，全县受教育群众达65万余人次。三、整体联动强劲，重拳打击“显实效”。充分发挥公安专业队伍和职能部门、基层所队三个层面的作用，整体联动、重拳出击，严厉打击辖区毒品违法犯罪活动。一是发挥专业队伍的“尖刀作用”。禁毒大队充分发挥专业队伍的攻坚作用，组织专门力量进行细致摸排，查清辖区零星吸贩毒人员、网络情况，锁定了一批重点涉毒场所。抽调派出所精干警力3名充实到禁毒大队，全力开展零星吸贩毒打击工作。二是发挥基层所队的“联动作用”。将零星贩毒案件侦破数和吸毒人员打处数纳入派出所考核目标，充分发挥基层队伍掌握第一手信息的优势，全面开展打击零包贩毒活动。三是发挥职能警种的“协同作用”。刑侦、治安、经侦等部门依靠各自职能优势，通过在日常工作中发现线索，积极参与缉毒破案，策应禁毒严打整治行动。2012年，共破获各类涉毒案件46件，抓获涉毒犯罪嫌疑人40名，缴获毒品海洛因5680.82克，冰毒12037.54克；易制毒化学品甲笨1980千克，缴获盐酸13千克。四、强措施增力度，收治管控“零遗漏”。县局多措并举，扎实推进，取得了在全市综合考评名列第一和率先超额完成收戒任务的显著成绩。2012年，共排查登记吸毒人员307名（其中新增101名），查获吸毒人员101名，其中行政拘留28名、刑事拘留8名、强制隔离戒毒31名、社区戒毒28名、不予处罚6人。坚持打击与防控并重、清查与整治结合，采取定期清查、集中整治等方式，多管齐下，加强行业场所、易制毒企业的源头管理。对易制毒化学品管理采取“六项措施”，即：一抓建档、二抓宣传、三抓检查、四抓审核、五抓联系、六抓培训。2012年，共检查18次，办理易制毒购买备案证明122份，查处违法违规企业2家。

【国家禁毒办副主任陈绪富到江川调研禁毒工作】 3月16日，国家禁毒办副主任、公安部禁毒局副局长陈绪富率公安部禁毒局侦查指导处副处长王晓木、司法部劳教（戒毒）局主任科员刘新超、公安部法制局主任科员张飞龙、公安部禁毒局两禁处朱孟鑫一行五人到江川开展《禁毒法》实施和禁毒工作调研。玉溪市政府副市长、市禁毒委主任、市公安局局长明正彬，市政府副秘书长、市禁毒委副主任张少云、省公安厅禁毒局副局长余兵，省公安厅禁毒局综合处处长孙春荣，市司法局副局长李瑞林，市禁毒办副主任、市公安局禁毒支队支队长

曹文刚、江川县人民政府副县长、县禁毒委主任、公安局局长师文、县禁毒委副主任、副局长黄良等领导陪同调研。调研组到江城镇江城社区，听取了副县长、禁毒委主任、公安局局长师文汇报的江川县禁毒工作所取得的显著成绩和存在的不足后，详细了解了江城社区吸毒人员的社区戒毒康复情况、生活工作、经济来源、就业安置等情况，查阅了吸毒人员社区戒毒康复工作台帐。陈绪富向村组干部介绍了我国开展社区戒毒康复工作的重要意义，要求各级领导干部落实各项工作措施，深入推进社区戒毒康复工作，提高社区戒毒人员的戒断巩固率，最大限度减轻毒品危害，维护社会稳定。特别对江川县几年来在开展《禁毒法》实施和禁毒工作中所取得的成效给予了高度评价，同时提出了具体要求和希望。

【市委政法委和县委政府领导调研公安工作】 2012年11月7日，玉溪市委常委、政法委书记刘宁笙，市政法委610办主任杨建萍，江川县委书记马文龙，县委副书记、县长葛勇，县委副书记张金翔，县委常委、政法委书记陈琎寿，县委常委、组织部长林清率县委办主任、政府办主任及发改局局长、财政局局长、人力资源和社会保障局主持工作副局长一行15人到县公安局调研工作。副县长、公安局局长牛旺林和党委副书记、政委张文红率公安局党委班子成员陪同调研。在调研工作中，牛旺林介绍了公安局的基本情况，从解决警力不足、基础设施建设、加快公安局领导班子建设和队伍建设、城市视频监控系统建设、看守所和拘留所在押人员伙食保障、派出所基层组织建设等六个方面向县委、县政府提出需要解决的困难和问题。县委书记马文龙，县委副书记、县长葛勇对公安局的工作给予肯定，对需要解决的困难和问题分别作表态发言。最后，市委常委、市委政法委书记刘宁笙希望江川县公安局领导班子要给全体民警鼓劲，认真履职，全力维护全县社会治安稳定。

【建设公安局业务技术用房】 2012年4月28日，县公安局举行业务技术用房建设项目奠基仪式，市公安局党委副书记段勤、江川县委书记马文龙、县长葛勇及县委、人大、政府、政协相关领导应邀出席奠基仪式，仪式由县公安局党委副书记、政委张文红主持。业务技术用房建设工程占地16.59亩，总建筑面积13759.6平方米，项目估算总投资3290万元，主楼为13层，建设工期为2年。项目建成后，江川公安信息化建设和刑事技术建设的硬件环境、办案中心环境和接待服务群众环境都将得到极大改善。2012年底，主楼完成10层，投资1800万元。

【建设多功能移动警务室】 为贯彻落实《关于加强派出所基层基础工作的实施意见》文件精神，进一步改善基层派出所巡逻装备滞后现状，县局投入资金35万余元，购买多功能移动警务室2辆、警用电瓶车3辆。2012年12月20日,在县体育馆前举行发放仪式，向大街派出所发放多功能移动警务室2辆、警用电瓶车1辆，向交警中队、江城派出所发放警用电瓶车各1辆。每辆多功能移动警务室配置警力2～4名，建设在主城区，参与街面巡逻防控，移动接警处警，方便群众就地救助，大大提高了“见警率”和“捕现率”，有效增强了基层单位的战斗力。

【侦破一起制售假币案】 2012年2月17日，一群众电话向经侦大队报案称有人购物时支付的现金1600元全是假币。发案后，局领导高度重视，抽调精干警力成立专案组，迅速开展工作。经初查，发现使用假币的男子名叫陈学红，澄江县右所镇人。专案组民警巡线追踪，在市局技侦支队、经侦支队的大力协助下，专案组历经2个月，辗转多个省市，成功捣毁1个制售假币窝点，抓获涉案犯罪嫌疑人12名，查获用于制造假币的设备5台，切割机1台，以及用于制造假币油墨、纸张、尺子和指甲油等材料，缴获假币16.086万元。此案的成功侦破，受到公安部、省公安厅表彰。

【侦破盗窃成品油系列案379起】 在“灭油鼠端黑窝”专项整治行动中，县公安局结合辖区盗窃成品油案件十分突出的实际，及时抽调精干警力组成专案组，全力开展侦破工作。2012年6月13日，专案组通过综合应用各种侦查手段，成功抓获2名犯罪嫌疑人，破获盗窃成品油案件50余起。专案组经过2个多月的审讯深挖和调查取证，共侦破盗窃成品油系列案379起，其中江川县320起，通海县27起、华宁县29起，澄江县3起，涉案价值达30余万元，缴获现代越野车1辆以及特制油箱、油泵、油管等作案工具。此案的成功侦破，被央视录制成专题片《夜盗》在《社会与法》栏目中播出。

【侦破银行卡调包盗窃系列案】 2012年8月25日12：30时许，江川县大街镇廖家营村的刘某在大街镇星云路建设银行取钱时，被两名外地男子以掉钱在地上为由将刘某银行卡调包，取走刘某账户上3800元现金。县局接到类似案件的报警多起，局领导高度重视，迅速组织民警成立系列案专案小组展开侦查，一方面调取银行ATM监控录像，获取到2名犯罪嫌疑人图像资料，另一方面调取案发时间段城市视频监控录像进行认真分析，发现嫌疑人作案后的活动轨迹。当日19：00时许，犯罪嫌疑人胡××和李××（两人系贵州省贵阳市人）窜到红塔区时被公安机关抓获。经审查：两人分别交待了8月25日中午，窜至江川县大街镇星云路建设银行，趁刘某利用ATM机取钱之机，将10元现金丢在地上，然后以钱掉在地上为由引开刘某注意力，迅速用一张银行卡将刘某的银行卡调换，待刘某走后，再将刘某银行卡账户内的3800元钱取走的犯罪事实。通过深挖，成功侦破两人于2012年7月份以来，利用银行卡调包盗窃系列案6起（江川3起、通海和华宁各1起、曲靖1起），缴获各类银行卡20张、现金3800元。此案成功侦破后，被央视录制成专题片《警惕取款机旁的“黑手”》在《新闻》栏目中播出。

【侦破“12·25”故意伤害致人死亡案】 2012年12月25日12：00时许，江川县前卫镇的李×乘坐的面包车在县城五岔路口处，与一辆从玉溪方向驶来的白色宝马轿车（未挂车牌）擦碰，双方因赔偿问题协商未果发生纠纷，宝马车及同行的辉腾牌轿车上的五、六名男子便对李×及同伴实施殴打，随后驾车逃离。李×因伤势过重经送县人民医院抢救无效死亡。案件发生后，县公安局迅速启动命案侦破机制，及时成立“12·25”专案组，全面组织开展侦破工作。由于命案发生时正值江川县“开渔节”期间，对社会造成了恶劣的影响，省、市、县各级领导对该案高度重视，省厅副厅长董家禄作出重要批示：全力侦破此案。市县领导也分别对该案的侦破作出指示，要求县公安局采取一切有力措施，务必尽快侦破案件，全面消除不良影响。侦查工作中，专案组紧紧围绕嫌疑人驾驶车辆开展分析研判，及时调阅各路段视频监控资料和出入城卡口抓拍信息，在发现嫌疑车辆逃跑路线后，立即提请市局协调澄江、晋宁等县设卡查缉。通过大量分析比对，专案组发现嫌疑人同行的车辆除宝马、辉腾轿车外，还有一辆未挂牌的白色奥迪轿车。当日，晋宁县局在设卡查缉中曾查获一辆未挂牌可疑奥迪轿车，驾车男子叫杨××，系晋宁县人。专案组在市局技侦支队的协助下，对杨××进行深入侦查。12月26日，专案组发现晋宁县人宋×、周×、杨×、姚×和申××五人有重大作案嫌疑，立即将其上网追逃，赶赴晋宁县开展抓捕工作。12月26、27日，五名犯罪嫌疑人到案后，分别对12月25日参与殴打李强的犯罪事实供认不讳，并被公安机关依法刑事拘留，及时消除了社会影响。

【连续10年实现命案全破】 县公安局始终把命案侦破工作作为推动全局工作上台阶的切入点和突破口，不断创新工作机制，攻坚克难，紧抓命案侦破工作不放松，自2002年以来，共攻克命案56起，抓获涉案犯罪嫌疑人97名，协助外地公安机关破获命案5起、抓获外地命案逃犯11名，成为玉溪市唯一连续10年“命案全破”的公安局。

【开展监管场所隐患大排查整治】 按照省公安厅、市公安局的安排部署，县局于5月22日起，开展公安监管场所安全隐患大排查大整治活动。5月27日，副县长、公安局长师文亲临江川县看守所，详细听取看守所、拘留所大排查大整治活动进展情况，实地查看收押、巡视监控、管教等岗位民警的工作情况，并组织全所民警对12个监室108名在押人员进行清监大检查。狠抓硬件设备隐患排查。对监控通讯设备、报警装置、门禁系统进行全面检修，确保设备正常运行，提升监所安全系数。狠抓在押人员思想隐患排查。通过加大谈话跟踪力度，全面了解在押人员思想动态，发现问题及时给予解决，确保在押人员思想稳定。狠抓安全管理制度建设。认真组织民警对监管场所安全管理制度再学习、再教育，对制度中存在的不规范问题进行更改修正，建立在押人员《三人互监双人值班》制度。创新“三个五”（即“五勤”、“五找”、“五多”）工作法，监管场所安全管理工作上台阶。为保证在押人员身体营养供给，增强在押人的身体抵抗力，降低在押人员发病率，自5月26日起，实行一日三餐制。同时，严把食物进货关，确保食物质量。定期、不定期开展大清监。规律清查与随机抽查相结合，使在押人员不能及时将违禁品藏匿，彻底清查出监室里的违规物品，消除安全隐患。通过大排查大整治，监管场所安全无事故。

【多措并举全力防范邪教组织非法宣传活动】 2012年12月以来，全国各地相继出现“实际神”邪教组织的非法宣传活动，声称“世界末日”就要来临，只有信“全能神”才能得救，凡不信和抵制的都将被“闪电”击杀。12月12日，县城出现“实际神”非法宣传活动，局领导高度重视，及时召开专题会议，部署打击邪教组织非法宣传活动。一是强化信息收集。以国保大队为主，派出所为辅，充分调动社会各种资源，全力做好社会面和互联网关于“实际神”邪教组织非法宣传活动情报信息的收集、研判和上报工作。二是加大打击力度。各派出所结合辖区实际情况，加大人员密集场所巡逻力度，发现打横幅、发传单、喊口号的可疑人员，立即带离审查，做好第一时间处置，消除社会影响。12月13日，江川县城郊区再现“实际神”非法宣传活动，大街派出所巡逻民警迅速将现场9名“全能神”宣传人员控制并传唤询问，经过调查取证，依法给予9名违法嫌疑人行政拘留的处罚，收缴宣传册10本、宣传扩音器1台。三是加大管控力度。对已掌握的邪教重点人，建立辖区派出所、责任单位、国保大队三位一体的管控体系，做到盯死看牢。对聚集传教中抓获后教育释放的一般人员，积极协调村委会（社区）做好管控和教育帮助工作，防止再次参与邪教活动，减少一般信教群众的对立情绪。四是加大教育感化力度。在始终保持对“实际神”非法宣传人员严打高压态势的同时，不断完善教育转化工作机制，将挽救、教育工作向深层次、效果化发展。工作中，坚持集中教育与个别教育相结合、情感感化与自我教育相结合、家属规劝与重点教育相结合，

广泛开展法制观、人生观、道德观和爱国主义教育。2012年12月19日，国保大队在拘留所的协助下，对9名因非法宣传邪教“实际神”、散播“世界末日”谣言被行政拘留的违法人员开展“崇尚科学，反对邪教”教育宣传，同时播放相关反邪视频资料，取得了良好的转化效果；九溪派出所会同镇社管综治办，组织辖区9名涉邪教人员及各村委会治保主任开展反邪教警示教育活动，实现了反邪知识“以点传面”的良好效果。活动期间，共发放《科学生活拥抱健康》、《反邪教警示教育宣传手册》、《生活与法》等书籍50余本，播放《云南省反邪教警示教育宣传图集》2场次，涉邪教人员纷纷表示受益匪浅，保证今后不再参与邪教组织活动，并签定了保证书。

【完成十八大安保任务】 为迎接党的“十八大”顺利召开，营造良好的社会治安环境，县公安局制定工作方案，成立以局长为组长的工作领导小组，多次召开工作推进会，通过强化“打防管控建”工作措施，将各项安保工作落到实处。一是强化矛盾纠纷排查化解。以出警现场为阵地，抓好首接调处，积极做好接处警工作中的邻里纠纷、家庭纠纷、经济纠纷化解工作，最大限度将矛盾纠纷化解在初始阶段。2012年，共排查民间纠纷521起，化解495起；调解治安案件124起；接待群众来信来访16件，办结11件。二是强化重点人群管控。对刑释解教人员、吸毒人员、肇事肇祸精神病人、性格偏执扬言制造极端事件等重点人口的管控，实行分级分类科学管理。对社会危害倾向性大的肇事肇祸精神病人送往县精神病康复医院进行医治。三是强化社会面控制。组织社区、单位建立片区安保联防机制；在复杂地段，建设治安岗亭，民警轮值防范，健全县城治安防控网络；对主要街道、人员聚集地加强巡逻力度，有效降低了可防性案件的发生。四是强化隐患排查。组织民警对公共场所、建筑工地、棚户区、学校、幼儿园及人员密集地区进行全面检查，对排查出来的安全隐患，提出整改意见，落实整改措施。五是深化严打整治斗争，广泛发动社会力量，重点打击“涉黑涉恶”、“两抢一盗”、“三车”盗窃、“黄、赌、毒”等违法犯罪活动。严厉打击各类“涉众型”经济犯罪，积极服务全县经济平稳运行。六是加大对全县治安乱点的梳理、整治工作，确保全县治安秩序良好。

【完成第八届开渔节安保任务】 在“开渔节”安全保卫工作中，为确保各项工作指挥、协调、处置有序，县公安局在前期大量的调研基础上，结合实际，设置11个工作组，分别负责“开渔节”期间大型文艺汇演、入湖捕鱼仪式、焰火晚会的治安交通消防秩序维护和街面巡逻、宣传报道、突发事件处置等工作，每个工作组分解相应目标任务，严格执勤、备勤纪律，认真落实工作责任。12月24日至25日，共出动警力450人次、警车100辆次，全县社会治安持续平稳，未发生突发事件。节日期间，共检查重点单位、行业场所100余家次，清查流动人员1000余人，发现安全隐患3处，当场督促整改3起。针对节日期间城区及周边人流、车流量增大的实际，加大对城区及城乡结合部的巡逻力度和密度，采取警车巡逻、着装步巡等“点、线、面”结合的举措，最大限度将警力摆上街面，重点打击街头“两抢”、盗窃机动车、掂包、扒窃等各类侵财性犯罪。为全力维护节日期间全县道路交通安全、有序和畅通，提前制定了道路交通安全保卫工作细化方案，将全县划分为五个交通安全保卫区域，协调、抽调邻县警力60余名，成立32个路面执勤组，相应制作《警力分布图》。节日前夕，相继完成实地踏勘、增设交通标志和设施、交通通行提示宣传、执勤设施筹备等工作，确保了“开渔节”期间全县无长时间、大面积交通拥堵。

【公安宣传】 建立健全新闻发言人制度，提高突发事件、群体性事件、重大敏感案件的新闻发布和舆论引导能力。完善公安机关形象危机处置机制，做好涉警负面报道的处置工作。与县广播电视局合作开办《江川警方》专栏，让群众贴近公安、了解公安，进一步推进江川公安宣传工作的新发展。2012年，在地级以上电视、报刊电台报道江川公安新闻稿件528条，其中：国家级13条（电视10条、报刊3条）、省级221条（电视12条、报刊209条）、市级294条（电视32条、报刊262条）。另外在江川广播电视栏目采用宣传稿件80余条。通过对江川公安各项工作的宣传，扩大了江川公安在全市、全省的社会影响，有力促进了江川公安工作的向前发展，进一步提升了县公安机关整体形象。

【表彰奖励】 江川县公安局2012年9月被省公安厅评为全省执法示范单位，2012年6月被公安厅评为“724特大拐卖婴儿案”集体二等功，2012年10月全市“破案会战”集体三等功，2012年3月“清网行动”集体三等功；江川县公安局刑侦大队2012年5月被公安部授予全国优秀公安基层单位荣誉称号；江川县公安局经侦大队2012年11月被公安部授予全国公安机关严厉打击经济犯罪“破案会战”成绩突出集体；江川县公安局情报信息中心2012年5月被公安部授予全国公安综合情报部门“清网行动”先进集体；江川县公安局交通警察大队2012年12月被省公安厅评为全省公安机关“三访三评”深化“大走访”活动先进集体；江川县公安局交通警察大队党支部2012年8月玉溪市委评为玉溪市创先争优先进基层党组织；2012年1月，江川县公安局刑侦大队、大街派出所、交通警察大队被玉溪市公安局记集体三等功；江川县公安局禁毒大队

2012年6月被玉溪市人民政府评为2011年度禁毒工作先进集体。2012年2月，郭锦洋被省公安厅记个人一等功；2012年1月，邢林卫、胡东彦、杨宁、陈国华、邢子彪、杨洋、廖永林被玉溪市公安局记个人三等功；2012年1月，张旭辉、王刚被云南省公安厅评为信息化应用岗位能手；2012年3月，侯冬被玉溪市公安局清网行动记个人三等功；2012年3月，师文被玉溪市公安局评为消防工作先进个人；2011年12月，张俊、陈志伟被云南省公安厅交警总队评为2011年派出所参与道路交通安全管理执法标兵；2012年6月，韩彦红被玉溪市人民政府评为2011年度禁毒工作先进个人；2012年1月，金永堂被玉溪市公安局破案会战记个人三等功；2012年12月，王波被玉溪市公安局嘉奖。

（黄 迪）

检 察

【机构编制】 2012年，县检察院编制数47人。实有在职人员45人，年内调出1人。其中，男性32人，女性13人；检察人员36人，书记员7人，法警2人；党员29人，团员3人。共设反贪污贿赂局、反渎职侵权局、公诉科、侦查监督科、职务犯罪预防科、民事行政检察科、控告申诉科、检察技术科、驻看守所检察室、办公室、政治处、纪检组、人民监督员办公室、环境资源保护检察科、法警队、案件管理办公室16个科、局、室。

【领导名录】

检 察 长 资云坤

副检察长 王彦东（2012.9离任）

平雪刚

郑 翔

【刑事检察】 切实增强大局意识、责任意识、忧患意识，始终把维护社会和谐稳定作为服务经济社会发展大局的首要任务来抓，全力维护社会和谐稳定。年内共受理各类刑事案件134件229人，与上年同期137件260人相比，件数减少了3件，人数减少31人。批捕和逮捕121件207人，不批捕13件22人，不批捕案件数和人数占总数的9.7%、9.6%，发出不捕理由说明书22份，结案率达到100%。受理公安机关、本院自侦部门及他院移送审查起诉的案件223件406人，经审查向人民法院提起公诉190件349人，报送市院14件18人，移送新平检察院2件11人，相对不起诉4件6人、绝对不起诉0件1人，报请玉溪市院提抗案件1件1人，所有向法院提起的公诉案件，法院均做了有罪判决，无撤诉案件及无罪案件发生。工作中，突出打击危害公共安全、严重暴力、黑恶势力、“两抢一盗”等严重影响人民群众生命财产安全的犯罪，批准逮捕上述四类犯罪嫌疑人162人，提起公诉214人；积极参与打击“黄赌毒”专项斗争，批准逮捕犯罪嫌疑人17人，提起公诉6人；加大环境资源保护力度，批准逮捕失火、盗伐林木等犯罪嫌疑人2人、提起公诉16人，批准逮捕破坏两湖渔业资源犯罪嫌疑人5人，提起公诉7人。

【刑事诉讼监督】 认真落实云南省人大常委会《关于加强人民检察院对诉讼活动法律监督工作的决议》，坚持追究犯罪与保障人权并重、监督违法与维护司法权威并举，强化对诉讼活动的监督。积极开展行政执法与刑事司法衔接工作，推动刑事司法与行政执法衔接工作信息共享平台建设。加强立案监督和侦查监督工作，依法监督侦查机关立案8件9人，撤案4件19人；纠正漏捕14人，追诉漏犯17人、漏罪32起；提前介入重大刑事案件侦查5件15人；退回侦查机关补充侦查19件53人。强化刑事审判监督，落实量刑建议制度，着力纠正有罪判无罪、量刑畸轻畸重以及严重违反法定程序等问题，加强和规范刑事抗诉工作。向法院提出量刑建议139件266人，法院判决125件243人，基本采纳量刑建议212条，采纳率为87.41%，提出抗诉1件1人，有效维护法律的正确统一实施。

【职务犯罪侦查】 坚决贯彻中央、省市县委和上级检察院关于反腐败斗争的总体部署，牢固树立办案数量、质量、效率、效果、安全并重的业绩观，以规范执法为保证，依法查办和预防职务犯罪，促进反腐倡廉建设。共立案侦查各类职务犯罪案件10件11人，通过办案，为国家挽回直接经济损失138万余元。其中，立办贪污案件4件5人，挪用公款案件4件 4人，渎职侵权案件2件2人。在职务犯罪侦查活动中，规范侦查办案活动，慎重使用强制措施，严格执行讯问职务犯罪嫌疑人全程同步录音录像以及逮捕职务犯罪嫌疑人报上一级检察院审查决定等制度，确保办案质量；抓紧抓实办案安全责任制，全年无办案安全事故发生；立案侦查的职务犯罪案件全部侦查终结移送审查起诉，法院均做有罪判决，保证了查办职务犯罪案件工作的平稳健康发展，实现了办案的政治效果、法律效果、社会效果的有机统一，切实维护国家公职人员职务廉洁性。

【职务犯罪预防】 坚持“惩防并举、标本兼治”的方针，加快侦防一体化进程，形成侦查和预防工作互相促进、协调联动的格局。坚持专业化预防和社会化预防相结合，综合运用预防咨询、预防调查、预防检察建议等措施，不断创新预防形式，拓宽预防渠道，提升预防层次。完成了2005年到2012年的行贿、受贿档案信息的录入工作；受理并办结预防咨询110次；开展行贿犯罪档案查询529件；到电力公司、工商局21个单位进行了职务犯罪预防专题讲座，受教育数达1220余人次，结合执法办案开展预防立项10件，开展预防调查16 次，进行职务犯罪案例剖析10件，提出堵漏建制的检察建议4份，均被采纳，帮助4

个发案单位建章立制18项，继续与7个预防共建单位建立工作联系制度、信息共享机制。

【民事行政检察】 加强民事审判和行政诉讼活动监督，全年共受理民事行政申诉案件32件，出庭支持抗诉1件。其中，受理抗诉案件17件，立案审查17件；受理非抗诉案件15件，立案15件。办案中坚持“以事实为根据、依法律为准绳”的原则，对法院判决正确的案件，耐心细致地做好服判息诉工作，维护了案件当事人的合法权益，维护了司法权威。

【控告申诉检察】 积极化解社会矛盾纠纷，营造安定有序的社会环境。坚持检察长接待日、首办责任制、联合接访、下访等制度，把化解矛盾贯穿到执法办案的全过程，依法妥善处理群众诉求。开设“12309”举报电话，畅通信访渠道，热情接待来访群众，耐心释法说理，努力依法依理解决纠纷、化解矛盾；受理群众来信来访62件147人，检察长接待日接访24次，批阅群众来信来访5件6人，对所受理的来信来访案件均按“首办责任制”全部分流处理完毕，努力实现案结事了；开展刑事被害人救助工作，建立检调对接机制，建立完善执法办案风险评估预警机制，从源头上预防新的矛盾产生。

【驻所检察工作】 强化刑罚执行和监管活动监督，依法开展减刑、假释、暂予监外执行检察监督工作，坚持联席会议、定期安全检查、对违反监规人员个别谈话教育、在押人员集体教育等长效工作机制，对在押人员个别谈话103人次，开展集体教育1次，受教育人员150余人，防止牢头狱霸、体罚虐待、违法提审等问题发生，有效维护看守所的监管秩序和安全；依法检查“三证”、“三书”1192份，发现并纠正有错误法律文书24份，切实维护法律文书的严肃性；提前催办案件51件107人，有效地预防和杜绝超期羁押情况的发生，实现零超期羁押，切实地维护了被监管人员的合法权利。被云南省人民检察院评定为“二级规范化派驻看守所检察室”。

【综治稳定工作】 积极参与社会管理综合治理，推进省级平安先进县创建。主动融入“党委领导、政府负责、社会协同、公众参与”的社会管理格局,认真落实检察环节各项社会治安综合治理措施和领导责任制，推进省级平安先进县创建。深入挂钩联系乡镇村组督促指导综治维稳和禁毒防艾工作，密切配合有关部门对社会治安重点地区和突出问题的排查、整治活动；以“综治维稳宣传月”、“举报宣传周”、“6·26”禁毒日、“12·4”法制宣传日等活动为平台，深入推进“法律四进”活动，开展法治宣传4次，发放宣传材料7500余份；依法监督社区矫正工作，与法院、公安机关、司法行政机关建立监外执行工作的联席会议制度和信息通报制度，深入开展对社区矫正对象集中教育活动，定期和不定期对221名监外执行罪犯监督回访、考察，建议对监外执行条件消失的罪犯收监执行3人，切实消除治安隐患；成立预防青少年犯罪工作领导小组、推行未成年人犯罪案件专人办理、不起诉回访帮教制度，加强校园法治宣传，做好未成年人犯罪预防工作。

【检察队伍建设】 紧紧围绕“政治坚定、业务精通、作风优良、执法公正”的要求，切实加强对检察人员的教育、管理和监督，努力提高队伍整体素质，保障自身公正廉洁执法。抓好思想政治建设，深入学习贯彻党的十七大、十八大及历次全会精神，深入开展“政法干警核心价值观”、“四群”教育等专项教育活动，认真开展“创先争优”活动，激发检察人员忠诚履职、爱岗敬业、创先争优的热情，弘扬忠诚、公正、清廉、文明的检察职业道德；抓好领导班子建设，坚持民主集中制，落实“三重一大”决策制度，完善领导干部民主监督、述职述廉、绩效考评等制度；加快对年轻干部的培养和中层领导干部的选拔任用，领导干部的文化、年龄和专业结构得到进一步优化；抓好队伍素质建设，以创建“学习型检察院”、“学习型党组织”为目标，着力开展各类业务学习和专业培训，组织参加各类教育培训181人次，3人通过国家司法资格考试；抓纪律作风建设，深入学习贯彻《党员领导干部廉洁从政若干准则》，认真贯彻党风廉政建设责任制，严格执行《云南省人民检察院关于建立领导干部党风廉政承诺制度的暂行规定》、《检察机关领导干部个人重大事项报告制度》等廉洁从检纪律规定，坚持廉政谈话、诫勉谈话、检务督察、纪检通报等制度，全年未发生检察人员违法违纪案件。因成绩突出，县检察院法警队被表彰为“全省检察机关第一批司法警察编队管理示范单位”。

【检察文化建设】 以廉政文化、法治文化为核心，以检察文化园、检察书屋、廉政文化走廊为平台，以上党课、读书会、道德讲堂、下乡支农、文体活动为抓手，竭力推进检察文化建设，培育检察人员爱岗敬业，奋发向上的精神风貌，不断增强检察机关的文化软实力和科学发展的内驱力。编辑出版江川检察丛书两辑，编发信息简报58期115篇，完成调研文章12篇，被市检察院转发24篇，被《检察日报》、《云南法制报》等省市级报刊转载22篇，其中1篇调研文章获玉溪市人民检察院重点调研课题三等奖。在建党91周年到来之际，组织干警参与和创作征文、诗书画创作、摄影、演讲等 10余篇，在弘扬主旋律、宣传检察工作中努力树立良好的执法形象。

【县人大专题视察】 7月13日下午，县人大主任赵少春和副主任杨本忠带领县、乡两级部分人大代表一行30余人到县检察院专题视察公诉工作，县检察院党组书记、检察长资云坤向人大代表汇报了2011年至2012年上半年县检察院的公诉工作开展情况：2011年1月至2012年6月，共受理公安机关及本院自侦部门移送审查起诉的案件279件556人，经审查向人民法院提起公诉249件502人，移送市院及他院17件27人，相对不起诉4件7人，未结案件9件20人，结案率达97%。所有向法院提起的公诉案件，法院均做了有罪判决，无撤诉案件及无罪案件发生。赵少春、杨本忠及各位代表在认真听取汇报后对县检察院公诉工作平稳健康发展的良好态势给予高度赞扬。

（普永梅）

审　判

【概　述】 2012年，县法院党组以邓小平理论、“三个代表”重要思想、科学发展观为指导，在县委的领导下，在县人大、政协和上级法院的监督指导下，在政府的关心帮助和社会各界的理解支持下，忠实履行法定职责，深入推进三项重点工作，抓审判、强管理、带队伍，各项工作取得明显进步，为江川经济社会又好又快发展提供了有力的司法保障。全年共受理各类案件1607件，审执结1464件，结案标的7008万元。

【组织机构】 2012年县法院共有各类工作人员56人（其中男37人，女17人；党员31人，团员6人；法官36人，书记员9人，法警8人，其他审判辅助人员3人。正、副院长3人、正副庭长19人）。年末内设机构有民事审判一庭、民事审判二庭、刑事审判一庭、刑事审判二庭、行政审判庭、审判监督庭、立案庭、环保审判庭和执行局9个审判业务机构；有政治处、纪检组（监察室合署）、办公室、研究室、法警大队5个综合管理机构和江城法庭1个派出法庭。

【领导名录】

院　长　杨正昌（2012.2离任）

　　　　郑子云（2012.2任）

副院长　史云顺（2012.11离任）

　　　　毕金彪

　　　　潘文保

【民商事审判】 2012年县法院坚持“调解优先、调判结合”审判工作原则，强化和谐司法意识，努力实现案结事了人和。全年共受理民商事案件860件（含旧存88件），审结764件，其中调解和通过调解撤诉案件360件，调撤案件占已结案件的47%。妥善审理婚姻家庭、财产继承纠纷案件，弘扬传统美德，积极引导建立和谐文明的婚姻家庭关系，共审结此类案件277件。妥善审理侵权纠纷和物权保护案件，明确侵权责任，制裁侵权行为；明确物的归属，发挥物的效用，共审结此类案件265件。公正快捷审理各类合同纠纷案件，维护公平竞争、发展有序的市场秩序，保障交易安全，促进社会诚信体系建设，共审结合同案件222件。维护资金案件，促进资金流通，审结民间借贷纠纷88件。保障土地的合法流转利用，促进农业发展和农村的和谐稳定，审结农村承包合同纠纷案件4件。注重维护劳动者合法权益，依法规范劳动合同的权利义务，审结劳动争议、劳务合同案件20件。为贯彻落实省高院关于民商事案件小额速裁工作在全省法院铺开的要求，邀请检察官、律师、法律工作者召开座谈会，达成了减轻当事人诉累，方便当事人诉讼，共同推进小额速裁工作的共识。

【刑事审判】 全年共受理各类刑事案件250件499人，审结239件477人；其中公诉案件207件414人，自诉案件32件63人。依法严惩故意伤害、抢劫等严重危害社会治安的暴力犯罪，共审结此类案件61件。加大对盗窃、抢夺等多发性侵财案件的惩处力度，共审结此类案件66件。规范交通行为，维护群众生命财产安全，审结交通肇事案件30件，危险驾驶案件30件。积极参与反腐败斗争，依法判处贪污贿赂、渎职等职务犯罪案件13件18人。其中审理危险驾驶犯罪、伪造货币犯罪和使用“禁止令”的刑罚处罚方式在江川法院尚属首次。加大刑事附带民事案件的调解力度，积极引导被告人认罪悔改、赔偿损失，减少不和谐因素，共审结故意伤害、交通肇事等刑事附带民事案件69件；其中调解和通过调解撤诉41件，调撤率为59%。重视和加强未成年人犯罪案件审判工作，坚持惩治与教育并重，结合未成年人的家庭状况、犯罪背景等社会环境因素积极开展好帮教、回访、协助社区矫正等工作，共审理未成年人犯罪案件38件66人。邀请上级法院、人大、政协、政法和教育系统等十多家单位部门进行座谈，进一步推动和改进未成年人犯罪案件的审判工作。

【行政审判】 全年共受理和审结行政诉讼案件3件，审查非诉行政执行案件50件，经审查裁定准予执行42件。支持和监督行政机关依法行政，切实维护公民、法人和其他组织的合法权益，推进法治政府建设。进一步推动行政机关法定代表人出庭应诉，加强行政机关与人民法院就行政法制和行政审判工作的沟通交流。按照省高院的工作部署，对行政机关申请法院强制执行的土地征收、房屋拆迁等非诉行政执行案件，推行由法院审查、政府及其职能部门组织实施的“裁执分离”模式，以充分发挥党委政府的政治资源和手段优势，共同为有效化解矛盾纠纷营造良好环境。为此，县法院积极向县委、人大、政府汇报、沟通协调，对“裁执分离”模式的适用范围、试行方式进行探索、准备。

【执行工作】 全年共受理执行案件

494件，执结458件，执结标的额4770万元。加强立案、审判、执行的协调配合，力争减少进入执行程序的案件。注重教育、疏导、督促被执行人主动履行义务，已结案件中自动履行216件，和解执行76件，占所结案件的69%。采取专项执行活动，努力清理执行积案。建立执行联动机制，依靠社会力量化解执行积案。在县委政法委的协调支持下，邀请驻江川的银行、信用社召开“金融机构协助法院执行工作座谈会”，加强与金融机构的沟通协调，进一步巩固“清积”成果，优化执行环境。

【清理涉诉信访积案】　认真落实“四个必须，五项制度”，加强源头治理，推进工作机制创新，预防和减少涉诉信访。坚持全院中层以上领导干部轮流接访、联合接访、及时办理反馈，促使当事人息诉罢访。共接待群众来诉来访1260件。十八大前夕，按照上级法院和县委的安排部署，坚持“预防为主、教育疏导、妥善处理、防止激化”的原则，对各类矛盾纠纷认真排查、化解和稳控，确定包案领导和化解责任人，引导当事人通过正当途径反映合法的利益诉求。

【诉讼服务大厅建设】　遵循“公开、便民、周到”的原则，注重诉讼服务大厅窗口建设。为来访群众添置桌椅、笔墨纸张、饮水设备、刷卡交费机、电子触摸查询机等硬件设施，提供诉讼指南宣传册、服务承诺、各庭室联系电话的诉讼服务卡，公开诉讼流程、公示收费标准，提示诉讼风险等加强诉讼指导工作，全面提升诉讼服务大厅建设，实现立案工作从单一的诉讼审查职能到全方位诉讼服务功能的转变，尽力为当事人提供优质服务，让群众更加真切地感受到司法的关怀和温暖。2012年3月将原“诉讼立案大厅”更名为“诉讼服务大厅”。

【司法救助】　强化诉讼领域的人权保障，支付援助费2100元为14名未成年被告人提供司法救助。保障经济困难的当事人打得起官司，减、缓、免诉讼费案件1.1万元。在县委政府的支持下，认真落实涉诉特困人员救助制度，按规定对符合条件的申请执行人给予司法救助，体现司法的人文关怀，共救助了27件案件的申请执行人，发放救助金66.4万余元。

【民商事审判管理改革】　制定实施《江川县人民法院民商事审判管理规定（试行）》，明确审判管理职责，实行类案归口审理，开展专业化审判，统一裁判尺度，提升审判质效。2012年，民商事案件审判质量明显提高，尤其是机动车交通事故案件划归审判监督庭统一审理后，审结的53件案件中，调解和通过调解撤诉43件，调撤率达到81%。

【阳光司法工程活动】　按照省高院部署，精心选择了非法经营初烤烟叶犯罪、忠武花炮厂重大责任事故罪、地税局原局长郑××职务犯罪、燃放烟花伤人民事赔偿等案件作为“阳光司法工程”的示范案件，邀请人大代表、政协委员、纪检干部、在校学生、企业职工、普通群众等1239人旁听案件庭审，其中参加旁听的人大代表73人，政协委员44人次，人民陪审员参与审理6件6人。案件审理情况在国家、省、市、县平面媒体和电视、电台网络媒体进行广泛的宣传报道，收到较好的社会效果。不断深化司法公开工作，实现裁判文书上网公布，在玉溪政法网法院网页上公布裁判文书27篇。

【“两评查”活动】　结合阳光司法活动的开展，在全院各审判业务庭开展庭审评查和裁判文书评查活动。审判一线的17名审判法官全部接受了庭审评查，共完成23件案件的庭审和88份生效裁判文书评查工作，通过评查领导小组对每一个庭审案件存在问题的反馈和交流沟通，规范了庭审活动，提高了审判法官的庭审驾驭能力，提升了裁判文书的制作水平，锻炼了法官庭审心理素质，促进了法官间的交流学习。

【基础设施建设】　新建法院警务室、防护栏、安装电子感应门、X光机等加强机关的安全保卫工作；改造办公室、审判法庭、地下停车场等，不断满足法院审判工作的发展需要；对办公场所进一步绿化美化，营造良好的办公环境。积极争取县委政府支持化解债务资金，在县委政府鼎力支持下，彻底解决了法院审判综合大楼长达九年之久的建设欠债。

【信息化建设】　在上级法院的帮助指导下，累计投入200余万元资金配置各项硬件设备，接通了与全国法院连接的内部专网，实现“四级联网”，新建了一个数字法庭和功能性内部网站。通过组织培训，全院干警已熟悉审判流程管理软件运用，审判工作和司法政务工作的信息化、数字化、网络化和无纸化办公逐步实现，审判工作效率全面提高。

【绩效考核】　年内，积极探索建立科学的绩效指标考核体系，建立健全案件质量评估、案件评查、流程管理、考核奖惩、监督指导等审判管理制度，实现审判管理的规范化、科学化。制定了《江川县人民法院工作绩效考核办法（试行）》，依托审判流程管理技术系统，重点对立案、开庭、调解、审判、送达、归档及各个审判节点和细节进行严格监控和考核，形成了“职责明确、分工合理、运转高效、保障有力”的审判管理和监督机制，实现“管人”、“管事”、“管案”的有机统一。

【社管综治】　积极融入“齐抓共管、密切配合、各负其责、维护稳定”的社管工作格局中。组织法官到九溪中学、前卫中学开展普法宣讲活动和禁毒宣传，“12·4”法治宣传日在县城开展法律义务咨询活动；到对口联系乡镇开展禁毒宣传、入户走访等活动；出资、组织捐款、协调资金1.3万余元资助挂钩联系点，向市民政部门争取到5万元资金用于挂钩联系点老年人活动室的建设。

【省高院、市中院办公室领导调研指导档案管理和利用工作】 2012年11月13日，云南省高级法院办公室副主任李静及档案处处长苏余静在玉溪市中级法院办公室主任许传鸿的陪同下到江川法院调研档案管理和利用工作。

在实地查看档案室、库存卷宗等情况后，进行了问卷调查和座谈。座谈会上，江川法院党组成员、副院长毕金彪对江川法院档案情况、库房建设、规章制度等进行了汇报。听完汇报后，调研组认为江川法院档案齐全、规范，制度完善。并对江川法院今后档案的管理工作提出了三点建议：一是要高度重视档案的安全性问题。档案管理是否安全可靠事关法院审判秘密，要求档案的出进必须有记录追踪，库房保卫安全必须可行可靠，确保万无一失。二是要有稳定的档案管理员，要求管理员既要具备基本的管理技能，又要熟悉档案管理工作，高效地服务法院审判管理，提高档案利用率。三是要进一步规范档案的利用工作，要求有便捷的调阅查找程序和完善的调阅审批程序。

【县人大常委会视察行政审判工作】 11月20日，县人大常委会主任赵少春带领县人大常委会副主任、常委会部分委员、县人大常委会各委、室正副主任、部分县人大代表、政协委员及县计生局、县国土资源管理局、县工商局负责人共30余人到县法院召开座谈会，对行政审判和非诉行政执行案件执行情况进行视察。

座谈会上，县法院党组书记、院长郑子云汇报了江川法院行政审判的基本情况、主要做法、存在的问题及行政审判的目标任务；县法院执行局局长、行政审判庭庭长、主管行政审判、执行工作的主管副院长就行政审判和非诉行政案件执行具体工作中的经验和成就及存在的困难和问题作了发言。

听取汇报和发言后，县人大常委会主任赵少春作了重要讲话，认为到法院调查是一次很好的法制教育学习，结合江川县境内发生的房屋拆迁、鱼塘承包两个具体事例，重申了法院是维护社会公平与正义的最后一道防线。认为要落实十八大提出的全面建成小康社会的目标，人民法院要公正司法，将行政审判工作融入党委、政府工作大局中，与行政机关密切配合，促使行政机关对非诉行政执行案件进行社会稳定风险评估，维护社会稳定大局。参加座谈会的县人大常委会各委室正副主任及国土局、计生局、部分政协委员发表了自己的意见和建议，

县人大常委会副主任杨本忠主持座谈会并作了总结讲话，指出当前法院与行政机关之间在行政审判和非诉行政案件执行工作中存在三个方面的问题：一是法院不同程度存在畏难情绪，要求主观上要多想办法，克服畏难情绪积极开展工作；二是非诉行政执行工作的发展不平衡，有的行政机关与法院的工作配合得很好，有的行政机关缺乏与法院主动配合协调意识；三是存在非诉行政案件执行工作量较大与法院执行力量薄弱之间的矛盾和“裁执合一”的弊端，容易导致执行不彻底，执行工作不到位。针对存在问题，他提出了五点建议：一是法院要从创新社会管理的高度出发，坚持能动司法，建立完善相关制度加强与行政机关的联系；二是正确认识“裁执分离”的意义，建议法院要与国土部门、县政府法制办多协商、多沟通，争取县委的推动，选择一两件案件先进行“裁执分离”工作的试点，逐步总结经验推行；三是寻找工作薄弱环节，多与行政部门沟通协调，促进工作的开展；四是县法院要发挥能动司法作用，在微观上促进依法行政；五是政府法制办要发挥工作指导作用，强化行政部门依法行政的能力。

【监督工作】 畅通法院内部审判和纪律监督渠道，自觉接受人大、政协监督，接受检察机关法律监督和当事人监督。按照审判监督程序受理案件3件，改判2件，调解1件。落实检察长列席审判委员会会议制度，邀请检察长列席审判委员会讨论案件4件。依法向人大报告工作，全面加强与人大代表、政协委员联络沟通。主动邀请人大代表、政协委员视察法院工作40余人次、旁听庭审117人次。向县人大常委会专题报告法院行政审判工作。继续推进司法民主建设，完善人民陪审员制度。报请县人大常委会依法任命2012年增选的9名农村人民陪审员。全年共邀请25名人民陪审员206人次参与审理案件121件。

（王玲芬）

经济管理

编辑　盛文芬

发展和改革

【国民经济和社会发展计划执行情况】　2012年以来，全县上下始终把加快发展作为第一要务，把民生作为第一根本，按照稳增长、促跨越的总体要求，坚持科学发展观为统揽，结构调整为主线，积极推进高原湖泊生态县、现代宜居高原湖泊生态城和国际高原湖泊生态休闲度假旅游目的地建设，全力推进新型工业化、城镇化和农业现代化，全县经济平稳发展，社会保持和谐稳定。

主要指标完成情况：全县现价生产总值完成48.69亿元，占年度计划的97.8%，同比增长12.7%（可比价），其中：第一产业完成12.4亿元，占年度计划的97.9%，同比增长7%；第二产业完成14.81亿元，占年度计划的94%，同比增长17.7%；第三产业完成21.48亿元，占年度计划的100.6%，同比增长13%。现价工农业总产值完成66亿元，占年度计划的105.7%，同比增长29.7%。地方财政收入完成4.05亿元，占年度计划的104.2%，同比增长20%。规模以上固定资产投资完成25.54亿元，占年度计划的111.5%，同比增长45.4%。社会消费品零售总额完成13.41亿元，占年度计划的98.5%，同比增长15%。城镇居民人均可支配收入21098元，占年度计划的106.9%，同比增长16%。农民人均纯收入7258元，占年度计划的101.7%，同比增长13.9%。

【农业经济暨新农村建设】　积极实施基础设施建设。完成了大街和九溪现代烟草农业示范区、农村抗旱供水应急系统改扩建、2011年农村饮水安全、杨柳坝水库除险加固、大寨水库除险加固等工程，烟水工程、农业综合开发、土地开发整理、白河水库建设等项目顺利推进，实施了63个“一事一议”财政奖补项目，农村生产生活条件不断改善。

全年粮食种植面积79418亩，总产4234.72万千克，增长0.4%。圆满完成烤烟收购任务，收购烟叶1435.3万千克，上等烟比例71.75%，收购均价23.6元/千克。农业总产值完成19.96亿元，占年度计划的108%，同比增长18.1%，其中：种植业完成产值12.06亿元，同比增长20.1%，林业完成产值3122万元，同比下降3.2%，牧业完成产值6.42亿元，同比增长17.8%，渔业完成产值6579万元，同比增长5.7%，农林牧渔服务业完成产值5125万元，同比增长10.9%。农业增加值完成12.4亿元，占年度计划的97.9%，同比增长7%。

【固定资产投资管理】　继续实施项目指挥部制度，细化分解目标任务，加大督查考核力度，狠抓项目建设。完成了财富广场、大街和九溪现代烟草农业示范区、农村抗旱供水应急系统改扩建、2011年农村饮水安全、杨柳坝水库除险加固、大寨水库除险加固等项目，仙湖锦绣、金色抚仙湖九龙国际会议中心、星云铭城、云南农业科技园、白河水库、江川特固电器10000件（套）智控电网设备生产线、云南联塑科技发展有限公司年产10万吨新型塑料管材生产线等项目建设积极推进，固定资产投资较快增长。

500万元以上固定资产投资完成25.54亿元，占年度计划的111.5%，同比增长45.4%。建筑业增加值完成4.24亿元，占年度计划的83.9%，同比增长3.2%。

【工业经济】　“工业强县”战略有效实施。龙泉山生态工业园区配套设施建设稳步推进，工业发展环境不断改善。江川永丰活性钙业有限公司年产30万吨环保节能自动化石灰窑炉完工投产，江川特固电气有限公司年产10000件（套）智控电网设备生产线、云南联塑科技发展有限公司年产10万吨新型塑料管材生产线、江川富川机械有限公司通用机械零件生产线设备改造、云南节庆科技发展有限公司新型轻质复合墙体材料与专用设备制造、江川康达太阳能设备厂太阳能热水器生产线技术改造等项目积极推进，一批有意向的重大工业项目正在积极引进，烟花爆竹行业整合初见成效，磷化工、纸制品、建筑建材、农产品加工等优势产业进一步巩固，工业发展后劲不断增强。

工业总产值完成46.08亿元，占年度计划的104.7%，同比增长35.5%，工业增加值完成10.58亿元，占年度计划的98.6%，同比增长24.3%。

【文化旅游】 财富广场完工投入使用，星云铭城、古滇国城建设进度不断加快，仙湖锦绣、金色抚仙湖九龙国际会议中心、天湖湾、龙泉山生态山水新城等旅游商贸项目积极推进，文化旅游产业发展基础不断夯实，成功举办了第八届“开渔节”，第三产业发展步伐不断加快。

社会消费品零售总额完成13.41亿元，占年度计划的98.5%，同比增长15%。全年接待游客189.31万人次，占年度计划的105%，同比增长10.5%；实现旅游总收入8.14亿元，占年度计划的109.3%，同比增长20.8%。第三产业增加值完成21.48亿元，占年度计划的100.6%，同比增长13%。

【“两湖”治理暨生态环境建设】 坚持生态立县、环境优先，制定了生态县建设规划，生态创建工作顺利推进。坚决落实“退调保”战略，继续落实环保责任制、河（段）长责任制等制度，深入推进农村环境综合整治，认真开展环境保护和生态建设工作，主要入湖河道保洁工作有效开展，星云湖截污治污（一期）、抚仙湖大鲫鱼河流域环境综合治理、抚仙湖一级保护区缓冲带建设等工程积极推进，星云湖南片区污水处理厂通水试运行，城乡生态环境进一步改善。

继续推进农村沼气池建设，积极推广使用太阳能和节能灯，翠大线太阳能路灯安装工程完工，严格执行建设项目节能审批制度和环保“三同时”制度，节能减排工作取得实效，万元GDP综合能耗下降2.5%。

【财政金融】 全县地方财政收入完成4.05亿元，占年度计划的104.2%，增收6727万元，同比增长20%。地方财政支出完成11.88亿元，增支1.88亿元，同比增长18.8%。

城镇居民人均可支配收入21098元，占年度计划的106.9%，同比增加2838元，增长16%。农民人均纯收入7258元，占年度计划的101.7%，同比增加884元，增长13.9%。

全县金融机构各项存款余额73.03亿元，同比增长14.2%。金融机构各项贷款余额44.53亿元，同比增长25.3%。

【社会事业】 水库移民工作稳步推进，后期扶持资金按时发放，完成了江城镇云岩村委会道路硬化工程、江城镇翠峰村委会浑水塘村民小组人畜饮水改造工程、九溪镇河口村民小组文体活动中心配套工程、翠峰小石关一组科技文化中心建设工程。翠峰村委会招益村人畜饮水改造工程、江城镇尹旗村委会张官营村民小组饮水改造工程、桐关村委会灰腰村民小组文化活动中心建设工程等后期扶持项目顺利实施。

认真推行计划生育优质服务，全面落实“奖优免补”政策，计划生育管理和服务水平不断提高，年末总人口27.6万人，人口自然增长率2.7‰。大力实施农村义务教育学生营养改善计划，江川一中运动场建设、江川二中运动场扩建、农村学前教育推进工程基本完工，办学条件不断改善，城乡教育有所发展。卫生事业健康发展，县医院急救中心建设积极推进，乡镇基本药物制度全面落实，新农合保障范围不断扩大，参合率达96.73%。“文化兴县”战略稳步实施，文化产业发展活力明显增强，基层文化活动设施不断完善。城镇登记失业率3.4%，城镇新增就业人员1922人，占年度计划的96.1%，同比下降8.9%。社会治安综合治理、禁毒防艾工作深入开展，食品、药品安全不断加强，妇女儿童、老龄、气象、扶贫、防震减灾等各项事业全面发展。

【市场价格监管】 认真开展节假日市场物价、交通运输、地产物业、教育、医药、邮政通讯、电力、公安、质监、涉农收费政策落实情况等价格收费专项检查，加大监督检查力度，严肃查办案件。2012年以来，共受理价格举报66件，均做到件件有落实，事事有回音，办结率为100%。检查企事业单位84户，查出价格违法案件2件，实现经济制裁72万元（其中：退还用户70万元，罚款上缴财政2万元）。

【价格认证】 根据《云南省涉案财物价格鉴证管理条例》的有关规定，遵循客观、公正、科学的原则。依法对司法机关、行政机关和仲裁机构进行价格鉴证工作。1～10月共接受委托81件，作出价格认证81件，认证标的金额为59.57万元，其中：刑事案件71件，认证标的金额为58.34万元；价格认证案件10件，认证标的金额为1.23万元。

【行政事业性收费许可证审验】 按照《云南省行政事业性收费许可证管理规定》和《云南省行政事业性收费许可证年度审验办法》的规定，认真开展审验工作。从2012年3月1日开始，于5月25日全部结束，历时近三个月时间。在有效时间内对全县70个行政事业性收费单位2011年度的收费情况进行全面审验，验审面达到100%，审验全县收费项目43个大项，其中涉企收费21个，年审金额2277.51万元。通过审验，规范收费行为，清理不合理收费，及时变更和注销已取消的收费。

【价格收费政策】 一年来，县发展

和改革局共召开听证会2次，对《县城生活垃圾处理费拟调价方案》、《古滇国文化园门票价格拟调价方案》及其成本监审报告进行了听证。县发展和改革局严格按照上级有关政策法规，通过成本监审、召开座谈会等形式，制定较为合理的县城生活垃圾处理费调价方案、古滇国文化园门标价格调整方案，并按政府定价听证程序组织召开并通过价格听证会及社会稳定风险评估论证会，充分听取代表的意见、建议，做到民主决策、科学决策。

【大中型水库后期移民扶持工作】一是加强移民直补资金和项目资金的使用管理。共组织发放了三个季度的大中型水库移民直补资金83.2万元，让移民群众及时得到党的关怀和温暖。在所有项目的实施过程中，没有出现挤占、挪用、截留移民资金和违纪违规的现象。二是扎实做好后期扶持项目建设工作。2012年全县共实施移民项目15个，主要包括村庄道路建设、农村饮水安全、文化活动场所等，其中已完成项目6个，正在实施的9个，项目计划总投资692.73万元，已完成195.73万元。

（徐文波）

扶　贫

【整村推进扶贫开发项目建设】在新的扶贫标准下，扩大扶持范围，向省、市申报整村推进项目22个，经过积极争取，省扶贫办安排实施省级整村推进项目11个，市级整村推进项目批复9个。争取建设的20个整村推进项目总投资408.06万元，其中：省级财政165万元，市级财政137.7万元，整合其它资金29万元，集体和群众筹集76.36万元（含投工投劳折资），在省市扶贫办的领导下，自然村干部群众积极性高涨，项目建设效果明显，年内，20个项目已经建设好，投入使用，实施建设的20个村硬化村庄道路7016.5米21480.5平方米，活动场地5块4330平方米，建设科技文化活动室16所6237平方米，开挖支砌土石方3215立方米，支砌沟渠203米；新建公共厕所4座30坑，建设标志碑20块。解决了20个自然村3543户12069人的行路难，开会文化活动难等问题。

【易地搬迁扶贫项目建设】组织相关部门对有地质灾害的自然村进行详细的调查研究，争取到省级安排对江城镇三百亩村委会风吹口小组10户40人和前卫镇石河村委会大石河小组15户60人实施易地扶贫搬迁建设工作。搬迁项目计划总投资356.51万元，其中：中央财政扶贫补助资金50万元，部门整合资金36.93万元，群众自筹（含投工投劳折算）269.58万元。计划新建安居房25户，每户建筑面积120平方米，总面积3000平方米，计划投资272万元，其中：中央扶贫补助40万元，群众建房投资232万元。开工安居房建设25户3000平方米，新修道路518米，村庄街道539米。平整场地2600平方米，开挖回填土石方12887立方米。浇筑排水沟386米，发展烤烟、蔬菜特色经济作物种植面积208亩，进行科技培训4期160人。

【首次启动安排中央扶持建设安居房工作】江川县首次扶持困难安居房建设30户，每户补助财政扶贫资金1万元，重点解决较困难的贫困户住房难问题，经过群众讨论、公示，确定扶持的对象，项目扶持覆盖3个乡镇3个村委会5个小组30户121人，建盖30户安居房3451平方米，年内已经完成建设任务。

【申报产业贴息扶贫项目】为发展贫困山区经济，大力推介优质农产品，树立和宣传优秀农业企业品牌，打造农业对外交流与发展的新平台，为农民寻找市场，带动优势农产品产业，促进农民增收，农业增效。经过市县领导和专家的论证评审，批准云南卓一食品有限公司年产1.8万吨农副产品加工生产建设项目和玉溪天丽食品有限公司1.3万亩有机蔬菜种植及年产1500吨脱水蔬菜深加工出口项目，为2012年的申报安排扶持建设项目，贴息贷款资金分别为850万元和800万元，贴息财政扶贫资金分别为25.5万元和24万元。

【农村贫困人口识别登记工作】江川县2011年的农村贫困人口调查识别登记工作，从2012年8月20日开始至11月30日，历经四个阶段4个多月。经过认真调查核实、乡镇（街道）村组干部及群众的确认，贫困人口涉及全县7个乡镇（街道）69个村（居）委会，431个村民小组，进行调查识别的贫困人口是11000户20788人，实际登记网络系统上报国家的贫困人口是10293户18121人，占全县农业人口24.2万人的7.5%；有少数民族1893户，3286人，占贫困人口的18%。其中：大街街道2591人，江城镇4332人，前卫镇2553人，安化乡2704人，九溪镇2326人，路居镇2146人，雄关乡1469人。扶贫户5965户10188人，占贫困人口的56.5%；五保户16户20人，占总贫困人口的0.1%；低保户145户257人，占贫困人口的0.2%，扶贫低保户4167户7656人，占贫困人口的43.2%。实现户有卡、村有册、乡有簿、县有微机档案的动态管理，为今后的扶贫工作提供详实、准确的依据。

（杨清明）

统　计

【概　述】2012年，江川县统计局以科学发展观为统领，紧紧围绕县委、县政府的中心工作，认真贯彻落实省、市统计调查工作会议精神，结合地方实际，以提高统计能力、统计数据质量和政府统计公信力为中心任务，着力推进统计建设，注重统计事业的全面协调发展，发挥好统计信息、咨询、监督的职能作用，不断提高服务领导决策、服务科学发展、服务社会公众的能力和水平，积极主动适应经济社会发展对统计工作的新要求，弘扬“求实、创新、严谨、奉献”的统计精神，求真务实、创先争优、强化管理、优化服务，为全县经济社会发展提供优质高效的统计服务。

【机构设置】 2012年，江川县机构编制委员会核定统计局行政编制12名，其中，领导职数为局长1名，副局长2名。核定机关工勤人员编制1名。核定江川县地方统计调查队为江川县统计局所属财政全额拨款的事业单位，核定事业编制5名，其中，管理人员编制5名，设队长1名，由县统计局1名副局长兼任。2012年末，江川县统计局实有在职干部职工17人，其中：行政编制13人，机关工勤编制1人；江川县地方统计调查队实有职工3人。已取得专业技术职称8人，其中：统计师6人、经济师1人、高级统计师1人。

2012年8月24日，批准成立乡镇（街道）统计工作站，为县统计局派出机构，机构性质为财政全额拨款事业单位。核定事业编制17名，经市人力资源和社会保障局与市统计局联合招考，于10月25日17名工作人员到位到岗。

【主要统计数据】 2012年全县地方生产总值486945万元，比2011年增加56255万元，增长12.7%。其中：第一产业增加值123990万元，比2011年增加5627万元,增长6.9%。第二产业增加值148148万元，增加20852万元，增长17.7%。工业增加值完成105778万元，增加18834万元，增长24.3%，工业对GDP贡献率达33.5%，拉动GDP增长4.9个百分点；建筑业增加值完成42370万元，增加2018万元，增长3.2%，建筑业对GDP贡献率达3.6%，拉动GDP增长0.3个百分点。第三产业增加值214807万元，增加29776万元，增长13.0%。第三产业加快发展，是全县经济发展稳中企升的重要平台。第三产业对GDP贡献率达52.9%，拉动GDP增长5.6个百分点。人均GDP水平提高，2012年全县人均GDP水平达到 17219元，比2011年的15305元增加1914元，增长12.2%。

2012年产业结构发生明显改变。全县第一、二、三产业经济结构比率为25.5：30.4：44.1，与上年的27.5：29.6：42.9相比，第一产业结构比率下降2.0%；第二产业比率上升0.8%，第三产业比率上升1.2%。

2012年全县规模以上固定资产投资完成255419万元，比2011年增加79777万元，增长45.4%，其中：房地产开发投资完成115654万元，减少13400万元，下降10.4%；工业投资累计完成61834万元，增加47699万元，是上年工业投资的4.37倍。2012年全县重大项目固定资产投资110922万元，占全县规模以上固定资产投资的67.2%。

全年农业总产值达到199582万元，比2011年增加30636万元，增长18.1%。

全县工业总产值从2009年的22.26亿元恢复到了2012年的46.08亿元，比2011年增加12070万元，增长35.5%。2012年全县工业增加值105778万元,比2011年增加18834万元，增长24.3%。其中：规模以上工业增加值完成89044万元，增加22261万元，增长 26.2%；规模以下工业增加值完成16734万元，可比价增长17.7%。

商贸流通繁荣活跃，苏宁、华联等知名连锁企业相继入驻，建成“万村千乡”农资农家店87个。“家电、汽车、摩托车下乡”拉动居民消费3.21亿元。2012年社会消费品零售总额完成134096万元，比2011年增加16735万元，增长14.3%。

市场物价上涨控制工作与全国、全省和全市保持同步，确保了市场和物价的基本稳定。1～12月全县居民消费价格累计比2011年上涨2.5%，2012年全县商品零售物价上涨2.2%，农业生产资料价格上涨8.0%。

全年万元GDP单位能源消耗比2011年下降2.5%，节能降耗工作目标进度完成较好。

【统计服务】 “优质服务”是江川县统计工作永恒的主题。一年来，江川县统计局认真贯彻省、市统计工作要求，进一步增强服务意识，把握重点，狠抓落实，努力构建服务型统计，统计服务能力进一步提升。按照全市统计工作会议提出的工作思路，紧紧围绕县委、县政府中心工作，转变观念，树立优质服务理念，改进工作作风和工作方法，突出抓好对外对内服务、对上对下服务，形成了全方位服务格局，为县委、县政府以及社会各界提供了有价值的信息参考。

一、加强统计分析研究，为县委、县政府科学决策提供重要依据。高度重视做好定期经济形势分析工作，丰富经济形势分析内涵，增强经济形势分析的前瞻性，提前月度、季度经济形势分析工作时点，预先判断经济运行走势，运用统计调查数据，从专业统计的角度提出问题、做好分析，为县委、县政府领导科学决策提供重要依据。2012年，撰写了《江川县农民收入的构成、限制因素及对策分析》、《江川县农业农村经济运行分析》、《江川县2011年农民收入情况分析》、《2011年江川县农产品集贸市场价格分析》、《2011年江川县县城居民人均消费简析》、《2011年江川县经济运行分析》、《江川县企业一套表运行分析》、《云南江磷集团股份有限公司调查分析》、《2006～2011年江川经济社会发展主要指标及位次》、《江川县2008～2012年经济社会发展统计分析》等统计分析和调查报告，

二、增强快速反应能力，满足党政领导的统计需求。主要围绕社会经济现象，紧扣党政领导关心的热点、焦点问题，开展统计调研分析，

为县委、县政府和社会各界提供优质服务。一是为有效应对经济社会发展形势，增强快速反应能力，满足党政领导对各类统计信息的需求，定期收集整理各县区、全市、全省、全国等主要经济指标完成情况，为县委、县政府主要领导及重要会议提供科学的决策依据；二是整理、编辑一系列的统计资料作为全县行政效能建设目标考评、县域经济发展目标考核等工作的依据；三是参与县政府对市政府确定的重点工作、县委政府确定重点工作实施进展情况监测；四是为江川县党代会、人代会、政协会会议资料编印提供翔实的统计数据服务，使党代表、人大代表和政协委员更加了解江川、关注江川，及时为江川的发展献计献策；五是积极发挥统计工作的信息、咨询、监督三大职能，年初为县政府科学、细致分解江川县经济和社会发展的各项目标，并定期通报各乡镇经济目标完成情况和全县重点项目建设情况；六是增加服务内容、提高服务水平，每季度召开乡镇经济运行情况分析会、通报会，继续与县政府办公室合编《2012年江川县领导干部经济工作手册》，分送到各单位，让更多的人了解和关心江川县的经济建设情况和经济发展趋势，为政府科学管理和决策提供有参考价值的资料和建议。

三、认真做好统计信息资料的编辑发布工作，提升统计服务水平。进一步加强县统计局政务信息工作规范化、制度化建设，切实提高政务信息工作水平。把全县主要经济指标数据，特别是反映发展和民生的主要数据如GDP、固定资产投资、社会消费品零售总额、人民生活水平、农民人均纯收入、居民消费价格指数、节能降耗、社会保障等数据情况跟踪统计，通过网络及时向社会进行发布，让群众对全县经济发展情况有全面的了解。按时发布2012年《江川县国民经济和社会发展统计公报》、《江川统计》等内部刊物，组织人员编写《2006～2011年江川经济社会发展主要指标及位次》、《江川县2008～2012年经济社会发展统计分析》《2012年江川领导干部经济工作手册》、《2011年江川县统计年鉴》，按时、按月、按季提供国民经济和社会发展情况的统计资料，为江川县党政领导及时掌握全县国民经济运行态势提供依据。2012年，共编发《江川统计》32期，各类信息资料及时报送县委、县政府及上级统计调查部门，保持了较高的采用率。

四、积极组织开展专项调查，拓宽统计服务领域。围绕县委、县政府的中心工作和上级统计调查部门安排，结合经济社会形势及有关部门的需求，积极组织开展了玉溪市警民关系调查、玉溪市公众安全感调查、江川县社会安全感调查、劳动力调查、人口变动情况抽样调查、安全感抽样调查等专项调查。为党委政府及有关部门科学决策提供翔实的统计调查资料，充分发挥了统计的参谋作用。

【统计改革】 根据国家和省、市的统一部署，及时成立领导小组，认真抓好基本单位名录库的规范化、系统化维护建设，分批对工业、能源、建筑、房地产、商贸等60余家纳入“企业一套表”企业的统计业务人员进行培训，全县企业联网直报工作顺利实施，圆满完成了2011年年报和2012年定期报表联网直报工作，各专业上报率都达到100%。

2013年将进行城乡住户调查一体化改革。2012年按照上级统计调查部门的安排部署，结合地方实际，认真完成样本抽选、人员培训、摸底调查、辅助调查员选聘、宣传动员和开户等工作，确保12月1日所有新网点的调查户按规定要求进入记账。

【统计“双基”建设】 统计“双基”建设（统计调查基层基础）进一步推进。

按照《玉溪市机构编制委员会关于统一设置基层统计工作机构的通知》，江川县新增乡镇（街道）统计站7个，新增人员17人完成了招考、培训工作，已全部到岗就位。在新一轮乡镇机构改革后，率先在全省实现了乡镇（街道）统计垂直管理的工作目标。

按照《玉溪市人民政府关于进一步加强和改进统计调查基层基础工作意见的通知》要求，促使部门设立统计机构，设置专兼职统计人员，并指定统计负责人行使部门统计职能，确保部门统计工作的顺利开展。在园区、工信、财政、住建、交通、商务、环保、旅游、农业、水利等部门设置独立的统计机构和配备专职统计人员，其他部门有兼职统计人员。建立了政府统计、部门统计和企业统计考核奖励机制。

实施部门统计工作分管领导和统计人员报同级统计局备案，企业统计人员的工作变动报县一级统计机构备案，确保基层统计队伍的稳定性和连续性，数据质量进一步提高。

【统计执法】 江川县统计局统计普法、宣传、执法三管齐下，深入普法，深化执法，规范程序，进一步增强全社会统计法制意识，努力营造依法统计浓厚氛围，全力推进统计法制进程，有效地改善了全县统计工作环境。

（一）加大对企业的执法力度。根据云南省统计局《关于开展全省统计执法检查的通知》精神和玉溪市统计局《关于开展统计执法检查的通知》要求，江川县统计局制定了《江川县统计局关于开展统计执法检查的通知》，明确了检查对象和内容，检查方式和步骤，提出了明确的工作要求。要求在执法检查中严肃查处迟报、瞒报、虚报等统计违法行为，为企业一套表顺利实施保驾护航。

（二）开展统计人员进万家企业督导企业一套表工作。根据《国家统计局办公室关于开展统计人员进万家企业督导企业一套表工作的通知》要求和省市统计局的工作安排，确保统计人员进企业督导一套表工作顺利开展，提出了“四项明确”推进督导工作高效开展。1. 明确督导人员。迅速成立由局长牵头，各专业股室负责人为成员的督导工作小组。工作小组成立后随即召开专项研讨会议，研究如何合理高效推进督导工作顺利开展。2. 明确督导对象及督导方式。根据市局文件精神，结合实际情况，明确从工业、建筑业、房地产开发业、批发和零售业、住宿和餐饮业五个专业按5%的比例抽取单位作为实地督导单位，其他单位由街道、乡统计站实地督导或以座谈会议的方式来开展督导工作。3. 明确督导内容。江川县统计局严格按照市局工作要求，明确以宣传统计“四大工程”重要意义为初衷，以督导企业真实、完整、准确填报数据为核心，以加强与企业相互沟通了解提高统计工作水平为目标，以为企业提供优质统计服务及时准确解决填报过程中出现的困难为宗旨等四项基本内容。4. 明确督导职责分工，加强沟通协调。明确各相关股室职责分工，责任到股、责任到人，职责细化到最基层。

【统计信息化建设】 2012年，县统计局继续加强统计系统网络和计算机的环境建设，适时开展设备采购、专线维护等系列工作。按照云南省统计信息化建设要求，经多方努力，落实了2012年的统计信息化建设所需的配套资金12.44万元。

【自身建设】 2012年，江川县统计局着力加强统计基础建设，加大统计投入，着力为统计工作者的工作和生活排忧解难，特别是积极改善基层统计工作条件，不断优化统计工作发展的外部环境。以人为本，抓好队伍建设是全县统计系统需要长期坚持的工作内容，是统计事业发展的根本保障。局领导班子将队伍建设的重点确定为抓基础、求实效，切实增强工作的责任感和使命感。一是强化思想教育，加大对党员干部队伍的思想教育；抓好党支部理论学习、干部职工周一学习制度，建立健全考核、报告、评议、责任追究制度，组织召开廉洁自律民主生活会。二是规范基础工作。各专业建立统计数据评估制，提高对基础数据的控制力度。强化数据质量分级管理责任制，严把数据质量关。建立专业股室内部及相互间统计工作流程与制度，设立台帐，规范数据来源。三是加大培训力度。针对统计队伍不稳定，人员流动快的特点，定期进行统计业务培训，并对统计局业务人员进行上岗证和统计职称培训，提高统计队伍的整体素质。

【荣誉表彰】 2012年3月，江川县统计局被中共江川县委表彰为“2011年度落实党风廉政建设责任制优秀单位”。2012年5月，江川县统计局被江川县人民政府表彰为“江川县2011年度行政效能建设工作先进集体”。2013年2月，江川县统计局被中共江川县委办公室、江川县人民政府办公室表彰为“江川县2012年度社会管理综合治理工作先进集体”。2012年10月，江川县统计局陶有贵被云南省统计局评为“云南省统计系统先进个人”。2012年11月，江川县统计局雷吉林被玉溪市统计局评为“玉溪市统计调查系统先进个人”。

（杨霜梅）

审　计

【机构设置】 2012年，江川县机构编制委员会核定审计局行政编制15人、工勤编制1人。设局长1人、副局长2人、科室负责人5人。内设办公室、财政金融审计股、固定资产投资审计股、经济责任审计股、综合股四股一室。内设事业单位1个，江川县固定资产投资审计中心，核定事业编制6人。截止2012年12月底，江川县审计局实有人数19人，其中：行政编制13人、工勤编制1人、事业编制5人、已取得中级专业技术职称8人，其中：审计师4人、经济师1人、造价师1人、会计师2人；已取得高级审计师职称2人。

【概　述】 2012年，江川县审计局认真履行审计监督职责，突出对重点领域、重点部门、重点资金的审计监督力度，努力提高新形势下审计监督能力和水平，按照“程序、规范、质量、文明”的总要求，圆满完成了各项审计任务。截止12月底，完成审计项目88项，其中：固定资产投资审计74项、预算执行5项、专项资金2项、行政事业2项、经济责任5项。查出问题金额5335万元，处理处罚金额4483万元，其中:核减投资额1914万元、核增57.6万元、收缴财政958万元、调账1379.5万元、归还原资金渠道174万元。

【预算执行审计】 完成5项。即：县地税局、财政局、广电局、计划生育局、江城镇政府2011年度财政预算执行情况及效益审计。县财政局、地税局预算执行情况审计紧紧贯穿“揭露问题、规范管理、促进改革、提高绩效”的工作思路，审计内容上重点关注一般预算、基金预算、非税收入管理，退税资金后续管理使用情况等，同时加大对支出结构的分析；审计方式上，积极探索地税系统税收管理情况联网审计，在扩大绩效审计覆盖面的基础上，不断提高财政审计的内涵。审计后，责成县地税局征缴应缴未缴税款272.8万元；县财政局缴入国库管理资金210.4万元；江城镇政府缴入财政结余民政事业费5万元。

【投资建设审计】 2012年，江川县审计局认真贯彻落实江川县人民政府办公室《关于江川县政府投资建设项目审计实施意见的通知》文件精神，在强化工程项目决算审计的同时，加

大建设项目招投标前工程量清单及拦标价前置审计、工程绩效审计。投资审计工作紧紧围绕民心工程、民生资金、民生建设项目，密切跟踪与民生利益相关的农业、环保、旅游、医疗、教育、城市基础设施等重要领域。截止12月底，完成投资建设项目74项，其中：决算审计36项、前置审计38项。核减工程投资1914万元、核增工程投资57.6万元。

工程决算审计完成36项，核减工程投资405万元。存在的主要问题是：一是工程量不实，重复计价、部分主材价格偏高，定额子目套用错误等。江川县2011年度烟叶基础设施建设项目，送审结算3615.9万元、审定结算3483.1万元、核减132.8万元；江川县第一中学2009年廉租房工程，送审结算357.2万元、审定结算300.6万元、核减56.5万元；县城投公司2010年廉租房工程，送审投资2592.2万元、审定结算2542.5万元、核减49.7万元;江川县看守所搬迁建设工程，送审投资1565.9万元、审定结算1537.9万元、核减27.9万元；江城镇龙街西河小学教学楼工程，送审结算186.5万元、审定结算170.9万元、核减15.6万元；县城给水工程净水厂土建及附属设施工程，送审结算213万元、审定结算197.7万元、核减15.3万元；江城镇龙街中心小学教学楼工程，送审结算430.7万元、审定结算418万元、核减12.7万元；江川县安化乡等（2）个村二调新增耕地土地整治项目，送审结算465.8万元、审定结算464.7万元、核减10.8万元；前卫镇渔村小学教学楼工程，送审结算231.7万元、审定结算222万元、核减9.7万元；江川县龙泉山生态园区供水工程，送审结算188.9万元、审定结算179.6万元、核减9.3万元;江川县县城湖滨路改造工程，送审投资376.5万元、审定投资367.3万元、核减9.2万元；江川县应急指挥中心建设及会议室改造工程，送审投资109.7万元、审定投资100.7万元、核减9万元；江城镇综合文化站业务用房，送审投资55.1万元、审定投资46.2万元、核减8.9万元；江城中学2009年教师廉租房工程，送审结算296.6万元、审定投资291.9万元、核减4.7万元；党校办公楼装修工程，送审结算28万元、审定结算24.6万元、核减3.4万元；二是超批复投资。江城中学2009年教师廉租房工程，批复投资108万元、审定投资140.3万元、超32.3万元；江城镇翠峰中心小学2009年教师廉租房工程，批复投资207万元、审定投资283万元、超76万元；江城镇龙街西河小学教学楼工程，批复投资149万元、审定投资178.2万元、超29.2万元。

前置审计完成38项，核减投资1509万元、核增57.6万元。江川县龙泉山生态工业园区仙水大道路基工程，送审招标控制价2518.3万元、审定招标控制价2169.2万元、核减349.1万元；江川县抚仙湖大鲫鱼河流域环境综合治理工程，送审招标控制价2993.4万元、审定招标控制价2776.4万元、核减217万元；江川县江城镇小马沟—冯家湾片区退房还湖旧村改造一期项目前期土地开发整理工程，送审招标控制价1314.9万元、审定招标控制价1138.4万元、核减176.5万元；江川县公安局业务用房主体工程，送审招标控制价2133.3万元、审定招标控制价1972.6万元、核减160.7万元；翠大线（K20+180～K25+000）绿化工程，送审招标控制价537.9万元、审定招标控制价433.6万元、核减104.3万元；路居镇中学2012年廉租住房建设项目，送审招标控制价474.3万元、审定招标控制价391万元、核减83.3万元;江川县松柏园通村公路，送审招标控制价1134.4万元、审定招标控制价1058.9万元、核减75.4万元；江川县保障性住房连接线道路建设项目，送审招标控制价326.5万元、审定招标控制价359.4万元、核增32.9万元；翠大线扩建工程，送审招标控制价633.5万元、审定招标控制价583.7万元、核增49.7万元；星云湖截污治污工程北片区污水处理厂江孤大道管网工程，送审招标控制价200.2万元、审定招标控制价181.9万元、核增18.2万元；从前置审计工作的开展情况看，基本实现了对建设项目事前、事中涉及的相关问题的洽商签订、材料价格询价、工程造价等方面的监督与控制，同时也为后期工程决算奠定基础。

【行政事业审计】 完成2项。县残联2011年度财务收支审计、前卫镇前卫中学2011年度财务收支及效益情况审计。审计责成前卫中学收缴财政0.7万元、补记固定资产925.7万元。

【经济责任审计】 全年计划完成5项。即：路居镇原镇长普秀英、县妇联原主席杨军苹、原广电局局长王春华、江城镇镇长李保平、计划生育局局长罗玉华5 个部门领导干部任期经济责任审计。查出问题金额446.5万元。审计责成收缴财政89.9万元、归还原资金渠道106.7万元。

【专项资金审计】 完成2项。江川县中小学校舍安全工程资金跟踪审计、江川县2011年度家电及汽车摩托车下乡财政补贴资金专项审计。

【其他审计事项】 2012年，江川县审计局抽调精干审计人员8人，配合省市圆满完成了全国社会保障资金审计、全省农村中小学布局调整专项审计调查、全省环保资金江川抚仙湖星云湖水污染防治“十二五”规划专项资金审计调查。三项工作都取得了明显成效。社保资金审计中查出的关于敬老院私存私放资金的问题，引起了县委政府的高度重视，针对此问题，县政府责成民政局牵头，由纪委、财政、审计等相关部门组成督查组，对全县敬老院的账务设置、资金管理及银行开户情况进行了全面清理；农村中小学布局调整专项审计调查，从全县74个中小学中，抽查了前卫、江城等20所学校，抽查面达27%。并针对农村中小学布局调整中存在的问题，从体制、机制和制度层面进行了深层的分析，为今后教育体制改革，从科学规划、完善配套，合理布局等方面提供确凿的数据依据和可行性的意见建议。“十二五”规划环保资金专项审计中查出的关于挪用星云湖退田还湖及湖滨带恢复工程项目中央资金148万元，以及供排水公司挪用星云湖南片区污水处理厂建设工程款购车8.22万元的问题,已在审计调查期间作了归还资金渠道、调整账务处理。

【加强审计机关“人、法、技”建设】 一是严格执行中华人民共和国审计署令《审计机关项目质量控制办法》，以规范审计行为，提高审计质量，明确审计责任，推进依法审计为根本出发点。融《审计方案准则》、《审计证据准则》、《审计工作底稿准则》、《审计报告编审准则》、《审计复核准则》等审计执法规范要求于整个审计进程中，审计工作做到事实清楚、证据充分、程序规范、引用法律法规恰当、处理处罚适当。一年来，未出现行政复议、行政诉讼案件。

二是树立严谨细致的工作作风，以制度建设推进依法审计。2012年初，进一步完善《江川县审计局复核操作管理办法》、《审计执法责任追究实施办法》。明确规定了审计机关出具的法律文书，由科室负责人、副局长、局长逐级复核责任制，在责任细化，风险共担的执法机制下，审计工作质量进一步提升。

三是严格执行审计纪律，树立审计形象。1. 严格执行审计纪律“八不准”规定。实行项目组长负责制，对审计过程中廉政纪律、廉政规定的执行情况全过程负责并纳入《科室目标考核办法》。推行审计公示、登记、反馈和报告制度，制定《审计组廉政责任规定》、《审计组遵守审计纪律情况反馈表》、《文明审计规定》、建立健全效能考评制、失效追究制、服务承诺制，置审计于被监督视野。2. 深入推行政务公开。公开办事程序，接受社会监督。审计项目实施前三日，向被审计单位送达审计通知书；审计实施阶段结束，出具《审计报告征求意见稿》，向被审计单位征求审计意见，并根据被审计单位对审计报告的意见，依照有关法律法规出具《审计报告》、《审计决定》。对县委、政府交办的审计事项，依照《审计法》规定的审计程序办理，同时按照规定及时填写《立项通知书》上报市局立项，并按照审计分工的原则组织实施。审计项目实施过程中，同时推行《审计公示》制度，置审计事项、审计程序、审计纪律于被审计单位、社会公众的监督之下。加强信息化建设，推进电子政务工作。按照政府信息办要求，完成了政务公开目录的编制、单位网页的建设工作，公示内容包括审计机关职责、权限、程序、法律责任、廉政责任规定等，提高审计工作的透明度，同时加强了机关与社会各界的互动，使审计工作自觉接受社会各界的监督。

【自身建设】 2012年，组织省厅计算机中职培训考试4人；组织审计署计算机中职培训2人；安排工程概预算资格证培训考试1人；组织审计师、高级审计师考试9人。通过省级计算机中职考试4人；概预算资格考试1人；审计师中级职称考试4人；高级审计师考试1人。

【表彰奖励】 2012年11月，江川县审计局撰写的《江川县路居镇人民政府普秀英任期经济责任审计》AO实例获省厅应用奖、市局应用奖；《江川县人民医院院长陈才顺任期经济责任审计》AO实例获省厅优秀奖、应用奖；《2011年度家电下乡财政补贴资金专项审计调查》AO实例获市局鼓励奖；《江川县职业中学2010年度财务收支审计》AO实例获市局鼓励奖。

（李华英）

工商行政管理

【概　述】 2012年，江川县工商局在玉溪市工商局及江川县委、县政府的正确领导下，认真学习贯彻落实党的十七届七中全会、十八大和中央经济工作会议精神，深入贯彻科学发展观，认真贯彻落实全省工商行政管理工作会议、市局会议和县委、县政府会议精神，进一步推进全局工商行政管理绩效工作深入开展。实施“百千万”工程，红盾护农、食品安全监管、诚信平安市场建设、开展“四群教育”干部联系群众活动、廉政文化建设、工商干部调研企业谋发展活动，取得了较好的工作成效。

【法制建设】 开展执法业务学习，通过以组织业务培训、案例研讨、办案经验交流的方式进行交流和学习，把业务学习同“五五”普法工作、依法治县工作相结合，干部职工依法行政水平得到提高。2012年，全局共查处各类案件56件，其中一般程序案件36件，简易案件20件。积极稳妥推进反垄断案件查处工作，有效规范了相关行业公平竞争秩序。

【个体私营经济管理】 截至2012年底，全县共有私营企业504户，从业人员14518人、注册资本金86881万元；全县共有个体工商户7333户（其中交通运输业11户）、从业人员16584人、资金数额46246万元；有农民专业合作社93户、成员总数1097人、出资总额1705万元。2012年新办私营企业68户，新办个体工商户2568户，新办农民专业合作社14户，办理私营企业变更登记74户，私营企业注销登记27户、个体工商户注销登记857户，农民专业合作社注销登记2户；截至2012年12月20日，全县实有个体工商户7333户，从业人员16584人，资金数额46246万元，户数比上年同期增加177户，增加2.4%；从业人员比上

年同期增加2267人，增长15.8%；资金数额比上年同期增加4688万元，增长11.2%。

【企业注册登记管理】 2012年全县共有内资企业237户、法人企业60户、营业单位177户，注册资金30144万元，新登记7户（其中：国有企业1户、公司6户），新登记注册资金735万元；注销27户。与上年同期相比内资企业法人户数增加2户，而注册资金增加700万元。全县共有私营企业504户，注册资本86881万元，全年新登记68户，新登记注册资本9947万元（其中：个人独资企业8户、公司60户）；注销27户，减少注册资本2066万元；与上年同期相比私营企业总户数增加41户，注册资金增加7881万元。

【公平交易】 打击传销和变相传销，出动人员108人次、车32台次，对出租房业主发放通知和宣传资料1400份，检查出租房场所257家；集中力量对全县书报刊、音像制品、计算机软件制品及电脑电子市场和繁华街区、旅游景点、交通枢纽、宾馆饭店等场所的出版物市场进行全面检查，出动人员234人次，检查店摊点123个次，检查印刷复印企业36家次；开展易制毒化学品专项工作，检查中出动人员90人次，车辆32台次，检查经营户94户；开展打击生产、销售色情、暴力、恐怖等不良玩具违法行为专项行动，出动人员120人次，车辆24车次，共检查市场、商店67户；开展2012年“两烟”打假打私专项行动，出动人员53人次、车辆113台次，检查香烟经营户（重点是对宾馆、酒店、娱乐场所及旅游风景区进行检查）572户，切实保护好卷烟市场秩序。

【市场监督管理】 1. 狠抓落实，保质保量完成“百千万”工程。创建食品安全示范店80户，创建了华联超市为市级诚信市场，江城市场、老街兴市街为县级诚信市场。各工商分局所启动了快速食品检测，完成了市局安排的食品安全检测工作。共出动执法人员44人次，检查商场超市8个次、检查农贸市场11个次、检查食杂店97个次，完成食品快速检测数据120组。2. 强化流通环节食品安全监管，截止2012年12月，全县共有食品经营户1406户，共发放，《食品流通许可证》1406户，制定下发流通环节食品安全监管相关制度和工作目标责任书，将监管任务和监管职责明确并落实给了片区监管责任人，做到任务到岗，责任到人。组织食品经营户及工商食品安全监管人员进行《食品安全法》等法规培训共计7期，共培训233人次；张贴发放宣传材料2000余份，组织开展食品安全专项整治工作21次，共出动车辆395台次、人员1974人次、检查经营户4566户次，立案查处各类食品违法案件5件。对全县从事食品批发的经营户统一使用江川县工商局监制的“一票通”，并得到市局认可，在全市工商系统推广。3. 推进市场监管长效机制建设。开展“诚信市场”创建活动，建立了工商行政管理机关市场监督管理行为规范，建立商品交易信用分类数据库。4. 深入开展红盾护农行动。会同农业、安监、质监等相关执法部门，深开展农资市场监管，对全县317余家农资经营户进行全面检查，重点检查种子、农药、化肥等农业生产资料。严厉打贩卖假劣农资行为，查处销售假冒伪劣农资案2起，查扣假冒伪劣化肥8吨，种子5千克，切实保护农民合法权益。

【商标监督管理】 2012年，完成注册商标14件，超额完成市工商局下达的任务；新申报“云南省著名商标”4件，完成到期重新申报数4件；申报知名商标4件，完成到期重新申报数6件；搜集整理了20个象征性地理标志和重要商标资源，并完成了14个商标的文字图案设计，得到国家商标局受理通知书。全县商标发展数、著名商标、知名商标增幅均实现历史性突破。截至2012年，全县共有有效注册商标261个，其中有云南省著名商标15件，玉溪市知名商标21件。

【广告监督管理】 严把广告主体准入行为，对全县16户广告经营户（其中有限公司2户、个体工商户14户）进行年检，对2012年度及其以前登记批准发布并仍在有效期内的户外广告登记证进行了年度审验，合格率达100%；继续深入开展虚假违法广告专项整治工作，查处未经登记擅自发布户外广告行为，做好对各类广告发布的受理审核登记，进一步加强县城内的户外广告、招租广告等小广告的管理，并对设置在县城主要街道的橱窗户外广告专栏加强巡查管理，有效制止乱张贴、乱发布行为。

【消费者协会工作】 切实推进社会消费维权网络广覆盖，不断提高“一会两站”服务水平，深入开展12315“五进”工作，建立了6个消费维权服务站，畅通消费纠纷快速调解渠道；积极指导各级消协组织建立消费维权律师团，为消费者提供成本低廉的法律援助；协同相关部门，建立密切配合、互通信息、分拨转办的互动协作机制，不断提升消费维权社会化水平。一是建立了江川县工商局“12315”申诉制度、江川县工商局“12315”消费者申诉值班制度，及时办理每一个投诉。在全县7个乡镇72个村委会（社区）学校、商场共建立“12315”联络站和消费者投诉站共计86个。二是推进消费维权效能，提升“12315”投诉解决综合能力，做到投诉快速调解，并件件有落实，投诉解决率为95%以上；开展“消费满意在江川”活动，使消费者、经营者都满意，从而提升“12315”品牌影响力。2012年，解决“12315”投诉34起，成功调解34件，为消费者挽回经济损失24600元。接到举报10件，咨询141人次。

【个私协会工作】 加强对私营企业、个体工商户的党建工作，组织会员到九溪敬老院、大街福利院为老人们扫地、看病、理发，并邀请县幼儿院的小朋友为他们献上丰富多彩的文艺节目。在全县范围内组织各分会深入企业和个体工商户中广泛宣传鼓励创业“贷免扶补”政策，营造“自主创业、艰苦创业、全民创业”的浓厚氛围。对申请“贷免扶补”的项目进行可行性、创业者的还贷能力等创业项目初审。

（李　琦）

质量技术监督

【概　述】 江川县质监局紧紧围绕效能政府四项制度、“质量兴县”战略，坚持“抓质量、保安全、促发展、强质检”十二字方针，以开展质量提升活动为抓手，以服务经济和社会发展为已任，突出服务地方经济发展这一中心，认真开展食品安全和特种设备安全监管工作，加强队伍建设和党风廉政建设，进一步提升干部职工质量管理和监督把关能力，全面履行综合管理、行政执法两大职能，各项工作顺利进行，为全县经济稳步、协调发展作出了积极的贡献。

【质量管理及产品质量监督】 一是切实加强生产许可证证后监管，重点对水泥、化肥、危化品等企业进行风险隐患排查、无证生产查处、监督抽查等工作。配合质检中心对3家水泥、3家化肥生产企业进行了实地核查，对生产工艺、化验室条件等存在的问题责令企业整改，保障建材、农资生产的质量。建立、更新企业质量档案23户，加强对企业运行、质量保障等的跟踪调查。切实开展对工业产品的巡查，检查企业70家次，下发工业产品质量安全承诺书 23 份。二是组织开展工业产品定期监督抽检工作。在日常巡查的同时，结合抽检计划加大对工业产品的抽检力度。抽取产品样品87组送检。三是加大宣传力度，夯实质量管理基础。相继开展了“3·15国际消费者权益日”、“江川县质量技术监督局创先争优志愿服务宣传活动”、“质量宣传月”等活动，发放宣传资料3000余份，接收咨询130余次，努力营造政府重视质量、企业追求质量、社会崇尚质量、人人关注质量的良好社会氛围。四是根据县政府安排，牵头对违法生产地条钢行为进行专项整治。五是突出品牌建设，打造竞争优势。通过政府推动、企业申报、质监帮扶，继续对辖区云南名牌产品2个（螺蛳牌赤磷、宏斌牌小米辣系列产品）加强质量跟踪，提升名牌产品的内在质量。继续挖掘企业潜力，完善培育体系，积极支持和引导企业，对全县的优势产品进行名牌产品申报工作。

【计量惠民】 紧扣“关注民生、计量惠民”主题，积极开展计量检定及宣传工作，提高全社会计量意识，营造政府重视、企业关注、百姓关心的良好氛围。一是进一步完善强制检定计量器具档案，加强与老百姓生活密切相关的计量器具强制检定管理工作，对民用电表、水表检定情况进行检查，并检查企业40余家,检定台秤54台；二是加大宣传力度，利用“5·20世界计量日”宣传咨询活动，到集贸市场、液化石油气充装站、商场、超市、医疗卫生领域、眼镜制配场所发放各类宣传材料200余份；三是全面落实医疗卫生机构计量器具强制检定全覆盖，配合省计量院对县城6家医疗机构在用计量器具进行检定；四是开展定量包装专项检查，检查农资生产、销售企业7家，食品生产企业4家，抽样31个。

【标准化工作】 一是认真宣传贯彻执行《标准化法》和国家的有关法律法规，开展新标准宣贯，以及强制性标准执行情况的监督检查，使企业按标准严格组织生产；二是开展标准化良好行为企业试点工作，确定江磷集团股份有限公司为试点单位，开展“标准化良好行为企业”创建知识培训；三是积极申报雄关萝卜丝农业标准化示范区；四是做好组织机构代码证的证书发放及数据、电子档案的清整维护工作。全年办理组织机构代码证1746件，保证代码数据质量合格率为100%，大大提高了组织机构代码证在经济活动中运用的成效。

【特种设备安全监察】 始终坚持“安全第一、预防为主”的安全理念，深入学习《特种设备安全监察条例》和相关技术规范，以确保特种设备安全使用为目的。一是按照年初与县政府签订的《江川县2012年度安全生产责任状》的要求，对特种设备安全责任进行了细化分解，与85家特种设备使用单位签订责任书。二是着力加强基础工作，完善特种设备建档工作，进一步完善了特种设备数据库，深入到7个乡镇和相关企业调查摸底，采集在用特种设备信息，建立了相关台帐，全面掌握辖区内在用特种设备的数量，检验情况和安全运行情况。三是强化现场安全监察，加强重点企业、重点设备的监控，注重监管痕迹管理。全年共检查特种设备使用单位110余家次，特种设备350余台次，作现场检查记录120份。在检查中，对15家使用单位下发了《特种设备安全监察指令书》要求限期进行整改。四是组织开展 “6月安全生产活动月宣传”、“上头营小学特种设备宣传教育”、“渔村集贸市场联合展板宣传活动”等宣传活动，发放宣传资料4000多份。五是积极参加县安委会组织的相关部门联合安全生产大检查，形成了各方联动、齐抓共管、综合治理的安全检查格局。六是完成了200名特种设备作业人员、安全管理人员换证（取证）培训发证工作，发放安全宣传资料500份、《特种设备安全监察条例》300本。

【食品安全监管】 一是多渠道、全方位开展法律法规及食品安全知识宣传、培训。通过召开“食品安全工作会议”，重点对全县28家食品及相关产品取证企业的法人或主要负责人、各乡镇的食品安全协管员等进行培训；利用“3·15”“食品安全宣传周”及“质量月”活动等向社会广泛开展《食品安全法》等法律法规宣传，发放相关资料1500余份，接受宣传、咨询人数达80多人次。二是开展食品生产加工企业和小作坊食品安全专项整治，加强对食品加工行业的日常监管。开展加强对食品生产加工单位的检查、抽查，督促食品生产加工企业建立质量管理、索证等制度，与全县28家食品及食品相关产品的取证企业签订了《食品生产加工企业落实质量安全主体责任承诺书》；建立食品安全责任制度和食品生产企业约谈制度。在日常及专项监督检查过程中，对食品生产企业在生产经营过程中存在较严重的违法生产行为，根据食品生产企业约谈制度，与企业的法人进行约谈，使企业进一步强化对食品安全的认识，进一步落实企业质量安全主体责任，在重大节假日认真组织做好食品安全检查工作，联合工商、食药监局等部门联合执法，确保在节日期间的食品安全。三是根据各级政府开展食品安全专项整治工作的要求，认真牵头开展以食用油、严厉打击食品非法添加和滥用食品添加剂等8个专项整治行动，并开展对无证无照食品生产加工小作坊专项整治工作。对全县22家鲜粮制品、19家食用油、22家白酒生产加工小作坊进行监督抽查，对辖区内的小作坊进行巡回检查，对发现问题的提出整改意见并进行有效整改。

（范　珍）

安全生产监督管理

【概　述】 2012年，江川县安全生产工作以全面贯彻落实《国务院坚持科学发展安全发展促进全国安全生产形势持续稳定好转的意见》和《云南省人民政府关于进一步加强安全生产工作的决定》文件精神为指导，持续深入开展“安全生产年活动”，不断深化责任落实、隐患治理、行政执法“三项行动”，全面加强安全标准化、监管能力、技术装备“三项建设”，强化应急管理，严厉查处事故，有效防范和坚决遏制较大以上事故，努力实现全县安全生产形势稳定好转，为促进全县经济社会科学发展、和谐发展、跨越发展创造良好安全生产环境。

【机构建设】 县安监局2012年新增行政编制1名，安全生产监察大队新增编制5名。截至2012年12月底，县安监局共有行政编制13名，工勤编制1名，安全生产监察大队编制8名。机关共设4个内设部门，分别是办公室、安全生产监督管理综合股、危险化学品与烟花爆竹安全监督管理股、职业安全健康监督管理股；下属事业单位2个，分别是安全生产监察大队、全国乡镇企业烟花爆竹质量检测安全监督中心云南站。

【安全生产指标控制情况】 2012年，全县共发生安全生产事故1053起，同比增加10.26%；死亡14人，同比减少30%；受伤443人，同比增加47.17%；直接经济损失282.78万元，同比减少51.5%。其中：烟花爆竹生产企业发生1起爆炸事故，造成2人死亡，1人受伤，直接经济损失113.65万元；交通事故共发生1038起，12人死亡，442人受伤，直接经济损失165.77万元；火灾事故14起，无人员伤亡，直接经济损失3.36万元。市政府下达江川县的安全生产控制指标是年内死亡人数不超过15人，实际死亡14人，确保了江川县安全生产形势稳定。

【安全生产工作会议】 为确保2012年全县安全生产形势持续稳定，进一步明确安全生产工作任务，使安全监管工作更上一个台阶，县人民政府于2012年3月9日召开了全县安全生产工作会议，结合实际对全县安全生产工作作安排部署。会上，县政府与7个乡镇（街道），公安、工信、交运、住建、质监、安监等6个部门，江磷集团1户企业签订了2012年度安全生产责任状，将各类事故控制指标和安全生产责任分解到各乡镇（街道）和有关职能部门，进一步明确了相关部门的安全生产主体责任。会议表彰了在2011年安全生产工作中表现优秀的15家单位、37名安全生产工作者。

【安全生产行政执法】 为进一步规范安全生产监察执法工作，开展“有计划、覆盖广、规范化”的安全生产执法检查，促进安全生产监察执法水平不断提高，确保全县安全生产形势稳定好转，制定下发了《江川县安全生产监督管理局关于印发2012年安全生产行政执法工作计划的通知》，把监管范围内的全部企业列入执法计划中，科学、合理的分配执法时间，确保年内监管工作100%全覆盖。为确保行政执法计划如期开展、按质、按量圆满完成任务，县安监局主要领导与具有行政执法权的各股室签订了《江川县安全生产监督管理局2012年监察执法工作目标责任书》，把责任落实到股室、落实到个人。2012年共立案办理行政处罚案件11起，已按时全部结案，共处罚款40.65万元。

【隐患排查治理】 为进一步贯彻落实“安全第一、预防为主”的安全生产方针政策，有效遏制事故发生，制定下发《江川县人民政府办公室关于印发江川县安全生产隐患排查治理专项行动实施方案的通知》，重点抓非煤矿山、危险化学品、烟花爆竹的安全监管工作，深入开展安全生产隐患排查治理专项行动，进一步促使企业加大安全生产投入，规范安全生产行为，完善安全生产管理制度，改善安全生产环境。共对非煤矿山、危险化学品、烟花爆竹生产经营单位进行安全检查747次，排查出安全隐患1033条，已整改1015条，整改率达98.2%，填写现场检查记录695份，询问笔录80份，整改指令书71份，整改复查意见书63份。对江川县安福化工有限公司、江川县路居上报老虎山采石场、江川县大街镇羊鼻子山建筑用白云岩矿3户企业存在的重大安全隐患上报县政府挂牌督办，江川县翠峰水泥有限公司、云南江磷集团股份有限公司2家企业存在的重大安全隐患上报市政府挂牌督办，年内5项安全隐患已整改销号。

【打非治违专项行动】 按照市政府的统一安排部署，县政府领导高度重视，迅速行动，及时制定《江川县集中开展安全生产领域“打非治违”专项行动的实施方案》、成立领导小组，明确工作职责，采取企业自查、部门全面检查的方式，实施联合执法，深入非煤矿山、危险化学品、烟花爆竹、道路交通、建筑施工、民用爆炸物品、冶金等行业领域开展“打非治违”专项行动，依法严厉查处非法违法生产经营建设行为，共打击非法违法、治理纠正违规违章行为961起。其中，非煤矿山24起、道路交通166起，水上交通28起、建筑施工170起、消防527起、危险化学品5起、烟花爆竹27起、民爆物品5起、铸造2起、小炼油厂6起、塑料填充1起。进行警告164起、责令改正783起、没收违法所得8起、责令停产停业51起，行政拘留32人，移送司法机关2人，共处罚款37.9万元。

重点对18户红砖厂群体性私挖滥采矿产资源、2户小铸造厂超许可范围违法生产、小炼油厂证照不全非法生产经营、非法制造烟花爆竹、非法载客、晋宁老君山磷矿重大安全隐患、江川德和包装公司塑料填充料分厂无任何证照非法组织生产等7个方面的突出违法行为进行整治。通过整治，违规组织生产的企业与政府达成协议写下了整改达到要求后再开工生产的保证书，其他非法制造烟花、非法载客的行为在各部门采取强有力的措施下基本得到控制。

【重点部位、重点时段工作】 一是按照《玉溪市安全生产监督管理局关于开展保安全冲千亿促稳定安全监管专项行动的通知》精神，通过认真梳理、分析，确定路居高龙潭烟花火炮厂、河咀金龙烟花火炮厂、长寿烟花火炮厂、杨家咀忠武烟花爆竹厂、翠峰叠翠花炮厂、瑞丰花炮有限公司、前卫双龙烟花火炮厂作为安全监管重点，实行定点跟踪、定期电话询问、适时派人到现场查看，做到能整改的隐患整改到位，暂不能进行整改的落实好相关保障措施，确保安全生产。二是根据国务院和省、市政府关于开展“安全生产年”工作的通知要求，紧盯元旦、春节、“两会”、五一、汛期、国庆、十八大等重要时段，不断深化安全生产行政执法工作，确保了全县敏感时期的安全稳定。元旦、春节期间，重点对非法销售烟花爆竹的摊点进行巡回打击；“两会”、五一期间，盯紧高危行业，抓牢重点部位，防范事故发生；汛期重点针对生产经营企业的防汛、防涝、防地质灾害措施进行检查。在国庆期间、十八大前后，由县安监局安排带班领导和值班干部放弃节假日、周末休息日，列出了26户重点监管企业，把“打非治违”、“隐患排查”等工作穿插其中，进行现场监管检查，严防安全生产问题突出、环节薄弱的企业发生事故。

【安全标准化建设】 按照省、市安监局要求，年内危险化学品生产经营企业达标率达100%，非煤矿山达标率达到80%以上，工贸行业规模以上企业达标率不低于50%。积极督促4家危险化学品生产企业、14家加油站、9家非煤矿山企业、7家规模以上工贸企业、2家烟花爆竹批发企业开展安全标准化达标工作，并通过招商引资等方式帮助烟花爆竹生产企业进行整合。年内，2家危险化学品生产企业、9家非煤矿山企业、2家烟花爆竹批发企业已完成了达标工作；其余2家危险化学品生产企业、14家加油站、7家规模以上工贸企业已通过专家组的考评，正等待市局复查颁证。待市局复查颁证后，非煤矿山共17户达标，达标率为80.95%；工贸行业共9户达标，达标率为60%；危化企业共4户生产企业、14户加油站达标，达标率为100%，圆满完成了安全生产标准化达标任务。

7月24日，由江川县人民政府与香港世纪鑫源集团有限公司、云南亚美给排水设备有限公司签署江川烟花爆竹行业整合合作框架协议，对江川现有的烟花爆竹生产企业实施行业整合，组建“云南江川烟花爆竹集团有限公司”，为2013年全面实现安全生产标准化建设做好准备。

【职业健康监管】 将职业危害申报工作列为全年安全生产的一项重点工作进行部署安排，设立职业健康股专门负责此项工作。江川县非煤矿山、危险化学品、烟花爆竹及八大行业共58户，已全部按质按量完成企业职业危害网上申报工作，为江川县制定职业病防治规划提供了强有力的支持，同时也为下一步职业病监管分级分类工作打下了良好基础。

【安全生产许可】 督促企业落实安全生产主体责任，严把安全生产准入关。一是督促企业建立安全管理机构，配备相关的专、兼职安全生产管理人员，要求每天在岗。二是进一步落实安全生产“三项经济政策”，督促非煤矿山、危险化学品、烟花爆竹等行业领域的95户企业，缴纳了风险

抵押金710.3万元；购买人身意外伤害险42.88万元。三是根据《安全生产许可证实施办法》等有关规定，严格按照有关要求，依法审查安全生产许可条件，非煤矿山企业延期换证14家，注销21家（红砖厂19家、采石厂2家）；危险化学品生产企业注销2家；非剧毒危险化学品类农药经营许可新办证50家、延期换证30家、变更16家，注销45家。

【安全生产月活动】 紧紧围绕“科学发展、安全发展”的主题，抓住提高全民安全防范意识这一中心，认真抓好安全生产月宣传教育活动。会同宣传部、总工会、交通局、消防大队、大街街道办事处、供电公司等多家单位于6月11日在县城明珠路组织开展宣传咨询日活动，设置咨询台，悬挂横幅标语35条，张贴宣传小标语120多条、展出展板40块；录制《职业病防治法》，出动宣传车1辆在县城、乡镇（街道）、企业进行宣传；发放有关安全生产法律法规和消防、用电、食品卫生、医药用药等39种31700份安全知识的宣传日历、宣教挂图、画册、宣传页资料。在县城和各乡镇（街道办）的主要街道、建筑工地、厂矿企业、车站等人流密集场所，悬挂“安全生产月”等内容的横幅，张贴标语5738条、张贴宣传画117张、出黑板报983期，并通过电视广播把安全生产月的活动情况及时向社会各界进行宣传报道。在8家危险化学品生产经营企业中组织开展 “神华杯”全国危险化学品安全知识竞赛活动。通过多渠道多形式的宣传，营造浓厚的安全文化氛围，使安全理念深入千家万户。

【安全生产宣教培训】 一年来，市劳动保护科学技术学会协助江川县举办安全生产管理人员和特种作业人员培训班6期，共培训206人；本着“服务企业、方便职工”的思想，派遣培训教师及工作人员15次深入企业一线，对企业从业人员开展了声势浩大的培训宣传活动，共培训877人。在培训中，培训教师为大家讲解了安全生产操作技能及相关的法律法规等知识，以生动的案例警示大家重视安全生产，增强企业职工安全意识。

【应急救援演练】 为完善应急救援体系建设，加强预案管理，提高企业事故救援和应急处置能力，健全完善企业和政府的预防预警和应急处置机制，推动应急管理工作的落实，在“安全生产月”活动之际，积极开展“应急演练周”活动。江川县人民政府安全委员会组织安监、公安、交警、消防、交运、县医院120等相关部门，于2012年5月29日，在玉江高速公路开展道路交通事故处置工作应急演练；6月20日在江川县天湖化工有限公司开展了矿山交通安全事故应急救援演练；6月21日在云南玉泉酒店开展高层建筑火灾救援演练。3次演练取得了圆满成功，有效检验了应急预案的可行性，应急救援资源的可靠性，应急救援部门、机构、人员之间的协调性，锻炼了应急救援队伍。

【修订应急预案】 安监、公安、国土、交运、住建、卫生等有关部门共同编制了《江川县人民政府应对突发公共事件应急预案汇编》，《汇编》包含了突发公共事件、安全生产事故灾难、重大群体性上访事件、森林火灾、地震、自然灾害、食品安全、公共卫生等23个应急预案，每项预案，从应急指挥、应急响应、各级各部门的具体分工到配合专业队伍具体处置，都制订了详细具体的工作措施，明确了各有关部门和各乡镇（街道）的具体任务和工作方法。为保证应急预案能够适应经济社会发展的需要，切实有效挽救人民群众生命财产损失，增强预案的可行性、高效性，2012年，由县政府编制预案的相关部门对预案进行重新审定，结合救援实际适时进行修订，共修订预案13个。应急救援预案的编制修订，使江川县应急救援工作不断完善，不断进步，为江川县突发公共事件的救援提供了有力保障。

【规范烟花爆竹零售网点】 加强县烟花爆竹经营管理，合理布设经营网点，建立公平、诚信、规范、有序的安全流通体制，有效确保全县烟花爆竹零售市场安全，组织各乡镇（街道）、安监、工商、质监、公安、消防、城管等部门工作人员，深入各乡镇（街道）实地查看情况，充分考虑各种因素，制定《江川县烟花爆竹经营网点规划方案》，对烟花爆竹经营零售点进行了更加科学、合理的规划。同时制定《江川县2012年春节烟花爆竹零售安全监管方案》，成立春节烟花爆竹零售行政许可组、联合监管组和执法打非组，明确各组的工作任务，制定具体的工作措施。新的网点规划方案的实施，既有利于监管部门开展监管工作，又有利于建立公平、诚信、规范、有序的安全流通体制，是烟花爆竹零售市场走向规范化的一个新起点。

【严查安全生产事故】 2012年2月10日17时58分许，江川县杨家咀忠武烟花爆竹厂发生一起爆竹成品仓库爆炸事故，造成2人死亡、1人受伤。事故发生后，按照相关要求，立即成立了由县安监局牵头，县监察局、县公安局、县人事劳动局、县总工会、县消防大队、相关乡镇人民政府等部门相关领导和人员为成员的“2·10”事故联合调查组，对事故开展全面调查，收集资料。在认真调查分析的基础上，查清了事故原因，分清了事故责任，提出了处理意见和整改措施，写出了调查报告，追究了相关责任人的责任。

（储　晶）

国土资源

【概　述】　2012年是贯彻落实省第九次党代会提出的“四个翻番”、“两个倍增”目标的起始年，也是实施“十二五”规划承上启下的关键之年。一年来，江川县国土资源局坚持用科学发展观统揽全局，指导工作。针对国土资源管理工作的新要求、新目标、新任务等新形势，紧紧围绕保重点、拔亮点、夯基础、强服务等工作重点，全面提升国土资源的保障和服务能力。

【耕地保护】　落实最严格的耕地保护制度，建立耕地保护责任制，坚持用途管制制度，加强耕地保护的制度化、规范化和日常化管理。严把非农建设项目用地审批中的用地预审或规划审查环节。切实加强基本农田保护巡查，把违法占地行为消除在萌芽状态，实现了耕地保护责任目标的基本农田保护面积不低于14192.53公顷，耕地保有量不低于17000公顷。

【农用地转征与土地供应】　2012年以招拍挂及划拨方式供地12宗，面积44.4721公顷，其中：以招拍挂等有偿出让方式出让土地6宗，出让面积35.9601公顷，出让金22490.9700万元；以划拨方式供地6宗，面积8.512公顷。共上报农用地转用征收面积249.1922公顷（耕地81.9981公顷）。其中2个城镇批次用地33.1338公顷（耕地11.7782公顷），3个低丘缓坡土地开发利用批次用地192.4753公顷（耕地52.8618公顷）和5个单独选址项目用地23.5841公顷（耕地17.3581公顷），上报农用地转用使用20.4563公顷（耕地19.5361公顷），主要是2个农民建房批次。全年共兑付被征地农民集体征地费23506.1885万元，地上附着物兑付2116.3510万元，被征地农民社会保障支出2666.9250万元。

【土地利用管理】　严格执行《建设项目用地预审管理办法》，一年来共预审建设项目6个，分别为江川县龙泉山工业园区龙泉大道建设项目、江川县广厦公司2012年保障性住房建设项目、上头营汽车修理厂项目，江川县龙泉山生态工业园区仙水大道建设项目、江川县天一包装有限公司技改扩建高端采印生产线项目，面积30.2261公顷，其中耕地14.7950公顷。

【规划修编】　完成《江川县土地利用总体规划（2010～2020年）》的编制工作，各项成果资料已上报备案。完成“三规”衔接的相关图件、文本和数据库等成果的编制工作，已通过了省国土厅、省林业厅以及省住建厅组织的“三规联合审查”，分别上报三个厅备案。江川县低丘缓坡土地综合开发利用专项规划正在做前期的准备工作。

【土地开发整理】　完成江川县安化等2个乡镇光山等2个村和雄关乡雄关等2个村的两个二调新增耕地土地整治项目，且通过了市级的验收，共新增耕地161.2471公顷。江川县安化乡新庄村土地整治项目于2012年9月1日开工，年内已完工等待验收。江川县九溪镇、安化乡鸡窝等6个村土地整治（占补平衡）项目，项目规划设计已通过了评审。

【矿政管理】　对江川县县域内到期的18家红砖厂下发《停止开采矿产资源通知书》及要求其提交矿山注销相关材料的通知，并配合相关部门做好江川县到期红砖厂关停、转型前期工作。积极推进江川县矿业权设置方案编制工作。开展矿山开采范围排查整治工作，对开采越界的8家矿山要求其办理矿区范围变更手续。对全县所有持证矿山（除红砖厂和采矿许可证过期矿山）按要求制作矿山标识牌26块。完成12家用地单位的压覆查询。建立探采矿权三级联网审批管理机制。年内共收取采矿权价款73.9万元，追缴矿产资源有偿使用费500万元。

【地质灾害防治】　加强地质灾害的防治力度。编制了《2012年度江川县地质灾害防治方案》，全县7个乡镇分别编制了各乡镇的《2012年地质灾害防治方案》、《地质灾害防治预案》和《单点地灾应急预案》。“三表两卡一通知”全部发放到位，建立了地质灾害防治群测群防体系。深入矿山企业和受地质灾害威胁的村庄进行调查，对28个受地质灾害威胁的村庄制定了单点地质灾害应急预案。完成了《江川县地质灾害治理与因灾搬迁避让方案》（2012～2015年）编制上报工作。

【地质环境保护】　严格落实矿山地质环境恢复治理保证金制度，按照“谁引发、谁治理”的原则，对6 家建设工程需临时开采砂石粘土矿产资源行为采取收取地质环境保证金10万元。对办理延续登记的江川县凤凰山水泥厂建筑用灰岩矿、江川县大街镇大营宏泰祥采石场建筑用灰岩矿、江川县一品石材厂建筑用灰岩矿三个矿山收取矿山地质环境恢复治理保障金75万。完成了《江川县“矿山复绿”行动实施方案》（2013～2015年）编制上报工作。云南江川天湖公司清水沟磷矿矿山地质环境恢复治理项目已完成并经江川县审计局完成审计，等待省级验收。

【执法监察】　加强动态巡查工作，全年共开展动态巡查72次,发现、制止土地违法违规行为19件，面积18.3亩，其中耕地面积5.94亩；积极配合镇村组按村规民约清理农村土地违法违规行为15件185宗，面积18.5亩，其中耕地面积15.1亩；依法立案查处土地违法案件12件，面积67.41亩，结案6件，移送法院执行6件，收取罚没款3.8371万元。发现、制止矿产资源违

法行为23件，罚没款6.2万元，其中，现场制止和处理零星盗采矿产资源21件；立案查处并结案2件，罚款6.2万元。开展卫片执法检查。核查县内62个图斑，面积814.6亩，耕地面积529.2亩，其中疑似违法用地图斑48个，面积656.7亩，耕地面积414.2亩。通过查询资料，结合土地变更调查的成果，对判定为违法用地填报的有10个图斑（合并为9个）进行立案查处，面积101亩，其中耕地面积39.3亩，其他的按紧急用地、合法用地、非新增建设用地填报。矿产涉及2个疑似矿产图斑，其中违法图斑1个，已立案查处，当事人已经履行了行政处罚决定并结案。

【地籍测绘管理】 截至2012年11月6日，共颁发国有土地使用证829本（其中初始登记496宗，变更登记333宗）；集体土地使用证125本（其中初始登记53宗，变更登记72宗）；他项权利证234本。收取土地出让金81585623.05元，土地收益金241270.41元，土地登记费113733.77元，工本费21570元，土地权属调查费37296.7元。一般建制镇土地调查通过市二调办专家的验收。县城土地调查成果通过省级验收。协助市局完成“数字玉溪”三维建模的验收工作（外业修改和抽查），补测、修测县城、江城及抚仙湖沿岸风景区。完成了152个监测图斑变更调查工作。完成了对县房管所和县水利局测绘资质注册核查、CORS站基础设施建设、似大地水准精化选取点、埋桩工作。2012年共接收和汇交3家测绘资质单位5个测绘项目的成果，完成了测绘成果汇交工作。

【农村集体土地管理】 配合县政府制定《江川县农村集体土地确权登记发证工作实施方案》、《江川县农村集体土地确权登记发证工作宣传方案》等实施方案，并召开县级动员大会及试点会，完成7个乡镇农村集体土地所有权调查工作，进入发证阶段。

【重大决策听证制度】 组织召开《江川县设施农用地管理办法（草案）》听证会及《江川县征地统一年产值补偿标准修订》听证会，充分发扬民主，反映民意，集中民智，增加了重大事项决策工作的透明度和公众参与度。

【低丘缓坡试点项目】 积极组织编制完成了龙泉山低丘缓坡土地综合开发利用项目的《实施方案》，方案已通过了评审，并由省国土资厅批准实施。江川县仙湖锦绣旅游度假区低丘缓坡土地开发利用项目以及江川县东山旅游区低丘缓坡土地开发利用项目已完成了项目《实施方案》的编制，报省厅待评审。

【表彰奖励】 2012年2月被云南省国土资源厅评为“全省国土资源管理系统推进依法行政先进单位”；2012年4月被玉溪市国土资源局评为“2006～2010年玉溪市国土资源管理系统法制宣传教育先进单位”。

（李朋利）

建设·环保

编辑　盛文芬

住房和城乡建设

【概　述】　2013年，江川县住房和城乡建设局在县委、县政府的正确领导下，紧紧围绕玉溪市“三湖”生态城市群和现代宜居高原湖泊生态城建设目标，抓规划、攻难关、重建设、强管理，稳步推进城乡建设，城市品位显著提升。至2012年底县城建成区面积达5.3平方千米，城镇化率35%，城市街道45条，总长36.5千米，县城建成区绿化覆盖总面积90.65万平方米，绿化覆盖率达26.28%，日供水量9439吨，日处理污水能力1万吨，处理率81%，城市生活垃圾无害化处置率100%。

【规划编制】　一是县城总体规划在2011年基础上，经过专家评审、公示公展、规委会讨论等程序后，市政府下达了关于《江川县城市总体规划（2011～2030年）》的批复，完成了整个总规工作。总规核准了江川县人口和用地规模：近期人口规模6.5万人，建设用地规模7.76平方千米；远期人口规模11.6万人，建设用地规模13.9平方千米。县域规划范围850平方千米，城市规划范围326平方千米，中心城区规划范围41平方千米。二是组织编制《江川县城近期建设规划（2011～2015）》，通过了省联合审查组审查，县政府已批准实施，近期城市建设将沿玉江大道以西带状发展，向南延伸至紫红坝，向西连接龙泉山生态工业园区，具体分老城区、城市上山建设片区（含龙泉山生态工业园区）、江中路廖家营保障性住房片区三部分。三是根据市政府江川现场办公会议精神，委托北京妙行吉投资有限公司编制的城镇上山（紫红坝）片区控制性详细规划，已形成规划成果，县政府已批准实施。四是委托昆明规划设计院开展的县城绿地系统、综合交通、公共服务设施、市政基础设施四个专项规划已完成初稿编制及相关部门意见征询，下步将结合江川区总体规划纲要进行完善修改。五是江城镇和九溪镇特色农业小镇的规划已通过专家评审，省特色办审查，县政府已批准实施。六是在尊重村民意愿、体现地方和农村特色的基础上，依托卫星影像图、土地“二调”成果图等相关资料，完成全县一街道、四镇、两乡67个行政村、327个自然村的村庄规划编制工作，实现了村庄规划全覆盖。七是为做好江川撤县设区工作，9月启动了江川区总体规划纲要编制工作，省规划设计研究院已编制完成，并召开了意见征求会。八是12月启动了县城防洪和供水两个专项规划的编制。

【规划管理】　一是完善规划体系，确保规划设计的总体质量和水平，年内先后提请并组织召开7次规委会，审查通过了山水新城、景怡雅苑、县城大车检测线等10个规划建设方案。二是严格执行“两证一书”项目审批制度，认真落实规划强制性内容，切实维护好规划的严肃性和权威性，2012年审批规划方案7件，办理建设用地规划控制指标批复7件，建设项目“两证一书”62件，其中选址意见书17件、用地规划许可证17件、工程规划许可证28件。

【基础设施建设】　投资350万元，完成长629.5米、宽20米的江川县保障房连接线道路（江通路至小龙潭）一期工程；投资30余万元，疏通兴江路、星云路、下营东街及农贸市场周边等路段的排水沟管，清理修缮兴江路、星云路、仁和街、宝凤路等四条道路进入大街河的排水管口，新建文祥街延长线西段、抚仙路北段到大街河的雨水分流管道，切实提高县城汛期防洪应急处理能力，确保了安全度汛；投资3万元修补小花园、宁海路、兴江路、抚仙路等龟裂、坑洼、破损路面21处197.43平方米，为市民创造了安

全、舒适的县城交通环境。投资2.8万元，疏通县城博物馆旁红绿灯附近的污水管道，使污水流入管网而不外溢至大街河。

【“两污”项目建设】 1. 星云湖截污治污工程（一期）-南北片区污水处理厂及配套管网工程。概算总投资12003.74万元，现已累计投资12673万元，其中北片区污水处理厂完成投资8350万元，完成1万吨/日厂区建设和全部22.712千米污水管网的铺设进行试运行；南片区污水处理厂投资4323万元、完成了厂区构筑物基础及主体施工、厂区平面及工艺管道施工，厂区工艺设备及自控设施的安装调试，9月29日进行试通水，11月15日开始正式试运行。

2. 小马沟污水引入北片区污水处理厂集中处理工程。投资500万元，完成污水提升泵站建设，铺设DN300-600污水管网3.3千米，安装自控设备一套，实现污水输送至北片区污水处理厂集中处理目标。

3. 江川县100吨/日城市生活垃圾处理场工程。累计投资2520万元，在完成填埋库区主体工程、渗滤液提升泵站及管网安装、进场道路、设备购置的基础上，新建了库房管理区，垃圾无害化处理率达到了100%，渗滤液处理站可行性研究报告已上报省发改委待批。

4. 九溪片区“两污”项目。为改善九溪集镇环境，保护九溪河及下游东风水库，拟建九溪镇污水处理厂及配套管网工程和生活垃圾收运工程。完成了项目的水保、环评、地灾、压覆、地勘、初设等所有前期工作，可行性研究报告已经省发改委批复，概算投资控制在4514.61万元，其中污水处理厂投资1686.38万元，污水管网投资2372.76万元，垃圾收运工程控制在455.47万元，初步设计已编制完成，并请市住建局转报省发改委。

【保障性安居工程】 1. 续建的2011年928套保障性住房（其中：廉租住房224套11200平方米、公共租赁住房704套48294.4平方米），项目概算总投资13000万元已完成投资10212万元，主体工程已全部完成（公租房11层、廉租房6层），进入粉刷装修阶段，计划2013年上半年竣工投入使用。

2. 新建的2012年1200套保障性住房，经县政府研究决定，已按照统分结合的方式进行建设，廉租房由县广厦公司统建11000平方米220套，教育系统（五所中学）承建14500平方米290套，卫生系统（三个乡镇卫生院）承建4500平方米90套，600套（实际规划建设616套）公租房全部由县广厦公司统建。10个项目已相继在9月30日前开工建设。到12月底，县一中、雄关乡卫生院、九溪镇卫生院、安化乡卫生院廉租房项目主体已经封顶，进入装修粉刷阶段；翠峰中学、后卫中学廉租房项目已进入主体三四层施工；前卫中学、路居中学廉租房项目和县广厦公司统建项目进入主体施工，共完成投资7005万元，占总投资比例63%。

3. 廉租住房租售和补贴发放情况。一是建成的2010年216套廉租住房，按先租后售的政策，于2012年2月份全部配租入住，至12月底，自愿购买了144套。二是全年发放廉租住房租赁补贴193.7万元，其中一季度发放1043户54.71万元，二、三、四季度发放827户138.99万元（因配租入住216户，享受户核减为827户）。

4. 农村危房改造。全县农村危房改造计划拆除重建1700户，修缮加固400户，农户档案信息录入率达100%，开工率达100%，竣工率达80%。

【房地产发展与管理】 1. 依法依规促进房地产业健康发展。县城三个主要房地产项目（古滇国项目、财富广场项目、星云铭城项目）均已开工建设，其中，财富广场已完成主体施工和内外粉刷装修。

2. 落实房地产市场调控政策，加强房产交易管理，严格执行商品房预售许可制度，切实保护购房者的合法权益。全年共办理商品房预售许可证4家，预售房屋总面积为215214.79平方米；办理房屋初始登记668户，建筑面积157626.7平方米；办理房产转移登记259户，建筑面积37911.5平方米；办理房地产抵押贷款登记1417户，房产抵押建筑面积62.68万平方米，房地产抵押贷款金额达108539.88万元。完成烟草公司换证93户，廉租住房产权办证143户。办理公共维修资金缴存项目3个2539户，缴存金额1716.22万元，至2012年底，全县公共维修资金专户共有1869.26万元。

【建筑业和燃气业管理】 一是认真抓好建筑市场安全生产管理工作，狠抓安全生产，强化质量管理，落实安全生产责任制，年初与建筑施工、监理企业签订安全生产责任书22份。开展建筑安全检查12次，检查在建项目工地170个次，其中重点建设项目工地64个次，发安全隐患整改通知书36份，停工整改通知书5份，提出整改意见和措施273条；二是严把工程质量关，认真抓好工程质量监督管理，全年办理质量安全报监工程25项，监督竣工验收工程30项，工程质量竣工备案14项，井字吊使用登记27台，塔机使用登记14台，认真抽检钢筋、混凝土强度、砂浆强度、土壤密实度等建材，全年共完成拉拔检测项目39个，开展结构实体检测单位工程127个，土工、弯沉实验31项，完成砼抗压、抗折试验3105组，砂浆1415组，钢筋检测4475组，砖检验639组，砂石检测269组，水压试验单位工程21个；三是严把施工许可审查关，开具施工图审查通知书34份，办理建筑施工许可证30件，开展建筑节能设计方案审查30项，开展建筑工程抗震设防专项审查5起；四是组织农村建筑工匠培训两期，建筑质量与安全深入到农村基层，从源头上抓好农村房屋的质量；五是开展燃气换瓶点资质年审，核发经营户18户，开展燃气安全检查5次，发整改通知书6份，提出安全整改意见和措施75条，有效提升了全县建筑市场和燃气行业的管理水平。

【供排水保障】 在持续三年干旱的情况下，多措并举，确保供排水，一是投资9.8万元安装三水厂DN400供水管道120米，实现从抚仙湖引水工程中调用部分水源供给县城；二是投资1.56万元购置DN400浮球阀两套，安装在回头山高位水池进水管处，有效控制了高位水池进水量，解决了水池超水位运行和源水流失问题；三是投资10万元购置正压二氧化氯消毒设施二套分别安装在渔村净水厂、小龙潭源水厂，为用水户提供了安全卫生的生活用水；四是邀请专家检修漏损管网，避免了水资源的流失；五是加大水池清洗消毒力度，定期检测供水水质，确保集中供水出厂水达标供给；六是调整供水价格，提高水资源利用效率。全年实现优质安全供水344.54万立方米。七是积极开展设备检修，确保水质达标排放，投资14万元完成了污水厂二号新风机及其配套阀门的安装，更换了四个曝气头，全年有效处理污水250.79万吨，去除污水中化学需氧量516.77吨、五日生化需氧量263.5吨、总磷8.63吨、氨氮46.99吨、悬浮物442.73吨，处置污泥690吨。

【法规与城市监察管理】 1. 立法工作。在县政府法制办牵头下，相关职能部门结合市出台的11个配套城市管理办法，历经调研、起草、意见征询、听证、公示、报请政府会议讨论等法定程序，形成了《江川县城市管理办法》、《江川县城市建筑垃圾和散体物料运输管理办法》、《江川县城市道路车辆停放管理办法》等10个配套管理办法并从9月1日起正式施行，城市管理实现有法可依、有章可循。

2. 队伍建设。年初县政府批复了江川县住建局所属事业单位机构改革方案，江川县建设局城建监察大队更名为江川县城市管理监察大队，核定编制10人，协管员20人，并于10月增配了1名城市管理综合行政执法局局长，队伍建设得到加强，人员配备到位并进行了综合执法培训，队伍整体素质得到提高。

3. 日常执法监管。一是严把城市道路挖掘、临时占道和建筑性占道审查审批关，依法审批道路挖掘12起，建筑性占道7起，经营性占道67起，新开车辆出入口3起；二是严处违章、违规行为，处罚违章经营户21户，擅自开口1起；三是严管烟花爆竹经营户、街路占道经营户，全年清理占道经营户20余户、搬迁水果经营户16户、鲜禽经营户3户、食品经营户1户、铁器经营户1户；清除街道护坡237处；规范自行车停放点11处，逐步优化了城市环境。

4. 综合整治。一是7月1～8日联合公安、工商、交通等部门，对县城占道经营、建筑垃圾和散体物料运输、车辆停放、集贸市场开展综合整治，取得初步成效。二是结合江川县创建省级卫生县城的要求，对县城进行了环境卫生整治，美化了城市环境。三是中秋、国庆期间严守临时启用的星象路以及仁和街东段“节货街”，确保县城车辆停放有序、交通顺畅。四是11月联合公安、交通运输、工商、交警等部门取缔了五岔路口临时蔬菜交易市场，将蔬菜市场疏导至2011年保障性住房旁的空场。

【招投标工作】 严格实施招投标日常监督管理，全年审查备案并组织招投标47个建设项目68个标段，概算投资达5.31亿元，招标限价（拦标价）5.2亿元，中标合同价5.06亿元，所有招标项目均未出现围标、串标等违法行为。同时，为优化招标专家库，向社会公开征聘专家评委72人，有效促进了工程建设招投标工作。

【其它工作】 一是积极推进政务公开，全年公示了34项重大事项、通报了33项重要工作，通过邮箱向县委、县政府、市住建局以及相关部门报送信息90期。二是认真做好信访接待和人大、政协的议案、提案办理工作，办理人大代表建议案4件，政协委员提案8件，社会民众信访4件，办结率均达100%，做到了事事有回音，件件有答复；三是结合“四群”教育活动深入联系社区（大街、上营社区）开展社情调研2次，召开民情恳谈、民情分析会3次，收集民愿诉求21条，为民办实事8件，落实资金5.72万元，投资1.1万元修补上营社区破损路面25处134.05平方米，筹资7000元帮扶7名贫困大学生；走访慰问10名困难老党员，为他们送去粮油，送去温暖；四是深入挂钩九溪镇开展禁毒防艾工作，一道走访慰问涉毒人员，帮他们树立生活信心，同时深入建筑工地开展农民工防艾知识宣讲2次，提高了农民工的自身防护意识和防艾知识水平。

（杨　筠　李伟宏）

住房公积金管理

【概　述】 江川县住房公积金管理部属于玉溪市住房公积金管理中心的派出机构。2012年江川县管理部在市中心的直接领导下，在县委、县人民政府的支持帮助下，以贯彻执行国务院《住房公积金管理条例》为主线，紧密结合江川的工作实际，紧紧围绕实

现住房公积金自身科学发展为主题，认真落实玉溪市住房公积管理委员会《玉溪市住房公积金缴存、提取和贷款管理暂行办法》，促进了江川县住房公积金各项管理工作的健康发展。

【住房公积金归集】 1．住房公积金归集是住房公积金管理最基础的工作，增点扩面提高缴存率一直是公积金管理的重中之重。2012年经过加强《住房公积金管理条例》的宣传新增缴存单位5户计60人。

2．按照省住房公积金监督管理的相关政策，2012年3月20日召开全部缴存企业住房公积金年度审核审批工作会议，会议强调住房公积金缴存严格执行省市相关政策，严格限高保低，14户企业缴存比例从15%调低为12%，2户企业保低上调缴存基数。住房公积金缴存比例做到全省同步统一、规范。

3．县级财政供养单位住房公积金缴存比例，在2010年9月缴存比例从8%提至10%的基础上，2012年4月又从10%提至12%，并且缴存基数同步执行到位。至此江川县财政供养单位全体人员的住房公积金缴存比例及缴存基数与市级单位及其他县（区）的缴存水平相同，为江川县住房公积金健康、有序、科学发展打下坚实的基础。

4．2012年全县共缴存住房公积金单位201户计6937人，缴存金额7680万元，人均每月缴存922元，至2012年末累计缴存总额57192万元。

【住房公积金提取】 2012年为全县符合提取条件的1477人提取公积金4766万元，其中：购建房提取1956万元，偿还贷款提取1760万元，退离休提取483万元，调动转移474万元，至2012年末累计提取35816万元。

【住房公积金贷款】 住房公积金个人贷款充分体现了公积金的互助性。2012年为符合条件的职工154户发放贷款3260万元，收回1961万元，至2012年末累计发放职工住房公积金个人贷款26750万元，贷款余额为9685万元，无逾期贷款，资金运行良好。

【住房公积金财务指标】 至2012年末，住房公积金缴存余额21376万元，贷款余额9685万元，存贷比45.31%，结存余额11691万元，资金保值安全。

【住房公积金龙卡升级为金融IC卡】

为有效防范金融风险，按照人民银行相关规定，在2012年11月26日召开了住房公积金龙卡升级为金融IC卡培训工作会。全县各单位缴存职工的住房公积金缴存凭证—公积金龙卡金融IC卡于2012年12月10日申报完毕正在制卡。

（邓文辉）

环境保护

【概　述】 2012年，江川县环境保护局以科学发展观为指导，紧紧围绕创建国家级生态县的目标以及县委、政府的中心工作，以“两湖”水污染综合防治、污染减排为重点，以生态创建为突破口，监管与服务并举，依法行政与强化治理并重，深入实施“七彩云南·江川保护行动”，着力解决危害群众健康和影响可持续发展的突出环境问题，认真贯彻落实县委全会和政府工作报告各项工作任务，积极开展“四群”教育和作风建设年活动，认真实施“效能政府”四项制度，全力促进全县经济建设与环境保护和谐发展，环保各项工作成效明显。严格环境管理，审批建设项目47个，办理“三同时”环保建设项目验收手续24个。加大环境执法力度，出动执法人员1772人次开展533厂次现场环境监察，依法征收排污费70余万元。加大环境宣传教育力度，开展“六·五”世界环境日系列宣传活动，促进人民群众环保意识。

【“两湖”保护】 认真落实抚仙湖、星云湖水污染防治“十二五”规划，根据2012年水污染防治目标责任书，以保持抚仙湖（江川段）I类水质、星云湖水质明显改善为目标。遵循“从全流域出发，以控源为主，采取系统控源—湖区产业结构调整减污—湖泊水生环境改善—流域强化管理紧密结合”的保护治理理念与思路，扎实开展“两湖”流域重点项目工程建设。

一是实施星云湖除藻工作。投资260万元购买“大型仿生式蓝藻去除设备”一套，进行调试运行，年内正常使用。共计打捞蓝藻1020吨，月平均打捞蓝藻255吨，有效控制了作业区域湖水的蓝藻浓度和蓝藻水华爆发的频次。

二是实施紫根水葫芦圈养工程。编制完成《紫根水葫芦净化水体示范工程星云湖实施方案》，完成木桩、钢桩、网片栽种等工作，栽种水葫芦102亩。

三是开展星云湖退田还湖及湖滨带修复前期工作。完成了北岸段湖滨带恢复可研报告、拟退田块地形测量及勘测定界工作，召开《星云湖退田还湖及湖滨带恢复工程可行性研究报告》评审会，并通过专家评审。在涉及乡镇组织召开任务布置会议，编制全湖性退田还湖及湖滨带恢复工程可研报告，开展核实及确权到户工作。

四是推广保水剂2000亩，通过试验，保水剂对控制地表径流中磷的负荷和削减农田面源磷污染物有显著作用。

五是积极开展项目前期工作。先后开展了抚仙湖西岸（隔河至明星段）环湖截污管网扩建工程、抚仙湖沿湖村落环境综合整治工程-大摆村、星云湖东西大河小流域水环境综合治理工程、星云湖北岸（澄川路至学河段）湖滨带恢复工程、星云湖沿湖村落污水治理工程、星云湖沿湖10个村落污水治理等工程的前期工作，认真收集基础资料、编写可研报告、组织专家评审，积极争取上级资金支持。

六是积极搭建投融资平台。为拓宽星云湖综合治理的资金筹措渠道，于2012年3月完成江川环保投资公司组建工作，并开展了星云湖治理工作。

【抚仙湖流域大鲫鱼河环境综合治理工程】 抚仙湖大鲫鱼河流域环境综合治理工程是抚仙湖成为国家水质良好湖泊生态环境保护试点湖泊后，由国家给予试点资金支持，在江川实施的第一项较大规模、系统的小流域环境综合治理工程。工程批准总投资9068.47万元，共到位资金5950万元，其中国家水质良好湖泊生态环境保护试点资金4000万元，市级配套资金1750万元，县级配套资金200万元。进展情况：一是完成项目可研、水保、环评等审批手续；二是完成项目涉及的征租地工作，征用建设用地85亩、租用临时用地95.45亩，拨付征地、租地资金909万元；三是完成席草田水库清淤工程，清淤8.8万立方米；四是完成畜禽养殖污染治理工程，建成生猪养殖生物发酵床 1100平方米、集中养殖户化粪池99口，通过了初验；五是完成水源涵养林工程，清除大鲫鱼河上游老虎山片区死亡树木200多方，完成人工造林1665亩，通过了初验；六是土建10个标段已完成总工程量的70%，生物净化公厕、生态河道、村落截污沟等工程已接近尾声；七是完成上坝片区退房440平方米、席草田水库退田6.83亩、养猪场搬迁3900平方米，下坝退房搬迁安置地土地征用25.3亩，“三通一平”建设基本完成，实施退房搬迁条件已基本成熟；八是顺利完成污水处理厂设备、垃圾收运设备采购。2012年底，完成工作已达工程总工作量90%以上。

【河（段）长责任制】 一是每月定期开展入湖河道保洁工作。全年参与保洁的干部群众、学生和部队官兵约3万人次，清淤河道3000余米，出动人力推车、农用拖拉机、运输卡车、挖掘机及装载机600辆次，打捞农田废弃物、死畜禽、垃圾杂物1800余吨，清运垃圾杂物1800余吨。通过整治，河道畅通、河堤整洁、河面保洁，有效地削减了入湖污染物，为湖泊水质的进一步好转和高原湖泊生态县建设起到了积极的作用。二是对河段长责任书落实情况进行考核通报。

【污染物减排】 2012年，江川县按照“政策减排、工程减排、监管减排”的工作要求，坚持突出重点，明确责任，全面落实各项污染减排工作措施。3个减排项目江川县北片区污水处理厂试运行、江川县污水处理厂管网建设、江川县丰茂纸业有限公司锅炉安装基本完成。主要从以下几个方面开展工作：一是分解落实主要污染物总量削减任务，切实做到目标到位、任务到位、责任到位；二是做到职能部门齐抓共管；三是严把建设项目审批关，严格执行环境影响评价和环保“三同时”制度，将污染减排指标纳入建设项目管理环节，实行建设项目总量前置审批；四是实施挂牌督办制度和督导员制度；五是建立总量减排计划统计核算管理体系、统计核算管理台帐，并确定主要污染物削减目标，制定主要污染物排放总量控制工作制度，定期到减排企业进行监督检查，各企业按时完成了减排任务。

【项目审批】 按照《中华人民共和国环境影响评价法》要求和相关产业政策，坚持环境影响评价和“三同时”制度，杜绝源头污染。切实加强对审批工作的领导，每一个项目都由局项目审批领导小组成员亲临现场踏勘，进行拍照，遇到复杂项目做到反复踏勘，掌握详实情况，在审批会议上通过放幻灯片、视频等手段详细介绍项目情况，成员反复讨论，形成集体意见后做出审批。2012年，共召开“建设项目环境影响评价文件审批领导小组”会议14次，审批建设项目47个，否决项目3个，批准试生产项目8个。共办理“三同时”环保建设项目验收手续24个。

【环境监察执法】 全年累计出动执法人员1772人次，开展533次现场环境监察，有效地打击违法排污行为，遏制污染反弹，防止新污染的产生，解决群众关心的环保问题，按规定征收辖区企业的排污费。

一是做好企业日常监察。加大对全县14家（包括2家污水处理厂）国控、省控、市控重点排污企业及4家县定重点排污企业的监督检查力度，做到每月不少于一次随机监察，对辖区内其它一般企业，做到每季不少于一次随机监察。二是开展污染物总量减排监察。根据《玉溪市环境保护局关于印发2012年污染减排重点项目的通知》文件精神，对1家COD、NH3-N管理减排企业（江川县供排水有限公司污水处理厂）、1个COD、NH3-N减排项目（江川县星云湖北片区污水处理厂减排项目）、1个SO2工程治理减排项目（江川县丰茂纸业有限公司锅炉废气二氧化硫治理项目）开展监察。三是开展新建项目“三同时”执行情况监察。全年共对43个正在建设中的项目进行了61场次监察，通过监察，有效地督促了新建项目按照环评要求落实各项污染防治措施。共有24个完工项目办理了竣工验收手续，建成投

产污染防治设施8台（套、个）。四是开展排污许可证监察，通过对27家排污单位的监察，进一步督促持证单位认真落实排污许可证制度，保障污染防治设施运行正常，确保按照排污许可证许可的排放种类、排放浓度、排污总量、排污去向、排放时限排放污染物。五是开展高考、中考期间监察，确保考场环境安静，出动71人次开展绿色护考行动，向14家单位下发《关于加强噪声管理的通知》，在每个考点上安排人员进行巡查。各考点及居住地点未发生噪声污染投诉案件,给考生提供了一个安静的休息及考试环境。六是严厉查处环保违法行为。加大现场监督检查工作，共查处环保违法行为5起，收缴罚款3.22万元。

【环保专项行动】　按照国务院召开的2012年整治违法排污企业保障群众健康环保专项行动电视电话会议及省、市专项行动会议精神，成立领导小组，制定《江川县2012年整治违法排污企业保障群众健康环保专项行动实施方案》，明确指导思想、工作重点及要求、工作措施、时间安排等，并下发到各乡、镇人民政府及县属有关部门。专项行动围绕集中整治涉及重金属企业环境违法问题和加强污染减排重点企业监管进行。共出动执法人员570人次，检查企业170场次，受理环境污染投诉案件5件，对6户企业违法行为进行了处罚。

【抚仙湖污染隐患大排查】　由于持续干旱，为确保抚仙湖水生态环境安全，采取拉网式排查方式，对区域内的餐饮单位、农村污水、入湖河道沟渠、畜禽和水产养殖、垃圾填埋场、生产企业等进行了全面认真的检查。共计排查餐饮单位36家，污水处理厂（站）1家，畜禽和水产养殖单位7家，工业企业2家，村庄（农村面源）12个，河道、沟渠10条（主要河道3条）。经排查，针对存在问题的12家企业进行了整改。

【全县湖库型集中式饮用水水源地专项执法检查】　根据省市《关于开展全省湖库型集中式饮用水水源地专项执法检查实施方案》的通知文件精神，为做好江川县湖库型集中式饮用水源地专项执法检查工作，江川县及时成立领导小组，制定检查实施方案，联合各乡镇规划建设和环境保护中心对9个饮用水源进行详细排查。经排查，江川县9个湖库型集中式饮用水源地均无工业企业，对存在问题的2个饮用水源地分别发文告知所涉及乡镇加强对饮用水源地的管理，严防污染物流入水源，确保饮用水水质安全；同时对饮用水源地存在污染隐患的3家企业分别下发了整改通知。

【危险废物环境风险大排查验收】
认真组织，精心安排，指导30户企业编制验收资料，开展企业现场核实，完成了全县危险废物环境风险大排查验收工作自查及资料准备上报。

【排污费征收】　严格执行征收标准和收费程序，全面开展排污费申报、审核工作。不断加大排污量现场核查工作，狠抓执收程序。按季度对征收情况进行公示。积极开展排污费稽查。年内已完成排污费征收74.76万元，完成了市下达的排污费征收指标。

【环境辐射管理】　根据放射源、射线装置检查的频次要求开展辐射监管工作,及时成立核技术利用辐射安全综合检查专项行动工作领导小组，并结合实际，制定《江川县开展全县核技术利用辐射安全综合检查专项行动实施方案》，明确检查目的、内容、程序、方式和进度等内容。根据实施方案，组织人员对辖区16家核技术利用单位及2家废旧金属熔炼企业进行排查，经排查，放射源及射线装置使用单位基本落实辐射安全管理相关规定，使用、管理工作基本规范，建立健全了管理台帐，制定了应急预案，没有贮存闲置废弃放射源。针对核技术利用单位辐射安全许可证即将到期的实际，专门召开会议进行部署。

【生态文明试点】　制定《江川县生态文明建设试点实施方案》，成立工作领导小组，设立办公室，负责组织实施此项工作。一是完成了江城镇生态文明试点乡镇工作，编制了《江川县江城镇环境规划》，在20个村建设生态文明宣传专栏、宣传教室，在全镇开展村庄环境卫生整治，建设小马沟垃圾填埋场配套设施，推广测土配方施肥技术，开展集镇垃圾综合整治项目。二是完成江城镇黄营东街村、白家营段家村生态文明村建设工作，并通过了市验收，在两村建设了一批生活污水垃圾收集处理系统、改造公厕4个、进行湿地水生植物栽种。通过项目实施，改善了试点镇村的环境状况。

【生态创建】　积极开展国家级生态县创建工作。编制完成《江川生态县建设规划（2011～2020年）》，先后开展了征询专家意见、专家评审、听证等工作，已经县人大批准实施。研究制定了《江川国家级生态县创建工作实施方案》和《江川生态县建设职责任务分解方案》，加紧推进各项创建工作。与各乡镇（街道）签订生态乡镇（街道）创建目标责任书，落实创建责任。江城镇、大街镇已创建成为省级生态乡镇。

【绿色学校创建】　认真做好绿色学校的创建指导工作，督促更多学校加入到绿色创建的行业中来。2012年，江川县九溪中心小学等6所学校申报了市级绿色学校；江川一中、雄关乡中心小学申报了省级绿色学校。截至年底，已成功创建市级绿色学校14所，省级绿色学校6所。完成了2012年绿色学校省市考核验收工作。加大绿色社区创建力度，江川县江城社区、大庄社区创建为市级绿色社区。

【环境宣传教育】 一是认真开展“六·五”世界环境日宣传活动。组织开展了一次湖岸河库环境清洁、悬挂一批宣传横幅标语、开展一次环保设施检修督查、组织一次“环境接访”、开展一次废旧电池回收行动、开展一期电视宣传的“六个一”活动，全县共出动人员7120人，车辆132台，清理湖岸118.95千米，清运垃圾967吨；制作和悬挂宣传横幅标语110条，张贴小标语3500条，刊出黑板报130期；在县城及集镇显明位置设立环境接访点，与群众面对面交流宣传，共接受群众来信来访6件、现场调查处理信访案件6件；制作回收废旧电池回收桶26只，提高师生的环保意识。通过活动，大力倡导环保理念，广泛凝聚社会共识，激发公众热情，营造全社会关心支持参与环境保护的良好氛围。二是加强信息工作。以江川网、阳光政府四项制度网站，《环保简讯》、《玉溪环境》杂志以及省市环保网为宣传窗口，大力宣传江川建设高原湖泊生态县的目标和“生态立县”战略。全年编辑12期江川《环保简讯》160余条信息、上报信息189条、调研文章9篇。

【环境信访】 强化环境信访查处工作。高度重视环境污染事故和污染纠纷的调查处理工作，积极解决群众关心的热点和难点问题，及时处理群众来电、来访及投诉。注重抓好来电来访督查，切实做到群众投诉的“每一个问题”都有回音，查处的“每一个案件”都有结果。共受理环境信访案件7件，处理率为100%，结案率为100%。另外，对群众反映的21个污染问题进行了调查处理。

【江川县环保监测执法业务用房建设项目开工】 江川县环保监测执法业务用房建设项目是国家2010年基层环保监测和执法基础能力建设项目之一，争取到中央资金200万元。项目总建筑面积为4201平方米，内容含监测站实验用房、监察大队业务用房和局机关办公用房。在先后完成项目建筑设计、施工图审、施工招投标等手续后，于2012年11月开工建设。项目的建成，将有效加强江川县的环境监管能力。

【人大建议和政协提案】 全年共办理人大建议4件，政协提案5件。答复率、满意率100%。

【送温暖献爱心】 一是开展慰问困难老党员活动。筹资6000余元慰问了上坝村16位困难老党员和群众，并了解其家庭生活情况，为他们生产、生活提出建议。二是开展共建农家书屋活动。出资3000元购买书籍光盘，充实上坝农家书屋。三是积极开展抗旱帮扶活动。认真调研上坝村抗旱形势，帮助分析解决办法，清淤席草田水库7万立方米，并给予该村抗旱资金2万元。

【其他重点工作】 一是深入开展创先争优活动，以“五好”“五带头”为目标，加强基层党组织建设，发挥党员的模范带头作用，建设环保精干队伍；二是认真贯彻落实责任政府、阳光政府和效能政府“四项制度”，按时发布重要事项公示信息35条、重点工作通报信息38条；三是抓好党风廉政建设工作，严格执行三重一大集体决策制度；四是抓好社会管理综合治理工作。

（刘　波）

抚仙湖管理

【概　述】 2012年，江川县抚仙湖管理局认真贯彻落实党的十七大、十七届五中、六中全会、省第九次党代会、省委九届四次全委会和中央经济工作会议精神，深入学习实践科学发展观，抢抓机遇，勇迎挑战，顺势而谋，乘势而上，在“创先争优”活动中，不断深化对县情、湖情的认识，紧紧围绕市委、市政府提出的“一退够、二调优、三保护”的湖泊保护治理方针以及江川县委、县政府“生态立县”战略，按照立足“三职能”、打好“四张牌”、实现“两转变”的工作思路，全面开展抚仙湖保护管理工作。

【主要经济指标】 2012年，抚仙湖开湖捕捞银鱼工作时间为2012年9月1日～2013年3月31日。截至2012年12月底，共办理捕捞许可证323个，共征收渔业资源增殖保护费323,000.00元。收缴罚没收入50,039.00元（其中：渔政15,050.00元，其它34,989.00元）；全年共征收水资源费193,115.50元，抚仙湖资源保护费1,536,979.43元。

【学习培训】 为提高行政执法主体和执法人员依法治湖的能力，提高执法水平，江川县抚仙湖管理局一是组织干部职工认真学习贯彻党的十七大，县委十二届二次全会、县十四届人大五次会议精神；二是认真组织学习《行政处罚法》、《行政强制法》等法律、法规和有关文件；三是积极组织参加培训及考试。全年共组织参加干部人事档案达标培训、县信息宣传工作培训、贯彻党代会精神推进桥

头堡建设知识竞赛、党风廉政教育月活动知识竞赛等各类培训考试100余人次。

【护湖宣传】 一是以抚仙湖保护宣传教育基地为依托，充分发挥宣传教育基地的四个功能（即抚管部门法律、法规宣传中心；中、小学生环保教育课堂；共建单位护湖经验交流平台；专家、学者环保知识讲座基地），并将之与业务工作、四群教育工作、创先争优等工作结合起来，开展各类学习宣传和培训。年内共开展水上安全宣传培训、环境卫生管理工作会等会议培训13次；二是利用“6·5”世界环境日、法制宣传周、全国科普日、“8·26”抚仙湖保护活动日等为契机，积极开展环保法律法规知识宣传活动；三是创造性地组建了江川县抚仙湖自行车志愿者护湖队，在沿湖开展抚仙湖保护宣传实践活动。张贴环保宣传标语200余条、节水倡议书30份；发放抚仙湖生态环境保护宣传资料5000余份、节水倡议书宣传页2000份、《保护抚仙湖，节约用水》宣传材料1000余份；出动环保宣传车8车次；展出环保宣传展板6块；悬挂抚仙湖保护宣传喷绘画11张、抚仙湖保护布标4条；解答群众咨询1500余人次;种植滇朴20余株。四是创新宣传方式，组织开展“小手拉大手，共护抚仙湖”为主题的环保宣传教育实践活动，引导、发动学生参与抚仙湖保护，以学生的“童心、真心、爱心”唤醒、带动家长、沿湖群众参与到抚仙湖的保护活动中来。年内共开展活动2次，参与人员800多人，充分调动了各级干部、老师、家长、学生参与“四清”保洁活动，清洁村庄道路、河道、湖滩4350余米，清理沟渠800米，清运垃圾12吨余，展出展板6块，现场解答学生咨询100余人次。五是继续实施抚仙湖保护管理有奖举报制度，调动全民参与护湖的积极性，使各种违法违规行为及时受到严厉打击。全年共受理有奖举报案件178件。

【渔政管理】 一是着力做好2012年抚仙湖禁渔期工作，坚决打击电力偷捕、灯光诱捕、地笼捕鱼等违法违规行为，有效保护抚仙湖渔业资源；二是全力抓好2012～2013年度抚仙湖银鱼开湖捕捞工作，切实维护刺网捕捞渔民的合法权益。全年共张贴发放《关于严厉打击在抚仙湖违法使用蓄电池捕捞银鱼的通告》308张，出动执法艇161船次，执法车辆148车次，执法人员2175人次，收缴、暂扣铁质渔船20条，地笼420余个，绳子690余千克，各类违规网具约64张，拆除渔棚、钓鱼台、钓鱼堆20余个，暂扣助推器9个，有效维护了抚仙湖开封湖期间的渔政秩序。

【水政管理】 抚仙湖管理局以“合法取水、有偿使用、依法收费”为目标，积极探索推行水政管理“五个一”：即每户一本取水许可证、一块取水提示牌、一只取水计量设施、一本取水抄表台账、一份取水管理档案。2012年认真办理了审核报批路居供水经营部、红石岩村委会等3家取水单位的取水许可申请手续；对江川元和农业发展有限公司（明星小湾苗圃）、玉带河宾馆、云南江川浅水湾度假村有限公司等5家计量设施水表损坏的取水单位，立案调查并限期整改；对新取水点香树湾、这了古等建设工程和花椒树站扩建工程的监督管理到位，确保了建设过程中没有污染抚仙湖的行为发生。全年共征收2012年1～12月水资源费193,115.50元，全面完成了2012年度水资源费征收任务。征费工作中未出现少征、漏征现象，做到应收尽收。

【在建项目监督管理】 一是严格依法管理，认真审查上报材料，对不符合要求的要求其按规定申报，对符合要求的及时办理审查。二是认真做好环保审查及项目审批上报工作。三是力促《江川县人民政府办公室关于规范抚仙湖保护范围内建设项目前置初审管理的通知》文件的下发；四是草拟了《关于规范抚仙湖周边经营组织环保行政管理的建议》提交县政府，并由县政府形成初步前置意见审查制度。2012年，对大山会所退塘还湖生态建设、西南航空护林总站江川直升机场建设等项目进行受理、协调、初审上报等工作；为明星村退田还湖生态建设项目召开申报咨询会3次，为上报奠定了坚实基础。五是强化乱搭乱建违法行为查处及在建项目监管。对小马沟、阳光海岸、冯家湾占道、湖岸滩摆摊设点经营的跳蚤摊点进行清理整顿。出动执法车辆412车次，执法艇32船次，执法工作人员1573人次，查处围湖、填湖案件3起，下发《责令整改通知书》 6份；立案调查抚仙湖周边乱搭乱建行为16起。

【沿湖环境卫生监管】 一是召开会议，安排部署。组织召开江川县2012年抚仙湖沿岸环境卫生管理工作会1次、2011年度抚仙湖沿岸环境卫生管理工作考核检查会2次，为全面抓好抚仙湖沿岸以“四清”保洁为主要内容的环境卫生管理工作奠定了坚实基础。二是加强领导，成立机构。专门成立了以县长为组长，分管水利、公安、湖泊管理的三名副县长为副组长的“两湖”水资源管理和水生态环境保护工作领导小组，沿湖两镇也分别组建了相应的领导机构。三是制定方案，稳步实施。草拟了《江川县加强抚仙湖星云湖水资源管理和水生态环境保护工作的实施方案》。四是广泛宣传，营造氛围。五是加强队伍建设，进一步健全完善基层组织体系。投入30万元重新组建了两镇抚仙湖环境监护中队，聘请了30名监护队员，主要在抚仙湖沿岸执行“八不准”规定，进一步规范抚仙湖沿岸违规行为，有效杜绝了群众复垦、乱洗乱倒等问题的发生。六是落实责任，强化考核。认真落实“分片包干、责任到人”制度，不断完善“户三包、组保洁、村收集、镇运转、县处理”的农村卫生管理机制，共开展各类检查、督查450余次。七是在总结大鲫鱼河“用好一个人管好一条河”成功经验的基础上，深入调研，指导两镇环卫站创新管理方式。八是整合力量，专项治理。组织辖区内镇、村、组干部、群众、保洁员等每月集中开展“四清”环境卫生综合整治活动。全年共组织开展“四清”保洁专项活动25次；出动清扫、监督等管理人员25250人次，清运车辆1000多车次，清运垃圾4200多吨。

【三退三还】 一是以开展土地调查确权、广泛进行宣传、搞好试点建设、全力筹措资金、加强监督检查、协调两镇抓好相关工作等为抓手，全力做好抚仙湖退田还湖工作。截至3月27日，全面完成了涉及7个村、3433户、11000人的所有退田范围内土地面积2799.67亩，调查统计地上附着物树木9403棵，水窖（池）38个，水井49个，水塘5个，简易房526.492平方米、钢架大棚87.58亩等。二是科学研究制定《江川县地面附着物补偿方案》，为抚仙湖一级保护区缓冲带建设工程的顺利开展打下坚实基础。三是缓冲带建设工作稳步开展。计划实施缓冲带生态修复林木种植面积1428亩投资3755.87万元，截至年底，重点区域的生态修复工程累计投资约2400多万元，绿篱带围网封闭工程已完工，基底整理已基本完成；种植乔木3.7万株、麻竹4250丛、金竹18410株、灌木40000多平方米，完工率达90%。初步达到了工程建设的预期目的，抚仙湖湖滨缓冲带得到有效修复，湖区流域内的森林覆盖率进一步提高，水土流失有效减少，人居环境得到明显改善。四是协助做好抚仙湖大鲫鱼河流域环境综合治理工程。积极配合县大鲫鱼河流域环境综合治理工程管理局做好项目的报批工作；抽调单位人员协助推进工程建设。

【非机动船只管理】 一是强化安全宣传教育；二是对四家水上游乐公司的《营业执照》、《登记证》等经营资格是否合法进行检查；三是加强水上安全日常检查工作；四是安排专人全天待命，随时做好水上安全救援准备；五是对非安全营运行为进行严肃查处，对无证入湖等违法行为进行严厉打击，对不按规定穿戴救生设备入湖的旅客进行批评教育。全年共出动执法人员1000余人次、执法船艇100余船次、执法车辆70余车次，组织召开水上安全专题会议3次，填写《抚仙湖水上交通安全检查记录》130余份，签订《守法经营承诺书》、《水上交通安全生产承诺书》和《江川县抚仙湖水上交通安全目标管理责任书》各4份，救援水上遇险游客262人次；共办理航政案件9件，发放宣传材料2000余份，有效地维护水上生产安全和水上游乐秩序，营造了一个良好的旅游环境。由于措施有力，全年无一起水上安全事故发生。

【抚仙湖资源保护费征收】 全力促成县政府办发文成立江川县抚仙湖景区管理委员会，草拟制定了《江川县抚仙湖景区管理委员会关于在江川县抚仙湖景区出售景区门票项目的社会稳定风险评估方案（送审稿）》和《关于规范江川县抚仙湖景区停车场停车秩序的实施方案》；联合县地税局开展缴费对象的调研检查工作；认真开展好抚仙湖资源保护费的征收。全年共征收抚仙湖资源保护费1,536,979.43元。

【日常监管】 2012年，共口头教育、制止洗车、洗狗、乱倒乱堆垃圾等各种违法违规行为200余起；立案办理各类案件232件（其中：渔政47件、环保159件、水政6件、航政20件），已结137件（其中：渔政34件、环保84件、水政4件、航政15件），未结95件（其中：渔政13件、环保75件、水政2件、航政5件）。

（郭　松）

星云湖管理

【主要经济指标】 2012年12月25日至2013年1月13日星云湖开湖捕鱼20天，共办理捕捞许可证648本，征收渔业资源增殖保护费1036800元（1600元/证）。鱼产量1910吨，平均价格9元/千克，产值约17190万元。

【集中采购星云湖放湖鱼苗】 2012年2月15日上午9：00时，江川县星云湖管理局、江川县政府采购中心在县财政局三楼会议室对2012年集中采购星云湖放湖鱼苗进行竞争性谈判，本次采购本着“公开透明、公平竞争、公正和诚实信用”的原则，对前来参加竞标的4户从事鱼苗养殖、具备履约能力的供应商进行竞争性谈判采购，最后4户供应商中标。鱼苗认购品种：鲢鱼、鳙鱼、鲤鱼、青鱼、鲫鱼、大头鱼，认购数量约127吨，金额约114.7万元。

【2012年度星云湖鱼苗投放】 2月、4月共投放鱼苗达126247.6千克价值金额1201599.8元，其中：鲢、鳙鱼106974.8千克（占投放总量的85%），鲤鱼15115.8千克，大头鱼2000千克，滇池高背鲫鱼2157千克，整个投放工作在县有关部门及部分渔民代表

的共同参与监督下，管理局精心组织，统一指挥，严把投放鱼苗质量关，及时确保了符合规格要求、体质健壮、无鱼病的鱼苗投放湖中。

【星云湖沿湖岸边环境卫生整治】为确保星云湖沿湖岸边环境卫生整治行动长期有效开展，星云湖管理局在总结上一阶段的经验和完善管理长效机制的基础上，不断加大整治力度。3月12日，组织全局干部职工39人、驻江部队官兵150人，县环保局干部职工20人，在星云湖北岸西河大咀至大石洞沿岸一段集中开展捡拾岸边白色垃圾、清理裸露湖滩垃圾、湖岸漂浮物等为主的星云湖沿湖岸边环境卫生整治。此次整治，共出动人员约200多人，清理白色垃圾、塑料、玻璃制品约2吨和清理裸露湖滩垃圾、沿岸漂浮物约20吨。

3月21日，协调组织团员干部、学生、村组干部和星云湖管理局全体党员干部约160人，对东西大河两边滩涂进行清理，捡拾白色垃圾和清理杂草、杂物约10吨，并集中进行焚烧处理。

【清理拆除沿湖乱占乱围简易房】6月14日，在公安局、抚仙湖管理局执法人员的共同参与下，星云湖管理局组织渔政站干部职工共50人，对星云湖沿湖岸边的简易房作了清理拆除。此次清理行动共出动车辆6辆，拆除乱占乱围简易房15处，收缴泡沫堡子5个、网具60多张，并对所收缴的偷捕工具当场作了烧毁。这次清理拆除行动，在一定程度上对偷捕者起到了震慑作用。

【重拳打击偷捕团伙】　为有效保护星云湖渔业资源，实现渔业资源的可持续发展，确保广大渔民的合法权益，确保江川第八届开渔节的成功举办，星云湖管理局集中力量，重拳打击顶风作浪的偷捕团伙。2012年6月22日晚10：00时左右，由星云湖管理局、渔政管理站和抚仙湖执法大队组成联合执法组，对星云湖夜间一偷捕团伙进行打击。此次行动做到收集情况准确，制定方案可行，指挥有力，共出动5条机船，动用50人次，在星云湖大凹湾、螺蛳铺两处，依法查处10人偷捕团伙，其中海浒7人、陆家咀3人，收缴轮胎10个、网具60多张。对10名偷捕人员进行说服、教育后，星云湖管理局依照《中华人民共和国渔业法》和《云南省星云湖保护条例》进行了处罚。

【葛勇到星云湖管理局调研】　2012年7月2日下午，县委副书记、县长葛勇在副县长陈川明陪同下深入渔政管理站对渔政管理和星云湖综合治理进行专题调研。葛勇听取了星云湖管理局负责人韩振华的工作汇报，还与渔政管理站部分干部职工座谈，充分听取职工的建议意见，同时他还对职工从思想上给予了鼓舞，精神上给予了鼓励。

葛勇针对渔政管理现状和下一步的工作提出了四方面的要求：一是全局干部职工要进一步统一思想、克服困难，坚定信心、明确目标，切实做好星云湖渔政管理工作，为开渔节提供保障；二是要切实转变观念，与时俱进，进一步强化队伍建设，加强教育培训，进一步转变工作方式；三是积极协调各级各部门，通力协作，建立星云湖渔政执法联动机制和长效机制；四是围绕县委政府提出的“建设高原湖泊生态县”的目标要求，在星云湖综合治理的措施上要大胆的闯、大胆的试，充分利用星云湖的水资源，在可控的水域内进行生物科技的试验示范，力求在治污上有所作为。

【加大渔政执法打击偷捕行为】　8月5日，为进一步加大渔政执法力度，严厉打击违法偷捕现象，确保星云湖当前凫水偷捕的突出现象得到有效整治，保护星云湖渔业资源。联合抚仙湖执法大队对星云湖重点水域进行了巡查、执法，当晚共出动执法快艇6只、执法人员30名、对星云湖重点偷捕区域巡查，查获6名违法偷捕者，扣留1只渔船，收缴2个泡沫筏子、15张网。

【召开渔民恳谈会】　8月28日～9月1日，星云湖管理局相继在渔民较为集中、沿湖偷捕现象较为突出的渔村村委会、河咀村委会、海门村委会、西河村委会召开了渔民恳谈会，参加会议的渔民由多个层次的渔民代表79人参加（村民委员会领导同时是渔民、村民小组领导同时是渔民、经常偷捕者、渔民代表），局主要领导、分管渔政的副局长、渔政站站长、副站长及相关工作人员参加了会议，局领导与参会渔民及时沟通、交流，和他们交心、谈心，同时表明县委、政府对渔政管理工作的高度重视和支持，针对近期偷捕现象突出县委、政府采取的一些相关措施。同时也表明了对渔政管理工作的决心和信心。参会者们也对渔政管理工作提出了一些建议和看法，他们认为仅靠渔政站这支队伍，要管理好这个湖是有难度的，要与公、检、法、司等多家部门共同协作，整合多方资源，加大惩治力度，才能管好湖，保证渔民的合法利益。

【星云湖管理局集中打击沿湖偷捕者】　9月25日10时，星云湖管理局主要领导亲自指挥，分管渔政工作的副局长、渔政总站站长带队，共出动船只8次，出动人员32人，对大麦地、海门、西河一带的偷捕行为进行集中打击。此次抓获海门偷捕者2名，收缴银鱼网80张、鲫鱼网30张、泡沫筏子1个。当场并对所收缴的偷捕网具作了烧毁。这次集中打击，在一定程度上对偷捕者起到了震慑作用。

【法律法规宣传教育】 2012年以来，在星云湖一级保护区内，非法捕捞鱼类的行为屡禁不止，采取电鱼、下网等被国家法律法规明令禁止的捕捞方法进行非法捕捞，其势头猖獗、气焰嚣张，在社会上造成了恶劣影响，沿湖群众反映强烈。为严厉打击电鱼、下网等非法捕捞行为，有效保护星云湖渔业资源，实现渔业资源的可持续发展，确保全县广大渔民的合法权益，县委、政府决定在星云湖开展渔政管理专项整治行动。制定专项整治工作方案，成立工作机构。落实6月11日召开的星云湖渔业资源管理紧急会议精神，要求做到进村入户摸底调查，采取各种形式大力宣传《渔业法》、《云南省星云湖保护条例》等相关法律法规，提高沿湖群众的遵纪守法意识。

宣传发动期间，各乡镇共召开村组干部、渔民代表大会52次，参会人员1013人，广播宣传21次，为星云湖渔政管理专项整治行动工作的开展提供了良好的社会环境。

【渔政执法】 根据工作实际，调整常规、注重灵活、主动出击、点面结合，加强对重点偷捕地段、流动偷捕团伙的监控，并对一些偷捕者进行事前教育，有效遏制偷捕案件的发生。针对一些不法分子为牟取利益，在星云湖水域进行电鱼、下网捕鱼等非法捕捞活动，积极开展了星云湖渔政管理专项整治行动，积极采取措施，认真抓住“三个重点”，做到“三个结合”，即抓住重点对象（历年偷鱼的惯犯）；重点地段（偷鱼者经常实施偷捕的地段，主要以星云湖十里长堤、麻地咀一带为打击的重点地段）；重点时期（鱼汛期），努力做到集中整治与长效管理相结合，惩治和教育相结合，自查和督查相结合，认真开展打击非法偷捕行为，并对偷捕者进行严厉惩处，将整治工作有关情况在江川新闻网上进行公开报道，通过宣传震慑违法人员，教育广大群众。截至12月，共出动执法车检查312次，执法人员1248人次，执法船检查1440次，执法人员2880人次，联合抚仙湖执法大队共6次对星云湖特殊偷捕时期开展整治，截止12月底，共查处偷捕星云湖渔业资源案件187起，涉案人员187人，收缴各类网具24488张，地笼1433个，收取渔业资源损失赔偿费187950元，收缴电鱼设备（电瓶）9台。

（赵　薇）

工商企业

编辑　盛文芬

工业商贸和科技信息

【概　述】　2012年江川县累计完成现价工业总产值46.08亿元，同比增长37.25%，完成全年目标的92.14%；规模以上工业企业23户，完成现价工业总产值25.04亿元，同比增长34.82%，完成全年目标100.97%；实现工业增加值8.9亿元，同比增长26.2%，增速全市排名第一名，全省排名第35名，完成全年目标的100.05%；实现主营业务收入23.06亿元，同比增长35.03%，完成全年目标的100.26%，利税总额3.35亿元，同比增长29.78%，完成全年目标的101.48%；利润总额1.8亿元，同比增长60.87%，完成全年目标的119.83%。工业经济保持平稳增长态势。2012年，全县完成工业固定资产（不含电力）投资5亿元，同比增长3.24倍，完成市下达全年目标的119.79%。

【工业投资项目情况】　2012年，全县工业发展项目总体上分为三类，第一类是进入园区的新建项目，第二类是原有企业的技改项目，第三类是企业整合项目。新建项目主要集中在两个园区（龙泉山生态工业园区、小白坡工业产业园区）。龙泉山生态工业园区已入园项目两个，即：云南特固电气有限公司年产1万件（套）智能电网控制设备及附件生产项目、云南联塑科技发展有限公司年产10万吨新型塑料管材项目。意向性入园项目11个，即：云南（江川）腾达机械制造有限公司机械装备制造项目1个、云南金滇格文化产业发展有限责任公司工艺品研发设计生产项目1个、云南生物谷灯盏花药业有限公司等生物制药项目3个，云南创新新材料股份有限公司新材料生产项目6个。小白坡工业产业区意向性入园项目9个，即：云南福达钢构工程门业有限公司年产2000吨H型钢和25000樘车库门自动化生产线、江川县天虹彩印包装有限公司年产6000万只纸制品包装生产线、江川县万利包装有限公司年产5600万只纸箱生产线、江川县雄丰纸制品厂年产28000万只纸制品包装生产线、江川县江城远川养禽场年产4600万片鸡蛋盘生产线、江川县翠峰鸿湖有色塑料包装彩印项目、云南江川南兴纸业有限公司年产8000吨生活用纸生产线、云南菲琦纸业有限公司生活用纸生产线、江川地九农牧业科技发展有限公司年产6000吨配合饲料生产线。1～12月，全县工业企业共有技改项目14项，其中较大的有三项，即：云南江磷集团股份有限公司的黄磷尾气环境整治综合利用——500吨/日石灰项目、江川富鸿石材加工厂大型环保节能全自动商品位活性石灰窑项目、江川翠峰水泥有限公司纯低温余热发电项目。企业整合项目有两个，即：烟花爆竹企业整合和红砖企业整合。在上述38个项目中，招商引资项目18个，占47.37%，本土企业自筹资金项目20个，占52.63%。

【节能目标任务及完成情况】　全县“十二五”期间，单位GDP能耗下降13%；2012年节能目标任务是单位GDP能耗下降2.5，实际完成了单位GDP能耗下降2.5%的目标任务。1～11月份，江川县规模以上工业企业综合能源消费量为16.04万吨标准煤，比同期增长5.03万吨标准煤，同比上升45.72%，产值218611万元（现价，下同），同比上升38.18%，万元产值能耗0.7338吨标准煤，同比上升5.46%。1～10月工业增加值65030万元，同比增长30.4%，单位工业增加值能耗仅下降6.07%。

【重点节能项目建设情况】　2012年江川县已建成投产的重点节能工业项目有三项：（1）江磷集团黄磷尾气环境整治综合利用项目——500吨/日石灰生装置。工程含黄磷尾气收集、净化及输送系统，石灰生产系统，石灰贮运及配套的公用工程设施。工程占地5400平方米（利用淘汰1号黄磷电炉位置），工程总投资5100万元。项目建成后实现销售收入6300万元，上缴税收1000万元，实现利润1400万元。此项目7月份已开始试车。（2）江川县丰茂纸业有限公司新上15吨节能型循环流化床锅炉项目及造纸生产线节能改造项目。总投资1510万元，建成后预计每年可节约11679吨标准煤，年内，锅炉和配套的重力除尘器、麻石水膜除尘器已建设完毕。该公司已淘汰拆除蒸发量为每小时4吨卧式链条锅炉，保留蒸发量为每小时6吨卧式链条锅炉作为备用锅炉。（3）江川县凤凰山水泥有限责任公司投资1000万元对机窑和水泥磨等进行技改，每年可节约900吨标准煤。一是立窑由原来的直径3.28×11米改为直径4×11米，通过技改，台时产量由原来的9.6吨/时提高到现在的20吨/时。电耗由原来的22千瓦时/吨降低到13千瓦时/吨。一年可节约用电100万多千瓦时。二是制成水泥磨由原来的直径1.83×6.5米一台、直径2.2×6.5米两台技改为直径3.2×13米一台，通过技改台时产量由原来的7吨/时提到45吨/时，电耗由原来的43千瓦时/吨降到30千瓦时/吨。一年可节约用电200万千瓦时。三是在生料段加入节煤剂，按生料配比计。可节煤0.5%～0.7%，一年按正常生产，需生灰17万吨，可节煤850～1200吨左右。

（张秀珍）

【内贸工作】 2012年实现社会消费品零售总额134095.9万元，增长14.26%。完成市商务局指导性任务14亿元的95.78%。其中分销售地区看：城镇实现消费品零售总额76221.1 万元，增长14.3%；乡村实现57874.8 万元，增长14.2%。

【外贸工作】 2012年完成贸易进出口6293万美元，与上年同期的7956万美元负增长20.9%，完成计划进出口任务8800万美元的71.5%。

从出口商品看，磷化工实现贸易进出口1789万美元，与上年同期的3115万美元相比，负增长42.6%；蔬菜实现进出口3979万美元，与上年同期的4431万美元相比负增长10.2%；花卉实现进出口523万美元，与上年同期的438万美元相比增长19.4%；机电产品实现2万美元，实现了机电类产品出口的突破。从出口企业类别看，私营企业实现5517万美元，与上年同期的7182万美元相比负增长23.2%；外商投资企业实现776万美元，与上年同期的802万美元相比负增长3.2%。

【汽车市场】 2012年销售汽车519辆，其中小轿车2辆、货车116辆、面包车401辆，与上年同期的979辆相比减少460辆；完成销售金额1978.09万元，与上年同期的3348.03万元相比，减少1369.94万元，减40.92%。

【家电下乡】 2012年1～12月，完成家电下乡16806台（件），销售金额4,781.54万元，已完成申报补贴15598台（件），补贴金额526.88万元，补贴率92.8%。

【生猪屠宰管理】 全县共有七个生猪定点屠宰场，承担全县生猪屠宰加工服务。2012年共计宰杀生猪70505头，完成年计划55000头的128.19%,比上年同期的61709头增加8796头，增加14.25%。

【成品油管理】 2012年共计销售成品油39183.39吨，与上年的34408.58吨相比，增加4774.81吨，增长13.88%。其中：93#汽油销售13247.8吨，比上年同期的11400.28吨增长16.2%；97#汽油销售751.46吨，比上年的514.79吨增长45.97%；柴油销售25184.13吨，比上年同期22493.51吨增加2690.62吨，增长11.96%。

【江川县表彰奖励著名、知名商标企业】 2012年11月12日，江川县召开表彰奖励云南省著名商标、玉溪市知名商标企业工作会议，对江川县2011年注册的2家云南省著名商标企业和4家玉溪市知名商标企业进行表彰奖励。

年内，全县拥有各类注册商标291件，其中，云南省著名商标15件、玉溪市知名商标21件，涵盖了生物制药、有色金属、化工、食品加工、烟花火炮等多个行业。2011年度江川县注册的云南省著名商标企业为云南澳宴奇食品有限公司、江川县文星阁烟花火炮厂；玉溪市知名商标企业为云南澳宴奇食品有限公司、云南卓一食品有限公司、玉溪天丽食品有限公司、云南红塔包装实业有限责任公司。

【3家市场被授予县级诚信市场称号】 2012年江川华联超市、大街老街心市场、江城东门农贸市场分别获得县级“诚信市场”称号。

【引导外来投资企业做好安全生产工作】 为认真做好全县外来投资企业的安全生产工作，确保企业生命财产安全，做到防患于未然。2012年入汛以来，江川县从做好外来投资企业的跟踪服务工作出发，定期或不定期深入到全县外商投资企业中就企业的生产运营工作进行走访和了解，并重点深入到涉及矿业、水电和建筑行业的外来投资企业中积极引导他们做好汛期安全生产工作。

一是引导企业树立防大汛、救大灾的意识，认真研究，周密部署，抓实抓细汛期安全工作。切实增强防透水、防雷击、防滑坡、防垮塌、防泥石流等自然灾害的意识，加强沟通联系，及时掌握水情预测和地质灾害预报情况。建立健全企业法定代表人安全生产责任制度、各级安全生产控制指标考核制度、安全生产规章制度、汛期值班制度和安全生产应急预案等各项安全生产措施和责任制度。

二是引导企业定期或不定期开展安全隐患排查整改和重大危险源安全生产监控工作。对企业生产作业过程中的重点环节、部位、设施、设备、

装置进行安全排查检查，对排查情况，重大隐患的管理治理情况要建档立卷，以便备查。

三是引导企业开展好安全生产培训。针对企业性质，在企业内部开展企业主要负责人、安全管理人员、特种作业人员和新员工（包括新工人、农民工、合同工、临时工、外包工、实习生等）安全生产培训、持证上岗培训和岗前培训以及班组、车间、厂级三级安全教育培训。

四是引导企业开展好工程项目安全管理工作。按照国家有关规定和规范的市场运作机制，积极倡导企业建立完善的招标制、项目法人负责制、工程监理制，并明确建设方、承包方和监理方的安全职责，建立严格的现场组织管理、作业管理和相关安全规程。

五是引导企业做好正常的安全经费投入工作。建议在企业成本中专项列支安全费用，特别是高危行业企业要按照规定足额核定安全费用并在成本中列支，切实保障企业的安全生产工作经费。

【江川7户企业获国际市场开拓资金补助】 2012年江川汇海农产品有限公司、玉溪天丽食品有限公司、玉溪恒丰万里花卉有限公司、玉溪东浦食品有限公司、玉溪味特生物科技有限公司、云南宏斌绿色食品有限公司、云南荣盛实业有限公司等7户企业获补助35.47万元。

（王牙明）

【盐业管理】 2012年共出动执法人员65人次，车辆30台次，检查各类零售集贸市场12个，检查食盐零售经营户140户，检查食品、饮料加工企业7户，检查学校食堂18个，检查民工食堂12个，检查旅游景区宾馆（饭店）96个。

【食盐销售网络建设】 2012年县盐务管理局根据路程远近，供应人数等情况，在全县范围内建立了5个代批点和192个销售点，全年计划销售1300吨，实际完成1200吨。

【国家盐业法律、法规宣传】 2012年江川县盐务局通过《3·15消费者权益日》、《5·15消除碘缺管病危害宣传日》，积极组织参与工商、卫生等相关部门联合开展宣传活动。在日常工作中盐政执法人员积极深入农村集贸市场，利用乡村人员比较集中的集市，设点对人民群众宣传《食盐专营办法》、《食盐加碘消除碘缺乏危害管理条例》和《云南省盐业管理条例》等盐业法律、法规及真假食盐的鉴别，在宣传过程中共发放宣传资料4000多份，接受群众咨询300人次，让广大人民群众认识食用合格碘盐的重要性，逐步增强人民群众自我保护意识。

（张秀珍）

【元旦春节安全生产工作】 为扎实做好元旦、春节期间安全生产工作，县工信局根据市县文件精神，成立了以曲绍庭局长为组长的安全生产工作领导小组，制定实施方案，明确工作目标、职责、重点。对本局职权范围内的安全生产工作进行安排部署、督促检查，要求县电力公司、雄关天丽食品有限公司等企业要对排查出来的安全隐患逐项逐条登记、并研究落实整改措施、经费、责任人、时限。

（刘光启）

【科技项目申报管理】 2012年申请省市级科技计划项目19项（国家级3项、省级10项、市级4项、县级2项），分别是：申报高新技术企业认定1项，申报国家创新基金科技项目1项，国家科技成果转化项目1项，申报省非公经济科技专项1项，申报省工程技术中心认定1项，申报省专利转化项目1项，申报省农产品加工科技型企业认定2项、省科技示范园认定2项，省农村科技辅导员认定2项，省科技特派员认定1项，省优质种业基地认定1项，市行业技术中心认定1项，市农业、工业、社会发展科技项目4项。实际获得立项10个，其中：国家级1项，省级3项，市级4项，县级2项，项目补助资金达250万元。申报各级科普项目6个（国家科普项目3项、省级科普项目3项），实际立项3项（国家级科普项目1项、省级科普项目2项）。

【科普宣传活动】 开展江川县2012年科技活动暨知识产权宣传周活动，成立领导小组，下发《关于举办江川县2012年科技活动暨知识产权宣传周活动的通知》，明确各部门工作任务。各部门共展出科技、卫生、地震、烟草、农业、畜牧等方面的相关科技知识展板82块，发放大众科普手册、知识产权100问、核桃栽培与管理、烤烟栽培技术、防灾减震、人畜疾病预防知识等宣传手册、报刊、书籍26种13000份，接待咨询群众1000余人。6个乡镇和大街街道办事处组织烟草、农科等专业技术人员近700人次，深入田间地头指导烤烟、水稻等大春作物的田间管理，开展实用技术培训45期，培训人员3000余人次，发放技术资料6500多份，出墙报、黑板报28期。

【科技项目管理】 2012年县工信局组织云南宏斌绿色食品有限公司开展省科技富民强县项目《辣椒系列产品深加工产业化开发》实施验收工作，组织皇壮牧业有限公司开展省科技非公专项《生物发酵床养猪技术产业化研究开发》实施验收工作，做好项目工作总结、技术总结，完善项目验收各种资料，顺利通过专家组验收。

【农业产业科技创新】 2012年江川县现代生猪示范园被创建为省级农业示范园，云南阳光食品有限公司、云南宏斌绿色食品有限公司被认定为云南省科技型中小企业；云南金塔实业有限公司、玉溪阳光食品有限公司、云南宏斌绿色食品有限公司被认定为云南省农产品深加工科技型企业；江川涛涛绿源农产业发展有限公司被认定为江川水上蔬菜科技示范园，云南宏斌绿色食品有限公司被认定为玉溪江川农产品加工科技示范园；江川皇壮牧业有限公司被认定为LY母猪优质种业基地；江城镇科技专干杨芳、前卫镇科技专干王亚兰被认定为第一批云南省农村科技辅导员，江城镇水管站韩卫德被认定2012年云南省科技特派员；培育省级农业龙头企业3家、市级农业龙头企业9家，农业产业化企业31个，组建各种农技协23个，农民专业合作社32个，培育科技示范村21个，科技示范户4882户，农产品营销大户816户；累计获得无公害农产品认证3个、绿色食品3个、有机食品认证2个。

【滇中万亩有机蓝莓产业科技示范园项目对接洽谈会】 2012年2月29日，江川县召开“滇中万亩有机蓝莓产业科技示范园”项目对接洽谈会。市委常委、副市长黄宪庭，市政府副秘书长杨丽芬，江川县委书记马文龙，县人大常委会主任赵少春，县政协主席黄文柱、副县长石伟等领导参加洽谈会。县委书记马文龙对美国蓝晶有机农业开发有限公司落户江川表示欢迎并作表态发言。马文龙说，有机蓝莓产业科技示范园建设符合国家、云南省和玉溪市产业结构调整及产业发展方向，符合江川实际。江川县将按照市委、市政府的要求，及时成立项目推进领导小组，制定详细的工作计划，加强各部门间的协调配合，积极做好各项工作，全力支持和服务好项目发展。马文龙同时建议企业要尽快将实施项目的操作流程、发展前景以及涉及农户切身利益的相关问题等制定成详细规划，为下一步更好地开展群众工作打好基础。会上，市、县相关部门负责人在会上就项目发展的前景以及存在的困难和问题作交流发言。

【江川县2012年科技工作会】 2012年5月30日下午，江川县召开2012年科技工作会。县委常委、宣传部部长龚桂存，县人大副主任杨本忠，县政府副县长石伟，县政协副主席郭开明出席会议。县委常委、宣传部部长龚桂存在会上宣读了《关于表彰奖励2010～2011年度科技进步与创新工作先进单位及个人的决定》，并为在2010～2011年度科技进步与创新工作中涌现出的2个先进单位及5名个人颁奖。副县长石伟对2012年江川县科技工作作出安排，要求各级各部门要按照中共江川县委、江川县人民政府关于贯彻落实《中共玉溪市委玉溪市人民政府实施建设创新型玉溪行动计划的决定》的意见要求，进一步提高认识，切实加强领导，全力完成2012年科技目标任务。要严格落实责任，按照目标要求制定相应的工作方案和工作措施，将工作指标分解落实到人，既分工负责，又相互协作，努力营造全社会共同参与的大科技工作格局。

【乡镇科技专干会议】 2012年2月8日，召开乡镇科技专干工作会议，总结2011年乡镇科技工作，安排部署2012年乡镇科技工作，切实推进农业科技发展工作。会议认真学习了《关于加快推进农业科技创新持续增强农产品供给保障能力的若干意见》，分析了江川县农业科技发展现状，强调要立足江川是一个农业县的县情，农业发展要始终坚持一靠政策、二靠科技、三靠投入的“三靠”原则，农业农村发展必须发挥科学技术的基础性作用，紧紧依靠科技进步和劳动者素质的提高。会议对2011年乡镇科技工作进行考核评定，兑现了工作目标绩效奖。

【江川县规模企业知识产权工作培训】 2012年5月24日，江川县邀请市科技局领导及知识产权专家，对江川县24户规模以上企业及相关部门负责人、业务人员进行知识产权工作专题培训。会上，市科技局副局长雷华忠作《企业知识产权的创造保护管理运用》、县工信局局长曲绍庭作《创新是企业发展的核心和源泉》、市科技局知识产权科科长王元富作《企业知识产权发展战略》、市知识产权援助中心主任杨旭作《企业知识产权管理》专题报告，从不同的角度分别对企业知识产权相关工作开展培训。举办企业知识产权工作培训会，对提高江川县企业开展知识产权工作的意识，提升企业自主创新能力，加快县域经济结构调整和发展方式转变，提升产业竞争力。对落实建设创新型玉溪行动计划，优化科技发展环境、加强技术创新，加速成果转化，加快县域科技创新体系建设将起到积极的促进作用。

【科技成果奖励】 组织江川县水产技术推广站《云南倒刺鲃人工驯养繁殖技术研究》成果申报2012年省、市科学技术奖，获玉溪市科学技术2等奖，云南省科学技术3等奖；组织江川县农业局植保植检站《小菜蛾发生规律及性诱剂防治技术研究与应用》成果申报2012年玉溪市科学技术奖，获玉溪市科学技术3等奖。

【科技合作交流】 2012年县工信局组织云南金塔实业有限公司《马铃薯种球组织培育及扩繁项目》、云南阳光食品有限公司《10万吨高原特色农产品精深加工项目》、云南宏斌绿色食品有限公司《5万吨酸腌菜产业化项目》参加第七届世界云南同乡联谊大会玉溪市招商引资项目；组织江磷集团股份有限公司《超细赤磷生产技术（包覆赤磷）》参加科技入滇合作项目，组织云南江川金兰园艺有限责任公司与上海交通大学签署《玉溪地区大花蕙兰适生新品种AFLP分子辅助育种项目合作意向性合同书》，组织云南宏斌绿色食品有限公司《小米辣精

深加工生产线建设项目》参加建设创新型云南行动计划重大科技成果展。

【知识产权宣传】　开展2012年"4·26"知识产权宣传周、"科技活动周"活动，邀请市科技局领导及知识产权专家，对江川县24户规模以上企业及相关部门负责人、业务人员进行知识产权工作专题培训；组织云南宏斌绿色食品有限公司、云南阳光食品有限公司2户企业共100人参与了中国公众知识产权知识竞赛。

【知识产权服务】　利用江川科技门户网站，设立知识产权工作栏目，发布专利政策和信息，提供专利技术查询；集中部分人员和乡镇科技专干，深入乡镇、企业开展知识产权工作宣传动员，以专利申请、受理、授权、资助奖励全程的跟踪服务方式，全力为专利申请人构建良好的工作环境。全年共接待群众专利咨询服务67人次；帮助专利权人申请省、市、县各种专利资助、奖励20多件，资助金额2万余元；免费为4户企业订阅了《中国知识产权报》，帮助云南江磷集团股份有限公司申请云南省专利转化实施项目，项目已获省科技厅、知识产权局立项支持，资助资金15万元，该项目的申报成功标志着江川县专利工作又跃上了一个新台阶。组织科技管理干部3人参加玉溪市行政执法培训，切实提高知识产权服务和管理工作水平。

【专利申请】　2012年申请专利35件，其中：发明专利2件，实用型新13件，外观设计20件；专利获得授权30件，其中：发明专利4件、实用新型专利7件、外观设计专利19件。申请和授权量分别占全市总量的7.12%和8.02%，居全市第四，超额完成了2012年市政府下达给江川县的目标任务，有效提升了县域科技自主创新能力。

（龚绍祥）

【无线电管理宣传月活动】　江川县工信局联合文旅广体局、气象局、江川电信、移动、联通分公司、云南玉泉酒店有限公司、江川世文酒店有限公司于2012年9月5～29日，共同联合举办以"无线电频谱——稀奇的国家战略资源"宣传为主题的江川县无线电管理宣传月活动。活动期间，开展无线电管理相关法律、法规、基本知识的宣传咨询活动，发放《中华人民共和国无线电管理条例》、《中华人民共和国无线电管制规定》、《云南省无线电电磁环境保护条例》、《2012年无线电台站核查宣传专页》等宣传手册、书籍6种4100份，接待咨询群众50余人，展出展板18块，利用手机短信平台，向全县手机用户发送"严禁非法设台，保护电磁环境，促进和谐发展，为了你我他的联络畅通，请自觉遵守《无线电管理条例》"等无线电管理公益短信44万条；利用LED电子显示屏滚动播出宣传标语5100条；制作悬挂条幅、横幅标语12幅。

【无线电台站核查工作】　按省、市工信委无线电台站核查工作部署，江川县工信局结合江川实际，成立了无线电台站核查工作组。于2012年6月1日～6月30日，在全县范围内开展无线电台站核查工作。通过走访调查厂矿、宾馆、酒店、娱乐场所等35户，使用对讲机的用户有11户75部。其中：手续合法的有7户51部，有4户24部对讲机手续不完善。江川县工信局对手续不完善的用户加大督促力度，指导用户完善频率台站申批手续，规范无线电台站管理，促进江川无线电事业的发展。由于该项工作成绩突出，得到了省、市工信委的充分肯定。江川县工信局获省工信委无线电台站核查优良单位；获市工信委先进单位，一名业务人员获市工信委先进个人一等奖。

【非法广播和开路电视节目信号监听】　为确保党的十八大广播电视安全播出，确保舆论安全，根据中央、省、市、县关于加强卫星电视监管执法和网络视听节目清理整治等通知精神和工作部署，江川县工信局运用无线电监测接收机于2012年10月15日～11月15日，对调频广播及开路电视节目信号进行监听。通过不间断搜索和监听，没有发现非法广播和开路电视节目信号。

【成长型中小企业参加银河培训工程培训】　为提高江川县中小企业信息化、标准化建设步伐，提高企业管理水平和整体素质，江川县工信局积极深入企业调研，认真筛选组织云南宏斌绿色食品有限公司、云南阳光食品有限公司、江川卓一食品有限公司等11户成长型企业17名管理者，参加市工信委于2012年3月30日至4月1日举办的国家中小企业银河培训工程培训。

【数字企业创建】　江川县工信局根据《玉溪市人民政府办公室关于开展全市中小企业信息化暨数字企业建设工作的通知》精神，深入企业调研，筛选信息化建设基础条件好的云南江磷集团股份有限公司、云南红塔包装实业有限责任公司、云南宏斌绿色食品有限公司、云南卓一食品有限公司、云南阳光食品有限公司等10户企业为试点，开展以"七个一"为主要内容的"数字企业"建设活动。通过创建活动，10户试点企业达到至少D级（"四个一"）的标准，完成了市工信委下达的任务指标。云南江磷集团股份有限公司、云南阳光食品有限公司获市工信委中小企业信息化建设先进企业。

（罗海清）

【党委党建】　2012年共有党的基层组织32个。其中党总支4个，党支部28个。共有党员370名，其中预备党员4

名，占党员总数的1.08%；女党员75名，占党员总数的20.27%；少数民族党员16名，占党员总数的4.32%。35岁及以下的党员39名，占党员总数的10.54%。大专以上学历的党员146名，占党员总数的39.46%。共有申请入党人（不包括积极分子和发展对象）52人，入党积极分子（不包括发展对象）42人，发展对象6人。

强化各项党务工作：一是抓好学习教育，夯实党建思想基础。通过普通党员讲党课、撰写心得体会、举办知识竞赛等方式，组织各党支部学习党的十七大、十七届五中、六中全会及省、市、县委全会精神。二是组织开展“基层组织建设年”、“作风建设年”活动，对全系统各类基层党组织进行科学合理分类定级、整改提高。三是组织开展创先争优活动。确定争创主题，创新活动载体，以公开承诺、量化排名和考核评比为主要抓手，组织动员广大党员争当发展先锋，为推动部门、企业发展作贡献。四是扎实开展“四群”教育活动。紧紧围绕“干部受教育、作风有改进、发展上水平、群众得实惠”的工作目标，局党政班子多次召开民情分析专题会议，深入联系村和联系企业开展调研，听民声、解民忧。各单位、各部门结合实际，扎实有效开展教育活动。活动中协调抗旱项目3个，解决抗旱资金9万元，解决饮水困难群众14500人，解决农田灌溉23600亩。局党委积极协调资金65万余元，完成赵官村1000余米主干道路硬化，切实解决了群众出行难的问题。四是注重抓建设，增强党建工作水平。组织修订完善了党组织学习制度、议事规则、党员联系和服务群众制度等规章制度。认真落实“三会一课”制度，按时组织召开班子专题民主生活会，不断提高党内民主生活质量。

（叶红梅　杨宏蕾）

招商合作

【概　述】　截至12月底，全县实施28个项目，其中上年结转8个项目，新建项目20个，协议总投资381024万元，实际到位资金146030万元，其中县外国内资金145700万元，与上年同比（114675）增27.05%，完成县政府考核任务的104.07%，引进市外国内资金139420万元，与上年同比（105245万元）增24.51%；引进省外国内资金120510万元，与上年同比（95685万元）增25.95%，完成市政府考核目标任务120000万元的100.4%。利用外资企业境外人民币投资3100万元，核定约合492万美元，完成市政府考核指标300万美元的164%。实现了外资任务零的突破。同时，结合工作实际，认真做好谋划工作，着力抓好政策完善、产业项目涉外推介，经广泛调研，多方征求意见，修定完善《江川县鼓励投资优惠政策》及《江川县招商引资工作考评奖励办法》。在此基础上，规范了外商投资企业注册登记流程，内资投资企业注册登记流程。此外，凡涉及外来投资企业（集团），必须如实填报《江川县招商引资项目备案登记表》，作为考核、奖励、项目推进跟踪服务。按照省委省政府关于滇中经济圈建设“一区、两带、四城、多点”的战略部署，立足实情，按产业化布局，园区引资引技现状，吸引新型材料、环保、生物、装备制造、工业型、文化、新型城镇化建设等项目入住县域境内，创意策划包装一、二、三产业项目45个。

【机构设置】　2012年9月，根据《江川县机构编制委员会关于设置江川县招商合作局的通知》，成立江川县招商合作局，为县政府直属机构，财政全额拨款，机构规格为正科级。编制10名，其中：领导职数3名，其中局长1名、副局长2名。年末实有人员6名。

【项目推介】　按照省委省政府关于滇中经济圈建设“一区、两带、四城、多点”的战略部署，立足实情，按照产业化布局，结合园区引资引技现状，积极做好吸引新型材料、环保、生物、装备制造、工业型、文化、新型城镇化建设等项目入住县域境内的工作，创意策划包装一、二、三产业项目45个：工业项目15个，旅游文化项目15个，商贸物流项目7个，城建项目4个，农业项目4个。充分挖掘自然资源优势，培植新型建设项目，立足各界推介。把投资的重点领域放在各产业允许项目上，助推社会经济又好又快发展。

【积极推介产业发展项目】　江川县以第20届中国昆明进出口商品交易会暨第七届国际华人论坛在昆明举行为机遇，认真组织、精心准备，编印推介招商项目11个，其中一产业项目3个，二产业项目5个，三产业项目3个。同时借机宣传《江川之美》摄影作品及《江川龙泉工业园区》简介，发放资料1000余册。为向社会各界提升江川知名度和影响力，促进招商引资工作奠定了基础。

【三大项目签约】　6月6～10日，为实施“桥头堡”战略，推动区域合作民企入滇，第20届中国昆明进出口商品交易会暨第5届南亚国家商品展在会展中心举行期间，江川县委书记马文龙、人大主任赵少春、副书记张金翔、县委常委副县长罗跃岗、石伟等党政领导及相关部门、乡镇领导参加招商引资项目签约仪式。此次鉴约的三大项目是：云南“仙湖锦绣”项目，开发地棋盘山-鲭鱼湾地块，协议总投资450亿，投资方为重庆龙湖集团公司，项目总占地面积22平方千米（33000亩），投资开发类别为利用缓坡山地建设高端低碳生态综合文化旅游设施；“奥宸——抚仙湖国际旅游小镇”项目，协议总投资160亿，投资方

为云南奥宸集团公司，项目总占地面积约5364亩，投资开发类别为利用抚仙湖西岸江城镇凤凰山地块建设以度假、娱乐、养生等综合旅游配套设施小镇；“低丘缓坡山地综合开发利用”项目，协议总投资12亿。

【完善政策】 10月份以来，县招商合作局认真做好谋划工作，为进一步营造良好的投资环境，吸引众多客商、企业（集团）投资江川，共谋共赢发展，经广泛调研，多方征求意见，年内修改完善好《江川县鼓励投资优惠政策》及《江川县招商引资工作考评奖励办法》，拟报县委、政府研究实行。在此基础上，规范了外商投资企业注册登记流程、内资投资企业注册登记流程。此外，凡涉及外来投资企业（集团），必须如实填报《江川县招商引资项目备案登记表》，建立考核、奖励、项目推进跟踪服务机制。

（李 坤）

工业园区管理

【概 述】 江川龙泉山生态工业园区位于江川县城西北面3.5千米处，坐落于江川至玉溪、通海、华宁、澄江四条高等级公路汇聚点附近，交通极为便利。园区2009年9月开始规划，2010年12月经县委、县政府批准设立。总规划面积4.82平方千米，详规面积2.77平方千米。2012江川县紧紧抓住列为国家级“低丘缓坡土地综合利用开发”试点县的机遇，高起点规划、高标准建设，及时进行规划修编，将园区规划面积扩大至20平方千米，土地利用规模居玉溪市前列，使园区拥有推进新型工业化广阔的土地拓展空间。

根据江川发展实际和产业定位，园区规划为“装备制造、新兴产业、机械电子”三大产业区，重点引入新能源、新材料、环保产业、生物产业、新型装备制造业等新兴产业入园发展。同时，为了解决本地中小微企业扩产增效、用地难问题，2012年启动了江川小白坡工业产业片区600多亩的总体规划设计工作。年内，小白坡工业产业片区已完成总规、环评编制。

【机构设置】 2011年6月经县委批准，成立江川县工业园区管理局，对园区实施统一领导、统一规划、统一建设、统一管理和协调服务，为江川县工业商贸和科技信息局管理、财政全额拨款的事业单位，核定编制10名，其中设局长1名、副局长2名。

2012年5月31日经县编委会议研究，撤销江川县工业园区管理局，收回事业编制10名，设立江川工业园区管理委员会，为县委、县政府派出的正科级机构，核定事业编制15名，政府购买岗位20名，设党工委书记1名、副书记1名，管委会主任1名、副主任2名。根据工作职责，园区管委会设五个内设机构，即党政办公室、规划建设科、经济发展科、招商引资科、社会事务科。

2012年11月19日经县委常委会研究同意，成立江川工业园区工作委员会，设党工委委员7名，其中党工委书记1名，副书记1名，为县委派出机构。

【基础设施建设】 按照高起点规划要求，园区基础设施坚持高标准建设、高强度投入、高质量施工、因地制宜、量力而行的原则，县委、县政府把基础设施建设当作“筑巢引凤”的头道工序，坚持以政府投入为引导，市场化运作为主体的投资模式，集中有限资源打攻坚战，多渠道筹集资金，加快园区基础设施建设步伐。园区基础设施建设计划总投资21500万元，已完成投资12793万元。其中：园区内宽30米（长1.96千米）龙泉大道已完成路基基础工程和排水管道工程建设，完成投资3825万元。2012年11月中旬，沿龙泉大道供水主管道通水投入使用；宽40米（长2.45千米）仙水大道完成投资5834万元，于2012年10月24日开工；投资1469.6万元的3000立方米高位水池及至工业园区供水管线（8千米）及配套电力设施已建成；投资665万元30米大道两侧人行道排污管网工程及弱电、输水管网工程已完工；110千伏变电站2013年5月份可进行运营；20米次干道市政道路新建工程，用地74亩，已完成施工图纸设计。园区各项基础设施建设已初具规模，为项目入驻提供了良好的硬件环境。

【低丘缓坡开发利用试点工作】 一是做好外业调查与内业成果汇编工作；二是做好土地变更调查和确权工作；三是做好舆论宣传和征地补偿工作。工业上山第一批次、第三批次建设用地拟补偿被征地农民征地补偿费15493.4825万元，社保安置补助费2878.2000万元，安置被征地农民1097人。

截止2012年10月25日，江川龙泉山城市工业区低丘缓坡土地开发利用项目（第一期）工业上山第一、三批次共申报用地132.6126公顷，相关报件上报省国土资源厅审批。

【招商引资】 坚持招商引资中心工作不动摇，积极围绕江川丰富的水文化、青铜文化、旅游文化等特色文化以及园区三大主导产业加大招商力度，拓宽招商领域，创新招商方式，突出产业招商。加速园区产业集聚，着力打造三大产业集群，即装备制造、新兴产业、机械电子产业集群，狠抓产业招商和项目推进。注重引进项目的专业性、特色性和产业关联性，注重质量、提高入园企业准入门槛。2012年储备项目5个，开工建设项目2个：云南特固电气有限公司年产10000件（套）智能电网控制设备及附件生产项目、云南联塑科技发展有限公司年产10万吨新型塑料管材项目，两个项目总投资4.9亿元。

【在建项目】 2012年1月10日，云南特固电器有限公司在江川县龙泉山工业园区隆重举行开工仪式。江川县委书记马文龙，县委副书记、县长葛勇，县委副书记张金翔，县人大常委会主任赵少春，县政协主席黄文柱，县委常委、纪委书记郭永生等领导出席开工仪式。

云南特固电气有限公司是一家主要从事智能电网设备及配套附件生产、销售的企业。该项目年产10000件（套）智能电网控制设备及附件生产，总投资4200万元，将新建两条自动生产线，厂房、办公楼及其他配套建筑约15000平方米。项目建成投产后，计划年生产智能电网设备及配套附件10000套，可安排300多人就业，产值可达1.3亿元，利税3100万元。截至2012年12月底，项目主体厂房建设完工。

2012年3月29日，县委副书记张金翔、副县长石伟、工信局、工业园区管委会、国土资源局、财政局、大街街道等相关负责人与云南联塑科技发展有限公司代表在景湖酒店召开年产10万吨新型塑料管材项目启动会。该项目于2012年6月8日正式签订了《国有建设用地使用权出让合同》，通过挂牌出让取得国有土地使用权，11月6日开始场地围墙施工，预计2013年内投入生产。

云南联塑科技发展有限公司年产10万吨新型塑料管材项目第一期用地360亩，总投资4亿元。预计2016年为项目达产年，届时各类塑料管材及管件生产总量将达到10万吨，销售总收入达到10～15亿元，同年增值税金及附加为8000～9000万元。

【园区软环境建设】 一是加强项目管理。为推进园区科学发展，起草制定了《江川龙泉山生态工业园区规划建设管理办法（暂行）》，征求相关部门意见报上级主管部门核准实施；二是加大宣传力度。做好2012年工业园区昆交会参展工作资料提供工作。制作了4000余字的“跨越发展、科学规划、打造高科技产业聚集区”园区宣传画册。做好编辑云南省工业和信息化委编辑桥头堡战略下的云南新型工业化大型宣传画册的图片和文字的提供工作。三是优化项目服务。对投资商和入园企业从立项审批、登记注册、开工建设到投产经营实行全程代理服务，提高办事效率，加速项目建设步伐。协调解决企业建设中出现的一系列问题。

【龙泉山生态工业园区现场办公会】 2012年2月6日，市委副书记、市长高劲松在江川龙泉山生态工业园区召开现场办公会。高劲松指出，加快江川的发展，已经具备了良好的机遇和条件，要紧紧抓住新一轮西部大开发、滇中城市经济圈建设和云南实施“两强一堡”战略的重大历史发展机遇，统一思想，提振信心，进一步增强加快发展的责任感和紧迫感，紧紧围绕“四个翻番”、“两个倍增”目标，以敢闯敢干的勇气开拓进取，以改革创新的办法破解难题，以扎实有效的措施推动工作，不断创新发展思路，拓展发展空间，夯实发展基础，突出工业主导地位，要加快工业园区规划建设，在产业集群化发展上取得新突破。高劲松强调，园区是实现“翻番”和“倍增”的重要载体，是实现经济跨越发展的强劲支撑，要抓住省市加快工业园区建设及与玉溪高新区合作的机遇，高水平搞好规划，科学选择产业，加大招商引资力度，加快基础设施建设，力争把江川建成全市重要的高新技术产业发展带。

【葛勇深入龙泉山生态工业园区调研】 2012年10月11日，县长葛勇深入龙泉山生态工业园区调研，在县委副书记张金翔、副县长石伟、管委会主任李天贵、发改、工信、国土、财政、大街街道、前卫镇等相关部门负责人的陪同下实地参观察看了龙泉山生态工业园区重大项目重点工作建设情况，并在园区座谈，听取情况汇报。

管委会主任李天贵对园区工作情况作汇报，副书记张金翔、副县长石伟、工信局局长、园区建设指挥部办公室主任曲绍庭作补充发言。在听取汇报后，葛勇对园区工作给予了充分肯定，并指出：园区是主战场、主阵地，县委、县政府非常重视、非常关心。要打好县域经济战役，重点在打好园区战役。

对工业园区下一步工作，葛勇提出了“三突破一保障”的具体要求：一是在加快两个入园项目的建设上有突破。抓紧特固电气的建设进度，保障企业按时投产使用。做好联塑企业的服务工作，争取早日开工建设；二是在项目引进上有突破。抓紧跟踪联系意向性入园项目，尽快落实项目合同签订；三是在园区具体工作落实上有突破。葛勇强调：下步园区工作要周密调度、科学规划、形成合力，促使园区工作和谐健康发展；四是保障园区基础设施建设资金到位。葛勇要求各职能部门要加强协调，全力以赴支持园区建设，并对30米龙泉大道的路面硬化资金、20米次干道市政道路的征地及设计费、低丘缓坡项目林地征用经费作了资金安排。

【园区建设调研督查】 2012年4月9日上午，市政协副主席李有明、部分市政协委员、市工信委、市发改委、市财政局、市国土资源局、市商务局、市农业局等部门领导组成的调研组到江川龙泉山生态工业园区实地调研，并在县政府5楼视频会议室听取了副县长石伟关于江川龙泉山生态工业园区基本概况、建设背景、建设进展、存在困难、下步工作重点、加快推进建设建议6个方面作简要汇报，县委副书记张金翔作补充说明。会议由市政协经济委主任王勇主持。

2012年4月23日上午，县委“重点工作重大项目”第二督查小组到管

委会督查落实园区重点工作重大项目进展情况，县工信局局长曲绍庭代表龙泉山生态工业园区建设项目指挥部从基础设施建设、项目进展、招商引资、与高新区合作洽谈开发事宜、园区管委会职能作用发挥等方面向督查组作了详细汇报，并指出了重点工作重大项目推进过程中存在的主要困难和问题。工业园区管委会主任李天贵作补充说明。

2012年5月22日上午，70多名离退休老干部在县委组织部副部长唐光华、县委老干部局负责人的陪同下，深入江川龙泉山生态工业园区，实地参观考察园区建设发展情况。工业园区管委会主任李天贵对龙泉山生态工业园区整体规划、基础设施建设、项目入驻建设等情况作了详细汇报。

2012年6月12日，县委“重点工作重大项目”督查组一行7人在县纪委书记郭永生的带领下到工业园区管委会督查2012年龙泉山生态工业园区重点工作重大项目推进主要进展情况。

2012年9月10日，县重点工作重大项目督查组一行8人在政研室主任戴吉国的带领下到工业园区督查7～9月份的工作。

2012年9月13日，县督导组陈树华带队对园区管委会 7～9月份重大项目进行督查。

【提案办理】 全年共办理政协提案2件。答复率、满意率100%。

（张雨曦）

粮　食

【概　述】 2012年，粮食局认真贯彻执行县委、县政府和市粮食局的总体部署，紧扣“保供给、稳市场、惠民生”的工作重心，继续深化改革，加强调控，切实抓好粮油购销、市场监管、储备粮管理等各项工作，为确保全县粮油有效供给、市场基本稳定、粮食质量安全和粮油价格基本稳定作出积极贡献。

【机构设置】 县编委核定粮食局编制数9人（不含工勤人员），其中，局长1人、副局长2人。内设办公室、储备军供财务股、市场管理股三个内设机构。2012年12月31日止，粮食局实有人员10人，其中，局长1人、副局长2人、股室领导4人、工勤1人，离退休职工12人。下属国有粮食企业两户（江川县粮食收储有限公司、云南江川军粮供应站），有在岗职工38人，退休职工 57人。

【粮油购销】 2012年，国有粮食企业购进粮食5017吨，比上年减6775吨。其中：县内收购2478吨，比上年增246吨，县外调入2539吨，比上年减7021吨；国有粮食企业收购兑入油菜籽1175吨（含县外调入），占全县收购兑换量的36%，同比增130吨，增12%；国有粮食企业销售粮食6329吨，比上年减1903吨。销售菜油325吨，比上年增80吨。

【粮油库存】 2012年末国有粮食企业粮油库存 7486吨，同比减309吨，其中：商品周转粮库存2591吨，同比减1526吨；油脂库存395吨（含料折油），同比增86吨。

【经济效益】 国有粮食企业2012年实现销售收入 2676万元，比上年减68万元。实现利润72万元，比上年增64.2万元，其中，江川县粮食收储有限公司实现利润42万元，云南江川军粮供应站实现利润30万元，利润增加主要是受补贴收入影响。

【粮食流通监督检查】 依法开展粮食流通监督检查，维护正常的粮食流通秩序。确保粮食质量安全。开展粮食收购许可证的检审，严格粮食收购市场准入制度。根据《粮食流通管理条例》和《粮食收购资格审核管理暂行办法》规定，于2012年2～3月，对全县取得粮食收购资格许可证的2户企业、4户个体工商户进行年度检查及审核，年审合格率达100%。加强粮油收购市场监管，规范粮油收购行为，保护种粮油农民利益。出动执法人员38人次、车辆14台次对从事粮油收购的经营户进行巡回检查，指导督促其严格执行国家粮油收购政策，在收购场所公示收购品种、等级、质量标准、收购价格、兑换比例，接受群众监督，保护种粮油农民利益。开展粮油质量监管，全年出动执法人员113人次、车辆45台次深入市场、粮油门市和企业，对全县主要从事粮油经营的41户（国有粮食企业2户、个体经营户39户）库存成品粮油质量进行全面检查。检查库存粮油1713吨，其中：大米1188吨，面条面粉77吨，食用植物油448吨。

【社会粮食供需平衡调查】 按照《粮食流通统计制度》的要求，对纳入粮食流通统计范围的41户粮食经营户每月统计上报粮食购销、加工、库存情况，每季进行一次全县粮情分析，开展城乡居民（50户）固定粮情调查，建立农户统计台账，半年进行一次统计资料的上报汇总分析，年终进行一次全县粮食供需平衡情况统计调查，为政府和上级粮食主管部门宏观决策提供服务。

【粮油平价销售管理】 为切实做好保供稳价工作，根据《江川县人民政府办公室印发江川县增设粮油平价销售点适时投放粮油储备工作实施方案的通知》要求，及时筹措资金，对所设置的大街、江城、前卫、路居4个粮油平价销售点进行修缮改造，并于2012年1月17日挂牌运营，按略低于市场价敞开销售粮油。制定下发《江川县粮食局粮油平价销售管理规定》和《江川县粮食局粮油平价销售应急预案》，加强日常指导监管，确保粮油有效供给和价格基本稳定。全年销售平价大米1347吨、菜油285吨。3月2

日，全市粮油平价销售管理工作现场会在江川召开，工作得到市粮食局的认可。

【储备粮管理】 针对多年来县级储备粮管理中费用补贴标准低、新陈差价大导致承储企业亏损的问题，对2004年执行的《江川县县级储备粮管理暂行办法》进行修改完善，制定了《江川县县级储备粮管理办法》，7月23日，政府以文件印发执行。县级储备粮保管费用补贴由每年0.08元/千克提高到0.12元/千克，轮换差价也由0.26元/千克提高到0.50元/千克；新增了储备菜油保管费补贴0.40元/千克。制定了《江川县储粮安全事故应急预案》，认真落实储备粮管理办法和相关制度，强化日常管理，严防勤查，确保储备粮储存安全。加强储备粮品质监测，对库存粮食定期进行抽样送检，全年送检样品12个，代表量3552吨，根据检验结果，确定当年1840吨县级储备粮稻谷轮换任务，新粮轮入于11月12日完成。由于管理到位，轮换及时，确保了储备粮品质良好，急时调得出、用得上。

【政策性粮食供应】 军粮、救灾救济粮供应是粮食部门的一项政治任务，积极与民政部门配合，及时组织救灾救济粮的加工和供应，全年加工供应救灾救济粮370吨。同时，认真贯彻执行国家军粮供应政策，按照“服务优质、供应及时、坚持标准、确保质量、保障有力、操作规范”的要求，不断改进提高服务质量。指导督促军粮供应企业坚持定点采购、统一包装、一批一检、品种兑换、面条委托加工等行之有效的措施，积极筹措粮源，保证部队对粮食品种、数量的需求。

【国有粮食企业资产优化调整】 为进一步提高国有粮食企业资产使用效益，改变企业“小、弱、散”现状，增强企业市场竞争力，拟定《江川县粮食局关于进一步调整优化国有粮食企业资产结构的报告》报政府，经政府6月20日第45次常务会议同意，对拟出售的经营网点专项报市粮食局批准，政府成立了资产处置领导小组，11月6日对前卫牌坊酒楼和龙街金三角两个经营网点的土地房产进行公开拍卖处置，前卫台山粮点由政府划拨给县职业中学使用，筹集资金在江城教场建设粮油储备加工中心，按照统筹兼顾、分步实施、稳步推进的原则开展土地规划、立项、报批等准备工作。

【表彰奖励】 2012年5月8日，江川县2011年度粮食行政首长负责制工作被玉溪市粮食行政首长负责制考核工作领导小组考评为优秀等次；粮食局党总支2012年9月被中共江川县委评为创先争优工作先进基层党组织；2012年12月，粮食流通监督检查工作被市粮食局评为先进单位。

（陈金芬）

供　电

【概　述】 2012年，江川供电有限公司以“深化战略落实、狠抓作风建设、夯实基础管理，推动公司更好更快发展”为主题，以科学发展观为指导，深化南方电网公司中长期战略落实，全面贯彻南方电网公司、云南电网公司及玉溪供电局2012年工作会议精神，狠抓作风建设，落实一体化管理，持续提升安全生产、营销服务、电网建设、基础管理、队伍建设、党群工作的规范化水平，公司继续保持良好的发展势头。

年末，有在职职工148人，平均年龄36岁。其中，具有中专及以上文化程度的占97.30%，具有中级及以上专业技术资格的11人，技师及以上职业资格的3人。下设17个部门，5个营业网点。运行3座110千伏变电站，2座35千伏变电站，总变电容量27.33万千伏安。运行维护110千伏输电线路2条，总长30.97千米；35千伏输电线路3条，总长27.26千米；10千伏配电线路34条，总长510.03千米；0.4千伏及以下线路1088.47千米。配电变压器595台，总容量56137千伏安。直供客户91174户。

【经济技术指标】 供电量4.63亿千瓦时，同比增长16.79%；售电量4.33亿千瓦时，同比增长17.95%；最高日电量205万千瓦时，同比增长31.41%；最高负荷104.50兆瓦，同比增长19.28%；综合供电可靠率99.52%，同比下降0.02个百分点；城镇供电可靠率99.76%，同比上升0.09个百分点；农村供电可靠率99.51%，同比下降0.02个百分点；综合电压合格率96.64%，同比上升0.3个百分点。

【组织架构调整】 按照云南电网公司统一部署，完成了组织架构一体化调整，设立办公室、人力资源部、财务部、计划建设部、市场营销部、生产技术部、安全监察部、监察审计部、党群工作部9个职能部门，输变电管理所、电力调度控制中心、物资仓储配送站、大街供电所、江城供电所、前卫供电所、路居供电所、九溪供电所8个二级机构，设立客户服务中心挂靠市场营销部，并按标准进行岗位设置。

【电价政策调整】 电价自2012年7月1日起，按照《云南省发展和改革委员会关于我省居民生活用电试行阶梯电价的通知》执行。

【贯彻南方电网中长期发展战略】 全方位、多角度地深入开展战略宣贯培训，测试成绩正确率91.64%。以创建管理先进型县级供电企业为目标，以实现专业一体化管理为途径，编制《江川供电有限公司企业发展规划》，明确“十二五”发展定位、发展重点、发展目标、管理举措和行动计划，通过了局级评审。积极推进一

体化管理，完成一体化组织架构调整，编制了17个主要业务部门的《业务手册》，严格依从、承接上级标准，废止公司标准182个。

按照玉溪供电局创建国内先进供电局的工作部署，全面开展创先工作，牢牢抓住“一体化、规范化”两个关键，顺利完成了年度创先目标。安全生产风险管理体系建设被确定为玉溪局第一批延审单位；综合线损率6.43%，同比下降0.92个百分点；城镇客户平均停电时间21.45小时/户；第三方客户满意度77.59%，8县公司排名第一。

【安全生产】 安全管理进一步强化。与局同步开展安全生产风险管理体系建设，深入贯彻体系思想和方法，提升员工风险意识，体系建设取得实效。以“不发生有责任的四级事件”为控制红线分解公司安全目标和责任，确保安全目标逐级支撑、安全责任逐级传递。系统修编了安全生产责任制，明确了各级人员的安全生产职责、到位标准、权利与义务。强化现场作业管控，开展安全监察和任务观察242次。

生产管理进一步规范。实现作业全过程管控闭环，加强临时作业和作业变化管控，确保了风险有辨识、管控有措施。严格执行2012年设备主要风险及重点维护策略，落实管控表单，严控设备五大风险。梳理电网运行9大风险，编制2012年电网运行风险和防范措施，严格执行13项控制措施。每月开展调度安全运行评价。调度业务规范化管理通过了南网县级供电企业达标认定。开展0.4千伏GIS数据采集和10千伏GIS数据核查。开展“降低农网10千伏线路故障跳闸率”活动，10千伏线路故障跳闸率同比下降29.5%。规范保供电管理，顺利完成十八大等重要保供电工作。抓好防震、防火及防汛等应急工作部署，开展应急演练35次。综合管控停电工作成效显现，月平均生产作业计划执行率98.65%，同比上升11.55个百分点，计划检修申请执行率同比上升10.42个百分点，临时检修申请同比下降42.86%。以推进生产班组标准化建设和温馨班组创建为重点，提升变电运行管理水平。

【营销与优质服务】 电力供应明显增长。加强与政府、客户的联系沟通，走访13家大客户及重要客户；与政府相关部门联合召开协调会，确保有序用电；结合供需形势、市场情况认真预测负荷、电量、电价，电量预测准确率97.26%；重视业扩报装管理，对重点业扩项目实行专人负责制，每周跟踪督促办理进度，提高了业扩报装效率。积极争取扩大营业区域，电量实现大幅增长。

服务水平逐步提升。丰富缴费途径，拓展银行托收业务、增设POS机刷卡，信用社代扣电费月平均超过5万户。在5个营业窗口安装了叫号机，缩短用电业务办理等待时间。持续改进业扩报装和抢修管理，提高业务保障率。认真落实居民阶梯电价政策。完成客户档案清查8.70万户。在“齐心协力共抗旱、众志成城度难关”抗旱救灾活动中送水49吨，办理抗旱用电11项。开展提高居民用电服务质量活动，以煤矿生活区为“示范区”，认真履行服务承诺。积极开展“节能低碳，绿色发展”主题宣传，发放宣传资料6千余份。“六走进”活动深入社区、学校、企业、贫困户、医院，为两万余人送去服务和关爱，主题曲“点亮你、点亮我”深入人心。

【电网规划建设】 电网规划得到深化。细化了2012年“十二五”配电网规划。制定了2013年农网建设项目计划，并完成了项目设计。按负荷情况编制了《江川县工业园区用电规划方案》。

工程建设步伐加快。做好各项电网建设工程项目配合工作，110千伏早街变顺利开工，35千伏九溪变10千伏配套线路工程完工，220千伏雄关变、110千伏棋盘山变、35千伏安化变按进度完成前期工作。生产调度综合楼完成基坑支护、沙石换填，进入主体基础施工。按标准完成了二级仓库改造并投入使用。

【经营管理】 以局下达组织绩效计划为导向，充分做好生产、经营各个环节的管控，全年组织绩效得到明显提升，在玉溪电网8县公司排名第三。开展县级供电企业规范化建设，示范供电所和示范台区通过了局级考评。开展县级供电企业管理评价，促进专业管理延伸。开展员工绩效管理课题研究，获玉溪电网管理论坛二等奖。

财务收支严格控制。严格执行资金集约化管理和资金预算管理，编制每月资金需求计划，按时召开资金计划平衡会议，实现了资金计划与业务预算有效结合，资金财务指标在年度内得到有效控制。加强财务管理，按省公司要求完成了2011年度财务决算中发现的共性问题整改，开展了资金安全专项自查。加强固定资产管理，对公司固定资产进行了清理盘点，共清理报废资产121项，确保固定资产的安全、完整，账实相符。

内部管理深入有效。认真开展项目审计，完成审计项目4项，审计计划完成率100%。全面落实审计整改工作，到期整改完成率100%。做好法律风险防控。规范主多关系，按要求完成职工持股清理整顿阶段工作，注销了江川县电力职工技术协会服务部。

综合线损下降明显。制定并严格执行线损管理考核办法；推进配变、负控终端安装及集抄户表改造；健全相关设备台帐，对31个计量点装置进行修理更换，对户变、线变关系逐一进行清理，按计划开展营业普查，确保基础数据准确性；加大稽查力度，本年查处并处理窃电户59户，补收违约使用电费15.70万元；按照玉溪局安排完成了线损理论计算，为2013年线损指标分解和降损措施的制定提供了科学依据。

物资管理更加规范。以新成立的物资仓储配送站为平台，推进物资一体化管理。按照省公司要求完成了2009、2010年农网工程闲置物资清仓利库工作，完成了多年堆积的闲置和废旧物资清理处置。

【人力资源管理】 班子建设和干部管理不断强化。深化“四好”领导班子建设活动，激发了班子团结干事的活力。班子成员经常深入一线，及时解决基层困难和突出问题。严守“任人唯贤、德才兼备、群众公认、注重实绩”的原则，完成了组织架构一体化后中层管理人员的选配聘任，在选拔和任用上充分体现民主和公平。

人才队伍建设推进有力。编制了2012～2015年人力资源规划。加大各专业培训力度，参与和组织培训129期，参培2872人次。举办了中层管理人员及班组长培训，打造高效管理团队。鼓励和引导员工自我提升，3人取得中级职称，1人取得硕士学位，1人在读硕士学位。落实人才强企战略，选拔出4名玉溪电网优秀年轻人才和1名后备技术人才。

（张　维）

供销合作

【概　述】 2012年，江川县供销合作社全面贯彻落实省、市、县委政府关于深化改革实施供销社“二次创业”文件精神，按照“强化乡村流通网络建设，增强农资服务功能，积极参与产业化工作，完善内部管理措施，为‘二次创业’夯实基础”的工作思路扎实开展工作。全系统累计完成：经营总额20097万元（其中：商品总销售19970万元），实现利润238万元，化肥销售47974吨，农产品采购3312万元，发展（规范）“两社一会”33个，开展各类培训956人次，其中，初级农产品经纪人培训145人、专业合作社理事长资格培训16人。

【农业生产资料供应】 江川县供销社针对农资市场运力紧张、价格波动、竞争激励等困难局面，充分发挥农资供应主渠道作用，积极想办法，采取用社有房产和职工住房抵押贷款，动员企业职工集资，提前进行农资储备销售，勤进快销，直接配货到各销售网点节约运杂成本，配合相关职能部门开展市场清理措施，2012年累计销售（配送）各类化肥47974吨，金额11417万元；农药565吨，金额1422万元；农膜76吨，金额97万元。

【农业产业化经营】 2012年，县社落实供销社参与农业产业化经营“五项”奖励措施，鼓励各基层参与农业产业化经营，各基层累计购销蔬菜13210吨，金额2493万元；完善55个专业合作社和9个行业协会服务功能，切实发挥把千家万户的小生产与千变万化的大市场联系的桥梁纽带作用，组织引导当地的农产品生产经营，组织推销农产品47030吨，金额34966万元；进一步巩固安化蔬菜基地成果，充分发挥基地的辐射带动作用，全年推广种植面积12600亩，产值2980万元。

【乡村流通工程建设】 为全面促进现代服务业快速发展，供销社坚持以乡村流通工程建设项目提升服务网络档次，提高网络覆盖率，搞活城乡流通，启动全县日用工业品配送中心建设，形成集中采购、连锁配送、价格合理、质量保证、服务优良的农村日用消费品流通网络；加快农资仓储运输升级改造建设，促进农资商品的网络化、品牌化经营；新建农产品信息采集点1个，改扩建县级配送中心和乡镇中心超市各1个，提高服务本领和服务质量。

【“两社一会”发展】 按专业合作社和行业协会的规范要求，2012年发展（规范）“两社一会”33个：新发展农民专业合作社9个、规范化农民专业合作社8个、示范化农民专业合作社2个，新发展综合服务社5个、标准化综合服务社8个，新发展行业协会组织1个。

【农资科技培训】 为切实提高供销社的为农服务质量，2012年特邀化肥、农药生产厂家技术人员，免费举办8期365人次农资营销人员培训。

【农产品经纪人培训】 为搞活农村商品流通，繁荣城乡市场，培养一批具有现代营销理念和良好综合素质的优秀农产品经纪人才，2012年开展两期390人次农产品经纪人培训，145人参加“云南省农产品经纪人”初级资格考试；组织16个专业合作社理事长参加市供销社统一的合作经济组织理事长培训。

【野生菌人工促繁】 在上年安化光山村的旧村看山房试验示范基础上，2012年以江川珍品野生菌专业合作社为依托，将安化野生食用菌资源保护与人工扩繁基地建设立项申报省供销社，争取到省级野生菌产业发展专项资金30万元。并将此项目作为江川县社2012年的一项工作重点来抓，出资20多万元，由县社主要领导带队，在安化乡光山村的旧村看山房、旱谷田的安化大山和雄关乡的小白塅建立了三个试验示范基地，分别采取四种处理方式进行人工扩繁1060亩，在路口制作宣传展板两块。人工扩繁的方法已初步体现效果，突现出一个“早”字，分别采取挖沟、挖塘、浅铲和罩薄膜小棚四种处理方式处理过的林地都长出了干巴菌，挖沟处理的林地在5月下旬已长出干巴菌，比往年提前了一个月。

【表彰奖励】 2012年4月，江川县供销社荣获云南省供销社发展“两社一会”先进集体荣誉。

（沈金锁）

江磷集团

【概　述】 2012年全年累计完成现价工业总产值58176.7万元，同比增59.1%；实现销售收入41519.6万元，同比增44.4%；利润3327万元，同比增29%；税金3568万元，同比减27.2%；职工人均工资收入21513元/年，同比增14.2%。主产品黄磷产量首次突破3万吨大关，公司被评为玉溪市、江川县“优强民营企业”，顺利通过安全标准化创建二级达标，500吨/日石灰项目竣工投产，“螺蛳”商标再次荣获“云南省著名商标”和“玉溪市知名商标”称号。

【工资集体协商专题会议】 2012年3月27日下午，公司工资集体协商专题会议在江川宾馆召开，公司行政和工会双方各有7名代表参加了会议，公司董事长、总经理万荣惠作为企业方首席代表，工会主席委托人侯润生作为工会方首席代表。会议由工会方首席代表侯润生主持，县总工会副主席龚瑞中出席会议并作指导。

龚瑞中指出：举行工资集体协商，双方要在公开、公正、公平的基础上，依据有关法律法规，结合企业的实际进行。他强调了工资集体协商中职工的工资增长幅度要与企业经济效益的增长水平同步的原则，而不是单纯地增加工资，如果企业效益不好也可能会减少工资。

会上，企业方代表与职工方代表双方主要就《工资专项集体合同》中企业基本工资制度、工资分配形式，职工年度平均工资收入水平和调整幅度，职工工资支付办法和发放时间、职工在特殊情况下的工资支付办法，奖金、津贴、补贴等分配方法，工资协议的变更、终止、解除条件、违约责任、生效的起止日期等双方认为需要协商的与工资待遇有关的其他事项等六个方面的问题进行了面对面的平等协商，最终达成了一致意见。

【股东会第十九次会议】 云南江磷集团股份有限公司股东会第十九次会议由公司董事会召集，于2012年2月26日在江川宾馆以现场方式召开。应到会股东20名，实到会股东18名，股东刘少昆委托傅映敏、方兴建委托张彦生行使表决权，代表股份总数2628万股，占公司有表决权股份总数的100%。会议符合《公司法》和《公司章程》的有关规定。会议以现场举手表决方式，审议通过了如下决议：

一、审议通过了《总经理工作报告》。同意2628万股，占公司有表决权股份总数的100%，反对0股，弃权0股；

二、审议通过了《2011年度财务决算》。同意2628万股，占公司有表决权股份总数的100%，反对0股，弃权0股；

三、审议通过了《2011年度利润分配方案》。同意2628万股，占公司有表决权股份总数的100%，反对0股，弃权0股；

四、审议通过了《2012年财务预算》。同意2628万股，占公司有表决权股份总数的100%，反对0股，弃权0股；

五、审议通过了《2011年监事会工作报告》。同意2628万股，占公司有表决权股份总数的100%，反对0股，弃权0股。

（张彦生）

【2012年职工代表大会】 2012年2月27日，为期一天的江磷集团2012年职工代表大会在江川宾馆隆重召开。会议由集团公司副总经理王六生主持。本次会议应出席正式职工代表124人，实到121人，特邀代表25人，列席代表17人。县长葛勇、县委副书记张金翔、县政协主席黄文柱、县总工会主席陆富仙、县人大副主任杨本忠、县政府副主席刘跃宁、县工商联主席王秀等领导及县工信局、发改局、安监局、环保局、质监局、相关乡镇的领导应邀出席，本次职代会，是在世界经济增长明显放缓，多数国家经济复苏乏力，公司经营遭受多重“瓶颈”制约的特殊背景下召开的一次大会。

在上午的会议中，与会代表认真听取了董事长、总经理万荣惠，工会主席傅映敏以及财务部经理张彦所作的报告，三个报告从不同侧面总结了公司2011年的取得的业绩，分析了公司当前所面临的严峻形势，提出了2012年的经营目标。代表们一致认为总结客观，目标明确，任务具体，措施有力。会议还以举手表决方式通过了《工资集体协商职工方代表名单》。

在下午分组讨论时，职工代表们表现出强烈的主人翁精神和高度的责任感，充分发扬民主，畅所欲言、建言献策，共收到职工代表的合理化建议91份144条，内容涉及公司生产经营管理、安全环保管理、薪酬用工管理以及企业下步发展等几方面。会议期间，公司劳资双方代表就《公司工资管理制度》（草案）相关条款内容进行了友好协商，达成共识，形成一致意见，并签署了《工资专项集体合同书》，这是本次职代会议程中的新内容；会上公司总经理万荣惠与各分、子公司签订了《内部经济责任书》，并对2011年度在公司两个文明建设中涌现出的12户先进集体和33名优秀个人进行了表彰奖励。整个会议充满民主、团结、奋进的深厚气氛，收到了预期的效果，取得了圆满成功。

（纳志强）

【表彰2012年度先进集体和优秀个人】 2012年，在上级党委的正确领导下，公司全体职工坚持以科学发展观为指导，围绕“转方式、调结构、促转型”这一工作主题和“重生产、巧经营、保融资、控投资、节费用、强管理”十八字工作主线，克难勇进、奋力拼搏，加快黄磷尾气综合整治步伐，推进“安全标准化”达标，各项工作取得了可喜成绩，全面完成了各项工作任务，涌现出了一大批内部管理规范、团结协作较好、工作业绩突出的先进集体和思想作风过硬、工作积极努力、工作成绩显著的优秀个人。

经党总支研究，2012年2月27日，对2012年度在生产经营管理中作出突出贡献的江川宾馆等12户先进集体、张其林等35名优秀个人进行表彰并授予他们荣誉称号。其中，12户先进集体中，先进单位（1户）：江川宾馆有限公司；先进车间、部室（2户）：磷制品分公司化工五车间、公司财务部；先进班组（5户）：磷制品分公司化工一车间电炉二班、磷制品分公司化工二车间蒸磷班、磷制品分公司机电车间修理二班、金属构件分公司成品班、江川宾馆有限公司餐饮部；先进党支部（1户）：公司机关党支部；先进工会小组（2户）：进出口分公司工会小组、磷制品分公司化工二车间工会小组；先进团总支（1户）：磷制品分公司团总支。35名优秀个人中，含优秀党员（5名）：张其林、李智荣、宋成发、李明华、张志刚；优秀员工（10名）：曲绍坤、王汝华、徐兴彪、郭翠华、黄涛、伏思、董兴、张慧莉、杨春仙、张松伟；岗位能手（10名）：普永芬、徐兆伟、胡光亮、黄兆明、李兴伟、王文娟、董江旻、卢文正、钟红梅、朱金润；技术标兵（5名）：沈有川、胡仕春、李斌、杨辉、李彦江；5、优秀工会工作者（3名）：邓仕华、刘维茜、李忠林；优秀团员（2名）：杨立德、陶俊杰。

（侯润生）

【云天化资产重组议案】 公司股东会于2012年7月15日以通讯方式召开临时会议，审议通过了《关于参与云天化资产重组的议案》，以20票同意、0票反对，0票弃权，一致同意参与云天化资产重组。

【玉溪特种作业培训】 2012年7月13日上午9点，由玉溪市安监局、红塔区安监局联合举办，为期4天的“特种作业人员复审取证培训班”在云南江磷集团股份有限公司磷制品分公司礼堂开学。本期培训班主要针对从事电工、电氧焊两个特种作业的人员进行培训，公司55名电工、电氧焊特种作业人员、峨山县部分企业员工参加了培训。培训结束后，分别对学员进行了理论考试和实作的考核。

【安全标准化三级达标考评】 2012年8月10日，由王慰慈、杜文龙、许景明、余建川、周永泰五位省级专家组成的考评组，在玉溪市安监局、江川县安监局领导、公司领导班子、各部门负责人、安标工作组全体成员陪同下，对公司安全生产标准化三级达标进行考评验收。考评组按照首次会议、现场评审、资料审查、末次会议的程序，历经一天时间完成了全部评审任务。在末次会议上，考评组组长王慰慈宣布考评结果，江磷集团安全生产标准化三级达标考评验收以综合得分92.22分的成绩顺利通过了考评验收。

【应急救援、防护器材使用培训】 2012年8月21日上午，公司邀请江川县消防大队副大队长李沪生到磷制品分公司对员工的应急救援、防护器材的使用开展专项培训。公司班组长、部门负责人、公司领导共计143人参加了培训。此次培训的主要内容是空气呼吸器、灭火器、防化服、防毒面具、消防战斗服的正确使用，李沪生采取理论联系实际教学方法，对上述防护器材的使用和维护逐一进行讲解和现场穿戴演示，教学结束后，参加培训的员工在教官的指导下，对防护器材进行了穿戴和试用。

【安全标准化创建通过三级、二级达标考评】 为深入贯彻落实国务院《关于进一步加强企业安全生产工作的通知》和《关于深入开展企业安全生产标准化建设的指导意见》精神，根据《企业安全生产标准化基本规范》和《危险化学品从业单位安全生产标准化通用规范》，以及国家安监总局《危险化学品从业单位安全生产标准化评审标准》的要求，围绕“以人为本、安全第一，预防为主、综合治理，全员参与、持续改进”的安全生产方针，全面深入开展安全生产标准化创建工作。经过历时半年的艰苦努力，共制定安全生产管理制度73个，建立并完善各类记录表格267个，收集整理与企业生产经营相关的国家法律、行业规章、地方性法规和质量标准174部，编辑印发《安全标准化员工手册》、《安全文化建设知识手册》各600余份，为安标创建三级、二级达标奠定了“软件”基础；按照安全生产标准化的要求，投入资金550万元，对生产设备、厂房、供电线路、工艺管线、监控系统等进行系统改造或增设，配齐必要的应急救援设备设施和器材，消除生产现场的不安全因素，确保生产现场“硬件”设备设施和器材满足安全生产的标准要求；按照安全法规的相关规定，结合安标创建工作的进展情况，开展了多次安全专题培训，大力开展对各类职工的安全教育培训，职工教育培训覆盖面达100%。全年共组织安排101名职工参与特种设备或特种作业人员取证培训；邀请县安监局到公司开展为期3天的危险化学品相关知识培训，参加培训的员工人数达543人；安排14名尚未持证的管理人员参加由市安监局组织的安全管理人员资格取证培训；对招聘入厂的四批次140名新员工进行岗前“三级”安全教育。通过一系列的安全教育培训，确保了公司特种设备或特种作业操作人员持证上岗率达100%，危化品从业人员持证上岗率100%，安全管理人员持证上岗率100%，员工的安全意识和防护技能得到明显增强。

2012年8月10日，公司安全标准化创标工作分通过了专家评审组的三

级考评；2012年11月18日，通过了二级考评。安全标准化二级达标考评的顺利通过，为公司有效开展安全生产管控提供了制度保证和政策支持，更重要的是为企业生产和经营消除了法规限制，维系了行政许可。

【8万吨/年磷矿粉、焦粉综合利用项目筹备】　公司2012年度重要的环境整治综合利用项目——8万吨/年磷矿粉、焦粉已于2012年8月份由县工信局备案。该项目建成后，将有效减少磷矿石、焦炭筛分留下的磷、焦粉尘对环境的污染，实现粉尘、废气的综合利用，提高磷、焦资源的利用效率。

【黄磷尾气环境整治综合利用项目500吨/日石灰生产装置建成试产】为完成国家工信部、省工信委有关黄磷尾气综合利用和"灭火"的要求，实现公司节能减排、延伸产业链、增产增效的目标，公司领导班子及时调整项目领导小组，在时间紧、任务重、技术力量不足的情况下，采取统一指挥、兵分多路、协同并进的工作方法，发挥和调动各专业技术人员的积极性和创造性，在工程技术人员、施工人员的共同努力下，黄磷尾气环境整治综合利用项目——500吨/日石灰生产装置于2012年10月12日正式点火试产，主体装置运行基本达到设计要求。为确保装置顺利试产，公司召开过多次项目推进专题会议，对黄磷尾气的输送系统方案设计、设备选型、运行维护等方面进行深入研讨，为攻克后期稳定供气技术难题，以及整个装置的稳定运转总结经验、囤积技术。该项目的建成投产，标志着公司在黄磷尾气综合利用上又迈上了一个新台阶，并取得了实质性成果。

【质量管理通过CQC云南评审中心外部换证审核】　为确保ISO9001:2008质量管理体系运行更加适宜公司的总体要求和目标实现，公司于2012年10月16日组织进行2012年度内部审核，共发现2个一般不符合项。11月20日组织召开2012年管理评审会议，与会人员对涉及与企业生产经营有关的过程及服务提出大量的意见和建议，为管理评审输出提供了持续改进依据。11月29日，公司接受CQC云南评审中心对本公司的年度监督审核，审核发现4个一般不符合项，不符合项于12月10日完成整改关闭，取得认证证书。

【公司"螺蛳"商标被认定为"云南省著名商标"】　公司"螺蛳"商标于2012年12月20日被云南省著名商标认定委员会认定为"云南省著名商标"，公司"螺蛳"商标自2003年以来已连续十年保持了"云南省著名商标"的殊荣。本届认定的云南省著名商标有效期为五年，自认定之日起计算。

（纳志强）

农林·水利

编辑 盛文芬

农 业

【概 述】 江川县农业局加挂江川县畜牧兽医局、江川县乡镇企业局牌子。年末，局机关内设一室两股，即：办公室、生产综合股、计划财务股；下属设置15个事业单位，即：江川县农业技术推广站、江川县植保植检站、江川县土壤肥料工作站、江川县种子管理站、云南省农业广播电视学校江川县分校（加挂江川县农民科技教育培训中心牌子）、江川县经济作物工作站、江川县经营管理站、江川县农村环保能源工作站（加挂江川县绿色食品管理办公室牌子）、江川县农机监理站、江川县农机化技术推广服务站、云南省江川县农业机械化技术学校、江川县水产技术推广站（加挂江川县水生动物防疫检疫站牌子）、江川县动物卫生监督所、江川县动物疫病预防控制中心和江川县畜禽改良站（加挂江川县草山饲料站牌子）。年末实有在职人员123人，其中机关工作人员21人（行政人员19人、工勤人员2人），事业人员102人。具有大专以上学历的87人，占职工总数的70.73%，事业人员中拥有专业技术职称的84人（其中高级职称的17人、中级职称的48人），占实有事业人员的82.35%。

2012年，农业局按照“围绕增收调结构、依托烤烟建产业”的思路，充分发挥区位和自然资源优势，以建设现代农业和农民增收为目标，进一步夯实基础强后劲，优化布局调结构，强推科技抓示范，粮经并举促增收，全面提升农业产业化水平，稳步提高农业综合生产能力，加快转变乡镇企业经济发展方式，确保了全县农业和农村经济继续保持平稳较快增长。全年实现农牧渔业总产值191335万元，比上年161101万元增30234万元，增幅18.77%；实现农牧渔业增加值118146万元，比上年100140万元增加18006万元，增幅17.98%。

【种植业生产】 2012年实现种植业总产值（不含烤烟）达84662万元，比2011年增加13641万元，增幅19.21%；农民人均种植业收入（不含烤烟）达3740元，比2011年增加807元，增幅27.51%。全县粮经种植比例为22.34：77.66，与上年的21.43：78.57相比，粮食作物比重呈上升趋势。

粮食生产：2012年粮食总播种面积79418亩，比2011年增加5991亩；粮食单产达498千克，比2011年减少24千克；粮食总产达3957.75万千克（其中大春3094.95万千克，小春862.8万千克），比2011年增加123.3万千克；粮食总产值达11184万元，比2011年增加2478万元；农民人均粮食收入494元，比2011年增加134.45元。

油料生产：2012年油料播种面积37883亩，比2011年减少336亩；油料总产量达730.87万千克，比2011年减少23.59万千克；油料总产值达3707万元，比2011年增加526万元；农民人均油料收入163.74元，比2011年增加32.37元。

蔬菜生产：2012年蔬菜种植面积152100亩（含复种），比上年增加100亩；蔬菜总产量25428.64万千克，比2011年增加1763.83万千克；蔬菜总产值48293万元，比2011年增加5679万元；农民人均蔬菜收入2133.11元，比2011年增加373.18元。

花卉生产：2012年花卉种植面积7697亩，比2011年增加889亩；花卉产值20263万元（含其他园艺作物产值1752万元），比2011年增加4836万元；农民人均花卉收入895.02元，比2011年增加257.89元。

其它农作物生产：2012年其它农作物种植面积482亩，比2011年减少52亩；总产值达1215万元，比上年增加122万元。

【畜牧业生产】 一年来突出生猪优势产业,积极发展规模化、标准化生产，加快结构调整，转变生产方式，加强基础设施建设，强化疫病防控，努力做大做强畜牧产业，使全县畜牧

业得到了长足的发展。2012年，全县完成肉蛋奶总产39129.7吨，同比增9.3%；出售营销仔猪1052581头，实现畜牧业现价产值64183万元。

畜禽存栏：年末大牲畜存栏8886头（匹），其中牛6705头、马942匹、驴549匹、骡690匹；生猪存栏253707头（其中能繁母猪存栏45009头），羊15077只，家禽128.83万只，兔8931只。

畜禽出栏：全年完成大牲畜出栏2967头（匹），其中牛2275头，马284匹、驴237匹、骡171匹；生猪出栏271996头，羊9993只，家禽259.12万只，兔9075只。

【渔业生产】 一年来充分发挥江川水产资源优势，立足水产增效和渔民增收，在保护水域环境的前提下，大力引导发展无公害水产养殖，积极推广底层增氧、微生态制剂在水产生产中的应用等渔业新技术，确保全县水产养殖工作取得了很好的成效。全年全县渔业水面面积达162010亩，其中捕捞面积103000亩（为抚仙湖面积），养殖面积59010亩（其中星云湖52000亩、水库4615亩、坝塘1527亩、池塘868亩）。全年生产水花鱼苗4600万尾，鱼种产量367吨，放养鱼种479吨，完成渔业产量3806吨，其中星云湖1910吨，抚仙湖486吨，水库632吨，坝塘441吨，池塘337吨。全年实现渔业产值6579万元。

【乡镇企业主要经济指标】 2012年，全县乡镇企业（含个体工商户）总户数达到9296户，比上年增131户；从业人员达47978人，比上年减415人。全年实现乡镇企业增加值18.02亿元，同比增长7.2%；实现乡镇企业总产值74.24亿元，同比增长18.03%；实现乡镇企业营业收入73.45亿元，同比增长14.52%；实现利润4.2亿元，同比增长7.4%；完成出口交货值3.0亿元，同比减少1.96%；上交税金2.05亿元，同比增长15.17%；劳动者报酬5.37亿元，同比增长6.34%；固定资产投资3.92亿元，同比增长27.69%。

【试验示范】 2012年采取“六有六定”措施共实施新品种、新技术试验项目38项，创建高产示范样板5片计6.49万亩，完成间套种推广面积20万亩，地膜覆盖技术推广面积达2.5万亩。

【病虫鼠害防治】 积极做好大小春农作物各个时期病虫鼠害预测预报工作，根据调查结果适时发布病虫鼠害防治信息，组织人员大力开展统防统治。全年共印发《江川植保信息》9期，共计100份；印发水稻病虫害综合防治措施明白卡3万份；开展农作物病虫草鼠害统防统治134万亩次，农作物重大病虫害损失率在3.4%，挽回粮食损失5629.52吨。

【农民科技素质及就业技能培训】 2012年组织开展粮食、蔬菜、花卉、烤烟、仔猪、渔业等方面的科技实用技术培训1000余场次，培训人数20万余人次，下发科技培训资料10多万份。其中实施农村劳动力转移培训3170人，转移就业2560人；培训“绿色证书”农民1410人，获证450人。

【农业信息化建设】 坚持以“服务农村、服务农业、服务农民”为宗旨，积极做好江川农业信息网和新农村建设网建设、维护、网络信息服务工作，通过认真组织信息源，及时向外传递江川县农产品市场供求信息，向农户传递农业生产最新科技信息，为农业增效、农民增收提供有效的信息保障。2012年共在江川农业信息网发布信息5913条，比上年增2834条，增91.5%；发布农产品供求类信息27条、主要蔬菜价格信息14期，网站点击率达169120次。在“数字乡村”网发布信息1875条，比上年增加1130条，增151%；基础数据报表更新417个，“数字乡村”子网更新425个。通过“三农通”手机短信发布信息168条。

【农业投入品监管】 共出动农业执法人员1216人次，对2530个次农药、化肥、种子、农机、畜药、饲料、农机零配件经营门市及畜禽养殖场、渔业养殖户进行监督检查。其中：检查种子门市849个次，肥料门市771个次，农药门市407个次，农机及零配件销售企业72个次，畜药、饲料门市304个次、水产养殖户127个次。立案查处玉米假种子及动物卫生监督案件10起，实施行政罚款1.34万元；调解种子、种苗纠纷及农药药害事件13起，为农民挽回经济损失12.57万元。

【农产品质量监测】 2012年对蔬菜等主要鲜食种植业产品农药残留监测1565个，合格率达97.3%。全年共检疫畜禽343.142万头（只），其中生猪产地检疫89.82万头，屠宰检疫生猪6.31万头，无害化处理检疫不合格生猪52头、病害零散肉2973千克；立案查处动物卫生监督违法案件5起，实施行政罚款9637元。全年产地检疫开展面、屠宰动物受检率、无害化处理率和上市动物产品检疫检验率均达100%，有效杜绝了病害肉的上市。同时对全县饲养及生产生鲜乳的9家奶牛养殖户所饲养的90头产奶奶牛进行了疫病监测及用药情况监督检查，监测结果均为阴性，无国家规定禁止使用的兽药产品；在全县7个屠宰场及22家生猪规模养殖场进行生猪尿液采样检测，检测尿液样本402份，检测合格率均达100%。

【龙头企业】 2012年，江川县共获国家重点龙头企业称号的有云南宏斌绿色食品有限公司1个企业；获省级重点龙头企业称号的有云南宏斌绿色食品有限公司、云南阳光食品有限公司及玉溪天丽食品有限公司3个企业；获市级龙头企业称号的有云南宏斌绿色食品有限公司、云南阳光食品有限公司、玉溪天丽食品有限公司、玉溪金塔工业有限公司、江川兄弟绿色食品有限公司、江川卓一食品有限公司、云南江川汇海农产品有限公司、江川县同力橡胶有限公司、云南澳宴奇食品有限公司、江川皇壮牧业有限公司、江川金兰花卉有限公司、云南玉溪恒丰万里花卉有限公司及江川庆成花卉有限公司13个企业。在龙头企业中，从事种植业的有10个企业，畜牧业1个，其它2个。全县龙头企业生产基地达35个，从业人数3140人，带动农户数144782户。全年完成总产值126110万元，实现销售收入130718万元，利润总额5958万元，上缴税金937万元，出口创汇5871万美元。

【农民专业合作社】 2012年，全县经过注册登记的农民专业合作社有江川县三联养猪专业合作社、江川县星丰现代烟草农机专业合作社、江川县大平地优质梨产销专业合作社等34个，未注册登记的有左卫蔬菜生产专业合作社1个，累计35个。按从事行业划分：从事种植业的27个，畜牧业4个，渔业1个，服务业2个，其他1个；按经营服务内容划分：从事产销一体化服务的14个，生产服务为主的13个，购买服务为主的2个，运销服务为主的1个，其它5个。在农民专业合作社中，拥有注册商标的1个，通过农产品质量认证的2个，获得无公害农产品认证的2个。全县加入农民专业合作社的成员达2284个，带动非成员农户11786户。全年统一组织销售农产品总产值达2947万元。

【农机推广服务】 2012年全县农机总动力达23657.65万瓦特，拥有各型拖拉机4898台，其中大中型拖拉机503台，小型拖拉机4395台；拥有耕整地机械9040台（套）、农用排灌机械6263台（套）、农产品初加工动力机械1328台、畜牧养殖机械2463台，渔业机械44台、农田基本建设机械116台；全县乡村农机从业人员达13583人，其中拖拉机驾驶员5111人。年内争取完成国家购置农业机械补贴资金244.405万元，补贴耕整地机械1437台、田间管理机械1台、排灌机械316台、轮式拖拉机9台、沼液沼渣抽排设备35台。完成办理异地转入拖拉机42台，异地转出12台，培训拖拉机驾驶员4期计164人。同时组织全县农机人员及农机具积极投入抗旱、春（秋）耕作业等生产环节，充分发挥农机在抢农时、抢节令、抵御农业自然灾害方面的重要作用。全年累计完成机耕面积211803亩，机播面积500亩，机电灌溉面积127830亩，机械植保面积326276亩，机收面积25600亩，农机运输作业量达到3490.4万吨·千米，全县耕种收综合机械化水平达到43.02%。

【农机监理】 紧紧围绕源头管理、执法监控、宣传教育等主要环节，积极开展“农机安全三项行动”、“农机安全生产月”及“拖拉机驾驶人交通安全集中教育”等活动，以农机“推丘”工作为契机，加大农机安全执法力度，加强农机安全隐患排查治理，从源头上确保农机安全生产管理。全年共办理拖拉机驾驶证到期审验换证441本，检验拖拉机1886台，排查出无证驾驶人员68人、无牌漏检拖拉机85台，清理转移异地拖拉机15台；与机手签订《道路交通安全责任书》2120份，与购置微耕机农户签订《农机安全生产责任书》1781份，发放农机安全宣传材料8300余份。

【农村节能及村容村貌整治】 2012年在全县开展沼气池巡查19267口，维护1904口；建成沼气服务网点11个；投资48万元在江川皇壮牧业有限公司、拉豆村养殖场、小白坡宝宝养殖场、牛摩段汝青养殖场、李艳亭养殖场完成养殖小区联户沼气池建设5个；投资226.22万元在前卫镇、路居镇、九溪镇完成太阳能热水器建设2507户（其中省级项目1100户，退耕还林项目1407户）；在雄关下营、白石岩，前卫杨家咀、周官四个村委会完成农村节能改灶1500户；大街摆寨、江城上村、路居上龙潭三个村村容村貌整治项目顺利开工建设。

【农村集体资产和财务管理】 一是继续稳定和完善村级会计委托代理服务。年末各乡镇农经中心共代管村组账目531套资金39998万元；二是积极推行农村集体资金资产资源委托代理服务。通过一年的推行，各乡镇达到了有领导机构、在代理服务中心、有“三资”台账、有健全的制度、有规范的流程、有查询系统、有人员及经费保障、实行电算化管理的预期目标，实现了对农村集体“三资”的有效监管；三是通过民主理财制度、财务公开制度、“四议两公开”等制度建设，保证了农村集体资产与财务管理阳光化、透明化，群众可通过网络、触摸屏、财务公开表等方式，及时了解集体资产与财务的相关情况，从而维护群众的知情权、参与权和监督权。由于“三资”管理工作突出，年内被农业部认定为全国农村集体“三资”管理示范县，获此殊荣的全国仅155个县（市、区），全省仅6个县（市、区）。

【农民负担监督管理】 一是认真贯彻减轻农民负担政策，切实把减轻农民负担政策不折不扣的落到实处。全年完成油菜良种补贴48.5万元、小麦12.2万元、水稻46.2万元、玉米37.16万元；完成农机购置补贴244.405万元；采取由财政部门按月审核、按月拨付再由供精站和配种服务站点在养殖户领用猪精液时直接折兑的补贴方式支付补贴资金196.409万元；二是认真贯彻减轻农民负担政策，坚持涉农收费审核和公示制度，让群众明明白白缴费；三是严格农村集体“一事一议”筹资筹劳审核，防止面向群众乱收费、乱集资、乱摊派现象发生。全年共对63个村小组的“一事一议”

筹资筹劳项目，按照《江川县农村集体公益事业“一事一议”筹资筹劳管理办法》的要求及每年人均筹资不超过本县农民上年人均纯收入的1%、筹劳最高不超过10个标准工日的规定进行严格审核备案；四是切实做好农民负担监测点工作。在大街、江城、安化、路居设置监测点，对全县25户农户的实际收支情况进行动态跟踪监控，及时掌握农民负担动向。

【农村土地承包经营及管理】 2012年，全县家庭承包经营的耕地面积为120654亩，家庭承包经营农户70191户，家庭承包合同65392份，颁发土地承包经营权证65392份，机动地面积341亩。全年家庭承包耕地流转总面积9985亩，其中转让530亩，互换333亩，出租8892亩，其他形式的230亩。按流转去向分：流转入农户的5671亩，流转入合作社的1188亩，流转入企业的3126亩；按流转服务情况分：农户间自发流转的4937亩，乡村组织提供信息流转的2713亩，委托乡村组织流转的2335亩。

【测土配方施肥】 2012年，江川县被农业部列为测土配方施肥巩固项目县。农业局围绕“测土、配方、配肥、供肥、施肥指导”五个环节，进一步巩固和深化测土配方施肥成果，拓展技术内涵，扩大实施范围，完善指标体系，增加测土密度，提高测土频率，突出供肥、施肥关键环节，大力推进技术入户、配方肥到田，着力改进施肥方式，加快科学施肥技术推广普及，全面提升科学施肥水平，提高肥料利用率，促进粮食增产、农业增效、农民增收和节能减排。全年共举办测土配方施肥培训班15期，培训农民10万人次，发放培训资料10万份，印发各种作物施肥建议卡20万份；推广测土配方施肥面积30.07万亩，应用配方肥面积20.07万亩，推广配方肥15000吨。累计制定各种作物配方40个，其中水稻27个、烤烟3个、马铃薯1个、萝卜3个、青蒜苗1个、蔬菜2个、油菜1个、玉米2个。

【退耕还林基本口粮田建设】 2012年在前卫生镇赵官村委会按照“田成方、渠成网、沟路配套、排灌自如、土地平整、旱涝保收、适宜机械作业”的标准投入资金116.65万元（其中中央投资90万元，农户自筹26.65万元），完成基本农田建设1500亩，新建排灌沟渠3条共1.915千米、农耕道路2.4千米，实施地力培肥800亩。

【种植业保险】 2012年，江川县开始全面启动种植业保险工作，按照油菜每亩11.5元、水稻10.5元、玉米10元的保费进行投保，其中中央、省、市、县分别承担保费金额的40%、13%、25%、22%。全年完成油菜投保面积2万亩，涉及5个乡镇（街道）、19054户农户；水稻投保面积2万亩，涉及4个乡镇（街道）、38447户农户；玉米投保面积2万亩，涉及7个乡镇（街道）、32626户农户，累计完成投保金额64万元。2012年受低温、冰雹、风灾等自然灾害影响，全县农作物不同程度受灾。全年油菜受灾面积692.8亩，赔偿金额85553.1元，涉及农户673户；水稻受灾面积200亩，赔偿金额16800元，涉及农户504户；玉米受灾面积1050亩，赔偿金额52500元，涉及农户1636户。累计赔偿金额达154853.1万元。

【动物防疫】 全年完成高致病性禽流感免疫家禽404.16万只；完成牲畜口蹄疫免疫101.23万头（只）；完成猪瘟免疫125.05万头；鸡新城疫免疫315.86万只；完成猪高致病性蓝耳病免疫生猪87.6万头；犬狂犬病免疫422只，确保高致病性禽流感、牲畜口蹄疫、猪瘟、高致病性猪蓝耳病的应免密度达100%，杜绝了重大动物疫病的发生与流行，全年无重大动物疫病发生。全年能繁母猪死亡率在1000头内，低于3%，在全市死亡率最低。同时完成常规免疫猪肺疫15.03万头、仔猪副伤寒免疫43.75万头、猪细小病毒病10.6万头、禽霍乱159.6万只、羊痘1.71万只、伪狂犬病16.8万只。

【畜牧科技推广】 全年推广LY母猪1959头，生产种猪常温精液226024份，销售生猪良种精液196409份，累计人工输精98286头。新建科学养猪示范村（专业村）1个，新发展养殖大户6户，青贮氨化饲料50556吨，推广生猪发酵床养猪技术2023.74平方米，累计户数36户，开展畜牧兽医科技培训52期，参训人员达1.6万人次。组织完成了国家畜禽养殖标准化示范场创建、标准化生猪生产基地建设项目、江川县现代生态鸡产业园建设项目、江川县2012年云南省“菜篮子”生猪产品生产项目、江川县2012年度生猪良种补贴项目等项目申报工作；2011～2012年度生猪标准化养殖场、江川县皇壮牧业有限公司万头猪场及江川县赛澳标准化种公猪站等建设项目得到有序推进。

【生猪良种补贴项目】 江川县生猪良种补贴项目唯一的合法供精单位是云南江川赛澳良种科技有限公司。下设江城分站、九溪分站、路居分站，现存栏种猪91头，其中杜洛克80头、大约克6头、本地猪5头。2012年，积极采取宣传动员、加强培训、加大基础设施设备投入及种公猪更新储备、建档立卡、加强监管、创造开展项目建设的有利环境等种种有效措施，按照把好认定身份、发放精液、跟踪服务三道关卡的工作程序，使生猪良补项目得到顺利开展。全年共生产种猪常温精液226024份，销售生猪良种精液196409份，开展猪人工授精77244窝，受益农户累计达77244户，生产仔猪736797头，累计建立母猪养殖档案4.2万份，开展猪人工授精技术培训19期、涉及业务技术骨干3000人次，采取先由供精站和配种服务站点在养殖户领用猪精液时直接折兑、再由财政部门按月审核、按月拨付的补贴方式，支付养殖户补贴资金1964090元。

【能繁母猪保险】 按照“政府引导、市场运作、自主自愿、保本经营、共同负担、协同推进”的原则，自2011年12月31日开始，联合人保财险江川支公司对全县的能繁母猪开展了承保及理赔工作。全县承保能繁母猪38653头，参保率为91.8%。至2012年12月31日，全年能繁母猪死亡赔付998头，死亡率为2.58%，对降低养殖户养殖风险，稳定能繁母猪存栏发挥了积极作用。

【生物发酵床推广】 按照“国家补助一部分，农户自筹一部分”的思路，积极争取资金在全县范围内开展生物发酵床养殖技术推广。2012年在抚仙湖径流区推广生物发酵床5255平方米，涉及养殖户62户，建设化粪池99口，总投资324.6万元，其中中央资金204.84万元，省级资金6.57万元，市级补助2.37万元，农户自筹110.82万元；在星云湖流域27个规模场及散养户中推广生物发酵床9728平方米，总投资350万元，其中省级补助2.1万元，市级补助13.03万元，农户自筹334.87万元。发酵床养殖技术的推广对进一步缓解江川县“两湖”环保压力，促进畜牧业持续发展起到了积极的促进作用。

【土著鱼保护及开发利用】 全年向星云湖放流大头鲤120万尾，其中大规格鱼种3184.8千克，计1.5万尾，夏花鱼苗118.5万尾，池坝塘、水库推广养殖647亩，免费为养殖户提供大头鲤大规格鱼种471千克；抗浪鱼培育3～7厘米的鱼种120万尾，放流抚仙湖61万尾，水库、池坝塘推广养殖100多万尾，面积达394亩；星云白鱼繁殖的夏花长势良好，2008年繁殖的子一代2012年5月23日已顺利产下子二代，标志着星云白鱼全人工驯养繁殖获得成功，在人为条件下保护了该物种；抚仙四须鲃（海心马鱼）、抚仙金线鲃（波罗鱼）、花鲈鲤（花鱼）人工驯养与繁殖试验工作取得阶段性成果；云南倒刺鲃培育夏花10万尾，《云南倒刺鲃人工驯养繁殖技术研究》荣获2011年度玉溪市科技进步二等奖，2012年度云南省科技进步三等奖；玉溪市古生态抗浪鱼科研保护中心荣获农业部第七批水产健康养殖示范场称号。

【提案和议案办理】 2012年办理县人大代表意见、建议2件，县政协委员提案4件，办理答复满意6件。

（金永康）

烟 草

【概 述】 2012年，江川县烟草专卖局（分公司）紧紧围绕“卷烟上水平”战略方针，坚持“三个全心全意”，努力做到“三个始终”。烤烟生产方面以现代烟草农业建设为统领，以优化烟叶结构为中心，以维护烟农利益为突出重点，切实做好抗旱移栽和优化结构清除田间不适用烟叶，烤烟收购平稳进行；卷烟销售方面提升服务零售户水平，创新工作方式，努力促进销售结构提升；专卖管理方面打牢基础，严格管理，全力维护经营市场规范有序。

2012年江川县计划种植面积10.2万亩，其中K326种植面积9万亩，NC71种植面积1.2万亩，计划种植田烟面积5.1万亩，地烟面积5.1万亩；计划烟叶生产量29.7万担、收购量27万担、上等烟比例71%。实际种植烤烟面积11.52万亩（田烟5.1万亩、地烟6.42万亩），全县共涉及7个乡镇，69个村委会，380个村小组，23973人烟农，签订合同4484份（责任户），收购烟叶1435.30万千克，完成计划的106.32%，上等烟比例71.76%，均价23.6元/千克，收购金额33873.60万元，实现烟叶税7452.20万元，分别比2011年增长5325.28万元和1171.57万元，加上优化烟叶结构补贴765万元和品种补贴1029.98万元，合计烟农收入35668.58万元，烟农人均总收入为14878.65元。全面实现年初预定的目标。

面对年初卷烟销售严重滑坡的形势，江川县烟草分公司分析问题，查找原因，落实省局（公司）“调整结构、平稳增长、健康发展”工作要求，突破困境，开辟销售新局面。全年卷烟销售计划任务9150箱，截至11月26日圆满完成销量，累计销售卷烟9150.0068箱，销售进度100%，单箱收入22559元。销量比上年同期的9007.9855箱增加142.0145箱，同比增加1.58%。其中一、二类烟销售1160.4468箱，比上年同期减少393.6448箱，同比减少25.94%。

专卖全年查处各类违法、违规经营行为48起，其中：无证经营18起，移送工商部门处理18起，非渠道进货28起，假烟案2起，先行登记保存各类品牌卷烟771.1条，罚款554.7元，卷烟市场净化率达到95%以上；累计查获非法收购、运输烟叶案件5起，查获烟叶41693.4千克，涉案金额36.4万元，其中1起案件案值20902元，行政处罚3136元，2起案件正在调查取证阶段，剩余2起案件查获烟叶数量较大，按照以往定价标准预估案值均达到5万元以上，已移送公安追究刑事责任。

（曾 蓉）

【划片轮作连片种植】 轮作是提高烟叶产质量的重要保障，2012年江川县优化烤烟种植区域，以集中规模化种植促轮作，最小种植连片在50亩以上，每个乡镇均有千亩连片以上连片。全县共计规划种烟面积10.2万亩221片，其中田烟106片、5.1万亩，地烟115片、5.1万亩。100～500亩的有147片，500～1000亩的有61片，1000～2000亩的有13片。

针对严峻的干旱形势，各级优化烤烟种植区域，以集中规模化连片促轮作，严格按规划将烤烟生产收购计

划分解落实到乡镇、村、组、农户，做到农户、面积、地块、合同、收购量“五落实”，最小种植连片在50亩以上，最大连片面积达3000亩以上。全县共计落实烤烟种植连片379片，其中田烟149片，地烟230片。共涉及7个乡镇，69个村委会，380个村小组，23973户烟农。由于措施具体，规划早、工作实，江川田烟面积得到稳定和巩固，为提质保量打下坚实的基础。

【烟用物资】 2012年，县分公司做好烟用物资调供，供应育苗类物资：漂浮盘166259片，基质4100立方米，池膜2460床，防虫网160床，小棚578套；供应农药及微肥：二氧化氯1.5吨，漂白粉6吨，威百亩2.5吨，仲丁灵乳油1.5吨，32%甲基硫菌灵1吨，32%多抗霉素粉剂1吨，0.3%多抗霉素水剂1吨，58%甲霜灵锰锌1吨，富万钾1.5吨，病毒特3吨。供应化肥：复混肥5500吨，硫酸钾1000吨，提苗肥303吨。供应地膜255吨。供应包装物：麻片339918套，麻线8吨，布标签400000张。烟用物资及时供应，确保烤烟生产顺利进行。

【稳控结合管理合同】 针对2012年严峻干旱形势，县委政府和分公司牢固树立“抗大旱、抗长旱、抗连旱”思想，采取有力措施，稳定烟叶种植规模，引导烟农按规划种植，烤烟生产收购任务分解落实到乡镇、村、组、农户，防止出现因干旱造成面积落实不到位，又要坚决防止出现因水改旱造成超种超收。合同签订认真执行烟叶种植合同签订程序，对农户提出的申请，严格审核，责任到人，做到农户、面积、地块、合同、收购量“五落实”。分公司严格要求各烟叶站点及时将签订合同发放到烟农。

【抗旱保生产】 江川县委政府高度重视抗旱工作，主要领导实地调研全县7个乡镇旱情并作出明确安排部署。分公司及时成立领导小组，制定实施方案，组织人员逐村、逐片排查旱情，加强水源管理，科学规划用水。全县共计制定134个抗旱育苗方案，69个抗旱移栽方案；安排抗旱保育苗、促移栽资金627.28万元，用于拉水抗旱育苗、小水窖补水、烤烟抗旱移栽等；至4月12日止全县按计划完成水池、水窖，共计补水16.772万立方米。全县设置漂育苗点134个、大棚71个、中棚46个、小棚17354个，育成烟苗12240万株，可供移栽面积10.2万亩，商品化育苗率100%，为抗旱适时移栽奠定了坚实基础。

【适时早栽】 分公司深入贯彻全市抗旱移栽现场会精神，大力推广明水深栽覆干土、农家肥（或秸杆）盖塘、地膜覆盖和明水深栽加地膜覆盖等关键实用技术，促进烟株早生快发；制作烤烟抗旱移栽技术DVD下发到各乡镇、村委会和烟叶站，利用村组开会、村组和烟站组织烟农培训等大力宣传烤烟抗旱移栽技术；协调江川电视台在黄金时段滚动播放抗旱移栽技术科教片供广大烟农学习，促进广大烟农充分应用烤烟抗旱移栽技术。全县统一机械深耕3.325万亩，缩短烤烟移栽翻田、碎垡时间，烤烟移栽于5月15日全面完成，整体移栽时间比往年提前10天左右，

【中耕管理】 全县建立10个繁蜂点，设立大棚1638平方米、小棚957个，烟蚜茧蜂防治烟蚜面积10.2万亩，占计划种植面积的100%，降低烟叶农药残留量，提高烟叶安全性。以烤烟揭膜培土为中心加强中耕管理，落实中耕薅锄、提沟培土和科学施肥，提高中耕管理水平，实现向中耕管理要质量和效益的目的。指导广大烟农根据烟株长势适时封顶留足叶片，在烤烟移栽后55～65天，50%以上的烟株第一朵中心花开放时封顶。田烟留叶数要求在22片以上，地烟留叶20片以上，并要求彻底杜绝高扫脚叶低封顶。

【试验示范】 2012年江川县围绕提高烟叶产质量、安全性大力开展各项科技试验示范，全年共计开展“基于玉溪卷烟品牌原料需求绿色生态优质烟叶研究与开发”、“云南绿色烟叶生产研究”、“烟蚜茧蜂防治烟蚜技术研究与推广应用”等13项试验示范，并摸索出一套较为实用技术措施，为大面积推广应用奠定了基础。科技措施推广方面，结合大面积烤烟生产需要，江川县重点推广落实“烤烟漂浮育苗技术、抗旱节水移栽技术、测土配方精准施肥、山地烟揭膜培土”四项技术措施。全县实现100%漂浮育苗技术；100%落实抗旱移栽技术，100%应用测土配方精准施肥技术，揭膜培土落实到位率显著提高。

【优化烟叶结构】 按照国家局“巩固、完善、提高”的要求，江川县分公司围绕“调结构、提质量、增效益”目标，着力推进优化烟叶结构清除田间不适用烟叶工作。在县委政府的组织领导下，全县共制定优化烟叶结构工作方案77套，逐级签订责任状376份，各烟叶站与乡镇、村委会签订优化结构田间不适用烟叶处理协议76份，合理设置不适用烟叶处理点3042个，配足不适用烟叶处理工具和用品833份，不适用烟叶田间处理工作成效显著。全县计划清除不适用下部烟叶8160吨，到7月24日江川县全面完成下部烟叶清除工作，共清除烟叶8282.34吨；计划清除田间不适用上部烟叶4080吨，到9月5日共清除不适用上部顶叶4119.12吨。

优化烟叶结构工作程序规范，监督严格。坚持分散处理为主、集中处理为辅的原则，严把标准留叶、不适用烟叶清除、不适用烟叶销毁、检查验收、政策兑现“五个关口”，对所清除的田间不适用烟叶按照打叶、运

输、称重、毁型、处理五个环节严格执行，并组建不适用鲜烟叶处理专业队69支，确保不适用上部叶清除工作规范操作、处理到位，一户不漏、一片不少、不留死角。不适用烟叶清除补贴100%电子结算兑现到农户。

【成熟采收科学烘烤】 江川县烟草分公司和县烟办联合下发《烘烤管理办法》，明确收购标准、队伍建设、烘烤人员管理等内容，联合成立烤烟中后期管理和烘烤技术检查指导巡回组，从烟叶烘烤开始至采烤结束，对各乡镇烤房建设、烟叶成熟采收、优化结构、中后期管理、烘烤技术指导和烟叶烘烤管理工作情况进行检查指导，提高烤烟中后期管理到位率和村组干部对烟叶烘烤的责任心，保证烟叶烘烤质量。分公司投入40余万元继续推广烘烤专业化服务，加强烘烤专业化队伍建设，每千克鲜烟叶补贴0.05元，通过组织化运作，把每杆烟叶烘烤价格有效控制在4元每杆，让烟农得到优质便宜的服务。

【烟叶收购】 2012年江川县烤烟生产总体呈现出面积落实足、烟叶长势好，烟农期望值高的特点，烤烟收购工作围绕“抓纯度、调结构、求平稳、快收调”核心要求来开展。各烟叶站始终坚持以合同为主线，严格按计划、按合同一一对应组织烟叶收购，100%实行电子结算；正确把握等级水平，确保烟叶收购质量和均价，自始至终稳定收购，稳效并重；收购流程规范有序，建立烟叶收购等级质量预警机制和烟叶质量专职负责制，实行质量管理层层负责，及时处理收购等级质量偏差。收购工作整体呈现“纯、平、稳、快”的特点。

收购管理服务方面，县烟草专卖局主动出击，发挥联合执法优势，严厉打击倒买倒卖烟叶违法行为，营造烤烟收购良好秩序；各烟站切实践行云南烟草“大成”文化，坚持以人为本，做到文明收购、热情待人，并在收购场所配备常用药品、茶水、烟筒、电视等物品设施方面交烟农户使用，切实提高服务烟农质量，打造云南烟草“七彩服务”品牌。经过全体涉烟干部员工的共同努力，全县收购工作仅用48天就圆满完成，虽然收购量比上年减少5.79万千克，但均价提高3.79元/千克，烟农交售收入比上年增加5325.3万元。

【有机烟示范区】 江川烟草分公司加强与市公司、红塔集团和省烟科院的合作，努力打造华叶—玉溪庄园江城明星走廊绿色、生态、优质、有机烟示范区，示范区做到100%机械深耕；100%轮作；100%种植K326；100%亩施农家肥500千克以上；100%测土配方精准施肥；100%烟蚜茧蜂防治烟蚜；100%性诱剂诱杀田间害虫；100%隔离带种植向日葵、芘麻、回香、紫苏；100%清除田间不适用烟叶；100%成熟采收，着力将华叶—玉溪庄园江城明星走廊打造成具有影响力有机烟示范区。

【合作社运营】 2012年全县各乡镇发展合作社积极性较高，县委政府和分公司根据形势，优化合作社发展布局，围绕玉江路、澄川路组建合作社。全县共计发展紧密型合作社四个，种植面积3500亩，择优扶持位于玉溪庄园江川明星走廊示范区的江城尹旗、牛摩祥升、明星生态农业合作社，共涉及3000亩田烟。

【基础设施建设】 2012年烟水配套、机耕路项目批复129件工程，实际完成117件，直接投资2115.22万元，其中：烟草行业补贴1998.96万元，县及县以下政府投入116.26万元。完成卧式密集烤房100座，支付烟草行业补贴资金298.85万元。全额为烟草行业补贴投资46.15万元完成江城镇明星项目区土地整理项目，整理土地519.24亩。

【烟草农用机械】 2012年江川县推进烟草农业种植机械化程度，完成烟草农用机械购置47台（套），其中：装盘播种机1台（套）、剪叶机2台（套）、旋耕机3台（套）、轮式大拖拉机2台（套）、重型悬挂铧式犁2台（套）、移栽机5台（套）、中耕培土机20台（套）、烟草种植管理机10台（套）、新型旋耕起垄施肥机1台（套）、不粉碎拔杆机1台（套），支付烟草行业补贴资金88.36万元。

（曾　蓉　刘　芳）

【零售客户情况】 2012年江川县共有卷烟零售客户1108户，按市场类型划分：城网客户459户，农网客户649户；按经营业态划分：便利店136户，超市14户，娱乐服务41户，其他134户，烟酒店25户，食杂店757户，商场1户。

【强化终端建设】 江川烟草分公司深刻领会“七彩服务、情动云岭”服务理念，变被动服务为主动指导。面对销售进度滞后问题，分公司制定走访工作重点，加强公司货源、相关政策宣传，摸底客户库存，更新客户经营信息，及时掌握客户销售经营信息，提高客户经营指导的准确性、时效性。为解决客户库存积压问题，分公司先是充分调查品牌积压、库存积压情况，然后做好中高端卷烟客户采集维护工作，摸底调查江川企事业单位用烟情况，最后分析采集信息，为零售客户与用烟单位“牵桥搭线”。客户经理改变工作方式，亲自动手教零售户用实际摆放效果及美观程度打动消费者，做好零售终端维护。

【重点品牌培育】 在3月红梅（硬黄）卷烟销售势头被动的情况下，江川烟草分公司销售人深入走访市场，查找销售被动原因，并制定销售策略。通过及时调整，江川县4～12月累计销售红梅（硬黄）349.86箱，月均销售43.73箱，同比1～3月份月均销量

7.34箱增长36.39箱，增幅达595%。

为弥补红河（硬甲）退市出现的销售空缺，分公司做好红河硬的品牌培育工作，客户经理到红河（硬甲）促销点协助客户开展促销。通过努力，红河（硬甲）卷烟全年销售333.46箱，对红河（硬甲）退市所造成的空缺起到很大的弥补作用。

5月底老品牌红河（软甲）卷烟上市，江川县分公司放弃周末休息，以最快的时间让促销烟上柜，提高零售户及消费者对红河（软甲）的认知，对老品牌上市具有很大的推动作用。截至年底，红河（软甲）累计销售264.93箱，对红河（硬甲）退市所造成的空缺起到很大的弥补作用。

【促销活动】 2012年促销活动较多，分公司积极做好新品上市推广工作，及时通知目标客户参与促销活动，确保活动有效开展。每次高价烟订购方案下发，客户经理及时通知目标客户及备选客户，确保每一位客户知晓高价烟活动方案，并及时上报名单，在订货时关注客户订购情况，保证客户订购成功。

婚庆促销活动方面，截止12月31日江川县婚庆促销活动场次累计1389场，其中城区354场，农村1035场。城市成功率180.15%，农村成功率102.23%。自3月份以来，江川婚庆促销活动范围作了调整，婚庆活动范围为大街镇、江城镇、前卫镇为主，活动用烟：农村以红塔山（恭贺新禧）为主，城区以玉溪（软）为主，与上年活动相比新人参与率有大幅提高。通过宣传引导，城区使用玉溪（软）的新人较多，其次是云烟（软珍品）；农村使用红塔山（恭贺新禧）作为婚宴用烟的客户较多。

【专销联动】 2012年江川烟草分公司按照“以专销联动的方式提升后台服务前台效率研究”QC课题研究方向，继续开展并探索专销联动工作。

在新“三红”卷烟上市中，专销人员积极互动，运用新“三红”卷烟包装特点，有效辨别新“三红”卷烟。对于市场上发现的“非渠道进货卷烟”，通过专销联动进行反馈，有利杜绝了“非烟”对江川县市场的冲击。

在“天价烟”、“异性包装烟”和卷烟过度包装专项清理整治过程中，客户经理、专卖稽查人员默契配合，集中整治，通过拉网式检查，有效杜绝了市场上“天价烟”、“异性包装烟”和卷烟过度包装的出现。

（刘云伟）

【卷烟经营监督管理】 2012年江川县烟草专卖局全年累计出动执法人员2256人次，出动执法车辆400余车次，检查卷烟经营户累计8636户次。县局还联合公安和工商等执法部门，积极开展了“春节卷烟市场清理整顿”、“卷烟市场专项检查”、“农村卷烟市场整治”、卷烟市场“天价烟”、“异形包装烟” 和卷烟过度包装专项清理整治，两个季度三湖一线片区“两烟”市场检查共6次，联合行动4次。有力的打击了各种涉烟违法行为，卷烟市场进一步得到了规范。经检查核实，全年无拆单分摊、内外勾结、搞卷烟体外循环的情况，坚决实行电话订货、电子结算、网上配货、现代物流的卷烟营销模式，实现了100%入网销售，100%的落地销售，100%的落户销售。

【烟叶生产经营管理】 2012年江川县政府成立“江川县烟叶收购管理协调领导小组”，领导小组组长由县人民政府副县长担任，成员由县烟草专卖、公安、司法、交通、工商及各乡（镇）分管领导组成，全面负责维护全县正常的烟叶收购秩序，依法打击非法买卖、囤积、运输烟叶行为，解决收购中出现的突发事件，做好与毗邻县（区）及各乡镇之间的协调工作，防止烟叶外流。全县设立县级烟叶堵卡点6个，堵卡人员48人，应急车辆6台；县局专卖监督管理室加大内部专卖管理监督及收购秩序的管理，成立巡回检查小组，及时发现和查处烟叶收购中的违法违规行为。全年累计查获非法收购、运输烟叶案件5起，有效遏制了涉烟违法犯罪的产生。

【许可证管理】 县局规范许可程序抓好许可证的申领、发放，落实“一站式服务”、“首问负责制”。截止2012年底，全县共有持证卷烟零售户1108户，新办71户，延续50户，变更14户，办理停业3户，补办2户，歇业75户，注销109户。

自4月份以来，江川县局认真开展农村卷烟市场假、私、非烟的清理整治工作，加强对农村持证不订货卷烟零售户的走访调查，对无经营地址的及时告之零售户办理歇业手续，对持证长期不订货和两次以上违法卷烟经营户的许可证按《烟草专卖许可证管理办法》规定依法取缔。至年末，共办理歇业56户，依职权注销85户。

【两个终端建设】 加强市场监管终端建设。在以市局为主体的“12313”市场监管中，江川县局不断完善快速反映机制，认真处理卷烟市场举报投诉，及时、高效解决零售户、消费者诉求；与江川县工商局反不正当竞争综合执法股、江川县公安局经侦大队成立了市场稽查终端，完善协作机制，充分利用协作单位管理资源，及时掌握卷烟市场信息，加强对辖区卷烟市场监管；加强专卖执法队伍建设，抓好专卖业务技能培训，加强思想政治教育，提高依法行政、文明执法水平，树立烟草专卖执法良好形象；细化市场监管工作考评制度，制订新考核管理办法，内容包括工作职责、辖区市场及卷烟销量等综合考评办法，有效提高市场监管水平。

引导卷烟零售市场终端建设。县局积极引导零售户自律组织建设，适时召开零售户自律组织座谈会，团结和依靠广大零售户共同维护卷烟市场秩序。加强零售许可证管理。严格市场准入、依法行政许可。严格依法查处无证经营和售假、私、非烟行为；在许可证管理上重视许可证登记事项管理，严厉查处转让许可证、两次以上违法违规、一户多证等违法行为；强化与工商部门联合执法，加大对无证经营查处力度；严格整治持证不订货、持证不经营、持证违法经营行为，依法取消违法经营户经营资格，营造更加公平、公正零售终端环境。稳步推进大户监管措施。严格执行市局统一的大户评价标准，明确管理重点和工作程序，认真建立大户基础管理档案和大户监管台账，规范卷烟零售大户经营行为，认真治理大户控制小户行为。

【专卖执法队伍建设】 制定了专卖人员培训计划，并按培训计划组织考试、考核。培训内容以法律法规知识，证件、案件、内管、稽查等业务知识为主，专卖人员参培率达到100%。2012年江川县局共选派一批1名专卖人员参加省局举办的专卖技能鉴定高级培训及考试，通过鉴定1人，合格率达100%；县局全体专卖执法人员和法规人员参加全国烟草行业专卖执法人员和法规人员法律知识统一考试，通过率100%，成绩居全省前列。

【专卖法规法律宣传】 江川县烟草专卖局以“3·15”消费者权益日、“12·4”法制宣传日、“6·29”烟草专卖法公布纪念日等一系列活动为契机，通过悬挂宣传画、横幅，分发宣传单、宣传册，现场法律法规知识咨询，真假烟识别等形式，对零售户、消费者、烟农等进行大张旗鼓地宣传。共制作宣传牌13个，悬挂宣传标语52条，发放法律法规宣传资料8900余份，现场咨询人数达5000余人次。从源头开展预防工作，营造行政执法和谐环境。

（曾　蓉　范燕爽）

林　业

【组织机构】 江川县林业局机关内设办公室、计划财务股、林政股、森林防火股（森林防火指挥部办公室）；局属设置江川县森林公安局（正科级）及7个事业单位，即：江川县森林病虫害防治检疫站（推公管理）、江川县林木种苗站、江川县经济果木林推广站、江川县营林工作站、江川县林业科学技术推广站、江川县林政稽查大队、江川县林权管理服务中心。2012年底江川县林业局实有在职干部职工75人，其中，行政人员24人（公务员8人、森林公安8人、森防站推公管理6人、工勤人员2人），事业人员51人（高级工程师1人、工程师16人、技术员2人、技术工人32人）。具有大专以上学历的65人，占干部职工总数的86%。

【概　述】 2012年，县林业局深入贯彻落实林业工作会议精神，以科学发展观统领林业工作全局，以“森林云南建设”、“桥头堡”战略为契机，以实现“四个翻番”、“两个倍增”为目标，以生态建设、林产业发展为重点，以助农增收为核心，全面实施生态立县战略，努力抓好绿化、林产业、林改、管护、项目、服务等工作,大力推进森林生态、森林文化和基础设施建设，确保“资源增长、农民增收、生态良好、林区和谐”。

【林业生态建设】 一是完成项目规划申报，积极争取项目。完成了《江川县2011国家森林抚育补贴试点作业设计》、《江川县2012国家森林抚育补贴试点作业设计》、《江川县2012省级低效林改造作业设计》、《江川县石漠化综合治理工程综合治理重点县实施方案（2012-2014年）》、《江川县2012年石漠化综合治理初步设计》、《江川县2012年退耕还林工程配套荒山荒地造林（封山育林）项目作业设计》的编制，确保林业生态建设目标顺利完成。

二是完成营造林任务。完成2011防护林建设项目封山育林工程2万亩，涉及全县六个乡镇，包括前卫镇补植补造桤木1279亩；完成了2011年退耕还林工程配套荒山荒地造林核桃和桤木0.5万亩，涉及全县五个乡镇8个村委会，其中0.235万亩桤木、0.265万亩核桃；完成2011年市级竹子核桃发展项目2万亩，其中竹子1万亩，核桃1万亩。

三是加强退耕还林地管理。加大退耕还林地管理力度，国家林业局昆明勘察设计院对江川县2004年退耕地还生态林12672.2亩面积进行重点核查验收，重点核查验收实际抽查面积6488亩，保存面积6488亩，面积保存率100%，顺利通过国家级重点核查验收。完成2012年度全县2002～2004年的3.3万亩退耕地保存情况检查，全县兑付退耕还林政策性兑付资金412.27万元。

四是完成中低产林改造。完成2011年国家森林抚育补贴试点0.7万亩，2011年省级中低产林改造项目树种更替0.5万亩，2012年国家森林抚育补贴试点项目1万亩，2012年省级低效林改造1万亩。

【林木种苗】 开展林木种苗生产经营许可证制度及育苗技术培训，审核种苗生产、经营情况，办理申请、换证等工作，规范林木种子市场。加大林木种苗的管理力度，强化苗木质量。根据县政府和林业局对工程造林任务的安排，对2012年以来共培育林木种苗木5亩86万株（其中圆柏15万株、旱冬瓜35万株、杉木36万株）及从外地调进的核桃苗等苗木进行了质量检验或数量检验，为工程造林提供优质壮苗。

【林业科技】 积极参与科普宣传活

动，发放宣传材料1000多份、制作宣传图片5块，通过发放经济果木林栽培管理、病虫害防治为主要内容的宣传材料、宣传图片展出、现场咨询服务等方式为群众排忧解难。结合江川县的核桃产业项目的实施，编制科技培训材料，深入到村、组开展了核桃嫁接及栽培管理技术、果树病虫害防治为主的培训班。到雄关乡、九溪镇开展核桃栽培技术培训，培训人次1060人，并到雄关乡实地指导果农嫁接、修剪中低产林老果园改造800亩，得到了果农的好评。

【公益林区划管理】 2012年全县重点公益林面积调整为34.56万亩（其中国家级重点公益林18.66万亩、省级公益林15.9万亩），占林地总面积的56.7%；商品林为26.37万亩，占林地总面积的43.3%。公益林商品林之比为1.3:1，统筹兼顾了生态保护和林业经济发展。申请森林生态效益补偿资金345.6万元，其中：中央财政186.6万元，省级财政159万元。

落实重点公益林管护责任制，加强对全县重点公益林的管护力度，对灾害性清理采伐、抚育性间伐重点公益林实行严格审批制度，控制抚育间伐强度,严格执行重点公益林林地征占用报批程序，采取等量易地调整方式，加强对重点公益林的保护。林业局与管护单位签订《公益林管护合同（A）》59份，各管护责任单位与聘请的护林员签订《公益林管护合同（B）》184份；建设公益林宣传碑8块，公益林补植补造4201亩，防治松小蠹3900亩,投入补植补造、有害生物防治资金达110万元。上级下达江川县国家、省公益林补偿基金累计744.09万元，解决了聘请护林员工资和部分村组公益事业费用，促进了全县生态环境保护和改善，为县域工农业生产及两湖生态旅游提供了良好的生态屏障。

【集体林权制度综合配套改革】 林权管理服务中心软硬件设施已基本建设完成，加强部门合作，林权管理服务中心、森林公安、林政股、森防站等部门之间建立了与林业产权制度相适应的林地、林木管理制度，设立了林权登记、林权流转、林木采伐运输、植物检疫、科技法律咨询五个办公窗口，方便农户办理林木采伐、运输、检疫等各项业务。

启动林权抵押贷款。林权抵押贷款是配套改革中为加大林业投入，促进林产业发展的一项惠民政策措施，在全县范围内组织申报、认真落实，经林权管理服务中心、江川县农村信用合作联社、各乡镇林业站共同对申报贷款的林农调查落实后完成贷款共计395万元，涉及贷款农户18户，贷款期限为1～5年，为11户贷款林农申请贴息11.5万元。这些贷款，用于扶育工业原料林和经济林1725.27亩，其中种植经营桉树1648.47亩、杨梅76.8亩。

【林业行政执法】 一是大力开展宣传及警示教育活动，消除违法犯罪念头。结合三月法制宣传月、综治维稳宣传月、“3·12”植树节，4月爱鸟周等活动积极开展《森林法》、《森林法实施条例》、《野生动物保护法》、《森林防火条例》等法律的宣传，共发放各种宣传材料500余份，展览图片50余幅，进一步增强群众法制意识。同时，积极与地方广播电视台合作，对查处的典型性案例，特别是火灾案例进行曝光，以此警示群众，达到处罚一人教育一片的目的。通过上述活动的开展，震慑了一批违法犯罪分子，使其消除了违法犯罪念头。

二是开展专项打击活动，加大案件查办力度。加强涉林案件查处工作，严厉打击破坏野生动植物资源的违法犯罪行为，维护林区治安稳定；扎实推进森林公安、林政稽查队伍正规化建设，加强基础设施、信息化建设,提高执法水平、能力和质量；集中开展“打击象牙制品非法贸易”、“森林火灾案件破案攻坚战”、“非法运输烟草”、“打击制售假劣林木种苗和保护植物新品种权”等专项严打行动；积极办理林业提案，认真做好群众来信来访工作。全年查处各类涉林案件62起，处理违法犯罪人员57人，其中：侦破刑事案件8起，抓获犯罪嫌疑人9人；查处林业行政案件54起，查处违法人员54人，行政罚款37.04万元。清理木材交易市场2个，没收木材12.16 立方米,收缴野生植物12株；没收野生动物4只，救助野生动物26只（条）；受理森林火灾案件4起，查处4起，综合查处率为100%，阻止120余起随意用火行为，将一批火灾隐患消除在萌芽状态；查获烟草2吨；调解林业纠纷案件11起；办理涉林信访案件4起，办结率100%；认真开展林区禁毒工作，踏查可疑地30块（处），清理林区出租房屋5间，组织宣传活动 1次，实现林区毒品原植物“零产量”、“无毒林区”目标。

三是完成森林公安局业务技术用房改扩建工程，总投资144万元，其中：中央预算内投资107万元，省级补助资金37万元，具备刑事执法、行政执法、矛盾调处、网络信息、接处警、办公等；2012年江川森林公安局实现计划财务单列，以每年31400元/人予以保障。

【资源林政管理】 全面加强林地征占用管理，规范林木采伐、木材运输许可证的审核审批，木材经营许可证的审验，认真开展林地保护利用规划编制，加大林政执法力度，确保森林资源安全。

严格执行森林采伐限额制度，切实加强木材采伐、运输、销售监督管理工作。2012年全年审核发放《木材采伐许可证》81份，采伐面积1826公顷，蓄积10537 立方米,出材量7415立方米，其中商品材6495立方米，非商品材920立方米，木材采伐征收育林基金25.516万元；截至11月8日，共办理《木材运输许可证》421份，木材运输总量5580立方米,审验《木材经营加工许可证》30份。

审核报批征用林地2宗，征用林地面积20.2305公顷，收取植被恢复费96.6536万元；临时占用林地四宗，面积2.9199公顷，收缴森林植被恢复费11.7781万元；收取采砂、采矿等临时占用林地森林植被恢复费17.8190万元。

协同国土局、城建局等部门完善土地利用总体规划、城镇建设规划、林地保护利用规划“三规”衔接，积极推进江川县低丘缓坡开发项目，规划编制已顺利通过评审，提供可利用林地2.5万亩。在天湖化工“退二进三”、“林大福”等旅游开发项目中，与相关开发商、规划设计单位，政府相关部门积极沟通，收集信息，提供服务，为项目区征占用林地提供两类林区划资料。

【森林防火】 严格遵循“预防为主，积极扑救”的森林防火方针，加强森林防火工作，有效保护森林资源。2012年，共接到森林火灾报警电话108起，发生森林火情32起，森林火灾3起，过火面积68.16公顷，受害森林面积41.18公顷，查处率100%。

一是认真落实防火责任制。全县共层层签订各类责任书54605份，其中县人民政府与各乡镇、县森林防火指挥部与指挥部成员单位、县林业局与各乡镇林业站“三线”责任书14份，乡镇与村委会签订责任书72份，村委会与村小组签订责任书413份，村小组与农户签订责任书53870份，林业站与护林员签订责任书236份。2012年县级投入森林防火经费74 万元。

二是加大宣传培训力度。通过会议、培训、标语、广播电视、宣传车、手机短信等进行广泛宣传。共印发森林防火挂历20000册，宣传单3000份，防火简报13期；发森林防火五色彩旗15套；制作发放森林防火宣传帽7000顶，书写森林防火宣传标语6036条；张贴戒严令2840份，《清明节期间开展“文明祭奠”活动的通告》700份。全县中小学校共上森林防火课1049课时，发出公开信40290封，出黑板报643期，撰写作文31821篇，书写标语2295条。与气象部门合作，应用手机平台发布森林防火等级预报短信62684条。加大培训力度，县、乡对分管领导、林业站长及扑火专业队、半专业队进行森林防火预防、扑救相关安全知识培训，全县共培训103期2781人。

三是强化火源管理。各乡镇根据实际情况，共设临时性防火检查站、哨、卡283个，对进入林区的人员进行实名登记，堵截火源上山。公益林（护林员）人员236人，统一着装挂牌上岗就位。全县共设卡点268个，出动设卡、巡山人员243人，对全县重点林区、重点地段严防死守。

四是抓专业队伍建设。林业局组建了一支30人的半军事化专业扑火队伍，7个乡镇（街道）也组建应急扑火队7支、140人，组建民兵义务扑火队123支3289人，组建14名瞭望台工作人员，有效扑灭森林火灾。

五是稳步推进森林火灾保险试点工作。2010年江川县被列为全省政策性森林火灾保险试点县，经过两年多的探索实践，已初步形成了森林火灾保险上报、定损、理赔、统计的工作机制， 2012年政策性森林火灾投保面积54.88万亩，森林火灾保险资金21.952万元。

【林业有害生物防治检疫】 2012年江川县林业有害生物成灾率为5.8‰；林业有害生物防治率为87%；林业有害生物无公害防治率为87%；林业有害生物测报准确率为97.25%；林业有害生物种苗产地检疫率为100%，五项指标均达到年初签订的防控目标,圆满完成了防治检疫目标任务。

一是开展林业有害生物监测。开展林业有害生物监测预报，据监测统计，2012年全县林业有害生物发生面积21.17万亩，通过监测准确掌握了江川县林业有害生物发生、发展情况，为采取防治措施提供了科学依据。完成春、秋季松材线虫病，美洲商陆、椰心叶甲等外来林业有害生物的普查工作，严格执行外来林业有害生物零报告制度和外来林业有害生物复检月报告制度，经普查，未发现外来林业有害生物入侵江川县。

二是科学防控，实施林业有害生物防治。化学防治松毛虫2500余亩，投入防治经费2.4万元；清理防治云南松328亩，择伐枯死、濒死云南松561株，活立木蓄积为70立方米,采伐剩余物全部运出林区，解除了松毛虫对抚仙湖西岸云南松林的危害，为芭蕉龙源生态旅游业的全面发展提供了保障。开展星天牛危害药效试验性防治，为全县大规模防治受害桤木提供科学数据。

三是认真开展调检疫及产地检疫工作。实施产地检疫和专项清查,共检查20家苗木经营户培育的桉树、桤木、杉木、石楠、圆柏、青香木、黄莲木、天竺桂等苗木277万株，涉及苗地面积271.1亩，均未发现检疫对象和其它危险性病、害。调运检疫桉树、云南松等原木及锯材3125立方米，复检木材1397 立方米。

四是开展“绿盾2012”林业植物检疫执法检查行动。对辖区木材及木制品进行检查，查获无植物检疫证书运输木材案件2起，涉案价值2.1万元，均依法进行了处罚。重点对抚仙湖一级保护区缓冲区建设工程引种的绿化苗木开展植物检疫登记及复检工作，检查登记植物检疫证书18份，复检大叶榕、小叶榕、滇朴、三角枫、紫薇、桂花及水杉等绿化苗木6160株。对广电、电力、通信使用的电缆盘、光缆盘及木质包装箱等木质材料进行复检，复检光缆盘96个，木质包装箱12个，并对未向县林业局备案的2家单位办理了植物检疫登记手续，对重点监管的涉检单位发送“森林植物监管告知书”。

（陈花艳）

水 利

【组织机构】 2012年，江川县水利局新增行政编制1名，全局行政编制核定为12名。年末，江川县水利局实有在职干部职工52人，其中：行政人员14人（公务员11人、工勤3人），事业人员38人（其中专业技术人员20人、工人16人、职员2人）。局机关内设一室两股，即：办公室、防汛抗旱股、水政水资源股。设置下属事业单位5个，即江川县水利勘测设计队、江川县防汛抗旱站（与“江川县工程管理站”实行两块牌子一套工作机构）、江川县水土保持工作站、江川县茶尔山水库管理所、江川县大街抽水站。

【概 述】 2012年，县水利建设坚定不移地实施可持续发展治水思路，继续贯彻落实省委省政府“兴水强滇”战略和市委加快水利改革发展的决定，以改善农村生产生活条件等民生水利建设为重点，加快推进供水保障、农田水利、饮水安全、防洪保安、水土保持生态环境建设步伐，不断提高农田水利基础设施水平，为高原湖泊生态县建设作出了新的贡献。

1. 有效灌溉面积。全县有效灌溉面积达111884亩，有效灌溉面积占总耕地面积130102亩的百分比达86%，比上年的85.54%上升0.46个百分点。

2. 节水和除涝灌溉面积。全县节水灌溉面积累计达68440亩，占全县总耕地面积130102亩的52.6%。全县除涝面积累计达65648亩，占全县易涝耕地面积68130亩的96.36%。

3. 水土保持治理。全县累计治理水土流失面积196.2平方千米，占全县水土流失面积380.83平方千米的51.51%。

4. 堤、闸建设。全县累计建成达标堤防长度78.63千米，占堤防总长199.24千米的39.46%。全县已建成小型水闸25座。

5. 农村饮水安全人口。全县年末农村饮水安全人口达22.94万人，占全县农村人口的94.74%。

6. 水利供水工程。全县累计建成水利供水工程35423件，年设计供水能力达13814.8万立方米。（1）蓄水工程。建成水库坝塘353座（其中：中型水库1座、小（一）型水库13座、小（二）型水库49座、小塘坝290座），总库容达6390万立方米，年设计供水能力6117.8万立方米。（2）引水和其它水源工程。全县建成引水工程41处，年设计供水能力达2403万立方米；建成小水窖29888件，年设计供水能力达137万立方米。（3）机电井和泵站工程。全县建成机电井16处，装机容量0.24千千瓦，年设计供水能力达393万立方米；建成泵站工程381处，552台（套），装机容量达20.63千千瓦，年设计供水能力达4860万立方米。

7. 水利工程供水情况。全年全县水利工程为各行、各业供水量达5859万立方米，比上年的6503万立方米减少644万立方米，其中，水利工程为农业年供水量达4709万立方米。

【农田水利基本建设】 2012年，全县共计完成各类水利工程2135件，其中，沟道岁修工程1811件，水利基本建设工程324件；完成工程量187万立方米；完成水利建设投资12870万元，其中水利基本建设投资5151万元，农水投资7719万元；新增灌溉面积0.15万亩，改善灌溉面积2.61万亩，新增节水灌溉面积1.07万亩,完成干支渠防渗16.7千米。

【病险水库除险加固工程】 2012年，全县共计组织实施了9件病险水库除险加固工程，批复概算总投资2341.42万元。其中：小（一）型水库3座，分别为杨柳坝、大寨、捧寨，小（二）型水库6座，分别为燃灯寺、老路坝、九道河、席草田、老关坝、白花山。截至2012年12月底，9件工程已完工，正在准备工程验收工作。在工程建设过程中，水库除险加固工程建设管理局严格按照批复设计和监理标准进行施工，认真落实质量责任制，加强项目资金管理，确保工程建设顺利进行。

【农村抗旱供水应急系统改扩建项目竣工验收】 江川县农村抗旱供水应急系统改扩建项目主要为江城、前卫、县城补充不足水源，等级为小（一）型，近期供水规模为29157立方米/天，远期供水规模为41069立方米/天，水源为抚仙湖水，本次设计供水目标主要考虑满足近期（2011～2020年），设计供水流量为24000立方米/天。项目供水范围为江城镇、前卫镇、大街街道的32个村委会，设计供水人口152860人，其中城镇人口43455人。项目于2011年11月8日开工建设， 2012年1月17日完成主体工程，于18日试水成功。工程共计完成投资2405.65万元，主要建设内容包括泵站工程、输水管道工程、水池工程和电力工程，完成主要工程量：圆形水池2个3500立方米，砼浇筑2712.09立方米，土石方开挖43785.16立方米，土石方回填34287.65立方米，浆砌石砌筑538.09立方米，钢筋制安62.05吨，球墨铸铁管安装9633.9米，PE管安装6996.38米，水泵机组2组，检查井17座，排气阀10个，闸阀18个。

【水库坝塘清淤工程完工】 实施库坝清淤工程是市委市政府应对持续旱灾而提出的一项长效抗旱措施，是一件深受人民群众欢迎的好事实事。根据市局的安排，下达江川县的库坝清淤工程共计31件，总投资488万元。工程于2012年4月中旬动工，于6月12日完工投入使用，共计清除淤泥21.83万方，恢复蓄水库容21.83万方，改善灌溉面积3556亩，解决了880头大牲畜的饮水困难。

【抗旱工作】 2012年，据统计，全县农作物受旱面积达116070亩，17座水库、143座坝塘因旱干涸，12条河流因旱断流，35326人和3349头大牲畜的饮水因旱出现困难。因旱减收粮食2738吨，经济作物损失6367万元。面对严峻的旱情态势，全县各级各部门切实加强领导，精心组织安排，积极组织干部群众投入到抗旱救灾第一线，掀起了抗大旱、保民生、促春耕、夺丰收的抗旱工作热潮。据统计，全县共计投入抗旱救灾资金3219万元，抗旱用电309万度，抗旱用油430吨；抗旱共计浇灌面积83363亩，临时解决了35326人和3349头大牲畜的饮水困难问题。据估算，抗旱共计挽回粮食损失4084吨，挽回经济作物损失4653万元。

【防汛】 2012年汛期，严格按照“防大汛、抢大险、抗大灾”的要求，扎实组织做好防汛抢险救灾的各项具体工作。一是按照防汛抗洪工作行政首长责任制的要求，层层签订江川县2012年防汛目标管理责任书，切实加强对防汛工作的组织领导，确保防汛工作顺利进行。二是未雨绸缪，防患于未然，扎实备汛，确保水利工程安全度汛。三是加强对防汛值班工作的管理，确保汛情及时上报和上情及时下达，保证防汛抗洪工作上下联系畅通。四是加强同气象等部门的联系，随时掌握天气状况，及时指导防汛抢险工作。五是加大对全县水库、坝塘的监控力度，确保水利工程安全度汛。六是突出重点，全力以赴做好防汛抢险救灾工作。2012年，全县受灾人口1361人，受灾面积691亩，倒塌房屋2间，公路中断5条，造成直接经济损失92.45万元，因洪涝灾害减收粮食28吨。灾情发生后，全县各级组织高度重视，积极采取有效措施，充分发扬自力更生、生产自救的精神，多渠道多方面筹集资金和物资，全力以赴投入防汛抢险救灾工作，确保灾区人民群众的生命财产安全，促进全县经济发展、社会稳定。据不完全统计，整个汛期全县共计投入防汛抢险救灾人数265人次，减淹耕地63亩，避免粮食减收2.1吨，减少受灾人口105人，减灾经济效益达8.7万元。

【水土保持工作】 2012年，全县共完成治理水土流失面积12平方千米，其中营造水土保持林157公顷，经果林177公顷，封禁治理860公顷，总投资290万元。在抓好治理工作的同时，积极推进水土保持监督执法工作，认真落实“三权、一案、三同时”制度，加大监督检查力度，严格查处水保违法案件，依法征收水保“两费”和审批开发建设项目水保方案。2012年，全县共进行执法检查3次，检查各级开发建设项目3个，审批开发建设项目水保方案8个，收取水保“两费”13.6万元，依法行政工作进一步加强，人为水土流失得到有效控制。

【水行政管理】 继续以国家水资源管理三条“红线”指示精神为指导，加强对全县水资源的管理，逐步实现以水资源的可持续利用促进经济社会的可持续发展。一是围绕“大力加强农田水利，保障国家粮食安全”这一主题，开展内容丰富，形式多样的“水日水周”水法律法规宣传教育活动，进一步提高广大干部群众的水法意识，扩大水行政执法的社会影响。据统计，全县共计出动宣传车辆13辆次，人员50人次，悬挂布标横幅8幅，张贴大小标语890条，发放宣传材料1000多份，张贴宣传主题画50套。二是加大水行政执法检查力度，严肃查处各类水违法案件，认真调处各类水事纠纷，督促指导全县水行政执法工作。全县全年共计征收水资源费36.7万元，办理取水许可证1套，查处水事违法案件1起、封填公路两侧违法开采水井39眼。三是继续加大水资源管理力度，科学管理水资源。积极配合县政协开展地下水开采调研，并向县政协提供了全县地下水开采情况报告；积极与县环保局沟通完成了县城两个饮用水源点保护区划分，并通过了专家评审，召开了听证会。四是认真做好普法依法治理工作，进一步提高全局干部职工的执法水平、提高从业人员的法制观念、自律意识和群众知法维权的保护意识，营造良好的法治氛围。五是认真清理行政审批事项，进一步规范行政审批行为。对于决定保留的审批项目，简化审批环节、优化审批程序、提高审批效率。经过清理，现予保留的行政许可项目为14项，决定移交的行政许可项目为4项。

【项目储备】 2012年，继续以水库除险加固、水源工程建设为重点，积极做好项目规划设计工作，积极争取水利建设项目。先后完成了民生坝、围埂小河坝、三岔河、双龙水库、团结水库5座小（二）型水库的安全鉴定及初步设计工作。组织开展了《江川县水中长期规划》编制工作和“滇中引水”项目江川片区水利项目规划编制工作。组织完成《江川县中央财政补助公益性水利工程维修养护经费项目实施方案》等7个项目的初步设计、规划、施工方案编制工作。上述储备项目为江川县抓住中央加快水利改革发展机遇，推动江川县水利建设进程打下了坚实的基础。

【全国第一次水利普查工作完成】 江川县水利普查工作于2010年11月正式启动，全县共选聘水利普查员及指导员170人，经过两年多的积极努力，于2012年底圆满完成了各项普查任务。主要普查内容为：水利工程基本情况普查、经济社会用水情况调查、河湖开发治理保护情况普查、水土保持情况普查、水利行业能力建设情况普查、灌区专项普查、地下水取水井专项普查。本次水利普查共计完成清查对象25857个，即：水利工程专项对象679个，经济社会用水调查专项对象397个，河湖开发治理专项对象701个，行业能力专项对象38个，灌区专

项对象173个，地下水取水井专项对象23869个。根据普查标准和要求，本次水利普查共计完成普查填表对象1916个，即：水利工程专项对象679个，经济社会用水专项对象398个，河湖开发治理专项对象628个，水土保持专项对象8个，行业能力专项对象18个，灌区专项对象82个，地下水取水井专项对象103个。

【提案和议案办理】 2012年，涉及水利建设的人大代表意见、建议，政协委员提案共计38件，其中政协委员提案10件，人大代表意见、建议28件。县水利局对人大代表建议和政协委员提案高度重视，精心组织，认真安排，加大办理力度，涉及水利建设的38件人大代表建议和政协委员提案已按规定时间全部答复，面商率、办结率、满意率均达100%，做到件件有答复，事事有回音。

（罗留芝）

交通·邮电

编辑　盛文芬

交　通

【概　述】　2012年，县交通运输局切实抓好“十二五”规划以及市交通运输部门下达的交通建设、节能减排、安全生产、运输管理等任务，不断增强干部职工的责任意识、服务意识和大局意识，提高履行职责的自觉性和工作的主动性、积极性。一年来，共投资10350万元进行基础设施建设（不含晋江公路、江一中道路），切实抓好翠大线五岔口至伏家营路段的改扩建工程、德馨苑职教小区道路改扩建及其景观打造、仙水大道、江一中道路、松园路（江城龙街至陈家湾）、九阳路（九溪老玉江路至阳山庄）、路居雷打石公路、翠大线至渔文化广场道路、晋江公路等九项重点工程，继续抓好区域交通网络规划和城乡道路交通建设工作，不断拓展江川经济社会发展空间，努力提高江川科学发展能力以及抓好交通安全生产；落实党风廉政建设责任制；推进效能政府建设；加强行业管理，做好道路养护、路政管理、运政管理等方面的工作。

【机构编制】　2012年，按照县编制委员会的要求，完成政府机构改革及事业单位清理等工作，进一步明确单位编制，规范相关职责职能。2012年底，全县交通系统在编人员39人，其中，局行政编制数为11人（不含工勤人员），实有人员9名（不含工勤人员2名）；局属事业单位编制数28名，实有23名（其中，地方段编制数15名，实有13名；路政大队编制数6名，实有6名；隔河船闸所编制数7名，实有4名），共缺编7名。

【取消收费站后续工作】　2012年1月1日零时起，按照上级的统一部署，正式取消澄川二级公路星云收费站。按时停止收费后，县交通运输局积极有序的开展好各项工作：1月份拆除星云收费站收费设施，恢复了路面；3月份，对自谋职业之外需要安置的37名职工全部进行安置；按照上级的安排及要求，完成与省驻江川公路段、路政管理大队进行相关道路管理工作的移交工作。

【晋江公路建设】　2012年，按照市、县制定的2020年交通发展规划，积极配合上级做好以晋江公路建设为代表的网络快速交通基础设施建设各项前期工作，积极推进建设连接昆明绕城高速及通建高速的晋江公路、澄川通高速公路、县城绕城及出入县城快速通道的各项工作准备。8月，在省委、省政府的支持和昆明市委市政府、玉溪市委市政府的共同努力下，明确了晋江公路的立项、建设等工作推进时间表。自确定建设时间表以来，县交通运输局抓紧时间，积极推进项目前期工作落实，加强与玉溪市、昆明市的密切配合、对接协商，努力争取按照时间表快速推进晋江公路建设进程。

【龙泉山生态工业园区建设】　加快龙泉山生态工业园区建设，是江川县实施“工业强县”战略，实现经济发展新跨越的重要基础。按照县“加快基础设施建设，坚持基础设施先行，创新园区基础设施建设方式，学习借鉴玉溪研和工业园区引进中国太平洋建设集团投资基础设施项目的成功经验，采取BT、BOT等运作模式，按照污水零排放、垃圾无害化的要求加快水电路等基础设施建设，完善园区配套功能”等要求，在完成龙泉大道路基工程建设、初步实现工业园区建设发展条件的基础上，按照规划实施从玉江高速公路紫红坝至工业园区的“仙水大道”建设工程。

该工程计划投资约5000万元建设里程为2.47千米，路基宽40米，按照城市Ⅰ级主干道标准设计，沥青混凝土路面，计算行车速度为每小时50千米，路面设计使用年限为15年。项目已经完成了调研勘测、施工图设计、水保方案、地质灾害评估、“工可”

报批及项目立项、土地征用、招投标、建设用料场地落实等工作，协调解决了地上和地下各种通讯、电力设施搬迁，并于10月24日开工建设。

【德馨苑职教小区道路改扩建】 2012年1~10月，共投资601.7万元对德馨苑职教小区道路改扩建。按城市Ⅱ级次干道标准建设小区出入道路916.08米、小区临街商铺道路长622.77米，建设临街商铺道路与玉江大道之间红线控制范围带状公园一个。

【翠大线五岔路口至伏家营段的改扩建工程】 2012年5~12月，投资1810多万元完成翠大线五岔路口至伏家营段的改扩建、绿化及亮化工程。该项目全长4.82千米，分三个阶段进行施工，第一阶段为土建工程，第二阶段为绿化工程，第三阶段为亮化工程。2012年底，完成600多万元的挡墙及水沟工程；完成340万元绿化工程（种植各种绿化树木1417株）；完成471万元的亮化工程（安装太阳能路灯建设148盏），由于资金短缺，该路缘石工程还未施实。项目实施后，道路整体宽度将由21.5米扩宽为27.5米，由于增设绿化带、部分路灯等设施，大大改善了翠大线县城周边交通环境及县城区域生态、生活环境。

【农村通畅公路建设】 2011年12月至2012年3月，投资100万元对翠峰至祁家营（K0+000~K1+700）1.7千米的通畅公路进行路面硬化；2011年12月至2012年11月，投资417万余元，对江川县江城镇黄营至白家营（K0+000~K10+296）10.296千米的通畅公路进行路面硬化；2012年10月，投资1245万元开始对19.8千米松园公路（龙街至陈家湾）进行建设；2012年10月8日，投资300万元开始对九阳路（老玉江路至九溪乡阳山庄）6千米的通畅公路进行路面硬化。

【乡村公路建设】 2012年5~7月，投资124万元对1.318千米周柏路（周官至赵官）公路建设；2012年4~6月，投资31.3万元完成晋思线温泉段路面改造工程；2012年6~7月，投资30万元完成煤白路路面硬化工程；2012年6~7月，投资23万元完成九小路大村段路面硬化工程；2012年6~7月，投资15万元完成路居镇甸尾村路面硬化工程；2012年10月至2012年11月，投资35万元对江川县路居镇甸海线K2+000段路基坍塌进行施工建设；2012年9月2013年1月，投资181万元对4.19千米雷打石村公路进行建设；2012年，投资30多万元，修复北前线水泥路面500平方米、沥青混凝土路面200平方米，大铁线安保工程完成建设防护栏284米、交通标志标牌38块、热熔减速带109米等。

【公路修复工程】 2012年1~2月，投资54万余元完成老澄川线（K5+410~K6+086）火焰山段的路面大修；2012年2~3月，投资27万元完成江川县大铁线（大街-铁埂）公路安保工程安装单面波形梁钢护栏604米，铝合金工程级反光膜板面12 平方米，热镀锌钢结构件3042千克，减速带112米；2012年3~7月，投资238万余元完成玉江路、江通路、江华路安保工程。路面铣刨62445平方米；机械台班197台班；人工233工日；沥青砂灌缝29580米；破损路面修复5700平方米；减速丘16道；减速丘表面警示标线1855米；全铸铝双面反光道钉393个；钢结构件1350千克；基础（C25砼）6.4立方米；安装太阳能黄闪灯4盏；铝合金板反光标志牌19.04平方米；橡胶减速带43 米；2012年3~7月，投资9万余元完成翠大线、环湖路、老晋思线、甸海线、九溪危桥安保工程划热熔标线3360米；安装全铸铝双面反光道钉476个；反光标志牌15.33平方米；结构钢架1133千克；波型护栏20米；2012年4~6月，投资31万余元完成晋思线（K46+300~K46+650）的路面大修；2012年6~7月，投资35万余元完成澄川二级路（K30+800~K31+000）的路基固结灌浆工程；2012年7月，投资3万元对老晋思线丰茂纸业处路基水毁修复工程；2012年7月，投资8840元对环湖西路K1+800~K2+800、K10+000~K11+000段路面空洞修复；2012年1~12月，投资18万余元对县道阻塞水沟进行清理、路肩清铲；2012年1~12月，投资16万余元完成县道日常小修保养修复工程；2012年1~12月，投资60余万元完成高等级公路日常小修保养修复工程及日常养护。

【公路日常养护】 2012年，县交通运输局始终坚持公路养护方针，建立健全养护工作机制和汛期养护应急机制，以日常养护为重点，以强化养护目标责任制管理为手段，狠抓全面养护，及时有效地处治公路病害，路容、路况有了新的改观。一年来，根据《交通部公路养护质量检查评定标准》，认真落实《云南省县乡公路建设和养护管理办法》、《玉溪市农村公路养护管理考核办法（试行）》和《玉溪市高等级公路养护管理考核办法（试行）》，结合实际，以交通畅通为目标，认真开展“农村公路管养年”活动，积极推进农村公路养护“示范路”建设工作。坚持公路养护方针和“管养分离”工作机制、汛期管养应急机制，以日常养护为重点，以强化养护目标责任制管理为手段，及时有效地处治公路病害，全面保持良好的路容、路况，全面推进了江川县公路养护事业的新发展。

1. 农村公路养护情况

2012年1~12月，共清理水沟206.7千米，整理路肩3513千米，整修路基329.7千米，路面清扫199.9万平方米，采备砂石料0.31万立方米，路面修补517.4千米（2.6万平方米），疏通桥涵118道（772.4延米），加铺砂石路面359千米（4.1万平方米），完成公路施工13千米，投资金额440万元，公路水毁抢修85.18万元，保证江川公路畅通无阻。

2. 高等级公路养护情况

2012年1～12月，清扫路面4276万平方米；清理排水沟68万米；疏通桥涵5道109延米；绿篱修剪83.8万平方米；绿化浇水943万平方米1310车；水毁抢修5万元；绿化除草松土74万平方米；绿化施肥74万平方米；病虫害防治74万平方米；安全生产上路养护人员全年0死亡，0受伤，无重大机械（车辆）安全事故发生。

【路政管理】 加强路政管理工作，落实道路巡查措施，严格治理超限运输，坚决查处和打击各种侵占路产路权的行为。一年来，共出动路政执法人员7920人次，出动执法车辆1440台次，全面参与超限车辆检测治理、公路路产路权的维护巡逻检查、路政案件的查处等工作。全体执法人员做到严格执法，坚持原则、团结协作、依法治路。

1. 加强路政案件查处工作。一年来，共查处路政案件157件，案件查处率100%，立案率100%，收回路产路权3666项，索赔路产损失219万元，高等级公路索赔率99%，农村公路索赔率95%以上，损坏路产恢复率96%。

2. 加强路政管理。制止各种侵占路产路权行为264起，拆除非法设置广告牌8块，清理公路堆积物450吨，砍伐枯死歪倒影响公路通行树木8棵，清理取缔以路为市占道经营65起，清理取缔违法加水站点50起。严格公路建筑红线控制管理，拆除违章建筑120平方米，公路两侧建筑红线控制率基本做到100%。

3. 及时修复损坏设施。投入资金120万元，对高等级公路、农村公路损坏路产进行全面恢复维修（其中安装并修复路沿石871米，修复路面329平方米，修复公路挡墙176立方米，修复安装波型护栏板1948米，安装轮廓标113个、标志牌46平方米、公路道钉368个，修复公路标线2912米），补植公路绿化树木1288棵，修复安装公路路灯45盏及照明管线182米，安装沥青减速丘28.56平方米，

4. 投资17.66万元，对超限运输检测站的房屋场地、亮光设施、监控管线进行建设。一年来，共检测运输车辆619818辆，其中超限超载车辆18562辆，收取超限运输罚没款254万元，拒绝货车总重超过55吨车辆上路行驶365台次。通过对超限运输车辆的检测治理，遏制超限车辆上路行驶的漫延势头，有效维护公路路产路权。

5. 贯彻《行政许可法》，认真办理行政许可。坚持受理、审查、承诺、监督的许可程序，坚持公开、透明、便民的原则，做到法律明确，程序合法，标准清楚，无乱收费事项，一年来，共完成公路行政许可事项28件，完成路产占用赔补偿费157.4万元。

【客货运输管理】 2012年，认真履行“三关一监督”职责，切实抓好以安全运输、和谐发展为重点的具体工作，确保客货运输市场稳定发展，群众出行平安。

1. 抓好春运工作。2012年春运期间，全县共计发班4520班次（加班127班次），输送旅客达17.12万人次，比上年同期增加了2.16个百分点。

2. 营运驾驶人员培训工作。认真组织营运人员参加培训，认真做好台帐的登记、造册工作，提高办事效率，全年组织驾驶人员2批次共计127人进行了培训。

3. 积极推广丘北经验，不断研究客运工作。认真完善城乡客运公交线路，不断推进江川县“城乡客运一体化”进程，把发展农村客运作为改善农村民生的重要举措，让广大群众享受安全、便捷、经济、优质的客运服务，及时更新和投放客运车辆，投放31辆运力和车身颜色一致，车型为万达牌WD6608CG型的16座小客车，经营江城片区农村公交线路（同时将原经营的54辆微型面包车全部退出客运市场），方便群众出行。

4. 加强客货运输管理。自2012年2月15日起，江川汽车客运站实施封闭式管理和统一售票，规范发班，充分发挥客运站点的功能，从根本上解决以往人车混杂、车场较乱等管理混乱、封而不闭的状况，不仅有利于“三不进站、五不出站”规定执行，提升江川县客运市场整体形象，也能更好地为旅客出行提供更加安全、舒适、快捷、方便的服务；督促客货运输车辆全部安装了GPS系统，相关人员做到持证上岗，确保源头管理措施落实到位;加强隐患排查，及时进行有效整改，对客运安全检查中发现的隐患，落实专人督促整改落实。

5. 继续抓好城乡交通秩序综合整治工作，有效维护客运市场秩序。工作中，严格执法权限和执法程序，按照法律法规的标准和要求，公开、公平、公正地查处非法运营行为，坚决杜绝乱罚款、乱扣车等行为的发生。一年来，共出动运政稽查人员2520人次，对非法运营的“黑车”和非法从事危险货物、普通货物的道路运输经营行为进行稽查治理。稽查中，共查处违章车辆1075辆（其中非法营运车辆38辆），处理违章案件1075起（简易程序处罚案件877起，一般程序处罚案件198起），罚款金额50万余元，有效地维护了全县道路运输市场的良好秩序。

6. 加强运输企业及维修企业管理。共对8家普通货物运输企业进行了质量信誉考核（其中考核为AA级的企业有4家、A级企业3家、B级企业1家），对7322名持有《从业资格证》的驾驶人员进行了诚信考核（其中考核道路货物运输驾驶员5681名、道路旅客运输驾驶员1480名、道路危险货物运输驾驶员及押运员161名），对7577辆普通道路货物运输车辆，287

辆客运车辆，91辆危货车辆进行了审验。在汽车维修企业质量信誉考核工作中，一类维修企业考核结果为AAA级的有1户，二类维修企业考核为AA级的有2户，三类维修企业考核为A级的有 97户，摩托车维修户中考核为A级的有32户,在考核期间换发汽车维修行业技术工人上岗证35本。

7. 抓好源头治理工作。一年来，深入乡镇、厂矿发放宣传材料300余份，悬挂巨幅标语5条，为治超工作顺利开展营造了良好的社会氛围。所巡查的五个源头企业主要以运输水泥、矿石为主，全年共出动执法车辆43辆次，执法人员307人次，对县辖区内的五个源头企业（单位）进行了巡查，巡查中共检查车辆1208辆，其中合格装载918辆，共计运出货物总量4632吨。

8. 做好宣传动员，确保专项治理活动顺利开展。自开展“四大行动”及“打非治违”、“道路客运安全年”专项行动以来，共组织客货运输企业召开业务工作会三次，到客运站、停车场、集贸市场等人口集聚地发放宣传材料和专项行动通知1000余份，并利用电视、法制宣传车下乡镇滚动播出“江川县规范客运市场管理温馨告知书”，加大对专项行动的宣传力度，增强人民群众抵制乘坐非法营运车辆的自觉性，确保人民群众生命财产安全。

9. 大力促进运输事业发展。做好服务工作，支持企业发展，截止年底，全县共拥有普通货物运输经营业户7464户，货运车辆7999辆（新增464辆），客运车辆469辆（班线车辆134辆、公交车153辆、出租车182辆），道路危险货物运输车辆100辆，维修业户141户（新增17户），道路运输从业人员达11566人。

【人大代表、政协提议答复】 2012年，县交通运输局认真办理和答复人民代表、政协委员在县人代会、政协会上提出的关于交通基础设施建设及交通运输管理的34件意见建议，满意率达100%。正确引导，耐心细致做好信访接待工作，及时办理回复交通建设及交通管理信访件8件。

【安全生产管理】 2012年，按照“一岗双责”的要求和“安全生产、预防为主” 的方针，全面落实安全责任，通过层层签订安全生产责任书、开展安全宣传和教育活动、积极整治事故黑点、抓好雨季道路防抢保通、认真履行“三关一监督”职责等措施，通过开展“大排查、大整治、大培训、大宣传”及“打非治违” 等专项行动，切实抓好了安全生产水平，努力提高了安全生产应急能力，促进安全生产形势持续稳定好转，全县交通运输事业得到全面发展。

一年来，县交通运输安全生产工作平稳发展，交通系统未发生安全责任事故，实现了安全生产工作人员0伤亡，机械（车辆）安全事故0发生的目标。

（周　愚）

公路管理

【概　述】 2012年，江川公路管理段坚持“服务立段、主业稳段、辅业富段、人才强段、科技兴段、文化和段”的发展思路，紧紧围绕公路养护为公众利益服务这一核心价值取向，转变养护理念，坚持走创新的发展道路，精细化的管理模式，增强服务意识，责任意识，坚持防治结合，注重全面养护，强化各项措施落实，全面提升了公路养护管理服务水平，形成高质量工程、高品质服务，高素质队伍的公路养护管理格局。

【组织机构】 江川公路管理段隶属玉溪公路管理总段，是从事公益性事业的公路管理养护事业单位。2012年底，江川段有在职员工44人，拥有各种养护机械设备25台（件），下设1个机化站（生产工人16人），负责管养江川县境内干线公路44.449千米。其中，沥青路面养护里程9千米，二级公路35.449千米。

【完成工程量】 路基工程：改造涵洞116.8 立方米/道，清理涵洞138立方米/4道，现浇涵洞通道28.7立方米/4道，做拦水埂9.16立方米/220 米，修复挡墙84.58立方米/13.9米；路面工程：挖补沥青路基层546.45平方米，修补沥青路面层151.45平方米，修补砼面层3725.30平方米，碎石同步封层63865平方米，清扫路面97330平方米，沥青路罩面63865平方米，补沥青路沉陷10432.51平方米，封单条裂缝27262 米，清理路肩83646平方米，粉刷行道树4600棵；桥梁：做桥梁安全通道26.2 米/3座；灾害防治工程：清理塌方411.58 立方米，填方4.6立方米；外委工程：完成工程量625万元，工作量60.4千米；采备材料：采备砂石料1421立方米，耗用砂石料1351立方米，计划采购沥青93吨，消耗沥青93吨。

【改进工艺】 江川公路管理段于2月份和8月份分别举办职工技能比武劳动竞赛。使职工进一步明白采取在病害形成初期或将要出现病害时就进行主动养护，做到有裂必封、有坑必补、及时封补，方能有效遏制住病害的产生和扩大，达到“无病早防、小病早治”，防止公路“病害恶化”的目的，改变一年二季的固定养护模式，由被动养护转变为主动养护。同时巩固2011年9月以来使用小型养护机具和“热油冷料层补法”的养护方法取得的明显成效，不断提高职工的预防性养护操作工艺和水平。职工们深刻认识到这种养护方法和工艺不仅提高了工效、缩短了通行时间，能大幅度提升路况质量，而且还降低了养护成本，实现了“花小钱、办大事”的功效。

日常养护坚决在规范化、精细化养护上下功夫，创新思路，创新养护工艺，大力推广新型养护机具的运用，不拘一格养好公路，做到“5个100%”（100%的管养里程全部纳入竞赛路段，100%全部消灭路面坑塘，100%消除路面积水，100%消灭明显的单条裂缝，100%保证水沟畅通、路肩、边坡、构造物周围无杂草）。

【预防性养护】 一是按照2012年年初预养方案和工作要求，做到早计划、早安排、早落实，2012年项目于5月底前完成，6月份江川公路管理段的基本路况确保稳定，通过预养工作，江川公路管理段所有大修过的路段100%进入良性循环。

二是由于组织生产快、完成任务快，不失时间的抓住生产的黄金时期，在良好的自然环境中开展生产，有效避免雨季来临时的可预困难，保证了在有效的时限内控制病害的扩大，不仅能控制养护成本的开支，而且能使一线职工从重体力劳动转变为轻便的技能生产，起到了解放生产力的作用。

三是把好“六严”关：严计划管理、严病害分析、严项目处治方案、严施工工艺、严跟踪考核、严奖优罚劣，做到不折腾、不浪费、保证工艺标准、保证质量达标。沥青使用的管理由工程部门、设备物资部门管理核对。路面病害处治的沥青、砂石料用理控制定额范围内，每千米病害处治面积细化到台帐，沥青、石料的管理做到真实准确，保证有限的资金发挥最大的效益。

【保快捷畅通养护通道】 1. 结合所辖路段实际情况，江川公路管理段应急工作做到早计划、早部署、早落实。加强对昆孟线急弯陡坡、连续长坡、临崖石山危险路段的日常巡查养护和巡查日志，加强管养路段、桥梁的日常监测，加强与当地政府、交通部门联系，深入了解控制事故多发、危险路段，及时对存在安全隐患的路段进行排查、监控、整治和应急措施，注重外委工程的安全管理情况，加强车辆机械隐患查改。

2. 切实加强雨季安全工作，制定切实可行的应急预案。科学布设抢修保通设备，确保哪里有险情，哪里就有救险物资和人员出现，以便用最短时间排除险情，疏通交通，最大限度地降低灾害损失。

3. 以预防“水损害”为中心。做挡水埂，及时清理受阻水沟，深挖水位高的水沟，全面做好雨季来临前的灌缝封裂，修复坑塘、沉陷等养护工作。

【科学养路】 始终坚持把节能减排工作落实到养护生产上，加强对小型工具的运用和改进，加大了“新材料、新工艺、新技术、新设备”的推广运用。

1. 加大新材料运用，严防病害恶化。不拘一格养好公路，实现养护管理由经验型向科学型转变。从用料、用油、工艺、工序上规范化，改变过去每年雨季过后，养护职工大量投入到修补坑塘等病害处治工作中的养护方式，在日常路况巡查中，随车携带冷补料，每发现一处小坑塘立即用冷补料修补，防止了病害恶化，使用后路面平整美观，无松散，抗压强度高，具有良好的使用和视觉效果，有效地控制了养护成本。

2. 运用新设备，开源节流。一是及时淘汰高耗养护旧设备,配置使用快热节能热油罐，可节省2/3的燃料成本。二是实施机械化养护作业，缓解公路建设资金不足的矛盾。对路基强度高，路面出现麻面或缺油的路段，采用同步碎石封层进行大面积预防性养护，提高作业效率，有效处治路面龟网裂，使路面具有良好的防渗水性能和抗滑性能，使路面性能和质量得到明显改善，延长了公路的使用周期，大大减轻了大中修养护资金不足的压力。

3. 小技改、小发明运用，降低养护成本。鼓励职工积极开动脑筋，在生产实践中不断按节能降耗的要求改进生产工具。为改进工地用的沥青温度能满足施工需要，自制拖挂式小油罐车4辆，用柴禾可随时加热沥青，节省往返工地的时间，降低燃料费用，减少污染。改进小型工具，降低职工劳动强度。

【外委工程】 认真执行总段对外服务经营管理办法，规范建设管理行为、落实质量保证措施，确保各项工程项目建设顺利进行，全年完成7项工程项目，产值达600余万元。一是质量管理精细化。坚持工程质量责任卡和“零缺陷”管理制度；用试验检测数据指导施工，严把材料进场关、施工工艺关、试验检测关、计量支付关和分项工程开工关，确保工程质量达到合格标准。二是施工组织科学化。狠抓关键工程进度目标，上足人力设备，强化工作考核。面对多头工程，采取领导分项包抓，技术人员旁站监督，现场解决问题，集中力量攻坚，保证工程整体均衡推进。三是建设环境和谐化。加强与地方政府、部门的沟通协调，落实各方责任，严格落实各项安全生产责任制，对各种违章行为和安全隐患及时整改。在施工现场要设置醒目的安全防护设施、警示标志，安排专人指挥交通，确保车辆通行和施工安全。四是预算执行严格化。加强工程预算控制，强化全员成本意识，从各个环节从严从细控制，有效控制成本，确保利润最大化。

【热油冷料层补法破解水泥砼路面养护难题】 深入实践“热油冷料层补法”养护技术，组织职工利用统一配发的养护工具，对翠大线、澄川线、玉江线、江通线的路面纵、横缝、断板、破角、沉陷等病害采用“热油生料”进行修补，缓解大面积开挖反复修补高成本的支出，受到业主的好评，破解了多年以来困扰整个玉溪市水泥砼路面难以养

护的问题。

【公路移交工作】 积极组织工程部门人员联合江川县交通运输局对相互移交线路的路面、桥梁、涵洞及公路沿线附属设施进行调查核实，做好移交资料，经江川公路管理段与江川县交通运输局协商达成共识，顺利推进移交工作，江川县交通运输局交给县公路管理段的江川县境内二级公路管养里程35.449千米，江川公路管理段移交给江川县交通运输局的省管农村公路管养里程31.081千米、桥梁3座。

（张　薇）

邮　政

【概　述】 2012年年初，县邮政局领导高度重视函件、速递物流、代理金融等业务发展，及时制定下发2012年业务发展实施意见，并成立相关的业务项目实施组，明确项目责任人、目标客户、完成进度要求和奖励考核办法，各项业务取得了很大成效。全年邮政局收入完成669.52万元，完成年计划的100.69%，比上年净增了116.11万元。

【机构编制】 江川县邮政局2012年底共有从业人员44人，内设综合部、市场部、财务室、物流组、投递组。下辖抚仙路支局、明珠路支局、江城支局、九溪支局和路居支局。服务面积850平方千米，服务人口26万余人。

【邮务类业务】 全县邮政全年完成业务收入194.98万元，完成年计划的99.26%，比上年同期增长23.36%。县邮政局一直都把函件业务作为重点业务来抓，主要做好银行对帐单，邮资封片卡的设计制作，为天久食品厂，明星碧云寺等多家单位制作企业金卡10万多枚；在包裹收寄上，加大对部队退伍官兵的收寄服务工作，2012年直接到部队进行收寄，共收寄800多件；在党报党刊收订工作上，高度重视收订工作，在县委宣传部的指导下，圆满完成市党委下达的收订任务；在教材配送上，按照县教育局提出的“确保课前到书”的原则，圆满完成全县17所学校的配送任务，做到了“配送及时，数量准确，包装完好”，使学校、学生满意度达100%。

【代理金融类业务】 全年完成收入307.93万元，完成年计划的103.68%，比上年净增22.10%。2012年在代理金融上以结构调整为重点，积极发展代理保险、对公业务和贷款业务。提出三个不嫌小“不嫌存款金额小、不嫌存款面值小，不嫌开户数量小”在局4个网点中得到认真落实，截至2012年12月31日，全县邮储余额达2.01亿元。

【速递物流类业务】 全年完成收入166.6万元，完成年计划的97.15%，比上年净增16.11%。对这一业务，2012年的指导思想是提高投递服务水平，认真做好时限要求。特别是在大中专通知书的投递上，更是以全局之力，努力做好当天来的通知书当天投递完。

【职工队伍建设】 2012年，主要采用网络培训，进行了储汇营业员培训、个人网银培训、邮政储蓄基金培训、银行从业资格证培训，机要员培训等一系列培训工作，通过这些培训，提高了县邮政局干部职工的职业技术能力和团结精神。

（汤林涛）

电　信

【概　述】 2012年，中国电信股份有限公司江川分公司在各级党委政府的关心、指导和帮助下，以科学发展观为统领，按照市公司的总体部署,全面承接集团、省市公司全业务运营战略，紧紧围绕全业务有效益的规模发展这一中心，坚定不移推进聚焦客户的信息化创新战略，坚持统筹协调，加快发展速度，提高发展质量，增强可持续发展能力，奋力追赶跨跃，实现收入与发展的有效统一，全面展开各项工作。在经营过程中注重立足本地，结合地方经济建设，做好江川信息化建设的领头军，为江川县的经济建设做出应有的贡献。

【重点产品发展情况】 1. 移动业务：截至10月31日，共计发展8795户，拆3730户，净增5065户，装拆比为73.64%；移动用户累计达12703户。出帐用户数为10770户，占比为84.78%，活跃用户为9846户，占出帐用户的91.42%。3G终端用户发展6543户，其中智能机用户4086户，3G用户占比为61.9%，智能机用户在3G用户中的占比为62.45%，同比提高21.25%；3G移动用户发展完成全年目标7734户的84.6%。

2. 宽带业务：截至10月31日，共发展4434户，拆机884户，净增3550户；装拆比为24.90%，完成全年目标3556户的124.69%。截至10月31日，用户累计到达12344户。ITV业务共计发展1930户，拆机177户，净增1753户，完成全年目标值2184户的90.3%，累计达3913户。FTTH业务共计发展366户，完成全年目标值1968户的18.6%，累计达464户。截至11月份江川分公司共计上报FTTH光纤入户改造项目20个，涉及FTTH用户1587户。

【FTTH建设】 为更好地优化各业务网络，响应集团公司建设“宽带中国·光网城市”的号召，江川分公司在2012年大力推进FTTH建设，在全县已建设好29个FTTH小区和村庄，在建小区和村庄有15个。2013年将大力提高FTTH建设进程，以提高用户的宽带使用感知。

【C网基站优化】 对部分基站进行流量、话务量调优，新建江川三百亩、前卫石河、安化董炳、九溪土官田、九溪矣文等基站。2012年在省公司“天翼春雨”行动中圆满完成建设任务，新建和替换基站74个，年内已经实现全县3G覆盖。3G覆盖范围和信号质量都领先于其它通信公司。

（邓 琼）

联 通

【概 述】 2012年，中国联通江川分公司市场拓展成效明显，收入增速持续保持行业领先，成本开支持续改善，发展结构不断优化;网络能力不断增强，移动基站数量稳步增加，3G网络实现了主要乡镇覆盖；宽带接入端口大幅增加，骨干互联网扩容取得良好成效,全力推进宽带升级提速，创建网络优势，促进客户发展和保有；实施区域分级管理和深度营销，积极拓展宽带增量市场，提高资源利用率；乡镇市场配合广电网络改造以EOC发展为主，优质社区以公司自网为主，通过合理投资，有效拉动自网宽带及行业客户收入；服务水平持续改善，加强移动网络优化，使3G与2G网络质量投诉率大幅下降，落实宽带装移修公开服务承诺，服务及时率明显提升，中国联通3G业务满意度继续保持行业第一，全业务满意度居行业第二。同时，管理提升全面推进，以本地网全成本管理核算为基础，强化经营活动的动态监控；完成大ERP系统的推广实施，建立了财务信息透视体系；重点领域改革持续深化，实施一体化市场营销管理与运营，建立纵向到底的经营监控体系，强化集团客户事业部体系建设，建立适应电子商务发展的管理体制和运营机制；坚持民主公开、竞争择优，以业绩为导向组织各类技能培训，使队伍素质持续提高，圆满完成“十八大”等大量重要通信保障任务，扎实履行了企业社会责任。

【解读黄色新联通】 新品牌标识与“选3G就选WO”的品牌口号共同构成中国联通完整的品牌形象。突出了联通3G网速的快，新司标继承原司标精华的元素，依然沿用“China Unicom”字母和“中国联通”文字，创造性地采用了更加贴近用户的中国黄，整个造型更加动感活泼。这既保持了与原有标识的一致性和承接性，又突出了中国联通创新、活力，更体现了中国联通经过多年发展所积淀的深厚基础和发展潜力，以及面对新形势主动应变、积极求变的企业精神。

【基站建设】 截至2012年底，在上年的基础上投资1100万元分别在江城、大街镇、九溪、等地加建3G基站9个，进一步提高全县的网络覆盖率。

【渠道建设】 为更好地服务于中国联通用户，积极发展渠道建设，分别在全县范围内的重要乡镇发展中国联通业务代销商23处，做到无论在何处都能见到中国联通的各类宣传广告，大大提高了联通的知名度，更好地方便了用户，达到了为用户提供优质、完善服务的目的。

【二级部门建设】 2012年初，江川分公司对本公司内部的管理机制进行整改。分成了以市场营销和客户服务工作组成的市场部，以处理各种综合事务及账务中心为主的综合部，形成一种矩阵式的管理机构。各部门齐心协力、协调发展、大大增强了公司的凝聚力，努力把江川联通建设成为一个现代化的通信公司。

（张小倩）

移 动

【概 述】 2012年，江川分公司以“发展、稳定、服务、提升”工作为主线，围绕“3212”中心工作，以完成分公司各项经营指标及劳动竞赛任务为目标，在玉溪分公司和县委、县政府的支持、全体员工的共同努力下，在全县范围内开展各种丰富多样的活动，促进用户的发展、收入的增长，做好客户关系的维系、服务质量、网络质量的提升。

【网络质量】 截至12月31日，江川共有基站168个，其中GSM基站139个，TD基站22个，直放站7个。提高了网络覆盖质量，提升了市场竞争力，促进了业务发展和业务收入的增加。

（何春梅）

财政·税务

编辑 盛文芬

财 政

【概　述】 2012年，在县委、县政府的正确领导下，江川县财政局以科学发展观为指导，积极应对各种困难和挑战，充分发挥财政职能，狠抓增收节支，加强财政监管，圆满完成了县第十四届人大五次会议确定的各项目标任务。全县地方财政收入突破4亿元，达到40529万元，比上年增长20%；全县地方财政支出完成118773万元，比上年增长18.8%。

【非税收入】 2012年，江川县围绕非税收入收缴工作重点，强化非税收入管理，确保非税收入资金及时入库，非税收入完成8612万元，比上年增长20.8%。

【争取上级支持】 2012年,全县共争取到上级专项补助4.66亿元，比上年增长10.4%；一般性转移支付37945万元，增长24.3%，缓解了经济社会发展资金压力。

【教育投入】 2012年，全县财政性教育投入26079万元，比上年增长25.7%，占全县GDP的5.3%。继续实施农村中小学校安工程和食堂条件改善试点工程，支持改善学前教育、高中教育和职业教育办学条件，促进教育均衡发展。

【社会保障和就业】 2012年，全县完成社会保障和就业支出16107万元，比上年增长14.6%。筹措“贷免扶补”等贴息资金1311万元，撬动信贷资金14757万元，支持5646人创业就业；投入“两个低保”资金2269万元，1.4万人实现应保尽保；安排城乡临时救助78万元，缓解低保对象因物价上涨等因素造成的生活困难问题；发放抚恤及退役安置补助1295万元；投入敬老院建设资金258万元，进一步改善五保老人集中供养条件。

【支持医疗卫生事业】 2012年，全县完成医疗卫生支出12773万元，比上年增长10.6%。安排资金2107万元，继续实施国家基本药物制度，促进基本公共卫生服务均等化；筹措资金995万元，加强基层医疗卫生服务基础设施建设，支持公立医院改革试点；安排资金165万元，对符合条件的2.8万参合农民予以新农合个人缴费全额补助。

【支持经济发展】 2012年，江川县筹措资金15627万元，支持事关全县经济社会长远发展的重大项目。其中：生态工业园区建设投入3390万元；市政设施建设安排1523万元；生态环保建设筹措8265万元。投入支农资金17920万元，大力支持农田水利基础设施建设，加强农业生态环境建设，促进农业和农村经济持续发展。安排企业发展扶持奖励资金2535万元，支持企业入园、节能减排、技术改造和自主创新；帮助企业置换贷款8500万元，缓解中小企业融资压力；认真落实企业税收优惠政策，依法办理减免税2447万元。筹措资金13332万元，重点支持抚仙湖、星云湖一级保护区退田还湖、星云湖截污治污等项目建设。积极落实扩大内需各项政策，安排石油价格改革补贴1484万元，促进公交事业平稳运行；兑付家电、摩托车下乡补贴1.99万台（辆）774万元，促进居民即期消费6402万元。

【支持文体事业】 2012年，全县文化体育与传媒支出1200万元。安排资金143万元，支持“三馆一站”免费开放；投入147万元，实施重点文物保护项目建设；筹措资金815万元，推进卫星电视“户户通”工程，支持农民健身工程和农村文化体育活动场所建设。

【保障性住房建设】 2012年，全县住房保障支出10536万元，比上年增长69.6%。安排农村危改工程建设补助资金955万元，重点解决1502户困难群众的住房问题；筹集资金5392万元，支持1236套保障性安居工程项目建设；安排资金186万元，继续对符合条件的827户居民发放廉租住房租赁补贴。

【支持“三农”】 2012年，全县拨付资金4023万元，全面落实义务教育“三免一补”政策和对2583名高中和职业教育学生提供助学金。投入1977万元，继续实施农资综合补贴、良种补贴、能繁母猪补贴、退耕还林补贴等直补政策和森林火灾、能繁母猪、农房、水稻、油菜、玉米等涉农保险政策。拨付资金177万元开展涉农贷款增量奖励和定项费用补贴，拉动7142万元信贷资金支持农业生产发展。筹措资金1678万元，积极支持中低产林改造和石漠化治理。安排资金601万元，支持整村推进、劳动力转移培训、“农转城”等工作。筹措资金4890万元，提高新农保和城镇居民养老保险覆盖面。兑付新农合医疗补偿资金8281万元，86.7万人次受益。筹措资金334万元，实施11个新农村建设项目。安排资金345万元，加强农村环境卫生综合治理。筹集水库后期移民扶持资金639万元，进一步改善库区移民生产生活条件。投入资金1308万元，支持粮油物资储备及仓库建设。

【公共安全投入】 2012年，全县完成公共安全支出5629万元，比上年增长5.9%。政法经费足额保障到位，基础设施建设投入逐步加大，政法司法能力建设进一步增强。

【全面推进财政票据电子化管理改革】 2012年10月起，全面推行财政票据电子化管理改革。截至12月底，全县各乡镇（街道）、县级具有非税收入征收任务的行政事业单位上线34个，设置开票端口49个，基本替代手工出具财政票据，实现对财政票据使用的动态实时全程监控，进一步规范非税收入的征管。

【国库集中支付制度改革】 2012年，全县101个预算单位通过《平台及一体化财政管理信息系统》正式上线，加大直接支付和授权支付的范围力度，财政直接支付金额34427万元，下达财政授权支付额度27014万元，集中支付和授权支付占地方财政支出的48.2%。纳入公务卡结算改革的单位135个，累计发放公务卡5069张，通过公务卡消费2485万元，同比增70.9%。

【财政预算信息公开】 2012年，制定并出台《江川县财政预算信息公开管理办法》，按照分阶段、有步骤、稳步推进的思路，全面完成45个县属政府组成部门的预决算及“三公经费”公开工作，占年度应公开单位数的100%。

【乡镇财政两基建设】 2012年，以“云南省乡镇财政所标准化建设”的全面实施为契机，加强和改善基层财政所办公及生活条件，通过不断健全规章制度，促进各项基础工作更加科学和规范。共争取到标准化财政所建设项目2个，资金80万元。县财政自筹69万元对7个乡镇（街道）财政所办公场所进行修缮，配置电脑等办公设备，联通财政内网。同时，组织干部参加省、市、县乡镇财政干部培训、会计继续教育及业务培训，提升干部的综合素质；全面公开财政政策和资金，设立惠农补贴政策服务监督电话；对乡镇财政资金进行分类监管，不断提高财政资金运行质量。

【政府采购】 2012年，江川县进一步深化政府采购管理，健全完善监督机制，继续邀请监察、审计部门对招投标工作进行监督指导，不断规范政府采购行为，努力提高经济效益和社会效益，全年完成政府采购支出8430万元，节约财政资金531万元。

【农村义务教育学生营养改善计划】 从2012年春季学期起，江川县启动实施农村义务教育学生营养改善计划，为所有农村中小学生每人每天提供标准为3元的营养膳食补助，所需资金全部由财政承担，共安排资金2166万元，3.45万农村中小学生受益。

【江川县非税收入管理局成立】 根据江川县机构编制委员会《关于江川县票据管理中心更名的通知》文件，江川县票据管理中心更名为“江川县非税收入管理局”，仍为县财政局所属财政全额拨款事业单位，机构规格相当于副科级，核定事业编制10名，设局长1名（相当于副科级）。9月13日举行挂牌仪式，组建机构，并正式运作。

【农业综合开发项目通过省级验收】 7月21～25日,省农业综合开发项目验收考评组对江川2011年度农业综合开发项目进行考评验收。此次验收的农业综合开发项目共2个，总投资967万元，其中上级财政资金870万元。验收组采取内业和外业考评验收方式对项目进行检查后，同意验收。

【农业综合开发】 2012年，江川县投资995万元，完成2011年茶尔山水库灌区中低产田改造项目和2011年九溪河小流域生态治理项目的建设任务，改造中低产田0.35万亩、营造水源涵养林0.55万亩。

【村级公益事业建设一事一议财政奖补项目通过省级验收】 4月8～10日，省财政厅一事一议财政奖补项目考核组对江川县2011年度实施的一事一议财政奖补项目进行考核，并全部通过验收。江川县2011年实施的一事一议财政奖补项目共65个，项目投资总额2810万元，涉及村内道路硬化28个，人畜饮水工程9个，环卫设施1个，文化体育设施27个，受益村民41909人。

【一事一议财政奖补】 2012年，江

川县深入推进一事一议财政奖补工作，制定《2012年江川县村级公益事业建设一事一议财政奖补试点工作意见（草案）》，实施项目63个，投资总额3119万元，其中财政补助资金1346万元。项目涉及村内道路硬化13个、活动场所建设43个、人畜饮水6个、环卫设施1个，惠及村民43813人。启动并化解乡村垫交税费债务9万元。

【财政票据管理】 2012年，全县财政票据年检单位114家，重点检查114家，重点检查和单位自查率均为100%。共检查票据2566本，销毁过期医院门诊收据33.05万套、住院收据9600套。

【小金库专项治理】 2012年，江川县对40个机关单位和7个乡镇（街道）进行“小金库”清理。通过清查，未发现侵占、截留国家和单位收入及私设“小金库”等问题。

【会计管理】 2012年，组织234人参加会计从业资格考试和完成951人会计从业资格证书的注册登记；举办行政事业单位会计核算业务和防治小金库知识及《小企业会计准则》培训；开展会计信息质量、村级会计委托代理服务专项检查和加强对代理记账机构的监督管理。

【企业所得税税源及重点产品国际竞争力调查】 对供电公司、江磷集团等10户企业2011年所得税进行调查。10户企业全年营业收入104450万元，利润总额13709万元，应纳所得税税额2731万元,为企业总收入的2.61%。重点产品国际竞争力调查户数1户：江川县凤凰山水泥厂有限责任公司。重点产品调查种类1种：其他硅酸盐水泥。

【国有资产管理】 进一步加强国有资产管理，公开拍卖房地产1宗，金额627万元；单位间划拨189.9万元的国有资产；报废危房12幢、公务用车6辆、5009台（套、件等）办公设备，价值2045万元；盘盈资产263台（套、件等），金额277万元；清理闲置住房123套（间），收回51套（间）。

【财政监督】 进一步加大财政监督力度，不断完善财政各类专项资金管理办法，重点就群众普遍关心的教育、医疗、社保等领域资金开展检查。将财政监督由事后监督向初始环节前移，实行事前参与预警、事中跟踪防范、事后审核问效的全过程同步监督检查，使财政监督检查经常化、制度化、规范化。对预算编制、执行、上级专项资金使用情况等进行全方位监控和一事一议财政奖补项目、农村义务教育营养改善计划2个项目进行绩效评价。不断规范内部监督检查行为，提升自身工作水平。

【信息工作】 编发财政信息120期、论文12篇。其中，省财政厅采用10篇，《云南财会》采用2篇，《玉溪日报》采用2篇，《玉溪财经》采用17篇，县级采用81篇。

（戚　东　吕玉红）

国　税

【税收概况】 2012年江川县国税局共组织各项税收收入20,085万元，同比增收3,603万元，增幅21.86%。全局上下齐心协力，做到了全年无新增欠税，实现了自2001年起连续十二年无新增欠税。增值税14,102万元，同比增收1,811万元，增幅14.74%；企业所得税 5,784万元，同比增收1,872万元，增幅47.85%；消费税29万元，同比减收52万元，减幅64.20%；个人所得税9万元，同比减收17万元，减幅64.94%；车辆购置税161万元，同比减收12万元，减幅6.32%。

【税源分析】 增值税增收因素：1. 食品加工。食品加工业入库691万元，同比增收407万元，增幅143.34%。增收因素一是食品加工企业国内销售增长；二是农副食品加工业出口退税发生的免抵调增增值税同比增收272万元。2. 电力。江川供电有限公司入库807万元，同比增收250万元。增收原因一是电力销售量及销售价格增长；二是2012年初没有进项税金留抵。3. 磷矿石（非金属矿产品）。江川天湖化工有限公司累计入库2,448万元，同比增1,384万元，其磷矿石销量、平均售价以及销售收入大幅提高，销售磷矿石55.59万吨，同比增加9.56万吨，实现销售收入15,315万元，同比增收7,346万元，增幅92.18%。磷矿石平均销售单价261元/吨，同比每吨增加98元，增幅60.12%。云南江川杨柳坝矿业有限公司累计入库294万元，同比增204万元。4. 造纸及纸制品行业入库462万元，同比增收86万元，增幅22.75%。5. 烟草。玉溪市烟草公司江川分公司累计入库增值税2,448万元，同比增501万元，增幅25.73%。6. 烟叶增值税入库3,500万元，同比增500万元。

增值税减收因素：1. 磷化工业。江磷集团入库993万元，同比减收1,191万元，减幅54.53%。税收减收原因一是主要原材料磷矿石价格上涨，进项税金抵扣加大；二是黄磷平均销售单价14,301元/吨，每吨下降1,816元，降幅11.27%。2. 水泥行业。翠峰水泥厂入库111万元增值税，同比减107万元。主要原因是成本加大，以及销售单价下降。企业资产重组、流动紧缺,生产经营不正常，生产成本增大。

企业所得税累计入库5,784万元，同比增收1,872万元，增幅47.85%。4户重点企业累计入库5,397万元，占所得税入库比重93.31%。其中江川县烟草公司入库2,373万元，同比增180万元,增幅8.21%；江川县农村信用合作联社入库1,389万元，同比增收260万元,增幅23.02%；江川天湖公司入库1,394万元，同比增收1,117万元，增幅

403.24%；江川宏斌绿色食品有限公司入库241万元，同比增收128万元，增幅113.27%。

【纳税评估】 2012年共对24户纳税人开展增值税、所得税纳税评估，评估补缴各类税款共计28万元，弥补企业所得税以前年度亏损66万元,加收滞纳金7,294.03元。

【出口退免税】 2012年已办理出口退（免）企业17户，实际发生出口业务的企业12户。2012年发生免抵退税额767万元，其中：退税额478万元，免抵税额289万元，出口免税核销6570万元。

【落实税收优惠政策】 2012年江川国税办理增值税减免税纳税户共63户，共申报免税收入36,703万元；办理企业所得税减免税备案纳税户32户，其中27户为农、林、渔业、农产品初加工企业，减免应纳所得税额103万元；办理小型微利企业备案减免4户，减免应纳所得税额2万元；减计收入备案纳税户1户，减计金额250万元；办理西部大开发税收优惠企业2户，减免应纳所得税额457万元。

【依法治税】 2012年江川国税共处理税收违法违章行为67件，罚款55件，罚款金额10320元。认真开展行政执法案卷评查工作，对2011年163件行政执法案卷进行评查，评查结果（分数）最高为97分，最低80分，优秀案卷139卷，合格24卷，无不合格卷，对评查有问题的案卷，责令有关部门给予补正。

【税收宣传月活动】 4月1日，江川县国税局举办2012年税收宣传月书画家笔会，市局、县委宣传部、市书法家协会等多位领导参加了笔会，笔会上各位书画家围绕税收宣传月“税收发展 民生”的主题，创作了大量书法、美术作品。此次笔会将文化活动与税收宣传相结合，将税收宣传、国税文化与书画艺术有效融合，利用国学艺术提升税收宣传月活动内涵，利用书画家的艺术影响力提升税收宣传月活动社会影响力。活动受到了多家新闻媒体的关注，江川新闻网、江川电视台等新闻媒体在第一时间对此次笔会进行宣传报道，产生了良好的税收宣传效果。

【开展“五送活动”】 开展“送党课进社区”，于12月21日由局领导带队深入伏家营社区，为全社区的200多名党员开展专题党课；“送照片进社区”，邀请玉溪摄影家协会专业摄影人员，深入社区进行摄影创作，为社区留下丰富的资料和精美的摄影作品，同时为社区内的老党员、老革命军人、困难户、孤寡老人等拍照，制作成照片后送给社区被拍照的老人；“送电脑进社区”，为支援社区信息化建设，组装两台兼容机送给社区；“送温暖进社区”，将原招待室的被褥送至社区，在方便干部住村的同时，也为社区解决值守人员行李不够的实际困难。“送助学进社区”，对20名家庭困难的学生作为重点助学对象，开展慰问和助学活动。

【举办《“四群”教育·走进伏家营》专题摄影展】 江川县国税局《“四群”教育走进伏家营》专题摄影展，于12月18 日在江川博物馆展出。玉溪市国家税务局局长郑青，中共江川县委书记马文龙，县委常委、县委组织部部长林清，县委常委、县委宣传部部长龚桂存、文联、文化局、大街街道党委、玉溪市摄影家协会、伏家营社区领导，县国税局全体干部出席开幕仪式。开幕式上，江川县国税局向伏家营社区幸福老人、和谐家庭赠送照片100余幅。

【机构人员情况】 内设机构8个，即：办公室、人事教育科、监察室、征收管理科、税政管理科、收入核算科、政策法规科、办税服务厅；事业单位1个，即：信息中心；派出机构1个，即：大街税务分局。至2012年12月31日，有离退休干部21人，在职干部职工66人，男性41人、女性25人；其中，党员31人，占总人数的47%；大学本科32人占总人数49%，专科26人占总人数39%，中专3人占5%，高中4人占6%，初中及以下1人占1%；年龄30岁以下6人，31～40岁9人，41～50岁38人，51～60岁13人。

【学习型组织建设】 组织开展会计资格继续教育。安排组织全局持有会计从业资格证的干部，进行会计从业资格证的网上继续教育活动，进一步巩固和提高会计业务知识。

继续开展好“爱读书、读好书、善读书”活动。通过“从书本中学”和“在实践中学”有机结合，在广大干部和职工群众中进一步兴起“爱读书读好书善读书”热潮。在中共江川县委举办的庆祝“庆祝建党91周年、爱读书读好书善读书—读书心得”活动中，江川县国税局被中共江川县委宣传部评为“优秀组织奖”，获个人“优秀征文”一等奖1篇。1人在玉溪市“云南精神”演讲大赛中获一等奖，并代表玉溪市参加全省“云南精神”演讲大赛，获优秀奖。积极组织干部职工参加由县委宣传部主办的“党在我心中”主题征文比赛活动，共征集报送参赛作品36篇，有9篇作品分别获得二等奖、三等奖和优秀奖。

【精神文明创建】 把文明创建工作与加强思想教育，提高队伍素质相结合，为国税发展提供素质保障；把文明创建工作与加强信息化建设，优化服务质量相结合，为经济建设提供服务保障。在2012年，县国税局被省国税局授予2006～2011年度“云南省国税系统信息化建设先进集体”；被市国税局表彰为2010～2011年度“文明单位”；被江川县委政府表彰为“2011年度宣传思想文化工作先进单

位”；7名同志被授予“玉溪市国税系统2010～2012年度精神文明建设先进工作者”；1人被县委授予“创先争优优秀共产党员”称号；1人被县总工会授予“优秀工会积极分子”。

（张　楠）

地　税

【机构设置】　2012年县地方税务局内设办公室、计财股、征纳股税政股、人教股、监察室、法规股、规费股、科技信息股九个股室，稽查局一个直属机构，下辖一分局、二分局、三分股、四分局四个基层分局。共有干部职工74人。大专以上学历71人，占职工人数96%；党员34人，占职工人数46%。

【税费收入完成情况】　2012年累计入库地方各税35301万元，占市局下达年度计划任务35300万元的100%，增收6286万元，增长21.66%；征收社会保险费15956万元，增收324万元，增长2.07%；代征工会经费405万元，比上年同期增收30万元，增长7.96%；代收残保金147万元，同比增收19万元，增长14.41%；代征价格调节基金67万元，比上年同期减收51万元，下降43.48%；代收抚仙湖资源保护费82万元，比上年同期减收48万元，下降36.88%。

【税收征管】　一是实行税源专业化管理。推进税源分类分级管理，确立税源专业化管理新体制。实行以税收风险管理为导向，以税源专业化管理为突破，建立分规模、分行业、分类型的税源分类分级管理机制，实现科学分类税源，合理设置机构，有效调整岗位。二是创新税收分析机制。建立“县局—分局—税收管理员”三级税收分析机制，紧扣行业税源管理目标要求，大力开展行业税收分析，重点就辖区的房地产、建筑安装等重点行业进行深入税收分析，每月对纳入监控的重点税源企业进行税收收入分析。三是创新项目管理。充分利用投资项目备案信息和从发改委、工信局、国土资源局等相关部门提供的建设项目信息，税收管理员提前介入建设项目的税收征管，及时掌握详尽的项目进程信息，在控管房地产企业税收的同时，对建安行业实现了以票控税，堵塞了漏征税源。四是创新纳税评估分析方式。加强对企业生产经营活动的分析评估，例行的分析评估与重点评估相结合，突出重点评估的指导性作用，变静态的评估分析为动态的评估分析。加大外部信息交换力度，积极获取纳税人的第三方信息，增强纳税评估的准确性；根据纳税人风险等级不同，分别确定风险提醒、纳税评估和税务稽查对象，有效提高税源管理的针对性、有效性。

【规范个体工商户税收定额管理工作】　一是全面开展调查摸底。深入全县各街道、市场实地了解经营情况，分行业、分区域做好调查摸底工作，选取不同行业有代表性的纳税户召开座谈会，听取纳税户意见，为有效推进新定额核定征管模式做好准备。二是强化发票使用管理。把“以票管税”与核定征收有机地结合起来，进一步强化发票管理，加大巡查力度，加大对发票转借、转让违法行为的打击力度，真正实现以票控税。三是积极推行查账征收。以核定营业额较高、经营面积较大及用票量较大的纳税户为重点对象，加强业务培训和辅导，促进个体经营大户建账建制，规范财务管理。按照市局要求，顺利完成个体户定额核定工作。

【全面清理征管数据】　以云南地税数据比对分析系统的推广建设为契机，对集中系统内的数据进行认真核实，更正补全了征管基础信息，查找出管理中的漏洞，及时调整，摸清税源底数，做好管户巡查工作，督促新开业的纳税户及时办理税务登记，积极进行税收政策宣传。截至12月底登记正常纳税户数为9174户，其中个体工商户8239户、单位纳税人935户，年纳税额50万元以上的纳税户59户。

【推进征管新举措】　稳步推进应用房地产评估技术加强存量房交易税收管理工作。自2012年6月1日起，在全县范围内应用“存量房交易纳税评估系统”加强存量房交易的税收征管，实现应用评税技术核定交易环节计税价格，解决房地产交易过程中纳税人瞒报价格及税务机关核定标准不统一、公信力缺乏的问题，堵塞税收征管漏洞，提高征管水平。同时，建立计税价格争议解决机制，营造一个公平、诚信的纳税环境。截至2012年12月底共评估二手房交易76户，征收税收77万元，减免税收173万元。

积极推进财税库银横向联网和纳税服务平台上线工作。为确保6月1日财税库银横向联网和纳税服务平台在江川成功上线，成立推广财税库银横向联网系统领导小组及应急小组，负责财税库银横向联网工作的组织、领导、协调工作，召开各商业银行协调会，确定部门间工作协作的负责人和联系人，确保上线工作顺利进行。截至12月31日，签订《委托缴税三方协议书》并验证户通过585户，网上申报491户、个体批量扣税94户。

推进减免税信息管理系统试点上线工作。召开试点上线动员大会，制定减免税信息管理系统实施方案，明确各部门职责，采取多种方式开展对纳税人的宣传培训工作，认真细致做好对纳税人的辅导工作，争取纳税人的理解支持，促使纳税人依法进行减免税申报。减免税信息管理系统的运行有效解决了统计不全、数据不实、申报不到位、监管不力等问题，进一步强化减免税政策执行效应分析，切实有效规范和完善减免税管理工作。2012年共减免地方各税1249万元，充分发挥税收政策促进地方经济发展的重要作用。

【支持小微企业和个体户发展】 认真落实小型微型企业和个体户发票工本费免收政策，做好部门协作，由征纳股牵头落实工作应急预案，基层税源管理分局按照相关要求做好小型微型企业备案登记，办税服务厅按照新政要求做好发售发票工作，科技信息股完成财政票据开票软件维护升级工作。截至12月底备案登记小微企业440户，共免收发票工本费88947元。

【税收宣传】 一是搞好宣传月活动。结合工作实际，巩固宣传阵地，开展知识讲座，召开税企座谈会，深化税收宣传内涵，积极组织开展税收宣传月活动，与日常的征管工作相结合，将税法宣传渗透到税收各环节，加强与纳税人的沟通和联系，及时发现税务机关管理中存在的问题，进而提高征管水平，促进依法治税。二是及时公开税收新政策。利用政府信息公开网站、办税服务厅电子触摸屏进行税收基本法律、征管制度、地方规定和工作动态的公开，力争最大程度得到纳税户和社会各界的理解和支持。三是以“蹲企服务”大活动为契机作好税收宣传。选取以房地产、电力、交通运输、金融、烟草、服务业等行业为代表的45家企业作为蹲企服务对象，共召开税企座谈会60次，举办政策辅导培训30次，收集意见建议35次，为企业解决难点问题27个，发放《玉溪市地方税务局促进地方经济社会发展税收优惠和服务措施344条》一书，共计584本，有效地对现行地方税收优惠政策和优化纳税服务措施进行广泛宣传。

【税收稽查】 做好稽查工作，切实维护正常的经济税收秩序。一是强化日常稽查工作，在检查过程中注重突破的四个证据链条：发票链条、资金链条、合同链条、纳税链条；二是加强与公安部门合作，提高办案效率和质量，引导纳税遵从，保障税收收入；三是开展对代开通用机打发票的检查，共对107户324份通用机打发票进行检查，重点对房地产开发企业外来施工的单位所有取得的通用机打发票进行检查。

【表彰奖励】 2012年12月24日江川县地方税务局稽查局被共青团玉溪市委重新复核认定为“2011年度玉溪市青年文明号”。

2012年10月22日江川县地方税务局李莉红被云南省地税机关代收工会经费和建会筹备金工作领导小组表彰为“2011～2012年云南省地税机关代收工会经费和建会筹备金工作先进个人”。

（刘红丽）

金融·保险

编辑 李 伟

人民银行

【概 述】 2012年，江川县金融机构充分运用金融联席会、银企座谈会等方式，积极搭建银企、银政交流平台，加强信息沟通与交流，提高政策传导的针对性和有效性，确保信贷投放合理、适度增长。年末，全县各金融机构各项存款余额730340万元，比年初增加90967万元，增14.23%；各项贷款余额445293万元，新增90002万元，增25.33%，高于全市增幅9.09个百分点。加强对实体经济发展和桥头堡建设的支持和服务。引导金融机构加强对在建、续建项目，“三农”，小微企业、民生领域、保障性住房、救灾、就业等经济社会薄弱环节的信贷支持。累计发放中小企业贷款123146万元，微型企业贷款4560万元，“贷免扶补”5110万元、“创业促就业”贷款4897万元，保障性住房贷款4300万元。全力支持江川工业园区建设。积极开展调查研究，两次针对金融对园区建设存在的问题召开金融座谈会，积极研究和落实支持措施，发放园区土地收储贷款3000多万元。

【存款准备金管理】 加强地方法人机构监测管理，建立法人机构存款准备金按旬监测制度，重点关注法人机构超额准备金的变化情况以及流动性状况，建立地方法人机构各项数据按月、按季监测制度，对信用社各项经营指标进行重点监测，同时积极进行再贷款管理系统应急演练，做好再贷款发放各项操作准备工作。

【国库资金管理】 正确组织国库会计核算，准确及时地办理中央、地方共享收入按比例划分入库，以及税收返还等工作。强化库款支拨、退库的监督。继续坚持库款支拨、退库三审制度，对大额拨款坚持权限审签。全年共办理各级预算收入入库30512笔，64294万元；预算支出7918笔，107365万元；全年共办理退库业务190笔，退库金额387万元。

【货币金银管理】 加强现金管理，做好上级行下达人民银行和商业银行现金计划情况的监测工作，做好每月现金投放和回笼分析。不定期对辖内金融机构开展现金管理检查，全年共对5家金融机构开展现场检查。针对检查中发现的问题，根据相关法规提出书面整改建议，规范现金收支行为。确定3家金融机构、6家企事业单位为人民币流通状况监测预警网络监测点。积极组织各金融机构开展反假货币宣传活动，接受群众咨询、发放宣传传单5000份，为反假货币工作营造了良好的社会环境。全年共收缴假人民币9439张，金额179325元。

【账户管理】 加强账户管理，严格按照《中华人民共和国行政许可法》《人民币银行结算账户管理办法实施细则》等法律法规，做好银行结算账户的监督管理工作。同时做好账户年检工作，加强监督检查，全年共开立账户550户，撤销账户257户，变更186户，归档750多户。

【反洗钱工作】 继续认真贯彻执行《反洗钱法》，充分发挥人民银行作为反洗钱牵头单位的作用，主动与地方相关部门沟通，主动向地方政府汇报，积极探索可疑交易线索核查工作协调机制。加强反洗钱非现场监管工作力度，及时了解掌握金融机构反洗钱法律制度执行情况，根据辖内各金融机构按季报送的反洗钱非现场监管资料，认真分析辖内各金融机构的反洗钱风险状况和工作情况，按季度报送反洗钱非现场监管报告。

【征信管理】 认真做好贷款卡数据信息收集、录入、发放及年审工作，全年共新办贷款卡38户，办理贷款卡年审127户，办理个人信用报告查询75户（次）。做好征信宣传工作。2012年人民银行江川县支行采取银行卡宣传与征信宣传同部署、同落实的方式，组织征信宣传3次，发放宣传折页3000份，接受现场咨询2000多人次。

（徐　锴）

工商银行

【概　述】　2012年，工行江川支行紧紧围绕“改善服务，提升品质”以及开展“执行力建设年”主题实践活动为契机，强化各类产品营销，完善绩效考核办法，全年各项工作目呈现新亮点。电子银行业务和银行卡业务跃居系统排名前列，经营利润及中间业务收入稳步上升。截至2012年12月31日，全部存款余额68137.71万元，比年初增5678.24万元，增幅9.09%，各项贷款余额28365.52万元，比年初增加7309.85万元，增38.08%，实现拨备前利润1064万元，比上年同期增184万元，增幅20.91%。

【银行卡业务】　工行江川支行全年发放灵通卡6797张，借记卡6982张，芯片卡4020张，牡丹信用卡2664张，其中：白金卡14张，金卡370张，普通卡1261张。任务完成率系统排名第2位。

【电子银行业务】　2012年，工行江川支行电子银行业务发展创历史最好水平，综合排名第3位，柜面转帐汇款可分流率达10.60%，比上年同期增0.20%。电子银行业综合排名第3位。其中：企业网银证书客户数新增44户，个人网银证书客户数新增2460户，手机WAP客户数新增2300户，网上银行交易额155542万元。

【个人住房贷款】　2012年，工行江川支行加强与住房开发商合作，推行了分散营销，集中办理的方法，扩大受理面，方便客户，增强了客户对工商银行服务的满意度，加快了个人贷款业务的发展。年末，个人住房贷比年初增加2721.98万元，增幅44.86%。

（海春元）

建设银行

【概　述】　2012年末，中国建设银行股份有限公司江川支行在职员工31名，内设办公室和客户部两部门，下设营业部和建川分理处两个对外营业网点，在星云路、宁海路和阳光海岸均设有自助银行区，为全县人民提供24小时不间断金融服务。

【业务发展】　2012年，建行江川支行各项业务继续保持良好发展状态，可持续发展能力继续增强。2012年年末一般性存款余额为11.51亿元，较年初新增8423万元；年末自营性贷款余额5.91亿元，较上年新增2.41亿；存贷款比率51.35%，较上年提升了18.53%；资产质量良好，贷款不良率0.017%。

【贷款业务】　2012年建行江川支行发放自营性公司贷款3.09亿元、主要支持地方电力、医疗、涉农等领域事业的发展；个人类贷款金额2287万元；代理发放公积金贷款2788万元，为地方广大人民群众住房安居、个体消费经营创业提供了积极的保障和支持。

（普明珍）

农业银行

【概　述】　2012年，中国农业银行股份有限公司江川县支行有对外营业机构5个，即：支行营业室、大街支行、江城支行、信誉分理处、九溪分理处。支行机关内设：综合管理部、公司业务部、个人金融部；有在职员工75人，截至年末，各项存款金额128362万元，比年初增加2307万元，增长1.8%，完成年度确保计划的46.1%其中储蓄存款余额79523万元；对公存款48839万元。各项贷款余额109127万元，比年初增加4038万元，增长3.8%。实现中间业务收入819万元。实现利润4367万元，完成年度任务的106.5%。

【人事工作】　2012年6月，按照干管权限规定和上级行干部选拔任用的相关要求，通过公开竞聘方式，选拔聘任中层干部17人，其中新启用干部6人。2012年7月邵琬亭（女）受农行玉溪市分行党委聘任到江川支行任副行长。

【网点建设】　2012年3月17日，信誉分理处从县城星云路东段搬迁至星云路西段8号新装修的营业厅营业。

（戴吉寿）

农村信用合作联社

【概　述】　2012年，江川县农村信用合作联社在省联社、玉溪办事处及江川县委、县政府的正确领导下，在人行、银监部门的有效监管和大力支持下，在全体干部员工的共同努力下，紧密团结，凝心聚力，围绕年初工作会制定的各项年度工作目标，从基础着手，从战略着眼，在重点上着力，在难点上突破，克服国家紧缩性宏观调控政策的影响和市场竞争激烈等诸多困难，实现了科学发展、和谐发展和跨越发展。截至2012年末，各项存款余额达333,247.14万元，较上年末增加67,825.70万元，增25.55%，存款市场份额达45.63%，较上年末增4.12个百分点，居全县之首；各项贷款191,631.42万元，比上年末增加29,076.27万元，增17.89%，贷款市场份额达42.79%，较上年末增2.96个百分点；累计发放贷款151,985万元，其中累计发放农业贷款120,479万元，农业贷款余额达154,327万元，占贷款总额的80.53%；财务总收入达20,276.58万元，同比增加3,239.84万元，增19%，实现税前利润5,613.92万元，同比增加1,309.90万元。

【支农工作】　面对国家宏观调控政

策，县联社始终坚持服务“三农”的宗旨不动摇，积极支持“三农”经济发展，不断彰显农村金融主力军作用。一是调整贷款投向和投量，重点支持传统农业贷款，同时针对例如“花卉”、“包装业”、“青铜器工艺品”等特色产业，实施积极的信贷扶持。二是在农户小额信用贷款工作中做到“两个倾斜”，即:在资金上倾斜、在服务上倾斜。截至12月末，全县信用社累计发放小额农户信用贷款24,209万元，余额达16,568万元，真正发挥了支农主力军的地位和作用。三是认真落实集体林权制度改革和促进林业发展政策，不断完善林权抵押贷款的办理手续，年内共为21户林农发放林权抵押贷款908万元，切实解决了林业产业发展贷款难、难担保的问题。四是积极发放“创业贷款”、“巾帼贷款”、“劳动密集型小企业贷款”等一系列政策性贷款支持农民工、失业人员创业和小企业发展。截至12 月末，已发放“贷免扶补”贷款1,022户，金额5,110万元，“创业促就业”贷款30户，金额150万元，“劳动密集型小企业贷款”8户，金额1,600万元。

【惠农工程】 县联社于2012年7月在安化光山、路居上坝等12个偏远地区设立了惠农支付点。惠农支付服务业务是一项独具特色的新型金融服务业务，该项业务以银行借记卡作为支付工具，集借记卡刷卡消费、小额取款、小额转账汇款、刷卡缴费、银行卡余额查询等业务功能为一体，通过在农村地区设立特约商户POS刷卡的方式，为金融网点缺失及金融服务不健全地区的群众提供低成本、方便、快捷、安全的金融支付服务，满足农民群众最基本的金融服务需求，从而构建起支农、惠农、便农“支付绿色通道”。

【强化内控】 县联社通过建立健全内部统计管理体系，明确部门职责，细化考核标准，认真梳理流程、制度，组织开展业务培训，并对照《统计达标实施细则》逐项落实，最终县联社统计达标工作通过了办事处及省联社的逐级验收。另一方面，县联社根据省联社会计达标升级办法的有关要求，研究制定方案，将考核标准说明中的112项工作内容细分至各经营社、各部门逐一进行整改与完善。2012年已有13个营业网点通过了会计达标升级自查评定，评定结果均为达标。统计达标和会计达标升级工作的落实开展，极大地提高了联社统计和会计工作的质量和管理水平，牢固竖立起依法合规经营的又一道防线。

【增资扩股】 为进一步优化股权结构，完善内部治理，提高资本充足率，经省联社和银监部门批准，县联社于2012年10月组织开展定向募股工作，增扩股金5,000万元，股金总额达10,000万元，全部为投资股。此次增资扩股使县联社壮大了资本实力，增强了抗风险能力和稳健持续发展的能力。

（赵婉乔）

邮储银行

【概　述】 2012年，邮储银行江川县支行按照上级行的安排部署，按照省行党委提出的以“提质增效、制度建设”为重点，继续深化推进“均衡发展，精细化管理”的工作要求，围绕年初制定的工作目标和措施，各项业务均取得了较快发展。2012年，江川县支行有员工32人，内设客户部、综合管理部、信贷部三个部门，有县支行营业部、江城支行、星云路支行三个自营网点。截止12月31日，全县邮储余额为16019.82万元，完成业务收入920万元，截止12月31日，个人贷款余额达12865.94万元。

【信贷业务】 截至12月31日，个人贷款余额达12865.94万元。其中小额贷款余额达2224.26元；商务贷款余额达5060.55万元；个人消费贷款413.32万元，再就业贷款4256万元，二手房贷款余额达911.82万元。2012年全县共发放贷款1847笔，金额16972.8万元。

【个人金融业务】 2012年，全县销售理财产品7897.5万元，代销国债249.63万元；截至年末，全年共发行银联绿卡3723张，结余绿卡量为22274张，卡户余额5886万元。累计发放信用卡219张。

【公司业务】 由于支行公司业务起步较晚，业务发展相对滞后，2012年进一步完善和加强营销体服务体系建设。组建了由县支行客户部专门负责，其他部门、网点配合客户部进行营销工作。同时理顺营销层次，同时加大公司业务人员的业务培训力度，开展客户走访，了解客户需求，将服务与客户有机结合，为公司客户提供有效的服务。2012年，支行公司业务余额2143万元。

（周　兰）

商业银行

【概　述】 2012年是玉溪市商业银行江川支行夯实基础、深入发展的关键一年。一年来，江川支行以“市政银行、市企银行、市民银行”为市场定位和发展战略，把“立足地方、服务中小”作为生存之本和发展之基，严格科学管理，安全合规经营，团结干事，务实创新，在大力开展各项业务、支持地方经济建设的同时，高度重视精神文明建设，积极开展文明规范服务示范单位创建工作，进一步改进和提升服务质量，增强社会认同感，提高客户满意度，树立地方银行的良好形象，实现文明规范服务示范单位创建与业务经营管理相互促进、协调发展的良好局面，为促进江川科学发展、和谐发展、跨越发展，加快推进高原湖泊生态县建设作出了积极贡献。2012年11月，玉溪市商业银行江川支行被中共江川县委、县人民政府授予“十佳中小企业服务机构”荣誉称号。截至2012年12月末，玉溪市商业银行江川支行资产总额30553万元，同比增加1752万元，增长6%；各项存款余额29785万元，同比增加1025万元，增长4%；各项贷款余额22047万元，同比增加13818万元，增长168%；营业收入960万元，营业支出451万元，营业利润509万元。

【文明规范服务】 严格按照《中国银行业公平对待消费者自律公约》等自律公约及《中国银行业文明规范服务工作指引》、《中国银行业文明服务公约》、《中国银行业营业网点大堂经理服务规范》等系列服务规范标准、总行文明规范服务培训的有关标准和《玉溪市商业银行员工行为规范》、《玉溪市商业银行服务公约》、《玉溪市商业银行网点文明规范服务质量提升方案》、《玉溪市商业银行柜面服务规范化标准》、《玉溪市商业银行营业网点服务管理规范手册》等，进行各项业务操作，按照《玉溪市商业银行文明规范服务实施方案》，强化文明规范服务管理，设置大堂经理，实施晨会、晨操及开门迎客制度，完善服务设施，美化服务环境，增强服务意识，规范服务行为，改进服务方式，提升服务水平，有效控制了差错率，杜绝了客户投诉情况的发生。

【担保合作】 为破解中小企业融资难和担保难的问题，改善对中小企业的金融服务，江川支行与具备较强融资担保能力和风险控制能力的云南久鼎融资担保有限公司于2012年4月11日举行了合作签约仪式。

【服务重点工作和重大项目】 从江川实际出发，充分发挥自身优势，服务县委、县政府确定的重点工作和重大项目，投放贷款3000万元支持土地储备融资工作，投放贷款1800万元支持建工集团进行房屋建筑工程和市政公用工程建设，投放贷款2000万元支持江川县城农贸市场提档升级改造。

【服务县域中小企业】 立足当地，服务县域中小企业，急企业之所急，帮企业之所需，竭诚帮扶企业的发展。投放贷款2000万元扶持滇鑫农资公司购置农药、化肥，促进农业发展，农民增收；投放贷款800万元扶持福星制桶厂购置桶板，促进企业提质增效。

【支持廉租房租售】 江川支行关注民生项目，支持江川县廉租房的租售，共办理按揭贷款37户，投放贷款165.3万元，为低收入住房困难家庭解决了燃眉之急。

【创业促就业小额担保贷款】 江川支行积极开展创业促就业小额担保贷款及劳动密集型小企业担保贷款业务，全年共发放创业促就业贷款1080万元、劳动密集型小企业贷款1000万元，带动了518名失业人员再就业，促进了社会的和谐稳定。

【瑞文酒店ATM设施投入运营】 江川支行进一步优化网点布局，扩大服务半径，树立玉溪商行品牌形象。完成在瑞文酒店设立ATM设施的请示、报告工作，并积极配合总行电子银行部、科技部、安保部做好瑞文酒店ATM设施建设的相关工作，2012年底该ATM设施建成并投入运营。

（伏跃华）

中国银行

【概　述】 2012年，中国银行股份有限公司江川支行（简称中行江川支行）在职员工16名，内设营业部、业务发展部和综合管理部三部门，正副行长各一名。对外营业网点一个，位于大街镇浪广路100号，浪广路和仁和街交叉口。自助服务区为客户提供24小时不间断金融服务，包括存取款、汇款转账结算、账户管家服务、投资理财服务、小额结售汇、缴费特区及其它信息查询服务等。

【百年行庆】 2012年2月5日，中国银行成立100周年，是迄今为止经营达百年的唯一国有商业银行。中行江川支行秉承中国银行“百年中行，全球服务”的理念，为所有客户提供优质快捷服务。

【业务发展】 截至2012年末，中行江川支行人民币各项存款余额20735万元，其中公司存款11272万元，储蓄存款9463万元，较年初新增4272万元。各项人民币贷款余额7130万元，无不良贷款。2012借记卡发卡1843张，信用卡客户新增141 户，新增代发薪6户，新增特约POS商户9户，新增对公账户59户。实现中间业务收入49.53万元，实拨备前利润143万元，同比减少70万元。

【信贷业务】 2012年发放中型企业贷款2笔，发放贷款金额5500万，发放中小微企业贷款2笔，发放金额580万，发放个人贷款25笔，发放贷款金额1050万，开立银行承兑汇票1笔，金额2000万。

【电子银行业务】 2012年新增对公网银38户，新增个人网上银行客户3194户，新增手机银行客户2123户，新增电话银行客户2183户，为客户提供便捷的电子银行服务。

【特色业务】 外汇买卖和国际结算是中行特色、传统业务，对外公布的外汇牌价随国际市场时时更新。中行江川支行为客户提供多种外币兑换交易服务，包括美元、欧元、英镑、港币、澳门元、加拿大元、澳大利

亚元、日元、泰铢、新台币、新加坡元。截至2012年末，中行江川支行国际结算量万630美元，比去年增加563.4万元，增长846.07%。

（杨菊华）

人寿保险

【概　述】 2012年，中国人寿保险股份有限公司江川县支公司有正式职工3人，合同制员工10人，营销员107人，公司设有综合部、个险部、团险部、银保部、客户服务中心五个部门，下辖大街、江城、前卫、九溪、路居、雄关6个乡镇营销服务部。

【保费再创新高】 2012年，中国人寿江川县支公司围绕上级公司的工作要求和目标任务，结合工作实际，周密部署、精心组织、强化管理、狠抓落实，在县委、县政府及上级公司党委、总经理室的正确领导下，在公司全体员工的努力下，公司各项业务取得较好的成绩，全年完成保费收入4612万元，比2011年增长402万元，再创中国人寿江川县支公司保费收入新高。

【开展“诚信我为先”主题教育活动】 开展诚信教育。诚信从我做起，组织员工参与培训活动，不断提高员工职业道德。要求各个岗位人员要按照岗位“十做、十不做”的风险防控提示认真履行工作职责，杜绝违规经营，徇私舞弊及违法违纪的事件发生。按照营销员实施分级管理的的要求，对营销员实行信用品质分级管理，建立营销员信用等级管理台账。

【抓好依法合规经营】 中国人寿江川县支公司认真开展依法合规经营工作，在公司全体人员中开展依法合规经营理念及诚信教育，开展营销员案件警示教育，认真抓好员工职业道德教育，组织员工学习国家的法律、法规，提高员工综合素质，规范每位员工在工作中的行为准则。认真抓好新人司人员的岗前职业道德教育及销售技能培训工作，对全体营销人员开展风险点提示教育。2012年，公司未发生任何违规、违纪的案件，保证了公司各项管理工作的正常开展。

【表彰奖励】 中国人寿江川县支公司2012年认真抓好公司各项工作，公司各项工作取得了较好成绩，得到上级主管部门的肯定。中国人寿江川县支公司被中国人寿云南省分公司授予“先进基层党组织”荣誉称号，公司党支部书记冯元应被中国人寿云南省分公司授予“优秀党务工作者”荣誉称号，中国人寿江川县支公司被玉溪分公司授予“先进单位“荣誉称号，普岚、廖静被中国人寿玉溪分公司评为“先进工作者”，公司社会管理综合治理工作受到江川县政法委表彰。

（路建明）

人保财险

【概　述】 2012年人保财险有在编正式员工10人，外聘工25人，公司经理室下辖综合部、理赔部、营销部、直销部、农网部、养代部、个代部、出单中心、客户服务部和江城营销服务部。截至2012年12月31日，公司完成保费收入3844万元，办理各类理赔案件5935件。

【表彰奖励】 2012年，人保财险江川支公司被江川县人民政府考核评比为“社会管理综合治理维护稳定先进单位”；经人保财险玉溪分公司考核，人保财险江川支公司被评为“党风廉政建设先进单位”和“档案管理先进单位”，王晓萍、吴鸿文分别被人保财险玉溪分公司表彰为“档案管理先进个人”和“信息宣传先进个人”；经人保财险江川支公司召开员工大会民主投票，报人保财险玉溪分公司表彰，杨江波、郑旭雯被评为先进员工，杨江波还被人保财险省分公司表彰为“优秀员工”。

【卢晓俊获关爱基金】 当人保财险江川支公司领导得知外聘工卢晓俊的母亲患脑溢血住院的消息后，为帮助患者家属尽快走出困境，支公司工会及时向支公司员工发出向卢晓俊捐献爱心的倡议，支公司员工发挥“一方有难、八方支援”的互助精神，纷纷解囊，共捐款3000元。支公司工会又积极向江川县总工会和人保财险云南省“关爱基金协会”申请，获县总工会救助金2000元，人保财险云南省关爱基金2000元。

2012年1月18日上午，人保财险玉溪分公司副总经理倪朝阳和工会干事袁云江专程来到江川，在江川支公司副经理周连富，支公司工会主席曾大能陪同下到卢晓俊家中进行慰问，向卢晓俊送上省分公司关爱基金2000元，加上前期已收到江川公司员工的捐款3000元，县总工会发放的救助金2000元，卢晓俊共接受救助款7000元。

【送水解民忧】 江川县小白坡村委会是一个典型的山区村，村委会下辖小白坡、烂泥箐、水箐沟、开井凹、唐磨得五个自然村。该村委会是人保财险江川支公司“四群”教育活动挂钩联系点，支公司领导在深入群众了解民情民意过程中，得知该村委会的烂泥箐村民小组和小白坡小学师生因旱情严重导致饮水困难的情况后，支公司经理室领导决定实施“抗旱保民生，送水解民忧”献爱心活动。

3月23日，经理室派出经理助理吴家润率公司员工，为小白坡村委会烂泥箐村民小组和小白坡小学送去200件瓶装“康师傅”矿泉水，当烂泥箐村民和学校师生从公司员工手中接过一件件矿泉水时，无不为人保财险江川支公司心系山区群众，积极为群众办实事献爱心的精神所感动。

【开展车险服务“三进一下”活动】

公司为探索车险业务发展模式，推广散单团做的团队化展业模式。抓住公司在全县范围内开展车险电话营销宣传活动的契机，公司出台了以体现人保服务特色为目的的《江川支公司车险服务“三进一下”活动实施方案，并于2012年3月1日启动了“车险三进一下”（车险服务进单位小区、进社区、进学校、下农村）活动。经支公司经理室认为：业务要发展，必须转变销售方式，要建立服务的点，扩大服务的面，进一步寻找业务增长点。于是就将公司电销部分为三个项目小组，分片包干全县72个村（居）委会与移动公司合作，借助中国移动公司在全县乡村设立的移动服务站这个平台，开设保险业务代办点和保险业务咨询点。将人保财险的检车、救援、检证等车保姆服务送到农村，更好地服务农村市场，截至2012年11月30日，公司三个项目组已在全县范围内建立了农网服务点43个，实现农网保费收入60万元。

【农房统一续保】 为增强全县广大农民抵御自然灾害和意外事故的能力，帮助农民群众防范和化解住房的各种风险，促进农村和谐稳定，人保财险江川支公司根据玉溪市人民政府《关于积极开展农村房屋保险的通知》的文件精神，连续四年与江川县人民政府签署了全县农村7万余户农房统一承保单，为广大农民的住户解除了后顾之忧。2012年度的农房续保工作自6月10日开始，已完成全县7万余户农房续保、烤房统保任务。

为做好全县农房的续保工作，县政府于2012年6月6月召开全县农房统保工作会，副县长刘振环，政府办副主任杨春文和县相关部门以及各乡镇分管领导，人保财险玉溪市分公司倪朝阳副总经理，李长德高管以及人保财险江川支公司经理陈敏参加会议，刘副县长对几年来江川农房统保工作进行了总结，对今年的农房续保工作作了总体安排布署。

按照县政府的安排布署，人民财险江川支公司召开培训会，对担负全县7个乡镇农房续保业务指导工作的公司15名客户经理进行了专项业务培训，重点培训了2012年为减轻农村基层承办人员工作量而简化的投保工作流程。2012年6月10日，全县农房续保工作全面铺开，支公司负责各自乡镇的客户经理深入现场指导、协调，经过紧张的艰苦努力，已圆满完成了全县近7万余户农房的续保、新保烤房统保任务。

【玉溪市东部公司片区初赛在江川公司隆重举行“庆七一”演讲比赛】

为营造以人为本，和谐奋进的企业文化氛围，鼓舞员工顽强拼搏，不断开创公司改革发展新局面，以优异的成绩迎接党的十八大胜利召开，选拔优秀选手参加玉溪分公司决赛，澄江、华宁、通海、江川片区公司于2012年6月13日在人保财险江川支公司隆重举行“颂歌献给党——庆七一”演讲初赛。

6月初，根据人保财险玉溪分公司下发了玉人保财险办发（2012）76号《关于开展颂歌献给党——“庆七一”演讲比赛的通知》，各县支公司精心组织，认真举行了预选演讲比赛，每个支公司推荐选拔出6名选手参加片区初赛。

13日下午7：00，由澄江、华宁、通海和江川四个县支公司通过预选赛产生了24名选手，通过抽签后依次参加比赛。玉溪分公司人力资源部经理施惠丹和王胜东等领导亲临江川片区赛场指导和片区各支公司经理一道担任比赛评委，24名选手在3个多小时的演讲过程中脱稿演讲，他们以饱满的热情，严肃认真的态度，紧紧围绕“颂歌献给党”这一主题，结合自己的亲身体会，运用大量事实，以优美的语言，丰富的情感赞颂党领导下的新中国的腾飞巨变，展示了中国人保在党的领导下发展壮大的光辉历程，表达了广大人保员工开拓进取，真诚服务，为PICC这块金字品牌再添光彩的决心。

经过评委们当场量分，评选出5名优秀选手参加玉溪分公司的演讲总决赛。

【烤烟受灾理赔】 2012年8月13日早晨6时，强劲的暴风雨夹杂着冰雹无情地横扫江川大地。江城、前卫、九溪、安化四乡镇20多村委会的已成熟正在烧烤的烤烟受损。其中江城镇13个村委会的烤烟损失较为惨重。支公司接到报案后，立即启动应急预案，四个查勘组火速奔赴灾区查勘定损。江川县人民政府常务副县长李东林等县领导，人保财险玉溪市分公司理赔事业部领导王芳、孙建民、吕发伟火速赶往江川灾区指导查勘定损。经查勘定损，仅江城镇受损面积达4743亩，定损赔款为1176583元。加上前卫、九溪等部分受灾村委会，本次灾害烤烟估损5000多亩，损失120万。

【上门送赔偿】 2012年9月20日上午12时左右，家住雄关乡下营村委会麦冲村下营小学学前班读书5岁幼儿解延滨，在回家路边的水塘边玩，不幸落水死亡。

人保财险江川支公司接到报案后，立即派出查勘人员前往出事现场查勘。通过核实，死亡幼儿解延滨在人保江川支公司投保了学生幼儿意外伤害保险。根据保险条款约定，遇难者解延滨应获赔3万元意外身故金。第二天上午公司分管理赔工作的副经理周连富和理赔部经理杨江波及时赶赴雄关乡下营村委会麦冲村，向遇难者家属送上3万元赔偿。

【能繁母猪统保】 江川县是一个典型的农业县，全县养殖业以生猪生产为主，生猪生产已成为全县农民继烤烟生产之后又一支柱产业，为帮助农村养殖户化解养殖风险，促进农民增收致富，支公司在自2008年以来每年都为全县能繁母猪办理统一保险的基础上，2012年12月中旬江川县的42434头能繁母猪办理了2013年度统一承保手续。

县政府认真贯彻落实省、市人民政府关于建立农业保险服务体系建设的精神。出台了《江川县人民政府办公室关于农业保险服务体系建设的通知》和《江川县构建人保财险基层服务体系方案》，并发文到全县各村委会，2012年12月6日，江川县人民政府召开由县畜牧局，各乡镇分管领导以及人保财险江川支公司经理陈敏、副经理周连富，以及业务员奎娇参加的2013年度能繁母猪保险工作会。接着，支公司又对分管各片区业务的客户经理进行投保流程培训，各客户经理深入各自管辖的乡镇、村委会进行沟通协调，对各村委会经办承保业务的兽医进行具体业务指导，经过半个月的艰苦努力，圆满完成42434头能繁母猪和前卫镇21头奶牛的统一承保任务，为全县养殖户解除了后顾之忧。

（吴鸿文）

教育·气象·防震减灾

编辑 李 伟

教 育

【概 述】 2012年，江川县共有公立学校78所，其中：乡镇（街道）中心完小12所，村完小42所，一贯制学校5所，教学点3个，乡镇（街道）中学11所，普通高中2所，职中1所，进修学校1所，县幼儿园1所。有教学班1209个，其中：幼儿学前班210个，小学631个，初中265个，普通高中70个，职业高中33个。在校生49108人，其中：在园（班）幼儿数6827人，小学22073人，初中13471人，普通高中5309人，职业高中1428人。

小学毛入学率113.04%，小学学龄儿童入学率99.96%，辍学率0.31%，毕业率99.93%，小学毕业生升学率98.83%，年巩固率99.77%，新招一年级新生受过一年学前教育100%，学前幼儿毛入园（班）率81.7%，15周岁初等教育完成率99.87%。

初中毛入学率116.14%，初中毕业率99.48%，初中辍学率2.11%，年巩固率98.31%，17周岁初级中等教育完成率98.92%。

现有教职工2672人，其中正式教职工2408人，临时教职工207人，保安57人；专任教师合格率高中达99.63%、初中达99.4%、小学达96.96%。

学校占地面积760641平方米，校舍建筑面积361766平方米，小学生均校舍建筑面积6.48平方米；中学生均校舍建筑面积9.94平方米，其中初中8.91平方米。小学生均占地12.7平方米；中学生均占地22.87平方米，其中初中18.04平方米；小学生均图书12.2册，初中生均图书21.15册，高中生均图书7.91册。

【农村义务教育保障机制改革】 认真贯彻落实农村义务教育经费保障机制改革相关政策，设立义务教育专户，认真执行《江川县农村义务教育经费管理暂行办法》，加强资金运行管理，实行“校财局管校用”。2012年，我县共落实各级免补经费3467.93125万元，其中，中央经费2598.81万元，市级476.04万元，县级配套393.12125万元，惠及全县35499名义务教育阶段在校学生，切实减轻了农民负担，杜绝了学生因贫失学现象。

【学生营养改善计划】 按照国务院和省政府要求，江川县自2012年3月1日起实施农村义务教育学生营养改善计划，为31775名农村义务教育学生每天提供3元的免费营养早餐，已落实2012年全年经费1836.3955万元，其中市级931.86万元，县级配套904.5355万元。为保证农村义务教育学生营养改善计划的实施，制定了《江川县农村义务教育学生营养改善计划实施方案》，各学校根据实施方案的要求完善学校工作计划，确保学生吃上营养、安全、卫生、味美的营养早餐。2012年8月，县政府下发了《江川县人民政府办公室关于切实做好江川县农村义务教育阶段学生营养改善计划工作的通知》（江政办发〔2012〕89号），将营养餐的招标采购等工作放到当地党委政府，使营养餐供餐方式更结合实际、更方便灵活。

【办学条件】 积极争取各级支持，不断推进以学校标准化建设为目标的校舍安全工程，努力改善办学条件。2012年投入教育专项资金8039.76525万元。其中：上级专项资金投入6281.05万元、县本级投入资金1763.7153万元。2012年已拆除危房5幢12474平方米，新建投入使用校舍3幢3022平方米，在建校安工程项目2个，建筑面积6875平方米；2012年教育系统廉租房建设项目涉及建筑面积14500平方米，分别建在5所学校，江川一中、翠峰中学、前卫中学、后卫中学项目正在进行主体施工，路居中学项目正在进行基础施工；计划投入5000万元的江川一中扩建工程于2009年启动，目前已完成3幢教学楼、3幢教师住房的建设，运动场土建部分和附属工程建设项目已完成，塑胶跑道、草皮工程基本完成；江川二中运

动场项目占地36.4亩，建设400米塑胶田径场（内设标准足球场及各种体育项目设施）及绿化等附属工程，全部工程已竣工验收。

为推进江川县教育现代化进程，2012年，全县一是投入资金186万元（中央省级资金67.5万元，学校自筹118.5万元），配置了78套电子白板等多媒体设备；二是不断加强江川教育网络平台建设，此项2012年共投入31万元；三是完成中小学教育技术能力培训363人次；四是实施农村义务教育薄弱学校改造计划，投入资金209.8万元（中央130万元，省级79.8万元），对翠峰中学、龙街中学等12所中小学配置图书、实验仪器和音体美等教育技术装备。全县教育信息化建设工作进一步加强，全县所有学校都配备了远程教育设备，都能做到利用远程教育设备下载、刻录、同步收看和播放教育资源。

【队伍建设】 首先是强化机关工作作风和师德师风建设。在机关干部中积极推行“四项制度”，认真执行公务员八条禁令和《江川县教育局机关作风建设十条》的要求，深化学习“三个代表”重要思想、科学发展观理论和教育法律法规，要求全局干部职工结合各自的工作，以政策为依据，以法律为准绳，做到加强学习，认真履职，严守纪律，真抓实干，热情服务，为群众排忧解难，解决实际问题。在教师中开展师德师风教育活动，加大对违反师德行为的惩诫力度，努力使广大教职工做到教师职业道德基本规范“爱国守法，爱岗敬业，关爱学生，教书育人，为人师表，终身学习”的六条要求，通过强化机关作风建设和师德师风建设，促进了教育系统政风行风建设的进一步好转，营造了教育发展的良好局面；其次是加强中小学领导班子建设。加强对学校校长的选拔、任用、考核和培训，对后备干部进行了培训，根据校长考核办法严格进行考核。选派校长、后备干部到先进发达省区挂职锻炼、培训考察，学习借鉴先进思想、先进理念和科学方法。通过调整、培训、指导、管理等措施，学校班子建设等到了加强。2012年交流聘任校长4名、学校中层领导干部20名；第三是抓好师资队伍建设。一是新招考教师56人，为教育的健康发展注入新的生机和活力。二是积极组织教师培训，全面提高教师实施素质教育的能力和水平。认真贯彻落实《教育部财政部关于实施“中小学教师国家级培训计划”的通知》精神，组织300名教师分别参加了置换脱产培训、短期培训和远程培训。除了按惯例举办继续教育培训、履职晋级培训和新教师培训班之外，2012年还组织了学前幼儿园园长培训、村完小校长培训、小学骨干教师培训、教育技术能力培训等，仅2012年内就开展了县级培训10期，参加培训教师达1420人次。三是继续抓好对现有的市、县级骨干教师的管理，提出学理论、搞教改、出成果、成名师的要求。有计划地培养适应素质教育的骨干教师、学科带头人和名教师队伍。四是通过交任务、压担子、承担研究课题的方式，让教师在实践中增长才干，总结经验，成长为学科教学骨干。五是抓好青年教师的培养。通过开展新课程、新教材培训、新老教师拜师结对、青年教师课堂教学竞赛等活动，激发了青年教师研究课堂教学的积极性。通过加强教师培训、开展课题研究，努力搭建教师成长和展示平台等方式，优化了全县教师队伍结构，提高了江川县教师队伍的整体素质。全县教职工2672人，专任教师中高级专业技术人员286人，中级专业技术人员1363人；有7人参加过国家级骨干教师培训，有省特级教师2人，省级学科带头人1人，省级骨干教师20人，市级学科带头人9人，市级骨干教师36人，县级学科带头人33人，县级骨干教师356人。小学、初中、高中教师学历合格率分别达96.96%、99.4%、99.63%。

【学校管理】 注重学校内涵发展，提升学校管理水平，提高教育教学质量，努力为人民群众提供更优质的教育服务。要求学校既要依法治教，注重制度化、规范化管理，又要以人为本，以德治校，注重人性化、科学化管理。要求学校领导班子注重学习提高，成为师生表率，同时要关注教师的成长和学生的发展，树立“管理育人，服务育人”意识，以“加强班级建设为突破口，推进学校‘严、细、深、实’精细化管理”为举措，制定《江川县教育局关于加强班级建设的意见》、《江川县中小学班级管理参照办法》和《江川县教育局关于在推进班级建设工作中应注意的几个问题》，明确推进目标和措施，建立了班级建设考核激励机制。同时，进一步完善学校综合目标管理考核和校长绩效考核，改进考核方式，充分发挥考核的激励和导向功能，调动一切有利于教育科学发展的积极因素，营造教育发展的良好环境。通过努力，进一步规范了学校管理，净化了校园环境，强化了校园文化建设，学校整体管理水平得到提升，学校之间、中心小学和村完小之间、山区学校与坝区学校之间差距进一步缩小。目前全县已建成省级文明学校7所，市级文明学校13所，县级文明学校5所，充分展示了全县实施教育“五项工程”以来取得的成果。

【德育工作】 学校德育工作是学校实施素质教育的重要组成部分，必须突出“德育为首”理念，积极探索新时期学校德育工作思路，改进传统的以管代教、灌输式的德育工作方法，重队伍建设，抓活动载体，通过几年来的努力，已形成了校内校外齐抓共管、覆盖全面、职责明晰的德育工作网络，建起了师德好、业务精、责任心强的学校和社会德育工作队伍，建立了预防青少年违法犯罪联席会议制度，形成了德育工作合力。全县现有关工委组织81个，校外德育辅导站

23个，共聘请法制副校长33人、校外德育辅导员248人，已开办家长学校20期。一年来，在抓好德育常规工作的同时，努力推进“三生教育”，广泛开展“阳光体育运动”，以增加体育课时为突破口，开齐开足课时，确保学生每天锻炼1小时。在学校中深入开展“三生教育”，引导学生珍爱生命，学会生存，幸福生活。切实加强师德师风建设，强化教育工作者的服务和育人意识，号召全体教职员工“走进学生、享受工作、快乐生活”，积极开展丰富多彩的德育活动，引导青少年学生健康成长，促进学生全面发展，全面提升育人质量，为构建和谐社会奠定坚实的基础。

【教研教改】 以先进的教育教学理论为指导，以教改示范学校、课题实验学校为龙头，抓好20项县级课题、2项市级课题、4项国家级课题的研究工作，重点研究解决校本教研中发现的带有普遍性的问题，充分发挥科研先导作用，让教育科研成果转化为教学生产力，更好地为全县教育教学工作和师生服务；在教学管理方面，强化课堂教学管理，全力推进“双主互动”课堂教学模式，开展教学常规大检查，积极组织学科竞赛，组织新教师“五项技能”考核，开展送课进校活动，强化校本培训，认真学习和运用现代教育技术，健全片区教研制度，落实教研教改措施，优化教学管理，建立了一系列规范的管理制度，加强了质量监控，强化了过程性评价，推动了学校教育教学工作的有序运行；加强对毕业班教学工作的指导，明确了奖惩措施，强化了教研员职责，切实加大了调研、指导、督查的力度，有效地服务了毕业班的教学工作。一是积极组织教研员和各学校骨干教师参加省、市中（高）考备考研讨会，广泛收集中、高考信息，之后由各学科教研员牵头，召开毕业班复习研讨会，针对性地指导毕业班教学。二是组织毕业班复习视导，及时掌握学生学习情况，及时调整复习策略，有效指导学生学习。三是各科教研员有针对性地深入学校、课堂、备课组，与教师面对面地座谈、研究、讨论、交流，和老师们共同分析复习迎考的得与失，强化弱校、弱科帮扶力度，共同寻找成绩的增长点。复习过程中，仅初中学科教研员就听课评课600余节，开座谈会100余次。2012年江川县高考上线率98.50%，与去年相比增加了3.61个百分点，高考上线人数达1578人，高分段人数与全市八县相比具有绝对优势。

【学校安全】 学校安全工作事关师生的生命和健康，是办学的前提。一是建立和完善安全工作管理体系，落实教职工“一岗双责”责任制，层层签订责任书，落实岗位职责；二是强化制度建设。各学校强化学习《江川县学校安全管理要求》和“强化道德教育，细化常规管理”的12项制度，结合学校实情修改完善规章制度，并严格执行“定人、定点、定时”的管理要求；三是认真落实开学第一周为安全教育周及安全知识经常教育制度，加强安全宣传教育，强化师生安全防范意识。每学期开学均召开江川县学校安全工作会议，总结上学期学校的安全工作情况，安排部署新学期安全重点工作；四是认真组织学校安全隐患排查治理，做到防患于未然；五是加强日常管理，认真做好日检周查工作，严格执行值守制度，严防安全事故的发生；六是建立江川县学校安全工作联席会议制度，加大了法制宣传教育力度；七是联合政法委、公安、工商、文化等部门，开展多轮校园周边环境整治，净化校园周边环境；八是严格学校车辆的使用管理，严禁学校车辆带病使用、酒后驾车、超速超载。加强民办幼儿园、学前班接送学生车辆的监督管理，把接送学生车辆违反交通法规情况纳入年度检查考评、生均公用经费补助管理制度；九是不断强化校园安全人防、物防、技防工作，采取多种形式和措施加强森林防火、食品卫生和传染病防治、防溺水、消防等方面的安全教育和防控，中心小学以上学校都安装了监控设备，注重安全保卫人员培训，修缮学校围墙。一年来，没有发生学校原因造成的重大安全事故，保证了师生生命和学校财产安全，维护了学校稳定。

【高中阶段教育】 一是提升普通高中办学质量。在不断加大高中建设投入，改善办学条件的同时，努力创设宽松的用人环境，建立有效的聘任、考核、分配等竞争激励机制，使高中教育办学规模不断扩大，办学质量不断提升。江川一中、江川二中在办学条件、学校管理、教学质量、办学规模和办学特色等方面居全市同等学校前列。七年来，高考上线人数和高分段人数位居全市县级（除红塔区以外）第一，得到了社会的广泛关注和赞誉；二是促进职业教育快速发展。把扩大招生规模、提高教育教学质量、畅通就业渠道作为发展职业教育的根本出发点和落脚点，坚持以服务为宗旨，以就业为导向，按照“积极发展、深化改革、创新机制、激发活力”的思路，以“出口畅，进口旺”为目标，建立有效的学校管理机制，拓宽职业教育发展空间，积极参加全市职教集团，与阳光海岸、玉溪工业财贸学校、上海丰收日（集团）有限公司、上海望湘园餐饮管理有限公司等联合办学，开办“冠名班”，探索“2+1”办学模式，实现了“订单式”培养，取得了较大的发展。学校规模不断扩大，在校生人数1428人，毕业生就业率连续六年达到96%以上。

【学前教育】 制定《江川县人民政府关于加快学前教育发展的实施意见》，认真编制《云南省江川县农村学前教育机构建设规划》，明确了学前教育发展的目标任务和主要举措，为学前教育发展提供了制度保证。按

照“两条腿走路”的发展思路，坚持发展、规范、提高并重的指导方针，一方面不断提升县幼儿园办园质量，积极筹建小学附设中心幼儿园，另一方面积极引导和规范社会力量办园，初步形成了以公办园为示范，小学附设中心幼儿园为支点，社会力量办园为主体的发展格局。县城已基本满足了适龄儿童的入园需求，农村也通过灵活多样的办园形式，为越来越多的学龄前儿童提供了接受早期教育的机会。雄关乡中心幼儿园、江城镇龙街村幼儿园、江城镇中心幼儿园、前卫镇后卫村幼儿园的开办，较好地发挥了乡镇中心幼儿园的示范引领作用；农村小学闲置校舍改扩建幼儿园项目的实施，使较大的行政村也开办了幼儿园，如安化中心小学附设幼儿园等；实施学前教育巡回支教工作，在人口分散、较少的偏远地区或村组，利用闲置校舍、农家书屋、村民活动室等公共资源，采取巡回支教方式，为适龄儿童和家长提供学前教育服务；职教小区幼儿园已进入筹办装修阶段。目前，全县共有幼儿园、学前班42所，其中独立建制的公办幼儿园1所,小学附设中心幼儿园3所,私立幼儿园、学前班38所。

【招生考试】 坚持“以考生为本、为学校服务、为考生服务”的思想，认真落实招生“阳光工程”，坚持公平公正原则，加强管理，从严治考，在选拔培训监考教师和工作人员、规范考点和考场建设方面形成了一系列严密规范的制度并严格执行，圆满完成了高考、高中学业水平考试和初中学业水平考试等各项招考任务，各类考试公平规范，得到了省、市巡视员的好评。招生办公室年内受理普通高考报名人数1620人，初中九年级学业水平考试报名人数3377人，初中八年级学业水平考试报名人数4370人，高中学业水平文化课考试报名20305科次、信息技术报名人数2928人，成人高考报名233人，自学考试报名211科次，教师资格认定非师范类报考“教育学、教育心理学”53科次。2012年江川县普通高中招生2019人，职业高中招生519人。

【成人教育】 中心小学配备一名兼职成教专干，扎实做好实用技术培训工作，圆满完成成人教育各项工作任务。2012年共完成各类培训42340人次，全县青壮年非文盲率为99.99%。

【党建工作】 县教育局党委围绕教育改革与发展主题，深入开展创先争优、“四群”教育、跨越发展先锋行动、基层组织建设年和作风建设年活动，加强党员经常性教育，着力构建保持共产党员先进性长效机制，以增强基层党组织的创造力、凝聚力和战斗力为目标，以加强领导班子、干部队伍建设和基层党组织建设为根本，认真解决基层党组织和党员在思想、作风以及工作能力方面存在的突出问题，圆满完成了党建工作的各项任务。一是及时调整充实党建工作领导小组和工作机构，研究制定局党委2012年工作要点，并同各支部签订了党建工作责任书；二是认真开展政治理论学习，积极组织党员和干部队伍培训。制定了学习培训计划和《关于推进江川县教育系统学习型党组织建设的实施意见》，坚持每周一上午的政治学习、每个季度1次的党委中心组理论学习和一年1次的民主生活会制度，不断提高班子成员的政策理论水平。并将中心组理论学习扩展到江川一中等5个党支部进行试点；三是制定《江川县教育局党委党建工作制度》汇编，共制定了24项制度，建立健全了基层党建工作责任制度、联席会议制度、党建工作联系点制度和督查制度；四是加强党务工作者队伍建设，配齐配强党务干部。2012年增补了党委委员1人，调整党支部书记1人，补充了江川二中支部委员2人，调整了局机关支部委员2人。并利用举办第八期入党积极分子培训班的时机组织了党务干部培训；五是抓好党员队伍建设，认真做好党员发展工作。推行发展党员工作推荐制、公示制、票决制和责任追究制，制定了《江川县教育局党委发展党员操作程序》，确保党员发展质量。2012年2月20日～25日举办第八期入党积极分子培训班，培训学员88名。在2010年培训的基础上，通过团组织推优、党支部考察、政治审查、公示、支部会表决和党委谈话，严把标准，层层推选，发展了18名（教师6名、学生12名，其中女党员7名）党员。同时做好5名预备党员的转正工作；六是积极开展组织工作创新活动。申报了1项党建创新项目《探索学生入党机制，增强党建工作活力》，深入开展党建示范点创建和“公推直选”试点，取得了明显成效，得到了县委组织部及市教育局党委的高度评价。完善机关“三评”工作，制定党务公开制度和实施细则，明确公开目录，促进党内民主，自觉接受党外监督，不断提高党组织的公信度；七是加强党员队伍的教育管理。认真组织一年1次的党员民主评议工作，积极推行党员积分制管理，下发了《关于推行党员分层量化积分制考核管理的通知》，要求各支部结合单位及学校实际，制定实施方案；八是扎实开展基层组织建设年活动。对下辖的党组织进行全面摸底调查，组织开展分类定级，“好”、“较好”、“一般”的党支部各2个。通过查找问题，分析原因，制定整改提高实施方案，以巩固“好”、提升“较好”、推动“一般”为目标，采取分项限期整改，实行整改落实周报制度，实现了晋位升级，6个党支部中“好”的达4个、“较好”的2个；九是开展“跨越发展先锋行动”，加强党员、干部队伍的教育管理，使全体党员弘扬正气、敢于抵制和纠正歪风邪气；十是指导学校健全和完善党务、政务、校务公开制度和教代会制度，推进学校民主管理进程。全面推行服务承诺制、限时办结制、首问责任制和领导干部问责制“四项制度”，解决影响和制约我县教育事业发展的思想观念、工作方式和工作作风等方面存在的问题。十一是开展纪念建党91周年系列活动。开展了“恪守从政道德、保持党的纯洁性”为主题的党风廉政教育月、“我与祖国共奋进——学党史、知党情、跟党走”主题教育、收看党员教育电视片《信仰》、“爱读书读好书善读书——读书心得”征文、“童心永向党”歌咏等活动，组织177名党员参加省“贯彻党代会精神·推进桥头堡建设”知识竞赛，组织168名党员参加玉溪市“党风廉政教育月”活动知识测试。

【廉政建设】 坚持反腐败领导体制和工作机制，层层签订党风廉政建设责任书。一是加快推进惩治和预防腐败体系建设。突出抓好教育、制度、监督这三个关键环节，建立和完善符合系统自身实际的惩治和预防腐败体系，收集整理编制了《江川县教育局建立健全惩治和预防腐败体系五年规划任务分解落实情况资料目录》；二是建立健全廉洁自律制度、民主议事制度、重大事项报告制度和诫勉谈话等制度，严格执行《事业单位工作人员处分暂行规定》、《云南省纪委监察厅关于禁止发送和接受“红包”的规定》，对新任校长进行任前谈话，对原任校长进行经常性约谈，做到警钟常鸣；三是认真落实《江川县教育局党委关于在全县中小学全面开展廉洁教育及廉政文化进校园活动的意见》和《江川县教育系统推进廉政文化“六进”活动实施方案》的要求，集中开展廉政教育学习140次，参加教职工8359人次，制作宣传栏165块，出专栏190期，班级出专题黑板报594期，制作廉政警句宣传牌276块，上了以“八荣八耻”为主的专题教育课438节，参加班级910个，参加学生38120人，开廉政文化主题班会322次，参加班级878个，参加学生33791人。全县各学校共投入廉政文化建设资金达10万余元；四是执行民主集中制原则。制定了《江川县教育局加强党政“一把手”权力运行监督制约暂行办法》，规范议事决策权、选人用人权、财务管理权、物资采购处置权和工程项目管理权。按照“三重一大”的要求，坚持重大事项决策、重要人事任免、重要项目安排、大额度资金使用事项集体讨论决定；五是开展“作风建设年”活动，治理庸懒散软问题。公布监督电话和邮箱，及时发现和纠正党员干部在思想作风、学风、工作作风、领导作风和生活作风方面存在的突出问题；六是严肃组织人事工作纪律。组织领导干部学习中纪委、中组部“5个严禁、17个不准、5个一律”和省纪委、省委组织部“10个严禁”换届纪律规定，副科级以上领导签订了责任书，没有选人用人的违规违纪行为；七是深入贯彻落实《中国共产党党员领导干部廉洁从政若干准则》，严肃查处违反廉洁自律规定的行为；八是健全财务制度，执行招投标要求，严格执行高中“三限制”政策，一年来无教育乱收费现象。

【江川县青少年学生校外活动中心】 以“坚持方针，面向学生，校外延伸，拓展兴趣，培养特长，全面发展”为办学指导思想，建立起了一套规范、实用、高效的管理运行和办学培训机制，建成了一支业务精良、经验丰富的教师队伍，办学覆盖全面，专业设置齐全，培植起了跆拳道、拉丁舞等优势特色专业，通过举办和参与活动，搭建了青少年学生成长和展示的舞台，在拓展学生兴趣，培养学生特长，促进学生全面发展方面发挥了积极作用，办班质量和效益得到了学员、家长和社会各界的认可。目前已开办至第20期培训班，开办专业班次1000多个，参加培训学员2.2万人次，办班培训人次和办班效益居全市前列。

（秦忠国）

教育科研

【思想建设】 一是深入持久开展学习型党组织创建、“四群教育”和“创先争优”活动，把全面贯彻党的教育方针、培养社会主义建设者和接班人贯穿县教科所党组织活动始终，牢牢把握党组织对县教科所意识形态工作的主导权，充分发挥在教育科研工作中的政治核心作用。2012年江川县教科所党支部被评为“玉溪市创先争优先进基层党组织”。二是加强对教研员的业务培训，充分发挥教研员的引领辐射作用。鼓励和支持教研员参加各级培训，组织教研员学习教育教学理论和有关专著，支持教研员参加各学科学术研讨会议，使教研员能够掌握最新的教育教学理论和教研、课改动态，不断提高教研员的业务素质和能力水平。三是重视对教研员的思想教育和职业道德建设，坚持每周一次的教科所例会，学习党和国家有关方针政策，学习有关文件和教育法律法规，学习新教材、新课程标准和优秀课堂教学范例，使全体教研员在不断学习和参与教学实践活动中提高素质，努力适应现代教育改革与发展的要求。四是开展落实教研员“七个一”活动。在提高教研员的理论水平和业务能力上，江川县教科所积极开展教研员“七个一”活动。即读一本学术论著；研究一项科研课题；发表一篇教学论文；联系一所基层学校；上一节示范公开课；做一次教学改革专题讲座；总结提炼一条成功经验等。本年度，各学科教研员编写了《双主互动教学设计系列丛书》及教学指导资料17个科次，人均听课达100节以上。

【科研管理】 一是抓好三级教研网络建设，加强学校常规性教研活动的管理，抓好集体备课和课堂教学指导，提高了教研工作的实效性。抓好教育科研课题立项、研究过程、结题

与成果推广的管理，深入推进校本教研，努力探索新形势下教育教学规律，形成学校特色和区域特色，切实提高教育科研能力和水平；二是抓好已立项课题研究过程的指导工作。做好各级立项课题的研究工作，防止重申报与结题，轻过程与推广的现象，确保了课题质量；三是认真开展小课题研究工作。让广大教师形成问题即课题的思想，学科教研员加强了对学校学科立项课题研究的指导工作，确保了研究的针对性和实效性；四是积极开展在研课题、学校小课题的阶段性总结工作，广泛开展了教育教学论文评比活动，推广教研成果，促进了教育教学质量的提高；五是认真开展好“双主互动”教学模式的研究工作，逐步深化了课改理念，转变了教与学方式，改进了评价机制，促进了学生全面素质的提高。

【课题研究】 截至2012年底，江川县教研员独立承担的尚在研究的各级科研课题共7项，其中国家级1项，市级2项，县级课题4项。学校和教师承担的29项县级课题的研究进展顺利，有的已取得阶段性成果。完成了30项“十二五”县级教育教研课题的立项工作。目前，大多数课题能按计划正常运行，通过了结题鉴定，并在教育教学中收到了良好的效果，教育科研已向“教育科研课题化，课题研究项目化”的方向发展，有效提升了全县中小学教师的科研能力，转变了中小学生的学习方式，全面提高了课堂教学效益，促进了教师、学生的共同发展。

【教学改革】 一是深入学校、走进课堂，适时开展调研活动，组织课堂教学改革专题讲座，实事求是的总结全县课堂教学改革的成绩，分析存在问题，找准努力方向，为进一步推进课堂教学改革提供了科学有效的第一手资料；二是积极探索符合新课改理念和学生认知规律的课堂教学评价体系，多元化评价学校、教师和学生，关注学校内涵发展、科学发展；三是实行一线工作法，全体教研员定时不定时深入课堂听评课，在教学一线和广大教师深入学习和运用现代教育理论，研究教育规律和学生的认知规律，总结经验，引导学校扎实推进“双主互动”教学模式，努力打造阳光、和谐、幸福的高效课堂。

【常规检查】 江川县教科所于2012年9月18～27日，对全县义务教育阶段学校的教学常规管理工作进行了专项检查。检查组通过听课、座谈、抽测、查阅资料等多种形式对各学校的课程方案实施、教学常规、课堂教学、校本教研、师资队伍建设等方面进行了全面检查，共听课197节，查阅教师备课本、听课记录等971本，查阅学生作业和单元检测等材料10142份，极大的提高了教学的中心地位，保证了教学与管理过程的高效运行。

【片区研训】 2012年，江川县教科所继续开展以“双主互动”为核心，班级建设为主线，全方位、多元化的片区研训活动，从深化学科专业知识，改变知识结构，提高教育理论素养和现代教育技术应用水平等方面提高教师的基本素质。培训内容针对性强、注重实效、学用结合、学以致用；培训形式多样，如：暑假小学骨干教师培训、新教师岗前培训、班主任培训、小学教师履职培训、课题研究培训、远程教育培训、校本培训等，促进了教师队伍素质的整体提高。

【质量监控】 江川县教科所认真分析了当前全县中小学教学工作中可能导致教学质量下滑的诸多因素，进一步加强了教学的过程管理，通过积极创新评价体系，加强质量监控，促进教学中心意识的形成，严密组织了阶段质量抽测并通过教学督导的形式进行监测。为落实素质教育的要求，全县义务教育学校采取期末统一命题、统一监控、统一阅卷的方式进行。对毕业年级实行抽考和统考，由县教科所统一命题，统一考试时间，统一考试学科进行质量检测，并及时进行质量分析，总结主要成效，分析存在的突出问题，准确掌握教情、学情，研讨解决问题的对策，从而合理调整教学管理的思路和策略，从宏观上对各学段的教学工作进行有针对性的科学调控，有力地强化了教学过程管理。

【教学研讨】 2012年是江川县实施“双主互动”课堂改革的第三年，为使改革稳步推进，江川县教科所主要从加强指导，深入研究，交流探讨，示范引领方面入手，促使全县课堂改革工作均衡发展。3月，举办了全县义务教育阶段“星抚杯”课堂教学竞赛暨研讨活动。参加这次教学竞赛活动的中小学教师和学校中层干部共计229人，其中小学83人（含学校中层干部），中学146人（含学校中层干部）。经评委、教师公平、公正、公开评分，最终评选出小学一等奖30人，二等奖35人、三等奖18人；中学一等奖44人，二等奖67人、三等奖35人。10月，组织全县义务教育阶段“教学能手”竞赛活动。主要涉及初中语文、英语、数学和小学语文、数学、品社六个学科，78位教师参加了比赛。竞赛活动共设六个赛点，分别是前卫中学（初中语文）、后卫中学（初中数学）、伏家营中学（初中英语）、伏家营小学（小学语文）、路居小学（小学数学）、大庄小学（小学品社）。经学科专家组综合评价，16名教师荣获一等奖，37名教师荣获二等奖，25名教师荣获三等奖。通过两次竞赛研讨活动，深化了“双主互动”课堂教学改革，展示了课堂教学改革成果，推动了我县课堂教学改革向纵深发展。

【校本教研】　一是抓教材研究，促进教学资源的有机整合。积极引导鼓励教师在教学和实验研究中摒弃“教教材”和“以教材为本”的观念，创造性地把教材和现代远程教育资源紧密结合起来，促进学生在三维目标上均衡发展。同时充分挖掘和利用校本文化、乡土歌谣和日常生活中与教材内容密切相关的课程资源，为提高教育教学水平奠定了强有力的基础。二是抓课堂教学改革，促进教师教学水平的提高。各学校都能重视优化教学过程，积极引导教师实现课堂教学的新型转变，使课堂教学的空间由封闭型逐步转化为开放主体型，使课堂教学方式的单一化走向多样化。三是抓教学反思，促使教师在总结反思中提高。校本教研主要是解决教师在实际教学中遇到的问题，其主要途径是通过教学反思来实现。目前，教学反思已逐渐成为教师改进教学方法的自觉行动。大街中学、前卫中学、后卫中学、前卫小学、翠峰小学等校倡导教师坚持撰写教学反思或教后记，设立教师个人教学资料档案，记录教师专业成长情况；确定同伴互助对象；并定期交流，归类梳理，设计专题，反思总结，深化研讨，收效良好。四是抓骨干引领，典型示范，促使教研活动向纵深发展。县教科所根据各校不同校情，指导其确定适合各自实情的教研思路。前卫中小学、龙街中学、翠峰小学重视教研队伍中的骨干培养，工作中，对培养对象“定目标，指路子，给任务，压担子”，督促其脚踏实地的成长。大街中小学、前卫中学充分发挥校本教研示范校的作用，为全县校本教研工作的纵深发展起到典型带头作用，各基层学校的教研层次和内容也不断得到拓展和延伸。五是增加毕业年级教学视导的密度，保证了教研活动的实效性。中学组为强化九年级后期教学管理，进行了四轮复习视导、集体备课调研和推门听课活动，共听评课600余节，开座谈会80余次。各学科专家组有针对性地深入学校、课堂、备课组，与教师面对面地座谈、研究、讨论、交流，和老师们共同分析复习迎考的得与失，强化弱校、弱科帮扶的力度，共同寻找成绩的增长点，共同研讨九年级复习的路子，尽最大努力提高毕业班教学成绩。这种做法，深受学校教师的欢迎，较好地落实了教研员“集备靠上，上课跟上，教学过程扑上”的工作要求，保证了视导活动的实效性。

【课题成果】　由九溪镇大营小学校长李家鹏主持的江川县“十一五”教育立项课题《小学语文强化预习，自主学习的发展性研究》，大庄上头营学校老师付熙梅主持的江川县“十一五”教育规划课题《任务型教学在初中英语课堂教学中的运用》，伏家营海浒学校老师马毅主持的江川县“十一五”教育规划课题《对农村小学生进行培优帮扶的运用研究》，江川二中老师徐云芬主持的星云湖蓝藻防治》等三项课题，顺利通过了江川县教育科学规划领导小组办公室的结题验收。由县教科所副所长黄毅主持的全国教育科学“十一五”教育部规划课题《中小学实效性阅读与写作教学策略研究》子课题《初中阅读教学教案设计研究》，荣获了玉溪市“十一五”教育科研成果二等奖；由龙街小学教务副主任张荣生主持的全国教育科学“十一五”教育部规划课题《中小学实效性阅读与写作教学策略研究》子课题《培养学生读写能力的途径——课内外结合》，荣获了玉溪市“十一五”教育科研成果二等奖。

【论文获奖】　2012年，江川县教研员获市级以上教育科研论文评选（竞赛）奖共34篇。其中国家级一等奖4篇，二等奖7篇，三等奖8篇；省级一等奖3篇，二等奖9篇，三等奖3篇。江川县教师获市级以上教育科研论文评选（竞赛）奖共645篇。其中国家级一等奖24篇，二等奖213篇，三等奖269篇；省级一等奖18篇，二等奖58篇，三等奖63篇。

【教学竞赛】　在上海举行的全国目标教学讲课赛中，大庄中学教师段金春获初中数学一等奖，前卫中学教师杨翠获初中历史一等奖。在玉溪市教科研组织的“2012年全市中小学教师高效课堂教学技能竞赛”中，江川县共选派18名教师参加中小学16个学科的竞赛，其中，大街中学教师王斌获初中语文一等奖，伏家营中学教师张景、前卫中学教师靳明坤获初中思品一等奖，前卫中学教师赵阳薇获初中物理一等奖；江川二中教师王波获高中数学二等奖，伏家营中学教师付宝华获初中数学二等奖，伏家营中学教师金媛琪获初中历史二等奖，前卫中学教师张娇获初中生物二等奖，伏家营中学教师杨新焕获初中化学二等奖，大街小学教师黄琼会获小学语文二等奖，江城小学教师吴亚萍获小学数学二等奖；江川一中教师周晓凤获高中语文三等奖，江川一中教师刘会宁获高中英语三等奖，伏家营中学教师王云焕获初中英语三等奖，前卫中学教师潘华获初中地理三等奖，九溪小学教师潘正芬获小学英语三等奖，翠峰小学教师伏天顺获小学品社三等奖。

【学生竞赛】　在“中华诵·经典诵读和全球华人学生暨全国学生规范汉字书写大赛”中，江川职中的郭春歆荣获国家书写优秀奖和云南省书写二等奖，江川职中的郭春歆、李小龙，江川一中的李隆辉、周梦园荣获云南省书写三等奖，大街小学的《沁园春·雪》、《向国旗敬礼》、《春光染绿我们的双脚》，江川职中的徐艺欣、吴瑶、李能荣获云南省诵读优秀奖。在江川县教育学会、江川县平安保险公司、江川县新华书店联合举办的“江川县2012年‘平安杯’中学生国学经典诵读比赛”中，3名学生荣获

一等奖，8名学生荣获二等奖，6名学生荣获三等奖。

（黄　毅）

教师进修学校

【概　述】　2012年，江川县的教师培训工作紧紧抓住有利时机，深化改革，破解难题，内强管理，外树形象，各项工作取得了一定进展。

一是培训力度大。一年来共举办各级各类培训11期，培训中小学教师3 700多人次，完成培训面达150%，人均培训学时（培训量）50学时。

二是培训形式多。形式为内容服务，针对不同培训对象和培训内容，分别采取远程培训、短期培训、置换培训、集中专题培训、自修实践、挂职学习等多种培训方式，满足广大教师学习需求。对于同一个班级，注意培训方式的灵活性，如“全县完小校长”培训，采用了专家讲座、校长经验介绍、交流互动、参观学习、管理案例诊断、理性反思等多种形式。

三是培训规格高。派遣了10多名骨干教师赴北京教育学院、华南师范大学、苏州大学等地参加异地高端培训；组织了14位中小学骨干教师在省内师范院校置换培训；邀请专家、教授到培训班进行授课、专题讲座。

四是培训过程实。每确定一个培训项目，都要经过到基层严谨调研、科学设计、有效实施、跟踪服务四个过程，不断改进方法，尽量将工作做实。

五是培训效果好。培训中，按照“需求决定目标，目标决定内容”的原则组织培训，凸显学员的主体地位，不断改进方法，充分调动了学员的积极性，注重培训目标的达成，取得了良好的效果。

【学历提高】　学历教育工作出色，为拓展自身发展空间，更好为江川县教育和经济建设服务，与省电大联合办学，向上“借智”、“借力”。开办了汉语言文学、英语、教育管理等专业本科班；教育管理专业、学前教育专业专科班，解决了教师学历提高问题。

【教师履职晋级】　认真完成了2012年春秋两季的中小学教师履职晋级培训、考核及学分认定等工作。学时50个。

【心理健康教育】　为进一步加强中小学教师心理健康教育工作，提高广大教师心理学理论知识和心理辅导的专业技能。邀请了团中央《知心姐姐》云南工作站主任付林对江川县220名中小学教师进行了《心理健康教育》专题讲座。

【幼儿（学前）园园长培训】　为贯彻落实《国家中长期教育改革规划纲要》精神，切实加强幼儿园园长的队伍建设，进一步提高学前教育保教质量，根据《幼儿园教育指导纲要》，结合江川县实际，对全县41位幼儿（学前）园园长进行了培训。学时50个。

【新教师五项技能考核】　为使新教师进一步掌握教育教学常规，树立专业思想，提高教育教学水平，做一名合格的人民教师。对2011年参加工作的46名教师进行了“五项技能”考核。

【新教师岗前培训】　本次新教师培训根据国家、省市关于新教师培训的目标要求和当前新教师专业发展的具体需求,为参训教师量身定制了八个培训专题。分别为《新课程下的课堂教学》、《如何做好教育科研工作》、《如何命制试卷》、《教育教学常规》、《教育政策法规》、《班主任工作》、《怎样说课》、《怎样评课》等专题。培训组织形式新颖、内容丰富、重点突出。通过这次培训，很大程度解决了新教师刚步入教师生涯所遇到的困惑和问题，提高了认识，强化训练了角色意识，达到了培训目的。学时50个。

【教师教育技术能力培训】　为贯彻落实《云南省教育厅关于实施中小学教师教育技术能力远程培训项目的意见》精神，对363名中小学教师进行了教育技术能力培训。学时50个。

【村完小校长培训】　为进一步加强学校管理干部队伍建设，增强办学实力，深化基础教育改革，推进教育创新，促进内涵发展，根据《玉溪市“十二五”校长、教师培训计划》精神，对50名村完小校长进行了培训。本次培训以科学发展观为指导，以国家教育政策法规为依据，以提高学校校长、整体素质为核心，突出培训针对性、时效性，努力打造一支具有高尚职业道德，现代教育思想，较高教育教学水平的学校管理队伍。学时50个。

【总务主任培训】　为提高学校总务主任的管理能力，规范学校后勤保障工作，促进总务主任专业成长。对全县27位总务主任进行了培训。培训围绕学校总务主任的工作性质、特点和任务展开，结合学校总务主任管理工作的实际，采取订单式培训方式，开设了教育政策法律法规，预防职务犯罪，党风廉政建设，学校后勤管理理论，学校突发事件应急处理，疾病预防，公共卫生管理，财务监督、审计、财会知识，学校食堂账户核算、学校工会会计和学校固定资产管理等多个项专题，邀请县财政局、县审计局、县卫生局、县食品药品监督管理局等有关领导及专业人士为学员授课。学时50个。

【落实国培计划】　根据云南省教育厅、财政厅关于2012年“国培计划”—农村中小学教师培训项目的任务和要求。江川县组织了一线指导教师、骨干教师、管理人员、中小学教师置换脱产、中小学教师短期、中小学教师远程等培训，共计400名中小学教师参加了培训。

【骨干教师培训】 为不断加强名师工程的梯队建设，进一步发挥骨干教师在教育教学工作中的示范带头作用，激发教师朝着高水平、高素质方向发展。与“香港五集成文化教育基金会”联合对全县200名小学语文、数学骨干教师进行了第一阶段培训。学时50个。

（张本林）

江川县第一中学

【概 述】 学校创办于1934年8月，至今已有七十余年历史。初建时称铸民中学（由金汉鼎先生创建），1972年正式定名为江川县第一中学。1997年6月3日，江川一中被云南教委认定为“云南省一级完全中学”。

2012年末，学校占地近194亩，总面积近12.9万平方米。2012年建成了一个标准田径场，新建好投入使用的3栋教学楼，附设2个报告厅，每栋20个班，学校已具备容纳60个教学班的规模。学校有班级49个，在校学生达3795人。2012年高考上线人数1141人，本科上线率66.26%，一本上线76人居全市各县区中学之首。学校现有教职工193名，专任教师178人，其中高级教师77人，一级教师61人，全国优秀教师1人，特级教师2人，受省政府、省教育厅表彰的优秀教师、先进个人9人，市级优秀教师20人，市级骨干教师7人，市专家组成员16人。

2012年8月30日，获全国第二十七届青少年科技创新大赛“十佳科技实践活动奖”全国一等奖。2012年10月10日，被云南省教育厅表彰为“云南省一级高完中对口帮扶工作先进集体”，2012年12月13日，经云南省绿色学校创建领导小组各成员单位专家的严格审查，江川一中被评为云南省第七批绿色学校。

【教学科研】 2012年学校继续推进新课改，转变教学观念，开展多层次，多形式的校本教研活动，尤其重视在年级组管理模式下的教研组、备课组建设，着重发挥教研组、备课组在教学研究中的核心作用。落实每个教研组、备课组确定学期工作计划、集体备课的内容和时间，并把任务分解落实到人；落实每学年每位教师至少写一篇教研论文，并开展扎实有效的教研活动；落实每位任课教师每学期要上一节公开课及新老教师结对子活动；继续坚持领导进课堂听课制度，作业全批全改、每月查备课本等教学管理制度。

1．学校教师参加中国教育学刊社、中国教育实践与研究论坛组委会2012年教育教学论文征稿活动，语文教师郑丽媛的论文《浅谈新课改下高中语文古典诗词的高效教学—以《李清照词两首》为例》获一等奖，语文教师金珂的论文《新课程下中学语文人文性思想的引入教育》、化学教师范永丽的论文《请给我多一点的关注—浅谈充分使用高中化学教材中的插图》、语文教师周艳花的论文《读万卷书，行万里路 良好的阅读习惯是语文教学中的一朵奇葩》、化学教师李雪珂的论文《“支架式教学”及其在必修模块有机物教学中的应用》获二等奖。

2．2012年8月30日，学校生物组“拿取照相机，发现和保护身边生物——生物摄影与生物多样性保护实践活动”获全国第二十七届青少年科技创新大赛“十佳科技实践活动奖”全国一等奖，并获项目奖金5000元，云南省第二次获该项目奖。

3．学校地理教师黄兴永的地理数字课程资源“热力环流”，在由中国教育学会地理教学专业委员会组织的2012年度全国地理优质数字课程资源评选活动中荣获特等奖。

4．学校参加2012年11月玉溪市第三届中小学教师“高效课堂”教学竞赛，语文教师周晓凤、英语教师刘会宁均获三等奖。

5．学校组织教师参加云南省教科院组织的新课改教学论文或教学设计评选，生物教师张小玲的论文《生命教育与生物教学》、英语教师杨洪荣的论文《NO Negiecting to Introduce the Cultural Background in High-School English Teaching》、英语教师蔡春梅的论文《情感因素在英语教学中的作用》获一等奖。

6．学校教师参加2012年云南省教科院论文评选，语文教师张志凯的论文《高考材料作文写作指导简谈》、化学教师万绍梅的论文《点亮高中化学教材“思想与交流”之光》均获一等奖。

【探索高效课堂教学模式】 2012年1月12日，学校召开课程改革动员大会。并下发校长肖吉恩挂职学习心得体会——《观巴蜀名校，悟治校三得》。2月29日学校举行“优化教学方式，构建高效课堂模式”启动仪式，成立新课改下高效课堂模式构建改革小组，制定了课堂改革试点工作方案，通过试点改革和多方面、多角度的教学改革实践，要探索出一条符合江川一中实际的教学之路，确定出一套适合江川一中教师和学生的高效教学模式。

【新老教师结对子】 2012年4月7～8日，江川一中组织开展了语文、数学、英语等11个学科，23名近三年到我校的教师的“新老教师‘结对子’汇报课”活动。此项活动旨在通过课堂竞赛培养和锻炼青年教师的教学能力，提高教育教学质量，贯彻学校可持续发展计划。

【返聘退休教师搞课改】 学校特级教师卢正顺，在2005年9月退休后，于

2011年9月～2012年7月，学校又返聘他到校上课，担任高一年级297、309两个班的语文教学工作。他以一贯的敬业精神，更新观念，努力学习钻研现代化教育技术，采用多媒体手段教学，以提高课堂教学质量。在高一下半学期初，学校准备推行实施全国高效课堂九大模式，他率先尝试，以古代散文《师说》为课题，“用自学+合作+探究”的模式，给全体语文教师和学校教务处领导上了一堂探讨课，为学校推行新课改做了有益的尝试。

【参加第二届云南省中小学生书画大赛】 2012年2月23日在云南省教育厅主办的“第二届云南省中小学生书画大赛”活动中，江川一中学生：谭涛、李梦涛、杨舒娴、杨诗娴、陈菲尔、张力月、李婷、刘可欣、张玉君、陈柯、何瑞达、周晋旭、王雨凡、李文娟、张瑞杰、霸成杰、王裕涵、杨稀雅、付力丹、平卓冉、李霞冉等21人分别荣获书法和绘画27个一等奖，毕清、李楠、周梦园获绘画二等奖，指导教师叶晓霞、李程获指导教师一等奖，江川一中获集体组织一等奖。

【表彰优秀学生】 2012年4月10日，高三年级“学习勤奋生”表彰大会在学校报告厅举行。会上，学校表彰了高三年级在市统测中取得优异成绩的同学：理科班年级前120名、文科班年级前30名。

【开展英语背诵比赛】 2012年5月9日，由江川一中英语教研组、高一、二年级组共同主办的“英语短文背诵比赛”在江川一中篮球场如期举行。英语教研组24名教师、高一、二班主任及高一、二年级2100多名学生参加了比赛。

【举行诗歌朗诵比赛】 2012年5月16日，高二年级900多师生欢聚在龙王庙台前，举行了课本内诗歌朗诵比赛活动。出席本次活动的有肖吉恩校长，陈文祥主任，高二年级主任付云辉，各班主任以及全体语文组教师。

【禁毒防艾宣传】 2012年5月23日，江川县禁毒大队到学校对全校师生进行“禁毒防艾”主体展板宣传。本次活动内容丰富、主题鲜明，分为“禁毒防艾”、“传统文化”、“崇尚科学”三个专题，通过展板的形式对学校学生进行“崇尚科学、抵制邪教”、“弘扬传统文化”、“珍爱生命、远离毒品”教育。

【开展诚信高考教育活动】 5月28日，学校高三年级利用班会课时间，对全年级应考学生进行了一次考前诚信教育。本次班会的主题就是“诚信高考”，各班班主任教师在本班班会课上，详细介绍并说明了即将到来的高考对每一个同学的重要性，并对高考的考试纪律做了强调，让考生知道诚信考试的必要性，学生深受教育。在本次班会课上，学生们在“考生诚信考试承诺书”上签名，表示自己诚信考试的决心。

【学校交流】 2012年3月8日，江川一中参加“优化教学方式，构建高效课堂模式”改革试点工作的17名试点教师和各科教研组组长共25人，在校长肖吉恩的带领下，到兄弟学校通海三中进行课改学习交流研讨，向通海三中走在教学改革第一线的教师们取经学习，对促进学校课堂教学模式的改革有积极促进作用。

2012年12月7日学校行政班子成员和各教研组长共27人到元江一中交流，并参加2012玉溪市教改工作现场经验交流研讨会。行政班子成员和各教研组长听取了元江一中教改工作开展情况进行专题汇报，还观摩了教研教改课题老师的教改公开课、说课和评课活动。肖校长总结了元江一中成功经验并要求学校通过大力推广来提高教育教学质量，并对当前和今后一个时期江川一中教研教改主要工作任务和重点方面进行全面部署。

根据县教育局党委安排，学校对江川县第二中学进行帮扶工作。学校根据文件要求，结合实际，积极了解了被帮扶对象的实际情况，并通过行政会议进行了讨论。拟定了《江川县第一中学对口帮扶江川二中工作计划》。召开全体教职工大会，宣传上级相关文件内容，并积极鼓励骨干教师、优秀教师进行帮扶工作。由于成绩突出，江川一中于2012年10月10日，被云南省教育厅表彰为“云南省一级高完中对口帮扶工作先进集体”，江川一中教师孔川波、胡跃华被云南省教育厅表彰为“云南省一级高完中对口帮扶工作先进个人”。

【马文龙到学校调研】 2012年4月1日，中共江川县委书记马文龙，县委常委、常务副县长李东林，县委常委、县委宣传部部长龚桂存，县教育局局长李卫东，在江川一中校长肖吉恩的陪同下深入学校田径场进行实地调研。

【国家教育部考试中心督察组到江一中检查标准化考场】 2012年5月18日，国家教育部考试中心督察组到学校的标准化考点进行督察，副市长杨洋陪同考察。国家教育部考试中心督察组对学校的监控室进行了细致认真的检查，对学校的摄像头、监控程序做了详细的检查，并询问了学校电脑监控员张文。国家教育部考试中心督察组对学校的高考标准化考场的安排设置和监控作了高度评价，希望学校认真做好2012年的高考工作。

【成功创建云南省级绿色学校】 学校在正式申报创建云南省绿色学校前，就十分重视环境教育工作，在环境教育方面做了多年的实践与探索。经过三年多扎实的创建工作，学校的环境教育正向常规化、制度化、长效化方面有序发展。2012年12月13日，经云南省绿色创建领导小组办公室共派出三个检查考核组，通过实地查看、问卷调查、开座谈会、查阅资料等形式的严格审查，江川一中被评为云南省第七批绿色学校。

（杨　明　孔川波）

江川县第二中学

【概　述】　截至2012年底，学校共有26个教学班1890名学生，其中高一、高二每个年级8个班，高三10个班，班级编排至189班。在编教职工95人，其中中学高级教师23人，中学一级教师39人，管理岗位3人，工勤岗位3人。国家级骨干教师1人，省级骨干教师2人，市级骨干教师2人，县级骨干教师16人。江川县第二中学校园（含文庙）占地面积66.2亩，加上云南大山饮品有限公司董事长山国勇先生捐资扩建的“国勇运动场”新征土地22.79亩，学校占地面积扩至88.99亩。“国勇运动场”自2011年8月开工建设以来，工程正在紧张有序、有条不紊地进行之中，整个工程于2012年9月22日顺利通过验收，建成投入使用，并由中国田径协会认定为“合格田径场地”。

2012年，445人参加高考，仅1人不上线，上线率达99.77%，比2011年增加了6个百分点，上线层次也有所提高。

【高中新课程改革】　为配合高中新课程改革，从教师的观念、教学方法和学生的学习方式变革课堂教学，体现一个“活”字，激发一个“趣”字，追求一个“效”字，江川二中确定了“转变观念，改变方式，立足实际，循序渐进”的课堂改革指导思想，实行领导班子上公开课、骨干教师上示范课、全体教师上达标课、薄弱教师上整改课等系列课堂研讨制度，在教学实践中探索有效教学模式。经过三年多的努力，形成了两种新课程探究课堂教学模式：高三“五环节”复习教学模式（考点梳理——例题精讲——训练强化——高考链接——达标检测）；高一、二“体验式”教学模式（导入新课——展示目标——讨论探究——展示点评——分层训练——拓展延伸）。

【名师工程】　为进一步落实“内涵发展，提质增效”的目标，改革传统的课堂教学模式与结构，寻求新的教学思路和手段，探索新的教学模式和方法，培养和造就一支素质高，能力强，具有现代教育意识和创新精神的教师队伍，根据学校实际，从2004年开始，学校举行了一年一度的“钟秀杯”课堂教学竞赛，实施名师工程，着力培养各级骨干教师和学科带头人。竞赛迄今已举行了九届，教师队伍中涌现出了1名国家级骨干教师，2名省级骨干教师，1名市级骨干教师，18名县级骨干教师和学科带头人，13名校级骨干教师，这些教师是江川二中教育教学发展的中坚力量，是学校的宝贵财富。

【教科研成果】　江川二中教师在辛勤耕耘之余，也利用业余时间积极撰写教学论文、制作多媒体课件，近年来有多名教师荣获国家级、省、市、县级奖项。江川二中2011～2012学年论文、教案、课件、讲课赛等获奖名单：获国家一等奖的有：课件《荷塘月色》（李吉应）、课件 学会用“规范语言”翻译物理综合题（褚正权）、视屏在高中地理教学中的运用（徐云芬）、怎一种“情”了得？—浅谈高中新课程改革背景下的语文教师情（沈艳）、“分层推进法”是提高我校教育教学手段的最有效方法（杨舜清）、我们需要这种新体育课标的评价方式（杨舜清）。获国家二等奖的有：浅谈新课程中教师角色的转变（洪芬）、课件《雨霖铃》（李吉应）、课件《滕王阁序》（李吉应）、区域水土流失及其治理－以黄土高原为例（潘彦成）、物理教学中如何培养学生的自主学习能力（秦海波）、高中物理作业批改方式之我见（杨伟）、浅谈以国家机构组织为模板设计班级机构组织（瞿振江）、高中化学新课改所面临的问题及教学模式探究（胡朝派、杨艳萍）、创新教育理念 构建有效课堂（李七龙）、如何阅读读图，提取有效信息？（徐贵华）、浅谈新课程理念下高中化学教学新思路（赵兴阳）、试谈英语新课程改革中学生自主创新能力的培养（叶昌）、日记已行 触及心灵（高林权）、高中化学校本课程开发与教材编写的实践研究（周文有）、开展德育普查，实施有效德育（陈东）、对体育“课堂分段”教学方式的探讨（李树能）、教学设计——在奋斗中实现理想（华云贵）、谈中学物理教学中“问题导学法”的应用（秦海波）、对开展数学研究性学习过程中几个问题的思考（李明春）、熵增加原理对学校德育管理的启示（陈东）、高中化学校本课程开发浅谈（周文有）、高中化学新课改中几个关系的讨论（胡朝派）、浅谈高中化学中有效的教学方法（宋江平）、浅谈新课程标准下高中英语阅读的有效教学（张亚丽）、优美有趣的汉字—字谜文化内涵浅谈（李惠玲）、语文教学：慎用模式 远离套式（李惠玲）、浅谈“实验—探究”教学模式的实践与思考（邓德贵）、英语教学中如何有效地培养学生的语感（叶昌）、充分利用化学实验，培养学生的各种能力（洪芬）、浅析如何加强中学生英语学习兴趣的培养（王永美）、新课程理念下的师生关系（张珍）、浅议新课程下的高中物理教学的有效性（施桂莲）、中学数学课堂教学中的情感缺失及对策（周向阳）、高中美术特长生素描教学初探（黄艳红）、构建生活化的政治课堂（李七龙）、掌握单项选择题的解题方法，提高解题能力（马桂珍）、谈在新课程理念下影响学校有效教学的因素（褚正权）、倡导民主教学，呈现有效思想政治课堂（郭芳）。

【班主任研讨会】 为提高班主任班级管理的能力和积极性，加强德育队伍建设，推进精细化班级建设工作，增强学校德育工作的实效性。学校全体班主任参加2012年3月16～18日由教育部基础教育课程杂志社组织的在昆明市体育中心举行的“第一届全国‘百师讲坛’（云南）中小学班主任工作研讨会。会上魏书生、高金英和郑丹娜三位老师用细腻入微的讲述，为教师描绘了一个个跃然纸上、散发着无限魅力的“班主任”形象。与会老师大多有醍醐灌顶之感，并表示要把会上学到的理念用来指导自己将来的班级管理工作。

【钟秀杯班会课比赛】 2012年5月10日，学校成功举办了第八届举办“钟秀杯”班会课比赛。本次班会课经过各位班主任的认真设计，精心备课，将感恩、诚信、励志和文明礼仪等主题贯穿于活动始终，形式活泼，内容充实，气氛活跃，场面温馨。课堂上，班主任充分引导，充分凸现学生的主体作用。主持人声情并茂，激起同学智慧的浪花，拨动了同学的情感之弦，课堂活跃而轻松。这次班会课比赛是我校德育工作中的又一次探索，对学生的思想教育起到了明显的效果。

【读书活动】 2012年7月，按照中共江川县委办公室《关于开展“庆祝建党91周年、爱读书读好书善读书—读书心得”征文活动的通知》，学校按照上级部门的要求，开展了“庆祝建党91周年、爱读书读好书善读书—读书心得”征文竞赛活动。全校积极响应，党员教师李明春、赵兴阳等上交了读书心得各一篇。李明春在心得中谈到“作为一名普通党员，读书学习应当是一项基本功，是一种人生态度，是一种充实更新知识的重要方式。通过读书学习来增长才干、增加智慧、增强本领，这是胜任本职工作的内在要求和必经之路。总之，要始终坚持用党的最新理论成果武装自己的头脑，不断追踪先进的科学技术动向，注重实现知识的不断更新，努力养成不懈追求新知识、不断研究新情况、努力探索解决新问题的好习惯，做读书学习的表率。”

【新生军训】 军训是学生进入学校的第一课，也是高中学生综合实践活动课程社会实践的必修课。2012年8月17日～8月25日，江川二中邀请驻江川某部官兵18人，按预定计划圆满完成了8个方队、697名入学新生的军训工作。

【课堂教学竞赛】 2012年10月26日，学校举行了第九届“钟秀杯”课堂教学竞赛，参赛对象为英语、物理、化学三个学科的第二批校级骨干教师。通过教务处的精心组织，参赛教师的认真准备，经评委综合评定：杨楠、陈东、赵兴阳三位老师荣获一等奖；余艳梅、邓恒章、高林权、胡朝派四位老师荣获二等奖。其结果将作为推荐上一级骨干教师的依据。2012年12月学校汪波老师在玉溪市第三届中小学教师“高效课堂”数学学科教学竞赛中荣获二等奖。

【体育文化艺术节】 江川县第二中学于2012年12月3～5日举办第十二届体育文化艺术节。体育文化艺术节期间，学校组织了“儒家经典”诵读晚会，参加学生1858人次；组织了“元旦文艺晚会”参加演职人员280余人；举办了“2012年元旦书画展”，参观1600多人次；组织了运动会，参加竞赛的学生运动员1858人次，教师80人次。此次体育文化艺术节的举办，在丰富校园文化的同时，提高了学生的综合能力，陶冶了师生的情操，激发了学生爱班、爱校的正面情感。

【教改现场交流】 2012年12月11日6～8日，学校5名教师由副校长褚正权带队到元江县民族中学参加“玉溪市高中教改工作现场经验交流研讨会”。12月7日上午，与会教师深入课堂听元江民中新课改示范课和新课改班会示范课并参观了元江民中高中新课改学生过程评价展以及元江民中科技活动展。12月7日下午，与会教师参加了由市教科所吴永林所长主持的“玉溪市高中教改工作现场经验交流研讨会”。会后，参会老师一致表示，返校后一定认真反思，尽快落实学到的新课改的方法和理念。

【课题结题验收】 2012年12月20日，在江川县教育局教科所副所长黄毅的带领下，县教科所相关专家对学校课题“星云湖蓝藻防治”进行结题论证验收。该课题负责人是徐云芬，课题组成员有洪芬、胡朝派、徐贵华、马桂珍、张金丽、李东春、黄艳红、周海山。在结题报告会，课题负责人徐云芬对该课题的实施过程及相关结果向专家作汇报，随后专家对课题实施过程中存在的相关问题进行提问，课题组成员作出精彩答辩。专家组对该课题存在的问题提出宝贵意见，并指出下一步研究的方向，并建议申报为市级课题。最后，黄毅宣布“星云湖蓝藻防治”课题顺利完成结题验收。

【德育工作会】 2013年1月15日，江川县第二中学在学校中会议室召开2012年度德育工作会。此次德育工作会，一改以往领导讲话为主的会议模式，主要由各位班主任根据事先下发的10个班级管理常见问题进行针对性发言，会议开了3个多小时，但班主任们反映内容不枯燥，学到很多东西。会后由校领导为德育论文获奖的老师颁发了奖状。

（李清明）

江川县职业中学

【概 述】 2012年末，校园占地面积74.5亩，学校建筑面积19779㎡。班级33个，实习班级7个，学生人数1428人。教职工97人，其中，正式教职工63人（教师55人，教师中高级教师13人，占教师总数的23.2%，一级教师19人，占教师总数的33.9%。县级骨干教师9人，市级学科带头人2人）；职工7人（其中，工人4人，工人中，技师1人，高级工2人，中级工1人；职员3人）；特聘、外聘教职工34名。

【学生实习与就业】 教学实习：2012年1～3月，组织94名学生和1名指导教师到上海丰收日、望湘园等两家知名餐饮企业进行为期2个月的教学实习。2012年7月末～9月初，再次组织安排食品专业4个班142名学生和3名指导教师到云南斯贝佳食品有限公司（通海）进行为期2个月的教学实习。在此次实习中，县职中被该公司评为最佳合作学校一等奖，奖给学校3000元；两名学生被评为最佳生产者奖，资金600元/人（全厂只评4人）。顶岗实习：2012年，组织安排计27、计28、计29、计30、食品7、旅游27、服装4、电4、电5共九个班270人分别到省内外企业参加。

【省教育厅职业与成人教育处处长到校调研】 2012年4月16日上午，省教育厅职业与成人教育处段处长一行在市职成教科科长潘亚川，县教育局李卫东及副局长钱鸿润陪同下莅临学校视察指导工作。段处长一行到校后对校园环境和建设情况进行了实地查看，同时深入科技楼各实训室、学生宿舍了解情况。在随后举行的座谈会上，段处长在听取李卫东代表县教育局和学校校长黄正刚的工作汇报后，充分肯定了江川职业教育发展取得的成绩，并对当前存在的问题进行深入剖析，就江川职业教育，江川县职业中学发展思路和应对举措给予具体指导。同时就加强学校软硬件建设，加快学校发展提出了希望和要求。

【举办班级建设推进会】 2012年5月5～6日，县职中班级建设推进会如期举行。本次会议参会人员涉及班主任、校务委员、男女生管理员、信息员等共计44人。会议内容主要是深入学习和贯彻落实县教育局4月16日“江川县中小学班级建设工作推进会”的精神和要求、分析和查摆学校班级建设工作中取得的成绩和存在的不足、结合学校实际，明确下一步班级建设的重点和要求。会议由学校德育主任周波主持。会议再次学习了《江川县教育局关于加强班级建设的意见》、江川县教育局关于印发《江川县中小学班级管理参照办法》的通知等重要文件精神。 会上，县职中向东、范桃仙、张蓉、李小青等4位班主任代表，根据各班的班级建设情况在会上交流了切身的经验和体会，以自己所带班级为例，带领与会人员深入探究班级建设与管理的理论实践形成和实践操作体系，指出了班级管理中存在的问题和解决的办法，推进了县职中班级管理进程，促进了学校内涵发展。通过本次会议，找出了存在的问题，进一步重新落实了班级岗位责任制，对班级管理朝“严、细、深、实”精细化管理方向迈进取到了积极的推动作用。

【“爱我专业”学生征文、演讲比赛】 2012年5月22日晚，县职中举行一年一度的“爱我专业”学生征文、演讲比赛。此次演讲比赛分为三个阶段：一是准备阶段，从2012年4～5月为准备时间；二是预赛阶段：5月9日为具体预赛时间；三是决赛阶段：5月22日进行决赛。 据了解，“爱我专业”征文、演讲比赛是县职中自2005年以来一直坚持做的一项工作，其目的是为了培养学生的语文综合素养，提高学生的说话和演讲能力；使学生喜欢、热爱自己的专业，为将来就业打下良好基础。本次“爱我专业”学生征文、演讲比赛由学校教务处组织，文科组承办，为了使这次比赛取得实效，在学期开始，就制定《江川职中2012年“爱我专业”学生征文、演讲比赛活动方案》，文科组语文教师负责把主题布置给所上班级的学生，进行征文；再从好的征文中挑出好的选手参加预赛。本次演讲比赛共有44位同学按照年级分成三个组参加，经过预赛，22位选手脱颖而出参加5月22晚的决赛。

【合作办学】 2012年6月5日，县职中与上海丰收日（集团）有限公司、上海望湘园餐饮管理有限公司签订联合办学合约。县职中旅游28班和旅游30班分别正式成为两家企业的冠名班。出席本次仪式的领导嘉宾有上海丰收日（集团）有限公司经理董肖，上海望湘园餐饮管理有限公司经理吴超波，县教育局副局长钱鸿润。县职中与上海丰收日（集团）有限公司、上海望湘园餐饮管理有限公司关于冠名班级的成功签约，标志着县职中在实作教学改革中迈出了让人欣喜的一大步。本次江川职中与丰收日、望湘园两大企业实现冠名班形式的合作办学，是一次校企“零距离”对接的重要实践；是在首批学生教学实习成功试运行的基础上，校企双方经过为期半年的精心准备，形成共识的结果；是江川职中探索开放式办学的又一大胆创新；是一次真正意义上实现学校、企业、学生三位一体的有机结合。这标志着江川职中在校企合作办学、开放式办学方面进入到了一个更高、更新的平台。

【外出实习、就业毒品预防告知书签字】 根据县职中办学的特点，高三年级学生的外出实习、就业实际。县职中于2012年6月11日将计算机专业3个班、食品专业1个班、服装专业1个班、旅游专业一个班 、电子电器专业

1个班近200人分别送往苏州三洋电子厂、昆山微盟电子厂、上海望乡园、上海丰收日、昆明嘉华食品厂、奥特加被服厂以及诺仕达企业有限公司等企业就业。为全面推动县职中精神文明建设，进一步提高外出学生抵御毒品的能力和禁毒斗争的意识，加强职高青少年禁毒宣传教育，营造禁毒工作的浓厚氛围。县职中按照省禁毒办《2012年全省禁毒宣传教育工作安排》和国家禁毒办《关于做好“全民禁毒宣传月”禁毒宣传教育工作的通知》，以及《玉溪市二〇一二年“全民禁毒宣传月”活动实施方案》的安排部署。结合县职中实际，与外出实习学生签订了《外出就业学生毒品预防告知书》。

【送教下乡送科技进村】 6月26～28日，为普及推广农业实用技术，提升广大农民群众的科学种田素质，提高农业生产的科技含量，推动现代农业进程，培植特色产业，增加农民收入，加快社会主义新农村建设步伐。在“四群”教育工作中，县职中在江川县教育局的统一部署下，在包村联系点黄营和侯家沟两个村委会开展庆“七一”暨“四群”教育送科技进村培训活动。培训内容根据当地农业生产需要进行设置。黄营村委会的培训内容以蔬菜为主，花卉为辅。侯家沟村委会的培训以花卉为主，蔬菜为辅。每个培训班有80名学员，这些学员主要由村组干部、科技种植能手组成，具有很强的代表性和辐射作用。邀请培训教师均是来自玉溪农业职业技术学院经验丰富、技术雄厚的专家教授。在培训活动中，授课教师把影像、讲解与座谈、现场生产指导与理论学习相结合，以图文并茂的形式，通俗易懂的语言和形象逼真的画面，给参训人员传授了土壤和肥料基础知识、花卉蔬菜栽培新技术、花卉蔬菜病虫害防治基础知识、农业气象知识、农业机械知识等内容，培训内容非常贴近群众需要，培训形式灵活多样，效果十分明显，受到群众的一致好评。此次培训架起了“学院—科技专家—科技示范户—辐射带动户”的网络通道，为村组干部、农民搭建了新技术推广平台。通过科技示范户的辐射带动作用，延伸了科技推广链条，使农民真正成为科技推广的主体，最终将形成了以户带户、以户带村的产业格局，对两村加快产业转型，培植特色产业，增加农村收入都有积极而深远的影响。

【旅游服务与管理专业被认定为市骨干专业】 2012年7月10日，经市教育局骨干专业建设评审领导小组审议，确立了18个专业作为玉溪市职业院校今后发展的骨干专业建设方向。在这次申报评审中，县职中旅游服务专业被列为玉溪市中等职业学校的骨干专业。据了解，县职中旅游服务与管理专业创办于1990年9月，已经连续招生22年，2012年，在校生由创办时的40人增加到现在的200多人。累计培养旅游服务专业毕业生已达1000多人。在长期的探索实践中，县职中确立了新时期旅游专业培养目标，即：通过三年中旅游专业课程的学习，将学生培养成对旅游服务业有正确职业态度和相应的职业道德，掌握旅游服务业基础知识和旅游服务技能，具有从事旅游服务职业资格的技能型人才和优秀劳动者，使学生基本掌握餐饮服务与管理，客房服务与管理，康乐服务与管理，前厅服务与管理和导游业务等基础知识，练习餐饮，客房，康乐，前厅和导游等基本技能以及礼节、礼仪技能并能熟练应用到旅游服务的各个环节中，初步培养学生的语言表达，人际交往，观察记忆，自我推销和分析解决问题等多种能力。

【消防疏散大演练】 2012年9月14日下午，为认真贯彻落实《云南省教育厅 云南省公安消防总队关于印发“安全读秒” 云南省学校消防疏散大演练活动方案的通知》的精神和要求，让广大师生通过亲身体验、感悟消防逃生过程，从根本上提高县职中师生的消防安全意识和疏散逃生自救能力，并带动学生家长等社会公众自觉关注和学习消防知识、技能，营造全社会浓厚的消防安全舆论氛围。县职中在组织开展“开学第一课”活动之际，本着“以人为本”、高度负责的精神，与县消防大队联合主办，开展了江川县职业中学“安全读秒”消防疏散大演练活动。本次活动涉及消防疏散演练、灭火救援技能演示及培训、消防器材装备展示、消防知识宣传教育、灭火器现场模拟使用等项目。通过演练，师生在疏散过程中学会了自我保护和防止意外受伤。

【“庆祝国庆节·喜迎十八大”班级歌咏比赛】 9月28日晚，县职中举行“庆祝国庆节·喜迎十八大”大型班级歌咏比赛。本次班级歌咏比赛旨在增强全校师生员工的爱国主义思想、弘扬以爱国主义为核心的伟大民族精神，庆祝2012年国庆节，迎接党的十八大召开，丰富和活跃校园文化生活。通过紧张激烈的比赛，决出：一等奖2名，计算机37班、旅游28班；二等奖3名：计算机34班、电子电器10班、电子电器12班；三等奖5名：电子电器11班、旅游29班、旅游30班、计算机32班、计算机36班

【大兴社团】 江川职中社团联合会是一个独特的学生组织，迄今为止，县职中社团联合会已成立了6个年头。由学校党支部书记、校长亲自指导，校团委主管，在此期间，县职中不断探索，不断成长，并逐渐形成了一套较为完善的社团管理体系。2012年9月，结合县职中作为职业技术学校的特点，为了进一步增强社团与专业的结合力度，社团与学生养成教育的结合力度、社团与学生职业价值观结合的力度。校党政领导班子高度重视，由党支部宣传委员指导，倡导党员参

与社团建设，并将德育处、教务处同时纳入社团组织管理机构，为学生社团的建设与学校管理搭建桥梁。围绕着“我们的社团，我们打造”的口号，全力建设县职中的社团文化，丰富同学的课余生活，倡导健康文明的校园风尚，为广大同学提供更加丰富的精彩文化、娱乐活动。在社团联合会的领导下，江川职中的社团文化正在蓬勃发展，至2012年11月，已经成立了学生社团33个。包括：服装模特社团、舞蹈社团、合唱社团、书法社团、礼仪社团、手工作品社团、插花艺术社团、化妆社团、导游社团、象棋社团、跳棋社团、陆战棋社团、跆拳道社团、男子篮球社团、女子篮球社团、乒乓球社团、羽毛球社团、走进电工电子的大门社团、有趣的半导体知识社团、放大电路基础社团、学习集成运放社团、有趣的高频电路社团、平面设计社团、五笔录入与排版社团、FLASH动画社团、珠心算社团、传统文化社团、足球社团、英语演讲社团、踢毽子社团、围棋社团、播音与主持社团、心灵之约社团、文学欣赏社团。这些社团紧紧围绕学校工作，积极开展各类多姿多彩的社团活动，大大丰富了同学们的课余生活。

【计算机教研组获县“工人先锋号”称号】 为进一步发挥教职工的示范、引领、带头作用，以更强的责任意识、更大的工作热情投入工作和学校发展大计。县职中工会根据市、县总工会的要求，积极组织计算机教研组于2010年向江川县总工会申报“工人先锋号”。经过两年的努力，2012年10月，县职中计算机教研组被江川县总工会授予“工人先锋号”的荣誉称号。

【社会培训】 县职中组织的社会培训工作，一是执行党的惠民政策，履行中职学校的社会职责；二是宣传学校，扩大学校的社会声誉和办学的社会效益。县职中组织安排的社会培训工作，对受训学员采取全免费给补贴的做法，老百姓思想上得到了提高，学到了技术，得到了经济实惠。2012年全年共计培训255人。2012年4月下旬和5月上旬，联系、宣传、组织前卫镇乡村医生进行了计算机应用技术培训共2期41人，计半个月；2012年6月26～30日，联系、宣传、组织江城镇侯家沟村民70人在村委会会议室进行了花卉栽培技术培训，培训时间5天。受训村民反映说学到了技术，还得到了补助，这种培训好；2012年6月26～30日，联系、宣传、组织江城镇黄营村委会村民84人进行了蔬菜栽培技术培训，培训时间5天。2012年11月26～30日，宣传、组织农村剩余劳动力60人在瑞文酒店会议室进行了乡村旅游服务意识和技能的培训。

【学生职业技能考证】 2012年11月，县职中积极筹备，认真组织食品8、9班共71名学生参加普通话水平测试工作，80%达到了二级乙等水平以上；组织完成计30、计31班参加会计资格证考试工作，旅29班17人餐厅服务员（中级）、旅28班34人茶艺师（初级）、计34班39人计算机操作员（中级）、电6、电7、电8班共106人维修电工（初级）、食品8、食品9班共72人西式面点师技能鉴定工作，合格率达95%以上。

【获市“生态文明之家”称号】 根据江川县总工会的安排部署和《中共江川县教育局委员会关于在〈江川县教育系统工会开展“生态文明之家”创建活动方案〉的通知》精神及要求。县职中工会按照要求积极组织开展“倡导生态文明，建设绿色校园”的创建活动。在此次创建活动中，县职中成立了创建“生态文明之家”活动领导小组。制定具体的创建方案，把各项任务分工落实到个人，认真落实创建工作的各个环节，顺利通过了上级部门的验收。继2011年3月，县职中获“江川县生态文明之家”后，2012年11月，在易门召开的全市“生态文明之家”创建表彰大会上，县职中被授予“玉溪市生态文明之家”称号。

【首届“螺峰杯”主题班会比赛】 为切实加强县职中班级管理建设工作，不断探索学校主题班会的新模式、新路子，提升班会实效性，培养一支懂教学会管理的德育队伍，有效促进优良校风、学风的形成，全面提高班主任业务素质和工作能力。县职中于11月12～29日举行了首届“螺峰杯”主题班会比赛。比赛特邀了玉溪二职中德育处副主任谢黎明、玉溪二职中三生教育办公室主任吴本和、江川县教科所潘六九、江川县伏家营中学校长陈江华、江川县大街中学德育主任刘怀明担任评委。根据学生现阶段自身发展的特点和需求来设置主题，比赛设置的主题为：“感谢有你——学会感恩”。各班围绕这个主题，通过情景剧、演讲、诗歌，小品等形式，并结合视频、图片、PPT等，用大量贴近实际、贴近生活的素材，使学生在活动中体验和感悟，知道了“传扬美德、奉献爱心”的重要性，因而收到了良好的教育效果。据了解，本次比赛分为预赛、决赛两个阶段。首先由在校25个教学班级的班主任根据班会主题撰写一篇优质教案设计参赛，再由学校组织评委进行评比，最后，根据评比结果和学校实际，确定了5个教学班级于2012年11月29日进行作课比赛。通过激烈角逐，陈艳老师获得一等奖；李小青、李红英老师获得二等奖；张云贵、向东老师获得三等奖。

【市中小学生食品安全知识竞赛】 2012年11月24日，“玉溪市中小学生食品安全知识竞赛”在玉溪二职中礼堂举办。在此次竞赛中，县职中派出崔艳兰、何俊兰、陈瑶三名同学代表江川县参加大赛，经过紧张激烈的角逐，荣获高中组三等奖的好成绩。通

过竞赛，增强了学校食品安全知识宣传教育力度，提高了学生的食品安全防护意识和自我保护能力，丰富并活跃校园文化活动的载体和氛围。

【2012年阳光工程旅游服务人员培训】 11月26～30日，江川县职业中学在抚仙湖畔的瑞文酒店举行2012年农村劳动力转业就业培训（饭店服务）开班典礼。江川县农村劳动力转移培训办公室、瑞文酒店李副总和县职中黄校长等领导出席开班典礼。据了解，本次培训对象瑞文酒店农村户籍员工及周边农家乐饭店员工共50名，培训内容是餐饮服务技能、旅游服务人员职业道德、旅游服务礼仪规范。通过培训使受训者掌握基本旅游服务知识、礼仪规范和旅游基本操作技能，使受训人员达到旅游服务行业规范的从业要求，从而提高就业质量，增加收入脱贫致富。

【2012年文体技能节】 2012年12月21日上午8点30许，“江川县职业中学文体技能节”开幕式在学校教学楼前小广场拉开帷幕。玉溪市教科所、江川县教育局、玉溪二职中有关领导及嘉宾出席了本次文体技能节开幕式。本次文体技能节内涵丰富，包括“玉溪市第八届职业院校暨江川职中第七届学生技能展评”、“江川职中第31届校运会”、“江川职中2013年新年文艺晚会”及“电影晚会”等内容。其中，学生技能展评的目的是展示县职中一年来职业教育改革的成果及职教特色、学生职业技能水平和技艺风采；促进学校的专业建设，强化职业技能训练，提高专业教学质量，提高专业教学水平和办学效益。本次技能展评项目主要是：旅游技能（8项）：中餐10人宴会摆台、中餐4人零点摆台、餐巾折花、中餐主题台面设计展示、客房中式铺床、茶艺展示、插花艺术作品展、手工艺术作品展；计算机技能（8项）：五笔录入与排版、平面设计、Flash动画设计、点钞、珠算、网线制作、组装、局域网搭建；电子电器技能（10项）：声光控灯制作、调光电路、功放电路、程序的编写调试、摇摇棒的制作、照明线路的安装、板钳布线、行线槽布线、电子电工综合实训室的功能体验、机电一体的实训室的功能解说；食品加工技能（1项）：面点制作；服装艺术技能（1项）：袖套设计与制作。

本次文体技能节运动会则共设拔河、跳绳等四个集体项目，急行跳远、越野跑、立定跳远等九个单项项目进行比赛。来自全校25个在校班级的代表队参加了本次比赛。经过激烈角逐，共有86名同学在比赛中脱颖而出，分别获得个人单项一、二、三等奖，计算机31班等10个班级喜获班级团体前十名的好成绩。

在江川职中建校30周年到来之际，师生同台演出，隆重上演“科学发展，青春飞扬”2013新年文艺晚会。整场晚会形式多样，劲歌热舞，精彩不断。

【校本培训及国培】 2012年，县职中大力加强教师培训工作。利用各种方式对教师进行培训提高，充分发挥老教师传、帮、带的作用；各教研组教师专题发言25人次；教师参加各种外出学习40人次，继续教育的培训76人次。在国培工作中，李小青老师于2012年6～9月赴武汉职业技术学院参加电子商务专业培训；向东于2012年10～11月到上海电子信息技能学院参加电工电子专业培训;龚贵有老师于2012年9～11月到山东理工大学参加电工电子专业培训。通过培训工作的开展，极大地提高了教师教学理论水平、专业技能水平。

【东西部中职学校合作办学项目研究】 2012年12月5日，教育部《中等职业教育改革创新行动计划》云南省试点项目之“积极推进东西部中等职业学校合作办学项目研究与实践试点报告”顺利完成。在该项目研究过程中，县职中作为主研单位，专门成立以校长黄正刚为组长，副校长汤春友为副组长，杨茂斌、陈锁秀、赵发春、丁绍荣为组员的工作领导小组积极研究。在项目研究中，冠名班“订单培养”即县职中与上海丰收日（集团）有限公司、上海望湘园餐饮管理有限公司联合办学的成功实践；《县域农村职业高中文化基础课功能的研究与实践》（国家级课题二等奖）；县职中赵发春、孙思维参加全国中职德育、旅游“创新杯”说课分获二、三等奖；县职中全国中等职业学校专业骨干教师陈锁秀、张晓芳、李小青、龚贵有等案例；论文《中职生就业稳定性差的思考及策略》等鲜活资料在本项目研究报告中得到了充分体现。开展本次研究活动，一方面，对县职中多年来的办学实践进行了理论思考和总结，为促进县职中教科研水平及层次的提升起到了积极的推进作用。另一方面，也提高县职中的科研能力和办学影响力。

【前卫国有资产移交县职中签字仪式】 2012年12月28日上午在江川县职业中学举行了江川县粮食收储有限公司台山粮点国有资产移交江川县职业中学签字仪式，县财政局、县教育局、县粮食局、县粮食储备有限公司及江川县职业中学等部门单位负责人参加签字仪式。仪式上，移交及接收单位负责人、监交部门负责人在《江川县粮食收储有限公司台山粮点国有资产移交清册》上签字。据了解该点占地面积约14亩，本次移交是根据江川县人民政府第四十五次常务会议纪要和江政复《江川县人民政府关于无偿划拨江川县粮食储备有限公司前卫台山粮点国有资产的批复》，结合《关于将江川县粮食储备有限公司台山粮点房地产无偿划拨的批复》，为支持江川县职业教育事业发展而做出的重大决策。在移交工作中，在县相关部门的指导下，相关单位或部门积极组织人员做了前期大量工作。前卫台山粮点国有资产移交县职业中学，对于县职中“十二五”时期的及学校长远规划发展必将起到极大的推动和促进作用。

（赵发春）

气　象

【机构设置】　2012年，江川县气象局内设局办公室、江川国家气象观测站、江川县气象科技服务中心、江川县气象行政执法大队（与江川县人民政府防雷减灾领导小组办公室合署办公）、辖江川县人工增雨防雹办公室、玉溪市防雷装置安全检测中心江川检测站，共6个站（室、中心）。

【气候评价】　结合江川多年气候特点和生产生活的实际，将四季划分为：头年12月至当年2月为冬季，3～5月为春季，6～8月为夏季，9～11月为秋季。

2012年江川气候特点：2012年，江川县降水量为608.7毫米，比历年同期偏少240.1毫米（–28%），比2011年同期偏多111.9毫米（23%）。降水季节分布特点：四季均有不同程度的偏少，其中冬季（2011年12月～2012年2月）、春季（3～5月）及夏季（6～8月）连续偏少，秋季（9～11月）略偏少，以夏季偏少最为显著；2012年平均气温为17.5℃，比历年同期偏高1.6℃，比2011年同期偏高1.0℃，属偏高年份。四季气温均不同程度偏高，其中冬、春两季特高，秋季偏高，夏季略偏高。2012年江川县热量条件和光照条件丰厚而水分条件较差，气象干旱明显，其中冬春干旱及初夏干旱影响严重，洪涝灾害较常年偏轻，低温冷害较常年偏轻，冰雹灾害严重。从总体上看，2012年江川县气候条件对工农业生产为中等偏差年景。

【主要气象要素述评】

1. 气温

（1）年平均气温

2012年平均气温为17.5℃，比历年同期偏高1.6℃，比2011年同期偏高1.0℃，属偏高年份。

年极端最高气温为31.9℃（5月4日及6月6日），突破历史极端最高气温值（2011年8月31日的31.6℃）；2月平均气温为14.2℃，突破历史同期最高记录；极端最低气温为–0.4℃（1月16日）。

初霜期为2011年11月10日，终霜期为2012年2月4日，霜期为87日。

1～12月月平均气温与2011年相比，除7～10月略偏高外，其它月份均为偏高到特高，其中2月和3月连续特高，并以2月最为突出。2012年1、4、5、6、12月比历年同期偏高1.1～1.9℃，属偏高月份，2月、3月、11月偏高2.2～3.6℃，属特高，其它月份略偏高0.5～0.8℃。气温季节分布为冬、春季特高，夏季略偏高，秋季偏高。

（2）四季气温变化

冬季（2011年12月～2012年2月）：冬季，平均气温为11.6℃，较2011年同期高0.8℃，较历年同期高2.2℃，属特高，2012年是典型的暖冬年份；2012年2月平均气温突破历史同期最高记录。极端最低气温为–0.4℃（2012年1月16日），比2011年冬季极端最低气温0.1℃（2011年1月21日）低–0.5℃。冬季气温创江川县自1958年有气象记录以来的历史同期最高记录，与2010年的11.6℃持平。1月15～17日受高空西北气流影响，江川县出现强烈辐射降温，对局部小春作物生长有不利影响。整个冬季高温少雨，有利于气象干旱的发生，森林火险等级居高不下，火情高发，防火形势严峻。

春季（3～5月）：春季，平均气温为19.3℃，较2011年及历年同期偏高2.0℃，属特高。由于干旱持续时间长，自然降水仍然不能满足人民群众的生产生活所需，给江川县的工农业生产带来了极大的困难，导致各乡镇及街道均遭遇了严重春旱。

夏季（6～8月）：夏季，平均气温为21.6℃，较2011年低0.1℃，比历年同期高0.9℃，属略高。季节内高温少雨，插花旱天气突出，水稻抽穗扬花期无低温冷害出现。

秋季（9～11月）：秋季，平均气温为17.2℃，较2011年同期高0.7℃，比历年同期高1.2℃，属偏高。

2012年12月：12月平均气温为10.5℃，比2011年同期高0.2℃，比历年同期高1.6℃，属偏高。

2. 降水

（1）年度概况

2012年，江川县降水量为608.7毫米，比历年同期偏少240.1毫米（–28%），比2011年同期偏多111.9毫米（23%）。冬季、春季及夏季连续偏少，秋季略偏少，其中夏季偏少最为显著。冬春连旱较常年偏重，出现了连续五年干旱；雨季于6月2日正式进入，属于偏晚年份；汛期雨水偏少，汛期中局部强降水天气过程多，冰雹、单点性大雨、暴雨突出，出现了局部的洪涝及衍生灾害；三秋期间阴雨天气过程偏多，雨日偏多，但累积降雨量偏少，出现了一般性的秋季连阴雨，不利于大春作物的及时收晒入库、小春作物的生长和水库、坝塘等的蓄水；雨季于9月下旬末结束，属于偏早年份。

降水季节分布特点：2012年江川县降水量除1月、9月比历年同期偏多外，其余各月均比历年有不同程度偏少，其中2月、10月、12月偏少77%以上。1月下旬～5月长时间持续晴热少雨天气，其中1月15日至3月3日，出现连续49天无降水的天气，导致气象干旱迅速发展，气温偏高，蒸发量大，湿度低，导致风干物燥，旱情发展较快，干旱呈现蔓延加重态势，森林火险气象等级持续维持在4～5级的极高级别，森林火情频发。2～8月降水持续偏少，春夏连旱较重。月降水绝对量以10月偏少显著，其次为6～8月。全县各区域站10月平均降水量比历年同期偏少52.6毫米，6～8月降水总量比历年同期偏少50.9毫米（偏少11%，

平均每月偏少17毫米左右）。

江川县2012年县气象站及各乡（镇）降雨量监测点资料（单位：毫米）：县气象站608.7，安化780.7，雄关706，九溪493.8，江城576.6，路居703.5，前卫747.9，大街612.4.

降水季节分布特点为：冬、春、夏均偏少，秋略偏少，夏季偏少显著。

（2）降水时空分布特征

冬季（2011年12～2012年2月）：冬季，降水量为36.5mm，较2011年同期少58.9mm（-62%），比历年同期偏少9.0mm（-20%）。降水主要集中在2011年12月1～15日、2012年1月3～5日和13～14日三次降雨天气过程；1月15日至3月3日（2月无降水），受偏西气流控制，发生持续晴热天气，遭遇连续49天无降水干旱天气。

春季（3～5月）：春季，降水量为95.3毫米，比历年同期少48.2毫米（-34%），比2011年同期少34.2毫米（-26%）。降水时段主要集中在3月4日、4月7～8日、5月7～8日和5月25～29日等四次天气过程。春季降雨过程少、降水量少，时空分布不均，雨季开始期推迟，干旱严重。降水过程少，对小春作物收晒和大春作物备耕较为有利，但由于冬春降水持续偏少，小春作物大面积受灾，还致使人蓄饮水困难。2月19日、3月16日及4月17日（外来火源引起），发生山林火灾。

夏季（6～8月）：夏季，降水量为332.7mm，较2011年同期多112.5mm（51%），比历年同期少126.8mm（-28%），属偏少。降雨主要集中在6月1～2日、17～19、23日及28日、7月13～28日（7月除21日无降水外，其余均为连续阵性降水为主，局部中到大雨突出）和8月1～2日、5～7日、13日及18～19日等九次天气过程。整个汛期降水天气过程偏多，强对流天气、单点性大、暴雨天气过程频繁，局部出现了洪涝灾害，大风冰雹灾较常年同期偏重发生，对江川烤烟生产带来了较大影响。

秋季（9～11月）：秋季，降水量为161.3mm，较2011年同期多74.1mm（85%），比历年同期少38.9mm（19%），属略偏少。9月中下旬，一般性连阴雨天气过程多，但累积降雨量不大，不利于大春作物的及时收晒入库和小春作物的生长。雨季结束后江川县降水骤减，对水库、坝塘等蓄水极为不利，对2013年的生产和生活用水带来明显的影响。

2012年12月：12月无降水，比2011年同期少17.1（-100%）毫米，比历年同期少14.3毫米（-100%），属特少。

（3）雨季开始期和结束期

雨季开始期：2012年初雨季开始期于6月2日开始，比历年偏晚14天。

雨季结束期：2012年雨季9月30日结束，比历年偏早13天

3. 日照

（1）年度概况

2012年日照时数为2541.6小时，比历年同期偏多352.2小时（16%），比2011年同期偏多266.4小时（12%），属略偏多年份。总体上，2012年光照充足，创江川县自1958年有气象记录以来的历史同期最多。

（2）日照的季节变化

冬季（2011年12月～2012年2月）：冬季，日照时数为702.8小时，与2011年同期相比偏多0.2小时，比历年同期偏多61.7小时（10%），其中2月日照时数创有气象记录以来的历史同期最多。

春季（3～5月）：春季，日照时数为758.8小时，比2011年同期多83.3小时，比历年同期多57.5小时（8%），属略多。

夏季（6～8月）：夏季，照时数为425.6小时，比2011年同期少135.9小时（6月少58.6小时，7月少61.5小时,8月少15.8小时），比历年同期多14.9小时（4%），属略多。

秋季（9～11月）：秋季，日照时数为552.2小时，比2011年同期多129.2小时（31%），比历年同期多115.9小时（27%）。

2012年12月：12月日照时数为237.8小时，比历年同期多40.4小时（20%），比2011年同期多102.2小时（75%）。

【主要异常气候事件】 2012年江川主要气候事件有气象要素突破历史极值、冬季低温霜冻、冬春严重干旱、雨季开始期偏晚、夏秋降水持续偏少、秋季连阴雨等。

1. 气象要素极值突破

2月平均气温及日照时数均突破历史同期最高记录；年日照时数创江川自1958年有气象记录以来的历史同期最多记录；年极端最高气温为31.9℃（5月4日及6月6日），突破历史极端最高气温值（2011年8月31日的31.6℃）。

2. 冬春干旱严重

由于2008年以来降水持续偏少导致库塘蓄水严重不足，2012年1月下旬～5月江川遭遇了长时间的持续晴热少雨天气，其中1月15日至3月3日，出现连续49天无降水天气，导致江川县气象干旱迅速发展，各乡镇及街道均有较重的干旱发生，森林火情频发。农业干旱主要出现在2—5月。

3. 雨季开始期偏晚

雨季于6月2日开始，属偏晚，在雨季开始前发生了较重的插花旱。

4. 汛期及三秋降水持续偏少

2012年汛期（5～8月），全县降水量比常历年同期偏少28%；三秋（9～11月）降水量比历年同期偏少19%；2012年5～11月降水量比历年同期偏少190.6毫米（-25%）。由于降水持续偏少，库塘蓄水严重不足，气象干旱明显。

5. 秋季连阴雨

2012年9月，受西太平洋副热带高压外围西南暖湿气流和弱冷空气影响，江川县阴雨日数较多，其中9月中下旬出现5～7天一般性的连阴雨天气，对大春作物收晒有一定影响。

【主要气象灾害及影响】 2012年江川主要气象灾害有干旱、大风、冰雹、暴

雨洪涝，低温冷害及由强降水引发的滑坡、泥石流、农作物病虫害等次生灾害，其中最严重的灾害是干旱。

（一）干旱

2012年1月下旬～5月长时间持续晴热少雨的天气，其中1月15日至3月3日，出现连续49天无降水天气，雨季开始偏迟，导致江川县气象干旱迅速发展，各乡镇及街道均有较重干旱发生。2012旱情主要发生在2月8日-6月8日，全县农作物受旱面积达116070亩，其中轻旱面积70133亩，重旱面积30413亩，干枯面积为15524亩，因旱导致35326人和3349头大牲畜发生饮水困难，水库干涸17座，小水潭干涸143座。各乡镇及街道旱灾如下表。

（二）大风、冰雹灾害

1．8月5日14时，江川县江城镇白家营村委会白玉寨、莱家庄村遭遇大风及短时暴雨夹少量冰雹天气，成灾以暴风暴雨为主，14至15时降雨量达20.7mm，最大冰雹最大直径为2-3毫米，持续2-3分钟，烤烟受灾300亩，受损程度10%。

2．4月7日19:20分，江川县江城镇海门村委会遭遇冰雹袭击，过程持续10分钟左右，最大冰雹最大直径约11毫米。此次天气过程，蔬菜受灾490亩（其中，香菜受灾230亩，受损程度60%，其它蔬菜受损260亩，受损程度50%）；烟苗受灾3.5亩，受损程度100%。经济损失150万元。

3．8月13日，江川县受低压外围和地面辐合区的共同影响，6时至8时和16至17时江川县江城、前卫、安化及路居突发强对流天气，局部遭遇短时暴风暴雨夹冰雹并伴有雷暴成灾。此次强对流天气过程自东北（澄江）向西南（红塔区）方向移动影响江川县，致使县内江城、前卫、安化及路居镇发生灾情。气象要素实况：江城自动气象站6时33分至6时53分（共21分钟）雨量达18.2毫米（短时暴雨），6时34分极大风速达15.8米/秒（北风，7级），局部受地形影响风速将更大。前卫自动气象站7时54分至8时19分（共26分钟）雨量达20.2毫米（短时暴雨）。16时至17时（1小时）安化、前卫和路居均出现短时暴雨，雨量分别为30.3毫米、17.4毫米和24.2毫米。

经乡镇相关部门核实，江城、前卫、安化及路居四个乡镇均遭受大风、短时暴雨夹冰雹而受灾，烤烟受灾面积达10701.9亩。

江城镇：8月13日凌晨6时29分—41分左右，江城片区遭受强对流天气，在江城镇的三百亩、祁家营、招益村、候家沟村、江城居委会遭受大风夹杂冰雹袭击，冰雹持续5-10分钟，冰雹直经约2-3厘米左右，农作物及农业设施严重受损（烤烟、玉米、大棚等作物5457.9亩）。江城镇6个村委会受灾情况如下：

三百亩村：全村1497.9亩正值采摘期的烤烟全部受灾，重度受灾烤烟面积达827亩，中度受灾370亩，轻度受灾300.9亩，受灾最严重的龙潭村民小组474亩烤烟已全部绝收，烟农经济损失约120万元，灾害以冰雹为主。

祁家营村：烤烟受灾400多亩左右，损失达到20-80%左右，以冰雹成灾为主。

翠峰村：烤烟受灾1000多亩左右，损失达到10-30%左右，大风夹杂冰雹，玉米受灾800多亩。

江城居委会：烤烟受灾200多亩左右，损失达到20-50%左右，以大风夹杂冰雹成灾。

候家沟村：烤烟受灾1000多亩左右，损失达到10-30%左右，以大风夹杂冰雹成灾。

陈家湾村：19时左右古埂、下茅草湾和陈家湾三小组遭遇大风，大风持续3分钟左右，530亩烤烟受灾。

安化乡：8月13日7时48分左右，安化乡遭遇大风夹杂冰雹，16-17时发生暴雨，雨量达30.3毫米，受灾总面积1350亩，其中董炳村董炳河沿岸140亩，安化社区50亩和新庄610亩为风雹灾，以风灾为主；光山香柏甸小组500亩，早谷田村早谷田小组和大小石洞共50亩受灾，以水灾为主。

前卫镇：8月13日8时50分左右，前卫镇7个村组遭遇大风及短时暴雨，烤烟受灾面积为3694亩，其中业家山（山区）980亩，损失程度15.5%；业家山（坝区）260亩，损失程度9%；柏池古村委会834亩，损失程度8.7%；唐家山1处350亩，损失程度21.6%；唐家山2处170亩，损失程度12%；阿豆村180亩，损失程度15.9%；团山村60亩，损失程度12%；小石河60亩，损失程度10%；前卫800亩，损失程度9.6%。前卫镇的江川天一包装制品厂成品半成品严重受损。

路居镇：8月13日16时10分左右，路居镇小凹村委会雷打石村遭受风雹灾，200亩烤烟（59户村民）受灾，冰雹最大直径5毫米，冰雹持续5分钟，受损程度10%左右，以风灾为主。大棚受灾30多亩左右,损失达到20-40%左右（大风夹杂冰雹）；民房受损10多户，损失达到20-40%左右。

（三）洪涝

1．6月20日08时至21日08时，受切变和弱冷空气南下的共同影响，江川县普降大雨，局部的单点暴雨天气过程，造成部分乡镇农作物受灾。前卫镇叶家山村50亩烤烟被风刮倒，受灾轻微；安化乡董炳河上游和中游沿岸被洪水和泥沙冲刷，致使401亩烤烟90%绝收，玉米受灾29.3亩。

2．7月13日15-20时，江川县路居镇遭遇短时暴雨天气，其中15-16时一小时雨量达52.6毫米，导致路居镇人民财产损失。红石岩中箐有一烤房倒塌；中坝禄丰村一空置民房倒塌（年久失修）；米汤水小组冲毁烤烟3-4亩。

3．7月26日，江川县雄关乡爬地村发生居民厨房倒塌，但无人员伤亡。江川县从7月13日起，除21日无雨外，其他时段以小到中雨为主，而25日16时又遭遇短时暴雨袭击，墙面由于受雨水长时间冲刷受潮而倒塌。

4．8月5-6日，受台风“苏拉”减弱的低压外围气流影响，江川县安

化乡出现短时暴雨，光山香柏甸村100亩烤烟被水淹，董炳村1座烤房倒塌，2座烤房被水淹。

5. 8月19日18时左右，路居镇小凹村委会雷打石村民小组遭遇大风、暴雨袭击，致使160亩烤烟受灾。

（四）滑坡、泥石流

1. 6月20日至6月21日，江川县境内普降大到暴雨，前卫镇降雨量达70毫米，江城镇降雨量达37毫米。2012年6月21日凌晨3点，位于前卫镇杨家咀村委会三家村的地质灾害监测点JCB02发生石块滑落至澄川二级公路，崩塌的石块方量为2立方米。2012年6月21日凌晨3：00时，位于江城海门村委会海门村三组的地质灾害监测点JCB010发生崩塌，崩塌石方约14立方，且半山腰还有悬空石块，造成该村高怀春家7平方米空心砖简易畜圈被掩埋，14只鸡，一只鹅被埋，造成直接经济损失约3500元，无人员伤亡。同时，在星云湖环湖公路上，有零星石块散落，无财产损失。本次事故发生的原因为持续性干旱后遭遇强降雨过程，导致石块松动，在雨水的冲刷下滑落。

2. 7月23日凌晨4时30分，江川县雄关乡下营村委会杨柳坝村地质灾害滑坡监测点JCH027发生小范围滑坡，滑坡土方量约300立方米，检查发现滑坡山体多处出现裂缝，裂缝宽度从1厘米到5厘米不等。此次灾害事故没有导致人员伤亡及财产损失。此次事故发生原因为持续性强降雨过程，导致土地复垦后不太夯实的土体含水饱和而产生滑坡。

3. 7月26日15点10分，路居镇红石岩村委会米汤水村民小组发生一起小型滑坡，导致小米路月亮石段部分堵塞；滑坡面长12米，高5米，宽2米，体积为120立方米。2012年7月26日22点，路居镇红石岩村委会黑山脚村民小组发生一起小型崩塌，施红路黑山脚段道路部分堵塞，崩塌面长6米、高4米，宽1米，体积为24立方米。以上两次灾害事故发生的原因均为持续性强降雨。

4. 7月30日凌晨7：00分，江川县雄关乡下营村委会杨柳坝村地质灾害滑坡监测点JCH027发生小型滑坡，滑坡土方量约100立方米，检查发现滑坡山体多处出现裂缝。此次灾害事故发生没有导致人员伤亡及财产损失，灾害事故发生的原因为持续性强降雨，导致土地治理复垦后不太夯实的土体含水饱和而产生滑坡。

5. 由于近期连续性降雨，2012年8月8日14：40时江川县路居镇红石岩村委会红石岩小组发生崩塌地质灾害（滑坡石方8方），部分农作物受损，据统计，截止8日晚，因灾受损烤烟面积1亩，松树3棵，道路损毁5平方米，直接经济损失7000元；2012年8月8日18:10路居镇红石岩村委会米汤水小组发生滑坡地质灾害一起，滑坡面长5米，高5米，宽2米，体积为50立方米，属于小型滑坡，因灾受损椿树1棵，威胁滑坡面上方农户1户（3口人）及下方烤房1个,本次灾害未造成经济损失及人员伤亡。

（滑坡、泥石流灾情来源于江川县国土资源局）

（五）主要山林火灾

1. 2月19日13时，江川县九溪镇河口村附近的山林发生山火，历时7个多小时，山火得到有效控制，山林过火面积达8公顷。

2. 3月16日，在大街社区小白破村委会附近发现森林火情，经森林公安调查得知火情发生地为通海县境内，由于风大且风吹向江川县小白坡方向，在16时30分左右烧到了江川县境内，经过3个多小时的连续奋战，截至21时40分左右，火灾被破灭。

3. 4月17日11时24分，江川县江华路小白破村委会烂泥箐村发生火情，至14时30分火情已蔓延至老尖山微波站下,演变为森林火灾。在18日20时左右，森林火灾已被扑灭。19日据县护林防火办统计此次共有5.3公顷山林受灾（此次火灾由外来火源引起）。

（以上山林火灾资料来源于江川县护林防火指挥部）

（六）病虫害

2012年江川县水稻移栽时，高温少雨，干旱严重，水稻黄苗现象突出，经农业局植保植检站调查主要是水稻稻水蝇的危害造成的。至5月30日为止，全县种植水稻2.61万亩，稻水蝇发生7100亩，占全县水稻面积的27.2%；出现黄苗面积800亩，占全县水稻面积的3.07%，主要分布在大街、前卫、江城等地，少数出现落塘死苗。

（七）低温冷害

1月15～17日受高空西北气流影响，江川县出现强烈辐射降温，对局部小春作物生长有不利影响。

【气候影响专题评价】

1. 气候与水资源

2012年年降水量仅608.7毫米，为1958年以来排名第3的少雨年，加之2008年以来江川县持续5年降水偏少，累积效应导致库塘蓄水严重不足。

2. 气候与农业

2012年江川县降水季节分布特点是冬、春、夏季均偏少，秋季略少，雨季开始期偏晚，结束期偏早。气温季节分布为冬、春季特高，夏季略高，秋季偏高。年内热量条件和光照条件丰厚而水分条件较差，气象干旱明显，其中冬春干旱和初夏干旱影响严重，洪涝灾害较常年偏轻，倒春寒低温冷害较常年偏轻。气候条件对小春生产不利，对烤烟及大春生产前期不利，后期有利。从总体上看，2012年江川县气候条件对农业生产为中等偏差年景。

2012年气候对作物的有利条件：①烤烟及大春作物育苗期间，江川县气温偏高，光照充足，未出现“倒春寒”天气，对水稻和烤烟育苗有利；②2012年6～9月，江川县气温略高、光照充足，降水略少但总体能够满足烤烟及大春作物生长需要，暴雨洪涝灾害相对较轻，夏季无低温冷天气出现，对大春生产有利；③烤烟成熟期降水偏少，气温适中，光照充足，无低温阴雨和严重洪涝灾害出现，对烤烟成熟、采烤有利。

2012年气候条件对农业不利影响：①由于2008年以来降水持续偏少导致库塘蓄水严重不足，2012年又遇冬春及初夏连旱，土壤底墒差，旱情重，对小春作物生长发育不利；②雨季开始期偏晚，4～5月降水偏少至特少，对大春作物栽种和烤烟移栽的成活十分不利，对山区和半山区的影响尤为严重；③在大春作物生长季节内，5～10月降水偏少，对水利条件较差的山区和半山区的大春作物植株生长有一定的不利影响；④9月中、下旬，出现5～11天的连阴雨天气，对大春作物收晒有一定的影响。

3. 气候与林业

2011/2012年冬春降水偏少至特少，干旱少雨、风高物燥，对森林防火工作十分不利，森林火灾频发。2012年秋冬降水偏少，气温偏高，植被含水少，对2012/2013年冬春森林防火工作不利。

4. 气候与交通旅游

2012年江川县降水偏少，夏秋除了在主汛期局地强降水引发的山洪泥石流灾害造成部分道路堵塞、塌方外，基本对交通和旅游没有大的影响。

表1　江川县2012年1～12月降水量统计表

单位：毫米

		1月	2月	3月	4月	5月	6月	7月	8月	9月	10月	11月	12月	年
江川	实况	19.4	0.0	14.6	17.4	63.3	104.5	125.3	102.9	135.4	7.7	18.2	0.0	608.7
	比11年	–23.4	0.0	–10.8	–25.2	1.8	6.1	43.9	62.5	74.5	–12.8	12.4	–17.1	111.9
	比历年	5.5	–17.3	–4.9	–18.5	–24.8	–35.5	–42.2	–49.1	41.2	–58.3	–21.8	–14.3	–240.1

表2　江川县2012年1～12月平均气温统计表

单位：℃

		1月	2月	3月	4月	5月	6月	7月	8月	9月	10月	11月	12月	年
江川	实况	10.4	14.2	16.3	19.6	22	22.1	21.6	21.1	19.4	17.5	14.7	10.5	17.5
	比11年	1.1	2	3.3	1.2	1.6	0	–0.5	0.2	–0.9	0.7	2.4	0.2	1.0
	比历年	1.7	3.6	2.3	1.7	1.9	1.1	0.8	0.7	0.5	0.8	2.2	1.6	1.6

表3　江川县2012年1～12月日照时数统计表

单位：小时

		1月	2月	3月	4月	5月	6月	7月	8月	9月	10月	11月	12月	年
江川	实况	273.7	293.6	272.2	283.4	203.2	124.1	130.1	171.4	110.2	195.2	246.8	237.8	2541.7
	比11年	69.7	18.0	77.2	30.7	–24.6	–58.6	–61.5	–15.8	–18.3	94.5	53	102.2	266.5
	比历年	51.6	71.9	25.8	37.9	–6.2	–21.5	8.9	27.5	–17.3	60.6	72.6	40.4	352.3

【气象灾害监测网络运行稳定】 1. 强化基础业务管理，基础业务质量有飞跃。年内取得了2个“百班”无错，3个“250班”无错的好成绩，这是江川县气象局首次产生的集体“二百五十班”无错。获玉溪市2012年先进集体第一名。2. 加强区域自动站巡查，气象灾害监测、预警有保障。确保县级自动气象站、六要素自动气象站、全县乡镇遥测雨量站和地质灾害监测点遥测雨量站气象资料的正常上传，维护及时，未发生资料上传不正常现象。

【山洪地质灾害防治气象保障工程及山洪灾害防治非工程措施建设项目启动】 按照《山洪地质灾害防治气象保障工程2012第一批项目实施方案》的要求，江川县已完成江城镇三百亩、路居镇小凹、安化乡三家村3个雨量自动站的建设，该项目切实加强气象综合观测、预报预警和公共气象服务系统及气象防灾减灾体制机制建设，提高气象灾害监测预警和应急处置能力，提高气象灾害的风险评估能力，为保障人民群众生命财产安全和维护经济社会发展大局提供有力的气象保障。2013年还将继续建设单要素自动站17个，六要素自动气象站6个。

山洪灾害防治非工程措施建设项目启动。年内，完成《云南省玉溪市江川山洪灾害防治非工程措施建设实施方案》气象部分的修订，计划2013年实施。

【气象防灾减灾社会效益】 1. 全力做好2012年人工增雨防雹工作。2012年6–9月，共申请人工防雹作业318次，允许作业次数259次，实际作业次数259次，作业点数为16个。共发射各类防雹弹3863发（枚）。保护烤烟种植面积达12万多亩，其它农作物种植面积3.9万亩。经评估，人工防雹的开展，减少烤烟直接经济损失1200万元，其它农作物200多万元，人工防雹投入产出比达1：40以上，取得了显著的社会效益和经济效益。积极筹措资金为工作开展奠定基础。2012年，江川县共投入资金151.88万元，其中作业点标准化建设及修缮经费50.0万元，作业人员补助由每人每天30元提高至50元。2012年布设作业点16个，指挥、作业人员共80人。着力推进标准化作业点建设。《江川县2012年人工影响天气作业点标准化建设实施方案》于3月获县政府批复。年内完成了九溪镇黄谷田、九溪镇矣文等2个标准化作业点的建设并已投入使用，江城陈家湾、前卫石河标准化作业点的建设已完工。年内除江城白家营外其余4个标准化作业点的建设已在年内完成。抓实安全管理。县政府继续与各乡镇、街道签订人影工作安全责任书，县气象局再与各作业点签订人影工作安全责任书。2. 切实加强防雷减灾技术服务，有效减轻或避免雷击灾害损失。年内，重点开展了加油站、烟花火炮厂等防雷重点单位的防雷装置安全检测。全年共完成全县90个单位部门的防雷检测工作，新建（构）筑物共检测19家。应用《防雷设计技术审核系统》、《雷击风险评估系统》对9项建设项目开展防雷设计技术审核、雷击风险评估，防雷设计图纸、防雷装置竣工验收许可率达70%以上；易燃易爆场所检测面达100%。

【加强法制建设】 1. 切实履行社会管理职能。发出执法通知书5份，办理防雷装置设计许可7件，防雷装置竣工验收许可8件，出具施放气球勘察报告8份。无投诉、复议及诉讼。2. 继续加大气象探测环境保护的力度。年内对江川县大街镇恒欣彩钢瓦安装经营部违法建设超高建筑物影响探测环境案实施了多次行政执法，通过市、县执法人员的艰苦努力，该经营部已改正违法事实，达到限高要求。3. 加强重点普法对象的法制宣传教育。通过2012年科技活动周暨知识产权宣传周、5·12减灾日、6月安全生产月、“全国科普日”。“12·4法制宣传日”等开展形式多样的气象科普宣传活动，共印发科普宣传资料4000余份，展出展板40块。

【推动防雷减灾工作政府化】 2012年3月，推动县政府下发《江川县人民政府办公室关于加强雷击风险评估规范建（构）筑物防雷装置设计审核及竣工验收工作的通知》。进一步明确县气象局及其所属防雷管理机构必须坚持“依法管理、依法服务”的原则，严格履行法定职责，将需要进行雷击风险评估的建设项目的评估报告作为防雷设计审核、竣工验收的前置审批条件，依法规范雷击风险评估行为；江川县气象局负责江川县范围内防雷装置设计审核和竣工验收行政许可工作，并依法对全县防雷装置检测、设计、施工等技术服务活动进行监督管理；文件还明确了江川县住建、质检等部门的职责。

【公共气象服务】 1. 切实做好决策气象服务和气象保障。认真做好决策和公共气象服务，及时制作并发送各类气象专报86期。积极做好森林火险气象服务工作，1～4月共发送森林火险预警24万条，完成4.17森林火灾气象服务工作。切实加强烤烟气象服务工作，自4月中旬始，为江川县烟草分公司相关人员等发布手机气象短20万条。2. 加强部门联动，提升服务质量。做好以烤烟、森林火险、地质灾害、防汛抗旱、渔业气象为重点的专业专项气象服务。及时通过政府电子政务网、江川县气象网、气象信息电子显示屏、电话和传真等方式，为相关人员及时提供天气信息、火点监测信息和森林火险预警信息；为江川县烟草分公司的管理人员、技术人员、烤烟辅导员等发布手机气象短信；为国土局管理人员、工作人员及地质灾害监测点村组干部等发布地质灾害预警信息；及时将预报预警信息发送给水利局管理人员及水库管理员；为抚仙湖管理局工作人员及捕鱼渔民发布手机气象短信，为渔民和湖边人民群众的生命财产安全提供了强有力的气象保障。累计为全县842名领导及工作人员提供气象手机短信服务，发送信息35万条。3.利用气象灾害预警信息发布平台开展公共气象信息服务。发布“三性”天气等重要天气消息30期共计9000余条次。

【推进气象为农服务“两个体系”建设】 完成路居镇、江城镇、前卫镇、九溪镇等4个气象信息服务站的建设工作。为做好公共气象服务的均等化，切实增强农村防灾减灾能力，健全为农服务气象体系，继续巩固公共气象信息系统建设工作。定期采取实地察看、电话询问、在线查询等方式进行系统维护维护好全县288块气象电子显示屏；全年共整合了40余个单位、部门的信息，发布气象、科普、法律宣传等各类信息100万余条次。

【做好气象事业“十二五”规划编制和重大项目立项实施】 2012年4月26日，江川局气象探测环境保护建设项目实施方案通过省气象局评审。5月，完成项目招标工作；11月20日，终获省国土资源的用地批复，2012年12月1日正式动工。

【行政效能建设成绩突出】 2012年5月获2011年度行政效能建设先进集体，至此县气象局连续两年获此殊荣。

【文明创建成绩显著】 荣获云南气象局颁发的“2009～2011年精神文明建设先进集体”。被玉溪市精神文明建设指导委员会推荐为第十三批省级文明单位。

【表彰奖励】 2012年3月，被江川县县委、江川县人民政府表彰奖励为“2011年度江川县社会治安综合治理维护稳定工作先进单位”；2012年3月，被江川县委表彰为“2011年度党风廉政建设责任考核优秀单位”。2012年5月，被江川县人民政府表彰奖励为“2011年度行政效能建设先进集体”；2012年5月25日，被玉溪市精神文明建设指导委员会推荐为第十三批省级文明单位。2012年1月李阳春局长被云南省气象局授予“云南省气象部门十佳县局局长”荣誉称号。2012年3月，李阳春局长被江川县人民政府评为“2011年度安全生产先进个人”。2012年3月，李阳春局长被表彰为“2011年度作风述职述廉评议先进领导干部”。

（李阳春　李林润）

防震减灾

【地震活动】 据云南省正式地震目录，2012年江川县境内共计发生1.0级以上地震8次（如附表、附图所示），其中1.0～1.9级7次，2.0级以上1次，最大地震为2012年11月25日前卫2.2级地震。与2011年同期相比地震强度、频度显著减弱。2012年6月是江川地震活动频度最高的一个月，共发生地震5次，占全年地震总数的62.5%；其余3次地震则分别发生在5月、10月和11月。地震活动空间分布较为零散，除大街街道办事处和江城镇分别发生2次地震外，雄关、前卫、路居3个乡（镇）和江川县所辖水域内各发生了1次，九溪镇和安化乡则未记录到精确定位的地震。

【地震预测】 江川县防震减灾局2011年所作的《云南省2012年度地震趋势研究报告》对云南地区作出预测尺度为一年的地震活动趋势预测，其预测结论为：

一、云南省2012年度发生地震的最大震级Mmax≤7.0级（CFi=0.81）

二、云南省2012年度地震危险区：

1．滇东北以103°26′E、27°20′N为中心，长半150km、短半轴70km范围内的大关—昭通—巧家—会泽—东川与四川相邻地区，MS6.0～7.0级，CFi=0.85；

2．滇西盈江—潞西—龙陵—腾冲—施甸—保山—永平—漾濞—大理—祥云—洱源—宾川—永胜—大姚一带，MS5.5～6.5级，CFi=0.85；

3．滇西南至滇南的澜沧南部—勐海—景洪—普洱—江城—绿春—石屏—建水—开远—个旧—蒙自一带，MS5.2～6.2级，CFi=0.65。

根据中国地震局地震目录和云南省正式地震目录，2012年云南省内共发生里氏5.0级以上地震3次，分别为6月24日丽江宁蒗5.6级，9月7日昭通彝良5.8级、5.6级地震。云南省发生的最大地震为彝良5.8级地震，远小于7.0级最大地震预测强度，第一条预测意见准确。对于所圈定的三个地震预测危险区，滇东北东川—昭通危险区内发生彝良5.8级、5.6级地震，预测准确；滇西盈江—大姚危险区则发生了施甸MS4.9级（ML5.1级，云南省正式地震目录）地震，经玉溪市防震减灾局判定为预测准确；滇西南至滇南预测危险区发生的最大地震为7月30日普洱宁洱4.5级，预测结论虚报。丽江宁蒗5.6级地震则未发生在所圈定的三个危险区内，预测结论漏报。综合以上所述，江川县防震减灾局2012年中期预测结论对应率为50%。

【供电公司防震减灾科普知识培训】 为增强企业管理人员及员工防震减灾意识，提高预防和处置地震灾害突发事件能力，保证地震应急工作可靠、有序、高效进行，使员工掌握避震逃生、自救互救知识，有效促进企业安全生产。江川县供电有限公司于6月28日下午在公司会议室组织开展“2012年地震防震知识培训”，对公司各部室站所负责人及兼职安全员共计34人进行培训。

培训会上，公司主管安全生产的副总经理杨瑞强调了开展地震防震知

识培训的重要性和必要性。江川县防震减灾局派出的专业技术人员以多媒体的形式，从地震灾害的基本情况及特点、地震发生的原因、地震预测预报现状及困难、地震灾害预防及对策以及地震应急避险与自救互救等五个方面的防震减灾科普知识向参加培训人员进行了讲解。

杨瑞在培训结束时要求各部室站所高度重视防震减灾工作，重点加强对员工防震避震与自救互救知识的二次培训，并在本部门组织开展地震应急疏散演练，使员工掌握必要的防震、避震与自救互救能力。

【渔村观测站安装数字化气象三要素辅助观测系统】 为使江川县防震减灾局渔村观测站地下流体前兆观测体系更趋完善，数据使用更加科学，11月9日，云南省地震局监测中心李龙江、李磷两位专家为江川县渔村观测站安装了一套气象三要素辅助观测系统。该系统为“十五”数字仪器设备，属云南省“十项措施”项目，包括气温、气压和降雨三个测项，采样率达每分钟一个观测值。国家和省地震业务主管部门运用行业内网通过远程数据传输系统对该仪器系统进行远程管理，并对观测数据进行适时采集和分析处理。此外，李龙江针对此前江川县防震减灾局数字化前兆监测台因水位探头超出量程范围，观测失真的情况对该台水位探头进行重置，恢复了正常观测，并对该台气象三要素和气氡观测仪器故障进行了排除。

【九溪喜乐庄村防震减灾科普宣传】 11月6日，是云南省防震减灾宣传日。为提高全民防震减灾意识，江川县防震减灾局根据防震减灾科普宣传“六进”的要求，紧扣“防震减灾，关爱生命”的宣传主题，到“四群教育”新农村建设指导联系点——九溪镇喜乐庄村委会，利用早集时间开展防震减灾科普宣传活动。

整个科普活动持续了一个上午，江川县防震减灾局在喜乐庄村“两委”班子的配合下共出动26人。展出以地震监测预报、法律法规、应急救援、震灾预防、农居抗震和减隔震技术等为主要内容的科普宣传展板6块。发放《地震应急自救互救手册》、《防震避震常识》科普读物和《防震·抗震·避震常识》、《通海大地震四十周年》宣传彩页共计3000余册（份），并接受了多人次的现场咨询。江川电视台对此次活动进行了现场采访。

活动当天，玉溪市防震减灾局局长金志林亲临活动现场进行了工作指导。

【省地震局专家到江维修维护仪器】 3月3日～4日，云南省地震局前兆台网中心李龙江高级工程师、张光顺工程师等一行3人到江川县防震减灾局开展地下流体前兆监测设备的运维管护工作。李龙江一行首先到县防震减灾局重新校测水位，更换了已损坏3年多的“九五”数字化水位观测探头，重新恢复了数字化水位正常观测，并对存在的气氡打印故障进行了排除。

随后，李龙江一行前往渔村观测站，针对模拟水位观测受井壁腐蚀严重导致地下水位观测记录失真，以及因干旱导致水位大幅下降，几乎无法观测的情况制定处理方案，采取对附管井壁进行清理，对泄压口限流使模拟水位观测恢复正常。同时，基于“十五”数字化水位月校测误差越来越大的现实状况，李龙江、张光顺两位专家观测井泄压口进行技术改造，采取在主管泄压口安装三通器，增加校测水柱的方法予以解决。

【编制《江川县防震减灾事业“十二五”规划》】 根据《防震减灾法》所赋予的职责，按照省、市防震减灾业务部门的要求，江川县防震减灾局结合江川县国民经济与社会发展的需求，综合分析江川县防震减灾“十二五”时期面临的机遇和挑战，依据国家和云南省、玉溪市防震减灾“十二五”规划，历经12稿修改，最终完成了《江川县江川县防震减灾事业“十二五”规划》（简称《规划》）的编写工作，并在2012年3月23日江川县发展改革局组织召开评审会上获得通过，江川县发展和改革局于4月26日正式行文批复。《规划》包括前言、江川县防震减灾现状及面临的形势、规划指导思想、目标和发展思路、主要任务、重点项目和实施保障六部份内容，紧紧围绕江川县防减灾中心工作五年内计划完成16项具体任务和14项重点建设项目，涵盖了地震监测预报、震害防御和应急救援等防震减灾三大工作体系的各个方面。

【江川县防震减灾“十二五”规划评审会】 3月23日下午，县发展改革局在政府五楼召开《江川县防震减灾“十二五规划”》（简称规划）评审会，评审会由县发展改革局局长杨剑伟主持，并由到场的7位专家组成了专家评审组。

会议首先由县防震减灾局局长普秀英就规划的形成过程、框架结构、主要内容、重点项目概算和效益分析等六个方面情况进行了详细说明。随后，由来自市发革委、市防震减灾局、县发改局、县民政局和县住建局的7位专家组成员对《规划》开展评审。经过评审，专家组认为《规划》依据充分、思路清晰、结构严谨、内容充实，主要任务明确、重点工程设置和经费概算合理。同时，专家组对《规划》中存在的部分内容简化、表述不当、机构名称错误等提出了具体的修改意见，并一致通过了对《规划》的评审。

最后，县发改局局长杨剑伟对评审组专家及到会指导工作的防震减灾主管副县长刘振环表示感谢，并要求县防震减灾局根据专家意进一步修改，尽快报县发改局批准实施。

参加会议的还有县政府办、县法制办、县民政局、县防震减灾局和7个乡（镇、街道办事处）防震减灾工作分管领导及相关工作人员。

【防灾减灾日科普宣传活动】 5月11日，江川县防震减灾局联合县民政局、县气象局在县城明珠路开展以"弘扬防灾减灾文化，提高防灾减灾意识"为主题的"防灾减灾日"科普宣传活动。

在整个活动中，三个部门共出动13人，展出展板34块，向群众发放防震减灾、防灾应急、防雷减灾等知识手册、宣传彩页、宣传资料共计8种1500余份（册），悬挂横幅1条，向群众宣传防震避震、防雷自救以及各类灾害应急避险等多方面知识。其中，江川县防震减灾局在此次活动中出动6人，展出以地震监测预报、法律法规、应急救援、震灾预防和农居抗震等为主要内容的科普宣传展板13块，发放《地震应急自救互救手册》、《防震·抗震·避震常识》彩页、《通海大地震四十周年》宣传彩页900余份，并接受了多人次的现场咨询。

活动当天，江川县分管防震减灾工作的刘振环副县长亲临活动现场进行了工作指导。

【江川瑞文酒店举办防震减灾科普知识讲座】 为了增强酒店员工的防震减灾意识，掌握必要的防震避震和自救互救知识，提高防震抗震和应急处置能力，2012年5月17日上午，江川瑞文酒店邀请县防震减灾局对酒店员工进行主题为"面对地震灾害，你一准备好了吗？"的防震减灾科普知识讲座。

讲座开始前瑞文酒店副总经理李宝娟进行了动员，县防震减灾局副局长郑忠党就开展防震减灾科普知识教育的重要性、必要性进行了强调要求，对江川瑞文酒店真正做到以人为本的发展思路和经营理念给予了充分肯定。随后，江川县防震减灾局工程师李祥以多媒体的形式，对2010年以来造成重大人员伤亡的海地7.3级、玉树7.1级大地震，智利8.8级特大地震和日本9.0级巨大地震相关情况及灾害原因进行讲解，并结合江川县的地震地质灾害背景向参加讲座员工就地震前、地震时和地震后不同阶段所应采取的防震、抗震、避震和自救互救的方法措施以多媒体的形式进行细致的解析演示。

讲座结束后，全体参加讲座人员在会议室进行了小规模地震应急演练。在此基础上，江川县防震减灾局专业技术人员就演练中的不足之处现场进行了点评。此外，江川县防震减灾局还向该酒店发放《地震应急自救互救手册》200余本。

【张金翔到县防震减灾局调研指导工作】 2012年9月13日下午，中共江川县委副书记张金翔一行3人到县防震减灾局调研指导工作。

调研中，县防震减灾局局长普秀英、副局长郑忠党向张金祥副书记介绍了江川县所处区域地震地质构造背景、历史地震活动、抗震设防等基本情况。并就江川县地震台站分布、仪器设备、环境改造、减隔震技术推广使用、防震减灾三大体系工作开展情况和所取得的成绩，以及县防震减灾局人员编制过少、经费紧缺、抗震设防要求管理难等存在的困难向张副书记进行了汇报。

张金翔听完汇报后指出县防震减灾局是县委、政府领导下的一个重要部门，对县防震减灾局各项工作和所取得的成绩予以充分肯定。同时要求县防震减灾局加强向县委、政府主要领导汇报，逐步解决工作中存在的困难和问题。并积极争取省、市防震减灾业务主部门在项目和经费上对江川县防震减灾工作的支持。

【与后卫中心小学共庆儿童节】 2012年6月1日下午，江川县防震减灾局局长普秀英带领全局干部职工前往后卫中心小学校与小朋友们共庆"六·一儿童节"。在此次共庆"六·一儿童节"活动中，为丰富同学们的文体生活，增强他们的身体素质，提升后卫中心小学的教学质量，江川县防震减灾局向后卫中心小学赠送了篮球2个、排球4个、足球4个、乒乓球拍5副、羽毛球拍4副及跳绳10根等体育用品。后卫中心小学校长张晓红代表代表全校师生接受了捐赠，并对江川县防震减灾局的关心支持表示感谢。

【刘振环到龙街中心小学调研】 5月22日下午，江川县分管防震减灾工作副县长刘振环在县防震减灾局局长普秀英、副局长郑忠党等陪同下前往龙街中心小学调研指导工作。

调研中，龙街中心小学校长张晓红向刘振环汇报了该校应用减隔震技术所建设教学楼的主体结构、建设规模、资金来源和减隔震技术应用等情况。刘振环实地查看了教学楼地基基础，详细了解了隔震垫结构、工作原理、使用数量、捐赠来源以及所产生的减灾实效。刘振环表示，作为玉溪市第一幢采用减隔震技术的建筑物，它的建成对减轻地震灾害和促进减隔震技术在我县的推广应用具有十会重要的意义。

在参观学校防震减灾科普展室的过程中，张晓红向刘振环详细介绍了展室的功能、布局和主要内容，并就申报省级防震减灾科普示范学校进展情况进行了汇报。刘振环要求县防震减灾局要积极协助龙街中学小学建设好科普展室，做好相关申报工作，尽力使省级防震减灾科普示范学校申报工作获得成功。

【中国地震局地壳物理研究所在江川开展盆地浅层结构探测研究】 作为玉溪市地震科学探测的一部份，从5月

6日开始，中国地震局地球物理研究所何正勤教授等专家继续在江川盆地（主要包括大街盆地和江城盆地）范围内布设多条测线，利用当前最新科技对盆地覆盖层深度200m以内的浅层结构和湖盆基底进行科学探测。

探测中，何正勤主要采用了主动源和被动源测量方法，应用当前的最新科技对测量到地脉动（地球背景干扰噪声）和人工震源所产生的地震波进行波速结构分析，根据波速在各地层传播速度的不同从而得出江川盆地200m以内地表浅层的分层结构。此外，还采用一套类似三分向地震仪的先进观测设备，通过对人工震源所产生的反射地震波进行观测记录，并通过分析研究得出江川盆地的湖盆基底深度。

探测工作实施过程中，县防震减灾局局长普秀英、副局长郑忠党带领全局职工于5月9日下午，来到何正勤位于出流改道工程入水口探测场地，了解探测工作进展，关心各位专家的工作和生活，对何正勤和各位专家表示感谢。

【金志林到江川指导工作】 3月1日上午，玉溪市防震减灾局局长金志林带领震害防御科科长唐振兴、应急救援科副科长钱宝运到江川县指导工作。

县防震减灾局局长普秀英、副局长郑忠党就《江川县防减灾事业“十二五”规划》编制和2012年开展地震综合应急演练前期准备中存在的问题，以及江川县前兆监测台网布局设想向金志林作了详细汇报。金志林一行听取汇报后，指出了江川县防震减灾局编制《江川县防减灾事业“十二五”规划》和地震应急演练前期准备工作中存在的问题和不足，提出了许多切实可行、可操作性强的意见和建议。

随后，金志林一行在江川县防震减灾局两位领导和相关技术人员陪同下前往渔村观测站，实地查看了观测机井井壁腐蚀严重导致地下水位观测记录失真，以及因干旱导致水位大幅下降，几乎无法观测的情况。要求县防震减灾局与省局取得联系，制定井孔改造方案，排除干扰，尽快恢复正常观测。

【县防震减灾局积极参加“全国科普日”宣传活动】 9月17日，江川县防震减灾局副局长郑忠党带领2名工作人员积极参与“全国科普日”宣传活动。此次活动由县科协组织，县防震减灾局、质监局、保密局、工信局、卫生局、食药监局、农业局、气象局等部门共同参与。江川县防震减灾局在此次活动中共展出展出以地震活动、地震监测预报、法律法规、应急救援、震灾预防和农居抗震等识为主要内容的科普宣传展板6块，发放《地震应急自救互救手册》、《防震·抗震·避震常识》彩页共计800余份（册）。

【县防震减灾局举行春节座谈会】 1月16日下午，新春佳节来临之际，江川防震减灾局邀请退休老职工、职工家属举行龙年春节茶话会。

座谈会上，江川县防震减灾局局长普秀英向参加会议的副县长刘振环、职工家属和退休老职工汇报了江川县防震减灾工作的历史沿革、人员编制、职能发展等情况。工作人员李祥采用多媒本形式向刘振环等汇报了江川县2011年度防震减灾工作基本情况、取得的成绩、面临的困难和2012年度工作计划。

刘振环对县防震减灾局2011年度的防震减灾工作给予了充分肯定，并向与会的在职人员、退休职工和职工家属拜年。最后，普秀英代表江川县防震减灾局对长期以来关心和支持江川县防震减灾工作的退休职工及职工家属表示衷心感谢，并逐一给他们拜年，表达县局对大家的新春祝愿。

【县政协到县防震减灾局开展视察工作】 5月10日上午，江川县政协副主席杨吉英带领县政协提案委、环资委领导和部份政协委员到县防震减灾局就地下水无序开采导致地震监测预报研究专用机井遭受破坏的情况开展视察工作。视察中，县防震减灾局局长普秀英、副局长郑忠党向杨吉英和各位委员详细报告了该井的成井时间、井孔深度、水位埋深、逸出气体和单日自流量等未受干扰破坏前的基本情况以及受上、下游地区民用机井开采地下水破坏的现状，并提交了《关于江川县地下水无序开采对我县地震监测预报科学研究造成严重干扰和影响的情况汇报》专题研究报告。

【金志林到江川进行春节慰问】 2012年1月13日下午，玉溪市防震减灾局局长金志林、副局长黄家富等领导一行4人到江川县防震减灾局开展龙年春节慰问。在慰问座谈会上，金志林向全局干部职工、退休老同志、“4050”工作人员和临时聘用人员通报了玉溪市2011年度防震减灾工作情况，并对江川县2011年度防震减灾工作给予了充分肯定。金志林要求县局职工要学习退休老同志的爱岗敬业精神，兢兢业业，刻苦钻研，为江川县防震减灾事业的发展作出自己应有的贡献。最后，金志林代表玉溪市防震减灾局祝县局在职人员和退休职工在新的一年里身体健康、工作顺利、阖家幸福、万事如意。

江川县防震减灾局局长普秀英主持了座谈会，并代表江川县防震减灾局向金志林一行到江川慰问表示感谢。

【表彰奖励】 江川县防减灾局在2012年全国、全省和全市各项评比中荣获优异成绩，主要情况如下：2011年度数字化氦气观测资料在五月开展的全国地震前兆观测质量评比中荣获全国第二名。在全省2012年度各项工作评比中，数字化氦气荣获全省第一名；氡气、汞气、水温（2项）观测荣获全省优秀奖。同时江川县防震减灾局荣获“云南省地震监测预报先进集体”荣誉称号。而在玉溪市2012年度防震减灾工作评比中，续第九年荣获“地震监测预报先进集体”荣誉称号；玉溪市2012年度地震趋势研究报告评比一等奖，玉溪市2012年度地震预报效能三等奖；普秀英荣获玉溪市防震减灾局授予的“玉溪市2012年度防震减灾工作先进个人”称号，郑忠党同志则荣获“玉溪市2012年度强震动台管理先进个人”称号。

（李　祥）

附表：

江川县2012年度地震目录

序号	年	月	日	时	分	秒	经度	纬度	震级	震中	震源深度（km）
1	2012	05	25	14	31	39	102° 51′	24° 19′	1.4	路居	6
2	2012	06	10	13	09	36	102° 45′	24° 14′	1.3	大街	5
3	2012	06	13	19	40	17	102° 44′	24° 25′	1.0	江城	6
4	2012	06	13	19	41	22	102° 44′	24° 27′	1.2	江城	6
5	2012	06	16	15	35	03	102° 47′	24° 17′	1.3	大街	7
6	2012	06	22	02	11	31	102° 53′	24° 24′	1.4	抚仙湖	6
7	2012	10	29	23	42	16	102° 48′	24° 14′	1.3	雄关	10
8	2012	11	25	15	12	54	102° 41′	24° 21′	2.2	前卫	12

江川县2012年度地震震中分布图

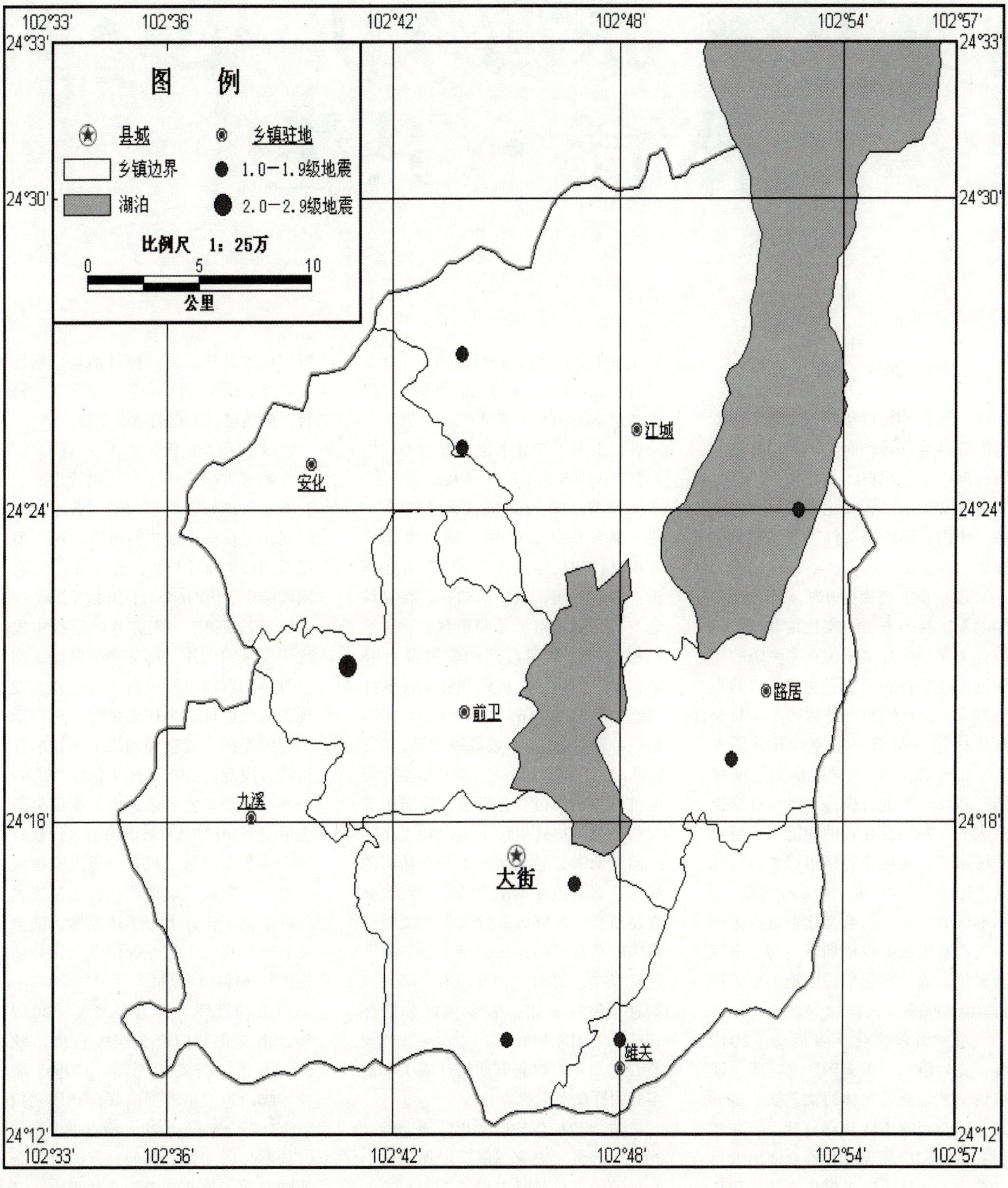

102°33' 102°36' 102°42' 102°48' 102°54' 102°57'

24°33' 24°30' 24°24' 24°18' 24°12'

图 例

县城 乡镇驻地

乡镇边界 1.0—1.9级地震

湖泊 2.0—2.9级地震

比例尺 1：25万

0 5 10

公里

江城

安化

路居

前卫

九溪

大街

雄关

文化·旅游·广电·体育·卫生

编辑　李　伟

文　化

【概　述】　2012年江川文化工作紧紧围绕县委、县政府工作大局，充分履行部门工作职责，主动作为，尽力发挥“文化乐民、文化育民、文化富民”作用，不断推动江川县文化工作和文化事业发展。

进一步推进免费开放工作。2012年以来，县图书馆、文化馆和各乡镇综合文化站结合本单位、本乡镇的实际进一步完善、制定了免费开放的实施方案，细化规范服务内容、项目及具体操作。两馆一站免费开放图书室、电子阅览室、“群众文艺演排场”和舞台等现有设施设备为群众提供服务，并结合各自的职能职责组织开展培训。文化馆邀请市级老师与江城文化站合办为期8天的文艺培训；县图书馆举办了江川县文化信息资源共享工程基层服务点培训班；前卫镇综合文化站的“文化乐民园地”全年接待群众7000多人次。

继续开展文化下乡活动。2012年，先后组织“天天乐”文艺队、江城镇文艺协会、老体协文艺队、星云文艺队及西管乐队和部分歌手，在江川县怡心园广场为广大群众演出节目30多个；9月，组织星火文艺队和江城文艺协会到石岩哨村委会进行下乡演出。完成了816场的农村电影放映计划，共在全县放映科教片400场，观众73440人。10月，在前卫镇举办的“墨缘书韵.郭春寿王兰芳书法作品展”，共展出玉溪市知名书法家郭春寿先生夫妇创作的各类书法作品94幅。

以节庆日为契机，繁荣群众文化。新年伊始，邀请玉溪市滇剧到江川进行2012年元旦“滇剧”专场演出；春节期间，初一至初三，在县城老戏台分别演出了《迎新春》、《祝福祖国》等自编自演的歌舞节目96个；大街街道、江城镇和驻军部队共组织8只龙队、16对毛驴灯、4座高台、4只彩船、2只威风锣鼓队、2支狮队和1只民族腰鼓队，在县城主要街道进行传统民俗文艺巡演；路居镇以文艺汇演的形式组织了本镇49支文艺队向当地的父老乡亲献上一台精彩的演出；前卫镇在本镇营造出“欢欢喜喜迎新春、红红火火过大年”文明、喜庆的节日氛围；三街村委会举办了迎新春文艺演出，省滇剧团二团到三街社区慰问演出。各乡镇还分别在“三八”国际妇女节、“六一”儿童节和“九九”敬老节期间开展了丰富多彩的群众文化活动。

进一步加强基层文化阵地建设。2012年为各“农家书屋”增加了51个品种的图书；及时申报了大街街道办事处村级农村文化体育活动广场试点工程，完成了小白坡村、大营摆寨村、伏家营捧寨村的体育活动广场建设。路居镇于9月中旬启动了文化站舞台、广场建设工程的建设项目。

文物和非遗保护工作成效明显。省文物考古研究所、市文物管理所、县文物管理所、北京大学联合组队对路居镇光坟头遗址进行考古发掘。发掘于2011年11月开始，至2012年5月底圆满结束，历时6个月，开挖了24个探方，发掘面积600平方米。发掘中发现了大量的陶片、部分动物骨骼、部分骨器和石器以及少量的青铜器，发现了房屋遗址。为切实做好不可移动文物的保护、管理和利用工作，由江川县人民政府公布了江川辖区内的87处不可移动文物名录；大街街道早街金甲阁于2012年1月被云南省人民政府核定并公布为第七批省级重点文物保护单位。完成玉溪市第三批工艺美术师的申报工作，上报了杨建坤、施会英、李八秀、李道光四位艺人，并征集作品16件随同上报。

市场管理工作力度加大。2012年，由文化部门牵头组织宣传、政法、乡镇、公安、工商、广电、城建、邮政、卫生等部门联合开展“扫黄打非”专项行动4次，检查书报刊、音像制品店（摊）54处，复印打印企业58户次，包装装潢企业48户次，开展了查处第一批至第十批政治性非法出版物活动，共收缴非法音像制品760

盘（1520片），书刊128册，通过专项行动的开展，有力打击了文化市场的各类违法经营行为，维护了正常的经营秩序。

【市滇剧团到江川专场滇剧演出】2012年1月1日，江川县文化旅游广电和体育局邀请玉溪市滇剧到江川进行专场滇剧演出。市滇剧团近60位演员满怀豪情地走上舞台，奉献自己的精湛技艺，为江川人民带来了《太君巡营》、《满园春色》和《八仙过海》等剧目，为观众展现了丰富多彩的滇剧艺术。

【文化下乡到雄关】 1月12日，江川县“三下乡”活动在雄关乡举行。中午12时许，雄关乡朝阳苑内，欢歌笑语，一片喜庆祥和，文艺工作者精心准备的文艺节目在舞蹈《欢天喜地》乐曲中拉开了序幕;数百名热情的观众兴高采烈地观看了女声独唱《锦绣江川》、花灯演唱《卖豆腐》等文艺节目的演出；县图书馆发放了1500多份印有医疗健康常识、农林养殖等基层群众方便实用的科技资料；县新华书店为当地群众提供九折优惠售书；晚上，还为当地群众送去了电影《农村防诈骗常识》和《惊天动地》。

【春节文化活动】 春节期间，为丰富广大人民群众春节期间的文化生活，江川县推出了一系列丰富多彩的文化活动。

初一至初三，来自捧寨、渔村、赵官、海门、龙街海埂、螺蛳铺、九溪大营、路居等地的24支农村文艺队分别演出了《迎新春》、《祝福祖国》、《红红的日子》、《抚仙湖恋歌》、《千古一爱》和《家和万事兴》等自编自演的歌舞节目96个；在文化馆综合厅，星云文艺队、渔村文艺队、信合文艺队为戏曲爱好者表演了花灯小戏、滇剧唱段等戏曲节目；大街街道、江城镇和驻军部队共组织8只龙队、16对毛驴灯、4座高台、4只彩船、2只威风锣鼓队、2支狮队和1只民族腰鼓队以彩车领头，在县城主要街道进行传统民俗文艺巡演，队伍每到一处，锣鼓喧天，彩带飞扬，吸引群众驻足观看，营造了浓烈的节日气氛；在怡心园广场，文化馆农村电影放映队为观众放映了《惊天动地》、《黎明行动》、《地震避险与自救》和《农村家庭巧用电常识》等故事和科教、生活常识影片。

春节期间，云南李家山青铜器博物馆所有展览免费对群众开放参观，博物馆内参观游客络绎不绝，具有江川地方特色的鱼文化展览，反映江川风土人情的摄影展览及李家山灿烂辉煌的青铜文化展览吸引了众多省内外游客。从初一至初六，每天平均接待游客6000余人次，累计免费接待参观人数达3.8万人次。图书馆开展趣味性知识有奖竞猜活动。内容有时事政治、文学知识、歇后语补缺、谚语补缺、名句填空、猜字、猜书名、猜人名等共2100多题。江川县新华书店各类图书实行九折优惠，营造了节日的气氛，春节期间销售额达24572元，为读者让利1669元，取得了较好的经济效益和社会效益。

【博物馆组织开展接待礼仪培训】3月23～25日，云南李家山青铜器博物馆邀请全国优秀讲解员、聂耳纪念馆副馆长王春玲到馆进行接待礼仪知识培训辅导，全馆职工参加了培训。培训分讲座和展厅实地培训两个部分进行。讲座上王春玲就接待礼仪、前台接待礼仪、讲解路线及引导陪同、送别客人礼仪、接待外宾礼仪、会务服务礼仪、茶水服务礼仪、电话礼仪等方面进行了详细的讲解和示范，并结合工作实际和博物馆工作人员共同探讨了遇到特殊情况的灵活应变处理等细节。为了加深理解，巩固培训效果，现场还采取了实践演示、现场模拟等互动形式，反复练习、互相纠错，收到了良好效果。

【信息资源共享工程基层服务点培训班】 县图书馆于2012年3月28～30日举办了江川县文化信息资源共享工程基层服务点培训班，各乡镇综合文化站负责信息资源共享工程的同志和县图书馆全体工作人员参加了培训。培训班邀请了市图书馆信息部李主任授课，李主任详细讲解了服务器及相关设备管理和维护、软件基本操作、工具软件、数字资源加工等相关内容。

【市“建行杯·和谐美玉溪”首届职工歌手大赛】 4月19～21日，江川县组队参加“建行杯·和谐美玉溪”职工歌手大赛取得好成绩。江川一中的黄晓蓉、大街小学的王邱丽、景湖酒店的段丽仙获民族唱法二等奖；江城中学的胡龙增、粮食收储公司的葛茂伟、县文化馆的杨惠芬获民族唱法三等奖；龙街中学的黄德亮获流行唱法三等奖。

【向失足青少年捐赠图书】 4月19日，江川县图书馆、县关工委联合向拘留所、看守所的失足青少年捐赠了价值3800多元的一批图书。

【“中华魂”主题教育活动启动仪式】 为了让红色文化进校园，点亮青少年的理想之旅，2012年4月23日，由县关工委、教育局关工委、图书馆共同组织的，江川县“中华魂”（理想点亮人生）主题教育活动启动仪式在前卫中学举行。前卫中学的部分教师，七年级全体学生，共计700多人参加了启动仪式。这次启动仪式还为前卫中学捐赠了700册《理想点亮人生》读本。

【联合执法取缔黑网吧】 根据群众举报和媒体曝光，4月17日，江川县文化、公安、工商三家职能部门联合行动，共出动执法人员14人次，车辆3台，分别在大街街道委员会大龙潭村、路居镇螺蛳铺小营村查获高某、周某开设的“黑网吧”两户，缴获电脑10台，当场查获上网人员14人，此次联合执法有力的打击了非法经营者违法行为，净化了社会文化环境。

【“馆站活动日”活动】 为进一步探索“两馆一站”免费开放后的活动方式、活动内容，江川县“两馆一站”从4月份开始，每月利用一天时间开展“馆站活动日”，目的是为了创新对基层文化站长的培训形式，加强局、馆、站之间的交流沟通，取长补短，拓展工作思路，并以此进一步密切两馆一站的联系，整活馆站资源，共同繁荣江川的群众文化事业。4月27日，首个文化馆站活动日如期举行，全县七个乡镇综合文化站、一个直属文化站站长、县文化馆馆长和县图书馆馆长参加了活动日。活动中，各乡镇综合文化站长汇报了今年以来文化站开展的主要工作、免费开站的工作情况以及下一步的工作打算；在听取各乡镇文化站的汇报以后，副局长郭小平强调说：文化馆、图书馆和乡镇文化站免费开放,让群众“无障碍、零门槛”进入，切实提高了全县公共文化服务的保障能力和水平，也是文化惠民的又一具体体现，两馆一站要按照各自的工作方案，认真扎实的开展好免费开放活动，通过免开工作，保障广大人民群众基本文化权益，促进和谐社会建设。此次活动还组织参加活动人员参观了通海县河西文化站，学习了河西文化站在实施免费开站和加强农村文化市场管理方面的好经验、好做法。

【李建成书画新作展出】 在2012年五一国际劳动节到来之际，江川县知名书画大师李建成新作在博物馆展出。此次展览，共展出其近年创作的书画作品53幅。展出作品雍容大气，古朴隽永；气势磅礴，意蕴悠长，笔法圆转自如，虚实变化，象形书法亦字亦画，字画合一，具有独特的艺术风格。“淡墨龙”、“巨龙”、“瘦龙”、“龙跳天门”书法作品风格各异；“大头鱼”、“抗浪鱼”书画作品，笔法简约，虚实合一，勾画出了江川特有的土著鱼种及其独特的自然景观。

【金甲阁被公布为第七批省级重点文物保护单位】 大街街道旱街金甲阁于2012年1月被云南省人民政府核定并公布为第七批省级重点文物保护单位。金甲阁位于大街镇旱街村委会旱街村，距县城约两千米。始建于清道光18年（1838），占地面积88.36平方米，高20.5米，单体建筑，土木结构，三重檐八角攒尖顶。阁楼底层呈四方形、二、三层为八方形。底层柱子20棵，其中4棵通顶。该阁造型独特、工艺精致、结构严谨，飞檐耸峙，是清代典型的三叠八方亭式楼阁，具有较高的历史、艺术和科学价值。1989年5月被江川县人民政府公布为县级重点文物保护单位、2001年9月被玉溪市人民政府公布为市级重点文物保护单位。

【廉政文化笔会】 5月21日，江川县文化与文联联合举办廉政文化书画笔会，以传统书画形式弘扬“以廉为荣、以贪为耻”的良好风尚，营造廉政建设的良好氛围。在墨香氤氲的笔会现场,来自江川和通海的10多位书画名家共聚案前,或挥毫泼墨、或奋笔疾书、或洋洋洒洒、或一挥而就,他们围绕廉洁自律这一主题,或草或行,或工笔或写意,讴歌廉洁、鞭挞贪腐,抒发自己对清正廉洁的感悟,“青松翠柏无私韵，高山清水有知音”、“公则生明，廉则生威”、“气正山河壮，政廉日月春”等数十幅给人以警醒的书画作品成了笔会现场最靓丽的风景。

【“博物馆日”活动】 在第36个国际博物馆日到来之际，云南李家山青铜器博物馆组织开展系列庆祝活动。一是组织全体职工沿抚仙路至鱼文化广场往返快走健身，以此引导职工积极参与体育锻炼，提高身体素质，以健康的体魄，饱满的精神，更好地服务文博事业；二是召开全馆职工座谈会，就博物馆发展困境、现代博物馆未来发展趋势以及如何加强博物馆一线工作人员作风建设展开讨论。三是开展免费讲解服务活动。当天，接待省、市、县纪委部门及零散参观观众100余人。观众在讲解员耐心细致的讲解下，了解学习了青铜文化、渔文化知识，高高兴兴地走出博物馆。

【图书馆服务宣传周】 5月28日，江川县全国公共图书馆服务宣传周活动在九溪镇鸡窝村举行，宣传活动吸引了不少农民朋友参与，此次活动分发科技信息200多份。图书馆服务宣传周是图书馆宣传自我、展示服务的重要窗口。透过这个窗口，图书馆不仅能够宣传自己的服务，还能以服务为载体传达不断更新的办馆理念，使社会公众更多的认识图书馆、走进图书馆、利用图书馆，营造全民阅读的良好氛围

【光坟头遗址发掘工作】 光坟头遗址发掘工作于2011年11月10日开始，至2012年5月底圆满结束，历时6个月。光坟头遗址位于路居镇政府东南面的光坟头山上，它沉积了3000多年人类活动的遗迹，年代早、跨度大，遗存信息十分丰富，考古研究价值较高。为进一步弄清该遗址的文化内涵和价值，云南省文物考古研究所、玉溪市文物管理所、江川县文物管理所、北京大学等有关单位联合组队进行发掘。此次发掘共开挖了24个探方，发掘面积600平方米。发掘中发现了大量的陶片、部分动物骨骼、部分骨器和石器以及少量的青铜器，发现了房屋遗址，并摸清了光坟头遗址的分布范围为17万平方米。光坟头遗址的发掘，为研究抚仙湖周边的生产模式、社会演变以及人类活动踪迹等问题提供了不可多得的实物资料。

【娱乐场所禁毒防艾宣传教育培训会】 6月20日江川县文化旅游广电和体育局召开全县歌舞娱乐、网吧经营场所禁毒教育培训会，来自江川县歌舞娱乐和网吧经营场所的31位业主参加了会议。会上，分管文化市场管理工作的副局长郭小平学习传达了玉溪市文化局关于在娱乐服务场所开展禁毒宣传教育活动情况的通知；并结合江川创建平安文化市场的总体部署提出了三个方面的工作要求：一是各经营业主要从创建平安江川、平安文化市场的高度深刻认识当前禁毒防艾的严峻形势，增强社会责任感；二是各经营场所要认真履行禁毒防艾宣传教育职责，落实各项禁毒防艾措施，把禁毒防艾工作真正落到实处；三是各经营场所要建立健全禁毒防艾工作的长效机制，切实加强场所内部管理，确保场所内不发生吸毒、贩毒和艾滋病传播等社会问题。江川县公安局禁毒大队长侯东华就如何防范新型毒品在江川县的扩散和蔓延，切实加强对歌舞娱乐场所和网吧的管理，搞好禁毒宣传教育，承担社会责任提出了要求；江川县疾控中心副主任凌剑波，对艾滋病的概念、主要传播途径、艾滋病流行的态势以及江川防控艾滋病的经验做法作了培训讲解

【博物馆接待昆明夏令营学生】 6月25日～7月6日，云南李家山青铜器博物馆接待来自昆明春城、徐霞客、瑞和、西华、红旗等小学的夏令营学生65批次3000余人到馆参观。为做好此次接待工作，充分发挥博物馆爱国主义教育基地、青少年教育基地作用，博物馆精心组织，结合馆内设施实际情况，合理安排参观批次、顺序，确保参观学生安全。参观内容主要以李家山青铜文明展、江川渔文化展、江川古碑文拓片展和毒品预防教育展为主。小学生们在讲解员的带领下，进行了一次对江川灿烂辉煌的古滇青铜文化，江川渔文化，江川近现代历史文化，毒品预防教育的学习和了解。

【农村文艺示范点授牌仪式】 7月4日，县文化馆举行了“江川县农村文艺示范点”授牌仪式。江川县文化旅游广电和体育局副局长何俊、县文联副主席张曦出席会议，来自七个乡镇（街道）的文化站长及11个文艺队的负责人参加了会议，江城镇文艺协会、雄关麦冲上营文艺队被授为“江川县农村文艺示范点”。

【文化馆（站）活动日到市文化馆学习】 6月28日，江川文化馆（站）馆活动日到玉溪市文化馆参观学习，全县七个乡镇（街道）综合文化站长及县文化馆长、图书馆长参加活动。市文化馆馆长李安民介绍了市馆的基本情况及市馆免费开放的做法与经验，并对免费开放工作提出要求，希望各文化馆（站）要把免费开放工作落实到实处，不断满足人民群众的精神文化生活，要合理计划、使用好经费，让有限的经费发挥最大的社会效益；市文化局社文科王一科长对江川县的馆（站）活动日给予了肯定。

【陈宗兴到博物馆参观】 7月10日，全国政协副主席陈宗兴一行在云南省政协主席罗正富、中共玉溪市委书记孔祥庚、玉溪市政协主席冷明德等有关领导的陪同下到云南李家山青铜器博物馆参观。中共江川县县委书记马文龙、县人民政府县长葛勇等领导随同参观。陈宗兴一行在讲解员的带领下，认真细致地参观了古滇青铜文明展和江川渔文化展，对灿烂辉煌的古滇青铜文化和地方特色鱼文化赞叹不已。参观完毕，全国政协副主席陈宗兴提笔留下“民族文明瑰宝”的赞誉，并对博物馆的接待工作表示非常满意。

【农村文化市场管理暨乡镇文化站“免开”工作推进会】 为切实抓好县委政府安排部署的创建“平安文化市场”重点工作和落实好乡镇文化站免费开放文化惠民工程，着力构建以县为主导，以乡镇（街道）为依托，以村组社区为点线，上下联动、综合执法，城乡协调的农村文化市场管理格局；切实推进乡镇文化站免费开放，确保广大人民群众基本文化权益，以优质的服务、充实的内容、灵活的形式，为城乡人民群众提供丰富的精神文化食粮，推进社会主义新农村建设。2012年7月11日下午，江川县组织召开农村文化市场管理暨乡镇文化站“免开”工作推进会，县政府办公室副主任郭峰和来自全县7个乡镇的分管文化工作的领导、文化馆（站）长共20多人参加会议。

会议由文化旅游广电和体育局副局长何俊主持，郭小平认真组织传达学习了玉溪市文化局文件《关于印发玉溪市农村文化市场“扫黄打非、六个一”八项工作制度的通知》；通报了江川县文化市场管理的基本情况，分析了当前农村文化市场管理中存在的主要问题，安排部署了江川农村文化市场“扫黄打非”和“六个一”建设工作目标任务，并提出了具体工作要求。何俊总结和分析了前一阶段各乡镇文化站“免开”工作所取得的成绩、经验和存在的问题，对下一步“免开”工作提出了四点要求：一是进一步加大“免开”工作的宣传力度，提高群众知晓率和参与率；二是进一步加大培训力度，拓展培训范围，为广大人民群众提供优质的文化服务；三是要进一步丰富服务内容、完善服务功能，提升服务水平，体现文化民生；四是要及时上报“免开”工作信息材料，加强信息沟通和交流，推动工作深入发展。

会上，还与各乡镇文化站站长签订了《2012年度创建平安文化市场暨“扫黄打非”工作目标责任书》。

【国家质检总局及税务总局领导参观博物馆】 2012年8月15日，国家质检总局及国家税务总局领导分别到云南李家山青铜器博物馆参观。国家质检总局食品生产监管司副司长赵清慧、

中国质量万里行促进会秘书长陈传意、中国质量万里行促进会宣传部部长宋笑冰，经济日报、中央人民广播电台、中央电视台、中国经济网等新闻媒体记者在省、市领导的陪同下参观了云南李家山青铜器博物馆。县委常委、副县长李东林陪同参观。赵清慧在讲解员的带领下，兴致盎然地参观了李家山青铜文明展及渔文化展。

同天，国家税务总局收入规划核算司司长杨元伟，在省、市、县国税部门领导的陪同下，实地参观考察了李家山古墓群遗址及李家山青铜器博物馆。博物馆副研究馆员刘学义老师详细向杨元伟一行介绍了李家山古墓群墓地基本情况、两次规模较大的发掘及李家山古墓群保护等情况。参观结束后，杨元伟对江川辉煌的青铜文化很感兴趣，对江川青铜文明给予较高赞誉，并肯定了博物馆的接待工作。

【市级各民主党派干部参观博物馆】 2012年8月22日，由玉溪市政协组织的市级各民主党派干部在玉溪市政协主席、民进玉溪市委主委、玉溪一中校长张炜的带领下来到云南李家山青铜器博物馆进行参观考察。考察团成员来自民进、民革、民盟、民建、农工党、致公党、九三学社等民主党派的领导干部。中共江川县委副书记张金翔，县政协主席黄文柱陪同参观。博物馆讲解宣教人员向考察团一行介绍的博物馆的基本情况，对江川《古碑文拓片展》、《李家山青铜文明展》、《江川渔文化展》等进行了详细讲解。听完介绍后，考察团对博物馆的讲解接待给予热烈掌声，并对讲解工作提出了宝贵意见。

【喜迎十八大通海江川书画作品联展】 9月26日，“喜迎十八大”通海江川书画作品联展在云南李家山青铜器博物馆开展。江川县人大、政协、组织部、宣传部，通海县委宣传部、玉溪市文联等部门领导及通海江川两县书法美术爱好者60多人参加了开幕式。此次展览，共展出通海江川两县书法绘画作品83幅。展览由江川县委宣传部、通海县委宣传部共同主办，两县文学艺术界联合会承办，云南李家山青铜器博物馆、通海县图书馆、通海县、江川县老干部诗书画协会协办。

【农家书屋管理员培训会】 为提高农家书屋管理人员的业务水平，更好的服务人民群众，县图书馆于2012年9月25日在雄关乡文化站通过以会代训的形式对农家书屋管理员进行培训。参加培训人员有雄关乡各农家书屋的管理人员和雄关文化站工作人员，培训内容主要是农家书屋的管理、图书的分编、图书的借阅等方面的内容；此次培训还组织各管理员到雄关乡文化信息资源共享工程基层服务点对如何利用信息资源共享工程进行了演示和实际操作。

【第二次扫黄打非联合执法行动】 为深入持续的开展“扫黄打非”工作，江川县“扫黄打非”工作领导小组于2012年10月18日组织宣传、文化、公安、工商、江城镇和前卫镇分管领导和文化服务中心人员共18人，出动车辆5台，分别对江城镇和前卫镇辖区范围内的音像制品、复印打印、包装印刷企业、网吧等进行检查整治，此次专项行动共计检查上述经营单位14户，收缴非法音像制品81盘，取缔江城镇龙街村委会一村民擅自开设黑网吧1户，收缴电脑12台，监控设备1套。

【“10·26”禁毒宣传教育活动】 根据相关文件精神，为认真贯彻落实“面向全民，突出重点，常抓不懈，注重实效”的禁毒宣传方针，在“10·26”到来之际，江川县文化系统结合本系统和文化市场管理工作实际，采取召开禁毒宣传教育培训会，深入歌舞娱乐场所、网吧发放宣传资料和检查排查方式等开展相关宣传教育活动，此次活动共检查排查歌舞厅18家，网吧经营场所13家，发放禁毒宣传材料150份，通过禁毒宣传教育，提高了文化系统干部职工和文化市场从业人员的禁毒防毒意识，为推进我县第三轮禁毒人民战争深入开展作出了积极努力。

【市政协视察组到江川视察文物保护工作】 10月30日，由市政协副主席钱开祯带队，市政协文史委牵头，部分政协委员、市文物管理所领导组成的视察组到江川县视察文物保护工作。县委副书记张金翔、县政协主席黄文柱、副主席李绍华等领导陪同视察。这次视察采取“看、听、议”的方法。视察组首先实地视察了鲁子材墓地的保护情况，然后听取了江川县的文物保护工作的情况汇报。视察组对江川县的文物保护工作给予了高度评价，认为江川县历来重视文物保护工作，成绩斐然，令人满意。同时，针对当前全国各地盗窃文物较为猖獗的严峻形势以及文物保护工作中存在的困难和问题，视察组希望江川县提高认识，继续加强和重视文物保护工作，解决保护经费，让优秀灿烂的历史文化教育子孙、启迪后人，为当地经济建设服务。

【农村“扫黄打非”文化市场管理】 为认真贯彻落实玉溪市文化局《玉溪市文化（新闻出版）局关于开展全市农村文化市场“扫黄打非”、“六个一”建设工作的实施方案通知》要求，江川县文化旅游广电和体育局高度重视，加强组织领导，制定实施方案，召开“六个一”建设推进会，精心组织实施，不断探索农村文化市场“扫黄打非”工作的政策引导和市场监管机制，完善农村文化市场，“扫黄打非”工作执法监管网络，明确监管责任，增强执法监管的针对性和特效性，真正做到对农村文化市场“扫黄打非”工作执

法监管"无盲区、全覆盖"，努力形成协调配合，相互联动，综合监管，快捷高效和全社会共同关注，共同参与的农村文化市场监管新机制。经过近一年的努力，江川文化市场"扫黄打非"、"六个一"建设工作已全面完成，开始进入良性运行和管理，对农村文化市场和"扫黄打非"工作常态化管理。

【督促无证照打复印店办理合法手续】 为进一步加大对文化市场无证照经营的检查排查力度，江川县文化旅游广电和体育局于2012年11月6日深入到前卫镇进行摸底排查，在排查中发现该镇有一户打复印店没有办理任何审批手续，检查执法人员当场对其业主进行了批评教育，并向其它宣传了相关的法律知识，要求当事人写出申请，及时办理相关合法手续。目前该打印复印店已向江川县文旅文体局办理了相关行政许可审批手续，变无照经营为合法经营。

【创文明树新风礼仪讲座】 11月22日，云南李家山青铜器博物馆举办《创文明树新风礼仪讲座》。讲座由江川县职业中学高级教师范桃仙主讲，博物馆全体职工、部分退休老同志、酒店服务人员等近50人凝神聆听。讲座内容包括江川县情、礼仪的概念、礼仪的核心、礼仪的重要性以及观众礼仪、博物馆从业工作人员礼仪、日常生活礼仪等。讲座课件图文并茂、直观易懂，既针对社会服务岗位性质分类讲述，又涉及人与人之间相互交际礼仪，参与听讲人员受益匪浅，讲座得到了人们的肯定。

【组队参加玉溪市花灯演唱骨干培训暨比赛】 根据市文化馆、玉溪市花灯戏（国家非物质文化遗产）传承保护展演中心《关于举办2012年度花灯演唱骨干培训暨比赛的通知》要求，江川县精心组织，从全县花灯演唱爱好者中选拔6人于11月14～19日到玉溪市文化馆参加为期6天的花灯演唱培训，此次培训由玉溪市花灯剧院副院长，梅花奖获得者杨丽琼以及玉溪市花灯届知名人士亲临授课教唱，分别讲解了花灯的表演技能和花灯"五大调"的演唱技巧。培训结束后，为了检验学员的学习成果，举行了玉溪市花灯演唱比赛，全市共33人参加比赛，20人进行决赛，江川县5人参加比赛，其中4人进入决赛，经过紧张角逐，江川选手杨惠芬荣获一等奖，李朋蓉获二等奖，廖红梅、陈江国获优秀奖。

【江川县首届农民书画作品展】 为了繁荣农村文化生活，提高农村书画爱好者的创作热情，进一步落实国家对群众文化活动免费开放的政策。江川县文化馆于2012年11月20～28日在文化馆展览厅举行"江川县首届农民书画作品展"，此次展览得到了江川农民书画爱好者的广泛关注和积极参与，共征集各类稿件50多件，选出入展作品42件。入展作品风格多样，既能从中看到当代江川农民美术、书法发展的基本脉络，又能深刻地体验到独特的地域特色，全面展示了江川农民书法、美术的创作概貌。此次展览参观人数多达千人次。

【青少年美术培训作品展】 2012年11月9～20日，在江川文化馆二楼展览厅举行"江川县文化馆青少年美术培训作品展"，共展出65件作品，前来看展览的人数600多人，此次展览，基本代表了江川部分青少年学习美术的现状。

【市聂耳大众文艺小分队到江川巡演】 12月7～8日，玉溪市聂耳大众文艺小分队来到江川，开展以"宣传教育、为民服务"为主题十八大精神进万家文艺巡演。12月7日、8日中午的县城老戏台、前卫渔村戏台人头攒动、热闹非凡。演出在花灯歌舞《喜庆十八大》中拉开帷幕。以陶应全事迹改编的花灯小戏《生命泉》让观众再次为优秀共产党员陶应全心系百姓、为民办事，不计得失、一心为公的事迹深深感动；廉政小品《一次也不行》敲响了反腐倡廉的警钟，并号召广大党员干部严以律己，真正做到情为民所系、权为民所用、利为民所谋，永葆清廉作风。《红旗飘飘》、《锣鼓》、《花腰情》、《永远跟党走》、《思乡恋曲》、《锦绣江川》等一个个精彩的文艺节目吸引了500多名群众前来观看，获得了观众的一致好评。

【第八届开渔节大型文艺演出】 12月24日下午，江川县举办中国云南江川第八届开渔节暨高原湖泊水产品交易会开渔节大型文艺演出，精彩的演出把人们带进了高原水乡渔文化的浓厚氛围中。

当天下午的江川，阳光明媚，微风徐徐。热情的观众们早早地来到县城鱼文化广场，等待着观看演出。下午2时10分，演出正式开始，开幕式在《鱼跃中天》高亢明亮的歌声中拉开了序幕，这是一首专门为江川第八届开渔节创作的歌曲，展现了江川开渔节的壮观场景。富有江川当地特色的花灯表演《渔家的日子唱着过》、滇剧《浪广谣》以及由江川安化彝族乡文化站表演的省级非物质文化遗产传承类获奖节目《赛撒弦》充满了浓浓的江川气息。舞蹈《鱼趣》、《湖之舞》，歌舞《高原水乡一支歌》，歌曲《我的家乡高原水乡》充分展示了江川特有的高原水乡魅力和两湖的秀美风光，唱出了江川人民的欢乐，舞出了江川人民的豪情。整场演出分鱼欢跃、浪广风、水乡情、好风光四个篇章，以星云梦·水乡情为主题，通过舞蹈、独唱、花灯表演等艺术形式，颂扬了江川独具特色的民间、民俗、民族文化和高原水乡渔文化，同时又兼备生态元素、流行元素和江川人文元素等，展示了江川的渔业成就和锦绣山水。

在1个半小时的演出中，来自江川本土的艺人纷纷登台，一个个精彩的节目轮番上演，赢得了现场观众的阵阵掌声。

（杨绍龙）

旅　游

【概　述】 2012年江川旅游工作牢牢抓住抚仙湖—星云湖生态建设与旅游发展综合改革试验区建设的历史机遇，围绕把江川建设成“高原湖泊生态县、现代宜居高原湖泊生态城和国际高原湖泊生态休闲度假目的地”的目标，强力实施大项目带动战略，加大旅游产业发展资金投入，进一步完善旅游基础设施建设，进一步优化了旅游环境，促进了全县旅游产业持续健康快速发展。

2012年末，全县共有国家3A级旅游景区1个（江川古滇国文化园）、2A级旅游景区2个（明星鱼洞和明星碧云寺公园）；四星级饭店1个（阳光海岸酒店）、三星级饭店2个（瑞文酒店和玉波苑酒店）、二星级饭店3个（孤山环玉山庄、江川宾馆和玉带河宾馆）；以抚仙湖西岸为主要区域的农家乐86家（其中玉溪乡村旅游星级接待单位28家）；合并星级饭店旅游接待总床位5300余个、旅游从业人员5100余人。

全县2012年共接待海外旅游者424人次，比去年同期增长8.99%；共接待国内外游客189.27万人次，与去年同期相比，增长了10.47%；实现旅游总收入81396.35万元，与去年同期相比增长了20.81%。其中“春节”黄金周接待游客5.16万人次，比去年同期增长22.9%，旅游总收入1300.6万元，比去年同期增长32.3%；“五一节”接待游客9.23万人次，比去年同期增长1.2%，旅游总收入2075.4万元，比去年同期增长5.5%；“端午节”接待游客2.47万人次，比去年同期增长2.2%；旅游总收入921.4万元，比去年同期增长17.3%；“十一”黄金周接待游客5.55万人次，比去年同期增长39.7%，旅游总收入2046.3万元，比去年同期增长58.1%；“开渔节”接待游客37.5万人次，实现旅游收入7993.1万元，与去年同期相比，分别减少了15.3%。

【仙湖锦绣项目建设】 龙湖集团于2012年2月向县委、政府提交了《关于“仙湖锦绣”项目工程施工的请示》，县委、政府原则同意由龙湖集团云南江川仙湖锦绣旅游物业发展有限公司作为主体进行施工；自2011年10月以来，为调动大多数群众支持参与项目建设的积极性，在各级政府和村组的指导下，组织了当地失地农民200余人自愿报名参与工程建设，完成了东、西海边660米的围墙基础开挖、铁丝网围栏及围墙支砌工作，同时启动了张营1、2、3组片区内项目施工，但阻力较大；与750厂积极协调，完成了部分土地的置换工作；县委、政府及时加强领导，对项目指挥部的工作进行了调整，并积极研究复工工作，争取早日复工。2012年全年完成投资2405.47万元，截至2012年12月底累计完成投资42621.66万元。

【金色抚仙湖九龙国际会议中心进展顺利】 住宅B楼进行交房，完成95%；五星级酒店A、C区顺利封顶，外墙涂料完成70%，B区钢结构安装完成90%进度，90%楼板开始砼浇筑；二区住宅主体施工开始；住宅A楼广场开始平整场地，准备铺贴。2012年全年完成投资12000万元，截至2012年12月底累计完成投资59635万元。

【推进重大旅游项目前期工作】 奥宸·抚仙湖国际文化旅游小镇、远洋国际培训中心项目和天湖湾、樱花温泉山谷等项目。奥宸·抚仙湖国际文化旅游小镇、远洋国际培训中心项目和天湖湾、药王谷等项目积极开展规划完善工作，加强与相关部门的联络。县政府召开了政府常务会议，专题研究奥宸·抚仙湖国际文化旅游小镇、天湖湾和九龙国际会议中心用地划界问题，三方已就用地划界达成一致；县政府专门召开了规委会专题会议，专题研究奥宸·抚仙湖国际文化旅游小镇总体规划，形成统一意见，按试验区建设程序报试验区管委会办公室；在市旅游局组织的专家评审会上，药王谷项目规划顺利通过评审，奥宸·抚仙湖国际文化旅游小镇根据专家所提意见，进一步完善规划。

【孤山提档升级工作】 围绕将孤山建设成为独一无二、别具特色的高端旅游精品景区的目标要求，在完成了地形测绘、初步勘查、波速和地脉动测量以及项目策划方案编制的基础上，制定了《江川县孤山高端文化旅游提档升级工作方案》；结合云天化“退二进三”天湖湾项目，与云天化公司就建设孤山高端旅游项目进行了多次商谈，与云天化公司就孤山高端文化旅游提档升级项目开发建设达成一致意见，待“退二进三”天湖湾项目启动后即着手开发建设。

【完成试验区项目规划编制】 围绕试验区建设的总体要求，经请示县委、政府同意，委托玉溪师范学院旅游研究所开展界鱼石公园升级改造策划，顺利完成了策划文本的编制和市旅游局意见征询，着手开展项目建设方案的制定；委托云南意图旅游规划设计有限公司编制了《星云湖十里长堤4A级旅游景区总体规划》，规划范围和面积为：星云湖南岸双桥营至大凹的水面和陆地，面积10平方千米，完成了县级意见和建议征询，待报市旅游局组织评审。

【推动乡村旅游发展】 委托玉溪师范学院旅游研究所开展了前卫镇大石河村生态旅游策划工作，依托水库、森林和少数民族文化等资源，完善乡村旅游基础设施条件，培育新的乡村旅游产品；旅游研究所经与前卫镇多

次接触，多次实地勘查，就编制全镇旅游策划事宜达成一致，并按步骤开展工作。配合市政协完成对乡村旅游的调研，对江川县乡村旅游的发展进行了汇报和交流。

【强化旅游安全生产和防艾工作】 根据省、市、县有关安全生产的文件精神和工作部署，制定了详细具体的工作方案，与各星级饭店、旅行社、A及旅游景区签订《江川县文化旅游广电和体育局消防工作目标管理责任状》。分别于1月积极配合省假日办、市旅游局开展了春节旅游安全检查；于2月、3月、6月认真组织了冬春旱季消防安全检查、全县安全生产大检查和六月安全月活动、“十一”黄金周安全检查、“十八大”安全检查等。分别牵头会同县消防大队、县质量技术监督局和县卫生局、县食品药品监督局组成联合检查组对阳光海岸酒店等6家星级饭店，江川古滇国文化园3家A级景区和3家水上娱乐公司开展了全面细致的安全检查。检查内容包括消防安全设施设备、安全疏散通道、压力容器等特种设备、食品卫生安全等方面；对可能存在的安全隐患进行了全面排查。针对排查出的各方面的隐患和存在的问题，已责令有关单位限时整改，并出具了书面整改意见。在抓好安全生产的同时，还积极做好防艾、旅游市场检查周工作等，确保江川县旅游产业健康、持续发展。

【实施质量兴县战略，推行旅游行业标准】 针对水上游乐企业服务质量低下、安全意识薄弱的突出问题，制定了《江川县水上游乐从业人员培训方案》，于4月24日在瑞文酒店举办了四家水上游乐公司和江川古滇国文化园员工参加的江川县水上游乐从业人员培训班，特约玉溪师范学院商学院教师和市抚仙湖管理局对参加培训的50余名学员进行了旅游服务礼貌礼仪、《抚仙湖管理条例》以及水上安全等方面的教授。

按照《旅游饭店星级的划分与评定》（GB/T14308—2010），县文旅广体局组织星级饭店检查员按照职权划分，于8月对江川县阳光海岸酒店（四星）、瑞文酒店（三星）、玉波苑酒店（三星）、孤山环玉山庄（二星）、江川宾馆（二星）和玉带河宾馆（二星）进行了年度复核，其中瑞文酒店为评定性复核，经上报市星级饭店评定委员会审核，全县6家星级饭店顺利通过年度复核。

按照玉溪市《玉溪乡村旅游服务接待设施质量等级评定标准》，于4月对江川县“三道菜”等28家乡村旅游星级接待饭店进行复核，进一步规范了全县乡村旅游接待饭店的服务标准，对全县餐饮业起到了示范作用，促进了乡村旅游接待饭店服务质量和经营水平的提升。

根据市旅游局举办全市第六届旅游饭店行业服务技能大赛的要求，积极组织江川县星级饭店和具有一定档次的旅游饭店—阳光海岸酒店、瑞文酒店、景湖酒店和江川宾馆四家酒店共18名选手参赛，取得了工装展示集体二等奖、中餐宴会摆台二等奖一名和优秀奖二名、西餐正餐摆台优秀奖二名、客房中式铺床三等奖一名和优秀奖二名的良好成绩。

根据云南行管文件《云南省旅游局关于全面推进旅游标准贯标工作实施方案的通知》和玉旅《关于全面推进旅行社、导游行业标准等级划分与评定工作的通知》精神要求，成立了江川县旅行社导游行业标准等级划分与评定工作委员会，制定江川县旅游行业标准贯标工作实施方案，组织各旅行社和导游人员认真学习云南省地方标准，旅行社和导游游服务质量等级划分与评定培训手册，对照标准进行自查打分；根据市旅游局的安排和要求，于12月对4家国内旅行社和导游人员进行现场检查打分评定，对申报材料进行审核。及时把评审资料和评审结果归档备案，报送市旅游局，迎接省市考核小组评定检查和验收，圆满完成对全县4家旅行社和16名导游的质量标准等级的评审评定工作。

【抚仙湖第八届铜锅美食节分会场活动】 举办了抚仙湖第七届铜锅美食节，2012年4月29日，由玉溪市人民政府主办，玉溪市旅游局、江川县人民政府承办，江川县明星地产开发有限公司协办的玉溪市第七届抚仙湖铜锅美食节江川分会场活动在江川明星渔洞景区隆重开幕。活动的举办烘托了浓烈的节日气氛，进一步扩大了抚仙湖铜锅美食的知名度和美誉度。

【参与旅游节会，丰富宣传促销途径】 积极配合市政府、市旅游局7月2～3日的成都专项营销活动（玉溪自驾车特色旅游推介），江川县委宣传部、文旅广体局、有关景区和酒店相关领导和职工参加了此次活动，在成都宽窄巷子、锦里旅游街举办的营销活动上参加了资料派发等活动；配合省、市旅游局参加2012年广州中国国际休闲博览会，积极组织人员参加宣传资料派发等活动。

（李　平）

广播电视

【概　述】 2012年，江川县广电工作把讲政治、坚持党的路线作为工作的“灵魂”，把坚持正确导向，做好宣传工作作为工作的“根本”，把提高素质，搞好服务作为工作的“基石”，以创建新一届省级文明单位为抓手，以开展“四群”教育和作风建设年活动为契机，切实转变工作作风，唱响主旋律，打好主动战，各项工作取得了较好的成效。

宣传工作上，围绕党和国家重大决策及县委、政府的中心工作抓好主题宣传报道。以开展“科学发展　成就辉煌”的主题宣传为重点，做好党的“十八大”宣传工作；完成县“三会”宣传报道任务；围绕“五大战略”开展主题宣传报道，引导了社会舆论，有效服务县委、政府的中心工作；开设专栏《开展四群教育 加强作风建设》，积极做好宣传报道，使“四群”教育活动的宣传工作有力度、有声势、有特点，营造了浓厚的氛围。与云南电视台合作，成功直播第八届开渔节文艺演出。全力做好对内对外宣传工作，全年广播电视共播出新闻 6839条，上市台播出752条（含新闻直通车）。

事业建设上，精心做好中央3套、省2套和市1套广播电视节目无线覆盖工程的设施设备维护和节目转播发射工作；做好广播电视“村村通”维护工作，构建广播电视公共服务体系。全面启动直播卫星“户户通”工程。

安全播出上，与国保、610及乡镇村组联动防范，构建三级安全防范大格局。圆满完成“十八大”等各个重要保证时期的安全播出任务。集中开展地面卫星接收设施专项整治，维护了卫星电视的正常传播秩序。

【主题宣传】 围绕中央、省、市重大决策和县委、政府的中心工作，以开展“科学发展 、成就辉煌”的主题宣传为重点，组织县广播电台、电视台集中精力，精心策划，深入采访，认真制作，为迎接党的“十八大”胜利召开营造良好的思想舆论氛围。圆满完成了县委十二届二次全会、县人大十四届五次会议、县政协七届五次会议宣传报道任务。做到了当天新闻当天播出，全方位向全县人民播报了大会盛况，宣传了大会精神，营造了一心一意谋发展的良好氛围。围绕“生态立县，农业稳县，工业强县，旅游活县，文化兴县”五大战略，开展主题宣传报道，引导了社会舆论，有效服务了县委、政府的中心工作。围绕深入学习实践科学发展观活动，继续开办专栏《创先争优》，宣传报道各乡镇各部门认真抓落实的生动实践；开设专栏《开展四群教育 加强作风建设》，积极做好宣传报道，使“四群”教育活动的宣传工作有力度、有声势、有特点，营造了浓厚的氛围。

【重点工作宣传】 始终把“围绕中心，当好喉舌”作为宣传工作的最高原则，紧扣县委、政府要解决的重、难点问题，对抗旱救灾、抚仙湖退田还湖、烤烟生产、重点项目建设、农村环境卫生综合整治，特别是仙湖锦绣项目推进等重、难点工作开展系列宣传报道，为这些工作的推进积极鸣锣开道。与云南电视台合作，成功直播第八届开渔节文艺演出。

【对内宣传】 截至2012年12月底，江川电视台共制作播出新闻稿件1238条，其中，制作播出专栏节目《科学发展 成就辉煌》10期、《开展四群教育 加强作风建设》37期、《聚焦重大项目》24期、《青年风采》5期、《抗旱救灾》36期、《农村环境整治在行动》18期；《江川警方》12期，公益广告4992余条（次）。江川人民广播电台播出新闻5601条（含报纸要闻），播出《星云之声》专题时政版50期113条、法制版52期300条、综合版51期193条、农业版51期289条，播出电台专栏《岁月如歌》、《红绿灯》、《生活在线》各156期。所播出电视电台节目采用群众喜闻乐见的形式，较好地宣传了县委、政府的重要决策和工作部署，展示了江川改革发展所取得的辉煌成就，更好地服务了群众生活，为建设高原湖泊生态县提供了较强的舆论支持。

【外宣工作】 2012年，在中央电视台财经频道《县域经济报道》栏目播出新闻3条。报送新闻在玉溪电视台用稿177条，玉溪人民广播电台播出315条。在玉溪电视台《新闻直通车》栏目江川版播出新闻40期260条，外宣工作保持了较好态势。

【公共服务体系建设】 2012年，精心做好中央3套、省2套和市1套广播电视节目无线覆盖工程的设施设备维护和节目转播发射工作，确保困难群体人员收听收看中央和省级基本的广播电视节目。以“四群教育活动”为契机，改进广播电视“村村通”服务模式。变被动服务为主动服务，组织技术人员先后深入路居红石岩、九溪阳山庄等23余个偏远山区村逐村逐户免费维护广播电视“村村通”设备，确保了当地群众的正常收看，赢得了山区群众的赞誉。

【电视台技术改造】 争取县财政资金11万元，购置索贝Fair-D1电视播出一体机主播、备播各一套，逐步提高广播电视技术装备水平，进一步提高了江川电视台的安全播出保障能力。

【全面启动直播卫星“户户通”工程】 2012年3月全面启动直播卫星“户户通”工程。根据国家广电总局和省局、市局的安排部署，制定了《江川县直播卫星户户通工程实施方案》，明确了江川县“户户通”工程的目标任务、实施原则、职责划分和工作步骤。争取召开了江川县直播卫星户户通工程建设动员会，并由分管副县长与各乡镇签订了责任书。截至12月31日共安装户户通716套。

【安全播出】 认真学习贯彻上级有关文件精神，修改完善《江川县广播电视安全播出应急预案》和《江川县广播电视安全播出应急协调预案》，进一步强化安全播出的组织保证和制度保证。“春节”、“五一”、“十一”和国家、省重大活动的重保期间，坚持24小时值班制度和“零”报告制度，实现了优质、安全、不间断传输的预定目标，圆满完成了各个重要保证时期的安全播出任务。在十八大召开前，开展广播电视信号和网络视听节目清理整治专项行动。根

据上级的部署，制定了专项行动工作方案，协调公安、610、工商、工信等部门利用一个月的时间开展专项整治工作，确保了党的十八大广播电视安全播出和舆论信息安全。

【安全播出大检查】 5月30日，由中央电视台副台长何宗就带队的国家广电总局安全播出检查组来到江川，对江川县广播电视安全播出工作进行了全面检查并给予了充分肯定。此次安全播出大检查，系江川县代表全省129个县接受国家广电总局的检查。

（赵红英）

广电网络公司

【概　述】 2012年是江川支公司发展史上极不平凡的一年，一年来，公司经营班子顶着巨大压力，带领公司全体员工，紧紧围绕集团公司和分公司“重经营、调结构、建支柱、提质量、促增长”的发展思路，加强收费管理，加大互联网用户、高清互动电视的发展力度，拓宽付费节目销售渠道，全力实施网改，全面进行数字电视转换。通过公司干部职工一年的辛勤劳动，特别是8月20日后，公司全体干部职工放弃节假日和双休日浴血奋战，确保完成了全年目标任务，经营收入突破了2000万元大关，取得了自公司成立以来的的最好成绩。

【主要财务指标完成情况】 2012年，江川支公司完成经营收入2016.02万元，完成下达指标2005万元的的100.55%，与2011年的1438.09相比，增加577.93万元，增长40.19%，完成息税前利润837.16万元，完成下达指标547万元的141.88%，与2011年的280.09万元相比增加495.99万元，增长177.08%。产生成本费用1239.94万元，为下达指标1458万元的85.04%，与2011年的1193万元增加46.94万元，增长3.93%。

【主要经营指标完成情况】 1. 发展新增有线电视用户3659户，完成下达任务数3129户的117%。与2011年的1302户相比，增2357户，增长181.03%。2. 发展新增数字电视主机用户23628户，完成下达任务数21000户的125%。与2011年的9673户相比，增13955户，增144.27%。3. 发展互联网用户964户，完成下达任务数1800户的53.56%。与2011年的1216户相比，减少252户，减少20.72%。4. 完成高清互动电视主机用户61户（其中：高清用户40户、互动用户21户），占下达指标1900的1.42%。5. 完成付费节目销售236.81万元，占下达指标220万元的107.64%。与2011年的128.5万元相比，增108.31万元，增84.29%。6. 完成模拟用户、数字电视用户全年收费53300户，剔除免费用户后，实际在网用户数为54586户，全年用户综合收费率为：97.64%。

【网络升级改造】 2012年，公司高度重视网络升级改造工作，积极争取江城、九溪、路居、雄关4个乡镇的网改项目，项目资金达383 万元。在招投标、设备材料准备面临多种困难的情况下，经多方努力，项目工程8月初得于实施，公司领导班子顶着时间紧、任务重的巨大压力，统畴规划、合理安排、积极争取上级支持，在项目施工上抓紧、抓快、抓质量，经过4个多月的努力，完成4个乡镇 502个光节点改造任务，架设钢绞线 107千米、铺设光缆315千米、电缆 70 千米。通过网改，有力促进了数字电视整转和其它增值业务的发展。

【数字电视整转】 2012年，玉溪分公司下达给江川的整转任务是21000户，是历年以来任务数最高的一年。在这样的压力和挑战面前，公司领导班子没有退缩和报怨，而是采取积极应对的态度，认真讨论，科学分析，在8月网改项目未实施前，利用现有条件对江城镇三百亩、大地，大街街道小白坡、土官田4个社区居委会进行整转。8月20日以后，在网改顺利进行的情况下，组织动员干部职工放弃节假日和双休日，全力投入网改和整转，网改成熟一片整转一片，完成了江城镇15个社区、雄关乡5个社区、九溪镇7个社区，路居6个社区，合计37个村社区整转，整转用户22239户，整转率达91.45%。至此，江川支公司全面完成了业务辖区内光缆联网地方的数字电视整转换任务，2012年全年共整转和发展新增数字电视用户23628户。

【“户户通”工程建设】 户户通”工程建设，是贯彻落实党的十七届六中全会精神的重要举措，也是推动实现城乡广播电视公共服务均等化的重大惠民工程，在江川县8月16日召开了“户户通”工作动员会后，公司及时着手推进工作。先后与乡镇协调联系，组建了“户户通”服务网点，明确了网点负责人，并对用户进行了摸底调查，组织了报名，第一期报名989户，第二期182户。同时积极与县广电局联系争取政府配套资金，进行人员培训，准备设施设备，于12月13日全面投入用户安装、资料录入、授权处理工作，截至12月31日，完成“户户通”用户安装、资料录入、授权处理 786户，完成一期3000户的26.2%，未完成用户将在2013年1月组织力量完成。

【县委、政府交办的各项任务】 2012年，公司领导班子按照县委、政府的有关安排，投资54.34万元完成了江川职教小区数字电视地埋管道及联网工程，完成了工业园区杆路、光缆调查统计和根据园区施工需要的搬迁工作，投资 15万元完成了玉江大道因人行道改建，沿路地埋管道和操作井的复建工程，有力配合了县委政府工作。

【保障安全播出】 2012年，公司以高度的政治责任感和使命感，不断完善制度、优化供配电线路、配齐发电机、UPS电源等安全播出设施设备，领导一线带班，强化值班管理，优化人员配置，圆满完成了元旦、春节、“全国两会”、“全省两会”、“五一”、“十一”和党的十八大安全播出任务。特别是党的十八大安全播出工作，下了硬功夫，花了大力气，5月30日，中宣部、国家广电总局十八大安全播出检查组一行到江川检查时，对公司安全播出工作给予了很高的评价。

（杨聪俊）

体　育

【概　述】 2012年，江川的体育工作在中共江川县委、政府的直接领导下，在市体育局的大力支持和精心指导下，在体育战线全体干部职工的辛勤耕耘下，取得了优异的成绩，主要表现在：组织和开展县内群众性体育活动、运动会和单项比赛18次；承办和协办市级重大体育活动3次；组团（队）参加省、市级体育比赛10次；举办各类体育培训3次；完成了15个村委会、社区或村民小组的农民体育健身工程项目；申请批准了3个村为“文化体育活动广场建设项目”；开展了“四群”教育系列活动；组织了“第四个全民健身日”活动；全面完成了温泉村委会包村的各项工作任务。

【大街街道办事处职工趣味运动会】 2011年12月31日，大街街道办事处举办2012年“庆元旦·迎新春”职工趣味运动会。比赛地点在江川少体校。比赛项目有：篮球混合、拔河、跳大绳、海底捞月、同舟共济五个项目，参加比赛的运动员来自大街街道办事处的干部职工共169人，经过一天欢乐、有趣的比赛，全体街道办事处干部职工度过了一个快乐的节日。比赛设团体总分，分别设一等奖1名，二等奖2名，三等奖3名，荣获团体总分一等奖的是党政办公室。

【第二届“开渔节·体彩杯”羽毛球邀请赛】 2012年1月1～2日，江川县文化旅游广电和体育局在体育馆举办江川县第二届“开渔节、体彩杯”羽毛球邀请赛。参加比赛的代表队有：玉溪市羽毛球协会、玉溪健乐羽毛球队、玉溪中建集团羽毛球队、玉溪2012羽毛球队、峨山羽毛球协会、江川县羽毛球一、二、三队共八个代表队参赛。比赛项目设混合团体、男子单打、女子单打、男子双打、女子双打、混合双打。荣获混合双打前六名的代表队分别是：玉溪中建集团队、江川一队、玉溪健乐羽毛球队、江川三队、玉溪市羽毛球协会、玉溪2012羽毛球队；荣获男子单打前六名的运动员分别是：柏金伟、雷小明、王家雄、洪树基、施翔、任可；荣获女子单打前六名的运动员分别是：靳燕、施丽华、张圆圆、马米兰、石秀焕、刘玲；荣获男子双打前六名的运动员分别是：王波/王啟平、张明华/史东海、胡善云/董建忠、李全/李文平、李桥虹/吴永伟、张洪宾/郭锐；荣获女子双打前四名的运动员分别是：王惠英/张尹仪、李云美/李润、杨玲/陈安娜、孙玉仙/梁艳；荣获混合双打前四名的运动员是：王伟/刘文玉、官汝运/高琼华、徐斌/范丽英、刘学科/王琳琳。荣获优秀组织奖的代表队是：峨山羽毛球协会、江川二队。

【县公安局第六届警体运动会】 2012年1月4～6日，江川县公安局举办第六届警体运动会。比赛项目有篮球混合、拔河、双抠三个项目。举办地点除双抠外篮球混合在江川体育馆和江川少体校进行，拔河在江川体育馆进行。举办运动会的目的主要是丰富民警文体生活，活跃工作氛围，缓解工作压力，增强民警体质。参加单位有：局机关、刑侦、治安、交警、武警、消防、各乡镇社区派出所共150余人，经过两天的比赛，荣获篮球混合前三名的代表队分别是：看守武警、刑侦、前卫派出所；荣获拔河前三名的代表队分别是：刑侦、大街派出所、局机关；荣获双抠前三名的代表队分别是：治安、江城派出所、局机关。1月6日下午16时，整个比赛结束，县公安局政委汪兴介作了讲话，局领导为获得各项目前三名的代表队颁发了奖品。

【县供电公司职工运动会】 2012年1月11～12日，江川县供电有限公司2012年“迎新春·送健康”职工运动会在县体育馆、江川少体校综合馆举行。11日上午八点半，在体育馆举行简短的开幕式，由工会主席陈绍明主持，县供电有限公司经理代建明讲话，工会主席陈绍明对运动会提出三点要求。运动会比赛项目有：篮球、乒乓球、羽毛球、双抠、拔河五个项目运动员达300多人。参加比赛的代表队有：机关、生技安监调度、营销稽查、配电营业、输变管理、职工技协衡物业六个代表队。运动会的目的是营造深厚的健身强体文化活动氛围，提升公司整体形象。经过两天比赛，获团体总分一至六名的代表队分别是：配电、输变电、机关、安全调、技协、营销。12日下午3日，整个运动会比赛结束，县供电公司相关领导出席闭幕式，并为获得团体总分前三名的代表队和比赛项目前三名的个人颁发了奖品。

【温泉村委会春节文体活动】 1月23～25日春节期间，江川体育部门部分干部职工放去休息，深入温泉村委会帮助指导温泉村委会开展文体活动。参加活动的项目有拔河、篮球、门球、斗鸡和文艺演出。拔河、男篮比赛队各有五个，运动员达170多人次，观众达2000余人次，荣获一等奖:早街二组；二等奖：海溪和早街一组；三等奖：庄科和徐家头小组。比赛结束，村委会领导为荣获团体总分一、二、三等奖的代表队颁发了奖金。整个比赛欢声笑语，其乐无穷，氛围较好。

【国际网联男子巡回赛裁判员到江川参访】 2月13日下午，参加2012年国际网联男子巡回赛（玉溪站）裁判员一行19人，在国家体育总局网球运动管理中心竞赛部副部长万建斌，国际网联（ITF）下派的日本籍裁判长爱达松野，带领着国内外有关大学体育院校的国际级、国家级裁判，先后游览了江川孤山风景区、明星渔洞等地，专家们对江川的湖泊山水风光、传统古老的历史文化和丰富的旅游资源赞不绝口。陪同巡回赛裁判员参观考察的有：玉溪市体育局副局长黄绍林、江川县文化旅游广电和体育局副局长官汝运等。

【市第四届卫生系统“疾控杯”篮球赛】 2月16日至21日，玉溪市第四届卫生系统“疾控杯”篮球赛在峨山县举行。江川县疾控中心依托江川县文化旅游广电和体育局抽调朱金艳（女）教练经过短期训练出队参赛，荣获第七名的成绩，同时获得体育道德风尚奖，参加单位有全市八县一区、市县机关共十支篮球混合队。

【庆“三八”趣味体育活动】 3月7日下午，江川县为庆祝第102个“三八”国际劳动妇女节，展示江川妇女的精神风貌，倡导广大妇女积极投身到全民健身的活动中，江川县妇女联合会、江川县总工会、江川县文化旅游广电和体育局在江川体育馆联合举办2012年江川县庆“三八”国际劳动妇女节体育活动。体育活动的项目有：趣味运动（三人四足、一穿而过、大快人心、搬运接力、袋鼠跳、海底传月、跳大绳）和拔河比赛，共有来自全县各乡镇社区、各部委办局的37个单位报名参加活动，运动员达942人，总计2049人次参加全部项目的比赛。经过四个小时紧张欢快有趣的体育比赛，荣获团体总分一等奖：星抚之声健身协会。荣获二等奖：教育局、雄关乡政府。荣获三等奖：县医院、路居镇政府、江磷集团。体育活动开始前，举行了简短的开幕式，妇联主席王学梅主持会议，县委常委马利兴致辞，比赛结束，县妇联、县总会、县文化旅游广电和体育局相关领导为荣获一、二、三等奖的代表队颁发了奖牌奖金。

【第七届“五四青春杯”三人篮球赛】 4月26日，共青团江川县委、江川县文化旅游广电和体育局在大街街道办事处下营社区球场联合举办2012年第七届“五·四青春杯”三人篮球赛。上午8时，举行了简短的开幕式，共青团江川县委办公室主任史圆主持会议，团县委书记何眉出席开幕式，文旅广体局副局长陈华对比赛提出要求，文旅广体局业务股负责人史文杰讲解规则。参加比赛的有11支男队和4支女队，经过一天35场紧张激烈的角逐，荣获男子组前三名的代表队分别是：茂晟食品、渔村篮球俱乐部二队、比亚乔二队；荣获女子组前二名的代表队分别是：巾帼一队、巾帼二队。下午5时，团县委书记何眉、文旅广体局副局长陈华为获奖代表队颁发了证书奖金。

【省“红牛杯”玉溪站羽林争霸赛】 2012年4月28～29日，云南省“红牛杯”玉溪站羽毛球争霸赛在市体育馆举行。云南省“红牛杯”羽林争霸赛共设曲靖、玉溪、昆明三个赛区，曲靖、玉溪的前三名，昆明赛区的前五名代表队将于6月份在昆明进行角逐，前二名7月份到广州进行总决赛。参加玉溪站比赛的共有33支羽毛球代表队，比赛项目设混合团体、混合双打、男子单打、女子单打，比赛成绩取团体总分。以文化旅游广电和体育局为主的羽毛球代表队参加了所有项目的比赛，经过小组赛三场的比赛，荣获小组第二名进入决赛，最终荣获团体总分第八名的成绩。

【举办培训班】 5月9～11日，江川县文化旅游广电和体育局在体育馆举办第九套广播体操和健美操培训班，特邀玉溪市少体校高级教练王惠英担任教练，来自全县各机关事业单位的51名体育骨干参加了培训。经过三天的培训，教练教学有方，学员学习认真，达到了预期的目的。

【第三届职工运动会】 6月16～20日，由玉溪市委、市人民政府主办，市体育局、市总工会承办的玉溪市第三届职工运动会在红塔区举行。参加比赛的代表团（队）共60支，2000余人。经县委、县政府同意，由县总工会、县文化旅游广电和体育局负责，抽调相关单位干部职工组团参加本届运动会。本届运动会共设篮球、足球、网球、乒乓球、羽毛球、游泳和健美操等七个项目，江川代表团除足球、乒乓球外，参加了其余五个项目的比赛。经过6天紧张激烈的角逐，江川体育代表团荣获团体总分第五名（总分218分，县区排名第四名）和“体育道德风尚奖代表团”、“优秀组织一等奖”。其中游泳队荣获团体总分第二名（133分）和“体育道德风尚奖代表队”，羽毛球队荣获混合团体比赛第四名（总分34分），篮球女队荣获第二名（21分），篮球男队荣获第六名（9分），健美操荣获第六名（二等奖21分）和“体育道德风尚奖代表队”。取得了物质文明和精神文明双丰收，为江川人民争得荣誉。

【市第二届“政法杯”男子篮球赛】 6月25～28日，玉溪市第二届“政法杯”男子篮球赛在玉溪市体育馆举行。江川政法系统抽调相关人员在少体校经过短期集训，组成由11人的江川政法系统男子篮球队出队比赛，在21支男子篮球队中荣获小组第四名。

【看望困难老党员】 6月29日，在中国共产党成立91周年之际，江川县体育部门党支部八名共产党员身在机关，心系群众，每人自愿捐款100元，单位出资1000多元，购买毛毯8件，由党支部书记、副局长彭春云带队，深入到温泉村委会困难老党员李仁文（庄科支部）、杨彩秀（早街一支部）、刘凤仙（早街二支部）、杨存有（海溪支部）、刘桂芬（徐家头支部）、徐凤烈（徐家头支部）、沈开府（松园支部）、华永建（老干支部）家中，将慰问品和慰问金亲自交到每位老党员手中，八位困难老党员用不同的语言感谢党、感谢政府、感谢体育部门的领导对他们的关怀。

【参加抚仙湖公开水域邀请赛】 7月14日上午9:00时，第六届云南玉溪抚仙湖公开水域游泳邀请赛在澄江县禄充风景区波息湾举行。来自云南省周边省市游泳爱好者500多人参加水上角逐，比赛分别按男、女A组，男、女B组，半专业组，畅游组依次进行。江川由体育部门组成代表队参赛，荣获女子B组（30岁～44岁）前4名，分别由秦云红、何艳春、徐焕芬、高琼华四人夺取。本届公开水域游泳邀请赛由云南省体育局、玉溪市人民政府主办，市体育局、省游泳协会、澄江县人民政府承办。

【预备役庆“八一”篮球赛】 7月24日，江川县预备役三团二营在体育馆举办庆“八·一”男篮篮球赛。参加比赛的队有：营部、大街四连、路居六连、九溪炮兵连、江城机枪连、前卫五连，共六个代表队。篮球赛举行了简短的开幕式，预备役三团二营营长主持开幕式，并作了讲话，县政府办主任普朝鹏宣布篮球比赛开始。经过三天15场激烈角逐，荣获前三名的代表队分别为：大街四连、前卫五连、江城机枪连。

【江川“阳光青少年俱乐部”暑假培训】 7月19～28日，江川“阳光青少年俱乐部”在少体校综合馆举办篮球、柔道培训班，参加篮球培训的有36人，柔道培训的10人。7月29日～8月7日，江川“阳光青少年俱乐部”在少体校举办乒乓球、羽毛球培训班，参加羽毛球培训的24人，乒乓球培训的15人。这次暑假培训，主要是针对在校学生利用暑假进行分期培训，其目的是丰富中小学生暑假生活，从小养成健身习惯，提高中小学生的身体素质。整个培训共培训中小学生85人，全部免费，深得学生家长好评。

【参加市儿童游泳比赛】 7月28日至29日，玉溪市儿童游泳比赛在玉溪体校举行。参加比赛的小运动员有来自全市六县一区的七个代表队，江川县教育局、江川县文旅广体局联合组队27人参加比赛，荣获男子团体总分第一名，女子团体总分第六名的成绩。

【举办市第二届乡镇门球赛】 7月30～8月2日，江川县承办玉溪市第二届乡镇门球赛。比赛地点在江川县少体校和江川县老年活动基地，参加比赛的门球代表队有来自全市部分乡镇的门球队36支，比赛设1～4名为金奖，5～8名为银奖，9名以后设铜奖，分别颁发给奖牌和奖金。7月30日晚上7点，在江川少体校灯光球场举行开幕式，开幕式由市门球协会副主席王友德主持，中共江川县委常委、宣传部长龚桂存致欢迎词，市老体协副主席李生德致开幕词，市老体协名誉主席文元有宣布开幕。开幕式后，县文体十组、一组、二组、八组、十五组、十四组分别表演了节目。出席开幕式的江川县领导有：县老体协主席赵鹏，常务副主席张云志，副主席、县文旅广体局副局长彭春云，副主席、县人力资源和社会保障局副局长张彦林，县老体协副主席胡洪俊等。

【参加市少年篮球赛】 8月1～5日，玉溪市少年篮球赛在新平县举行。参加比赛的运动员来自玉溪市各县（区），共有7支男子少年队和6支女子少年队。江川县文旅广体局与教育局联合组织男、女两支少年篮球队参赛，经过四天的拼搏，荣获男子少年队第一名，女子少年队第四名。

【“全民健身日”羽毛球邀请赛】 8月7日，在全民健身日来临之际，江川县文化旅游广电和体育局在体育馆举办羽毛球邀请赛，来自玉溪江川两地羽毛球爱好者欢聚一堂全力健身，共有50多名运动员参赛，运动员中有县级领导，机关干部职工，厂矿企业人员，年龄最大的50多岁，最小的仅23岁。这次邀请有四个代表队参加，比赛设男女混合团体，顺序为混双、男单、女单、男双、女双。其主要目的是，相互交流，切磋球技，共同提高，交流赛在友好的氛围中结束。

【“全民健身日”健身项目展演】 8月8日，是国务院确立的第四个“全民健身日”。江川县文化旅游广电和体育局、江川县老体协在县体育馆正大门广场联合举办“全民健身日”健身项目展演活动。展演项目包括拳、剑、扇等舞蹈文体节目，演职人员70多人，观众达500多人。

【参加市少儿田径比赛】 8月19～23

日，玉溪市少年儿童田径比赛在易门县城举行。江川县教育局、江川县文化旅游广电和体育局联合组队参赛，要求大街街道办事处大庄中心小学、大庄小学抽调队员集训，并组成28人的代表队参加比赛，取得了团体总分第六名的成绩，甩掉了多年来田径的落后帽子。其中，陈勃宇荣获儿童组第一名；郭子豪荣获少年组男子全能三项第二名；张也荣获少年组女子跳高第二名；陈溪然荣获少年组女子竞走第四名。本届运动会由易门县教育局、易门县文化旅游广电和体育局承办，共有九个代表队参赛。

【参加市政协运动会】 9月11～14日，玉溪市政协系统第七届职工运动会在红塔区举行。江川文化旅游广电和体育局协助江川县政协在体育馆短期集训后参加全部项目的比赛，荣获团体总分第四名，其中篮球第五名，游泳第二名，中国象棋第三名，男、女乒乓球第四名。本届市政协运动会共有八县一区和市政协机关十个代表团参加。

【参加市人大运动会】 9月16～21日，玉溪市人大系统第九届运动会在华宁县举行。比赛项目有：篮球、乒乓球、羽毛球、网球、拔河五个项目，共有来自全市人大系统的十个参赛团参加比赛。江川县人大组织本系统相关人员在少体校综合训练馆集训后，组成26人的代表团参加比赛，夺得团体总分第六名，其中，羽毛球荣获第三名，乒乓球荣获第二名，周绍荣、李忠兴被大会组委会评为优秀运动员。

【市局领导到江川检查体育工作】 11月22～23日，玉溪市体育局局长周延平、办公室主任王红（女）、群体科科长尹俊武、副主任解家敏等一行四人到江川检查工作。重点检查贯彻执行《全民健身条例》和《全民健身计划》情况；其次重点查看全民健身基础设施建设。检查组先后深入到九溪镇、雄关乡、安化乡、前卫镇、大街街道、江城镇部分村委会的省市县级农民体育健身工程进行了实地查看；听取了县文化旅游广电和体育局副局长官汝运的工作汇报。通过查看和听取汇报，检查组对江川近三年来的体育工作和农民体育健身工程工作给予了充分的肯定。一是江川县委、政府在贯彻执行《全民健身条例》和《全民健身计划》中，领导重视，组织机构较健全，全民健身活动机构较完善，全民健身活动开展较广泛深入，工作成效明显；二是江川的“农健工程”抓得扎实，资料齐全，行政村一级普及面达80%以上，走在了全市前列；三是农健工程资金使用清楚，项目明白，管理有序。同时，对“农健工程”存在“重建不重管”等问题提出了改进建议，希望江川体育部门在今后的体育工作中进一步加强组织领导，完善全民健身服务体系，加强对村级全民健身路径建设投入力度；进一步加强“全民健身工程示范点”的工作，特别是对盲点（无体育设施）村委会农民体育健身工程的工作。陪同市检查组检查的还有县文旅广体局副局长彭春云、陈华，办公室主任石从江，群体干部史文杰。

【江磷集团职工运动会】 12月5～7日，云南江磷集团股份有限公司举办了2012年职工运动会及文体活动。参加运动会的有大街片区、生产部后勤、化工一车间、化工二车间、化工三四车间、化工五车间、化工六车间、机电车间共八支代表队，运动员达850余人次。比赛项目有：男女篮球、男女羽毛球、男女乒乓球、男女跳绳、男子象棋、女子跳棋、拔河和趣味活动，同时在运动会前，还对职工举办了书画、摄影征文活动，评出了一、二、三等奖。12月5日上午，举行了隆重的开幕式，全体职工着装整齐参加，开幕式由公司副总经理傅映敏主持，公司总经理万荣惠致开幕词，县经贸局党委书记韩良讲了话。本届职工运动会规模大，项目设置多，职工参与面大，真正办成了推进公司文化创建，促进职工文体活动持续开展，丰富职工精神文化生活，激励职工奋发努力，促进公司经济又快又好发展的一大盛会。

经过三天紧张激烈角逐，运动会圆满结束，相关领导为获奖代表队、运动员颁发了奖品。荣获男子篮球前三名的代表队分别为：机电车间代表队、后勤代表队、化工六车间代表队；荣获女子篮球前二名的代表队为：生产部联队、黄磷生产联队；荣获拔河比赛第一名：机电车间代表队，第二名：后勤代表队，第三名：化工一车间、化工二车间、化工五车间。荣获团体趣味项目前三名的代表队分别为：机电车间代表队、化工六车间代表队、大街片区代表队。荣获羽毛球男子单打比赛前三名的运动员分别是：史东海、施翔、段留双；荣获羽毛球女子单打前三名的运动员分别是：业英、尹乔焕、王文娟。荣获乒乓球男子单打前三名的运动员分别是：李彦江、官景川、杨培礼；女子单打前三名的运动员是：蒋静、代艳芬、张秋丽。荣获男子象棋前三名的运动员分别是：郭绍红、刘正刚、张绍军。荣获女子跳棋前三名的运动员是分别是：张秋丽、周存会、张艳芬。本届运动会由公司工会主办，共青团江磷集团委员会协办，比赛地点在江磷集团股份有限公司总部。

【参加市中老年人羽毛球比赛】 12月8～9日由玉溪市体育局主办，玉溪市体育馆和玉溪市羽毛球协会承办的“2012年玉溪市中老年人羽毛球比赛”在玉溪市体育馆隆重举行。江川县组队参加了此次比赛，共有来自玉溪各区县的100余人参赛，经过两天280余场的争夺，分别决出各组的名次。江川在特邀组中斩获颇丰，共获男子双打第一名和第三名，混合双打第一名的好成绩，为江川争得了荣誉。

【县医院举办职工篮球、拔河赛】 12月3～19日，江川县民医院在本院院部举办2012职工篮球赛和拔河比赛，共有25个科室300余名医务人员参加。比赛目的是丰富职工体育文化生活，扎实推动“二甲医院”创建工作，提高职工身体素质。经过半个月的空余时间比赛，荣获篮球一至六名的科室分别为：五官科、外一科、检验科、急诊科、妇立科、手术室；荣获拔河比赛一至三名的科室分别为：检验科、女产科、急诊科。

【省体育局领导到江川检查工作】 12月27日，云南省体育局纪检组组长向勇，监察室主任梁梅，人宣处处长吴亚敏等一行五人到江川检查指导体育工作，重点检查“七彩云南全民健身基础设施建设工程”和《全民健身条例》、《全民健身计划》实施情况。检查组在市体育局局长周延平、办公室主任王红、副主任解家敏、群体科李洪周的陪同下先后到九溪镇六十亩村委会、河口村民小组，江城镇温泉村委会、张官营村民小组实地考察，并听取了江川县文化旅游广电和体育局副局长官汝运的工作汇报，检查组对江川的各项体育工作表示满意，特别是“七彩云南全民健身基础设施建设工程”江川已走在了全省前列。对温泉游泳训练点多年来取得的成绩给予了充分肯定，并帮助训练点解决了实际问题，这次检查抽查江川是玉溪市唯一一家抽查对象。陪同检查的领导还有江川县文化旅游广电和体育局副局长彭春云、陈华，江川县少体校校长董森，业务股史文杰。

【县体育馆粉刷除污】 江川县体育馆1998年6月26日竣工后，至今已有14年。十四年来曾举办了云南省第十届运动会柔道、乒乓球比赛，全国第九届运动会男子柔道预赛暨全国锦标赛，全国男子篮球俱乐部联赛第一阶段玉溪赛区（江川赛点）的比赛。曾邀请了中国女子明星队和中国女子篮球队到江川献技；还承办了省、市、县重大体育活动十多次；还进行过大型集会、文艺演出、商贸展销活动。由于使用多年，馆内墙体污点破损较多，体育部门领导不等不靠，积极向上协调资金，并于12月3日召开局务扩大会研究，报经相关部门同意，决定对馆内墙体进行粉刷。12月5～16日，对一楼、二楼走道、卫生间墙体进行了全面粉刷，使体育馆内焕然一新，为健身者提供了安全舒适明亮健身环境。

【农民体育健身工程】 2012年，县体育部门继续加大对农民体育健身工程的投入，向上争取项目和资金，完成了江城镇大地、黄营、侯家沟、温泉、龙街桃园；前卫镇渔村、杨家咀；九溪镇六十亩；大街街道办事处的大庄社区小河边；安化乡的董炳、张家庄；雄关乡上营共12个点的市县农体育健身工程。完成了江城镇侯家沟大渔村、翠峰小屯，大街街道办事处伏家营社区三个点的“七彩云南全民健身工程”。

（石从江　李丽芬）

卫　生

【新型农村合作医疗参合及基金筹集情况】 2012年新农合覆盖农业人口数241075人，参合233182人，参合率为96.73%。筹资标准360元/人，其中：中央财政156元/人，省级财政21元/人，市级财政110.5元/人，县级财政22.5元/人，个人缴费50元/人。共筹集新农合基金8415.746686万元，其中：中央补助3638万元、省490万元、市2576.66万元、县524.6595万元；个人缴费1165.91万元；利息收入20.517186万元。基金支出8280.849640万元。

乡镇	农村总人数（人）	总户数（户）	参合人数（人）	参合率
江城镇	66302	19908	63702	96.08%
大街镇	57189	17363	55553	97.14%
九溪镇	25014	7758	24117	96.41%
路居镇	27390	8368	26750	97.66%
前卫镇	45479	14003	43970	96.68%
安化乡	9084	2700	8838	97.29%
雄关乡	10617	3027	10252	96.56%
合计	241075	73127	233182	96.73%

【新型农村合作医疗基金支出情况】 2012年共减免补偿866803人次，补偿新农合基金8280.849640万元，受益率为371.73%，受益人数156163人，基金使用率为98.40%。政策范围内住院费用补偿比达到78%。

1. 住院补偿25566人次，住院费用10911.326636 万元，补偿金额7089.446263 万元。次均住院费用4267.91元，次均补偿2772.99元。

2. 门诊统筹补偿人次840026人次，门诊费用2225.544684 万元，补偿金额1097.279054 万元。次均门诊费用26.49元，次均补偿13.06元。

3. 正常分娩1041人次，住院费用147.922580 万元，补偿金额45.74万元。

4. 门诊慢性病补助170人次，治疗费用76.350585 万元，补助48.384323 万元。

（赵　东）

【卫生下乡】 2012年1月12日，江川县卫生局派疾控、妇幼以及雄关卫生院医务人员为雄关乡上营村农民群众免费义诊，开展咨询活动。此次活动，发放卫生宣传单1000余份，展出展板10块。内容涉及甲型H1N1流感、手足口病的防治、艾滋病防治、健康66条以及高血压和糖尿病防治和妇幼卫生保健等知识。此外热情向当地农民群众开展义诊、量血压、称体重等，广泛宣传了疾病预防、健康保健和卫生法律法规知识，免费开出药品5000余元，深受广大人民群众欢迎。

【抗旱防病知识宣传活动】 为增强群众旱灾的自我保护能力，确保旱灾无疫情，3月20日，江川县卫生局组织县疾控中心和大街卫生院，利用县城早市场的时机，开展了一场以“抗旱防病，安全饮食保民生”为主题的抗旱防病知识宣传活动。活动中，卫生防疫工作人员向群众积极宣传预防肠道传染病方法、食物中毒的预防、饮用水消毒方法、手足口病防治知识等，并免费发放安全饮食卫生宣传资料。此次活动共发放各种抗旱防病宣传资料4种2000余份，接受群众防病咨询80余人次。

【村卫生室信息化建设工作】 推进村卫生室信息化建设是贯彻落实医改精神、方便基层群众看病就医的重要举措，是信息化建设的基础工程。2012年5月7日，江川县卫生局购置31.5万元的设备分发到各村卫生室，其中电脑27台、数据接口47个、移动硬盘74个、优盘74个，缓解了部分村卫生室办公设备短缺、档案资料管理不规范的问题，为推进村卫生室信息化建设，逐步实现城乡一体化，建立覆盖省、市、县、乡 、村五级的卫生信息网络系统奠定了一定基础。

同时，县卫生局要求未购置电脑的村卫生室做好网络数据接口工作，做好设备设施等资产的登记与管理，加强在岗乡村医生的学习培训，注重硬件投入与软件的应用，促进村卫生室基本公共卫生、基药采购、基本诊疗服务、新型农村合作医疗门诊统筹、药品管理、业务监督等多位一体的信息系统有序开展，让各项医疗卫生信息在网上互联互通，更好地为基层群众健康服务。

【卫生系统事业单位引进紧缺人才】 为进一步加强江川县卫生人才队伍建设，改善人才队伍结构，提高服务能力，促进卫生事业的可持续发展，3月27日，县卫生局协同县纪委、县人力资源和社会保障局相关领导与县人民医院、县中医医院等用人单位一同到昆明医学院“云南省2012年医药类毕业生和毕业研究生双向选择洽谈会”现场，开展人才引进工作。经过对应聘人员的现场资格审查以及从专业技能、与岗位匹配性、实践技能、人际沟通、应急反应、举止仪表七个方面的综合考核，共计引进紧缺人才4人，其中：县人民医院3人（麻醉专业1人，医学影像专业2人），大街街道卫生院1人（医学影像1人）。

【完成“光明工程”任务】 “光明工程”是我省在“十二五”期间创建白内障无障碍省的一项重大举措，也是2012年省政府重点抓的10件惠民实事之一，是一项惠民工程德政工程。2012年玉溪市下达给江川县586例病源筛查，488例手术的指标任务。江川县于2012年9月底圆满完成586例白内障病源筛查、488例白内障复明手术任务。

【妇幼工作】 实施“妇幼健康计划”，提高农村产妇住院分娩补助标准，扩大农村妇女“两癌”普查试点范围，开展出生缺陷三级综合防治，降低孕产妇死亡率、婴幼儿死亡率及新生儿出生缺陷率，是省政府2012年惠民十件实事之一，2012年江川县农村孕产妇住院分娩率100%（要求达99.5%以上），补助率96.67%（要求达96%以上）；孕产妇为0（要求达25/10万以下）。婴儿死亡率3.56‰（要求达6‰以下），所有硬性指标都达标准要求，创造妇幼工作历史最好水平。

【提升乡村医生素质三年行动计划】 为认真落实《玉溪市人民政府关于进一步加强乡村医生队伍建设全面提升乡村医生素质三年行动计划（2011年—2013年）的实施意见》文件精神，加强乡村医生队伍建设，提高乡村医生的职业道德和业务素质，维护乡村医生的合法权益，着力提升村卫生所的整体服务功能和服务水平，满足群众医疗保健需求，保障人民身体健康。

7月16日，县卫生局及时拨付乡村医生退出和退养补助经费137.93万元至各乡镇卫生院，并已兑到退出和退养乡村医生手中。

8月31日通过公平、公正、公开的自愿报名考试，录取了51名具有中专以上学历的乡村医生。

2013年准备推荐23人参加乡村医生中专学历教育培训。组织不具有医学学历的乡村医生60人参加成人学历教育。面向社会每年公开招聘10名中专以上全日制医学院校毕业生。3年内对男年满60周岁、女年满55周岁者的63名乡村医生，逐渐办理退出手续。

【新农合信息化建设】 新农合工作长期以来一直深入贯彻落实科学发展观，紧紧把握群众需求脉搏，以“满足群众基本医疗、减轻就医负担”为出发点，认真做好 “为民服务办实事”这篇文章。

信息化建设是新农合工作的重点，提升新农合信息化建设水平，其目的是不断提高服务水平，改善服务态度，提高工作效率，让来办理业务的农民群众方便、快捷、心情舒畅。自新农合工作启动以来，历时9年多的发展，2012年全县已建成覆盖村级卫生所的新农合信息系统管理体系，完成了市、县、乡三级医疗机构的新农合接口改造，全县村级卫生所接入了新农合系统，实现了即时出院、即时结算，即时就诊、即时录入。此举，全面提升了江川县新农合日常业务管理水平，实现了三级定点医疗机构的住院信息实时监管，提高了业务办理效率，既方便了广大农民群众办理补偿业务，又为新农合基金安全运行提供了科学、便捷的监管手段。

【江川县儿童口腔疾病综合干预】 口腔疾病是人类常见病，已成为严重危害广大群众身体健康和生活质量的重要公共卫生问题。，江川县卫生局积极争取国家中西部地区儿童口腔疾病综合干预项目，并以“四群”教育为契机，走村串户，深入群众家庭，在江川县广大适龄儿童中开展口腔健康教育、口腔健康检查、牙齿窝沟封闭等工作。2012年末，共筛查4000名儿童，计11271颗牙齿，适龄儿童口腔检查率达90.1%。全县共完成窝沟封闭术9000颗牙齿，符合窝沟封闭适应证儿童的窝沟封闭率达到98%，较好完成了国家项目要求的指标任务，使2622户家庭、2622名儿童受益。

【全民健康生活方式行动】 9月7日，江川县全民健康生活方式行动启动，县总工会、宣传部、县政府办、县卫生局、县疾控中心等十余个相关部门、社区居民、志愿者等社会各界人士共1400余人参加了启动仪式。此次活动由县政府办、县卫生局、县疾控中心联合主办，以“和谐我生活、健康中国人”为主题，以“合理膳食、适量运动、戒烟限酒、心理平衡” 为口号，以“我运动、我健康、我快乐”为切入点，倡导“日行一万步，吃动两平衡，健康一辈子”的理念，设计与群众日常工作生活密切相关、简便易行、能长期坚持、效果明显的健康生活方式指导方案，开展健康示范社区、示范单位、示范餐厅（食堂）等创建活动。旨在通过多种健康教育和健康促进活动，向广大群众广泛宣传健康生活方式，调动广大群众的积极性，提高自身健康素质。

【“中医中药中国行”专家组到江川县开展基层医生培训】 4月11日，由国家中医药管理局举办的“中医中药中国行‘进乡村、进社区、进家庭’活动”在县人民医院举行。

由著名专家、教授针对糖尿病中医药防治、心血管疾病防治策略、络病理论指导血管病变防治研究、络病理论指导呼吸道传染病防治研究四个专题进行精彩授课。专家图文并茂、深入浅出的讲解，让参加的基层医生在中医理论知识上得到了进一步提高，为今后更好地服务基层提供了有力保障。全县共有来自县、乡、村医疗卫生机构的160余名医务工作者参加了此次活动。

【《江川县城市二次供水卫生管理办法》听证会】 2012年6月20日，县卫生局组织召开《江川县城市二次供水卫生管理办法（草案）》听证会。听证会邀请县人大代表、县政协委员、县人社局、环保局、质监局、住建局、食药监局等部门领导以及景湖酒店、玉泉酒店、景新公寓、职教小区、大街小学、县幼儿园等利害关系单位的相关负责人作为听证代表参加会议。听证会针对《城市二次供水卫生管理办法（草案）》中的二次供水卫生许可、二次供水卫生管理、二次供水应急处理、二次供水监督监测、法律责任等内容作了详细介绍，并当场对听证代表提出的问题和建议进行了答辩。

县卫生局根据《江川县人民政府重大决策制度实施细则（试行）》的规定，对每一位听证代表提出的意见和建议进行认真研究，将意见采纳情况及《江川县城市二次供水卫生管理办法（草案）》修改情况，以公告的形式及时向社会公开。

【基本公共卫生服务工作】 2012年末，全县七个乡镇卫生院通过实施基本公共卫生服务项目面对全人群为262702人建立了健康档案，建档率为99%。0-6岁儿童管理17277人、新生儿访视2937人、产后访视2924人；65岁以上老年人管理17384人、管理高血压患者18132人、管理糖尿病患者3552人；为684人精神疾病患者提供了相关服务。

全县乡镇卫生院开展公众健康咨询438次，卫生院、村卫生所开展健康讲座789次，受益群众38698人次。全县累计发放各种各类卫生宣传材料534335份。

【基本药物制度执行情况】 2012年，江川县基层医疗卫生机构，共采

购基本药物1975.6万元，销售基本药物1908.2万元，基层医疗机构所有的药品全部执行网上统一采购，并实行零差率销售，基本药物制度的实施，斩断药品购销过程中的利益链条，减少药品中间加成，医疗机构处方计费数额减少，群众对医疗费用的负担明显降低。

【县人大教工委对医药卫生改革工作进行调研】 为充分了解江川县医药卫生改革情况，促进改革工作稳步、深入推进，以县人大副主任、县工会主席陆富仙为组长、县人大教工委主任杨学敏为副组长，八名成员组成的医药卫生体制改革情况调研组，于5月2、3、4日，5月7日，对县卫生局、江城中心卫生院、安化卫生院、九溪卫生院、县人力资源和社会保障局、县中医院、疾控中心、县人民医院八家单位进行了深入细致的调研。针对城乡居民基本医疗保障情况、国家基本药物制度、健全基层医疗卫生服务体系、促进基本公共卫生均等化服务、公立医院改革等情况，调研组认真听取各单位领导的汇报，实地查看具体工作和相关资料，提出问题，开展讨论。5月7日下午，调研组梳理了各单位反映的编制不足、人才短缺、运转经费紧张、县医院参与大型活动的医疗保障支出无人买单等问题，提出切实可行的建议。调研组还将改革过程中取得的成绩、存在的困难和问题及进一步推进医药卫生改革工作思路、措施、办法形成报告，提请县第十四届人大常委会第37次会议审议。

【引导新闻媒体处置突发事件】 2012年6月12～15日，九溪镇阳山庄村少数村民相继出现腹痛、腹泻症状，经县疾控中心根据流行病学调查和实验室检验结果，确认此群体性感染性腹泻是由致病性大肠埃希菌污染生活饮用水所致。该事件受到云南电视台关注，并于6月15～17日先后两次派出记者到九溪采访报道。县卫生局在县委县政府领导下，采取正确对待新闻媒体的介入。在对该事件进行科学处置的同时积极主动地加强与媒体沟通，始终牢牢掌握处置突发事件的先机和主动权；发挥专业优势，科学、迅速处置突发事件，有效控制事态蔓延，最大限度地减少事件带来的损失；积极救治现症病人的同时对其它居民进行健康筛查，确保不发生危重死亡情况。及时向群众公布事件调查进展情况，积极开展心理疏导，减少群众心理恐慌等措施，正确引导媒体舆论宣传，对该突发事件进行了有效处置。

【医疗卫生服务机构基础设施建设】 为进一步加快农村公共卫生基础设施建设步伐，改善广大人民群众就医条件，改变农村卫生所房屋破旧、基本医疗设施短缺的状况，江川县卫生局在上级各相关部门的重视和支持下，2012年对大街街道办事处大营村卫生所、前卫镇柏池古村卫生所、雄关乡窑房村卫生所、路居镇兰田村卫生所、安化乡董炳村5个村卫生所的业务用房进行新建或修缮，新建或修缮面积835平方米,总投资42万元。卫生所的改造，基本满足了农村卫生医疗服务的需求，保障了“三级医疗卫生网络”的基本建设，方便了当地群众就医，对顺利开展国家基本公共卫生服务和新型农村合作医疗工作提供了有力的保障。至2012年末，江川县72个村卫生所共新（改）建了66个，完成率为91.6%。全县七家乡镇卫生院匀得到不同程度的改造。

六层框架结构、总投资2500万元，建筑面积10598.3平方米，高23.7米的江川县人民医院门诊综合楼。工程已2012年10月竣工投入使用。

（马有亮）

【“6·26”国际禁毒日禁毒防艾宣传活动】 毒品和艾滋病已被称为当今世界与恐怖活动并列的“三大公害”，对人类生存和发展构成严重威胁。2012年6月26日是第17个国际禁毒日，2012年的主题是“抵制毒品，参与禁毒”。县卫生局、县禁毒大队、县妇联于6月26日深入街道、社区开展“拒绝毒品 远离艾滋 构建平安家庭”禁毒防艾宣传活动。并邀请了县疾控中心副主任凌剑波为与参与活动群众从禁毒、防艾两个方面开展讲座，讲座采取多媒体方式，用图文并茂的、鲜活的例子，让全群众了解更多的毒品知识，吸毒人员、艾滋病人员的惨状以及给家庭、给社会带来的危害，进一步增强珍爱生命、拒毒防艾的信心。此次活动让参与人员观看了禁毒、防艾展板，进一步加深了对禁毒防艾知识的认识，增强了禁毒防艾的自觉性和紧迫感。

【举行“禁毒防艾”黑板报评比活动】 为进一步加强对学生“禁毒防艾”知识的宣传，做到人人参与的氛围，县卫生局、县教育局继2011年下半年举行了“不让毒品 艾滋病进校园”为主题的禁毒防艾黑板报评选比赛活动取得的重大宣传效果之后，2012年上半年再次开展这一主题的禁毒防艾黑板报评比活动，致力于形成校园防治艾滋病宣传的长效机制。

全县各中小学校共上报禁毒防艾宣传优秀黑板报照片130幅，经江川县教育局、县禁毒委、县防艾办组织评审，共评选出优秀黑板报一等奖20幅，二等奖30幅，三等奖50幅，并对获一、二、三等奖的100幅优秀黑板报的班级进行表彰奖励。

（唐艺萍）

【基层卫生人员适宜技能技术培训】 3月12日，江川县卫生局及各乡镇卫生院举办基层卫生技术人员适宜技术技能培训班，培训分为“基层卫生技术人员公共卫生服务适宜技术培训”及“基层卫生技术人员急诊急救知识技能培训”两期。县卫生局组织各镇（街道）卫生院从事妇科、内科专业的卫技人员共16人参加了公共卫生服务适宜技术培训，培训内容包括宫颈癌、乳腺癌防治技术、基层高血压防治推广应用3门课程；各乡镇卫生院分别组织辖区内乡村医生共75名参加了急诊急救知识技能培训，内容包括心脏呼吸骤停、眼外伤、开放性腹腔脏器损伤、脊柱脊椎损伤、四肢骨折、淹溺、毒蕈中毒、急性有机磷杀虫剂中毒、急性酒精中毒、急性呼吸道梗阻等10种疾病的诊断及急救技能。培训结束时，我县还对参训人员进行了笔试及操作考试，考试合格率达100%。通过培训，提高了全县基层卫生技术人员基本医疗和公共卫生服务的能力，保障了基本公共卫生服务项目的落实。

【乡村医生公共卫生知识培训】2012年4月中旬～下旬，江川县卫生局对全县72家村卫生所的72名乡村医生进行了公共卫生知识培训。此次公共卫生知识培训以乡镇为单位，7家乡镇卫生院为培训点专人负责组织和完成本辖区内乡村医生的培训。培训以《公共卫生知识手册》内容为主，观看视频机顶盒的方式进行；培训时间为5天共计40课时。截至4月23日，全县7家乡镇卫生院都严格按要求完成了全部课程的培训，并做到专人负责考勤签到、视频播放和纪律维持。本次培训切实提高了广大从事农村公共卫生服务人员的业务水平和工作能力，为县公共卫生服务均等化工作打下了坚实的基础。

（王　媛）

【食品安全案件查处力度】江川县食品安全各监管部门累计查处案件：81起，行政处罚81起，无刑事处罚案件。其中：县公安部门2012食品安全案件查处1起，县畜牧部门查出违法案件4起，实施行政罚款9370.8元，无刑事追究情况。县工信部门查处生猪私宰案件1起，行政处罚1起。县质监部门立案查处7起，其中计量1起、非法生产1起、质量5起，结案7起，涉案金额14000元，罚款32000元，无案件移送及刑事追究情况。县工商部门共查处食品案件57件，罚没3160元。县食药监部门立案查处11起，行政处罚11起，无刑事处罚案件。

【食品安全体制机制建设】江川县食品安全监管机制不断健全，自去年食品安全委员会办公室移交卫生部门以来，特别是调整充实食安委成员单位以来，江川县食品安全机制制度建设不断推进，食品安全联席会议制度、食品安全事故报告查处制度、联合执法机制等各项制度不断健全。根据省市有关要求，下一步将要对食品安全委员会办公室进行调整，从卫生部门调整到县政府办。江川县编委会制定下发了《江川县机构编制委员会关于调整江川县食品安全委员会办公室机构设置的通知》文件，将“江川县食品安全委员会办公室调整设置在江川县人民政府办公室，不定机构规格，设主任1名（由县政府办公室副主任兼任），不核定人员编制”。

【加强食品安全监管能力保障水平】2012年，江川县食品安全监管部门累计投入食品安全监管经费142.6万元。其中：县公安部门2012年食品安全经费投入3万元；县畜牧部门全年经费投入9.66万元，其中协检人员工资2.16万元、车辆运行维护费1.9万元、检疫用各种票证、试剂1.5万元、兽药GSP认证2.1万元，其他业务支出2万元。县农业部门投入食品安全经费7000元；县工信部门投入肉品质量安全检查经费60多万元，检查车辆经费12万元，投入其他业务费5万元；县质监部门日常监管经费5万元，监督抽查费用2.7万元（由省、市拨付），共计7.7万元；县工商部门一是快速检测行动的检测经费投入70000元，二是为做好流通环节食品安全日常监管工作、食品安全专项整治检查工作、“百千万”工程中的食品安全示范店创建工作，共计经费投入46490元；县食药监部门投入监管、抽检、示范县创建等经费共计31.6万元。县食安办设置在县卫生局，2012年，县卫生局从日常办公经费中划拨近2万元投入县食安办联合执法、宣传、培训、查处食品安全事件等工作开展。各乡镇（街道）也从日常办公经费中划拨经费投入各乡镇（街道）食品安全工作的开展。

【监管人员食品安全培训】江川县各监管部门累计开展食品安全培训21次，累计培训人员890人次。其中：县畜牧部门组织培训3次，培训人数39人次，参加市局组织培训1次，培训人数13人次。县农业部门农业局2012年到目前为止，对食品安全监管人员培训6次、受训人数21人。县工信部门培训监管人员3次，受训人数35人。县质监部门6人次参加上级业务部门组织食品安全监管培训；组织鲜粮制品及糕点类生产加工安全知识培训两次，共培训生产加工单位人员72人次。县工商部门参加市局举办的食品快速检测培训1次，共计6人，县局以会代训4次，共计培训108人次。县教育部门组织培训64人次：其中省级培训8人，教育局、卫生局、食品药品监督管理局联合组织培训学校食品安全负责人27人，教育局组织民办幼儿园法人培训37人。县食药监部门组织食品安全培训3次，培训481人次。

【日常食品安全监管】江川县各监管部门2012年共检查食品生产经营单位四千余户次。其中：县公安部门积极配合质监、药监、工商抽检和监测品种20种，批次两次，样本总量350千克，现场检查企业户67户。县畜牧部门对全县7个生猪定点屠宰场及22

家规模生猪养殖场进行生猪尿液采样检测，检测尿液样本402份，合格率达100%；对9户奶牛养殖户饲养的99头奶牛进行奶牛结核菌素检测，检测结果全部呈阴性；在全县范围内的养殖户中共抽检猪、牛、羊布病共386份，检测结果全部呈阴性。县农业部门共出动执法人员270人（次），车辆50台（次），检查农药、化肥经营门市1078个（次），1-10月份，共抽检了10批次1314个蔬菜样品，合格样品1288个，合格率为98%。县工信部门每日检查全县七个定点屠宰场，80多个猪肉销售市场，260多经营户，450多从业人员。每月抽检饭店80多个、集体食堂30多个。县质监部门共检查食品生产企业100余家次，小作坊90户次，抽取样品45组送检，发放食品生产加工企业质量安全承诺书29份。县工商部门全年共出动执法人员208人次、检查商场超市28个次、检查农贸市场32个次、检查食杂店250个次、快速检测食品共计70组，全部合格。县食药监部门，现场检查企业户623户次，抽检54户次，抽检样本107份。

【应急处置能力建设】 江川县自2007年制定下发《江川县重大食品安全事故应急预案》《江川县重大食品安全事故应急预案操作手册》等制度以来，应急机制不断健全，应急制度不断完善，各食品安全监管部门、各乡镇人民政府均配套制定相应食品安全应急预案，完善制度，健全机制，适时开展应急演练，切实加强食品安全应急处置能力。为适应食品安全监管机制发展、职能调制变化，江川县食安办适时修订了《江川县食品安全事故应急预案》，目前预案初稿已报县法制部门审核，预计今年内能够出台。待《江川县食品安全事故应急预案（2012修订）》出台以后，江川县食安办将积极安排部署各乡镇（街道）、各监管部门及时修订配套的应急预案，并适时组织食品安全事故应急演练，切实提升江川县食品安全应急处置能力。

【2012年卫生人才现状】 截至2012年底，江川县卫生系统共有职工548人，专业技术人员504人，职称结构：正高1人，副高31人，中职176人，初职281人。学历结构：在职研究生1人，本科178人，大专237人，中专74人，其他学历14人。年龄段职称结构：35岁以下的中级职称4人，初级职称105人；35～45岁副高级职称12人，中级职称100人，初级职称128人；46～55岁高级职称1人，副高级职称14人，中级职称41人，初级职称37人；56岁以上副高职称5人，中级职称30人，初级职称4人。

【江川县2012年卫生专业技术资格考试、全国护士资格考试报名】 2012年江川县卫生专业技术资格报名考试人员总计54人。新参加考试人员35人，其中初级（士）2人，初级（师）14人，中级19人。补考人员19人，其中初级（士）3人，初级（师）4人，中级12人。2012年江川县卫生专业技术资格考试合格13人。其中，初级（士）3人，初级（师）10人。省内合格17人，其中，初级师3人，中级14人。2012年度江川县护士执业资格报名考试人员总计71人。其中实习护士19人，已毕业报考人员52人。2012年江川县护士执业资格考试合格14人。省内合格22人。

【2012年卫生专业高级技术资格申报评审】 4月，江川县申报卫生专业高级技术资格报名人员总计13人，其中，申报正高级资格3人，申报副高级资格10人。江川县2012年通过评审取得卫生专业高级技术资格人员总计4人，全部为副高级资格。

【公开选拔人才】 2012年卫生系统事业单位公开招聘卫生专业技术岗位总计27个，招聘规模同比增长92.85%（2011年公开招聘岗位数为14个）。江川县卫生事业单位进一步拓宽招聘渠道，2012年面向云南籍生源，普通高校或国民教育毕业生公开招聘，吸引来宣威、曲靖、红河、大理、楚雄、昆明等各地州市考生踊跃报名。报考人数总计97人，报考规模同比去年增长64.4%。同时，江川县卫生事业单位还通过特殊人才引进（4人）、云南省定向招录基层服务项目（4人）等渠道，广纳人才，医疗卫生人才队伍不断发展壮大。

【人才职称管理】 江川县2012年护士执业资格考试报名人数及合格人数双双创新高。2月1～10日期间，全县完成护士执业资格考试报名确认71人，其中实习护士19人，已毕业报考人员52人。报名确认人数同比增长54.3%（2011年46人）。经过5月份专业实务和实践能力两个科目的全国统考，2012年度，我县共计36人考试成绩合格，取得护士执业资格，合格人数同比增长140%（2011年合格人数15人），合格率为50.7%，同比增长18.1个百分点（2011年合格率为：32.6%）。江川县2011年12月22日至2012年1月4日期间，完成卫生专业技术资格考试报名确认54人，其中初级（士）2人，初级（师）14人，中级19人。经过5月份的统一考试，共有29人考试合格，取得相应职称资格，其中国家级合格人数28人，云南省省级合格人数1人。2012年江川县卫生系统高级职称申报13人，4人通过评审获得高级职称资格。

【队伍培训】 加强卫生人才队伍建设，提升医疗卫生服务能力，县卫生局以建立卫生人才工作长效机制为抓手，积极推进县、乡、村三级卫生队伍建设，建立了稳定的具有一定水平的卫生人才队伍。其一，加强农村卫生人员岗位培训工作。2012年共组织

31名卫生院医护技人员参加全科医师岗位培训、全科医师转岗培训、护士及其它岗位培训等，1名中医医师参加县级中医临床技术骨干培训项目、1名医师参加中医类别全科医师转岗培训；完成了2011年17名中西部地区儿科医师培训项目，14人基层卫生人员适宜技术技能培训项目；组织76名乡村医生参加村卫生室公共卫生知识培训，通过一系列培训有效提高了农村卫生工作人员的诊疗服务水平，服务农村卫生工作的能力得到加强。其二，选派县人民医院、县中医医院6名临床骨干医师到上海普佗区医院和市医院市中医医院进行为期一年的骨干医师培训。其三，加强卫生技术人员的继续医学教育工作。县卫生局要求各单位所有中级职称以上的卫技人员每年都要购买远程教育卡，按时完成远程继续医学教育课程，并将继续医学教育完成情况纳入年终考核项目。

（李中文）

县人民医院

【概　述】 江川县人民医院创建于1941年，是江川县唯一一所集医疗、教学、科研、预防为一体的二级一等综合医院，全院占地面积22858平方米，总建筑面积23000平方米，现有病床300张，实际开放床位350张。设有24个临床、医技科室，附设远程会诊中心及江川县120急救中心，承担着全县28万城乡群众的医疗保健工作及大量的公益工作。医院核定编制人数315人，现有在编职工238人（医技134人，护士83人，工勤20人，管理1人。职称结构：正高1人，副高25人，中级85人，初级83人，工勤20人），缺编77人。非在编职工142人（医技120人，工勤22人）。全院职工总人数380人。

【医疗质量管理】 江川县人民医院始终坚持“以病人为中心，以提高医疗服务质量”为主题，以“二甲医院创建”为目标全面加强医疗质量管理，牢固树立质量意识，不断提高医疗质量和服务质量水平。一、提高医疗质量、保障医疗安全。1. 制定了江川县人民医院病历质量监控管理制度及病案质量评价细则，科室设立专门病案质控人员，定期检查本科室病案质量，每月定期对病案质量进行全面检查，并通报检查情况，做出相应奖惩。使我院的病案书写质量较前有了明显提高。2. 完善了医院内部住院医师规范化培训制度，定期组织年青医师“三基”培训考试，同时做出了相应的奖惩规定，提高了年轻医师的学习热情，养成了良好的学习风气。3. 紧跟本专业最新发展动态，开展了一批新技术的临床应用，如骨科关节置换术的开展、外一科、外二科、妇科手术微创腔镜技术的开展、内二科糖尿病的规范治疗。4. 制定了江川县人民医院手术分级制度，并在实际工作中严格督促执行，确保了手术安全，同时保证了患者得到优质的手术技术服务，也使年轻医师得到了不断学习提高的机会。5. 坚持专科化发展方向不动摇，着力培养专科化技术人才，建立了各学科带头人制度。6. 完善了医院内部医疗质量安全评价控制体系，设立院科两级安全管理机构并完善医疗服务质量监控体系，同时将医疗质量安全检查情况及时通报、整改，并督促各科室对医疗安全隐患进行自查。7. 定期组织了医德考核。定期组织学习与患者交流的技巧，构建了和谐的医患关系。8. 临床路径工作开展取得初步成效。按照上级卫生行政主管部门要求，并结合我院实际情况，目前已开展20个病种、涉及11个专业的临床路径工作。9. 中西部地区对口支援工作有序开展。与上海普陀区中心医院“东西部地区省际医院对口支援”项目顺利进行，目前，上海普陀区中心医院已派出6批内科、外科、妇产科、儿科、麻醉科、感染科、检验、超声、放射等专业的30名专家进驻县人民医院进行实地临床带教、技术指导及教学查房等工作，对我院整体医疗服务水平的提升起到了积极的促进作用。10. 人才队伍建设。2012年通过上级人事部门招考和现场人才引进，招收了13名临床、2名医技人员，在一定程度上缓解了医务人员岗位紧缺的状况。邀请上海市普陀区医院、云南省第一人民医院、昆明医科大学附属医院、玉溪市人民医院专家进行授课12次，以此方式提高医务人员的技能水平。

二、规范抗生素使用规范，减轻患者负担。按省卫生厅相关文件精神，制定了相应的抗生素使用规范，贵重药品使用规范，并严格将药品比例与科室每月的劳动补贴挂钩，使医务人员自觉的、合理的用药。有效降低了患者的住院费用，减轻了患者的负担，取得了良好的社会效益。

【护理质量管理】 一、强化法律意识，严格制度落实，保障护理安全。1. 严格遵照《护士条例》规定，实施护理管理工作，加强在岗护士两证管理和资质认证，落实持证上岗，严格依法执业，制定并落实各类职称的护士岗位技能要求。2. 严格要求护士长在熟练掌握护理质量安全核心制度内容（分级护理制度，查对制度，交接班制度、护理差错上报管理制度）的前提下，认真组织科室护士学习。采取晨会提问、理论抽考等方式，督促护士熟练掌握内容，并在临床中严格按照核心制度进行操作。3. 对照优质护理服务标准进行自查、自纠做到医疗护理行为规范化，科学化、合理化、精细化。

二、强化管理，提升护理质量。1. 护理部重申各级各类护理人员岗位职责，工作职责，要求各科明确各类人员岗位职责和工作流程，做到人人知晓，并落到实处。2. 定期督促检查医疗安全，增强护理人员防范意识，

杜绝事故隐患。组织全院护理人员学习“患者安全十大目标”，保证了护理人员有章可循，警钟长鸣。3. 建立人力资源库，针对有的科室病人增多护理人员紧缺的状况，护理部统筹调配护理人员，使有限的人力资源得到优化组合，满足了临床工作需要，确保了护理安全。

三、落实人才培养计划，提高护理人员业务素质。1. 加强护理人员“三基”培训，上半年进行《基础护理》理论培训考试，80分以上合格，对不合格者进行补考及罚款，把所罚款款项奖励给成绩好的护士。7月，护理部派出四名护士长参加省护理学会组织的护理十项操作技术培训，回来后组织全院护士进行该十项操作的训练及考试，做到人人掌握，人人过关。2. 为提高护理人员的专业理论知识及操作技能。单月科室组织专科理论培训考试，双月组织操作培训考试，做到人人过关。护理部每月开展全院性护理人员业务学习一次。

四、鼓励在职护士自学。为提升在职护士的自身素质，制定了文凭、职称与效益工资挂钩的制度，调动了在职护士的积极性。

五、提高护士长管理水平。1. 坚持护士长手册的填写与考核。2. 坚持护士长例会：每月一次，内容：安排本月工作、总结上月工作，搭建护士长之间相互交流学习的平台，学习护士长管理知识。3. 每月对各科护理质量自查两次，大查房一次，及时反馈并提出整改措施并有追踪。4. 组织护士长外出学习、参观，学习上级医院的先进经验，扩大知识面，使护理管理工作质量与市级医院接近。2012年，县人民医院有幸成为全国万民护理人才培训单位之一，分别在3月、5月分别派出护理部主任1名、护士长六名到武汉、长沙学习，使管理者接受先进护理管理理念及专业的专科知识，为患者提供优质护理服务。5. 选送护士长到省市参加理论、操作技能培训，学习回来后将学习内容每月以业务学习的方式传授给全院护理人员，做到资源共享。6. 实行护士长“四查”管理：即晨交班前、中午12点前、14点后、17点前分别对一日工作作全面了解和排查、解决，严格把好安全关防止差错发生。

六、护理人员较出色地完成护理工作。1. 加强人才引进及培养工作，为优质护理服务及创二甲工作需要，2012年分别于1月、11月新招大专以上学历护士21人、中专学历护理员9人。对开展“优质护理服务”的科室每科配备2名护理员，做好患者的部分基础护理和生活护理工作。2. 完成了三年工龄新护士的科室轮转工作，重点加强了专科知识、基础理论，操作技术的提高，使年轻护理人员理论与实践相结合，掌握了多学科知识和能力，并将这批人员作为人力资源库人员，有利于医院护理人员的调动。3. 坚持以病人为中心，开展优质护理服务。通过夯实基础护理，为病人提供生活照顾，康复指导，健康教育，使县人民医院的服务满意率大幅度提高，并在去年开展优质护理服务两个科室的基础上又推广了四个科室，得到了家属和患者的好评。4. 为庆祝国际护士节，2012年5月12日，组织了“优质护理服务，天使在行动”的活动。活动对评选出的“服务天使”、“技能天使”、“管理天使”、“奉献天使”共13名优秀护士进行表彰，优秀护士代表进行了发言，新护士进行护士宣誓，还进行了护理知识有奖问答赛。5. 实行护士长“四查”管理：即晨交班前、中午12点前、14点后、17点前分别对一日工作作全面了解和排查、解决，严格把好安全关防止差错发生。6. 采取走出去，请进来的方式学习提高：3名护士到上海、4名骨干护士到北京进修专科知识；50岁以下护士长、护理骨干50人到玉溪学习先进管理知识、优质护理服务及专科技能知识；护士长及护理骨干27人到玉溪培训班学习。邀请专家授课及护理部组织的院内业务培训12次，参加人员每次140人左右。

【医疗设备管理和基础设施建设】为改善医院基础设施，2009年9月由国家拉动内需项目立项的我院门诊医技综合楼于2012年8月30日投入使用。门诊医技楼的投入使用，很大程度上改善了病人的就诊环境及就诊条件。随着新门诊医技楼的搬迁，医院投入了2千多万元资金购买了部分大型医疗仪器。截至2012年10月底，医院引进在用的医疗设备有：螺旋CT、彩超、DR系统、全自动生化分析仪、全自动血球计数仪、呼吸机等各种用于临床检查、诊断、治疗的大、中、小型医疗设备共400余台件。2012年6月21日开通了信息化建设管理系统平台。住院部医生人人享有一台办公电脑，大大优化了诊疗、就诊程序。

【举办门诊医技楼竣工庆典】 9月25日，“江川县人民医院门诊医技楼竣工庆典”活动在门诊医技楼前隆重举行。玉溪市卫生局党组书记李丁全，县人大常委会主任赵少春，县政协主席黄文柱，县纪委书记郭永生，县委常委、副县长罗跃岗，县委宣传部部长龚桂存，县人大副主任陆富仙、县政协副主席李绍华、县卫生局局长张盛国等领导应邀出席庆典活动。院长李有宏致欢迎辞。副县长罗跃岗作重要讲话，指出：江川县人民医院是我县的一所综合医院，建院70多年来，医院规模从小到大，服务功能由弱到强，医疗设施医疗水平不断提高，认真履行了为人民健康保驾护航的神圣职责。

【药品零差价管理】 自2013年1月1日起，江川县人民医院药品实行零差价管理，即药品进价等于零售价。年让利400余万元为老百姓减轻负担，让患者受益。

【工会工作】 一、召开八届一次职工代表大会。2012年3月17日，职工代表大会在住院部九楼召开，院长李有宏作《把握发展机遇 积极参与医院改革 为掀起我院新一轮建设发展高潮而努力奋斗》的工作报告；财务部主任马六九书面提交《2011年度财务决算报告执行情况及2012年度财务预算草案的报告》，并作《编外人员待遇调整方案》情况说明，卫生局党总支副书记、系统工会主席郭飞波出席会议。大会应到会代表55人，实到会代表53人，26名中层干部列席会议。会议对临床、医技类合同工薪酬标准进行了调整。二、三八妇女节组织全医院女职工50人参加县总工会的趣味运动会，获一等奖。三、2012年11月1日，骨科作为全国唯一一家县级医院入选到北京参加“全国青年文明号”创建评比竞标会议。骨科主任杨勇2012年“5·1”劳动节获玉溪市劳动模范荣誉称号。四、春节前慰问退离休老职工91人。由工会主席带队，1月22至23日，带着医院领导的祝福，工会慰问了居住在江川4个乡镇及县城的退休职工91人。

（马萍焕）

县中医医院

【概　述】 江川县中医医院创建于1988年，占地10.59亩业务用房4400平方米，拥有职工163人（其中在编63人，编外100人），卫技人员 147人（占职工总数的90.18%），其中：副高职称以上的9人，中级职称23人，初级职称125人，高级工5人，职员1人，本科学历30人，大学专科学历50人，中专及以下学历83人。开设住院病床100张，设有14个专业科室；拥有先进的医疗设备30余台，全院固定资产1246.45万元。是一所集医疗、预防、保健、康复、科研、教学于一体的县级卫生医疗机构；同时也是城镇职工基本医疗保险、城镇居民基本医疗保险、农村新型合作医疗保险、中国人寿保险公司及江川复烤厂的定点医疗机构。医院积极拓展适合自己的生存空间，努力探索适合自己的发展道路，经过全院职工的不懈努力和艰苦奋斗，形成了目前具有一定规模的中医医院。

【医疗质量监测情况】 全年门诊人次64610人次，住院患者入院5037人次。微机录入病历5037份，其中：内科西医组有1728人；外科有848人；妇产科有607人；针推科有888人；肛肠科582人；骨伤科384人；监测率100%。诊断质量门诊与出院符合率99.3%；入院与出院符合率99.3%。实际占床38213天；手术人数1336人；各科护理质量指标达到百项指标考核标准：基础护理合格率97%，无菌护理技术操作合格率≥96%，急救物品完好率100%，五种表格书写合格率≥98%，出勤率99.6%，住院患者满意度≥92%，技术操作培训率合格率100%，参与率99%，全年护理差错事故发生率为零。

【2012年工作计划】 2012年1月17日，县中医院召开2011年度年终工作总结会，会议客观务实地总结了一年来医院所取得的成绩，分析了当前医院所面临的困难，提出2012年工作计划和奋斗目标。一、2011年在各级政府部门的关心和支持下通过全院干部职工的共同努力，县中医院各项工作开展顺利，取得良好的经济效益和社会效益；门诊量、住院病人量业务收入都明显上升，截至10月底，门诊就诊人次29230人，住院人次1765人，手术人次502，业务收入688万元，全年无患者投诉，无医疗事故发生。

二、2012年工作计划。进一步推进医院内部改革，完善各项规章制度，重点是建立一套相对合理的收入分配制度。进一步加强医院人事管理，在新的劳动合同法下制定新的用工管理办法，做好人才引进和培养工作，重点是护理人员培训。进一步加强医疗质量管理，通过人才引进，外出学习等方式不断提高人员素质，加强病历管理，规范合理用药，规范医疗诊疗行为，严防医疗事故发生。进一步做好医院宣传工作，提升医院形象。

三、2012年工作目标。业务收入比2011年增加100万，力争完成1200万元，职工收入人均增加15%，住院人次比上年增加300人次，医院各项工作全面协调发展。

【开展学雷锋义诊活动】 3月5日是“学雷锋日”。为进一步弘扬雷锋精神，深化医院当前正在开展的创先争优活动，3月1日中午12点，县中医院12名医务工作者在院支部书记李华兆、团委书记白清清的带领下冒着烈日来到江川县大街镇明珠路开展以“弘扬雷锋精神，构建和谐社会”为主题的学雷锋义诊活动，为上百名群众进行了义诊。

在义诊现场，县中医院内科、外科、中医科、骨科、妇产科等科室的医生，用实际行动践行了共产党员为人民服务的宗旨，为广大群众送去了温暖，送去了健康。医护人员们有的量血压、有的诊断病情、有的讲解健康常识、有的发放健康知识手册，他们耐心地为群众们解答他们的疑问，并详细地位他们提供保健指导，受到群众的欢迎。

【参加“中医中药中国行”培训会】 为进一步传播中医药知识文化，使中医药文化惠及千家万户，在深化医改中推动中医药更好地服务人民群众健康，根据《云南省卫生厅关于印发中医中药中国行“进乡村·进社区·进家庭”基层医生培训活动方案的通知》要求。江川县卫生局于2012年4月11日上午9：30，在江川县县人民医院九楼会议室，举办“中医中药

中国行”培训会。全县县、乡、村各医疗单位共有125人参加了培训。

首先，江川县卫生局长张盛国到欢迎词；“中医中药中国行”秘书长胡秀英和省中医处副处长倪昆发表重要讲话，副处长倪昆就此次培训要求大家：要掌握运用中医文化，要有饱满的热情积极的态度，关心、支持中医事业，要学有所获，学有所用。然后，云南省中医医院谢健、黄文、余泽云和北京中医药大学肖永华四位专家分别讲解了，基层心脑血管疾病防治策略；中医药治疗心脑血管病变研究发展；络病理论指导防治呼吸道疾病；基层糖尿病中医药防治。

通过几位专家精辟的讲解，在会的医务人员更加明白中医药悠久历史，科学的理论、独特的方法、良好的疗效；让社会更加了解中医药在维护人民的健康、促进经济社会的发展、弘扬我国优秀传统文化等方面的重要地位和作用；让广大人民群众更加深入的了解中医药知识、感受中医药，增强利用中医药防病治病的意识，有利于基层中医药人员掌握更多中医适宜技术，并运用于医疗保健服务实践，进一步提高了医务人员的中医药理论素养和诊疗技术水平，更好地为大众健康服务。

【挂牌成立中医馆】 提升中医药人员的业务水平和综合素质，促进中医药整体服务能力的提升；不断加强中医药文化建设，形成与医院内涵建设相适应的中医药文化氛围。为了充分发挥中医药特色优势，更好地为广大患者服务，县中医院在原门诊中医科中药房等基础上于2012年4月12日中午12时正式挂牌成立江川县中医医院中医馆。

县中医院十分重视中医药在疾病诊疗活动中的重要作用。2012年，医院按照省卫生厅和市卫生局有关精神，把中医药工作列上重要议事日程，在原有基础上，投资、改造建成江川县中医院中医馆，中医馆由中医科医师长期坐诊，形成看病、领药、煎药一体的形式，方便广大群众就医，下一步县中医院要进一步扩大中医馆业务，进一步方便群众就医看病。

新成立的中医馆结合医院实际，充分发挥中医药的特色优势，为保障人民群众健康作出积极的贡献。医院要按照省卫生厅的要求，充分宣传中医药知识，让更多的老百姓了解中医知识；大力开展健康教育，宣传中医治病的理念；在岗专业技术人员通过“西医学中医、中医学经典”活动和各级各类培训工作，强化中医药继续教育。

【纪念“5·12”国际护士节系列活动】 为纪念“5·12”国际护士节，弘扬南丁格尔精神,展示新时期县中医院护理队伍积极向上的精神风貌，推动医院精神文明建设，在医院领导的大力支持下，护理部开展了纪念“5·12”国际护士节系列活动。

活动一：由医务科带领护士医生，开展免费义诊活动5月12日上午，在我院门前举行“5·12护士节关注您的健康”为主题的义诊活动，分管领导陈志红，办公室主任李云川，总护士长陈云玲和科室护理骨干在义诊台前免费为过往群众测量血压，提供健康咨询。义诊活动历时三小时,近百名行人前来参加义诊咨询,测量血压50余人次。

活动二：各科护士向过往群众发放健康宣传单百余份。通过各科发放的健康教育知识宣传，体现了护理作为一门学科，护士在保障患者生命安全，促进康复和减轻痛苦等方面担当的责任，在构建和谐医患关系中发挥的重要作用。此次义诊宣传活动受到了广大群众的好评。总护士长陈云玲表示在今后的护理工作中护士将继续加强健康教育指导，充分发挥护理工作在保障人民健康和生命安全中的重要作用。

活动三：组织护理人员参加省卫生厅2011年庆祝5·12国际护士节暨深化“优质护理服务示范工程”先进表彰视频会议。会议报告了我省优质护理服务示范病房开展的情况及所取得的成绩，听取了优质护理病房护士长代表的临床实践工作经验介绍。省卫生厅副厅长传达了国家卫生部的相关要求。最后医政处徐和平作出会议要求，要求以“三好一满意”活动为契机，全面开展优质护理服务示范病房工作。下一步根据我院实际情况，逐步开展优质护理服务示范病房，使病人受益，最终使医院满意，社会满意。

通过此次“5·12”护士节活动，使护士们感到白衣天使的光荣、自豪和责任以及自身价值的体现，也促使她们在今后的护理工作中更加用爱心、细心、同情心、责任心、关心呵护每一位患者，使其减轻痛苦，树立战胜疾病的信心，并始终树立“以病人为中心”的服务理念，不断提高理论技术水平和服务技巧，努力构建和谐医患关系，为患者生命的延续而努力。

【退休干部职工健康体检】 为进一步保障离退休干部身体健康，让老干部切身感受到工行的温暖，江川县老干局组织全体离退休干部进行身体健康体检。此次体检由县中医院负责体检，其内容涵盖肝功、血常规、血糖、血脂分析、B超、脑彩超、透视、内科等多项内容，考虑到老干部人数较多，县中医院制定具体操作方案及流程，使老干部有充裕的时间参与，确保体检率达100%。通过此次体检不但使老干部清楚地掌握自己目前的身体状况，做到有病早治，无病早防的目的，也充分体现了该行“以人为本”的管理理念。

【第二十五个无烟日宣传活动】 2012年5月31日，是世界卫生组织发起的第二十五个世界无烟日。同时，5月31日~6月30日也是云南省“2012年世界无烟日”宣传活动月。本次活动的主题是“烟草业干扰控烟”，口号是“生命与烟草的对抗”。为提高全社会对烟草危害的认识，努力推动室内公共场所和工作场所禁烟，根据《关于开展第二十五个世界无烟日活动安排的通知》要求，结合医院实际，在无烟日前后，县中医院开展了形式多样的世界无烟日宣传活动。

5月31日开展了世界无烟日宣传咨询活动。活动现场，通过设置宣传展板、悬挂标语横幅、发放宣传资料、开展免费咨询等形式向广大群众宣传《世界卫生组织烟草控制框架公约》、《吸烟危害相关知识》，吸烟有害健康、吸烟与疾病的关系、戒烟的好处以及成功戒烟的技巧。我院护理部还把控烟工作纳入常规入院健康教育工作中，医生和护士在对吸烟患者进行诊治和护理时进行戒烟的劝导和宣教。本次宣传咨询活动共设置宣传专栏一期，举办健康讲座1堂，开展健康咨询活动2场，发放“控烟倡议书”等宣传资料50余份。

通过宣传，医院控烟状况有了很大改善，医务人员认真执行医院的控烟规定，使广大群众提高了对烟草危害的认识，更多地了解了《世界卫生组织烟草控制框架公约》、《吸烟危害相关知识》，营造了全社会支持控烟的良好氛围，为共建无烟环境，共享健康生活打下了基础。

【迎接二级乙等中医医院评审工作动员大会】 2012年7月19日晚7时，县中医院在景湖酒店三楼会议室，召开江川县中医医院迎接二级乙等中医医院评审工作动员大会。会议首先由副院长李云川宣读《江川县中医医院关于创二级乙等中医医院评审工作的实施方案》；其次江川县卫生局局长张盛国作重要讲话；第三由支部书记李华兆作思想动员；最后由院长对会议进行总结，并提出了四点要求：一是要充分认识到等级医院评审的重要性；二是查找差距，寻找不足，对照方案及评审要求，认真落实；三是各方面要保障、协调到位，大家要明确职责，确保工作落到实处；四是抓住机遇迎接评审，提升医院内涵及各方面建设。

【基本药物制度全员培训会议】 县中医院于2012年10月18日晚7时，在宏兴酒店一楼会议室，召开关于做好落实国家基本药物目录制度的全员培训会。会上由副院长李云川向大家传达了上级部门关于在基层医疗机构实施国家基本药物目录制度的有关文件精神。同时指出，实施国家基本药物目录制度是一项全新的工作，具有很强的政策性，要求全院干部职工要认真学习上级相关政策，准确把握精神实质，不折不扣地执行有关政策。会上李云川带领大家学习了国家基本药物目录制度有关知识，并结合医院的实际进行了热烈的讨论，使大家进一步理解和掌握。会议最后，李云川提醒大家，因为实行药品零差价制度工作刚刚开始实施，在日常诊疗工作中肯定会出现一些问题，因此我们一定要以大局为重，不要抱怨、不发牢骚，要学会适应医改工作的需要，要有积极应对挑战的态度和姿态，确保医改工作全面推进。

【观看社会管理创新典型经验专题片】 为深入贯彻党中央、国务院关于加强和创新社会管理的一系列部署，近日，江川县中医医院组织全体干部职工观看了社会管理创新典型经验专题片。在认真学习宁波、宜昌等十个社会管理创新的典型经验中，全体干部职工充分认识到开展社会管理创新工作要围绕社会管理难点、热点等关系群众密切的民生问题寻找突破口，结合实际情况，找准自身工作与社会管理创新的切入点与落脚点，真正达到干实事、讲实效、解民忧、促和谐的社会管理目标。通过观看社会管理创新典型专题片，全院干部职工进一步明确了创新方向，进一步启迪了创新思想，进一步找准了创新重点，取得了良好效果，为下一步全局深入推进社会创新工作打下了坚实基础。大家纷纷表示，要把群众满意作为加强和创新社会管理的出发点和落脚点，着力解决好人民最关心最直接最现实的利益问题，建立保障和改善民生的长效机制，加快发展各项工作，统筹解决好涉及群众切身利益的问题，让发展成果更好地惠及广大人民群众。

【接受“优质护理服务示范病房”验收】 自从2011年玉溪市开展“优质护理服务示范病房”工作实施方案以来，县中医院以“夯实基础护理，提供满意服务”为主题深入扎实的开展创建优质护理服务示范病房活动，取得了阶段性成绩。于2012年12月26日接受了玉溪市卫生局“优质护理服务”检查验收组专家对我院开展创建“优质护理服务示范病房”的验收，检查组通过亲临现场，实地查看、提问等方式，总结了我院创建“优质护理服务示范病房”工作的许多亮点，充分肯定了成绩，也指出了一些存在的问题和需改进的方面，提出了很多建设性的意见。

护理部已针对存在的不足制订出改进措施，将不断探索更加适合县中医院院情的护理管理模式，稳步推进优质护理服务。

（杨冬亚）

妇幼保健

【概　述】 江川县妇幼保健院成立于1964年，院内设有妇女保健科、儿童保健科、婚姻保健科、妇产科、基层科、检验室、B超室、放射室、护理部、医务科、妇幼卫生信息科等

临床保健科室；设有办公室、财务科、后勤科等行政后勤职能科室。全院有业务用房2015平方米，设有床位10张，在原有妇科治疗仪、新生儿暖箱、蓝光箱、胎心监护仪、X光机、彩超、黑白超、全自动生化分析仪等现代化医疗设备的基础上，2012年，我院又购置了我县范围内最先进的彩色B超、骨密度仪、电子阴道镜、利普刀等新设备，从整体上提高了我院的诊疗水平，提高了社会效益和经济效益，2012年，完成诊疗50324人次，住院159人次，实现业务收入306万元。

2012年，全县妇幼卫生工作仍坚持“以保健为中心，以保障生殖健康为目标，保健与临床相结合，面向群体，面向基层的妇幼卫生工作方针，以重大公共卫生项目为重点，以妇幼健康计划为契机，切实提高妇女儿童健康水平，认真贯彻实施“一法两纲”，圆满完成省、市、县下达的各项任务指标，孕产妇死亡率为零，新生儿破伤风发生率和死亡率为零，婴幼儿死亡率稳中有降，全面推进全县妇幼保健事业健康持续发展。

2012年年末有在职职工44人，其中男性6人，女性38人。调入医务人员3人，其它人员2人，退休1人。在职人员中有执业医师25人，执业助理医师3人，注册护士8人，药剂师1人，检验技师2人，其它卫生技术人员1人，统计师1人，助理会计师2人，中级工1人。在职人员学历机构：本科15人，专科16人，中专12人，初中1人。

【妇幼健康计划】 为切实加强对妇幼健康计划工作的领导，保证工作顺利开展，江川县于2012年8月16日组织相关部门召开了健康计划启动会，对妇幼健康计划工作做出部署安排，按要求成立了妇幼健康计划领导小组，并按各自职责分工开展工作。自妇幼健康计划启动以来，县妇幼院多次与各乡镇、名单位沟通，及时掌握妇幼健康计划工作进展情况，多次召开协调会议，协调解决项目实施进程中出现的困难和问题。为确保妇幼健康计划工作的顺利进行，促进项目规范化、科学化管理，县卫生局召开专题会议，讨论如何落实妇幼健康计划。为确保妇幼健康计划各项工作任务落实到实处，江川县于9月10日妇幼健康计划工作推进会，讨论通过了《江川县2012年妇幼健康计划工作方案》；9月11～12日2012年全县妇幼卫生工作会议，对2012年妇幼健康计划做出了具体部署安排，全面推进了妇幼健康计划的实施，为顺利实施妇幼健康计划提供了组织保障。

【妇女保健】 2012年，全县共有产妇2787人（农业户籍产妇2555人，非农业户籍产妇232人），建孕产妇保健手册2787人，孕产妇建册率达100%，与上年同期持平；产前检查≥5次的产妇有2787人，保健覆盖率达99.32%，比上年同期上升0.45%；孕早期产前检查2762人，孕早期产前检查率达98.43%，比上年同期上升1.67%；筛查出孕产期中重度贫血12人，孕产期中重度贫血率0.43%，比上年同期下降0.22%；产后访视2787人，产后访视率达99.32%，比上年同期上升0.45%；孕产妇系统管理2761人，系统管理率达98.40%，比上年同期上升1.72%。出生活产2806人，新法接生2806人，新法接生率达100%，与上年同期持平；住院分娩2806人，住院分娩率达100%，比上年同期上升0.04%；筛查出高危产妇1387人，高危产妇筛查率达49.77%，筛查率比上年上升4.02%；高危产妇管理1387人，管理率达100%，高危产妇住院分娩1387人，高危产妇住院分娩率达100%；孕产妇死亡0人，孕产妇死亡率为零，比上年同期下降37.72/10万。

【儿童保健】 2012年，全县共有7岁以下儿童17609人，保健管理17279人，保健管理率达98.13%，比上年同期上升1.92%。3岁以下儿童7905人，系统管理7766人，系统管理率达98.24%，比上年同期上升2.06%。5岁以下儿童12696人，体重检查11903人，检查率达98.17%，比上年同期上升2%；筛查出5岁以下儿童中重度营养不良501人，中重度营养不良发生率为2.53%，比上年同期下降1.68%；血红蛋白筛查10692人，筛查率达84.22%，比上年同期上升37.99%；筛查出中重度贫血患病13人，中重度贫血患病率达0.12%，比上年同期下降0.37%。新生儿访视2805人，新生儿访视率达99.96%，比上年同期上升0.22%；5岁以下儿童死亡14人，死亡率为4.99‰，比上年同期下降2.55‰；婴儿死亡10人，死亡率为3.56‰，比上年同期下降2.85‰。新生儿死亡7例，死亡率为2.49‰，比上年同期下降0.53‰；早期新生儿死亡5例，死亡率1.78‰；围产儿死亡22人，死亡率7.79‰。五岁以下儿童死亡率和婴幼儿死亡率呈逐年下降趋势。6个月母乳喂养调查2648人，母乳喂养2570人，母乳喂养率达97.05%，纯母乳喂养2030人，纯母乳喂养率达76.66%。全年无新生儿破伤风发生和死亡病例。

【5岁以下儿童死因顺位】 14例5岁以下儿童死亡中，第一位为先天异常死亡6例，占死亡总数的42.86%；第二位为意外死亡4例,占死亡总数的28.57%；第三位为新生儿出生窒息死亡2例，占死亡总数的14.29%。第四位为新生儿颅内出血、胎粪吸入性肺炎死亡各1例，各占死亡总数的7.14%。

10例婴儿死亡中，第一位为先天异常死亡5例，占死亡总数的50.00%；第二位为新生儿出生窒息死亡2例，占死亡总数的20.00%；第三位为新生儿颅内出血、捂死、胎粪吸入性肺炎死亡各1例，各占死亡总数的10.00%。

7例28天内新生儿死亡中，第一位为新生儿出生窒息、先天异常死亡各2例，各占死亡总数的28.57%；第二位为新生儿颅内出血、捂死、胎粪吸入性肺炎死亡各1例，各占死亡总数的14.29%。

5例7天内早期新生死亡中，第一位为新生儿出生窒息死亡2例，占死亡总数的40.00%；第二位为先天异常、捂死、胎粪吸入性肺炎各死亡1例，各占死亡总数的20.00%。

【出生缺陷监测】 2012年全县同期围产儿2823例，监测2823例，监测率100%。监测到出生缺陷儿38例，出生缺陷发生率为13.46‰，比上年同期上升2.58‰。38例出生缺陷儿中：产前诊断5例，占13.16%；产后七天内诊断29例，占76.32%；产后七天后诊断4例，占10.53%。临床诊断28例，占73.68%；B超诊断10例，占26.32%。筛查出畸形胎儿治疗性引产5例，占13.16%。38例出生缺陷儿中：男性24例，女性14例，男女发生率为1.71：1。出生缺陷顺位：38例出生缺陷儿中，第一位为多指（趾）13例；第二位为并指6例；第三位先天性心脏病4例；第四位为唇裂、先天性脑积水、肢体短缩、唇裂合并腭裂各2例；第五位为小耳、马蹄外翻足、食道闭锁或狭窄、脐膨出、尿道下裂、腹裂、无脑畸形各1例。通过分析，孕早期致畸可能因素是孕妇年龄大于35岁，孕早期接触过农药、电脑、电视、手机、微波炉，孕早期服过药、家庭遗传史，新房的装修和家具含有毒物质，环境污染等原因所致。

【危急孕产妇抢救】 全县4家接产助产机构共发生危急孕产妇9例，抢救成功9例，抢救成功率100%，其中宫外孕内出血3例，占抢救人数的33.33%；产后子宫收缩乏力3例，占抢救人数的33.33%；妊高征2例，占抢救人数的22.22%；产后子宫内翻1例，占抢救人数的11.11%。

【孕产妇死亡监测】 2012年，在全县妇幼人员的共同努力下，避免了因各种原因致产后宫缩乏力引起的产后出血、前置胎盘内出血、宫外孕内出血、重度妊高征引起的产科出血、各种原因导致的贫血等高危孕产妇的死亡。2012年，孕产妇死亡0例，死亡率达0/10万，比上年同期下降37.72/10万。

【育龄妇女死亡监测】 2012年全县共有育龄妇女74397人，育龄妇女死亡48例，死亡人数比去年上升9例，死亡人数占育龄妇女总数的0.06%，其中孕产妇死亡0例。48例育龄妇女死亡中：肺癌6例，占育龄妇女死亡总数的12.50%；车祸死亡5例，占育龄妇女死亡总数的10.42%；肝癌、意外伤害、肾病、脑溢血各死亡4例，占育龄妇女死亡总数的8.33%；子宫癌死亡3例，占育龄妇女死亡总数的6.25%；宫颈癌、乳腺癌、精神病各死亡2例，各占育龄妇女死亡总数的4.17%；外阴癌、白血病、再生障碍性贫血、脑瘤、糖尿病、心血管破裂、胃癌、心肌梗死、急性骨髓炎、被杀、吸毒、死因不明各死亡1例，各占育龄妇女死亡总数的2.08%。

死因排位：48例育龄妇女死亡中，第一位为各类恶性肿瘤22例，第二位为意外死亡10例，第三位为心脑血管疾病6例，第四位为肾病4例，第五位精神病2例，第六位为糖尿病、急性骨髓炎、吸毒、死因不明各1例。

【孕产妇产前筛查和新生儿疾病筛查】 2012年全县共有产妇2787人，出生活产2806人，孕产妇产前筛查939人，筛查率33.69%，筛查出阳性56人，阳性率5.96%。孕产妇产前诊断43例，确诊3例，确诊率为6.98%。

2012年，新生儿疾病筛查1706人，筛查率60.80%。

【农村孕产妇住院分娩补助项目工作】 为保障母婴安全，降低孕产妇死亡率，落实国家新医改精神，中央财政设立专项经费对农村孕产妇住院分娩给予补助。凡是农业户籍的孕产妇住院分娩，均可得到人均400元补助。为确保国家项目资金规范管理，合理使用，更好地发挥项目资金的作用，根据《云南省农村孕产妇住院分娩补助资金和“降消”项目工作经费管理实施方案》要求，结合本县实际，制定了《江川县农村孕产妇住院分娩补助资金和降消项目工作经费管理实施方案》及经费管理制度，做到独立核算，专款专用。并严格按照《江川县农村孕产妇住院分娩补助项目实施方案》要求，简化程序，在县域内的定点医疗机构实行现场分娩补助，提高了工作效率，及时将资金补助到位。2011年10月至2012年9月，江川县共有产妇2787人，其中农村户籍产妇2555人，农村孕产妇住院分娩2555人，农村孕产住院分娩率达100%，农村孕产妇住院分娩补助2470人，补助率达96.67%，补助金额达98.80万元，人均补助400元。人均住院分娩费用2327元，比下年下降312元；人均个人付费1044元，比去年下降635元。2012年下拨我县的农村孕产妇住院分娩补助资金82.88万元，资金使用率达119.21%。正常产补助1473人，占补助人数的59.64%；阴道手术助产4人，占补助人数的0.16%；剖宫产补助993人，占补助人数的40.20%。

【危急孕产妇救助】 为严格规范危急孕产妇的急救和转诊，让危急孕产妇得到及时有效的救治，保障母婴平安，成立了危急孕产妇急救转诊领导小组，指定县人民医院为江川县危重孕产妇救治中心，保证辖区内急、重症孕产妇得到全力救治，减少孕产妇死亡的发生。2012年省级配套11万元危急孕产妇救助经费对患有产科严重合并症并实施危急抢救的孕产妇进行救助。全年共救助了13例孕产妇，最高救助金额达6500元，最低救助金额达1500元，救助金额共计4.83元。

【贫困孕产妇救助】 2012年1月16日，在江川县妇幼保健院四楼宣教室召开2012年贫困孕产妇救助基金兑现会，对符合补助标准的116名贫困孕产妇进行了补助，根据贫困孕产妇的实际情况，最高的补助1000元，最低的补助200元，补助金额共计6万元。危急孕产妇救助资金和贫困孕产妇救助资金的合理使用，在一定程度上帮贫困产妇解了燃眉之急，同时提高了我县的住院分娩率，降低了孕产妇死亡率和婴幼儿死亡率，控制了新生儿破伤的发生。

【婚前医学检查】 2012年，江川县共有新婚人员4480人，婚前医学检查4476人，婚检率达99.91%，比往年上升了78.97%。检出疾病228人，疾病检出率为5.09%。其中指定传染病116人，占检出疾病总数的50.88%；生殖系统疾病106人，占检出疾病总数的46.49%；严重遗传性疾病1人，占检出疾病人数的0.44%；内科系统疾病5人，占检出疾病人数的2.19%。建议不宜生育1人，建议暂缓结婚21人，尊重受检者意愿95人。婚前卫生指导、咨询4476人。通过婚前检查工作的深入开展，提高了江川县出生人口的素质，促进了家庭生活和谐。

【妇女病普查】 2012年7月27日至8月20日，县妇幼保健院聘请云大医院妇科专家、B超专家坐诊，进行妇女病普查工作。云南省医学妇科专家、B超专家利用多年丰富的临床经验和江川县妇幼院精良的四维B超设备、专查子宫颈癌的妇科TCT和HPV相结合的手段，极大地提高了妇女病的诊查率，为降低妇女病的发生率提供了强有力的技术保障。2012年共普查妇女3187人，查出各种妇女病人数2416人，缺点和疾病检出率为75.81%。其中阴道炎占疾病总数的48.03%，宫颈炎占疾病总数的26.56%，占0.03%，子宫肌瘤占疾病总数的0.09%，盆腔积液占疾病总数的0.05%，宫颈息肉、卵巢囊肿、乳腺疾病各占疾病总数的0.03%，其它占0.99%。

【出生医学证明管理】 江川县妇幼保健院进一步落实《出生医学证明管理制度》，规范使用出生医学证明专用章，严格签发程序，落实登记制度，建立出入库登记，加强档案资料、废证的管理，专人管理。全县产妇总数2787人，在江川县出生活产2678人，共办理《出生医学证明》2636份，办证率98.43%。

【人才培养】 2012年，为提高县、乡、村三级妇幼保健人员的服务能力和服务水平，县妇幼保健院派出了4名医务人员到云南省昆华医院、玉溪市人民医院进修学习，40人进行远程教育学习，53人参加了省市的学习培训。年内举办了全县农村孕产妇住院分娩补助项目暨“降消”项目、预防艾滋病、梅毒和乙肝母婴传播知识、妇幼健康计划暨公共卫生服务项目、新生儿疾病筛查、儿童疾病综合管理等培训班，共计培训747人。为提高江川县妇产科质量及提升产科服务能力和水平，特邀市级专家马丽红到县妇幼保健院做现场指导工作。

【健康教育】 县妇幼保健院始终把健康教育工作作为妇幼保健工作的基础来抓，定期派工作人员下乡、入村督导检查，做到健康教育工作有计划、有内容，常检查、严考核，不流于形式、不走过场，使健康教育工作的各项措施落到实处。我县主要采取“以妇女为核心、家庭为最佳场所”的健康教育宣传模式，采取宣传栏、标语、印发宣传资料、上街设摊宣传，电视宣传等多种形式广泛开展健康教育活动宣传农村孕产妇住院分娩补助政策。县乡两级医疗卫生单位每月出宣传妇幼保健、“降消”项目政策及健康教育知识的宣传专栏一期，并在醒目处贴有宣传妇幼保健和“降消”项目的墙体标语。2012年，全县共印发宣传资料5万多份，出版报24期，制作宣传标语36条，电视、广播宣传28次。通过宣传教育，群众的保健知识和保健意识进一步提高，群众知晓率达95%以上。

【表彰奖励】 2012年，李秀燕被玉溪市妇女儿童工作委员会授予“2011–2010年度玉溪市实施妇女儿童发展规划先进个人荣誉称号”；杨绍培被中共玉溪市卫生局党组授予“2010–2012年全市卫生系统创先争优优秀共产党员称号”，被云南省卫生厅在贯彻落实中国妇女儿童发展纲要和云南妇女儿童发展规划，推动妇幼卫生工作中做出突出贡献，特授予“先进个人”称号。

（周艳萍）

疾病预防控制

【参加文化、科技、卫生“三下乡”活动】 1月12日，江川县2012年文化、科技、卫生“三下乡”活动在雄关乡上营村举行。江川县委宣传部组织文化、科技、卫生等10多个部门的众多专家、科技人员、文艺工作者，江川县卫生局派疾控、妇幼以及雄关卫生院医务人员为农民群众免费义诊，开展咨询活动，发放卫生宣传单1000余份，内容涉及甲型H1N1流感、手足口病的防治、艾滋病防治、健康66条以及高血压和糖尿病防治和妇幼卫生保健等知识。

【开展春节期间肠道传染病防治知识宣传】 2012年1月11日江川县卫生局会同江川县广电局共同制作“肠道传染病防治”宣传片，开展防止病从口入的预防肠道传染病知识的宣传教育，提倡慎用或不吃凉拌菜、生海

（河）鲜水产品，以防肠道传染病的发生；餐饮单位和承办乡村宴席的禁止销售凉拌菜，掌握必要的食品卫生知识，确保食品安全，防止食源性疾病的发生。各地要做好水源保护，防止水井污染和水管破损造成的污染，落实饮用水消毒，并定期进行检测。

【2011年疾控工作年终工作总结暨疫情分析会】 江川县疾控中心1月13日组织召开了“江川县2011年疾控工作年终总结暨疫情分析会”。会议由县疾控中心副主任刘江伟主持，玉溪市疾控中心副主任李六九；县卫生局副局长龚有颖；疾控中心主任周标、副主任凌剑波、支部书记郭正雄及各科科长；各医院院长、乡镇卫生院院长及全体防保人员共计37人参会。

对江川县2011年疾病预防控制工作做了回顾性总结，在各级领导的支持、配合下，圆满完成了上级下达各项工作指标，经过市疾控中心考核小组考核，江川县疾病预防控制工作排全市头名，并通报了2011年各医疗单位疾控工作考核结果；支部书记部署了2012年的疾病预防控制工作计划；刘江伟副主任对2011年的疫情进行了分析，指出本年度传染病防治工作中存在的问题；接着与各医院、卫生院相互进行了工作交流，对提出的意见和建议由市疾控中心李六九和县疾控中心周标进行了解答。

要求2012年要紧抓责任目标书，做好重点传染病的防治，执行好国家基本公共卫生服务项目，做好突发卫生事件的应急处突工作，做好人才的培养，不断提高人员素质，做好各类公共卫生服务工作。

【县领导看望慰问麻风病人】 1月16日，江川县委常委、常务副县长李东林，委常委、副县长罗跃岗在县卫生局、县民政局、县疾控中心等相关部门负责人的陪同下，深入麻风村看望慰问麻风病人，把党和政府对麻风病人的亲切关怀和祝福送到麻风病人身边。为生活在麻风新村的20位病人送上了慰问金和棉被、电磁炉、香油、营养品、洗衣粉等慰问品。

【联合送健康知识进彝家山寨】 2月22日，由江川县妇联、卫生局、计生局、疾控中心、妇幼院联合到江川县九溪矣文彝族村开展庆三八”暨关爱女性送健康活抽调的15名工作人员分别进行健康讲座、健康咨询。江川县疾控中心同时举办一场健康知识讲座，内容以合理膳食、疾病防治和艾滋病进行讲授。展出宣传展板8块，发放优生优育、乳腺癌、宫颈癌、一般人群合理膳食指南、中国居民平衡膳食宝塔、人感染禽流感防治知识、手足口病预防知识、艾滋病等方面的宣传材料和挂历共1000多张，发放避孕药具2000只，设立“义诊服务咨询台”，接受咨询80人次；136名妇女接受了妇检和B超检查，同时还免费发放价值2000多元的药品。

【旱期饮水安全】 2012年1月至2月，为了保障江川县广大人民群众在旱期期间的生活饮水安全及身体健康，江川疾控中心针对当前旱灾疫情，关注民生，关注热点和难点，加强了对江川县居民生活水饮用水的水质监测。

依据《中华人民共和国生活饮用水标准检验方法》（GB/T5750-2006），截至2月29日中心共监测各类水质32件。其中水源水8件检测30项指标，全项合格4件，合格率50%，不合格指标主要是砷；出厂水2件检测30项指标，全项合格0件，合格率0%，不合格指标主要是游离余氯2件，肉眼可见物指标1件；末梢水21件检测8项指标，全项合格0件，合格率0%，不合格指标主要是游离余氯21件，微生物指标2件；生产用水1件检测3项指标均合格。根据监测结果消毒超标的情况，中心安排投放了47件2256瓶价值22560.00元的消毒灵到各乡镇卫生院，由防保科分配分发到全县72个村卫生所，根据旱灾进展由水管人员负责进行人畜饮用水源的消毒工作。确保了我县在旱灾面前少发生或不发生因人畜饮用水源污染导致的人畜共患病及肠道传染病的发生和流行。

同时中心全面开展健康教育促进，积极配合抗旱救灾工作。充分利用电子气象平台宣传预防肠道传染病知识和生活饮用水注意事项。开展知识讲座136人次、发放宣传单450余份、义务服务咨询80多人次等多种途径宣传抗旱救灾的卫生防病知识，并且免费发放价值2000多元的药品。

【开展抗旱防病知识宣传】 为增强群众旱灾期间自我保护能力，3月16日，江川县大街卫生院和县疾控中心，利用县城早市场，联合开展抗旱防病宣传活动，保证旱灾期间无重大疫情发生。

为确保旱灾无疫情，江川县大街卫生院和疾控中心结合当前的旱灾形式，联合组织开展了一场以“抗旱防病，安全饮食保民生”为主题的抗旱防病知识宣传活动。在此次活动中，卫生防疫工作人员向群众积极宣传预防肠道传染病方法、食物中毒的预防、饮用水消毒方法、手足口病防治知识等，并免费发放安全饮食卫生宣传资料。

共发放各种抗旱防病宣传资料4种2000多份，接受群众防病咨询80多人次。

【市专家组督导评审2011年中西部地区儿童口腔疾病综合干预试点项目】 2012年3月23日，由玉溪市疾控中心副主任李六九、慢病科科长范波一行2人到江川县进行中央补助地方中西部地区儿童口腔疾病综合干预试点项目执行情况现场督导评审项目管理、口腔卫生服务机构建设、技术服务水平、人员资质和窝沟封闭效果、健康

教育工作。

督导组首先听取了江川县疾控中心主任周标对江川县中西部地区儿童口腔疾病综合干预试点项目执行情况汇报，查阅相关资料。最后督导组在县疾控中心相关人员的陪同下到两个定点医疗单位进行了现场督查。

通过督查督导组认为：江川县疾控中心2011年项目的组织管理、培训、督导、口腔健康知识宣传、窝沟封闭和封闭复查各项指标均按要求完成。在全县56所小学，筛查出符合条件学生2913人，封闭2622人，9014颗牙齿，封闭率达90%，完成项目规定指标任务的100.2%；抽查461人复查，封闭完好率为88.6%；儿童口腔卫生保健知识知晓率达到95%以上，正确刷牙率达到95%。督导检查综合评议为优。

【“3·24”世界防治结核病日暨抗旱防病知识宣传活动】 3月24日是第17个“世界防治结核病日”。主题是“你我共同参与，消除结核危害”。

23日，江川县疾控中心开展了以“你我共同参与，消除结核危害”为主题的宣传活动，活动上同时开展了抗旱防病知识宣传，通过设立宣传点，向过往行人散发宣传手册、宣传画及抗旱防病知识宣传，现场答疑等形式，向群众详细介绍结核病流行的严峻形势、国家免费治疗政策等有关内容，让广大群众了解到更多的结核病防治知识，免受结核病的危害。

宣传活动中，利用新农村气象综合信息平台发布“3·24世界结核病防治知识”，在线总数：120块，合计受众人数：186546；共计发放宣传材料1500张、纸杯500个、结核病防治知识练习本350本和购物袋120个，同时发放抗旱防病宣传画50张，宣传单和折页200张。

【免疫规划培训】 为了进一步贯彻落实国家扩大免疫规划和疫苗管理工作，继续加大麻疹防控力度，切实做好传染病管理工作，3月29日，江川县疾控中心在县医院会议室举办全县计划免疫培训班。

江川县卫生局副局长龚有颖到场并讲话，全县卫生所、卫生院以及县级医疗卫生单位共计112余人。培训由县疾控中心副主任刘江伟主持了会议，免疫规范科长罗绍德就免疫规划规范、预防接种异常反应监测等内容进行了深入细致地讲解。同时提出了现阶段免疫规划工作中存在的问题。

【疟疾原虫镜检培训】 为提高全县疟疾防治人员的实验室检验能力，江川县疾病预防控制中心于2012年4月13日在中心会议室举办“2012年疟疾原虫镜检培训班”。全县7个乡镇卫生院预防保健科负责人及县级医疗卫生单位的检验人员共30余人参加了培训。

培训由江川县疾控中心副主任刘江伟主持，邀请了市疾控中心寄生虫病专家金正海老师从检验技术方面做了细致详尽的讲解。

【举办健康讲座】 4月19日上午，江川县疾控中心在大街街道办事处上头营中学举办健康知识讲座，江川县疾控中心副主任刘江伟主讲，参加人员杨虎。上头营中学600余名师生参加了讲座。

讲座分别就夏季肠道传染病的防治、手足口病的防治、健康66条进行讲授。共发放宣传材料2000份、宣传画5张、健康66条书3本、健康66条光碟1张。

【“4·25”计划免疫宣传日活动】

4月24～25日江川县疾控中心围绕“接种疫苗，家庭有责”，积极开展4.25计划免疫宣传活动。24日召开动员会议，全县7个乡镇预防保健及县级医疗单位15负责同志参加了动员培训会议。同时向乡镇发放计划免疫28000份。

25日江川县疾控中心免疫规划科走上街头开展宣传和咨询活动，活动中发放计划免疫宣传材料300份，咨询180多人。

【疟疾日宣传活动】 2012年4月26日是我国第五个疟疾宣传日，今年的主题是“全民行动，消除疟疾”。

在全国第五个“疟疾宣传日”来临之际，江川县疾控中心以“全国疟疾日”防治宣传活动为契机，围绕今年疟疾宣传日的主题开展宣传。本次活动共发放宣传单2500余份，现场咨询 50余人。

【省专家组督导评审2011年中西部地区儿童口腔疾病综合干预试点项目】

2012年4月25日云南省疾控中心慢病科主任肖义泽、科员邵英，省第二人民医院口腔科王冰主任一行3人，在市卫生局疾控科杨国鹏和市疾控中心副主任李六九的陪同下，对江川县2011年“中央补助中西部地区儿童口腔疾病综合干预项目”执行情况进行督导评审。江川县疾控中心主任周标代表项目办对各位领导和专家到江川县检查指导工作表示热烈的欢迎，并就江川县项目工作进行了汇报。省项目办专家组首先查看了项目管理资料，随后到雄关乡中心小学抽取二年级、三年级100名学生进行口腔卫生知识问卷调查，知晓率达98.2%。同时抽取54名已作窝沟封闭的儿童进行封闭质量完好率现场考核，完好率达93.2%。云南省专家组认为，江川县2011年“中央补助中西部地区儿童口腔疾病综合干预项目”管理执行资料规范，工作开展情况总体较好，窝沟封闭质量高，封闭对象服务满意度好，考评中取得了总分102.6分（基本分97.6分，附加分5分），综合督导结果为优。

【2012年重性精神疾病项目管理培训会】 为进一步规范江川县重性精神病人的治疗管理、随访、网络录入等工作，提高基层个案管理工作的能力，按照《江川县中央补助中西部地区重性精神疾病管理方案》及2012年市项目办管理要求，4月26日下午，江川县在县疾控中心会议室召开2012年重性精神疾病项目管理培训会。会议有县疾控中心、县医院、中医院、乡镇防保科长，个案管理员（网络管理员）和各乡镇民警等30人参加了会议。

会议由疾控中心副主任刘江伟主持，慢病科长杨国文讲解了重性精神疾病项目个案管理知识、要点、要求，介绍了2012年项目业务要求，对全县开展此项工作提出了指导意见；慢病科科员史伊冉就重性精神疾病随访管理网络录入作了讲解和要求；市疾控慢病科科员李吉讲解了公共卫生慢病报表的填写方法和要求；最后刘江伟对江川县2011年重性精神疾病项目筛查确诊病例补助经费兑现表作了说明和要求，并对整个会议进了了总结。

【碘缺乏病防治日宣传活动】 5月15日是第19个全国碘缺乏病防治日，今年的主题是“科学补碘，健康一生”。围绕这一活动主题，15日江川县疾控中心、盐务局、大街卫生院在明珠路开展碘缺乏病日的宣传活动。

活动中，共发放宣传画600张，宣传折页、宣传手册1800张,咨询80余人，通过宣传活动，使群众认识到了碘缺乏病的危害。

【2012年中西部地区儿童口腔疾病综合干预项目启动】 按照省市“中西部地区儿童口腔疾病综合干预项目”的要求。5月25日下午，江川县在疾病预防控制中心召开2012年中西部地区儿童口腔疾病综合干预项目启动会。玉溪市疾控中心副主任李六九、慢病科科长范波、江川县卫生局副局长龚有颖、教育局副局长岳东芬等领导，江川县疾控中心相关人员、12所中心小学校校长及责任人、江川县窝沟封闭指定的两家医疗机构负责人等共计42余人参加了会议。

会议总结通报了2011年项目工作情况，安排部署2012年项目工作，讲解了窝沟封闭相关基础知识和技术操作规范。江川县卫生局龚有颖副局长对2011年项目工作给予充分肯定。县疾控中心与各乡镇中心小学校校长和项目定点医疗机构负责人签订项目工作协议书。

【“五·八”世界红十字日宣传募捐活动】 为迎接“五·八”世界红十字日的到来，5月7日，江川县红十字会组织开展了纪念“五·八”世界红十字日宣传募捐活动。

活动于县城明珠路段开展，由江川县红十字会会员单位成员、志愿者组成工作组，为过往群众发放宣传资料，并给他们讲解红十字会的历史及宗旨意义，向人们发出奉献爱心、关爱弱势群体的倡议。县纪委、监察的（工作人员）对善款救助整个过程履行监督职责。据统计，活动当天，共设宣传展板9块，发放宣传资料2000多份，募集到社会各界善款6082.6元。

【第25个世界无烟日活动】 5月31日是第25个世界无烟日。江川县疾控中心分别在县医院、中医院、妇幼院、客运站等公共场所开展控烟宣传活动。

宣传中出宣传栏4块，张贴宣传画15张，发放宣传单400余份，县医院在136间病房粘贴“吸烟有害健康”戒烟标识，设立无烟车208辆。

【捕杀恶犬】 7月15日早上，江川县大街街道办事处早街社区发生一起犬伤人事件，袭击3人，致使2人和一头小猪、一匹马被咬伤。

由于群众报警及时，于当天上午公安人员在早街市场将该犬捕杀，并送畜牧兽医部门进行检验和处理。江川县疾病预防控制中心工作人员也及时赶到现场，经过现场调查，没有找到此狗的主人，公安人员正在对此事进行调查。

根据伤者的情况，疾控制中心工作人员及时对伤者进行伤口清创处理，并接种了狂犬病苗和狂免球蛋白。

经畜牧兽医部门送省畜牧兽医部门检验，该犬携带有狂犬病毒。由于捕杀及时没有造成重大损失。

【云南省县级口腔专科医师培训班在江川县举办】 云南省县级口腔专科医师培训班7月30～31日在江川县江川宾馆举办。来自全省8个州市37个县级口腔专科医师70余人参加了培训。

培训由玉溪市卫生局疾控科普万明主持，云南省第二人民医院副院长、省卫生厅疾控局李长青、玉溪市卫生局副局长王红、江川县卫生局长张盛国等领导在主席台上就座并讲话。之后省项目办的5名专家分别讲授了《如何开展口腔健康教育》、《中西部地区儿童口腔疾病综合干预》、《窝沟封闭的理论基础、氟化物与牙健康》等课程，还进行了窝沟封闭现场操作实习，培训结束后对学员进行了考试。

【江川县荣获全国口腔卫生项目综合优秀项目县的称号】 卫生部疾控局2012年7月16～19日在上海召开2012年度全国慢性病防控与口腔卫生项目工作会，来自全国各地卫生系统的领导、专家、学者和一线的医务工作者共计300余人参加了会议。江川县疾控中心史伊冉参会，并在大会上进行了交流性发言。

会议采取在慢性病防控、口腔卫生两个分会场举行。口腔卫生分会场进行了2011年度中西部地区儿童口腔

局部综合干预项目工作总结，公布了项目实施考评结果，宣布了全国优秀项目县，对优秀项目县举行了发牌仪式，江川县赢得了“全国口腔卫生项目综合优秀项目县”的光荣称号。

【江川县通过基本消灭麻风病省级考核验收】 8月29～31日，省疾控中心副主任杨军带领省级验收组一行8人到我县进行基本消灭麻风病评估验收。

验收组通过听取汇报、查阅资料、疫村普查等形式对江川县麻风病防治工作进行详细的调查。经过为期3天的调查评估，考核组一致认为江川县已达到基本消灭麻风病标准。

评估验收期间，市、县相关领导和专家参与了验收全过程。

【县麻风疗养院生活饮用水改造工程开工仪式】 2012年10月10日，江川县二尖山疗养院门前喜气洋洋的“饮水思源不忘本，知足常乐度晚年”的彩虹桥拉开了麻风疗养院生活饮用水改造工程开工仪式的序幕。

江川县卫生局局长张盛国同志宣布开工仪式正式开始，期间分别邀请省民政厅云南省社会组织促进会副会长兼秘书长靳建新同志、香港救世军云南办事处主任邓顺华同志、江川县民政局局长顾绍勇等同志进行了讲话。

该饮水改造工程预计耗资20余万元，完工后将有效解决疗养院20名休养人员及吗啊咱村55户128人的生活饮用水问题。

（杨　虎）

食品药品监督管理

【概　述】 江川县食品药品监督管理局位于江川县大街街道湖滨路北段14附1号，占地780.58平方米，其中：办公楼建筑面积905.10平方米。2012年年末有正式职工12人，其中公务员10人，工勤人员2人。设办公室、食品安全监管股、药品医疗器械监管股、保健食品化妆品监管股4个股室。

江川县食品药品稽查大队属江川县食品药品监督管理局下属全额拨款事业单位，2012年年末有正式职工4人，4人均为事业人员。

江川县食品药品监督管理局负责对全县药品、医疗器械的研制、生产、流通、使用进行行政监督，负责全县消费环节餐饮服务食品安全、保健食品、化妆品监督管理；负责江川县辖区内开办餐饮服务企业及药品零售企业的审批，核发《餐饮服务许可证》、《药品经营许可证》（零售）；开展食品药品从业人员的培训；承担消费环节食品安全事故的调查处理等职责。

江川县食品药品稽查大队负责组织实施全县药品、医疗器械、餐饮服务环节食品、保健食品、化妆品稽查工作；依法对制售假劣药品、医疗器械、餐饮服务环节食品、保健食品、化妆品等违法行为进行调查取证并对适用简易程序的违法行为进行查处；依法对药品、医疗器械、餐饮服务环节食品、保健食品、化妆品的质量进行监测、抽验、送检和食品药品快速检测；协助餐饮服务环节食品污染和食物中毒等突发事件的调查处理等职责。

2012年共发放餐饮服务许可证522户（其中：新办92户，审换证416户，变更14户），办理从业人员健康证2439人。受理保健食品经营企业备案15户。监督检查餐饮服务单位556户，检查保健食品化妆品经营单位160户。开展餐饮服务环节食品抽样、155个样品，合格147个，合格率为94.8%。查处餐饮服务环节食品安全违法案件22件，保健食品违法案件2起。2012年共抽验药品45批次，查处药械违法案件11起，涉案货值金额0.71万元，受理投诉举报1起，查处率、结案率100%。

2012年1月，被江川县委、县政府表彰为“综治维稳先进单位”；5月，被县政府表彰为“禁毒工作先进集体”；5月，被县政府表彰为“行政效能先进集体”；8月，被中共玉溪市委表彰为“玉溪市创先争优先进基层党组织”。

【江川县被确定为省级首批餐饮服务食品安全示范县】 按照云南省食品药品监督管理局《云南省餐饮服务食品安全“千百万”示范工程建设实施方案》的精神，经县政府积极申报，江川县被确定为云南省首批餐饮服务食品安全示范县。开展创建餐饮服务食品安全示范县工作，是强化对各餐饮企业的日常监管，把食品安全监管工作重点转移到以事前监督、查改隐患、治理薄弱环节为主，从源头上杜绝危害群众健康的食品安全事件发生。同时，作为“中国生态美食名县”，通过创建活动，有计划、有重点的创建一批具有江川特色的餐饮示范店、示范街，进一步丰富我县民俗饮食文化的内涵，推动第三产业的发展。

【学校食品安全检查】 2011年12月30～2012年1月5日，开展学校食品安全拉网式检查。检查内容主要包括：食堂是否持有有效的餐饮服务许可证、健康证及培训合格证；防蝇防尘防鼠等设施设备是否符合要求；索证索票、验收登记等管理制度是否健全并得到落实；库房和厨房冰箱食物贮存是否符合要求；食用油、肉制品等重点原料的购进是否进行严格审查；餐饮具是否进行消毒保洁，是否重复使用一次性餐具用品;是否擅自加工出售四季豆、野生菌、冷荤凉菜、草乌、附片等高危菜肴。共出动车辆8驾次，工作人员29人次，行政许可现场审查5家，发放监督意见书40份，宣传资料80份，检查检查学校32所，食堂40个，其中中学13所、中心小学12所、幼儿园7家。

【两会期间餐饮服务食品安全保障工作】 2月4～11日，按照《重大活动餐饮服务食品安全监督管理规范》的要求，制定《2012年江川县“政协、人大”会议期间餐饮服务食品安全保障工作实施方案》，成立会议期间餐饮服务食品安全保障工作领导小组，并与江川宾馆签订了《餐饮服务食品安全目标责任书》、《餐饮服务食品安全任承诺书》，执法人员对承办单位江川宾馆的食谱、食品采购、加工环境及程序、餐具清洗消毒、备餐待餐时间、食品留样等环节进行全面监督检查，确保了会议期间餐饮服务食品安全。此次餐饮服务食品安全保障工作共出动执法人员16人次，车辆8车次，保障了会议期间19餐次、约2100人次的饮食安全。

【农村药品市场专项整治】 1～3月，开展了为期3个月的农村药品市场专项整治。召开专门会议，制定专项整治方案，成立工作领导小组，明确责任股室，坚持突出重点、打防结合、务求实效的原则，以药品零售企业、医疗机构、集贸市场等为重点整治对象；以生产销售假劣药械、发布虚假违法药品广告、非药品冒充药品、无证经营药械为重点整治问题；以国家基本药物目录品种、中药材、中药饮片、计生药械、一次性使用无菌医疗器械、口腔义齿、植入性高风险器械为重点整治品种，全面开展农村药品市场执法检查。严肃查处制售假冒伪劣药品、医疗器械和无证生产经营行为，严厉打击和取缔制假售假“黑窝点”。同时，加强识假辨假知识宣传，提高农民群众维权意识和能力。此次专项整治共出动执法人员47人次，出动执法车辆19驾次，监督检查药品经营企业73家，医疗机构35家，医疗器械经营企业 7 家，城乡集贸市场3家，下发《责令整改通知书》4份，进行行政处罚1户。

【2012年餐饮业食品安全负责人培训】 3月15～16日召开餐饮业食品安全负责人培训会。全县大中型餐饮服务单位、学校（单位）食堂负责人共460余人参加了会议。会议就云南省餐饮服务食品安全示范县建设的背景、目的、意义、标准；中、小学学生营养餐应注意事项；《食品安全法》及相关法律法规进行了详细讲解，进一步强调餐饮服务单位负责人要主动承担食品安全“第一责任人”职责。会后，江川县食品药品监督管理局与餐饮服务单位负责人签订了《餐饮服务单位食品安全承诺书》、《江川县餐饮服务单位食品安全监管责任书》。

【中小学生营养餐食品安全】 一是加强领导，落实责任。认真传达学习省市营养餐改善计划会议精神，及时成立领导机构，制定保障方案，明确岗位职责，积极与教育部门沟通对接，为牛奶、鸡蛋的招标采购提供食品安全标准，结合自身实际，提出合理化建议。二是广泛宣传，深化教育。及时组织全县73所开办营养餐的学校食品安全管理人员参加培训，对推行营养餐的重大意义、确保营养餐安全的重点难点、如何识别假劣食品以及防范食品安全事故进行详细讲解，明确提出了校长是学校食品安全的第一责任人，要求学校确定专人负责食品安全管理工作。三是强化监管，消除隐患。定期不定期组织开展学生营养餐食品安全专项检查活动，对蛋、奶等学生营养餐采购、仓储、加工、烹饪、分发、食用等环节进行全面检查，督促学校落实食品采购索证索票、验收登记、清洗消毒、随机抽查、餐后随访、事故上报等工作，切实抓好采购、储存、加工等基本环节，完善冷藏、消毒、保洁、留样等基本设施，防范使用地沟油、滥用添加剂等违法行为，及时消除隐患，有效保障安全。四是完善制度，夯实基础。完善食品安全管理、采购索证索票、餐饮具清洗消毒、添加剂管理、承诺告知等制度，与各学校签订《食品安全责任书》，建立了包括行政许可、日常监管、行政处罚、量化分级、抽验监测、设施设备、人员培训、内部管理等内容的食品安全监管诚信档案，要求学校成立主抓食品安全的领导机构，完善食品安全事故应急预案。

【计划生育药械市场专项整治】 开展全县计划生育药品、医疗器械整治工作，重点对获准施行终止妊娠手术的医疗保健机构和计生服务机构购进终止妊娠药械时是否建立验收记录、批发企业是否建立终止妊娠药械销售制度和购进、销售记录、药品零售企业和个体诊所是否擅自销售终止妊娠药械等情况进行检查。共出动执法人员78人次，监督车辆36驾次，监督检查计划生育药品、医疗器械经营使用单位46户次，未发现违规经营使用计划生育药械的情况。

【问题胶囊专项检查】 4月16～19日，按省、市局安排，在全县范围内紧急开展药用胶囊铬超标专项检查工作。一是通过电话、电子邮件等方式向全县药品经营、使用单位发出紧急通知，要求立即停止销售、使用媒体曝光的13个批次铬超标药品；二是安排执法人员对全县药品经营、使用单位进行检查；三是在机关门户网站上发布胶囊的正确服用方法，避免广大群众听信网上传言服用而产生不良反应。此次专项检查行动已出动车辆4台次，执法人员20人次，检查药品经营、使用单位37户次，在县内未发现媒体曝光的13个铬超标药品。

【2012年食品药品监管工作会】 4月20日，江川县召开2012年食品药品监管工作会。县委常委、副县长罗跃岗，县人大副主任陆富仙，县政协副

主席李绍华、各乡镇分管领导，食品药品安全委员会成员单位、医疗机构及部分餐饮服务企业、药品经营企业负责人参加了会议，会议由县政府办副主任郭峰主持。江川县委常委、副县长罗跃岗要求各级各部门要重点做好五个方面的工作：一是各乡镇（街道）、各部门一定要重视食品药品安全，做到工作责任、目标任务、保障措施、资金投入、督促检查“五到位”；二是以示范建设为载体，着力提高全县食品药品保障水平；三是坚定不移地进行专项整治，净化食药械市场秩序；四是加强宣传教育培训，提高食品药品安全意识；五是各乡镇（街道）、各部门要建立食品药品安全监管机制，加大协作力度，加大执法力度，切实保障全县人民群众饮食用药安全。会议最后，罗跃岗代表县政府与各乡镇（街道）签订了《江川县2012年食品药品安全工作目标责任书》。

【药械不良反应监测工作会议】 4月20日，江川县召开药械不良反应监测工作会议，会议总结了2011年全县药械不良反应监测工作，研究分析了药械不良反应监测工作存在的问题和困难，安排部署下一步的工作任务。全县7个乡镇（街道）的分管领导，县级医疗机构、乡镇卫生院和部分药械经营企业负责人参加了会议。县委常委、副县长罗跃岗对2012年的监测工作提出三点要求：一是要加强监测，把药械不良反应监测工作落到实处，确保可疑即报；二是要深度挖掘药械不良反应监测工作潜力，力争报告数量和质量有新的突破；三是医疗机构和药械经营企业要加强管理，深化、细化药械监测工作，杜绝形式主义及瞒报漏报现象。县食药监局局长李忠海对2012年各医疗机构和药械经营单位药械不良反应工作进行了任务分解。

【五一节期间食品药品安全监管】
一是强化领导，落实责任。全力抓好五一节期间的餐饮服务食品、保健食品、化妆品、药品及医疗器械“四品一械”安全监管工作，做到思想认识到位、组织领导到位、工作措施到位、责任落实到位、督促检查到位“五到位”。二是强化监管，落实检查。以旅游景点、学校食堂、建筑工地等重点区域的“四品一械”经营使用单位为监管重点，开展“五一”期间食药械安全专项整治。三是强化宣传，落实成效。落实食品药品从业人员培训，并采取多种形式加强食品药品安全知识宣传教育。四是强化防范，落实管理。坚持24小时值班和领导带班制度，坚持重大事项报告制度；认真落实节日期间事故应急值守制度，严格执行岗位责任制，加强食品药品安全突发事件应急管理，做好餐饮食品与药品安全举报、投诉工作，确保做到对食品药品安全突发事件的快速反应，果断处置。

【中药材、中药饮片市场专项检查】
5月5～15日，江开展中药材、中药饮片市场专项监督检查。中药饮片市场重点检查经营企业购进渠道，是否索取对方资质，是否有超范围经营，购进票据是否齐全，养护记录、验收记录是否完整、是否存在染色、人工增重、掺杂使假等情况等。中药饮片使用环节重点检查医疗机构在储存、运输、调剂过程中的饮片质量。严禁医疗机构从中药材市场或其他没有资质的单位和个人手中违法采购中药饮片。此次专项检查，共出动执法车辆9台次，执法人员18人次，检查中药材、中药饮片经营企业9户次、医疗机构20户次,对3家经营企业和3家医疗机构的1批中药材、13批中药饮片及14批中成药进行抽样送检。

【药械从业人员培训】 5月14～16日，举办全县药品从业人员培训班，对全县药械经营企业从业人员进行培训。培训主要围绕药品不良反应及医疗器械不良事件相关法律法规及特殊药品相关法律法规知识进行讲解。同时，与药品经营企业签订了《江川县药品经营企业依法经营承诺书》。培训结束后进行统一考试，并对考试合格人员发放从业人员上岗证。

【举办药械不良反应（事件）监测培训班】 5月21～22日，举办为期两天的药械不良反应（事件）监测培训班，全县医疗机构、个体诊所的189名药品从业人员参加培训。培训班邀请了玉溪市药品不良反应监测中心的孙毅老师对药械不良反应（事件）报告与监测基本知识及药械不良反应（事件）报告表填写规范作了详细的讲解和指导。同时，江川县食药监局工作人员对药品生产流通领域集中整治行动和药用胶囊质量安全专项检查等工作做了安排部署。

【药品生产流通领域集中整治】
3～6月，开展药品生产流通领域集中整治。制定专项整治工作方案，成立了集中整治行动工作领导小组，召开药品从业人员培训会，督促企业开展自查自纠。同时，与各药品经营企业签订《江川县药品经营企业依法经营承诺书》，明确药品经营者为药品安全第一责任人。此次专项整治行动确定了以曾涉及购销假药劣药和含特殊药品成分复方制剂流弊案件的等药品经营企业为重点检查企业，着力整治和规范药品流通秩序，共出动执法车辆32辆次，出动执法人员97人次，共检查药品生产企业3户次，药品批发企11户次，药品零售企业132户次，医疗机构81户次，下发责令整改通知书4份，立案8起。

【高考饮食安全保障】 6月6～8日，按照《重大活动餐饮服务食品安全监督管理规范》的要求，制定《2012年江川县高考期间餐饮服务食品安全保障工作实施方案》，成立领导小组，安排部署高考期间餐饮服务食品安全保障及应急处置等。与考生就餐单位签订《餐饮服务食品安全目标责任书》、《餐饮服务食品安全任承诺书》，并对江川宾馆、江一中食堂的餐饮服务许可证；从业人员健康证；餐饮具的清洗消毒保洁；食品及食品原料的采购、验收登记、储存、索证索票等方面进行全面监督检查，开具监督意见书。此次餐饮服务食品安全保障工作共出动执法人员16人次，车辆10车次，保障了高考期间9餐次、约1100名师生的饮食安全。

【农村餐饮食品安全专项整治】 1～7月，开展农村餐饮食品安全专项整治，专项整治以来，共办理许可证226个，健康证1027个，出动执法人员180人次，检查餐饮单位200家次，其中学校食堂97家次，责令改正20户次，查处违法案件7户次，抽检餐饮具、饮用水及食品83批次，发放宣传材料1000份。

【药械不良反应监测报告评估工作会议】 8月21日，召开药械不良反应监测报告评估工作会议，县卫生局、县不良反应监测中心、各级医疗机构、疾病预防控制中心和计划生育服务站共29人参加了此次会议。会议通报了2012年上半年药品不良反应/医疗器械不良事件监测工作情况，在对上半年取得的成绩予以肯定的同时也指出了存在的问题，并部署了下半年监测工作，表彰了2011年药械不良反应监测先进个人。同时，对上半年上报的31份报告表从真实性、规范性、完整性方面进行质量评估。

【学校食堂食品安全】 一是明确领导落实责任。与各学校签订《食品安全责任书》，明确校长（托幼机构负责人）是学校（托幼机构）食堂食品安全的第一责任人。二是健全机构完善机制。要求学校、托幼机构成立餐饮安全管理机构，实行食品安全管理人员制度，配备专职食品安全管理人员，负责学校（托幼机构）的食品安全日常管理工作。建立健全食品安全食品安全管理、采购索证索票、餐饮具清洗消毒、添加剂管理、承诺告知等制度，明确岗位人员职责。三是加强监管消除隐患。按照《餐饮服务许可管理办法》和《餐饮服务许可审查规范》规定的程序和许可条件，审查核发校区内餐饮服务许可证。建立学校食堂食品安全监管诚信档案，并将学校和托幼机构食堂作为餐饮服务监管工作的重中之重，切实加大监督频次和监督力度。对存在餐饮安全隐患的，责令限期整改；对有违法行为的，一律依法处置。四是强化宣传提高意识。及时组织全县实施营养餐改善计划的73所学校食品安全管理人员参加培训，对如何识别假劣食品以及防范食品安全事故进行了详细讲解。五是完善预案着力防控。要求学校、托幼机构要依据《食品安全法》等法律法规的规定，制定食物中毒应急处置预案，积极开展宣传教育培训，一旦发生事故，要迅速控制事态，及时上报有关情况。对发生食物中毒后迟报、谎报、瞒报和漏报的依法追究相关人员责任。

【餐饮服务食品安全监督量化分级管理】 开展餐饮服务业食品安全监督量化分级管理工作，按照评定标准从9个大项目、58个小项目对全县学校食堂、旅游景区宾馆饭店和大型餐馆的食品安全状况进行动态等级评定，将评定结果以“大笑、微笑、平脸”的脸谱形式向外统一公示，用简单、直观的方式引导消费者选择安全放心的饭店就餐。2012年共评出了优秀餐饮店A级15家，良好餐饮店B级43家，一般餐饮店C级484家，已发放公示牌50家。

【药品安全宣传暨过期药品回收公益活动】 9月21日，江川县食品药品监督管理局联合云南鹏源药业有限公司星云大药房和广州白云山和记黄埔中药有限公司开展以“谨慎使用抗生素”为主题的“药品安全宣传暨回收过期失效药品”公益活动。现场通过悬挂横幅、摆放药品安全宣传展板、发放宣传资料、开设药品安全咨询台等形式，进行药品安全宣传、回收过期失效药品等活动，让群众了解抗生素的危害、知道如何购药、怎样看穿药品虚假宣传广告等安全用药知识。活动现场还设置了过期药品回收箱，对过期药品药盒进行回收。此次宣传活动共发放宣传资料3000余份，接受群众咨询400多人次，并对3787盒（瓶），价值38631元的过期回收药品进行了销毁处理。

【保障中秋国庆食品药品安全】 一是加强领导，落实责任。加强组织领导，及早安排部署，细化工作方案，落实监管责任，认真组织实施，做到认识到位、责任到位、措施到位。二是加大宣传，营造氛围。以9月“安全用药月”宣传活动为契机，充分利用各种渠道，宣传“四品一械”安全法律法规及安全常识，普及科学饮食用药习惯，提高消费者自我保护意识。三是强化监管，深化整治。加强对重点场所、重点环节、重点时段、重大活动的餐饮服务食品和药品安全监管。强化对商场、超市、药店经营的保健食品的监督检查力度；严厉打击各类制售假劣行为，对监督检查中发现的违法违规行为，依法严厉查处，涉嫌犯罪的，一律移送公安机关。中秋国庆期间共出动执法车辆39辆次，执法人员103人次，检查餐饮服务单位125户次，抽检了65个食品样品进行了送检。四是强化应急值守，畅通投诉举报渠道。严格执行节日期间值班制度，实行24小时值班和领导带班制度，确保通讯畅通。妥善处理来信来访接待，确保药品安全隐患早发现、早报告，早预防、早处置。

【食品药品安全隐患排查】 6～9月，在全县范围内开展为期3个月的餐饮服务食品、保健食品、化妆品、药品及医疗器械安全隐患排查工作。此次安全隐患排查共出动执法车辆119辆次，执法人员311人次，检查餐饮服务单位209户次，药械经营、使用单位168户次。查处餐饮服务食品违法案件27件，药械违法案件11件，对24户学校的食堂开据监督意见书35份。收缴罚没款5.9万元，并抽检了65个食品样品进行送检。受理投诉举报1起，查处率、结案率100%。

【“12·4”全国法制宣传日活动】 12月4日，在县委宣传部、县委依法治县办的统一组织下，开展以“弘扬宪法精神 服务科学发展”为主题的食品药品安全法律法规及相关安全知识宣传。活动期间共发放《中华人民共和国食品安全法》、《药品分类管理知识》、《非药品冒充药品的“变脸法”》、《购药常识》及《假劣药品识别常识》等宣传单2000余份，宣传展板4块，接受群众咨询200余人次。

【第八届开渔节餐饮服务食品安全专题培训】 12月18日，对全县全县餐饮企业及机关企事业单位食堂等从事餐饮行业的110多名管理人员进行开渔节餐饮服务食品安全培训。培训主要对《中华人民共和国食品安全法》等相关法律法规及监督管理要求、云南省餐饮服务食品安全“百千万”工程建设建设标准和要求、餐饮服务食品安全操作规范等内容进行了讲解，分析了当前的食品安全形势，对开渔节期间餐饮业食品安全工作进行了安排部署。

【餐饮服务环节食品抽检】 根据云南省、玉溪市下达的指令性抽检任务，及时开展餐饮服务环节食品抽样、送检工作，对全县餐饮服务单位、学校食堂的餐饮具、食品及原料、生活饮用水进行抽检，共抽检155个样品，合格147个，合格率为94.8%。

【药品监督抽验】 2012年共对县内20户涉药单位进行了药品监督抽样，抽验检品45批，检出不合格药品13批，靶向不合格率28.89%。

【餐饮服务食品安全专项整治】 2012年，餐饮服务环节开展了“鲜肉和肉制品专项整治”、“学校食堂餐饮食品安全监督”、“食用油专项监督”及“打击食品非法添加和滥用食品添加剂专项整治”等10项专项整治；保健食品化妆品监管开展“保化产品违法违规专项检查”、“保化产品违法广告专项检查”及“查处帝泽牌健怡胶囊等假冒保健食品”等共9项专项整治，监督检查餐饮服务单位542户、学校73户、幼儿园（学前班）食堂10户，开据监督意见书117份。共出动344车次、805人次，监督检查餐饮服务单位556户，监督户次数1968次，合格1795户次，合格率91.20%；检查保健食品化妆品经营单位160户。查处餐饮服务环节食品安全违法案件22件，罚款30800元；查处保健食品违法案件2起，没收违法保健食品2批，收缴罚没款5893元。

【药品安全专项整治】 2012年，开展“基本药物”、“含麻黄碱类复方制剂”、“铬超标药用胶囊和胶囊剂查处”、“药品生产流通领域集中整治”及节假日专项整治等共12个专项整治工作，出动执法人员296人次，执法车辆97车次，检查单位532户次。查处药械违法案件11起，涉案货值金额7115.50元，没收违法药械6批，收缴罚没款26230.10元。受理投诉举报1起，查处率、结案率100%。

【2012年餐饮服务从业人员培训】 2012年共培训餐饮服务从业人员2960人（其中：日常培训2439人、集中培训521人），培训合格率为100%。

【2012年药品从业人员岗位培训】 2012年共开展以《药品管理法》、《药品召回管理办法》及医疗器械相关法律法规等为主要内容的岗位培训5期，全县药械从业人员共598人参加培训，并进行考试，结果记入档案。

【药械安全监测】 2012共上报药品不良反应110例，上报医疗器械不良事件28例。

【创建省级餐饮服务食品安全示范县】 及时成立创建领导小组，制定创建方案，召开专题会议，明确目标，细化任务，分解责任，促使创建工作规范化、程序化；组织467户餐饮服务单位召开餐饮服务示范县创建工作培训会，全面讲解创建工作的目标、原则、方法、程序、时限，同时发放实施方案、创建标准、申请书及责任书；严格按照创建标准进行重点检查，明确专人负责联系指导，全年在九溪镇召开示范街创建推进会2次。截止目前，共发放安装50块公示牌，对522户餐饮单位实施量化分级管理，其中：优秀15户、良好46户、一般446户、待定15户。督促2家示范店（食堂）和示范街按照标准进行整改。11月22日，顺利通过省、市对江川县餐饮食品安全示范县、示范街、示范店（食堂）创建工作考评验收。

【创建省级药品安全示范县】 2012年，江川县食药监局以创建省级药品安全示范县为契机，健全完善了药品安全责任体系、监管体系、应急体系和长效机制，全年未发生一起药品安全事故，切实保障了全县人民群众用药安全有效。一是以落实责任为重点，健全完善了药品安全责任体系。为确保创建工作取得实效，与乡（镇、街道办事处）及相关监管部门签订了《药品安全工作目标责任书》，与药品经营企业和医疗机构分别签订了《承诺书》。二是以制度建设为抓手，健全完善了药品安全长效机制。完善《江川县药品和医疗器械突发性群体不良事件应急预案》，制订《江川县药品安全示范店现场检查评定标准》、《江川县药品医疗器械违法案件举报奖励办法》、《规范药房建设标准》等，积极指导创建工作。三是以示范创建为载体，确保药品安全示范县创建工作取得实效。以创建“药品安全示范店”、“药品安全示范村”为载体，在全县开展“药品安全示范店”、“药品安全示范村”评选活动。

【餐饮服务许可证发放】 2012年，严把餐饮服务食品安全许可关，加强餐饮服务单位现场审核，建立健全行政许可审批程序，全面规范餐饮服务行政许可行为，共发放餐饮服务许可证522户（其中：新办92户，审换证416户，变更14户），办理从业人员健康证2439人。

【信息工作】 2012年编发食品药品监管信息83篇，其中：国家食品药品监督管理局采用3篇，云南省食品药品监督管理局采用8篇，玉溪市食品药品监督管理局采用35篇，江川新闻网、政务网采用29篇。

（刘春丽）

卫生监督

【概　述】 年末，编制人数15人，在职人数8人，其中：男3人，女5人。本科学历7人，占87.5%，大专学历1人，占12.5%。局内设办公室、卫生许可审核科、卫生监督一科、卫生监督二科四个科室。

【业务用房建设项目】 江川县卫生局卫生监督局业务用房建设，建于江川县大街街道办事处早街村，原为江川县大庄卫生院，规划用地1870.742平方米，总建设面积1044平方米，为四层框架结构。项目总投资200万元，该项目于2011年10月完成项目立项，2012年6月完成工程勘察设计、建筑工程图纸设计及拦标价预算等前期准备工作，2012年7月开工建设，现正在进行装修，预计于2013年 1月底完工。

【宣传培训】 2012年，卫生监督员共计参加省、市、县举办的各类培训13期，参培人数达20人次；组织卫生院（所）、理发美容业经营单位、消毒产品生产企业及餐具集中消毒机构进行法律法规及卫生知识培训，共计培训从业人员及相关负责人187人，发放培训资料187份；召开个体医会议6次，参会人员达400余人次；积极开展生活饮用水宣传周活动，走进学校，走进农村，悬挂标语1条，粘贴宣传画5张，发放宣传资料100多份；编印卫生监督信息13期。

【许可审核】 2012年共计审换公共场所卫生许可证156户（新办80户，换证76户），其中：理发76户、生活美容21户、住宿30户，歌舞厅及茶室等其它公共场所29户。新办生活饮用水卫生许可证9户；新办消毒产品生产企业卫生许可证2户；新办母婴保健技术服务执业许可证1户；新办医疗机构执业许可证13户。发放卫生知识培训合格证580个。

【卫生监督】 2012年全县有各类管理相对户510户，建档510户，建档率100%，其中：职业危害因素企业24户，公共场所229户，集中式供水单位9 户，二次供水单位8户，各类学校76所，医疗机构164户。全年监督499户、667户次，覆盖率97.84%、监督率达130.78%。其中：职业卫生监督24 户，监督覆盖率100%；公共场所监督219户、354 户次，覆盖率95.63%、监督率154.59%；集中式供水单位监督9户、26户次, 覆盖率100%、监督率288.89%；县城二次供水单位8户，监督覆盖率100%；学校卫生监督76所，监督覆盖率100%；医疗机构监督163户、179户次，覆盖率99.39%、监督率109.15%。

【卫生监测】 全年共采样监测公共场所101户201件样品、合格73户172件样品，样品合格率85.57%。对医疗机构卫生消毒效果进行抽检，共抽检医疗机构46户样品144件、样品合格率100%。

【公共场所量化分级】 2012年共对201家公共场所进行了量化分级管理，其中住宿单位76家（B级单位2家，C级单位74家）；理发场所98家，均为C级单位；美容场所25家均为C级单位；公共浴室1家为C级单位；游泳场所1家为C级单位。

【行政处罚】 全年对违法行为共查处40户次，罚款人民币共计56950元整。对违反医疗机构执业管理的违法行为查处28户次，罚款人民币共计48150元，其中：处罚县级医院、卫生院、卫生所13户次，罚款人民币计6750元，处罚个体诊所9户次，罚款人民币计11600元，查处无证行医6户次，罚款人民币计29800元；对违反公共场所管理规定的违法行为查处9户次，罚款人民币共计6700元；对水质抽检不合格的供水单位进行行政处罚3户次，罚款人民币共计2100。

【全县卫生院、卫生所卫生法律法规知识培训】 为规范卫生院、卫生所医疗执业行为，做好医疗机构管理工作。江川县卫生局卫生监督局于2月9

日对全县80家卫生院、卫生所负责人开展了医疗机构卫生知识法律法规培训，全县74家卫生院、卫生所负责人参加了培训。所有到会人员结合当前医疗机构监管现状，对《中华人民共和国传染病防治法》、《中华人民共和国执业医师法》、《医疗机构管理条例》、《医疗机构管理条例实施细则》、《医疗废物管理条例》、《行政许可法》等法律法规及医疗机构卫生监督量化评分表等一系列内容进行了学习和交流。

【公共场所卫生知识培训】 2012年2月16日，江川县卫生局卫生监督局组织全县理发美容业经营从业户开展公共场所卫生知识培训，103名经营从业户负责人参加了此次培训，发放理发美容业培训资料103份。培训会上，卫生局卫生监督局负责人对各参会经营从业户提了希望和要求，并对《公共场所卫生管理条例实施细则》、《玉溪市公共场所卫生许可证发放标准》、云南省美容美发场所卫生监督量化分级评分表、美容美发场所卫生管理制度、化妆品及一次性使用卫生用品索证验收制度等内容进行了讲解。

【消毒产品生产企业、餐具集中消毒机构卫生知识培训】 2012年3月8日，江川县卫生监督局组织全县消毒产品生产企业、餐具集中消毒机构经营负责人参加培训，10名经营负责人参加培训，就《中华人民共和国传染病防治法》、《消毒管理办法》、《消毒产品标签说明书管理规范》等内容进行交流学习。

【抗旱期间生活饮用水卫生安全保障】 2012年3月10～31日，江川县卫生局卫生监督局以集中式供水、二次供水、农村学校自建集中式供水和农村分散式供水为重点开展监督检测。共出动车辆17车次，执法人员78人次，监督检查43家供水单位，包括28家中、小学校（其中：监督检查二次供水14家、自建供水2家，直供水12家），8家乡级集中式供水、2家村级集中式供水，2家村级分散式供水，2家酒店及县自来水公司；配合县疾病预防控制中心采集十二五工程水样（出厂水、末梢水）60个、集中式供水水样（水源水、出厂水）28个、分散式供水水源水10个。对检查中部分供水单位存在的无卫生管理制度、无卫生管理人员或者管理人员无健康证；索要卫生许可批件的意识不强；部分集中式或自建供水单位无水源防护措施；二次供水单位无水质检测报告；部分集中式或自建供水单位无机械消毒设施，为人工投放消毒灵等含氯消毒剂，末梢水游离余氯较低等问题卫生监督员下达了相应的整改意见书，要求立即整改。

【饮用水卫生安全知识宣传活动】 2012年4月11日，江川县卫生局、江川县卫生局卫生监督局到江川县安化彝族乡新庄村委会大营村、江川县职业中学开展生活饮用水卫生知识宣传活动及监督检查工作。出动工作人员10人次，车辆3车次，悬挂标语1条，张帖宣传画5张，发放宣传资料100余份。江川县广播电视局、玉溪市日报社对此次宣传活动及监督检查工作进行了宣传报道。

【春秋两季学校卫生监督】 2012年3月、11月江川县卫生局卫生监督局分别组织开展了春、秋两季学校卫生监督检查。共出动卫生监督员80人次，车辆 37车次，以学校饮用水卫生、环境卫生、传染病防控工作等为重点，对全县76所学校、40家托幼机构进行了全面监督检查，下发卫生监督意见书140余份。督促学校开展学生学习、生活环境、用品用具检测及组织学生进行健康体检，进一步促进学校环境卫生的建设。

【江川县基本公共卫生服务项目卫生监督协管工作会】 2012年5月24日，江川县卫生局卫生监督局召集各乡镇卫生监督协管员召开“江川县基本公共卫生服务项目卫生监督协管工作会”。县卫生局副局长龚有颖做了讲话。此次会议围绕食品安全信息报告、职业卫生咨询指导、饮用水卫生安全、学校传染病、非法行医和非法采供血五方面的内容进行了交流学习，进一步规范了基本公共卫生服务监管工作，加强了卫生监督协管工作力度。并将优化公共卫生资源配置，使我县卫生执法监督网络体系进一步健全，从而确保人民群众的健康权益，有效打击违法违规行为。

【2012年医疗机构执业许可证校验工作】 为了做好2012年全县医疗机构执业许可证校验工作，完成医疗机构审批档案清理整顿工作，2012年4～8月，江川县卫生局卫生监督局对全县医疗机构开展拉网式大检查，本次检查以玉溪市医疗机构预防性卫生监督量化评分表、玉溪市医疗机构经常性卫生监督量化评分表、玉溪市医疗机构执业情况量化评分表、云南省医疗卫生机构医疗废物管理现场监督检查表等检查表的各项要求为重要检查内容开展评分检查。共出动监督员300人次，车辆110车次，监督检查各类医疗机构163家，其中：县级医疗机构3家，私立医院1家，乡镇卫生院7家，卫生所73家，门诊（部）3家，个体诊所70家，其他（医务室、计生站、疾控、看守所医院）6家，共下发卫生监督意见书170份。针对部分医疗卫生机构存在管理制度、房屋设施、人员资格、消毒管理、医疗废物处理登记等方面不合理、不规范的问题，卫生监督员一一下达卫生监督意见书，要求其及时整改，并进一步监督其整改情况，至10月底全面完成全县医疗机构执业许可证校验工作，完成医疗机构审批档案清理整顿工作。

【卫生安全保障】 根据《重大活动卫生监督规范》，江川县卫生局卫生监督局认真做好大型活动、重要会议、传统节假日，及中、高考期间各住宿接待点的卫生安全保障工作，有力保障各种活动、会议出席者及消费者的卫生安全。2012年6月4日、5日及6月25日、26日，对江川县2012年高、中考学生拟住宿单位进行监督保障，出动监督人员12人次，车辆4车次，对其工作人员健康状况、生活饮用水等环节进行了重点检查，对检查中存在的问题和卫生安全隐患，下发卫生监督意见书，要求各接待点立即整改；2012年8月～9月底，为确保中秋、国庆长假期间住宿场所卫生安全，江川县卫生局卫生监督局以抽查形式，开展了以江川县旅游区及县城为重点的大中小型住宿场所卫生监督检查，共监督检查住宿场所42家，下发卫生监督意见书42份。期间未发现卫生安全事故，群众的卫生安全得到切实保障。

【灰指甲经营户专项整治】 2012年8月28日，由江川县卫生局牵头，县工商局、大街镇派出所、县卫生局卫生监督局三部门联合执法，对大街镇范围内从事灰指甲、修脚等相关工作的经营户展开集中整治。本次联合执法共监督检查经营户4家，经查，4家经营户均未取得《医疗机构执业许可证》擅自开展灰指甲、甲沟炎等疾病的诊疗活动及悬挂各式医疗广告牌，违反了《医疗机构管理条例》、《医疗广告管理办法》的有关规定，执法部门当即拆除违规医疗广告牌10块、广告灯箱2个，并下发了卫生监督意见书，要求经营户立即停止相关诊疗活动。

【消毒产品经营单位监督检查】 为保护消费者利益和身体健康，严厉打击违法行为，整顿规范消毒产品经营市场，江川县卫生局卫生监督局根据《传染病防治法》、《消毒管理办法》、《消毒产品标签说明书管理规范》等卫生法律法规，于2012年8月30、31日对江川县经营消毒剂、抗抑菌剂的7家药品经营单位进行了监督检查，共下发卫生监督意见书7份，抽检登记消毒产品38种，其中标签标识合格4种，不合格34种，对标签标识不符合《消毒产品标签说明书管理规范》相关规定的，一律要求经营单位及时下架，卫生监督员当场指导经营单位建立消毒产品进货台账，并要求经营单位按要求索证。通过检查，进一步规范了江川县消毒产品经营单位的经营活动，同时有力净化了消毒产品经营市场。

【餐饮具集中消毒单位专项整治】 2012年9月，江川县卫生局卫生监督局结合我县实际，针对餐饮具集中消毒单位进行专项整治工作，共出动卫生监督员6人次，车辆2车次，监督检查全县餐饮具集中消毒单位共4户，下发卫生监督意见书4份，监督覆盖率达100%。委托县疾控中心抽检消毒餐具样品41个，经检测，所抽检样品均符合国家相关标准。

【控烟工作】 为进一步深入开展控烟工作，大力宣传吸烟的危害性，努力提高群众对烟草危害健康知识的知晓率和对控烟工作的认同度，呼吁全社会共同禁烟，实现卫生系统全面禁烟目标。江川县卫生局卫生监督局一是在单位内部大力宣传吸烟的危害性，对吸烟者进行劝助干预。以第二十五个世界无烟日活动为契机，积极宣传吸烟有害健康的知识和法规，在各科室共计张贴控烟宣传画5张，在楼道及各科室张贴无烟卫生机构警示牌共计6块，随时警示单位工作人员及外来人员在办公区域、公共场所禁止吸烟。自开展控烟工作以来，及时成立了控烟领导小组，加强对控烟工作的领导，对控烟工作进行监督检查、考核和激励，督促各科室落实控烟责任。二是认真履职，贯彻落实上级部门控烟工作精神。严格按照《公共场所卫生管理条例实施细则》、《江川县医疗卫生系统全面禁烟实施方案》等要求，在开展卫生监督执法工作的同时，对全县各医疗机构下达控烟意见书120余份，对公共场所下达控烟意见书210余份。要求全县各医疗机构切实加强控烟工作，努力创建无烟单位，为实现卫生系统全面禁烟夯实基础。要求公共场所严格按照《公共场所卫生管理条例实施细则》第十八条要求把控烟工作落到实处。

【第十次全省卫生城市检查】 为切实做好创卫工作，充分履行卫生监督职责，迎接省爱卫会第十次全省卫生城市检查，江川县卫生局卫生监督局严格对照县爱卫会《关于印发云南省卫生县城标准（试行）等2个文件的通知》、《关于印发〈江川县创建省级卫生县城工作方案〉的通知》要求，按照《江川县卫生监督局创建省级卫生县城工作方案》的具体部署，2012年9月至10月对江川县城内公共场所、饮用水卫生、职业卫生进行专项监督检查，本次检查共出动人员 84人次，车辆21车次，监督检查管理相对户130余户次，发放卫生监督意见书108份，对检查中存在的问题提出整改意见，要求及时整改。通过全体干部职工的共同努力，江川县卫生局卫生监督局顺利通过省爱卫会第十次全省卫生城市检查，各项工作得到检查组的充分肯定。

【表彰奖励】 2012年6月，王婧婧同志参加玉溪市卫生局和玉溪市总工会联合举办的“玉溪市首届卫生监督技能竞赛”被评为玉溪市卫生监督技术能手。

（龚雪娟）

爱国卫生

【创建省级卫生县城检查】 为确保顺利通过省爱卫会第十次全省卫生城市检查评比，努力实现创建省级“卫生县城”的目标。以“省检”为契机，制定了《江川县创建省级卫生县城工作方案》等工作措施和办法，精心组织，认真落实。一是加大了对薄弱环节的整治力度，对街头巷尾，背街小巷，集贸市场，城郊结合部等卫生死角和街面56万平方米的全日保洁，共收集、清运生活垃圾总量20075吨，收集清运粪便60车，300吨。做到了垃圾日产日清，并进行无害化填埋处理；二是认真落实好《卫生县城标准》的指标任务，加强了县城街道的美化绿化亮化管理工作，对县城内人行道树、分绿隔离车带、草坪进行了9次修枝造型和10次喷洒农药防蛀和2次施肥处理，处理修剪、移植行道树事件2起，收取绿化补偿费3600元。对城区路灯进行了1次全面检修,在主要街道安置垃圾桶100只和可移动式垃圾箱10只；三是加强查处违章占道经营、乱停乱放、乱帖、乱画的执法及落实门前“三包”责任，发放告知整改责任书3356份，共清理违章占道3706起，警告3513起，教育改正325起。实施处罚193起，暂扣物品99件，清除非法张贴和喷涂的非法小广告20976条，清除擅自悬挂空中布标49条；四是修补城区街道路面21个点，面积达258.73平方米；五是严格按照《道路清扫保洁质量考核标准》对承包地段实行日检月评的办法，有力地促进街道保洁。创卫工作受到了云南省第十次全省卫生城市检查团的高度评价。

【春节爱国卫生运动】 为保障人们在清晰舒适的环境中欢度2012年新春佳节，江川县爱卫会积极倡导并认真布置，全县各级各部门、企事业单位，高度重视，精心组织，城镇乡村全民动员，人人动手，开展了一定声势的爱国卫生运动，彻底治理所辖区的环境卫生脏、乱、差现象。

县城区各单位组织辖区内机关、企事业单位干部职工清理单位内部及公共场所卫生，清除卫生死角，抓好城郊结合部的环境卫生整治，确保垃圾日产日清。同时相关单位加强饮用水的监管和厕所卫生的管理，做好食品安全的监管，加强供水的卫生消毒，确保生活饮用水质符合卫生标准。如：食品药品监督管理局突出重点，强化监管，全面深入地开展餐饮服务食品安全整治工作。一是开展打击违法添加非食用物质和滥用食品添加剂专项整治工作。二是开展地沟油整治和餐厨废弃物管理专项整治。三是进一步加强乳品质量安全专项整治工作。四是做好年夜饭承办单位等重大活动期间食品安全保障工作。共发放宣传材料300份、公告15条，签订目标责任书及食品安全承诺书350份，组织召开食品安全培训3次，培训从业人员703人次，责令改正7户次，出动执法人员55人次，车辆15辆次，检查餐饮单位及涉药单位共507户次；县公安局共出动民警、家属及协勤人员100余人次，出动车辆6辆次，重点对3个公厕、6处下水道阴沟、3处生活居住区，进行彻底冲扫、疏通、整治，共搬运污泥、垃圾和杂物1.5吨，清理污水沟150余米，清除卫生死角9处。据不完全统计，县城共清运垃圾900吨，清除粪渣16吨。

农村开展“清暴露垃圾、清露天粪坑、清污泥积水”，动员村民搞好房前屋后卫生，保证室内卫生。对垃圾、粪便、污水及时清运消毒，控制疾病传染源，切断传播途径的爱国卫生运动。九溪镇出动3600余人次，30辆拖拉机，清理村内沟道6200余米，清除垃圾150余吨，清除卫生死角60余处，清除乱贴乱画小广告450余张；前卫镇共组织520人参与，打扫道路31条，计7500米，街巷和公共活动场所23000平方米，清理沟渠42条，计12000米，打扫公厕116个，出动车辆16辆，清理垃圾池86个，清运垃圾69吨。

【四月爱国卫生月活动】 4月，是第二十四个爱国卫生月。县爱卫会根据上级精神，结合江川县实际，及时下发了文件，要求各级各部门根据文件通知精神，要认真部署，紧紧围绕“爱国卫生、人人动手、清洁家园、健康生活”这一主题，以保障人民群众健康为出发点，以纪念爱国卫生运动60周年为契机，以“城乡环境卫生整洁行动”为载体，以改善城乡环境卫生面貌为目标，针对当前环境卫生存在的主要问题，采取有力措施，广泛发动群众，从环境卫生整治入手，深入开展群众性爱国卫生运动。全县广大群众，尤其是爱卫会的各委员部门和乡镇人民政府（街道）认真履职，在爱国卫生月活动中着重抓了几方面工作：

1. 认真组织，广泛动员。各级各部门一是认识到位，充分认识开展这次爱国卫生月活动的意义，认真组织发动广大群众，从每一个家庭做起，自觉投身于活动。二是用多种形式，广泛宣传，增强广大群众的参与意识，充分利用广播电视、板报宣传栏等形式开展宣传。县爱卫办除发文件外，又在气象电子屏幕上向全县发出要求反复宣传，以助推爱卫月活动新高潮。教育、卫生、广电和乡镇人民政府（街道）还结合实际，大力开展健康教育，普及卫生防病知识，广泛宣传《禁止毒品预防艾滋病》、《卫生与保健》、《保护环境教育》及其它传染病的科学知识，引导广大群众和中小学生增强健康意识，提高自我保健能力。如：教育系统各中小学校出黑板报120期，发放宣传资料1500份，上卫生健康教育课1350节；江城镇广播宣传304次，出板报60期，开专题会议152场次，发放宣传资料

5000份；前卫镇出黑板报11期，发放宣传资料1000份；大街街道出黑板报15期，发放宣传资料1300份。营造讲究卫生，增进健康的社会氛围，推动活动深入开展。

2．突出重点，综合治理。以环境卫生整治为重点，活动的重心放在县城、集镇和旅游风景区的综合治理。县城狠抓小旅馆、小餐饮店、小浴室、小美容美发厅、小歌舞厅的治理。各单位开展居住区及工作环境卫生整治，疏通污水沟道，填平坑凹，清除蚊蝇虫媒孳生地，保持卫生清洁，树立机关单位的形象。清除街道、巷道、公厕、宿舍等墙面上乱贴广告和乱喷涂的办伪证电话号码，特别是城郊结合部的卫生大清理。进一步整顿市场秩序和交通秩序，完善和落实“门前三包”责任制，基本达到治乱、治脏、治差的目的。如：大街街道规化建设和环境保护中心为做好56万平方米县城街道的清扫保洁工作，城区垃圾日产日清，不留死角，共运垃圾160吨，并对7座公厕粪池进行保洁抽吸粪水10吨，同时对县城200多只垃圾桶、20只垃圾厢和135只果皮箱进行清洗。城建监察大队清理大街小巷非法张帖和喷涂的小广告31张，对城区临街施工占道、占道经营、乱摆摊设点等有碍观瞻的违章行为209起查出处理。县市场服务中心结合市场实际，以“讲究卫生、理顺秩序”为主线，清除乱贴乱画小广告75张，清除卫生死角6处，清除垃圾57吨。公安局组织115余人次，出动车辆6辆次，清理污水沟250余米，清除卫生死角6处，清除垃圾1.5吨。交通运输局以树交通窗口形象，做到机关带头，基层单位活动迅速，重点对客运站、交通沿线及客车箱内加强卫生清扫与保洁，共组织460人次，出动车辆3辆次，清除卫生死角5处，清除垃圾15吨。农村以村容整治为重点，深入开展环境卫生整洁行动。抓好道路整修，清理垃圾粪便、公厕卫生、沟渠，规范柴草垛堆放、杂物乱摆等卫生死角。江城镇组织村组13568人次，出动车辆153辆次，清除垃圾688吨，清理污水沟32680米，清除违章占道36处，清除乱贴乱画小广告580张，清除卫生死角102处，在做好“第八届铜锅美食节”和迎接“五一节”到来之际，加强对旅游景点、“农家乐”周边的环境卫生监督，针对存在的主要卫生问题，采取措施认真解决，为游客创造了良好的休闲环境。全县还对主要河道及入湖河道进行清理保洁，安化乡开展董炳河流域集中整治活动。全乡组织420人，出动拖拉机8辆，对董炳河主河道和五条支流的河床、河道上的生产生活及建筑物等垃圾进行了清理，共清运垃圾70多吨。大街河是星云湖重要入湖河道之一，全长4000米。街道党工委、办事处高度重视，清淤工作通过招标后，于4月6至9日，出动挖机1台，东风车4辆，共清除淤泥和河两边杂草800多吨。还出动挖机1辆、装载机1辆，垃圾清运车3辆，清理星云湖防洪大堤5700米，清运垃圾500多吨。前卫镇组织17000人次，出动车辆110辆次，清理主要入湖河道33540米，清除垃圾250多吨，清除卫生死角28处。路居镇出动3130多人次，出动车辆132辆次，清理污水沟4500米，清除卫生死角58处，清运垃圾418吨。

3．加大监督，确保卫生。加大对食品卫生和公共场所卫生的监督执法力度，严格按照《食品安全法》对全县宾馆、饭店、学校食堂、酒店和旅游风景区的农家餐饮业及食品生产经营单位进行卫生监督，共抽查单位168个，发现存在问题35户，责令改进12户，销毁过期食品160千克。同时，加强对饮用水源水质安全管理，抓好各道关键环节，对自来水和500口供水井及740个二次供水箱进行检查和清扫消毒，保持水质达标，防止水源性疾病的流行，确保人民群众的身体健康。

【第二十五个世界无烟日活动】5月31日，是世界卫生组织发起的第二十五个世界无烟日，也是云南省“2012年世界无烟日”宣传活动月。为认真开展好这次活动，结合江川县实际，县爱卫会及时下发5号文件作出安排，并发出相关宣传材料“世界卫生组织烟草控制框架公约”和“吸烟危害相关知识”224份，并确定5月28日～6月8日为宣传禁烟日时间。

全县各级各部门紧紧围绕“烟草业干扰控烟”的主题,以“生命与烟草的对抗”为宣传口号及“吸烟的危害”为主要内容。以版报、广播、会议、电子屏幕及禁烟标志和发放宣传材料等方式广泛开展“吸烟有害健康”的宣传活动，广泛动员各行政机关、社会团体及企事业单位积极参与控烟工作，以巩固创建无烟医院为基础，拓展争创无烟学校和无烟政府机关为切入点，积极开展室内公共场所和工作场所禁止吸烟工作活动。如：江川广播电视台利用阵地，大力宣传营造氛围。一是及时转播中央、省、市级广播电视宣传“吸烟有害健康”活动的节目，及全国开展第二十五个世界无烟日活动的情况； 二是充分利用广播、电视等媒体大力宣传“吸烟有害健康”知识。卫生医疗单位通过现场讲解咨询，发放宣传材料、悬挂宣传横幅向广大群众宣传烟草的使用是主要的致人死亡的原因，提高公众对被动吸烟和环境烟草烟雾危害的认识。共出宣传栏12块，张贴宣传画18张，发放宣传材料900份，利用气象综合信息服务系统发布宣传主题和号召公众积极开展室内公共场所和工作场所禁止吸烟，在线一周多的电子屏幕宣传。教育系统以创建无烟学校为切入点，结合学校实际，充分利用“无烟日”活动，对学生进行《未成年人保护法》、《预防未成年人犯罪法》、《中小学生守则》、《中小学

生日常行为规范》等法律法规的学习教育，在全县中小学校广泛深入地开展形式多样禁烟宣传。以“不尝试吸烟、劝阻他人吸烟、拒绝吸二手烟”为宣誓仪式。共出板报80期，校园广播165次，利用升国旗活动开展宣誓76场次，在公共场所设禁吸烟警示标志97块，挂图230张，读本180册。交通运输部门严格执行《关于在公共交通工具及其等候室禁止吸烟的规定》，在客运公共处所及184辆客车厢和182辆出租车内完善禁烟标志，规范乘客吸烟行为，工作人员不但做禁止吸烟带头人，还劝阻吸烟乘客114人次。文化部门在博物馆、图书馆、文化馆等公共场所开展禁烟宣传活动，在博物馆通过电子屏幕打出“远离烟草、崇尚科学、爱护环境”的宣传横标，共发放宣传材料650份，以扩大宣传和开展禁烟活动的教育面。

【除“四害”活动】 县属各单位、各乡镇认真准备，开展以灭鼠为重点的除四害活动，同时，对生活环境进行药物喷洒，投放灭蟑药110千克，灭蚊灭蝇16000平方米，降低了蚊、蝇、蟑螂的密度，县城投放灭鼠毒饵465千克，有效预防鼠类传染病的发生。对消除四害孳生场所，改善卫生状况收到良好效果。

【健康教育】 各级大力宣传卫生科学知识，发放卫生知识宣传材料19634份；展板26块，出宣传栏板报310期，使广大群众健康意识和自我保健能力得到了提高；同时，加强了学校卫生常识教育，使学生从小养成讲卫生、爱卫生的良好习惯，促进他们健康成长。

【农村改水改厕工作】 各级加强领导，积极配合，多渠道积极争取资金，改水改厕工作不断推进。农村改水受益人口16000人，改厕100口。

【江川县城荣获云南省卫生县城称号】 云南省开展的“每两年一次卫生城市（县城）”竞赛评比活动，江川县自2000年在第四次全省卫生县城竞赛检查评比中获得省级“甲级卫生县城”称号后，已连续六次巩固了这个荣誉称号。2012年重新修订后的《云南省卫生县城标准（试行）》颁布实施，在新标准要求高，难度大的情况下，我们始终坚持把创建省级卫生县城作为加快江川跨越式发展的战略举措，始终按照“科学创卫、依法创卫、人人创卫、和谐创卫”的工作思路，举全县之力，集全民之智，强势推进创卫工作，全县城乡面貌、生态环境、人居条件和县城服务功能明显改善，城市建设及管理水平显著提升。

经云南省第十次县城卫生检查团在去年10月12～13日，一行10人到江川县城，严格按照新修订后的标准及考核命名监督管理办法，以7个专业组，采取听汇报、查资料、现场走访、问卷调查等方法，在县城区的东、西、南、北、中区位分布确定检查点，对爱国卫生组织管理、健康教育、市容环境卫生、环境保护、病媒生物防制、食品安全和公共场所及生活饮用水卫生、疾病预防与控制、社区和单位卫生、农村卫生等九项内容进行了综合检查。

通过认真严格的检查和考核，并报省爱卫会审核批准，现于2013年1月4日印发的《云南省爱国卫生运动委员会〈关于命名2012年度云南省卫生城市及卫生县城的决定文件中，命名“2012年度云南省卫生县城”名单，江川县城已列在其中。

（李明川）

社 会

编辑 李 伟

人力资源和社会保障

【概 述】 2012年，江川县人力资源和社会保障局紧紧围绕县委、政府经济社会发展思路，在玉溪市人力资源和社会保障局的关心、指导下，以科学发展观为统领，从服务全县改革、发展、维护社会稳定的大局出发，坚持民生为本、人才优先的工作主线，积极推进人事制度改革，全面加强公务员、专业技术人员队伍建设，着力推进就业和再就业工作，不断健全社会保障体系，进一步加大劳动监察力度，全面完成“十一五”各项工作目标任务，积极开创“十二五”工作规划新格局，为促进江川经济社会实现科学发展、和谐发展、跨越发展发挥了重要作用。

【公务员培训】 完成了2011年度公务员和参公人员的人才统计上报工作，更新知识培训1075人，初任培训21人，任职培训32人。

【专业技术人员教育培训】 切实抓好专业技术人员教育培训工作，认真开展了企事业单位工作人员的继续教育工作，在教育系统开展了中小学教师安全教育与安全管理培训，培训考试合格137人。

【职称改革】 严格按照市人力资源和社会保障局有关规定，根据“个人申请，社会评价，单位聘用，政府宏观指导”的方针做好专业技术职务评聘工作。2012年，江川县卫生、农业、水利等系统共申报高、中、初级专业技术职务189人，其中：正高级5人，副高级52人，中级37人，初级95人，全年已评审通过101人，其中副高6人、中级10人、初级85人。在教育系统认真开展了深化中小学教师职称制度改革工作，江川县中小学职称改革涉及中学系列资格1113人，小学系列资格1100人，共计2213人。其中：中学高级教师任职资格过渡为高级教师任职资格的277人，中学一级教师任职资格过渡为一级教师任职资格的526人，小学高级教师任职资格过渡为一级教师任职资格的853人，中学二级教师任职资格过渡为二级教师任职资格的295人，小学一级教师任职资格过渡为二级教师任职资格的225人，中学三级教师任职资格过渡为三级教师任职资格的15人，小学二级教师任职资格过渡委三级教师任职资格的22人。过渡后，全县中小学共有高级教师任职资格的277人，一级教师任职资格1379人，二级教师任职资格520人，三级教师任职资格的37人。

【事业单位岗位设置】 完成事业单位岗位设置管理首次聘任登记及二次聘任工作。全县137个事业单位，实际聘用登记3771人。聘用管理岗位72人，其中：九级职员岗位71人，十级职员岗位1人；聘用专业技术岗位3316人，其中：正高级岗位1人（其中：四级1人），副高级岗位269人（其中：五级49人，六级99人，七级121人），中级岗位1516人（其中：八级423人，九级606人，十级487人），初级岗位1530人（其中：十一级740人，十二级676人，十三级114人）；聘用工勤岗位383人，其中：工勤二级岗位14人，工勤三级岗位274人，工勤四级岗位83人，工勤五级岗位7人，普工岗位5人。

【公务员年度考核】 完成了2011年度公务员年度考核，实有人数1365人，实考人数1329人（县处级36人由市考核），优秀245人，称职1024人，不定等次60人。

【专业技术人员年度考核】 完成了2011年度事业单位工作人员考核工作，事业单位实有3845人，应参加考核人数为3845，未参加考核85人，实际参加考核人数为3754人，其中：优秀等次551人，合格等次3115人，基本

合格等次2人，不合格等次1人，未定等次85人。

【毕业生就业指导】 2012年，共组织5次供需见面洽谈会，发布供求信息21期81条，提供就业岗位736个（其中适合高校毕业生岗位221个），签订就业意向570人，其中高校毕业生135人，参加求职人员1256人次。

【人事代理】 开展以人事代理为重点的人才劳动力服务，积极为用人单位和各类人员解决档案保管、职称评定等方面的困难和问题，服务范围向全方位、多领域、深层次方向拓展。目前，江川县进行人事代理的有1040人，其中：事业单位聘用人员817人，其他223人。

【人员流动管理】 实行增人计划管理制度，进一步规范人员流动管理工作。全年共办理流动159人，其中：县内流动146人（专业技术人员135人，工人11人），调出江川县8人（专业技术人员7人，工人1人），调入江川县5人（专业技术人员4人，工人1人）。

【人事考录】 坚持“凡进必考”，按规定做好事业单位工作人员招考工作。2012年，招考工作人员115人，其中：教师招聘57人（提前招聘8人，定向招聘1人），卫生系统招聘30人（提前招聘2人，定向招聘1人），乡镇事业单位招聘10人，水利系统招聘1人，统计局派出乡镇统计站招聘17人。组织编外人员招聘考试3次，其中法检两院18人，城市监察大队11人，抚仙湖执法大队10人。做好事业单位人才提前招聘工作，提前招聘事业单位紧缺人才12人，其中：县医院2人、大街卫生院1人，江城卫生院定向招聘1人，教育系统8人。

【军转安置工作】 认真做好企业军转干部的维稳解困工作，发放困难生活补助324636元，做好7名自主择业军转干部的管理服务工作。

【工资变动审批工作】 政策性正常晋升人员4937人月增资154147元，人均增资31.22元，其中：机关（含参公）单位工作人员晋升工资1270人，月增资53736元，人均增资42.31元。事业单位工作人员3667人，月增资100411元，人均增资27.38元。职务变动晋升工资192人，月增支11962元；办理特殊岗位津贴变动139人，月增支6648.9元；100人见习人员办理转正定级手续。办理调动491人，其中：调出25人，调入19人，新参加工作164人，县内调动283人。因瘫痪等原因生活长期完全不能自理的离休干部护理费4人，月增支2400元/月；25名死亡人员办理丧葬费、抚恤费：其中：离休2人，退休222人，在职1人；报销19人次护理费9054元。完成了全县事业单位专业技术人员及2006年7月1日至2011年3月31日之间94名退休专业技术人员岗位设置的工资审批工作。

【退休审批】 2012年，机关事业单位按政策办理退休共111人。其中：行政机关（含参公）12人，全额事业单位86人，差额事业单位11人，自收自支事业单位2人。企业及自谋职业者共335名职工办理退休手续，其中：87人办理正常退休，9人按特殊工种办理提前退休，1人完全丧失劳动能力办理提前退休，按文件办理退休238人。

【工伤认定和领导能力鉴定】 2012年接到工伤申请166起，其中：受理164起，单位撤销1起，中止1起。经认真组织取证后，由市劳动和社会保障局认定164起，其中：工伤161起，不属于工伤或视同工伤3起。收集伤残职工病情资料，经市劳动能力鉴定委员会鉴定20人，其中：因工十级6人，因工七级1人，因工八级3人，因工九级4人，因工不达级1人，因病完全丧失劳动能力4人，因病不达级1人。工龄及视同缴费年限认定67人，其中：事业单位2人，自谋职业视同缴费年限认定65人。完成了24户企业的薪酬调查工作及全县公务员工资水平的调查工作。

【就业再就业】 2012年，城镇新增就业1922人，完成计划数1700人的113%；下岗失业人员再就业473人，完成计划数400人的118%；特殊困难群体再就业378人，完成计划数300人的126%；开发公益性岗位408人，完成计划数400人的102%；城镇登记失业率控制在3.5%以内。贷免扶补小额贷款发放30人，完成计划数30人的100%。开展创业促就业小额担保贷款工作，解决江川县就业再就业人员创业的资金紧缺问题，充分发挥小额信贷促进再就业的作用，全年发放1034人，5497万元，完成计划数800人的129%。劳动密集型小额贷款6户，发放贷款1200万元，完成计划数6户的100%。

【农村劳动力转移】 2012年，农村劳动力培训702人，完成计划数700人的100%，农村劳动力转移人数702人，完成计划数700人的100%。

【企业养老保险】 2012年，企业基本养老保险参保373户，其中：国有109户，集体14户，外资1户，其他企业（含股份制和私营企业）248户。企业参保人数8400人，其中：封存人数1500人，实际缴费人数7050人，应收缴基金4148万元，实际收缴4124万元，收缴率为99%。企业离退休人员2805人，新增342人,死亡49人，发放养老金4258万元。

【机关事业单位养老保险】 机关事业单位参保户数191户，参保职工5212人，应收缴基金6208万元，实际收缴6188万元，基金收缴率为99%；机关、事业单位1653人，新增106人，死亡28人，支付养老金6054万元，养老金发放率为100%。

【被征地农民养老保险】 2012年度累计为工业园区等项目办理被征地农民养老保险9315人，收取保险费4828.20万元。累计为0.68万名老农保和0.275万名被征地农民养老保险领取人发放养老金172万元。

【新型农村和城镇居民养老保险】 全县有16.9857万人参加新型农村和城镇居民养老保险，收取保险费2724万元，缴费率98.3%，基本实现了新型农村和城镇居民养老保险全覆盖。每月按时足额为3.4465万人发放基础养老金和个人账户养老金共2516万元。

【城镇职工基本医疗保险】 全县参加城镇职工基本医疗保险的单位431户，13563人（农民工参保人数1429人），参加大病补充保险单位431户，13563人。

【城镇居民基本医疗保险】 参加城镇居民基本医疗保险17341人，参加城镇居民大病补充医疗保险17341人。

【失业保险】 参保失业保险的人数有6465人，完成计划数6300人的102%，失业保险费收入578.83万元；严格执行《云南省失业保险条例》，认真做好失业人员的接收、登记工作，正在领取失业保险金的有57人，发放失业保险待遇109.52万元，失业保险待遇做到100%按时足额发放。

【工伤保险】 工伤保险参保人数有13964人，其中企业工伤保险参保353户8502人，机关事业单位参保197户5462人，完成市下达指标13800人的101%；应收缴工伤保险基金352万元，实际收缴工伤基金342万元，收缴率为99%，发生工伤事故177起，享受工伤保险待遇261人，工伤保险基金支出632万元。

【生育保险】 参保企业169户，参保职工3309人，参保机关事业单位生育保险197户，参保职工5462人。企业应收生育保险费72.6万元，实际收缴生育保险基金72.3万元，收缴率为99%；报销生育保险91人次,共支出生育保险基金71万元；机关应收生育保险费13.99万元，实际收缴13.95万元，征缴率100%，报销生育保险54人次，支付生育保险费28万元。

【劳动合同登记备案】 2012年，对542户用人单位10983人的劳动合同进行登记备案，登记备案的劳动合同中，签订“固定期限”劳动合同的有9855人、签订“无固定期限”劳动合同的有1128人。江川县劳动合同签订率达到87.7%，其中农民工签订率为84%。

【劳动人事争议案件处理】 2012年，处理劳动人事争议案件53件53件（3件作出不予受理通知），调解18件、裁决28件，2件正在处理中，1件撤诉，争议内容涉及工伤待遇赔付和社会保险缴纳、经济补偿等内容。

【信访工作十项制度】 认真落实信访工作十项制度，做好来信来访工作，及时答复群众咨询的政策问题，共接待涉及工资、工伤、福利等问题来访群众368人次，直接答复率80%以上，结案率100%。

【社会保险登记】 根据《社会保险费征交暂行条例》、《社会保险登记管理暂行办法》的规定，积极督促用人单位办理社会保险登记。2012年，共发放社会保险登记证583份，其中机关53份，事业单位135份，企业295份，其他100份。

【劳动监察】 组织开展劳动保障执法年审，共审查各类用人单位557户；加强投诉举报案件的查处，对恶意拖欠农民工工资、不与劳动者签订劳动合同等违法案件及时调查处理，为628名农民工追回所欠工资364.16万元（其中：外来农民工174人），对4户违法的用人单位给予了行政处罚，处罚金额15750元，有效维护了法律的严肃性和劳动者的合法权益。

【日常巡查】 做实日常巡查工作，规范用人单位的用工行为。先后对辖区内各类用人单位348户次进行巡查，达到了预期的日常巡查的目的。

【专项检查】 2012年，开展农民工工资支付、清理整顿人力资源市场秩序、查处取缔无照经营专项整治等专项检查3次，共检查121户3018人，通过检查对违规单位进行督促，维护了社会的稳定。

【农民工工作】 全面推进农民工工资保证金制度，保障农民工工资支付。2012年,共有44户建筑施工企业上缴农民工工资保证金925.61万元。

【企业退休人员社会化管理服务】 全县建立自管学习大组8个，以村（办）为单位建立社区自管学习小组64个，全县企业退休人员2755人（其中集体企业超龄参保人员1066人）和机关事业退休工人283人。全县实现企业退休人员社会化管理率达100%，社区管理率达98%以上,管理制度完善，社会化管理办法规范化。2012年，共组织企业退休人员参加职工医疗互助活动缴费316人次，交纳互助金26160元，其中：继续参加活动的272人次，新增参加活动44人。

【信息公开】 本着依法行政、公开公正、高效便民、监督问责的原则，通过政府信息公开门户网站、江川县

人事劳动局网站、玉溪市劳动和社会保障网、江川网、云南省阳光政府政务信息公开网站、单位公告栏、新闻发布等方式，从部门领导、机构职能、政策法规、重大决策、行政执法、便民服务、工作动态、其他信息八个方面在规定时限内主动公开相关的工作信息，2012年通过各种形式公开信息350余条（次）。

（蒋　丽）

机构编制工作

【事业单位法人登记和年检】　进一步巩固现有登记成果，全力推进事业单位网上登记管理，切实做好事业单位网上登记管理。一是做好事业单位法人设立（备案）、变更、注销登记的日常工作，截至2012年12月10日，江川县共登记（备案）事业单位179户，其中：2012年以来共办理设立登记4户、变更登记55户（其中年检期间变更登记48户）、注销登记1户。举办了江川县事业单位网上登记管理第一期培训班，教育、卫生事业单位的41名工作人员参加了培训。二是完成了2011年度事业单位法人检验工作，应参加年检的事业单位173户，实际参加年检的145户，占应年检事业单位的83.82％，年检合格的145户。

【增人使用编制计划管理】　严格执行增人使用编制计划管理。针对乡镇机关和部分事业单位缺编较多、人手不够的问题，加大了乡镇机关事业单位使用编制计划力度，下达2012年机关事业单位缺编补充人员使用编制计划136名，其中：县直、乡镇机关使用行政编制计划招考公务员18名（其中乡镇机关17名），县法院、县公安局和乡镇司法所使用政法专项编制计划招考公务员7名；参公单位和事业单位使用事业编制计划招考（招聘）工作人员111名（含参公事业单位公开招考14名，教育系统补充教师50名、其他事业单位补充工作人员47名）。积极争取，追加县安全生产监督管理局安全生产监察大队补充工作人员使用事业编制计划5名。

【机构编制管理】　继续执行省、市关于机构改革期间暂停机构编制审批的规定，不受理县政府工作部门、部门管理机构和议事协调机构的常设办事机构有关提高机构规格、新增和调整机构、人员编制、领导职数等方面的请示事项。一是坚持机构编制“一支笔”审批，提请召开县编委会议3次，经县编委研究同意，给县疾病预防控制中心等3个事业单位增加了人员编制；对县社会治安综合治理维护稳定委员会办公室进行了更名，调整县委政法委机关内设机构设置；成立县救助管理站，核定事业编制3名；增设县档案局、县法院、县检察院内设机构各1个；以加强经济综合部门和职能增加的其他县直部门为重点，经反复测算，综合平衡，下达乡镇机构改革跨层级调整到县级使用余下的40名行政编制给27个部门；按照“总量控制、逐年下达、符一核一、专编专用、动态管理、周转使用、减一收一”的原则，核定县水利局行政周转编制2名。

【中小学编制核定】　按照2年核定一次中小学编制的要求，我办会同县教育局、财政局对各乡镇（街道）中心小学（部分完小）、初中、高中和幼儿园进行深入调研，认真听取教育主管部门和学校反映的问题和建议，进一步了解和掌握了全县中小学校在校学生数、教职工在编在岗情况及人员结构情况。根据小学、初中学生数减少与新课程改革后教师工作量有所增加的实际情况，在严格执行中小学编制核定标准的前提下，调整了中小学教职工编制。小学教职工与学生比由1:23调整为1:21，初中教职工与学生比由1:16调整为1:15。核定2012～2013学年中小学校教职工编制共2538名（不含市下达的音体美教师专项编制10名），基本满足了教学工作的需要。

【机构编制核查】　为进一步加强和规范江川县机构编制管理，充分发挥机构编制在服务全县中心工作上的重要作用，认真开展机构编制核查工作。采取各单位自查和编办核查的方式，在对除司法系统外的238个机关事业单位核查中，做到了严把数据审核关，按时按质完成核查工作任务。

【贯彻落实上级文件精神】　服务中心，贯彻落实好上级机构编制部门批准成立机构、更名、规范机构设置、明确机构规格、增加人员编制等事项。推动工业跨越发展，加强招商引资和统计基础工作，设立工业园区管委会、县招商合作局和乡镇（街道）统计站；加强人民防空、劳动人事争议仲裁、土地开发整理工作，单独设置县人民防空办公室、设立县劳动人事争议仲裁院、县土地开发整理中心；明确县社保局、县就业局、县医保中心、县老年大学机构规格为副科级，县政府法制办公室为正科级；规范了县文化体制改革和文化产业发展领导小组办公室、招生考试委员会办公室和县教育督导机构设置；进一步理顺食品安全委员会办公室管理体制，切实加强食品安全综合协调职能，调整了县食品安全委员会办公室和县人大、县政协工作机构设置；对县票据管理中心进行了更名；下达县委编办等19个县直机关行政编制21名，在一定程度上缓解了江川县机关单位行政编制不足的压力。

【调查调研】　一是对“两个大部门”三定规定执行情况、进一步加强和完善乡镇农业公共服务体系建设、新型农村合作医疗和城乡居民社会保险机构设置及运行情况进行了调研。二是开展了县政府城市管理综合行政执法有关机构编制情况、政法机关编制使用及人员情况、乡镇卫生院编制核定情况、乡镇事业单位编制情况、县级党政群机关机构编制情况和乡镇统计工作站基本情况的调查统计工作。

【制度建设】 加强制度建设，打造廉洁高效的队伍。通过制定措施，完善制度，强化培训，着力提高干部职工素质，增强机构编制服务经济建设的能力，努力打造一支思想过硬、业务精湛、团结务实、廉洁高效的机构编制队伍。一是进一步完善了各项规章制度，规范了工作流程，强化制度约束，明确目标责任，工作效率不断提高，团队面貌大为改观。二是完善学习制度，打造学习型机关。深入学习科学发展观理论和中央、省、市机构编制管理政策法规，提高政策理论水平和业务水平。2012年2月，被中共云南省委机构编制办公室、云南省人力资源和社会保障厅评为州市县政府机构改革先进单位。新招考1名工作人员，工作人员由3名增加到4名。

（李江艳）

民　政

【慰问百岁老人】 春节临近，1月13日，带着市县党委、政府的关爱和温暖，县民政局对全县健在的已满百岁的7位百岁老人一一走访慰问。市县党委政府分别慰问500元和400元现金及一袋慰问品，百岁老人们十分高兴，一再感谢党和政府对他们的关心，并一再称赞共产党好，现在的政策好。

【市县慰问团慰问77216部队】 1月17日，由市委副书记张玲，市委常委、宣传部长董文献，市人大副主任、市总工会主席范志华，市政协副主席张炜率领的市春节慰问团，以及由江川县委书记马文龙，县委副书记、县长葛勇，县委副书记张金翔，县委副书记罗江鹏，县人大主任赵少春，县政协主席黄文柱，县委常委、常务副县长李东林，县委常委、政法委书记陈琎寿，县委常委、人武部政委张永华，副县长师文率领的县春节慰问团，带领市、县慰问人员30多人，到驻江77216部队进行春节慰问。77216部队团长余明权、政委陈新带领团党委全体军官迎接市、县慰问团。市慰问团慰问部队香烟10件，慰问品30份，酒10箱。军地双方领导促膝谈心，共叙鱼水情深。

【市慰问团慰问江川困难群体】 1月17日，由市委副书记张玲，市委常委、宣传部长董文献，市人大副主任、市总工会主席范志华，市政协副主席张炜率领的市春节慰问团，在县委书记马文龙，县委副书记、县长葛勇，县委副书记张金翔，县委副书记罗江鹏，县人大主任赵少春，县政协主席黄文柱，县委常委、常务副县长李东林，县委常委、政法委书记陈琎寿，县委常委、人武部政委张永华，副县长师文的陪同下，到江川进行春节慰问，入户慰问特困职工2户、下岗失业职工2户、困难企业退休人员1户、城市特困户2户、农村特困户2户、老复员军人1户、烈属1户、工伤人员及遗属1户、百岁老人1户、见义勇为人员2户、农民工2户，其中慰问城乡特困户、百岁老人每户500元，其余的每户慰问现金400元，价值60元的慰问品1袋，慰问见义勇为牺牲者家属2户，慰问现金1000元。县委常委、组织部部长林清、县人大副主任杨生明、县政协副主席刘跃宁以及县委办、县政府办、县民政局、县残联、雄关乡党政领导参加了此次慰问活动。

【民政局对春节慰问早作安排】 1月10日，县民政局召开民政助理员会议，对2012年春节慰问相关事宜作出具体部署。会议由县民政局副局长龚绍辉主持，优抚安置股股长王汝珍，低保救济股股长郭春仙，7个乡镇（街道）民政办的负责人共30余人参加了会议。副局长龚绍辉对春节慰问进行了具体安排：一是春节慰问分三个层次，即市慰问、县慰问、乡镇慰问，其中市、县慰问是选择部分对象进行入户慰问；二是民政助理员要提前踩好线路，到时能将慰问组顺利带入慰问对象家中；三是重点优抚对象座谈会可采取以乡镇（街道）或村（居）委会为单位召开，也可直接发放慰问金；四是五保老人慰问分两块，一块是敬老院五保老人，一块是散居农村的五保老人，必须在春节前将慰问金发放到五保老人手中。春节前夕，中央财政划拨民政对象春节慰问经费354.78万元，对城市低保户每人补助春节慰问金300元，对农村低保户每人补助春节慰问金200元，对五保户每人补助春节慰问金200元，对重点优抚对象（含企业下岗“两参”人员）和建国前老党员每人补助360元，对；省市财政划拨民政对象春节慰问经费61.91万元，对城乡低保户、五保户每人补助春节慰问金50元；县财政划拨民政对象春节慰问金29万元。以上三项共计划拨春节慰问金445.69万元，民政局及时将经费拨付到位，保证了民政对象在春节前夕能领到过年钱，使他们能过一个喜庆、祥和的春节。其次，在春节前夕，划拨了城乡特困户临时救助款50万元，划拨了医疗机构、民政对象参合资金29万元，共计79万元到各乡镇（街道），解决了部份特困户和重点优抚象的医疗难、生活难问题。

【春节慰问】 2012年春节将至，为使江川县特困人群和优抚对象同全县人民一道过一个欢乐、祥和、喜庆的新春佳节，市委、市政府，县委、县政府对春节慰问尽早做了安排：一是

市慰问团慰问农村和城市特困户、烈属、伤残军人、在乡老复员军人、百岁老人共37户，其中对城市特困户10户每户慰问500元，对农村特困户10户每户慰问500元，重点优抚对象10户每户慰问400元，百岁老人7户，每户慰问500元，共计慰问17500元。二是县委、政府对驻江部队以及近年来支持江川经济社会发展的其他部队进行慰问，慰问玉溪军分区5万元、武警41师5万元、77216部队5万元、通海123团5万元、市消防支队3万元、市武警支队3万元、预备役3团3万元，共计29万元。77216部队伤病员慰问品30份，每份70元。三是慰问县人武部红塔山香烟100条，折币9700元；慰问消防大队、武警中队现金各1000元，合计2000元。四是以各乡镇为单位慰问重点优抚对象。在乡老复员军人525人、“三属”46人、在乡伤残军人30人、带病回乡退伍军人53人，共654人，每人100元，合计65400元。五是慰问农村特困户200户，每户300元，合计60000元。县领导参与慰问的每乡镇3户共21户，外加慰问品1份，每份60元。六是慰问五保老人及敬老院工作人员，五保老人553人（含院内院外），每人100元，计55300元。敬老院工作人员25人，每人200元，计5000元。共计60300元。七是慰问百岁老人7人，每人400元，合计2800元。老龄办列表造册报办公室。每人1份慰问品，每份60元，由局办公室准备。八是慰问烈士墓工作人员3人，每人300元，合计900元。九是召开2011年退役士兵座谈会，共120人，每人100元，合计12000元。十是慰问军地离退休干部、军队无军籍退休职工、三级以上伤残军人共39人，每人慰问现金200元，计7800元，外加1份慰问品，每份60元。除市级下拨经费外，县财政核拨经费52万元，保证了我县特困人群和优抚对象在2012年过好春节。

【慰问军地离退休人员】 1月11～16日，江川县民政局分成三个慰问小组，入户慰问军队离退休干部、无军籍职工、三级伤残军人、地方离退休干部。每人慰问现金200元，价值60元的慰问品1袋；其中，对18位军休干部和无军籍职工代市民政局慰问现金300元。此次慰问，共慰问军地离退休干部职工39人，发放慰问金和慰问品折计15540元。

【江川县2012年春节退役士兵座谈会】 1月18日，在大街社区居委会三楼大会议室召开了江川县2012年春节退役士兵座谈会，会议由民政局组织，人员由部分历年来的退役士兵及优抚科工作人员参加，县民政局龚绍辉副局长主持，会上首先由龚副局长对新的《退役士兵安置条例》做了细致的讲解，对新条例的实施时间、实施对象也作了明确，讲到安置规定是他强调符合四种条件之一的由人民政府安排工作（一）士官服现役满12年的；（二）服现役期间平时荣获二等功以上奖励或者战时荣获三等功以上奖励的；（三）因战致残被评定为5级至8级残疾等级的；（四）是烈士子女的。符合前款规定条件的退役士兵在艰苦地区和特殊岗位服现役的，优先安排工作；因精神障碍基本丧失工作能力的，予以妥善安置。座谈会有2011年退役士兵及民政局相关人员90多人参加，会后，发放云南省林业技工学校、云南省技师学院、云南省交通职业技术学院三所培训学习招生简章及宣传资料60多份。

【慰问麻风病疗养院老人】 1月16日早晨，县委常委、常务副县长李东林，县委常委、副县长罗跃岗，县民政局局长顾绍勇，县疾病控制中心的部分人员徒步登山到麻风病疗养院对20户麻风病病人进行慰问，为他们送去党和政府的温暖，并鼓励他们好好生活。

【提高重点优抚对象抚恤及生活补助标准】 春节将至，为让重点优抚对象过上欢乐祥和的节日，江川县按照中央、省、市有关部署，及时为重点优抚对象提高定期抚恤和生活补助标准。江川县领取定期抚恤和生活补助的重点优抚对象标准均得到了不同程度的提高，其中三属中城镇人口每人每年提高了1000多元，三属中农业人口每人每年提高了700多元；伤残人员伤残抚恤金也得到了不同程度的提高，调标幅度最大的是因战三级伤残人员，每人每年提高了4206元，最少的是因公九级伤残人员，每人每年提高了550元；在乡复员军人每人每年提高了720元；带病回乡退伍军人和两参人员每人每年提高了360元。

【卢振义到江川调研】 3月9日上午，云南省民政厅副厅长卢振义率领省厅救灾救济处处长白勇、基层政权与社区建设处处长何松青，到江川调研社区养老服务中心和社区建设工作。卢副厅长一行在县民政局局长顾绍勇、大街街道人大工委主任李忠兴等领导的陪同下，首先到大街街道大街社区居委会调研社区养老服务中心开展工作情况，当走进崭新的服务中心大楼时，卢副厅长对该社区的养老服务机构建设给予了高度评价，要求社区居委会做好服务和管理工作，让辖区内的空巢、独居及其他老人都来中心休养、学习、锻炼、娱乐，真正达到老有所管、独有所去、来有所乐、乐有所学，真正成为和谐社区，并要求社区居委会加大中心软件、硬件设施建设，积极向上争取资金，真正达到休、玩、练、乐、学一体化。随后，卢副厅长一行与县委常委、常务副县长李东林进行了见面座谈，李副县长衷心感谢省民政厅和卢副厅长对江川民政事业发展给予的大力支持和帮助，特别是对江川社会福利和敬老院建设给予了经费补助。下午，卢副厅长一行到了大街街道上头营社区对社区办公用房进行了实地视察，上头营社区正在积极筹集资金，准备改扩建社区办公用房，并向省民政厅提出了经费补助的请示，卢副厅长与社区干部进行了座谈，要求他们加强和谐社区建设，尽快实施社区“一站式”办公服务，真正方便群众办事，并要求江川县按上级文件增加对社区干部的工资待遇，让社区干部安心工作。县民政局、大街街道办事处、大街社区居委会的相关同志参加了此次调研活动。

【对全县城市社区建设进行调研】 3月5～9日，由县民政局牵头，组织等部门参与，对全县社区建设工作进行了调研。调研组分别到全县7个乡镇（街）及18个社区进行了调研座谈，调研的主要内容有：社区基本情况（社区、居民小组、自然村个数，社区干部人数，社区经济社会发展情况）；社区干部待遇和社区经费投入（财政补贴和其他补贴、社会保险，财政对社区办公、党建经费投入等）；社区办公用房和活动场所情况（现办公用房、文体活动场所、服务设施现状等）；是否计划新建或改扩建社区办公用房或活动场所（有无项目建设方案、地点、是否着手办理审批手续，建设面积、投资情况及资金配套、自筹情况等）；对社区建设的意见和建议（社区干部待遇、经费投入、办公用房和活动场所建设）；村改社区后的运行情况等。调研后，主要针对社区活动场所办公用房和服务设施建设情况，由县和谐社区建设领导小组办公室向市和谐社区建设领导小组办公室上报了调研报告。

【百岁老人周郭氏挂匾】 2月29日，江川县路居镇螺蛳铺村委会北头村百岁老人周郭氏挂匾的喜庆日子。江川县老龄委、路居镇人民政府的相关领导到场祝贺，县老龄委代表省市县给老人敬献了“百岁荣誉证书”、“盛世乐天年”的百岁匾和贺礼，路居镇代表党委、政府给老人送上了表示祝贺的贺礼。今年100岁高龄的周郭氏老人生有二子二女，最大的二子76岁，最小的女儿也有61岁，都是年逾60的老年人。最小的重孙1岁多，四代共72人，是一个和睦共处的大家庭。全家无论老幼，对周郭氏老人皆十分孝敬，逢年过节一定给老人买来礼物，平日的生活也照顾得十分周到。为庆祝周郭氏老人喜挂百岁匾，分散各地的全家四代72人齐聚一堂，为老人准备喜礼、喜果、喜宴，儿孙们争相和老人合影，给老人喂水果，一家人其乐融融，气氛十分的和乐融洽。100岁高龄的周郭氏老人面色红润，精神健硕，思维还相当清晰，对挂匾相当开心，对儿孙们照顾十分满意，说：“儿子、媳妇、孙子、孙女对我都好，不是么，我咋活得到100岁”。对于政府对百岁老人的优待十分感恩，春节前，市县党委政府对年近100岁的周郭氏老人进行了慰问，老人一直感念在心，老人的小女儿说：“母亲一直念着政府的好，说好啦，抵得养着个儿子，钱都送到手上来，咋会得呢好？”。

【祭扫烈士墓】 4月1日，清明节的前三天，江川县在烈士陵园举行隆重的祭扫烈士墓活动。上午9:00，整个仪式正式开始，仪式由县委常委、宣传部部长龚桂存主持，仪式共有六项议程：首先，主持人宣布奏哀乐，向革命烈士默哀3分钟，整个会场庄严肃穆；其次参加祭扫烈士墓的相关单位敬献花圈，各单位手举花圈秩序井然地从左边上至烈士墓主墓，放置好花圈，从右边顺序而下；第三，由县委常委、常务副县长李东林同志恭读了祭文，祭文从江川英雄儿女在抗日战争、解放战争、抗美援朝战争、清匪反霸、社会主义建设时期、自卫反击作战中牺牲的206位英烈们的丰功伟绩进行了赞誉，为今天的幸福生活来之不易，以及落实科学发展观，当前抗大旱、保民生，建设美好江川，希望我们今天继续努力；第四，到会的县委、人大、政府、政协四套班子领导为革命烈士扫墓；第五，奏国际歌；第六，向革命烈士三鞠躬告别。参加活动的60多家单位敬献了花圈，整个会场庄严肃穆。县四套班子的主要领导参加了仪式，机关干部、驻江部队官兵、中小学生近2000人参加了祭扫活动。

【殡葬改革街头宣传】 3月31日12:30～14:30，由江川县民政局主办、大街街道民政办协办，以“加快殡葬改革步伐，大力提倡厚养薄葬”为主题的殡葬改革宣传活动在县城明珠路拉开帷幕。此次活动旨在利用清明节期间祭扫活动的契机，大力宣传殡葬改革。为搞好此次宣传活动，民政局成立了“2011年清明节暨‘行风建设月’活动领导小组”，组长由分管副局长李思源担任，副组长由办公室主任张兴红担任，成员由社会事务股股长杨跃、殡管所所长陶兴见及6个乡镇、大街街道办事处民政办负责人组成，为开展此次活动提供了有力的组织保障。街头宣传当天，民政局出动干部职工8人，宣传车一辆，横标一幅，展板30块，向过往群众大力宣传移风易俗、推行火葬、规范土葬、提倡生态葬，并向过往群众发放宣传册2000余册。此次活动为确保“文明祭扫、平安清明”打下了群众基础，为进一步加强殡葬管理和殡葬改革提供了舆论导向，取得了预期的目的。

【2012年民政工作暨加强和创新社会管理工作会议】 4月6日9：00～11：20，江川县在县政府五楼会议室召开2012年民政工作暨加强和创新社会管理工作会议，出席本次会议并在主席台就座的有县委常委、常务副县长李东林，县人大副主任杨生明，县政协副主席李绍华、县政府办副主任杨春

文、县民政局局长顾绍勇，参加此次会议的有民政局局领导及全体干部，县委办、县政府办、县发改局、县民政局、县财政局、县残联等相关单位的领导，15家社团和民办非企业单位业务主管部门的分管领导，各乡镇、大街街道分管民政和老龄工作的领导及民政助理员、老龄专干共计60余人。会议由县政府办公室副主任杨春文主持。会议共有三项议程：首先由由县民政局局长顾绍勇作了题为《关于江川民政工作情况的报告》的工作报告，报告分为两个部份，一是对2011年的民政工作进行全面回顾，2011年，在县委、政府的正确领导和上级民政部门的关心支持下，在各有关部门的密切配合下，认真履行保障民生、发展民主、服务国防、服务社会的职能，着力促进公平、维护稳定、增进和谐，为促进全县经济发展和社会进步发挥了积极作用。以保障民生为重点，城乡社会保障体系不断完善；以落实优抚安置政策为切入点，优抚对象保障水平不断提高；以敬老爱老为着力点，不断强化老龄工作；以保稳定为核心，不断加强各项民政事务管理；民政自身建设进一步加强。二是安排部署了2012年的民政工作主要任务，2012年，要扎实做好双拥和优抚安置工作；要进一步建立健全社会救助体系；要克服困难，争取上级补助资金，做好部分社区办公用房和服务实施建设项目督促、指导工作；加快殡葬改革步伐，完成全县公益性公墓建设项目的规划、立项、设计、选址工作，并开工建设；要继续推动老龄社会保障制度的落实，做好城乡80岁以上老年人保健补助金发放工作；要继续做好民间组织规范化登记管理工作，继续做好收养登记和婚姻登记工作；要进一步加强制度建设，扎实推进惩治和预防体系建设。进一步加大《关于建立健全惩治和预防腐败体系2008～2012年工作规划》，严格执行党内监督条例和党内政治生活有关规定；要深入开展“四群教育”，确保民政惠民举措贴合实际。其次由县委常委、常务副县长李东林作了题为《抢抓机遇，锐意进取，服务民生，共谋发展，努力开创我县民政事业发展新局面》的工作报告，报告分为三个部份，一是认清形势，抢抓机遇，进一步增强做好民政工作的责任感和紧迫感。2011年，我县民政工作坚持“以民为本、为民解困、为民服务”的宗旨，认真履行“解决民生、落实民权、维护民利”的工作职能，积极进取，奋力拼搏，社会福利和社会救助、抗灾救灾和灾后重建、服务国防和军队建设、基层政权和社区建设、社会事务管理和为民服务等工作都取得了较好成绩。二是突出重点，强化措施，努力做好2012年民政各项工作。2012年是“十二五”承上启下的重要一年，也是全县发展任务十分繁重的一年。民政工作要紧紧围绕“科学发展、保障民生、富民强县”这个主题，按照“惠民生、重管理、强服务、促和谐、保稳定”的要求，把保障民生、维护民利、落实民权、解决民困作为民政事业的核心目标，切实抓好社会救助体系建设、社会养老体系建设和救灾应急体系建设等三项重点工作，不断提升社会服务水平。要高度关注民生，努力提高困难群众基本生活保障水平；要全力维护民利，认真落实特殊群体的各项政策；要强化社会管理，全力保障基层群众民主权利；要着力保障民安，全面加强防灾减灾体系建设；三是加强领导，狠抓落实，奋力开创民政工作新局面。民政工作面大量宽，任务艰巨。各乡镇（街道）、各有关部门要坚持以民为本，加强领导，创新举措，狠抓落实，努力形成齐抓共管的工作合力，促进民政各项任务的全面完成。要加强组织领导，要加强物资管理，要加强队伍建设，健全防灾减灾体制机制，切实提高灾害预防和救助能力；以构建多层次基本养老服务体系为重点，加快社会福利事业发展；加强城乡和谐社区建设，扩大基层民主自制；改革创新社会组织管理方式，激发社会组织生机和合理；提高社会专项事务管理水平，满足人民群众日益增加的社会服务需求；创造性地开展优抚安置工作，为建设强大的国防和现代化军队提供可靠的支持；加强自身建设，推动民政事业持续发展。李副县长最后强调，做好新时期的民政工作责任重大，使命光荣。让我们在县委、县政府的坚强领导下，解放思想，开拓创新，真抓实干，不断提升民政工作整体水平，为建设文明富裕、和谐幸福的江川而不懈奋斗！第三，县委常委、常务副县长李东林代表县人民政府与各乡镇、大街街道分管民政、老龄工作的领导签订了《江川县2012年民政工作目标管理责任书》和《江川县2012年老龄工作目标责任书》。此次会议规模大、任务重、参加人数多，相关部门的主要负责人也出席了会议，此次会议将对我县2012年民政和老龄事业的发展规划起到积极的促进作用。

【刘家寿到江川检查福彩公益金项目】 4月23日，市民政局副局长刘家寿、市福彩中心主任李兴福一行在江川县民政局局长顾绍勇、办公室主任张兴红的陪同下，到江川检查验收2011年福利彩票公益金资助项目。2011年，玉溪市福彩中心共资助我县老年活动室建设项目7个，资助资金75万元，分别是：路居镇大麦地村老年活动室10万元；九溪镇六十亩村老年活动室10万元；大街街道朱家庄社区老年活动室10万元；大街街道河咀社区老年活动室10万元；大街道旧州村老年活动室10万元；前卫镇渔村老年活动室15万元；前卫镇大树村老年活动室10万元。检查组一行首先到九溪镇六十亩村进行检查，该老年活动室项目总投资61万元，其中自筹51万元，争取福彩公益金补助10万元。开工时间为2011年2月，竣工时间为2011年9月，现已建成投入使用，项目的建成主要是为本村392位60岁以上老年人提供一个休闲、娱乐、健身的场所，同时也为本村村民2793人提供休闲、娱乐、健身使用。检查组第二站来到大街街道旧州村进行检查，该老年活动室建设项目至今仍未启动，刘副局长要求尽快动工，否则要收回福彩资金。检查组第三站来到大街街道河咀社区进行检查，该老年活动室项目建筑面积176㎡，完善原来的老年活动室，进行改扩建和修缮，未新征地，总投资23万元，其中自筹13万元，争取福彩公益金补助10万元。开工时间为2010年8月，竣工时间为2011年2月，现已建成投入使用，项目的建成主要是为本村758位60岁以上老年人提供一个休闲、娱乐、健身的场所，同时也为本村村民5172人提供休闲、娱乐、健身使用。检查组第四站来到前卫镇下大河咀村，该村老年活动室建设项目属于今年申报项目，利用5间集体破旧公房拆旧建新，占地面积约148.8m^2，现房屋墙体已多处出现裂缝，屋顶瓦面椽子横梁因多年没有修缮，已被虫蛀得不成样子，处危房状况。该工程预计总投资130多万元，建成后将为237位60岁以上的老人和全村群众1108人提供一个休闲、娱乐、健身、办事的场所。

【恒丰银行昆明分行到江川开展献爱心捐赠活动】 4月26日下午，恒丰银行昆明分行到江川开展献爱心捐赠仪式，捐赠价值50万元的饮用水和大米，其中，捐赠江苏大米50吨，捐赠航空饮用水10万瓶。参加捐赠仪式的领导有：云南省慈善总会副会长、恒丰银行昆明分行行长助理陈建刚，云南省接收救灾捐赠办公室副主任葛茂林，恒丰银行昆明分行业务部经理赵效国。江川县政府办副主任杨春文、县民政局局长顾绍勇、县民政局副局长龚绍辉、民政局全体干部及新闻媒体的相关人员参加了捐赠仪式。捐赠仪式由民政局副局长龚绍辉主持，共有四项仪程：一是由恒丰银行昆明分行业务部经理赵效国代表恒丰银行昆明分行讲话，赵经理表示，全省旱情持续发展，给人民群众生产生活带来严重影响，作为企业，不会忘记云南的父老乡亲，不会忘记江川的受灾群众，分行将一如既往地支援灾区。二是由云南省接收救灾捐赠办公室副主任葛茂林发表讲话，葛副主任站在全省的高度，对三年来云南的旱情发展作了重要发言，同时表示，抗旱救灾是我省当前面临的最大政治任务，省民政厅、省慈善总会以及社会各界将关注旱情的发展，积极准备，夺取抗旱救灾的伟大胜利。三是由县民政局局长顾绍勇讲话，顾局长介绍了我县的旱情基本情况，同时对我县当前的抗旱工作作了简要汇报，并对恒丰银行昆明分行的善举表示衷心的感谢！四是由云南省慈善总会副会长、恒丰银行昆明分行行长助理陈建刚递交捐赠牌，县政府办副主任杨春文接牌；同时由县政府办副主任杨春文递交捐赠证书，由云南省慈善总会副会长、恒丰银行昆明分行行长助理陈建刚接证书。整个捐赠仪式圆满结束。随后，由工作人员发放饮用水和大米，此次发放的大米主要发放到安化和雄关两个山区乡的受灾户手中，每个乡发放大米20吨；此次发放的饮用水主要发放到全县中小学校，让全县中小学生能感受到恒丰银行昆明分行的爱心善举。发放工作一直持续到晚7:00时才结束。

【江川县召开《政区大典·江川篇》编纂工作会】 6月12日，江川县在政府5楼组织召开了《政区大典·江川篇》编纂工作会。会议由政府办副主任杨春文主持，会议共有四项议题：首先，由民政局局长顾绍勇对《政区大典·江川篇》编纂工作进行安排动员。其次，由县委常委、常务副县长李东林作指示。第三，由编纂委员会办公室副主任、史志办主任余立言从编纂业务技术方面进行指导。第四，由编纂委员会办公室主笔张兴红作具体要求。从乡级样条的字数、历史沿革、政区划分、人口土地等方面作了具体要求，对编纂委员会成员单位的编纂工作任务进行了具体安排。6月4日，江川县人民政府办公室以江政办发〔2012〕68号《关于成立中华人民共和国政区大典云南卷玉溪分卷江川样条编纂委员会的通知》文件，成立了政区大典编纂委员会，编纂委员会下设编委会办公室，办公室设在江川县民政局办公室，要求各乡镇、大街街道相应成立本行政区《政区大典·江川篇》编纂小组，编纂小组设在各乡镇、大街街道党政办，并指派1名业务素质和能力较高的同志担任主笔，具体负责乡级样条编纂工作。

【退役士兵安置选岗工作】 2012年7月5日，江川县民政局召开2011年转业士官、城镇退役士兵“双考”安置选岗工作会，参加会议的有：县纪委派出第四纪工委书记郭华、县人力资源和社会保障局干部金原弘、县民政局局长顾绍勇、县民政局副局长龚绍辉、县安置办干部王汝珍、九家用人单位的分管领导及九位符合安置条件的转业士官、城镇退役士兵，共计23人。会议由县民政局局长顾绍勇主持，顾局长首先介绍了参会人员，并对此次安置选岗会会议议程、岗位设置、选岗程序进行了简要说明；其次由民政局副局长龚绍辉对今年的“双考”安置情况及新的《退役士兵安置条例》进行了介绍；第三由县人力资源和社会保障局干部金原弘对今年的安置岗位、名额分配及人事手续办理情况进行了说明；第四由县纪委派出第四纪工委书记郭华对此次选岗的公平、公开、公正及监督情况进行了详解。最后由九位符合安置条件的转业

士官、城镇退役士兵依次进行了选岗，此次选岗采取按文化考试和实绩考核成绩从高到低进行。2011年，我县共有8位三期士官和12位城镇退役士兵符合安置条件，8位三期士官中，有一位自愿选择自谋职业未参加考试，其余的7位三期士官参加了文化考试，12位城镇退役士兵中有9位参加了文化考试。江川县共安排事业岗位9个，由以上符合条件的7位三期士官和考试第一名、第二名的两位退役士兵共9人。6月下旬，江川县民政局对“双考”成绩在网站上进行了公示，公示期满后，根据《退役士兵安置条例》、《云南省城镇退役士兵考试考核安置办法》、《云南省城镇退役士兵安置工作规程》规定，今天上午在县民政局进行选岗，由已取得选岗资格的转业士官、城镇退役士兵9人，在县纪委监察局、县人力资源和社会保障局、县民政局、县安置办的监督参与下依次选择了岗位并签字确认。三期士官成绩第一名的王昇国选择了江城镇社会保障中心，第二名的师剑波选择了九溪镇社会保障中心，第三名的向红坤选择了路居镇社会保障中心，第四名的毕国伟选择了雄关乡社会保障中心，第五名的赵朝继选择了安化乡社会保障中心，第六名的马文春选择了九溪中学，第七名的杨聪华选择了龙街中学，退役士兵第一名的陈涛选择了渔政管理站，第二名的刘军选择了翠峰中学。至此，江川县2011年退役士兵安置工作圆满完成。

【全国老龄办领导到江调研老龄工作情况】 7月30日，在市民政局副局长、市老龄委办公室专职副主任周俊、县政府常务副县长李东林、县民政局长顾绍勇、县老龄委专职副主任侯丽梅的陪同下，国家老龄委事业发展部吴秋风副主任和省老龄委王建新副主任到我县调研指导工作，主要是针对我县的老龄工作做进一步的了解和指导，询问了我县老龄工作的规划、机构设置、工作人员及开展情况。在调研过程中，国家老龄委吴秋风副主任对我县的青铜器历史文化非常感谢兴趣，刚来到玉江路的路口，便对我县的“牛虎铜案”产生的很大的兴趣，问它的由来，以及它产生的相关历史年代。然后到我县的青铜器博物馆参观了李家山发掘的青铜器和了解我县的鱼文化历史。博物馆工作的人员在耐心细致的讲解后，县政府常务副县长李东林对国家老龄委吴秋风副主任所提出来的问题细心的做了解惑。看到和听了江川青铜器和鱼文化的历史后，吴秋风副主任对江川县深厚的青铜器和鱼文化历史叹为观止，认为“江川太美了，有美丽的山，美丽的水，还有深远的文化底蕴”，并表示以后有机会，考虑将小型的老龄专题研讨会在江川举办。国家老龄委吴秋风副主任江川一行，对江川的老龄事业给予了充分的肯定和赞扬，他希望江川再接再厉，在现有老龄事业工作的基础上，使江川的老龄工作走上一个更新更高的台阶。

【江川县召开奖励资助贫困大学生座谈会】 8月27日，江川县人民政府常务副县长李东林、江川县民政局局长顾绍勇、副局长龚绍挥、江川县教育局局长李卫东、副局长岳东芬，党委书记郭自壮等，在江川县教育局会议室与今年以优越成绩考入大学的张瑞航、刘蕊等10名贫困家庭的学生及家长召开座谈会，给予每位大学生资助5000元，合计50000元。会上，常务副县长李东林首先对前来参会的学生和家长讲解了近几年来关心、关注和帮助困难家庭学生圆大学梦，是县委、县政府的重点工作之一，各级、各界对考入大学的贫困家庭学生给予资助和支持，助学风气蔚然成风，民营企业、民政、教育等部门尽力所能及，挤出资金帮助一批大学生完成学业，县委、县政府决不会因家庭困难而导致考取大学的学生读不成书。各级、各部门对部分学生微薄的资助，对部分家庭来说，不算什么，但它所体现的是一种关怀。其次，常务副县长李东林还对受资助的10名学生及家长提出了希望：希望受助学生好好学习，回报社会；希望得到各界关心、资助的学生，学业有成后，要有感恩之心，为地方经济的建设奉献绵薄之力。民政局顾绍勇局长在座谈会上提出了希望和要求：首先希望受助学生树立崇高的理想，完成学业后，要尽家庭责任和社会责任；同时，要珍惜时光，好好学习，接受社会的挑选。其次，希望受助学生要有积极向上的心态，培养高尚的情操，完善自己的人格。第三父母要千方百计想办法，使自己的子女完成学业。县教育局局长李卫东希望受助学生学会感恩，学会担当，在接受真、善、美的同时，也要传递良好社会风气的信息，达到报效社会，报效家庭，报效祖国的目标。

【安化暴雨致千亩烟叶受灾】 8月13日，安化乡遭受暴雨、短时大风、冰雹等天气，致使烟叶不同程度遭受损失。据初步统计，烟叶受灾面积达1380亩左右，其中，光山村香柏甸小组500亩，主要是风灾和冰雹；董炳村董炳河沿岸140亩，主要是风灾；旱谷田村旱谷田小组和大、小石洞河共140亩，主要是水灾；安化社区200亩，主要是水灾和风灾；新庄村400亩，主要是冰雹和风灾。灾害发生后，乡党委政府及时报保险公司索赔，最大程度减少烟农损失。

【江川县中心敬老院和社会福利院主体工程顺利通过验收】 江川县中心敬老院和社会福利院主体工程已于9月12日通过竣工验收。由云南省江川县龙马城市建设工程有限公司承建的江川县中心敬老院和社会福利院建设工程，自2011年6月27日正式开工建设至今，已完成总建筑面积4695.6m²

的主楼、弱电及电梯安装及10kv输配电工程，经9月3日的初验，云南省江川县龙马城市建设工程有限公司对业主、质量监督、监理提出的17条完善意见中的14条进行了认真处理，已达到竣工验收标准。9月12日下午3:00点，由县民政局组织县审计局、县发改委、县监察局、县质量监督管理站、县大街街道办事处、玉溪永立建筑设计有限公司、云南广源设计有限公司、玉溪世纪永立建设监理有限公司、云南省江川县龙马城市建设工程有限公司对江川县中心敬老院和社会福利院主体工程进行竣工验收。所有参会人员按照建设工程竣工验收程序和标准，通过听工程建设情况介绍、工地现场实物察看、各参会人员发表建议和意见、专家验收组成员详查资料及签署验收意见等环节，一致同意通过竣工验收为合格。同时，施工单位必须对提出的综合意见和问题，逐一进行完善和处理。该工程的竣工验收和尽快投入使用，将极大地促进江川县敬老、养老和社会福利事业的全面发展，有效推进“老有所养、老有所居、老有所乐”等各项工作的顺利开展。

【车祸无情人有情】 8月29日，九溪镇党委副书记杨辉带领民政残联工作人员、带着对残疾人的关心、带着对贫困学子的爱心来到九溪镇马家庄河口村孔祥明家进行慰问。孔祥明现年46岁，2008年10月因车祸造成半身瘫痪，家里的顶梁柱倒下后，全家的重担全部落在了妻子曹会英身上，妻子除了要照顾好孔祥明外，还要照顾好年过7旬的公公婆婆，还有上高中的儿子孔绍章，家里一贫如洗，女儿孔绍英为了减轻家里负担，中专毕业后在外打工。今年，儿子孔绍章以458分的成绩考入了华北科技学院，但负债累累的家庭已拿不出6000多元的学费，在全家人走投无路时，九溪镇民政残联了解情况后及时为他们家送上了大米100斤，并宣传了县残联助残政策，协助孔绍章办理了相关手续，县残联给予了孔绍章3000元资助。在孔祥明家，杨辉副书记详细了解了家里的基本情况，看望了瘫痪在床的孔祥明，并鼓励孔绍章在大学好好学习，帮助家里摆脱贫困。8月29日，江川县交警大队在大队教导员陈涛的带领下带着对残疾人的关心，带着对贫困学子的爱心携着全队工作人员和社会爱心人士捐助的8520元爱心款，来到九溪镇马家庄河口村孔祥明家进行慰问。在全家人走投无路时，只得录求媒体帮助。江川县交警大队闻讯后，立即动员大队工作人员积极捐款，为帮助孔绍章上大学送上温暖。在孔祥明家，陈涛一行详细了解了家里的基本情况，看望了瘫痪在床的孔祥明，并鼓励孔绍章好好学习，不要辜负好心人士的期望。陈涛也表示今后将会尽力解决孔绍章生活学习问题，帮助他完成学业，孔绍章也表示会好好学习，成为有用之人。

【星云登山俱乐部慰问全县敬老院五保户】 9月22日，江川县的民间组织星云登山俱乐部带领全体会员一行18人，在中秋节来临之际，到全县12所敬老院进行节日慰问。上午8时，俱乐部在理事长王彦东、秘书长张兴红的带领下，首先来到伏家营敬老院看望慰问在院五保人员，该院现有五保老人14人，工作人员2人，原在伏家营敬老院原址，因原伏家营敬老院新建江川县中心敬老院（社会福利院），故暂时搬迁至大寨村公房，居住条件暂时比较简陋。俱乐部给每位老人送上一个热水袋和一份中秋月饼。随后，俱乐部驾车前往雄关等十余所敬老院进行慰问，慰问活动一直到下午4时才结束，此次慰问共慰问了敬老院五保人员173人，工作人员25人，合计198人，每人都慰问一个热水袋和一份月饼，价值3000多元。慰问品均由新入会的会员杨晨源提供。

【送温暖系列敬老慰问活动】 为了让全县老年人度过一个愉快的节日，结合敬老宣传月及敬老节庆典活动，江川县各级分别组织开展系列送“温暖”慰问活动。一是开展百岁老人慰问活动，对全县健在的9名百岁老人进行慰问，每人发放慰问金300元；二是县民政局对在院敬老院老人及部分五保老人进行慰问；三是对全县72名困难、空巢、留守老人进行慰问，每人发放慰问金200元；四是各单位、部门对本单位、系统的退休人员进行不同形式的走访慰问，发给慰问品或慰问金；五是县委、政府对退休老干部进行慰问等。乡镇（街道）、村（社区）两级也开展不同形式的慰问。如部分乡镇（街道）对困难老人慰问，村（社区）对生病老人进行慰问。还有部分致富老板为老年人捐资捐款，开展慰问，办敬老饭等。全县上下营造出了浓浓的敬老氛围。

【老年维权宣传和义诊活动】 10月18日，江川县老龄委和江川县司法局、江川县人民医院，金骏药房联合到江城镇开展老年维权宣传和义诊，将敬老宣传月活动推向高潮。县司法局抽调了法律援助中心和县川和律师事务所的三名律师为老年人解答老年权益保障方面的问题，并向老年人发放《云南省老年人权益保障条例》宣传资料300多份。县医院抽调了急诊科和护理部主任等医疗骨干为老年人测量血压，检查身体。同时，医院还带去包括《预防脑卒中》、《高血压防治知识》、《高血糖防治知识》《健康教育处方-贫血》等老年常见病和普通常见疾病10多种健康宣传资料，发给老年人并向老年人宣传解释。江川金骏药房带着从东北引进的新鲜人参，现场凭身份证或《优待证》免费发给老年人参。2012年，金骏药房共从东北引进新鲜人参2000支，除江城发放外，还在县城进行发放。前来检查身体的老年人都很

高兴，感触良多。

【麻风病疗养院和马阿咱村人畜饮水改造工程开工】　10月10日上午，云南省民政厅间组织处靳建新处长、香港（救世军）港澳军区云南项目办事处邓顺华主任、县人民政府办公室副主任杨春文、县民政局局长顾绍勇、县卫生局局长张盛国、县发改局张丽琼副局长、县监察局史家文、县疾控中心周彪主、县残联、大街街道办事处段莉和大营社区总支书记秦国贵一同参加江川县麻风病疗养院和吗咱村人畜饮水改造工程开工仪式。在开工仪式上顾绍勇局长介绍了该饮水改造工程的由来及基本情况，该工程从新龙潭取水点至麻风病疗养院，距离4.6～4.7千米，总投资35.7189万元。云南省慈善总会、香港（救世军）港澳军区云南项目办事处等领导亲自参加开工仪式。靳建新处长在开工会议上对所有麻风病疗养院生活的人们要树立积极向上的心态，健康愉快的生活，享受我们国家改革发展带来的成果。港澳军区云南项目办事处邓顺华主任希望麻风病疗养院的健在人员好好生活，健康长寿，同时，还希望此次开工的人畜饮水改造工程，能经得住时间的考验，确保质量，建成让人民满意的工程。最后，施工单位表示，一定抓紧时间施工，按时、按量完成该人畜饮水改造工程，让麻风病疗养院和吗咱村的人们尽早喝上干净、卫生的自来水。

【江川县地名清理整顿工作会议】　11月13日，江川县在民政局三楼会议室召开地名清理整顿工作会议，参加会议的有县政府办副主任杨春文、民政局局长顾绍勇、民政局相关股室人员、公安局、住建局、交通运输局、文化局、民宗局、质监局、工商局、国土局及7个乡镇（街道）相关业务人员共计21人，会议由政府办副主任杨春文主持，此次会议主要议题是：安排布置江川县地名清理整顿工作。为加强和规范地名管理工作，切实推进地名标准化进程，针对我县一些地方地名跟不上城乡建设步伐，命名更名管理不严格，地名标志导向体系不完善，地名使用监管不到位，个别公共媒体、场所和设施等不使用标准地名，社会使用标准地名的意识不强等现象，根据《玉溪市关于开展地名清理整顿工作实施方案的通知》要求，经县政府同意，决定召开地名清理整顿工作会议。会议首先由民政局办公室主任张兴红对江川县地名清理初步意见和业务工作进行讲解，张兴红对1991年至今江川县地名管理情况进行了简要说明，江川县自1991年最后一次地名补查和资料更新后，至今未开展过地名清理整顿工作，近年来，由于社会经济的发展和城市规模的扩大，新出现了许多地名，主要是道路交通地名、街道地名、人工建筑地名、工程项目名称等，此次地名清理整顿工作主要是对未命名的地名进行命名，对重名和不雅的地名进行更名，对地名名称使用实行规范化，对地名标志进行国标设置，重点清理“有地无名、一地多名、重名同音、名不副实”。通过初步清理，县地名办共清理了71个地名，并将清理结果形成材料发至成员单位和各乡镇（街道），要求以乡镇（街道）为单位进行一次全面清理，并形成文件上报县地名办，由县地名办形成文件上报县政府进行审核，最后报县人大常委会进行命名和更名。其次，由民政局局长顾绍勇进行了工作安排，此次地名清理整顿工作分两步进行，一是安排部署阶段，时间从10月10日开始，要求各乡镇（街道）要健全和完善领导机构，切实制定符合本地实际的实施方案，明确整顿重点；二是实施阶段，时间从10月11日开始～12月10日结束，结合当地实际，以清理整顿主要内容为重点集中筛查，对检查出存在不规范管理和使用的地名逐项进行整顿、规范并分类登记和汇总上报。顾局长要求与会人员认真领会会议精神，加强领导，充分调动基层干部群众参与此次地名清理整顿工作，从基层做起，使我县的地名管理进一步规范化，地名管理是“本地人的脸，外地人的眼”，搞好地名管理，更好地为江川社会经济发展服务。

【江川县民房火灾】　1、1月23日下午8:00点钟，前卫镇赵官村委会云平村孙吉寿家发生火灾，政房全部被烧毁，牵涉两旁邻居叶素素、胡从德房脊梁受损，里面住有3户人家的财物全部烧毁，直接经济损失7万多元,所幸没有造成人员伤亡，前卫镇民政及时与上级民政部门联系送去了被子10床、垫子10个、床单10个、西服10套、内衣10件、大米510千克。同时为他们协调安排了住宿及相关问题。2、8月6日下午16：30分左右，雄关乡上营村委会四组陶荣华、陶同方、陈建宝三家农户因电线老化发生火灾，大火不仅烧毁了三户人家的房子、3000多千克包谷、1000多斤大米、1420杆烤烟和冰箱、电饭煲、电脑、电视、电摩托、洗衣机、饮水机等电器，更是将其中一户的3.7万元人民币全都烧了个精光。致使陶荣华、陶同方和陈建宝三家11人无家可归其中3个孩子还在念书，面对这一严重困境，乡政府又进一步协调，及时送600斤大米给受灾户，并向县民政局申请了被子4床、床单4个、垫子4床、衣服8套等物资救助。3、9月2日凌晨4时，九溪镇矣文村委会放马沟村民小组一民房发生起火，烧毁房屋12间，涉及人员9人，财产损失20万元。由于发现及时，抢救早，所幸没有人员伤亡。灾情发生后，九溪镇党委政府高度重视此事，7时左右，九溪镇党委副书记杨辉带领镇民政办全体工作人员奔赴现场，对事故现场及时清除，并为受灾人解决了住处。镇民政部门为受灾人普文成送上了100千克大米，经请示县民政局后，向普文成发放被子、垫绵、床单、衣服各一套。

（张兴红）

政务服务

【概　述】　江川县政务服务管理局，经2011年11月30日县编委会议研究，同意成立江川县政务服务管理局，为挂靠县政府办公室的行政机构，机构规格正科级，保留江川县人民政府政务服务中心牌子。江川县人民政府政务服务中心人员编制成建制划入江川县政务服务管理局，其职能职责按“三定”规定执行。2012年3月30日江川县政务服务管理局正式挂牌。管理局下设两个中心：江川县人民政府政务服务中心和江川县公共资源交易中心，其中：江川县公共资源交易中心，经2011年11月30日县编委会议研究，同意成立江川县公共资源交易中心，为县政务服务管理局所属全额拨款事业单位，机构规格相当于副科级，核定事业编制6名，设主任1名。管理局现有管理人员7人（编制7名），领导3人，干部4名；江川县公共资源交易中心3人（编制6人）。管理局位于大街街道办事处星云路西段，建筑面积1476.06平方米。县政务服务管理局自运行以来，以深入开展机关行政效能建设为契机，坚持“便民、高效、廉洁、规范”的服务原则，大力加强电子政务建设，推进标准化建设，不断完善软硬件设施，创造性地开展工作，在规范审批事项和办事程序，提升行政效能和服务质量等方面取得了比较好的成效。

【各窗口审批服务事项】

1. 县公安局户籍窗口办件99866件。其中：办理迁出、迁入1746件；办理落户、销户1702件；办理户口册1946件;办理项目变更89372件;办理第二代身份证5100件。

2. 县计生局窗口办件762件。其中：办理《生育证》597件；办理《独生子女父母光荣证》165件。

3. 县交警大队窗口办件86855件。其中：办理注册登记4503辆；办理检验车辆24122辆；办理车辆转籍过户、变更572辆；办理补（换）行驶证519本；办理汽车（摩托车）驾驶员审验4974人；汽车驾驶员转籍、变更3850件；办理正式驾驶证核发3395件；办理补（换）驾驶证7090本；办理制证、驾驶证和行车证15301本；办理新世纪汽车、摩托车报名4331人；办理驾驶员体检5182人；办理保险业务3830件；办理地税业务9186件。

4. 县民政局窗口办件2198件。其中：办理结婚登记790件；办理离婚登记181件；办理补领结婚证481件；办理补领离婚证5件；办理结《离》婚档案查阅15件；办理无婚姻记录证明726件。

5. 县工商局窗口办件5864件。其中：办理各类企业、个体工商户名称预核1086件；办理个体工商户设立、变更、注销登记3779件；办理各类企业设立、变更、注销、登记250件；办理户外广告登记749件。

6. 县文化局窗口办件161件；其中：换证67件；办理代码证年检79件；办证15件；。

7. 县质监局窗口办件2024件。其中：办理换代码证262件；申请办理代码证801件；代码证年检731件;变更业务201件；办理废置29件。

【政务服务体系建设】　政务服务网络基本形成。全县部分具有审批职能的部门进驻县政务服务大厅设窗口办公。其中，进驻行政审批服务部门11个，窗口22个，管理局窗口共有工作人员41余人。

【推进“两集中两到位”】　通过把面向社会具有审批职能的部门集中起来，在政务服务大厅设窗口统一办公，配备工作队伍，加大对窗口的授权力度，基本建立起了以窗口为主导的行政审批运行机制，并坚持一个窗口对外，实行一条龙服务，在一定程度上，规范了办事程序，减少了审批环节，优化了审批流程，缩短了审批时间，提高了行政效能。揭牌至2012年12月共受理事项1346289件，其中：即办件1247868件；咨询98421件，办结率100%；2012年全年受理事项211291件，其中：即办件197730件；咨询件13561件。管理局办件流程逐步科学优化，提速提效达30%～50%。

【江川县公共资源交易中心挂牌】　2012年12月28日，江川县公共资源交易中心挂牌成立。江川县人民政府副县长王波出席仪式并为中心揭牌，县政府办公室副主任杨春文主持。县委办、县政府办、监察局、国土局和财政局等21家县直各单位相关负责人参加了挂牌仪式。

江川县公共资源交易中心位于江川县城星云路西段，与江川县政务服务管理局合并办公，是江川县唯一进行公共资源交易的有形市场和服务平台，承担交易的组织、服务及场内监督职责。中心按照公共资源交易功能分区的要求，设有受理区、开标区、评标区、监控区、办公区，配备了先进的综合信息发布系统、计算机业务管理系统、评审专家抽取系统、全过程现场（音、视频）监控系统、视频变音询标系统、多媒体展示系统、电子显示系统和通讯信息屏蔽系统等设施，实现了全程电子监控和业务流程办理信息化的格局。

【乡镇为民服务中心建设】　7个乡镇都已建立了乡镇为民服务中心，73个村（社）都建立了为民服务站。全县各乡镇为民服务中心运转正常并各具特色。各乡镇将面向群众的事项已进入为民服务中心集中受理并办结，方便了群众办事，受到了群众的广泛赞扬。

（侯彦昆）

人口和计划生育

【概　述】　2012年，江川县人口和计划生育局在县委县政府的正确领导下，在市人口计生委的指导帮助下，以依法推进人口和计划生育工作为主线，全面启动综合改革试点县工作，统筹推进“婚育新风进万家、流动人口基本公共服务均等化、创建幸福家庭活动”示范县的创建工作，全面提升优质服务、优生促进、法治计生、村民自治等各项工作水平，推进我县人口和计划生育工作再上新台阶的工作思路。各级各部门齐抓共管、综合治理，县、乡计生部门突出工作重点，强化工作措施，圆满完成了市人口计生委和县委县政府下达的各项任务。据人口计生统计报表，2012年全县出生人口2575人，政策内生育的2447人，符合政策生育率为95.03%，人口自然增长率4.03‰。2012年底，全县总人口275760人，已婚育龄妇女54543人，期末采取各种避孕节育措施47458人，综合节育率为87.01%，优选节育率为84.32%，避免已婚育龄妇女意外怀孕保护率达83.95%。2012年计划怀孕目标人群2000对，参加孕前优生健康检查1652例，检查率82.6%。免费婚前医学检查3422例，免费婚检率达100%。2012年江川县被列入国家孕前优生健康检查试点县。

【关爱育龄群众健康活动】　3月5日，县计生局协调县妇联、卫生局等单位深入九溪镇矣文村委会开展“送健康”活动，为当地农村妇女免费开展健康体检200余人次、B超检查66人次、妇检72人次，免费发放价值2000元的药品、安全套2000余只、宣传材料1000余份，把优质服务送到了基层，让群众得实惠。

3月13日深入雄关乡下营村委会毡帽村民小组开展送服务、送健康活动。本次活动旨在为基层群众提供计划生育优质服务。设点为群众免费开展量血压、B超检查、妇科常规检查等义诊服务，热情地向群众宣传优生优育、避孕节育、生殖健康、关爱女孩、预防艾滋病指南、奖优免补等知识，耐心解答群众的有关咨询。据统计，共发放计划生育宣传环保袋100多只，提供免费咨询和义诊80余人次，免费发放价值3000余元的药品，深受广大农村群众的好评。

5月30日，以“5·29”会员活动日为契机，计生系统开展生殖健康知识、“奖优免补”政策、预防性病、发放避孕药具宣传活动。活动期间发放安全套1800多只、避孕药460多盒，免费医治460人次、咨询1200多人，免费发放5000多元药品。

【人口与计划生育工作会】　3月22日，江川县召开2012年人口和计划生育工作暨综合改革启动会。会议认真总结了2011年人口计生工作，安排部署今年工作任务。县人口和计划生育工作领导小组成员，乡镇长、大街街道办事处主任，乡镇（街道）分管计生工作的领导和计生办主任共计62人参加了此次会议。会议由县政府办副主任杨春文主持，市计生委副主任施玉兰应邀出席会议并作了重要讲话。县人口计生局局长罗玉华通报了江川县2011年人口和计划生育工作。副县长李东林在会上指出，人口问题始终是影响经济社会发展的重要因素，关系到现代化建设的全局。必须坚持用科学发展的战略眼光审视人口和计划生育工作的新形势，用以人为本的执政理念推动人口和计划生育工作取得新进展，坚持不懈解决好人口问题，努力把江川县人口和计划生育工作提高到一个新的水平。会上，县委常委、常务副县长李东林代表县政府与各乡镇（街道）签订了《2012年人口和计划生育目标管理责任书》。

【市“生育关怀·创建幸福家庭——防治寄生虫，促进健康行动”启动会及培训班在江川召开】　6月26日，玉溪市“生育关怀·创建幸福家庭——防治寄生虫，促进健康行动”启动仪式在江川县举行。国家计生协会生育关怀基金管委会副主任李艳秋，省人口计生委副主任、计生协副会长金桂兰，市人口计生委主任、计生协常务副会长雷毅等领导及来自7个乡镇计生分管领导、计生办主任、计生服务所所长、卫生院长等出席启动仪式。“生育关怀·创建幸福家庭——防治寄生虫，促进健康行动”旨在以政府主导、职能部门协同、专业机构指导下，采取“健康教育为先导，控制传染源为主”的综合防治策略，充分发挥各级计生协组织网络优势，广泛动员社会各界力量，开展知识性宣传倡导，以及防治寄生虫病干预性行动，降低项目地区土源性线虫病感染率，促进受寄生虫病威胁的主要人群——妇女儿童的健康。县委常委、常务副县长李东林出席并作了重要讲话。会议强调要求各相关部门要努力发挥各自优势，广泛动员社会各界力量，开展健康倡导、改水改厕、相关技术人员技能培训等综合干预行动，有效降低项目地区土源性线虫感染率，提高群众生活质量，提高人口健康素质，促进妇女、儿童健康，促进家庭和谐幸福。通过培训，参训人员进一步明确了“生育关怀·创建幸福家庭——防治寄生虫,促进健康行动”的目的和要求，提升了生育关怀和健康教育政策理论水平，掌握了寄生虫病理防治的工作方法，开拓了思路，创新了思维，解放了思想，提高了能力；通过讨论交流，给大家提供了一个拓展思路、分享经验的平台和一次相互借鉴、取长补短、共同提高的机会，为下一步项目的具体实施和有效推进奠定了坚实的基础，做好了充足的准备。

【流动人口基本公共服务均等化试点工作会】 8月7日，县委、政府组织召开江川县流动人口基本公共服务均等化全国试点工作会。县委、县政府、县人大、县政协联系分管计划生育工作的领导，县流动人口服务管理协调领导小组成员单位领导，各乡（镇）乡（镇）长、计生分管领导、综治维稳专职副书记、派出所所长，大街街道办事处主任、计生分管领导、综治维稳专职副书记、派出所所长共计60人参加了会议。会议由县委常委、常务副县长李东林主持。会上，县委常委、政法委书记陈琎寿对2011年流动人口基本公共服务均等化工作作总结，对2012年工作进行安排；并与16个责任单位、6个乡镇人民政府和大街街道办事处签订了《江川县2012年创新流动人口服务管理机制推进流动人口基本公共服务均等化工作责任书》。

【省人口计生委主任到江川考查调研】 10月12日，云南省人口计生委主任陈云生一行在市人口计生委主任雷毅，县委常委、常务副县长李东林，县人口计生局局长罗玉华陪同下对江川计生工作进行考察调研。首先，李东林介绍了江川县经济社会发展的基本情况和近年在计生工作方面取得的成果，对多年来给予江川县人口和计划生育工作帮助、支持的各位领导表示衷心的感谢。此次调研，是对江川县人口和计划生育工作的支持和鞭策，全县将以此为契机，进一步做好人口和计划生育工作，努力控制人口数量，不断提高人口质量。诚挚希望省市领导一如既往地支持江川计生工作，为江川县经济社会科学发展提供良好的人口环境。当天上午，陈云生走访慰问江城社区独生子女家庭3户，并带去每户600元慰问金。下午，深入江川县人口和计划生育服务站和大街街道办事处流动人口综合服务管理站检查调研。最后，陈云生对江川人口和计划生育工作取得的成绩给予充分肯定，勉励江川再接再厉、开拓创新，促使人口和计划生育工作再上新台阶，为全省人口计生工作多创造典型经验。

【全省人口和计划生育局长培训班在江川召开】 10月16日，2012年全省人口和计划生育局长培训班在江川县景湖酒店举行。来自全省2011年1月以来新担任县级人口计生局局长41人及省市相关领导30多人参加了此次培训。会议由省人口计生委人事处处长卢军、副处长杨芳，省计生宣教中心主任李文辉主持。江川县人民政府副县长罗跃岗到会致欢迎辞。为期两天的会议共设五个培训专题：省人口计生委发展规划处处长吴宏讲解《人口统计业务知识及“十二五”发展规划》，省流动人口管理处处长讲解《流动人口服务与管理》，省计生科研所所长叶汉风讲解《优生促进工程》，省委党校教授欧黎明讲解《沿着中国特色社会主义伟大道理奋勇前进——学习“7·23”讲话体会》，省委党校教授讲解《领导干部提升执行力的路径选择》。此次培训班的顺利举行，为全省计划生育系统共同推进提供了一个很好的交流平台。通过培训不断提高人口计生干部的综合素质和业务能力，为统筹解决人口问题提供人才保障和智力支持。

【江川县计生系统开展禁毒宣传月活动】 10月24、25、26日，以“10·26”中国禁毒日为契机，由县司法局牵头，县计生局及乡镇计生办配合开展禁毒月宣传活动在全县各乡镇、街道和学校举行。此次活动向不同年龄段的群众宣传讲解、发放资料，共悬挂横幅标语25幅，发放宣传资料五种共4800余份，接受咨询1600余人，使群众了解常见新型毒品的种类和新型毒品的危害以及禁毒的意义，营造浓厚的社会禁毒舆论氛围 。通过本次活动，使全县人民群众的禁毒意识和抵御毒品侵蚀的能力得到显著提高，为巩固无毒县，建设绿色、和谐、富裕江川，营造良好的社会氛围。

【部门联动综合治理切实做好计划生育行政执法】 11月28日，江川县人口计生局与江川县人民法院、江城镇计生办开展了一次联合执法行动。在联合执法活动中各部门组织经验丰富工作人员参加，县人口计生局局长、县法院执行局局长带队，共出动人员16名、车辆6台。此次活动是针对江城镇一年来违法多生育家庭拖欠社会抚养费并已移交法院案件采取联合行动，目的是督促违法生育家庭依法缴纳社会抚养费，履行法律义务。在行动中江川县法院、计生局领导和工作人员深入拖欠社会抚养费家庭了解每户情况，用真心、动真情、讲道理方式，宣传讲解国家人口计生政策，让违法多生育人员进一步认识违法超生应接受处罚，主动交纳社会抚养费。通过调查了解、正面耐心说服教育并结合家庭状况作出具体处理，对于支付能力较弱的被征收人由法院签订分期缴纳时间，对有支付能力而不履行义务的人采取强制措施，实现了社会抚养费征收工作的良好循环。

【“12·4”法制宣传日活动】 12月4日，在江川县人口计生局副局长张晓春带领下，一行四人来到明珠路与县司法局、县法院、抚仙湖管理局等多家单位共同开展法制宣传日活动。人口计生局工作人员热情向过往群众发放了《人口和计划生育政策法规宣传摘要》、《玉溪市农业转移人口转变为城镇居民执行计划生育相关政策解答》、《玉溪市流动人口基本公共服务均等化计划生育“五免费”》、《玉溪市流动人口计划生育服务指南》等宣传资料2000份，热情

为15名群众解答了计划生育相关政策问题。

【“婚育新风进万家”活动】 积极开展婚育新风进街道、村庄、市场、校园、机关、企业、车站等群众性宣传服务活动，不断增强广大人民群众的人口意识和自我生殖保健意识。精心策划编排以婚育新风进万家活动为主题的文艺节目，深入社区和乡村演出，丰富群众文化生活。积极协调工、青、妇等群团组织和文化部门，大力开展文明家庭、五好家庭、文明楼院等创建活动和“好儿媳”、“好婆婆”等评选活动，大力倡导计划生育丈夫有责、少生优生、关爱女孩、尊敬老人、善教子女、家庭和睦、邻里友善、勤劳致富等婚育文明新风。努力打造具有较高品位、较强宣传感染力的一站、一校、一栏、一街、一角、一户、一网等“七个一”宣传教育阵地。规范人口文化学校、村（社区）计生服务室、人口文化宣传栏、人口文化图书角和人口文化中心户宣传环境建设。协调相关部门共同打造江城生育文化一条街，实现江川县古滇文化、渔文化、青铜文化、婚育文化的完美结合，达到既美化城市环境、又打造出生育文化精品，提升宣传教育档次。2012年免费发放印有计生宣传标语的环保袋10000只、优质服务宣传读本13800本。积极协调宣传、教育、妇联、文化广电、共青团等有关部门，扎实开展关爱女孩行动，营造有利于女孩及其家庭发展的社会环境。

【优生促进工程】 江川县围绕“宣传倡导、健康促进、优生咨询、高危人群指导、婚孕前培训；孕前优生实验室筛查、产前筛查，营养素补充”为工作重点，为进一步扩大公共服务，关注民生，有效提高人口素质，继续深入开展优生促进工程。以江川县被列为国家免费孕前优生健康检查试点县为契机，2012年认真总结经验，加强分类指导，推进规范实施，坚持开展宣传倡导，健康促进，优生咨询，免费发放叶酸15000瓶（2500人份），2012年计划怀孕目标人群2000对，已参加孕前检查1652对，孕前检查率达82.6%。继续开展免费婚前医学检查项目。截至11月9日，全县免费婚前医学检查3422例，免费婚检率达100%。因县服务站没有取得婚前医学检查技术《母婴保健技术服务执业许可证》，从事婚检的人员没有取得《母婴保健技术考核合格证书》，根据上级部门要求，县服务站从2012年11月10日停止免费婚前医学检查工作。2012年1月1日～11月9日，共对1318对（男1318人、女1317人）进行了免费婚前医学检查。查出患病人数共145例，占婚检人数5.50%，患生殖道感染66例，占女性婚检人数5.01%。此项工作的有效开展，将进一步提高婚前医学检查率，降低出生缺陷儿出生率，减少遗传性疾病和重大传染病的发生，为实现婚姻美满、社会和谐创造条件，为江川县经济社会可持续发展提供良好的人口环境。

【流动人口均等化管理和服务】 在全省率先建立流动人口服务和管理工作站，开创流动人口管理新模式，整合部门力量，实行联合办公，优化服务环境，完善保障机制，推行“一站式管理，一证式服务”，统筹解决流动人口就业、就医、子女入托入学、经商、社会保障、计划生育、社会治安等问题，“寓管理于服务、融服务入管理”之中，切实维护流动人口合法权益。同时江川县创新流动人口服务管理机制，认真推行“五免费”，落实“三公开”，开展“两项活动”，完善“六个制度”，推进流动人口基本公共服务均等化试点工作。2012年在江城镇江城社区、大街街道下营社区建立流动人口综合服务管理站。目前全县七个乡镇（街道）已建有流动人口综合服务管理站。现已通过市计生委的评估验收。一年来，走访流动人口家庭800户，发放流动宣传礼品150份，计生法律法规宣传册550册，并对150户进行流动人口动态监测问卷调查。

【打造诚信计生】 根据玉人口联发文件江川县已被玉溪市人口和计划生育委员会玉溪市计划生育协会列为诚信计生县。自诚信计生工作开展以来，县人口计生局严格按照方案的有关要求和步骤，稳步推进。首先，推行行政执法责任制、过错责任追究制，认真贯彻“两个工作纪律”和“七个不准”的规定，进一步规范执法行为，文明执法，坚决制止和纠正在计划生育工作中损害群众利益的行为，维护群众利益。其次，创新执法方式方法，严格执法。全面摸排、掌握、查实违法生育情况，建档立案，加大执法力度，从快从严打击违法生育事件。2012年共立案清查处理计划生育案件250件，其中征收社会抚费案件70件，行政处罚180件，做到发现一起，立案一起，立案达100%，应征收社会扶养费6593220元，实际征收社会抚养费1001800（含往年案件）；应收缴行政处罚款412400元，实际收缴385000元；申请法院强制执行43件。案件合格率100%，案件评查合格率98%。第三，加大联合执法力度，综合整治违法生育、非医学需要的胎儿性别鉴定、选择性别引产等违法行为的清查和计生药具市场的清理整顿工作，维护社会和谐。第四，坚持以人为本，充分了解掌握群众对计划生育生殖健康的需求，尊重和维护群众的避孕方法知情选择权、生殖健康权以及奖励扶助权。第五，坚持依法行政，全面履行法定职责，大力推行计划生育政务公开、村（居）务公开，立信于民，取信于民。第六，坚持分类指导，围绕计划生育热点、难点问题，因地制宜、分阶段地确定工作目标和重点。加强工作基础薄弱乡镇的指导和帮助，鼓励工作基础好的乡镇创新工作方式方法，做到整体推进、全面发展。第七，坚持政策引导，全面落实计划生育奖励扶助政策，鼓励和支持基层组织在分配集体收益、征地补偿时维护计划生育家庭权益向独生子女家庭倾斜。

【创建幸福家庭活动】 开展“生育关怀——防治寄生虫，促进健康行动”，有效促进“幸福家庭”创建工作。江川县目标人群104718人，现已在雄关乡雄关村和大街办事处土官田村抽取样本1154份，阳性人数138人，感染率为12%，高于全国平均水平10%。寄生虫病是影响人口素质、家庭幸福和谐发展、危害人民群众生殖健康的疾病。通过采取服驱虫药，加大宣传养成良好的卫生习惯，改善群众居住环境，从源头上控制寄生虫感染途径，有效预防减少寄生虫感染率，促进家庭健康幸福。积极协调相关部门认真做好创建幸福家庭活动的宣传倡导，弘扬中华民族重视家庭、夫妻和睦、尊老爱幼、邻里互助等传统美德，牢固树立科学文明的家庭观和幸福观，为江川县创建幸福家庭活动创造良好的舆论氛围。

【优质服务工作】 按照“改善条件、完善制度、规范标准、功能齐全”和“环境优美、技术优良、管理优秀、服务优质、群众满意”的总体要求，建全以“县站为龙头，乡镇服务所为主体，村室为基础”的技术服务网络，大力推进优质服务提质提速、创新发展。首先是送优质服务到基层，以“三八”妇女节和“四群”教育为契机，县计生局及服务站医生深入基层，免费开展健康体检3000余人次、B超检查566人次、妇检72人次，义诊460多人次，免费医治380多人次，咨询3200多人次，免费发放价值8000多元的药品、安全套4000余只、避孕药600多人份、宣传材料1000余份、环保袋1000余个，把优质服务送到了基层。其次是开展“听民声、问民计”活动。组织全局干部职工深入群众家中，广泛收集社情民意，全面掌握基层动态，了解群众心声，问计于民，进一步查找和梳理计生干部在群众工作、作风建设等方面存在的问题和不足，认真剖析存在的问题，切实增强领导干部做好群众工作的能力，达到干部受教育、作风有改进、发展上水平、群众得实惠、社会更和谐的目标。

【计划生育惠民政策】 把落实农村部分计划生育家庭奖励扶助制度作为帮扶计生户的切入点，认真实施“奖优免补”政策，切实把党对计生户的优惠政策落实好，落实到位。在工作中，继续加大宣传教育力度，提高广大群众主动参与的积极性，严把领证、资格审查、兑现、监督等“四关”。2012年发放计划生育手术并发症人员10人，金额1.32万元；应享受奖励扶助金的467人，金额47.256万元；应享受特别扶助金的43人，金额6.486万元；城镇居民未享受退休金补助的20人，金额1.572万元；一次性奖励金审批54人，金额3.24万元；教育奖学金867人，金额17.602万元；升学奖学金94人，金额10.58万元；升学加分审批89人；新农合补助13599人，金额81.594万元；独生子女保健费20.22万元。

【计划生育协会工作】 江川县按照党的领导、合法、民主、创新、稳妥的原则，加强领导，精心组织，建立健全各项规章制度，扎扎实实地开展计划生育村（居）民自治工作。目前，全县72个村（居）委会已被市人口计划生育委员会命名为“计划生育村（居）民自治合格村”。与此同时，江川县充分发挥计生协会在村（居）民自治中的优势和作用，抓好计划生育“少生快富”帮扶项目，在雄关乡白石岩投入帮扶基金12万元，帮助12个家庭发展生产；县属15个“三结合”成员单位驻村帮扶投入资金2万多元，体现了“县指导、乡服务、村为主、户落实”的计划生育村（居）民自治原则。做好计划生育家庭意外伤害保险工作。2012年，全县共有22418人参保，投保资金561275元。全年办理保险理赔1112人，赔付198000元。

【人口信息化建设工作】 江川县一直以来都将信息化建设列为计生基础工作的重点抓好抓实，在台帐填写、管理制度上严格按照省、市要求，规范项目设置，统一设置封面。坚持月例会制度、定期报告制度、定期随访制度，公开公示制度等“四项制度”。县计生局定期对乡镇、村运转情况进行督查。通过努力，各项经常性基础工作有所加强，有效提高了育龄妇女落实避孕措施的自觉性和及时性。育龄妇女及家庭成员数据库录入总人口268701人，录入率97.53%，准确率97%。建立健全经常性工作机制，努力实现基层计生工作管理与服务的规范化、科学化、制度化、经常化。在全县72个村（居）委会406个村（居）民小组配全配齐计划生育宣传员和服务员，并由县、乡财政落实了宣传员和信息员的报酬。

【荣誉表彰】 2012年2月，罗玉华被云南省人口和计划生育委员会授予“云南省人口和计划生育先进工作者”荣誉称号。

（郭会兰）

残疾人工作

【慰问残疾人】 2012年江川县委、政府心系残疾人，继续加大对残疾人的慰问力度。一是春节慰问。为确保

贫困残疾人基本生活，让全县特困残疾人家庭过上一个欢乐、祥和的春节，按照县委、政府的统一安排和部署，县残联认真做好组织和准备工作，于春节来临之际，分组分批开展了一系列向特困残疾人家庭走访送温暖慰问活动，此次活动共慰问680户10.2万元。二是助残日慰问。在第二十二次“助残日”期间，走访慰问贫困残疾人。

【助残日活动】 2012年5月20日是第二十二次法定“全国助残日”，借此契机，江川县残联充分整合社会资源，积极动员和协调社会力量帮残助残。一是坚持干部结对帮残制度，建立帮残助残长效机制。2012年江川县继续坚持领导干部包扶残疾人贫困户，全县有500多名干部开展了“帮、包、带、扶”活动，结对帮扶500多残疾户，为帮扶残疾人送去生产资料、致富信息。全县7个乡镇共动员组织450多名青年志愿者成立“助耕帮扶队”，帮助残疾人贫困户130多户，挖田、挖地300多亩，栽烟、栽秧250多亩。二是继续帮残扶残：在大春栽插期间，对缺肥少粮的贫困残疾户120多户实行临时救济，为他们送肥送粮，合计40000多元。

【残疾人危房改造】 残疾人危房改造，是从根本上解决残疾人住房难的大事，是为残疾人办实事、办好事的阳光工程。为此，江川残联急残疾人所急，解残疾人之所难，2012年县乡残联干部走村入户，摸底拍照，调查核实，完成了本部门30户残疾人危房改造的摸底拍照，调查核实工作，同时筹集资金48万元大力实施改造，改造或新建面积达2400多平方米。

【农村残疾人社会保障工作】 随着江川县城乡残疾人养老保险的全面推行以及最低生活保障、新型农村合作医疗保险的配套实施，江川县残疾人社会保障体系得到了不断加强和推进，残疾人初步实现了“老有所养，病有所医”。一是新农保试点工作让残疾人更得实惠。新型农村社会养老保险制度的实施，惠及了全县残疾人，如：60岁以上的农村残疾人每月可领取55元的养老金，其中60岁以上的重度残疾人每月可领取105元的养老金；16岁到59岁的残疾人在参保过程中，均得到了不同的政府补贴。二是继续加强残疾人参加新型农村合作医疗保险工作。残疾人参加新农合是让广大残疾人充分受益，生活更加有保障的重要举措。2012年县残联千方百计筹集资金311100元，为全县5185名持证残疾人交纳新农合。

【残保金征收工作】 残疾人就业保障金是政府保证残疾人事业发展的专项资金。江川县根据《云南省残疾人就业保障金征收使用管理办法》的通知精神，结合江川实际，制定和下发了相关文件。一是确定了残疾人就业保障金征收标准。二是进一步规范残保金的征收工作。三是明确了用人单位缴纳保障金的核定时间及相关要求。2012年，县残联、县地税局、县财政局相互支持配合，于9～10月对全县600多个行政事业单位、企业开始征收残疾人就业保障金，征收金额147万元。同时对全县用工单位情况进行了检查核实，对残疾人用工达到1.5%的37个单位给予免收残保金48.1万元，对残疾人待遇落实不到位的单位提出了整改建议。此外，2012年由残联、国税、地税、民政局组成检查组对全县福利企业残疾人用工、上岗情况、发放工资、落实残疾工人各项保险缴纳情况进行了检查，同时询问和征求了大部分残疾工人对企业的看法和意见。检查表明：江川翠峰纸业有限公司、江川瑞星化工有限公司残疾工人各项保险落实到位，工资福利待遇平等，同时检查组对存在问题提出了建议和意见。

【助学兴教】 2012年江川县残联千方百计开展助学兴教活动。一是在“国际儿童节”即将到来之际，在县委常委马利兴、副县长刘振环等领导的大力支持下，县教育局、妇联、共青团、关工委等部门协助残联开展了一系列助学兴教活动：出资6600元对玉溪市特校江川籍残疾学生进行慰问。二是看望慰问了江城云岩小学23名残疾学生和贫困残疾家庭学生，为他们送去了4600元的节日慰问金。三是为切实保障江川县贫困残疾学生和贫困残疾人家庭子女能够顺利就学，2012年县残联多方筹措资金5.3万元，资助了21名考取大中专院校的贫困残疾学生和贫困残疾人家庭子女步入校园，圆了他们的大学梦。

【残疾人培训】 利用残疾人扶贫示范基地，促进残疾人就业和创收。2012年，江川县残联加大充分发挥残疾人扶贫示范基地的作用，为残疾人提供就业创收的岗位，打造残疾人“万元户”8人。此外还选送了2名视力残疾人参加了市残联举办的盲人计算机培训，4名盲人参加按摩保健初、中级培训。同时举办了两期残疾人培训：一是在包村联系点前卫镇庄子村委会举办养殖培训，参加培训的人员有在“四群”教育活动中县残联干部联系的23户残疾人以及该村委会部分残疾人，共计60多人。二是举办为期7天的残疾人创业培训，来自全县31名残疾人参加了培训。此次培训是一个特殊的创业培训实验班，是对残疾人如何创业，如何提高经营管理能力的一次新尝试、新探索。培训结束后，部分符合创业小额贷款条件的残疾人，申请获得了5万额度的政府贴息两年期贷款。三是集中资金重点扶贫，实现部分贫困残疾人脱贫致富。2012年县残联筹资2万元资金，重点帮扶了12户商业经营、种养殖等行业的残疾人，扶持他们做脱贫致富的带头人，探索新形势下残疾人扶贫工作新路子，带动更多的残疾人脱贫致富奔小康。

【城镇残疾人就业状况调查】 对应届和往届未就业残疾大、中专学生开展服务。县残联对全县近几年在校残疾学生、未就业残疾毕业生进行了摸底调查，共造册登记15名应往届未就业残疾大、中专学生，全面掌握了基本情况，了解了就业意向。针对登记情况，县残联开展了“一对一”就业对接服务，努力做好适合他们就业的岗位信息收集，多渠道推荐就业岗位，帮助5人实现了就业。

【康复工程】 一是实施复明行动工程，部分患者重见光明。“光明工程”是省人民政府确定的“德政工程”、“惠民工程”，圆满完成“光明工程”是一项政治任务。江川县残联高度重视、精心安排，由于宣传到位、组织到位，人员到位，工作到位，筛查共计登记白内障患者764例，成熟674例。同时县残联急患者所急，解患者所难，边筛查边实施手术，截至9月，实施手术488例，488名患者重见光明，手术成功率100%，圆满完成了市委下达的任务数。二是推进助行工程，部分重瘫患者“站”了起来。2012年江川县残联认真做好重度肢体残疾人装配假肢的宣传和补助工作，同时多方筹措资金近5万元，购买95辆轮椅，无偿配备给95名重瘫贫困患者，为他们出行提供了方便。三是实施医疗救助和“阳光家园”康复工程，部分患者重获健康。2012年江川县25名精神残疾人在市精神病院进行托养，28名在精神病工疗站托养，80名精神病患者实现居家托养。四是继续开展好CBR项目训练工程，部分患者生活实现自立。2012年江川县残联在做好30多名盲人训练同时，又确定了10多名智残儿童、肢体残疾人作为今年的康复训练对象，并进行了耐心艰苦的训练及指导，增强了部分残疾人的生活自理能力，从而让他们能更好地融入到社会生活中。五是加强辅助工程，部分患者生活更加方便。2012年为残疾人提供辅助用品用具160多件，并开展了辅助器具需求调查，建立了残疾人辅助器具需求数据库。回顾2012年全县共有300多名残疾人得到了不同形式的康复服务，带来了诸多实惠，康复工作的有效开展使患者赢得了健康，政府赢得了民心，也推动了社会各界越来越关注和关心残疾人事业。

【残疾人康复需求调查】 为更进一步了解江川县残疾人的生活状况和康复需求，2012年4～5月，县残联残疾人工作者、县乡镇（街道）各级干部200多人逐家逐户进行询问登记，完成了残疾人康复需求调查统计工作。调查数据基本反映了江川县残疾人的实际康复需求情况。调查数据将为县残联制定经济与社会发展规划、促进残疾人事业发展和建设和谐社会提供丰富的信息与科学依据。

【整合资源建立日间照料站】 2012年江川县残联经过多次调查研究，决定走社会化的路子，整合和利用现有资源，依托大街社区“居家养老服务中心”，先在县城中心社区，人口密度大的大街社区建立残疾人社区康复服务中心，建立日间照料站。集居家养老和残疾人日间照料功能的服务中心总投资97.6万元，占地面积为230.1m³，建筑面积为720m³。服务中心添置了部分健身器材、残疾人康复器材、电视、座椅、床、桌椅等设备。该服务中心为三层框架结构，一楼为办公室、阅览室、餐饮室、康体室；二楼为日间照料中心、康复治疗室、谈心室；三楼为文娱室、歌舞（健身操）排练室。大街社区“居家养老服务中心”整合利用，同时为残疾人康复服务，将形成以家庭为核心，以社区为依托，以残疾人日间照料、康复服务和精神帮助等为主要内容的残疾人工作新局面，是残疾人工作新思路、新模式的有益探索。

【县乡镇残联换届】 根据《中国残疾人联合会章程》规定和《玉溪市残联关于做好县（区）残疾人联合会换届选举工作的指导意见》以及江川县残疾人联合会工作实际，为进一步加强残疾人事业的组织建设，团结广大残疾人，推动残疾人事业的持续健康发展，2012年10月江川县乡镇（街道）残联开始换届工作，2012年11月5日，江川县残联第五次代表大会顺利召开，11月6日，大会完成了各项预定任务圆满闭幕，至此，江川县、乡镇（街道）残联系统换届全部结束，县、乡镇（街道）新的残联领导班子产生。

（张　芬）

人 物

编辑 李 伟

江川县2012年获市以上表彰的先进集体

单位名称	授予称号	授予单位	授予时间
江川县公安局刑侦大队	全国优秀公安基层单位	公安部	2012.5
江川县公安局情报信息中心	全国公安综合情报部门“清网行动”先进集体	公安部	2012.5
江城镇明星村	全国生态文明村	中国生态文化协会	2012.9
江城镇人民政府	第一批全国人口和计划生育依法行政示范乡镇	国家人口和计划生育委员会	2012.2
江川县防震减灾局	2011年度氡气全国观测质量评比第二名	中国地震局	2012.5
江川县人民医院党支部	云南省创先争优先进基层党组织	省委	2012.8
九溪镇六十亩村党总支	云南省创先争优先进基层党组织	省委	2012.8
江川供电有限公司	2011年度县级供电企业安全生产先进单位	云南电网公司	2012.1
江川县国土资源局	云南省国土资源管理系统推进依法行政先进单位	省国土资源厅	2012.2
江城镇人民政府	新农村建设工作队及指导员先进派出单位	市委、市政府	2012.2
江川县人民检察院	二级规范化检察室	省人民检察院	2012.2
江川供电有限公司	“五五”普法先进单位	云南电网公司	2012.3
江川县供销社	云南省供销社发展“两社一会”先进集体	云南省供销社	2012.4
江城镇明星村团总支	云南省五四红旗团支部	团省委	2012.5

续 表

单位名称	授予称号	授予单位	授予时间
江川县文化旅游广电和体育局	玉溪市“十一五”广播电视村村通工作先进集体	市政府	2012.6
江川供电有限公司	“燃烧青春梦想，点亮万家灯火”青歌手大赛一等奖	云南电网公司	2012.6
江川县公安局	“724特大拐卖婴儿案”——集体二等功	省公安厅	2012.6
江川县公安局禁毒大队	2011年度禁毒工作先进集体	市政府	2012.6.
大街街道党工委	玉溪市创先争优先进基层党组织	市委	2012.8
江城镇侯家沟村党总支	玉溪市创先争优先进基层党组织	市委	2012.8
江川县食品药品监督管理局党支部	玉溪市创先争优先进基层党组织	市委	2012.8
路居镇上坝村党总支	玉溪市创先争优先进基层党组织	市委	2012.8
雄关乡白石岩村党总支	玉溪市创先争优先进基层党组织	市委	2012.8
江川县公安局交警大队党支部	玉溪市创先争优先进基层党组织	市委	2012.8
江川县教育科学研究所党支部	玉溪市创先争优先进基层党组织	市委	2012.8
安化彝族乡光山村党总支	玉溪市创先争优先进基层党组织	市委	2012.8
江城镇孤山村小马沟村民小组党支部	玉溪市创先争优先进基层党组织	市委	2012.8
江川县大街街道民政办	云南省民政工作先进集体	省人社厅、省民政厅	2012.8
江城镇统计站	云南省统计系统先进集体	省统计局	2012.9
江川县公安局	全省执法示范单位	省公安厅	2012.9
江川县防震减灾局	2012年度云南省地震监测预报先进集体	省地震局	2012.10
玉溪市商业银行	2012年度云南省银行业文明规范服务省级示范单位	省银行业协会	2012.11
江川县人民检察院	全省检察机关第一批司法警察编队管理示范单位	省人民检察院	2012.11
江川县公安局交通警察大队	全省公安机关“三访三评”深化“大走访”活动先进集体	省公安厅	2012.12.
江川县防震减灾局	2012年度氡气全省观测质量评比第一名	省地震局	2012.12
中国人寿江川县支公司	先进基层党组织	中国人寿云南省分公司	2012年
江川县国家税务局	2006～2011年度云南省国税系统信息化建设先进集体	省国家税务局	2012年

（李　伟）

江川县2012年获市以上表彰的先进个人

姓　名	所在单位	授予称号	授予单位	授予时间
赵金会	江川县大头鱼酒店	全国妇女创先争优先进个人	全国妇联	2012.3
张旭辉	江川县公安局	信息化应用岗位能手	省公安厅	2012.1
王　刚	江川县公安局	信息化应用岗位能手	省公安厅	2012.1
张永华	人武部	支援西部大开发先进个人	省军区	2012.1
董林颉	江川县财政局	全省财政系统先进工作者	省人社厅、财政厅	2012.1
李阳春	江川县气象局	云南省气象部门十佳县局局长	省气象局	2012.1
龚进华	江川供电有限公司	2011年度先进生产（工作）者	云南电网公司	2012.1
饶　建	江川供电有限公司	2011年度优质服务先进个人	云南电网公司	2012.1
毕金诚	江川县人民检察院	先进个人	省人民检察院	2012.2
郭锦洋	江川县公安局	清网行动被省厅记个人一等功	省公安厅	2012.2
卢正元	江川供电有限公司	2011年度云南省文明交通驾驶人	省公安厅交警支队等	2012.2
瞿江勇	江川供电有限公司	“展示青年活力、秀出青春风采”优秀达人	云南电网公司	2012.2
周　颖	云南卓一食品有限公司	第五届“玉溪十大杰出青年”	市委宣传部、团市委等	2012.4
董林颉	江川县财政局	玉溪市劳动模范	市政府	2012.4
杨　勇	江川县人民医院	玉溪市劳动模范	市政府	2012.4
伏　斌	云南红塔包装实业有限公司	玉溪市劳动模范	市政府	2012.4
胡建华	大街街道办事处武装部	民兵工作先进个人	成都军区	2012.4
李会琼	九溪镇喜乐庄村	云南省五好文明家庭	省妇联	2012.4
韩彦红	江川县公安局	2011年度禁毒工作先进个人	市政府	2012.6
王春华	江川县文化旅游广播电视和体育局	“十一五”广播电视村村通工作先进个人	省广电局、省发改委、省财政厅	2012.6
廖增华	江川县文化旅游广播电视和体育局	玉溪市“十一五”广播电视村村通工作先进个人	市政府	2012.6
苏洪滨	江川县文化旅游广播电视和体育局	玉溪市“十一五”广播电视村村通工作先进个人	市政府	2012.6
海来春	江川县海门公园文化站	优秀共产党员	市委	2012.8

续 表

姓　名	所在单位	授予称号	授予单位	授予时间
汤金彪	江川县第一中学	优秀共产党员	市委	2012.8
李桥红	江川县水土保持站	优秀共产党员	市委	2012.8
刘绍宏	前卫镇党委	优秀共产党员	市委	2012.8
王乔信	大街街道河咀社区党总支	优秀共产党员	市委	2012.8
靳松福	前卫镇周官村党总支	优秀共产党员	市委	2012.8
李江润	江城镇党委	优秀共产党员	市委	2012.8
付　纲	大街街道办事处	优秀共产党员	市委	2012.8
李阿斗	江川县工商局	优秀共产党员	市委	2012.8
曲绍庭	江川县工信局	优秀共产党员	市委	2012.8
顾绍勇	江川县民政局	云南省民政工作先进个人	省人社厅、省民政厅	2012.8
陶有贵	江川县统计局	云南省统计系统先进个人	省统计局	2012.10
龚雪刚	江川县环境保护局	玉溪市‘三湖’水污染综合防治‘十一五’规划及目标责任书执行情况先进个人	市政府	2012.12
刘春荣	江川县环境保护局	玉溪市‘三湖’水污染综合防治‘十一五’规划及目标责任书执行情况先进个人	市政府	2012.12
冯元应	中国人寿江川县支公司	优秀党务工作者	中国人寿云南省分公司	2012年
杨绍培	江川县妇幼保健院	贯彻落实中国妇女儿童发展纲要和云南妇女儿童发展规划先进个人	省卫生厅	2012年

（李　伟）

江川县2012年取得副高级以上专业任职资格人员名录

姓　名	性别	民族	文化程度	工作单位	专业技术资格	取得资格时间	备注
李林波	男	汉族	本科	江川县人民医院	副主任医师	2012年11月	
龚仕妹	女	汉族	本科	江川县人民医院	副主任护师	2012年11月	
吴秀玲	女	汉族	专科	江川县人民医院	副主任检验技师	2012年11月	
李新玉	女	汉族	中专	江川县前卫镇卫生院	副主任医师	2012年11月	
张友存	女	汉族	中专	江川县水产技术推广站	高级工程师	2012年9月	
谢瑞芬	女	汉族	本科	江川县审计局	高级工程师	2012年9月	
陈春平	女	汉族	本科	江川县审计局	高级工程师	2012年9月	

（县人社局供稿）

统计资料

编辑　余立言

2012年江川县土地、森林、气候主要指标

主要指标	单位	2011	2012	增减	
				数量	%
一、土地					
土地面积	平方千米	850	850	—	—
二、森林					
森林面积	万公顷	3.52	3.53	0.01	0.28
森林覆盖率	%	43.8	44.0	0.2	—
三、气候					
全年平均气温	摄氏度	16.5	17.5	1	6.06
全年日照时数	小时	2275.2	2541.6	266.4	11.71
全年降雨量	毫米	496.8	608.7	111.9	22.52

2012年江川县主要指标完成情况（一）

	单位	2011年	2012年	增减	
				数量	%
一、人口					
1．年末户籍总人口	人	274935	275760	825	0.3
年平均人口	人	274265	275348	1083	0.4
出生人口	人	2035	2572	537	26.4
出生率	‰	7.42	9.34	1.92	—
死亡人口	人	913	1819	906	99.2
死亡率	‰	3.33	6.61	3.28	—
自然增加人数	人	1122	753	–369	–32.9
自然增长率	‰	4.09	2.73	–1.36	—
总人口中：农业人口	人	242134	226397	–15737	–6.5
非农业人口	人	32801	49363	16562	50.5
少数民族人口	人	18389	18842	453	2.5
2．年末常住总人口	万人	28.20	28.28	0.08	0.3
年平均人口	万人	28.14	28.24	0.10	0.4
镇区人口	万人	9.72	9.93	0.21	2.2
城镇化率	%	34.5	35.0	0.5	—
二、综合					
1．地方生产总值（现价）	万元	430690	486945	56255	13.1
第一生产业	万元	118363	123990	5627	4.8
第二生产业	万元	127296	148148	20852	16.4
其中：工业	万元	86944	105778	18834	21.7
（1）规模以上	万元	70493	89044	18551	26.3
（2）规模以下	万元	16451	16734	283	1.7
第三产业	万元	185031	214807	29776	16.1
2．地方生产总值（可比价）	万元	416283	469190	52907	12.7

2012年江川县主要指标完成情况（二）

	单位	2011年	2012年	增减	
				数量	%
第一产业	万元	115366	123326	7960	6.9
第二产业	万元	122970	144790	21820	17.7
其中：工业	万元	84794	105375	20581	24.3
（1）规模以上	万元	69186	87313	18127	26.2
（2）规模以下	万元	15608	18062	2454	15.7
第三产业	万元	177947	201074	23127	13.0
3. 按常住人口计算人均GDP	元	15305	17237	1932	12.6
4. 第一产业经济结构比重	%	27.5	25.5	–2.0	–
第二产业经济结构比重	%	29.6	30.4	0.8	–
第三产业经济结构比重	%	42.9	44.1	1.2	–
5. 现价工业农业总产值	万元	509075	660416	151341	29.7
工业总产值	万元	340129	460834	120705	35.5
农业总产值	万元	168946	199582	30636	18.1
其中：农业	万元	100393	120572	20179	20.1
林业	万元	3225	3122	–103	–3.2
牧业	万元	54486	64184	9698	17.8
渔业	万元	6222	6579	357	5.7
农林牧渔业服务业	万元	4620	5125	505	10.9
三、全社会固定资产投资完成额	万元	400148	255148	–145000	–36.2
四、年末常用耕地面积	亩	131203	130102	–1101	–0.84
全年粮食产量	万千克	4216	3958	–258	–6.1
大春粮食	万千克	3197	3094	–103	–3.2
小春粮食	万千克	1019	863	–156	–15.3
烤烟产量	万千克	1461	1552	91	6.2
油料产量	万千克	754	731	–23	–3.1
水果产量	万千克	306	336	30	9.8

2012年江川县主要指标完成情况（三）

	单位	2011年	2012年	增减	
				数量	%
水产品产量	吨	3810	3806	–4	–0.1
全年肥猪出栏数	头	253157	271996	18839	7.4
年末生猪存栏数	头	262142	253707	–8435	–3.2
其中：能繁殖母猪	头	41616	45009	3393	8.2
生产经营仔猪	头	1160272	1052581	–107691	–9.28
五、社会消费品零售总额	万元	117363	134096	16733	14.3
六、零售物价总指数	%	104.5	102.2	以上年为100%	
居民消费价格总指数	%	104.6	102.5	以上年为100%	
农业生产资料价格总指数	%	106.7	108	以上年为100%	
七、城镇居民人均可支配收入	元	18260	21098	2838	15.5
八、农民人均总收入	元	10512	11992	1480	14.1
农民人均纯收入	元	6374	7258	884	13.9
九、在岗职工人数	人	11417	14192	2775	24.3
其中：事业单位	人	4093	4246	153	3.7
机关单位	人	1589	1676	87	5.5
在岗职工人均工资	元	31500	32724	1224	3.9
其中：事业单位	元/人	41257	42657	1400	3.4
机关单位	元/人	42006	44315	2309	5.5
十、财政总收入	万元	42978	51133	8155	19.0
其中：地方财政收入	万元	33773	40529	6756	20.0
财政总支出	万元	99965	118773	18808	18.8
十一、金融机构贷款余额	万元	355291	445293	90002	25.3
金融机构存款余额	万元	639372	730340	90968	14.2
城镇居民储蓄存款余额	万元	389454	464601	75147	19.3
人均储蓄存款	元	14235	16417	2182	15.3

2012年江川县卫生事业主要指标

	单位	2011年	2012年	增减	
				数量	%
县、乡（镇）医院机构	个	12	12	—	—
诊治疗人数	人次	631475	720698	89223	14.1
健康检查人数	人次	108327	61378	–46949	–43.3
住入院人数	人次	20738	24586	3848	18.6
出院人数	人次	20630	24511	3881	18.8
治愈好转人数	人次	18249	—		
治愈率	%	33.96	—		
好转率	%	62.4	—		
死亡率	%	0.14	—		
住院危重病人抢救成功率	%	92.66	—		
农村卫生情况					
医疗机构数	个	72	75	3.0	4.2
其中：西医为主	个	59	62	3.0	5.1
中西医结合	个	13	13	—	—
乡村医生和卫生人员	人	367	273	–94.0	–25.6
其中：中专以上学历	人	191	196	5	2.6
在职培训合格	人	77	242	165	214.3
诊疗人次数	人	549447	631770	82323	15.0
孕产妇检查人次数	人次	15726	16722	996	6.3
儿童疫苗接种人次数	人次	112970	113278	308	0.3
全年业务总收入	万元	1160	1553	393	33.9
传染病病发率	1/10万	110.4	106.2	–4.2	—
农村卫生厕所普及率	%	35.08	35.21	0.13	—
卫生防疫人员数	人	35	36	1	2.9
5岁以下儿童死亡率	%	0.754	0.499	–0.255	—
婴儿死亡率	%	0.641	0.356	–0.285	—
产妇住院分娩比例	%	99.96	100	0.44	—

2012年江川县社会消费品零售总额

	单位	2011年	2012年	增减	
				数量	%
社会消费品零售总额	万元	117363.3	134095.9	16732.6	14.3
一、按销售单位所在地分					
1．城镇	万元	66684.3	76221.1	9536.8	14.3
2．乡村	万元	50679	57874.8	7195.8	14.2
二、按行业分组					
1．批发业	万元	7558.5	8314.4	755.9	10.0
限额以上	万元				
限额以下	万元	7558.5	8314.4	755.9	10.0
2．零售业	万元	79997.1	92033.3	12036.2	15.0
限额以上	万元	17209.7	22967.2	5757.5	33.5
限额以下	万元	77346.7	89500.8	12154.1	15.7
3．住宿业	万元	7420.2	8979.4	1559.2	21.0
限额以上	万元	3269.5	4413.6	1144.1	35.0
限额以下	万元	4150.7	4565.8	415.1	10.0
4．餐饮业	万元	22387.5	24768.8	2381.3	10.6
限额以上	万元	1484	1775	291.0	19.6
限额以下	万元	21724.7	23980.9	2256.2	10.4
三、按经济成份分	万元				
1．公有经济	万元	27011.5	30256.9	3245.4	12.0
2．非公有经济	万元	90351.8	103839	13487.2	14.9

2012年江川县城居民家庭调查基本情况

	计量单位	2011年	2012年	增减	
				数量	%
一、调查户数	户	50	50	—	—
二、家庭年平均人口	人/户	2.96	2.8	−0.16	−5.4
三、人均住房面积	平方米	41.84	44.37	2.53	6.0
四、全年人均可支配收入	元	18260.45	21098.06	2837.61	15.5
五、人均总支出	元	17702.99	18393.4	690.41	3.9
（一）人均生活消费支出	元	11179.8	11682.9	503.1	4.5
食品支出	元	3812.49	4113.21	300.72	7.9
衣着支出	元	1703.97	1767.15	63.18	3.7
家庭设备用品及服务支出	元	554.52	609.59	55.07	9.9
医疗保健用品及服务支出	元	1034.05	1016.46	−17.59	−1.7
交通、通讯用品及服务支出	元	2023.38	1821.41	−201.97	−10.0
文化娱乐用品及服务支出	元	1349.47	1441.36	91.89	6.8
（二）转移性支出	元	2859.85	3405	545.15	19.1
（三）财产性支出	元	262.14	187.74	−74.4	−28.4
（四）社会保障支出	元	2532.8	3117.76	584.96	23.1

2012年江川县农民家庭生产调查基本情况

	计量单位	2011年	2012年	增减	
				数量	%
一、调查户数	户	70	80	10.0	14.3
二、年末拥有生活住房面积	平方米	48.3	50.2	1.9	3.9
其中：砖木结构	平方米	3.5	14.9	11.4	325.7
钢混结构	平方米	24.1	32.6	8.5	35.3
三、人均生产性固定资产原值	元/人	3766.6	4186.8	420.2	11.2
四、全年人均总收入	元/人	10512.0	11991.6	1479.6	14.1
（一）工资性收入	元/人	1408.8	1570.5	161.7	11.5
（二）家庭经营收入	元/人	8560.7	9815.2	1254.5	14.7
（三）财产性收入	元/人	147.8	154.0	6.2	4.2
（四）转移性收入	元/人	390.5	451.9	61.4	15.7
五、全年人均纯收入	元/人	6374.3	7258.0	883.7	13.9
六、全年人均总支出	元/人	10774.2	12048.6	1274.4	11.8
（一）家庭经营费用支出	元/人	3850.5	4414.2	563.7	14.6
（二）购置生产性固定资产支出	元/人	127.5	502.9	375.4	294.4
（三）人均生活消费支出	元/人	6364.7	6611.0	246.3	3.9
（四）转移性支出	元/人	422.3	515.6	93.3	22.1

2012年江川县邮电通信主要指标

	计量单位	2011年	2012年	增减	
				数量	%
邮政业务总量	万元	558.34	673.99	115.65	20.7
函件合计	件	380468	370524	-9944	-2.6
包件合计	件	133795	66922	-66873	-50.0
报刊期发数	万份	10216	10317	101	1.0
报纸累计份数	万份	1373177	1404537	31360	2.3
其中：订阅报纸累计数	万份	1373177	1404537	31360	2.3
杂志累计份数	万份	79193	80544	1351	1.7
其中：订阅报纸累计数	万份	79193	80544	1351	1.7
邮路总长度	千米	47	47	—	—
农村投递线路总长度（单程）	千米	631	631	—	—
电信业务总量	万元	1623	1945	322	19.8
联通业务总量	万元	1210	1069	-141	-11.7
移动业务总量	万元	6359	7514	1155	18.2
电话用户总数	部	179000	206830	27830	15.5
电话普及率	部/百人	63.3	73.1	9.8	15.5

2012年江川县经济技术协作主要指标

	计量单位	2011年	2012年	增减	
				数量	%
一、实施国内项目数	个	33	28	-5	-15.15
其中：市外	个	24	22	-2	-8.33
省外	个	17	15	-2	-11.76
二、新签订项目数	个	25	20	-5	-20.00
三、实际利用县外国内资金	万元	114675	145700	31025	27.05
其中：实际利用市外国内资金	万元	105245	139060	33815	32.13
实际利用省外国内资金	万元	95683	120510	24827	25.95
四、实施国外项目数	个	0	2	2	
五、实际利用国外资金	万美元	0	490	490	

备注：1. 省外项目数是市外项目数的其中数，省外国内资金是市外国内资金的其中数；

2. 利用外资3100万元人民币，为外资企业境内人民币投资（约合490万美元）。

2012年江川县各乡镇（街道）主要指标人均比较

项目		全县	大街	江城	前卫	九溪	路居	安化	雄关
耕地面积（平方米）	按总人口	315.16	162.38	347.77	318.51	391.25	388.54	660.17	523.67
	按农业人口	383.30	242.94	392.73	357.05	432.57	432.69	916.32	577.02
粮食（千克）	按总人口	143.74	99.32	195.67	144.43	143.41	62.08	405.29	120.34
	按农业人口	174.81	148.60	220.96	161.91	158.55	69.14	562.55	132.60
人均生产烤烟（千克）		52.12	18.19	40.72	40.36	51.30	80.29	234.96	194.72
人均生产油料（千克）		26.54	18.35	27.05	22.14	39.59	6.19	103.46	58.26
人均生产猪肉（千克）		82.88	83.99	94.49	84.77	70.21	57.73	64.31	104.33
农民人均纯收入（元）		7258	7400	7398	7330	7065	6810	6331	6848

2012年江川县普通中学基本情况（一）

	学校数所）	班数（个）			在校学生数（人）			招生数（人）		
		合计	高中	初中	合计	高中	初中	合计	高中	初中
合计	18	896	70	826	18782	5311	13471	6492	2026	4466
大街街道	8	693	46	647	7709	3470	4239	2765	1304	1461
江城镇	4	86	24	62	5295	1841	3454	1745	722	1023
前卫镇	2	56		56	2965		2965	1000		1000
九溪镇	1	22		22	1128		1128	345		345
路居镇	2	27		27	1154		1154	445		445
安化乡										
雄关乡	1	12		12	531		531	192		192

2012年江川县普通中学基本情况（二）

	毕业班学生数（人）			毕业生数（人）			专任教师	学校占地面积		计算机（台）
	合计	高中	初中	合计	高中	初中		高中	初中	
合计	6207	1543	4664	6260	1256	5004	1101	186532	242968	1682
大街街道	2384	1019	1365	2413	821	1592	448	129776	85919	844
江城镇	1857	524	1333	1758	435	1323	296	56756	46189	382
前卫镇	1037		1037	1003		1003	173		51724	220
九溪镇	382		382	440		440	66		14173	59
路居镇	381		381	484		484	79		34193	127
安化乡										
雄关乡	166		166	162		162	39		10770	50

2012年江川县普通中学基本情况（三）

	校舍建筑面积		教学及辅助房面积		校舍危房面积		图书藏量（册）		
	高中	初中	高中	初中	高中	初中	合计	图书（册）	电子图书（册）
合计	66674	120030	26259	30498	28983	101195	326974	326974	
大街街道	44314	46664	18137	647	13623	40374	160751	160751	
江城镇	22360	26213	8122	9952	15360	21499	70895	70895	
前卫镇		18094		8704		10963	46883	46883	
九溪镇		12040		3403		12040	12230	12230	
路居镇		11965		6248		11965	28415	28415	
安化乡									
雄关乡		5054		1544		4354	7800	7800	

2012年江川县小学基本情况（一）

	学校数（所）	专任教师（人）	班数（个）	招生数（人）	在校学生（人）	毕业生数（人）	毕业班学生数（人）
合计	54	1087	631	2642	22073	4519	4447
大街街道	7	295	160	834	6852	1482	1316
江城镇	16	294	173	647	5291	1027	1109
前卫镇	10	190	106	448	3583	793	701
九溪镇	7	109	73	226	2286	379	462
路居镇	7	107	65	223	2282	517	530
安化乡	3	44	24	130	745	125	147
雄关乡	4	48	30	134	1034	196	182

2012年江川县小学基本情况（二）

	计算机（台）	图书藏量（册）	学校占地面积（平方米）	校舍建筑面积（平方米）	教学及辅助房面积（平方米）	校舍危房面积（平方米）
合计	929	269385	280338	142973	73931	105495
大街街道	284	65073	41173	24425	14907	18264
江城镇	224	77213	84820	46354	24166	34051
前卫镇	144	55278	51277	25488	13000	19343
九溪镇	80	23554	41254	14845	8126	13402
路居镇	91	23400	31308	15196	6881	12059
安化乡	48	10475	13353	8308	3451	3790
雄关乡	58	14392	17153	8357	3400	4586

（宋成英）

附 录

编辑 余立言

中共江川县委
关于进一步加强农村（社区）基层组织建设的意见

江发〔2012〕1号

（2012年1月9日）

农村（社区）基层组织是党在农村工作的基础，是贯彻落实党的方针政策，推进农村改革发展稳定的战斗堡垒。农村（社区）基层党组织是农村各项工作的领导核心，是建设新农村的根本组织保障。为进一步加强以农村（社区）基层党组织为核心的基层组织建设，推进农村（社区）科学发展，服务好高原湖泊生态县建设。现提出如下意见：

一、加强农村（社区）基层组织建设的指导思想

坚持以邓小平理论和“三个代表”重要思想为指导，深刻领会党的十七届四中、五中、六中全会精神，认真贯彻落实科学发展观，以深入开展创先争优、三级联创和实施“云岭先锋”工程、“跨越发展先锋行动”为载体，加强村级组织领导班子和党员干部队伍建设，统筹推进党群共建创先争优，逐步建立以基层党组织为核心的基层组织建设工作长效机制，夯实农村（社区）的组织基础，提升农村（社区）党建工作整体水平，为推进农村（社区）的经济科学发展和社会和谐稳定提供坚强的组织保证。

二、加强农村（社区）基层组织建设的总体目标

通过全县各级党组织和广大基层党员干部的共同努力，用五年左右的时间，使乡镇（街道）、农村（社区）领导班子的领导能力明显增强，基层党员干部的整体素质明显提高，农村(社区)集体经济发展和农民增收步伐明显加快，基层民主建设明显进步，城乡统筹的基层党建格局基本形成，基层组织建设整体水平全面提高。即到2016年底，全县80%以上的乡镇（街道）党（工）委、农村（社区）党组织达到领导班子好、党员队伍好、工作机制好、工作业绩好、群众反映好的“五个好”标准；80%以上的农村（社区）党员达到带头学习提高、带头争创佳绩、带头服务群众、带头遵纪守法、带头弘扬正气的“五带头”标准。

三、加强农村（社区）基层组织建设的主要任务

按照中央提出的“五个好”要求，切实抓好基层组织建设各项工作，积极推进农村（社区）基层组织体系网络化、党员干部教育管理科学化、党的制度和活动规范化、作用发挥经常化、组织领导机制化，努力把基层党组织建设成为推进农村（社区）科学发展的坚强堡垒。

县委坚持以配强班子、提高素质、转变作风、改进服务、壮大队伍为重点，充分发挥县委在基层党组织建设工作中的关键作用，重点抓好工作部署、任务分解、工作指导、投入保障、考核评价、督促检查等工作，使全县“五个好”

基层党组织的数量不断增多。同时，建立健全各项工作机制，积极整合部门资源，凝聚合力，努力形成“上下联动，齐抓共管”的基层组织建设新格局。

各乡镇（街道）党（工）委要认真履行农村（社区）基层组织建设直接责任人职责，加强基层党组织建设，切实抓好乡镇（街道）领导班子自身建设和农村（社区）“两委”及村（居）民监督委员会领导班子建设，带好乡镇（街道）干部队伍、农村（社区）党组织书记队伍、党员队伍和大学生村官队伍，积极推进党内基层民主建设。团结带领各级领导班子和党员群众，认真贯彻落实党在农村（社区）的各项方针政策，扎实推进农村（社区）各项改革，创新社会管理，做好新形势下的群众工作，切实解决群众关注的民生问题和生产生活中的实际困难，促进农村（社区）的改革发展稳定。

各农村（社区）党总支（支部）要切实履行基层党组织建设具体责任人职责，加强对党员的教育、管理，增强党员主体意识，督促党员履行义务，发挥党员作用。抓好入党积极分子的教育和培养，做好日常性的发展党员工作。认真落实上级党委、政府各项支农惠农强农政策，研究确定符合本村（社区）实际的新农村建设规划和富民强村路子，带领和引导党员群众抓好生产，发展壮大集体经济，增加农民收入。注重自身建设，健全村级议事规则和决策程序，密切联系群众，带头执行党风廉政建设各项规定，抓好村组干部的教育管理和监督。

四、加强农村（社区）基层组织建设的具体要求

（一）全面加强农村（社区）基层组织领导班子和干部队伍建设，提高党的执政能力。

1. 选好配强村组领导班子。要按照思想政治素质好、带富能力强、协调能力强的“一好双强”要求，进一步加强村组干部的培养和选拔，重点要选准用好村（社区）党总支书记。要健全培育机制，有意识地把适合农村工作的大中专毕业生、致富能手、个私经济带头人、专业合作组织负责人、提前离岗或退休干部（职工）、复员退伍军人、外出务工返乡的农民党员纳入培养视野，进行重点培养。要改进选任方式，坚持民主、公开、竞争、择优的原则，根据不同村情，采取“两推一选”、“公推直选”、面向社会公开选拔、乡镇（街道）党（工）委委派等方式把优秀人才充实到村组班子中。同时，要加大村级后备干部队伍建设力度，实行跟踪培养、岗位锻炼、动态管理等制度，建成一支德才兼备、数量充足、结构合理的村级后备干部队伍。

2. 强化村组干部教育培训。把农村（社区）基层干部的培训纳入整个干部培训规划，健全完善分级培训责任制，县委重点负责对“两委”主要负责人及村（居）民监督委员会主任的任职及任期培训，乡镇（街道）党（工）委主要负责对“两委”和村（居）民监督委员会成员及村（居）民小组干部的日常培训，保证每年轮训一次。要按照“实际、实用、实效”的原则，合理设置培训内容，创新培训方式，重点加强党在农村重大路线方针政策、现代农业、市场经济、实用技术以及依法办事、民主管理、服务群众等方面的培训；采取外出学习、基地示范、典型交流等多种方式，增强培训效果。要整合培训资源，充分发挥好党校培训干部的主渠道作用，发挥农广校、农村党员干部现代远程教育等各种教育培训资源优势，继续抓好村组干部学历、技能培训，使村组干部的素质明显提高。

3. 健全村组干部管理机制。要全面推进村组干部任期目标管理，村组干部尤其是“两委”主要负责人及村（居）民监督委员会主要负责人要结合本村（社区）发展实际，在充分征求群众意见的基础上提出任期目标、年度目标，报经乡镇（街道）党（工）委审核同意后向党员和群众公开作出承诺，并将任期责任、承诺及实施情况公开，年终召开民主评议村组干部会对任期责任落实及承诺兑现情况进行评议，将考评结果与村组干部报酬待遇挂钩。对工作实绩突出、群众拥护的，给予表彰奖励；对作风不实、履行职责不到位、群众有意见的，要及时批评教育，促其整改；对岗位目标任务完成情况差、作风不好、群众反映强烈的，要按有关规定及时调整，属选举产生的村组干部要劝其辞职，不辞职的要依法罢免。村组干部的考核管理办法由各乡镇（街道）结合实际制定。

4. 不断改善村组干部工作环境。各乡镇（街道）党（工）委对村组干部既要严格要求、严格管理，又要多关心、多爱护。建立与村组干部谈心谈话制度，定期了解村组干部的思想动态，积极帮助他们解决生产、生活及工作中的实际困难，对受到不公正待遇和打击报复的，要依法保护。组织、纪检、政法、民政、信访等部门要加强协调配合，加大司法支持力度，搞好综合整治，坚决打击拉帮结伙、左右村务、寻衅滋事、扰乱治安等不法行为。要进一步加强村级组织活动场所和办公用房建设，改善村组办公条件，为村组干部开展工作营造良好环境。

5. 切实加强农村（社区）基层党风廉政建设。坚持教育、制度、监督、改革、纠风、惩治相结合，全面推进农村（社区）惩治和预防腐败体系建设。完善村（居）民监督委员会的监督机制，贯彻《农村基层干部廉洁履职若干规定（试行）》，加强村组干部的廉洁自律教育，坚决查处村组干部腐败行为，着力解决群众反映强烈的突出问题。完善村组干部行为规范，开展示范教育、警示教育、岗位廉洁教育和廉政党课、任前廉政谈话等活动，加强对村组干部廉洁履行职责的日常教育。完善基层党风廉政建设各项制度，健全基层党务公开、财务公开、村（居）务公开、办事公开、基层干部经济责任审计和农村“三资”管理工作等一批有效管用的新制度，进一步形成靠制度管人、按制度办事、用制度管权的农村（社区）党风廉政建设工作长效机制。

（二）强化抓基层打基础工作力度，加强党的基层组

织建设

1．进一步扩大基层党组织覆盖面。坚持活跃基层、打牢基础的原则，积极探索创新基层党组织设置模式，便于党组织发挥作用、党员参加活动。要针对农村（社区）经济结构和组织形式多样化的实际，推广在农村（社区）、农民专业合作社、产业链上建立党组织，党组织“村居联建”、“村村联建”、“村企联建”等做法；要坚持边组建边调整、边巩固边提高的原则，加大在居民小组、居民小区、商贸市场等设置党组织的力度；要在有条件的地方探索设立外来务工党员党支部，在外出党员较集中的地方设立党组织。以党的基层组织建设带动工会、共青团、妇联及其他各类基层组织建设，不断夯实党执政的组织基础。

2．不断提高基层党组织带头人素质。按照守信用、讲奉献、有本领、重品行的要求，抓好村（社区）党组织书记队伍建设，提倡“一肩挑”，增强班子整体功能；采取跨村任职、选聘“大学生村官”等方式，不断改善村级党组织书记队伍结构。创新党组织书记队伍管理体制机制，健全完善村（社区）党组织书记岗位职责及实绩考核办法，建立村（社区）党组织书记抓农村基层党建工作双向述职制度、民主评议以及不合格党组织书记调整制度，规范考评奖惩内容程序，着力提高村（社区）党组织书记队伍的综合素质和整体水平。县委组织部对村（社区）党组织书记登记造册，制定党组织书记实绩考核办法，并加强对乡镇（街道）党（工）委落实有关政策情况的督促检查。

3．扎实开展后进村（社区）党组织整顿工作。各乡镇（街道）党（工）委要认真落实“抓两头，带中间”的党建工作思路，每年对所辖村（社区）党组织逐一进行排查，确定后进村（社区），建立台帐，开展整顿工作，并报县委组织部备案。要制定后进村（社区）集中整改方案，明确目标任务、整建重点、方法步骤、工作措施、时限要求和责任主体。建立村（社区）领导班子和主要领导干部定期群众公信度调查测评制度，加强对村级组织发挥作用情况的经常性排查，建立对失掉公信力的村级领导班子和领导干部的发现、整顿、调整机制，对不作为、乱作为、软弱涣散、瘫痪半瘫痪、失掉群众公信力的村级领导班子和领导干部，根据管理权限和有关政策规定，及时进行整顿。

4．积极推进基层党组织工作创新。认真落实乡镇（街道）党（工）委书记抓党建工作创新项目制，探索建立一批党建创新示范点，每年评比和宣传一批富有特色和推广价值的党建创新示范点，逐步解决基层组织建设中存在的突出问题。扎实开展党建示范点创建和“环湖党建”示范工程建设，打造一批基层组织建设和环湖党建示范点。探索推进基层党组织信息化建设，创新组织生活形式，建立党组织书记、流动党员QQ群等党员网络交流平台和网上党支部。要充分利用电视、网络、手机等大众传媒和通讯工具为基层党建工作服务，积极构建县、乡镇（街道）、村（社区）党建网络集群，整合党建网络资源，把网络党建工作延伸到党建工作第一线。

5．构建以基层党组织为核心的维稳工作体系。按照有利于维护社会稳定的原则，以基层党组织为核心，整合治保、调解、民兵、工会、共青团、妇联等资源，在乡镇（街道）、村组、农村合作经济组织、企业中建立综治维稳工作网络。要围绕做好新形势下的群众工作，教育广大党员和领导干部牢固树立群众观念，提高做好群众工作、维护社会稳定的能力，积极预防和化解社会矛盾。要继续实行领导干部接访下访工作制度，认真落实民情恳谈、民情日记等制度，拓宽党员干部联系和服务群众的渠道。要完善信访接待、矛盾纠纷排查化解、重点人员和“两劳”释放人员定期帮教制度，通过开展党员责任区、党员承诺、党员示范岗等活动，发挥党员领导干部在教育群众、了解社情民意、排查化解矛盾纠纷中的积极作用，着力构建稳定的农村（社区）社会环境。

（三）统筹城乡教育管理资源，加强党员队伍先进性建设

1．重视发展党员工作。严格执行发展党员推优制、预审制、公示制、票决制和责任追究制，规范党员发展工作。认真实施以“三培养”为重要内容的党员人才工程，加大对符合入党条件的非党村组干部、村（居）民代表、村级后备干部、致富能人、农村实用人才和非公经济组织、新社会组织成员的教育培养力度。高度重视解决发展党员工作中存在的长期不发展党员、发展党员结构不合理、违反程序发展党员、发展党员把关不严等突出问题，严把党员“入口关”，提高党员发展质量。

2．加大党员教育管理力度。建立健全党员教育联席会议制度，整合教育培训资源，加强对党员教育工作的统筹规划和组织实施。开展创建学习型党组织活动，采取党课宣讲、现代远程教育、专题培训等形式，组织党员开展党的方针政策、经济管理、科技知识和劳动技能培训，增强教育培训的针对性和实效性。加强党员的日常教育管理，积极开展灵活多样的党员活动日活动。完善“三会一课”制度，推行党员分层量化积分管理、党员党性定期分析评议制度，建立健全党员教育管理长效机制。坚持和完善民主评议党员制度，严格执行《江川县处置不合格党员办法（试行）》，疏通党员“出口”，进一步纯洁党员队伍。

3．完善党员作用发挥平台。推进农村党员创业致富贷款工程，积极培育“双带”型党员，帮助贫困党员脱贫致富。完善党员责任区、无职党员设岗定责制度，在尊重党员意愿的基础上，根据工作需要，组织党员认岗履责，发挥党员在新农村建设中的先锋模范作用。要结合创先争优活动，深入开展党员“亮身份、明责任、树形象”、服务承诺、志愿服务、结对帮扶等活动，构建党员联系和服务群众的长效机制。要实行民情责任区、党员中心户及党员联户制度，

县、镇及村组党员干部、党员致富能手，要联系困难党员和群众，向党员群众宣传党的路线方针政策，介绍致富信息，传授致富本领，带领党员群众共同致富。

（四）建立健全基层工作制度，完善党总支领导下的村民自治工作机制

1．明确村（社区）“两委”及村（居）民监督委员会主要职责。村（社区）党总支是村级各种组织和各项工作的领导核心，全面负责本村（社区）的政治、经济、社会事业、自身建设和村组干部教育管理；村（居）民委员会是开展村级日常事务管理和执行的自治机构，负责本村（社区）的村务管理，做好对村（居）民的日常管理和服务工作；村（居）民监督委员会负责依法对本村（社区）党务、村（居）务开展情况和村组干部行为进行监督。村（社区）党总支与村（居）民委员会、村（居）民监督委员会是领导与被领导的关系。村（社区）党总支在村（社区）领导班子和全面工作中处于领导核心地位，是全村（社区）各种组织和各项工作的领导者、组织者，在工作中要充分把握全局，带头发扬民主作风，实行民主决策，要信任、支持和保障村（居）民委员会、村（居）民监督委员会充分发挥作用。同时村（居）民委员会、村（居）民监督委员会要牢固树立大局意识，带领班子成员自觉接受党总支的领导，支持党总支开展工作，积极搞好工作衔接和协调配合，充分发挥各自职能作用。

2．健全村（社区）“两委”及村（居）民监督委员会工作机制。建立村（社区）“两委”及村（居）民监督委员会联席会议制度。由党总支书记召集，党总支、村（居）委会成员参加，村（居）民监督委员会成员列席会议，研究讨论村（社区）内重大事务。坚持完善工作报告制度。村（社区）重大问题、重要事项、重大支出，党总支书记要及时向乡镇（街道）党（工）委报告；村（居）民委员会、村（居）民监督委员会职责内的重大问题、重要事项、重大支出以及涉及群众切身利益的重要事项，村（居）委会主任、村（居）民监督委员会主任要向村（社区）党总支书记报告。实行村（社区）“三资”管理使用总支书记审核会签制。凡涉及村（社区）内资产、资源、资金的管理使用，必须有党总支书记的审核会签。村（社区）党总支要定期听取村（居）民委员会、村（居）民监督委员会及其他村级组织工作开展情况汇报，以确保村级各项工作在党总支领导下正常有序开展。

3．建立民主议事决策工作机制。全面推行“四议两公开”工作法，对重点项目建设、大额资金使用、公益事业建设、农村低保、宅基地审核上报、救灾救济款物发放等涉及群众切身利益、关系村级发展重大事项的决议，必须坚持先党内后党外，先党员后群众的原则，按照党总支（支部）提议，“两委会”商议，党员大会审议，村（居）民代表会议或村（居）民会议决议的程序进行决策，并对决议和实施结果进行公开。村（居）民监督委员会对决议及实施情况进行全程监督，并及时向村（居）民代表反馈决议执行情况。

4．积极推进党务、村（居）务、财务公开。完善“三公开”制度，进一步规范公开的内容和方式，凡村（社区）内重大事项和党员群众普遍关心和涉及群众利益的事情，都要纳入公开内容。村组财务按月逐笔逐项明细公开，重大事务随时公开，切实保障党员群众对村内重大事务的知情权。认真落实专项审计、干部离任审计和年终审计等制度，拓宽群众监督村（社区）集体资产和财务收支的渠道。充分发挥村（居）民监督委员会职责，坚持村（居）民监督委员会成员列席村（社区）“两委”会、村（居）民代表会议、村（居）民会议制度，对党总支、村（居）委会贯彻执行党的路线、方针、政策情况，“两委”民主决策情况，农村（社区）“三资”管理、使用、变更情况及“两委”成员履职、廉洁自律情况进行有效监督。

（五）发展壮大农村（社区）集体经济，增强农村（社区）发展后劲

1．制定村级集体经济发展规划。把发展集体经济纳入农村（社区）工作的重要议事日程和经济社会发展的总体规划，制定发展规划，明确发展目标、任务和具体措施，加快村级集体经济发展。按照统筹城乡发展的要求，加强对发展农村（社区）集体经济的支持和帮扶力度，各涉农部门、对口帮扶单位要积极为发展农村（社区）集体经济提供资金、项目、信息、技术、人才等多方面的支持，帮助农村（社区）选准发展路子，解决集体经济“空壳村”问题，形成一镇（街道、乡）有一个发展规划，一村（社区）有一条发展思路，一组有一个发展重点的格局。

2．多渠道发展村级集体经济。积极探索发展壮大集体经济的多种实现途径，盘活集体资源，加快土地流转，多渠道培育集体经济新的增长点。要大力发展农村种植业、养殖业和特色产业，科学发展农业龙头企业，大力发展农村合作经济组织，引导农业规模化经营，增加集体收入。要以运行质量高、综合效益好的骨干项目为发展壮大集体经济的着力点，鼓励农村能人、专业大户以股份合作、承包、租赁和联营等形式参与农村经济发展。

3．加强农村（社区）集体“三资”管理。建立农村（社区）“三资”管理办法，对农村（社区）集体经济组织的资金、资产、资源进行清理、核实、登记。进一步规范农村（社区）集体经济组织货币资金流动，资产发包、租赁、出让、购建、经营及报废，资源发包、租赁、出让等行为，完善“三资”合同登记备案、土地收益金专项管理、公开协商及招标、“三资”信息公开、民主决策和民主监督等制度，逐步建立产权明晰、权责明确、经营高效、管理民主、监督到位的“三资”管理体制和运行机制，实现“三资”管理专业化、制度化、规范化和民主化。

（六）健全村级组织活动场所管理机制，促进村级组

织规范化运行

1. 加快推进社区组织活动场所建设和村（居）民小组党员活动室延伸建设工作。重点解决面积不足400㎡的社区办公用房和活动场所建设问题，在2012年内完成社区办公用房和活动场地规范化建设。把组织活动场所建设逐步向村（居）民小组延伸，到2016年，实现有10名以上党员的支部均有党员活动室。逐步完善活动场所配套设施和党员活动室规范化建设，达到村级组织活动场所“八有”标准。重视活动场所的管理和使用，健全使用登记、活动记录、日常维护等管理制度，明确专人管理，并组织开展评星定级活动，制定活动场所“星级达标”考核管理办法，实行动态评星管理。

2. 充分发挥活动场所一室多用功能。巩固农民服务站点建设成果，在具备条件的社区建立便民服务中心，实现便民服务站点全覆盖。进一步完善服务站点运行管理制度，合理确定代办事项，丰富服务形式和内容，实行由村（社区）干部、大学生村官轮流坐班服务，对代办事项实行规范化、一站式管理，打造为民服务平台，把活动场所建设成为村级议事决策中心、政策教育中心、科技培训中心、文化活动中心、民事调解中心。

3. 积极推进农村党员干部现代远程教育延伸站点建设。开展远程教育“六进”（进机关企事业单位、进非公企业、进新社会组织、进自然村、进党员大户、进公共场所）活动，扩大远程教育覆盖面。推进远程教育提档升级工作，加强站点管理员队伍建设，定期组织党员干部开展学习，积极探索远程教育服务中心工作、重点工作的途径，开展远程教育“双创双争”活动。推进农家书屋和文化信息资源共享工程建设，进一步拓展村级组织服务形式和职能。2016年底前，全县72个村（社区）农村党员干部现代远程教育网络站点实现“电脑+投影仪+机顶盒”模式。

（七）整合资源，着力构建共建共享的城乡基层党建新格局

1. 健全城乡党组织互帮互助机制。创新党组织设置形式，按照行业相近、地域相邻、资源共享、优势互补的原则，延伸党组织网络，组织机关、企事业单位党组织与村（社区）党组织、先进村（社区）党组织与后进村（社区）党组织建立互助结对关系。继续开展县级领导联系乡镇（街道）、部门包村和选派新农村建设指导员、“大学生村官”工作，积极整合农业、科技、文化、卫生等部门资源开展“三下乡”活动，建立以城补乡的人才流动机制。完善城乡一体的党员动态管理机制，健全党员信息库、流动党员管理办法及党员发展、教育培训规划，逐步构建以流入地党组织为主，流出地党组织和流入地党组织有机衔接，共同负责的管理体系。继续开展困难党员关爱行动，通过党员自愿捐款、财政补助、党费补助等形式，多渠道筹集党员关爱基金，开展经常性的农村困难党员、离职村（社区）干部和困难群众救助帮扶活动。

2. 统筹推进社区区域党建。把社区作为推进区域化党建工作的平台，对居住在社区的在职党员及辖区单位党员进行全面登记、管理，组织参加社区活动。以街道社区为平台，以党组织为龙头，组织辖区内的机关、企事业单位与社区签订党建共建协议，明确为社区居民群众服务的目标、任务和要求；建立志愿者服务队伍，组织动员辖区内政治素质好、有一定技能和特长、热心公益事业的党员，积极开展便民、为民、助民等志愿服务活动，搭建驻区单位党组织、党员联系帮助困难群众的平台。

五、加强农村（社区）基层组织建设的保障措施

1. 强化组织领导。健全基层党建工作责任体系，建立县、乡（镇、街道）、村（社区）的基层党建工作领导小组，形成一级抓一级，一级带一级，层层抓落实的党建工作机制，全面落实基层党建工作各项任务。县委书记、乡镇（街道）党（工）委书记、村（社区）党组织书记要切实履行好第一责任人、直接责任人和具体责任人职责，抓好基层组织建设。县委常委会每半年要召开一次专题会议，研究基层组织建设工作，每年要向全委会报告抓基层党建工作的情况。各乡镇（街道）党（工）委每半年要向县委书面报告抓基层党建工作的情况。继续落实党建工作督查制度和县级领导干部党建联系点制度，强化对基层党建工作的督促指导。

2. 加强基层党（工）委建设。以加强党的执政能力建设为重点，认真抓好乡镇（街道）党（工）委班子队伍建设。坚持德才兼备、以德为先的用人标准，严格把握乡镇（街道）党（工）委书记人选条件和要求，抓好乡镇（街道）党（工）委书记后备队伍建设，建立健全乡镇（街道）党（工）委书记任期目标责任制。按照“五个好”要求积极推进班子思想建设、政治建设、制度建设，不断提高党（工）委的执行力、创造力和公信力，充分发挥党（工）委在基层组织建设中的关键作用。要加强和改进基层党员干部作风建设，进一步密切党群、干群关系。要把村（社区）党组织“五个好”的考核数量，纳入对基层党（工）委党建工作的评定标准中，进一步强化各党（工）委的党建责任意识。

3. 健全基层党建经费保障机制。建立稳定的财政投入机制，把基层党建工作经费纳入县财政预算，切实加大基层党组织建设经费保障力度。从2012年开始，县财政每年在预算中安排县级党建工作经费15万元；每年向乡镇（街道）、农村（社区）下拨一定数额的党建工作经费，每个乡镇（街道）的党建工作经费平均不少于10万元，由县委组织部结合各乡镇（街道）党组织数、党员人数、党建工作成效及党建考核情况，采取以奖代补的方式年终一次性补助；每个村（社区）党建工作经费每年不少于2万元；每个村（居）民小组党支部党建工作经费每年不少于2000元（支部党员数30人以下，不含30人的每年补助2000元；支部党员数30人

以上，含30人的每年补助3000元）。每年按每名农村党员教育培训经费不少于100元的标准，按时下拨党员教育培训经费，促使党员培训教育工作有序进行。进一步健全党内激励、关怀、帮扶机制，开展为期五年的新一轮农村70周岁以上的老党员关爱行动，按照每人每月不少于30元的标准定期足额发放生活补助，切实解决农村老党员的实际困难。

4．完善村组干部激励保障机制。认真落实“一定三有”政策，逐步构建以财政投入为主的资金稳定、管理规范、保障有力的基层干部工作待遇保障体系。建立“岗位补贴+考核奖励+村（社区）集体经济创收奖励”的结构岗位补贴制度。建立村组干部岗位补贴正常增长机制，在现执行的村组干部岗位补贴基础上，适当提高补贴标准，从2012年1月起，村（社区）党总支书记、副书记、村（居）民委员会主任、副主任和村（居）民监督委员会主任每人每月增加100元的岗位补贴；负责妇女、民兵、青年、治保调解、计生工作的村（社区）“两委”委员、村（居）民监督委员会成员和村（居）民小组党支部书记、组长、副组长每人每月增加50元的岗位补贴。进一步完善村组干部考核激励机制，从2012年起，按照当年12月份村组干部岗位补贴标准核拨村组干部考核奖励经费。建立村（社区）集体经济创收奖励制度，按照年集体经济经营收入增长额的一定比例计算奖励资金额度，用于奖励发展村（社区）集体经济贡献突出的村组干部。奖励经费经村（居）民代表大会同意，乡镇（街道）党（工）委、政府（办事处）审核批准，由村（社区）集体经济收入列支。各乡镇（街道）每年要制定具体的村组干部岗位目标、任期目标、考核奖励、村（社区）集体经济创收奖励考核细则，对村组干部进行年度考核评定并奖惩。建立村组干部离任补偿机制，按任职一年补助一月岗位补贴的办法，对正常离任的村组干部发放离任补偿（任职年限从1999年撤村建委后选举产生的任职年限算，连选连任的连续计算）。各乡镇（街道）党（工）委可结合实际，探索建立村组干部的养老保险补偿机制。健全完善从优秀村组干部中公开招考录用公务员和选拔乡镇（街道）领导干部制度，对符合条件的优秀村组干部进行定向招考、选拔，进一步加大从基层选拔干部的力度。

5．落实基层党建工作责任制。把落实党建工作责任制作为推进全县基层组织建设的总抓手，根据每年党建工作的主要任务，由县委与各乡镇（街道）党（工）委、各乡镇（街道）党（工）委与各村（社区）党组织签订党建工作责任书，明确党建工作的主要任务、具体责任人和完成时限。科学评价基层党组织党建工作实绩，积极推行党建工作“双向述职”制度，逐步实现乡镇（街道）党（工）委书记、村（社区）党组织书记抓党建工作双向述职全覆盖。县委要制定量化的考核办法，加大考核力度，延伸考核范围，每年在对各乡镇（街道）党（工）委进行考核的同时，对所属的五分之一村（社区）党总支进行抽查考核，进一步强化党建工作责任。把落实基层党建工作责任制情况和基层党组织建设情况纳入乡镇（街道）领导班子和领导干部考核的重要内容，对基层党建工作成绩突出的予以表彰；对基层党建工作不力，不及时解决存在问题的予以通报批评，并追究主要领导和相关责任人的责任。在年底考核测评中，对综合满意度低于70%的党（工）委和个人，对主要负责人和相关责任人进行诫免谈话或组织调整；对综合满意率低于60%的党（工）委和个人，对主要负责人和相关责任人给予免职处理。

中共江川县委　江川县人民政府关于印发《江川县加强党政“一把手”权力运行监督制约暂行办法》的通知

江发〔2012〕11号

各乡镇党委、政府，大街街道党工委、办事处，县委和县级国家机关各部、委、办、局，各人民团体和企事业单位：

经县委常委会研究同意，现将《江川县加强党政“一把手”权力运行监督制约暂行办法》印发给你们，请认真抓好落实。

中共江川县委

江川县人民政府

2012年3月20日

江川县加强党政“一把手”权力运行监督制约暂行办法

为进一步规范各级党政机关权力运行机制，强化对“一把手”权力的监督制约，从源头上预防腐败，促进廉政勤政建设，根据《中国共产党章程》、《中国共产党党内监督条例(试行)》、《中国共产党党员领导干部廉洁从政若干准则》和中央、省、市有关规定，结合我县实际，特制定本办法。

一、指导思想

以邓小平理论和“三个代表”重要思想为指导，深入贯彻落实科学发展观，以建设高素质领导干部队伍为目标，以关心、爱护党政干部尤其是主要领导干部为着眼点，以深化落实干部监督各项制度为抓手，以推进惩治和预防腐败体系建设为主线，以强化权力监督制约为重点，按照决策、执行、监督既相互制约又相互协调的原则，构建“结构合理、配置科学、程序严密、制约有效、运转协调”的权力运行机制，从制度上、机制上防止腐败现象的发生，确保县域经济社会又好又快发展。

二、监督制约原则

坚持民主集中制和党要管党、从严治党、从严治政的原则；坚持科学民主、公开透明、法制规范、权力制约的原则；坚持正职监督、副职分管、集体领导、民主决策的原则。

三、监督制约对象

各乡镇（街道）党政主要负责人，县委和县级国家机关各部、委、办、局负责人，各人民团体和企事业单位负责人。

四、监督制约内容

（一）规范议事决策权。坚持民主集中制原则，严格遵守“集体领导、民主集中、个别酝酿、会议决定”的原则。完善决策议事规则和程序，防止和反对决策的随意性，推进决策科学化、民主化。凡属重大决策、重要干部人事变动、重大项目安排和大额度资金使用等“三重一大”事项，除紧急处置突发事件外，必须由领导班子集体研究作出决定。领导班子集体研究时，由分管领导提交工作讨论方案。坚持“末位表态”制，“一把手”不得首先表态或个人定调，其他班子成员要逐一发表意见和看法，阐明依据和理由，表达明确观点，“一把手”最后在综合各方面情况的基础上提出自己的意见，经会议讨论后作出决策。鼓励有条件的单位积极探索“三重一大”事项的票决制度，遵循“按程序办事、充分酝酿讨论、一人一票”的原则，确保民主集中制得到贯彻落实。班子成员之间要坦诚相待、互相尊重、团结协作，自觉维护班子的团结和权威。

（二）规范选人用人权。“一把手”不直接分管组织人事工作，确定由分管领导具体负责。干部选拔任用严格按照《党政领导干部选拔任用工作条例》的原则、标准、程序进行，重要岗位人事变动，要按照公开、竞争、择优的原则进行。

（三）规范财务管理权。“一把手”不直接分管财务工作，确定由分管领导具体负责。完善财务管理制度，明确审批程序，实行分级负责制和“会签制”。根据实际情况限定分管财务领导的资金审批权限，较小数额的财务支出，由分管领导审批，超过限定数额的财务支出须经领导班子集体研究决定。定期向班子成员报告单位财务运行情况，及时向全体干部职工公开公示，接受民主监督。

（四）规范物资采购处置权。“一把手”不直接分管物资采购工作，确定由分管领导具体负责。物资采购严格执行《中华人民共和国政府采购法》和政府物资统一集中采购的有关规定，坚持集体讨论，公开招标，并对商品价格和质量实行监督；不得利用职权干预各类招标采购活动。严格执行中央和省、市关于行政事业单位国有资产管理的有关规定，严格履行审批手续，规范国有资产处置行为，出售价值较高的国有资产，必须通过产权交易市场以拍卖、竞价等方式公开处置。

（五）规范工程项目管理权。“一把手”不直接分管工程建设工作，确定由分管领导具体负责。“一把手”负责对组织实施情况进行监督检查。工程建设项目应由集体研究决定，一律实行公开招标。经营性土地使用权出让一律实行招标、拍卖、挂牌出让。严格执行中央关于领导干部特别是主要领导干部不得利用职权干预和插手工程建设招标投标、土地使用权出让等市场经济活动的规定，严禁领导干部利用职权和职务上的影响及便利为配偶、子女和其他特定关系人参与上述市场经济活动提供便利条件。

各级各部门从事纪检监察工作的专（兼）职领导不得分管人事、财务、物资采购、工程建设四项工作，应切实履行好职责，加强对权力运行的监督。

五、监督制约保障

（一）切实加强对“一把手”监督工作的领导。建立监督工作责任制，实行县委、县政府统一领导，县领导对所分管范围内的党政“一把手”要切实负起监督管理的责任。县纪委、县委组织部要充分发挥干部监督的主体作用，积极履行职能，加强指导检查，及时了解和掌握“一把手”队伍的思想状况、工作状况及廉洁自律等方面的情况，实施有针对性的监督。各级各部门党政“一把手”要主动接受监督，自觉遵守廉洁自律各项规定，树立和弘扬优良作风。“一把手”在签订党风廉政建设责任书、公开廉政承诺、述职述廉时，要重点承诺和报告“监督制约内容”执行情况。

（二）切实增强“一把手”履职责任。党政主要负责同志要进一步强化责任意识，正确理解“监督制约内容”的基本要求，不仅要率先垂范，自觉遵守，而且要加强对本地区、本部门干部人事、财务管理、物资采购、工程建设等重要事项的统筹管理，切实履行好第一责任人的责任。“一把手”管理不力，分管领导行使权力过程中出现问题，分管领导承担直接责任，“一把手”承担相应的领导责任。

（三）进一步健全部门内控管理机制。各部门、各单位要建立健全内部管理制度，形成程序规范、运行通畅、相互制约、保障有力的内控机制。“一把手”要带头执行并督促班子其他成员严格遵守人事、财经、招投标等方面的法律法规和纪律要求。分管领导要认真履行分管职责，主动接受党政“一把手”的领导和监督，及时向“一把手”报告工作情况，充分发挥领导班子的整体合力。

（四）定期对“一把手”权力运行情况进行监督检查。县纪委、县委组织部、县财政局、县审计局等机关和部门每年要组织对“一把手”执行反腐倡廉、干部人事、财务管理等制度情况，包括执行“监督制约内容”情况进行检查和考核，并将其纳入绩效考核和党风廉政建设责任制检查考核的重要内容。要在抓好任期审计、领导干部经济责任审计的基础上，进一步加大任中审计力度。各部门要积极推行党务、政务公开，严格按照要求，明确公开的内容、规范公开的程序，主动接受社会监督。

（五）严格实施责任追究和问责制度。对不执行“监督制约内容”或执行不力的“一把手”，尤其是对造成损失或恶劣影响的，依据《中国共产党纪律处分条例》、《中华人民共和国行政监察法》、《关于实行党风廉政建设责任制的规定》、《关于实行党政领导干部问责的暂行规定》、《云南省党政领导干部问责办法（试行）》等，视情节轻重给予问责处理或党政纪处分。

各乡镇（街道）、各部门、各单位要根据本办法，结合实际，制定具体落实措施，进一步建立健全相关配套制度。本办法由中共江川县纪律检查委员会负责解释，自印发之日起实行。

中共江川县委　江川县人民政府关于加强文化建设的意见

江发〔2012〕23号

（2012年7月30日）

为深入贯彻落实党的十七届六中全会提出的《中共中央关于深化文化体制改革，推动社会主义文化大发展大繁荣若干重大问题的决定》的部署、省委省政府《关于建设民族文化强省的实施意见》和《中共玉溪市委玉溪市人民政府关于加强文化建设的意见》及全市文化建设工作会议精神，切实把文化强县与桥头堡建设紧密结合起来，为实现高原湖泊生态县、现代宜居高原湖泊生态城、国际高原湖泊生态休闲度假旅游目的地三大目标，为推动江川经济社会科学发展、和谐发展、跨越发展提供精神动力、智力支持和文化条件，特提出如下意见。

一、加强对文化建设重要性和必要性的认识

（一）加强文化建设的重要性

文化是民族的血脉，是人民的精神家园，是综合国力竞争的重要因素，是经济社会发展的重要支撑。加强文化建设，推动文化大发展大繁荣，是建设中国特色社会主义事业总体布局的必然要求，是推动科学发展的必然选择，是不断满足人民群众日益增长的精神文化生活的迫切需要。随着我县改革发展进入一个关键时期，文化建设的地位和作用越来越重要，人民群众对文化建设的期盼越来越强烈，文化建设对经济社会的影响比以往任何时候都更加广泛而深刻。加强文化建设，有利于增强文化软实力，保障文化安全，促进社会和谐稳定；有利于促进经济发展方式转变，培育文化旅游产业等战略性支柱产业；有利于不断提高全民文化意识和文化素养，改善文化民生，推进江川经济社会又好又快发展。

（二）加强文化建设的必要性

“十一五”期间，我县始终坚持把文化建设摆在经济社会发展的突出位置，始终坚持围绕中心、服务大局的工作思路，始终坚持以人为本、改革创新、统筹兼顾，始终坚持抓基层、打基础、服务群众。组织实施文化惠民工程，成功举办开渔节，创作推出一批文艺精品，开展丰富多彩的群众性文化活动，稳妥推进文化体制改革和发展文化产业。文化基础设施不断改善，公共文化服务体系逐步形成，公民素质和城乡文明程度不断提高，文化人才不断涌现。但我们也要看到，文化观念相对滞后、文化事业投入不足、文化管理体制不健全、优秀经营管理和领军人才比较缺乏、文化产业发展总量不足、城镇文化与乡村文化发展不平衡等矛盾和问题依然存在。文化发展与建设富裕、民主、文明、开放、平安、和谐、生态江川的目标还有差距。各级、各部门要认真总结经验，分析存在的问题，把握面临的形势，以高度的文化自觉，担当起推动江川文化大发展大繁荣的重任，努力把文化资源优势转变为经济优势和产业优势，实现文化兴县的目标。

二、加强文化建设的总体要求

（三）指导思想

高举中国特色社会主义伟大旗帜，以邓小平理论和“三个代表”重要思想为指导，深入贯彻落实科学发展观，坚持社会主义先进文化的前进方向，紧紧围绕中央、省委、市委的重大决策部署，实施“文化兴县”战略，结合“建设高原湖泊生态县、现代宜居高原湖泊生态城、国际高原湖泊休闲度假旅游目的地”这一核心，坚持打基础、创品牌、树形象，坚持整合资源、改革创新、提质增效，坚持一手抓文化事业，一手抓文化产业，努力推进文化事业和文化产业重点项目建设，不断提升江川文化软实力和综合竞争力，切实保障和改善文化民生，不断满足人民群众精神文化需求，为建设高原湖泊生态县、现代宜居高原湖泊生态城和国际高原湖泊生态休闲度假旅游目的地三大目标提供理论指导、思想保证、舆论支持、精神动力和文化条件。

（四）基本原则

——坚持社会主义先进文化的前进方向。坚持党对文化工作的领导，用先进文化占领思想文化阵地，用社会主义

核心价值体系引领多样化的思想观念和社会思潮。

——坚持服务大局。把文化建设摆在全局工作的突出位置，紧紧围绕中央、省、市、县的重大决策部署，以科学发展观为指导，以转变经济增长方式为主线，统一思想，凝心聚力，服务中心工作，维护稳定大局。

——坚持以人为本。把满足人民群众不断增长的精神文化需求作为文化建设的出发点和落脚点。坚持人民群众的主题地位，维护和实现人民群众的基本文化权益。不断发展和满足人民群众多层次、多方面、多样化的精神文化需求。

——坚持改革创新。以体制改革和机制创新推动文化内容到形式的创新，增强发展活力，提高市场竞争力。

——坚持统筹协调。立足当前，着眼长远；抓住重点，整体推进。统筹城乡文化建设，统筹文化事业和文化产业发展，统筹文化精品创作与群众文化繁荣。整合各类文化资源，努力实现经济和社会效益的最大化。

（五）奋斗目标

今后五年，初步建立起与经济发展水平相适应的文化发展格局。做到文化基础设施功能完备，文化事业全面繁荣，文化民生得到保障；社会主义核心价值体系建设取得明显成效；县域文化特色明显体现，文化发展环境明显改善，文化产业形成规模，文化市场开放有序。基本建成与全县经济社会发展水平相协调，与人民群众精神文化需求适应，与高原湖泊生态县相匹配的文化强县。

力争到“十二五”末，全县文化产业总值占全县GDP的10%；文化事业投入列入财政预算，文化产品的数量和质量基本满足人民群众的精神文化需求，文化消费在群众日常消费中所占的比例明显提高；文化创新体系、公共文化服务体系、现代文化市场体系比较完备，文化产业发展走在全市前列，成为我县新的经济增长点。

三、加强文化建设的主要任务

推动文化大发展大繁荣，完成文化建设的目标任务，要立足实际，突出重点，整体推进，在重大措施上务求实效，取得重大突破。

（六）用先进文化引领社会进步

1. 用中国特色社会主义理论体系武装干部群众。大力推进学习型党组织和学习型机关建设，推动理论武装工作向纵深发展，促进党的创新理论进机关、入基层；进一步繁荣社会科学，深入开展重大理论和现实问题研究，努力探索江川经济社会科学发展的规律。

2. 用社会主义核心价值体系引领社会风尚。把弘扬优秀中华传统文化与现代文明建设相结合，深入开展和谐、文明、创新等各类主题教育活动。推出一批文明，创新的先进典型，营造崇尚文化、崇尚科学，敢于创新的浓厚氛围。在全县形成统一的指导思想、共同的理想信念、强大的精神支柱和基本的道德规范。

3. 用正确舆论引导社会。坚持党对新闻媒体的领导，坚持团结稳定、正面宣传为主方针，坚持“三贴近”原则，不断增强新闻宣传的亲和力、吸引力和感染力；加强以江川电视台、江川人民广播电台、江川新闻网、江川网、江川手机快讯、玉溪日报江川专版为主体的舆论阵地建设，扩大社会影响力，巩固其在舆论引导中的主导地位;高度重视新兴媒体的管理和运用，完善网络舆论引导和网络舆情收集、研判机制，牢牢掌握网络舆论引导的主动权。

4. 促进廉政文化建设。发挥文化部门和文艺团体的优势，促进文艺与廉政建设的有机结合，开展多种形式的廉政文化活动，用先进的文化引领清正廉洁、奋发有为的良好风尚。

（七）实施文化惠民工程

1. 加大公益性文化事业的扶持力度。以政府为主导，以公共财政为支撑，鼓励吸引社会资金进入；采取政府购买公共文化产品和文化服务等方式，提供群众需要的文化产品和服务。

2. 健全和完善城乡的公共文化服务体系。推进县文化馆、乡镇综合文化站、农家书屋、文化信息资源共享工程、村级文化活动广场和文化活动室、广播电视“村村通”等文化基础设施建设；转换机制，增强活力，加强管理，不断健全和完善文化服务功能，提高服务水平；实施博物馆、文化馆、图书馆和文化站的免费开放，充分发挥文化场馆的功能和阵地作用，保障文化民生。

3. 大力发展和繁荣群众文化。积极推进广场文化、村镇文化、社区文化、企业文化、校园文化、节庆文化建设。大力扶持各类文艺协会、基层文艺队等群众性文艺团体，建立以奖代补机制，对具有一定规模，每年演出场次较多，演出内容积极健康向上，有较大影响力的演出团体进行奖励。扶持和引导农村自办文化，鼓励社会力量支持农村文化建设；进一步推进文化下乡，推动群众性文化活动蓬勃开展。

（八）创作文艺精品、打造文化品牌

1. 着力打造县域文化品牌。充分挖掘江川文化资源优势，着力打造“古滇青铜文化”和“高原水乡文化”品牌；在城镇规划建设中，坚持以文化领先的原则，明确文化定位，突出城镇建设的主体文化风格；继续办好开渔节等县域节庆活动，打造地方特色餐饮品牌，建设生态美食名县；以品牌扩大影响、吸引资金、占领市场；力争实施李家山青铜器博物馆新馆建设和古滇文化园建设。

2. 加强文艺精品创作

加强文学艺术创作工作，发挥文联各协会的特长和优势，坚持“二为”方向和“双百”方针，繁荣文学、摄影、舞蹈、戏剧、音乐、书法、美术、民间文艺等创作，鼓励文艺工作者和爱好者充分挖掘底蕴深厚的历史文化、名人文化和得天独厚的自然资源，创作反映江川人文风貌、具有鲜明时代特色的文学艺术精品。

把江川丰富深厚的历史文化、名人文化和山水文化资源转化为文化产品、文化精品和文化品牌，最大限度地发挥文化引导社会、教育人民、推动发展的重要功能，最大限度地满足人民群众多样化、多层次、多方面的精神文化需求。

（九）振兴文化产业

1. 创新文化产业发展机制，积极探索文化产业发展新途径、新方法，催生文化产业新业态。结合江川丰富的山水自然旅游资源和积淀丰厚的历史文化资源。在文化产业的发展方式上，主要走文化与旅游有机结合的路子。在旅游景点和高端生态旅游项目的开发建设上，赋予深刻的文化内涵。在文化项目的建设上充分考虑旅游功能。策划建设孤山岛高端文化旅游产品，加快梁王山片区开发，把北山寺、碧云寺宗教文化与梁王山自然风景结合起来，培育旅游新产品、开发旅游新线路。

2. 突出特色，规划实施一批文化产业项目，培育壮大一批骨干文化企业，扶持发展一批特色文化产品。围绕“两湖”生态群，以建设高原湖泊生态县、现代宜居高原湖泊生态城和国际高原湖泊生态休闲度假旅游目的地为目标，规划实施一批国际性度假旅游项目；发挥古滇青铜文化特色资源优势，依托李家山古墓群遗址打造古滇国文化园区；充分发挥民族民间工艺师的带动作用，培育打造具有江川地方特色的青铜工艺品、生活铜制品，培育发展一批年产值过千万的铜器工艺品制品民营企业。同时，探索新路子，建立专业的旅游品、纪念品、工艺品、生活用品展示销售市场，带动传统手工艺制品、旅游纪念品、土特产的研发、生产和销售。

3. 推动其他文化产业的发展。加大影视产业发展力度，引进新技术，拓展新业务，增强影视及网络机构的服务及经营创收能力。推进反映江川名人和本土文化的影视精品生产，全面提升影视产业的影响力和竞争力。鼓励社会各界力量拍摄反映江川人文历史的影视作品，扶持鼓励文化艺术表演、彩印包装等一批特色文化产品和文化企业。

（十）做好文化遗产保护

利用好第三次全国文物普查成果，进一步整理申报一批省级重点文物保护单位，做好保护规划，强化保护措施，匹配相应保护资金，对全县文物古迹进行有效保护；引进新技术，做好馆藏文物除锈和修复工作；加强对全县非物质文化项目基础资料系统的收集、整理，建立项目库，逐级申报，落实传承人，使我县丰富的非物质文化遗产能得到有效的传承、传播；在保护的基础上，创新机制，对文化遗产加以开发和利用，发挥其应有的社会和经济价值。

（十一）抓好文化人才队伍建设

1. 加强领导班子建设。按照“四化”方针和德才兼备，以德为先的原则，选拔培养优秀中青年干部，着力建设一支政治思想坚定、具有开拓创新精神、精于宣传文化思想工作的领导干部队伍。

2、重视基层文化队伍建设。按照中宣部、中组部等六部委《关于加强地方县级和城乡宣传文化队伍建设的若干意见》，确保县文联、县文化馆、乡镇（街道）文化站等基层宣传文化部门编制、人员、经费落实到位；配齐县文化馆音乐、舞蹈等专业人才和乡镇（街道）宣传委员，理顺基层文化站点管理，确保专人专职。

3. 注重文化人才培养。文化人才是实施文化兴县战略的智力保证，要建立健全文化人才培养激励机制，采取学历教育、集中培训、人才引进、文化交流等手段，建立一支结构合理、素质优良、高水平、多元化的文化人才队伍，培养一批文化产业发展的领军人物，推动江川文化繁荣和发展。

四、保障措施

（十二）完善配套政策

认真落实中央、省、市已出台的文化改革和发展的有关扶持政策。从实际出发，进一步完善扶持公益性文化事业、发展经营性文化产业、鼓励文化创新等方面的措施和办法，为文化改革与发展营造良好的政策环境。

财政政策。县乡两级政府要把文化建设经费列入同级财政预算，明确并落实文联及各文艺家协会、县博物馆、文管所、图书馆、文化馆、乡镇文化站的工作经费标准，纳入年初预算，切实保障实施重大公共文化工程、购买公共文化产品、开展重要公共文化服务活动所必需的资金；县级财政每年按照人均0.5元的标准安排文化惠民活动补助经费。

税收政策。配合做好文化企业认定工作，落实有关税收和扶持发展的优惠政策。

融资政策。降低准入门槛，引导、鼓励各类社会资本和外资进入政策允许的文化产业领域，积极开展文化领域的招商引资。鼓励和引导文化企业面向资本市场融资，通过银企合作、贷款贴息、融资担保，促进金融资本与文化资源对接。

土地城建政策。要认真贯彻落实《中共中央办公厅、国务院办公厅关于加强公共文化服务体系建设的若干意见》（中办发〔2007〕21号）关于“从城市住房开发投资中征收1%用于社区公共文化设施建设”的规定。文化建设用地纳入规划并予以优先安排，制定公共文化基础设施建设和文化园区用地政策，公共文化基础设施建设用地按划拨方式提供，文化园区用地按优惠方式提供。

物价政策。博物馆、文化馆、图书馆、乡镇综合文化站等免费开放的公益性文化单位消耗的水、电、气，执行当地居民生活用水、电、气价格标准。

人事政策。完善和保障县文化馆专业技术人才；乡镇宣传委员进党委班子；文化站设专职工作人员。

捐助政策。建立社会捐助公益性文化事业的项目库和资金专户，在尊重捐助人意愿的基础上，统一规划、合理使用文化捐助资金。落实好各类企业按规定对宣传文化事业公益性捐赠，符合税收政策的给予税前扣除的优惠政策。

（十三）建立激励和扶持机制

设立每年100万元的文化发展扶持奖励基金，用于重点扶持规划立项的文艺项目，支持文艺团体和文艺家完成文艺作品的创作生产及省级以上立项的课题研究，引导广大文艺创作者推出更多精品力作；用于文产项目包装、产品推介等前期工作经费；用于奖励在全国重大文艺评奖中获奖的文化精品；用于对有突出贡献的文化人才实行奖励；用于补助各文艺家协会活动经费和对基层文化建设扶持补助。

逐步设立300-500万元规模的文化产业引导基金，引导社会资本对文化的投入，扶持较成熟的文化产业项目。

（十四）切实加强对文化建设工作的组织领导

各级党委、政府要从深入贯彻党的十七大精神，毫不动摇地坚持和发展中国特色社会主义的政治高度，从全面建设小康社会，把江川建设成为环境优美、特色突出、经济繁荣、社会和谐、适宜居住的高原湖泊生态县的战略高度，更加自觉地承担起用先进文化引领社会进步的责任，把文化建设放到更加突出的位置上来抓，推动文化大发展大繁荣。按照统筹推进经济建设、政治建设、文化建设、社会建设、生态建设和党的建设的要求，把文化建设纳入各级党委政府的重要议事日程，纳入国民经济和社会发展规划，纳入财政预算的盘子，纳入各级领导干部政绩考核体系之中。

中共江川县委
关于江川县撤县设区的决定

江发〔2012〕27号

（2012年9月7日）

近年来，江川县在市委、市政府坚强领导下，始终坚持发展第一要务，坚定不移的实施以改革开放和科技进步为动力的“生态立县、农业稳县、工业强县、旅游活县、文化兴县”发展战略和“壮优培特，建设高原湖泊生态县”的经济社会发展思路，烤烟、磷化工、纸制品、建材、文化旅游、农产品加工已成为经济支柱产业，各项社会事业全面进步，社会保持和谐稳定。

随着江川县经济社会的快速发展，江川的工业化和城市化水平大幅提高，但以农业为主的县级行政区划管理体制已不能适应玉溪市“三湖”生态城市群建设和江川经济社会发展的需要，为此，江川县撤县设区十分必要。实施撤县设区对打破以行政区划配置资源的发展模式，加快江川城镇化发展，促进江川人口、资源、环境与经济社会协调发展具有十分重要的意义。有利于实现玉溪和江川优势互补，可以在合作中发挥区域整体优势，解决玉溪发展空间局限性和规模已渐饱和的问题；有利于推动玉溪和江川产业相互对接，优化资源配置，增强城市综合竞争力；有利于更好地发挥中心城市辐射作用，促进县域经济发展，加快城乡统筹发展，建设科学发展、和谐发展、跨越发展的新江川。为此，经县委常委会研究，决定同意江川县撤县设区。

中共江川县委
关于江川县全面推进党务公开实施意见（节选）

江发〔2012〕38号

（2012年11月26日）

为认真贯彻落实党的十七大、十八大和十七届四中、五中、六中全会精神，切实推进党内民主政治建设，加强党内监督，提高党的领导水平和执政水平，保障广大党员、干部、群众行使民主权利，根据《中国共产党章程》、《中国共产党党内监督条例（试行）》、《中国共产党党员权利保障条例》和中央《关于党的基层组织实行党务公开的意见》、《2012年全国党务公开工作要点》以及全省党务公开现场推进会议精神，县委决定在各乡镇（街道）党委（党工委）、各部门党组织中全面推进党务公开工作。结合江川实际，制定如下实施意见：

一、党务公开的重要意义

党内民主是党的生命，党务公开是党内民主的重要内容。党务公开是指党内事务的内容、程序、结果等在一定范围内进行公布。实行党务公开是深入贯彻落实科学发展观、提高党的执政能力、保持和发展党的先进性的必然要求，是扩大党内基层民主、保障党员民主权利、增强党的基层组织生机活力的客观需要，是实践党的宗旨、密切党群关系、促进基层和谐稳定的有效途径，是加强党内监督、规范权力运作、推进基层党风廉政建设的重要举措，对于加强和改进新形势下党的基层组织建设，以改革创新精神全面推进对党的建设伟大工程，具有重要意义。

二、党务公开的指导思想、基本原则和目标要求

指导思想：以邓小平理论、“三个代表”重要思想和科学发展观为指导，坚持围绕中心、服务大局，坚持党要管党、从严治党，尊重党员主体地位，以监督、制约领导干部权利为着力点，进一步规范领导干部的从政行为，推动党内基层民主建设，不断提高党的基层组织的创造力、凝聚力、战斗力，为推动科学发展、促进社会和谐提供有力保障。

基本原则：（1）发扬民主，广泛参与。以落实党员的知情权、选举权、表达权、监督权为重点，进一步提高党员对党内事务的参与度，充分发挥党员在党内生活的主体作用。拓宽党员意见表达渠道，营造党内民主讨论、民主监督环境，调动广大党员的积极性、主动性和创造性。（2）积极稳妥，注重实效。坚持自上而下的指导和自下而上的探索相结合，坚持先党内后党外，循序渐进，讲求实效，防止形式主义。党内事务除涉及党和国家秘密等依照规定不宜公开或不能公开的外，都应向党员公开。公开内容应真实、具体，公开形式应多样、便捷，并保证党务公开的时效性和经常性。（3）统筹兼顾、改革创新。把党务公开和政务公开、厂务公开、村（居）务公开和公共事业单位办事公开等有机结合起来，相互促进、协调运转。积极适应党内基层民主建设新要求，不断完善公开制度，丰富公开内容，创新公开形式，努力探索党员发挥作用的途径和方式。（4）区别情况，分类指导。针对不同类型党的基层组织的特点，确定相应的公开内容和形式，提高党务公开的针对性和有效性。（5）依纪依法，客观真实。准确把握党务公开的政治性和政策性，严格按规定办事、按程序公开。公开内容要全面、真实、具体，公开程序要严密、规范，公开形式要多样、便捷，保证党务公开的真实性和严肃性。

目标要求：（1）完善乡镇（街道）党委（党工委）、各部门党组织决策机制，提高科学决策、民主决策、依法决策水平，促进党内民主决策、民主管理、民主监督制度进一步落实，民主政治得到进一步加强；（2）加强党内监督，规范权力运行、推进党风廉政建设；（3）扩大党内民主、保障党员民主权力、增强党组织的生机和活力；（4）增强广大党员、干部、群众的民主监督意识，党内事务的透明度进一步提高；（5）密切党群、干群关系，促进和谐稳定；（6）坚持标本兼治、注重预防、创新机制，积极探索党建和反腐倡廉的新路子，提高党的执政能力，增强党的向心力、凝聚力，永葆党的先进性。

三、党务公开的实施范围

（一）县委及县直各部委办局、各人民团体和企事业单位党组织；

（二）乡、镇党委、街道党工委、村（社区）党组织；

（三）非公有制经济企业党组织；新经济、新社会组织党总支和其他单位党的组织可参照执行。

四、党务公开的内容

（一）党组织决议、决定及执行情况

执行上级党组织决议、决定和工作部署等情况；本地区本部门本单位重要决策及执行，任期工作目标、阶段性工作部署、工作任务及落实等情况。

（二）党的思想建设情况

本级党组织开展思想政治工作、理论学习计划及落实、党员干部教育培训计划及落实等情况。

（三）党的组织管理情况

党组织的设置、主要职责、机构调整、换届选举，党员发展、民主评议、争先创优，党费收缴、管理和使用，党务工作经费管理和使用，党员权利保障等情况。

（四）领导班子建设情况

领导班子职责分工、议事规则和决策程序，执行民主集中制，召开民主生活会、年度考核评价等情况。

（五）干部选任和管理情况

干部选拔任用、轮岗交流、考核奖惩，干部监督制度及执行情况。

（六）联系和服务党员、群众情况

落实干部直接联系群众制度，听取、反应和采纳党员、群众意见和建议，帮助党员、群众解决生产生活实际困难，接待来信来访、排查化解矛盾纠纷，办理涉及党员、群众切身利益重要事项等情况。

（七）党风廉政建设情况

执行廉洁自律规定、落实党内监督制度、推进惩治和预防腐败体系建设、落实党风廉政建设责任制、处理违纪党员等情况。

（八）按规定应当公开的其他事项

五、党务公开的形式

党务公开分党内公开和党外公开。

（一）党内公开的主要形式有：党内会议、党内文件、党内通报、简报、活动栏、设立文件（资料）查阅处以及局域网等；

（二）党外公开的主要形式有：公开栏、互联网、电子屏幕、办事指南、广播、电视、报纸、黑板报等

六、党务公开的程序

（一）制定目录：各乡镇（街道）党委（党工委）、各部门党组织根据党务公开要求分类制定党务公开目录，规范公开内容、范围、方式和时限等

（二）实施公开

党务公开依照所制定的目录进行公开。如有目录外公开的事项，应制定工作方案，报经上一级党组织审核同意后进行公开。公开的时限应与公开的内容和范围相适应。

（三）收集反馈

认真收集党员对党务公开情况的意见和建议，及时作出处理或整改，并将结果向党员反馈。

（四）归档管理

对公开的党务信息资料应及时登记归档，并做好管理利用工作。

七、党务公开的时限

党务公开的时限与公开的内容相适应。要认真把握公开的时限性，按“两个尽量”（尽量公开、公开时间尽量长）的要求规范公开的时限。

（一）固定公开：主要指政策措施、文件规定、审批事项、工作程序以及办事机构具有稳定性的内容等

如遇修订、调整、应当及时更新。

（二）定期公开：主要指在一定时期内相对稳定的常规性工作

要根据实际情况确定更新的周期，一般为每季度微调一次，每半年更换一次。

（三）逐段公开：主要指动态性、阶段性工作

如为民办实事、“四群”开展情况、重要工作进展落实情况等，应根据进展逐段公开。跨年度的工作除按阶段公开外，还应当在年末进行总结性公开。

（四）即时公开：主要指临时性、应急性工作，如干部考察预告、任前公示、灾害救助、重大群体性事件处置等内容，应当制作机动小型公示栏及时进行公开

八、党务公开的组织领导

党务公开工作涉及面广、涉及部门多、公开内容广，各乡镇（街道）党委（党工委）、各部门党组织要把党务公开工作列入重要议事日程，切实加强组织领导。要建立健全“党委统一领导、部门各负其责、纪委协调监督、党员群众广泛参与”的党务公开领导体制和工作机制。要建立由党组织主要领导任组长，有关单位和部门负责人参加的党务公开工作领导小组，并下设专项工作办公室。明确办事机构职责任务，统一组织、协调和指导基层党组织党务公开工作。领导小组成员单位要充分发挥职能作用，加强协调配合，积极开展工作。

县党务公开工作领导小组按照县委要求，负责全县党务公开的组织领导、统筹协调和工作指导，并根据本意见制定县委党务公开实施细则，细化县委党务公开目录。领导小组成员单位按职责分工，各司其职、协调配合，共同抓好党务公开工作。

各乡镇（街道）党委（党工委）、各部门党组织是实施党务公开的责任主体，党组织一把手是这项工作的第一责任人，对党务公开工作要亲自部署、经常过问，主动研究解

决党务公开工作中的重大问题和困难。分管领导要具体抓负责，亲自抓好督促、抓好协调。要从实际出发，积极主动做好党务公开工作。

九、党务公开工作保障制度

（一）宣传教育制度

把宣传教育贯穿党务公开的全过程，采取多种形式深入宣传党务公开的精神实质、主要内容和基本要求，提高思想认识，增强推进党务公开工作的责任感和紧迫感；深入宣传党章赋予党员的各项民主权利和义务，引导广大党员正确行使民主权利、切实履行党员义务，积极参与党的基层组织党务公开各项工作；深入宣传基层组织实行党务公开取得的成效、经验和涌现出的先进典型，及时回应社会关切，正确引导社会舆论，营造良好社会氛围。

（二）例行公开制度

列入党务公开目录的事项，按规定及时主动公开；暂时不宜公开或不能公开的，报上一级党组织备案。公开事项如需变更、撤销或终止，由制定党务公开目录的党组织批准、备案后及时公布并作出说明。

（三）依申请公开制度

党员按有关规定向所在党组织申请公开相关党内事务。对申请的事项，可以公开的，党组织应向申请人公开或在一定范围内公开；暂时不宜公开或不能公开的，及时向申请人说明情况。申请事项及办理情况应报上一级党组织备案。

（四）监督检查制度

上级党组织要加强对基层党组织党务公开工作的监督检查，推动工作落实。党组织可通过聘请党员作为党务公开监督员等方式，加强对党务公开工作的监督。

（五）考核评价制度

把党务公开工作的情况作为各乡镇（街道）党委（党工委）、各部门党组织及其主要负责人年度工作考核、党建目标责任制和党风廉政建设责任制等年度考核的重要内容。适时组织党员对党组织党务公开情况进行评议，并及时公布评议结果。对不按规定公开或弄虚作假的，要批评教育，限期整改；情节严重的，要追究有关领导和直接责任人的责任。

党务公开工作是2012年我县加强党的组织建设的一项重点推进工作，各乡镇（街道）党委（党工委）、各部门党组织主要负责人要引起高度重视，切实加强对党务公开工作的调查研究和督促指导，在实践中积极探索、总结经验，把握工作规律，扩宽工作思路，并及时解决党务公开工作中存在的困难和问题，为党务公开工作提供必要的工作条件，在经费、人员、办公地点、办公设施上给予保障。要加强党务公开工作的广泛宣传教育，坚持正确舆论导向，发挥典型示范作用，努力营造党务公开的良好氛围，不断把党务公开工作推向深入，确保党务公开工作的顺利实施，并取得明显的成效。

各乡镇（街道）党委（党工委）、各部门党组织要结合各自实际和特点，既要制定好本地区本单位本部门的党务公开细则，又要指导好下一级党组织党务公开工作。各乡镇（街道）党委（党工委）、各部门党组织党务公开实施细则及公开目录于2012年11月25日以前报县委党务公开领导小组办公室（县纪委党风室，电话：8018130　电子邮箱：jcjwdfs@163.com）

附：

1.《江川县党务公开参考目录》（略）

2.《江川县党务公开事项申报表》（略）

3.《江川县党务公开事项受理情况登记表》（略）

4.《江川县党务公开意见建议收集登记表》（略）

江川县人民政府
关于加快推进养老服务业发展的实施意见

江政发〔2012〕31号

各乡、镇人民政府，大街街道办事处，县属各局、办，各事业单位：

为适应江川县老年人口增长的形势，加快养老服务业发展，提高老年人生命生活质量，根据玉溪市人民政府《关于加快推进养老服务业发展的实施意见》（玉政发〔2011〕85号）有关要求，结合我县实际，提出以下实施意见。

一、充分认识加快养老服务业发展的重大意义

随着经济社会的发展，人口老龄化已成为人类社会发展的一个必然阶段，它既是社会文明进步的一个重要标志，也是新形势下社会经济发展中所面临的一项重大挑战。加快建立满足老年人特殊生活需求的养老服务业，不断满足老年人的养老需求，解决老年人生活中的实际问题，这既是维护和保障广大老年人的基本生活权利，让他们分享社会发展成果的有效渠道，也是促进相关行业发展，推动经济增长，提高人民生活水平的助推器；既是应对人口老龄化挑战，促进经济与社会协调发展的有效措施，也是落实科学发展观，构建社会主义和谐社会的重要内容。2011年末，全县老年人口已达38053人，占总人口的13.9%。我县老年人口增长快、高龄化、空巢化特点日益突出，老龄化将对社会生活带来广泛而深刻的影响。目前，我县存在对发展养老服务业的紧迫性认识不足，养老服务的责任主体不明，养老机构和设施的总量供给不足，资金投入严重不足，政策扶持力度不够，养老服务专业人才匮乏，家庭养老功能弱化等矛盾和问题。全县每千名老人仅拥有床位不足1张，为全国平均水平的7%，而且大多数养老机构设施陈旧、功能单一、专业服务人员缺乏，难于满足老年人口日益增长的需要。加快发展养老服务业，是贯彻落实科学发展观，有效应对人口老龄化，健全老年福利制度的必然要求，是改善民生、服务大局、促进和谐江川建设的重要举措。各乡镇（街道）、各有关部门要从战略和全局的高度来充分认识加快推进养老服务业发展的重大意义，真正把养老服务产业发展作为民生工程、德政工程，抓紧抓好。

二、指导思想、基本原则和主要目标

（一）指导思想

以邓小平理论和“三个代表”重要思想为指导，深入贯彻落实科学发展观，着力构建与经济社会发展水平相符合、与人口老龄化进程相适应，建立以居家养老为基础、社区为依托、机构为支撑，投资主体多元化、服务对象公众化、运营机制市场化、服务方式多样化，努力满足广大老年人多元化的服务需求。

（二）基本原则

1. 坚持以人为本原则。积极发展养老服务，让老年人安享晚年。

2. 坚持政府主导与社会参与相结合的原则。以政府公共财政投入为支撑，以政策扶持为导向，鼓励社会力量参与养老服务业发展，形成政府与社会力量互联、互动和互补的格局。

3. 坚持统筹城乡发展与高龄、失能、特困优先相结合的原则。以高龄困难老人、最需要帮助老人为加快推进养老服务业的重点，在统筹其他社会人群的前提下，不断提高城乡老年人的养老服务水平。

4. 坚持公益性服务与市场化经营相结合。采取无偿、低偿、有偿等多种服务形式，满足中低收入老年人的中低端需要。同时，采取市场化经营的方式，为高收入老年人群体提供个性化的高端服务。

（三）主要目标

积极推进“爱心养老服务工程”，建立养老服务体系，实现“人人享有基本养老服务”目标；建立健全发展养老服务业的政策制度，落实相关优惠政策；力争到2015年，建立起覆盖城市社区和1/3左右的农村社区的居家养老服务网络，实现平均每千名老年人拥有30张床位（含敬老院床位）；建设一个示范性的公办养老机构，培育一个以上养老服务品牌；老年人的生活照料、家政服务、心理咨询、康复服务、信息服务（虚拟养老）等居家养老环境和条件明显改

善；老年爱心护理、临终关怀服务等有效开展，老年用品市场逐步开发，实现养老服务从基本生活照料向医疗健康、辅具配置、精神慰藉、法律服务、紧急援助等方面延伸，满足老年人的不同需求，老年人生命生活质量不断提高。

三、基本任务

（一）进一步发展老年社会福利事业。不断加大投入，建立健全老年福利服务体系，加快推进中心敬老院和社会福利中心建设，到2012年，建成一所拥有200张床位以上的中心敬老院和社会福利中心，为城乡无劳动能力、无生活来源、无赡养人的老年人和生活困难的老年人提供无偿或低收费服务，保障他们的基本生活。按照《云南省加强农村敬老院建设实施意见》的要求，将敬老院建成具有服务全体老年人的综合性养老服务中心。采取多种形式，鼓励和支持社会力量多形式、多渠道参与老年社会福利事业，增加老年福利服务设施数量，提高服务质量。

（二）积极发展养老服务机构。通过政策扶持，引导社会力量兴办一批民办养老机构、老年爱心护理院、临终关怀中心。建成一所拥有200张床位以上，集食宿、医疗、康复护理、教育、文体娱乐、休闲养生为一体，服务功能齐全、设施完善的亲情式公办养老机构。

（三）完善城乡社区养老服务设施。加快发展社区居家养老服务，把城乡社区作为养老服务的重要阵地，建立健全立足社区、面向老人、布局合理、方便实用的养老服务设施和活动场所，积极培育各类居家养老服务机构，着力推广连片辐射、连锁经营的服务模式。到2015年，力争全部城市社区和1/3的农村社区建设一个使用面积在300平方米的社区居家养老服务站。各乡镇（街道）、社区的各类生活服务、文化体育设施要向全体老年人开放，同时不断拓展服务项目，完善服务功能，满足老年人需求。要充分发挥村（居）委会、社区医疗卫生服务机构的作用，为老年人提供便捷、高效、价廉的医疗卫生保健服务。切实加快养老服务信息化建设步伐，整合社会服务资源，依托电信服务平台，建立县、乡镇（街道）、城乡社区三级养老服务信息管理系统和“爱心通”GPS助老信息服务中心，构建没有围墙的“虚拟养老院”，为老年人提供贴心服务。

（四）夯实居家养老服务基础。居家养老是指在社会保障制度下，老年人仍然生活在自己的家中，由社会力量向老年人家庭提供必要的专业化服务。各乡镇（街道）、各有关部门要通过购买服务和安排公益岗位，以“三无老人”、生活困难的80岁以上高龄老人、空巢老人、失能老人和老复员伤残军人等作为社区养老服务重点，安排经过培训的社工队伍、下岗职工、大中专毕业生、志愿者为老年人提供便利、优质、高效服务。逐步建立志愿者公益服务、政府购买服务和市场化有偿服务相结合的社区养老服务体系；要充分利用社区建设适合老年人活动的文化场地、健身场所，重点发展日托养老模式。在城市社区逐步开展短期托养、日间照料、心理关爱以及助餐（老年饭桌）、助洁、助浴、助医（病号护理）、助急、助行、助学、助乐、助为等“九助”服务。在农村依托老年协会、老年活动中心、老年学校、村卫生服务站等为老年人提供助养、助困、助医、维权、学习教育、文化娱乐、精神慰藉等服务。开展政府为特困老人购买服务，服务机构提供服务，老年群众组织或中介组织监督评估的新型服务模式。逐步建立志愿者公益服务，政府购买服务和市场化有偿服务相结合的居家养老服务体系。

（五）开发老年颐养新村等各类经营性养老机构。结合老年人的特点，充分考虑老年人生活、医疗护理、休闲娱乐的需求，以经济条件和身体条件较好的老年人为主要服务对象，重点选择交通、旅游、文化、生态环境条件较好的地方，引导和支持社会力量投资开发各类老年人颐养新村，进一步深化养老服务业和促进旅游服务等产业的发展。

（六）完善高龄津贴制度。按照《玉溪市老年人权益保障实施办法》的规定，随着经济的发展适时提高80周岁及以上老人高龄津贴（保健、长寿补助）发放标准。鼓励有条件的乡镇（街道）给予其他老年人发放“老龄补贴”。

（七）大力发展老年教育文化体育事业。积极发展老年教育事业，加强老年大学建设，充分利用广播、电视、网络等媒体开展老年教育，满足老年人继续学习的需求。完善老年教育机制，充分发挥县老年大学的示范带动作用，将老年大学办学延伸进村（居）委会、社区和养老机构，使有学习需求的老年人就近就地参加学习。要积极发展适合老年人特点的文化体育项目，重视发展具有江川地方特色的民族民间文化和体育健身活动。

（八）积极开发老年产品。围绕老年人的基本需求，引导企业开发、生产和经营老年产品。着重开发老年人及其家庭、养老服务机构迫切需要的老年护理用品、康复用品、自助用品。严格监督老年保健品的生产经营，打击欺诈行为，规范市场秩序。开发建设老年人康体、休闲、度假旅游产品，规范旅游市场秩序，提高旅游服务质量和水平，满足日益增长的老年旅游需求。

四、工作措施

（一）加大对养老机构的政策支持。各乡镇（街道）、各有关部门要采取积极措施，大力支持发展各类养老机构，引导和支持社会力量以独资、合资、合作、联营、参股等形式，新建、扩建或改建适宜老年人集中居住、生活、护理、健身娱乐的养老机构。经民政部门批准和登记管理部门依法登记，符合国家建设部和民政部颁发的《老年人建筑设计规范》和民政部颁发的《老年人社会福利机构基本规范》的养老机构，可享受相应扶持政策。

1. 床位建设和运营补贴。按标准建设、依规定运营的新建、改建、扩建的民办养老机构，其每个机构建设规模达到30张床位以上的，由县财政安排专项资金或从本级社会福利彩票公益金中给予资助（具体按《玉溪市社会办养老机构资金资助办法》执行）。

2．就业专项资金补助。养老服务机构招用我县就业困难人员签订一年以上劳动合同并缴纳社会保险费的，按企业为其实际缴纳的基本养老保险、基本医疗保险费和失业保险费给予补贴，不包括个人应缴部分，收费基数按当地各项社会保险最低收费基数计算，申请就业专项补助。

3．小额担保贷款和贴息的支持。根据《玉溪市劳动和社会保障局、玉溪市财政局、中国人民银行玉溪市中心支行关于进一步完善玉溪市小额担保贷款办法推动创业促进就业的通知》（玉劳社发〔2010〕46号）有关规定，可申请小额担保贷款并享受财政贴息。

4．定点医疗管理。经卫生部门批准，由养老机构所办的内设医疗机构，可纳入城镇职工基本医疗保险、城镇居民医疗保险和新型农村合作医疗定点范围，其收养的参保老人在机构内发生的医疗费用，按照基本医疗保险或新型农村合作医疗的有关规定支付，并对符合救助条件的老年人实行城乡医疗救助。

5．税费优惠。养老机构用电、用水、用气等费用，按居民使用价格标准收取。养老机构建设项目的征地管理费、市政基础设施配套费、散装水泥专项资金、发展应用新型墙体材料专项费用等一律免收；对涉及的人防工程易地建设费实行减半征收。为老年人服务的工作车辆，经县交通行政主管部门核定，减免有关交通规费；其他涉及养老服务机构的行政事业性收费，凡是收费标准有幅度的，按下限收取。

6．放宽居民小区设置小型养老机构市场准入条件。对设置床位数30张以下，每张床位使用面积不少于10平方米，并内设老人活动和娱乐区域，厨房、厕所和洗浴等基本生活设施；配备电视机、电话、电冰箱、消毒柜、洗衣机、报警器、灭火器、疏散灯等设备。对居民区内设置的小型养老机构，可以到县民政局申请办理登记手续。

（二）鼓励扶持居家养老服务。通过政策引导和资金支持，鼓励社会力量开展老年人日间照料、家政服务、精神慰藉、康复保健等居家养老服务，为居家老年人营造良好的生活环境。

1．建立居家养老服务补贴制度。为居家养老的城乡“三无老人”、生活困难的80周岁以上高龄老人、空巢老人、失能老人和老复员伤残军人等需要生活照料的老年人提供购买服务，并随着财力增加，逐步扩大服务对象范围，提高购买服务补贴标准。各乡镇（街道）根据实际，自行确定服务具体项目和标准。服务补贴采取服务券方式发放，享有补贴的困难老人入住养老机构的，其享有的补贴可在养老机构使用。对有其它特殊困难的老年人需要政府民政部门救助的，可以申请其它专项救助。

2．建设城乡社区居家养老服务中心（站）。坚持统筹考虑，合理布局原则，把居家养老服务中心作为城乡社区建设重要内容。对积极争取获得中央、省、市资金补助建立居家养老服务中心（站）的城乡社区，分别按中央、省、市补助资金的20%给予匹配；对各地按标准建设且正常开展服务活动的城乡居家养老服务中心（站），经县民政部门核实，每年由县财政按照市政府规定给予运营补贴。

3．支持社区养老服务中心（站）设立养老服务公益性岗位。社区养老服务中心设公益性岗位安置就业困难人员，可按规定申请社会保险和岗位补贴。

4．支持兴办老年病医院、老年护理院、临终关怀性质的医疗机构。其开展老年病治疗、护理、临终关怀服务的有关费用，按医疗保险有关政策执行。

（三）支持开发各类经营性老年人颐养新村。建立和完善老年人颐养新村建设管理制度，支持社会力量投资开发各类经营性的老年人颐养新村。

1．对各类经营性老年人颐养新村建设采取公开招标或挂牌方式出让土地，出让底价根据市场评估确定。

2．老年人颐养新村按照“依法自主经营，照章纳税”的原则运营并实行完全产权，产权归投资者，收费价格实行市场调节价，在办理年度检验和工商登记事项时，依法从快从简办理。

3．老年人颐养新村根据市场需求自主确定服务项目，政府有供养任务时，实行政府购买服务。

（四）保障养老服务建设项目用地。新建居住小区要将社区居家养老服务中心纳入小区总体规划一并建设，已建居住小区要由建设单位逐步兴建社区居家养老服务中心（站）及相关设施。政府规划主管部门审批旧城区、城中村改造和住宅小区新建项目的规划方案时，要把养老服务建设内容纳入规划及设计方案一并审批。县国土等部门在制定年度土地利用计划和土地供应计划时，要根据当地住房年度建设规划，统筹安排养老服务建设项目用地，用地规模不得低于当地居住用地供应总量的1%。不论是使用原有建设用地还是新增建设用地，都要纳入年度土地供应计划。对现有养老服务项目，不得挤占或者擅自改变使用性质。旧城改造或城中村改造拆迁养老服务项目的，要优先安排同等面积的回迁或异地建设用地。各乡镇（街道）、村（社区）养老服务建设项目用地，经批准可以依法使用集体所有土地。

（五）培育老年服务组织和队伍。积极支持社会力量投资兴办为老服务的企业、社会团体、民办非企业单位。通过开展各类为老服务培训，不断提高养老服务人员的综合素质，到2015年末，全县养老机构从业人员持证上岗率要达到80%以上。大力发展养老服务社工人才队伍，开发社工人才岗位，聘用具有专业资格的人员从事养老服务。不断提高养老服务的专业化、规范化水平。充分发挥基层老年协会“自我管理，自我服务，自我教育，自我保护”作用，积极开展“自助、互助”服务。

（六）加强管理监督。制定和完善养老服务业行业规范和质量标准，建立资质评估、认证、管理体系。加强对政

府投资兴办的养老服务项目和资金使用情况的跟踪检查，严格遵守国家基本建设程序，确保工程质量和建设资金安全有效运行。公办养老机构和社区居家养老服务中心购置设施设备要按规定纳入政府采购。对养老机构改变功能设置的，停止享受社会福利机构的各种扶持政策，并向社会公布。对盗用社会福利机构和养老服务行业名义骗取各种扶持政策的，应终止其经营活动并追回减免资金和资助资金。对违反法律法规的，应依法追究其责任。

（七）加强舆论宣传。加强养老服务业的宣传报道，采取新闻报道、信息交流、经验介绍等方式，不断推广成功的做法和经验，展示养老服务业发展成果，在全社会形成共同关心支持和广泛参与养老服务业的良好氛围。

五、保障措施

（一）加强组织领导。县人民政府成立了由县政府分管领导任组长，县发改、财政、国土、住建、环保、教育、人力资源和社会保障、卫生、人口和计划生育、国税、地税、工商主要领导为成员的养老服务业领导小组，具体负责管理全县养老服务业，统筹协调发展中的重大问题。各乡镇（街道）要成立养老服务工作领导小组，抓紧组织制定符合实际的养老服务业发展实施意见和规划，切实把养老服务业纳入经济社会发展规划，摆上重要议事日程，经常听取工作情况汇报，及时研究解决工作中的困难和问题，并在人、财、物等方面给予保障，确保养老服务业健康发展。各部门要着眼于经济社会发展全局，把养老服务业纳入本部门工作计划和工作重点，认真履行职责，密切协调配合，增强工作合力，共同推进养老服务业发展。

（二）加大经费投入。充分发挥政府投入的主导作用，把更多的资金投向养老服务领域，积极建立与经济发展水平同步增长的财政投入机制。每年要安排一定比例的福彩公益金用于居家养老服务的组织、服务对象的评估、服务质量的监督和考评等支出。

（三）成立养老服务行业协会。通过建立县养老服务协会，协助政府加强行业管理，强化行业自律，维护行业机构的合法权益。推动养老服务机构之间的交流活动，促进养老服务机构共同发展，开展从业人员培训和调查研究，提高全县养老服务行业的服务水平。

（四）营造加快养老服务业发展的良好氛围。广泛深入开展敬老、爱老、养老、助老的美德教育，增强全社会的老龄意识和敬老意识。做好对老年人及其子女的权利和义务教育，引导成年子女自觉履行赡养和照顾老年人的义务；大力宣传养老服务工作中涌现出来的先进典型和先进经验，形成良好的社会风尚和舆论氛。

江川县人民政府
关于加大城乡统筹力度促进农业转移人口
转变为城镇居民的实施意见

江政发〔2012〕54号

各乡、镇人民政府，大街街道办事处，县属各局、办，各事业单位：

为加大城乡统筹力度，推进农业转移人口转变为城镇居民，促进城乡共同发展，根据《玉溪市人民政府关于加大城乡统筹力度促进农业转移人口转变为城镇居民的实施意见》（玉政发〔2012〕116号）文件要求，结合全县实际，现就推进农业转移人口向城镇居民转变，提出如下实施意见：

一、指导思想、基本原则和工作目标

（一）指导思想

以科学发展观为指导，按照“城镇上山、农民进城”的总体思路和“放宽城镇户籍、同享城乡待遇、自愿有偿转变、分类协调推进”的总体要求，突出抓好进城农民工特别是新生代农民工在城镇落户的工作，切实稳定和维护农业转移人口原有的权益，认真落实农村转户进城居民与城镇居民享有同等的权益和待遇，逐步缩小附着在户籍上的政策差异，形成科学的人口管理机制，扩大城镇就业容量，推动符合条件的农业转移人口尽快转变为城镇居民，加快推进全县城镇化进程，努力转变发展方式、加快城乡经济发展、促进城乡居民收入增长。

（二）基本原则

——科学规划、循序渐进。加强制度设计，明确阶段性实施目标，强化城乡政策的有效衔接，通过稳健、持久运作，分阶段、分群体、分区域推进，实现人口有序聚集、资源优化配置。

——以人为本、自愿有偿。充分尊重农民意愿，坚持转户自愿、退地自愿有偿，从制度上、政策上保障农民自愿转变身份，充分保护好农村转户进城居民的合法权益，让农民带着资源、带着保障、带着资本、带着资金、带着尊严进城，成为城市建设新的力量和生力军，促进农业转移人口和各种资源要素有序流动。

——综合配套、统筹推进。健全制度体系，完善配套政策，推进机制创新，提高改革效率；强化统筹协调，注重制度配套，完善服务方式，依法办理转户手续，确保农村转户进城居民享受更好的生存环境和发展条件，确保社会主义新农村得到更好地建设。

——立足实际、积极稳妥。充分考虑和兼顾政府、企业、农村居民的承受能力，兼顾城镇综合承载能力和不同地区发展差异，因地制宜，引导农民向城镇转户。防止损害农民利益、防止出现农民流离失所。

——整合资源、形成合力。既要发挥政府引导作用，又要调动企业、社会力量；既要加大各级财政投入，更要充分挖掘现有政策潜力，整合政府各职能部门资源，共同推进转户工作。

（三）工作目标

根据全县城镇建设现状、城镇经济社会发展水平、自然环境条件和综合承载能力，围绕“城镇上山、农民进城”的总体思路，有序办理县城落户，突出农村劳动力转移人员、失地农民、城中村人员、大中专及高中阶段入学新生、农村籍退役士兵、农村五保户、异地搬迁人员、行政事业单位近亲属等八类重点群体人员转户，逐步建立城乡人口与资源要素有序流动的制度体系，引导、鼓励农业转移人口有序向城镇转移。

二、政策保障

（一）放宽城镇户籍准入条件

1. 放宽迁移落户条件。江川县籍居民，在乡镇（街道）落户，不受条件限制。江川县籍居民，在县城有合法稳定职业或者有合法稳定住所（即取得《房屋所有权证》的住

宅、单位分配给职工长期居住未出售产权的住宅、取得自有产权房、租住房），本人及其共同居住生活的配偶、未婚子女、父母，均可在居住地城镇落户。

2．放宽投靠落户范围。江川县籍居民，3代以内共同生活的直系亲属，均可在被投靠方的合法稳定住所居住地城镇落户，不受条件限制。

3．放宽户籍管理办法。取消大中专毕业生、高中生落户限制。江川县籍农村居民，大中专及高中阶段新生入学可将户籍转入就读学校，入学时已将户籍迁离农村的高等院校和中等职业学校毕业生，允许在城镇合法稳定住所或县人才服务中心集体户先落户，后就（创）业。

江川县籍农村居民，参军离开农村的义务兵和服役期满10年的士官，退役后愿意到城镇落户的，允许在城镇合法稳定住所或户籍所在地的县人才服务中心集体户落户。

江川县籍农村居民，在城镇社区有合法稳定职业满3年，无合法固定住所的，允许在社区专管集体户落户。

4．放宽外县籍农村人口在我县落户条件。在我县城镇有合法稳定职业并有合法稳定住所的县外人员，投资兴办实业且3年累计纳税10万元或1年纳税5万元以上的；取得中级技工资质或被聘为初级以上专业技术职称的人员；被县级以上政府评为优秀农民工或受到县级以上政府表彰。具备上述条件之一的，均可在合法稳定住所居住地落户。

5．突出重点区域和重点人群转移落户。对在县城及乡镇（街道）区域内居住的所有“街道办农民”引导统转。对就业容量大的乡镇（街道）、旅游小镇和省市所列特色乡镇的农村居民，鼓励统转。其他乡镇，以重点人群和有转户意愿的农民为主要对象，鼓励农转城。有条件的山区乡，根据实际探索撤村并点进行中心村建设。突出重点人群转户，以工业园区、电力、公路、城镇、退田还湖等重点工程建设中的失地农民，在城镇区划内生活、就业的农民，已在城镇购买房产（含租赁）的本人、配偶、未婚子女及父母，外来投资兴业农业人口，“城中村”居民。机关事业单位的近亲属，大中专未就业毕业生，复退转军人及集中供养人员和分散供养五保户。

（二）建立住房保障机制

1．支持农业转移人口在城镇购买自有住房。进入城镇的农业转移人口，有用工单位的纳入住房公积金保障范围，由用工单位和本人共同缴纳住房公积金，并可通过申请住房公积金贷款购买普通商品住房；符合条件的可申请购买经济适用房。农业转移人口在城镇购买属于家庭唯一普通商品住房的，暂免征收印花税、土地增值税、减半征收契税；购买90平方米及以下面积，属于家庭唯一普通商品住房的，按照1%税率征收契税。

2．改善农业转移人口在城镇的居住条件。在城镇有合法稳定职业3年以上，并与用人单位签订通过人力资源和社会保障部门备案的用工合同，依法定期交纳社会保险的农业转移人员和进入城镇经商，办企业的农业转移人员，依法定期交纳3年以上社会保险的农业转移人员，可在当地申请公共租赁房。鼓励用人单位利用空置房、空闲地，改造、建设主要用于解决农业转移人口居住问题的保障性住房，享受国家和省规定的保障性住房建设中减免行政事业性收费和政府性基金的有关税费减免政策。

（三）建立就业、创业扶持机制

1．加大对农业转移人口的就业支持。将农业转移人口纳入城镇就业服务和政策扶持范围，帮助其在城镇稳定就业。在城镇常住地稳定就业满6个月后失业的农村转户进城居民，可在公共就业服务机构登记失业，并免费领取《就业失业登记证》。农业转移人口可在公共就业服务机构享受免费政策咨询、职业指导、职业介绍等公共就业服务，属就业困难人员可按政策享受就业援助政策。

2．增加对农业人员转移人口的转移就业政策扶持。将有转移就业意愿的农村人员纳入职业培训范围，享受创业政策咨询、项目推荐、开业指导、跟踪问效服务等“一条龙”服务，对从事微利项目的可申请5—10万元的“创业促就业”小额担保贷款或“贷免扶补”小额贷款，对农村转户居民从事创业的免收登记类、证照类和管理类行政事业性收费，从事个体经营的可享受税收优惠政策，从事个体经营（除国家限制行业除外）的首次创业人员，正常经营12个月以上的按相关规定可申请1000—3000元的一次性创业补贴。

3．扶持鼓励企业招用农业转移人口。整合各部门促进就业扶持资金，加大对劳动密集型小企业招用农业转移人口的政策扶持，对符合劳动密集型小企业认定条件的，可申请不超过200万元的劳动密集企业担保贷款。对稳定、成规模招用农业转移人口的企业和单位，给予贷款扶持和一定奖励。扶持和鼓励有条件的企业先行引导，以企业职工统一集资建房等形式转移农民工，积极引导其他有条件和愿意进城居住发展的农业人口转变为城镇居民。

4．加强农业转移人口就业职业技能培训。加快职业教育发展，强化中职教育的职能作用，加强中职教育师资队伍建设，提高职业教育、职业技能培训和劳动预备制培训比例，加大对农业转移人口的培训力度，力争使大多数农业转移人口掌握1至2门专业技能。对就读中职学校的农村籍学生按照国家和省的有关政策进行学费减免包干补助，扩大对农村籍学生就读职业院校的生活补助覆盖面。统筹各类教育培训资金，对农业转移人口教育培训给予倾斜，对符合条件参加培训的农业转移人口发放一定的资金补贴，确保农业转移人口都能接受不少于1次的有效专项职业能力或职业技能培训。建立健全农业转移人口职业培训长效机制，加大对具有专项职业能力或初级技工水平农业转移人口的技能等级提升培训和职业技能鉴定扶持力度，促使更多具有专项职业能力或已被认定为初级技工的农业转移人口转化为中、高级技工，促进农业转移人口充分就业、稳定就业。

（四）落实医疗及养老保险政策

1．为农村转户进城居民建立城镇医疗保险。农村转户进城居民，有用人单位并签订稳定劳动合同的，随用人单位参加就业地城镇职工基本医疗保险；没有单位的灵活就业人员，可由本人选择在合法稳定住所居住地自愿参加城镇职工基本医疗保险、城镇居民基本医疗保险、新型农村合作医疗保险。随同父母转变为城镇居民的子女，可选择在合法稳定住所居住地参加城镇居民基本医疗保险或者新型农村合作医疗保险。

2．做好新型农村合作医疗与城镇医疗保险的转移接续工作。按照规定积极做好进城农业转移人口医疗保险关系跨制度、跨地区转移接续工作，做到手续简便、流程规范、数据共享，方便广大参保人员转移接续基本医疗保险关系和享受待遇。

3．完善养老保险办法。与用人单位建立劳动关系的农业转移人口，应按照规定参加企业职工基本养老保险。没有用人单位的灵活就业农业转移人口，户籍在农村的，在户籍地参加新型农村社会养老保险；转户进城的，可自愿选择以灵活就业人员身份参加企业职工基本养老保险或城镇居民养老保险，转户前已经参加城乡居民社会养老保险的，待国家出台相关转移政策后，按照国家有关规定办理转移接续手续。

（五）建立完善教育保障机制

1．保障农业转移人口子女接受公平的义务教育。进入城镇的农业转移人口子女接受义务教育，按“以输入地政府管理为主、以全日制公办中小学接收为主”的原则，切实保证农业转移人口子女平等接受义务教育。科学规划，合理布局，加快配置城镇公办优质教育资源，按划片区招生、就近入学的办法招收农业转移人口子女，逐步提高公办学校和优质学校招收进入城镇农业转移人口子女的比例。对民办学校招收义务教育农业转移人口子女就读的，财政按照相应人数给予民办学校义务教育生均公用经费补助，加强义务教育民办学校管理，促进民办义务教育学校教育质量和办学水平的提高。进入城镇的农业转移人口义务教育阶段子女，与当地学生享受同等的“免补”有关政策。

2．为农业转移人口子女提供更多中等职业技能教育。进入城镇的农业转移人口子女，具有初中以上学历或同等学历的，不受户籍限制，均可参加全县各类中等职业学校入学报名和录取，与其他在校学生享受同等的助学金、奖学金和减免学费政策。

（六）完善农村土地管理机制

1．保留农村土地承包经营权和林权。江川县籍农村居民整户或部分家庭成员在城镇落户的，保留承包期内的土地承包经营权和林权，村集体及各级政府不得强制要求其退出承包期内的土地承包经营权和林权。加快农村土地和林地确权、登记、发证工作进度，明晰农村转户进城居民在农村的土地承包经营权和林权。鼓励整户家庭成员进城落户的农业转移人口退出承包土地，退出的承包土地交回村民委员会统一经营和管理。退出承包地的农村转户进城居民，由村集体或承包该地的新户主通过协商的方式进行适当补偿。承包该地的新户主可以享受与该承包地相对应的各类农业、农村补贴。

2．保留宅基地及农房权益。江川县籍农村居民整户或部分家庭成员在城镇落户的，保留宅基地及自有农房权益，并严格执行1户1个宅基地政策及标准，各级政府和有关部门不得强制要求其退出原有宅基地及农房。建立完善农村农房产权登记和抵押制度，加快农村宅基地及农房确权、登记、发证工作进度，明晰农村转户进城居民在农村的宅基地及农房权益，促进集体土地范围内的房屋由资产转变为资本。鼓励农村转户进城居民在本行政村内以流转方式有偿转让或退出宅基地。农村转户进城居民转让或退出宅基地后，不再享有分配宅基地的权利。

3．保留农村集体经济组织资产收益分配权。江川县籍农村居民整户或部分家庭成员在城镇落户，原已享受农村集体经济组织资产收益分配权的人员，保留转户时的农村集体经济组织存量资产收益分配权。积极推进农村集体经济组织股份制改革，将集体经济组织资产以股份形式量化到集体组织和农民个人，使农民成为集体经济组织的股东，确保农村转户进城居民不因为户籍变化影响其对农村集体经济组织资产的所有权和收益分配权，解除农村转户进城居民对丧失资产权益的后顾之忧。

4．盘活农业转移人口在农村的土地承包权和资产权益。建立完善农村产权交易机构和机制，以市场化方式推动农村土地承包经营权依法规范流转，支持城镇企业和个人参与农村土地承包经营权依法规范流转。开展农村土地流转信息收集发布、市场交易、政策咨询和办理产权登记等有关手续的服务；政府有关部门或村民委员会通过土地退出的补偿—整治—流转或置换方式，帮助农村转户进城居民实现宅基地、承包土地和林地有偿退出；实施对农村资产流转的金融信贷支持，简化农村资产抵押贷款程序、降低贷款门槛，扩大面向农村转户进城居民的农房、林权抵押贷款，使农村转户进城居民在农村的资产权益高效流转，为农村转户进城居民在城镇购房提供信贷支持。

（七）稳定计划生育政策

1．农村转户进城居民继续执行农村计划生育政策。农村转户进城居民，继续执行原户籍所在地农村居民计划生育政策和奖励政策。原符合生育第2个子女政策的，可在户籍迁入地申请再生育，其再生育的子女可在城镇正常落户。

2．农村转户进城居民享受户籍迁入地住院分娩补助政策。农村转户进城居民孕产妇，可根据转户类型在户籍迁入地申请享受户籍迁入地住院分娩补助政策、国家防治艾滋病“四免一关怀”政策。

（八）完善基本公共服务

1．建立农业转移人口进城落户、创业发展绿色通道。提高办理户籍迁移手续的服务水平，依托为民服务中心和各类公开办事平台，拓宽农业转移人口办理户籍迁移手续渠道，简化办事流程、减少办事环节、公开办事程序，提供"一站式"便利服务，使农业转移人口能够快捷办理户籍迁移登记手续。

2．增强城镇吸纳农业转移人口的承载能力。加强对小城镇的规划建设，强化产业支撑，把小城镇特别是县人民政府所在地作为推进农业人口转变为城镇居民工作的重点。公共资源优先满足教育和人力资源开发需要，科学规划城镇学校布局，统一全县城乡义务教育公用经费补助标准，加快新建和扩建一批幼儿园、中小学，增强城镇接收农业转移人口子女入学的能力。科学合理配置城乡公共医疗服务机构，加快社区卫生服务机构和乡镇（街道）卫生院建设步伐，提高城镇医疗卫生服务能力。在工业园区等新兴产业区，集中安置农业转移人口。统筹规划、合理布局，依托以公共租赁房为重点的保障房建设，建立农业人口转变为城镇居民群体居住点。

3．强化对农村转户进城居民的社会救助。农村转户进城居民因失业、疾病等原因出现生活困难，符合有关规定的，按照规定纳入城镇居民最低生活保障范围，在户口所在地申请给予救助。同时，建立健全临时救助制度，帮助农村转户进城居民按照规定解决突发性、临时性生活和医疗困难。

（九）加大投入力度

促进农业转移人口转变为城镇居民，在城镇需要新增一些对医疗、社保、教育、住房等城市基础设施和公共服务的需求与投入，在一定时期内对各级财政提出了新的更高要求。各乡镇（街道）、各有关部门要从全局出发，充分认识加大城乡统筹力度、促进农业转移人口转变为城镇居民，推进城乡经济社会协调发展的重要性、必要性和紧迫性，努力加大投入力度，确保各项政策措施的落实。全县各有关部门要加大向国家和省、市有关部门的请示汇报力度，积极争取国家和省对我县促进农业转移人口转变为城镇居民工作给予必要的政策支持和资金投入。要充分发挥统筹城乡发展促进农业转移人口转变为城镇居民的主导作用，将统筹城乡发展作为公共财政投入的重点领域，积极调整财政预算支出结构，千方百计筹措资金，足额安排工作经费，大幅度增加对统筹城乡发展的投入力度，并积极整合有关项目资金，广泛吸引社会资金投入，实施好对转户居民养老保险的补助和对吸纳农村转户进城居民就业企业社保缴费的补差，有效增加城市基本公共服务，搞好城市基础设施建设，加快发展教育、卫生、文化、民政等公益事业，为转户居民尽快融入城市社会、集中精力投入城市建设创造必要的基础条件。要始终把社会主义新农村建设作为统筹城乡发展的重点，加大支持力度，加强公共服务覆盖，不断缩小城乡差距，努力实现城乡一体化发展。

三、加强对促进农业转移人口转变为城镇居民工作的领导

（一）强化组织领导

各乡镇（街道）、各有关部门要加强对促进农业转移人口转变为城镇居民和促进经济社会协调健康发展工作的领导，及时成立统筹城乡发展促进农业转移人口转变为城镇居民工作协调领导小组，准确把握政策界限，定期研究决定有关政策措施，协调解决工作中存在的困难和问题，结合本地实际制定具体实施办法，督促检查工作目标落实情况，加大改革工作的推进力度。要建立和完善实施促进农业转移人口转变为城镇居民部门领导责任制，并纳入干部年终考核内容。建立完善县、乡镇（街道）监督网络，加强对改革工作的监督检查，对损害进城农民利益和权益的部门和人员，要进行问责或给予纪律处分，违反法律的要依法追究有关人员的法律责任。

（二）完善工作机制

积极整合各级各类建设项目、民生扶持政策、奖励补贴资金，并增加各级政府财政投入，加大公共基础设施建设力度，提高城镇吸纳农业转移人口的承载能力。要客观把握我县城镇居民少、城乡差距大等实际情况，在区域规划调整、加大城乡统筹等方面积极探索、稳步实践，促进城镇人口合理聚集。要建立起一套以公安户籍为基础，各职能管理部门资源共享的信息化政府管理系统，完善工作联动机制，明确责任分工，增加必要的投入，确保城镇化有序推进。各级各部门要加强联系，密切配合，各尽其责，为农业转移人口进城落户营造良好的政策环境，切实保障农村转户进城居民的合法权益。

（三）加强宣传引导

各级各有关部门要采取多种形式加强宣传，在全县广泛宣传农业转移人口转变为城镇居民的有关政策内容，对所涉及的重点群体深入开展政策讲解，引导并发挥群众的积极性和主动性，广泛凝聚社会力量。在各级各类主要媒体上设置宣传专栏，为群众答疑解惑，搭建政府与群众沟通的桥梁，形成全社会支持、理解、参与的良好氛围。同时，要把各项政策纳入有关部门干部培训教学计划，全面提高政策执行人员对政策的认识、理解和执行水平，增强贯彻落实的自觉性和准确性。

2012年6月13日

江川县人民政府
关于印发江川县进一步加强乡村医生队伍建设全面提升乡村医生素质实施意见的通知

江政发〔2012〕58号

各乡、镇人民政府，大街街道办事处，县属各局、办，各事业单位：

《江川县进一步加强乡村医生队伍建设全面提升乡村医生素质实施意见》经县人民政府同意，现印发给你们，请认真贯彻落实。

二〇一二年六月二十六日

江川县进一步加强乡村医生队伍建设全面提升乡村医生素质实施意见

为深入贯彻落实中央、省、市关于深化医药卫生体制改革的一系列重要决定，加快推进我县基层医疗卫生机构综合改革，加强乡村医生队伍建设，提高乡村医生的职业道德和业务素质，维护乡村医生的合法权益，着力提升村卫生所的整体服务功能和服务水平，根据《关于进一步加强乡村医生队伍建设全面提升乡村医生素质三年行动计划（2011年—2013年）的实施意见》（玉政发〔2011〕120号）精神，结合我县实际，特制定本实施意见。

一、指导思想

以邓小平理论和“三个代表”重要思想为指导，深入贯彻落实科学发展观，按照“保基本、强基层、建机制”的总体要求，进一步完善乡村医生补偿、养老政策，加强乡村医生后备力量建设，健全培训制度、强化管理指导，规范执业行为，培养一支数量充足、结构合理、素质优良的农村卫生人才队伍，筑牢农村医疗卫生服务“网底”，促进公共卫生服务均等化。

二、目标和任务

进一步深化乡村医生人事制度改革，理顺管理体制、明确乡村医生职责，重新核定乡村医生岗位，建立合理的准入和退出机制，完善收入分配、绩效考核机制。2012年—2013年底，完成推荐中专学历教育培训30人，函授、成人教育培训60人，面向社会招聘15人左右；完成年满60周岁（男）和55周岁（女）的63名乡村医生退出手续办理，逐步使全县乡村医生的学历层次达到中专以上，促进农村卫生工作队伍业务水平和服务能力全面提升。

三、工作措施

将乡村医生队伍建设工作作为切实为农民群众解决健康问题的系统工程，作为提高农村卫生队伍整体素质、改善层次结构和增强服务能力的主要举措，周密组织，逐步建立乡村医生准入机制、退出机制、财政补助机制、招聘机制、培训机制、绩效管理机制。

（一）建立准入机制

1．根据服务人口、居民需求以及地理条件等因素，合理规划村卫生室设置。原则上每个行政村设置1所村卫生室，人口较多或者居住分散的行政村可酌情增设；乡镇卫生院所在地的行政村可不设村卫生室。

2．根据实际需要核定乡村医生人数，合理配置人员。尽快编制乡村医生队伍建设规划，建立乡村医生后备人才

库，及时补充村卫生所缺员。全县乡村医生人数实行总量控制、动态管理，原则上按农业人口每千人核定1名乡村医生，居住分散的行政村可按每千人核定1.5名乡村医生。每所村卫生室至少配置2名乡村医生(其中至少有1名女医生)。

3．严把乡村医生准入关。在岗和新进入的乡村医生必须取得医学学历或具有执业助理医师以上资格，否则不得使用或录用；对不具备资质的人员可限定期限参加医学教育，在3年期限内未取得中专以上学历的予以清退。同时，制定鼓励大专以上医学学历人员从事乡村医生的优惠政策，对新招聘连续工作满5年的大专以上学历乡村医生一次性给予2万元奖励。

（二）建立退出机制

1．乡村医生男年满60周岁、女年满55周岁的必须办理退出手续。

2．对按年龄政策规定办理退出手续的乡村医生，按月发放退养补助。连续工龄在30年及以上的按200元/月发放，连续工龄在20年(含20年)—30年的按150元/月发放，连续工龄在10年(含10年)—20年的按100元/月发放。退养补助由市财政补助40%，县财政承担60%。

3．对三类人员给予一次性退出补助。在本项政策出台前已退出仍健在且连续工龄在10年以上的、目前在岗连续工龄不足10年，但已达到退出年龄的、因学历不达标、条件不具备被清退的，每人给予480元（其中，市级财政承担200元，县级财政承担 280元）×工龄的一次性退出补助。一次性退出补助按实际工龄数计算(截止到退出时间)。

4．因个人原因自动脱离乡村医生岗位的、因纪律处分被开除的、因连续三年考核不合格等原因被辞退的人员不得享受退养补助或离岗补助。

（三）完善保障机制

1．将县财政对乡村医生的补助标准提高到人均100元／月以上，且今后随经济社会的发展逐步提高，使乡村医生与当地村干部的补助水平相衔接。

2．将乡村医生培训经费按农业人口人均0.5元的标准纳入县级财政年度经费预算。乡镇（街道）卫生院可根据国家政策组织在岗乡村医生参加城镇居民养老保险、新型农村社会养老保险或商业养老保险等。

3．积极争取中央、省、市的支持，加大对村卫生室房屋、医疗设备等基础设施建设的投入力度，大力改善农民群众看病就医条件。从2012年起，按市下达的年度建设任务，新建村卫生室的建筑面积可结合实际适当提高。政府出资建设的村卫生室房屋和购置的设备属于国有资产，由所在地乡镇卫生院统一管理。

（四）建立招聘机制

在核定范围内的乡村医生空缺岗位可按照“退一进一”的原则招聘具有合格资质条件的人员予以补充。每年面向社会招考一定数量品学兼优、中专以上全日制医学院校毕业生(优先考虑取得法定执业资格的)到村卫生所工作，力争到2013年底基本实现全县25个以上的村卫生室有1名新招聘村医。招聘录用的大中专村医档案由县人才交流中心管理，每年年底由乡镇（街道）卫生院进行考核。对连续服务5年及以上、工作表现优秀、资质符合条件的招聘村医，在乡镇卫生院招聘人员时，可明确一定数量的指标优先录用。

（五）建立培训机制

1．加强学历教育，加速在岗乡村医生的执业助理培训工作。鼓励有条件的在岗乡村医生参加医学类成人中专或大专的招生考试，进行正规化、系统化的医学教育，提高在岗乡村医生的学历层次。鼓励具备正规中专及以上医学学历的乡村医生参加国家执业医师、执业护士资格考试，取得执业助理医师、执业护士等资质。

2．强化在职培训，提高乡村医生的法律意识和专业素质。建立健全培训管理制度，用政策和制度进行激励和制约，促进乡村医生培训制度化、规范化。通过函授学习、临床进修、参加专题讲座、定向培养、委托培训、乡镇（街道）卫生院派人驻点、城乡对口支援、选派乡村医生到县级医院接受培训，提高乡村医生的专业素质水平和法律法规意识。县卫生局每年至少要组织乡村医生培训2次，累计培训时间不少于2周；同时，2013年以前推荐不少于30名在册乡村医生参加玉溪卫校乡村医生中专学历教育（学费先由学员垫付，毕业后一次性由市级财政给予报销）。经批准参加脱岗学习的乡村医生可继续享受在岗待遇。在乡村医生中全面开展计算机运用技术知识普及培训，使之掌握基本技能，提高管理效率和工作效率。

（六）建立绩效管理机制

由县卫生局统一制定村卫生室、乡村医生绩效管理和考核办法并组织实施，督促指导乡村医生认真履行公共卫生服务职能，规范服务行为。考核结果在所在地行政村公示，并作为财政补助经费核算和对在村卫生室执业的乡村医生进行动态调整的依据。

四、工作要求

（一）加强组织领导。提升乡村医生素质是一项艰巨、复杂的工作，各乡镇、大街街道及有关部门要加强领导，将乡村医生队伍建设作为医改的一项重要工作，列入议事日程，制定具体行动计划，完善相关配套政策，成立相应的组织领导机构，加大投入，将乡村医生退养补助、退岗补助、乡村医生培训经费等纳入财政预算。卫生、财政、人事等各有关部门要积极配合，认真履行工作职责，确保此项工作收到实效。

（二）理顺管理体制。卫生部门要切实履行主管部门职责，将乡村医生纳入管理范围，今年内要完成对现有乡村医生的摸底调查，建立乡村医生个人档案，做到一人一档，实行统一管理；要建立健全符合村卫生室功能定位的规章制度和业务技术流程，在不改变乡村医生人员身份和村卫生室法人、财产关系的前提下，积极推进乡镇卫生院和村卫生室一体化管理，切实改变乡村医生管理体制不顺的问题。卫生、财政、物价等部门要加强对乡村医生和村卫生室补助经费使用的监管，督促其规范会计核算和财务管理，公开医疗服务和药品收费项目及价格，做到收费有单据、账目有记录、支出有凭证。监察部门要加大监督检查力度，严禁任何单位和个人以任何名义向乡村医生收取、摊派国家规定之外的费用。乡镇（街道）卫生院要加强对乡村医生及村卫生室药品器械供应使用和财务管理的日常监督，加强对乡村医生的业务指导，做到每半年至少进行1次业务讲座、每月召开1次例会。

（三）提高村卫生室信息化水平。将村卫生室纳入基层医疗卫生机构信息化建设和管理范围，充分利用信息技术对其服务行为和绩效进行考核，提高乡村医生及村卫生室的服务能力和管理水平。根据村卫生室的功能，建立统一规范的居民电子健康档案，实行乡镇卫生院和村卫生室统一的电子票据和处方笺。

（四）扩大政策宣传。深化乡村医生管理体制改革需要各级各部门、社会各界和广大群众的理解、支持和参与。县电视台、电台、江川网等媒体要坚持正确的舆论导向，广泛宣传改革的重大意义和主要政策措施，使广大乡村医生积极参与改革，为进一步深化医药卫生体制改革提供有力保障。

江川县人民政府
关于加强行政调解工作的意见

江政发〔2012〕111号

各乡、镇人民政府，大街街道办事处，各有关部门：

为贯彻落实《国务院关于加强法治政府建设的意见》（国发〔2010〕33号）、中央综治委等16个部委《关于深入推进矛盾纠纷大调解工作的指导意见》（综治委〔2011〕10号）和《玉溪市人民政府关于加强行政调解工作的意见》（玉政发〔2012〕176号）精神，充分发挥行政调解化解社会矛盾，维护社会和谐稳定作用，结合实际，现就加强我县行政调解工作提出以下意见：

一、充分认识加强行政调解工作的重要性

行政调解是由行政机关主持或主导的，以法律、法规和政策规定为依据，主要以行政争议和与行政管理有关的民事纠纷为对象，通过说服劝导等方法，促使各方当事人平等协商、互谅互让、达成协议，消除矛盾的一种纠纷解决机制。做好行政调解工作，是密切党和政府与人民群众联系、促进社会和谐的重要途径，是加强和创新社会管理、加快法治政府建设的迫切需要。目前，我县正处在经济社会发展的关键时期，社会利益和群众需求呈现多元化趋势，社会矛盾化解工作也面临着许多新情况、新问题。各乡镇（街道）、各有关部门要将行政调解作为重要的社会矛盾调处手段，充分利用行政调解工作优势，运用调解的办法做好矛盾纠纷化解工作，从源头上预防和减少社会矛盾，为切实维护社会和谐稳定、促进经济社会又好又快发展发挥重要作用。

二、指导思想、工作原则、调解范围和程序

（一）指导思想

深入贯彻落实科学发展观，以化解社会矛盾纠纷为根本，建立行政调解工作体制，创新行政调解工作机制，充分发挥行政机关在化解行政争议和与行政管理有关的民事纠纷中的作用，推动建立行政调解与基层人民调解、司法调解相衔接的大调解联动机制，形成调解工作合力，有效化解社会矛盾，积极为全县经济社会发展创造和谐、稳定、有序的社会环境。

（二）工作原则

1. 属地管辖原则。行政机关对发生在本地区、本部门的矛盾纠纷要按照“属地管理、分级负责”的原则和要求，积极履行职责。

2. 自愿原则。行政调解要充分尊重各方当事人意愿，不得强迫当事人接受调解方式或调解结果。

3. 合法原则。行政调解要遵循法律、法规和政策，调解内容不得违反法律禁止性规定，不得损害国家利益、公共利益和他人合法权益。

4. 公平公正原则。行政调解要兼顾各方当事人的合法权益，平等协商处理利益纠纷，体现公平正义，行政机关作为当事人一方时，与行政管理相对人的地位平等。

5. 注重效果原则。行政调解要实现法律效果和社会效果的有机统一，达到“定纷止争、案结事了”。

（三）调解范围

1. 行政机关（包括法律法规授权的组织、综合行政执法机构）与公民、法人或者其他组织之间产生的行政争议。重点解决土地征收、城镇房屋拆迁、人力资源社会保障、治安管理等方面的行政争议。

2. 公民、法人或者其他组织之间产生的与行政管理有直接或间接关联的民事纠纷。重点解决交通损害赔偿、医疗卫生、消费者权益保护、物业管理、劳动争议等与行政管理有关的民事纠纷。

3. 与行政管理有关的涉及资源开发、环境污染、公共安全事故等方面重大、复杂的民事纠纷，以及涉及人数众多，社会影响大，可能影响社会稳定的纠纷。

4. 行政复议机关可以调解、和解的争议纠纷。重点解决涉及行政处罚自由裁量权的行使、行政赔偿或者行政补偿纠纷。

（四）调解程序

1. 申请。行政调解可书面申请，也可口头申请。可由

一方当事人申请，也可由行政机关依据职权提出，但必须征得各方当事人同意。当事人是公民、法人和其他组织的，可向具有相关管理职能的行政机关提出调解申请。

2．受理。行政机关收到行政调解申请后，应当在7个工作日内决定是否受理并告知当事人。两个以上行政机关收到同一行政调解申请的，由具有相关管理职能的行政机关受理，对涉及多个部门的矛盾纠纷，由县政府法制部门（行政调解工作协调领导小组办公室）受理或由其指定的部门受理。

3．调处。行政机关受理行政调解申请后，应当及时告知当事人依法享有的权利、义务和相关事项。调解过程中，要认真听取当事人的陈述、申辩和质证，分析并归纳各方争议的焦点，依据法律法规、规章和政策等有关规定，对当事人进行说服、劝导，引导争议各方达成谅解。涉及重大、复杂以及社会影响较大的争议纠纷，行政机关应当制作调解笔录，全面客观记载调解的过程和内容。对争议纠纷基本事实有异议的，行政机关可采取听证、现场调查等方式调查取证。调解达成协议的，应当签订调解协议书。行政调解协议经各方当事人认可并签字或盖章确认后，即对调解当事人具有约束力，当事人应当自觉履行。当事人一方是公民、法人和其他组织不履行调解协议的，行政机关可以向人民法院申请强制执行，当事人一方是行政机关不履行调解协议的，公民、法人和其他组织可以向人民法院提起行政诉讼。行政调解达成的调解协议，双方当事人认为有必要的，可以依法向人民法院申请司法确认。行政调解机关应当跟踪调解协议的执行情况，督促双方当事人及时履行，促进调解目的的实现。

4．时限。为了保护当事人行政复议和行政诉讼权利，避免久调不决，行政调解期限一般不应超过30日。在30日内达不成调解协议的，行政机关应当及时终止调解，告知当事人通过行政复议、仲裁和诉讼等渠道解决争议纠纷。

法律、法规、规章对行政调解范围、程序、时限等有明确规定的，从其规定。

三、充分运用行政调解方法解决行政争议和与行政管理有关的民事纠纷

（一）努力把行政争议化解在行政复议工作中

各乡镇（街道）、各有关部门要切实做到行政调解与依法履职相结合，充分运用调解方法解决行政争议。各级行政复议机关要根据《中华人民共和国行政复议法实施条例》规定的调解原则、范围，在不损害国家利益、公共利益和他人合法权益的前提下，按照调解优先原则解决行政争议。在行政复议决定作出之前，要深入了解各方诉求，找准争议焦点，向当事人宣传有关法律法规和政策，摆事实、讲道理，耐心细致地做好当事人的思想工作，为各方当事人自愿调解、达成协议创造条件。经调解，各方当事人达成和解协议的，行政机关应当做好和解协议内容记录；各方当事人达成调解协议的，行政机关应当制作行政复议调解书，并自觉履行和解、调解协议。

（二）切实做好与行政管理有关的民事纠纷的调解工作

各乡镇（街道）、各有关部门应当结合本地区、本部门的工作实际，建立健全与行政管理有关的民事纠纷的调处工作程序。对依法应当由行政机关调处、裁决的民事纠纷，行政机关要在当事人同意的基础上优先采用调解的方法，向当事人耐心宣传有关法律法规，说服和劝导当事人在平等协商、互谅互让的基础上解决纠纷，努力促成各方当事人达成协议。通过调解，各方当事人能够达成协议的，行政机关应当制作行政调解文书；不能达成协议的，行政机关应当终止调解，在法定期限内依法作出处理，并及时告知当事人救济权利和途径。

（三）积极做好行政案件的应诉和协调工作

各乡镇（街道）、各有关部门要认真执行《玉溪市行政机关法定代表人行政诉讼出庭应诉暂行规定》，积极做好相关行政诉讼的应诉工作，对于具有重大影响、争议时间较长、涉及面广、群众普遍关心的难点、热点案件和人民法院认为应当出庭应诉的案件，行政机关法定代表人应当出庭应诉。各乡镇（街道）、各有关部门要积极配合人民法院做好行政案件诉前、诉中、判后、执行的各项工作。对人民法院在行政诉讼立案阶段提出的意见，应当认真对待、积极履行；对人民法院指出的执法问题，应当立即核实、主动改正、消除负面影响；对因行政行为被诉可能引发重大矛盾纠纷的，应当立即将有关情况向主管领导汇报。政府法制部门要发挥好对本级政府和所属工作部门涉诉行政争议化解工作的统筹协调作用，积极配合做好涉诉行政争议化解工作。

四、建立健全行政调解工作机制

（一）建立健全行政调解工作制度

各乡镇（街道）、各有关部门要建立健全行政调解工作制度，规范行政调解工作。要根据行业特点和要求制定行政调解程序，规范行政调解案件的受理、调查、调解、制作调解协议等工作环节。行政调解中，要保障当事人的平等地位，保障当事人的知情权、参与权和救济权。

（二）建立行政调解工作考核机制

行政调解工作纳入政府工作目标考核。各乡镇（街道）、各有关部门要建立健全行政调解工作机制，依法及时化解社会矛盾纠纷。要按照“属地管理、分级负责”的原则，对发生在本乡镇（街道）、本系统的行政争议，要及时进行调解。对重大行政争议，要重点研究解决措施，抓好落实工作。对未按规定调解矛盾纠纷，影响社会稳定的，县政府要在年度行政效能考核中予以扣分；对不履行调解职责，化解社会矛盾纠纷不及时，造成严重后果的，要予以问责。

（三）建立行政调解与基层人民调解、司法调解的衔接配合机制

各乡镇（街道）、各有关部门要积极做好行政调解与有关基层人民调解的衔接配合。行政机关在调处矛盾纠纷时可邀请有关基层人民调解组织参加，有关基层人民调解组织调解矛盾纠纷需要相关行政机关协助调解的，可向有关行政机关提出，行政机关应当指派人员参加调处工作。县级行政机关要主动加强行政调解与司法调解的衔接配合，建立调解情况通报交流制度，充分发挥各自职能，妥善化解各类纠纷。行政机关对于调解不成的矛盾纠纷，应当及时告知、引导当事人通过复议、仲裁、诉讼等渠道解决。对于进入诉讼程序的行政争议，在诉前已经做过行政调解工作的，被诉行政机关应当将行政调解的有关情况告知人民法院。

（四）建立行政调解经费保障机制

县级财政部门要按照现行事权、财权划分原则，在分清渠道，分级负担的前提下，根据部门预算管理有关要求，将行政调解工作经费纳入本级财政年度预算，予以保障。

五、加强领导，抓好落实

（一）建立健全行政调解工作体制机制

各乡镇（街道）、各有关部门要建立健全“一把手”负总责，分管领导具体抓、部门法制机构（法制专、兼职人员）牵头、相关股室参与的行政调解工作机制，指定具体股室及人员承担行政调解工作，落实本地区、本部门的行政调解职责，开展矛盾纠纷的排查调处工作。涉及矛盾纠纷较多的卫生、民政、住房城乡建设、国土资源、人力资源社会保障、工商、公安、交通运输、环保等部门应当成立行政调解委员会，建立健全行政调解工作机制。

（二）加强行政调解信息通报和备案工作

各乡镇（街道）、各有关部门要认真加强行政调解的信息统计分析上报工作，每半年报送一次，于每年6月30日、12月31日前将本乡镇（街道）、本部门开展行政调解工作情况报县政府，并抄报县政府法制办公室；对重大复杂的案件，要将行政调解协议书及相关材料报县政府法制办备案；对涉及人数众多、社会影响大、可能影响社会稳定的问题，要及时向党委、政府报告。县政府法制办要定期对信息报送情况进行汇总、分析和通报，行政调解工作情况纳入年度依法行政工作报告内容进行报送。

（三）加强行政调解队伍建设

各乡镇（街道）、各有关部门要加强行政调解队伍建设，选调政治思想好、业务能力强、有较高法律素质、善于做群众工作的干部承担行政调解工作。要加强对行政调解工作人员的培训，提高行政调解工作人员政治、法律和业务素质，提升行政调解工作水平。要紧密依靠基层组织、相关行业协会和专家学者发挥行政调解作用，动员社会各方面力量积极参与行政调解工作。

（四）加强监督指导

各乡镇（街道）、各有关部门要根据行政调解工作的具体部署，制定本乡镇、本部门开展行政调解工作的实施方案，并于2012年12月31日前报县政府，同时抄送县政府法制办公室。县政府法制部门作为行政调解工作的牵头部门，要加强对县政府所属部门行政调解工作的指导、督促、协调工作。要充分运用行政调解手段，切实把矛盾化解在基层，化解在萌芽状态，化解在行政机关内部。

江川县人民政府

2012年11月26日

江川县人民政府
关于推进义务教育均衡发展的实施意见

江政发〔2012〕114号

各乡、镇人民政府，大街街道办事处，县属各局、办：

为深入贯彻全国教育工作会议精神和《国家中长期教育改革和发展规划纲要（2010—2020年）》，认真实施好我县教育事业“十二五”规划，按照《国务院关于深入推进义务教育均衡发展的意见》和《云南省人民政府关于促进义务教育均衡发展的实施意见》要求，进一步推进江川义务教育均衡发展，促进教育公平，特提出如下实施意见。

一、深刻认识推进义务教育均衡发展的重大意义

义务教育均衡发展是促进社会公平正义的基础性、先导性、全局性奠基工程之一。江川县1993年普及了六年义务教育，1995年实现了高标准扫除青壮年文盲，1996年普及了九年义务教育，1999年普及了实验教学。2010年顺利通过了“两基”国检验收，接受了省政府教育工作督导评估，并被省政府认定为“教育工作先进县”，全县义务教育工作迈入全面巩固提高的新阶段。促进义务教育均衡发展，是国家、省教育体制改革试点工作的重要组成部分，是贯彻落实国家和省中长期教育改革和发展规划纲要的一项紧迫任务，是江川教育在现有基础上取得新发展的突破口，是我县实施教育公平战略的必由路径，是满足人民群众对优质教育资源期盼的重要保证，也是为我县经济社会发展提供人力资源保障的重要举措，对我县建设高原湖泊生态县、现代宜居高原湖泊生态城、国际高原湖泊生态休闲度假旅游目的地和实施“生态立县、工业强县、农业稳县、旅游活县、文化兴县”战略具有重要的基础性作用。

二、目标要求

（一）总体要求。在全面巩固义务教育普及水平、提高普及质量的基础上，以推进区域学校布局调整和标准化学校建设为主线，均衡配置教师、校舍、经费、设备、图书等资源，建立健全义务教育均衡发展的制度保障体系及运行机制；以缩小学校、城乡和区域之间的差距为重点，着力化解义务教育阶段难点热点问题，有效提升边远山区、少数民族地区的义务教育质量，在县域内逐步实现均衡发展；以素质教育为主题，深化义务教育领域各项改革，引导学校全面贯彻教育方针，促进学生全面发展；以加强校长和教师队伍建设为关键，努力打造创新型、高素质、高水平的学校人才团队；坚持标本兼治、综合治理，努力减轻中小学生课业负担。

（二）工作目标。2012年，实现县域内义务教育发展初步均衡目标。2015年，县域内义务教育发展达到基本均衡目标。到“十二五”末，全县义务教育入学率保持在99.5%以上，九年巩固率达到93%以上，公共财政保障义务教育均衡发展的制度体系及运行机制基本建立，保障能力及水平比2010年明显提高，基本形成满足就近入学需要的学校布局；95%以上的义务教育学校校舍和设备配置水平达到省定标准，校园及校舍基本达到国家抗震设防标准；配齐国家义务教育课程设置方案规定学科的各类教师，形成优秀校长和骨干教师合理流动的体制机制，教师职业道德修养和业务技能素养适应实施素质教育的要求；全县义务教育学校均按照国家义务教育课程标准开齐课程、开足课时，城乡、区域和学校之间的教育教学质量差距明显缩小；初步形成现代学校管理制度，校园内外安全有序，校园文化积极向上，学生负担有效减轻。

三、主要任务

（一）探索完善均衡发展机制。按照国家教育体制改革的总体要求和“省级统筹、以县为主、城乡统一、稳步推进”的原则，根据省教育改革方案，探索县域内优秀校长和骨干教师合理流动机制；加大边远学校教师培训力度；逐步扩大定向择优生比例，将优质公办高中部分招生名额分配到初中学校；保障进城务工人员随迁子女义务教育权益；探索解决义务教育阶段择校问题，消除重点校、重点班和“大班额”现象等有效机制和政策措施。

（二）推进中小学区域布局调整。切实加大统筹力

度，通力合作，按照国家、省、市关于中小学区域布局调整的部署和工作要求，合理布局义务教育学校，确保适龄儿童少年顺利完成九年义务教育，维护好、巩固好、发展好适龄儿童少年的基本权益，使县域内学校布局能够整体适应城镇化进程、人口变动、学龄人口变化等方面的需要，为义务教育标准化学校建设和最大限度提高办学效益奠定基础。

（三）推进校园校舍标准化建设。积极争取各级支持，按照《农村普通中小学校建设标准》和《城市普通中小学校建设标准》，推进全县义务教育学校校园校舍标准化建设，使全县义务教育学校生均占地面积、生均校舍建筑面积、生均绿化面积等逐步达到省定标准，把学校建设成为放心、安全的公共场所。

（四）推进设备标准化建设。实施薄弱学校改造计划，按照国家和省定标准，为全县义务教育学生配置合格的课桌椅，为学校配置标准化教学仪器、实验设备、图书、数字化资源、音体美等学科教学器材、现代远程教育设备，为寄宿学生配置完善的生活设施、设备。按照“两基”巩固提高验收标准，完善学校校门、围墙、水源等配套设施。按照“安全第一”的基本要求，配置必要的校园安全设施设备，确保师生安全和学校稳定。

（五）推进教职工配置标准化。科学配置义务教育教职工资源，根据标准化建设和义务教育均衡发展的需要，调整义务教育学校教职工编制标准，并向农村学校实行必要的政策倾斜。坚持和完善定期按照标准核定义务教育学校教职工编制的制度。依法严把义务教育学校校长和教职工“入口关”。重点补充音乐、体育、美术、英语、信息技术等学科教师和安全保卫、后勤服务人员，使全县义务教育学校教职工配置能全面满足各学科教学及安全管理、后勤服务等工作需要。

（六）推进城乡义务教育经费保障标准化。把义务教育保障经费作为政府履行公共财政职能的重点领域，按照国家、省、市的政策要求，落实义务教育公用经费补助配套资金和各项政策，逐步扩大寄宿学生生活补助范围、提高补助标准，建立城乡学校校舍维修一体化长效机制，实现公共财政对城乡义务教育的保障标准、能力和水平一致。

（七）推进课程实施规范化。县乡政府及有关部门要为学校规范实施义务教育课程，实现义务教育培养目标提供基本保障。义务教育学校要严格按照国家义务教育课程设置方案，开好规定的课程、开足规定的课时。按照国家颁布的义务教育各学科课程标准，开展好教育教学活动，确保各学科教学达到国家规定的质量要求。

（八）推进校园文化建设特色化。引导、鼓励和支持义务教育学校因地、因校制宜，广泛、深入开展校园文化创建活动，逐步形成各具特色的校园文化。

四、具体措施

（一）全面深化基础教育改革，促进义务教育内涵发展。打破县域内行政区域界限，积极探索县域内义务教育学区管理体制，完善以强带弱“捆绑式”对口支援帮扶机制，扶持薄弱学校发展，扩大优质教育资源总量。按照《中华人民共和国义务教育法》以及我省实施办法的规定，落实各级政府促进义务教育均衡发展的法定责任，切实履行对行政区域内义务教育均衡发展统筹规划、政策引导、监督管理和提供公共服务的职责，建立健全公共服务体系，实现义务教育公共服务均等化。坚持义务教育公益性原则，完善进城务工人员随迁子女就学保障体系，确保每一个适龄儿童少年的就学权益。深入推进义务教育评价制度改革，实行义务教育学生综合素质评价和学业水平考试制度，建立以素质教育为导向的义务教育质量基本标准，实行义务教育课程实施、教育质量、均衡发展监测、评估、公告制度。深化高中阶段学校招生制度改革，以初中学业水平考试和综合素质评价结果为主要依据，实行江川一中招生名额合理分配到区域内初中的办法，规范普通高中优秀特长生录取办法，继续完善职中招生办法，努力扩大职业教育规模。提高中小学德育工作的主动性、针对性和实效性。积极推进教学模式、手段、方式变革，坚持学思结合、知行统一、因材施教，深入推进“双主互动”课堂教学模式改革，在有条件的地方积极探索“小班化”教学，有效提高课堂教学效益。

（二）以专业化建设为重点，优化义务教育教师资源。健全完善义务教育教师补充机制，实施好农村义务教育教师特设岗位计划，完善教师招聘机制，确保义务教育教职工基本数量和质量需求。以提高农村义务教育教师整体素质为重点，完善义务教育教师培训机制，落实好“国培计划”和省、市培训计划，强化县级培训和校本培训，提升全县义务教育教师整体素质。依法保障义务教育教师工资水平不低于当地国家公务员的平均工资水平，并逐步提高。推进义务教育教师专业技术职务改革，探索义务教育学校校长职级制，建立完善校长和教师校际交流办法。加强条件艰苦地方义务教育学校教职工队伍建设，建立优秀教师到山区支教制度，在编制比例、工作津贴、岗位设置等方面给予倾斜，吸引和鼓励广大教师扎根农村、安心任教。

（三）加强学校现代管理，提升义务教育“软实力”。根据义务教育有关法律法规，进一步明确政府、学校、社会在促进义务教育均衡发展中的责任和义务，大力推进依法行政、政务公开和校务公开，依法规范义务教育管理行为和学校办学行为。教育行政部门和普通中小学校，要探索建立符合现代教育理念、符合现代基础教育体系和价值取向、适应基础教育现代化趋势要求、引领全县义务教育均衡发展的普通中小学校现代管理基本制度框架，实现管理方式多样化、管理手段现代化、管理结果精准化；要积极推进以班级建设为基础的学校精细化管理工程，不断提升学校管理水平，缩小城乡学校的管理差距。各级各部门、各中小学校，要认真落实校园安全管理责任制，强化安保措施，提高广大师生预防灾害、自我防护、应急避险和防范违法犯罪活动的能力。按照国家和省的要求和有关规定，配齐义务教育学校安全管理人员。各有关部门要依法履行职责，做好义务教育学校周边环境及治安综合治理，保障师生安全，创建平安和谐校园。

（四）关爱特殊群体，保障其平等接受义务教育的权利。健全“政府主导、社会参与”的义务教育贫困学生助学体系，强化公共财政主导能力，推进家庭经济困难寄宿生生活补助“扩面提标”工作，扩大社会参与程度。筹集资金，认真组织，加强监管，实施好农村义务教育阶段中小学生营养改善行动计划。优化整合县城周边教育资源，逐步消除县城学校“大班额”现象，切实保障进城务工人员随迁子女就学权益。高度重视并做好统筹，组织各部门参与，探索建立解决留守子女义务教育问题的长效机制。农村中小学寄宿资源要优先满足农村留守儿童需求。

五、组织保障

（一）加强领导，完善推动义务教育均衡发展的工作机制。义务教育均衡发展实行政府“一把手”负责制，政府主要领导对行政区域内义务教育均衡发展负总责，政府常务会定期研究义务教育均衡发展、决策重大事项、解决突出问题。将促进义务教育均衡发展成效作为各级政府领导班子和领导干部政绩考核的重要内容，在全县范围内实行义务教育均衡发展双线目标责任制，把义务教育均衡发展工作纳入各级政府、各有关部门年度工作目标责任双线考核内容，由督导、监察、教育等部门联合开展定期检查，并实行严格的问责制度。

（二）加大投入，保障义务教育优先发展。进一步完善和落实义务教育投入体制机制改革的各项政策，依法保障义务教育投入“三个增长”。要把义务教育均衡发展所需经费全面纳入财政保障范畴，予以优先保障。教育费附加和地方教育附加根据国家和省的有关规定主要用于基础教育发展。逐步化解农村义务教育债务，财政投入要向薄弱地区倾斜。要通过加大转移支付力度，加大对边远学校的投入，帮助其有效突破薄弱环节、逐步解决突出问题，提高义务教育水平和质量，努力缩小全县义务教育发展的区域差距。

（三）广泛宣传，积极发挥示范带动作用。各乡镇（街道）、各相关部门要加强对促进义务教育均衡发展工作的指导，着力发掘、培育典型，总结推广成功经验，发挥示范带动作用。广播电视和新闻媒体，要广泛宣传国家、省、市、县优先发展教育、促进义务教育均衡发展的方针政策，为促进义务教育均衡发展创造良好的舆论氛围和社会环境。

江川县人民政府

2012年12月5日

江川县人民政府关于加快学前教育发展的实施意见

江政发〔2012〕115号

各乡、镇人民政府，大街街道办事处，县属各局、办：

为进一步推动学前教育发展，夯实义务教育基础，贯彻落实《国家中长期教育改革和发展规划纲要（2010-2020年）》、《云南省学前教育3年行动计划（2011年—2013年）》和《玉溪市人民政府关于加快学前教育发展的实施意见》（玉政发〔2011〕159号）精神，结合我县实际，现就进一步加快我县学前教育发展提出以下实施意见。

一、提高认识，加快学前教育发展步伐

学前教育是基础教育的重要组成部分，是学校教育和终身教育的奠基阶段。办好学前教育，事关儿童的健康成长，事关千家万户的切身利益，事关国家和民族的未来。近年来，我县学前教育按照“两条腿走路”的发展思路，坚持发展、规范、提高并重的指导方针，努力办好公办园，积极鼓励和引导社会力量办园，初步形成了以公办园为主体，民办园为辅助补充的发展格局。但从总体上看，我县学前教育仍是各类教育中最薄弱的环节，城乡之间、乡村之间发展不平衡，总体规模不够，个体规模偏小，经费投入不足，师资紧缺且素质不高，管理不规范，保教质量不高，与规范办园的差距很大，不能满足人民群众对优质学前教育日益增长的需求和人的全面发展的需要。

各乡镇（街道）和有关部门要充分认识加快学前教育发展的重要性和紧迫性，将大力发展学前教育作为深入贯彻实施教育规划纲要的突破口，作为推动我县教育事业科学发展的重要任务，作为建设高原湖泊生态县的重大民生工程，纳入重要议事日程，加强领导，加大投入，抓实抓好，切实解决当前学前教育面临的困难和问题，促进我县学前教育又好又快发展。

二、统一思想，明确工作原则和发展目标

（一）指导思想

坚持科学发展观，全面贯彻党的教育方针，以幼儿发展为本，构建和完善学前教育公共服务体系，继续深化体制机制改革与创新，促进学前教育规模与内涵同步发展，努力满足人民群众对学前教育的需求。

（二）基本原则

坚持公益性和普惠性原则，保基本、广覆盖，逐步构建覆盖城乡、布局合理的学前教育公共服务体系。坚持“政府主导、社会参与、公办民办并举”的原则，落实发展学前教育的责任，充分调动社会各方面的办学积极性，深化办园体制改革，探索创新办园模式。坚持规模发展与质量提升并重的原则，在努力扩大学前教育资源的同时，以提高学前教育师资水平为重点，遵循幼儿身心发展规律，努力提升保教质量。坚持因地制宜、均衡发展的原则，注重科学规划，切实提高学前教育机构布局与建设的科学性，整合资源，统筹城乡均衡发展，公办民办协调发展，加快改善学前教育办园条件步伐，努力缩小城乡差距，为人民群众提供方便就近、灵活多样、多种层次的学前教育服务。

（三）发展目标

到2013年，全县基本建成覆盖城乡的学前教育服务体系，适龄儿童入园（班）率达85%以上，基本普及学前教育。到2015年，3—5周岁儿童学前三年毛入园（班）率达85%以上。到2020年，全县建成设施完善、管理规范、保教质量较高的覆盖乡、村、组三级的学前教育服务体系，3—5周岁儿童学前三年毛入园（班）率达95%以上。

三、创新模式，扩大学前教育规模

（一）建设乡镇（街道）中心幼儿园。乡镇（街道）中心幼儿园是农村学前教育管理网络中的重要基础，要坚持政府举办为主体，社会力量兴办为补充，逐步实现每个乡镇（街道）建成1所中心幼儿园的目标。充分发挥中心幼儿园业务管理指导和示范辐射作用，鼓励中心幼儿园举办分园或合作办园。

（二）举办农村小学附设幼儿园。充分利用中小学校布局调整后闲置的校舍，因地制宜采用独办、联办、合办等

方式，举办由小学负责管理，教师相对固定，办学资源相对独立的农村小学附设幼儿园，逐步减少学前班，进一步规范农村学前教育的发展。

（三）发展农村家庭式学前班。在人口较分散的偏远山区或较小自然村，采取混合编班、分类活动等方式，积极探索家庭式学前班的办学模式。

（四）完善城镇生活小区配套幼儿园建设。根据居住宅规划和居住人口规模，按照国家有关规定配套建设幼儿园。新建小区配套幼儿园要与小区同步规划、同步建设、同步交付使用，未按规定安排配套幼儿园建设的小区规划不予审批。建成的配套幼儿园要作为公共教育资源由当地政府统筹安排，举办公办幼儿园或委托办成普惠性民办幼儿园，满足进城务工人员随迁子女接受学前教育的需求。

（五）坚持多元化办园体制。进一步深化办园体制改革，鼓励社会力量以多种形式举办幼儿园。采取“公办民助”、“民办公助”、“股份合作”、“租赁付息”等方式加快扩充学前教育资源。积极招商引资办园，选择省内外、国内外优质教育资源，探索优质特色学前教育发展的新模式。

（六）开展巡回支教工作。在人口分散、人口较少的偏远地区或村组，利用闲置校舍、农家书屋、村民活动室等公共资源，采取巡回支教方式，为适龄儿童和家长提供学前教育服务，开展科学育儿宣传，传授幼教知识。

四、落实职责，保障学前教育健康发展

建立以县级为主，县、乡镇（街道）两级共管的学前教育管理体制，县级教育行政部门归口管理学前教育，相关部门履行各自职责。

（一）县政府主要职责：加强对学前教育的统筹协调，把学前教育纳入总体规划，成立由教育、财政、发改、机构编制、卫生、民政、住建、国土、人力资源和社会保障、妇联等部门主要负责人组成的学前教育工作领导小组，制定全县学前教育发展规划，出台与市政府相配套的扶持政策，提供必要的发展资金。建立学前教育工作联席会议制度，建立督导检查和考核奖惩机制，统筹管理和扶持城乡各类学前教育机构。

（二）乡镇（街道）政府（办事处）主要职责：成立领导小组和工作机构，指导好村组各个层面的学前教育工作。对辖区内集体资产进行清理、重组、整合，为发展学前教育提供必要的建设用地和资源供给，扶持学前教育发展。

（三）村组主要职责：支持发展学前教育，利用和调剂各种资源，为创办学前教育机构提供必要的场所。

（四）财政部门：要将学前教育发展资金列入地方财政预算，设立学前教育专项经费，为学前教育可持续发展提供经费保障。

（五）人力资源和社会保障部门：要按国家规定，科学核定公立学前教育机构教职工编制，确保各项工资政策落实到位；要完善编外人员工资待遇、社会保险等相关政策和措施，保障其合法权益。

（六）教育部门：负责学前教育改革与发展工作的规划、协调和业务指导，强化对民办幼儿园的审批、监督和管理，对幼儿园实行分类定级管理，建立和完善幼儿园的等级评估、督导评估、质量评估和年审、安全督查等制度。

（七）发改局、地方税务局、住建局、国土资源局：要对学前教育的立项审批、收费许可、税务咨询、建设用地、质量监理以及政策扶持、宣传引导和费用减免等提供优质服务。

（八）卫生、质监、食品药品监督等部门：要对学前教育机构环境卫生、疾病预防、食品卫生等加强督查。

（九）公安、安监、住建、环保、工商、文旅广体部门：负责教学用房、设施设备的安全审核鉴定，要适时开展校园周边环境整治行动，建立警园联席制，强化安全教育，共同为学前教育改革与发展创造一个平安和谐的社会环境。

（十）民政、残联、共青团、关工委：做好家庭经济困难儿童、孤儿和残疾儿童在园的生活资助，民政部门要做好学前教育机构注册登记、名称审核等工作。

（十）妇联：积极开展家庭教育的宣传指导。

五、加大投入，扶持学前教育发展

（一）落实财政性学前教育经费。将学前教育经费列入财政预算，加大投入，县政府每年设立学前教育专项资金，用于幼儿园建设补助、幼儿园生均公用经费补助、各级各类幼儿园奖励、学前师资培训等。县级资金足额配套到位，支持学前教育发展。

（二）推进学前教育现代化。进一步增加投入，加大现代教育技术设施设备的配备力度，在具备一定办学规模的乡镇、行政村、自然村幼儿园（班）配备“四机”（电视机、收录机、计算机、影碟机）和“三琴”（钢琴、电子琴、手风琴），政府采取以奖代补的方式给予补助。

（三）保障学前教育建设用地。政府根据学前教育发展规划，按照教育用地政策提供土地，或向集体、个人租赁土地办园，并按规定办理相关手续。取得教育用地的单位或个人不得改变教育用地的性质和用途，因各种原因停办的，由政府依法收回其土地使用权。

（四）调整学前教育收费标准。根据城乡经济社会发展水平、办园成本和群众承受能力，按照非义务教育阶段家庭合理分担教育成本的原则，综合考虑学前教育机构等级状况等因素，适时适度调整学前教育收费标准。

（五）落实家庭经济困难幼儿入园补助机制。采取切实措施，确保烈士子女、低保家庭、农村困难家庭、单亲家庭子女和残疾幼儿、弱智幼儿及流动幼儿入园，通过减免费用、给予生活补贴等方式予以资助。

六、提高素质，强化师资队伍建设

（一）多渠道补充学前教师。一是盘活存量，结合中

小学布局调整的推进，注重把富余学科教师经专业培训合格后转岗从事学前教育工作；二是形成增量，适当增加学前教师编制。按照“逐年增长、分步到位”的原则，根据公办幼儿园教师缺口和新建幼儿园教师需求实际，逐年增加学前教师编制，解决教师数量不足和年龄结构不合理等问题。建立公办幼儿园新教师招聘制度，面向社会公开选聘优秀教师，充实教师队伍，增强队伍活力；三是自主聘用，由举办者依据相关法规和办园实际需要，自主聘用具备资格的教师。

（二）建立幼儿园教师资格准入管理制度。实行幼儿园教师资格准入制度，根据《教师资格条例》、《幼儿教师专业标准》和《全日制、寄宿制幼儿园编制标准》，将幼儿园园长、教师的资格审查纳入对幼儿园的考核评定范围，实行幼儿园园长和教师持证上岗制度，对未取得教师资格证书或上岗证的教师，要限期取得任职资格。

（三）保障民办幼儿园教师合法权益。民办幼儿园要认真贯彻《中华人民共和国教师法》、《民办教育促进法》、《劳动法》和《劳动合同法》的有关规定，依法保障民办幼儿园教师在继续教育、职称评定、工资待遇、社会保障、评优评先等方面的合法权益。按照“谁办园谁负责谁保障”的原则，实行民办学前教育机构教师社会保险全覆盖，制定民办幼儿园教师工资待遇标准，民办学前教育机构保教人员工资应高于县域内最低工资标准，并逐年有所增长。

（四）全面提高学前教师综合素质。建立健全幼儿园教师培训制度，有计划、分层次地实施幼儿园教师培训规划，对新补充的幼儿教师及调整到幼儿园的小学教师经岗前培训合格后方能上岗。抓好园长队伍、教师队伍、科研队伍、保育员队伍和营养师队伍建设。

七、规范管理，提升学前教育保教质量

（一）严格执行幼儿园申办审批和年审制度。执行幼儿园准入制度，县级教育行政部门负责各类幼儿园的审批，按照不得少于5万元的标准，实行注册准入登记制度。未取得办园许可证，未办理登记注册手续，任何单位和个人不得举办幼儿园。完善和落实幼儿园年检制度，分类治理、妥善解决无证办园问题，对存在问题的幼儿园加强指导，督促整改，坚决依法取缔经整改达不到标准、存在较大安全隐患的幼儿园。

（二）强化幼儿园安全管理。公安、教育、住建、卫生、文旅广体、交通、安全监管等部门要形成合力，建立全覆盖的幼儿园安全防护体系，加强幼儿园周边环境的综合治理。办园责任主体要建立健全安全责任制，强化园舍安全检查，认真做好安全保卫、设施安全、传染病防控、食品卫生、消防安全、交通安全等各项工作，减少和杜绝幼儿园安全事故的发生，努力为幼儿创造良好的成长环境。

（三）规范幼儿园办学和收费管理。认真贯彻落实国家颁发的《幼儿园管理条例》和《幼儿园工作规程》，使用规范教材，进一步端正办园思想，规范办园行为，依法治教、依法办园，杜绝“小学化”倾向。强化幼儿“生命、生存、生活”教育，开发园本课程，注重内涵发展，积极打造幼教特色文化品牌。规范学前教育经费使用和管理，遵循“效率优先，兼顾公平，突出重点，均衡发展”的原则，做好学前教育保障经费监督、管理工作。

（四）建立幼儿园保教质量评估监管体系。配备学前教育专职管理人员，建立学前教育专项督导制度，健全学前教育管理网络，定期对乡镇（街道）落实学前教育事业发展的目标规划、资源配置、经费投入、教职工待遇保障、保教质量等进行专项督导，引导幼儿园上等级、创品牌，不断扩大优质学前教育资源，最大限度地满足广大人民群众的需求。

（五）构建“县幼儿园→乡镇中心幼儿园→村级幼儿园”的“塔级示范结构”。充分发挥好县幼儿园的示范带动和帮扶作用，走“城乡结合、以城带乡、加强交流、共同提高”之路。

江川县人民政府
2012年12月6日

中共江川县委办公室　江川县人民政府办公室关于印发《江川县重大事项风险评估办法》的通知（节选）

江办发〔2012〕2号

（2012年1月9日）

各乡镇党委、政府，大街街道党工委、办事处，县委和县级国家机关各部、委、办、局，各人民团体和企事业单位，中央、省、市驻江单位：

《江川县重大事项社会稳定风险评估办法》已经县委、县政府同意，现印发给你们，请结合实际认真贯彻执行。

中共江川县委办公室

江川县人民政府办公室

2012年1月9日

江川县重大事项社会稳定风险评估办法

第一章　总　则

第一条　为深入贯彻落实科学发展观，大力推进社会管理创新，切实从源头上预防、减少和消除影响社会稳定的隐患，根据《中共云南省委办公厅、云南省人民政府办公厅关于印发〈云南省重大事项社会稳定风险评估制度〉的通知》（云办发〔2010〕31号）、《中共玉溪市委办公室、玉溪市人民政府办公室关于印发〈玉溪市重大事项社会稳定风险评估办法〉的通知》（玉办发〔2011〕83号）精神，推动全县重大事项社会稳定风险评估工作深入开展，结合江川实际，制定本办法。

第二条　本办法所称重大事项是指本县、本乡镇（街道）在经济社会发展中制定和实施具有全局性、长远性、根本性的，事关人民群众切身利益、影响面广、容易引发不稳定因素的重大决策、重要政策、重大改革举措和重点工程建设项目、大型活动等事项。

第三条　重大事项社会稳定风险评估是指在制定和实施重大事项前，对可能影响社会稳定的因素进行科学系统、客观公正的预测、分析和评估，确定风险等级，制定相应的风险应对策略和预案。

第四条　重大事项社会稳定风险评估坚持以人为本，科学决策，预防为主，谁主管、谁负责，谁决策、谁负责的原则。

第二章　评估范围和责任主体

第五条　县政府法制办公室负责对本县行政管辖范围内重大事项进行社会稳定风险评估工作的审核和将评估结论报请政府主管领导决策。

重大事项决策的提出、政策的起草、项目的报批、改革的牵头、工作的实施等有关部门是开展重大事项社会稳定风险评估工作的责任主体，负责向政府法制办公室提出重大事项社会稳定风险评估申报，并组织开展评估工作。

第六条　评估范围和责任主体

（一）涉及较大范围人民群众切身利益的重大政策和重大改革，由县政府办公室牵头协调，政策和改革提出部门是开展社会稳定风险评估的责任主体，负责组织开展社会稳定风险评估，并应会同发展改革、人力资源社会保障、住房城乡建设、监察、信访、公安、环保、卫生等相关职能部门开展评估工作

（二）涉及征地拆迁安置补偿、移民安置和环境保护的重大建设项目，工程建设项目的报建部门是开展社会稳定风险评估的责任主体，负责组织开展社会稳定风险评估，并应会同发展改革、人力资源社会保障、国土资源、住房城乡建设、民政、环保等相关职能部门开展评估工作

（三）在公共场所举办的有可能影响公共安全的重大活动，主办部门、承办部门是开展社会稳定风险评估的责任主体，负责组织开展社会稳定风险评估，并应会同宣传、文化、公安等相关职能部门开展评估工作

（四）县政府法制办公室或县综治维稳办认为应当进行社会稳定风险评估的事项，可指定评估责任主体实施社会稳定风险评估，责任主体部门必须在规定的阶段（时限）内认真完成好社会稳定风险评估工作

（五）乡镇级以下（含乡镇）和县级部门拟实施重大事项的审批权在县级的，由乡镇（街道）政府（办事处）、县级部门提出具体工作意见并附风险评估报告报县政府法制办公室审核后提交县政府常务会审定，并将风险评估报告抄报县综治维稳办；本县范围内拟实施重大事项的审批权在市级的，由责任部门提出具体工作意见并附风险评估报县政府法制办初审后，再报市政府法制办提交市政府常务会议进行审定，同时将风险评估报告抄报县综治维稳办；本县范围内拟实施重大事项，立项或审批权在省级的，经县政府分管领导授权，由县级主管部门代表县政府与市级主管部门形成综合报告，向省主管部门提出开展社会稳定风险评估工作建议，同时分别抄报市、县政府法制办和市、县综治维稳办

第七条 凡重大事项决定之前，都应围绕可能存在的稳定风险，开展合法性、合理性、可行性和安全性等评估工作，认真分析研究可能存在的不稳定隐患和问题，科学评判风险程度和可控范围，为科学决策提供依据，做到应评尽评。

（一）合法性评估

主要评估是否符合党的路线方针政策；是否符合国家法律、法规和规章；是否符合中央、国务院和省、市、县党委、政府制定的规范性文件；政策调整、利益调节的法律、政策依据是否充分可行。合法性评估应会同政府法制、监察、司法等相关职能部门进行。

（二）合理性评估

主要分析评价是否符合科学发展观的要求；是否反映绝大多数群众的意愿；是否兼顾群众的现实利益和长远利益；是否兼顾各方面利益群体的不同诉求；是否存在项目建设的长期性和可持续性；是否遵循公开、公平、公正原则。

（三）可行性评估

主要审查是否征求了广大群众的意见，前期宣传解释工作是否到位，是否存在重大舆论风险；是否符合当地经济社会发展总体水平；是否具有相关政策的连续性和严密性；出台的时机是否成熟；实施方案是否周密、完善、具体、可操作。

（四）安全性评估

主要分析评价是否存在引发群体性事件的苗头性、倾向性问题；是否存在其他影响社会稳定的隐患；是否有相应的预测预警措施和应急处置预案；是否有化解不稳定因素的对策措施以及相应的组织领导部门；是否存在违规操作、官商勾结的“寻租性”等行为。

第三章 评估程序

第八条 评估程序：

（一）重大事项社会稳定风险评估申报

拟实施重大事项的责任主体部门填写《重大事项社会稳定风险评估申报表》（见附件2），同时附《重大事项社会稳定风险评估方案（送审稿）》，向县政府法制办公室申报并提出评估意见。

（二）评估审核

县政府法制办公室召集相关部门审议，在10个工作日内作出审核意见，提交县政府主管领导审批。成立重大事项社会稳定风险评估小组，组长由政府主管领导担任，副组长由政府办公室主任和项目责任主体部门领导担任，成员由政府相关职能部门分管领导组成，可邀请人大常委会、政协有关领导和聘请具有相应资质的专业人士、专家参与。

（三）制定评估方案

责任主体部门拟定《重大事项社会稳定风险评估方案》报县政府法制办公室，同时抄送县综治维稳办备案。

《方案》须具备以下内容：1. 项目名称及项目内容（含项目背景、意义、涉及区域、涉及群众人数、使用土地方式等情况）；2. 评估原则和目的；3. 成立评估小组情况（含小组成员职责任务分工情况）；4. 评估方式和评估重点（可采取开展专家论证、部门会诊、社会各界座谈、群众听证、走访群众、问卷调查、公示公告等活动方式）；5. 评估步骤（含评估工作阶段划分、任务区分、提交时限、督查指导等）；6. 落款。

（四）实施评估

1. 召开重大事项社会稳定风险评估小组会议；2. 认真分析预测。围绕评估事项的合法性、合理性、可行性、安全性及其他相关问题，可通过走访群众、问卷调查、召开座谈会、听证会、专家论证或咨询等方式广泛、科学论证。特别是要深入实地，征求直接利益群体的意见和建议，要对可能出现的不稳定因素逐项进行分析，评估预测风险发生的概率，矛盾冲突涉及的人员数量、范围和激烈程度，以及可能带来的负面影响等。对重大复杂疑难事项，必要时可征求上级主管部门的意见和建议。

（五）召开评估情况会审会议

评估小组要对评估事项实施的前提、时机及后续社会影响等情况进行科学分析和研究论证，作出总体评估结论，并形成《重大事项社会稳定风险评估会审会议记录》（见附件8）。

（六）拟制评估报告

评估责任主体部门负责拟制评估报告。评估报告应对稳定风险提出风险很大、有风险、风险较小或无风险的确定性评价，对评估事项作出实施、部分实施和慎重实施、暂缓实施、不实施的明确意见。即：1. 风险大的（Ⅰ级），可能引发特别重大群体性事件的，不能实施；2. 风险中等的（Ⅱ级），可能发生重大群体性事件、但可控的，暂缓实施；3. 风险小的（Ⅲ级），可能发生群众大规模集聚上访、但可控的，慎重实施或部分实施；4. 无风险的（Ⅳ级），重大事项出台或实施后，发生群体性事件的概率为零，可以实施。评估报告报县政府法制办公室，同时抄送县综治维稳办备案。

（七）制定预防社会稳定风险工作预案

责任主体部门要根据评估情况，对可能出现的不稳定隐患（包括社会舆论风险）制定相应工作预案，有针对性地做好群众工作，严防影响社会稳定重大事件的发生，落实风险应对措施。有风险的重大事项，评估责任主体部门在提交评估报告的同时，一并提交风险化解措施和应急处置工作预案。

（八）评估结论应用

责任主体部门向县政府法制办公室提交《重大事项社会稳定风险评估报告》。评估报告是决策前的风险依据，县政府法制办公室根据评估报告提出意见，报政府主管领导决策，由政府出具《重大事项社会稳定风险评估意见书》（见附件10），确定重大事项是否实施。

（九）补充报告

重大事项启动后，在重大事项实施过程中或结束后出现新的重大不稳定情况，责任主体部门要及时研究，按照预案及时妥善处置，也可对重大事项作出适当调整。评估小组要全程跟踪各个阶段稳定动态，进行阶段性稳定风险评估，形成补充报告报政府法制办公室和同级综治维稳办。

第九条 重大事项的通报。拟实施重大事项的责任主体部门要填写《拟开展重大事项登记表》（见附件11），将计划实施的重大事项报政府法制办公室，同时抄送同级综治维稳办备案。

第四章 责任追究

第十条 为推动重大事项社会稳定风险评估的深入开展，切实从源头上预防和减少社会矛盾的发生，特成立江川县推动重大事项社会稳定风险评估工作领导小组（另行发文）。领导小组下设办公室在县综治维稳办。江川县推动重大事项社会稳定风险评估工作领导小组（办公室）负责对全县范围内开展重大事项社会稳定风险评估工作的指导、督促、检查和考评工作，将此项工作纳入党政领导干部综治维稳政绩专项考核和综治维稳目标管理考核。

第十一条 严格责任追究。对应评估而未评估，或在评估工作中搞形式主义、弄虚作假，造成评估失实的，视情况追究评估小组责任；对防范化解工作不落实、不到位，贯彻执行风险评估化解机制不力，酿成重大不稳定问题和事件的，对责任主体部门及相关领导坚决以不同方式实施责任追究。一是检查述职。发生100人以上群体性事件或辖区群众赴市50人以上，赴省30人以上、赴京5人以上集体上访等情况的，乡镇（街道）党政主要领导或部门负责人要向县委、县政府作出专题述职及书面检查，并视情况给予处理。二是因重大事项社会稳定风险评估工作不到位，导致发生重大群体性事件（赴市250人以上、赴省100人以上，赴京10人以上，辖区内聚集500人以上），社会影响极坏的，将按照《江川县社会治安综合治理一票否决权制实施办法（试行）》（江综治维稳发〔2009〕12号）实行社会治安综合治理“一票否决”。取消责任部门、乡镇（街道）及其主要领导当年评优、评先资格，并追究有关领导责任。三是组织处理。如发生重大不稳定事件造成严重后果的，主要领导应引咎辞职。四是纪律处分。对构成违纪的，按照《中国共产党纪律处分条例》和有关行政法规、规章给予党纪、政纪处分。五是追究刑事责任。对玩忽职守涉嫌犯罪的，移交司法机关依法追究法律责任。

第五章 附 则

第十二条 各乡镇（街道）、各部门可参照本办法，结合实际，制定重大事项社会稳定风险评估的具体措施，细化有关制度规定和操作程序，推动全县重大事项社会稳定风险评估工作顺利实施。

第十三条 本办法由县社会治安综合治理维护稳定委员会办公室负责解释。

第十四条 本办法自印发之日起执行。2010年5月10日，中共江川县委办公室、江川县人民政府办公室印发的《江川县重大事项社会稳定风险评估办法（试行）》同时废除。

附件：

1. 重大事项社会稳定风险评估工作流程（略）

2. 重大事项社会稳定风险评估申报表（略）

3. 重大事项社会稳定风险评估方案（制作要求）（略）

4. 民意测评表（略）

5. 走访记录（略）

6. 群众听证记录（略）

7. 专家论证情况记录（略）

8. 重大事项社会稳定风险评估会审会议纪录（略）

9. 重大事项社会稳定风险评估报告（制作要求）（略）

10. 重大事项社会稳定风险评估意见书（略）

11. 拟开展重大事项登记表（略）

中共江川县委办公室　江川县人民政府办公室
关于进一步加强农村环境卫生整治工作的通知

江办发〔2012〕34号

各乡镇党委、政府，大街街道党工委、办事处，县委和县级国家机关各部、委、办、局，各人民团体和企事业单位：

为进一步巩固好我县2011年度农村环境卫生整治工作取得的成果，确保不反弹、不反复，不断推进整治工作上台阶、上水平，县委、县政府决定，从2012年4月至2013年3月，在全县7个乡镇（街道）、所有自然村深入开展新一轮农村环境卫生整治工作，加快社会主义新农村建设步伐，为推动江川科学发展、和谐发展、跨越发展，建设高原湖泊生态县做出积极贡献。现将有关事项通知如下：

一、统一思想，提高认识，充分认识开展农村环境卫生整治工作的重要意义

开展农村环境卫生整治工作，是县委、县政府为保护“两湖”生态环境，统筹城乡发展，建设高原湖泊生态县作出的一项重要决策和部署。从去年七月份开展农村环境卫生整治工作以来，在县委、县政府的正确领导下，各级各部门集中资金、集中力量，通过深化宣传教育引导、配齐配足保洁员、强化督促检查、建立健全长效管理机制，上下联动，整体推进，取得了明显成效，全县农村环境进一步优化，广大人民群众的生活质量有了一定改善。尽管如此，我县农村环境卫生仍然存在着一些亟待整治的突出问题，集中表现为：城乡之间、乡村之间的治理工作还不平衡，部分地方整治工作仍有不同程度的回潮反弹，治理成效还不牢固；农村基础设施建设滞后，治理难度大，特别是农村生产生活垃圾减量化、资源化、生态化处理和道路沿线垃圾清理清运等问题还未有效解决，等等。这些问题，与人民群众对乡风文明、村容整洁的新农村建设期望和建设高原湖泊生态县的目标还不相适应，直接影响着江川的对外形象，制约着我县加快科学发展步伐的不断迈进。全县各级各部门一定要站在发展和全局的高度，切实把思想认识统一到“生态立县”战略和高原湖泊生态县建设上来，把农村环境卫生整治工作作为事关民生、事关江川科学发展的大事来抓，作为顺民意、暖民心、解民忧的重要工程来抓，在巩固好已取得成果的基础上，继续按照“清洁化、秩序化、优美化、制度化”的整治标准，长期坚持，长远整治，促进城乡面貌迅速改变，为加快江川科学发展打下坚实的基础。

二、突出重点、长效管理，切实巩固好、发展好农村环境卫生整治工作成果

一是继续强化制度建设。重点是围绕建立健全“管用、长效”的环卫保洁机制，把农村垃圾治理放在环境卫生整治工作的首要位置，继续下大气力解决好农村环境“柴草乱垛、粪土乱堆、污水乱泼、垃圾乱倒、畜禽乱跑”的“五乱”现象，清除村内乱堆乱倒的生活垃圾。要逐步探索农村垃圾分类处理机制，按照“减量化收集、无害化处理、资源化利用”的要求，将垃圾变废为宝，做到可以回收的废旧垃圾要回收处理；不能回收的碎砖石块等固形物作为建筑道路填充物铺垫填埋；泥土、人畜粪便、腐烂果蔬、稻草、杂草、树叶等通过回田回林肥化等方式加以利用，逐步实现垃圾资源化，最大限度减少农村垃圾量。要积极探索农村垃圾集中收运处置机制，在有条件的地方进一步探索建立由保洁公司或乡镇、街道小企业承担村组垃圾清运的模式，逐步建立健全符合市场经济要求的垃圾处理运行机制，确保农村生产生活垃圾及时清理、清运。继续实行部门包村制度，按照江办发〔2011〕56号文件要求对星云湖沿湖72个自然村实行部门包村，着力形成齐抓共管农村环境卫生的工作格局。

二是继续强化日常保洁。要认真落实“门前三包”责任制，继续推进农户庭院清理、村庄道路清理、水沟池塘清理、公共场所垃圾清理的村庄“四清理”整治工作，解决好建筑材料的规范管理问题，定时清理积存垃圾。要继续加大对卫生盲区和死角的整治力度，逐步将农村环境卫生整治由村内向外延伸，覆盖公路沿线、城乡结合部、村组交界处等环境卫生整治盲区。要集中广大村民力量，重点对村庄内久无人居的房前屋后、偏僻的街道沟渠等卫生死角进行集中清

理，确保整治工作不留空白。要继续加强畜禽饲养管理，教育群众实施科学管理、规范养殖，对家畜、家禽进行圈养，对畜禽粪便进行无害化处理，及时入田增肥。要继续发挥好保洁员的作用，组织农村保洁员每天对村内的环境卫生进行保洁，特别是对巷道、排污沟道、活动场地等公共环境进行清理整治；每月动员党员干部带头、群众自主投工投劳进行集中整治。

三是继续强化宣传发动。各乡镇、街道要制定具体的实施方案，层层组织发动，通过会议、广播、张贴标语、悬挂横幅、进村入户宣传等各种行之有效的方式进行全方位的宣传发动，真正做到家喻户晓，人人皆知。县委宣传部要负责组织协调新闻媒体制定好宣传方案，县电视台、江川网、江川新闻网要继续发挥好农村环境卫生整治专栏的作用，用好江川手机报的宣传平台，抓好正反典型的宣传报道，对行动迅速、工作彻底、效果明显的先进典型要大张旗鼓的鼓励，对行动慢、效果差，工作不力的落后典型要敢于曝光，大胆批评，营造强大的舆论攻势，以此促进群众文明意识的形成。县教育局、妇联、共青团、工会、文明办、关工委等部门要充分发挥自身优势，深入开展多种形式的主题宣传活动，创新活动载体，丰富活动内容，积极推进农村环境卫生整治工作进机关、进企业、进学校、进社区、进村组、进家庭，引导广大干部群众自觉参与，努力形成人人参与、人人支持、人人爱护农村环境卫生的良好氛围。

四是继续强化资金保障。要在总结去年资金筹措经验的基础上，继续加大对农村环境卫生整治工作的资金投入，逐步建立健全县、乡、村三级投入机制和政府、企业、社会多元化投入机制，有效整合环保、住建、水利、卫生、农业等部门资金，拓宽资金渠道。要切实提高资金使用效益，继续采取“以奖代补”、“以奖促治”等办法，引导农民自觉采用科学的生产、生活方式，积极参与农村环境卫生整治，使有限的资金发挥最大的效益。继续以“一事一议”财政奖补方式，按照县财政5元/年·人、群众5元/年·人的标准筹措资金，确保农村环境卫生整治工作正常有序开展。

三、强化措施，狠抓落实，全力推动农村环境卫生整治工作上台阶、上水平

一要加强领导，落实责任。各乡镇、街道要进一步加强领导，对整治工作再动员、再部署，切实把各项任务落实到每名领导、每名干部身上，真正做到层层有人抓，事事有人管，责任有人担，工作有人干，努力形成一级抓一级、层层抓落实的工作格局。包村的县直部门要深入农村、深入实际，全面了解和掌握联系村环境卫生状况，主动承担任务，积极投入一定的人力、物力、财力，协助村组搞好村容村貌的规划、资金筹措和组织工作，确保联系村环境面貌有较大改观。各村（居）委会书记、主任要切实承担起责任，明确本村整治工作任务，细化工作方案，进一步建立健全长效管理机制，推动整治工作继续向好的方向发展。

二要齐抓共管，形成合力。各级各部门要牢固树立“一盘棋”思想，讲大局、讲配合、讲责任，各司其职，各负其责，齐心协力，共同推进环境卫生整治工作。要依靠群众、发动群众，通过由县到乡镇、街道，由乡镇、街道到村，由村到组到户，上下联动，整体推进，抓出成效。县环保局、住建局、卫生局、农业局等主要职能部门要加强对农村环境卫生整治工作的业务和技术指导。县交通部门要加强公路养护管理，加大公路沿线管辖范围内的清理保洁力度，保持好公路环境卫生。要积极争取得到辖区内各企业，尤其是规模以上企业的配合和支持，发挥好企业人力、财力、设备等优势，助推整治工作上台阶、上水平。

三要强化督查，严格考核。县农村环境卫生整治工作领导小组办公室和督查考评组要切实发挥在整治工作中的组织指导作用，经常深入到工作第一线，精心指导，督促检查，随时掌握情况，了解存在的问题，推动工作顺利开展。继续采取定期与不定期督查、明察与暗访相结合等方式，加大对全县农村环境卫生整治工作开展情况及成效的督查力度，并按照平时督查分值占70%和年度最后一次考核分值占30%的评分办法，对各乡镇、街道和自然村开展工作情况进行综合考核评比。继续实行以奖代补的办法，对农村环境卫生做得好的乡镇（街道）和自然村给予奖励；对工作推不动、效果差的，将列入重点管理，给予通报批评，限期整改，并追究有关责任人的责任。各乡镇、街道要结合本地实际，进一步建立健全督查和考评制度，严格工作标准，强化督促检查，确保农村环境卫生整治工作高质量、高标准、高要求推进，确保取得新的成效。

中共江川县委办公室

江川县人民政府办公室

2012年4月19日

江川县人民政府办公室
关于印发江川县抚仙湖沿岸环境卫生管理办法的通知

江政办发〔2012〕116号

江城、路居镇人民政府，县属各相关部门：

《江川县抚仙湖沿岸环境卫生管理办法》经县人民政府同意，现印发给你们，请认真遵照执行。

江川县人民政府办公室

2012年10月18日

江川县抚仙湖沿岸环境卫生管理办法

第一条 为加强我县抚仙湖沿岸环境卫生管理，营造一个整洁、优美的沿湖生态环境，切实减少抚仙湖沿岸生产生活废弃物的入湖量，根据《中华人民共和国固体废弃物污染环境防治法》、《云南省抚仙湖保护条例》（以下简称条例）、《云南省城市市容和环境卫生管理实施办法》，结合我县实际，制定本办法。

第二条 抚仙湖沿岸环境卫生管理范围：抚仙湖沿岸一公里范围内被列入保洁范围的村庄、环湖公路、湖滩及主要入湖河道。

第三条 抚仙湖沿岸环境卫生管理内容：

（一）抚仙湖湖滩垃圾等污染废弃物的清扫保洁、清运。

（二）抚仙湖环湖路垃圾等污染废弃物的清扫保洁、清运。

（三）抚仙湖管理范围内的村庄垃圾等污染废弃物的清扫保洁、清运。

（四）抚仙湖入湖河道垃圾等污染废弃物的清理打捞、清运。

（五）抚仙湖沿岸垃圾池、垃圾箱内垃圾等污染废弃物的收集和清运处理。

第四条 在环境卫生管理范围内生产、生活的单位和个人应当遵守本办法。

第五条 抚仙湖沿岸环境卫生管理工作，实行统一领导、分级负责、专管和群管相结合。

第六条 抚仙湖环境卫生管理经费，县、镇人民政府须纳入财政预算，逐步改善抚仙湖环境卫生管理工作条件。

第七条 县抚仙湖管理局负责对江城、路居两镇辖区内抚仙湖环境卫生管理实施日常监督、检查和考核，对违反环境卫生管理规定的行为进行查处。

第八条 江城、路居两镇人民政府是本辖区环境卫生工作管理的责任主体，组织沿湖各村、组搞好各自责任地段的环境卫生工作。两镇中心环卫站负责组织实施《抚仙湖沿岸环境卫生和入湖河道管理方案》，同时对抚仙湖沿岸环境卫生和入湖河道管理工作的卫生保洁、垃圾清运等进行监督，不断完善“组保洁、村收集、镇转运、县处置”的垃圾无害化处置体系。两镇抚仙湖环境监护中队负责按照两镇已制定执行的“抚仙湖保护‘八不准’行为”规定，对沿岸一级保护区域内所有生产、生活活动进行监管，同时，协助、配合好抚仙湖综合执法大队对重大违法案件进行查处，杜绝一级保护区内各单位和个人不良行为的发生。

第九条 抚仙湖沿岸环境卫生管理实行巡查通报制度和督查问责制度。

日常巡查工作。由县抚仙湖保护管理综合行政执法领导小组办公室（县抚仙湖管理局）负责，在巡查过程中发现的问题由领导小组办公室向江城、路居两镇及相关单位通报并提出整改意见，巡查通报同时报县级领导内部参阅。

巡查通报的内容包括：

（一）不按规定建立健全抚仙湖环境卫生、环境监护管理队伍、制度，不正常开展工作的。

（二）抚仙湖沿岸环境卫生保洁、环境监护工作开展不力、不到位、不达标的。

（三）保洁员、监督员在保洁时间内不在岗或在岗不尽责、不履职、履职不到位的，保洁员、监督员在保洁时间内不按着装要求上岗或不接受监督，查证属实的。

（四）不积极参与县人民政府或县抚仙湖管理局组织的抚仙湖保护管理活动的。

（五）在抚仙湖沿岸环境卫生管理范围区内被新闻媒体曝光或被上级部门通报的。

（六）配备给江城、路居两镇中心环卫站的小推车、垃圾箱等环卫设施设备管护不到位的。

（七）应当通报的其它违规行为。

督查问责工作。由县抚仙湖保护管理综合行政执法领导小组适时邀请县委、县政府、县纪检监察等相关督查部门组成督查组，定期和不定期的对沿湖两镇环境卫生管理工作情况、县属职能部门履职情况进行督查。督查中发现存在的问题，由督查组对沿湖两镇或相关职能部门下发《整改通知》或《督办通知》进行督促整改，对整改不力或推诿的由督查组建议县纪检监察部门启动行政问责程序。

第十条 抚仙湖沿岸环境卫生保洁实行全日工作制，具体时间规定由沿湖江城、路居两镇中心环卫站结合实际制定，并报县抚仙湖管理局备案。

第十一条 抚仙湖沿岸环境卫生保洁员和监督员原则上实行“一岗双责”。负责抚仙湖沿岸环境卫生及入湖河道的清扫保洁、清理打捞，并将垃圾清运到指定垃圾填埋场，同时对责任区范围内违反抚仙湖沿岸环境卫生管理规定的企事业单位、个体经营户和个人进行监督。

第十二条 对江城、路居两镇抚仙湖沿岸环境卫生管理工作的年终考核由县抚仙湖环卫管理考核工作领导小组负责，县考核工作领导小组办公室（县抚仙湖管理局）负责根据考核结果核拨环卫管理工作经费（具体考核办法由县抚仙湖管理局结合我县实际制定）。

第十三条 县抚仙湖管理局执法人员及协管员实行定岗定责，按抚仙湖环卫工作岗位牌履行职责，并配合沿湖各镇、村、组加强对抚仙湖沿岸环境卫生管理范围内的环境卫生工作进行监督、检查，接受社会的监督。

第十四条 沿湖生活垃圾实行容器化收集，由所在地镇人民政府实行统一清运，并做到清运及时。

第十五条 抚仙湖沿岸公共环境卫生设施由江城、路居两镇中心环卫站统一管理、使用，并保持其完整、整洁。

第十六条 广场、绿化带、集贸市场、摊点、宾馆、饭店、停车场、景区景点等公共场所的管理（或经营）单位及个人，应按照相关管理部门的规定，设置环境卫生设施，并负责搞好管理。企业、单位内部的环境卫生设施，应按照相关管理部门的规定自行配置和管理。

第十七条 抚仙湖沿岸的企事业单位和个体工商户都应对各自的经营范围及时进行清扫，并将垃圾等污染废弃物清运到指定垃圾池或堆放点；同时，积极参加抚仙湖沿岸环境卫生管理的各项活动。

第十八条 县抚仙湖管理局执法人员及江城、路居两镇环境卫生监督员，对群众举报的违反本办法的行为，应当迅速查处，并将处理情况及时答复举报人（举报电话：0877-8551061）。

第十九条 环境卫生保洁员、监督员的具体职责、管理制度、考核办法由两镇结合各自实际，参照本办法自行拟定，并报县抚仙湖管理局备案。

第二十条 县政府将根据县抚仙湖管理局的日常检查记录及年终考评，对在抚仙湖沿岸环境卫生管理工作中表现突出的乡镇、单位和个人予以表彰、奖励，对工作成效差的乡镇、单位和个人给予通报批评。

第二十一条 本办法由县抚仙湖管理局负责解释。

第二十二条 本办法自发布之日起施行。

江川县人民政府办公室
关于印发江川县县级重点项目并联并行审批办法（试行）的通知

江政办发〔2012〕132号

各乡、镇人民政府，大街街道办事处，县属各有关单位：

《江川县县级重点项目并联并行审批办法（试行）》经县人民政府研究同意，现印发给你们，请认真遵照执行。

江川县人民政府办公室

2012年12月3日

江川县县级重点项目并联并行审批办法（试行）

为进一步规范行政审批行为，为简化办事程序，改进工作作风，提高行政服务效率，加快我县县级重点项目审批进度，积极探索并联集中、高效便捷、公开透明、协调顺畅的审批运行体系和机制，结合江川实际，制定本办法。

一、审批含义

并联并行审批，是指建设项目从项目建议书到可行性研究报告审批、审核转报过程中的审批事项，按审批阶段整合，对阶段内的审批事项各相关部门实行同时收件、限时办结。

二、审批范围

每年由县人民政府投资主管部门汇总各行业的情况综合平衡后，提出并向社会公布的重点新开工项目和重点前期工作项目，以及县人民政府确定需纳入并联并行审批的其他重大项目。

三、审批阶段

建设项目并联并行审批分为项目建议书审批和可行性研究报告审批，如国家、省、市有规定的也可以合并为可行性研究报告代项目建议书的审批。如审批权在国家、省、市的，由县级相关部门审核后，限时办结，行文上报市、省、国家审批。

四、审批事项涉及部门

序号	并联并行审批事项	涉及部门
1	建设项目选址意见书	县住建局
2	建设用地规划许可证	县住建局
3	环境影响评价报告（表）批复	县环保局
4	建设用地预审意见	县国土资源局
5	水土保持方案批复	县水利局
6	水资源论证报告批复	县水利局

续表

序号	并联并行审批事项	涉及部门
7	取水许可	县水利局
8	建设征地和移民安置规划报告批复	县发改局
9	林业征（占）用地批复	县林业局
10	矿山矿权证明	县国土资源局
11	路径协议	县人民政府
12	压覆矿产资源专题报告	县国土资源局
13	其他需要提交的材料	相关部门

五、审批流程

并联并行审批每月召开一次会议，由县人民政府主持召开，相关部门参加。并联并行审批的工作流程及时限要求如下：

（一）项目单位按照相应要求备齐材料，向县投资主管部门提交申请。县投资主管部门初步审核相关报件是否齐备，确定是否提交并联并行审批会议；

（二）召开第一次项目并联并行审批会议，所有涉及项目审批所需支撑性专题的办理单位参加会议，会议将项目业主上报的环境影响评价报告、土地预审申请、林地征（占）用申请等专题申报材料一并发给办理单位；

（三）各专题办理单位在20个工作日内完成审查，出具批复文件（或转报文件）；

（四）召开第二次会议，各相关办理单位答复上一次任务办理结果，并领取下一次任务，依此类推；

（五）审批支持性条件具备的项目，县投资主管部门在5个工作日内办理完成审批或上报文件。

并联并行审批流程图

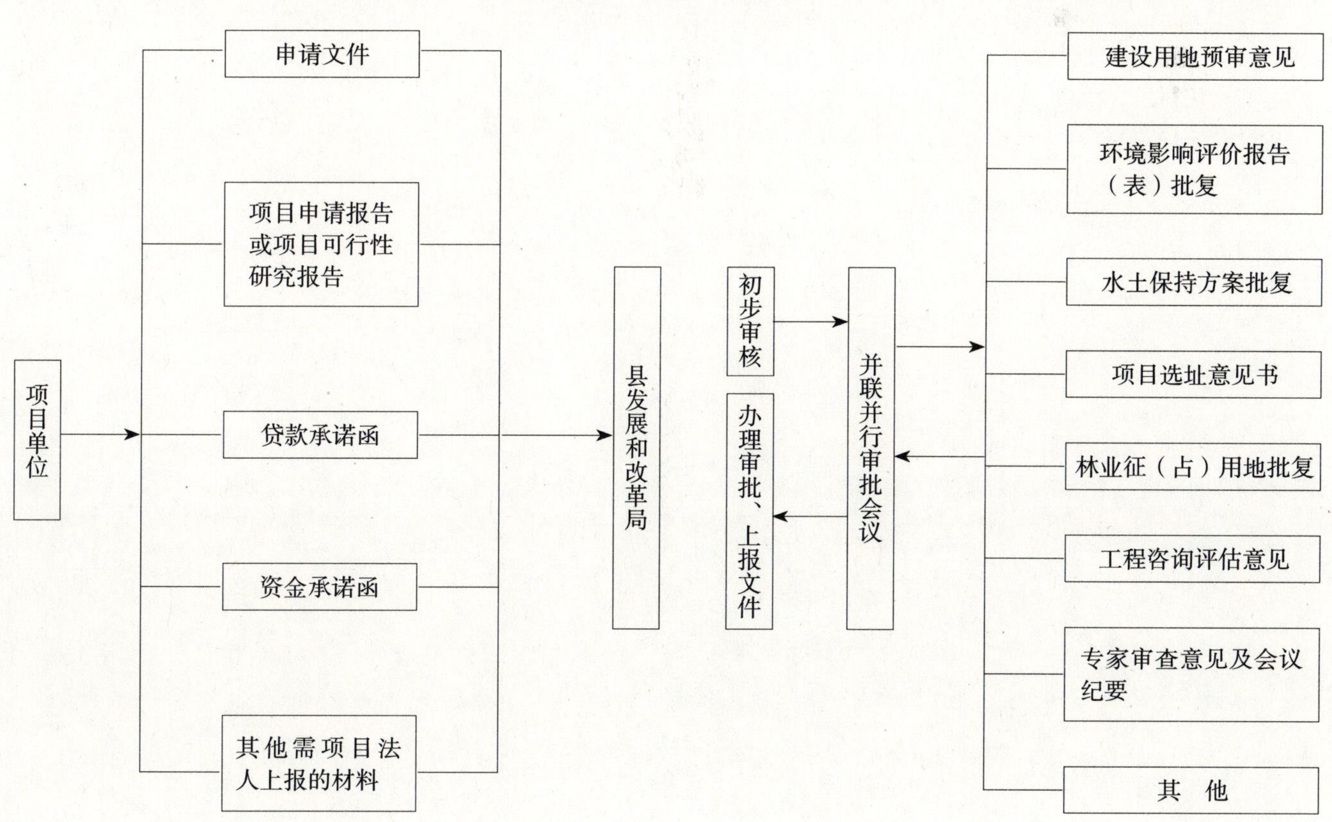

六、审批责任

为推进并联并行审批，确保在规定时限内按质按量完成审批、审核转报工作，建立并联并行审批责任制。

（一）分工负责制。为确保并联并行审批的正常运转，各相关部门要按照本办法的要求，各司其职，建立相应的工作程序，保证并联并行审批有序实施；

（二）服务承诺制。各相关职能部门要增强服务意识，主动与项目业主联系，提高办事效率，必须在时限内完成审批、审核转报工作；

（三）协调运行制。加强部门之间的协调沟通，重大事项要及时通报，在审批、审核过程中，需要相关部门参加的，相关部门必须参加，不得推诿扯皮；

（四）责任追究制。各相关部门对并联并行审批的办理情况，由县政府进行监督、检查，对违反限时办结规定，以及不作为、乱作为的，按照行政问责办法进行问责。

七、本试行办法由县发展和改革局负责解释，自2013年1月1日起施行。

图书在版编目（CIP）数据

江川年鉴·2013 / 江川县史志办公室. —芒市：德宏民族出版社，2013.11
ISBN 978-7-80750-867-0

Ⅰ. ①江… Ⅱ. ①江… Ⅲ. ①江川县—2013—年鉴 Ⅳ. ①Z527.44

中国版本图书馆CIP数据核字（2013）第275779号

书名	**江川年鉴·2013**		
作者	**江川县史志办公室 编**		
出版·发行	德宏民族出版社	**责任编辑**	方 萍
社址	云南省德宏州芒市勇罕街1号	**责任校对**	银传秀
邮编	678400	**装帧设计**	余立言
总编室电话	0692-2124877	**摄影**	《玉溪日报》江川专版办公室 江川县信息中心
汉文编室	0692-2111881		
电子邮件	dmpress@163.com	**发行部电话**	0692-2112886
印刷厂	昆明鹰达印刷有限公司	**民文编室**	0692-2113131
		网址	www.dmpress.cn
开本	大16开	**版次**	2013年11月第1版
印张	26.5	**印次**	2013年11月第1次
字数	750千字	**印数**	1-1000册
书号	ISBN 978-7-80750-867-0/Z·233	**定价**	150.00元

如出现印刷、装订错误，请与承印厂联系调换事宜。印刷厂联系电话：0871-63646096